Oskar Negt

Arbeit und menschliche Würde

Steidl

1. Auflage Oktober 2001
2. Auflage Februar 2002
© Steidl Verlag, Göttingen 2001
Lektorat: Daniela Hermes
Umschlag- und Einbandgestaltung:
Klaus Detjen
Alle Rechte vorbehalten
Satz, Druck, Bindung:
Steidl, Düstere Straße 4, D-37073 Göttingen
Printed in Germany
ISBN 3-88243-786-3

Inhalt

Vorrede 9

I Die Zeitdimension von Macht und Herrschaft
1. Entkleidungsszenen – beschrieben von Karl Marx und einem Märchenerzähler 30
2. Die drei Kopernikanischen Wenden der Weltorientierung 42
3. Ist die Welt eine Börse? Wirklichkeitsschichten im Globalisierungsprozeß 60

Exodus und Asyl 96

4. Erosionskrise – der gesellschaftliche Gesamtzustand 115
5. Fünf Krisenherde des Kapitalismus 130

Wer zögert, hat Unrecht 137

6. Arbeitszeit – Herrschaft über Raum und Zeit 142
7. Der Kampf um die Verlängerung des Lebenstages 147
8. Die Grenzen einer isolierten Arbeitszeitpolitik 158

II Drei Irrwege des gesellschaftlichen Krisenmanagements
1. Ein Zauberlehrling mit Namen Flexibilität 170
2. Die Bedrohung menschlichen Bindungsvermögens 179
3. Das chronische Flexibilitätsdilemma der Gewerkschaften 197
4. Wo liegt die Mitte der Gesellschaft? 204
5. Paradoxien der New Economy 216
6. Refeudalisierung und das Problem der Verteilungsgerechtigkeit 227
7. Der Sockelbetrag »Arbeitslosigkeit« 233
8. Spaltung in zwei Realitäten 241
9. Arbeitslosigkeit – der Einstieg in die Verarmung 253
10. Die Vorbilder USA und Niederlande 261
11. Zum kulturellen Rang lebendiger Arbeit 287

III Die Krise der Arbeitsgesellschaft

1. Die Ökonomie des Ganzen Hauses 308
2. Marktrationalität und Planungsutopien 323
3. Lebendige Arbeit und
   die Absolutheitsansprüche des Marktes 334
   Was ist betriebswirtschaftliches Denken? Von Horst Meyer 342
4. Betriebswirtschaftliche Ideologie
   und die Folgen für das Bildungswesen 355
5. Vergesellschaftung und der Produktionsprozeß 360
   Widersprüchliches im Begriff der Menschenrechte 377
6. Der machtpolitische Kampfplatz zweier Ökonomien ... 404

IV Lebendige Arbeit, politische Kultur

1. Über die Notwendigkeit einer neuen Kulturdebatte 410
2. Arbeit als historisch-fundamentale Kategorie 425
3. Zeit- und Arbeitsutopien 430
4. Sinngehalte einer ökologischen Kultur 445
   Der Zwangszusammenhang von entfremdeter Arbeit,
   Freizeit und Faulheit 454
5. Eine Moral jenseits von Lohn und Leistung 462
6. Die Wunde Auschwitz 473
7. Kultur als Ackerbau der gesellschaftlichen Sinne 484
   Autonomie und Würde 500
8. Übersetzungs- und Orientierungsarbeit 525

V Gemeinwesenarbeit auf dem Weg zur Weltgesellschaft

1. Wer trägt Verantwortung? Annäherungen an einen
   beschädigten Begriff 540
   Neue professionelle Verantwortung 560
2. Imperative gewerkschaftlichen Handelns 567
3. Ideologiekritische Anmerkungen zu den Modernisierungstheorien von Ulrich Beck und Anthony Giddens 585
   Technik, Sicherheit und Angst 626
4. Der Mensch als Prothesengott –
   Wissenschaft im Banne des technischen Eros 644
5. Müssen wir alles wissen, was wir wissen können? 665

Plädoyer für eine Renaissance der politischen Philosophie 675
6. Globalisierungsverantwortung – die Transformation der DDR 679

Kleiner Epilog 713

Anmerkungen 716

Auswahlbibliographie 743

»Ich kann nicht dem Acker eines anderen etwas entnehmen, um meinen damit zu düngen; denn da wäre der andere bloß Mittel. ... Der Mensch nämlich ist Zweck an sich selbst, er kann daher nur einen inneren Wert d. i. Würde haben, an dessen Stelle kein Äquivalent gesetzt werden kann. Andere Dinge haben äußeren Wert d. i. Preis...« (*Immanuel Kant, »Naturrecht, gelesen im Winterhalbjahr 1784«*)

»Vom Standpunkt einer höheren ökonomischen Gesellschaftsformation wird das Privateigentum einzelner Individuen am Erdball ganz so abgeschmackt erscheinen, wie das Privateigentum eines Menschen an einem anderen Menschen. Selbst eine ganze Gesellschaft, eine Nation, ja alle gleichzeitigen Gesellschaften zusammen genommen, sind nicht Eigentümer der Erde. Sie sind nur ihre Besitzer, ihre Nutznießer, und haben sie als boni patres familias den nachfolgenden Generationen zu hinterlassen.« (*Karl Marx, »Das Kapital III«*)

»Was anders sind also Reiche, wenn ihnen Gerechtigkeit fehlt, als große Räuberbanden? Sind doch auch Räuberbanden nichts anders als kleine Reiche. Auch da ist eine Schar von Menschen, die unter Befehl eines Anführers steht, sich durch Verabredung zu einer Gemeinschaft zusammenschließt und nach fester Übereinkunft die Beute teilt. Wenn dies üble Gebilde durch Zuzug verkommener Menschen so ins Große wächst, daß Ortschaften besetzt, Niederlassungen gegründet, Städte erobert, Völker unterworfen werden, nimmt es ohne weiteres den Namen Reich an...« (*Aurelius Augustinus, »De civitate dei«*)

Vorrede

Nie zuvor in der Geschichte der europäischen Zivilisation haben sich in Friedenszeiten, also ohne die blutigen Schlachtgetümmel von Verdun und Stalingrad oder die Gaskammern von Auschwitz, derart grundlegende gesellschaftliche Veränderungen vollzogen wie in den vergangenen zwei Jahrzehnten. Am Ende des zwanzigsten Jahrhunderts sind wir wie von Geisterhand in einen Steinbruch unserer Gesellschaft gesetzt – einen Steinbruch, den die Revolutionäre der Vergangenheit immer ins Auge gefaßt hatten, wenn es um radikale Umgestaltungen ging. Aber die am Modell der bürgerlichen Revolutionen geprägte Vorstellung von Umwälzungen hat wohl, jedenfalls für absehbare Zeit, ihre Überzeugungskraft verloren.

»Täglich werden 50 000 Menschen in Europa arbeitslos«, heißt es in einer Zeitungsmeldung über die erste Europäische Beschäftigungskonferenz vom September 1999 in Hannover. Das klingt nüchtern, als ob ein Autokonzern sinkende Produktionsziffern bekanntgibt oder der Wetterbericht ein neues Tief ankündigt. Aber es sind fünfzigtausend menschliche Lebensschicksale, über die entschieden wird, mitsamt Partnern, Familien, Kindern. Wem steht heute eigentlich die Macht zu, über so viele Menschen alltäglich Schicksal zu spielen?

In der Vergangenheit, die kein vernunftbegabter Mensch zurückwünschen kann, waren es Feldherrn, denen man unbesehen die Befugnis erteilte, in ihren Schlachtplänen den Verlust von 50 000 und mehr Menschen tagtäglich einzukalkulieren. Sind etwa die Konzernbosse neue Feldherrn in unseren neuen Kriegen? Es ist gar nicht abwegig, hier von Krieg zu sprechen; jedenfalls fühlen sich Wirtschaftsgeneräle als Feldherrn und benutzen für ihre strategischen Spiele militärische Ausdrücke, wenn sie von freundlicher oder feindlicher Übernahme, von weißen und schwarzen Rittern, von Kapitulation und Unterwerfung sprechen.

Diese kriegerischen Ereignisse folgen freilich Gesetzmäßigkeiten, von denen auch die Konzernbosse, die großzügig über das Schicksal anderer verfügen, abhängig scheinen; sie verstehen sich lediglich als Vollstrecker von Globalisierungsgesetzen, als betriebsam Folgende, denen selbst Kritiker des neuartigen Kriegsgeschehens den Legitimationsstatus von Gejagten und Opfern zuschreiben. »Der Eindruck, es handle sich bei der überwiegenden Zahl der heutigen Unternehmer um Getriebene, liegt nahe. Wer es nicht schafft, den Aktienkurs eines Unternehmens zumindest in gleichem Ausmaß zu steigern wie der Wettbewerb, muß um seinen Posten fürchten.«[1] Aber wer erläßt eigentlich die Gesetze, nach denen gejagt werden darf, und wer hat ein Interesse daran?

Die Menschheit in der eigenen Person zu achten, bezeichnete Immanuel Kant als einen Ausdruck von Würde – ein Begriff, der geradezu den Grundtext seiner Philosophie bildet. Würde hat ihm zufolge keinen Preis, weil sie das benennt, was die Menschen in ihrer Gattungsgeschichte von den Tieren und den Dingen unterscheidet. Damit gehört sie zu seiner Vorstellung einer revolutionären Umwälzung der Welt, die er als »Evolution einer naturrechtlichen Verfassung« betrachtete. Stehen wir heute – inmitten der Globalisierung – wirklich am Ende des bürgerlichen Zeitalters? Beschäftigen uns nicht vielmehr Probleme, die uns die große Kultur des Denkens im Zusammenhang von Aufklärung und Revolution überliefert hat? An jedem einzelnen Krisenherd, den ich im Argumentationsablauf des Buches spezifizieren will, wird sich zeigen lassen, wie stark wir heute noch mit Problemen der Vergangenheit behaftet und belastet sind. Es wäre trügerisch, zu erwarten, daß die Globalisierung die zentralen Probleme unserer Gesellschaftsordnungen, die jeweils durch den Materialüberhang ihrer besonderen Geschichte vorgeprägt sind, lösen kann. Verallgemeinerung führt meist nur zu Problemexport.

Vor allem auf zwei Tatbestände richtet sich die Aufklärungsmühe dieses Buches. Erstens: Arbeitslosigkeit ist ein Gewaltakt. Sie ist ein Anschlag auf die körperliche und seelisch-geistige Integrität, auf die Unversehrtheit der davon betroffenen Menschen. Sie ist Raub und Enteignung der Fähigkeiten und Eigenschaften, die innerhalb der Familie, der Schule und der Lehre (vorausgesetzt, diese Ausbildungsstufe wird überhaupt noch erreicht) in einem mühsamen und aufwendigen Bildungsprozeß erworben wurden und die – von ihren gesellschaftlichen Betätigungsmöglichkeiten abgeschnitten – in Gefahr sind, zu verrotten und schwere Persönlichkeitsstörungen hervorzurufen. Vielfältige Formen der Selbstachtung und der sozialen Anerkennung im friedlichen Verkehr miteinander sind nach wie vor in zentraler Weise mit dem Wesensgehalt einer Arbeit verknüpft, die ihres Lohnes würdig ist.

Zweitens: Das Ringen um eine zukunftsfähige Arbeitsgesellschaft ist kein bloß akademischer Diskurs. Um die besseren Argumente für einen allgemein als notwendig betrachteten Umbau der Arbeits- und Erwerbsgesellschaft geht es längst nicht mehr. Wenn wir den gegenwärtigen Krisenzustand unserer Gesellschaft begreifen wollen, müssen wir zuerst einmal die Erkenntnis zulassen, daß die Arbeits- und Erwerbsgesellschaft zu einem gesellschaftspolitischen Kampfplatz geworden ist, auf dem die verfeindeten Positionen Kriegsziele definieren, Grenzen von Herrschaftsgebieten, Einflußsphären, Symbolbesetzungen und Privilegien festlegen. Ganze Bibliotheken sind mittlerweile angefüllt mit Artikeln, Büchern, Forschungsprojekten, die alle in die Richtung eines grundlegenden Wandels weisen, und täglich wird dieser Vorrat an guten Gründen und praktikablen Vorgehensweisen um neues Erkenntnismaterial erweitert. Aber wenig passiert – so wenig, daß auch die Reformparteien, die jetzt in Deutschland an den Schalthebeln des Staates sitzen, die Vorwärtsschritte nur unter dem Mikroskop erkennen lassen.

Wenn also Machtkämpfe toben, bei denen Herrschaftspositionen und materielle Privilegien auf dem Spiel stehen, dann wird gegenwärtig ein beachtlicher Kraftaufwand darauf verwendet, mittels der pluralistischen Kommunikationsgesellschaft diese Interessenlage möglichst zu verschleiern. In den Regierungsetagen, bei hilfswilligen Intellektuellen und in den Clubs der wirtschaftlich Mächtigen werden fast inflationär Stichworte gehandelt, die kraftvolle Zukunftsvorstellungen verbreiten und der gebeutelten Masse der Bevölkerung den Glauben vermitteln, man könne die friedliche Transformation der Arbeits- und Erwerbsgesellschaft ins Werk setzen, ohne die bestehenden Macht- und Herrschaftsverhältnisse anzutasten. Modernisierungsstrategen, deren Vokabular auf Wortverbindungen mit »neu«, »Mitte« und »jenseits« reduziert scheint, sind äußerst betriebsam. Fortwährend arbeiten sie an Innovationsinitiativen, im Medium pragmatischer Selbstsuggestion. Bestürzende Konstanz bewahrt dabei das Koordinatensystem ihres Handelns, das unverrückbar durch die Logik von Markt und Kapital definiert ist.

Das Wohl und Wehe des Gemeinwesens (Sinngehalt politischer Philosophie seit Thukydides und Plato und deren Sorge um den

Erhalt der Athenischen Demokratie) und seine Nutzen-Kosten-Rechnungen folgen aber ganz anderen Gesetzen als betriebswirtschaftlichen Interessenkalkulationen. Sind die fortgeschrittenen Gesellschaftsordnungen den Herausforderungen der Gegenwart gewachsen? Können sie demokratische Verantwortung für das Ganze, die Sittlichkeit der Verhältnisse begründen und verankern, oder werden sie in räuberischen Kriegen aller gegen alle zerfallen? Wie die Arbeits- und Erwerbsgesellschaft in unsere Lebenszusammenhänge eingebunden ist, bestimmt nicht nur wesentlich über Charakter und Stabilität der demokratisch verfaßten Gesellschaftsordnungen, sondern entscheidet im Grunde über das, was man unter einer sinnvoll gestalteten Weltgesellschaft zu verstehen hat, die ihre humanen Ressourcen gerecht berücksichtigt. Teilwirklichkeiten, wie sie den heutigen Kapitalismus auszeichnen, haben immer bestimmenden Einfluß auf das Ganze.

Nicht nur in der Arbeitswelt vollziehen sich spektakuläre Veränderungen. Auch die Begriffe von Krieg und Gewalt erfahren einen Wandel in ihrer inneren Zusammensetzung und ihrer Reichweite, wie er vor-atomaren Zeiten unbekannt war. Ein merkwürdiges Tabu liegt im öffentlichen Sprach- und Symbolspektrum auf dem Verdacht, daß die Erosionen der Arbeits- und Erwerbsgesellschaft selbst dort, wo es sich um Ordnungen beispielloser Reichtumsproduktion handelt, Kriegs- und Gewaltpotentiale wachsen lassen. Seit das auf Konfrontation gewaltiger Militärmaschinerien und Overkill-Drohungen beruhende dualistische Weltbild zerbröckelt ist, das Ängste und Bewußtsein auf die Möglichkeit eines nuklearen Krieges lenkte, scheinen Kriege endgültig an die Peripherie des europäisch-amerikanischen Kosmos gedrängt zu sein. Die zivile Gesellschaft hat vorgeblich einen im Prinzip friedfertigen, jedenfalls der Verfahrensrationalität verpflichteten Charakter der Konfliktregelung angenommen.

In seiner sozialpsychologischen Funktion für das Denken und den Gefühlshaushalt eines Medienbürgers der Ersten Welt ist der Krieg dennoch kaum wegzudenken. Die modernen Medien stellen die Gleichzeitigkeit der Ereignisse her: Von einer Sekunde zur anderen wird aus der virtuellen Gewalt computergesteuerter Simulationen die des wirklichen Krieges, der uns aber nicht unmittelbar bedroht, weil das einst Denkbare jetzt unwirklich geworden ist – die Angst vor der realen Vernichtungskapazität der Großmächte. Den

Unterhaltungswert des Krieges, der sich daraus ergibt, hat niemand besser beschrieben als Goethe im Osterspaziergang von »Faust I«, wo sich der saturierte Bürger ein kriegerisches Schauspiel gönnt wie einen guten Wein:
»Nichts Bessers weiß ich mir an Sonn- und Feiertagen
Als ein Gespräch von Krieg und Kriegsgeschrei,
Wenn hinten, weit, in der Türkei,
Die Völker auf einander schlagen.
Man steht am Fenster, trinkt sein Gläschen aus
Und sieht den Fluß hinab die bunten Schiffe gleiten;
Dann kehrt man abends froh nach Haus
Und segnet Fried' und Friedenszeiten.«
Die Fernsehfenster sind weit geöffnet. Bei dem Gedanken aber, daß viele, die dem Krieg panikartig entfliehen, unser gelobtes Land suchen, will sich Behaglichkeit nicht so recht einstellen. Wenn Asylpolitik das Thema dieser guten und geordneten Welt ist, wird auch dem letzten der existentielle Zusammenhang spürbar, der zwischen Krieg und Frieden in anderen Ländern und Krieg und Frieden in der eigenen Gesellschaftsordnung besteht.

Kann es Zufall sein, daß an den Kriegen der vergangenen Jahrzehnte hauptsächlich jene Länder der Welt beteiligt waren, in denen keine entwickelte Arbeits- und Erwerbsgesellschaft existiert? Afrika ist mit der höchsten Zahl an Toten durch räuberische Kriegszüge von Stammesverbänden oder totalitären Regimen am härtesten betroffen und zugleich der Kontinent, der mit einem Anteil von nur einem Prozent vom Welthandel praktisch abgekoppelt ist. Ist die Zerstörung der noch aus der Kolonialzeit herrührenden Arbeits- und Erwerbsgesellschaft im Zuge der Eingliederung in den globalisierten Markt an den entsetzlichen Gewaltorgien, die kein Ende zu nehmen scheinen, schuldlos? Ich bezweifle das.

Was der mörderische Krieg in Bosnien-Herzegowina, die Massenvertreibung der Menschen aus dem Kosovo, die medienwirksam inszenierte Nato-Intervention mit der inneren Zersetzung der dortigen Arbeitsgesellschaft nach 1989 und der Demütigung der Menschen durch Armut und Erwerbslosigkeit zu tun haben mögen, wurde in den alltäglichen Fernsehberichten über die Greuel in diesen Ländern und selbst in der wissenschaftlichen Literatur allenfalls am Rande erwähnt. Im mühevollen Aufbau zerstörter Arbeits- und

Erwerbsstrukturen zeigt sich die völlig verschiedene Zeitlogik von Arbeit und Gewalt. Auch Gegengewalt, die Herrschaftssysteme zu Fall bringt, ist in ihrem Grundimpuls nicht unbeschädigt in den Neuaufbau einer Gesellschaft einzubringen.

So kommen wir nicht darum herum, Krieg, Gewalt und Arbeit und ihr eng geknüpftes Beziehungsgeflecht neu zu überdenken. Denn das gewöhnliche Starren auf die Apokalypse, die doch nicht kommen darf, auf die Urbilder, nein, die Urereignisse des modernen Krieges – die Gaskammern der Vernichtungslager und die Schmelzöfen Hiroshimas –, lähmt die Sinne und macht empfindungslos für ganz andere Formen des Krieges, die sich in unserem Lande und unter unseren Augen abspielen; Erinnerungsarbeit ist sehr weit zu fassen. Die bloße Abwesenheit militärischer Konfrontationen definiert nicht den Friedenszustand einer Gesellschaft. Eine blutige Ironie in der Begriffsveränderung des Krieges ist feststellbar. Wenn der preußische Militärphilosoph Clausewitz (ein Schüler Hegelscher Dialektik) davon spricht, daß der Krieg ein »Akt der Gewalt ist, um den Gegner zur Erfüllung unseres Willens zu zwingen«, ihn also wehrlos zu machen, nicht zu vernichten, so gibt es eine Menge von Kriegshandlungen in unserer Gesellschaft, die mit dem Schein des Friedens auftreten. Ich sage: mit dem Schein des Friedens; im ursprünglichen Wortsinn klingt nach, was Friede eigentlich bedeutet. Aus dem althochdeutschen »fridu« abgeleitet, entspringt das Wort der gleichen Wurzel wie »frei«, was mit fri = lieb verknüpft ist. Friede verweist also auf einen Zustand der Liebe und Angstfreiheit, des versöhnten Beieinanderseins. Aber eines der entscheidenden Probleme unserer Gesellschaft besteht nun gerade darin, daß eine wachsende Zahl von Menschen in den Zustand des Unzufriedenseins und der Existenzangst versetzt ist.

In den fortgeschrittenen Industriegesellschaften bemühen sich viele um den Nachweis, daß die Themen »Arbeit« und »Gewalt« nichts miteinander zu tun haben; aber weiten Bevölkerungskreisen wird immer klarer, daß der Boden, auf dem Gewaltformen wachsen, krebsartig wuchern und sich in diffusen, häufig motivlos erscheinenden Aktionen entladen, in erster Linie von einer Gesellschaft bereitet wird, die nicht mehr fähig ist, den gewaltigen gesellschaftlichen Reichtum angemessen zu verteilen. Mit angemessen bezeichne ich hier etwas sehr Einfaches: das instinktive Gefühl großer Teile der

Bevölkerung, an der gesellschaftlichen Gesamtarbeit und deren Ergebnissen in einer als gerecht und billig empfundenen Weise beteiligt zu sein. Darin sehe ich den Grundskandal unserer Gesellschaft. Sie droht an ihrem Reichtum, an ihren Überschußprodukten zu ersticken und ist gleichwohl außerstande, Millionen von Menschen das zivilisatorische Minimum für eine menschliche Existenzweise zu sichern: nämlich einen Arbeitsplatz, einen konkreten Ort, an dem sie ihre gesellschaftlich gebildeten Arbeitsvermögen anwenden können, um von bezahlter Leistung zu leben. Es ist dabei zunächst noch keine Rede von Selbstverwirklichung in der Arbeit, sondern nur von der bloßen Möglichkeit, durch gegenständliche Tätigkeit, und sollte sie auch noch so entfremdet sein, die materiellen Grundlagen der Existenz zu sichern und dadurch in den Genuß der einzig verfügbaren öffentlichen Anerkennungsprivilegien zu gelangen. Eine Gesellschaft, die dieses Minimum nicht mehr anzubieten imstande ist, verspielt langfristig ihren moralischen Kredit, der für eine einigermaßen friedliche Konfliktregelung ihrer Interessenwidersprüche unabdingbar ist; unter solchen Verhältnissen wachsen Gewaltpotentiale sehr schnell.

Seit Jahren dringt die Angst, durch Arbeitsplatzverlust aus dem gesellschaftlichen Ganzen vertrieben zu werden, in alle Poren unserer Lebenszusammenhänge. Daß der Entzug von Arbeit, ja schon der drohende oder phantasierte Arbeitsplatzverlust sozialpsychologisch eine »depressive Dynamik« in den Individuen auslöst, wie Christine Morgenroth aufzeigt, scheint heute die Gesamtgesellschaft in ihren charakteristischen Merkmalen zu kennzeichnen.[2] Entzug von Arbeit bedeutet, darin sind sich wichtige psychologische Studien zu den Folgen der Arbeitslosigkeit einig, nichts weniger als Realitätsentzug. Angst vor Realitätsentzug erzeugt wiederum erhöhte Bereitschaft zu Anpassung und Überanpassung.

Angstpotentiale entstehen gegenwärtig sowohl bei denen, die noch einen Arbeitsplatz haben und aus Angst, ihn zu verlieren, zu vielen Opfergeschenken auf den Hausaltären der Unternehmer bereit sind, als auch bei der Millionenzahl von Menschen, die auf Dauer vom gesellschaftlichen Anerkennungsprivileg der Erwerbsarbeit ausgeschlossen sind. Ich bin nicht sicher, ob es in unserer Republik nicht eine Menge mächtiger Gruppen gibt, für die diese Angstpotentiale kein Unglück sind, vielmehr zentraler Faktor zur

Aufrechterhaltung von brüchig gewordenen Herrschaftspositionen. In dem Maße, wie die Reichtumsproduktion sich von der Anwendung lebendiger Arbeitskraft abzukoppeln beginnt, ist nur noch eine Teilwirklichkeit in der Verfügung und Herrschaft über Arbeit begründet; der andere, eher wachsende Wirklichkeitsteil stabilisiert sich darüber, daß Arbeitslosigkeit als kumulative Kraft der Existenzängste nicht verschwindet.

Angstpotentiale haben freilich stets zu den wichtigsten sozialpsychologischen Manipulationsmitteln von Herrschaft gehört. Der Maler Heinrich Zille, der sich um 1900 im Berliner Milieu der Ausgestoßenen, der wehrlos Gemachten gut auskannte, gehört zu jenen, die verschiedene Formen der sublimen, verdeckten und aus dem öffentlichen Bewußtsein verdrängten Gewalt sehr genau wahrgenommen haben. Man kann, sagte er, einen Menschen mit einer Wohnung genauso töten wie mit einer Axt. Wie soll sich ein auf den kleinstmöglichen Raum, auf die Dichteverhältnisse der Familie zusammengedrängtes Elend, wenn denn überhaupt ein Dach über dem Kopf vorhanden ist, anders ausdrücken als in gegenseitiger Aggression und in dem Versuch, die angestaute Wut nach außen zu richten?

In Kafkas Erzählung vom gefangenen Affen, der den ehrenvollen Auftrag erhält, den hohen Herren der Akademie Bericht über sein äffisches Vorleben zu erstatten, ist der Widerspruch von Freiheit und Ausweg Leitmotiv. Einen Ausweg zu haben gehört zum Lebensrecht, er ist aber nicht durch Flucht zu erreichen. »Wäre ich«, erklärt der Berichterstatter, der durch bittere Erfahrung in Hagenbecks Gefangenenlager klug, das heißt bescheiden wurde, »ein Anhänger jener erwähnten (menschlichen) Freiheit, ich hätte gewiß das Weltmeer dem Ausweg vorgezogen ...« Affen denken mit dem Bauch. »Ich sage absichtlich nicht Freiheit. Ich meine nicht dieses große Gefühl der Freiheit nach allen Seiten. ... Nebenbei: mit Freiheit betrügt man sich unter Menschen allzuoft. Und so wie die Freiheit zu den erhabensten Gefühlen zählt, so auch die entsprechende Täuschung zu den erhabensten ... Nein, Freiheit wollte ich nicht. Nur einen Ausweg; rechts, links, wohin immer; ich stellte keine anderen Forderungen ...«[3]

Indem Kafka einen zur Sprache gekommenen Affen berichten läßt, erzählt er die Geschichte von Menschen, die in der Not der Gefangenschaft ihre Freiheitsillusionen verloren haben; sie haben, in den heutigen Sprachgebrauch übersetzt, von der großen Freiheit auf dem Globalisierungsweltmarkt gehört, aber es ist eine ihnen fremde Wirklichkeit. Ihr Denken und ihre Sinne sind bescheiden geworden. Hätten sie doch wenigstens einen Ausweg! Und gerade das scheint für viele, die sich plötzlich im Lager der Ausgegrenzten finden, ohne die Ursachen für diesen gesellschaftlichen Realitätsentzug angeben zu können, ein unlösbares Problem zu sein. Wer vorher Arbeit hatte und jetzt ohne eigenes Verschulden – trotz größter Anstrengungen zur Wiedereingliederung – damit leben muß, daß niemand von ihm bezahlte und somit gesellschaftlich anerkannte Leistung verlangt, befindet sich in der praktischen Ausweglosigkeit des äffischen Berichterstatters.

Was würde eine gerechtere Organisation des Systems gesellschaftlicher Arbeit zur Friedenssicherung beitragen? Die uns bekannten geschichtlichen Erfahrungen weisen alle in dieselbe Richtung. Gesellschaftsordnungen, in denen ein günstiger Nährboden für Existenzängste besteht und das Klima von zerstörten Hoffnungen und gebrochenen Lebensperspektiven bestimmt ist, produzieren autoritätsgebundenes Mitläufertum und verführen dazu, Ersatzschuldige für die Misere zu suchen. Schließlich richten sich die ungelösten inneren Konflikte aggressiv auf den Außenfeind oder, was häufig noch bedrohlicher für den gesellschaftlichen Zusammenhalt ist, toben sich in inneren Ausgrenzungen aus. Wir haben dazu unsere eigenen bitteren geschichtlichen Erfahrungen in Deutschland. Christa Wolf, eine soziologisch sensible Beobachterin gesellschaftlicher Gesteinsverschiebungen, hat in ihrer Kassandra-Erzählung einen Mahnruf formuliert, der beherzigenswert ist. »Wann Krieg beginnt, das kann man wissen«, läßt sie Kassandra sagen, »aber wann beginnt der Vorkrieg. Falls es da Regeln gäbe, müßte man sie weitersagen. In Ton, in Stein eingraben, überliefern. Was stünde da. Da stünde, unter andern Sätzen: Laßt euch nicht von den Eignen täuschen.«[4]

Der Kampf gegen den Vorkrieg und damit gegen den Krieg beginnt in den banalen Alltagsverhältnissen, mit der Schritt für Schritt unternommenen Aufhebung von Angst und Gewalt. Die gerechte Organisation des Systems gesellschaftlicher Arbeit, die Herstellung befriedigender individueller Arbeitsverhältnisse, ist eine Grundvoraussetzung für den innergesellschaftlichen Friedenszustand und damit für den Frieden insgesamt. Welche Berechtigung es demzufolge immer haben mag, die arbeitsgesellschaftlichen Utopien als ausgeschöpft und verbraucht zu betrachten und das endgültige Ende der Arbeitsgesellschaft zu verkünden: Die wirklichen Lebensverhältnisse der Menschen, ihre Hoffnungen und Ängste sprechen eine ganz andere Sprache. Es gibt kaum Hinweise, daß Erwerbsarbeit, also jene vorherrschende Form bezahlter Arbeitsleistung, bei deren gesellschaftlicher Anerkennung sich individuelle Identität und Selbstwertgefühle bilden, in den vergangenen zwei Jahrzehnten, als die Vollbeschäftigungszeit unwiderruflich zu Ende ging, entscheidende Abwertungen erfahren hätte. Umfragen ergeben immer wieder: Die Themen »Arbeit – Arbeitslosigkeit« haben den bei weitem höchsten Rang in der Skala der als lebenswichtig eingeschätzten politischen Handlungsfelder.

Immer wieder verblüfft die zynische Offenheit, mit der sich die Mächtigen dieser Gesellschaft als bloße Agenten der Verhältnisse ins Spiel bringen: wenn Konzerne darauf stolz sind, keine Steuern mehr zu bezahlen; wenn der Nestlé-Chef Helmut Maucher die Überflüssigen, das nicht mehr Verwertbare auf den Begriff des »Wohlstandsmülls« bringt (von Tübinger Sprachwissenschaftlern zum Unwort des Jahres 1997 erklärt); wenn der BDI-Präsident Tyll Necker, wohl wissend, daß die Globalisierungsargumente als Erpressungsmittel im Alltagsmachtkampf dienen, dem Kapital menschliche Züge verleiht, indem er öffentlich erklärt: »Das Kapital geht überall dorthin, wo es sich wohl fühlt.« In welchem Land leben wir, daß solche Äußerungen ohne Protest hingenommen werden?

Arbeit und Gewalt entfalten in ihrer Beziehung zueinander und zum Gesellschaftsganzen eine eigentümliche Dialektik, die kaum öffentliche Aufmerksamkeit genießt. Die Verfügung über fremde Arbeitskraft begründet Herrschaft; wer Massenarbeitslosigkeit als ein herrschaftsneutrales Problem darstellt, hat eine betrügerische Manipulation im Sinn. So haben wir hinreichend Gründe, vergessene oder bewußt verleugnete Dimensionen von Arbeit und Arbeitslosigkeit in den Zusammenhang einer kritischen Theorie der Gesellschaft wieder aufzunehmen und deutlicher als bisher auf den Schutz der Persönlichkeitsrechte und die Sicherung menschlicher Würde auszurichten. Das Grundgesetz legt ja in einer Staatsfundamentalnorm, also unveränderbar und verpflichtend fest: »Die Würde des Menschen ist unantastbar. Sie zu achten und zu schützen ist Verpflichtung aller staatlichen Gewalt.« Es wird nicht näher angegeben, wer dazu verpflichtet ist, die Verhältnisse so zu ordnen, daß ein Leben in Würde möglich ist. Bezahlte Arbeit aber ist ohne Frage ein zivilisatorisches Minimum, auch wenn das Recht auf Arbeit in der Bundesrepublik keinen Verfassungsrang hat.

Moralische Empörung ist kein guter Ratgeber für sozialwissenschaftliche Begründungen. In meiner professionellen Kompetenz als Philosoph und Soziologe empfinde ich es jedoch als höchst bedrükkend, mit welcher Leichtfertigkeit die Worte Globalisierung, Weltgesellschaft, Modernisierung, Bürger- und Zivilgesellschaft in den Mund genommen werden, ohne auch nur das Nachdenken darüber anzuregen, wie angesichts steigender Produktivität und fortwährend anwachsender Reichtumsproduktion der ökonomisch dominierenden Länder die Millionen- und Milliardenmasse der Menschen weltweit aus voraussehbarem Elend befreit werden kann. Das Scheitern der letzten Welthandelskonferenz in Seattle war nur ein Fingerzeig auf die Strukturprobleme einer Weltökonomie, in der die Masse der Verlierer anschwillt wie eine bedrohliche Flutwelle.

Die Antiglobalisierungsproteste, wie sie in Göteborg und jüngst verschärft in Genua sichtbar wurden, werden überwiegend kriminalisiert und in die Ecke eines borniertn Lokalpatriotismus gedrängt. Diese Strategie ist gefährlich, weil sie das berechtigte Unbehagen an der von der Logik des Kapitals und des Marktes beherrschten Globalisierung ignoriert. Keineswegs ist die überwiegende Zahl der Globalisierungsgegner gegen eine vernünftig eingerichtete Weltgesellschaft. Im Gegenteil! Was immer größere Teile der Bevölkerung bedrückt, ist die Tatsache, daß von dieser Globalisierung vor allem die wirtschaftlich Mächtigen profitieren. Die Polarisierung von Armen und Reichen nimmt im Weltmaßstab zu, aber auch in den einzelnen fortgeschrittenen Ländern. Ich nehme an, daß der Widerstand gegen diese Form kapitalistischer Globalisierung wachsen wird. Seattle, Göteborg und Genua sind nur die Spitze des Eisbergs.

Gegenwärtig handelt es sich vielfach um ohnmächtige Protestgefühle. Nachdem die Jahrhundertidee des Sozialismus durch Mißbrauch beschädigt und entehrt erscheint, haben die antikapitalistischen Gefühle noch keine positiven Ausdrucksformen für organisiertes politisches Handeln. Aber ich bin sicher, daß sich in den nächsten Jahren organisiertere Formen sozialer Bewegung entfalten werden. Denn die Erfahrungen vieler Menschen, daß hier Konzernherren ohne jede demokratische Legitimation Schicksal spielen und sie zu bloßen Anhängseln machen – diese sich ausbreitenden Erfahrungen enthalten rebellischen Rohstoff einer historisch neuen Qualität. Nach dem Ende der Ost-West-Konfrontation und der übersichtlichen Dreiteilung der Welt sind die antikapitalistischen Protestformen eigentümliche Produkte des hochentwickelten imperialen Kapitalismus selbst. Und die Widerstandsformen wachsen gerade in den Modernisierungsmilieus, so daß die Wucherungen kapitalistischer Globalisierung die Chancen neuer Emanzipationsbewegungen vergrößern, auch wenn vorerst nicht daran zu denken ist, daß die Totengräber, die das Kapital auf diese Weise produziert, zu einer für das System bedrohlichen Masse werden könnten.

Die Arbeitsgesellschaft sei an ihr historisches Ende gekommen, behaupten viele. Auch für den Zehnjährigen aus einer Favela, der an einer Straßenkreuzung in Rio oder São Paulo billige Waren oder Kunststücke anbietet, um vielleicht als glücklicher Besitzer eines Reals der Familie ein bißchen Geld zu verschaffen? Sind für ihn und Millionen andere, die an Straßen betteln und den Wohlstandsmüll nach Brauchbarem durchwühlen, die Utopien der Arbeits- und Erwerbsgesellschaft verbraucht? Nein! Damit Menschen aus ihrer Opfer- und Bettlerrolle herauskommen und sich in aufrechtem Gang bewegen können, werden sie auf absehbare Zeit einer Erwerbsgesellschaft bedürfen, die ihnen durch geregelte und bezahlte Arbeit ein gewisses Maß an Würde und Anerkennung verschafft.

Die Probleme der Weltgesellschaft sind zwar nicht mein Hauptgegenstand, aber der Globalisierungsaspekt steht beunruhigend im Hintergrund der Betrachtungen. Der Titel meines Buches könnte auch lauten: »Vom großen Globalisierungsbetrug«. Denn allen Globalisierungsmythen zum Trotz, die gegenwärtig die suggestive Unvermeidlichkeit von Naturtatbeständen verbreiten, bin ich überzeugt, daß wir nur in dem Maße, wie wir in unseren entwickelten Gesellschaftsordnungen den allseits beklagten »Terror der Ökonomie«, den räuberischen Wildwuchs, die Maßlosigkeit von Kapital und Markt bekämpfen und wirtschaftliches Handeln wieder in die kulturelle Dimension menschlicher Zwecke zurücknehmen, auch den solidarischen Blick auf die übrigen Teile der Weltgesellschaft öffnen und erweitern können, um hier wie dort menschliche Würde zu bewahren.

In der Öffentlichkeit wird mit Recht und einem gewissen humanitären Stolz auf die große Spendenbereitschaft der europäisch-amerikanischen Völker verwiesen, wenn es irgendwo in der Welt zu Naturkatastrophen oder verheerenden Kriegsfolgen kommt; immense Summen an Hilfsgeldern sind in Stunden verfügbar, wenn das Elend medienwirksam aufbereitet wird. Aber die Tragik dieser Spendenbereitschaft besteht darin, daß die betroffenen Menschen und Völker, die sich wahrscheinlich nichts sehnlicher wünschen, als in eine solche Elendssituation erst gar nicht zu geraten, unter normalen Bedingungen auf keinen Pfennig rechnen können, um ihre eigenen Produktionszusammenhänge zu gestalten und so durch Arbeit und Erwerb als vollwertige Mitglieder der Weltgemeinschaft zu existieren.

Die Überlegungen zum Thema »Arbeit und menschliche Würde«, die hier zwischen zwei Buchdeckel gebannt sind, entstanden nicht im akademisch geschützten Raum verantwortungsfreien Experimentierens, sondern sind das Ergebnis einer mehr als zwei Jahrzehnte umfassenden, durch Bruchstellen, Niederlagen und Erfolge in gleicher Weise gekennzeichneten Kampfsituation, und ich habe bewußt darauf verzichtet, die Leerstellen und Verwerfungen dieser Zeit zu tilgen. Wie bei aller intellektuellen Produktion war es am Ende Schreibtischarbeit, die dem Ganzen eine lesbare Form gab, doch dieses Buch ist keine Schreibtischgeburt. Der Ursprung vieler Passagen sind öffentliche Reden, mit gelegentlichen Blicken auf Notizen frei gehalten, dann als Tonbandprotokolle bearbeitet, verändert, in Zeitschriften und Büchern publiziert. So spiegeln diese Texte auch die Widerständigkeit und das Hartnäckige, das dem Prozeß des Umbaus oder auch nur der versuchten Veränderung der Arbeits- und Erwerbsgesellschaft seit je anhaftet.

Ende der siebziger Jahre rückte die Kategorie »lebendige Arbeit« immer stärker ins Zentrum meiner philosophischen und soziologischen Überlegungen. Es zeichnete sich eine Entwicklungsstufe der kapitalistischen Gesellschaftsordnung ab, auf der das Überflüssigwerden menschlichen Arbeitsvermögens (und damit, wenn keine neue Mußekultur entsteht, buchstäblich auch der Menschen) die sozialen Prozesse immer empfindlicher belastet. Wissenschaftsgeschichtlich betrachtet, ergab sich für mich daraus die bis heute gültige Forderung nach einem Paradigmenwechsel: An die Stelle der politischen

Ökonomie der toten Arbeit, des Kapitals, des Eigentums muß überall dort, wo von der Notwendigkeit menschlicher Emanzipationsprozesse gesprochen wird, die politische Ökonomie lebendiger Arbeit treten, die auf eine vernünftige Organisationsform des Gemeinwesens zielt. Die einzelnen Erkenntniselemente, die ich hier in fünf Kapiteln vorlege, sind als Bausteine für eine Ökonomie des Gemeinwesens zu verstehen.

In unserem gemeinsamen Buch »Geschichte und Eigensinn« haben Alexander Kluge und ich Anfang der achtziger Jahre Ansätze einer solchen politischen Ökonomie der Arbeit zu entwickeln versucht. Meine soziologischen Analysen und politischen Interventionen, die auf die Veränderung der Arbeits- und Erwerbsgesellschaft zielen, knüpfen daran unmittelbar an und setzen diese strategischen Linien fort, indem sie das Schicksal lebendiger Arbeit an das Ganze eines Gemeinwesens binden, das den gesellschaftlichen Charakter der Individuen fördert und ausfüllt. Wie sollte eine solche Ökonomie ohne politische Beteiligung selbstbewußter und arbeitsfähiger Lebewesen möglich sein? Eine politische Ökonomie des Gemeinwesens hat heute existentielle Bedeutung für die gewaltfreie Organisation einer zivilen Gesellschaft. Mancher, der klare Vorstellungen von der politischen Ökonomie hat (im klassischen Kontext ebenso wie von deren Kritik bei Marx) und gleichzeitig weiß, was der Historiker Otto Brunner mit der von Aristoteles begründeten Theorie des Ganzen Hauses im Sinn hatte, wird über meine Begriffsverbindung von politischer Ökonomie und Ganzem Haus verblüfft sein. Aber die politische Ökonomie des Gemeinwesens hat keinen anderen Sinngehalt als den, der die »Ökonomie des Ganzen Hauses« ausmacht (freilich in einer Hinsicht, die Gegenaufklärer wenig befriedigen wird).

Systematischer Ausgangspunkt meiner Untersuchungen war ursprünglich das Beziehungsgeflecht von Arbeitszeit und Lebenszeit; in der praktischen Dimension war es die Arbeitszeitpolitik der Gewerkschaften, die sehr schnell zu einem politischen Machtkampf wurde. Beim ersten Anlauf, dem Ganzen eine schriftliche Form zu geben, verband sich Wahrheit mit Parteilichkeit, »die Arbeit der Zuspitzung« jener Verhältnisse, denen der Kampf angesagt war, mit der wissenschaftlichen Analyse von Sachverhalten, die bewußt an das Licht der Öffentlichkeit gebracht werden müssen, damit sie der praktischen Orientierung für eine neue Gesellschaftsordnung dienen können. Wenn Karl Kraus sagt: »Was nicht trifft, trifft auch nicht zu«, dann meint er diese durch parteilichen Eingriff in die Verhältnisse vermittelte Wahrheitsfindung. Als politische Streitschrift erschien das von Adalbert Hepp lektorierte Buch 1984 im Campus Verlag Frankfurt unter dem Titel »Lebendige Arbeit, enteignete Zeit. Politische und kulturelle Dimensionen des Kampfes um die Arbeitszeit«.

Einzelne Inhalte, aber auch die Form bedürfen heute der Korrektur. Viele Textpassagen des Arbeitszeitbuches, die Grundsatzerörterungen zum Arbeitsproblem betreffen, haben an Aktualität nichts eingebüßt. Manche Texte sind heute, da die Strategien des Vergessens durch die postmodernen Moden ganze Arbeit geleistet haben, wahrheitshaltiger als zu jener Zeit. Das gilt jedoch keineswegs für alles, was ich damals zu Papier gebracht habe. Der auch in mir entflammte Optimismus, eine konsequente Politik der Arbeitszeitverkürzung durch gewerkschaftliches Handeln, das sich der historischen Verantwortung bewußt ist, könne die Fundamente des bestehenden Herrschaftssystems erschüttern, ist nicht tragfähig gewesen. Den Erfindungsgeist eines Kapitalismus, dem durch den Zusammenbruch der Systemalternativen im Innern und im Weltmaßstab unerwartet hohe Legitimationsprofite zugewachsen sind, habe ich bei weitem unterschätzt. Im Vorwort schrieb ich 1984: »Wird der Kampf um die Arbeitszeit als integrierender Bestandteil einer epochalen Kampflinie betrachtet, die durch den Widerspruch zwischen politischer Ökonomie des Kapitals und politischer Ökonomie der lebendigen Arbeitskraft bestimmt wird, so stellt sich zwangsläufig die Frage, was die Veränderung des Systems der gesellschaftlichen Arbeit für die Emanzipation der Menschen bedeutet. Es ist nicht zufällig, daß sich angesichts der verschärfenden Krisensituationen die innerorganisatorischen Diskussionen über das gesellschaftliche Selbstverständnis der Gewerkschaften wieder geöffnet haben. Dabei scheint das Bewußtmachen von Emanzipationsansprüchen der Arbeiterbewegung, die in die Gewerkschaftstraditionen eingegangen sind, die Überwindung des kollektiven Gedächtnisverlustes also, ebenso notwendig zu sein wie die konkrete Bestimmung praktischer Aufgaben, die sich aus gegenwärtigen gesellschaftlichen Entwicklungen ergeben und die in besonderer Weise eine Herausforderung für die gesamtgesellschaftliche Verantwortung der Gewerkschaften sind. Das gilt auch für den zweiten thematischen Schwerpunkt meiner Überlegungen, den Selbstanspruch der Demokratisierung. Emanzipation der Arbeit und politische Selbstbestimmung, das heißt die aktive Beteiligung der Menschen an der Regelung der für ihr Leben wichtigsten Angelegenheiten in einem demokratischen Gemeinwesen, bilden einen untrennbaren Zusammenhang.«

Das wesentlich umfangreichere, in den meisten Teilen neu geschriebene Buch, das ich jetzt vorlege, radikalisiert in vielfacher Hinsicht diese Problemstellungen, die noch zu eng orientiert waren an bestimmten politischen Handlungsfeldern. Ich rücke bewußt die moralische und kulturelle Dimension von Arbeit, Arbeitslosigkeit und Gemeinwesen in den Vordergrund und damit die immer noch wesentlich durch Arbeit vermittelte menschliche Würde. Geht dieser Orientierungspunkt verloren, sind der pragmatischen Phantasie bloß technischer Lösungen keine Grenzen mehr gesetzt, und an die Stelle von Gesellschaftsreform tritt das Operieren mit Zauberworten und magischen Praktiken, die allesamt in eine Scheinwelt führen. Enttäuschte Globalisierungshoffnungen tragen das Ihre dazu bei, daß sich viel zu wenige um die Vernunftausstattung des Gemeinwesens kümmern, weil das Vorurteil von den Menschen Besitz ergreift, daß Gesetze offensichtlich von anderen und in anderem Interesse gemacht werden.

Als produktives öffentliches Nachdenken über die zu erwartenden Probleme der Erwerbs- und Arbeitsgesellschaft einsetzte, hatte gerade die konservativ-wirtschaftsliberale Koalition den Regierungsapparat übernommen; sie sprach 1982 angesichts 2,4 Millionen Arbeitsloser von einem Skandal und proklamierte eine geistig-moralische Wende, die den innergesellschaftlichen Friedenszustand befördern werde. Am Ende ihrer Regierungstätigkeit 1998 hatte sich die Arbeitslosenmasse mehr als verdoppelt, und der sozialdarwinistische Überlebenskampf der Menschen hat eine soziale Kälte erzeugt, welche der Wahlbevölkerung eine alternative Entscheidung erleichterte.

Mit der Umbruchszeit von 1989 verbindet sich das historisch einzigartige Geschenk der deutschen Wiedervereinigung, für das die Akteure der Entspannungspolitik eher verantwortlich zeichnen als die zufälligen Wahlprofiteure, ebenso wie eine unerwartete Expansion der kapitalistischen Produktionsweise. In dieser Zeit ist vieles von dem verdeckt, verzerrt oder verschüttet worden, was in den achtziger Jahren soziologische und sozialpsychologische Forschungen zum Problem der Arbeits- und Erwerbsgesellschaft und den Folgen der Massenarbeitslosigkeit ergeben hatten, darunter Grundlagen für pragmatische Reformansätze und für die Organisationsphantasie der Menschen, Auswege aus der Krise zu suchen und sich auf praktische Experimente einzulassen.

Heide Pfarr und Gudrun Linne haben 1998 auf das Vergessen und Unterschlagen dieser weitgefaßten Problematik zur Arbeit hingewiesen. Hauptpunkt ihrer Kritik ist, daß die komplexe, Erwerbsformen ebenso wie zahlreiche unbezahlte Arbeitsformen umfassende Kulturbedeutung der Arbeit im Nachdenken über strategische Veränderungen der Arbeitsgesellschaft aus dem öffentlichen Bewußtsein verdrängt wurde. Vergessen sind die Arbeitsleistungen der Frauen, die sozialintegrative Bedeutung von Arbeit; zwar wird wortreich eine Gesellschaft gefordert, in der Frauen gleichberechtigt leben können, aber von den meisten Zukunftsentwürfen sind Frauen negativ betroffen, werden in der Regel nicht einmal erwähnt. Auch fehle mittlerweile jede demokratietheoretische Auseinandersetzung mit der Arbeit. Die Autorinnen halten fest: »Abhanden gekommen sind Visionen von einem Wandel zu einer zukunftsfähigen Gesellschaft, der anzustreben und zu gestalten ist. In diesem Punkt können uns die in den vergangenen Jahrzehnten geführten Diskussionen trotz mancher irrtümlicher Annahmen dann auch ein Vorbild sein: Sie waren noch durch die Suche nach wünschenswerten Alternativen geprägt. So sehr wir beklagen, wie sich die konkreten Fehleinschätzungen vergangener Debatten bis heute hartnäckig gehalten und eine fruchtbare Diskussion um die Zukunft verwässert haben, so geradezu makaber aber erscheint uns, daß jeder anspruchsvolle gesellschaftstheoretische Entwurf, den die damalige Diskussion für sich beanspruchen konnte, über die Jahre hinweg verlorengegangen ist.«[5]

Daß es sich bei dem Begriff Arbeit um eine gesellschaftliche Schlüsselkategorie handelt, deren Veränderung alle Institutionen, Organisationsprinzipien, Beziehungsstrukturen und Wertorientierungen berührt, mag ein entscheidender Grund dafür sein, daß schnelle und phantasielose Eingriffe pragmatischen Zuschnitts wirkungslos bleiben. Nötig wären radikale Wandlungen, aber gerade diese sind offenbar mit tiefsitzenden Ängsten verknüpft.

Jetzt sind die an der Macht, die in ihren Traditionen und politischen Programmen die Glaubwürdigkeit einer Gesellschaftsreform an Haupt und Gliedern in einer Weise repräsentieren wie keine Regierungskoalition vorher. Das Prinzip Hoffnung ist noch nicht aufgebraucht, aber es bedarf größter Anstrengungen, die Linien einer Gesellschaftsreform zu erkennen, die zukunftsfähig und haltbar ist. Ein Urteil darüber wäre freilich verfrüht. Es ist jedoch nicht auszuschließen, daß in Zeiten historischer Umbrüche der unter normalen Bedingungen geltende Begriff der Realpolitik irrationale Seiten zeigt, die Regierungspolitiker im Alltagsgeschäft zu übersehen geneigt sind, während sie auf den Oppositionsbänken noch genügend Freiraum für Perspektiven kannten.

Dem entspricht ein methodisches Problem des vorliegenden Buches. Es stellt sich nicht nur die Aufgabe, das sprachliche und begriffliche Spektrum der aktuellen Auseinandersetzung um die Veränderung der Arbeits- und Erwerbsgesellschaft zu erweitern, sondern diese als Teil eines sehr viel weiter greifenden Prozesses gesellschaftlicher Transformation zu bestimmen. Die Erkenntnisobjekte bestehen deshalb zwangsläufig eher in Entwicklungspotentialen als in bloßen Tatsachenfeststellungen, die sich, wie die Erfahrung zeigt, als Momentaufnahmen des Gegebenen sehr schnell als bloße Abstraktionsschritte erweisen können. Ich spitze daher vorhandene Tendenzen der Gesellschaft bewußt zu, vereinfache in vielfacher Hinsicht Entwicklungen und verlängere sie so, daß Zukunftsperspektiven deutlicher erkennbar werden. Wer ganz der Gegenwart verhaftet bleibt, ist ständig damit beschäftigt, auf schon abgeschlossene Prozesse zu reagieren; häufig ist deshalb der Realitätsgehalt von Tendenzen größer als der von Tatsachen, die unmittelbar vor unseren Augen stehen und deren Entwicklungsmöglichkeiten wir nicht sehen können.

Und im übrigen: Wer keine Kraft zum Träumen hat, der hat auch keine Kraft zum Kämpfen. Die tagtägliche Selbstermutigung, über den Tag hinaus zu denken, gilt auch für die Wissenschaft. Wer keine Kraft zum Träumen hat, der hat auch keine Kraft zum Erkennen.

Die Zahl derjenigen, die sich mit Anregungen und Kritik an einem so zeitraubenden Projekt und seinen verschiedenen Stufen und Fassungen beteiligten, ist groß. Die auf Tagungen auftretenden anonymen Kritiker sind nicht weniger wichtig als die ständigen

Begleiter meiner wissenschaftlichen und politischen Arbeit. Einzelne verdienen gleichwohl genannt zu werden: Christine Morgenroth, Michael Schumann, Jürgen Seifert, Joachim Perels, Michael Buckmiller, Thomas Ziehe, Jutta Meyer-Siebert und Horst Meyer, Regina Becker-Schmidt und Gudrun-Axeli Knapp, Mechthild Rumpf, Erich Wulff und Dieter Sterzel. Besonderer Dank gebührt jenen, welche die Texte, die nicht selten in einem archaischen Produktionszustand waren, in eine für moderne Medien entzifferbare Form versetzten: Rita Benneke, Christine Schwarz, Ulrike Minar und Anja Meyerrose.

Hannover im Sommer 2001, Oskar Negt

I

Die Zeitdimension von Macht und Herrschaft

Orientierungssuche in den Zwischenwelten der Erosionskrise

1. Entkleidungsszenen – beschrieben von Karl Marx und einem Märchenerzähler

Wir sind Zeitzeugen eines Stücks mit dem Titel »Ironie der Geschichte«, das gegenwärtig auf der Weltbühne aufgeführt wird: Gerade in dem Augenblick, da der Kapitalismus nicht enden wollende Triumphgesänge über alles anstimmt, was auch nur den symbolischen Geruch von Sozialismus und Marxismus vermittelt, funktioniert das Kapital zum ersten Mal in seiner ganzen Entwicklungschronik genau so, wie Karl Marx es in seinem »Kapital« beschrieben hat. Ich will das nicht als rhetorischen Trick verstanden wissen, der ein befreiendes Lachen oder nachsichtiges Schmunzeln auslösen soll. Es ist vielmehr die Feststellung eines Tatbestandes, der mich im Blick auf die umlaufenden und allseits wohlwollend aufgenommenen Analysen der gegenwärtigen Gesellschaft äußerst irritiert. Man muß nur schnell genug in öffentlichen Debatten das Wort »Globalisierung« anführen, vielleicht darin noch ein neues Gesetz der gesellschaftlichen Entwicklung aufdecken, um sofort alle Mitredenden unter Legitimationsdruck zu setzen. In solchen Debattenmilieus wächst die Schar der Romantiker und der Rückwärtsgewandten, die nur wenig von dem anerkennen wollen, was die »Zweite Moderne« an Befreiungsmöglichkeiten und neuen individuellen Autonomieräumen bereithält; und die Modernisierungsapologeten zeigen nicht selten allergische Reaktionen, wenn kritische Einwände auftauchen.

Ich will jetzt nicht meinerseits die Ironie der Geschichte, die bekanntlich alles auf den Kopf stellt, ironisieren, der Zweiten Moderne eine Zweite Ironie hinzufügen. Es geht vielmehr um eine ganz elementare Frage: Ist die Globalisierungstendenz im Kapitalismus etwas völlig Neues, das zur Beschreibung gesamtgesellschaftlicher Entwicklungen dienen kann, oder vielleicht das ganz Alte, das im Kapitalprinzip selbst steckt? Erweiterte Akkumulation, Zentralisation und Konzentration der Kapitalien – ließen sich Kapital und Globalisierung je voneinander trennen? Man studiere doch einmal die klassische politische Ökonomie von Adam Smith, David Ricardo oder John Stuart Mill. Bei allen findet sich die Befürchtung, die Globalisierungskraft des Kapitals könnte sich eines Tages auf die Gesamtgesellschaft legen. So weit wie Hegel, der von einem privatkapitalistisch freigelassenen »System der Bedürfnisse« sprach, das die

Gesellschaft zu einem »geistigen Tierreich« mache, ging zwar keiner von ihnen in seinen Befürchtungen; aber durchweg hofften sie auf haltbare Schranken, um das Kapital zu zivilisieren, und setzten auf vielfältige Institutionen und Zwecke, nicht zuletzt den »Wohlstand der Nationen« und die moralische Grundausstattung des Menschen. (Adam Smith hatte schließlich einen Lehrstuhl für Moralphilosophie und hielt Vorlesungen über »moral sentiments«, das Hauptthema der Schottischen Schule in der Tradition Shaftesburys.) Bei den Klassikern der bürgerlich-politischen Ökonomie hatte die Macht wirtschaftlicher Betriebsamkeit deutliche Grenzen, und Bourgeois und Citoyen sind keineswegs zufällig voneinander zu scheiden.

Karl Marx nimmt die klassische Ökonomie so ernst, weil sie die revolutionäre Sprengkraft dieser Wirtschaftsform hervorhebt, nicht ihre Schwächen; offenkundig fasziniert ihn die vom Kapital ausströmende Energie. Die Aktualität der Marxschen Kapitalanalyse belegen zum Beispiel zwei Tendenzen, die er bereits im »Kommunistischen Manifest« von 1848 benennt und die ihre eigentliche Bedeutung erst heute gewinnen: zum einen der von Selbstregulationen abgelöste Ausdehnungs- und Besetzungsdrang, zum anderen der Entkleidungsmechanismus, der die menschlichen Beziehungen auf ein möglichst kaltes Medium reduziert, das Geld, die »bare Zahlung«.

Wenn Marx sagt: »Das Bedürfnis nach einem stets ausgedehnteren Absatz für ihre Produkte jagt die Bourgeoisie über die ganze Erdkugel. Überall muß sie sich einnisten, überall anbauen, überall Verbindungen herstellen«[1], ist daran nichts Prophetisches, sondern es handelt sich um das Bewegungsgesetz der kapitalistischen Produktionsweise, wie er es dann im »Kapital« im einzelnen begründet. Selbst die »postnationalen Konstellationen«, von denen Jürgen Habermas spricht, liegen auf der Wirkungslinie dieses Gesetzes. »An die Stelle der alten lokalen und nationalen Selbstgenügsamkeit und Abgeschlossenheit tritt ein allseitiger Verkehr, eine allseitige Abhängigkeit der Nationen voneinander. Und wie in der materiellen, so auch in der geistigen Produktion. Die geistigen Erzeugnisse der einzelnen Nationen werden Gemeingut. Die nationale Einseitigkeit und Beschränktheit wird mehr und mehr unmöglich, und aus den vielen nationalen und lokalen Literaturen bildet sich eine Weltliteratur.«[2]

Der Globalisierungstendenz entspricht die der »Entkleidungen«, des wachsenden Kältestroms in den menschlichen Beziehungen.

»Die Bourgeoisie hat alle bisher ehrwürdigen und mit frommer Scheu betrachteten Tätigkeiten ihres Heiligenscheins entkleidet. Sie hat den Arzt, den Juristen, den Pfaffen, den Poeten, den Mann der Wissenschaft in ihre bezahlten Lohnarbeiter verwandelt.« »Sie hat ... kein anderes Band zwischen Mensch und Mensch übriggelassen als das nackte Interesse, als die gefühllose ›bare Zahlung‹. ... Sie hat die persönliche Würde in den Tauschwert aufgelöst ...«[3]

Es gibt eine Art Naturrecht jeder Theorie, nicht willentlich mißverstanden zu werden. Philosophische oder gesellschaftliche Argumentationen, die sich an Wahrheitskriterien orientieren, dürfen nicht aus Gründen politischer Opportunität ausgegrenzt werden. Wäre Marx Beobachter des heutigen Kapitalismus, kämen ihm sicherlich zwiespältige Gedanken: Einen reinen Kapitalismus, der sich zum Weltsystem ohne Grenzen entwickelt, hat er befürchtet, aber für nicht durchsetzbar gehalten.[4] Die historisch-revolutionäre Kraft, also die durch das System selbst produzierten Totengräber, hätten das verhindert. Der politische Traum von einer revolutionären Veränderung hat sich im zwanzigsten Jahrhundert aufgespalten – in einen Alptraum und einen Traum bleibender Wünsche. Als Wissenschaftler, der Marx ja in erster Linie sein wollte, könnte er jedoch mit Stolz darauf verweisen, daß sein Lebenswerk »Das Kapital. Kritik der politischen Ökonomie«, an dem er sich buchstäblich zu Tode gearbeitet hat, nicht nur die Geschichte des Kapitalismus mehr als hundert Jahre begleitet hat, sondern heute eine völlig unerwartete Bestätigung seines wissenschaftlichen Wahrheitsgehalts erfährt.

Selbst in konservativen Blättern wie der »Frankfurter Allgemeinen« zitiert man zustimmend die Marxsche Kapitalismuskritik, und Topmanager wie Edzard Reuter sind des Lobes voll, wenn sie bestimmte Gegenwartstendenzen im sozialdarwinistischen Überlebenskampf der Einzelkapitale in den Texten des materialistischen Dialektikers vorformuliert finden. Kann das zur Zeit um sich greifende Fusionsfieber, die freundlichen und feindlichen Übernahmen, besser erklärt werden als mit dem Hinweis: »Diese Expropriation vollzieht sich durch das Spiel der Gesetze der kapitalistischen Produktion selbst, durch die Zentralisation der Kapitale, je ein Kapitalist schlägt viele tot«?[5] Oder nehmen wir eine ökologische Komponente der Marxschen Analyse: »Die kapitalistische Produktion entwickelt daher nur die Technik und Kombination des gesellschaftlichen Produktionsprozesses, indem sie zugleich die Springquellen des Reichtums untergräbt: die Erde und den Arbeiter.«[6] Das Räuberische liegt in den Strukturgesetzen des Kapitals: Verstehen sich die Unternehmer als bloße Personifikationen, als Charaktermasken des Kapitalverhältnisses, werden sie willig und in vorausschauendem Gehorsam diesen Gesetzen folgen. »Das Kapital ist daher rücksichtslos gegen Gesundheit und Lebensdauer des Arbeiters, wo es nicht durch die Gesellschaft zur Rücksicht gezwungen wird.«[7]

Ich will keine neue Marx-Orthodoxie beschwören; apokalyptische Visionen sind Fluchtphantasien und nützlich vor allem als Bestandsgarantien des Gegebenen. Aber es ist eine Frage intellektueller Redlichkeit, die Originalgedanken nicht um demonstrativer Originalität willen in Vergessenheit geraten zu lassen. Die dem Kapital und der Marktlogik immanente Tendenz der Globalisierung, die fast wörtlich in den meisten der Marxschen Schriften zu finden ist, kann unter dem Gesichtspunkt der Entstehungszeit nicht als das historisch Neue betrachtet werden. Das aber zum vorherrschenden Ansatzpunkt der Gegenwartsanalyse zu machen, würde mehr an gesellschaftlichen Tatbeständen verschleiern, als es zu deren Aufklärung beitrüge.

Was ist also das Neue an der heutigen Wirtschaftsform, die so unglaublich produktiv ist, daß für immer höhere Erträge immer weniger Menschen erforderlich sind? Merkwürdigerweise drängt sich mir in bezug auf das prachtvolle Auftreten des Kapitalismus in jüngster Zeit immer wieder die Bilderwelt des Andersen-Märchens von des Kaisers neuen Kleidern auf.

Hans Christian Andersen, Sohn eines armen Schuhmachers, muß wohl Ähnliches im werdenden Kapitalismus gespürt haben wie der dreizehn Jahre jüngere Marx. In seinem Märchen werden die Menschen dumm und blind, weil sie ihre Urteilsfähigkeit dem Machtgedanken opfern, als zwei Betrüger in der Stadt das Gerücht verbreiten, die von ihnen produzierten Kleider hätten die »wunderbare Kraft, daß die Menschen, die für ihr Amt nicht taugten oder ungewöhnlich dumm seien, sie nicht sehen könnten«. So kann es nicht ausbleiben, daß alle, weil sie sich für klug und amtsfähig halten, wohlgestaltete Kleider auch dort sehen, wo absolut nichts Stoffliches faßbar ist.

Die selbstverschuldete Unmündigkeit zieht sich bis in die höchsten Hofkreise und erfaßt sogar den Kaiser, dessen bevorzugter Aufenthaltsort nicht der Kronrat, sondern die Kleiderkammer ist. Die Betrüger können weiterhin bedenkenlos Geld scheffeln, ungeachtet des Kontrollblicks der hochbezahlten königlichen Aufsichtsräte und der öffentlichen Berichterstatter. »Jetzt verlangten die beiden Betrüger noch mehr Geld, noch mehr Seide und Gold für ihr Gewebe. Sie steckten alles in die eigene Tasche, auf den Webstuhl kam kein Fädchen, sie aber webten fleißig am leeren Webstuhl weiter.« Das Aufklärungsende dieses Verkleidungsmärchens ist verblüffend einfach und revolutionär zugleich. Der feierliche Umzug des Kaisers in seinen neuen Kleidern findet ein abruptes, für alle peinliches Ende. »Aber er hat ja gar nichts an! sagte ein kleines Kind. Er hat gar nichts an! schrie schließlich das ganze Volk wie aus einem Munde.«

In seinem Märchen erzählt Andersen die Geschichte eines durch Macht geblendeten Volkes, das zeitweilig seine natürliche, das heißt im Erfolgsumkreis des Alltags gesicherte Urteilsfähigkeit und die Selbstverständlichkeit von Sinneswahrnehmungen verloren hat. Ist das vielleicht das Geheimnis der Wirksamkeit moderner Ideologien? Insbesondere der Globalisierungsbetrüger?

Wenn jemand unvermittelt ausruft: »Der ist ja nackt!«, scheint professionelle Anerkennung damit höchst gewagt aufs Spiel gesetzt zu werden. Der Vater des vorwitzigen Kindes entschuldigt sich für die Stimme der Unschuld, die eigen-sinnig zum Ärgernis wird. Ist der Kapitalismus heute nicht in der peinlichen Lage jenes legendären Kaisers? Wenn von der gegenwärtigen Entwicklungsstufe der Gesellschaft gesprochen wird, ist selten die historische Kleiderordnung Thema. Man muß Übersetzungsarbeit leisten: In der ökonomischen Wissenschaft heißt »entkleiden« heute »disembedding« (entbetten). Aus der akademischen Provinz der etablierten Gesellschaftswissenschaften erklingt der Enthüllungsruf, der die Tatbestände kritisch benennt, ganz selten, doch man hört ihn öfter aus der Erfahrungswelt des kritischen Journalismus, dem sich der sperrige Rohstoff der Gedanken und Empfindungen noch nicht »virtualisiert«, also in Kommunikation verflüssigt hat. Als Journalisten seien Jeremy Rifkin[8], Viviane Forrester[9], Hans-Peter Martin und Harald Schumann[10] genannt, und sogar die dem Liberalismus aller Prägungen anhängende Gräfin Dönhoff macht sich neuerdings Gedanken darüber, was dem von allen Umhüllungen befreiten Kapitalismus an gesellschaftlichen Regulierungskräften in den sozialen Institutionen und an öffentlichen Tugenden verlorengegangen ist. »Zivilisiert den Kapitalismus!« lautet der Schlachtruf der Gräfin, die der Wirtschaftsfreiheit jetzt doch Grenzen setzen möchte.[11]

Immer häufiger erklingt der Warnruf auch in den mehr oder minder selbstmitleidigen Lebenserinnerungen entmachteter Großmanager. Edzard Reuter[12] und Daniel Goeudevert[13], als Vorstandschefs von Daimler-Benz bzw. Ford ehedem ganz oben in der wirtschaftlichen Machthierarchie, bieten viel internes Material für Systementhüllungen. Ihnen, die selbst einmal sonderbare Webstühle dirigierten, an denen, wie es im Märchen heißt, Betrüger mit »großen Scheren in der Luft herumfuhren und mit Nähnadeln ohne Faden nähten«, werden die Abläufe mittlerweile unheimlich, wenn sie zum Beispiel darauf verweisen, daß einem Dollar Wertbewegung in der stofflichen Realität des Handels und der Dienstleistungen 60 Dollar fiktiver, virtueller, abstrakter Geldbewegungen an den Börsen gegenüberstehen. Andere Berechnungen gehen noch viel weiter. Ist vielleicht blind und seiner Profession unwürdig, wer diese und ähnliche Abstraktionen *nicht* mit glänzenden Stoffen und mit Leben zu erfüllen vermag? Was sind das überhaupt für Abstraktionen, die sich wie Schleier über das Leben der Gesellschaft legen, fiktiv und real zugleich? Alfred Sohn-Rethel hat von Realabstraktionen gesprochen, die keine bloßen Denkerzeugnisse sind, sondern konstitutiv für eine Gesellschaft des universalisierten Warentausches.[14] Welche Rolle spielen solche Realabstraktionen im gegenwärtigen Globalisierungsprozeß?

Unter den Stichworten, mit denen gesellschaftskritische Erkenntnis heute hausieren geht, findet sich kaum eines, das unfreundlich klingt. Man spricht von Neoliberalismus, was eine Beziehung zu den großen rechtsstaatlich-liberalen Traditionen herstellt. Man spricht von Globalisierung, einem Öffnungsbegriff, der Weite und Vielfalt nahelegt; von Individualisierung, von Flexibilisierung und Deregulierung, die assoziiert werden sollen mit der überfälligen Beseitigung unvernünftiger Staatseingriffe in die autonome Selbstbestimmung der Menschen und ihren freien Bewegungsraum. Aber die menschenfreundliche Seite dieser Worte zehrt davon, daß sie als Substanzbegriffe verwendet werden, deren zwiespältige Interessenbezüge ausgeklammert sind. Ihre vorwiegend positive Wertung, mit der sie im vorherrschenden Wissenschaftsbetrieb abgehandelt und von der medialen Öffentlichkeit bereitwillig aufgegriffen werden, verdankt sich einer unterschlagenen Wirklichkeit, in der die Selbstzerrissenheit des menschlichen Daseins wachsende Wüsten produziert. Aber weder Globalisierung noch Individualisierung liefern Erklärungsmuster für das, was die auf Lösung drängenden Probleme unserer Gegenwartsgeschichte ausmacht. »... die Globalisierung ›an sich‹ ist nicht die treibende Kraft. Sie bildet das, was sie während der ganzen Epoche, die wir als moderne Geschichte betrachten, gewesen war: der jederzeit expansive und oft explosive Prozeß der Kapitalakkumulation.«[15]

Was ist also das Neue im stark veränderten Betriebsklima unserer Gesellschaft? Das absolut Neue besteht darin, daß die Kapital- und Marktlogik von nahezu allen Barrieren, Kontrollen, Widerständen, Gegenmachtpositionen befreit ist. Die Erosion dieser kollektiven Widerstandspotentiale, ob sie nun den Staat betreffen, die sozialen Sicherungssysteme oder die Kampfbereitschaft von Organisationen der Arbeiterbewegung, ist zu einem zentralen Problem für die demokratischen und mit einem Minimum ausgleichender Gerechtigkeit versetzten Organisationsformen unserer Gesellschaft geworden, gefährdet ihren solidarischen Zusammenhalt. Was einmal bürgerliche Gesellschaft hieß, bildete den öffentlichen Raum dieses Zusammenhalts auseinanderstrebender Interessen und Bedürfnisse.

Wenn nicht einmal mehr der Steuerstaat auf die steigenden Erträge der Großunternehmen zugreifen kann, so daß bei zunehmendem gesellschaftlichen Reichtum die öffentliche Armut beängstigend wächst, dann ist es doch an der Zeit, den Ideologen der Deregulierung und der Globalisierung vor Augen zu führen, wie stark sie sich mit ihren Analysen und Modernisierungsimperativen in die Verwertungsrichtlinien des Kapitals aller Schattierungen einbinden lassen. Wer meint, zusätzlich stoßen zu müssen, was fällt, indem er die Schutzschichten und Zäune mit abträgt, die mühsam gegen hemmungslose Verwertungsinteressen aufgebaut wurden, verhilft den Verantwortlichen für die faktisch ablaufenden Prozesse noch zu einem guten Gewissen und zur Legitimation eines gleichsam naturgesetzlichen Vorgangs.

»Der Nationalstaat stirbt ab« gilt inzwischen als ausgeleierte Formel, die auszusprechen fast den wissenschaftlichen Anstand verletzt. Angesichts der Katastrophengeschichte, die anderthalb Jahrhunderte mit dieser staatlich vermittelten Vergesellschaftungsform verknüpft war, kann das »Absterben des Staates« nicht als bedauernswert angesehen werden; was an seine Stelle tritt, ist jedoch nicht besonders ermutigend.

Die sozialstaatlichen Errungenschaften der Nachkriegszeit werden geplündert, weil die Reichen und die Ertragreichen kaum mehr in das Gemeinwesen einzahlen. Sozialstaat bedeutete immer auch Begrenzung menschlicher Not. Mit der Wende von 1989 wurde eine Barriere eingerissen, die nichts weiter war als eine Abgrenzungsrealität, aber die westlichen Länder (insbesondere den westdeutschen »Frontstaat«) immerhin dazu veranlaßte, ihre Gesellschaftsordnungen freier und sozialer zu gestalten. Wenn alle derartigen Schutzschichten brechen, steht in der Tat eine Weltgesellschaft, die dem einzelnen jegliche nachprüfbare Partizipationsmöglichkeit entzieht, einem aus allen konkreten Bindungen herausgetrennten Individuum abstrakt gegenüber. Wo die organisierten Zwischenwelten, die »lebensfähigen Einheiten«, in denen Distanz und Nähe sich ausbalancieren, im gesellschaftlichen Gefüge verschwinden, sind Orientierung und Identität der Menschen aufs höchste bedroht. Eine demokratische Gesellschaftsordnung hat aber ohne ein Minimum von existentieller Angstfreiheit der Menschen keinen Bestand. Und nur ein Wunder könnte bewirken, daß das kapitalistische Wirtschaftssystem, das schon in den reichsten Ländern nicht imstande ist, Armut, menschliche Orientierungslosigkeit und Massenarbeitslosigkeit aufzuheben, durch bloße Verallgemeinerung, durch einen alle Grenzen überschreitenden Marsch durch die Länder die Weltprobleme löst.

Hier ist eine Ideologieproduktion subtilster Art am Werk, aber auch interessenbewußter Betrug. Die Globalisierungsfallen, in die viele aus Unkenntnis tappen, werden ergänzt und bestätigt durch Fallen ganz anderer Art, die den Wärmehaushalt der Menschen zu vergrößern scheinen und die man Individualisierungsfallen nennen kann. Ich nehme hier bewußt den klassischen Ideologiebegriff auf, der in der Verschränkung von Wahrem und Falschem besteht. Wer heute von Globalisierung spricht, die Befreiung aus Lokalborniertheiten und nationalstaatlicher Enge verspricht, hat für diesen Prozeß immer Wirklichkeitsfragmente parat: Im Niederreißen von Mauern, in der Überwindung tödlicher Grenzen, im universalisierten Tourismus und der erdumspannenden Kommunikationstechnologie sind immer auch Erweiterungspotentiale menschlicher Urteilsfähigkeit und gegenseitiger Achtung enthalten. Wenn wir aber Globalisierung als Substanzbegriff aufsprengen und ihn in seine Funktionsteile auseinanderlegen, werden wir ganz verschiedene, ja in sich völlig widersprüchliche Seiten dieses Vorgangs feststellen können. Die Funktionsanteile in den Globalisierungsstrategien würden unter vielen Aspekten, die mit Freiheitsillusionen verknüpft sind, auch materiell höchst greifbare Herrschaftsinteressen erkennbar machen, die weitgehend verschwiegen oder nur am Rande erwähnt werden. Denn auszublenden, daß Macht, Herrschaftsinteressen und Eigentumsstrukturen der Gesellschaft (auch in ihren noch existierenden nationalen Grundrissen) allgegenwärtiger Hintergrund dieser Globalisierungsstrategien sind, wieweit sie sich auch in unsichtbaren Fäden und in Abstraktionsvorgängen verkleiden mögen, würde der professionellen Kompetenz des Soziologen widersprechen und den Gesellschaftsanalytiker mit jener machtgeschützten Blindheit schlagen, von der der Märchenerzähler Andersen berichtet.

Schopenhauer sprach vom »ruchlosen Optimismus«, wenn in einer Haltung das Betrügerische bewußt unterschlagen wird. Eines Tages wird man vielleicht vom »Großen Globalisierungsbetrug« sprechen können wie heute schon von der »Falschen Verheißung«[16]. Ich weiß, daß meine Blickrichtung auf die weltweiten Probleme mehr vom verblüfften Erstaunen des Andersenschen Kindes angeleitet ist als vom ausgebreiteten Stand innerakademischer Wissenschaftsdiskurse. Dem Soziologen geht es freilich nicht anders als dem Philosophen; am Ende muß er elementare Existenzfragen der Menschen beantworten, wenn er den kulturellen Sinnzusammenhang ihrer selbstgesetzten Erkenntnisziele im Auge behalten will.

Als elementare Existenzfrage betrachte ich zum Beispiel folgendes: In dem Land, das von der Öffnung der Märkte am meisten profitiert hat und das mit Abstand die reichste Gesellschaft der Welt ist, hat sich im Zuge der Globalisierung der Abstand zwischen Armen und Reichen gewaltig vergrößert. Warum ist im vergangenen Jahrzehnt die Zahl der Armen (nach regierungsamtlicher Festsetzung der Armutsgrenze auf 13 000 Dollar Jahreseinkommen) auf 36 Millionen gestiegen? Warum sind die Kosten für Suppenküchen der kirchlichen Hilfsorganisationen sprunghaft angestiegen? Warum sind die Gefängnisse in diesem reichen Land, das stolz darauf ist, die Arbeitslosigkeit fast überwunden zu haben, so voll wie nie zuvor in seiner

Geschichte? Auf 100 000 Einwohner kommen über 600 Strafgefangene, in Europa sind es im Durchschnitt 60 bis 80.

Oder nehmen wir das Beispiel Brasilien: Die neue Oberbürgermeisterin von São Paulo, Marta Supplicy, hat im Juni 2000 aktuelle Zahlen genannt: Von 14 Millionen Einwohnern leben zur Zeit etwa 5,5 Millionen in Elendsquartieren (Favelas) mitten in der Stadt. Warum hat die von der sozialdemokratischen Regierung Cardoso betriebene Politik der freien Märkte daran nichts geändert, vielmehr die sozialen Spannungen zwischen prosperierenden Wohlstandsinseln und der wachsenden Verarmung von Millionen von Menschen aufs äußerste verschärft? Wo liegen für dieses Land die Emanzipationsgewinne der Globalisierung?

Afrika südlich der Sahara war Ende der achtziger Jahre mit einem Anteil von etwa 2 Prozent am Weltmarkt beteiligt, also schon damals in einer skandalös geringen Proportion. 1999 ist dieser Anteil auf 0,3 Prozent geschrumpft – mit Fug und Recht kann davon gesprochen werden, daß hier ein ganzer Kontinent von der Weltgesellschaft abgekoppelt wird. Wen wundert es noch, daß gerade in diesen Zonen Afrikas die Zahl der Kriegstoten steigt und steigt! Aber auch die scheinbar gewaltlosen Zustände in den Staaten der Europäischen Union sind, was zum Beispiel die Massenarbeitslosigkeit von über 30 Millionen Menschen betrifft, kaum beruhigend.

Warum ist der auf Beseitigung aller nationalstaatlichen und moralischen Barrieren setzende Freihandel weltweit so wenig imstande, Arbeitslosigkeit und Massenelend aufzuheben? Diese Fragen sind für uns deshalb so brisant, weil es bei den meisten verschärften Widersprüchen nicht um Modernitätsrückstände geht, sondern um Wirkungen des Kapitalismus, der die Welt erobert und sich gleichsam im Zellaufbau der Lebensverhältnisse festsetzt.

Ulrich Beck, einer der einflußreichsten Apologeten der Globalisierungsdebatte, schreibt: »Globalität ... kennzeichnet die neue Lage der Zweiten Moderne. ... Die Besonderheit des Globalisierungsprozesses heute (und wohl auch in Zukunft) liegt in der empirisch zu ermittelnden Ausdehnung, Dichte und Stabilität wechselseitiger regional-globaler Beziehungsnetzwerke und ihrer massen-medialen Selbstdefinition sowie sozialer Räume und jener Bilder-Ströme auf kultureller, politischer, wirtschaftlicher, militärischer und ökonomischer Ebene. Weltgesellschaft ist somit keine Mega-Nationalgesellschaft, die alle Nationalgesellschaften in sich enthält und auflöst, sondern ein durch Vielheit und Nicht-Integriertheit gekennzeichneter Welthorizont, der sich dann öffnet, wenn er in Kommunikation und Handeln hergestellt und bewahrt wird. Globalitätsskeptiker fragen: Was ist neu? Und behaupten: nichts wirklich Wichtiges. Aber sie liegen historisch, empirisch und theoretisch falsch. Neu ist nicht nur das alltägliche Leben und Handeln über nationalstaatliche Grenzen hinweg, in dichten Netzwerken mit hoher wechselseitiger Abhängigkeit und Verpflichtungen; neu ist die Selbstwahrnehmung dieser Transnationalität (in den Massenmedien, im Konsum, in der Touristik); neu ist die ›Ortlosigkeit‹ von Gemeinschaft, Arbeit und Kapital ...«[17]

Das ist eben das Problem, ob diese transnationalen Netzwerke die ganze Wirklichkeit des Globalen ausdrücken oder nur Abstraktionsschritte benennen. Gibt es die wachsende »Ortlosigkeit« von Arbeit, Kapital, Lebensverhältnissen wirklich, oder drückt die »Ort- und Zeitlosigkeit« nur substantialisierte und vereinseitigte Aspekte des Globalisierungsprozesses aus? Daß Globalisierungstendenzen der Art und Reichweite, wie sie der kapitalistischen Warenproduktion eigentümlich sind, zur Enttraditionalisierung der Lebensbezüge beitragen und vielfach auch, um die Menschen flexibel für Marktanforderungen zu halten, identitätsbedrohende Entwurzelungen erzeugen, ist aus den sozialen Kämpfen der vergangenen hundertfünfzig Jahre bekannt. Ob Globalisierung überhaupt als die bestimmende Krisenursache der gegenwärtigen Welt angenommen werden kann, ist mit großen Fragezeichen zu versehen. Mit guten Gründen verweisen kompetente Ökonomen auf die Begrenztheit, das Ideologisch-Verklärende, das Propagandistisch-Erpresserische der Globalisierungsbegriffsbildung. Wichtig in diesem Zusammenhang sind die Analysen von Michael R. Krätke[18] und vor allem die umfassende Untersuchung von Elmar Altvater und Birgit Mahnkopf[19]. Beide Studien fundieren auf reichhaltigem wissenschaftlichen Material, spüren aber gleichzeitig die ideologischen Verdrehungen auf, die sich hinter den Legitimationsfassaden handfester Interessen verbergen.

Man kann sich natürlich an der Idee einer Weltbürgergesellschaft erwärmen; und der Zugang zum Internet mag manchem auch das Gefühl vermitteln, er sei jetzt Weltbürger geworden. Aber diese Weltzwangsgesellschaft bleibt, offen gestanden, viel inhaltsleerer und realitätsferner als der Begriff der Menschheit und des Weltbürgertums bei Kant, der immerhin diese Ideen besetzte mit einem kategorischen Imperativ: Handle so, daß du in jeder deiner Handlungen die Menschheit in deiner Person achtest. Das bedeutete damals nichts anderes als die Aufforderung, Urteilsfähigkeit und Wissen in den unmittelbaren menschlichen Lebensverhältnissen zu gestalten. Erst wenn der Normalbürger auf seinem Hof, in seinem Haus, in seiner Berufswelt anerkannt ist als gleiches und freies Subjekt, dann hat er, wie Kant entschieden betont, den Blick frei für die Welt.

Ich möchte im folgenden den Krisenbegriff »bodenständiger«, ortsbestimmter und in den Bewegungsrhythmen der Verhältnisse differenzierter fassen; die Strukturkrise der demokratischen Gesellschaftsordnungen ist Hauptthema meiner Untersuchung. Und diese Krise ist nicht »ortlos«, sondern wird sichtbar in klar benennbaren Feldern, die auch konkret beackert werden können. Denn die Weltgesellschaft wird kein anderes Gesicht und keine andere Gestalt haben als die, welche die gegenwärtig existierenden entwickelten Gesellschaftsordnungen angenommen haben, reformiert oder verödet, in ihren demokratischen Grundlagen lebensfähig oder in der Wartestellung eines gewaltbereiten Abrufs. Es ist zu bezweifeln, ob die Verallgemeinerung eines einzelnen isolierten Merkmals moderner Entwicklungen – wie der Globalisierung – der inneren Dialektik der Prozesse, mit denen wir es in einer Welt epochaler Umbrüche zu tun haben, gerecht wird.

Wer sich auf die Überprüfung konkreter Lebensverhältnisse einläßt, muß einen Begriff der gegenwärtigen Gesellschaftskrise entwickeln; nichts läßt sich am Allgemeinen entziffern, was nicht primär in besonderen Konstellationen menschlicher Lebenslagen begründet wäre. Aus dieser Dialektik von Besonderem und Allgemeinem kann niemand herausspringen, ohne das wissenschaftliche Erkenntnisinteresse zu verzerren oder gänzlich zu verlieren. Schließlich wird selbst die Art und Weise praktisch-politischer Eingriffe in unheilverkündende Zustände davon abhängen, wie die Einzeltatbestände in einen begrifflichen Zusammenhang gebracht werden können, der den Menschen Orientierungen inmitten der Strukturkrise ermöglicht. Denn eines scheint ganz unstrittig zu sein: Globalisierung, welcher Wirklichkeitsgehalt diesem Vorgang auch immer zugeschrieben werden mag, hat die Menschen innerhalb eines knappen Jahrzehnts aus den meisten als verbürgt geltenden Sicherheitskoordinaten ihrer Orientierung herausgeschleudert. Das Alltagsgefüge von Raum und Zeit zeigt deutliche Risse.

Als Jürgen Habermas 1984 in einer Rede vor dem spanischen Parlament von der Neuen Unübersichtlichkeit sprach, hatte er vor allem den Abbau des Wohlfahrtsstaates und die arbeitsgesellschaftlichen Utopien im Blick; diese Neue Unübersichtlichkeit hat sich, siebzehn Jahre später, entschieden radikalisiert und um eine Vielzahl neuer Krisenherde erweitert, die sich überlagern, gegenseitig verschärfen oder auch neutralisieren. Angesichts dieser »Neuesten Unübersichtlichkeit« mag es hilfreich sein, den Wandel im orientierenden Weltverständnis ein Stück weit historisch zu betrachten, um in einer philosophisch-geschichtlichen Argumentationsfolge die Gegenwartskrise begreifbarer zu machen. Es ist die Zeit gewaltiger gesellschaftlicher Umbrüche, in der die Suchbewegungen intensiver darauf gerichtet wurden, neue Übersichtlichkeit durch magische Kraftanreicherung orientierender Begriffe herzustellen.

2. Die drei Kopernikanischen Wenden der Weltorientierung

Kaum ein Wort der jüngeren politischen Sprache hat in einem vergleichbar kurzen Zeitraum Forschungsfelder und Debattenforen erobert wie der Begriff der Globalisierung. Noch das 1994 erschienene »Große Fremdwörterbuch« des Dudenverlages kennt diesen Begriff nicht, für den übrigens Anthony Giddens die Urheberschaft beansprucht.[20] Erst der neue Rechtschreibduden von 1996 erklärt das Wort »globalisieren« (»weltweit ausrichten«), als es schon Dutzende von Buchtiteln ziert, und heute gehört es in vielfältigen Verbindungen zu den am häufigsten gebrauchten politischen Begriffen.

Da es sich offenkundig nicht nur um eine politische oder ökonomische Kategorie handelt, sondern mittlerweile selbst als Herausforderung für die Philosophie verstanden wird, möchte ich das Globalisierungsthema für einen Augenblick in den Begriffshorizont der Philosophie rücken.[21] Die Philosophen, die die neuen Globalisierungsschübe als Provokationen zum Weiterdenken oder auch Umdenken verstehen, konzentrieren sich wesentlich auf Fragen einer aktualisierten Verantwortungsethik, die die Nationalstaaten und ihre kollektiven Handlungsdimensionen verläßt, wobei die Begründungslogiken einer solchen Ethik ohnehin nie auf den Interventionsrahmen nationalstaatlicher Gewalt beschränkt waren. (Eine philosophisch ernstzunehmende nationale Ethik ist mir, wenn ich von den Perversionen faschistischer Varianten absehe, nicht bekannt.) Insofern bedeutet die Globalisierung einen Zuwachs an Legitimation für universalistische Verantwortungskonzepte, die vielfach ja auch in internationale Vereinbarungen und Institutionen eingegangen sind. Es gehört heute gleichsam zum »vornehmen Ton der Philosophie«, wie Kant das einmal ironisch formuliert hat, universalistisch zu argumentieren, das heißt in Diskursethiken begründete Verhaltensvorschriften als universell verbindlich zu deklarieren. Aber um die konkrete Umsetzbarkeit dieser Ethiken wird sich aus Gründen, die auch mit akademischen Arbeitsteilungen zu tun haben, nicht weiter gekümmert.

Die philosophischen Diskurse, die häufig dem Abstraktionsniveau der ökonomischen Globalisierung verhaftet sind, behalten eine eigentümliche Reserve gegenüber dem Globalisierungsprozeß insgesamt, der als irreversibel betrachtet wird und nur dadurch in seinen Folgewirkungen humanisiert werden kann, daß er mit ergänzenden Ethiken umkleidet wird. Karl-Otto Apel hat das am prägnantesten formuliert: »Die Veränderung der Bedingungen der Weltwirtschaft, die zur Zeit als Globalisierung bezeichnet wird, müßte meines Erachtens in derselben Weise der Beobachtung und der Kontrolle durch einen kritischen Diskurs der Weltöffentlichkeit angesetzt werden, wie das im Konzept der sozialen Marktwirtschaft vorher in einigen Demokratien approximativ gelungen ist bzw. gelungen war, muß man heute schon fast sagen. Damit wäre dann auf der Ebene der Wirtschaft die sozusagen naturwüchsige Globalisierung erster Ordnung durch eine ethisch verantwortbare Globalisierung zweiter Ordnung ergänzt bzw. eingeholt.«[22] Ich bezweifle nicht, daß es notwendig ist, eine solche Internationalisierung faktisch vorhandener Probleme und Gefährdungen öffentlich zur Debatte zu stellen. Wenn es aber um grundlegende Veränderungen des Kulturzusammenhangs geht, dann bekommt die momentane Wertediskussion den faden Beigeschmack eines Ersatzverhaltens und schwächt den politischen Widerstand gegen diese Form des Kapitalismus.

Der Weltbürger, die Weltordnung, Welterfahrung sind inhaltlich besetzte Wörter, die Faktisches und Normatives zugleich enthalten. Das Aufbrechen von Mauern, von Grenzen, lokalen Borniertheiten schwingt mit, wenn jemand sagt, wir müßten heute stärker global denken; etwas Werthaltiges steckt darin, eine begrüßenswerte und erwünschte Entwicklung. Die Verantwortungsphilosophen legen mit Bedacht und guten Gründen auf diesen Aspekt des universalistischen Denkens besonderes Gewicht. Aber heute vermischt sich diese normative Ebene mit einer Weltzwangsordnung, die es vielen Völkern und Ländern immer schwerer machen, Anschluß an den globalisierten Markt zu gewinnen.

Ich will deshalb den zur Substanz aufgewerteten Globalisierungsbegriff in Funktionsteile und Realitätsschichten auseinanderlegen, weil nur auf diese Weise die Handlungsfelder umgrenzt werden können, bei denen ein Eingreifen notwendig und möglich ist. Für diesen Zweck nehme ich die sprachlichen Varianten des philosophischen Weltbegriffs auf und versuche, ihnen eine epochenspezifische Bedeutung zu geben. Denn wie immer Globalisierungsprozesse verstanden werden mögen, sie sind verknüpft mit Änderungen im Weltverständnis der Menschen.

Bevor Faust die berühmten Eingangsworte des Johannesevangeliums überträgt, spricht er im nächtlichen Verzweiflungsmonolog einen Urwunsch der Menschen aus, der Grundmotiv aller Philosophie ist:

»Daß ich erkenne, was die Welt
Im Innersten zusammenhält,
Schau' alle Wirkenskraft und Samen,
Und tu' nicht mehr in Worten kramen.«

Die Übersetzungsprobe Wort–Sinn–Kraft–Tat mit dem für gut befundenen »Am Anfang war die Tat« führt zum Versuch Fausts, aus dem dumpfen Mauerloch seiner als beschränkt empfundenen und kerkerhaft verengten Bücherwelt auszubrechen, um jetzt tätig, ohne die verwirrenden Umwege des Buchwissens, die weite Welt zu erfahren und den inneren Mechanismus des Weltzusammenhangs unmittelbar zu packen. Doch Faust zahlt einen hohen Preis, denn er tritt nicht als autonomer Mensch in die kleine und große Welt, sondern muß sich auf magische Praktiken und den Teufel als Bündnispartner einlassen. Am Ende wäre er gerne zur Bücherwelt zurückgekehrt – »Könnt' ich Magie von meinem Pfad entfernen, Die Zaubersprüche ganz und gar verlernen«, jammert er in Sorge um sein Seelenheil – und beklagt seinen Weg vom verzweifelten Intellektuellen zum gescheiterten Unternehmer.

Spekulationen und Träume darüber, wer oder was und welche Gesetzmäßigkeiten bestimmend sind für den Zusammenhalt der Welt, treten besonders dann in den Horizont der Menschen, wenn fundamentale Umbrüche spürbar werden und die gewohnten Lebensverhältnisse ihre alltägliche Ordnung verlieren. In solchen epochalen gesellschaftlichen Umbruchphasen werden regelmäßig jene Begriffe neu definiert, die sich um die zentrale Kategorie »Welt« bewegen, ein Wort, das praktisch in allen Kultursprachen für das Gesamt der Dinge im Verhältnis zu den Menschen steht.

Was heißt also »Welt«? Was sind die charakteristischen Merkmale, wenn wir uns auf die Traditionsgehalte dieses für das humane Selbstverständnis so wichtigen Wortes einlassen? Wie immer bildet die griechische Philosophie den Anfang der Überlegungen. Im Griechischen gibt es für das, was man unter Welt verstehen könnte, den Begriff »Kosmos«, in dem drei Elemente aufs engste miteinander verknüpft sind: Ordnung, Sittlichkeit und Schmuck. Im Weltall, dem eine gefügeartige Seinsverfassung zugesprochen wird, sind die einzelnen Teile sinnvoll auf das Ganze bezogen; alles Chaotisch-Zufällige ist überwunden. Auch in der Mythologie sind die Zuständigkeitsbereiche der einzelnen Götter, Halbgötter und Heroen sorgfältig gegeneinander abgegrenzt. Die Ordnungsprinzipien entspringen sicherlich der Regelmäßigkeit und den Bewegungsgesetzen der Himmelskörper wie der gesamten Natur. Aber der griechische Kosmos ist nicht vorstellbar ohne die aktive Beteiligung der Menschen an der Gestaltung dieses Zusammenhangs; deshalb ist das zweite Element für diesen Weltbegriff charakteristisch: Sittlichkeit, vernünftige staatliche Ordnung. An einer solchen in der Struktur des Seins und des Denkens begründeten Ordnung arbeitet die ganze griechische Philosophie, ausgehend von den ionischen Naturphilosophen bis hin zu Aristoteles und den Stoikern. Deshalb enthält der Begriff Kosmos als drittes Element den Schmuck, die Zierde, das Wohlklingende und Schöne. Für die Griechen war Zusammenhang und Einheit der Welt ohne den Gleichklang dieser drei Elemente nicht denkbar. Der griechische Kosmos ist nichts anderes als die Polis im Weltformat. Auch als diese zugrunde gegangen war, wie im Imperium Alexanders des Großen, drehte sich das philosophische Denken vor allem um eine ausgewogene und der Harmonie der Natur entsprechende Verfassungsordnung des Stadtstaates.

Von dieser Erfahrungsgrundlage in den unmittelbaren Lebensverhältnissen, die Achtung, Schönheit, Gerechtigkeit in sich fassen, hat sich der Weltbegriff seit den Ursprüngen des europäischen Denkens nie ganz ablösen lassen. Selbst das lateinische *mundus* bezeichnet, im Ursprungsgehalt des Wortes, beides: die Weltordnung, das Weltall, aber gleichzeitig Schmuck und Sauberkeit, Reinheit. Es ist keine lediglich quantitative Größenordnung, die die Natur und die Menschen im Ausdehnungssinne umgreift, sondern auch hier eine mit Putz und Schönheit versetzte sittliche Ordnung. Der lateinische Begriff *universum*, der weniger strikt mit ethischen Motiven einer wünschenswerten Lebensweise verbunden ist, setzt ein Ganzes, dem die Einzelteile untergeordnet sind; *universum* hat deshalb einen viel deutlicher ausgeprägten imperialen Zug als *kosmos* und *mundus*. Wörtlich heißt *universum*: in eins gekehrt, in eine Einheit zusammengefaßt; abgeleitet von *vertere*, wenden, drehen, umkehren. Es geht also vom Einzelnen hin zum Ganzen, es ist ein Subsumtionsverhältnis, geradezu eine Unterwerfung unter das Ganze.

Der Weltbegriff der griechisch-römischen Antike, der – vermittelt über Aristoteles – zwanglos in die christlich-mittelalterliche Ordnung des Himmels und der Erdverhältnisse transformiert wurde, setzt eine stationäre Sozial- und Herrschaftsordnung voraus. Die unverrückbare Erde ist konstanter Bezugspunkt aller Bewegungen, die sich in Raum und Zeit um sie herum abspielen; in diesem Koordinatensystem, heiße es *kosmos, mundus* oder *universum,* hat der Mensch seinen gesicherten Platz und seine verläßliche Basis. Die Beziehungen zwischen den verschiedenen Ausdrucksformen der menschlichen Lebensverhältnisse, ihrer staatlichen und sittlichen Organisation, und der Vorstellung von einem Ganzen, das eine alltägliche, aber auch wissenschaftliche Erfahrungsgrundlage hat, sind sehr eng. Fixsterne und Lebensverhältnisse korrespondieren miteinander; was dazwischen herumirrt – an Völkerwanderungen, umstürzlerischen Aktionen, Untergang und Entstehung von Reichen –, bringt die Weltordnung nicht durcheinander. In der Philosophie geht es um Seinslehren, um Ontologien, die das hinter den Erscheinungen Liegende benennen. Alles, was sich am Rande des Wesens der Dinge bewegt, die sophistischen Redner ebenso wie die Planeten, gefährdet im Grunde nie die Substanz. Es ist bezeichnend, daß das Wort Planeten auf das griechische *planë* zurückgeht, das bedeutet Umherirren, Schweifen, zweckloses Umherziehen, Wandern. Die Irrfahrten des Odysseus sind Spiegelungen dieser Planetenwanderungen.

Wie Aristoteles für die diesseitige Welt mit seiner Metaphysik den Kosmos ausfüllt, wobei das Wesen der Dinge, das unveränderlich ist, Kraft und Zweck in sich selbst entfaltet, so entwickelt Ptolemäus (ca. 100 bis 160 n. Chr.) das geozentrische oder Ptolemäische Weltbild. Aber neben seiner Astronomie, die die Erde im Mittelpunkt epizyklischer Planetenbahnen sah, umgeben von einer Fixsternsphäre, hat Ptolemäus das damalige Erfahrungswissen über die bekannte Welt nahezu vollständig erfaßt. In seiner »Anleitung zur Erdbeschreibung«, die in der Hauptsache aus Tabellen besteht, wird die Lage von über 8000 Orten nach Längen- und Breitengraden angegeben.

Das Zusammenspiel von Geographie und Astronomie im Ptolemäischen Werk ist kein Zufall: In Küsten- und Seefahrerkulturen brauchte man Orientierungsverfahren, die über die Streckenmessung auf festem Land hinausgingen. »Die Astronomie hat das geozentrische Weltbild als eine wissenschaftliche Theorie entwickelt, indem sie sich von den unmittelbaren Eindrücken der naiven und bloß anschaulichen Betrachtung weitgehend befreite. Der Geozentrismus war gewissermaßen schon ein Sieg des selbständigen Denkens über die alltägliche Sinneswahrnehmung, ein Sich-Abwenden von volkstümlichen Anschauungen ... Die Beobachtung der Sterne hat – auch schon während einiger Jahrtausende vor den Griechen – die Orientierung des Menschen in Raum und Zeit ermöglicht.«[23]

Es war ein gewaltiger Absturz im Weltverständnis, als in der Neuzeit allmählich – und das bedeutete damals im Zeitraum fast eines Jahrhunderts – die wissenschaftliche Nachricht die Lebenspraxis der Menschen erreichte, daß die Erde selbst einer jener herumirrenden Himmelskörper ist, deren Weg man seit ewigen Zeiten inmitten der Fixsterne beobachtet hatte. In der Folge bestimmten Orientierungslosigkeit, das Bedürfnis nach Sicherheit und neuer Übersicht das Denken der Menschen, die sich von diesem Globalisierungsschub, wenn man es modern ausdrücken will, nur schwer erholen sollten – erst nach einem langen Marsch durch Krieg und Gewalt.

Zwar hatte Luther schon 1517 eine Entwicklungsrichtung markiert, in der die Freiheit des Christenmenschen den hierarchischen Zusammenhang im bestehenden Herrschaftssystem sprengte, das auch vom Ptolemäischen Weltbild gestützt wurde. Doch was immer an dogmatischen Streitigkeiten zwischen der katholischen Kirche und Luther ausgetragen werden mochte, der eigentliche Bruch zwischen moderner und alter Welt lag nicht in der Theologie und in den sich bekämpfenden Glaubenslehren, sondern in einem einfachen Satz. Dieser war lateinisch niedergeschrieben und dadurch jahrzehntelang vor gemeinverständlichen Folgen geschützt. Auch die offizielle Kirche, die sonst jegliche Angriffe auf ihre Glaubensdogmen mit größter Empfindlichkeit wahrnahm, begriff zunächst das gewaltige Ausmaß der Hypothese nicht. »Centrum terrae non esse centrum mundi, sed tantum gravitates et orbis Lunaris!« heißt es als Forderung oder Hypothese in dem »Commentariolus« des Nikolaus Kopernikus, einer kurzen Abhandlung über Erklärungsgrundlagen der Himmelsbewegungen, die seinem 1543 erscheinenden Hauptwerk »De revolutionibus orbium coelestium« (»Über die Kreisbewegungen der Himmelskörper«) um dreißig Jahre vorausging. Die dritte von sieben Forderungen lautet: »Alle Kreise laufen um die Sonne, als stünde sie in der Mitte von allem, und deshalb liegt der Weltmittelpunkt nahe bei der Sonne.« In der fünften Forderung (Petitio) heißt es: »Alles, was infolge von Bewegung am Himmel erscheint, rührt nicht von dort her, sondern liegt an der Erde. Die Erde also ist es, die sich mit den Stoffen in ihrer Nähe in einer Tages-Bewegung einmal ganz in ihren unveränderlichen Angelpunkten um sich dreht, wohingegen der feste, oberste Himmel unbeweglich bleibt. ... Alles, was uns infolge von Bewegungen von der Sonne erscheint, kommt nicht von dieser selbst her, sondern ist von der Erde und unserem Umlauf verursacht, mittels dessen wir uns um die Sonne drehen, vergleichbar irgendeinem anderen Gestirn; so führt die Erde mehrere Bewegungen aus.«[24] Die Erläuterungen zu diesen Thesen kreisen vor allem um die Frage, warum die Erde ein Planet unter Planeten ist und der Mensch, wenn er denn eines Mittelpunktes bedarf und ihn nicht außerhalb der Erde im

Unendlichen des Sonnensystems vermuten will, diesen in sich selbst suchen muß.

Kopernikus verrückt also den Weltmittelpunkt. Natürlich spielt hier eine Rolle, was Aristoteles mit der Mitte (*mesotes*) meint als dem Kristallisationspunkt alles Wesentlichen. Die Weltmitte ist für Kopernikus ein philosophisches Theorem, für das er naturwissenschaftliche Begründungen finden muß, weshalb er sich bemüht, den Kosmos wiederherzustellen, ja ihn als harmonisch geordnete Welt – im Sinne griechischer Überlieferung – erst zu begründen. »Inmitten alles dessen (der sich nach Regeln bewegenden Gestirne) aber thront die Sonne. Wer denn wollte in diesem wunderschönen Heiligtum diese Leuchte an einen anderen, besseren Ort setzen als den, von wo aus sie das Ganze gleichzeitig erhellen kann? Zumal doch bestimmte Leute sie durchaus treffend ›Lampe der Welt‹, andere ihren ›Sinn‹, andere ihren ›Lenker‹ nennen. Trismegistos (nennt sie) ›sichtbaren Gott‹, die Elektra des Sophokles die ›Alles Schauende‹. So wirklich, wie auf königlichem Thron sitzend, lenkt die Sonne die um sie herum tätige Sternenfamilie. Auch wird die Erde um den Mond-Dienst an ihr überhaupt nicht betrogen, sondern wie Aristoteles in ›Über die Lebewesen‹ sagt, größte Verwandtschaft hat der Mond mit der Erde. Es empfängt unterdessen die Erde von der Sonne und geht schwanger in jährlicher Geburt. Wir finden also unter dieser Reihung bewundernswertes Ebenmaß der Welt und festes Band der Eintracht ...«[25]

Kopernikus ist auffällig darum bemüht, seine Beobachtungen und Berechnungen, die später als vollkommene Umkehrungen der Weltverhältnisse verstanden wurden, in den Traditionszusammenhang von Aristoteles und Ptolemäus einzubinden: »Wenn nämlich auch der Alexandriner C. Ptolemäus, der an bewunderungswürdiger Geschicklichkeit und Sorgfalt die übrigen weit überragt, auf Grund vierhundert- und noch mehrjähriger Beobachtungswerte diese ganze Kunst fast bis zur Vollendung gebracht hat, so daß nun nichts mehr zu fehlen schien, was er nicht behandelt hätte, so sehen *wir* doch, daß sehr vieles mit dem nicht zusammenstimmt, was nach seiner Überlieferung sich ergeben müßte, wobei zusätzlich auch noch einige Bewegungen gefunden sind, die ihm noch nicht bekannt waren.«[26]

Als Kopernikus 1543 stirbt, sind die Folgen dieses grundlegenden Wandels in der Weltorientierung praktisch auf einen kleinen Kreis von Naturwissenschaftlern beschränkt, die an den Erkenntnissen weiterarbeiten: vor allem Johannes Kepler, der 1609 die elliptische Form der Planetenbahnen entdeckt, und Galileo Galilei, der im selben Jahr ein erstes Fernrohr baut und mit seinen Beobachtungen dem heliozentrischen Weltbild zum Durchbruch verhilft. »Das Auftauchen eines neuen Sterns im Oktober 1604, einer Supernova in der heutigen Terminologie, gab dem Gelehrten den Anstoß, sich nach Beschäftigung mit irdischen Bewegungsvorgängen der beobachtenden Astronomie und damit kosmischen Erscheinungen zuzuwenden. Der neue Stern erregte verständlicherweise die Gemüter, weil dergleichen Erscheinungen am ewigen aristotelisch-ptolemäischen Himmel für göttliche, meistens unheilverkündende Botschaften gehalten wurden. Zunächst ging Galilei in drei Vorlesungen darauf ein, von denen lediglich Fragmente erhalten sind. Die begierigen Hörer wollten von dem angesehenen Gelehrten vor allem Aufschluß über Beschaffenheit und Standort des Sterns haben, zumal die Aristoteliker alles daransetzten, um im Widerspruch zu astronomischen Beobachtungen seine Position im Bereich der unveränderlichen Sphären in Frage zu stellen. Sie führten zur Rettung der aristotelischen Thesen ins Feld, der Stern sei immer schon vorhanden, aber nicht sichtbar gewesen, durch Vergrößerungseffekte der kristallenen Sphäre aber erkennbar geworden.«[27]

Fast hundert Jahre waren seit dem »Commentariolus« vergangen, in denen die katholische Kirche die Veränderungen des Weltbildes kaum wahrgenommen hatte. Nun verbietet der Papst im Jahr 1616 das heliozentrische System, und 1633 muß Galilei abschwören, was die neue Lehre aber nicht aufhalten kann. Deren Vollendung gelingt Isaac Newton mit den »Mathematischen Prinzipien der Naturlehre« (1687), in denen er mittels Gravitations- und Bewegungsgesetzen die Planetenbahnen erklärt.

Das Wort »Revolution« erfährt in der modernen Geschichte eine eigentümliche Wandlung. Bezeichnet es in Kopernikus' Hauptwerk »De revolutionibus orbium coelestium« zunächst nichts weiter als die Umläufe der Himmelskörper, so dringt es allmählich in den Bewegungsraum der Menschen, in deren Lebenskämpfe ein. In der Tat ist durch Kopernikus, Kepler, Galilei und schließlich Newton nicht nur der gesicherte Lebensraum der Auserwählten im Himmel verlorengegangen (das Empiräum, das noch im geozentrischen Weltbild nach Petrus Apianus von 1539 vorgesehen war), sondern der verläßliche Wohnort der Menschen scheint in Frage gestellt. Worauf kann ich mich überhaupt noch verlassen? Wenn die Erde als die stoffliche Grundlage, auf der ich mich sicher fühlte, jetzt in den Weltraum einbezogen ist, den übrigen Planeten gleichgeordnet, wo ist Sicherheit im Erkennen und im sittlichen Handeln? Im Weltverständnis bildet sich ein neuer Mittelpunkt heraus: das Ich, die Subjektivität, der Mensch in seinen Denk- und Handlungsmöglichkeiten. Das hat eine ganz andere Bedeutung als die subjektbezogene Reflexion auf die Geltung von staatlichen Ordnungen und auf den Einfluß der Götter, wie sie in der Verteidigungsrede des Sokrates oder in der Entschlossenheit Antigones deutlich werden.

Die Menschen fühlen sich aus dem Kosmos herausgefallen. Niemand ist mehr da, der sie von der Verantwortung für das Leben befreit, das sie selbst führen wollen; Sicherheit in den Schöpfungsmythen sind ihnen ebensowenig verbürgt wie das Bewußtsein, im Mittelpunkt der Welt zu stehen, wie immer sie sich diese Welt einrichten mögen. Nimmt man den mit der Polis-Idee verknüpften griechischen Kosmos und den Universalismus der römisch-mittelalterlichen Herrschaftsform als eine erste Stufe, das Weltganze in einem Wort zu fassen und mit einem Orientierung und Sicherheit verbürgenden Gefühl zu verknüpfen, in dem Bewegung das Hinzutretende (Kontingente) ist, nicht das Substantielle, so wird die Erdkugel jetzt in mehrfacher Hinsicht in einen Strudel von Bewegungen versetzt. Sie dreht sich um sich selbst und ist vor anderen Planeten allenfalls dadurch ausgezeichnet, daß es hier Leben gibt und handelnde, denkende Menschen.

Wenn nun alles in Bewegung geraten ist und auch die Sinne keine verläßlichen Zeugen der Erkenntnis mehr sind, worauf kann sich der Mensch noch verlassen? Ist vielleicht sogar die Annahme der eigenen Existenz eine Täuschung? Die Verunsicherung der Menschen an dieser Epochenschwelle, die einen Globalisierungsschub einleitet, kann kaum überbewertet werden. Es ist das Zeitalter der Religionskriege, der »ursprünglichen Akkumulation«, wie sie von der klassischen bürgerlichen Ökonomie bis hin zu Marx beschrieben wird, der Verfassungskämpfe und der Bemühung um territorialstaatliche Souveränität. In allen diesen Wirren geht es auch um die Wiederherstellung von verläßlichen Abgrenzungen, zum Beispiel der Entzerrung von Innen und Außen, Grenzsetzungen zwischen Moralität und Legalität usw. Man sucht nach neuen Fixsternen, die Orientierung für das Alltagsleben der Menschen ermöglichen. Im gesellschaftlichen Kontext ist das die Zeit der sozialen und politischen Begründungen aus dem Naturrecht; im Erkenntniszusammenhang gewinnen Materialismus und Naturwissenschaften Modellcharakter für gesichertes und wahrheitsfähiges Wissen.

Die Philosophie Descartes' steht beispielhaft für diesen Prozeß der Neuorientierung. Alle Sicherheit und Wahrheit, wie sehr beides auch in den Objekten und in der Welt außerhalb unserer Sinnenwahrnehmung gesucht werden mag, sind in letzter Instanz im Ich begründet und beziehen ihre Legitimation und allgemeine Geltung ausschließlich durch diesen neuen Fixpunkt. Descartes führt den methodischen Zweifel so weit, daß er am Ende sagen kann: »Das Denken ist es, es allein kann von mir nicht getrennt werden: Ich bin, ich existiere, das ist gewiß ... Wie lange aber bin ich? Nun, so lange, als ich denke. Denn es wäre vielleicht möglich, daß ich, wenn ich gänzlich aufhörte zu denken, alsbald auch aufhörte zu sein. Für jetzt lasse ich aber nichts zu, als was notwendig wahr ist! Ich bin also genau nur ein denkendes Ding (res cogitans), das heißt Geist (mens) Seele (animus) Verstand (intellectus) Vernunft (ratio) – lauter Ausdrücke, deren Bedeutung mir früher unbekannt war, ich bin aber ein wahres und wahrhaft existierendes Ding, aber was für ein Ding? Nun, ich sagte es bereits – ein denkendes ... Was aber bin ich demnach? Ein denkendes Ding! Und was heißt das? Nun – ein Ding, das zweifelt, einsieht, bejaht, verneint, will, nicht will und das auch Einbildung und Empfindung hat.«[28]

Nur jene Welt ist noch sichere Grundlage der menschlichen Orientierung, die durch Denken und Urteilskraft des Individuums hindurchgegangen ist. Hier ist der Ursprungsgedanke von dem formuliert, was Immanuel Kant später die Kopernikanische Wende in der Erkenntnis nennt, die dem Wechsel zum heliozentrischen System als erster Kopernikanischen Wende folgt. Alle Sicherheiten, die ontologischen Verankerungen des alten Kosmos, selbst die der Naturgesetze, werden aus den Objekten entfernt und dem Ich aufgebürdet: »Das: Ich denke, muß fortan alle meine Vorstellungen begleiten können.«[29] Allgemeinheit und Notwendigkeit, Grundsätze der Erkenntnis ebenso wie des sittlichen Verhaltens der Menschen, die in der Seinsverfassung, also in den Objekten vorgegeben waren und von dem erkennenden Ich durch Teilhabe (Plato nennt das *metexis*) annäherungsweise aufgenommen werden konnten, werden jetzt den Leistungen eines Ich zugeschrieben, dem Kant einen überempirischen, in seiner Sprache: transzendentalen Rang gibt. Dieses Ich, eine Art Funktions-Ich, Ich-Prinzip, schreibt der Natur und – in praktischer Absicht – den Menschen ihre aus eigengewollter Autonomie geprägten Verhaltensgesetze vor.

Die Welt hat einen neuen Bewegungsmittelpunkt. Es ist in der Tat eine eigentümliche Weltdefinition, welche in dieser Architektonik der Vernunft unbezweifelbare, das heißt der Gewaltentscheidung und jedem Gesinnungsdogmatismus entzogene Fundamente bekommen soll. Ist für Kopernikus der Weltmittelpunkt die Sonne, so ist es für Kant das gesetzgebende Ich, in allen seinen Handlungsausprägungen, der Erkenntnis, der Urteilskraft, der reinen praktischen Vernunft. »Es ist hiermit ebenso, als wie mit den ersten Gedanken des Kopernikus bewandt, der, nachdem es mit der Erklärung der Himmelsbewegungen nicht gut fort wollte, wenn er annahm, das ganze Sternheer drehe sich um den Zuschauer, versuchte, ob es nicht besser gelingen möchte, wenn er den Zuschauer sich drehen, und dagegen die Sterne in Ruhe ließe.«[30] Kant beabsichtigt einen »Hausbau der Vernunft«, der auf sicheren Fundamenten errichtet werden muß: »Die Transzendental-Philosophie ist die Idee einer Wissenschaft, wozu die Kritik der reinen Vernunft den ganzen Plan architektonisch, d.i. aus Prinzipien entwerfen soll, mit völliger Gewährleistung der Vollständigkeit und Sicherheit aller Stücke, die dieses Gebäude ausmachen.«[31]

Entscheidet die Architektonik des Vernunftbaus über den sicheren Aufenthaltsort aller systematischen Erkenntnis, so bestimmt Kant das Gebäude, dem er die Regelung aller Streitigkeiten und Konflikte zuspricht, kaum zufällig als Gerichtshof. In einem nach Recht und Gesetz ablaufenden Prozeß läßt sich der Hobbessche Naturzustand, den Gewalt und Unrecht prägen, überwinden und in eine Welt der Friedenssicherung verwandeln. »Man kann die Kritik der reinen Vernunft als den wahren Gerichtshof für alle Streitigkeiten derselben ansehen; denn sie ist in die letzteren, als welche auf Objekte unmittelbar gehen, nicht mit verwickelt, sondern ist dazu gesetzt, die Rechtsame der Vernunft überhaupt nach den Grundsätzen ihrer ersten Institution zu bestimmen und zu beurteilen. Ohne dieselbe ist die Vernunft gleichsam im Stande der Natur, und kann ihre Behauptungen und Ansprüche nicht anders geltend machen, oder sichern, als durch Krieg.«[32]

Kant unterscheidet zwei Funktionen der Philosophie. Die eine bezeichnet die systematische Einheit des Wissens; aber diese Schulphilosophie – in einem keineswegs abwertenden Sinne – gründet gleichsam im akademischen Betrieb und beschränkt sich darauf. Dagegen ist der Weltbegriff (*conceptus cosmicus*) bestimmt von der Beziehung aller Erkenntnis auf die wesentlichen Zwecke der menschlichen Vernunft; das macht den Philosophen zum Gesetzgeber, gibt ihm die Aufgabe, sichere Fundamente für das gesellschaftliche Gebäude der Menschen zu gestalten. »Weltbegriff heißt hier derjenige, der das betrifft, was jedermann notwendig interessiert; mithin bestimme ich die Absicht einer Wissenschaft nach Schulbegriffen, wenn sie nur als eine von den Geschicklichkeiten zu gewissen beliebigen Zwecken angesehen wird.«[33]

Dieser Weltbegriff der Philosophie, die Grundlage zu einem neuen Weltverständnis, ist mit den wesentlichen Zwecken der Menschheit verknüpft und dient der »Vollendung aller Kultur der menschlichen Vernunft«.[34] Die Erdkugel, der Globus, wird bei Kant zum ersten Mal gleichzeitig zum empirischen Erkenntnisobjekt und zum Rohstoff für die Gesetzgebungskraft der reinen praktischen Vernunft in ihrem doppelten Betätigungsfeld: dem Sittengesetz und den Rechtsverhältnissen. Der praktischen Gesetzgebung geht die Sicherung der Erkenntnisgrundlagen voraus, und die Kritik der reinen Vernunft ist wesentlich das Medium, den Dogmatismus feindseliger Ausschließungen aufzuheben. Der Kritik (als dem Vermögen, die Anmaßung der Sinne ebenso wie des Verstandes abzuweisen) gibt Kant dabei einen hohen Rang: »Daß sie, als bloße Spekulation, mehr dazu dient, Irrtümer abzuhalten, als Erkenntnis zu erweitern, tut ihrem Werte keinen Abbruch, sondern gibt ihr vielmehr Würde und Ansehen durch das Zensoramt, welches die allgemeine Ordnung und Eintracht, ja den Wohlstand des wissenschaftlichen gemeinen Wesens sichert, und dessen mutige und fruchtbare Bearbeitungen abhält, sich nicht von dem Hauptzwecke, der allgemeinen Glückseligkeit, zu entfernen.«[35]

Der Wohlstand des »wissenschaftlichen gemeinen Wesens« ist für Kant kein Selbstzweck, sondern das Fundament einer friedensfähigen Weltordnung. Wie kein Denker zuvor hat Kant die Sittlichkeit in Menschheitsgesetzen verankert; die verschiedenen Formulierungen des kategorischen Imperativs enthalten alle die gewaltige Spannung zwischen der Maxime des individuellen Handelns und der inhaltlich bestimmten Idee der Menschheit, in die alle vernünftigen Lebewesen einbezogen sind. »Handle so, daß du die Menschheit, sowohl in deiner Person, als in der Person eines jeden anderen, zugleich als Zweck, niemals bloß als Mittel brauchest.«[36] »Man muß wollen können, daß eine Maxime unserer Handlung ein allgemeines Gesetz werde: Dies ist der Kanon der moralischen Beurteilung derselben überhaupt.«[37] Die Handlungsmaximen, die im Sittengesetz festgelegt sind, betreffen ein Reich der Zwecke, wodurch allen Menschen auf der Welt Würde zusteht, die, wie Kant sagt, keinen Preis hat. Unter keinen Umständen wollte Kant die Begriffe Menschheit oder Welt mit einer bloßen weltweiten Ansammlung von Mitteln verknüpfen. Die Welt ist der gestaltete Lebensraum der Menschen, die sich gegenseitig achten und anerkennen sollen, keine bloß empirische Einheit, die unter die Kategorie Quantität fällt, oder ein formell Allgemeines. Die Menschheitsidee ist angefüllt mit dem Pathos der Rechtsbehauptung, wie Kant das in seiner Deutung der Französischen Revolution sagt. Wenn Kopernikus sein Hauptwerk »De revolutionibus« nennt und damit zunächst die Kreisbewegungen des gestirnten Himmels über uns meint, dann sind im Weltbegriff Kants Naturrecht und menschliche Würde einbezogen. Kant bezeichnet die Französische Revolution mit ihrer Erklärung von Menschen- und Bürgerrechten als die »Evolution einer naturrechtlichen Verfassung«.[38] Ernst Bloch sah darin den entscheidenden Grund für den einsetzenden Kampf um den aufrechten Gang. Die Gestaltung der Verhältnisse vor Ort, im Hier und Jetzt, um ein Leben in Würde zu ermöglichen, steht am Anfang des inhaltlich bestimmten Begriffs »Globalisierung«.

Kant hat in einem ebenso einfachen wie eindrucksvollen Bild die Notwendigkeit einer Weltgesellschaft festgehalten. Ausgehend von der Kugelgestalt der Erde als wahrheitshaltiger Naturbeobachtung begründet er eine Art Naturrecht, das der Vernunft zuarbeitet. »Diese Vernunftidee einer friedlichen, wenn gleich noch nicht freundschaftlichen, durchgängigen Gemeinschaft aller Völker auf Erden, die untereinander in wirksame Verhältnisse kommen können, ist nicht etwa philanthropisch (ethisch), sondern ein rechtliches Prinzip. Die Natur hat sie alle zusammen (vermöge der Kugelgestalt ihres Aufenthalts, als globus terraqueus) in bestimmte Grenzen eingeschlossen und, da der Besitz des Bodens, worauf der Erdbewohner leben kann, immer nur als Besitz von einem Teil eines bestimmten Ganzen, folglich als ein solcher, auf den jeder derselben ursprünglich ein Recht hat, gedacht werden kann: so stehen alle Völker ursprünglich in einer Gemeinschaft des Bodens, nicht aber der rechtlichen Gemeinschaft des Besitzes (communio) und hiermit des Gebrauchs, oder des Eigentums an dem selben, sondern der physischen unmöglichen Wechselwirkung (commers) das heißt in einem durchgängigen Verhältnisse, eines zu allen anderen, sich zum Verkehr anzubieten, und haben ein Recht, den Versuch mit demselben zu machen, ohne daß der Auswärtige ihm darum als einen Feind zu begegnen berechtigt wäre.«[39]

Die Sprache Kants ist von äußerster Genauigkeit: Nicht von Eigentum und Gebrauch fremden Bodens ist die Rede, woraus leicht Gewalttätigkeit zum »Weltbesten« gerechtfertigt werden könnte, um unwissenden Völkern unsere Kultur aufzuzwingen, sondern es handelt sich ausschließlich um ein weltbürgerliches Besuchsrecht, um Hospitalität (Wirtbarkeit). Es ist das »Recht eines Fremdlings, seiner Ankunft auf dem Boden eines andern wegen, von diesem nicht feindselig behandelt zu werden. Dieser kann ihn abweisen, wenn es ohne seinen Untergang geschehen kann; so lange er aber auf seinem Platz sich friedlich verhält, ihm nicht feindlich begegnen.«[40] Den Fremdling auch nur für eine gewisse Zeit zum Hausgenossen zu machen kann dieser Vernunftidee der Hospitalität nicht entnommen werden – das bedürfte eines gesonderten Vertrags.

Die positive Idee einer Weltrepublik erscheint Kant als Illusion, weil sie einen weltumspannenden Rechtszustand voraussetzt. Ist das Weltbürgerrecht auf die Bedingungen der allgemeinen Hospitalität eingeschränkt, so ist das Fremde, das Andere der Vernunft, als Erfahrungserweiterung anerkannt, ohne eine gierige Besitzergreifung fürchten zu müssen. Das Besuchsrecht ist Naturrecht und Vernunftpostulat in einem. Es steht allen Menschen zu, »sich zur Gesellschaft anzubieten, vermöge des Rechts des gemeinschaftlichen Besitzes der Oberfläche der Erde, auf der, als Kugelfläche, sie sich nicht ins Unendliche zerstreuen können, sondern endlich sich doch nebeneinander dulden müssen, ursprünglich aber niemand an einem Ort der Erde zu sein mehr Recht hat, als der andere. – Unbewohnbare Teile dieser Oberfläche, das Meer und die Sandwüsten trennen diese Gemeinschaft, doch so, daß das Schiff oder das Kamel (das Schiff der Wüste) es möglich machen, über diese herrenlose Gegenden sich einander zu nähern, und das Recht der Oberfläche, welches der Menschgattung gemeinschaftlich zukommt, zu einem möglichen Verkehr zu benutzen.«[41]

Das, was Kant hier als Vernunftidee formuliert hat und was, moderner gesprochen, durchaus als ein die Erfahrungen anleitender utopischer Entwurf gelesen werden darf, entspricht heute unserer täglich gelebten Realität. Das Bemerkenswerte an den Texten Kants zum menschlichen Verkehr auf unserer Erdkugel und zur naturrechtlichen Begründung eines Weltbürgerrechts beruht darauf, daß es hier nicht um eine geschichtliche Relativierung des Weltgeschehens in der Abfolge von Völkern und ihrem Machtgebaren geht. Was im siebzehnten Jahrhundert in die deutsche Sprache als »Weltall« Eingang findet, nimmt die Idee des Kosmos und des Universums auf, wird aber sehr schnell auf den sich allmählich herausbildenden nationalen Territorialstaat und die damit verbundenen Erfahrungsschichten begrenzt. (Davon ist zunächst wohl nur Leibniz auszunehmen, dessen Erkenntnisneugierde bis China reicht, und später dann Goethe.)

Kant arbeitet in vielen Dimensionen an der Präzisierung des »Weltbegriffs«; so unterscheidet er in seiner Anthropologie, die er als Weltkenntnis bezeichnet, weil Reisen zu ihrer Erweiterung beitragen kann, zwei Beziehungen des möglichen Weltbürgers zur Welt: »... die Welt kennen und Welt haben, liegen sehr weit auseinander, denn der eine versteht nur das Weltspiel, wenn er zusieht, der andere aber spielt mit.«[42] Großes Wissen von der Welt, die passive Zuschauerrolle, reisen, ohne sich Generalkenntnis zu erwerben, die an Ort und Stelle umgesetzt wird – das alles reicht nicht, um aus einem Lokalbürger einen Weltbürger zu machen. Denn Kants Menschheitsbegriff entsprechend kann nur dann von weltbürgerlichen Verhältnissen geredet werden, wenn die Menschen auch in den fernsten Regionen ihren Objektcharakter verloren haben, wenn sie als moralische und rechtliche Gesetzgebungssubjekte Anerkennung finden. Frieden im weltbürgerlichen Maßstab ist deshalb nicht die Abwesenheit von Krieg, sondern die Herstellung der Autonomie des anderen, des Fremden, wohl auch des ehemaligen Feindes, der sich im aufrechten Gang unter seinen eigenen Verhältnissen sein Leben gestalten kann. »Da es nun mit der unter den Völkern der Erde einmal durchgängig überhand genommenen, (engeren oder weiteren) Gemeinschaft soweit gekommen ist, daß die Rechtsverletzung an einem Platz der Erde an allen gefühlt wird: so ist die Idee eines Weltbürgerrechts keine phantastische und überspannte Vorstellung des Rechts, sondern eine notwendige Ergänzung des ungeschriebenen Kodex, sowohl des Staats- als Völkerrechts zum öffentlichen Menschenrechte überhaupt, und so zum ewigen Frieden, zu dem man sich in der kontinuierlichen Annäherung zu befinden nur unter dieser Bedingung schmeicheln darf.«[43]

Es ist Kant deshalb zuwider, wenn Philosophen und Theologen über die Welt daherreden, als sei der Globus nur ein roher Klumpen, aus dem man nichts Menschliches formen könne. In der kleinen Schrift »Das Ende aller Dinge« wendet er sich in aller Schärfe gegen jene Denker, die, »ohne die Anlage zum Guten in der menschlichen Natur einige Aufmerksamkeit zu würdigen, sich in widrigen, zum Teil ekelhaften, Gleichnissen erschöpfen, um unsere Erdenwelt, den Aufenthalt für Menschen, recht verächtlich vorzustellen«.[44] Die einen würden die Welt als Wirtshaus betrachten, in der jeder auf seine Lebensweise einkehren könne, die zweiten als ein Zuchthaus, womit er auch das Höhlengleichnis von Plato ins Visier nimmt, die dritten als ein Tollhaus, wo nicht allein jeder für sich seine eigenen Absichten verrichtet, sondern einer dem anderen alles erdenkliche Herzleid zufügt, die vierten als eine Kloake, wo aller Unrat aus anderen Welten hingebracht wird.

Kant wertet den Tatbestand, daß die Menschen sich im globalen Verkehr begegnen und Erfahrungen austauschen können, als einzigartige Chance für die menschlichen Freiheitsanlagen; er möchte deshalb den Weltbegriff nicht korrumpiert sehen durch Definitionen, welche die Menschen von dem Anspruch und der Anstrengung entlasten, aus dem Rohstoff »Erde« etwas der menschlichen Gattung und ihrer Würde Entsprechendes zu machen. Ich beharre auf dieser Kantischen Position, weil in der gegenwärtigen Globalisierungsdebatte begriffliche Aufspaltungen und Verdünnungen vorgenommen werden, die den Eindruck erwecken, als könnte man den Kantischen vier Definitionen eine fünfte problemlos hinzufügen – die Welt als Börse. Für Kant wäre das eine Korrumpierung des Weltbegriffs ähnlich der, die er mit Wirtshaus, Zuchthaus, Tollhaus und Kloake bezeichnet. Die sorgfältige und geradezu liebevolle Art, wie Kant – vor mehr als zweihundert Jahren – die Kugelgestalt der Erde zum empirischen Ausgangspunkt einer Vernunftidee macht, Kamele als Wüstenschiffe sieht, mag in uns nur noch sentimentale Gefühle wecken. Wenn er von der durchgängigen Gemeinschaft aller Völker auf Erden spricht, die untereinander in wirksame Verhältnisse kommen können, dann ist raum-zeitliche Anwesenheit, körperliche Berührung und physische Gegenwärtigkeit gemeint. Im Tourismus sind noch Spuren davon enthalten. Aber die entfalteten Informations- und Kommunikationstechnologien haben von der Kugelgestalt der Erde alle Bewegungshindernisse weggeräumt, diese selbst porös gemacht. Das materiell Widerständige, an dem Kants Vernunftidee sein absolutes Gegenüber hat, ist wegen der heute möglichen Gleichzeitigkeit der Ereignisse, durch die Menschen und Völker untereinander in wirksame Verhältnisse kommen können, ohne einander real begegnen zu müssen, zu einer phantasmagorischen Wirklichkeit geworden, der alle Erdenschwere genommen ist. Die Probleme dagegen, die die Vernunftidee Kants lösen könnte, sind widerständiger und sperriger denn je.

Es kennzeichnet die Gegenwartsgeschichte, daß mit der Entkolonialisierung, die die mit List, Betrug und Gewalt vollzogene Beherrschung und Ausplünderung der bevölkerungsreichsten Gebiete abschließen sollte, keineswegs auch der eurozentristische Imperialismus sein Ende fand. Ich meine damit nicht nur die Fortsetzung der traditionalen Kolonisierungspolitik mit anderen Mitteln, wie sie für die Mehrzahl der sogenannten Dritte-Welt-Länder typisch ist, zum Beispiel durch Formen kollektiver Schuldknechtschaft. Der Sozialwissenschaftler wird im einzelnen große Schwierigkeiten haben, alte und neue Formen kolonialer Ausbeutung und Erniedrigung auseinanderzuhalten. Der Weltmarkt braucht keine Kolonialarmee mehr, um Abhängigkeiten zu erzeugen oder Länder ganz vom globalisierten Markt auszuschließen.

Wenn wir uns nicht damit zufriedengeben wollen, uns die Welt in Gestalt einer Börse oder eines Kasinos vorzustellen, wo mit hohen Einsätzen spekuliert wird, wo man viel gewinnen und viel verlieren kann, müssen wir den zur Substanz geschmiedeten Globalisierungsbegriff entmythologisieren, indem wir uns seiner völlig disparaten, ja widersprüchlichen Wirklichkeitsschichten vergewissern. Denn daß die – dank gewaltiger wirtschaftlicher und technischer Entwicklungen – endlich errungene Einheit der Welt den einzigen Sinn und Zweck haben soll, daß sich eine Art Dritter Kopernikanischer Wende vollzieht: nämlich derart, daß jetzt das Kapital zum Erd- und Weltmittelpunkt geworden ist, also zur Sonne, um die die Menschen ihre vorgeschriebenen Bahnen ziehen – das würde Kant wohl, um ihn hier vorerst zum letzten Mal zu zitieren, als eine völlige Verkehrung der Weltordnung ansehen. »Denn für die Allgewalt der Natur, oder vielmehr ihrer uns unerreichbaren obersten Ursache, ist der Mensch wiederum nur eine Kleinigkeit, daß ihn aber auch die Herrscher von seiner eigenen Gattung dafür nehmen, und als eine solche behandeln, in dem sie ihn teils tierisch, als bloßes Werkzeug ihrer Absichten, belasten, teils in ihren Streitigkeiten gegeneinander aufstellen, um sie schlachten zu lassen – das ist keine Kleinigkeit, sondern Umkehrung des Endzwecks der Schöpfung selbst.«[45] Damit der Mensch nicht seiner Würde und seines autonomen Tätigkeitsumkreises beraubt und damit zu dieser Kleinigkeit wird, bedarf es einer Analyse der Raum- und Zeitmaße in den verschiedenen Wirklichkeitsschichten, die mit der Globalisierung verknüpft sind.

3. Ist die Welt eine Börse? Wirklichkeitsschichten im Globalisierungsprozeß

Eine der umstrittensten und mißverständlichsten Äußerungen Hegels findet sich in seiner Vorrede der »Grundlinien zur Philosophie des Rechts« von 1820. Indem er die Philosophie verpflichtet, im Ergründen des Vernünftigen leere Ideale zu vermeiden und sich nicht eitlen Ideen hinzugeben, formuliert er die berühmt-berüchtigte These: »Was vernünftig ist, das ist wirklich; und was wirklich ist, das ist vernünftig.« Schon seine Schüler haben sich an diesem Brokken festgebissen; aber selbst kritische Linkshegelianer sahen weniger ängstliche Anpassung an die bestehende Wirklichkeit als vielmehr die Frage: Was heißt Wirklichkeit? Welche Verhältnisse haben Bestand? Hegel selbst gibt eindeutige Antworten: Das Wirkliche ist weder bloß zufälliges und leicht wieder verschwindendes Dasein, »faule Existenz« nennt er das zuweilen, noch die Abstraktion – isolierte Merkmale, die vom Zusammenhang absehen –, die für ihn stets formalisierte Leere bedeutet, aus der alles Lebendige getilgt ist. Wo die Abstraktion in der Geschichte praktisch wird, tritt sie jeweils mit der Breitseite der Gewalt oder mit einer Art Tugendterror auf. Insofern kann Hegel davon sprechen, daß derjenige, der Abstraktionen in der Wirklichkeit geltend macht, sich auf dem Wege befindet, Wirklichkeit zu vernichten.

Womit haben wir es also zu tun, wenn wir der Globalisierung einen Wirklichkeitsstatus zusprechen, der die Bewegungsgesetze der Welt, ja die Weltdefinition bestimmt? Ist Globalisierung im gesellschaftlichen Beziehungsgefüge so zentral wie die Erkenntnisse von Kopernikus, Kepler und Galilei im Zusammenhang mit den Planetenkonstellationen oder Einsteins Relativitätstheorie in bezug auf Raum und Zeit? Die heute betroffenen Wirklichkeitssegmente liegen nicht jenseits menschlicher Handlungsmöglichkeiten wie im Falle Galileis und Einsteins, sondern im Verantwortungsbereich eigener Taten und Unterlassungen, weshalb die Erfahrungen der Menschen für die Bestimmung der Kriterien, mit deren Hilfe Realitätsschichten zu messen sind, keineswegs sachfremdes Beiwerk sind. Als Zeitzeugen haben wir gute Gründe, über den inneren Realitäts- und Wahrheitsgehalt von Verhältnissen nachzudenken, die sich mit dem suggestiven Schein eines neuen gesellschaftlichen Naturgesetzes ausstatten – ausgerechnet in einer Zeit, als Betonerzeugnisse ganzer Staatengebilde abgerissen werden und Parteien, die ein halbes Jahrhundert Geschichte gemacht haben, wie die italienische »Democrazia Christiana«, einfach von der Bühne verschwinden, wie eben jene faulen Existenzen, von denen Hegel spricht.

Ich unterscheide vier Wirklichkeitsschichten im Globalisierungszusammenhang, bei denen es sämtlich um Veränderungen der Raum-Zeit-Koordinaten geht – geordnet nach dem Verfahren der abnehmenden Abstraktion, also nach geringer werdenden Geschwindigkeiten und Beschleunigungen in den Bewegungsformen von Menschen und Dingen: von der Börse über den Freihandel und die weltweiten Flüchtlingsmassen bis hin zum Gemeinwesen vor Ort. Je konkreter wir in die sozialen und kulturellen Lebenszusammenhänge der Menschen eindringen, desto schwerfälliger, widerständiger und eigensinniger ist der Veränderungsrhythmus der Realitätsschicht, der zusätzlich durch manche Reaktionsbildung unterbrochen oder verlangsamt wird. Den objektiven Schichtungen entsprechen Differenzierungen im Weltverständnis des einzelnen. Es wäre jedoch eine völlig verfehlte Relativierung, wollte man diese Schichtungen auf subjektive Merkmale, auf Bildung, religiöse Zugehörigkeit, Empfindungen und Erfahrungen reduzieren. Die Menschen reagieren vielmehr auf objektive Tatbestände, als deren Opfer sie sich fühlen, die sie subjektiv verarbeiten oder in tätiger Gewalt beantworten.

Im Realitätsverständnis eines Börsenspekulanten, eines Großimporteurs oder eines sprachbegabten Wissenschaftlers, die sich der elektronischen Mittel in neuester Ausstattung bedienen und die Vorteile des digitalen Kapitalismus für sich zu nutzen wissen, wird die Entwicklung der Weltordnung hin zu mehr Globalisierung einen ganz anderen Rang einnehmen als für die wachsende Zahl der Menschen auf unserem Globus, die sehr wohl eine Ahnung von der Welt und der Freiheit der Weltmeere haben (wie jener gescheite Affe vor Kafkas Akademie), die aber gleichzeitig in ihrer Alltagswirklichkeit erfahren, daß Globalisierung ihren Lebenszuschnitt keineswegs erweitert, sondern in vielen Fällen sogar beträchtlich verengt. Sie bleiben, wie sie sich auch anstrengen mögen, die alten Höhlenbewohner mit ihren schattenhaften Existenzen, ohne die Sonne der Weltgesellschaft je erfahren zu können.

Es ist bestürzend zu erfahren, wie in einer Favela (also einem Elendsquartier) in São Paulo ein Text anschaulich und lebendig wird, als wäre er heute und für diese Verhältnisse geschrieben. Ich meine Platos Höhlengleichnis in seiner »Politeia«, wie Sokrates es Glaukon vorträgt, um »unsere Natur in bezug auf Bildung und Unbildung« zu kennzeichnen: »Siehe Menschen wie in einer unterirdischen, höhlenartigen Wohnung, die einen gegen das Licht geöffneten Zugang längs der ganzen Höhle hat. In dieser seien sie von Kindheit an gefesselt an Hals und Schenkeln, so daß sie auf demselben Fleck bleiben und auch nur nach vorne hin sehen, den Kopf aber herumzudrehen der Fessel wegen nicht vermögend sind. Licht aber haben sie von einem Feuer, welches von oben und von ferne her hinter ihnen brennt.«[46] Diese Gefangenen sehen nur Schatten, die Schatten der Werkzeuge, der Gegenstände, an einer ihnen gegenüberliegenden Wand. Auch sich selbst sehen sie nur als Schatten. Sie haben nie die Sonne erblickt, und direktes Sonnenlicht würde sie derart blenden, daß sie sofort wieder in ihre Höhle zurück wollten. Plato zeichnet das Gleichnis so drastisch, um die Unbildung zu geißeln: Die Polis, der Staat hat die Aufgabe, diese Menschen aus ihren Höhlen zu befreien.

5,5 Millionen der rund 13 Millionen Bewohner São Paulos leben in solchen Höhlen, und bezeichnenderweise beschaffen sie sich vom ersten schmalen Geld oder durch Raub häufig einen Fernseher, der ihnen das verschlossene Fenster zum Universum einen Spaltbreit öffnet und somit ihr Bedürfnis nach Sonnenstrahlen ein wenig stillt. Übrigens hat das Globalisierungsjahrzehnt, auf das die heutige sozialdemokratische Regierung Cardoso so stolz zurückblickt, mit dem steigenden Reichtum der Wohlstandsinseln gleichzeitig die Zahl der Höhlenbewohner vervielfacht. Kenner der Weltverhältnisse wissen, daß die Höhlen von São Paulo keine zufälligen und unwesentlichen Begleiterscheinungen am Rande der Globalisierungsheerstraße sind, sondern ihr eigentümliches und zum alten Elend hinzugefügtes Produkt, das in jeder zweiten Großstadt außerhalb des europäisch-amerikanischen Kosmos eine kompakte und brutale Wirklichkeitsdimension hat. Diese zu übersehen ist die besondere Leistung einer erblindeten Sozialwissenschaft.

Erste Wirklichkeitsschicht. Die Welt der Börse

Daß sich die Raum-Zeit-Koordinaten in einem Weltzusammenhang, in dem Information als eines der höchsten Güter gehandelt wird, ganz neuartige Weltkontakte geschaffen sind und die technologische Vernetzung der Informationssysteme bis zu jenem Punkt vorangetrieben ist, wo weltweit praktisch Gleichzeitigkeit herrscht, grundlegend verändert haben, gehört zu den unstrittigen Tatbeständen der Globalisierung. Der Sprung vom Reich der Notwendigkeit ins Reich der Freiheit, bei Hegel und Marx noch als Übergang vom würdelosen Zustand abhängiger Kausalitäten in die Welt der bewußten Regulierung gesetzgebender Subjektivität und der Gesellschaft verstanden, erfährt hier eine ironische Brechung mit vielfach tragischen

Folgen. Und nichts kennzeichnet diese Wirklichkeitsschicht besser als der Umfang, in dem sich das abstrakteste Medium menschlicher Beziehungsverhältnisse, der »ubiquitäre Geldfetisch«, von allen rechtlichen, politischen und moralischen Kontrollinstanzen der Gesellschaft abkoppelt.[47] Das Versprechen rational kalkulierbarer Beziehungen wird zur Ideologie, und die Verselbständigung der Geldmacht und der Finanzierungsströme, die bisher in den Alltagszusammenhang der Erwerbs- und Arbeitsgesellschaft eingebettet waren, gehört heute zu den folgenreichsten und bedrohlichsten Abspaltungen von Wirklichkeitssegmenten. Es entsteht eine Geldgesellschaft mit eigenen Gesetzen.

»Entbettung« (*disembedding*) ist der sozialkulturelle Begriff für solche Abtrennungen und Abstraktionen von den konkreten Lebenszusammenhängen, die Elmar Altvater und Birgit Mahnkopf eindrucksvoll beschrieben haben. Entbettungsvorgänge sind historisch nichts Neues. Funktionsdifferenzierungen im Verhältnis von Staat und Gesellschaft, arbeitsteilige Spezialisierungen und Herrschaftsaufteilungen, die Entstehung von Expertensystemen – das alles ist vielfach beschrieben worden, von Karl Marx über Max Weber bis zu Joseph Schumpeter. Was allerdings heute unter Entbettung verstanden werden kann, hat eine ganz andere Dimension, weil die Entwicklung der Informations- und Kommunikationstechnologien bestimmte Wirklichkeitsschichten nicht nur von den gesellschaftlichen Verankerungen im Territorialstaat, in den sozialstaatlichen Sicherungssystemen und den kulturellen Besonderheiten der einzelnen Länder ablöst, sondern der Realabstraktion »Geld« ein Ansehen und eine Macht gibt, welche die Realitätsdefinitionen unserer Lebensbereiche entscheidend beeinflußt. »Geld emanzipiert sich von der Substanz, die ihm einen materialen und lokalen Charakter gibt. Geld emanzipiert sich von der Arbeit, monetäre und reale Ökonomie entkoppeln sich. Geld wird zum Zeichen realer Verhältnisse, das aber wie eine drakonische Gesetzestafel wirkt: Geld verlangt die Einhaltung der Regeln durch die wirtschaftlichen Akteure. Es verwandelt die Gesellschaft in eine Geldgesellschaft, in eine gespaltene Gesellschaft, da die Geldvermögensbesitzer Geldeinkommen beziehen und die Schuldner durch reale Leistungen für den Schuldendienst aufkommen müssen.«[48]

Der Kapitalismus wird zu einer Clubgesellschaft der Geldvermögensbesitzer, der Weltmittelpunkt ist die Börse. In der Tat hat der

Geldfetisch, dessen materielles Fundament nach Marx im inneren Widerspruch der Ware liegt, in der heutigen Institution der Börse ein reichhaltiges Betätigungsfeld gefunden, dem an magischen Praktiken nichts fehlt.

In der Geschichte der Börse spiegelt sich die Entmaterialisierung des Zahlungsverkehrs. Zunächst war es einfach ein Ort, an dem sich Kaufleute trafen, um Handelsverträge abzuschließen. Im späteren Mittelalter wurden aus ursprünglich formlosen Zusammenkünften feste Einrichtungen, teils durch staatliche, teils durch gewohnheitsrechtliche Regelungen oder Selbstverwaltungen. Die Bezeichnung Börse erhalten diese Einrichtungen erst im sechzehnten Jahrhundert, abgeleitet von einem Platz in Brügge, auf dem schon im dreizehnten Jahrhundert Versammlungen stattfanden und der nach der Patrizierfamilie van der Beurse benannt war, die drei Geldbeutel im Wappen führte. Die erste internationale Börse gab es ab 1531 in Antwerpen. Bestimmt hat man hier auch über Schulden, Anleihen, Kredite gesprochen und Tilgungsraten vereinbart, aber der Ursprung des Wortes, das lateinische *bursa,* auf das die flandrischen Kaufleute ihren Namen zurückführten, verweist auf den ledernen Geldbeutel, etwas materiell Faßbares.

Es war ein langer Weg, bis die Börse den gleichsam über der Gesellschaft stehenden Rang erobert hat, den sie heute besitzt. Für Marx zum Beispiel ist die Realabstraktion des Geldes mit ihren phantasmagorischen Verdrehungen von Gebrauchswert und Tauschwert und ihrem Fetischcharakter ein zentrales Problem der Ideologiebildung, das heißt der Selbstverschleierung der Interessen. Obwohl er die zunehmende Rolle des Aktienkapitals sehr wohl einzuschätzen wußte, kam es ihm nie in den Sinn, daß die Börse das kapitalistische Geschehen insgesamt prägen würde. Im 27. Kapitel des dritten Bandes vom »Kapital«, den Friedrich Engels postum aus ihm vorliegenden Manuskriptfragmenten (wie man heute weiß, nicht immer originalgetreu) zusammenstellte, behandelte Marx die Rolle des Kredits in der kapitalistischen Produktion und die Entstehung bloßer Geldkapitalisten. Engels erschien das nicht ausreichend, weshalb er als Nachtrag ein kleines Kapitel über die Börse schrieb: »Nun ist aber seit 1865, wo das Buch [der erste Band des ›Kapitals‹] verfaßt, eine Veränderung eingetreten, die der Börse heute eine um ein Bedeutendes gesteigerte und noch stets wachsende Rolle zuweist und die bei der ferneren Entwicklung die Tendenz hat, die gesamte Produktion, industrielle wie agrikulturelle, den gesamten Verkehr, Kommunikationsmittel wie Austauschfunktion, in den Händen von Börsianern zu konzentrieren, so daß die Börse die hervorragendste Vertreterin der kapitalistischen Produktion selbst wird ... 1865 war die Börse noch ein sekundäres Element im kapitalistischen System.«[49]

Mir geht es hier nicht um eine ökonomische Analyse der Börsenfunktionen im weltwirtschaftlichen Zusammenhang; dafür fehlt mir die Fachkompetenz. Was in meiner Argumentation wichtig ist, betrifft das Verhältnis einer Geldvermittlungsinstitution, die mit einer suggestiven Realitätsdefinition ausgestattet ist, zum Begriff einer Weltordnung, der ja von den realen Lebensverhältnissen der auf diesem Globus existierenden Menschen nicht abtrennbar ist. Es ist also die naive Frage des aufgeweckten Kindes in Andersens Märchen: Woran wird hier eigentlich gewebt, und was sind die Webstühle, die man bedient? Kritische Ökonomen sprechen davon, daß Geld vom Zirkulationsmittel zum Vermögen oder Kredit geworden ist, daß die Finanzsphäre sich gegenüber der Realwirtschaft und der Produktion verselbständigt hat. »Der tägliche Umsatz an den Devisenmärkten belief sich 1995 auf rund 1,3 Billionen Dollar; aber nur zwei bis drei Prozent sind zur Finanzierung des Exports von Waren und Dienstleistungen erforderlich. Die überwiegende Masse der Transaktionen dient also der Absicherung gegen Währungs-, Aktienkurs- oder Zinsrisiken bzw. der reinen Spekulation.«[50] Wenn innerhalb weniger Tage bei einem kleinen Crash Dutzende Milliarden Dollar wie in einem ökonomischen Bermuda-Dreieck einfach verschwinden – wie wird hier mit Geld, Reichtum, menschlichen Schicksalen gespielt, und was hat das für Folgen im Alltag jener Milliardenmasse von Menschen, die dieses Spiel allenfalls an den Bildschirmen verfolgen können, ohne den geringsten Einfluß darauf zu haben?

Wer die Welt als Börse begreift, dort spekuliert, gewinnt, verliert, an keinen Ort gebunden ist, mittlerweile darauf verzichten kann, in Banknähe zu leben, und seine Geschäfte per Internet betreibt, der muß darauf bedacht sein, dieses fremdartig klingende Wort *disembedding* zur Hauptparole politischen Handelns zu machen. Hindernisse wie Kartellämter, Fusionsregeln, alles, was dem abstrakten Geldverkehr und der Reichtumshäufung auf dieser von der Gesellschaft abgespaltenen Ebene widerspricht oder ihn behindern könnte, sollen aus dem Weg geschafft werden, weil sie rückständig sind und dem Globalisierungsgeschehen unangemessen. Diese Wirklichkeitsschicht ist heute jene Realabstraktion, die den Rohstoff aller Ideologieproduktion liefert, inklusive der Hoffnung auf weltweite Befreiung, wenn die am 20. Juli 2000 in Hanoi eröffnete Börse gefeiert wird, an der vier Firmen mit Aktien beteiligt waren – selbst wenn sie am nächsten Tag gleich wieder geschlossen wurde, weil noch die gesetzlichen Grundlagen fehlten. Aber die Börse ist zum Prinzip Hoffnung auch dort geworden, wo vor zweieinhalb Jahrzehnten der Bürgerkrieg tobte und die Amerikaner sich der Illusion hingaben, ein Gebiet sei partisanenfrei, sobald sich ein Markt bildet.

In globalisierten Abstraktionen, die gleichwohl Gewalt ausüben, sind also Utopien und Befreiungshoffnungen wirksam; es sind Raum- und Zeitutopien, in denen Bildwelten entstehen, von denen die Menschen seit Urzeiten geträumt haben. Es entsteht Gleichzeitigkeit, nicht mehr als Wunschtraum oder Utopie, sondern als nachprüfbare Realität. Schätzungen der Prähistoriker zufolge hat sich das technische Wissen im Neolithikum mit einer Geschwindigkeit von durchschnittlich fünf Kilometern pro Jahr ausgedehnt (Ackerbau, Tierzucht, Seßhaftigkeit in Dörfern usw.).[51] Seitdem gab es eine Beschleunigung der kulturellen Information bis zu dem Punkt, wo Zeit, jedenfalls Zeitfolge, aufgehoben erscheint, also Gleichzeitigkeit existiert, die unsere herkömmlichen Vorstellungen von Raum und Zeit außer Kraft setzt. Vorteile hat der, der sich auf diese Geschwindigkeit einläßt; deshalb protestieren Fusionstheoretiker, die gerne auf alle nationalen und kulturellen Bindungen von Unternehmungen verzichten möchten, gegen die Errichtung von Weltkartellbehörden, denn zum Beispiel die damit verbundenen Genehmigungsverfahren für Großfusionen bedeuten Zeitverlust.

Der digitale Fanatismus, der den Regeln der Politik als bloßer Beschleunigung entspringt, folgt einem Begriff von Rationalität, der dem Max Webers von der Zweck-Mittel-Relation keinerlei Sinn abgewinnen kann. War bei Kant das transzendentale Subjekt, das der Natur seine Gesetze vorschreibt, in allem anwesend, was praktische Vernunft und Erkenntnis bewirken kann, so läßt sich heute dieser Kantische Transzendentalismus auf Leistungen beziehen, die von der

Börse, den Medien, den Kommunikationstechnologien ausgehen. Sie prägen die Welt, und wie in der Kantischen Philosophie ist alles übrige nur Material möglicher synthetischer Leistungen auf der Formengrundlage dieser Kategorien.

Geld und Technik sind die beiden mächtigsten Komponenten der Realabstraktion, zu deren magischen Praktiken nicht selten politische Beschwörungsrituale gehören. Der Weltwirtschaftsgipfel auf Okinawa hat 2000 eine Entwicklungshilfe ganz eigener Art proklamiert: »Der reiche Norden sucht nach Wegen, wie dem armen Süden der Zugang zum Internet und zu anderen Informationstechnologien (IT) erleichtert werden kann. Dazu zählt die Überbrückung der sogenannten digitalen Spaltung, also der wachsenden Kluft zwischen reichen und armen Ländern bei der Nutzung des Internets und anderer moderner Kommunikationsmittel.«[52] Wie dadurch Armut und Elend der Massen in Afrika, Südamerika oder anderswo in der Welt überwunden werden können, ohne in diesen Ländern Grundlagen für eine Arbeits- und Erwerbsgesellschaft zu schaffen, bleibt völlig offen. Besonders Japan scheint daran interessiert zu sein, den digitalen Technologierückstand der Entwicklungsländer zu verringern, da es ein Finanzpaket aus Entwicklungshilfe und Krediten von umgerechnet 30 Milliarden Mark zur Verfügung stellt. Es liegt auf der Hand, daß der Ankauf der elektronischen Geräte hauptsächlich auf dem japanischen Markt erfolgen soll.

Mit der kapitalistischen Digitalisierung der Welt die Hoffnung zu verknüpfen, daß die armen Länder etwas mehr Marktgerechtigkeit gewinnen, um dem Elend im eigenen Land besser beikommen zu können, erweist sich neben der Zeit- auch in der Raumebene als trügerisch. »Wir können eine Verräumlichung der Ungleichheit beobachten, die sich sowohl in der Geographie der Kommunikationsinfrastruktur als auch in den entstehenden Geographien des elektronischen Raumes selbst zeigt. Die globalen Städte sind Hyperkonzentrationen an Infrastruktur und damit verbundenen Ressourcen, während weite Landstriche in weniger entwickelten Regionen sehr dürftig versorgt sind. Aber auch innerhalb der globalen Städte können wir eine Geographie der Zentralität und eine der Marginalität beobachten. Zum Beispiel hat New York City die höchste Konzentration an Gebäuden, die ans Glasfasernetz angeschlossen sind, doch stehen sie hauptsächlich im Zentrum, während Harlem, das schwarze Ghetto, nur ein einziges derartiges Gebäude hat; das südliche Zentrum von Los Angeles hat überhaupt keines. Es gibt viele Aspekte dieser neuen Geographie des ungleich verteilten Zugangs ...«[53]

Der digitale Kapitalismus produziert also eine neue Raum-Zeit-Ordnung im Weltgefüge; es entsteht ein objektiver Schein, als würden die Zeitkoordinaten und die materiell befestigten Orte in Bewegung geraten und dieselbe Entbettung erfahren wie die Realabstraktionen von Geld und Währungen. Aber es zeigt sich immer deutlicher, daß die formell allen offenstehenden Zugänge zu den Börsen ebenso wie zu den Informationspools unterlaufen werden durch Schwerkraftelemente, die zu Konzentrationen genau an jenen Orten führen, wo ökonomische Tätigkeit und Macht bereits etabliert sind. In den neuen Abstraktionen des Cyberspace sind deshalb Großfusionen angelegt, die die Risiken der Konkurrenz und die Unsicherheiten in den weltweiten Besitzverhältnissen nach feudaler Art in gesicherte Territorien und in privilegierten Grundbesitz umwandeln sollen. Die wirtschaftlich Mächtigen dieser Welt sind überzeugt, daß im elektronischen Raum über eine neue Topographie der »Landnahme« entschieden wird, daß die Besitz- und Machtverhältnisse eine Neuordnung erfahren, die durch soziale Sicherungssysteme und andere Ausdrucksformen anthropologischer Antiquiertheit nur gestört würde.

Aber die Wirklichkeitsschicht, von der ich spreche, teilt das Schicksal aller Entmythologisierungen: Der Abstraktionsprozeß, in dem Raum- und Zeit-Fixierungen beseitigt werden, verliert in rasanter Beweglichkeit und mit immer gewichtigeren Schwerkraftfeldern gleichzeitig sein Maß und seine Zwecksetzung. Schon sind die Börsen selbst Gegenstand der Entmythologisierung von Raum und Zeit; sie sind zu konkret, ortsgebunden. London, Paris, Amsterdam, Frankfurt, New York, Tokyo: Fusionen größeren Ausmaßes stehen bevor. »Die Aktienmärkte sind facettenreicher geworden. Die ›Börse‹ gibt es nicht mehr.«[54]

Ein solches Wirklichkeitsmedium, in dem sich das Handeln und Denken von jeder Beständigkeit und Verantwortung für etwas sichtbar Befestigtes gelöst hat, zieht ganz bestimmte Charaktere an. Sich in diesen Abstraktionen zu bewähren, ihnen eigene Spielregeln aufzuprägen, und sei es bei Störungen des Systems oder in extremen Ausschlägen, verheißt Bestätigung eigener Art. Je komplexer die

Kommunikationssysteme sind, desto störanfälliger. Hacker können inzwischen via Internet im virtuellen Raum höchst materielle Wirkungen erzeugen und Schaden in Milliardenhöhe zufügen, den Alltagsverkehr ganzer Städte lahmlegen. Am 4. Mai 2000, einem Donnerstag, entdeckt eine finnische Virenschutzfirma morgens um acht Uhr ein Virus mit Namen »I love you«. Im Laufe des Tages sind 350 000 US-Computer vom Virus befallen, am Abend weltweit 3 Millionen.

Man begegnet diesen neuen Anarchisten durchaus ambivalent, sogar mit Achtung und Respekt: »Der Kapitalismus hat aus dem Individualismus eine Ersatzreligion gemacht. Der Hacker nimmt sie beim Wort. Er schlitzt keine U-Bahn-Polster auf und zerlegt keine Telefonzellen. Das braucht er nicht. Denn er hat viel mehr Macht. Er ist der globale Asoziale, mächtiger als alle seine historischen Vorgänger. Das ist seine hassenswerte Seite. Aber nicht alles an ihm ist hassenswert. ... Der Hacker rächt sich an der Zivilisation, indem er ihr fortschrittlichstes Werkzeug, den Computer, als eine Waffe gegen sie benutzt. Der Hacker macht das Leben wieder abenteuerlich. Wenn die Hacker siegen, bricht alles zusammen. Wir sitzen wieder am Lagerfeuer und grillen selbstgefangene Kaninchen. Das ist die Utopie des Hackers, ein Allmachtstraum, den fast jeder hin und wieder hat.«[55]

Neben dem Hacker als Global player, der anarchistische Traumphantasien wiederbelebt, fühlt sich ein anderer Menschentyp in dieser Wirklichkeitsschicht zu Hause: die Dotcoms, junge Unternehmer, die als Cyber-Pioniere ihre Subkulturen verlassen und in die Domäne der Weltwirtschaft eindringen, hoch spekulieren und ebenso hoch verlieren. »Die Yuppies der achtziger Jahre hatten ihre Gier wenigstens noch gemäß den Traditionen des Wirtschaft-Establishments ausgelebt. Sie verstanden sich als Erben des Kapitalismus, arbeiteten sich aggressiv von unten nach oben, trugen Brooks-Brother-Anzüge unten auf der Park Avenue, und das große Geld behielt seine elitäre Aura. Die Welt war vielleicht nicht ganz gerecht, aber doch in Ordnung. Die Dotcoms aber scherten sich nicht um die Alten und verweigerten sich den Institutionen, weil sie ihnen längst überlegen waren.«[56]

Die Dotcoms haben mit ihren phantasierten Risikoeinsätzen, denen in der Realität nichts entsprach, Millionenbeträge bekommen, um daraus mehr Geld zu machen. Aber achtzig Prozent der Internet-Firmen, die in den USA an die Börse gingen, machen keinen Profit, häufig haben sie noch nicht einmal Profit versprochen. Die Börse, bis dahin ein Gradmesser für wirtschaftliche Realitäten, wurde so zum Marktplatz für Illusionen und Phantasien. Das Tätigkeitsfeld der Dotcoms entspricht dem Weben ohne Faden und Webstuhl. Es folgt den Gesetzen der absoluten Beschleunigung und der Entmaterialisierung, die so weit geht, daß bei Emissionen am Neuen Markt noch nicht einmal mehr Bilanzen über den Warenverkehr, über Gewinne und Verluste Beachtung finden müssen.

Hacker, Dotcoms und Jürgen Schrempp, der als Vorstandschef für die Großfusion von Daimler-Benz und Chrysler im Herbst 1998 verantwortlich zeichnet, liegen näher beieinander, als man nach Solidititätsmaßstäben erwarten würde. Als Schrempp nach der Fusion erklärte, Schnelligkeit sei bei solchen Zusammenschlüssen entscheidend, schloß er in sein Plädoyer für Beschleunigung die Forderung ein, alle bürokratischen Hemmnisse durch EU-Kommission, Betriebsratsbindungen der Belegschaften, Kartellämter usw. zu beseitigen.[57] Die Forderung nach Entbettung, Entkleidung, Abkopplung von der Schwerkraft menschlicher Lebensverhältnisse hat die Tendenz, sich auf alle übrigen Wirklichkeitsschichten als verbindliche Norm zu legen. Wo das tatsächlich praktiziert wird und gelingt, da wird aus der virtuellen Welt, aus Cyberspace und Spielleidenschaft der Global players sehr schnell materielle Wirklichkeit und Gewalt.

Zweite Wirklichkeitsschicht. Die Welt des Freihandels

Der Küste und den Küstenbewohnern der Bretagne ist es gleichgültig, ob der die Landschaft verschandelnde und Tausende von Tieren elend zugrunde richtende Ölteppich aus einem geborstenen Tanker unter der Billigflagge von Panama stammt oder der Havarie eines streng auf Sicherheit kontrollierten Schiffes entspringt; diesem Aspekt der Globalisierung fehlt jeder Schein des bloß Virtuellen und Abstrakten. Es ist harte, gegenständliche Materialität, die in die Lebenswelt der Menschen und in die ökologischen Strukturen der Natur folgenschwer eingreift. In dieser Wirklichkeitsdimension stoßen die Dinge aufeinander. Gebrauchswerte – wie auch immer sie an der Börse notiert sein mögen – werden von einem Ort zum anderen transportiert, und die Zeitmaße von Transporten im wirklich ablaufenden Warenhandel sind weit entfernt von jenen Prozeduren, die als Warentermingeschäfte zum Spekulationshorizont der Börse gehören. In dieser zweiten Wirklichkeitsschicht geht es um Ortsveränderungen und Bewegungszeiten von Gebrauchswerten, die nach Marx bloße Anhängsel des Tauschwerts sind, des Wertes als eines allgemeinen gesellschaftlichen Verhältnisses. Warenverkehr setzt voraus, daß Rechtssubjekte den Tausch festlegen. Waren gehen nicht alleine zum Markt. Die Globalisierungsschicht des Warenhandels ist also gekennzeichnet durch eigene Zeit- und Raumkoordinaten: Selbst unter idealtypischen Voraussetzungen des Freihandels, wo jeder mit jedem auf diesem Globus in Tauschverkehr treten kann, sind doch die Bedingungen, unter denen Warenhandel tatsächlich stattfindet, durch Produktionsverhältnisse, die Lebenszusammenhänge der Menschen, Macht- und Herrschaftsstrukturen so vorgegeben, daß von Ort- und Zeitlosigkeit nicht die Rede sein kann. An der Börse mag eine Geschäftsidee von Siemens entscheidende Bedeutung für die Aktienkurse haben, aber mit Bananenlieferungen wird man diese Form des Idealismus kaum verknüpfen können. Kein Verbraucher, der ein Kilogramm Bananen bezahlt, wird sich mit deren Wertidee zufriedengeben.

Je tiefer wir in diese zweite Wirklichkeitsschicht der Globalisierung eindringen, desto fragwürdiger werden Postulate, nach denen Globalität als universelle Chancengleichheit zu werten sei. Wir befinden uns auf dem Wege abnehmender Abstraktion, deshalb wird die Wirklichkeit widerständiger, die Lebensverhältnisse der Menschen werden zerrissener, die mit Globalisierung verknüpften Freiheitsillusionen durchsichtiger. Ein brasilianischer Farmer, der noch bis Anfang der neunziger Jahre die Produkte seiner Viehwirtschaft, Fleisch und Milch, auf dem heimischen Markt oder in angrenzenden lateinamerikanischen Ländern absetzen konnte, so daß die Existenz seiner Familie und seiner Arbeiter gesichert war, muß jetzt damit rechnen, daß in den Supermärkten billigeres Fleisch aus Frankreich, Joghurt und andere Milchprodukte aus Italien zu erwerben sind. Ihm ist die Freihandelswelt unverständlich, und die Propaganda der von ihm gewählten Regierung Cardoso, die für weitere Öffnung der

Märkte plädiert, stellt sich ihm dar als Neuverteilung der Welt unter den Herrschenden und Reichen.

Bezieht sich die Kritik an der ersten Wirklichkeitsschicht mehr darauf, daß sie sich von den materiellen und kulturellen Lebensverhältnissen der Menschen abgekoppelt hat, weniger auf deren innere Strukturen, die meist als fortschrittlich-aufklärerisch unterstellt werden, so nimmt die Kritik an der Welt des Handels, an Vereinbarungen und Regelungen des Warenverkehrs, an dem Einfluß, den die nach wie vor erheblichen Restsouveränitäten der einzelnen Länder auf Einfuhrkontingente, Zölle, Schutzvorschriften, ökologische Grenzwerte für Waren haben, eine ganz andere Dimension an. Das ist keineswegs erstaunlich, denn beim materiellen Güterverkehr sind die Fiktionen, das Virtuelle, das sich als Rohstoff für den ästhetischen Schein des digitalen Kapitalismus anbietet, von der zerbrechlichen und widersprüchlichen Realität nur schwer fernzuhalten.

Längst ist es kein Privileg linker, ja marxistischer Kritik mehr, dem Welthandel zunehmende, nicht abnehmende Disparitäten zwischen den einzelnen Ländern und Machtungleichgewichte vorzuwerfen. So heißt es in der »Frankfurter Allgemeinen Zeitung« vom 27. November 1999: »Freier Handel führt zu mehr Wohlstand für alle; mit dem wachsenden Wohlstand der Nationen wächst auch der Wunsch nach einer sauberen Umwelt und nach besseren Arbeitsbedingungen. Wenn dies so ist, warum tun sich dann aber die 135 Mitgliedsnationen der Welthandelsorganisation (WTO) so schwer, für die nächste Liberalisierungsrunde eine Tagesordnung zu vereinbaren?«

Gilt der Markt, wie Marx einmal prägnant formuliert hat, als das wahre Eden von Freiheit und Gleichheit der bürgerlichen Gesellschaft, weil jeder auf seine Kosten kommt und in der konsequenten Verfolgung des Eigeninteresses gleichzeitig (selbst mit dem kleinsten Faden) am Gewebe des Gemeinwohls mit beteiligt sein kann, so steht die Utopie produktiver Spezialisierung und Arbeitsteilung am Anfang der klassischen bürgerlichen Ökonomie. Adam Smith entwickelt als erster den Gedanken einer Potenzierung der Reichtumsproduktion durch arbeitsteilige Spezialisierung, indem er gesellschaftliche Arbeitsteilungen, die seit der »neolithischen Revolution« als dem Anfangsstadium menschlicher Kultur bekannt sind und stets auch Grundlage der Klassen und Schichtdifferenzen waren, in die Produktionsvorgänge der einzelnen Manufakturen selbst verlagert.

Eindrucksvoll erörtert Smith dieses Prinzip am »recht unscheinbaren Gewerbe der Stecknadelherstellung«, die er in Mikroprozesse zerlegt, um die Neuorganisation von Raum und Zeit in den Arbeitsvorgängen zu demonstrieren: »... wie die Herstellung von Stecknadeln heute betrieben wird, ist sie nicht nur als Ganzes ein selbständiges Gewerbe. Sie zerfällt vielmehr in eine Reihe getrennter Arbeitsgänge, die zumeist zur fachlichen Spezialisierung geführt haben. Der eine Arbeiter zieht den Draht, der andere streckt ihn, ein Dritter schneidet ihn, ein Vierter spitzt ihn zu, ein Fünfter schleift das obere Ende, damit der Kopf aufgesetzt werden kann. Auch die Herstellung des Kopfes erfordert zwei oder drei getrennte Arbeitsgänge. Das Ansetzen des Kopfes ist eine eigene Tätigkeit, ebenso das Weißglühen der Nadel, ja, selbst das Verpacken der Nadeln ist eine Arbeit für sich. Um eine Stecknadel anzufertigen, sind so etwa achtzehn verschiedene Arbeitsgänge notwendig, die in einigen Fabriken jeweils verschiedene Arbeiter besorgen, während in anderen ein einzelner zwei oder drei davon ausführt. Ich selbst habe eine kleine Manufaktur dieser Art gesehen, in der nur zehn Leute beschäftigt waren ... Obwohl sie nun sehr arm und nur recht und schlecht mit dem nötigen Werkzeug ausgerüstet waren, konnten sie zusammen am Tage doch etwa zwölf Pfund Stecknadeln anfertigen ... täglich etwa 48 000 Nadeln ... jeder also ungefähr 4800 Stück. Hätten sie indes alle einzeln und unabhängig voneinander gearbeitet, noch dazu ohne besondere Ausbildung, so hätte der einzelne gewiß nicht einmal zwanzig, vielleicht sogar keine einzige Nadel am Tag zustande gebracht.«[58]

Die Wohlstandsidee von Adam Smith, eine am freien Marktgeschehen orientierte Utopie des Gemeinwohls (Wohlstand der Nationen, *wealth of nations*), in der produktive Arbeit, also Intensivierung von Geschicklichkeit, Zeitersparnis und Einschränkung nutzloser Bewegungen im Raum, keine Nachteile bereitet, sondern dem einzelnen ebenso wie dem Gemeinwesen Vorteile bringt, hat ihre Faszination bis heute nicht verloren. Allerdings war das ganze Marktgeschehen der damaligen Zeit in Institutionen, Vorschriften, Traditionen und Zunftregelungen derart eingebunden, daß für Adam Smith ein ausschließlich über Markt, Tausch und Kapital reguliertes System gar nicht denkbar war. Gerade heutige Kritiker des Freihandels loben deshalb Adam Smith, weil seine Konzeption des Freihandels einhergeht mit zahlreichen Einschränkungen, Ausschließungen und Vorbehalten: »Der Gott der Marktanbeter heißt Adam Smith. Seine Jünger preisen die Herrlichkeiten des Turbo-Kapitalismus, doch Grundlage ihrer Verehrung für Smith ist der Umstand, daß sie ihn nicht richtig gelesen haben ... Die übertriebene Verehrung des internationalen Freihandels, inzwischen für die herrschende Klasse Amerikas und Großbritanniens eine wahre Religion, hat gerade zur Voraussetzung, weder Adam Smith noch seinen ehrenwerten Vorgänger Henry Martyn genau zu lesen. Martyn war ein Kaufmann, der zu Beginn des achtzehnten Jahrhunderts im Ostindienhandel tätig war, und ein scharfsichtiger Autor, der erkannte, daß Reichtum sehr wohl in eine Richtung führen kann und Wohlfahrt in eine ganz andere.«[59]

Tausch, Markt, Arbeitsteilung und Handel – das sind für Smith anthropologisch begründete Privilegien des Menschen, die ihn von den Tieren unterscheiden, so hochspezialisiert deren Fähigkeiten auch seien, wie die Schnelligkeit des Windhundes, die Gelehrigkeit des Schäferhundes und der Spürsinn des Jagdhundes. Man habe eben, sagt Smith, noch nie zwei Hunde einen Knochen tauschen sehen. »Da ihnen die Fähigkeit oder Neigung zum Handeln und Tauschen fehlt, können Talente oder Anlagen der verschiedenen Hunderassen sich weder gegenseitig ergänzen, noch im geringsten das Leben der Gattung verbessern helfen. Jedes Tier bleibt, allein und auf sich selbst gestellt, darauf angewiesen, sich am Leben zu erhalten und zu verteidigen, und es kann keinerlei Vorteile aus der Vielfalt der Talente ziehen, mit der die Natur seine Artgenossen ausgestattet hat. Im Gegensatz hierzu nützen unter Menschen die unterschiedlichsten Begabungen einander. Die weithin verbreitete Neigung zum Handel und Tauschen erlaubt es ihnen, die Erträge jeglicher Begabung gleichsam zu einem gemeinsamen Fonds zu vereinen, von dem jeder nach seinem Bedarf das kaufen kann, was wiederum andere aufgrund ihres Talents hergestellt haben.«[60]

Ich nehme die Argumente von Adam Smith so ausführlich auf, weil sie zum Kern der bürgerlichen Ideologien gehören, die bekanntlich Wahres und Falsches, Freiheit und Unfreiheit, Gleichheit und Ungleichheit auf eine schwer durchschaubare Weise miteinander verquicken. Nicht nur bei Adam Smith (1723-1790), nach dessen Theorie die freigesetzten Marktmechanismen im Medium der »invisible hand« Privatvorteile in öffentliches Wohl verwandeln – sich die gegenläufigen Eigeninteressen also von unsichtbarer Hand gesteuert ohne staatliche Lenkung ausbalancieren –, sondern auch bei David Ricardo (1772–1823) steht die dem Handel und dem Tausch zugesprochene Kraft der Wohlstandsmehrung im Vordergrund, die die Menschen von Abhängigkeiten befreien soll. Keine ökonomische Theorie des achtzehnten und neunzehnten Jahrhunderts hat heute wohl soviel Bedeutung wie Ricardos Konzeption der komparativen Kosten.

Ricardo überträgt die Prinzipien der Arbeitsteilung auf den Weltmarkt, indem er fast wörtlich wiederholt, wovon sich Adam Smith Produktionsvorteile für die einzelne Fabrik verspricht: »Bei einem System des vollkommen freien Handels wendet natürlich jedes Land sein Kapital und seine Arbeit solchen Zweigen zu, die für jedes am vorteilhaftesten sind. Dieses Verfolgen des individuellen Vorteils ist bewundernswert mit dem allgemeinen Wohl des Ganzen verbunden. Durch Ansporn des Fleißes und Belohnung der Erfindungsgabe sowie durch die bestmögliche Ausnutzung der von der Natur verliehenen besonderen Fähigkeiten wird die Arbeit äußerst wirksam und sparsam verteilt, während allgemeiner Nutzen durch die Vermehrung der allgemeinen Produktenmasse verbreitet und durch ein gemeinsames Band des Interesses und des Verkehrs die weltweite Gesellschaft der Nationen der zivilisierten Welt verbunden wird. Dieses Prinzip führt dazu, daß Wein in Frankreich und Portugal erzeugt, daß Getreide in Amerika und Polen angebaut wird und daß Metall und andere Waren in England fabriziert werden.«[61]

Die Verschiedenartigkeit von Produktionsorten, natürlichen Ressourcen und Verkehrswegen, auch das Maß an Arbeitszeit, das für die Erzeugung eines Produkts aufgewendet wird, lassen es sinnvoll erscheinen, den in den einzelnen Ländern existierenden freien Markt auf den Welthandel auszudehnen. Dabei geht es Ricardo keineswegs nur um die Aufhebung von Handelseinschränkungen; der Freihandel soll dazu beitragen, die komparativen Kostenvorteile der einzelnen Länder zu vergrößern, und verändert damit deren Produktionsstrukturen und Produktionsschwerpunkte. Ricardo erläutert das am Beispiel eines Handelsvertrages zwischen England und Portugal, der 1703 den portugiesischen Markt für englische Wolle und Wollartikel öffnete und Portugal im Gegenzug Weinlieferungen nach England ermöglichte.[62]

Was unterscheidet den Handelsverkehr innerhalb eines Landes von dem zwischen verschiedenen Nationen? Ricardo nennt zwei Elemente: Zum einen sind die Produktionsfaktoren Arbeit und Kapital im zwischenstaatlichen Handel relativ unbeweglich, zum anderen bestimmt die Kapitalbesitzer eine Art ethischer Konservativismus. Der Unterschied »zwischen einem einzelnen und mehreren Ländern ist leicht zu begreifen, wenn man die Schwierigkeit in Rechnung stellt, mit der Kapital von einem Lande in das andere wandert, um eine profitablere Anlage zu suchen, und die Beweglichkeit berücksichtigt, mit der es sich fortwährend innerhalb eines Landes von einer Provinz zur anderen bewegt.«[63]

Wären Kapital und Arbeit allerdings in der Welt frei beweglich, so müßte nach Ricardo in Zweifel gezogen werden, daß beide Länder – zum Beispiel das industriell entwickelte und das auf Weinbau spezialisierte – komparative Kostenvorteile durch Freihandel in gleicher Proportion haben. Für die Gültigkeit seiner Theorie der komparativen Kostenvorteile formuliert also Ricardo Bedingungen, die heute offenbar nicht mehr in dem von ihm veranschlagten Maße gegeben sind; das betrifft vor allem die von Ricardo angenommenen kulturell-moralischen Hemmungen, weltweit nach den profitabelsten Anlagen Ausschau zu halten und sie, wenn nötig, auch zu nutzen: »Die Erfahrung zeigt ..., daß die eingebildete oder tatsächliche Unsicherheit eines nicht der unmittelbaren Kontrolle seines Eigentümers unterliegenden Kapitals zusammen mit der natürlichen Abneigung jedes Menschen, das Land seiner Geburt und persönlichen Beziehungen zu verlassen und sich mit allen seinen eingewurzelten Gewohnheiten einer fremden Regierung und ungewohnten Gesetzen anzuvertrauen, die Abwanderung von Kapital hemmen. Diese Gefühle, deren Schwinden ich sehr bedauern würde, bestimmen die meisten Menschen mit Vermögen, sich eher mit einer niedrigen Profitrate im eigenen Land zu begnügen, als daß sie eine vorteilhaftere Anlage für ihren Reichtum bei fremden Nationen suchen.«[64]

Wie aktuell ist doch dieses geradezu prophetisch anmutende Bedauern Ricardos! Dem großen Theoretiker des Freihandels kommen Bedenken, ob auch kapitalärmere Länder, die durch Agrarspezialisierung in wachsende Abhängigkeit gebracht werden, durch diese Art des Handels Gewinn zu erwarten haben für den Ausbau der eigenen Wirtschaftsmacht. Das Idealtypische des Freihandels mit Kostenvorteilen für alle Beteiligten verdeckt und verschleiert eine Wirklichkeitsdimension, die Elmar Altvater und Birgit Mahnkopf mit Recht als Spezialisierungsfalle bezeichnet haben.

Ricardo selbst hat zweifellos ein Weltbild im Kopf, in dem der produzierte Reichtum dieser Erde auch den zu agrarischen Monokulturen reduzierten Ländern zugute kommen soll, weil sie ohne den arbeitsteiligen Handel mit den fortgeschrittenen Industrienationen nie ihre Produktivkräfte entwickeln könnten. In einer Fußnote bemerkt Ricardo: »Es scheint daher so zu sein, daß ein Land, das sehr erhebliche Vorteile in der Maschinerie und Arbeitsfertigkeit besitzt und deswegen in der Lage ist, Waren mit viel weniger Arbeit als seine Nachbarn zu erzeugen, gegen diese Waren einen Teil des zu seiner Konsumption benötigten Getreides einführen kann, sogar wenn sein Boden fruchtbarer ist und Getreide mit weniger Arbeit angebaut werden kann als in dem Lande, aus dem es eingeführt wird. Zwei Menschen können beide Hüte und Schuhe erzeugen, und einer ist dem anderen in beiden Tätigkeiten überlegen. Aber in der Herstellung von Hüten kann er seinen Konkurrenten nur um ein Fünftel oder 20 Prozent überflügeln, und in der Schuherzeugung übertrifft er ihn um ein Drittel oder 33 Prozent. Wird es nicht in beider Interesse liegen, daß der Überlegene sich ausschließlich mit der Schuherzeugung und der Unterlegene mit der Hutmacherei beschäftigt?«[65]

Im Gegensatz zu Adam Smith verzichtet Ricardo meist auf philosophische, anthropologische und historische Rückbezüge und konzentriert sich auf die Struktur wirtschaftlichen Handelns, auf die Ökonomie als eine eigene Wissenschaftssparte. Die Kolonisationspraktiker des neunzehnten Jahrhunderts sind durchgängig Ricardianer; was Altvater und Mahnkopf als Spezialisierungsfalle bezeichnen, hat weder die damaligen Kolonisationstheoretiker gestört noch die heutigen Freihandelsapologeten, die auch die letzten Regelungen des Welthandels abschaffen wollen. Aber bereits das von Ricardo gerühmte Beispiel eines Handelsvertrags trug zur Verschiebung der Wirklichkeitsbereiche und der Machtverhältnisse bei, indem durchaus konkurrenzfähige Produktionsansätze in den Woll- und Tuchmanufakturen Portugals allmählich zugrunde gerichtet wurden und die Spezialisierung auf die Weinproduktion die Abhängigkeiten dieses Landes vergrößerte.

Schon früh hat einer der entschiedenen Kritiker der Freihandelsidee, nämlich Friedrich List (1789-1846), diese Abstraktionen der »kosmopolitischen Ökonomie«, wie er sie bezeichnete, bemängelt. »Aus der auf der Tagesordnung stehenden Lehre«, sagt Friedrich List und meint damit die Ricardo-Anhänger, gehe hervor, »daß diese Lehre ausschließlich die Individuen und die Vereinigung aller Glieder der Menschheitsfamilie im Auge gehabt hat, gewissermaßen also eine Weltrepublik. Aber es zeigt sich, daß sie ein Zwischenglied weggelassen oder zumindest nicht genügend berücksichtigt hat: die Nation und (die Zugehörigkeit der Menschen zu einer Nation), die Nationalität. ... Es ist die Nation, der die einzelnen Menschen ihre Kultur verdanken, ihre Sprache, die Sicherheit des Eigentums, ihrer Arbeit und vor allem ihrer Beziehungen zu anderen Nationen. ... Noch bilden die Nationen keine Weltrepublik. Was man Völkerrecht nennt, ist zuerst nur der Keim eines künftigen Rechtszustandes.«[66]

Friedrich List kritisiert nicht die Idee der Weltrepublik, sondern deckt jene Tendenzen auf, die den industriell fortgeschrittenen Ländern Machtzuwachs verschaffen, indem sie andere Länder in spezialisierte Agrarregionen herabdrücken, wie mit dem englisch-portugiesischen Vertrag: »Es ist eine gänzliche Verkennung der Natur der nationalökonomischen Verhältnisse von seiten der Schule [damit meint er die Schule Ricardos, O. N.], wenn sie glaubt, daß dergleichen Nationen durch den Tausch von Agrikulturprodukten gegen Manufakturwaren ebensowohl ihre Zivilisation, ihren Wohlstand und überhaupt die Fortschritte in den gesellschaftlichen Zuständen befördern könne, wie durch die Pflanzung einer eigenen Manufakturkraft ...«[67]

Damit richtet List sein Augenmerk auf die Einbindung wirtschaftlicher Vorgänge in den Kulturzusammenhang eines Landes. Vernachlässigen wirtschaftliche Transaktionen die von den Lebensverhältnissen geprägten Kulturzusammenhänge oder lassen sie gar verschwinden, dann wird der Welthandel zu einem betrügerischen Unternehmen, weil er den großen Wirtschaftsmächten zugute kommt und viele andere Länder, ja ganze Kontinente zunehmend vom Weltzusammenhang abkoppelt. Aus heutiger Sicht kommt es zur »Entwirklichung« ganzer Regionen und Kontinente durch treibhausmäßigen Aufbau von wirtschaftlichen Monokulturen, durch Spezialisierung auf einzelne Produkte, deren Absatzmöglichkeiten auf dem Weltmarkt über Leben und Tod vieler Menschen entscheiden. So werden in dieser zweiten Wirklichkeitsschicht, in der es um Bewegungszeichen und Ortsveränderungen gegenständlicher Produkte geht, Machtungleichgewichte und Spaltungen deutlich, die die mit der Globalisierung verknüpften Freiheits- und Gleichheitsillusionen durchsichtig machen.

Wenn Freihandel und Globalisierung vorgeben, immer mehr Weltteile dieses Globus auf Zivilisationsniveau zu heben und auch Länder, die den Mut verloren haben, aus eigener Kraft ihre wirtschaftlichen Potenzen zu entfalten, in die globalisierte wirtschaftliche Dynamik mit einzubeziehen, selbst wo es nur Trickle-down-Effekte gibt, dann handelt es sich um ein gigantisches Betrugsmanöver. Je regelloser der Freihandel ist, desto größere Vorteile haben die wirtschaftlich Mächtigen und die demokratisch konstituierten Staaten, vor allem weil dort eine einigermaßen intakte Arbeits- und Erwerbsgesellschaft die Grundlage von produktiven Handelsbeziehungen schafft. Wo diese zerbrochen ist, kann auch der globalisierte Handel den Menschen keine wirtschaftliche Autonomie gewähren und sie zu wirklichen Handelspartnern machen.

Im Welthandel materialisiert sich die Utopie einer Weltordnung, in der die fleißigen und risikobereiten, unternehmerisch tätigen Menschen Chancengleichheit vorfinden; ein uralter Traum verspricht Wirklichkeit zu werden, daß noch in den letzten Winkeln der Welt hochwertige Warenproduktion ansässig werden kann. Da im Prinzip alle am Geldmarkt beteiligt sind, wenn die nationalstaatlichen Hemmnisse durch Einfuhrkontingente, Zölle, ökologische Beschränkungen verschwinden, erübrigt sich auch die traditionelle Entwicklungshilfe, die – legt man die regulativen Ideen der Freihandelsapologeten zugrunde – eine Wettbewerbsverzerrung bedeutet. Es ist aber längst kein Geheimnis mehr, daß die gewaltigen politischen Anstrengungen, die Institutionen wie die WTO, die UNCTAD, der Internationale Währungsfonds und die Weltbank innerhalb des letzten Jahrzehnts zugunsten des Freihandels unternommen haben, sehr unterschiedliche Wirkungen zeigten, indem die sieben oder acht wirtschaftlich potentesten Länder ihre Handelsmacht vergrößerten und gleichzeitig die Handelschancen der etwa 6 Milliarden Menschen in sogenannten Entwicklungsländern weiter geschwächt wurden.

Die Dritte Welt ist gewiß inhomogen: Da sind die neuen südostasiatischen Wirtschaftsmächte, da sind Schwellenländer mit stark industrialisierten Zentren wie Brasilien, Mexiko, Argentinien, die sogenannten OPEC-Staaten, der verarmte Ostblock, also die ehemalige Zweite Welt, aber auch der abgekoppelte, stark verarmte Teil Afrikas südlich der Sahara, Lateinamerika und Asien. Würde der Welthandel tatsächlich jene Globalisierungshoffnungen erfüllen, die selbst hiesige sozialdemokratische Politiker damit verknüpfen, dann müßte er einer weiteren Polarisierung von armen und reichen Ländern entgegenwirken. Die UNO definiert die am wenigsten entwickelten Staaten der Erde als Staaten mit einem Pro-Kopf-Einkommen von unter 320 US-$ pro Jahr; 42 dieser 48 Staaten liegen in Afrika. 1960 hatten die 46 ärmsten Länder einen Anteil am weltweiten Warenhandel von 1,4 Prozent. »Würde die Globalisierung den ärmeren Ländern zugute kommen, müßte sich deren Anteil am Handel vergrößert haben. Aber das Gegenteil ist eingetreten: Anfang der neunziger Jahre lag ihr Anteil am Weltwarenhandel bei 0,6 Prozent, und bis 1995 fiel er weiter auf zu vernachlässigende 0,4 Prozent. 1980 betrug der Anteil der 102 ärmsten Länder am Warenaustausch 7,9 Prozent der Weltexporte, 1990 betrug er nur noch 1,4 Prozent.«[68]

Natürlich entstehen dabei auch Reichtumsinseln, zum Beispiel Handelsumschlagplätze noch aus der Kolonialzeit wie Hongkong und Singapur; aber selbst dort gibt es keinen Trickle-down-Effekt, der die umliegenden Regionen in eine weltweite Dynamik hineinziehen würde. Man kann auch hier von Realabstraktionen reden, durch welche die Entwicklungschancen des Umlandes sich nicht vergrößern, sondern weiter verengt werden. Daniel Cohen spricht in bezug auf die Wachstumsbeschleunigung solcher Reichtums- und Wohlstandsinseln, zu denen vor allem auch Länder mit Ölvorkommen und Bodenschätzen gehören, von einer Art Anti-Midas-Effekt. Dem phrygischen König Midas, dem Dionysos den Wunsch gewährte, daß alles, was er berühre, zu Gold werde, wurde seine Gier fast zum Verhängnis, weil er buchstäblich zu verhungern drohte, während heute alles Gold, das Entwicklungsländer anfassen, sich in Dreck verwandelt. Cohen beschreibt, daß in einzelnen Entwicklungsländern, in denen das schwarze Gold reichlich geflossen sei, korrupte Herrschaftscliquen dieses in Armut verwandelt hätten. »Zwischen 1970 und 1989 ist Venezuela trotz der reichlich fließenden

Ölgelder ärmer geworden – nicht im Vergleich zu anderen Ländern, aber in absoluten Zahlen: Das durchschnittliche Pro-Kopf-Einkommen lag 1990 unter dem Niveau von 1970. Die Wirtschaft ist von der Korruption derart zerfressen, daß die Produktivität heute niedriger ist als vor zwanzig Jahren. Das gilt aus exakt denselben Gründen auch für Nigeria.«[69]

Wie stark die heutigen Freihandelsapologeten eingebunden sind in die Stabilisierung bestehender Herrschaftszusammenhänge und die dadurch bedingte massenhafte Ausgliederung von Menschen, zeigt unmißverständlich die Sprache westlicher Wirtschaftsführer. Tyll Necker, ehemaliger Vorsitzender des Bundesverbandes der Deutschen Industrie (BDI), sagte am 16. Dezember 1996 in einem Interview mit der »taz«: »Der Welthandel ist eine Quelle des Wohlstands. Wir müssen auch den Ländern der Dritten Welt das Recht einräumen, sich am weltweiten Wohlstand und Wachstum zu beteiligen.« Auf den Einwand des taz-Redakteurs: »Aber die Statistiken sagen etwas anderes: Der Abstand zwischen den ärmsten 20 Prozent der Länder und den reichsten 20 Prozent hat sich seit 1960 verdoppelt«, erklärt Necker: »Der Welthandel nützt sicher nicht allen gleichermaßen ...«

Er hat recht. Freilich bedürfte es besonderer Betrachtungen, warum asiatische Länder wie Taiwan, Korea, Hongkong und Singapur, die sich weitgehend den Imperativen der Weltmarktpreise und den entsprechenden Qualitätsstandards unterordnen, ihre binnenwirtschaftliche Entwicklung wesentlich durch Anschluß an den Welthandel geschafft haben und damit dem großen Vorbild Japan folgten.[70] In einzelnen dieser Länder spielen staatliche Regelungen praktisch keine Rolle, während in anderen der Staat für die Wachstumsstrategien verantwortlich ist und mit vielfachen Formen des Protektionismus arbeitet. Für die Zukunft wird es entscheidende Bedeutung haben, wie alle diese Länder ihre spezifischen Formen des kapitalistischen Erwerbsgeistes, die, wie das Max Weber schon voraussah, geprägt sind durch eigene kulturelle Traditionen, zu einer gesellschaftlichen Umgestaltung nutzen, in der verläßliche Formen der demokratischen Beteiligung, Gewaltenteilung und ein Mindestmaß von ausgleichender Gerechtigkeit zwischen arm und reich Strukturprobleme ausgleichen. Der bloße Zugang zum Welthandel, die Öffnung für die kapitalistische Konkurrenzwirtschaft und das

Anbieten weltmarktfähiger Produkte – in dieser Wirklichkeitsschicht fehlen noch entscheidende Voraussetzungen für eine funktionsfähige Weltgesellschaft.

So machtvoll auch die durch die Wirtschaftssysteme Westeuropas und Nordamerikas geprägten Imperative die Welt zu erobern streben, Risiken und Chancen liegen in den ganz eigenen Formen, die das kapitalistische Wirtschaften im Zusammenhang der jeweiligen Herkunftsgesellschaften entfaltet. John Gray, ehedem Berater Margaret Thatchers, heute entschiedener Kritiker von neoliberalen Abstraktionen, geht so weit, daß er in der Verbreitung der westlichen Marktmodelle eine Verstärkung eigentümlicher und heterogener Wirtschaftsformen sieht. »Die meisten Länder, die ihre Ökonomie dem angelsächsischen Modell des freien Marktes nachzubilden versuchen, werden keine tragfähige Modernisierung zustande bringen. Die zeitgenössische Utopie des einen globalen Marktes geht davon aus, daß das Wirtschaftsleben einer jeden Nation nach dem Bild des freien amerikanischen Marktes umgestaltet werden kann. Und das, obwohl der freie Markt die auf Roosevelts New Deal aufgebaute liberale kapitalistische Zivilisation der USA, die Grundlage für den amerikanischen Nachkriegswohlstand, zerstört hat. Der Fall der Vereinigten Staaten illustriert jedoch nur eine generelle Wahrheit: Überall dort, wo man in spätmodernen Gesellschaften deregulierten Märkten zum Durchbruch verhilft, bringen diese neue Spielarten des Kapitalismus hervor.«[71]

Eine der risikobehafteten neuen Spielarten befindet sich in Afrika, eine andere in den ethnonationalen Nachfolgestaaten der Sowjetunion. Wer vom Welthandel abgekoppelt ist, verliert nicht nur Wege und Mittel, die Gesellschaft zu modernisieren und ihr eigene Kraftpotentiale zu verschaffen. Es ist eine Art Realitätsentzug, unter dem solche gesellschaftlichen Flächensysteme leiden, unter anderem, weil sie im Weltmaßstab das öffentliche Interesse, die mediale Aufmerksamkeit verloren haben. Weltwirtschaftlich gehört Afrika heute zu den absolut marginalen Zonen und bildet das Schlußlicht der Globalisierung. Der afrikanische Kontinent südlich der Sahara wird im vergangenen Jahrzehnt durch einen rasanten politischen Zerfall geprägt und von kriegerischen Verwüstungen heimgesucht, die dem sinnlosen Abschlachten des Dreißigjährigen Krieges entsprechen – ohne klaren Frontverlauf und ohne jede Aussicht auf einen Westfälischen Frieden. Die Kindersterblichkeit lag 1998 pro 1000 Geburten bei 107, in den industrialisierten Ländern bei 6 Fällen, die Lebenserwartung zwischen 44 und 48 Jahren, in den industrialisierten Ländern zwischen 72 und 78 Jahren. Das Bruttosozialprodukt pro Einwohner betrug 1997 530 US-$, in den entwickelten Ländern 27000 US-$. Radiogeräte gab es 1996 im südlichen Afrika 166 pro 1000 Einwohnern, in den entwickelten Staaten 1319. Nur in einem Punkt ist Afrika auf dem Handelsniveau der modernen Staaten: der Kriegstechnik.[72]

Kapitalinvestitionen und Handel haben diesen Teil unseres Globus sehr wohl erreicht, doch nur so lange, wie es im strategischen Interessen der Weltmächte lag. Nach 1989 ist Afrika durch politisches Desinteresse und durch wirtschaftliche Abkopplung zusätzlich aus dem Weltzusammenhang ausgegliedert worden. Zwar haben die Vereinten Nationen viele Anstrengungen unternommen, den Kriegen, Gewaltexzessen, Hungersnöten und Naturkatastrophen Einhalt zu gebieten – von 32 Operationen des vergangenen Jahrzehnts fanden allein 13 in Afrika statt –, aber wenig ist getan worden, Armut durch aktivierende Entwicklungshilfe zu beseitigen, jedenfalls im Vergleich zu dem, was notwendig gewesen wäre. In Regionen und Ländern, die auf der Verliererseite der Globalisierung stehen, müssen vor allem lebensfähige Gesellschaftsstrukturen aufgebaut werden, auf der Grundlage von Produktions-, Arbeits- und Erwerbszusammenhängen. Wer nichts Eigenes anzubieten hat, kann auch am Welthandel nicht teilnehmen, und der vielleicht gut gemeinte Ratschlag der G8-Konferenz im Juli 2000 in Japan, Afrika mit Computern und digitalen Informationsnetzen auszustatten, setzt nur eine Abstraktion auf eine andere, liefert nicht mehr als eine strategische Dekoration und befestigt die Abspaltung vom Weltmarkt.[73]

So ist in dieser zweiten Wirklichkeitsschicht die Frage nach den nachhaltigen Veränderungen der Erdkugel zu stellen. Wenn Freihandel darin besteht, daß im Prinzip alle gleichen Zugang zum Weltmarkt haben, aber tatsächlich nur die Handel betreiben können, die selbstproduzierte Güter zu Weltmarktpreisen anbieten können, wird es notwendig immer mehr Verlierer und immer weniger Gewinner geben. Zu den negativen Begleiterscheinungen dieses Prozesses gehört die Zerschlagung kollektiver Einrichtungen, das heißt die Privatisierungstendenz und die Entmachtung gewerkschaftlicher

Gegenbewegungen in den einzelnen Ländern, was die Entmutigung von Milliarden von Menschen verstärkt, die nach Auswegen suchen und sich gerne als Weltbürger verstehen möchten.

Ein Beispiel dafür sind die Kleinbauern in Ecuador: »Der Bananenmarkt ist eine Welt von Haien. Und die Großen auf diesem Früchtemeer beißen jetzt täglich zu«, meint Ronny Laso, Berater einer Kleinbauernkooperative im Zentrum des Weltbananenanbaus. »... der Bananenexportweltmeister Ecuador verschifft von seinen 4 Millionen Tonnen Jahresproduktion fast 700 000 Tonnen der gelben Frucht in die Europäische Union.«[74] Länderquoten und Bananenzölle Europas führen dazu, daß kleine Bananenpflanzer nur noch 90 Pfennig für 18 Kilo Bananen erhalten, wovon sie ihre Familien nicht ernähren können. Der Generaldirektor für internationale Wirtschaftsverhandlungen im ecuadorianischen Außenministerium verweist die Bauern auf ein Kompensationsgeschäft, mit dem diese allerdings wohl kaum etwas anfangen können: »Wir werden«, sagt er, »den Schaden kompensieren durch Nutzung, Vervielfältigung und Vertrieb von intellektuellem Eigentum Europas, von Autoren, Künstlern, Musik, Industriezeichnungen und mehr. Das ist nach Artikel 22 (2) des WTO-Schiedsgerichts eine zulässige Sanktion.«[75]

Globale Ernüchterungen gibt es nicht nur in dieser Welt der Bananenpflanzer, denn das Hauen und Stechen auf den internationalen Handelskonferenzen, wo Kontingente, Kompensationen, Einfuhrquoten und Zölle vereinbart werden, läßt kaum einmal Befreiungshoffnungen auf den weltweiten Freihandel berechtigt erscheinen.

Was bedeutet das jetzt für die Veränderung der Raum- und Zeitverhältnisse in dieser Wirklichkeitsschicht? Was bleibt, welche Orte werden befestigt und ausgebaut? Was bewirkt der Handel in dieser von Globalisierung beschleunigten und auf Zeitverkürzungen setzenden Welt? Wir sehen zu, wie im Binnenhandel oder zwischen Nachbarländern das Transportaufkommen durch Lastwagen dramatisch steigt. Man gewinnt den Eindruck, daß alle Warenlager der Welt abgebaut werden, um Lagerkosten zu sparen, und sich in einer wirbelnden Dynamik auf die Straße verlagern. So sind zwar gegenständliche Produkte in Bewegung, aber sie hinterlassen in ihrer banalen Materialität ökologische Wirkungen, die keineswegs vorübergehend und flüchtig sind. Der verstärkte Lastwagenverkehr hat zu einem erhöhten CO_2-Ausstoß in die Atmosphäre geführt; er bewirkt zudem einen Materialverschleiß der Infrastrukturen, den die Steuerzahler tragen müssen, nicht die Unternehmen, die das Just-in-time-Prinzip einführen, um *faux frais,* also falsche Kosten zu vermeiden. Der gesteigerten Flexibilität im Umgang mit Gebrauchsgegenständen entspricht dabei eine Zeitstreckung in den Wirkungen, welche die Ökosphäre und die Grundlagen des Gemeinwesens belasten. Das sind keineswegs unbeabsichtigte Nebenfolgen, wie Max Weber sie bezeichnen würde, sondern sie gehören zur Systemlogik der globalen Wirtschaft.

Enormes Gefährdungspotential birgt auch die Herauslösung der Warenbestände aus ihren nationalen Kontrollen, wenn sie nicht wirksamen internationalen Regelungen unterworfen werden. Welche Folgen wird es haben, wenn die Produkte der Hochtechnologien, die Forschungsresultate der Biotechnik auf den freien Markt geraten? Wenn die Vorratslager der Kriegstechnik eines Tages abgeräumt werden und in den Freihandel Eingang finden?

Hier kann die Flexibilität des Ortes, die Ortlosigkeit, mit der sich die Globalisierungsapologeten schmücken, zu nachhaltigen Problemen führen. Ich will nur ein Beispiel nennen: Das Schicksal der *Kursk*, die am 15. August 2000 mit 118 Mann an Bord auf den Boden der Barentssee sank, hat unsere Aufmerksamkeit auf die mehr als 100 Atom-U-Boote der russischen Marine gelenkt, die zu einem guten Teil schrottreif sind und im Sperrgebiet um Murmansk vor sich hin rosten, über und unter Wasser, mit oder ohne ihre Atomreaktoren. Man sagt, Einsparungen im Marinehaushalt hätten bewirkt, daß die Ausbildung der Matrosen nicht mehr auf dem heutigen Stand sei, und auch nicht die Wartung der Schiffe. Was hier in den Weltmeeren an Plutonium und anderen Strahlungsmaterialien gelagert, zum Teil bewußt versenkt wird, also aus dem normalen Freihandelsverkehr herausgenommen ist, widerspricht in seiner Langzeitwirkung völlig dem kurzfristigen Interesse, diese Kriegsprodukte loszuwerden, und bildet genau die andere Seite von Zeitraffung, Beschleunigung, Just-in-time. Die Barentssee ist für Norwegen ein riesiges Fischfanggebiet, also eine wesentliche Nahrungsgrundlage von vielen Menschen, und es ist nur eine Frage der Zeit, wann Radioaktivität aus den Reaktoren austritt.[76]

Nun könnte man einwenden, das habe doch gar nichts mit Welthandel zu tun. Aber wenn man den Markt verabsolutiert, als wäre er das einzige vernünftige Regulierungsmedium menschlicher Verhältnisse und des Weltzusammenhangs, ergibt sich eine solche Entwicklung. Könnte der erste Globalisierungstheoretiker Ricardo die ökonomischen Folgen in der heutigen Dimension wahrnehmen, würde er sie als eine völlige Verdrehung des Wahrheitsgehalts seiner Vorschläge betrachten. Deshalb ist ein weiterer Schritt in der abnehmenden Abstraktion erforderlich.

Dritte Wirklichkeitsschicht. Die Welt der Völkerwanderung

Mit der abnehmenden Abstraktion gelange ich vom Geld über die Waren zu den Menschen. Die Zeit- und Raumkoordinaten, nach denen sich Menschen bewegen, zeigen sich heute in der wachsenden Masse von Wirtschaftsflüchtlingen, Kriegsvertriebenen, Asylsuchenden. Wir leben in einem Zeitalter der Völkerwanderung. Kann man das wirklich als eine positive Folge der Globalisierungshoffnungen betrachten? Ist das im Weltmaßstab der Befreiungsschub, der in den fortgeschrittenen Ländern als wachsende Flexibilität und unternehmerische Initiative gefeiert wird? Verlieren die Menschen, die in völlig überlasteten Booten die Küsten ihrer gelobten Länder erreichen oder aber ihren Befreiungsversuch aus der Armut mit dem Leben bezahlen, endlich ihre lokalen Borniertheiten, um unternehmerische Menschen nach dem Idealbild der Globalisierung zu werden? Ich ironisiere, weil die Raum- und Zeitkoordinaten lebendiger Menschen für mich nur schwer in Verbindung zu bringen sind mit der Welt als Börse oder als Raum des Freihandels.

Sich frei im Raum bewegen zu können, ohne auf Verbote, Grenzen, Mauern zu stoßen, ist ein Kerngedanke des Liberalismus in allen seinen Varianten, der politischen ebenso wie der sozialen und ökonomischen. Michael Walzer unterscheidet dabei vier Arten der Mobilität:[77] Die geographische Mobilität entspricht der menschlichen Neigung, Hab und Gut von einem Ort zum anderen zu tragen und ohne große Bedenken Wohnung und Umgebung zu wechseln. Die soziale Mobilität betrifft das Verhältnis der Generationen, Veränderungen der sozialen Position, Aufstieg und Abstieg auf der gesellschaftlichen Stufenleiter nach Ansehen und Einkommen. Die Ehemobilität umfaßt Trennung, Scheidung und Wiederverheiratung, wobei in der Gegenwart eine wachsende Tendenz erkennbar ist, sich nur noch auf Beziehungen einzulassen, die in ihrer Zeitdauer begrenzt sind. Schließlich gibt es die politische Mobilität, schnelle Wechsel in Loyalitätsbindungen gegenüber Parteien und Gruppen.

Diese vier Mobilitätsformen, die den Menschen das Hochgefühl von Dynamik und Freiheit verleihen, findet Walzer in den Vereinigten Staaten in extremer Ausprägung vor, die durch die Globalisierung sicherlich verstärkt, aber keineswegs verursacht wurde: »... der Liberalismus ist ganz einfach die theoretische Begründung und Rechtfertigung dieser Bewegung. Aus liberaler Sicht stehen die vier Mobilitäten für den Vollzug von Freiheit und das Streben nach (privatem oder persönlichem) Glück, was nichts anderes heißt, als daß ein so verstandener Liberalismus ein genuin volkstümliches Glaubensbekenntnis darstellt. Jeder Versuch, die Mobilität in den genannten vier Bereichen einzuschränken, würde eine massive und harsche Anwendung von staatlicher Gewalt erfordern. Und dennoch hat diese Volkstümlichkeit auch eine Kehrseite, bestehend aus Kummer und Unzufriedenheit, die in periodischen Abständen artikuliert wird.«[78]

Walzer wendet mit Recht ein, daß in diesem Unbehagen Verlustgefühle Ausdruck finden, daß Familientrennungen traumatische Folgen haben, schnelle Ortswechsel Identität zerstören. Aber diese Instabilität und Dissoziation, die vom Liberalismus ausdrücklich gefördert werden, spielen sich, wie Walzer sie beschreibt, in den Raum- und Zeitverhältnissen entwickelter kapitalistischer Länder ab. Wie könnte es nun aussehen, wenn diese vier Mobilitätsformen zu Prinzipien der ganzen Weltordnung erklärt würden und auch auf jene Länder übertragen werden, deren gesellschaftlicher Boden nicht durch eine entfaltete und einigermaßen stabile Arbeits- und Erwerbsgesellschaft bestimmt ist?

Kaum zufällig ist von allen Marktsegmenten der Arbeitsmarkt am wenigsten globalisiert, auch wenn der weltweite Warenverkehr die Arbeitsmarktverhältnisse verändert hat und die westeuropäischen Länder Einwanderungsgesellschaften geworden sind. Es hat immer wieder in der Geschichte Migrationsschübe in einzelne entwickelte Länder gegeben, wie sie auch heute vorkommen.[79] Doch die weltweite Mobilität lebendiger Arbeitskraft – ohne staatliche Grenzsetzungen – ist eine pure Fiktion, und die Tatsache, daß 10 oder 20 000 Computerspezialisten eine Arbeitserlaubnis in Deutschland bekommen, erhöht nicht die Arbeitsmarktmobilität, sondern bestätigt nur, daß die entwickelten Industrienationen jederzeit die Möglichkeit haben, von jedem Punkt dieser Erde qualifizierte Arbeitskraft abzurufen oder Produktionsteile in die entlegensten Gegenden dieser Erde zu verlagern, wo Menschen mit Pfennigbeträgen entlohnt werden.

Die Wirklichkeitsschicht der Globalisierung, in der sich lebendige Arbeitskraft bewegt, rückt dennoch immer näher jenen Grenzen und Mauern, die durch neue ethnonationale Gebilde oder ganz alte Herrschaftsgebiete vorgegeben sind. Guatemaltekische Textilfabriken eines südkoreanischen Multis produzieren für den Weltmarkt Ralph-Lauren-Hemden, die in Deutschland zwischen 160 und 200 DM kosten, während eine Arbeiterin dort knapp 3 DM am Tag verdient, was unter dem in Guatemala eingeführten Mindestlohn von knapp 4,50 DM liegt, dem Preis von etwa zwei Kilogramm Bohnen. In Chinas Textilfabriken, die auch adidas, Karstadt oder Quelle beliefern, wird 69 Stunden pro Woche gearbeitet, obwohl das chinesische Arbeitsrecht maximal 44 Stunden erlaubt.[80]

Das Reisen, von dem Kant als einzigartigem Erfahrungszuwachs schwärmte, um gleichzeitig Welt-Haben und Welt-Erkennen voneinander zu trennen, vermittelt in der Tat den Eindruck einer gewaltig angewachsenen menschlichen Mobilität. Der Tourismus berührt die Produktionsgrundlagen des überwiegenden Teils der Menschheit nur wenig, auch wenn die Reiseunternehmen hierzulande wie die Tourismusbranche weltweit einen beträchtlichen Umsatz haben. Die Menschen kehren aber dorthin zurück, von wo aus sie auf Reisen gingen; sie wechseln über Ländergrenzen hinweg kaum ihre Wohnorte und noch weniger den Arbeits- und Erwerbszusammenhang.

Den von Walzer beschriebenen Mobilitätsformen ist allerdings eine fünfte hinzuzufügen, welche den Menschen nicht nur Unbehagen bereitet, sondern sie in tödliche Gefahren bringt. Ich meine jene Mobilität, die durch Not und Ausweglosigkeit entsteht, die in jener gewaltigen Dynamik zum Ausdruck kommt, von der weltweit einzelne ebenso wie Familien, Stammesverbände oder religiöse Gesinnungsgemeinschaften betroffen sind. Die Medialisierung der Welt wird dazu beigetragen haben, daß Menschen ihr ganzes Hab und Gut dafür einsetzen, in die gelobten Länder der entwickelten Arbeits- und Erwerbsgesellschaft zu kommen, deren Grenzen und

Mauern zu überwinden, wobei es unter den heutigen Bedingungen fast gleichgültig ist, ob es sich um politische oder um Wirtschaftsflüchtlinge handelt.[81] Die Flucht ist jedenfalls in der Regel unfreiwillig und hat schlichte Überlebensmotive.

Die vielfältigen Ursachen des weltweiten Flüchtlingselends müßten im einzelnen überprüft werden, aber eine allgemeine Aussage mag doch begründet sein, welche sich auf alle Erscheinungsformen der mehr oder weniger gewalttätigen Massenvertreibung von Menschen bezieht. Wo immer religiöse Kriege geführt werden, alte Stammesrivalitäten wieder erwachen, es zur Massenvertreibung von Menschen oder zu mörderischen Vernichtungskriegen kommt, wo immer korrupte Eliten den gesellschaftlichen Reichtum privat abschöpfen und Gemeinwesenarbeit in einer einzigen Form betreiben, nämlich der guten Ausstattung ihrer Bürokraten und des Militärs – in allen diesen Regionen, Ländern, Kontinenten hat die erdrückende Masse der Menschen keine Möglichkeit, auf der Grundlage einer einigermaßen intakten Arbeits- und Erwerbsgesellschaft für sich und ihre Familien die materielle und kulturelle Existenz zu sichern.[82]

Daß ein innerer Zusammenhang zwischen der Zerstörung von Produktionsgesellschaften, die wenigstens minimale Überlebensbedingungen schaffen, und vielfältigen Ausdrucksformen von Krieg und Gewalt besteht, kann soziologisch als erwiesen betrachtet werden. So ist es nicht erstaunlich, daß die überwiegende Zahl der Kriege und Gewaltaktionen nach dem Zweiten Weltkrieg sogenannte interne Kriege sind. »Zwei Drittel (66,3 Prozent) aller Kriege seit 1945 sind ›innere‹ Kriege gewesen und nur ein knappes Viertel (22,8 Prozent) internationale Kriege, einschließlich der ›reinen‹ Dekolonisationskriege. In weiteren fast 11 Prozent der 184 Kriege handelt es sich um Fälle, in denen sich ein innerer und ein internationaler Krieg überlappen oder miteinander verflochten sind. Der bei weitem überwiegenden Häufigkeit nach wird also das Kriegsgeschehen nach dem Zweiten Weltkrieg vom Typ des inneren Krieges beherrscht.«[83] Wenn man die Regionen und Kontinente in Betracht zieht, dann wird deutlich, daß seit 1945 Kriege überwiegend dort stattgefunden haben, wo es keine entfalteten Arbeits- und Erwerbsgesellschaften gibt: Lateinamerika mit 396 000 Toten, Afrika mit 5,3 Millionen, Vorderer und Mittlerer Orient mit 1,8 Millionen, Asien mit 4,6 Millionen und Europa im selben Zeitraum mit 238 000 Toten.[84]

Es wird ein Grundproblem unserer Weltordnung bleiben, die erzwungene Mobilität der Menschen, die sich teils unter Todesgefahr aufmachen und den Druck auf die Grenzen und Mauern der gelobten Länder erhöhen, dadurch zu überwinden, daß die Menschen vor Ort bleiben und von eigener Arbeit in der gewohnten Nachbarschaft ihres Gemeinwesens leben können. Erst eine sichere Existenzgrundlage für diese Menschen würde der Globalisierung den ideologischen Schleier nehmen; das würde aber eine ganz andere Entwicklungspolitik voraussetzen als die, die gegenwärtig von den entwickelten Ländern betrieben wird. Es richtet sich also der Blick weg von der Globalisierung hin zu jenen Produktions- und Herrschaftsverhältnissen der einzelnen Länder, die produktive Entwicklungen ermöglichen oder verhindern.

Daniel Cohen zufolge ist »nicht die Globalisierung ... für die immer unsichereren Arbeitsverhältnisse verantwortlich, sondern umgekehrt: Unsere eigene Neigung zur Veränderung der Arbeitswelt öffnet der ›Globalisierung‹ überhaupt erst den nötigen Raum und ist dafür verantwortlich, daß sie in Verruf gerät.«[85] Diese Umkehrung der Blickrichtung ist sinnvoll und überfällig, erfordert aber einen anderen Akzent: Nicht die Neigung zur Veränderung, sondern die Neigung zur Nicht-Veränderung sowohl in unserer Gesellschaft als auch weltweit gibt dem Globalisierungsbetrug immer neue Kraft.

Vierte Wirklichkeitsschicht. Die Welt des Gemeinwesens

Wo sich die Menschen wirklich aufhalten, wo sie wohnen, Beziehungen aufbauen, Nachbarschaften in Anspruch nehmen, wo ihre Arbeits- und Lebenswelt eigene Zeitmaße und eigene Raumkoordinaten hat, da ist am wenigsten von den emanzipativen, die Lebensentwürfe erweiternden Einflüssen der Globalisierung erkennbar. Deren extreme Beschleunigungen oder Zeitstreckungen werden in der Alltagsgebundenheit des Lebens, inmitten von vielfältigen Umwegzeiten, Kindererziehung, von Zeit für Arbeit und Erwerb, von Lebensmitteleinkäufen, Essenszubereitung, von Freizeit und Freundschaften, auf Raum- und Zeitmaße zurückgebracht, in deren Rahmen das Beziehungsgeflecht zwischen Nähe und Distanz noch mehr oder minder ausbalanciert ist. Zwar dringen die Koordinaten der übrigen Wirklichkeitsschichten auch in diesen Zusammenhang ein, wenn zum Beispiel immer deutlicher empfohlen wird, eigene Ersparnisse nicht mehr auf langweiligen, wenig lukrativen Sparbüchern anzulegen, sondern sich risikofreudig auf Aktien und ein bißchen Spekulation einzulassen – ein erheblicher Teil des amerikanischen Volkes hat an diesen seidenen Fäden zur Weltbörse die Altersversorgung befestigt, Fäden, die sehr rasch reißen können. Aber das sind in diesem vierten Wirklichkeitsbereich Spekulationszüge, deren Weltläufigkeit sofort wieder in Frage gestellt wird, wenn an irgendeinem Punkt der Erde, zum Beispiel in Singapur, ein Börsen-Crash in die Medien gerät.

Maßverhältnisse sind das absolute Gegenteil der Wirkungsweise des kapitalistischen Prinzips: Je ungehemmter sich dieses in der Welt ausbreiten kann, desto empfindlichere Störungen zeigen die Lebensverhältnisse. Zwar setzt man, wenn von Gleichgewicht und Markt die Rede ist, auf die innere Rationalität des Marktes, auf Angebot und Nachfrage. Aber das funktioniert nur, wenn das wirtschaftliche Handeln eingebunden ist in Kulturzusammenhänge und in die sozialen und politischen Lebensverhältnisse der Menschen. Wo wirtschaftliches Handeln sich davon ablöst, wuchern gewalttätige Realabstraktionen, welche die bestehenden Lebensverhältnisse zerreißen. Denn die Marktlogik mag vieles regeln, aber eine bestimmte Nachfrage kennt sie nicht: die Nachfrage nach dem Gemeinwesen. Was ist mit Bildung und Erziehung, wenn Menschen dafür nichts bezahlen können? Wo sind die Märkte, die das regulieren, was sich in Geldverhältnissen und im Warenhandel nicht ausdrücken läßt?

Die Flucht in Abstraktionen erleichtert Politikern, Wirtschaftsführern und Sozialwissenschaftlern das Leben, während Antworten und Lösungen für die gesellschaftlichen Krisenherde äußerst schwer zu finden sind. Ökonomen und Soziologen wie Elmar Altvater und Birgit Mahnkopf, John Gray, Edward Luttwak, Karl Polanyi und andere, die den Substanzbegriff der Globalisierung auflösen und die darunterliegenden Wirklichkeitsschichten aus dem Gestrüpp der Globalisierungsideologien herauszulösen versuchen, reden keineswegs einem veralteten oder neuen Lokalpatriotismus, der Errichtung neuer nationalstaatlicher Mauern oder dem ökonomischen Protektionismus das Wort. Sie untersuchen die Grenzen der Globalisierung aus der begründeten Sorge heraus, daß Globalisierung als Chance zum Problemexport benutzt wird, der von der ebenso notwendigen wie mühsamen Beackerung der Krisenfelder in den fortgeschrittenen Industrieländern ablenken soll. Altvater und Mahnkopf plädieren deshalb dafür, den inneren Konflikten der Produktionsgesellschaft konzentrierte Aufmerksamkeit zu widmen, während Luttwak sagt: »In meiner Kritik von Turbo-Kapitalismus steht die Globalisierung ... weit abgeschlagen auf dem vierten Platz nach Privatisierung, Deregulierung und technologischem Fortschritt.«[86]

Privatisierung, Deregulierung, technologische Entwicklung: Das sind im Kern die Entwicklungsprinzipien des Kapitalismus. Wenn wir die Folgen dieser Prinzipien für unsere eigene Gesellschaft wahrnehmen und in unsere Gesellschaftstheorie einbeziehen, dann gewinnen wir vielleicht eine Vorstellung davon, was solche Grundsätze in Gesellschaftsordnungen hervorrufen, die keine konstituierten demokratischen Zustände haben, wo strikte Gewaltenteilung, öffentliche Kontrolle der politischen Eliten, sozialstaatliche Sicherungen für diejenigen, die am Rande der Gesellschaft existieren, und proportionale Beteiligung der Frauen am gesellschaftlichen Geschehen Fremdworte sind.

John Gray plädiert deshalb für die Anerkennung eigentümlicher Verarbeitungsstrukturen dessen, was sich gegenwärtig als angelsächsisches Modell der Globalisierung mehr und mehr über die Erde ausbreitet. Wenn Kapitalismus und Markt in die bestehenden Gesellschaftsordnungen Asiens, Rußlands, Afrikas eindringen, bewirken sie notwendig Zerstörungen und Auflösungen, soweit sie nicht die Traditionen vor Ort berücksichtigen. Der Globalisierungsgedanke muß deshalb in Rechnung stellen, daß wir es im strikten Sinne mit ganz verschiedenen Raum- und Zeitvorstellungen der Menschen zu tun haben, die aus den jeweiligen Gesellschaftsordnungen hervorgehen.

Es überschreitet den Untersuchungsansatz meiner Analyse, spezifisch nationale Transformationen aufzuspüren. Das chinesische Beispiel habe ich an anderer Stelle zu erläutern versucht.[87] Was es damit auf sich hat, daß die Weltvorstellungen eines Chinesen, eines Russen oder eines afrikanischen Stammes so grundlegend verschieden sind, daß Globalisierung ohne Wahrnehmung der spezifischen Kulturtraditionen gar nicht gelingen kann, ist ein von den Sozialwissenschaften weitgehend unbearbeitetes Feld.

John Gray vermutet, daß der gewalttätige Akt, mit dem westliche Marktmodelle auf diese Gesellschaftsordnungen aufgesetzt werden, vielfältige Reaktionsbildungen gegen Modernisierungsprozesse zur Folge hat: »Der freie Weltmarkt basiert auf der Annahme, daß Modernisierung der Wirtschaft überall das gleiche bedeutet. Deren Globalisierung – die weltweite Ausbreitung industrieller Produktionsweisen in miteinander verbundenen Marktwirtschaften – begreift man als unaufhaltsamen Fortschritt einer singulären Spielart des westlichen Kapitalismus: der freie Markt nach amerikanischem Vorbild. Der tatsächliche Lauf der Dinge belegt eher das Gegenteil: Ökonomische Modernisierung reproduziert das amerikanische System des freien Markts keineswegs in aller Welt – im Gegenteil, Modernisierung wirkt dem freien Markt entgegen. Sie bringt lokale, spezifische Formen des Kapitalismus hervor, die kaum etwas mit den westlichen Modellen gemein haben. Die Marktwirtschaften Ostasiens heben sich stark voneinander ab. China und Japan verkörpern verschiedene Varianten des Kapitalismus. Und genauso unterscheidet sich wiederum der russische Kapitalismus grundlegend vom chinesischen. Das einzige, was die neuen Spielarten des Kapitalismus verbindet, ist, daß sie sich keinem westlichen Modell verpflichtet fühlen.«[88]

So ist die Frage, wie unser kapitalistisches System aussieht, keine zu vernachlässigende Marginalie, sondern Ausgangspunkt, um die Globalisierungsfolgen für die übrige Welt zu beurteilen und vielleicht Formen der Politik zu entwickeln, die in diesen scheinbar naturgesetzlich ablaufenden Mechanismus eingreifen. Denn eines scheint mir unzweifelhaft: Wie immer die kapitalistische Wirtschaftsform, wie wir sie im Augenblick wahrnehmen, der Welt Befreiungspotentiale verschaffen mag, die produktiven Potenzen dieser Wirtschaftsform werden für die Masse der Menschen unwirksam bleiben, wenn die jeweiligen Gesellschaftssysteme nicht einen Prozeß durchmachen, der in Europa eben doch Jahrhunderte gedauert hat. Die Nachfrage nach dem Gemeinwesen hat andere Zeitstrukturen und andere Standorte als der bloße Warentausch.

Diese vierte Wirklichkeitsschicht entscheidet nach meiner Überzeugung darüber, wie die Welt aussehen wird. Deshalb müssen wir sie in Zusammenhängen untersuchen, die unseren eigenen Erfahrungsbereich betreffen und damit auch politische Interventionsmöglichkeiten in Aussicht stellen. Das ist der Hauptgegenstand dieses Buches: Es versucht, die Wirklichkeitsschicht der Arbeits- und Lebensverhältnisse in einer fortgeschrittenen Industrie- und Dienstleistungsgesellschaft zu analysieren und auf dieser Grundlage Globalisierungsprozesse zu beurteilen und Eingriffsmöglichkeiten abzuschätzen. Daß für die Lösung einer epochalen Krisensituation, die den gesamten Kulturzusammenhang erfaßt hat, nur noch abgemagerte ökonomische Begriffe und symbolbesetzte Konstellationen von Privatinteressen zur Verfügung stehen könnten, verweist auf eine absolut beispiellose und einzigartige Situation unseres Weltverständnisses, das mit der Explosion objektiven Reichtums subjektiv verarmt.

Um die »geistige Situation unserer Zeit« begreifen zu können, reichen Analysen der Wirkungsgesetze von Markt und Kapital längst nicht mehr aus. Vielmehr wird es immer dringlicher, den Verlockungen technisch-pragmatischer Lösungen – in der Theoriebildung ebenso wie im politischen Handeln – mit Skepsis zu begegnen und sich auf das weite Feld umfassender Krisenbeschreibungen zu begeben. Damit vermeidet man kurzatmige Reparaturversuche und schärft das Bewußtsein für langfristige und nachhaltige Gesellschaftsreformen.

*Exodus und Asyl**

Berufliche und politische Praxis haben mich immer wieder in die Nähe eines Katheders gebracht, von dem aus zu reden mir zur Gewohnheit wurde; meine Rede aber von der erhöhten Ebene einer Kanzel zu halten bringt mich, wie ich merke, in erhebliche Verlegenheit. Trost spendet mir dabei freilich das Wissen um die große Tradition der Neujahrs-Laienpredigten in dieser Kirche, in der vor mir politisch bewußte Menschen ganz verschiedener Herkunft, wie Monika Griefahn und Peter Brückner, Günter Gaus und Gerhard Schröder, gesprochen haben.

An einen meiner Vorredner kann ich direkt anknüpfen. 1986 redete von dieser Kanzel Günter Wallraff. Wachsende Ausländerfeindlichkeit war sein Thema. Die sich ihres theologischen Auftrags der Befreiung bewußt werdende Kirche, also die »Kirche von unten«, zu ermutigen, dem in allen Bereichen der Gesellschaft neu sich regenden Haß gegen Fremde ein entschiedenes Nein entgegenzuhalten, war der Sinn seiner Predigt. In ihrem Zentrum stand die biblische Geschichte vom Exodus, von jenen hebräischen Gastarbeitern, die als »Wirtschaftsflüchtlinge« im reichen Pharaonenland Zuflucht suchten, hier schamlos ausgebeutet und mit Niedriglöhnen abgespeist wurden, schließlich, als ihnen noch die Zeit zum Feiern ihrer religiösen Feste streitig gemacht wurde, in einem großen Aufbruch sich auf Wanderung begaben. Ausbeutung und Menschenverachtung sind die Gründe, warum Mose die Kinder Israels aus Ägypten herausführt.

»Pharao sprach: Ihr seid müßig, müßig seid ihr; darum sprecht ihr: wir wollen hinziehn und dem Herrn opfern. So gehet nun hin und frönet; Stroh soll man euch nicht geben, aber die Anzahl Ziegel sollt ihr schaffen. Da sahen die Amtleute der Kinder Israel, daß es ärger ward, weil man sagte: Ihr sollt nichts mindern von dem Tagewerk an den Ziegeln.« (Mose 2,5)

Diesen Faden nehme ich wieder auf; die von Wallraff benannten Gefahren haben sich bis zum Zerreißen unserer Gesellschaftsordnung verschärft. Das ist in einem von jüdisch-christlichen Tra-

---

*Laienpredigt, gehalten in der Johannes-der-Täufer-Kirche in Wettbergen am 1. Januar 1993

ditionen geprägten gesellschaftlichen Milieu keineswegs eine selbstverständliche und leicht begreifliche Tendenz der Zuspitzung. Denn Altes und Neues Testament sind übervoll von Gleichnissen und Berichten, die Flucht, Exodus, Asyl, Obdachlosigkeit, Fremde und die Traumphantasien der Heimkehr zum bestimmenden Erfahrungsgehalt haben.

Entsprungen aus solchen grenzüberschreitenden Wanderungsbewegungen von Stämmen und Völkern, scheint der christlichen Kultur insgesamt eigentümlich, daß sie neben dem vertrauten Nachbarn auch dem obdachsuchenden Fremden mit Achtung und Wohlwollen begegnet – so verstehe ich jenen Teil der christlichen Botschaft, in dem die Nächstenliebe gerade nicht mißbraucht wird zur Ausgrenzung des Fernen und Fremden, sondern Wesensmerkmal des menschlichen Umgangs mit dem anderen, dem Fernen und Unbekannten ist.

Daraus ergibt sich das Motto meiner Rede, das ich dem Matthäus-Evangelium entlehne; die unumgehbare, immer aktueller werdende Spannung zwischen Nähe und Ferne ist darin festgehalten, zwischen dem, was mich ganz persönlich betrifft und anrührt, und dem Schicksal der Menschheit, der einzelnen Menschen, die ich jedoch noch nicht kenne. Hier ist ein kategorisches »Du sollst!« formuliert. Jesus verkündet: »Ihr habt gehört, daß gesagt ist: Du sollst deinen Nächsten lieben und deinen Feind hassen. Ich aber sage euch: Liebet eure Feinde; segnet, die euch fluchen; tut wohl denen, die euch hassen; bittet für die, so euch beleidigen und verfolgen.« (Matthäus 5,43 und 44). So ist das nicht gemeint, wie man es vielfach verstehen möchte: Den Feind als bleibenden Feind zu lieben; nicht der Fluchende und der Verfolger, soweit sie bleiben, worauf sie festgelegt sind, sollen gesegnet werden, auch nicht die ewig Hassenden und die Beleidiger. Es geht vielmehr darum, sich auf den anderen, den mir Fremden, den Haßerfüllten, einzulassen, weil es keinen Menschen gibt, der nur Feind ist, der nur Verfolger oder Hasser ist. Diese Sätze verstehe ich also als die Aufforderung, das Liebens- und Achtenswerte im Fremden, im kulturell Andersartigen zu suchen und aufzunehmen.

Erweiterung der Erfahrungsfähigkeit gegenüber anderen Menschen ist die Botschaft, nicht Einengung in der Wagenburg der Nächstenliebe, der Ausgrenzung aller, die sich nicht als eigene Stammesangehörige ausweisen können. Die Mühseligen und Beladenen kommen ja häufig von außerhalb, sind Vertriebene, Entwurzelte und In-Not-Geratene, ohne schützende Hilfe Ortsansässiger. Jesus selbst war dieser Vertriebene und Obdachlose; der Fremde im eigenen Land: Notunterkunft in Bethlehem bei der Geburt, das Kreuz am Ende.

Und selbst das Jüngste Gericht nimmt, nach den Beschreibungen des Matthäus, diesen Leitfaden der christlichen Botschaft über entwürdigende Obdachlosigkeit wieder auf. Der König, als Weltenrichter der Christen oder Gott als Christus, ruft die des Segens Würdigen und sagt ihnen, was ihr eigentliches weltliches Verdienst sei. »Denn ich bin hungrig gewesen, und ihr habt mich getränkt. Ich bin ein Gast gewesen, und ihr habt mich beherbergt. Ich bin nackt gewesen, und ihr habt mich bekleidet. Ich bin krank gewesen, und ihr habt mich besucht. Ich bin gefangen gewesen, und ihr seid zu mir gekommen.« (Matthäus 25,35-40)

Aber es sind nicht die großen Ereignisse, um die es sich hier handelt; und auch nicht die prominenten Personen, die schon wissen, wie sie ihren Ausweg aus der Not finden können. Es sind die kleinen Leute und die unmerklichen Ereignisse, das ist das Große der Matthäuslegende, um die das Jüngste Gericht sich kümmert; denn die, die vor diesem hohen Richteramt als gerecht eingestuft werden, wissen von ihren Verdiensten gar nichts, sie haben nichts zu Gefallen ihrer Herren oder ihres Herrn getan, sondern Selbstverständliches, Alltägliches. So können die in dieser Weise als gerecht gewürdigten Menschen mit Recht fragen: »Herr, wann haben wir dich hungrig gesehen und haben dich gespeist? oder durstig und haben dich getränkt? Wann haben wir dich als einen Gast gesehen und beherbergt? oder nackt und haben dich bekleidet?« In einem bestimmten Kulturzustand sind Verhaltensweisen wie die, einem Unbekleideten Kleidung zu geben, einem Obdachlosen Obdach zu gewähren, so selbstverständlich, daß niemand daraus ein Verdienst abzuleiten vermag. Das ist wohl ein fundamentales Mißverständnis christlicher Grundsätze: Gott, Christus, den Großen dieser Welt zu Gefallen etwas zu tun, um vor dem Weltgericht bestehen zu können. So muß Jesus richtigstellen: »Was ihr getan habt einem unter diesen meinen geringsten Brüdern, das habt ihr mir angetan.« (Matthäus 25,40)

Da ich kein Theologe bin, kann ich die Bibel nur buchstäblich nehmen; ich kehre jetzt auf den Boden zurück, dessen Beackerungsmethoden mir vertraut sind. Entkleidet vom mythischen Kontext bleibt für einen Laienprediger genügend Rohstoff, ohne Vergewaltigung der Zusammenhänge, auch von einer Kanzel herab, die Gegenwart in solche Bibelworte einzubeziehen. In vielem erscheint mir die christliche Botschaft so, als enthielte sie vor allem die Aufforderung: Menschen einen sicheren Ort ihrer Bleibe zu verschaffen, also keinen ohne Asyl zu lassen.

Aber die Wirklichkeit ist ganz anders. Häuser brennen wieder, in denen Menschen leben, freiwillig oder zwangsweise vorübergehend versammelt sind, die sich zunächst durch nichts anderes auszeichnen als durch ihre Hautfarbe, ihre Sprache, ihre nationale Herkunft und durch die Not ihrer Lebensverhältnisse, die sie in die Fremde treibt. Hoyerswerda, niedergebrannte Gedenkstätten für die Opfer des millionenfachen Mordes an den Juden, Rostock, die Morde von Mölln: tödliche Hetzjagden auf Mitmenschen, die den Stempel des Andersartigen aufgedrückt bekommen. In Deutschland haben kollektive Brandstiftungen, Flächenbrände in städtischen Milieus eine von den anderen europäischen Ländern eigentümlich unterschiedene Tradition. Mit Bücherverbrennungen im Frühstadium der Naziherrschaft fängt diese sadistische Lust am Lösen der Probleme durch Abbrennen an. Der aus Deutschland vertriebene Heinrich Heine hatte, weil er aus Leiden scharfsinnig geworden war, eine präzise Vorahnung, als er Bücher und Menschen in einen Zusammenhang brachte. Dem Bericht Almansors, er habe auf dem Markt Granadas gesehen, wie Christen den Koran in die Flammen des Scheiterhaufens warfen, fügt der gläubige, aber durchaus tolerante Hassan hinzu: »Das war ein Vorspiel nur, dort, wo man Bücher verbrennt, verbrennt man auch am Ende Menschen.« Welche Worte! Die Vertriebenen und von ihren eigenen Landsleuten Geschundenen haben ihr Leiden an Deutschland in immer neuen Varianten zum Ausdruck gebracht, am nachdrücklichsten wohl der Lyriker Paul Celan in seiner »Todesfuge«: Der Tod ist ein Meister aus Deutschland.

Die in Flammen aufgegangenen Synagogen und die Gasöfen von Auschwitz sind in der Tat Brandmale, die sich aus der Archäologie der deutschen Geschichte nicht wegarbeiten lassen. »Deutschland den Deutschen« brüllen sie, aber die, die draußen bleiben sollen, werden immer zahlreicher und in ihren nationalen, religiösen, rassischen Merkmalen immer unübersichtlicher; das vergrößert die Wut und das Ressentiment gegen alles Andersartige, gegen alle Andersdenkenden.

So ist in diesen Tagen erinnernde Gedankenarbeit in zweifacher Hinsicht nötig: Zum einen ist auf der gesicherten Erkenntnis zu beharren, daß Bewegungen, die ihre Identität ausschließlich durch Feinderklärungen gewinnen, durch Ausgrenzung der Fremden und Andersdenkenden, nur dann Erfolg haben, wenn sie genügend Sympathisanten im gesellschaftlichen Zentrum finden. Auch der deutsche Faschismus war nicht ein Problem der marodierenden Randgruppen, der Schlägerbanden von SA und SS; ohne die leistungsbewußten Mitläufer im Beamtenapparat, ohne hilfswillige Polizei und mit schiefem Rechtsbewußtsein ausgestattete Richter hätte die Nazibewegung nie den Staat erbeuten können. Die Professoren und Lehrer als Sinnproduzenten und Sinnvermittler im Berufsalltag taten das Ihre nach Kräften, das Symbol- und Sprachspektrum der deutschen Kultur so zu korrumpieren, daß viele Worte und Begriffe seitdem unrettbar beschädigt sind und ins Wörterbuch des Unmenschen gehören.

Schlägerbanden, die Feuerballen in noch bewohnte Häuser werfen, sind schlimm genug; gefährlicher für den Bestand eines demokratischen Gemeinwesens sind aber die, die zustimmend zusehen, Beifall spenden oder noch schlimmer: zustimmend wegsehen, wenn Stellvertreter das tun, wozu sie selbst, diese Wölfe im Schafspelz, die Biedermänner mit den Instinkten von Brandstiftern, keinen Mut haben, wenn der staatliche Befehl nicht erkennbar ist.

Aber ein zweiter Zusammenhang ist von Wichtigkeit, auf den viel sinnvolle sozialwissenschaftliche Gedankenarbeit gewendet worden ist. Mischungen von Stämmen und Völkerschaften sind charakteristische Merkmale der Hochkulturen; wo freilich ungelöste soziale und kulturelle Probleme aufbrechen, sind starke Gefühle am Werk, nach Erklärungen der eigenen Misere zu suchen; da die eigenen Herren oder das von diesen repräsentierte und gestützte System, die als Verursacher in Frage kämen, übermächtig erscheinen und der Gedanke eines Angriffs auf diese Angst erzeugt, wird nach Ersatzschuldigen Ausschau gehalten: Da wird weit zurückgegriffen, bis hinein in den archaischen Vorrat von Stammesrivalitäten.

Das mörderische Wüten der auf Reinrassigkeit bedachten Stämme in Jugoslawien, in Georgien, in zerfallenden Staatsordnungen überall in der Welt, unterscheidet sich nicht grundlegend vom Rassenhaß, der sich vor unserer Haustür auszutoben beginnt. Wo Feinderklärungen dieser Art als notwendig betrachtet werden, um die Selbstzerrissenheit der eigenen Wirklichkeit zu verdecken und Zusammenhang des Unvereinbaren herzustellen, ist für diese Projektion von Ersatzschuldigen jedoch typisch, daß sie auswechselbar sind: ob Türken, Schwarze, Ausländer insgesamt, Obdachlose, Behinderte – sie alle erfüllen die sozial-psychologische Funktion der Realitätsverleugnung und der Realitätsverdrängung, die hier im Spiele ist, und für alle diese Ersatzschuldigen gibt es auch geschichtliche Beispiele.

Vor zwei Jahren ist mir die Aufschrift eines Plakates aufgefallen, das die blutige Paradoxie dieser Atmosphäre von Feindprojektionen sichtbar macht: »Dein Christus ist ein Jude, dein Auto ein Japaner, deine Pizza aus Italien, deine Demokratie aus Griechenland, dein Kaffee aus Brasilien, dein Urlaub in der Türkei, deine Zahlen arabisch, deine Schrift lateinisch, und dein Nachbar ist ›nur‹ ein Ausländer.«

Über Jahrhunderte waren es in Europa die Juden, die Sozialneid auf sich zogen. Jetzt sind es Fremde aller Arten; worum seit den Toleranzedikten, welche die religiösen Bürgerkriege in Europa beendeten, gekämpft wurde, ist jetzt wieder gefährdet. Wer das jüngste Wort aus dem Wörterbuch des Unmenschen prägte – »Ethnische Säuberung« –, hat diesen Rückfall in den barbarischen Zustand von Intoleranz am präzisesten bezeichnet. Diese Säuberungen leben, wie alle anderen des zwanzigsten Jahrhunderts, vom Schein, als könne durch Ausgrenzung andersartiger Menschen irgendein die eigenen Verhältnisse drückendes Problem gelöst werden. Und dabei drängen sich die ungelösten Widersprüche der Arbeits- und Erwerbsgesellschaft nur wieder in den Vordergrund. Der Rechtsextremismus in seinem weiten Spektrum von Ausdrucksformen ist das politische Falschgeld trügerischer Problemlösungen.

Der Fremdenhaß hat nur bedingt etwas mit den Fremden zu tun: Existenzängste, zerbrochene Lebensperspektiven besonders junger Menschen, Verlust der gesellschaftlichen Achtung und der materiellen Mindestausstattung, durch Arbeitslosigkeit zwangsläufig verursacht, Abrutschen in die Armut – das sind wichtige Bestandteile eines gesellschaftlichen Bodens, auf dem rechtsextreme Einstellungen mit ihren Feinderklärungen und mit ihren Vernichtungsphantasien gegen das Fremde, gegen das Andersartige und schließlich gegen die Andersdenkenden wachsen und gedeihen. Er lebt von der Täuschung, daß die Gesellschaft gesund und krisenfrei gemacht ist, wenn der letzte Ausländer das Land verlassen hat.

In diesem Zusammenhang hat die Asyldebatte eine verheerende Wirkung auf die politische Kultur in diesem Lande gehabt. Sie hat nicht die Ursachen der Krise, die Skandale von Arbeitslosigkeit, von Gewalt in den Schulen, von Armut und Hoffnungslosigkeit zum öffentlichen Thema gemacht, sondern, quer durch die staatstragenden Parteien, am Faden der Suche nach Ersatzschuldigen weitergesponnen.

So sind vom politischen Zentrum unserer Gesellschaft aus, das sich in der Geschichte der Bundesrepublik als die ausgewogene und verläßliche Mitte der Demokratie verstanden hatte, deutliche Signale gegeben worden, daß die rechtsextremen Schlägerbanden mit ihren Knüppeln vernachlässigte, auf Lösungen drängende Probleme ansprechen. Die Mitte ist deutlich nach rechts gerückt. Das hat die »ethnischen Säuberer« ermutigt, und auf Sympathien in Teilen der Bevölkerung konnten sie ohnehin rechnen.

Das Jahr 1992, Höhepunkt der Asyldebatte, ist ein Jahr der politischen Polarisierung und der Zuspitzung der soziokulturellen Widersprüche in Deutschland gewesen. Haben wir genug getan, die unterschlagene Wirklichkeit aufzudecken, um die wirklichen Ursachen des Fremdenhasses erkennbar zu machen und die Fremden, die aus Not zu uns gekommen sind, vor Gewalt und Mord zu schützen? Nein! Den ethnischen Säuberern in Deutschland ist es mit Brandfackeln und lautem Geschrei gelungen, der offiziellen Bundesrepublik ein Scheinproblem aufzudrängen – die Frage des Zustroms von Asylbewerbern.

Es ist eine Frage des Kulturzustandes einer Gesellschaft, wie sie mit dem Fremden, dem Asylsuchenden, den Gastarbeitern umzugehen gewohnt ist, und nicht ausschließlich ein Problem der ökonomischen und sozialen Not eines Landes. Denn die Belastung der reichen Länder des Westens durch das Flüchtlingsproblem ist eher ein marginales Problem dieser Gesellschaftsordnung. Von den 40 Millionen Flüchtlingen weltweit sind 4,4 Millionen in Europa auf der Flucht, vor allem wegen des Bürgerkriegs im ehemaligen Jugoslawien. Warum ist die Asylfrage trotz dieser vergleichsweise undramatischen Bedeutung im vergangenen Jahrzehnt zunehmend ins Zentrum der öffentlichen Auseinandersetzung gerückt?

Als es noch im großen und ganzen Vollbeschäftigung gab, als sozialstaatliche Sicherungen den Menschen den Druck der Alltagssorgen um Arbeitsplatz und Zukunft nahmen, spielten Fremde im sozialpsychologischen Haushalt der Deutschen keine besondere Rolle. Es ist eben dieses Klima weitgehender existentieller Angstfreiheit, in dem, trotz stärkerer globaler Bedrohungen, der Fremde, der von außen Kommende, keineswegs schon deshalb erwünscht, weil er Deutscher ist, mit einer gewissen Bereitschaft zur Gastfreundschaft und mit gutem Willen empfangen wird, ihn in eine wie immer konfliktreiche Solidargemeinschaft einzugliedern.

Von diesem Klima eines gewissen gesellschaftlichen Wärmestroms konnte die erste angeworbene Generation der Gastarbeiter noch profitieren; der erste Zug italienischer Gastarbeiter traf im Januar 1962 in Wolfsburg ein. 1964 wurde der millionste Gastarbeiter in der Bundesrepublik mit Pauken und Trompeten, deutschen Märschen und deutscher Wertarbeit, nämlich einem Zündapp-Moped als Geschenk, empfangen.

1982 ist man schon dabei, 50 000 Mark denjenigen zu bezahlen, die das Land verlassen. Aber grundlegende Veränderungen des Verhaltens der Bevölkerung gegenüber Gastarbeitern, Fremden, Asylbewerbern, also jenen, die anderswoher kommen, mit ihren Sitten, ihrer Sprache, ihren Gebräuchen, lassen sich hier noch nicht feststellen.

Die Vorurteile gegenüber den Fremden setzen sich nicht in kollektive Aktionen gegen sie um, es sind Privatvorurteile, auch liegt es nicht an der Zahl der Asylbewerber. 1980 ist sie relativ hoch, mit fast 108 000, davon 6,5 Prozent aus dem Ostblock. 1988 sind es 103 000, davon 34 Prozent aus dem Ostblock. So drängt sich in diesem Zusammenhang auch die Frage auf, ob das aufgeheizte Klima der Asyldebatten in den achtziger Jahren und die wachsende Gewaltförmigkeit gegenüber den Fremden nicht auch etwas zu tun hat mit reaktivierten Rassenvorurteilen, die solange nicht zum Tragen kamen, als es bei der Zuwanderung vor allem um Menschen aus Südeuropa und der Türkei ging, die in Deutschland Arbeit suchten.

Politiker trauten sich in einem Klima, das immer stärker von den Sozialfiguren »Gewinner und Verlierer« bestimmt wurde, mit Formulierungen in die Öffentlichkeit, die noch in den siebziger Jahren tabuiert waren; sie sprachen von Überfremdung, von rassischer Mischung, von genetischen Vorbedingungen der Intelligenz und immer wieder von jenem Boot, das angeblich übervoll sein sollte. Biologistische Untertöne und neue Vokabeln aus dem Wörterbuch des Unmenschen, wie ethnische Säuberung, tauchten in der Öffentlichkeit auf, ohne daß eine Ächtung dieses an den Faschismus erinnernden Sprachgebrauchs stattfand.

Plötzlich erschien es so, als würde Deutschland, weil es einen unverbrüchlichen Verfassungsartikel über den Asylanspruch politisch Verfolgter hatte, von einer Asylbewerberschwemme erdrückt und dadurch in seinen sozialen Grundlagen erschüttert. Zunächst ist jedoch festzuhalten, daß die Tatbestände eine ganz andere Sprache sprechen: Gemessen an der Zahl derjenigen, die durch eine immer stärker mit Deutschtümelei auftrumpfende Politik Motive der Aussiedlung und der Umsiedlung bekamen, Deutschstämmige aus Rumänien, der Sowjetunion, aus Polen, und im Verhältnis zu jener Zahl von Ausländern, die in Deutschland bereits seit Jahren, ja Jahrzehnten lebten, haben die Asylbewerber im eigentlichen Sinne fast eine marginale Größenordnung behalten. Die Zahl der Aussiedler betrug 1987 etwa 100 000, 1988 200 000, 1989 über 300 000.

Ende der achtziger Jahre lebten in Deutschland 80 000 Asylberechtigte und 300 000 De-facto-Flüchtlinge; das sind nicht anerkannte Asylbewerber, die jedoch aus humanitären Gründen und wegen internationaler Verpflichtungen (zum Beispiel dem Genfer Flüchtlingsabkommen) nicht abgeschoben werden durften. Sie machen insgesamt einen Anteil von 0,24 Prozent unserer Gesamtbevölkerung aus.

Übrigens hatte in dieser Zeit die Anerkennungsquote von Flüchtlingen eine dramatische Tendenz nach unten; in drei Jahren bei den Iranern von 82 Prozent auf 39 Prozent, bei Tamilen von 60 Prozent auf 1 Prozent, Afghanen von 83 Prozent auf 26 Prozent; die Anerkennungsquote sank insgesamt auf 8 Prozent herab. Ich will nicht bestreiten, daß Anfang der neunziger Jahre, durch Grenzlockerungen und Abbruch der Nachkriegsmauern, die Einwanderungszahlen wieder nach oben geschnellt sind. Davon, daß ein Asylbewerberstrom die deutsche Wohlstandsgesellschaft bedroht, kann jedoch unter keinen Umständen gesprochen werden. Die in der zweiten Hälfte der achtziger Jahre immer stärker angeheizte, durch den Umbruch '89 auf äußerste verschärfte Asyldebatte hat ganz andere gesellschaftliche Ursachen als die, die mit der Einschränkung des für die deutsche Geschichte verwundbarsten Verfassungsartikels zu tun haben. Dafür stand ja Artikel 16 (2) als ein alles staatliche Handeln bindendes Grundrecht.

Jedenfalls für Deutschland möchte ich den Verdacht aussprechen, daß mit der Asyldebatte ein öffentliches Medium geschaffen wurde, die für gesellschaftliche Integration bisher notwendig erschienene Feindorientierung, die auf ein Außen ging, die sich jedoch sichtbar zersetzte, ins Binnenverhältnis der Gesellschaft zu verlagern. Die nationalistischen Töne der Rechten im Historikerstreit, die Begradigungswünsche der deutschen Geschichte, die Rückbesinnungen auf das Nationale und das, was leistungsbewußtes Deutschtum eigentlich vermag – das alles verbindet sich bruchlos mit dem Straßengebrüll »Deutschland den Deutschen!« und den Brandfackeln, die in Asylbewerberheime geworfen wurden und noch werden.

Nicht der Mißbrauch des Asyls durch die Asylsuchenden, sondern der Mißbrauch des Asylartikels durch die, die Legitimationsprofite daraus schlagen wollten, daß sie die in den Strukturproblemen dieser Gesellschaft steckende Schwierigkeit auf Fremde als Verursacher projizieren konnten, ist der eigentliche Skandal der sogenannten Asyldebatte.

Das wiedervereinigte Deutschland macht an dem Punkt weiter, wo vor hundertzwanzig Jahren das neu gegründete Deutsche Reich und vor siebzig Jahren die junge Weimarer Republik angefangen hatten. Während der Weimarer Republik lebten in den Grenzen des Deutschen Reiches etwa eine halbe Million Juden, von denen 400 000 die deutsche Staatsbürgerschaft besaßen. Die anderen 100 000, die seit 1890 und verstärkt nach dem Ersten Weltkrieg angeworben oder zwangsverpflichtet als Arbeiter eingewandert waren, besaßen die polnische, russische oder österreichische Staatsbürgerschaft und galten somit als »Ostjuden«. In ganz Deutschland lebten demgegenüber 63 Millionen nicht-jüdische Menschen. Gleichwohl beunruhigte das »Problem« der zuwandernden Ostjuden Öffentlichkeit und Politik außerordentlich. Der Antisemitismus wuchs von Jahr zu Jahr, obwohl die Zuwanderung der Juden keineswegs entsprechend wuchs (so Micha Brumlik), und die dann einsetzende Vernichtungsmaschinerie der Nazis suchte sich ja auch vor allem die Juden in den anderen Ländern, so als hätten sie Angst davor, daß ihnen die verachtungswürdigen Feinde ausgehen könnten.

Aber es hat in Deutschland auch immer die ganz andere Tradition gegeben; beispielhaft dafür ist der Vorschlag von Jacob Grimm (bekannt weniger als Politiker denn als Sammler von Märchen) in der Frankfurter Nationalversammlung von 1848, den Artikel 1, »Die Würde des Menschen« betreffend, durch einen Vor-Artikel zu erweitern und gleichzeitig zu präzisieren. Er machte den Vorschlag: »Das Deutsche Volk ist ein Volk von Freien, und deutscher Boden duldet keine Knechtschaft. Fremde Unfreie, die auf ihm verweilen, macht er frei.« Der deutsche Boden macht also frei, ist Zufluchtsstätte für jene, die in Not sind; es ist nicht die stumpfe Heimat, in der nur die Gleichgesinnten Aufenthaltsberechtigung haben, sondern die zu einem ganzen Land erweiterte Stadtluft, die frei macht.

Mittlerweile zeichnet sich in Deutschland eine alptraumhafte Entwicklungslinie ab, die durch eine bedrohlich herabgesetzte Hemmschwelle für das Töten charakterisiert ist. Unter den siebzehn Todesopfern und den mehr als tausend Verletzten, die die Polizei für das Jahr 1992 rechtsextremen Gewaltaktionen zuschrieb, finden sich keineswegs nur Ausländer; deutsche Minderheiten, diskriminiert schon von der offiziellen Gesellschaft, Homosexuelle, Obdachlose, Behinderte, wurden zunehmend in diesen Gewalthorizont der Vernichtungsphantasien einbezogen.

Zum ersten Mal in der deutschen Nachkriegsgeschichte kann man mit Fug und Recht von einem faschistischen Potential reden. Hier wird Leben umdefiniert; wie soll man mit unwertem Leben umgehen? Mit verschrottbaren Bürgern, die parasitär an der fleißigen und guten Gesellschaft kleben? Der räuberische, jede Form der Solidarität und der Gefühlswelt des Mitleidens beschädigende Kampf um Erfolg, diese Ausgeburt des Sozialdarwinismus, demzufolge nur die Bestausgestatteten Überlebensrechte haben, hat jetzt jene erfaßt, die bei diesem Kampf auf der Strecke geblieben sind; es sind Kinder dieser Gesellschaft, Opfer und blutige Täter in einem.

Aber auch darauf ist das Problem des marodierenden Rechtsextremismus nicht zu beschränken; durch die allgemeine gesellschaftliche Abwertungsmentalität wird der Lebensschutz alter und kranker Menschen in geschlossenen Anstalten und in Krankenhäusern gebrochen; auch hier sinkt die Hemmschwelle. Patiententötungen in Wuppertal, in Wien, in Freiburg; ein 36jähriger Pfleger mordet im renommierten Gütersloher Landeskrankenhaus über zehn Patienten, die er für lebensuntauglich hält; er habe, erklärt er vor Gericht, bei seinen Taten das Gefühl gehabt, »neben mir zu stehen und zuzuschauen«; er sei sich keiner Schuld bewußt, denn er wollte von seinen Schützlingen immer nur sagen können: »Du hast alles für sie getan«! Wo ein gesellschaftliches Klima entstanden ist, in dem Mitleid und Verständnis für die Verlierer, für die Schwachen und Ohnmächtigen schwinden, wo die Sieger und Erfolgreichen mit Solidarität und Zuwendungen bedacht werden, da kann es nicht erstaunen, wenn das schlimme, regierungsamtlich verkündete Wort vom »Beileidstourismus« nur mäßige Empörung erzeugt; es gehört in denselben Zusammenhang dieses ausufernden Kältestroms der Gesellschaft.

Es wäre deshalb leichtfertig, diese neue, aber wiederum auch sehr alte Tendenz in Deutschland, bestimmte Klassen von Menschen durch Ausgrenzung zu vernichten, auf Ausländerhaß zu beschränken und dem Irrglauben zu folgen, daß die Änderung des Asylartikels des Grundgesetzes, dieses verwundbarsten Artikels unserer Verfassung, ja der deutschen Geschichte, daran etwas ändern könnte. Artikel 16, Absatz II: »Politisch Verfolgte genießen Asylrecht« dem Schein einer Lösung der genannten gesellschaftlichen Probleme zu opfern, wäre eine in ihren Folgen fatale Korrektur des Erfahrungsgehalts der deutschen Geschichte. In ihr ist kaum etwas von ähnlicher Konstanz, wie die politische Vertreibung, die Auslieferung von Deutschen, die sich als Deutsche fühlten, aber ihren Patriotismus anders verstanden als die jeweils vorherrschenden Gewalten, an das Ausland. So heißt es in Artikel 16, Absatz II, im ersten Satz: »Kein Deutscher darf an das Ausland ausgeliefert werden.« Das ist, wenn nicht die demokratische Grundsubstanz zerstört werden sollte, kein aktuelles Problem. Aber es gibt so etwas wie eine Bringschuld der Deutschen im Blick auf das politische Asyl, das Verfolgten anderer Länder einen sicheren Ort garantiert.

Lassen Sie mich den Ursprungssinn des Wortes kurz erläutern; es kann Licht werfen auf das, was politisch damit gemeint ist. Griechisch *syla* heißt: berauben, wegnehmen, herunter- und herausnehmen, das Wort wurde vor allem angewendet, wenn man dem erlegten oder besiegten Feind die Rüstung raubte. Plündern, ausplündern, bestehlen, betrügen, schädigen bezeichnen daher die vielfältigen Bedeutungsgehalte, die im Tätigkeitswort *sylao* enthalten sind. *Asylía* bezeichnet die konkrete Verneinung alles dessen, was mit diesem Rauben, Plündern, Schutzlosmachen verknüpft ist: Unverletzlichkeit, persönliche Sicherheit; *asylón* ist die Freistatt, Freistätte, Zufluchtsort und Obdach, die einem keiner rauben kann.

Politisches Asyl hat, als Rechtsanspruch formuliert und in den Sitten der Völker verankert, einen hohen kulturellen Rang seit der Antike. Einen gesicherten Ort in der Welt zu finden, Gastrecht zu genießen, bis die Leib und Leben bedrohende Gefahr vorüber ist, läßt sich von seinen naturrechtlichen Ursprüngen gar nicht ablösen. Mehr als ein Jahrtausend lang, bis in die Neuzeit hinein, war die Kirche ein solcher Ort des Asyls, nicht immer gefeit gegen die Machtansprüche des Staates, aber doch mit dem Versprechen, den Verfolgten nicht einfach den Henkern auszuliefern. Auch dem modernen Denken ist diese Figur eines sicheren Ortes, der den Flüchtenden und Herumirrenden oder der gnadenlosen Verfolgung einen Ausweg zeigt, der wenigstens vorübergehend Schutz gewährt, nicht unbekannt.

Kant spricht hier sogar von einem erfahrungsunabhängigen, das heißt transzendentalen Prinzip der Hospitalität, von einem weltbürgerlichen Gastrecht auf Erden. Da die Erde Gemeinbesitz ist, haben alle Menschen gleiches Recht auf einen gesicherten Ort ihres Lebens. Kurfürst Friedrich Wilhelm hatte in Brandenburg dieses Prinzip praktiziert, als er den vertriebenen Hugenotten aus Frankreich Arbeit und Bleibe sicherte, eine Politik, die Kants hochverehrter Zeitgenosse, Preußenkönig Friedrich II., bewußt fortsetzte. Seitdem ist das politische Gastrecht in Deutschland (wohl mit Ausnahme der kurzen Weimarer Zeit) eher unterentwickelt geblieben. Nimmt man die Zeitmaße des politischen Asyls, so sind Frankreich, England, die nordischen Länder, die Schweiz, die Vereinigten Staaten von Nordamerika jene Gesellschaftsordnungen gewesen, die politisches Asyl stets in einem ziemlichen Umfang anderen gewährten, ohne sich auf besondere Rechte berufen zu können.

Die Liste der deutschen Asylbewerber in anderen Ländern, die in der Regel auch Asyl erhielten, ist praktisch unabschließbar. Heine und Walter Benjamin in Paris, Marx in London, Brecht in Dänemark, Thomas Mann, Freud, Einstein usw. usw. – tausend andere Deutsche, die anderswo Asyl erhielten, meist auch politisches Asyl, denn die Gastländer wußten im allgemeinen, daß es sich um rebellische und eigensinnige Menschen handelt, die Deutschland verlassen mußten. Ist das Ergebnis der aufgeheizten, den rechtsradikalen Mördern Handlungsvollmachten signalisierenden Asyldebatte das definitive Ende des kurzen Sommers des politischen Asyls in Deutschland? Es sieht ganz so aus.

Im Innern Deutschlands ist die als Resultat deutscher Katastrophengeschichte errichtete Mauer der sichtbaren Trennungen gefallen; man spricht von neuen, unsichtbaren Mauern, die im Zuge der mißratenen Wiedervereinigung entstanden sind. Noch bedrückender empfinde ich es jedoch, daß selbst viele unter denjenigen, die Jahrzehnte eingemauert und wie in einem riesigen Lager mit Stacheldrahtverhauen umzäunt waren, jetzt sich wiederum bereit finden, eine Mauer um das ganze Deutschland zu errichten, um alles Fremde, Andersartige, das anderswo in Not geraten ist, draußen zu halten.

Ich kann mir das nicht anders erklären als durch den Hinweis auf eine grundlegende Störung im Geschichtsverhältnis der Deutschen, in dem die Balancearbeit zwischen Innen und Außen immer wieder mißlingt. Die Erfahrungen eigener Not, von Vertreibung, Flucht, Mauern und Stacheldraht sind offenbar nicht ausreichend, diesen fatalen Kreislauf zu durchbrechen, demzufolge in dem Maße ausgeschlossen wird, wie andere eingeschlossen bleiben, Gefängnis und Emigration, Ausgrenzung und terroristischer Identitätszwang einander ergänzen.

Der Asylkompromiß der Großparteien verspricht in diesem Zusammenhang nichts Gutes. Das hohe Schuldenkonto, was die Recheneinheit Asyl in diesem Lande betrifft, wird nicht abgetragen, sondern verdrängt und die Lösung der wachsenden Flüchtlingsprobleme, die auf Europa zukommen, den viel ärmeren Nachbarländern aufgebürdet; diese sich listig und gewitzt gebende Realpolitik könnte in der Tat die moralische Integrität des demokratischen Selbstverständnisses unserer Gesellschaftsordnung antasten.

Wer in Not ist und nach Überlebensmöglichkeiten sucht, dem ist das Wort »Asyl-Mißbrauch« ein unbekanntes Wort. Er wird alles daran setzen, einen Ausweg zu suchen und zu finden – so wie jener im Käfig gefangene Affe, der in Kafkas »Bericht für eine Akademie« beharrlich das einzige für ihn wichtige Thema variiert: Einen Ausweg suche er, nicht Freiheit, nein, nur einen Ausweg. Ausweg bedeutet aber »sicherer Ort«, Asyl, Freistätte, deren man nicht beraubt werden kann.

Aber die sicheren Orte, diese Freistätten des würdigen Überlebens, werden in der Welt immer knapper und unzugänglicher: Konnte Peter Brückner, mit Blick auf die eigene Lebensgeschichte, noch von der Hoffnung auf das »Abseits als sicherem Ort« sprechen, so lassen sich heute kaum noch Schlupfwinkel und Nischen ausfindig machen, die ein gefahrloses Untertauchen erlauben. Wäre es da nicht an der Zeit, daß die reichen Länder darüber nachzudenken beginnen, Orte des Asyls, also sichere Orte, zu erweitern und neu zu schaffen, statt sie einzuschränken und die Last des Flüchtlingselends auf die armen Länder abzuschieben?

Denn diese reichen Länder sind durch eine Wirtschaftsform, die den weniger entwickelten Ländern keinen gerechten Ausgangspunkt für erfolgreiche Konkurrenz bietet, daran nicht unbeteiligt, daß die jetzt noch überschaubaren Flüchtlingsströme im kommenden Jahrzehnt vielleicht zu riesigen Völkerwanderungen anwachsen werden, die aus ganz anderen Motiven sich auf den Weg machen als aus denen politischer Verfolgung. Es werden Menschen sein, die entwurzelt sind, die keine eigene ökonomische Lebensgrundlage haben, die nichts zu verlieren haben als ihre Not und ihr Elend, sie werden sich als Verfolgte ihres Elends betrachten, und ihre politischen Unterdrücker mögen noch einen eigenen Anteil an diesem Elend haben. Die Fragwürdigkeit einer Liste verfolgungsfreier Staaten besteht ja nicht nur darin, daß es keine trennscharfen Kriterien dafür gibt; der Begriff der Verfolgung ist viel zu eng gefaßt. Er faßt den Extremfall der Diktatur und des Terrorsystems, aber nicht die normalen Formen der Unterdrückung und Ausbeutung. Wirtschaftsflüchtlinge sind es überwiegend, die sich auf die Reise machen, um ihre gelobten Länder zu suchen – und niemand wird sie auf Dauer davon abhalten können.

Auch ist die Frage des Asyls in unserer Gegenwart nicht eng, sondern sehr weit zu fassen; Ausländerhaß, Neigungen zu »ethnischen Säuberungen«, Haßgefühle gegen das andere, Nicht-Gleichartige, gegen Andersdenkende und Anderslebende – alle diese Ersatzempfindungen haben zum Nährboden einen Zustand der Fremdheit, ja der Selbstentfremdung der Menschen, die deren Neigungen bestärkt, innergesellschaftliche Krisen, von denen sie bedrückt werden, auf äußere Verursacher zu lenken. Rassistische Ressentiments entspringen nicht einem wie immer gearteten Ausländerproblem. Die Vorurteilsbereitschaft gegenüber dem anderen, dem Fremden bindet sich vielmehr an wechselnde Objekte. Wo Ausländer von der offiziellen Politik zum Problem gemacht werden, ist die Neigung allerdings besonders stark, alle Ausgrenzungsvorurteile auf sie zu lenken. Das ist eben das fatale Gesetz des Rassismus: Hätte man alle Ausländer aus Deutschland vertrieben, so wären nicht Frieden und Solidarität in die Gesellschaft eingekehrt, sondern es käme zu neuen innerstaatlichen Feinderklärungen.

Die Lichterketten mit Kerzen, die von Millionen von Menschen angezündet wurden, um sichtbare Zeichen gegen Fremdenhaß und

Ausländerfeindlichkeit zu setzen, sind Aufklärung im buchstäblichen Sinne und einzig sinnvolle »Realpolitik«; sie richten sich gegen die unheilvolle Vermischung, die das offizielle Dunkel des Asylkompromisses hergestellt hat.

Lichterketten bringen, mit äußerster Zuspitzung des Symbolgehalts, die ganz andere Seite des Feuers zum Ausdruck; nicht Niederbrennen, Einäschern, Töten ist darin beabsichtigt, sondern Überwindung des Dunkels, Erhellung, womit nichts anderes als die lebendige Substanz von Kultur bezeichnet ist. »Lumen naturale« nannte Cicero die menschliche Vernunft, also natürliches Licht. Bis in die große französische Aufklärung hinein, und das reicht bis zum heutigen Tage, ist die tätige Vernunft mit der symbolischen Kraft des Lichtes verknüpft geblieben. So setzen die Lichterketten, auch wenn sie vielleicht im Alltag, wie schon die Endphase der DDR zeigte, den vollen Wahrheitsanspruch nicht einzubringen vermögen, Zeichen für den Willen und die Aufmerksamkeit, daß ein sich im Untergrund rührendes öffentliches Unglück selbst in seinen leisen und unmerklichen Tönen rechtzeitig bekämpft werden muß.

Ich sehe darin ein wachsendes Bewußtsein, daß Millionen von Menschen in diesem Lande eine Gesellschaft wollen, in der mit der Selbstentfremdung der einzelnen auch die Angst vor den Fremden aufgehoben ist; denn der Haß gegen das Fremde beginnt mit dem Selbsthaß gegen alles, womit wir in uns selbst nicht übereinstimmen, was sich also in unseren Subjekten als fremdartig abgelagert hat. Kant hatte, lange vor Freud, diesen Zusammenhang deutlich benannt: »... der Mensch kann nicht glücklich seyn, ohne wenn er sich selbst wegen seines Charakters Beyfall geben kann«[89], und er kann andere nicht achten, wenn er keine Selbstachtung hat. Wo dieser Selbsthaß im Eigenen aufgehoben wird, verliert sich der Haß gegen das Fremde, und es beginnt entschieden der Kampf gegen alle Verhältnisse, unter denen der Mensch, wie Marx das in seiner die christliche Botschaft einklagenden Religionskritik formuliert hat, »ein erniedrigtes, ein geknechtetes, ein verlassenes, ein verächtliches Wesen zu sein hat«. Offen und aufrichtig anzuerkennen, daß es diese Selbstzerrissenheit des Lebens in unserer eigenen Gesellschaft gibt, daß Obdachlosigkeit, Armut, Elend, Verzweiflung nicht lediglich Tatbestände der Dritten Welt sind, sondern unsere Nachbarn, unsere Nächsten bedrücken und in Lebenskrisen stürzen, wäre der erste Akt der menschlichen Anerkennung auch der Not der Fremden.

Die unterschlagene Wirklichkeit aufzudecken, sich öffentlich bewußt zu werden, daß diese Gesellschaft nicht frei von Not, von Vereinsamung der Menschen, von Ungerechtigkeit ist, würde ein gangbarer und angemessener Weg sein, die Ursachen des Rechtsextremismus zu bekämpfen und für die Asylprobleme menschliche Lösungsmöglichkeiten ins Auge zu fassen. Das könnte auch eine solide und aufrichtige Grundlage für einen Solidarpakt mit jenen Gesellschaftsordnungen sein, aus denen die Menschen fliehen oder vertrieben werden, weil sie ein menschenwürdiges Dasein einklagen. So müssen Auswege geschaffen werden, millionenfache Auswege für jene, die von Krieg und Elend bedroht sind und sich selbst nicht mehr zu helfen wissen. Das jährliche Feiern der Geburt eines Flüchtlingskindes in ärmlichen Verhältnissen kann ja nur der Anfang sein.

Ich komme noch einmal auf die christliche Botschaft zurück. Friede ist nicht die bloße Abwesenheit von Krieg; vielmehr beruht der innergesellschaftliche Friedenszustand auf der Wiederherstellung der Würde und Autonomie jener, die nach einer Wende ihrer Not suchen und denen nichts zu helfen vermag als die vielleicht begrenzte, aber sichere Ruhe eines Auswegs.

Ist das Christentum tatsächlich zu einer leblosen Hülle ungelebter Legenden und Botschaften geworden, daß keiner der christlichen Abgeordneten die Flucht Christi vor tödlicher Verfolgung mit den Asylsuchenden von heute zu verknüpfen vermochte? Ich habe bei Regierenden wenig davon gespürt. Denn im Matthäus-Evangelium (2,13) wird eine Fluchtgeschichte von brennender Aktualität beschrieben »... da erschien der Engel des Herrn dem Joseph im Traum und sprach: Stehe auf und nimm das Kindlein und seine Mutter zu dir und fliehe nach Ägyptenland und bleib allda, bis ich dir sage; denn es ist vorhanden, daß Herodes das Kindlein suche, dasselbe umzubringen. Und er stand auf und nahm das Kindlein und seine Mutter zu sich bei der Nacht und entwich nach Ägyptenland; und blieb allda bis nach dem Tod des Herodes, auf daß erfüllet würde, was der Herr durch den Propheten gesagt hat, der da spricht: Aus Ägypten habe ich meinen Sohn gerufen.«

Und als dann Herodes, der Verfolger und Mörder, gestorben war, da erschien wiederum dieser gute Engel Joseph im Traum und forderte ihn auf, das ägyptische Asyl aufzugeben und ins Land der eigenen Väter und der eigenen Mütter zurückzukehren. »Stehe auf«, sagte dieser gütige Engel, »und nimm das Kindlein und seine Mutter zu dir und zieh hin in das Land Israel; sie sind gestorben, die dem Kinde nach dem Leben standen.« Wo sind heute die christlichen Politiker in einem christlichen Deutschland, die jene Träume von Hunderttausenden von Müttern und Vätern des mörderischen Kriegsschauplatzes Jugoslawiens und der anderen Länder an den Rändern des europäischen Kosmos (von den entfernter liegenden Gebieten will ich hier gar nicht reden) aufnehmen würden, um wenigstens den Kindern sichere Orte für das Überleben zu schaffen? Gibt es keinen unter ihnen mehr, der bei seinem Alltagsgeschäft des Politischen hin und wieder in die Bibel schaut, um sich wenigstens ein gutes Gewissen zu verschaffen?

Wie ich die christliche Botschaft verstehe, steht die Asyldebatte nicht am Ende, sondern sie hat noch gar nicht richtig begonnen. Sie steht noch aus.

4. Erosionskrise – der gesellschaftliche Gesamtzustand

Die Zeit, in der man den Wechsel von Hochkonjunktur und Rezession kalkulieren und damit rechnen konnte, daß vorübergehend mageren Jahren fette Jahre des Wachstums, des »Wohlstands für alle«, der Vollbeschäftigung folgen – diese Zeit ist, wenn nicht alle Zeichen trügen, endgültig vorbei. Darauf zu vertrauen, daß herkömmliche Krisenmechanismen, wie so häufig in der Geschichte, den moralischen Pessimismus durch einen breiten wirtschaftlichen Aufschwung Lügen strafen werden, ist schlicht illusionär. Hochkonjunkturphasen und Rezessionen beeinflussen zwar die Krisenkonstellationen, verschärfen oder mildern ihre Widersprüche, sie erleichtern oder erschweren auch Lösungen; aber sie sind längst nicht mehr entscheidender Faktor der heutigen Krise. Die zyklische Krisenform gehört der Vergangenheit an.

Ich bin sogar der Auffassung, daß die berühmte Theorie von Nikolai D. Kondratieff überholt ist, die expansive und kritische Phasen der Wirtschaftsentwicklung seit Beginn der Industrialisierung nach einem Rhythmus von langen und kurzen Wellen unterscheidet. Gewiß, der Periodisierungsansatz des russischen Ökonomen ist wissenschaftlich nie unumstritten gewesen; aber er verzeichnet immer dann besonders viele Anhänger, wenn eine lange wirtschaftliche Krise auf vorgeblich erschöpfte Energie- und Technologiepotentiale zurückgeführt wird und die massenhafte Nutzung neuer Grundlagentechnologien Hoffnung macht.

Die Weltkonjunktur verläuft Kondratieff zufolge in langen Wellen, bei denen der Aufschwung stets mit der Einführung grundlegender neuer Techniken zusammenfällt: Dampfmaschine, mechanischer Webstuhl, Kohle- und Eisentechnologie um 1800; Eisenbahn, Telegrafie, Fotografie, Zement um 1850; um 1900 Chemie, Auto, Elektrifizierung, Aluminium; Kunststoffe, Fernsehen, Kernkraft, Elektronik, Raumfahrt nach 1945. Wie sollte bei diesen geschichtlichen Beweismitteln nicht der Gedanke naheliegen, den Technologien des ausgehenden zwanzigsten Jahrhunderts, Mikroelektronik, Glasfaser, Laser, Biotechnologie, eine ganz ähnliche, die fünfte lange Welle der Konjunktur einleitende und sie tragende Funktion zuzusprechen? Vom sechsten Kondratieff, auf den Leo A. Nefiodow, ein Schüler des großen Ökonomen, alle seine Hoffnungen in der gegenwärtigen Krise setzt, wird später noch zu reden sein.[90]

Aber die Hoffnung auf den »langen Kondratieff« (wie Schumpeter die Wellentheorie nach ihrem Begründer nannte), aus der sich offenbar der Mut speist für den geradezu peinlichen Optimismus, mit dem viele Wirtschaftspropheten in den vergangenen zwei Jahrzehnten das konjunkturelle Gras wachsen hörten und gleichzeitig das Arbeitslosenproblem herunterspielten, ist trügerisch, ja Selbstbetrug. Zu viele Analogien zu Vergangenem sind dabei im Spiel, beispielsweise die Behauptung, daß die Verschiebung der Erwerbsbevölkerung vom primären und sekundären Sektor, also Landwirtschaft und Industrie, in den Dienstleistungsbereich nach dem historischen Muster der gewaltigen Umschichtung von der Landwirtschaft in die städtische Industrie bewältigt werden kann, ohne dadurch bedingte Massenarbeitslosigkeit zu erzeugen. Jean Fourastié, der eigentliche Vater der »Post-Industriellen«, bezeichnete Anfang der fünfziger Jahre den technischen Fortschritt als große Hoffnung des zwanzigsten Jahrhunderts und sprach mit gehörigem Pathos vom »individuellen und kollektiven Hunger nach Tertiärem«.[91] Daß die Mikroelektronik als ein ganz neuartiges Rationalisierungsmedium im tertiären Sektor dieselbe Arbeitskraftvernichtung bewirkt wie in den traditionellen Bereichen der Industrieproduktion, konnte er natürlich noch nicht wissen, aber seine optimistisch eingeschworene analytische Vernunft hat ihm offenbar diese Ausweitung seiner Gedanken auch untersagt. Der Hunger nach dem Tertiären mag eine Sättigungsgrenze erreichen, jedoch keineswegs, wie jüngste Untersuchungen zeigen, die auf Ersatz lebendiger Arbeitskraft gehende Tendenz der kostensparenden Rationalisierung. Der Unternehmensforscher Rainer Thome spricht 1997 von 6 bis 7 Millionen überflüssigen Arbeitsplätzen in Deutschland.[92] Hohe Arbeitslosigkeit ist ein Krisensymptom, das uns seit nunmehr zwanzig Jahren begleitet, und ein Ende der Krise am Arbeitsmarkt ist nicht abzusehen.

In der Tradition des gesellschaftswissenschaftlichen Denkens, vor allem soweit sie vom Marxismus und der dialektischen Denkweise geprägt wurde, gehören Krisendefinitionen zu den umstrittensten Sachverhalten. Die Frage ist immer wieder gestellt worden: Was ist der eigentliche Ursprungshebel, von dem die krisenhafte Zuspitzung der Verhältnisse ausgeht, was löst strukturell oder periodisch auftretende Krisen im Kapitalismus aus? Der heftige Streit um dieses Problem hat unter anderem das Bewußtsein dafür geschärft, daß diejenige Funktionsweise des Kapitalismus, die unsere Wunschvorstellung beherrscht – mit Vollbeschäftigung, gleichmäßig prosperierenden Produktionszweigen, steigendem Massenlebensstandard und sozialen Sicherungssystemen –, der geschichtliche Ausnahmefall ist und nicht die Regel. Ob jedoch Mechanismen vom Typus des »tendenziellen Falls der Profitrate«, der das Ende der erweiterten Reproduktion des Kapitals aus seiner inneren Logik heraus prognostiziert und bereits in Ricardos Gesetz vom abnehmenden Bodenertrag vorgebildet ist, die Katastrophengeschichte des Kapitalismus steuern oder Theorien über Unterkonsumtion und Überproduktion die richtige Erklärung liefern, darüber konnte bisher wissenschaftlich kein Einverständnis erreicht werden. Und die neuerdings wieder in Mode gekommenen apokalyptischen Visionen vom Zusammenbruch der Weltökonomie, Schwarzbücher des Kapitalismus, die einen »Kollaps der Modernisierung«[93] ankündigen, lassen die bedrohlichen Auswege, die kapitalistische Krisen bisher meist gefunden haben, eher im dunkeln, als sie aufzuklären.

Den Krisenstreit in allen Differenzierungen und modernisierten Varianten wiederzugeben würde sehr viel theoretische Energie verschlingen, und der praktische Ertrag der Anstrengung wäre noch nicht einmal gesichert. Ich beschränke mich daher auf für meinen Untersuchungszweck wichtige Momente der Krisendiskussion. Wenig zweifelhaft scheint mir zu sein, daß ein so vorherrschend von Ökonomie geprägtes System wie der Kapitalismus nur dann in schwere gesellschaftliche Krisen gerät, wenn es im engeren Sinne zu Störungen des Wirtschaftskreislaufs und des Produktionsprozesses kommt. Wo diese auftreten und welcher Art sie sind, ist nur im Detail und im Blick auf den soziokulturellen Gesamtzustand der Gesellschaft zu begreifen und folgt nicht aus scheinbar eindeutigen Gesetzmäßigkeiten der ökonomischen Basis, die gleichsam als Universalursache und Naturgewalt in die Gesellschaft hinein wirken sollen. Immer geht es um die Suche nach dem ersten Beweger der Krise; erklärt werden muß aber ein gesamtgesellschaftlicher Krisenzustand, der von der Primärsozialisation des Kindes über Staat und Recht bis zum Weltmarkt reicht.

Bereits als Marx das Gesetz vom tendenziellen Fall der Profitrate in Band III des »Kapitals« formuliert, nimmt er den Gesetzescharakter zurück, sobald er die Abstraktionsebene des »Gesetzes als solchem« verläßt und seine konkreten Auswirkungen bestimmt. Marx fragt sich, warum dieser Fall nicht größer oder rascher sei. »Es müssen gegenwirkende Einflüsse im Spiel sein, welche die Wirkung des allgemeinen Gesetzes durchkreuzen und aufheben, und ihm nur den Charakter einer Tendenz geben ...«[94] Dazu gehören unter anderem Verlängerung des Arbeitstages und Intensivierung der Arbeit, Verbilligung der Elemente des konstanten Kapitals, relative Übervölkerung, Kapitalexport und auswärtiger Handel. Alle diese Elemente haben, zu verschiedenen Zeiten und in unterschiedlicher Gewichtung, in der Geschichte des Kapitalismus eine Rolle gespielt, um den Verfall des eigentlichen Motivs kapitalistischer Produktion immer wieder hinauszuschieben, wenigstens das Aufrechterhalten einer bestimmten Profitrate sicherzustellen oder sogar unerwartete Steigerungen zu erzeugen. Die Disproportionalitätsthese von Michail Tugan-Baranowski, welche das Zusammenbruchsgesetz abweist und Krisen in erster Linie als Störungen des proportionalen Gleichgewichts der verschiedenen Sektoren und Produktionszweige begreift, vor allem von Produktionsmittelindustrie und Konsumtionsmittelindustrie, unterlag fortwährend einer Kritik, die entschieden auf der immanenten Krisenlogik des Kapitals selbst beharrte. Die Unterkonsumtionstheorie Rosa Luxemburgs, der zufolge ein unabsetzbarer Warenrest sich anhäuft, Teile des Mehrwerts also unrealisierbar bleiben, war ebenfalls, auch wenn sie an der orthodoxen Annahme einer kapitalistischen Endkrise festhielt, mit wenigstens einem Ausweg versehen: der imperialistischen Expansion.

Für die Krise, in die der Kapitalismus die Gesellschaften Ende der zwanziger Jahre gestürzt hatte, gab es sehr verschiedene Lösungsansätze. Der New Deal Roosevelts war ein Ausweg daraus, Faschismus und Nationalsozialismus gingen andere Wege. Als Rückfall in die Barbarei hatten sie zwar mit der Krisenmechanik des Kapitals zu tun, mit den chronischen Widersprüchen zwischen der kapitalistischen Produktionsweise und einer demokratischen Gesellschaftsordnung, aber die zerstörerische Maßlosigkeit von Faschismus und Nationalsozialismus läßt sich daraus in keiner Weise erklären. Die Vernichtung von Millionen von Menschen ist keine bloße Erscheinungsweise eines wie immer gearteten Widerspruchsgesetzes der kapitalistischen Produktionsweise; sie geht in der Kapitalrationalität nicht auf, sondern sprengt diesen Horizont und verweist auf ein durch und durch gebrochenes Verhältnis zum kulturellen Fortschritt, an dem Barbarei von Anbeginn haftet.

Welche konkreten Auswirkungen eine ökonomisch bedingte Krise hat und wie sich das Arsenal der wirklichen Bewältigungsvorschläge und der Scheinlösungen zusammensetzt, das hängt neben den bestehenden Machtverhältnissen wesentlich von der Verfassung der politischen Kultur eines Landes ab. Gesellschaftliche Krisen verweisen auf eine spezifische Spannungslage von Besonderem und Allgemeinem, auf Entwicklungspotentiale eines kulturellen Gesamtzustandes. Zunächst erscheint es mir deshalb sinnvoll, den Begriff der Krise selbst genauer zu erörtern.

Die Worte Kritik und Krise haben einen gemeinsamen griechischen Ursprung. Sie kommen von *krino*, was soviel bedeutet wie: scheiden, trennen, sichten, aber auch richterlich urteilen und entscheiden. Wenn von einer Sache gesagt wird, sie befinde sich in der Krise, heißt das also, daß zusammengehörige Elemente, deren Verbindung als »natürlich« gilt, sich zu trennen beginnen, bis hin zu der Möglichkeit ihrer Auflösung und ihrem Ausscheiden aus dem Ganzen, was meist die Umstülpung auch dieses Ganzen zur Folge hat. Tritt beispielsweise in der Krankheitsgeschichte eines Menschen eine Krise auf, so besteht in der Regel für die behandelnden Ärzte höchste Alarmstufe. Der Krankheitsherd, der zunächst im Körper isoliert war und unter Kontrolle stand, droht sich zu verallgemeinern, den gesamten Körper zu erfassen, also auch die vorher intakten Organe in Mitleidenschaft zu ziehen und so das Leben des ganzen Körpers zu gefährden. Die Krise treibt auf einen Höhepunkt zu, der eine auf das Ganze bezogene Entscheidung enthält: Tod oder Heilung.

Ich bin mir bewußt, daß organische Vorgänge auf die Gesellschaft nicht einfach zu übertragen sind; dennoch halte ich einen Moment im Krisenbegriff, der am Beispiel des menschlichen Krankheitsverlaufs deutlich wird, für sehr wichtig. Wird von einer Krise gesprochen, so ist das nie ausschließlich ein theoretisches Erkenntnisproblem, sondern gleichzeitig immer mit einer praktischen Entscheidung verbunden. Wer sich auf bloße Krisenerklärungen beschränkt, wird der Realität des Gegebenen vor den Perspektiven des Möglichen, die sich in der Krise andeuten und nach Organisierung drängen, stets den Vorzug geben und dadurch, ob er das weiß oder nicht, Opfer von Scheinobjektivität sein. Sich gegenüber einer Krise im Krankheitsverlauf wertneutral zu verhalten, als könnte man sich aus ihr herausziehen und den Status des allseitig abwägenden Beobachters annehmen, ist eine praktische und theoretische Unmöglichkeit. Parteilichkeit ist kein Mangel, sondern konstituiert in diesen Fragen allererst den Wahrheitsgehalt objektiver Erkenntnis.

Den strukturell neuen Typus der Krise, mit dem wir konfrontiert sind, möchte ich als Erosionskrise bezeichnen, als eine die Gesamtgesellschaft erfassende und bis in ihre Poren eindringende Entmischung des vorher selbstverständlich Zusammengehörigen. Alles wird in dieser Erosionskrise grundsätzlich in Frage gestellt – die Institutionen ebenso wie die subjektiven Einstellungen, Wertsysteme und Erziehungsmuster, die politischen Regulationsmechanismen ebenso wie die Organisationsformen von Interessen und das Parteiensystem. Die Gesamtgesellschaft gerät aus den Fugen, kaum ein Stein bleibt mehr auf dem anderen.

Daß versteinerte Machtverhältnisse, die auf die Loyalität breiter Bevölkerungsschichten bauen, das Ganze zusammenhalten und die normale Funktionsweise des politischen Herrschaftssystems vorerst garantieren, ist kein Argument gegen eine solche Instabilitätsthese. Machtverhältnisse können, wie wir in reichlichem Maße aus der Geschichte unseres Landes und nachdrücklich noch einmal aus den Erfahrungen der Wende 1989 wissen, von heute auf morgen zusammenbrechen, ohne daß vorher langwierige und spektakuläre Prozesse der gesellschaftlichen Desintegration öffentlich sichtbar sein müssen. Das Wilhelminische Zeitalter war auf dem Höhepunkt seines Glanzes, als sein Sturz kurz bevorstand; die Ostblocksysteme waren zwar seit gut einem Jahrzehnt im Innern durch Erosionen bedroht, ihr endgültiger Zusammenbruch vollzog sich aber in wenigen Monaten. Etwas vom Fassadenglanz des Wilhelminismus mit der typischen angeberischen Rhetorik und dem leichtfertigen Herunterspielen wirklicher Probleme prägt auch die repräsentative Öffentlichkeit Deutschlands in seiner seit 1990 erweiterten Fassung.

Was unterscheidet nun die gegenwärtige Krisensituation von anderen Krisen der kapitalistischen Vergangenheit? Zunächst ist festzuhalten, daß nicht mehr alle Auswege aus der Krise offenstehen.

Wachsende Rüstungsproduktion ist sicherlich nach wie vor ein wichtiger Faktor in der Krisenbewältigung gemäß kapitalistischen Verwertungsregeln, aber der Krieg kann es nicht mehr sein. Als der große Verzehrer und ewige Zulieferer der Rüstungsmaschinerie muß er an die Randzonen des europäisch-amerikanischen Kosmos geschoben werden, wo die Rüstungsmächte, wie die Interventionen in Spannungszonen zeigen, ihre Waffengeschäfte auf dem gefräßigen Markt von Stellvertreterkriegen abwickeln können.

Wenn ich die Situation nicht völlig verkenne, ist auch ein zweiter Lösungsansatz für die kapitalistischen Krisen gegenwärtig, jedenfalls im Bereich der Europäischen Union und in Nordamerika, unwahrscheinlich: der konsequente Aufbau faschistischer Terrorregime. Das liegt bestimmt nicht daran, daß eine demokratische Zivilisierung der vorherrschenden Mächte und die darauf begründete politische Moral von sich aus solche Perspektiven ausschließen würden. Vielmehr haben sich die Barrieren gegen Krisenlösungen dieser Art nicht zuletzt dadurch verstärkt, daß der Nachkriegskapitalismus seine rasante Entwicklung nur machen konnte, weil er mit der Produktion immer profitablerer Konsummärkte und der Vereinseitigung der Menschen auf den »Sinn des Habens« (Marx) gleichzeitig ihre Lebensansprüche entfaltete. Die Befreiung von Hunger und Not hat sie selbstbewußter gemacht, ihre differenzierter gewordenen Bedürfnisse und Interessen auch selbsttätig und in öffentlichen Formen zum Ausdruck zu bringen.

Der Kapitalismus – seiner Struktur nach in der prekären Situation, nicht nur die Waren für den Markt, sondern auch den Markt für die Waren, also die Bedürfnisse produzieren zu müssen – wäre tatsächlich am Ende, würde ihm die Fähigkeit ausgehen, zahlungsfähige Nachfrage ohne Unterbrechung zu erzeugen. Entfaltete Warenproduktion bedeutet immer erweiterte Bedürfnisproduktion. Deshalb kann eine auf Warenproduktion beruhende Gesellschaft, die keine Planwirtschaft will, den Subjekten zwar Verzichte und Opfer predigen, aber sie ist gezwungen, diese Einschränkungen eher an ihren Rechten und sozialen Sicherungen zu bewerkstelligen als an ihrem Konsumentenstatus. Sie muß mehr an Wünschen und Hoffnungen erzeugen, als sie befriedigen kann; dieses überschüssige Element von Bewußtsein, Bedürfnissen und Lebenserwartungen bildet eine wesentliche Chance von Emanzipation.

Wenn in diesem Zusammenhang von wachsendem Widerstandsverhalten die Rede ist, von zahlreichen Gruppen und vielen einzelnen, die sich weigern, alte Muster der Krisenbewältigung hinzunehmen, so darf dieser Ansatz von Optimismus nicht darüber hinwegtäuschen, daß ein humaner Ausweg aus der epochalen Krise der kapitalistischen Zivilisation keineswegs gesichert ist und sich schon gar nicht naturwüchsig einstellt. Gefährdungen, wie ich sie in verschiedenen Argumentationszusammenhängen dieses Buches aufzeige, sind keine bloßen Schalen, die den substantiellen gesellschaftlichen Protestkern demokratischer Haltungen verhüllen und die durch einen entschlossenen Massenwillen, der sich auf der geschichtlichen Entwicklungslinie glaubt, lediglich abgesprengt werden müßten. Je fortgeschrittener der Kapitalismus ist, desto erfindungsreicher wird er, Mittel und Wege zur Verhinderung seines eigenen Untergangs aufzuspüren. Zweifellos bietet die treibhausmäßige Entwicklung des mikroelektronischen Universums heute ganz neue Möglichkeiten, Widerstandspotentiale gegen überholte Herrschaftsverhältnisse zu blockieren, zu zersetzen, aber auch durch Teilbefriedigungen stillzustellen.

Sich nicht blind zu verhalten gegenüber der ganzen Variationsbreite von Krisenlösungen, vor allem gegenüber menschenunwürdigen, verdankt sich freilich nicht allein der Anstrengung und Urteilskraft theoretischer Phantasie, sondern ist in einem elementaren und umfassenden Sinne eine praktische Frage des parteilichen Eingriffs in die Verhältnisse. Das Bewußtsein von alternativen Möglichkeiten der Krisenbewältigung zu erweitern ist eine wesentliche Aufgabe kritischer Wissenschaft. Kritik in diesem Sinn ist ein entscheidendes Produktionsmittel der humanen Krisenbewältigung.

Immer wieder können wir die Erfahrung machen, daß der Wahrheitsgehalt von Potentialen und Tendenzen größer ist als der von Tatsachen. Eingreifende Kritik macht Trennungen und Verbindungen kenntlich, die so in der Tatsachenwelt noch nicht vorzufinden sind, sich aber in Symptomen bemerkbar machen. In der Krise lösen sich Zwangsverbindungen gesellschaftlicher Regionen und Kräfte spontan auf. Wenn zum Beispiel Berufsethik und Arbeitsethik, die über Jahrzehnte hinweg zusammengehörten, auseinandertreten, suchen Arbeitsmoral und Arbeitseigenschaften der Menschen nach ganz anderen Betätigungsfeldern als denjenigen, die in der bürgerlich-kapitalistischen Berufsstruktur und in der industriellen Produktionsweise vorgegeben sind. Diese Auswanderung der Arbeitsmoral aus den Herrschaftsregionen ihrer traditionellen Anwendung wird als Krise empfunden, weil sie nicht mehr in der alten Weise verfügbar und einsetzbar ist. Aber bei allen diesen Trennungen ist der Gesichtspunkt entscheidend, unter dem sie betrachtet werden: als notwendige Vorstufen einer Neuorganisation der Arbeit oder als bloßer Zerfall der alten Welt, an deren Stelle nichts Neues und schon gar nichts Besseres tritt. Von den herkömmlichen Krisen unterscheiden sich Erosionskrisen wesentlich dadurch, daß sie vor allem auch unterhalb des öffentlichen Institutionensystems wirken, daß sie die Subjekte in ihrer seelischen, körperlichen und geistigen Grundausstattung erfassen. Krisen dieses Typs verändern die Subjekte in ihren wichtigsten Lebensäußerungen, in ihrem Arbeitsverhalten, in ihrem Selbstwertgefühl, in ihren Wert- und Bedürfnisorientierungen.

Ich bin mir bewußt, daß der Begriff der Erosionskrise, gemessen an klassischen Definitionsregeln, wenig präzise ist. Dem Begriff am nächsten kommt wohl die Theorie der Anomie. Wie immer man die Identitätskrisen in komplexen Industriegesellschaften bezeichnen mag: In bezug auf ihre subjektive Seite tragen sie unverkennbar Züge dessen, was der französische Soziologe Émile Durkheim um die Jahrhundertwende als einen Zustand der Anomie bezeichnet hat, als er Selbstmordarten und Arbeitsteilungs-Pathologien untersuchte.[95] Für Anomie charakteristisch ist eine Norm- und Orientierungslosigkeit, die in den Individuen, auch wenn ihre soziale Lage, ja die der Gesamtgesellschaft relativ stabil erscheint, Gefühle der Vereinsamung und Verlassenheit, Angstzustände aus Macht- und Hilflosigkeit bewirkt. Es ist ein Zustand, in dem alte Normen nicht mehr gelten, die regulierende Kraft der Tradition (zum Beispiel die einer patriarchalen Kultur, die religiöser Wertsysteme) teilweise oder ganz außer Kraft gesetzt ist, aber neue Handlungsorientierungen, die Sicherheit im Alltagsverhalten verbürgen, noch nicht gefunden sind. So entsteht in einer Gesellschaft die unstrukturierte Situation ausgesetzter Regeln, die Durkheim zutreffend als »moralisches Vakuum« bezeichnet. Altes gilt nicht mehr unbesehen, Neues mit gewohntem Geltungsanspruch ist noch nicht da, motiviert aber intensive Suchbewegungen. »Erosion« setzt den Akzent in diesem Zusammenhang deutlicher auf den Prozeß der Zersetzung und weniger, wie bei Durkheim, auf das Resultat, den Zustand. Der Begriff Erosion bedeutet, wörtlich übersetzt, »Ausnagung« und bezeichnet in der Geologie die ausfurchende und abtragende Tätigkeit des fließenden Wassers durch Stoßkraft (bei starkem Gefälle) und Geschiebeführung (bei leichtem Gefälle).

Was die für den Erosionsprozeß entscheidende Subjektseite der Krise betrifft, so besteht eine ihrer Voraussetzungen darin, daß die Panzerungen der alten autoritär-autoritätsgebundenen Sozialcharaktere porös geworden sind. Gewiß, sie sind nicht verschwunden, aber die geschichtlichen Bedingungen für ihre Prägung (ungebrochene Vaterautorität, über Arbeit vermittelte Mechanismen der Triebunterdrückung, gesellschaftliche Ökonomie des Mangels beispielsweise) sind ungünstiger geworden. Spätkapitalistische Herrschaftssysteme können sich der Gehorsamsbereitschaft der Menschen nicht mehr sicher sein.

Mit den alten Charakteren ließ sich eine ganze Menge anstellen, ohne daß man mit Widerstand, mit Leistungsverweigerung oder wenigstens mit Entzug durch Krankheit rechnen mußte. Hunderttausende dieser Sozialcharaktere wurden nach Stalingrad auf die Schlachtbank geschickt, und die, die Stalingrad und das ganze Kriegsinferno überlebten, machten sich nach ihrer Rückkehr mit demselben emsigen Fleiß, wie sie es in der »Kriegsarbeit« gewohnt waren, daran, die zertrümmerte Gesellschaft wiederaufzubauen, als ob überhaupt nichts Besonderes passiert wäre. Autoritäre Systeme konnten mit diesen Charakterstrukturen vorzüglich arbeiten; sie waren für beliebige Ziele einsetzbar, denn ihr Hauptkennzeichen bestand ja gerade darin, daß Fragen nach dem Sinn der extremen Leistungsbereitschaft und den Motiven der unendlichen Geduld selbstauferlegten Tabus unterworfen waren. Die Selbstansprüche gingen nach innen, nicht in gleicher Weise nach außen – als Forderungen nach Beseitigung menschenunwürdiger Verhältnisse. Diese Charakterstruktur war am geglückten Arbeitsvollzug orientiert, an den abstrakten Leistungsnormen, ganz unabhängig davon, ob die verausgabte Arbeitskraft vom Subjekt als Selbstverwirklichung empfunden wurde oder als entfremdet, sinnlos, geist- und nervtötend.

Die Menschen, mit denen wir es heute zu tun haben, sind nicht mehr von dieser Art, selbst wenn gegenüber der Hoffnung, daß sich neue Menschen unter alten Verhältnissen bilden, immer ein Moment von Skepsis angebracht ist. Gleichwohl ist diese Subjektveränderung (übrigens entscheidend angestoßen durch die Forschungs- und Organisationsphantasie der Frauenbewegung) ein wichtiges und neuartiges Element für den von mir bezeichneten Typus der Krise.

Die objektiven Erscheinungen der Erosionskrise zeigen sich am deutlichsten in chronischer Arbeitslosigkeit, in der Marginalisierung großer Bevölkerungsteile und dem Legitimationsverlust des politischen Herrschaftssystems. Fragmentierung, Spaltung, Abkoppelung sind die Hauptmechanismen dieses Krisentyps, was den Bereich unterschlagener Wirklichkeit immer weiter wachsen läßt. In der heutigen Diskussion um die Globalisierung wird meist nur die Entwicklung nach der Wende in den Blick genommen, aber wenn man die Arbeitslosenzahlen in der Bundesrepublik Deutschland betrachtet, liegt die eigentliche Bruchstelle des zyklischen Konjunkturschemas Anfang der achtziger Jahre, in einer Zeit, als die Nachkriegsrekonstruktion der Gesellschaft abgeschlossen war und der Kapitalismus sein »normales« Existenzniveau erreicht hatte. Betrugen die Arbeitslosenquoten bis dahin im Höchstfall 4,7 Prozent, stiegen sie zwischen 1980 und 1983 von knapp 4 auf 9 Prozent an, ein Niveau, das sie seitdem – von einer kurzen einheitsbedingten Erholungsphase abgesehen – nicht mehr unterschritten haben. Die Bruchstelle ist mit Händen greifbar: Wurden 1979 876 137 Arbeitslose, 87 613 Kurzarbeiter und 304 016 offene Stellen gezählt, waren es 1983 2,258 Millionen Arbeitslose, 675 000 Kurzarbeiter, 76 000 offene Stellen. Diese Ausgangslage erzeugt immer weitere Polarisierungen und Widersprüche.

Nach einer 1979 von der Kommission der Europäischen Gemeinschaft in Auftrag gegebenen Studie einer Frankfurter Forschungsgruppe[96] gab es in der damaligen Bundesrepublik rund 800 000 bis 1 Million Obdachlose, zwischen 60- und 80 000 Nicht-Seßhafte, die gewöhnlich als Penner bezeichnet werden, und schätzungsweise 30 000 Landfahrer. Der »Armuts- und Reichtumsbericht der Bundesregierung« von 2001 spricht für die Mitte der neunziger Jahre von 900 000 Wohnungslosen, eine Zahl, die sich bis 1998 durch die Entspannung auf dem Wohnungsmarkt auf 550 000 gesenkt haben soll. Wenn einzelne in Notunterkünften leben oder überhaupt kein Dach über dem Kopf haben und herumziehen, dann mag das Recht bestehen, von Selbstverschuldung zu sprechen. Wenn es Hunderttausende sind, die in solche Lebensverhältnisse geraten, kann man das Problem nicht mehr auf Individuen abschieben, sondern ist genötigt, dafür gesellschaftliche Ursachen anzugeben.

Aber es sind ja längst nicht mehr nur Wohnungslose, die sich an diesem oder jenem Ort der unterschlagenen Wirklichkeit aufhalten und nur selten Hoffnung haben, ihn je wieder verlassen zu können. Auch die Zahlen der gesellschaftlich durch Krankheit Gezeichneten sprechen für sich. Zu Beginn der achtziger Jahre lag die Zahl der Alkoholkranken bei 2–3 Prozent der Gesamtbevölkerung, also etwa so hoch wie um die Wende zum zwanzigsten Jahrhundert, als Klagen über den Alkoholismus ein Dauerthema selbst innerhalb der Arbeiterbewegung waren. Eine mindestens ebenso große Zahl muß angesetzt werden für die Medikamentenabhängigen, was als Erscheinung erst seit den siebziger Jahren greifbar ist.

Mindestens 30 Prozent aller Patienten, die zu Beginn der achtziger Jahre den Arzt aufsuchten, waren an psychosomatischen Leiden erkrankt. Wenn sie in dieser Größenordnung auftreten, sind psychosomatische Leiden gesellschaftlich bedingt, es sind keine bloß individuellen Leiden mehr. Wegen psychischer Erkrankung oder persönlicher Schwierigkeiten nahmen im Jahr 1978 ca. 600 000 Personen Kontakt mit Behandlungs- und Beratungsstellen auf. 8 Millionen Arztbesuche jährlich erfolgten wegen psychisch bedingter Erkrankungen, rund zwei Prozent der Bevölkerung bedurften einer psychiatrischen oder psychotherapeutischen Behandlung.

Daß über die objektive Verbreitung psychosomatischen Leidens, abgesehen von spärlichen statistischen Angaben über Kontaktaufnahmen zu Beratungsstellen, Arztbesuche und Klinikaufenthalte, kaum gesichertes Zahlenmaterial existiert, ist ebenso unbestreitbar wie die Tatsache, daß Tendenzen der Psychiatrisierung der Gesellschaft erst in den Nachkriegsgesellschaften öffentlich werden und in den siebziger Jahren Hochkonjunktur haben.

Die Dunkelziffer relativer und verdeckter Armut wird in der genannten Studie der Frankfurter Forschungsgruppe sehr hoch angesetzt. 20 Prozent der Erwerbslosen bekommen nur die Sätze der Sozialhilfe, und nur jede zweite Person, die wegen niedrigen Einkommens Anspruch auf Sozialhilfe hätte, erhält die ihr rechtmäßig zustehende staatliche Beihilfe. Die Begründung der hier erwähnten Zahlen, nicht ihre isolierte Größe, macht aus, was für den Gesamtcharakter der in dieser Zeit einsetzenden spezifischen Krise kennzeichnend ist.⁹⁷ Auf allen Ebenen hat sich seitdem die Schere zwischen den Wohlstandsinseln des ökonomisch-politischen Systems und der darunterliegenden gesellschaftlichen Wirklichkeit, die nur fragmentarisch in die Öffentlichkeit dringt, im Zweifelsfall weiter geöffnet, statt sich wieder zu schließen, so daß die Symptome der Erosionskrise uns seit nunmehr zwanzig Jahren begleiten.

Das Datenmaterial aus dem »Armuts- und Reichtumsbericht der Bundesregierung« zeigt, daß die Politik der Regierung Kohl zwischen 1983 und 1998 keineswegs zu einer Bereinigung der Krise geführt hat, sondern das gesellschaftliche Betriebsklima der sich vertiefenden und ausbreitenden Erosionskrise auf besondere Weise charakterisiert. Otto Graf Lambsdorff gab mit seinem berühmt-berüchtigten »Memorandum« vom 9. September 1982, in dem er die Eckpunkte eines künftigen politischen Koordinatensystems beschreibt, das Startsignal für die Kohl-Ära. Hier wird »Reform« erstmals zu einem Abbaubegriff umdefiniert, der Sozialstaat zur Disposition gestellt. Alle Politikbereiche, einschließlich der Bekämpfung von Arbeitslosigkeit, werden an die Regeln und Gesetze marktwirtschaftlichen Handelns gebunden. »Inhaltlich muß die Politik vor allem darauf ausgerichtet sein, dem Privatsektor in der Wirtschaft wieder mehr Handlungsraum und eine neue Zukunftsperspektive zu verschaffen; ... ein solches zukunftsorientiertes Gesamtkonzept der Politik muß sich auf folgende Bereiche konzentrieren: Festlegung und Durchsetzung einer überzeugenden marktwirtschaftlichen Politik in allen Bereichen staatlichen Handelns und eine klare Absage an Bürokratisierung. Wirtschaftsrelevante Forschung und Entwicklung sind primär Aufgabe der Wirtschaft selbst. Politik muß jedoch dafür generell möglichst günstige Bedingungen schaffen und in besonderen Fällen auch gezielte Hilfe geben.«

Am 17. September 1982 kommentierte Bundeskanzler Helmut Schmidt das Memorandum, das den Bruch der Koalition einleitete, mit den Worten: »... im übrigen ... hat die öffentliche Meinung die Denkschrift sehr richtig verstanden. Sie will in der Tat eine Wende, und zwar eine Abwendung vom demokratischen Sozialstaat im Sinne des Artikels 20 unseres Grundgesetzes und eine Hinwendung zur Ellbogengesellschaft.«

In der Forschung wurden die aufbrechenden Widersprüche des auf »normalem Niveau« existierenden Kapitalismus mit großer Aufmerksamkeit betrachtet; die Gesamtverfassung der Arbeits- und Erwerbsgesellschaft wurde in produktiver soziologischer Phantasie bearbeitet und zum öffentlichen Thema gemacht. So widmete sich beispielsweise der Bamberger Soziologentag 1982 unter dem Titel »Krise der Arbeitsgesellschaft« längerfristigen Entwicklungsperspektiven. Der Bericht darüber gehört zu den bedeutendsten Dokumenten der Nachkriegssoziologie, weil hier, nach dem Frankfurter Soziologentag von 1968, zum ersten Mal wieder über gesamtgesellschaftliche Strukturprobleme nachgedacht wurde.[98] Die funktional aufeinander bezogenen Arbeitsformen wurden ebenso differenziert einer Neubewertung unterzogen wie die Arbeitsinhalte und die sozialpsychologischen Prägungen des Arbeitsverhaltens. Dabei ging es immer auch um die geschichtliche Legitimation der industriellen Zivilisation als Ganzes und die Prognose ihres möglichen Endes – Themen, die von ihrer Aktualität nichts verloren haben.

Es begann ins Bewußtsein zu dringen, daß es bei der gegenwärtigen Krise nicht nur darum geht, daß die vorhandenen Arbeitsplätze knapper werden, sondern viele von ihnen schon in naher Zukunft ganz von der Bildfläche verschwunden sein werden, andere ihre Qualifikationsanforderungen so grundlegend verändern, daß sie mit dem, was aus ihnen wird, nur noch den Namen gemeinsam haben. Man wird sich dessen bewußt, daß es eine große Zahl von Berufen, für die noch ausgebildet wurde, in zehn Jahren nicht mehr geben wird. Die Struktur der Arbeitsplätze, ja die Arbeit selbst ist in einen Strudel gesellschaftlicher Dynamik hineingezogen, vergleichbar jener Umbruchphase kapitalistischer Produktionsprozesse um die Mitte des neunzehnten Jahrhunderts, als die extensive Lohnausbeutung durch die wirksamere intensive ersetzt wurde.

Die Definition des Menschen am Leitfaden von Zeiteinteilungsbegriffen erschien dem Soziologentag überholt. Zwar ist der Arbeiter nicht mehr ein bloßes Körpergefäß von industriellen Zeitmaßen, also personifizierte Arbeitszeit. Aber solange entfremdete Arbeit die Lebensverhältnisse beherrscht, verbleibt alle freie Zeit im Bannkreis der Regeln von Arbeitszeit. Noch die abstrakte Distanzierung vom Arbeitsalltag, indem demonstrative Freizeit betrieben wird, ist mit den Muttermalen der Arbeitsqual behaftet. Privateigentum an Produktionsmitteln als Grundlage des Profits, als Aneignungszeit fremder Arbeit mag einmal Regulator der Gesamtökonomie gewesen sein. Daß dieser Mechanismus Freiheit und Wohlstand aller verbürge, war die große Hoffnung im Aufbruch der bürgerlichen Periode; von Adam Smith bis Ricardo als Selbstregulierungskräfte des Marktes ökonomisch begründet, setzte dieser Mechanismus sich bis in die Begründungslogik der bürgerlichen Ideologie hinein fest. Aber das scheint endgültig der Vergangenheit anzugehören. Alle Zeichen der entwickelten Industriegesellschaft deuten darauf hin, daß zukünftig nicht mehr der Arbeitstag – das organisatorische Zeitzentrum der Ökonomie über Jahrhunderte hinweg – Ausgangsbasis für den Lebenstag sein wird, sondern umgekehrt der Lebenstag die Beurteilungsmaßstäbe setzt, wie lange und welcher Art der Arbeitstag zu sein hat.

Wenn nun in Zukunft Erwerbsarbeit im historisch geprägten Sinne eine untergeordnete Bedeutung im Lebensprozeß der Menschen haben wird, warum ist es dann trotzdem sinnvoll, am Begriff der Arbeit festzuhalten? Wenn der Umkreis herkömmlicher Erwerbsarbeit schrumpft, was hindert uns dann, diesen in seiner Kulturbedeutsamkeit ausgehöhlten Arbeitsbegriff ganz zu opfern und Begriffe zu wählen, die eine größere geschichtliche Bestimmtheit für Gegenwart und Zukunft und eine in der Erkenntnis anwendungsfähigere analytische Reichweite haben?

Diese Anfang der achtziger Jahre aufkommenden Fragen und Problemrichtungen trugen den Charakter von staunender Erkenntnisneugierde und wurden vielfach beantwortet, als komme es wesentlich auf die Kraft der Argumente an und nicht auf die Sammlung von Kräften, die sich auf einem machtpolitischen Kampffeld austoben. Viele der Lösungsvorschläge entsprangen dem spontanen und naiven Aufklärungspathos in Andersens Märchen von des Kaisers neuen Kleidern.

Die zentralen Widersprüche des Gegenwartskapitalismus, die damals benannt wurden, treten heute vielfach wie Neuigkeiten auf dem Wissenschaftsmarkt auf, weil in der Globalisierungsdiskussion die Zeitdimension der Krise eine viel zu geringe Rolle spielt und häufig versäumt wird, einen Begriff von gesellschaftlichen Tendenzen zu entwickeln, der die Strukturverschiebungen der Lebensprozesse anzeigt. Wenn das kollektive Gedächtnis verlorengeht, droht die Gegenwart zu einer Gespensterwirklichkeit zu werden – eine Gefahr, die gerade die »Stichwortgeber« der neunziger Jahre (wie

Ulrich Beck die Theoretiker der Zweiten Moderne einführt) heraufbeschwören. Mit fortschreitender Entwicklung haben sich die Horizonte der Reflexion keineswegs im Gleichklang erweitert.

Es ist charakteristisch für kulturelle Erosionskrisen, die auf epochale gesellschaftliche Umbrüche verweisen, daß die ursprungsphilosophische Suche nach einem Prinzip, das alle bestimmenden Widersprüche erklärt, und einem Hebel, mit dem Krisenlösungen in Bewegung gesetzt werden können, in die Irre führt. In der betriebsamen Suche nach solchen Prinzipien und Hebeln wurde praktisch kein Thema ausgespart: Geht es um die Arbeitsmarktkrise, setzen manche entscheidend auf Flexibilität und Kostenreduktionen der lebendigen Arbeitskraft; die Lösung der ökonomischen Krise verlangt nach Standortsicherung und ruft Nachfragepolitiker auf den Plan. Andere wiederum, die den Verfall der Werte beklagen, fordern die Entfaltung von Ethikdiskursen, klagen lebenslanges Lernen ein, technische Elitequalifikationen oder die Stärkung öffentlicher Tugenden.

Im folgenden möchte ich deshalb den Krisenbegriff differenzieren und die komplexen Verschachtelungen des Krisenzusammenhangs näher betrachten. Aus der Untersuchung von spezifischen Krisenherden, die zunächst ihre ganz eigentümliche Entwicklungslogik zeigen, lassen sich Erkenntnisse gewinnen, die konkrete Auswege ermöglichen. Wenn ich fünf dieser Krisenherde hervorhebe, schließe ich damit nicht aus, daß neue entstehen und alte ihre Stellung im gesellschaftlichen Gesamtzusammenhang verändern können. Es ist ein analytisches Schema, das Bearbeitungszwecken dient.

5. Fünf Krisenherde des Kapitalismus

Anfang der siebziger Jahre entstand im Gefolge der Frankfurter Schule die Vorstellung, daß die Spezifizierung von Arbeitsfeldern nötig ist, um revolutionäre Ansprüche umzusetzen. In Anbetracht der Berufsrevolutionäre, die damals aus dem Boden schossen und sich als kleine, sektenartige Gesinnungsgemeinschaften Parteinamen gaben, forderte die undogmatische Linke »Revolutionäre im Beruf«. Die Arbeitsfeldkonzeption wollte die beruflichen Kompetenzen der

Menschen, ihren Leistungsstolz, die Regeln ihres jeweiligen Arbeitszusammenhangs in eine politische Veränderungsstrategie überführen. Die Verhältnisse haben sich seitdem stark verändert. Aber an der Spezifizierung politisch bearbeitbarer Problemfelder ist auf Dauer nicht vorbeizukommen. Wenn es uns gelingt, aus der Differenzierung von Krisenvorstellungen Arbeitsgegenstände zu gewinnen, kann sich ein neuer Gebrauchswert von Soziologie, Gesellschaftstheorie, empirischer Sozialforschung ergeben. Das ist um so dringlicher, als ja nicht nur im öffentlichen Alltagsgebrauch der betriebswirtschaftlichen Ideologien das Phänomen der Gesellschaft mit ihren Herrschafts- und Machtstrukturen verschwindet. Selbst in den Sozialwissenschaften spielt Gesellschaft als eigenständiger Realitätskomplex nur eine begrenzte Rolle.

Die fünf großen Krisenherde der entwickelten kapitalistischen Gesellschaftsordnungen, die ich im folgenden skizzieren möchte, sind Arbeitsfelder, überschaubar in ihrer Blickweite und deshalb für politische Eingriffe zugänglich.

Es ist erstens die Veränderung der Beziehungen zwischen Staat und Gesellschaft, die einen eigenen und durchaus neuartigen Krisenherd konstituieren. Nationen und Territorialstaaten haben sich während der letzten zwei Jahrzehnte in einem Umfang umorganisiert, wie wir das unter Friedensbedingungen, also ohne wesentliche kriegerische Neubestimmung von Grenzen, seit Jahrhunderten nicht erlebt haben. Das dualistische Weltsystem, in dem meine Generation aufgewachsen ist, mit klaren Grenzbestimmungen zwischen Erster, Zweiter und Dritter Welt, hat sich aufgelöst. Die damit verbundene Aufwertung der Zivilgesellschaft, vor allem die Einschränkung von militärischen und polizeilichen Ordnungseingriffen in die Gesellschaft, zeigt allerdings in den Ländern des Ostblocks Wirkungen, die sich von denen im Westen radikal unterscheiden.

Der autoritäre Territorialstaat des Ostens konnte die ethnischen Konflikte neutralisieren und die Aggressionsneigungen der Religionsgemeinschaften, soweit sie auf gegenseitige Ausschließung bedacht waren, durch eine quasi-religiöse Ideologie des Kommunismus blockieren. Was in den bürgerlichen Gesellschaftsordnungen Jahrhunderte dauerte – bis religiöse Toleranz nicht nur Verfassungsbestandteil war, sondern geübte öffentliche Praxis der Gesellschaft –, wurde in diesen Ländern nicht ausgetragen, und dem Absterben des autoritären Territorialstaates folgen die »ethnischen Säuberungen«, die Rückkehr zu Stammesfehden und kriegerischen Grenzkämpfen. Wo unter solchen Bedingungen Kapital und Markt von außen eindringen, ohne sich mit autochthonen Arbeits- und Erwerbsstrukturen assimilieren zu können, bilden sich mafiaähnliche Wirtschaftskomplexe und feudal-kriegerische Gefolgschaften.

Im Westen hat die Überschreitung der nationalstaatlichen Grenzen, die Tendenz zum Transnationalen eine ganz andere Bewandtnis. Das Ende der katastrophalen militärischen Konfrontation von Hochrüstungssystemen bedeutet natürlich ein großes Maß an Friedenssicherung. Doch ein wesentliches Motiv für die soziale Marktwirtschaft der Nachkriegszeit war der Wille, daß das westliche System freiheitlicher, gerechter und sozialer sein sollte als alles, was der Kommunismus zu leisten vermochte. Es ist kein Zufall, daß in dem Augenblick, da die feindliche Abgrenzungsrealität verlorengegangen ist, sich der räuberische Abbau des westlichen Sozialstaates verstärkt. Zudem droht die Produktion des gesellschaftlichen Reichtums der Gesellschaft verlorenzugehen, indem international tätige Konzerne dem ohnmächtig gewordenen Steuerstaat die Einzahlungen verweigern, die für Reformen und Erneuerungen von Infrastrukturen notwendig wären. »Die Gladiatoren des Wirtschaftswachstums, die von Politikern umworben werden, unterminieren die Autorität des Staates, indem sie zwar seine Leistungen beanspruchen, aber ihm die Steuern entziehen. Das Bekannte ist: Ausgerechnet die Reichsten werden zu virtuellen Steuerzahlern, und ihr Reichtum beruht nicht zuletzt auf dieser Virtuosität des Virtuellen. Sie untergraben auf eine (meist legale, aber illegitime) Weise das demokratische Gemeinwohl, das sie in Anspruch nehmen.«[99]

Zweitens handelt es sich um einen in den entwickelten Ländern selbst produzierten Krisenherd, der mit dem eben genannten kaum etwas zu tun hat: Ich meine die Veränderungen unserer Wertvorstellungen und des gesamten Normensystems – zum Beispiel unserer Entwürfe von einem guten und gerechten Leben, von einer würdigen Lebensweise und einem würdevollen Sterben – durch die spektakuläre Entwicklung der Technologie, insbesondere der Medizintechnik. Natur war Gegenstand der Wissenschaft und der ästhetischen Sinne, aber bis in die Moderne hinein nie Gegenstand der Ethik. In dem Maße, wie unsere eigene Lebensgrundlage durch selbstproduzierte

Machtmittel vernichtet werden kann, kommt Natur in den Bezugsrahmen ethisch entscheidbarer Handlungen. Aber das betrifft nicht nur, wie in Ökologiekonzepten meist angenommen wird, die Naturbalancen der äußeren Welt. Es entsteht ein neues Verantwortungsprinzip, das Hans Jonas in Variation und Erweiterung der Kantischen Moralphilosophie formuliert hat: »Ein Imperativ, der auf den neuen Typ menschlichen Handelns paßt und an den neuen Typ von Handlungssubjekt gerichtet ist, würde etwa so lauten: ›Handle so, daß die Wirkungen deiner Handlung verträglich sind mit der Permanenz echten menschlichen Lebens auf Erden‹; oder negativ ausgedrückt: ›Handle so, daß die Wirkungen deiner Handlung nicht zerstörerisch sind für die künftige Möglichkeit solchen Lebens‹ ... oder, wieder positiv gewendet: ›Schließe in deine gegenwärtige Wahl die zukünftige Integrität des Menschen als Mit-Gegenstand deines Wollens ein.‹«[100] Neu ist nach Jonas das moralische Kalkül des Zeithorizonts, der in der logischen Augenblicksoperation des Kantischen Imperativs gänzlich fehlt. Nicht nur die Lebenszeit des einzelnen wird Gegenstand moralischer Handlungsalternativen, sondern die Zeitgrundlage unserer ganzen menschlichen Existenzweise.

Die Medizintechnologie ist mitverantwortlich für die stetig steigende Lebenserwartung der Menschen, jedenfalls in den entwickelten Industriegesellschaften, und damit für eine stark veränderte Altersstruktur der Gesellschaft. Durch Genmanipulationen, durch Klonen und Transplantationstechniken, durch Apparatemedizin sind die handelnden Menschen in jenen institutionellen Zusammenhängen, die mit Leben und Tod zu tun haben, ethisch ganz anderen Problemen konfrontiert als noch in der Generation unserer Eltern. Die alltäglichen Orientierungsschwierigkeiten, die sich aus diesem sich ausbreitenden Krisenherd ergeben, berühren zentral die Conditio humana, den Existenzhorizont des heutigen Menschen.

Einen dritten Krisenherd bilden die Verschiebungen im Rahmen der herkömmlichen Sozialisations- und Lernorte, von Familie, Kinder- und Jugendöffentlichkeit und Schule. Wenn sich Grundtugenden wie Kompromißfähigkeit, die Bereitschaft zum Teilen, die Gestaltungsfähigkeit verläßlicher Beziehungen unter alten Familienverhältnissen nicht mehr ausbilden können, weil dieser Sozialisations- und Lernort fragmentiert ist, muß gesellschaftlicher Ersatz geschaffen werden. Diese für die Identitätsbildung von Menschen entscheidenden Prägungen benötigen ihre spezifischen Räume und Zeiten, um nicht nur individuellen Beziehungen ein Mindestmaß von Glück und Zufriedenheit zu verschaffen; die Konstitution des gesellschaftlichen Zusammenhangs, zumal in einer wesentlich auf Mitbestimmung und Selbstregulierung gegründeten demokratischen Ordnung, hängt maßgeblich davon ab. Wie bilden sich gesellschaftliche Lebewesen, die friedensfähig sind, und was ist erforderlich an sozialen, emotionalen und kognitiven Leistungen? In meiner Schrift »Kindheit und Schule in einer Welt der Umbrüche«[101] habe ich die institutionellen und pädagogischen Herausforderungen zu bestimmen versucht, die angemessene Antworten auf diesen Krisenherd geben können.

Viertens geht es um einen Krisenherd, der im gesellschaftlichen Gesamtgefüge keinen spezifischen Ort hat: das veränderte Spannungsverhältnis zwischen Individuum und Gesellschaft, wie es in der klassischen soziologischen Terminologie heißt. Ich möchte diesen Krisenherd charakterisieren als die gestörte Balance zwischen Nähe und Distanz. Auf vielen Ebenen unseres sozialen Lebens zerbrechen kollektive Bindungen, die immer auch einen Schutz bilden für gesicherte Zonen der Intimität, der individuellen Selbstbestimmung, der vielfältigen Tätigkeiten im Kleinen. Einerseits sind viele Gebilde zu klein, reduziert auf fragmentierte Beziehungen (wie zum Beispiel Lebensabschnittspartnerschaften), andererseits vergrößern Globalisierungs- und Flexibilisierungsprozesse die Distanz zum eigenen Lebenszusammenhang derart, daß der einzelne nicht mehr nachvollziehen kann, was sein Anteil an der Mitbestimmung in solchen Gremien und Institutionen ist. In der sich bis zum Zerreißen herausbildenden Spannung zwischen kleinsten Besitzständen der Individuen und den Abstraktionen internationaler Gremien, der Börsen und der Marktplätze verschwindet vielfach das, was man als »lebbare Einheiten« bezeichnen kann. Diese setzen eine eigene Balance oder genauer gesagt eine eigentümliche Dialektik zwischen Nähe und Distanz voraus.

Ein gesellschaftlicher Individuierungsprozeß ohne verläßliche Näheverhältnisse produziert im Ursprung bereits schwere Störungen. Doch es bedarf auch der Distanz, des Universalismus von Ideen und Einstellungen, um nicht in einer Sackgasse von Symbiosen zu landen. Wenn allerdings vom flexiblen Menschen als dem Idealbild unternehmerischer Existenzweise geschwärmt wird, sind immer Momente der Entwurzelung, der allseitigen Verfügbarkeit der Menschen im Spiel. Moderne Gesellschaften drohen die Basis für gelungene Subjektausstattungen zu ruinieren, weil zwar das Kapital und die Waren ortlos sein können, nicht aber die Sozialisation, Identitätsbildung, das Lernen der Menschen. Lösungen dieses Krisenzusammenhangs richten sich daher auf eine Wiederaneignung sinnlich-qualitativer Realitätsbezüge. Was die mediale Kommunikationsgesellschaft an sinnlicher Tätigkeit in den Bereichen der Primärerfahrung einschränkt, müssen wir in den Näheverhältnissen wiederherstellen, wenn wir an einer mit Urteilsfähigkeit und kritischem Vermögen ausgestatteten Persönlichkeitsbildung interessiert sind. Die Hoffnung, daß die universellen Globalisierungsprozesse den Freiheitsspielraum und die Autonomiefähigkeit der Menschen ohne Zusatzmühe erweitern könnten, erweist sich deshalb als trügerisch, ja häufig als Betrug.

Im fünften Krisenherd schließlich geht es um die notwendigen Veränderungen der Arbeits- und Erwerbsgesellschaft. Die meisten auf diesen Krisenherd bezogenen Analysen und Lösungsvorschläge vermitteln den Eindruck, als bedürfte es nur eines vorurteilslosen Blicks und des guten Willens von allen Seiten, um die gegenwärtig angemessenen Lösungen ins Werk zu setzen. Aber eine pragmatische Verkleinerung des Problems führt bei jedem Schritt, der in Richtung auf Verringerung der Massenarbeitslosigkeit gemacht wird (von grundlegenden Veränderungen soll hier noch gar nicht geredet werden), zur wiederholten und sich häufenden Enttäuschung. Ein wesentlicher Grund dafür ist, daß die Bewältigung dieses Krisenherdes nicht anders zu leisten ist als durch schwerwiegende Eingriffe in die bestehenden Macht- und Herrschaftsstrukturen.

Im Krisenherd Arbeits- und Erwerbsgesellschaft verbergen sich die hartnäckigsten Probleme der Gegenwart. Die Globalisierungstheoretiker, welche die ungeahnten Freiheitsräume der Zweiten Moderne beschwören, sehen mit starren Blicken immer nach oben, zum Allgemeinen, Transnationalen, zur Weltgesellschaft. Wie sie die Prozesse in ihren Widersprüchen begreifen und Wirklichkeit definieren, bewegt sich jedoch überwiegend innerhalb des Sprach- und Symbolhorizonts der toten Arbeit, des Warenhandels, des Geld- und Devisenverkehrs, des Eigentums und der Eigentumstitel. Lebendige Menschen sind in dieser Welt ein bloßes Anhängsel, das mitgeschleift werden muß. Ihre Ansprüche sind lästig. Wenn sie nicht wenigstens einen Kleinbesitz an Aktien vorzuweisen haben, der sie in die Scheingemeinschaft der einzig werthaltigen Wirklichkeit bringt, fallen sie aus dem erklärungsbedürftigen Szenarium heraus. Sie sind im buchstäblichen Sinne wirklichkeitslos.

Es ist, um das in der üblichen akademischen Sprache kenntlich zu machen, ein Paradigmenwechsel notwendig, eine grundlegende Umorientierung der Wissenschaft wie des praktischen Handelns. In der Analyse der Arbeits- und Erwerbsgesellschaft bedeutet das vor allem eine Umkehr der Blickrichtung: Wir müssen die ökonomischen Vorgänge, die sich wie Naturereignisse auf unsere Gehirne und unsere Seelen lagern, von unten her betrachten und vom Schicksal der lebendigen Arbeitskraft, den Bedürfnis- und Interessenstrukturen lebendiger Menschen ausgehen. Wenn wir nicht zu dieser Blickrichtung finden, gibt es kaum Hoffnung auf menschenwürdige Lösungen der Krise.

Es mag unvollständig sein, wenn ich von fünf großen Krisenherden der fortgeschrittenen kapitalistischen Gesellschaftsordnungen spreche, also der Länder, die in der gegenwärtigen Welt über die entscheidenden wirtschaftlichen Machtpotentiale verfügen. Zwar kennzeichnet diese Gesellschaftsordnungen das zivilisatorische Minimum eines demokratisch konstituierten Zusammenhalts, aber die Probleme verschärfen sich, die Polarisierung zwischen Armen und Reichen, zwischen den glänzenden Fassaden der städtischen Zentren und verödeten Regionen wächst, sowohl hierzulande als auch weltweit. Doch nur in dem Maße, wie die fortgeschrittenen Länder ihre eigenen Probleme lösen, den bedrohten gesellschaftlichen Zusammenhalt retten können, sind sie imstande, von ihrem überquellenden Reichtum der übrigen Welt etwas abzugeben, das diese autonomiefähiger macht. Wenn zuviel Energie und Arbeitsvermögen aufgewendet werden müssen, um für unhaltbare Zustände die emotionale Balance zu bewahren, der Blick sich zu stark auf das Brüchige der eigenen Verhältnisse konzentriert, verstellt dies die freie und großzügige Sicht auf die Not der anderen. Wie Spannungen und Konflikte im Krisenherd »Arbeits- und Erwerbsgesellschaft« bewältigt werden, das wird wesentlich darüber entscheiden, wie stabil die Basis einer auch international friedensfähigen Gesellschaft ist. Dieser Krisenherd ist daher Hauptgegenstand meiner Untersuchung.

Wer zögert, hat Unrecht

Wir sind gegenwärtig Zeugen einer merkwürdigen Verwirrung unserer Zeiterfahrungen. Wenn wir festhalten und zu begreifen versuchen, was an spektakulären gesellschaftlichen Umbrüchen, an »historischen« Ereignissen alltäglich und mit sinnlicher Aufdringlichkeit ins Haus geliefert wird, dann nimmt das Erzählen kein Ende. Die Klage der Nachkriegsgeneration über Stagnation, über versteinerte Verhältnisse, die man zum Tanzen bringen müsse, um den tödlichen Zeitstillstand zu beenden, gehört offenbar einer fernen Vergangenheit an. Im Gegenteil ist diese Anklage dem Unbehagen gewichen, in einen Strudel gesellschaftlicher Dynamik hineingezogen zu werden, zu dessen weiterer Beschleunigung nicht einmal mehr geistige Zustimmung oder emotionale Unterstützung notwendig ist.

Anlässe und Gründe gäbe es genug, die Entstehung einer neuen, ja einzigartigen europäischen Friedensordnung mit dem Gefühl des Stolzes und mit gewachsenem Selbstbewußtsein zu begleiten. Aber selbst die privilegierte Stellung des Zeitzeugen, von der Goethe hoffte, sie könnte sogar die Verlierer noch aufrichten und ermutigen, wenn sie nur das Große des epochalen Umbruchs in sich wirken ließen, beschert heute zwiespältige Empfindungen. Denn dieses Privileg ist keine Auszeichnung mehr: Millionen sind dabei, wenn das Brandenburger Tor geöffnet wird, wenn Herrschaftsapparate, die gestern noch allmächtig schienen, plötzlich in sich zusammenbrechen.

Mancher, der durch Kopfnicken vor dem Fernsehschirm oder durch patriotisches Gebrüll auf der Straße die Zeitereignisse kommentiert, mag sich in dieser Medienwirklichkeit so aufgehoben wähnen, daß er meint, nicht nur Zuschauer, sondern selbst Akteur zu sein. Das ist freilich eine Scheinrealität, die schnell zerfließt. Distanz zu den Ereignissen wäre nötig, um sich ihrer geschichtlichen Bedeutung bewußt werden zu können. Aber die eigene Phantasie, der utopische Entwurf, Wunschvorstellungen von den Verhältnissen, in denen ich mich wiedererkenne, werden von der sich verändernden Wirklichkeit erdrückt.

Wo Phantasie, lebendige Erinnerungsfähigkeit und Urteilsvermögen anfangen, in einer Sache Wurzeln zu schlagen, Zeit und Ort festzuhalten, um sich auszuruhen und zur Besinnung zu kommen, wittern diejenigen, die dem Zeitgeist folgen, gefährlichen Protest und Widerstand. Es taucht dann bald der Verdacht des unrettbar Gestrigen und des Unbelehrbaren auf, und die Verdächtigten fragen sich, ob sie noch zeitgemäß sind. Irgend etwas treibt den Prozeß der Beschleunigung voran, der ohne Willen und Bewußtsein verläuft. Und das erzeugt Angst, ja, solche Prozesse sind selbst Produkte tiefsitzender Ängste und des Unbehagens in der modernen Kultur. Die verbreitete Angststarre hält die ruhelose Betriebsamkeit in Gang.

An der Art und Weise, wie die Wiedervereinigung vom Marktwirtschaftssystem und von der konservativ-liberalen Bundesregierung praktiziert wurde, läßt sich dieses grundsätzliche Problem der industriellen Zivilisation erörtern. Politik ist zu einer Frage der Geschwindigkeit geworden; wer schnell entscheidet, ergattert Legitimationsvorteile und setzt automatisch den Zögernden, der Zeit für Bedenken in Anspruch nimmt, ins Unrecht. Daß der Anschlußartikel 23 des Grundgesetzes für die Wiedervereinigung gewählt wurde und nicht der Artikel 146, der eine öffentliche Reflexionszeit über eine neue Verfassung unter Beteiligung der Bevölkerungen beider Gesellschaftsfragmente nahelegte, schien die einfache Lösung zu sein. Die großzügig geöffneten staatlichen Portokassen versprachen schnelle Fortschritte. So liegt es nahe, daß dieses Politikverständnis sich begrifflich an Verkehrsverhältnissen orientiert: Alles erschöpft sich im Gegenüber von Stillstand und Bewegung, im Verkehrsaufkommen, wie es heißt. Staus sind zu überwinden, gleichgültig ob als Gefühls- oder Reformstau. Nie zuvor in der Geschichte der Bundesrepublik wurde ein wichtiges Ereignis in einer derart verarmten politischen Sprache erwogen und gedeutet. Von abgefahrenen Zügen war die Rede; unentwegt wurden Fahrpläne entwickelt; Autobahn und Schnellzüge lieferten Politikern beider deutscher Staaten Kurzformeln, offenbar in dem Bemühen, die knauserige Zeitökonomie, die den Begriff des Politischen prägt, für den Alltagsverstand plausibel zu machen. Die eigentümliche politische Sprache, die die englischen, amerikanischen und französischen Gründerväter der bürgerlichen Staaten schufen, ist verdorben; das Politische lebt von Anleihen bei anderen gesellschaftlichen Bereichen, und keineswegs nur von sprachlichen.

Zu den folgenreichen Entwicklungsstörungen beim treibhausmäßigen Zusammenwuchern beider deutscher Gesellschaftsfragmente gehört, daß sich hier zum ersten Mal die Politik komplett dem betriebswirtschaftlich-technischen Zeitbegriff untergeordnet hat. Zeitmaße gesellschaftlicher und menschlicher Probleme werden auf formale Kriterien des Zeitablaufs und der Zeitökonomie reduziert, womit all das, was aus Um- und Abwegen der Lebenszeit besteht, also alle organischen Bestandteile der Zeitdifferenzierung verschwinden, da sie betriebswirtschaftlich und technologisch betrachtet als verlorene Zeit gelten. Doch eine mechanisierte Zeitfolge, die im Grunde nichts anderes ausdrückt als verallgemeinerte betriebswirtschaftliche Kalkulation, ist entweder leere Zeit der Wiederholung des Ewiggleichen oder Zeit, in der jeder Takt die Entwertung des Vorausgegangenen enthält. Und in solchen bürokratischen Gehäusen von Hörigkeit, wie Max Weber sie bezeichnet, geht gerade jene Eigenzeit von Entwicklungen in arbeitsteilig ausdifferenzierten modernen Gesellschaften verloren, ohne die demokratische Ordnungen nicht existieren können.

Öffentliche Reflexionszeit, gleichsam ein raumgreifendes Innehalten, ist um so dringlicher, je unübersichtlicher und komplexer die Probleme sind, die nach Lösungen verlangen. Sind sich diejenigen, die das Politische auf Beschleunigung und Geschwindigkeit reduzieren, im klaren darüber, daß die Zerstörung der Eigenzeit und der eigensinnigen Entwicklungslogik von Gesellschaftsbereichen, auch von Mußeorten des Lernens, ein wesentliches Element autoritärer und totalitärer Herrschaftsstrukturen bildet?

Was Rousseau einmal über die Erziehung der Kinder gesagt hat, nämlich daß es dabei nicht darauf ankomme, Zeit zu gewinnen, sondern Zeit zu verlieren, trifft im Grunde auf alle menschlichen Lebensvollzüge zu. Sie bedürfen qualitativer, organischer Zeitmaße. Alles hat seine Zeit. Keine lebendige Erfahrung widerspricht den Sätzen Salomos aus dem Buch des Predigers. Wo das politische Handeln öffentliche Reflexionszeit unterbindet und unter Legitimationsdruck von Beschleunigung setzt, mehren sich untergründig unbearbeitete Probleme, die Zonen unterschlagener Wirklichkeit.

So erweist sich gerade das Beschleunigungsverfahren als der bei weitem kostspieligste Irrtum der Wiedervereinigung. Es mochte dem leistungsstolzen westdeutschen Kapitalismus attraktiv erscheinen, das ganze Deutschland als Produktionsöffentlichkeit zu besetzen und als Experimentierfeld eines Zeitbegriffs zu nutzen, der seine betriebswirtschaftlich-technologische Herkunft abstreift und sich zum geschichtlichen Schlüsselbegriff aufwirft. Unter diesem betriebswirtschaftlichen Irrtum haben heute Millionen von Menschen zu leiden. Die Sparökonomie der Betriebswirtschaft hat nämlich eine ganz eigentümliche, hintersinnig-listige Vernunft: Ich spare im eigenen Betrieb; was dadurch an gesellschaftlichen Kosten entsteht, wälze ich auf andere ab. Aber in einer politischen Ökonomie des Gemeinwesens, in der die Kosten nicht mehr von einem Bereich zum anderen verschoben und also vertuscht werden können, schlagen die Kosten für alle zu Buche.

Auch im eigentümlichen Feld der technischen Vernunft zeigen sich die Probleme einer Politik als Geschwindigkeit. Die Entwertungsgeschwindigkeit erfaßt am Ende die eigene Identität. Was ich heute gedacht habe, hat morgen schon seinen profitablen Neuwert verloren. Wer Legitimationsprofite ergattern will, muß seine Organisationsphantasie auf Strategien des Vergessens ausrichten. In der Tat zeigen Geschichte und organische Natur andere Zeitrhythmen als die, die mit der technisch-ökonomischen Vernunft in Einklang zu bringen sind. Wo diese verallgemeinert werden, ist die um- und abwegige Entwicklungszeit von Gesellschaft und Natur gleichermaßen bedroht.

Die Atemlosigkeit des Einholens und des Überholens, welche die quantitative Produktionslogik der Ostblockgesellschaften charakterisierte, bezeugt deren innere Abhängigkeit von den westlichen Gesellschaftsordnungen, die das Prinzip, gegen das sich die offizielle Politik abgrenzte, bereits in sich trugen. Der sozialdarwinistische Überlebenskampf, den wir gegenwärtig erleben und dessen vorherrschende Sozialfiguren Gewinner und Verlierer sind, erzeugt jene soziale Kälte, die von der gewonnenen Betriebszeit nichts an zusätzlicher Lebenszeit übrigläßt.

Keine politischen Kräfte sind in Deutschland auffindbar, die entschlossen und bereit wären, der besinnungslosen Beschleunigung Einhalt zu gebieten. So scheint es vergeblich, ja, riskant zu sein, gegen diesen wiederum reißenden Strom der deutschen Geschichte zu schwimmen. Wäre es da aber nicht angebracht, jedenfalls für die Kritiker des Fortschritts, auch diesem Fortschritt mit Mißtrauen zu begegnen? Das allerdings setzte einen Begriff des Politischen voraus, der sich nicht auf die Flucht der Ereignisse verläßt, sondern auf ihre Unterbrechung, auf Innehalten und Eingedenken setzt. Solche Politik nähme sich Zeit, um sie den Menschen und ihrer Entwicklung einzuräumen, und sie schlüge Wurzeln in der Erfahrung, ja, sie wäre selbst ein Geschöpf der (geschichtlichen) Erfahrung. Sie hätte Platz für Vergangenheit und für Zukunft.

Das Plädoyer für Langsamkeit und für Maßverhältnisse im Zeitumgang könnte heute dem Fortschrittsverständnis seinen humanen Sinngehalt zurückgeben und der Modernisierungsideologie ihre Oberflächenattraktion entziehen. Fortschritt bestünde dann in nichts anderem als in der bewußten Bearbeitung liegengebliebener und ungelöster Probleme der Vergangenheit.

6. Arbeitszeit – Herrschaft über Raum und Zeit

Als politische Reaktion auf die wachsende Massenarbeitslosigkeit Anfang der achtziger Jahre proklamierten die Gewerkschaften, an vorderster Stelle die IG Metall, die Strategie der Arbeitszeitverkürzung in Form einer Kampagne für die 35-Stunden-Woche.[102] Damit verknüpft war ein Kurswechsel: Nicht Erweiterung der Lebensqualität galt, wie überwiegend in der Nachkriegszeit, als Hauptzweck der Arbeitszeitpolitik, sondern Erhalt alter und Schaffung neuer Arbeitsplätze, also ausgleichende Gerechtigkeit in der sich polarisierenden Welt von Arbeitsplatzbesitzern und Arbeitslosen.

Der Kampf um Arbeitszeitverkürzungen ist immer ein politischer Kampf gewesen, kein rein tarifpolitischer Konflikt. Gewiß, man kann davon sprechen, daß alle großen gewerkschaftlichen Kämpfe der Vergangenheit auch eine politische Dimension hatten. Wo elementare Lebensinteressen und Bedürfnisse von Hunderttausenden, von Millionen Menschen betroffen sind, wo die Existenzbedingungen umgestaltet werden sollen, haben die Auswirkungen auf die Gesamtgesellschaft immer eine politische Qualität, ob die Ziele nun allein durch Verhandlungen erreicht werden oder Streiks Kompromisse erzwingen.

Für die Arbeitszeitpolitik gilt dies aber in einem genaueren Sinne: Arbeitszeitverkürzungen des Ausmaßes, wie sie mit der 35-Stunden-Woche geplant waren – heute wissen wir, daß sie nur der Einstieg in eine grundlegende Umwälzung von Zeitverhältnissen unserer Gesellschaft sein können –, lassen sich nicht auf den engen Betriebshorizont von Kosten begrenzen, um deren Verringerung die Unternehmer und ihre Verbände seit eh und je gekämpft haben. Meint man es ernst mit ihnen, rühren Arbeitszeitverkürzungen an Grundausstattungen der bestehenden Herrschaftsordnung, und das wissen in erster Linie die, die um den Erhalt und den Ausbau der alten Privilegienstrukturen besorgt sind und die erfahrungsgemäß eine spezielle Wahrnehmungsfähigkeit ausgebildet haben für alles, was diese Privilegien mindert, und sei es auch nur, daß ihnen Verfügungsrechte über die Arbeit anderer um ein Atom Zeit beschnitten werden sollen. Deshalb möchte ich zunächst das Koordinatensystem von Herrschaft erörtern, ausgehend von den berühmten Definitionen Max Webers.

»Macht bedeutet jede Chance, innerhalb einer sozialen Beziehung den eigenen Willen auch gegen Widerstreben durchzusetzen, gleichviel worauf diese Chance beruht. Herrschaft soll heißen die Chance, für einen Befehl bestimmten Inhalts bei angebbaren Personen Gehorsam zu finden; Disziplin soll heißen die Chance, kraft eingeübter Einstellung für einen Befehl prompten, automatischen und schematischen Gehorsam bei einer angebbaren Vielfalt von Menschen zu finden.«[103] Der Begriff der Macht sei »soziologisch amorph«, fügt Max Weber diesen formalen Definitionen hinzu, die in der Tat nur die Resultate bezeichnen, daß nämlich einzelne oder Gruppen von Personen Befehle verstehen und sich, ohne des Druckmittels des physischen Zwangs zu bedürfen, folgebereit zeigen. Was er als Legitimationsgründe für solche Folgebereitschaften und Gehorsamseinstellungen anführt – Rechtszwang und Bürokratien, Traditionen und charismatische Ansehensmacht von Führerfiguren –, mag bekräftigend hinzukommen, kann aber die Alltagsgrundlage von Macht und Herrschaft kaum erklären; sie bedarf einer spezifischen Organisationsform von Raum und Zeit, einer bestimmten Gliederung der gesellschaftlichen Tätigkeitsfelder, in welche der Lebenszusammenhang der Menschen eingebunden ist. So ist eine nach unten, in die Alltagserfahrungen der Menschen gehende Definition von Herrschaft und Macht erforderlich.

Herrschaft kann man in diesem Sinne als die Chance verstehen, jederzeit die Regeln vorzugeben, nach denen die Menschen ihre Zeit aufteilen müssen, und die Räume, in denen sie sich zu bewegen haben. Herrschaft besteht primär nicht in globalen Freiheits- oder Abhängigkeitsverhältnissen oder in bloßen Loyalitätsbindungen, sondern in einer Detailorganisation von Raum- und Zeitteilen, die den einzelnen Menschen in seiner Lebenswelt wie in ein Korsett einspannt. Ist er von globalen Verhältnissen abhängig, so ist das nur ein weiterer Hinweis darauf, daß ihm die Souveränität über den ihm überlassenen Parzellenbesitz des unmittelbaren Lebensumkreises fehlt. Herrschaftssysteme sind deshalb darum bemüht, möglichst eindeutig Orte und Zeiten festzulegen, die den Bewegungsspielraum des einzelnen Menschen definieren. Michel Foucault spricht vom »Disziplinarraum« und von der »Disziplinarzeit«[104]: »Die Disziplin ist eine politische Anatomie des Details.«[105] In dieser politischen Anatomie der Macht – oder Mikrophysik, ein Begriff, mit dem Foucault das Kalte in diesen Rangordnungen unterstreicht – verfahren die Disziplinarapparate nach dem »Prinzip der elementaren Lokalisierung oder der Parzellierung. Jedem Individuum seinen Platz und auf jeden Platz ein Individuum. Gruppenverteilungen sollen vermieden, kollektive Einnistungen sollen zerstreut, massive und unübersichtliche Vielheiten sollen zersetzt werden. Der Disziplinarraum hat die Tendenz, sich in ebenso viele Parzellen zu unterteilen, wie Körper oder Elemente aufzuteilen sind. Es geht gegen die ungewissen Verteilungen, gegen das unkontrollierte Verschwinden von Individuen, gegen ihr diffuses Herumschweifen, gegen ihre unnütze und gefährliche Anhäufung ... Es geht darum, die Anwesenheiten und Abwesenheiten festzusetzen und festzustellen; zu wissen, wo und wie man die Individuen finden kann ... Die Disziplin organisiert einen analytischen Raum.«[106]

So gibt es klar festgelegte Orte, wo und wann gearbeitet, wo Freizeit verbracht, wo Politik betrieben wird. Wer das miteinander vermischt, verstößt gegen die gegebene Ordnungspolitik und wird eventuell bestraft. Wer Politik nicht in seinem Ortsverein oder in der Wahlkabine betreibt, sondern dort, wo er wohnt, oder auf der Straße und auf Bahnhofsplätzen, kann sehr leicht in den Verdacht eines Ruhestörers kommen. Ähnliches gilt für den Betriebsfrieden. Werden diese Regeln eingehalten, besteht Übersicht und Kontrolle, werden sie in Frage gestellt, wird das immer auch als ein Angriff auf das bestehende Herrschaftssystem verstanden.

Mit diesen Raum- und Zeitkoordinaten ist festgelegt, über welche Zeit und über welche Räume ich selbst verfüge und wo die Verfügung in den Händen anderer liegt. Raum- und Zeitteile bestimmen darüber, wann und wo ich frei in meiner Bewegung bin und wo ich von anderen abhänge. Der Grad dieser Abhängigkeit läßt sich geradezu durch körperliche Bewegungsspielräume beschreiben. Betrete ich das Betriebsgelände, sind mir praktisch die Wege, die ich gehen darf, ebenso vorgeschrieben wie die Zeiten, die ich zu arbeiten habe und in denen es möglich ist, Pausen zu machen. Hier hört die persönliche Verfügung über Raum und Zeit vollständig auf; selbst die Pause, diese minimale Zwischenwelt zum Atemschöpfen im sonst fugenlosen Bewegungsrhythmus des Arbeitstages, muß erkämpft werden.

Das Ausmaß, in dem ich also über Raum und Zeit verfüge, ist meine Freiheit und meine Unfreiheit, der substantielle Kern von

Freiheit und Unfreiheit. Dabei liegt etwas Merkwürdiges darin, daß die Zeit, die ich aufwenden muß, um von meinem Wohnort zum Betrieb zu kommen, nicht als Arbeitszeit anerkannt wird, obwohl doch jedem einleuchten wird, daß ich körperlich im Betrieb nicht anwesend sein könnte, wenn ich diese Zeit nicht aufgewendet hätte. Sie gilt gewissermaßen als Privatzeit, ist weder der Freizeit noch der Arbeitszeit zugerechnet. Die häufig großen Distanzen zwischen Wohngebieten und Arbeitsplatz, oft auch gewolltes Ergebnis von Stadtplanung, zehren vielfach die Gewinne von Arbeitszeitverkürzungen wieder auf.

Wir haben heute kein richtiges Bewußtsein mehr von Grundtatbeständen, die Freiheit und Unfreiheit ausmachen, denn wir sind eher in den Traditionen jener erzogen, die über genügend eigene Zeit und über eigenen Raum disponieren können. Das war durchaus nicht immer so in der Geschichte der europäischen Kultur. Zu Beginn des bürgerlichen Zeitalters im siebzehnten Jahrhundert, als weder verinnerlichte Abhängigkeitsverhältnisse noch Freiheitsillusionen das Bild vom Menschen prägten, sondern Abhängigkeiten tagtäglich durchsichtig, gleichsam körperlich spürbar waren, existierte ein Begriff von Freiheit, der mit dem Wissen um diese Detailorganisation von Raum und Zeit noch eng verknüpft war. Thomas Hobbes zum Beispiel, in seiner naturrechtlich begründeten Sozialphilosophie ein durchaus unbefangener Materialist, durchschaute sehr genau die Freiheitsillusionen, die sich abhängige Leute zu machen pflegen: »Nach meiner Ansicht ist die Freiheit nichts anderes als die Abwesenheit von allem, was Bewegung verhindert. ... Ein jeder hat mehr oder weniger Freiheit, je nachdem, ob er mehr oder weniger Raum zur Bewegung hat. Deshalb hat der in ein weites Gefängnis Eingeschlossene mehr Freiheit als der in einem engen Gefängnis Befindliche. ... Andere Hindernisse treffen nur den Willen; sie hindern die Bewegung nicht unbedingt, sondern mittelbar, indem sie unsere Wahl beeinflussen. So ist der Passagier im Schiffe nicht derart gehindert, daß er sich nicht in das Meer stürzen könnte, wenn er will. Aber auch hier hat ein Mensch um so größere Freiheit, auf je mehr Arten er sich bewegen kann. Und hierin besteht die bürgerliche Freiheit.«[107]

Hobbes umschreibt Freiheit ganz elementar als Befreiung von Bewegungshindernissen und von Zwang. Die Tatsache, daß ein

Mensch nicht durch Aufseher von der Wohnung zur Fabrik gebracht wird, ist mit beteiligt an der Selbstillusion, dieser Weg wäre bereits tätige Freiheit. Daß man heute gesetzliche Schritte unternehmen muß, um den Tatbestand der Scheinselbständigkeit zu definieren, verweist auf unsere Verwirrung, was die Grenzziehungen von Autonomie, substantieller Selbständigkeit und Freiheitsillusionen betrifft.

Die Ideologie der Willensfreiheit, von der das Bürgertum in erheblichem Maße zehren sollte, spielt bei Hobbes noch keine große Rolle. Aber gut anderthalb Jahrhunderte später ist sie in voller Blüte und beeinflußt bis zum heutigen Tage unser Freiheitsverständnis. Nimmt man den für die deutsche Erziehung mehr als ein Jahrhundert lang maßgeblichen Friedrich Schiller, so ist bei ihm eine Verheißung von Freiheit formuliert, die mit der raum-zeitlichen Bewegungsmöglichkeit der Menschen nichts zu tun hat: »Der Mensch ist frei geschaffen, ist frei, und wär' er in Ketten geboren.« Aber es geht nicht um die unmittelbaren Ketten, sondern um Verfügungsrechte anderer über meine Zeit und über Räume, die ich betreten darf oder die ich meiden muß. Das geschieht in der Regel nicht mehr durch äußere Gewalt, hat aber dieselbe Funktion. Die Ideologie, die Grundlage der Schillerschen Formulierung ist, verdeckt die Notwendigkeit bestimmter Kritik von Unfreiheit. Die Rückkehr zu einfachen und elementaren Bestimmungen von Unfreiheit und Freiheit ist gerade in der gegenwärtigen Krisensituation gefordert, wie der eindrucksvolle Spruch auf einem Demonstrationsband zeigt, von dem ich in einer Zeitung gelesen habe: »Gefangene Vögel singen von Freiheit, freie Vögel fliegen.«

Aber Freiheit ist kein Zustand, kein durch Institutionen, Verfassungsgrundsätze und Verfahrensregeln ein für allemal festgelegtes System, und schon gar nicht eine angeborene Eigenschaft der Menschen. Was sie von Geburt an mitbringen, ist lediglich die Freiheitsfähigkeit. Konkrete Freiheit beginnt mit Akten der Befreiung. Sie ist nur als tätige Freiheit denkbar und hat unabdingbar Selbstverwirklichung zum Ziel. Befreiung bedeutet sowohl das Ablösen von äußerer Abhängigkeit, von körperlichen und geistigen Hindernissen, die den Bewegungsspielraum blockieren, als auch Überwindung des stummen Zwangs der Verhältnisse, der verinnerlichten Abhängigkeiten. Der innere Zwang, etwas zu tun, dessen Ziele und Motive vom einzelnen gar nicht mehr wahrgenommen werden, befestigt sich bereits in früher Kindheit: Ein englischer Polizist beobachtet einen vierjährigen Jungen, der immer wieder um den Häuserblock herumläuft. Als er ihn das zehnte Mal an derselben Stelle vorbeikommen sieht, fragt er ihn, was er da treibe. Der Junge antwortet: Ich habe mich entschlossen, von zu Hause wegzulaufen, aber mein Vater hat mir verboten, über die Straße zu gehen.

Selbst unter der Voraussetzung, daß äußere Bewegungsfreiheit vorhanden sein sollte, ist es keineswegs schon selbstverständlich, daß sie von der inneren Motivationskraft her auch benutzt werden kann. Wilhelm Reich, einer der bedeutendsten und in seiner Frühphase gewiß auch politisch bewußtesten Psychoanalytiker, hat diesen Gedanken auf gesellschaftliche Massenerscheinungen übertragen. Wo die Menschen ihren Interessen entsprechend handeln, meint er, sei keine größere Motivforschung nötig. Wenn ein Hungernder stiehlt, brauche ich keine Psychologie. Ich benötige Psychologie, schließlich auch Massenpsychologie, um zu erklären, warum ein Hungernder nicht stiehlt, warum die Menschen an der unmittelbaren Wahrnehmung ihrer Interessen von unsichtbaren inneren Barrieren gehindert werden.

7. Der Kampf um die Verlängerung des Lebenstages

Freiheit ist ein Prozeß. Sie beginnt also mit der Befreiung – von selbstverschuldeter Unmündigkeit, wie Kant es formuliert, aber auch vom entwürdigenden Zwang der Verhältnisse, die den Menschen zu einem verlassenen, ausgebeuteten und seiner gesellschaftlichen Fähigkeiten beraubten Wesen machen. Aus dieser Doppelbedeutung von erkämpfter innerer und äußerer Unabhängigkeit von Gewalt und Zwang, durch die der Weg allererst frei wird für eine autonom und positiv gesetzte Freiheitssphäre, bezieht jedenfalls die europäische Arbeiterbewegung seit ihren Anfängen ihr geschichtliches Selbstverständnis. Sie übernimmt damit das Anspruchserbe des revolutionären Bürgertums, das ihm, je unwiderstehlicher es seine Realitätsmacht zu befestigen vermochte, um so nachdrücklicher zur Legitimationsfassade für Ungleichheit und Unfreiheit gerann.

Ein wesentliches Mittel dieser Befreiung, der Verwirklichung dieses bürgerlichen Anspruchserbes, war immer die Verkürzung der Arbeitszeit. Einer, der die Beziehungen zwischen Zeit, Herrschaft und Emanzipation innerhalb der Entwicklungsgeschichte der modernen Welt nachhaltig erforscht hat, nämlich Karl Marx, hat Zeit als den Raum menschlicher Entwicklung begriffen. Nach wie vor gehören die Zeit-Analysen von Marx zu den bedeutendsten Beiträgen jener sozialwissenschaftlichen Literatur, die Zeit nicht nur als ein technisches oder ästhetisches, sondern als ein eminent gesellschaftliches Problem behandelt, was in den traditionellen Marx-Deutungen jedoch nur selten gebührend Beachtung fand. Ich möchte an diese fundierten Analysen anknüpfen und damit einen geschichtlichen Theoriefaden, der in der industriesoziologisch geprägten Arbeitszeitdiskussion abgerissen war, wiederaufnehmen, um zu zeigen, wie in unserer Kultur die Verfügung über Raum und Zeit zu einem wesentlichen Herrschaftsmittel wurde und warum die langwierigsten und opferreichsten Arbeiterkämpfe darauf gerichtet waren, den Arbeitstag zu verkürzen und den Lebenstag zu verlängern.

In seiner Beschreibung des Arbeitertages bezeichnet Marx, um die Härte der Konflikte zu unterstreichen, den Kampf um den Normalarbeitstag als eine Form des Bürgerkrieges, denn das Kapital von sich aus hat die Tendenz, Arbeit während aller 24 Stunden des Tages anzueignen, also den Arbeitstag so auszuweiten, daß Arbeitstag und Lebenstag praktisch miteinander verschmelzen. »... in seinem maßlos blinden Trieb, seinem Werwolfs-Heißhunger nach Mehrarbeit, überrennt das Kapital nicht nur die moralischen, sondern auch die rein physischen Maximalschranken des Arbeitstages. Es usurpiert die Zeit für Wachstum, Entwicklung und gesunde Erhaltung des Körpers.«[108] Eine physiologische Grenze setzt allerdings die bloße Erhaltung der Arbeitskraft (essen, schlafen, reinigen, kleiden). Doch die Maßlosigkeit reicht bis zum Kleinkrieg um Zeitatome als den Elementen des Gewinns, wie sie von den englischen Fabrikinspektoren des neunzehnten Jahrhunderts beobachtet wurden. Marx spricht vom »nibbling and cribbling at mealtimes« (»knabbern und knapsen an den Essenspausen«).[109] Das »nibbling and cribbling« ist bis heute geblieben, freilich, objektiv-wissenschaftlich begründet, nicht mehr als habgieriges Kratzen an den Essenszeiten. Mehr als hundert Jahre mußten vergehen, bis ein Erholzeitanspruch von fünf Minuten pro Stunde für Leistungslohnarbeiter tariflich geregelt werden konnte.[110] Aber wenn es unmodern geworden ist, an den Pausen herumzukratzen, so tritt an die Stelle einer quantitativen Zeitausdehnung eine dichtere »Ausfüllung der Poren der Arbeitszeit« (Marx), durch zeitliche Verdichtung der Arbeitsprozesse und durch Steigerung der Arbeitsintensität. Jedes Zeitatom, das dem Unternehmer verlorengeht, ist ihm Raub an seinem Gewinn; jedes Zeitatom, das die Arbeiter für sich gewinnen, erweitert ihre Zeitverfügung und damit ihren Lebenstag, selbst innerhalb des Betriebes, wenn Pausen bezahlte Erholungs- und Diskussionszeit in einem sind.

Außer auf rein physische Grenzen, welche die pure Lebensfähigkeit der Arbeitskraft und die Notwendigkeit ihrer Generationenfolge markieren, stößt die Verlängerung des Arbeitstages auch auf moralische Schranken. Es ist merkwürdig, daß Marx in der allgemeinen Behandlung von Recht und Moral deren Klassenfunktion so sehr in den Vordergrund rückt, daß ihnen als Gestalten des Überbaus jede substantielle Eigenbedeutung verlorengeht. Im Kampf um die Arbeitszeit wird deren kulturelle Geltung jedoch vorbehaltlos anerkannt. Das Verhältnis von Arbeitszeit und Lebenszeit entscheidet konkret über das Maß an Herrschaft, dem der Arbeiter unmittelbar unterworfen ist, und darüber, wie sich die tatsächlich verfügbare Zeit auf die verbleibenden Lebensbereiche verteilt und nach welchen Schwerpunkten sich die einzelnen Zeitrhythmen organisieren. »Der Arbeiter braucht Zeit zur Befriedigung geistiger und sozialer Bedürfnisse, deren Umfang und Zahl durch den allgemeinen Kulturzustand bestimmt sind.«[111]

Daß Arbeitszeitverkürzungen für Marx zentrale Mittel der Befreiung sind, genauer gesagt, daß sie die gesellschaftlichen Grundbedingungen für Freiheit und Selbstbestimmung schaffen, zeigt sich besonders in seiner Bewertung der 10-Stunden-Bill, mit der 1847 in England der Arbeitstag für Frauen und Jugendliche gesetzlich auf zehn Stunden begrenzt wurde. Für Marx ist die 10-Stunden-Bill ein historischer Sieg der Arbeiterklasse, ein Zurückdrängen der Verfügungszeit der herrschenden Klasse. In seiner berühmten »Inauguraladresse der Internationalen Arbeiterassoziation« aus dem Jahre 1864 schreibt Marx: »Der Kampf um die gesetzliche Beschränkung der Arbeitszeit wütete um so heftiger, je mehr er, abgesehen von aufgeschreckter Habsucht, in der Tat die große Streitfrage traf, die Streitfrage zwischen der blinden Herrschaft der Gesetze von Nachfrage und Zufuhr, welche die politische Ökonomie der Mittelklasse bildet, und der Kontrolle sozialer Produktion durch soziale Ein- und Vorsicht, welche die politische Ökonomie der Arbeiterklasse bildet. Die Zehn-Stunden-Bill war daher nicht bloß eine große praktische Errungenschaft, sie war der Sieg eines Prinzips. Zum erstenmal erlag die politische Ökonomie der Mittelklasse in hellem Tageslicht vor der politischen Ökonomie der Arbeiterklasse.«[112]

Kaum zufällig begnügt sich Marx hier nicht mit der Feststellung, daß die 10-Stunden-Bill ein wichtiger Schritt im Kampf um die Erweiterung der Arbeiterrechte ist. Ihm geht es vor allem um die Bezeichnung einer historischen Streitfrage, um den Kampf zwischen zwei grundverschiedenen Ökonomien. Man kann auch von zwei Ordnungszusammenhängen sprechen, die ihre jeweils eigenen Prinzipien der Kostenberechnungen, der Vernunft und der Kulturbedeutsamkeit der Produktion haben.[113] Der blinden Herrschaft der Gesetze von Nachfrage und Zufuhr, was für Marx die Gewalt des falschen Zusammenhangs ausmacht, setzt sich die politische Ökonomie der Arbeiterklasse (zuweilen auch in der Formulierung politische Ökonomie der Arbeiter oder der Arbeit), die auf Bewegungsgesetzen der lebendigen Arbeit beruht, mit ihren Ansprüchen auf soziale Kontrolle der Produktion und auf bewußte Regulierung gesellschaftlicher Prozesse entgegen. Die gesetzliche Beschränkung der Arbeitszeit ist dementsprechend ein Schritt auf dem Wege zur selbstbewußten und zweckmäßigen Verfügung der Menschen über die von ihnen selbst produzierten Gegenstände, die das Arsenal ihrer Unterdrückungsmittel vergrößert haben. Arbeitszeitverkürzung bedeutet für Marx neben der Vergrößerung des Anteils an eigener, selbstgestalteter Zeit gleichzeitig die Erweiterung der Eingriffsmöglichkeiten in die geschichtlich-gesellschaftliche Krisendynamik. Es geht um das Brechen von Herrschaftsdispositionen, die gerade von dieser Krisendynamik und der Verbarrikadierung von Auswegen leben.

Zwar ist mit der 10-Stunden-Bill die historische Streitfrage im Prinzip entschieden, aber keinesfalls empirisch, das heißt in der Vielfalt von industriellen Regionen, Ländern, einzelnen Fabriken. Durchschnittliche tägliche Arbeitszeiten betrugen um 1800 10 bis 12 Stunden und stiegen im Zuge der Industrialisierung um 1820 auf 11 bis 14 Stunden. Um 1830–60, also in jener Zeit, als die 10-Stunden-Bill das Licht der Welt erblickte, betrugen sie in vielen Wirtschaftszweigen 14 bis 16 Stunden. Die durchschnittliche wöchentliche Arbeitszeit der Jahre 1830–60 wird mit 80 bis 85 Stunden angegeben. Sonn- und Feiertage gingen verloren; in den siebziger Jahren verschwand auch der »blaue Montag«, ein uraltes Handwerkerprivileg, aus dem Bestand von Gewohnheitsrechten, und es blieb, außer den allernotwendigsten Regenerationserfordernissen, praktisch nichts an Freizeit übrig. Wesentliche Impulse zur Arbeitsschutzgesetzgebung, die auch die Arbeitszeiten betrafen, gingen vom Militär aus, weil Kinderarbeit und Auspowerung der menschlichen Arbeitskraft insgesamt für die Armee erhebliche Rekrutierungsprobleme zur Folge hatten. Etwa fünfzig Jahre dauerte es in Deutschland, bis aus dem Sieg des Prinzips allmählich greifbare Realität wurde. In den 1890er Jahren setzte sich der 10-Stunden-Tag allgemein durch, wenn auch an verschiedenen Orten und in manchen Betrieben noch 13 bis 16 Stunden vorkamen. Eberhard Seifert[114] verweist darauf, daß Wegbereiter einer kürzeren Arbeitszeit die großen Betriebe waren und insbesondere die Stadt Berlin, wo 1894 bereits Arbeitszeiten von weniger als 10 Stunden eingeführt wurden. Während allmählich die 10-Stunden-Bill auch in Deutschland Realität wurde, setzte die Arbeiterbewegung, die an Einfluß und Selbstbewußtsein gewonnen hatte, den 8-Stunden-Tag auf die Tagesordnung.

Im »Kapital« wie in der »Inauguraladresse« von 1864 weist Marx mit Nachdruck darauf hin, daß der Boden, von dem der Kampf um Arbeitszeitverkürzung ausgeht, wo die Kampfparteien direkt aufeinanderstoßen und die Unvereinbarkeit der zwei Ordnungen – der politischen Ökonomie des Kapitals mit der der lebendigen Arbeit – für die Arbeiter sinnlich erfahrbar wird, der verdichtete Erfahrungszusammenhang des Betriebes ist. Dieser vor allem ist der konkrete Ort der räumlich vergegenständlichten Arbeitszeit. Da es aber um eine Gesamtökonomie geht, die entweder die bestehenden Herrschaftsverhältnisse stützt oder in die soziale Kontrolle und Verfügung der assoziierten Produzenten fällt, ist die Gesamtgesellschaft das Thema dieser politischen Auseinandersetzungen und nicht lediglich der einzelne Betrieb. Arbeitszeitverkürzungen in der Größenordnung und Qualität der 10-Stunden-Bill, des 8-Stunden-Tages und schließlich auch der 35-Stunden-Woche weisen über die betrieblichen Orte weit hinaus, berühren das Prinzip von Herrschaft und werden am Ende politisch, das heißt durch Eingriffe in das gesamtgesellschaftliche Machtgefüge entschieden – oder sie verfehlen ihre ursprünglich beabsichtigten Wirkungen.

Wenn also Arbeitszeitverkürzungen, die nennenswerte Folgen für die Umschichtung des Verhältnisses von Arbeitszeit und Lebenszeit haben, eingebunden sind in den Zusammenhang des bestehenden Herrschaftssystems, müssen wir uns die Frage stellen, was denn heute der Kulturzustand ist, von dem aus über die moralisch-politische Seite der Arbeitszeitverkürzung zu entscheiden ist. Nehmen wir die Forderung einer 35-Stunden-Woche als gesellschaftspolitisches Programm, wie sie Anfang der achtziger Jahre öffentlich thematisiert wurde, so ist zunächst festzuhalten, daß diese Forderung im Vergleich zu bisherigen Verkürzungen der Arbeitszeit eine neue Qualität hatte.

Arbeitszeitverkürzungen in den fünfziger Jahren wurden einerseits unter Freizeitgesichtspunkten (»Samstag gehört Vati mir«) der Öffentlichkeit präsentiert und durchgesetzt. Sie lagen auf der Linie einer prosperierenden Ökonomie und einem als unproblematisch geltenden Wachstum der Produktivkräfte, das seinen krönenden Abschluß in einem Zustand der Vollbeschäftigung fand, der für Deutschland in Friedenszeiten bis dahin unbekannt war. Andererseits gab es seit über hundert Jahren das Argument, daß die Arbeiter bei zunehmender Komplexität der Produktionsprozesse und Intensivierung der Arbeit größere Regenerationszeiten benötigen. Tatsächlich hat die Intensivierung der Lohnausbeutung und die Verwissenschaftlichung der Produktionsprozesse dazu geführt, daß selbst bei Verkürzung der Arbeitszeit der Erschöpfungsgrad der Arbeiter, die nervliche und psychische Belastung, Krankheitsanfälligkeit usw. zugenommen haben. Das gilt in einer Zeit, da Körperlichkeit der Arbeit und kollektives Schicksal der Arbeitssituation mit zunehmender Qualifikation vielfach entfallen, sogar für das neue, eigentlich paradoxe Belastungsmerkmal »Unterforderung«.

Was macht im Gegensatz dazu die Qualität der 35-Stunden-Forderung aus, vergleichbar dem Sieg des Prinzips mit der 10-Stunden-Bill? Die bisherige Proportion von Arbeitszeit und Lebenszeit ermöglichte den Unternehmen, mit Hilfe der flexibel anwendbaren Hebelwirkung der Arbeitszeit die übrigen Zeiteinteilungen der

Menschen wenigstens indirekt zu bestimmen. Doch ab einem bestimmten Maßverhältnis wird das immer schwieriger. Als die Arbeiterbewegung den Normalarbeitstag forderte, begründete sie ihn mit einer plausiblen Zeitaufteilung, die gleichsam der Natur der Verhältnisse zu entsprechen schien: 8 Stunden »Unternehmerdienst« – 8 Stunden Schlaf – 8 Stunden Menschsein.[115] Das machte den Eindruck, als sei es ein ausgewogenes Verhältnis zwischen fremdbestimmter, enteigneter Zeit und eigener Zeit. Doch bei einer Tagesaufteilung 7 Stunden Unternehmerdienst 8 Stunden Schlaf 9 Stunden Menschsein ist unschwer erkennbar, daß der Zeitanteil für das Menschsein, wie immer sich dieses Menschsein im einzelnen gestalten mag, ein Übergewicht hat. Und ob es bei 7 Stunden Unternehmerdienst bleiben kann, wird nach allen Prognosen über die sozialen Gesteinsverschiebungen, die im Gefolge von wachsenden Rationalisierungsinvestitionen und weiterhin sprunghaft steigender Produktivität auftreten, immer fraglicher.

Sicherlich wird mancher die angestrebten kleinen Veränderungen in den Zeitverhältnissen als Begründung eines Qualitätssprungs für wenig plausibel halten. Eine Stunde weniger am Tag, die am Arbeitsplatz verbracht wird, wie soll das eine qualitative Veränderung der Lebenszusammenhänge bewirken, wenn doch klar ist, daß die von Arbeit freigesetzte Zeit an vielen Orten wiederum aufgezehrt werden kann? Es wäre in der Tat naiv, auf die eine Stunde zu starren und an ihr epochale Entscheidungen festzumachen. Wenn ich die 35-Stunden-Woche mit dem Gesetzesrahmen der 10-Stunden-Bill vergleiche, dann habe ich dabei einen anderen Zusammenhang im Sinn.

Beim Kampf gegen die Arbeitszeitverkürzung entwickelten die Unternehmer eine geradezu jesuitisch zu nennende Logik. Wenn-dann-Beziehungen vermittelten den Eindruck, als sei hier praktische Vernunft am Werke, der sich im Grunde niemand entziehen kann, dem der nüchterne Blick auf unsere Gesellschaft erhalten geblieben ist. Wenn 35-Stunden-Woche, dann Senkung der Löhne und Gehälter um rund 16 Prozent; so setzte die Unternehmeragitation Anfang der achtziger Jahre ein. Wenn 35-Stunden-Woche, schrittweise über sieben Jahre eingeführt, dann über den ganzen Zeitraum keine Lohnerhöhungen mehr; wenn 35-Stunden-Woche mit vollem Lohnausgleich, dann rapides Sinken der Wettbewerbsfähigkeit der Betriebe, vor allem im Zusammenhang mit der ausländischen Konkurrenz, und damit wachsende Arbeitslosigkeit.[116]

Die Unternehmer warnten davor, die zarte Pflanze des Konjunkturaufschwungs würde mit den gewerkschaftlichen Forderungen der 35-Stunden-Woche gefährdet – nicht erst bei deren Durchsetzung, sondern bereits durch Störung des sozialen Friedens im Falle von Streiks. Vorbeugend wurden Ersatzschuldige für die Wirtschaftsentwicklung aufgebaut, falls der Aufschwung ausblieb, für den es keinerlei empirische Beweise, sondern lediglich den Hoffnungseifer von Leuten gab, die dem Wahn anhängen, Konjunkturen könnten aus der massenhaften Verbreitung optimistischer Gesinnung entstehen. Wie immer also ein Arbeitskampf ausgehen mochte: Die Gewerkschaften würden schuld daran sein, daß es eine Aufschwungphase, die ausschließlich als Idee der Hoffnung existiert, tatsächlich nicht gab. Übrigens ist es ein Gebot historischer Gerechtigkeit, daran zu erinnern, daß weitere Arbeitszeitverkürzungen in der Periode des Wachstums und der Vollbeschäftigung von Unternehmern und konservativen Politikern für eine Zeit vorgeschlagen worden waren, wenn Krise und Arbeitslosigkeit drohten. Damals wollte man durch Arbeitszeitverkürzungen den wirtschaftlichen Aufschwung nicht gefährden. Zu Anfang der achtziger Jahre haben sich die Argumente gedreht: Nicht die Konjunktur, sondern die Krise wird als Einwand benutzt.

Um die eine Arbeitsstunde weniger pro Tag ging es den Unternehmern allerdings nur bedingt. Ihr riesiger Argumentationsaufwand weist vielmehr darauf hin, daß sie mit der 35-Stunden-Woche einen Dammbruch befürchteten, der ihre Herrschaftsposition gefährden könnte. Aristoteles verband Politik mit den Begriffen von Maß und Proportion. Immer haben herrschende Klassen ein sicheres Gespür dafür gehabt, wann eingespielte Maßverhältnisse und Proportionen im bestehenden Gefüge gestört werden. Die absolute Größe möglicher Veränderungen spielt dabei nicht die entscheidende Rolle, sondern das Prinzip. Bei gestörten Balancen gesellschaftlicher Kräfte haben in der Regel kleine Ursachen große Wirkungen.

Es war die Verallgemeinerbarkeit und die kollektive, mit Planungselementen versetzte Verkürzung der Arbeitszeit, die den Widerstand hervorrief. Individuell geregelte Arbeitszeitverkürzungen hingegen führen zu zerfaserten Raum-Zeit-Veränderungen, und

Zerfaserung ist ein wesentlicher Bestandteil von Herrschaft. Wenn Unternehmer bestimmen, wann und wo Arbeitszeit verkürzt wird, bedeutet das unter Umständen sogar eine Erweiterung ihrer Verfügungsmacht, weil die Menschen so viel stärker individualisiert sind und es von den jeweiligen Bedürfnissen der Unternehmer abhängt, wann sie eingesetzt werden und wann sie ihre Freizeit zu nehmen haben. Soweit sie nicht generell gegen jede Arbeitszeitverkürzung kämpfen, streben Unternehmer deshalb bei der Arbeitszeitflexibilisierung als politischer Strategie seit zwei Jahrzehnten die Zerfaserung der Erfahrungsgrundlagen kollektiver Organisationspraxis an. Ob es um kurzfristige Arbeitsverhältnisse, um Leih- und Teilzeitarbeit, Job-Sharing oder mit Teilarbeit versetzte kapazitätsorientierte, variable Arbeitszeit geht: Die dazu gemachten einzelnen Unternehmerangebote lassen sich nur in den jeweiligen konkreten Konstellationen von Macht und Ohnmacht beurteilen.

Auch der gewerkschaftliche Einsatz für die 35-Stunden-Woche war sehr hoch angesetzt. Gemessen an der Reduzierung der Arbeitszeit um eine Stunde pro Tag mochte vielen die Forderung, einen in seinen Folgen nicht absehbaren sozialen Konflikt zu riskieren, zu abstrakt und zu allgemein erscheinen. Aber der Sinn der Forderung erschöpfte sich nicht darin, zur Tagesordnung überzugehen, wenn sie verwirklicht sein sollte. Damals und heute geht es in den Auseinandersetzungen zwischen Arbeitgebern und Arbeitnehmern um mehr: Ist der Mechanismus der kapitalistischen Krisenbewältigung durch Verschiebung der Krisenlasten auf jene Bevölkerungsmassen, die im bestehenden Erwerbssystem noch einen Arbeitsplatz haben oder bereits aus dem System herausgeschleudert sind, weiterhin ungebrochen wirksam, oder wird dieser Mythos durch einen Solidarakt der assoziierten und kollektiv organisierten Produzenten durchbrochen? Das ist die »große Streitfrage«.

Zwei Ökonomien mit ihren jeweiligen synthetischen Zeitverhältnissen stehen sich gegenüber, nicht allein die Tarifvertragsparteien, die Arbeitsbedingungen und Löhne im Einzelverfahren für die gewerkschaftlich Organisierten aushandeln. Wie bei allen großen politischen Forderungen, die darauf abzielen, die Bedingungen der Freiheitsgestaltung der Menschen zu verbessern, liegt auch in der 35-Stunden-Forderung ein überschüssiges Element politischen Symbolgehalts. Neuorganisation des Systems gesellschaftlicher Arbeit ist das

Thema, wenn um die 35-Stunden-Woche gekämpft wird, als wäre sie bereits der qualitative Sprung in eine neue Gesellschaft. Aber sie ist nur der Anfang, das Prinzip, das es festzuhalten gilt und das eine neue Perspektive gesellschaftlicher Entwicklung eröffnet. Ob eine solche Forderung unter gegebenen Bedingungen realistisch ist oder nicht, das ist dabei ein sekundäres Problem. Zumindest bedeutete der mehrwöchige Streik, mit dem 1984 für die Metall- und die Druckindustrie die 38,5-Stunden-Woche durchgesetzt wurde, der Beginn einer Epoche, in der jene Zeit, die ich als Emanzipations- und Orientierungszeit bezeichnen möchte, größer ist als die Zeit, die der Mensch stückweise zu verkaufen genötigt ist, um genügend Mittel zum Leben zu erwerben.

Immer wieder stehen wir vor dem Problem, die Arbeitszeit neu zu berechnen, die gesellschaftlich notwendig ist, um das historisch erreichte materielle Lebensniveau der Menschen zu bewahren bzw. – dem Produktivitätsfortschritt angemessen – zu erweitern. Daß das Maß gesellschaftlich notwendiger Arbeitszeit mit dem Wachstum der Kapitalproduktivität fortwährend geringer wird, ist eine universale Tendenz der bürgerlich-kapitalistischen Gesellschaftsordnungen, ungleichzeitig in den einzelnen Wirtschaftszweigen und in den verschiedenen Ländern, aber unaufhaltsam. Doch wenn die gesellschaftlich notwendige Arbeitszeit, die Grundlage der materiellen und kulturellen Reproduktion der Gesellschaft ist, in fortwährend beschleunigten Zyklen geringer wird, ist dann nicht inzwischen die Legitimation dafür aufgebraucht, daß diese Zeit vom Privatkapital und einer darauf gesetzten Managerbürokratie ohne jede wirksame politische Kontrolle organisiert wird? Oder anders ausgedrückt: Ist die Organisationskraft der Privatkapitalisten noch imstande (wenn sie es je gewesen sein sollte!), geregelte Produktion und Verteilung der Arbeitszeit und der Produkte so zustande zu bringen, daß die Gesamtgesellschaft ohne fortgesetzte Störungen durch Krisen und ohne Verschleuderung öffentlicher Gelder durch staatliche Investitionszuschüsse, die von der Manager-Mißwirtschaft gerissene Löcher stopfen, überhaupt existieren kann?

Wo der Staat zu einem kapitalistischen Reparaturbetrieb heruntergekommen ist, der viel Mittel und Energie darauf verschwendet, die Öffentlichkeit auf die strikte Beachtung der technischen Regeln dieser Reparaturen einzuschwören, und nichts unternimmt, die sozialkulturellen Ursachen der Krisen zu beseitigen, muß er zwangsläufig allmählich ganz mit den Interessen der herrschenden Klassen verschmelzen. Daß einzelne der wirtschaftlichen Führungseliten zusätzlich noch Anstrengungen unternehmen, auf dem Wege gesonderter Bestechung Wohlwollen bei einflußreichen Politikern und bei Parteien für ihre Belange zu ergattern, ist unter diesen Bedingungen eine unvermeidliche Begleiterscheinung, weil die Strukturen mittlerweile derart verwischt sind, daß sie auch in rechtsförmigen Verfahren nur mit allergrößter Mühe aufzuklären sind.

Die überdeutliche Sprache von führenden Politikern der Kohl-Ära, mit der sie die Vernunftlosigkeit der 35-Stunden-Forderung deklarierten, war Ausfluß ihrer sozialen Symbiose mit den Kapitalinteressen, an denen zu rütteln als Angriff auf die Gesamtgesellschaft gewertet wurde. Die neue Koalition, seit Herbst 1998 rot-grün, macht zwar Anstrengungen, diese Symbiose aufzubrechen, zeigt aber wenig Mut und Entschlossenheit. Sie reicht Wunschlisten bei den wirtschaftlich Mächtigen ein und erwartet Opferbereitschaft von denjenigen, deren Aggression und Habgier durch Demutsgebärden in der Regel nicht verringert, sondern vergrößert wird. Die Realität, auf deren Erhaltung und Bestätigung Politiker ihr ganzes Denken und Handeln richten, ist jedoch gerade Ursache jener Krise, die sie mit der bloßen Bestätigung und Reinerhaltung der Realität bewältigen wollen. Merkwürdige Ärzte sind sie allesamt. Sie heilen einen kranken Körper, indem sie alle Vorkehrungen dafür treffen, den Krankheitsherd zu erhalten und Operationen an den noch gesunden Organen und Gliedern vorzunehmen. Es ist also der Krisenzusammenhang des kapitalistischen Wirtschafts- und Gesellschaftssystems, der primär Gegenstand von Überlegungen sein muß, welche Art von Politik den Weg in eine Zukunft weist, in der die Menschen nicht mehr bloße Opfer von Schicksalsschlägen sind, sondern mit Willen und Bewußtsein ihre Lebensverhältnisse gestalten.

Vor gut zwanzig Jahren haben die deutschen Gewerkschaften mit ihrer 35-Stunden-Forderung das Tor für eine neuartige Gesellschaftspolitik geöffnet, das schwerlich wieder zu verrammeln sein wird. Die Umverteilung von Erwerbsarbeit durch Arbeitszeitverkürzungen bleibt eine strategische Forderung in den Arbeitskämpfen der entwickelten Länder. Doch um der ausgleichenden Gerechtigkeit willen müssen wir uns noch weiter vom bekannten Arsenal tarifpolitischer Forderungen entfernen: Wir brauchen eine Gesellschaftspolitik, die bewußt einen in Jahrhunderten geschichtlich geprägten, auch durch Subjektverankerungen befestigten Kulturzusammenhang von lebendiger Arbeit, Erwerbsgeist und Kapitalprinzip umwälzen und ihm eine neue Gestalt geben will.

8. Die Grenzen einer isolierten Arbeitszeitpolitik

Drei Eckpfeiler gewerkschaftlicher Tarifpolitik bestimmten die Arbeitskämpfe der Nachkriegszeit: Lohnforderungen, Arbeitszeitverkürzungen und Humanisierung der Existenzbedingungen abhängig Tätiger (zum Beispiel Belastungsfaktoren am Arbeitsplatz, Lohnfortzahlung im Krankheitsfall), wobei seit Ende der siebziger Jahre zweifellos die Arbeitszeitverkürzung im Zentrum gewerkschaftlicher Strategien stand. Die Auseinandersetzungen der letzten Jahre haben gezeigt, daß der mühsam erarbeitete, weitgehend respektierte Grundkonsens mit dem Kapital und der organisierten Unternehmerschaft zu zerbrechen droht; die Verhandlungsrituale werden noch öffentlich praktiziert, aber in diesem neuartigen Klassenkampf spekuliert die mächtiger werdende Kapitalseite auf zwiespältige Reaktionen der betroffenen Individuen, die Ängsten und Orientierungsnöten entspringen und deshalb für sie manipulierbar sind.

Es ist für kulturelle Erosionskrisen charakteristisch, daß die Verrechtlichung gesellschaftlicher Verhältnisse und die Hoffnung, Konflikte durch Gerichtsentscheidungen dauerhaft zu regulieren, in gleichem Maße wachsen wie jene sozialkulturellen Bereiche, in denen sich die Lebensverhältnisse nach ganz anderen Maßstäben organisieren. Dieses legalistische Glaubensbekenntnis, das in der deutschen Arbeiterbewegung immer von großer Bedeutung war und mit den sozialstaatlichen Erfolgen der Nachkriegszeit unmittelbar verknüpft ist, stößt dann auf harte Barrieren, wenn es nicht mehr um das Ausbalancieren von Einzelinteressen geht, sondern um politisch relevante Eingriffe in die Macht- und Herrschaftsstrukturen. Die Kampfpositionen um Arbeits- und Lebenszeit sind solche Eingriffsversuche, und es liegt auf der Hand, daß die, die sich in ihren Privilegien bedroht fühlen, für die Brisanz dieses Schlachtfeldes mehr Instinkt besitzen als die Gutwilligen, die mit ihren Aktionen nur eine gerechtere Verteilung der Lebenschancen bezwecken.

So bleibt der seit der Antike geltende Grundsatz *Pacta sunt servanda* (Verträge müssen gehalten werden) durchaus in Kraft, aber es regen sich erhebliche Kräfte, die die vordergründig respektierten Rechtsverhältnisse neutralisieren, unterlaufen, verdrehen, ins Gegenteil verkehren – Wandlungen, die den öffentlichen Teil einer Veränderungsstrategie aushöhlen und die gutwilligen Akteure zu ohnmächtigen Widerstandshandlungen (Prozeßandrohungen oder wirkungslose Arbeitsniederlegungen) veranlassen. Die Gewerkschaften und damit die gesellschaftlichen Organisationen, deren Lebensnerv durch Massenarbeitslosigkeit und verbreitete Existenzängste am empfindlichsten berührt wird, stehen fortwährend unter Druck, sich auf einen rechtspolitischen Windmühlenkampf einzulassen, der im Grunde nicht zu gewinnen ist.

Der demonstrative Siegerstolz, vor Gericht erfolgreich gegen Rechtsverletzungen geklagt und ein Verbotsurteil erstritten zu haben, ist mit der bitteren Erkenntnis verbunden, daß Rechtsverhältnisse auf dem schwankenden, unübersichtlichen Boden einer gesellschaftlichen Erosionskrise nur ausschnittweise Realität ausdrücken. So werden tarifvertragliche Regelungen in vielen Bereichen faktisch unterlaufen. Zwar entschied das Bundesarbeitsgericht im April 1999 aufgrund einer von der IG Medien eingereichten Klage, daß Gewerkschaften gegen tarifwidrige Arbeitszeitregelungen einzelner Betriebe einen Unterlassungsanspruch geltend machen können. Zur Verhandlung stand eine zwischen mehreren Betrieben des Burda-Konzerns und ihrem Betriebsrat getroffene Vereinbarung, die im Tarifvertrag festgelegte 35-Stunden-Woche für ungültig zu erklären und die Arbeitszeit auf 39 Stunden zu erhöhen, wovon zwei Stunden unentgeltlich zu leisten waren – im Interesse der Arbeitsplatzsicherung, wie es hieß. Doch Unternehmerverbandsfunktionäre getrauen sich, offen zu Rechtsverletzungen aufzufordern. Betriebsräte kämpfen erfolglos gegen ganz neue Delikte, sichern sie durch Wegsehen ab oder geben ihre ausdrückliche Zustimmung.

Die Erfahrungen der vergangenen zwei Jahrzehnte zeigen, daß der tarifpolitische Hebel der Arbeitszeitverkürzung wenig zu bewegen vermag, wenn die Struktur der Gesellschaft in ihren Herrschafts- und Machtpositionen, ja in den spezifischen Kulturdefinitionen unangetastet bleibt. Die Kampagnen für eine 35-Stunden-Woche hatten einen umfassenden Anspruch, der über Arbeitsmarktregelungen weit hinausging; sie hatte auch symbolische Bedeutung für die schrittweise Herstellung einer alternativen Wirtschaftspolitik. Das war gewiß unter einer konservativ-wirtschaftsliberalen Regierungskoalition der schwierigste Punkt, denn das Lambsdorff-Papier formulierte ja unmißverständlich zwei Zielvorstellungen: Steuerentlastung der Unternehmen, das heißt weitere Privilegierungen der Wirtschaft, wo immer das möglich war, und konsequenter Abbau des Sozialstaates. Die Politik orientierte sich ausschließlich an Kapital- und Marktkriterien. Die Reformansätze, die noch die sozialliberale Koalition geplant hatte, und die Belange des Gemeinwesenzusammenhalts rückten immer spürbarer in den Hintergrund. Die Transferbelastungen der öffentlichen Haushalte durch die Wiedervereinigung schufen zudem ein Klima, durch das im gesamtdeutschen Wirtschaftsraum der sozialdarwinistische Überlebenskampf um Arbeitsplätze so in den Vordergrund gerückt wurde, daß jede Minute der Arbeitszeitverkürzung mit Lohnverzichten oder anderen Einschränkungen erkauft werden mußte.

Nach zwanzig Jahren Kampf um Arbeitszeitverkürzung fällt so die Bilanz durchaus zwiespältig aus. Gliedert man die Resultate nach Ost und West, so ergibt sich, daß 21,9 Prozent der in Westdeutschland Beschäftigten eine tariflich geregelte Arbeitszeit von 35 Stunden haben, im Osten 0,3 Prozent. 37,5 bis 38,5 Stunden arbeiten im Westen 48,1 und im Osten 29,8 Prozent. 39 und mehr Stunden arbeiten im Westen 17,4 Prozent der Beschäftigten, im Osten sind es 64,3 Prozent.[117] Die deutlichen Unterschiede auch zehn Jahre nach der Einheit zeigen, daß diejenigen, die Arbeit haben, offenbar bereit sind, aus Angst vor Arbeitsplatzverlust auf tarifliche Arbeitszeitverkürzungen zu verzichten – ganz abgesehen davon, daß viele aus eben dieser Angst freiwillig mehr Arbeit leisten, als tariflich festgelegt ist. Genau dort liegen die Grenzen einer isolierten Arbeitszeitpolitik.

Die Grauzonen unterhalb der tarifvertraglich oder allgemein gesetzlich geregelten Arbeitsverhältnisse sind in einem so bedrohlichen Ausmaß gewachsen, daß man mit guten Gründen von ganz neuen Bereichen soziologischer Forschung sprechen kann, die das Beziehungsgeflecht von lebendiger Arbeit und sozialem Zeitmaß betreffen. Wenn in Krisensituationen der Umbau der Arbeitsgesellschaft blockiert wird, Arbeitszeitverkürzungen, die zu mehr Vollarbeitsplätzen führen sollen, unterlaufen und die alten Zustände zementiert werden, zeigen sich verschärft drei Tendenzen: Überstunden, Schwarzarbeit und erhöhte Selbstausbeutung. Bei diesen Tatbeständen verbinden sich Interessen des bestehenden Systems (Kostenerwägungen der Unternehmer) mit zwiespältigen Bedürfnislagen abhängig Tätiger, die den Betroffenen häufig selbst undurchsichtig sind.

Die Überstundenplage ist so alt wie der gesetzlich geregelte 8-Stunden-Tag: Wechselnde Auftragslagen der Betriebe machen es kostengünstiger, den vorhandenen Arbeitnehmern Überstunden aufzubürden, als neue Arbeitsplätze zu schaffen und im Falle von Entlassungen mit zusätzlichen Forderungen belastet zu werden. Massenarbeitslosigkeit verschärft dieses Problem. 1932 hatte die SPD ein Arbeitszeitgesetz im Reichstag eingebracht, dessen § 2 zum Thema Mehrarbeit festlegt: »Für jede Überstunde hat der Arbeitgeber einen vollen Stundenlohn als Sonderbeitrag zur Arbeitslosenversicherung abzuführen.« Seitdem ist viel Energie darauf gewandt worden, alle Möglichkeiten auszuschöpfen, um der Überstundenplage Herr zu werden. Betriebsräte werden an § 87 des Betriebsverfassungsgesetzes und an zahlreiche Bestimmungen der Manteltarifverträge erinnert, die vorschreiben, Mehrarbeit möglichst gering zu halten und Neueinstellungen der Mehrarbeit vorzuziehen. Als Klaus Zwickel, der Vorsitzende der IG-Metall, 1995 ein »Bündnis für Arbeit« vorschlug, stand im Zentrum seiner Initiative eine Transformation von Überstunden in neue Arbeitsplätze. Die Zahlenmaterialien sind weitgehend bekannt, und Rechenoperationen, die Milliarden Überstunden Millionen Arbeitslose gegenüberstellen, erregen von Zeit zu Zeit die Öffentlichkeit. So schätzte das Institut für Arbeitsmarkt- und Berufsforschung (IAB) im Januar 1999, daß 1,83 Milliarden (bezahlte) Überstunden, die 1998 geleistet wurden (rund 4 Prozent des gesamtdeutschen Arbeitsvolumens), 1,2 Millionen Arbeitsverhältnissen mit Normalarbeitszeit entsprächen – rein rechnerisch, wie der IAB-Chef Gerhard Kleinhenz betonte.[118] Nach Berechnungen des Kölner Instituts zur Erfassung sozialer Chancen (ISO) ließen sich realistischerweise die vorhersehbaren Überstunden in 640000 Vollarbeitsplätze umwandeln, besonders da zwischen 1993 und 1998 ein Anstieg des Überstundenvolumens (bezahlte oder unbezahlte Mehrarbeit) in der Gesamtwirtschaft um 70 bis 80 Prozent angenommen werden muß.

In nur geringfügig variierenden Rechenbeispielen, die an Vernunft, Einsicht und Verantwortungsgefühl appellieren, werden regelmäßig Ohnmachtsreaktionen auf den absurden Tatbestand spürbar, daß kaum etwas davon in die Neuschaffung von Arbeitsplätzen eingegangen ist. Da die Arbeitnehmer selbst nur zum Teil Überstunden machen wollen (34 Prozent sind es, die genauso viel oder mehr machen wollen, 33 Prozent der Beschäftigen gar keine, 27 Prozent gerne seltener), liegen die Systemzwänge tiefer, und diese berühren zentral die bestehenden Macht- und Herrschaftsstrukturen.

Gibt es für diese Fluchtbewegung innerhalb des Systems noch relativ zuverlässige statistische Daten, so entziehen sich die Bereiche der Schattenwirtschaft mit wachsenden Anteilen der Schwarzarbeit weitgehend der Berechnung. Vorsichtige Schätzungen gehen davon aus, daß sich von 1975, als in Westdeutschland durch Schwarzarbeit 103 Milliarden DM erwirtschaftet wurden (das sind 6 Prozent des Bruttoinlandsprodukts), bis 1997 die Summe auf 548 Milliarden verfünffacht hat.[119] Etwa 15 Prozent der Wirtschaftsleistung Gesamtdeutschlands ist demzufolge der Schattenwirtschaft zuzurechnen, für die selbstverständlich keinerlei tarifvertragliche Regelungen zur Arbeitszeit oder zu Sozial- und Rentenansprüchen gelten; dem Staat entgehen Steuern und Sozialabgaben in Milliardenhöhe.

Die dritte der Ebenen, auf denen der Umbau der Arbeits- und Erwerbsgesellschaft blockiert oder unterlaufen wird, ist soziologisch am schwersten zu erfassen und kaum politischen Eingriffen zugänglich. Hier ist Selbstausbeutung im Spiel, die über das bekannte Maß der technisch und betriebswirtschaftlich erforderlichen Intensivierung und Verdichtung der Arbeitsprozesse weit hinausgeht. Man wird diese Seite der sozialen Erosionen schwerlich verstehen können, wenn man nicht einen neuartigen Widerspruch im gesellschaftlichen Zeitgefüge zur Kenntnis nimmt, der die Beziehungen zwischen Arbeit und Leben umstülpt und das materielle Fundament für Flexibilisierungsstrategien schafft, die verstärkt auch unsoziale Zeiten vorsehen wie Nacht- und Sonntagsarbeit. Während sich die Arbeitszeiten von 1984 bis 1997 offiziell, wie wir gesehen haben, deutlich verringert haben, sind im gleichen Zeitraum die Betriebszeiten erheblich gewachsen: im produzierenden Gewerbe mit mehr als zwanzig Beschäftigten von 60,6 (1984) auf 73 (1997) Betriebsstunden (Statistisches Bundesamt).

Wo die Betriebsmaschinerie zum organisierenden Zentrum von Zeit wird, übt deren Realitätsdefinition einen besonderen Sog auf die übrigen Lebensäußerungen aus. Wie in einem Magnetfeld, das verstreute Splitter anzieht, kann man sich dem nur schwer entziehen. Je stärker das gesamtgesellschaftliche Betriebsklima von Existenzängsten durchsetzt ist, desto größer muß dazu das Maß individueller Kraftanstrengung sein.

Wie immer in solchen Fällen produzieren die unterschlagenen und nicht-öffentlichen Wirklichkeiten ein reichhaltiges und eigentümliches Symbol- und Sprachspektrum. Den bekannten Wortverbindungen von Zeit wie Zeitdiebstahl, Zeitnot, Zeitverschwendung, Zeitwohlstand (Jürgen P. Rinderspacher prägte den Begriff 1985) fügen sich neue hinzu, die Zeitassoziationen vermitteln, aber in ihrem Bedeutungsgehalt zwiespältig sind. In der »Unternehmer-Kultur«, wie das in den Selbstdefinitionen der wirtschaftlich Mächtigen gerne genannt wird, um schäbige Assoziationen mit Profit, Spekulationsgewinnen und Shareholder-Mentalität gar nicht erst aufkommen zu lassen, führt der neue Symbol- und Sprachraum zu Sprachschöpfungen wie Vertrauensarbeitszeit, Lebensunternehmer, Arbeitskraftunternehmer. Dabei mischen sich Autonomie- und Freiheitsversprechen mit hochgradigen Leistungsansprüchen, die nach innen gehen und die in Scheinselbständigkeit entlassenen »Arbeitszeitunternehmer« häufig zur maßlosen Selbstausbeutung verleiten. Von einer »Revolution der Zeitkultur« sprechen manche sogar.

Bei Volkswagen wurde die »Stempelei« 1995 für alle abgeschafft, auch für Arbeiter, was offenkundig hier, in einem durch und durch gewerkschaftlich geprägten Betriebsmilieu, auf wenig Vorbehalte stößt. Anders als bei VW wollten die Betriebsräte und Beschäftigten des Siemens-Konzerns, der am liebsten in allen Werken die Arbeitszeiten der Beschäftigten nicht mehr mechanisch kontrollieren will, von »Vertrauensgleitzeit« nichts wissen. 83 Prozent der tariflich Angestellten eines Münchner Siemens-Werkes sprachen sich dagegen aus, bei den übertariflichen sogar 86 Prozent, weil sie befürchteten, daß ihre Arbeit und ihr Arbeitstag endlos ausgeweitet werden. Gegen diese Art von Vertrauen und Verantwortungsdelegation gibt es mittlerweile bei Betriebsräten und Vertrauensleuten erhebliche Vorbehalte. »Vertrauensarbeitszeit ist keine kulturelle Errungenschaft, sondern ein Zeichen für gewerkschaftliche Schwäche. Wie kann man denn da die Arbeitszeit überhaupt noch regulieren und als Betriebsrat verhindern, daß Zeitguthaben in eigener Regie der Arbeitnehmer verwendet werden und das Ganze nicht in unbezahlte Mehrarbeit ausartet?«[120]

Die soziale Schicht der Fach- und Führungskräfte, deren Arbeitszeit nicht durch Tarif- oder Arbeitsvertrag fest vereinbart ist, wächst beständig. Ihre tatsächlich geleistete Arbeitszeit stieg von 47 Stunden 1984 auf 55 im Jahre 1996, und ein Ende der Steigerungen ist nicht absehbar. Die zunehmende »Verbetrieblichung« der eigenen Lebensführung, wie sie Max Weber noch kritisch als Versteinerung der Menschen in einem »stahlharten Gehäuse von Hörigkeit« verstand, hebt den mit Freiheits- und Verantwortungsinsignien ausgestatteten Arbeiter neuen Typs in den Stand eines Vermögenden, eines »Arbeitskraftunternehmers«, der es sich sogar leisten kann, Zeitguthaben anzulegen. So steht er wenigstens dem formellen Status nach in Augenhöhe mit seinen Herrn, denen allerdings ganz andere Verfügungsrechte zustehen, nämlich Aufträge zu vergeben oder zu verweigern, Zeitvorgaben zu formulieren und am Ende zu bestimmen, ob alles zur Zufriedenheit des wirklichen Unternehmers erledigt ist.

In der Tat existieren mittlerweile riesige Zeitkonten: Neben den 1,8 Milliarden bezahlten Überstunden verschwinden in Deutschland jährlich 2,4 Milliarden unbezahlte Überstunden auf Arbeitszeitkonten. Aber selbst die Zeitsparer können das nur dann als Vergrößerung ihrer Zeitsouveränität verbuchen, wenn sie nach Maßstäben eigener Lebensverhältnisse über diese Konten frei verfügen könnten, was jedoch nur selten der Fall ist. Wie verwickelt und für die Betroffenen selbst undurchsichtig dieser Prozeß der Verantwortungsverlagerung mit Hilfe von Depots und Konten ist, zeigt auch ein ganz neuartiges Delikt: der Stechuhrbetrug, der nicht, wie man vermuten könnte, die Arbeitszeit manipulativ verkürzt, sondern im Gegenteil: Arbeitnehmer checken aus, um anschließend in ihrem Büro weiterzuarbeiten.

Es zeigt sich, wie so häufig in gesellschaftlichen Umwälzungsprozessen, eine Ungleichzeitigkeit in der Entwicklung; weit in die Geschichte zurückreichende Ideen werden plötzlich aktuell. In den wirtschaftlichen Kriegsspielen greift man auf strategische Konzepte zurück, die bereits die preußischen Heeresreformer Scharnhorst und Gneisenau formuliert hatten. Denn die von modernen Managern praktizierte Auftragstaktik wurde zum ersten Mal dort formuliert, wo starre Befehlshierarchien am greifbarsten über Sieg und Niederlage entscheiden, beim Militär. Nach der verheerenden Niederlage von Jena und Auerstedt rückten die Reformer die Auftragstaktik (später auch als Individualtaktik bezeichnet) ins Zentrum der preußischen Heeresreform. Diese diente übrigens dem Selbstverständnis der Nachkriegs-Bundeswehr zur Rechtfertigung, daß man bedenkenlos an die deutschen Militärtraditionen anknüpfen könne, weil im Kern die deutschen Soldaten immer verantwortungsbewußte und selbständig handelnde Menschen gewesen seien.[121] Die Auftragstaktik besteht darin, einer Gruppe oder einzelnen Soldaten einen militärischen Leistungsauftrag zu erteilen (darauf ist im Idealfall der Befehl beschränkt); alles, was der Ausführung dient, müssen sie selbst arrangieren, allein das Resultat unterliegt dem Urteil der Vorgesetzten. So haben die Individualisierungstendenzen des militärischen Kampfgeschehens heute die zivilen Sektoren der Produktion erreicht, aber in beiden Fällen hat es nicht der Abschaffung des Krieges, sondern der Intensivierung von Selbstausbeutung und der Leistungssteigerung gedient.

Wie immer diese dritte Dimension beim Umgehen und Aushöhlen von Arbeitszeitbestimmungen im einzelnen aussehen mag: In der Regel geht die »aufgabenorientierte Arbeitszeit« zu Lasten der Lebenszeit und führt zu Verlängerung und Intensivierung des Arbeitszeitkontingents, verbunden mit einer Verschiebung von kollektiven Lösungen zu individuellen. Großes Aufsehen konnte deshalb Wilfried Gleißmann, Betriebsrat von IBM Düsseldorf, erregen, als er eine Aktion mit der unscheinbaren Parole »Ich besinne mich« in Gang setzte. »Die neuen Managementformen leben von der Besinnungslosigkeit. Man soll nicht begreifen, was mit einem passiert. Besinnung ist deshalb die härteste Aktionsform.«[122] Es sei eben das Fatale dieser Arbeitszeitorganisation am Leitfaden von Auftragstaktik, »daß sich der Wille des Arbeitgebers fast unbemerkt über den selbständigen Willen des Beschäftigten durchsetzt. ... Durch die Selbständigkeit der Individuen erscheinen die Probleme in der Arbeit als ganz individuelle, als rein persönliche Defizite.« Die permanente Überforderung vergrößert den Spannungszustand der Gruppe, Angst, die gesteckten Ziele nicht erreichen zu können, erhöht den Druck auf einzelne und schafft ein Klima der Desolidarisierung.

Wenn eine solche Besinnungsaktion Aufmerksamkeit erregt und Nachahmer findet, dann ist das auch ein Zeichen dafür, wie dringlich gewerkschaftliche Aufklärung ist. Betriebsnahe Bildungsarbeit unter gewerkschaftlichen Vertrauensleuten und Betriebsräten, um Konflikterfahrungen zu verarbeiten und die in den Betrieb hineinwirkenden gesellschaftlichen Widersprüche in Projekten exemplarischen Lernens sichtbar zu machen, ist wahrscheinlich noch nie so aktuell gewesen wie heute. Denn die Strategie der Unternehmerfunktionäre geht auf ganzer Front in Richtung Arbeitszeitverlängerung. Dieter Hundt, Präsident der Bundesvereinigung der Arbeitgeberverbände, hat 1996 unumwunden erklärt: »Wer die Löhne nicht senken will, muß die Arbeitszeit erhöhen. Eine Stunde pro Tag ist zumutbar.« Hans-Peter Stihl, Präsident des Deutschen Industrie- und Handelstages, hat ihm assistiert: »Zurück zur 40-Stunden-Woche – die Arbeitszeitverkürzung war ein großer Fehler.«

Läßt sich aus dieser Analyse die Konsequenz ziehen, daß Arbeitszeitpolitik überholt ist und die Gewerkschaften den Blick auf ganz andere Handlungsfelder richten sollten? Nein! Unstrittig scheint mir zu sein, daß die 35-Stunden-Kampagne und tarifvertragliche Arbeitszeitverkürzungen jenem Aktivposten der gesellschaftlichen Gesamtarbeit zuzuschlagen sind, der die Massenarbeitslosigkeit vermindert hat.[123] Seit 1982 hat sich die Zahl der Arbeitslosen mehr als verdoppelt, aber wer kann sagen, wo wir stehen würden, wenn es keine Umverteilungen von Arbeitszeit gegeben hätte? Neueren Schätzungen zufolge wäre die Arbeitslosenquote in Westdeutschland ohne die Verkürzungen der Wochenarbeitszeit »heute um etwa 3 Prozentpunkte höher (also 800 000 erhaltene bzw. geschaffene Arbeitsverhältnisse) und würde statt 10 Prozent mehr als 13 Prozent betragen«.[124]

Vergrößerung des Zeitwohlstandes wird auch weiterhin zu den wichtigsten Gründen gehören, aus denen sich Menschen für Arbeitszeitverkürzungen einsetzen. Kollektivvertragliche Arbeitszeitverkürzungen müssen jedoch entschieden auf das Systemgefüge bezogen sein, also auch das Geschlechterverhältnis, die immer noch vorherrschenden patriarchalischen Zeitverteilungen in der Familienarbeit, das Problem der Frauenerwerbsarbeit zum politischen Thema machen. Obwohl die Kurzzeit-Pragmatiker mit ihren »rein rechnerischen Lösungen« allerorten auftauchen und mit ihren Universalvorschlägen den Medienmarkt in Trab halten, zeigt doch jede Detailanalyse der gesellschaftlichen Zeitfelder, in denen Veränderungen von Macht- und Herrschaftspositionen beabsichtigt werden, daß ein Begriff vom Ganzen, also eine kritische Gesellschaftstheorie, die sich mutig auf das Projekt einer neuen Kapitalismuskritik einläßt, langfristig ebenso notwendig ist wie die strategische Erweiterung der politischen Eingriffe. In fast allen europäischen Ländern wurde in den vergangenen Jahren verstärkt Arbeitszeitpolitik gesetzlich fixiert oder den Tarifparteien nahegelegt,[125] und überall zeigt sich, daß die Gewerkschaften als Hauptakteure ohne Einbeziehung des spezifisch-kulturellen Zusammenhangs ihrer jeweiligen Tradition, das heißt ohne Berücksichtigung der geschichtlich geprägten Arbeitsbeziehungen, der Familienstrukturen, des Erziehungs- und Bildungssystems usw., keinen Grund und Boden für den Umbau der Arbeits- und Erwerbsgesellschaft finden werden. In dieser Richtung muß also die Untersuchungsarbeit fortgesetzt werden.

II

Drei Irrwege des gesellschaftlichen Krisenmanagements

Fragmentierung, Spaltung, Abkopplung

1. Ein Zauberlehrling mit Namen Flexibilität

»Die Worte der Weisen sind wie Stacheln, und wie eingeschlagene Nägel sind die einzelnen Sprüche«, heißt es im »Nachwort über den Prediger Salomo« (Kohelet). Es sind in der Tat stachelartige Worte und Sprüche, die wie Nägel menschliche Erfahrungen befestigen, wenn Salomo in Kapitel 3 die Vielfältigkeit des Zeiterlebens vorstellt und mit der Behutsamkeit eines modernen Forschers auf Entmischung bedacht ist. Ich stelle den Text Salomos an die Spitze dieses Abschnitts meiner Erörterungen, weil er eine einzigartige kulturelle Erbschaft differenzierten Denkens und Empfindens darstellt. Der Prediger Salomo sagt:
»Ein jegliches hat seine Zeit, und alles Vorhaben unter dem Himmel hat seine Stunde:
geboren werden hat seine Zeit, sterben hat seine Zeit;
pflanzen hat seine Zeit, ausreißen, was gepflanzt ist, hat seine Zeit;
töten hat seine Zeit, heilen hat seine Zeit;
abbrechen hat seine Zeit, bauen hat seine Zeit;
weinen hat seine Zeit, lachen hat seine Zeit;
klagen hat seine Zeit, tanzen hat seine Zeit;
Steine wegwerfen hat seine Zeit, Steine sammeln hat seine Zeit;
herzen hat seine Zeit, aufhören zu herzen hat seine Zeit;
suchen hat seine Zeit, verlieren hat seine Zeit;
behalten hat seine Zeit, wegwerfen hat seine Zeit;
zerreißen hat seine Zeit, zunähen hat seine Zeit;
schweigen hat seine Zeit, reden hat seine Zeit;
lieben hat seine Zeit, hassen hat seine Zeit;
Streit hat seine Zeit, Friede hat seine Zeit.
Man mühe sich ab, wie man will, so hat man keinen Gewinn davon.
Ich sah die Arbeit, die Gott den Menschen gegeben hat, daß sie sich damit plagen.«
Es ist also viel Arbeit nötig, damit Menschen lernen, die Zeit der Trauer, des Krieges mit der des Pflanzens und des Geborenwerdens nicht zu verwechseln; Kultur entsteht, wenn die Zeitrhythmen der einzelnen Erfahrungsbereiche in Verbindung gesetzt sind, aber in ihrem Eigensinn geachtet bleiben. Das soll heute anders werden.

Alles hat seine Zeit, sagt Salomo; alles hat eine Zeit, nämlich dieselbe, sagt der betriebswirtschaftlich mutierte Mensch, der das Bauen und das Abreißen denselben Zeittakten, denselben formalisierten Einteilungen unterwerfen möchte. Alle Tätigkeiten und Erlebnisweisen sollen den vorherrschenden zeitökonomischen Regeln folgen. Was aber resultatlose Zeitdehnung beansprucht wie Totengedenken, Trauern, Weinen, Schweigen, Sterben – denen Salomo ja eigenes Menschenrecht zubilligt –, droht ausgegliedert zu werden. Arbeit wird also weniger darauf gerichtet, der Ökologie der Zeit die Eigendimensionen zu erhalten und die Balancearbeit zu fördern, sondern es geht darum, die Zeitmaßstäbe zu vereinheitlichen. Aber widerspricht diesem Vorhaben nicht die heute übliche und nahezu allseitige Verehrung des Modewortes Flexibilität? Bei genauerem Hinsehen erweist sich diese Vermutung als grundlegender Irrtum. Flexibilität ist der absolute Gegenbegriff zu der von Salomo formulierten Reichhaltigkeit von Kulturzeit, die weit über zweitausend Jahre Geltung hatte.

Die Planierungstendenzen im Zeitbegriff, wie sie sich gegenwärtig zeigen, sind jedoch nicht verursacht durch ein neues kulturelles Selbstverständnis der Menschen, ein reiferes Bewußtsein von der Einheit der Zeit; sie entspringen eindeutig dem gesellschaftlichen Bedürfnis, der vergeudeten Lebenszeit der Menschen zu Leibe zu rücken und deren Zeitverfügung in die Logik von Kapital und Markt einzubinden. Ähnlich wie Globalisierung hat der Begriff der Flexibilität in kurzer Zeit einen rasanten Aufstieg in der Skala soziologischer Schlüsselbegriffe hinter sich gebracht, wobei er im Gegensatz zu diesem ganz überwiegend positiv besetzt ist und bei praktisch jedem Erwartungen auf Krisenlösungen und auf Befreiung aus der Misere weckt. Die Verwendung des Flexibilitätsbegriffs ist vielfältig. Unternehmen erklären sich selbst für flexibel, fordern von staatlicher Seite Flexibilität ein und propagieren den flexiblen Arbeiter. Bürokratie, autoritäres Gehabe von Genehmigungsbehörden, rigide Vorschriften und zeitraubende Verfahren – das alles sind Gegenbegriffe zu der mit Flexibilität verknüpften kreativen Phantasie der Unternehmer, die hier ein antiautoritäres Protestgefühl verbreiten wie 1968 die Studenten und Jugendlichen – mit dem Unterschied, daß damals die autoritäre Leistungsgesellschaft des Kapitalismus ebenfalls als veränderungsbedürftig betrachtet wurde.

Hans Tietmeyer, der damalige Präsident der Deutschen Bundesbank, erklärte 1996 die fehlende Flexibilität der abhängigen Lohnarbeiter und Angestellten zum Hauptproblem der Wirtschaftskrise: »Die Wettbewerbsfähigkeit wird nur bei hinreichender Flexibilität am Arbeitsmarkt zurückgewonnen.«[1] Horst Siebert, Volkswirtschaftsprofessor und Mitglied im Sachverständigenrat zur Begutachtung der gesamtwirtschaftlichen Entwicklung, setzt auf Lohnflexibilität; europaweite Festsetzungen von Mindestlöhnen hält er für den »Horror des Horrors« und widerspricht auch der alten Forderung nach gleichem Lohn für gleiche Arbeit. Gerechtigkeit im Lohngefüge ist für ihn ein Paradebeispiel für verfehlte Anreize. »Nein«, erklärt er, »was wir brauchen, ist mehr Dezentralität und mehr Flexibilität bei der Lohnfindung. Das müßte in die Betriebe verlagert werden. ... Aufgabe der Politik müßte es sein, die Menschen auf Veränderungen einzustellen, die unausweichlich kommen werden.«[2]

Die Veränderungen in den Kernbereichen der Produktionsprozesse hat man verschiedentlich als Periode des Post-Fordismus bezeichnet, als Überwindung der standardisierten Produktionskonzepte mit Fließband, repetitiver Teilarbeit, relativ starren Mustern der Produktgestaltung, mit nur geringer Variation in der Teamarbeit. Was den Warenverkehr betrifft, so ist der Abbau der großen Lager voll im Gange, die Flexibilisierung hat hier gigantische Ausmaße angenommen, weil sich im Extremfall das gesamtgesellschaftliche Warenlager bei Tag und Nacht auf den Straßen bewegt, *just in time*.

Als Anfang der achtziger Jahre Flexibilität zu einer Kategorie der Realität wurde, kristallisierte sich auf seiten der Unternehmer immer deutlicher eine doppelte Frontstellung heraus: Nicht das Kapitalverhältnis, das ja seine Vitalität und historische Überlebenskraft bereits unter Beweis gestellt hat, ist Krisenverursacher; die eigentlichen Krisenherde liegen in den nationalstaatlichen Verkrustungen und der chronischen Inflexibilität der Menschen. Der Staat als »Sozialstaatsgefängnis« (ein Ausdruck von Anthony Giddens) nimmt den Menschen – und hier schließen sich die beiden Bereiche zusammen, gegen welche sich die unternehmerischen Kampffronten richten – den kreativen Bewegungsraum, der ihnen selbstgestaltete Freiheit und Mitbestimmung schaffen würde. Aber wie die Verhältnisse gegenwärtig sind, zementiert das sozialstaatliche Sicherheitsdenken die konservativen, unflexiblen, passiven Elemente der Anthropologie. Wer also eine Krisenlösung auf dem Niveau der Zweiten Moderne will, einer bewußten Weltläufigkeit unserer Gesellschaft, die dem Konservativismus und dem trägen Beharren des Alten widerspricht, der muß sich auf das Feld einer seelischen, bewußtseinsmäßigen, ja genetischen Bearbeitung des Menschen begeben. Nur wenn die Menschen anpassungsfähig, bescheiden, marktbewußt werden, sind Krisenlösungen zu erwarten, die der revolutionären Kraft des modernen Kapitalismus angemessen wären.

Kaum zufällig setzen genau auf jener Entwicklungsstufe der kapitalistischen Produktion, auf der die Gewerkschaften das konjunkturell nicht mehr lösbare Problem der Massenarbeitslosigkeit strategisch durch Umverteilung der marktvermittelten Arbeitsplätze in Form einer generellen Arbeitszeitverkürzung bewältigen wollen, wachsende Teile des Unternehmerlagers auf Flexibilisierungsprogramme. Flexible Arbeitszeitmodelle dienen dabei überwiegend als Rationalisierungsinstrumente, enthalten fast immer Elemente des stillen Abbaus und schaffen kaum einmal neue Arbeitsplätze – in der Regel nur dann, wenn gewerkschaftliche Gegenmacht durch zentrale Tarifverträge oder betriebliche Einzelvereinbarungen einen solchen Ausgleich erzwingt. Arbeitszeitfragmentierung wird zur zentralen Strategie der Unternehmerseite. Den Hebel hier anzusetzen hat für sie den großen Vorteil, daß der Widerstand besser zu neutralisieren ist als beim Abbau sozialer Gratifikationen (zum Beispiel dem Weihnachtsgeld), von Löhnen oder sonstiger erkämpfter Kollektivrechte.

Der suggestiven Energie und dem magischen Zauber, die im Begriff der Flexibilität stecken, vermögen selbst die sich kaum zu entziehen, die in ihrer Alltagssituation die nachteiligen Folgen überprüfen können. Wie bei anderen Zentralbegriffen der modernen Ideologie, allen voran Globalisierung und Individualisierung, zehrt der Bedeutungsgehalt dieses Begriffs von einer Ambivalenz, die für ganz verschiedene Interessen brauchbar ist. Wenn von Globalisierung gesprochen wird, wie sollte ein gebildeter Mensch unserer Zeit das nicht als Aufbruch aus lokalen Beschränktheiten verstehen? Wenn von Individualisierung gesprochen wird, wer könnte sich da dem Eindruck aussetzen, er sei gegen Erweiterung der Freiheitsräume und der Autonomie der Menschen? Und wenn von Flexibilität gesprochen wird, wer könnte da ein Gefühl des Stolzes entwickeln, wenn man ihm Unbeweglichkeit, Starrsinn und Anpassungsunfähigkeit vorhält?

Mir geht es freilich nicht um die allgemeine Bedeutung flexibler Denk- und Verhaltensweisen für die Persönlichkeitsbildung und für die Prägung eines identitätsfähigen Charakters, auch wenn die Dialektik von Kernsubstanz und erfahrungsoffener Beweglichkeit sicherlich zu den fundamentalen Motiven in den geschichtlichen Individualitätsschüben gehört. Aber das wäre ein eigenes Thema. Mein Interesse ist begrenzter: die Funktion und Bedeutung der Zeitfragmentierung für den Lebenszusammenhang der Menschen.

Die Mehrdeutigkeit ist bereits im lateinischen Ursprungssinn des Wortes »flexibel« enthalten: *flexibilis* bedeutet biegsam, schmiegsam, geschmeidig, elastisch, fügsam. Schon Cicero gab dem Wort einen bitteren Beigeschmack, als er (vor allem in seiner Schrift »De oratore«, »Über den Redner«) betonte: *Nihil est tam flexibile ... quam oratio* (nichts ist so biegsam wie die Rede). Im deutschen Sprachraum dringt im achtzehnten Jahrhundert das Wort »flektieren« (beugen) in die Grammatikbücher ein, als Fremdwort wird es im neunzehnten Jahrhundert in technischen Zusammenhängen verwendet für Sachen, die biegsam, elastisch, geschmeidig sind.

Richard Sennett, der dem Wortwandel im englischen Sprachraum nachgegangen ist, stellt fest, daß Flexibilität im fünfzehnten Jahrhundert Teil des englischen Wortschatzes wird. »Seine Bedeutung war ursprünglich aus der einfachen Beobachtung abgeleitet, daß ein Baum sich zwar im Wind biegen kann, dann aber zu seiner ursprünglichen Gestalt zurückkehrt. Flexibilität bezeichnet zugleich die Fähigkeit des Baumes zum Nachgeben wie die, sich zu erholen, sowohl die Prüfung als auch die Wiederherstellung seiner Form. Im Idealfall sollte menschliches Verhalten dieselbe Dehnfestigkeit haben, sich wechselnden Umständen anpassen, ohne von ihnen gebrochen zu werden.«[3] Sennett versäumt es jedoch nicht, dieser Bedeutung von Flexibilität, die der Beobachtung natürlicher Vorgänge entsprungen ist, die heutige Hauptverwendung hinzuzufügen: Die Gegenwartsgesellschaft suche nach Wegen, die Übel der Routine durch Schaffung flexibler Institutionen zu mildern. Die Verwirklichung der Flexibilität konzentriere sich vor allem auf die Kräfte, die die Menschen verbiegen und beugen.

Flexibilisierung als strategisches Konzept zur Umstrukturierung von Arbeitszeit hat eine eigene Kampfgeschichte. Als Anfang der achtziger Jahre die Diskussion um Arbeitszeitverkürzung begann, schien eine insgeheim verschworene Gemeinschaft der Verantwortungsbewußten am Werk zu sein, um eine Neuregelung der Arbeitszeitverhältnisse in die Tat umzusetzen, die menschlichen Bedürfnissen fortgeschrittener Industriegesellschaften angemessen war. Das Unabwendbare machte sich in bitterer Ironie Luft: »Arbeitszeitverkürzung kommt so oder so; entweder durch die 35-Stunden-Woche oder durch Arbeitslosigkeit.« Dieser Satz eines führenden Gewerkschafters bezeichnete prägnant, was in den Verhältnissen selbst an Zynismus steckte und worüber sich damals viele Menschen Gedanken machten. Nicht die Notwendigkeit einer Arbeitszeitverkürzung als solches bildete das Scheidewasser, das Freunde von Feinden trennte, sondern Umfang und Form der Umgestaltung von Arbeitszeitverhältnissen – einheitlich für alle oder in hohem Maße individualisiert.

Soweit die Unternehmer sich an dem von »Gesamtmetall« formulierten Drei-Punkte-Programm von Arbeitszeitverkürzung orientierten – flexible Arbeitszeit, Teilzeitarbeit, Vorruhestand mit 59 (unter Beibehaltung der 40-Stunden-Woche als Regelarbeitszeit) –, griffen sie ökonomische wie technologische Tendenzen der Produktionsveränderung auf und münzten sie politisch um, was die Gewerkschaften bald in eine Verteidigungs- und Abwehrfront zwang. Denn diese Vorschläge waren kaum mit einer Handbewegung vom Tisch zu wischen und verfehlten auf große Teile der bürgerlichen Öffentlichkeit keineswegs ihre Wirkung. Dieser »Standpunkt nähert sich den Überlegungen unparteiischer Fachleute«, hieß es in einem Kommentar der »Süddeutschen Zeitung« vom 28. September 1983.

Bedenklich für die Gewerkschaften war nicht der Beifall sogenannter unparteiischer Fachleute, deren Objektivität, berücksichtigt man den Horizont ihrer erkenntnisleitenden Interessen und die Kriterien ihrer Argumente, immerhin in Zweifel gezogen werden durfte. Doch Zustimmung fanden die Vorschläge auch bei einzelnen, in ihrer Gesamtzahl vielleicht gar nicht so unbedeutenden Gruppen der Betroffenen selbst, insbesondere in Betrieben und Regionen, die ökonomisch relativ stabil waren und die starke Motive hatten, über bloße Lockerungen der bestehenden Arbeitszeitverhältnisse hinaus grundlegende Veränderungen des Verhältnisses von Arbeitszeit und Freizeit zu verlangen. So wurde Flexibilität von Unternehmerseite auch eingeordnet in eine antigewerkschaftliche Strategie, in Zielvorstellungen, welche auf Lockerung der Loyalitätsbindungen zu den kollektiven Interessenorganisationen hinausliefen.

Ich erinnere an die Auseinandersetzungen in der ersten Hälfte der achtziger Jahre, die von Streiks, Streikdrohungen, Vertragsverletzungen und Vertragsaushöhlungen bestimmt waren, weil hier ein gesellschaftlicher Wandel erkennbar wird, der die Grundbeziehungen zwischen Kapital und lebendiger Arbeit, zwischen Arbeits- und Lebenszeit, zwischen Fremdbestimmung und Eigentätigkeit betrifft. Weil Flexibilität und Differenzierung – anders als Lohnkämpfe und sogar Debatten um humanere Arbeitsplatzgestaltung – die Sinnstiftung des Lebens ansprechen, werden diese Begriffe wertmäßig sehr hoch gesetzt. Sie lassen Bedürfnisse nach mehr Individualismus anklingen, nach Zugewinn an eigener Zeit und nach einem größeren Spielraum in der Verwendung des erreichten Wohlstandes, der nach autonomen Maßstäben und emanzipatorischen Interessen zu verteilen ist. Die Klaviatur, auf der die Unternehmer mit dem Zauberwort Flexibilität spielen, läßt zum ersten Mal in der Geschichte der Klassenkämpfe Eigenmelodien der abhängig Tätigen anklingen.[4]

Die stumpfsinnige Addition von gleichbleibenden Zeittakten, von Minuten, Stunden, Tagen, Jahren, welche den Arbeitstag bisher wesentlich prägte und die häufig genug dazu führte, leere Zeit totzuschlagen, erhält durch Verknotungen und Verdichtungen der Arbeitszeit ein Moment des Lebendigen, des Qualitativ-Dynamischen, wodurch sich der Arbeitstag den Rhythmen des Lebenstages anzunähern scheint. So attraktiv trat das Angebot der Arbeitszeitflexibilisierung auf, daß selbst empirische Befragungen über die negativen Seiten hinwegtäuschen, auch wenn es Widersprüche gab zwischen der verbreiteten Zustimmung zum allgemeinen Prinzip der Arbeitszeitflexibilität und der wesentlich zurückhaltenderen Einstellung, sobald es um seine Anwendung auf die konkret-individuelle Arbeitssituation des einzelnen ging.[5] Denn wer hätte nicht schon einmal das Bedürfnis gehabt, seine 40 Stunden in der Woche, die er für andere abzudienen genötigt ist und die meist noch durch Überstunden aufgestockt sind, so über Monate und das ganze Jahr verteilen zu können, daß die entfremdete und enteignete Zeit nicht fortwährend selbst die verbleibende Zeit der Nicht-Arbeit mit beeinflußt?

In der sich formierenden Kampffront entstand der Eindruck, als würden die Unternehmer Vorschläge vom Standpunkt des Konkret-Individuellen machen, die Arbeitszeitverhältnisse also auf die qualitativen Zeitbedürfnisse der Menschen zuschneiden, während die Gewerkschaften mit ihrer Forderung nach einer generellen Arbeitszeit von 35 Stunden eher eine Politik des Abstrakt-Kollektiven betrieben, die sich weder auf die jeweiligen Produktionserfordernisse und die entsprechende Marktsituation der Betriebe noch auf die Wunschvorstellungen der einzelnen einläßt. Das Konkrete und das Abstrakte, das Individuelle und das Kollektive standen sich in dieser Kampffront, auseinandergerissen und von den einzelnen Parteien monopolisiert, unvermittelt gegenüber. In diesem Spiel der Kräfte hatten die Unternehmer bis zum heutigen Tag Realitätsvorteile, es entstanden ganz neuartige Fronten, auf die die Gewerkschaften nicht vorbereitet waren. Nie zuvor in der Geschichte der Bundesrepublik fühlten sich die Unternehmer den arbeitenden Menschen näher, und sie waren stolz darauf, daß sich in dieser Art Arbeitskampf alles zu ihren Gunsten zu wenden schien, bevor es überhaupt richtig begonnen hatte: »Der arbeitende Mensch denkt mehrheitlich nicht wie der Gewerkschaftsfunktionär.«[6]

In der Rückblende auf die Verhältnisse vor zwanzig Jahren und die damaligen Strategien, die der beschleunigt wachsenden Massenarbeitslosigkeit und den Abkopplungstendenzen ganzer Bevölkerungsteile begegnen sollten, bestürzt der Tatbestand, daß die Flexibilisierungsstrategien des Unternehmerlagers – ursprünglich als Elemente der Krisenlösung präsentiert – Stück für Stück umgesetzt wurden, ohne daß auch nur am Horizont eine befriedigende Lösung der Krise erkennbar wurde. Die Massenarbeitslosigkeit hat sich seitdem mehr als verdoppelt, die Armutsregionen sind bedrohlich angewachsen, Obdachlosigkeit, psychiatrische Betreuungsnotwendigkeiten, unglaubliche Steigerungen der Kosten für das Gesundheitswesen – Marginalisierungen und Spaltungen haben in allen fortgeschrittenen kapitalistischen Gesellschaftsordnungen ein phantastisches Wachstum zu verzeichnen. Und alles beginnt lange vor der Globalisierung der Märkte und dem verwilderten Kampf um Wirtschaftsstandorte und Absatzmärkte.

An der Geschichte der Flexibilisierung ist die Krankheitsbiographie dieser Gesellschaftsordnung eingehend zu studieren. Daß am Ende die Menschen als freudestrahlende Trabanten um die Sonne des Kapitals kreisen, löst nicht die Systemkrise, die dadurch bestimmt wird, daß alles in beschleunigte Bewegung geraten ist außer einer allerdings entscheidenden Sache: den bestehenden Macht- und Herrschaftsverhältnissen. Wenn diese sich nicht verändern, dann kann alles andere rotieren, sich drehen und wenden, wie es will, aber eine Krisenlösung der Grundprobleme dieser Gesellschaft ist nicht zu erwarten.

Der damalige Klagenkatalog der Unternehmer führte als Hindernisse unter anderem Kündigungsschutzbestimmungen auf, betriebliche Mitbestimmungsrechte, Jugendschutzgesetze usw.; in einem der CDU-Papiere hieß es: »Die Verpflichtung, Sozialpläne aufzustellen, führt dazu, daß die notwendige Schließung unrentabler Betriebsteile immer wieder hinausgeschoben wird. Manchmal mit dem Ergebnis, daß die Unternehmen als ganze notleidend werden.« Alles, was in der Nachkriegszeit als soziale Errungenschaft für ein Leben in Würde gegolten hatte, wurde seit Beginn der achtziger Jahre auf den Prüfstand gebracht, ob es den Flexibilitätsbedürfnissen des Kapitals und des Marktes noch angemessen sei. Marx wurde nicht zitiert, aber man übernahm seine kritische Bestimmung des auf bloße Arbeitskraft reduzierten Menschen. »Der Faktor Arbeit ist zu teuer geworden, dies gilt weniger für die direkten Löhne als für die Lohnnebenkosten, einschließlich der Kosten, die durch Urlaub und Krankheit, sonstige Fehlzeiten, soziale betriebliche Einrichtungen und anderes mehr ausgelöst werden.« Urlaub und Krankheit werden hier zu Fehlzeiten; die wahre Arbeitskraft wird aller ihrer Schutzschichten entkleidet. So führt das Operieren mit dem Substanzbegriff Flexibilität in die Irre. Legt man ihn aber in seine Elemente auseinander, zeigen sich klar trennbare Beziehungsfelder. Wo diese entmischt werden, entsteht auch ein Handlungsraum für Alternativen, die politische Eingriffe ermöglichen.

2. Die Bedrohung menschlichen Bindungsvermögens

Bestimmt betriebswirtschaftliche Kalkulation die Maßstäbe, dann sind Zeitfragmentierungen auf allen Ebenen von unzweideutigem Vorteil für die Unternehmer. »Die flexible Spezialisierung ist das Gegenmodell zum Produktionsmodell des Fordismus«, hat Richard Sennett festgestellt.[7] Zur flexiblen Spezialisierung gehören elastische Organisationsformen der Betriebe, Aufsuchen von Marktnischen, Ausgliederung von Produktionsteilen in Kleinfirmen ebenso wie das schnelle Reagieren auf Nachfragen des Marktes, wenn es um eine Erweiterung der Produktpalette geht. Die immer kleinformatiger werdenden Produktionsmittel, die im Idealfall jeder im Aktenkoffer mit sich tragen und an beliebigen Orten einsetzen kann, bekräftigen und stützen diese Strategie einer Produktionsweise, die Maschinenlaufzeiten rund um die Uhr zuläßt.

Zum ersten Mal in der Kulturgeschichte der Arbeit sind Apparate und Maschinen Tag und Nacht im Dienst, sie verursachen Kosten, müssen aber nicht, wie zu Zeiten der Nadelmanufaktur von Adam Smith oder des rheinischen Kapitalismus mit Hochöfen, Kohlegruben und Produktionsbändern laufend überwacht und durch spezialisierte Handgriffe immer wieder bedient werden. So erweist sich die Anwesenheitszeit von Menschen mit Vollarbeitsplätzen als belastender Kostenfaktor der Unternehmer. Die Verabschiedungslogiker sind allerorten am Werk; nachdem man sich 1989, wie man glaubt, erfolgreich vom Proletariat verabschiedet hat, scheint die Zeit dafür reif zu sein, sich vom Normalarbeitsverhältnis und den Vollarbeitsplätzen zu verabschieden.

Jeder sechste Erwerbstätige in der Bundesrepublik arbeitet Teilzeit – über fünf Millionen Menschen. Telearbeit und befristete Projekttätigkeiten scheinen in Werkhallen und Büros zusätzlich die Vollarbeitsplätze zu verdrängen. Nach einer Prognose der Unternehmensberater von McKinsey wären mindestens 2 Millionen neue Jobs möglich, wenn das vorhandene Teilzeitpotential ausgeschöpft würde. Zudem würde mehr Teilzeitarbeit zu weniger Fehlzeiten führen und die Produktivität steigern. Moderne Technologien ermöglichen es, daß die Produktionsprozesse den Privathaushalten wieder näherrücken; es sieht so aus, als kehrte das alte Verlagssystem wieder, das sich in der Anfangszeit der Manufaktur herausgebildet hatte. Dadurch werden die Privathaushalte nicht nur einbezogen in die Betriebszeiten der Unternehmen und der aus ihnen abgeleiteten Flexibilisierungsanforderungen, sondern sie werden zum Teil selbst Produktionsstandorte mit eigenen Ausbeutungsverhältnissen. »Es entstehen in wachsender Zahl quasi rechtsfreie Räume in Hinterhöfen, Kellern, Garagen, jenseits von Tarifen und Mindestlöhnen, von Sozialversicherung, Arbeits- und Umweltschutz und gewerkschaftlicher Organisierung. Als Faustregel gilt: Je dezentraler und haushaltsnaher gearbeitet wird, desto niedriger die Löhne, desto unkontrollierbarer die Arbeitsbedingungen und desto mehr Einsatz von Kinderarbeit.«[8]

Im weitgefächerten Katalog fragmentierter Beschäftigungsverhältnisse fallen unter anderem drei konstante Linien auf: Viele Teilzeitbeschäftigte gehören zu Niedriglohnsektoren, sind also in der Regel schlechter bezahlt; es sind nach wie vor überwiegend Frauenarbeitsplätze, so daß das traditionelle Geschlechterverhältnis intakt bleibt; besonders Geringbeschäftigte sind sozialrechtlich wenig oder gar nicht abgesichert. Alle drei Tendenzen erhöhen die betriebswirtschaftliche Manipulationsmacht der Unternehmen. Die Zusammenhänge zwischen Flexibilisierung, Niedriglohnsektoren und Armut werden dabei vielfach in Bereiche unterschlagener Wirklichkeit abgedrängt.

Wer könnte es als zufällig ansehen, daß die in ihren Lebensentwürfen selbstbewußter gewordenen und deshalb auf Erwerbstätigkeit drängenden Frauen hauptsächlich das Arbeitskräftereservoir bilden, das für Teilzeitbeschäftigungen genutzt wird? Die Frauen stellen in der Tat mit 87 Prozent den Löwenanteil der Teilzeitbeschäftigten, denn gerade für Frauen, die erwerbstätig sein wollen und gleichzeitig entschieden haben, nicht auf Familie und Kinder zu verzichten, erscheinen Teilzeitmodelle attraktiv. Diese Form der Flexibilisierung von Arbeitszeit läßt die grundlegenden Herrschaftsstrukturen im Geschlechterverhältnis völlig unberührt.

In ihrer Untersuchung zur Arbeitsverteilung zwischen den Geschlechtern sagt Susanne Schunter-Kleemann: »Zu den Niedriglohnsektoren gehören in Deutschland immerhin 23 Branchen, die mit ihrer tariflichen Grundvergütung unter der Armutsgrenze, das heißt DM 1800,– brutto liegen. Es überrascht nicht, daß es Arbeiterinnen in der Textil-, Leder- und Nahrungsmittelindustrie, aber auch Friseurinnen, Verkäuferinnen und Floristinnen sind, die in den meisten EU-Ländern zu den *working poor* gehören. Der englische Arbeitsmarkt – zunehmend auch der holländische – wird wegen seiner hohen Flexibilität gepriesen. Wie sehen die innovativen Arbeitsmarktpraktiken der Arbeitsflexibilisierung denn nun tatsächlich aus? Der Flexibilitätsgrad des britischen Arbeitsmarktes beispielsweise läßt sich feststellen, indem man die Art der Erwerbsbeteiligung analysiert. Laut der Arbeitskräfteerhebung von 1996 können heute 40 Prozent des gesamten beschäftigten Arbeitskräftepotentials (knapp 10 Millionen Personen) als flexible Arbeitskräfte eingestuft werden (52 Prozent aller beschäftigten Frauen und 27 Prozent der Männer). Viele der prekär Beschäftigten geben an, daß sie keine Vollzeitstelle finden konnten. Diese Zahlen belegen, daß ein beträchtlicher Teil der Erwerbsbevölkerung nicht freiwillig, sondern gezwungenermaßen einer flexiblen Arbeitsform nachgeht. Sie deuten ferner – statt auf ein Job-Wunder – auf eine beträchtliche Unterbeschäftigung auf dem britischen Arbeitsmarkt hin. Der Flexibilitätsgrad in Deutschland ist nicht viel niedriger. Aktuelle Schätzungen für Deutschland gehen von rund 5,6 Millionen Beschäftigten in geringfügiger Arbeit, rund 1 Million Scheinselbständigen und 5,8 Millionen Teilzeitbeschäftigten, insgesamt also 12 Millionen Menschen, das heißt rund 32 Prozent der Beschäftigten aus.«[9]

Nach einer OECD-Statistik rangieren die Niederlande mit 37,4 Prozent Teilzeitbeschäftigten an der Spitze, Deutschland mit 16,3 Prozent aller Beschäftigten rangiert in der Mitte, Italien mit 6,4 Prozent ganz unten. Wenn viele nur gezwungenermaßen einen Teilzeitjob annehmen, weil sie keine Chance auf eine Vollzeitstelle haben, liegt das an den handfesten Nachteilen, mit denen Teilzeit häufig verbunden ist: Dequalifizierung und Abstieg, das Einkommen sinkt und reicht oft allein zum Leben nicht aus. Teilzeitarbeit setzt also zusätzliche Arbeitseinkommen voraus (Ehepartner, Unterhaltsleistungen).

Aus dem Unternehmerlager sind mir keine Klagen über ein zu hohes Maß an Arbeitszeitflexibilisierung bekannt. Da sie aber alles in die Öffentlichkeit bringen, was auch nur ein Kostenatom verursachen könnte, ist daraus zu schließen, daß die Zeitfragmentierung von Vollarbeitsplätzen und jede mögliche Arbeitszeitvariation, das heißt die individuelle Entkoppelung von kollektiven Bindungen, den betriebswirtschaftlich kalkulierten Interessen entspricht. Die Auflösung regulärer, meist tarifvertraglich und sozialrechtlich abgesicherter Verhältnisse, die seit Anbeginn mit der Flexibilisierungsstrategie der Unternehmer verknüpft wird, ist unstrittig kostengünstig für den Unternehmerhaushalt, verändert aber (in einer Art ironischen Brechung) grundlegend die betriebswirtschaftliche Kalkulation für die Lebensführung der Menschen in den Privathaushalten.

Den Gegenpol zu den sprunghaft ausgeweiteten Betriebslaufzeiten bilden die Lebensverhältnisse der Menschen, für die ganz andere Differenzierungsmodelle der Raum-Zeit-Koordinaten bestehen als die, die sich aus der kapitalistischen Warenproduktion ergeben. Nehmen wir zum Beispiel den Zeitrhythmus, der erforderlich ist, um das Sprachvermögen eines Kindes, seine moralische Urteilsbildung, seine sozialen Fähigkeiten zu entwickeln. Kein vernünftiger Mensch käme auf den Gedanken, die industriellen Zeittakte hier anwenden zu wollen. Wo sie angewendet werden, sind Störungen im Persönlichkeitsaufbau des Menschen die prompte Folge.[10]

Was die menschlichen Lebenszusammenhänge betrifft, so können wir im einzelnen alle Eigenzeiten durchgehen, die der Prediger Salomo angeführt hat, um die zeitgebundene Existenz des Menschen zu bezeichnen. In der Tat: Alles hat seine Zeit. Einkaufen gehen hat seine Zeit, Freizeit verbringen, erziehen und die Pflege alter oder behinderter Menschen. Wird Beziehungsarbeit als Grundlage wirklicher menschlicher Produktion betrachtet, das heißt Entwicklung gesellschaftlicher Fähigkeiten, Ausbildung von kreativen Potentialen, Erzeugung und Bildung der neuen Generation, dann richten sich ganz andere Blicke auf differenzierte Gestaltungen von Arbeits- und Betriebszeiten.

In einer Gesellschaft, der – parteiunabhängig und mit demonstrativer Öffentlichkeit – die Familie so sehr am Herzen liegt, daß sie immer wieder als Grundzelle des Gemeinwesens beschworen wird, muß es Erstaunen hervorrufen, daß man fortwährend selbst magere Kindergeldzuwendungen mit stolzen Erfolgsgesten vor sich her trägt, aber den Rückwirkungen zerfaserter und fragmentierter Arbeitszeit auf die Näheverhältnisse im Privathaushalt und im Familienverband nur wenig Aufmerksamkeit schenkt. Das entspringt auch einer kulturellen Verarmung: Wenn die Betriebszeit der Warenproduktion und der Dienstleistungen sowohl die wirkliche Zeit als auch die Zeit der Wirklichkeit definiert, dann gerät das, was in den Familien und Haushalten vor sich geht, leicht unter Marginalisierungsdruck, so als handele es sich hierbei um eine Art Restzeit und einen nicht richtig verwertbaren Raum. Dieses verdrehte Verhältnis, das die Menschen ihrer Würde und ihres aufrechten Gangs beraubt, muß eine kritische Flexibilisierungsdebatte zurechtrücken.

Auch in konservativen Kreisen, die zum Kapitalismus nie eine Alternative gesehen haben, jedoch ganz froh darüber sind, daß ihn sozialstaatliche Ketten und Panzer einengen, ist ein Erwachen und ein innerer Widerwille gegen die maßlose Verwertung von Lebenszeit wahrzunehmen, welche mittlerweile die letzten Ruhezeiten der Menschen erfaßt. Hätten die Konservativen Marx nicht so abschätzig behandelt und verachtet, dann müßten sie über diese Seite des Kapitalismus so überrascht nicht sein. In Vorarbeiten zu seinem Hauptwerk »Das Kapital« findet sich ein Gedanke, den er später nicht weiterentwickelt, weil er es historisch offenbar für unmöglich hält, daß der Gedanke Realität werden kann: Marx spricht von der »reellen Subsumption der Menschen unter das Kapital.«[11] Damit meint er, daß es gesellschaftliche Situationen geben könnte, unter denen die ganze Lebensfülle der Menschen in die Logik des Kapitals eingebunden ist. Wie gesagt: Die wachsende Macht der Totengräber dieses Systems, die eigenständigen Organisationsformen des Proletariats, überzeugten ihn offenbar zunehmend davon, daß es bei dem bleibt, was er demgegenüber als bloß »formelle Subsumption der Menschen unter das Kapital«[12] bezeichnet. Obwohl Marx in der Entwicklung der Produktivkräfte eine geradezu revolutionäre Sprengkraft feststellte und wohl auch bewunderte: Die mikroelektronische Technologie, die ganz andere und vielfach verschleierte Zugriffsmöglichkeiten auf die Lebensführung der Menschen erlaubt, konnte er nicht voraussehen.

»In Bereitschaft sein ist alles«, hat einmal ein Dichter, der dem Faschismus nicht ganz ferne stand, mit existentiellem Pathos festgestellt. Sich in Rufbereitschaft zu halten durch Kommunikationsapparate, die man mit sich herumträgt, wo immer man sich aufhält und wie immer die Tages- und Nachtzeit sein mag: Das scheint die nüchterne Variante dieses Menschenbildes zu sein. Für Norbert Blüm, der sich als alten Sozialstaatler bezeichnet und Gerechtigkeit, Solidarität und Barmherzigkeit nicht dem Zufall überlassen möchte, sondern auf verläßliche Organisation drängt, geht die Welt der Flexibilisierung, in der die Global players sich bewegen, einher mit der Auflösung und Zerstörung gemeinschaftsbildender Tugenden.

1994 noch hatte Blüm in einem Artikel der »Frankfurter Rundschau« gelobt: »Es gibt eine Reihe von mutigen, unkonventionellen und erfolgreichen Arbeitszeitlösungen in Betrieben. Gleichwohl bleiben sie Exoten. Daß erfolgreiche Innovationen so wenig Schule machen, gibt es wohl nur im Bereich der Arbeitszeitorganisation. Hier kommt jetzt allerdings einiges in Bewegung – freilich mehr der Not gehorchend, als einem Entdeckungstrieb folgend. Die Flexibilisierung der Arbeitszeiten kann auch auf die bereits angesprochenen langfristigen demographischen Entwicklungen konstruktiv reagieren.«[13] Als habe sich die Welt innerhalb von vier Jahren grundlegend verändert, ist für Norbert Blüm vor der Bundestagswahl 1998 der flexible Kapitalismus zu einer Bedrohung des Sozialstaates und zum Zerstörer von Solidarität geworden, ja Mobilität und Flexibilität verarmen und verdrehen die menschlichen Existenzgrundlagen, weil sie, wie Blüm sagt, die Rastplätze unseres Lebens beseitigen: solidarische Nachbarschaften, betriebliche Loyalität, Verläßlichkeit und Treue. Wenn das in der Tagespolitik auch nicht immer erkennbar gewesen ist, hat bisher kein aktiver Politiker dem flexiblen Kapitalismus seine Legitimation so entschieden abgesprochen wie Norbert Blüm. Er kritisiert die der Flexibilität aufsitzende Figur des »Optionisten«, jenes Menschen also, der sich fortwährend selbst einredet, sein Lebenswandel sei eine Folge freier Entscheidungen. Der Tod sei die »erste optionsbegrenzende Realität ... Ihn, den Tod, zu kompensieren, bleibt dem Optionisten keine andere Wahl, als in rastloser Raffgier ein Maximum von Möglichkeiten in seinem Leben unterzubringen. Doch nirgendwo geht er vor Anker. Nirgendwo der Punkt, von dem noch Faust träumte: ›Verweile doch, Du bist so schön, es kann die Spur von diesen Erdentagen nicht in Äonen untergehn.‹«[14]

Diese existenzphilosophischen Erörterungen eines Anhängers der katholischen Soziallehre, der durch widerständige Erfahrungen offenbar weise geworden ist, verweisen freilich auf nüchterne Tatbestände, die der kritischen Sozialisationsforschung seit langem bekannt sind. Das Betriebsklima eines Familienhaushalts hängt wesentlich davon ab, wie die einzelnen Mitglieder, Erwachsene und Kinder, die Zeitrhythmen ihres in der Regel höchst eigentümlichen Lebens verläßlich aufeinander abstimmen können. Eine befriedigende Zeitkoordination in Form gemeinsamer Mußeorte und Ruhezeiten ist eine Grundbedingung für die Herstellung von Beziehungsfähigkeit. Wer die Erziehung und Bildung innengeleiteter Menschen anstrebt, muß darauf bedacht sein, die von außen kommende treibhausmäßige Dynamik zu unterbrechen, weil sie zwangsläufig Charakterstrukturen des leistungsbewußten, außengeleiteten Mitläufers fördert. Die gegenwärtigen Flexibilisierungsstrategien zehren davon, daß es heute noch sozialisationsgeschützte Räume gibt, in denen identitätsfähige Menschen sich bilden können. Denn der flexible Mensch, der seine kreativen Potentiale gesellschaftlich einbringen kann, bedarf der unflexiblen, absolut verläßlichen und von Betriebszeiten unberührten Orte und Zeiten. Der Antirealismus geht dem tragfähigen Realismus voraus.

Alles hat seine Zeit: geboren werden und sterben; aber auch Trauerarbeit und das verwickelte und umständliche Arbeiten an Beziehungen, wenn zum Beispiel einer der Partner erschöpft und ruhebedürftig den flexibilisierten Betrieb verläßt, der andere, zu ganz anderen Zeiten, Teilarbeit zu leisten hat und die Kinder wiederum andere Betreuungszeiten benötigen. Ausruhen hat seine Zeit, und arbeiten hat seine Zeit, aber sie können nicht ineinander vermischt werden, ohne die Balancearbeit des Ganzen zu stören. Eine gelingende Generationsübergabe erfolgt nicht ortlos und ohne verläßliche Zeitangaben.»Familienleben stellt sich nicht lediglich über eine Aneinanderreihung verschiedener Arbeitsleistungen, sondern gerade über eine besondere Art und Weise ihres Ineinandergreifens her, die sich zum Beispiel von den Rationalitätsprinzipien im Betrieb unterscheidet: Es werden – idealtypisch – nicht lediglich Reproduktionsleistungen erbracht, sondern Nähe und Vertrauen hergestellt und gegenseitige Anerkennungsmomente etabliert. Die Perspektive auf Lebensführung hat dabei gezeigt, daß sich Lebensführungen in dieser Konstellation nicht unabhängig voneinander bewegen, sondern daß Zusammenleben in Primärbeziehungen aufeinander bezogen werden muß. Die familiale Lebensführung ist damit eine primäre Form der Vergesellschaftung. Sie ist einerseits das Ergebnis eines Einbindungsprozesses der individuellen Lebensführung in ein soziales Gefüge, andererseits fungiert sie als gemeinsame Vermittlungsinstanz hin zur Gesellschaft: Sie ist der Ort, an dem soziales Leben beginnt, gleichzeitig aber auch Rückzugsraum gegenüber der Gesellschaft, gegenüber externen Anforderungen.«[15]

Die von Kerstin Jürgens und Karsten Reinecke vorgelegte empirische Studie über die Auswirkungen von Arbeitszeitverkürzung (in diesem Falle der 28,8-Stunden-Woche bei VW) auf die familiale Lebensführung von Industriearbeitern hat insofern besondere Bedeutung, als sie an relativ moderaten und rechtlich weitgehend auch geschützten Veränderungen der Zeitverhältnisse Umstellungsprobleme und Beziehungskonflikte in familialen Zusammenhängen verdeutlicht.[16] Feste Zeitvorgaben bewirken keine Irritationen und langwierigen Umgewöhnungsphasen; was die Beziehungsbalancen in den Familien buchstäblich stört, ist das Eindringen wechselnder, das heißt flexibler Zeitbeanspruchungen, ausgelöst zum Beispiel durch die Ertragslage des Unternehmens. Dabei stoßen zwei Zeitlogiken aufeinander: die Produktionszeit und die Lebenszeit. An die 4-Tage-Woche haben sich die Familien, trotz des damit einhergehenden Lohnverzichts, vergleichsweise schnell gewöhnt. Die Männer übernahmen Haushaltsarbeiten, und das Klima im Umgang zwischen den Partnern und mit den Kindern entspannte sich. Die Studie zeigt, daß bloße Zeitfragmentierung am patriarchalischen Herrschaftsverhältnis der Geschlechter absolut nichts ändert; führt Arbeitszeitverkürzung aber zu sicheren und planbaren Zeitperspektiven in den Familien, dann finden Umverteilungen ganz anderer Art statt. Nicht nur gibt es einen Zugewinn in der Gleichstellung der Geschlechter, sondern auch das, was Rinderspacher treffend »Zeitwohlstand« genannt hat, rückt gegenüber Einkommen und Konsumbedürfnissen in der Wertehierarchie weiter nach oben. Arbeitszeitverkürzung entlastet also die familiale Lebensführung, wenn die Grenzen der Flexibilisierung respektiert werden und die Unvereinbarkeit der Zeitlogiken der Maschinen, der Apparate, des Dienstleistungsbetriebes einerseits und der Wirklichkeit menschlicher Lebensverhältnisse andererseits akzeptiert wird.

Eine Gesellschaft, die Raubbau an Beziehungsarbeit betreibt, um mehr Autos zu produzieren, wird am Ende selbst für die Autoproduktion keine verläßlichen Arbeitskräfte mehr mobilisieren können; in dem Maße, wie Fachkompetenz einen hohen Grad der intellektuellen und psychischen Konzentration verlangt, müssen die Sozialisationsbedingungen so gestaltet sein, daß in kollektiven Ruhezeiten Beziehungsenergien freigesetzt werden. Das arbeitsfreie Wochenende (»Samstag gehört Vati mir«) mag etwas vom Schöpfungsmythos übrigbehalten haben, dessen zahlreiche Varianten alle an einem bestimmten Punkt gemeinschaftliche Ruhe vorsehen; aber solche kollektiven Ruhezeiten sind auch begründet in der Beziehungsökonomie, die das Sozialisationsgeschehen von erfahrungs- und urteilsfähigen Individuen bestimmt. Sigmund Freud hatte das, was man einen gesunden Menschen nennen kann, mit sehr vorsichtigen Prädikaten versehen: Er sei arbeits- und liebesfähig. Die vollständige Kapitalisierung und Kommerzialisierung der Lebenszeit, die augenblicklich alles zu verschlingen droht, was kulturelle Errungenschaften ausmachte, die nicht nur den Samstag wieder zur Arbeitsdisposition stellt, sondern auch den Sonntag, Tag- und Nachtarbeit, muß als ein bedrohlicher Rückschritt im Zivilisierungsprozeß der Menschen betrachtet werden, ein Rückschritt, der das Gemeinwesen gefährdet.[17]

Im Namen der Flexibilisierung wird öffentlich durchaus berechtigte Kritik an vereisten Beziehungen, verharschten Strukturen, blinder Routine und bürokratischer Verschleppung von sinnvollen Entscheidungen laut, aber wird Flexibilisierung zur Norm vernünftigen Verhaltens und eines offenen Weltblicks erhoben, erfaßt sie die Grundlage der prägenden Subjektausstattung und droht sie zu vernichten. Die »Furie des Verschwindens«, von der Hegel in seiner »Phänomenologie« spricht, reißt die Individuen aus den Verankerungen ihrer Selbstvergewisserungen, die ohne ein gewisses Maß der Souveränität in der Zeitverfügung und in der planenden Gestaltung der Erwerbsarbeit zerbrochen werden. Ein allseitig verfügbarer Mensch, der von Job zu Job taumelt und im Wirklichkeitszusammenhang der Produktion keinerlei kontinuierliche Erfahrungsfestigkeit gewinnen kann, hat seine Rolle als identifikationsfähiger Mensch im Umgang mit der aufwachsenden Generation, die Leitbilder aus Näheverhältnissen benötigt, längst verloren.

Ich will traditionelle Generationsübertragungen in den durch lebendige Menschen vermittelten Näheverhältnissen nicht idealisieren. Die Vorbildrolle der Eltern ist weitgehend gebrochen, denn im Zeitalter der Starkulte orientiert sich die Selbstidealisierung der Heranwachsenden eher an Figuren der Medienwelt als an den beschwerlichen Alltagserfahrungen, die Kinder und Jugendliche im häuslichen Milieu machen. Gleichwohl wächst keine Generation ohne die durch lebendige Menschen der Umgebung vermittelten Nähebeziehungen auf: Hier entsteht die Bereitschaft für Vorurteile (und der

Mut, sich seines eigenen Verstandes zu bedienen); hier bilden sich Wertmaßstäbe, was wahr und was falsch ist, wie man gut und böse unterscheiden kann. Wer die öffentlichen Tugenden des Teilens, der Toleranz, des Mitleidens ausbilden möchte – und damit jene Einstellungen, die der Res publica ihren guten verständlichen Sinn wiedergeben, auf daß im Gemeinwesen die eigenen Angelegenheiten verhandelt werden –, der muß den Blick auf die primären Erfahrungszusammenhänge richten, selbst dort noch, wo Partnerschaften ständig wechseln, die Rate der Ehescheidungen anwächst, Alleinerziehende sehr schnell in Not geraten.

Richard Sennetts Buch »Der flexible Mensch« heißt mit Bedacht im amerikanischen Original »The Corrosion of Character«, was soviel bedeutet wie das Ätzen, Zerfressen, Poröswerden einer Sache. Nimmt man den griechischen Ursprungssinn von Charakter, das Eingegrabene, Geprägte, die Eigenart als unverwechselbares Wesen, dann ist in der Tat dieser Begriff der Gegenpol zu jener Rotationsbewegung, in welche die Menschen wie in eine Drift hineingezogen werden. Sennett beschreibt eindrucksvoll, wie Flexibilisierungsstrategien nach Analogie eines geologischen Geschiebes als Treibeis oder Treibholz zu verstehen sind, für dessen Katastrophenwirkungen auf die Gesellschaft am Ende niemand Verantwortung übernehmen möchte. Die Menschen werden zu Anhängseln der Verhältnisse. »Die Bedingungen der Zeit im neuen Kapitalismus haben einen Konflikt zwischen Charakter und Erfahrung geschaffen. Die Erfahrung einer zusammenhanglosen Zeit bedroht die Fähigkeit der Menschen, ihre Charaktere zu durchhaltbaren Erzählungen zu formen.«[18] Auf gesellschaftliches Treibeis dieser Art lassen sich allerdings nur Menschen verfrachten, die selbst auf einen Arbeitsplatz, der besondere Befriedigung und ein hohes Selbstwertgefühl vermittelt, keine Trauerarbeit richten, wenn er ihnen genommen wird. Dieser Gewaltakt darf von flexiblen Menschen nicht als Angriff auf die Persönlichkeit und als Verletzung verstanden werden; insofern handelt es sich beim Job um eine unserer Zweiten Moderne angemessene Umdefinition des Vollzeitarbeitsplatzes: »Das Wort ›Job‹ bedeutete im Englischen des vierzehnten Jahrhunderts einen Klumpen oder eine Ladung, die man herumschieben konnte. Die Flexibilität bringt diese vergessene Bedeutung zu neuen Ehren. Die Menschen verrichten Arbeiten wie Klumpen, mal hier, mal da.«[19]

Problematisch im Flexibilisierungszeitalter ist die Art und Weise, wie sich in einer Gesellschaft, die stolz die Offenheit ihrer Strukturen und die individuelle Optionsfreiheit betont, in den Tiefenverhältnissen Bindungen und Loyalitäten entwickeln können, die bei aller respektierten Verschiedenheit kollektiven Zusammenhalt sichern. Man hat in diesem Zusammenhang vom drohenden Zerbrechen der Ligaturen gesprochen; *ligare* heißt binden, *ligatura* ist das Band. Bezeichnenderweise enthält der Ursprungssinn des lateinischen Wortes ein sinnliches Element, denn in übertragener Bedeutung beschreibt es Wendungen und Verschlingungen der Körper von Ringenden. Diese körperliche Nähe ist im Sinn von Bindungskräften aufbewahrt, aber es ist keine Symbiose, die das Selbstopfer dessen enthält, der Bindungen eingeht.

Nun ist seit Jahrzehnten im soziologischen und philosophischen Denken der Tatbestand bekannt, daß die Enttraditionalisierung der Lebensverhältnisse mit der Erosion überlieferter Bindungen an Kollektive und Institutionen verknüpft ist. An die Stelle von Klassenloyalitäten seien, wie man gesagt hat, »Disparitäten von Lebensbereichen« getreten; Milieuforschung hat die Schicht- und Klassenforschung abgelöst. Aber alle diese bereits in den siebziger und achtziger Jahren beschriebenen Veränderungen der industriell fortgeschrittenen Gesellschaftsordnungen, mit dem beherrschenden Paukenschlag des »Abschieds von« (Proletariat, Vollzeitarbeitsplatz, Flächentarifvertrag, Moderne usw.), haben durch die Flexibilisierungsstrategien, die in die Poren der menschlichen Lebensverhältnisse eindringen, eine für den Zusammenhalt des Gemeinwesens viel existentiellere Bedeutung angenommen.

Jürgen Habermas hat bereits 1974 anläßlich der Verleihung des Hegel-Preises der Stadt Stuttgart ein Thema angerissen, zu dem er auch später in immer neuen Ansätzen zurückkehrt, mit der Idee des Verfassungspatriotismus ebenso wie mit der »Einbeziehung des Anderen«: »Können komplexe Gesellschaften eine vernünftige Identität ausbilden?« Habermas ist sehr behutsam in der Beantwortung dieser Frage, in deren Mittelpunkt die Dialektik von Ich-Identität und Formen der Gruppenidentität steht; es schwingen bei ihm Sympathien für Hegels Begriff der Sittlichkeit mit, der die Erinnerung an die Polis-Idee wachhält. »Ich will nur soviel behaupten: wenn in komplexen Gesellschaften eine kollektive Identität sich bilden würde, hätte sie die Gestalt einer inhaltlich kaum präjudizierten, von bestimmten Organisationen unabhängigen Identität einer Gemeinschaft derer, die ihr identitätsbezogenes Wissen über konkurrierende Identitätsprojektionen, also: in kritischer Erinnerung der Tradition oder angeregt durch Wissenschaft, Philosophie und Kunst diskursiv und experimentell ausbilden.«[20] Mit anderen Worten: Kollektive Identität ist nicht mehr das Resultat eines Überlieferungskanons von Institutionen und Milieus, sondern braucht eine eigentümliche Kraftanstrengung der die Gemeinschaft bildenden Subjekte, die allerdings eines zur unabdingbaren Voraussetzung hat: Die Subjekte bedürfen einer Zeitstruktur, die diskursivem und experimentellem Nachdenken zugänglich ist, einer, wie Habermas sagt, »zukunftsorientierten Erinnerung«. Bei flexibilisierten Produktionsprozessen und einer losgelassenen und fremdbestimmten Mobilität der Menschen, deren Leben gleichsam von Zeitagenturen verwaltet wird, ergibt sich genau daraus das entscheidende Problem.

Identifikationen, für die die eigene Urteilsfähigkeit und das wohlverstandene Eigeninteresse geopfert werden, damit beschädigte Selbstwertgefühle in kraftvollen und häufig auch gewaltbereiten Kollektiven ausgeglichen werden – solche falschen Bindungsbedürfnisse können leicht zur Massenware werden, wenn im primären Lebenszusammenhang und in der Arbeit verläßliche Achtungsbeziehungen zerbrochen sind. Die Menschen sind um so geneigter, in solchen Kollektiven, Stammesverbänden, Volksgemeinschaften Nähegefühle unterzubringen, je entschiedener deren Befriedigung in ihrer alltäglichen Lebenswelt verweigert wird. Wenn keinerlei Energie mehr für öffentliche Reflexionszeit übrigbleibt, dann verarmt das Gemeinwesen innerlich; verläßliche Beziehungen und Loyalitäten, die im Krisenfall einen selbstlosen Einsatz der Betroffenen sichern könnten, zerbröckeln.

Wo entstehen Bindungen und verläßliche Beziehungen? Womit kann ein Gemeinwesen rechnen, wenn innere oder äußere Feinde es bedrohen? Wie stellt sich ein Zusammenhang her zwischen den Subjekten, also dem »inneren Gemeinwesen« der Menschen, und dem, was die Gesellschaft als Bedingungsraum ihrer individuellen Existenz ausmacht? Ich habe von der Flexibilisierungswirkung auf Familien und Privathaushalte gesprochen. Was die Generationenübergabe betrifft, so hat das damit einhergehende Sozialisationsgeschehen erhebliche Bedeutung für den sozialen Zusammenhalt der Menschen. Es wäre aber ein folgenreicher Irrtum, wollte man den Alltagserfahrungen im Umgang mit der Arbeitswelt (ganz gleich, auf welcher Rangstufe der einzelne sich befindet) weniger Einfluß auf den gesellschaftlichen Zusammenhalt zubilligen und auf die Art und Weise, wie eine Gesamtgesellschaft ihre eigenen Konflikte regelt. Wenn Tugenden wie Loyalität, Solidarität, Verläßlichkeit in den Produktions- und Dienstleistungsbereichen verlorengehen, werden sie in der Regel auch für die politischen Institutionen eines demokratischen Rechtsstaates nicht verfügbar sein. Diese öffentlichen Tugenden lassen sich nicht teilen.

Wenn die Firmentreue von Belegschaften besonders groß ist – bis hin zu dem Phänomen, das eine neue Generation praktisch die Arbeitsplätze der alten beerbt –, heißt das nicht, daß Gewerkschaften über wenig Einfluß verfügen; in der Geschichte der Arbeiterbewegung gibt es genügend Beispiele für das Gegenteil: Die »Kruppianer« waren gewerkschaftlich gut organisiert; im Kohlebergbau gingen gewerkschaftliche Aktivitäten unmittelbar einher mit sehr starken Bindungen an einzelne Zechen. Insofern profitieren Gewerkschaften überhaupt nicht davon, wenn im Zuge der Zeitfragmentierung von Arbeitsplätzen die Bindungskräfte an Unternehmungen nachlassen.

Das Thema Firmentreue, Loyalität zum Arbeitgeber ist im Unternehmerlager längst kein Tabu mehr. Man hat erfahren, daß ein schneller Wechsel von größeren Teilen der Belegschaft, wie er vorkommt, wenn man sich Standortvorteile sichern will oder auf Fusionswellen mitschwimmt, die Produktivität der Arbeit keineswegs erhöht, sondern in der Regel merklich mindert. Aber die Unternehmerfunktionäre zeigen wenig Besorgnis über jene Arbeiter und Angestellten, die, wie es der ehemalige Personalgeschäftsführer der IBM Deutschland Klaus Kuhnle ausdrückt, »optionslose Treue praktizieren, weil sie keine Chancen mehr auf dem Markt haben oder in resignativer Treue verharren.«[21] Auf Treue- oder Loyalitätsbekundungen dieser Kategorie von Menschen legen moderne, dem ökonomischen Zeitgeist verbundene Personalplaner um so weniger Wert, als sie an genügend Beispielen erfahren haben, daß die Aufkündigung der Firmenloyalität (im Zuge von Massenentlassungen oder von fusionsbedingten Umschichtungen) als starke Verletzung empfunden wird und die Gewerkschaften von den daraus entstehenden Protestpotentialen profitieren. Menschen dieser Art, also die erdrückende Mehrheit der abhängig Tätigen, fallen zunehmend durch die Raster möglicher Treueverhältnisse und Loyalitätsbindungen, denn für die psychologisch geschulten Personalberater kommen für neue Einstellungen ohnehin nur die in Betracht, die auch anderswo und in anderen Firmen Chancen hätten.

Um die »Optionslosen« (ein Modewort, das aus der existentialistischen Ecke der freien Lebensentwürfe kommt) muß eine Firma nicht werben, solange die Massenarbeitslosigkeit genügend hoch ist; sie kommen von alleine, und sie wollen auch nicht schnell wieder gehen. Es sind die sogenannten »Job-hopper«, qualifizierte Leute, die nicht Geld, sondern zusätzliche Qualifikationen einsammeln, auf die sich der Blick der Headhunter richtet. »Typische Job-hopper sind zum Beispiel Projektmanager im Software-Bereich. Die sammeln vielleicht ein, zwei Jahre Erfahrung, lernen komplizierte Projekte im SAP-Umfeld kennen. Wenn sie das können, wissen sie: Der Markt saugt sie auf, und dann wechseln sie die Firma. Ein IT-Architekt dagegen, der hat weniger Fluktuationsgedanken, weil er merkt: Sein Wissen wächst ebenfalls – aber ist eingebunden in die Architektur eines Unternehmens.«[22]

Die qualifizierten Job-hopper, die fortwährend bemüht sind, ihren Marktwert zu vergrößern, leben allerdings keineswegs jenseits von Existenzrisiken; nicht nur gescheiterte Existenzgründer, sondern selbst Manager und Techniker aus dem mittleren Management, die bei Entlassungen nicht mit großen Abfindungen rechnen können, suchen zunehmend Hilfe bei gewerkschaftlichen Interessenvertretungen. So sehr also Flexibilität im Umgang mit Bindungen, die unterhalb der Vertragsebene liegen, der augenblicklichen kapitalistischen Dynamik entgegenkommt, so beunruhigend scheint diese Funktionalisierung von Menschen doch selbst für die Führungsgruppen und -cliquen der Wirtschaft zu sein. Wenn Menschen nur noch auf ihren Marktwert bedacht sind und nur in dieser Hinsicht von anderen geachtet werden, sind sie jeder Würde entkleidet, sobald sie die Macht verloren haben. Um diesen kalten Funktionalismus im zeitlich kalkulierten Gebrauch der Qualifikationen etwas abzumildern, ist man im Management englischer Firmen auf die Konstruktion verfallen, angeworbene Mitarbeiter ausdrücklich für den Zweck zu qualifizieren, daß sie nach Entlassung oder selbstgewolltem

Wechsel bessere Chancen bei einer anderen Firma haben. »Das Zauberwort lautet: Entwicklungschancen. Firmen, die um Mitarbeiter werben, greifen zu einem auf den ersten Blick paradoxen Mittel: Sie bieten eine interne Ausbildung, die den eigenen Leuten bessere Chancen bei der nächsten Jobsuche eröffnet ... ›Anstelle von Sicherheit bietet der Arbeitgeber Qualifikation. Wenn er selbst keinen Job garantieren kann, so doch die Chance, einen Job zu finden.‹ Die meisten großen deutschen Konzerne, ob Daimler-Chrysler, Metallgesellschaft oder SAP, haben mittlerweile ›corporate universities‹ – so die trendige Bezeichnung für betriebsinterne Kurse.«[23]

Kein Mensch kann ohne ein gewisses Maß gesellschaftlicher Bindungen leben; so wird der Bindungsrohstoff, der durch Lösung traditioneller Orientierungen entstanden ist und beständig wächst, auf Dauer nicht einfach herumliegen, sondern spezielle Interessenten auf den Plan rufen, die ihre Bindungsangebote präsentieren. Das können religiöse Verbände sein, Kirchen, Sekten, aber auch Agitatoren, die völkische Gemeinschaftsgefühle aufwärmen und den Fremdenhaß als wesentliches Mittel der Krisenlösung propagieren. Die Entwurzelung der Menschen, ihre Entrechtung durch Arbeitslosigkeit und der Verlust von Sicherheit vermittelnden Gemeinschaften münden unter dem Einfluß rechtsradikaler Feldzüge in die Ablehnung der bestehenden »offenen Gesellschaft«. Spätestens das sollte dem mit Freiheitsoptionen umrankten Begriff der Flexibilität seine Unschuld nehmen.

Auf dem 25. Deutschen Soziologentag in Frankfurt – zweiundzwanzig Jahre nach dem denkwürdigen Soziologentag von 1968, der die Frage behandelte: »Spätkapitalismus oder Industriegesellschaft?« – hat Ralf Dahrendorf als Vorsitzender der Deutschen Gesellschaft für Soziologie einen Vortrag mit dem Titel gehalten: »Die offene Gesellschaft und ihre Ängste«, eine der Wende von 1989 durchaus angemessene Variation des Popperschen Buchtitels »Die offene Gesellschaft und ihre Feinde«. Dahrendorf schlägt vor, aktuelle Beobachtungen mit den 1968 diskutierten klassischen Themen von Herrschaft, Klassenverhältnissen und Schichtung zu verknüpfen. Die politischen Folgen der Diffusion von Herrschaft, der Verschleierung und Neuverkleidung von Klassenstrukturen, die zu bloßen Hüllen gewordenen politischen Parteien seien neu zu untersuchen. Man müßte fragen, wie denn die neue *underclass* der Dauerarmen und

Langzeitarbeitslosen in das Bild der neuen offenen Gesellschaft passe. Aber der entscheidende Kritikpunkt ist für ihn, daß die Auflösung der alten geschlossenen Gesellschaften, die Mobilität unter staatliche Kontrolle setzten und Freizügigkeit nur in privilegierten und dosierten Fällen zuließen, einem offenen Optionsangebot von Lebenschancen und Wahlmöglichkeiten den Boden bereitete, auf dem sich Brandherde archaischer Vergemeinschaftungen bilden. »Erkennbar ist immerhin, daß offene Gesellschaften mit ihrer Mobilität offenbar dazu neigen, Ligaturen aufzulösen, während geschlossene Gesellschaften diese zum Dogma, damit zum Herrschaftsinstrument erheben. Es gibt sozusagen ein Übermaß an Bindungen ebenso wie einen schwer erträglichen Mangel, das Dilemma hat viel zu tun mit dem Thema der Freiheit.«[24]

Die quasireligiöse Struktur des Marxismus-Leninismus, durch Zentralgewalt institutionalisiert und im klar gegliederten Herrschaftsschema der Nomenklatura abgesichert, hat für lange Zeit – legitimiert auch durch den sowjetischen Sieg über den deutschen Faschismus – unverarbeitete ethnische Konflikte in der Sowjetunion und den Satellitensystemen neutralisiert und gebunden. Aus dem zerrissenen Bindungsgeflecht dieser staatlich sanktionierten Disziplinarordnung entstand der neue Ethnonationalismus, wie wir ihn gegenwärtig auf dem Balkan und in den Ländern der ehemaligen Sowjetunion beobachten. Das ist verständlich. Aber was sind die Gründe für die Zerstörung von Ligaturen in den entwickelten kapitalistischen Staaten, in denen sich ja trotz allen Wandels im Weltgeschehen die Beziehungen der Individuen zur Gesellschaft nicht sprunghaft geändert haben?

Dahrendorf fragt sich: »Welche Ligaturen werden durch offene Gesellschaften erlaubt, gefördert, verlangt? Was hat die Gesellschaft der Chancen und Optionen den Herzen der Menschen zu bieten? Wofür können sich aufgeklärte und freie Menschen noch begeistern?« Antworten sucht er eher in der Vergangenheit, aber sie sind kaum zeitgemäß und haben wenig mit unseren gegenwärtigen Problemen zu tun. »Fragt man, woher die alten offenen Gesellschaften Englands und Nordamerikas ihre Ligaturen nehmen, dann stößt man auf selten erörterte Phänomene. In England hat lange ein Bewußtsein der demokratischen Ausgewähltheit vorgeherrscht; seine Spuren sind noch heute vorhanden. Burke hat dies gut formuliert, als er vom

›Urvertrag der ewigen Gesellschaft‹ sprach. Das ist eben so, und es bedarf keiner großen Diskussion. ... In den Vereinigten Staaten hat schon Tocqueville auf die große Bedeutung der Kirchen hingewiesen. Sie gehen mit der Verfassung ein merkwürdiges Bündnis ein ... Vielleicht bröckeln solche Traditionen heute in den beiden alten Demokratien, aber diese haben es doch verstanden, demokratische Institutionen und Ligaturen in Einklang zu bringen.«[25] Diese Ligaturen, von denen Dahrendorf spricht, sind freilich Resultat von Gesellschaften, die sich bewußt Sinnstiftungen in den Alltagsverhältnissen der Menschen gönnten. Solche sinnstiftenden Kollektive mögen religiöse Gemeinden sein, politische Vergemeinschaftungen oder auch betriebliche Arbeitszusammenhänge, in denen sich solidarische Zwangskollektive des Widerstandes bilden.

In einer durch und durch flexibilisierten Welt hat Gemeinschaftsbildung nur dann eine Chance, wenn Herrschafts- und Machtstrukturen überwunden sind und die einzelnen Menschen als autonome Subjekte Entscheidungen treffen, welche individuelle Interessen und das Allgemeininteresse ausbalancieren. Davon kann unter gegenwärtigen Bedingungen selbst dort nicht die Rede sein, wo eine vor Reichtum überquellende Gesellschaft vorhanden ist. In den Realitätsdefinitionen des gegenwärtigen kapitalistischen Systems gilt ein Mensch, der auf seiner Berufsidentität und seinem Eigensinn beharrt, eher als rückständig. Wer Traditionen bewahrt, den verwurzelten Familienverhältnissen den Vorrang gibt, ist tendenziell auf der Verliererseite. Eigensinn, das Festhalten an alten Gewohnheiten und Lebenseinstellungen, Loyalitäten und Bindungen, die sogar im Widerspruch stehen können zu eigenen Interessen – was üblicherweise ja unter den Titeln Identität und Charakter verstanden wird –, steht im Geruch eines lauthals beklagten verlustreichen Querulantentums. Der innengeleitete Mensch, der in seiner Bildung von Vorräten und Lagerhaltungen im Denken und Begreifen zehrt, gilt als hoffnungslos unzeitgemäß. An seine Stelle ist der flexible Mensch getreten als Selbstideal einer Risikogesellschaft, die zur Entwertung der traditionellen Haltepunkte in den Lebenszusammenhängen neigt. Ulrich Beck und andere sprechen vom »unternehmerischen Menschen«, der sich flexibel in die Marktlage einpaßt und Gewinnchancen möglichst schnell wahrnehmen kann. Ein solcher Menschentyp paßt zu einer Ökonomie des Mangels, als wäre Steigerung der Arbeitsproduktivität und der Güterproduktion das Hauptproblem der gegenwärtigen Gesellschaft.

So haben wir es gegenwärtig mit einer komplizierten Krisensituation im Verhältnis zwischen Arbeit und Identität zu tun. Fortwährend hören wir Forderungen: Seid flexibel! Beharrt nicht unentwegt auf beruflicher Identität, auf kollektiver Nestwärme, auf Bindungskräften an Ort und Stelle! Bewegt euch und schärft euren Blick für die vielfältigen Lebenschancen, die im täglichen Angebot sind! Aber diese und ähnliche öffentliche Aufrufe zehren gleichsam von einer Restsubstanz an Identität und Innenleitung der Menschen. Der entsprechende Traditionsbestand von Subjektausstattung, von kollektiven Orientierungen ist noch nicht aufgebraucht und macht als Kraftquelle die Flexibilisierungsstrategie für die Individuen erträglich, manchmal sogar mit neuen Freiheitsillusionen verknüpfbar. Auch was man heute Patchwork-Identität nennt, also eine Art Flickenteppich von Identitätsfragmenten, setzt voraus, daß im Prozeß der Primärsozialisation und der Bildung Fundamente für das gelegt worden sind, was Freud einen liebes- und arbeitsfähigen Menschen nennt.

In einer Welt der Umbrüche sind diese Fundamente aufs höchste gefährdet, und unter den gesellschaftlichen Institutionen und Organisationen findet sich keine, die aus organisatorischen Eigeninteressen auf die Entwicklung und Kultivierung dieser menschlichen Vermögen so angewiesen wären wie die Gewerkschaften; es ist kaum übertrieben, den Gewerkschaftsgedanken in seinem Ursprung und seiner Vitalität in der Entwicklung menschlicher Bindungsvermögen zu begründen. Seit Anfang der achtziger Jahre, als im Unternehmerlager die Flexibilisierungsstrategien in den Vordergrund traten, so daß kollektive Arbeitszeitverkürzung und Flexibilisierungsideen aufeinanderstießen, stehen die Gewerkschaften daher in einem Dilemma, aus dem sie sich bis heute nicht gelöst haben.

3. Das chronische Flexibilitätsdilemma der Gewerkschaften

Die Vorbehalte der Gewerkschaften gegen die Teilzeitkultur liegen auf der Hand: Solche Differenzierungsmodelle gefährden Flächentarifverträge, sie fördern Tendenzen des Betriebssyndikalismus, einer korporatistischen Einbindung der Betriebsbelegschaften in die Kapital- und Marktstrategie des Einzelunternehmens. Die Gewerkschaften befanden sich seit Beginn der achtziger Jahre in einem Dilemma: Lassen sie sich auf produktionsvermittelte Vorhaben der Zeitfragmentierung ein, so können sie ihre Machtstellung in den Betrieben dazu nutzen, in Tarifverträgen oder betrieblichen Vereinbarungen Rechte der Betriebsbelegschaften oder einzelner Gruppen abzusichern; gleichzeitig unterlaufen sie damit aber ihre eigene Strategie der kollektiven Arbeitszeitverkürzungen. In diesem Dilemma stekken sie bis zum heutigen Tage. Denn betriebliche Vorschläge zur Zeitflexibilisierung haben zweierlei zum Endresultat: völlig durchsichtige und greifbare ökonomische Vorteile für den Betrieb und eine sich sehr schnell als Scheinsouveränität erweisende Zeitverfügung bei den abhängig Beschäftigten. Die Abhängigkeit selbst wird nicht gebrochen, sondern rationalisiert. Wer Urlaub nehmen wollte, wenn schönes Wetter ist, wird eines besseren belehrt; gerade in dieser Zeit könnte die Auftragslage sehr gut sein, und er muß, ob er will oder nicht, seinen Jahresarbeitsvertrag erfüllen, wenn er nicht als Vertragsbrüchiger auf die Straße gesetzt werden will. Schießen im traditionellen Schema von Arbeitszeit und Lebenszeit die jeweiligen Rhythmen frontal aufeinander, so ergreifen nunmehr die Produktionskriterien auch von Lebenszeit unmittelbar Besitz. Die kapitalistische Produktions- und Marktlogik ist dabei in keinem Punkt in Frage gestellt, ja noch nicht einmal zum Thema geworden.

Wird die Zeitfragmentierung zum Prinzip des betrieblichen Alltags, so daß die Unternehmensleitung bestimmt, wer mit wem und zu welcher Zeit zusammenarbeitet, welche Zeitteile als Freizeit genommen werden dürfen und wann Mehrarbeit zu leisten ist, so öffnet sich auf diesem sumpfigen Gelände einer zerfaserten Arbeitszeit ein zusätzlicher Widerspruch zwischen der betrieblichen Interessenvertretung, die ja, weil ihr nach dem Betriebsverfassungsgesetz diverse Kontrollrechte zukommen, mit Sicherheit für einen gewissen Zeitraum konstant bleiben wird, und den Betriebsbelegschaften, deren angewendete lebendige Arbeitskraft nach Konjunkturzyklen und Arbeitszeitrhythmen wechselt. Das war im Grundsatz zwar auch bisher schon der Fall, aber es war ein den Arbeitern äußerlich aufgezwungenes Verhältnis, gegen das sie sich notfalls wehren und das sie bekämpfen konnten. Lassen sie sich auf individuelle Arbeitszeitregelungen ein, so erteilen sie eine subjektive Zustimmung zu diesem Mechanismus, dessen Opfer sie am Ende doch sein werden. Die Unternehmer dagegen machen bei diesem Manöver nicht nur ökonomische Profite, sondern, was langfristig noch größere Bedeutung haben könnte, auch Legitimationsprofite.

Die alte Arbeitszeitregelung schuf Zwangskollektive der Arbeiter im Betrieb, was eine der Grundlagen zur Herstellung von Kommunikation und Solidarität war. (Heinrich Popitz und Hans Paul Bahrdt sprachen im Gesellschaftsbild des Arbeiters vom »dichotomischen Bewußtsein«: »wir hier unten«, »die da oben«; gemeinsames Schicksal und Körperarbeit waren die tragenden Merkmale dieser Selbstidentifikation.)[26] Privatisierungen der Arbeitsverhältnisse sind die zuverlässigsten Mittel zur Ablösung der Arbeiter von ihren kollektiven Schutzorganisationen. Private und öffentliche Arbeitgeber verschaffen sich dadurch günstige Ausgangschancen, je nach Bedarfs- und Gewinnlage Arbeitskraft anzusaugen und abzustoßen, über Arbeitszeitverkürzung des einzelnen von Fall zu Fall zu verfügen.

Der entscheidende Grund, warum Teilzeitarbeit und andere Formen der Parzellierung von Arbeitsplätzen als rationalisierte und modernisierte, das heißt den herkömmlichen Gedanken des Vollzeitberufs entwertende Mittel der Herrschaftssicherung betrachtet werden müssen, liegt in der überfällig gewordenen Neugliederung des Disziplinarraumes der teilgeöffneten Anstalten wie dem Industriebetrieb, der Behörde, der Verwaltung. Löst sich in solchen Betriebs- und Anstaltseinheiten die zunächst auf Befehl und Anweisung, schließlich auf gewohnheitsmäßige Folgebereitschaft der Betroffenen gegründete Herrschaftsstruktur auf (und das scheint überall der Fall zu sein, wo die protestantische Arbeitsethik ihre ökonomische Kulturbedeutung verliert), dann ist ein wesentliches Disziplinierungsmittel in seiner verläßlichen Wirksamkeit bedroht. Was die in den Privatbereich zunehmend eindringenden Medien mit ihren Mischangeboten leisten, nämlich Ablenkung, Zerstreuung und Zerfaserung der individuellen Vorstellungswelt, wird in den Produktionsbereichen durch Zerlegung der einzelnen Arbeitskraft vorweg organisiert. In den Teilen, die im Produktionsprozeß verwertet werden, wird sie aufs äußerste beansprucht. Leerbewegungen, die in einem acht- oder zehnstündigen Arbeitstag zwangsläufig auftreten, werden dagegen aus dem Betrieb ausgegliedert, der kollektiven Verarbeitungsmöglichkeit entzogen und gleichsam ins Lampenlicht des Privaten gestellt.

Intensivierung der Anwesenheitszeit im Betrieb, durch welche die letzten Poren des Zeitleerlaufs verstopft werden sollen, der zu nichttechnischer Kommunikation und zu Ausflügen der vagabundierenden Phantasie genutzt werden kann, ist das bestimmende Kriterium für flexibel gehandhabte Arbeitszeiten. »Betriebswirtschaftlich kommt es darauf an, die Betriebszeit von der Arbeitszeit abzukoppeln. Dadurch erhält der Mitarbeiter mehr Verfügungsrechte über seinen eigenen Einsatz. Das hebt die Arbeitsfreude des einzelnen und verbessert die Kapazitätsauslastung der Betriebe.«[27] Werden Betriebszeit und Arbeitszeit entkoppelt, verringert das die Gefahr, daß die Menschen sich über ihre Lage eigene Gedanken machen und Fragen stellen, die über ihren Arbeitsplatz hinausreichen und vielleicht das Irrationale dieses ganzen im Zerbröckeln befindlichen Erwerbssystems betreffen.

Job-sharing und Teilzeitarbeit mit fortwährendem Ortswechsel und Zeitverschiebungen höhlen zwangsläufig die Praxis aus, gemeinsame Pausen und langfristige Kooperationskontakte in der Produktion zum Austausch von Informationen zu benutzen, ja auch nur zum »Ausquatschen« über das, was einen privat berührt, was die Arbeitsinteressen betrifft oder der gefühlsmäßigen Bestätigung der Solidarität dient. Was hier an menschlichem Kommunikationsverlust auftritt, die Vereinzelung und Isolierung der Menschen zum Resultat hat, erscheint auf der Managementseite als technisches Problem der »Übergabe-Information«. Denn jeder der zwei oder drei Arbeitspartner muß im Job-sharing ständig auf dem laufenden sein, was um so besser gelingt, je intelligenter die Beteiligten sind und je klarer das ganze Arrangement auf Freiwilligkeit beruht – wie man sagt. Freiwilligkeit und Intelligenz ändern allerdings am objektiven Tatbestand der räumlichen und zeitlichen Zersplitterung von Arbeitserfahrungen gar nichts. Übrigens hat bereits die Einführung der gleitenden Arbeitszeit in Büros und Verwaltungen, wo sie durchgängig praktiziert wurde, zu ähnlichen Fragmentierungswirkungen geführt.

Der Disziplinarraum, um nochmals den Begriff von Michel Foucault aufzunehmen, besteht in einer fein dosierten Mischung von einer kontrollfähigen Anwesenheitspflicht an einem bestimmten Ort und dem Zwang, sich von ihm zu entfernen, wenn der speziell gesetzte Zweck erfüllt ist. Niemand soll die Zeit haben, sich an dem Platz, der ihm zugewiesen ist, so festzuhalten, daß daraus ein Anspruchsdenken und Rechtsansprüche entstehen; rotierende Bewegungen mit bewußt gesteuerten Ruhestellungen für einen meßbaren und kontrollierten Zeitabschnitt, der völlig funktional gebunden ist, schaffen die Möglichkeit, kollektive Verankerungen der Menschen zu blockieren.

Nun wird es keinen Betrieb ab einer bestimmten Größenordnung geben, der sich nur auf Teilzeitarbeiter oder auf geteilte Arbeitsplätze stützen kann. Es zeichnet sich deshalb eine Entwicklung ab, die erst am Anfang steht, aber eine unverkennbare Richtung hat: daß die Teilung der Gesamtgesellschaft in zwei Realitäten, wie ich sie im Analysezusammenhang der Erosionskrise angedeutet habe und im folgenden eingehender begründen werde, sich in der Mikroorganisation der Industriebetriebe, der Verwaltungen, der Behörden mit wachsender technologischer Entwicklung wiederholt – eine Realitätsteilung zwischen loyalitätswilliger und qualifizierter Stammbelegschaft, die sich im Einkommen und der sozialen Sicherheit privilegiert vorkommt und das jeweilige Betriebsinteresse verinnerlicht hat, und jener schwankenden, immer breiter werdenden Schicht von Arbeitskräften, die sich fortwährend an den Grenzbereichen der zweiten Realität bewegt.

Im Treibsand der Krise fallen den Unternehmern Bedürfnisse zu, mit denen sie sonst unter keinen Umständen für ihre Interessen rechnen konnten. Darunter sind immer auch manche Gewerkschafter gewesen, welche die augenblickliche Stabilität ihres Betriebes, in dem sie arbeiten und organisiert sind, auf keinen Fall durch eine generelle Arbeitszeitverkürzung gefährden wollen und deshalb eher geneigt sind, auf die Unternehmervorschläge einzugehen. Die angstbesetzte Überidentifikation mit bedrohten Arbeitsplätzen hat die Gewerkschaften von Anbeginn ihrer auf kollektive Verkürzung der Wochenarbeitszeit setzenden Strategie in eine verwickelte und prekäre Situation gebracht, die ihnen durch die Realitätsvorteile der Unternehmer aufgezwungen war.

»Für die absehbare Zukunft ist die gewerkschaftliche Tarifpolitik zum Thema Flexibilisierung und Teilzeitarbeit ... in folgendem Dilemma befangen: einerseits kann sie Mitgliederinteressen am Bestandsschutz und einer Verbesserung der Bedingungen von Teilzeitarbeit nicht völlig ignorieren, zumal sich eine wachsende Zahl von Arbeitnehmern genötigt sieht, subnormale Arbeitszeiten als ›kleineres Übel‹ hinzunehmen, andererseits ist aber an dieser tarifpolitischen Front nicht nur gegenwärtig kaum etwas auszurichten, sondern es würden auch, selbst wenn etwas auszurichten wäre, zentrale organisationspolitische Interessen und Machtmittel der Gewerkschaften in Mitleidenschaft gezogen. Die tarifpolitische Aufopferung des ›Normalarbeitstages‹ als des Normalfalles würde zumindest eine lange historische Entwicklung umkehren, in der individuelle Komponenten des Arbeitsvertrages durch kollektiv-vertragliche Bestimmungen nach und nach abgelöst wurden.«[28]

So unabdingbar die allgemeine Forderung einer kollektiv verankerten Normalarbeitszeit das historische Selbstverständnis der Gewerkschaften in ihrem Kampf um die Arbeitszeit auch bestimmen mochte und weiter bestimmen wird, so unverkennbar weist die Entwicklung der gesellschaftlichen Produktionsprozesse auf eine immer stärkere Differenzierung ihrer technologischen und organisatorischen Strukturen hin. Soll es nicht dazu kommen, daß sich mit neuen Produktionskonzepten operierende Unternehmensleitungen in engster Kooperation mit Betriebsräten, die sich im Interesse der ökonomischen Stabilisierung des Betriebes auf die Seite der Rationalisierungsgewinner schlagen, eine kompakte Bürokratie außerhalb gewerkschaftlicher Einflußchancen schaffen, war eine Neuformulierung der betriebsnahen Tarifpolitik und der ihr entsprechenden Bildungsarbeit notwendig, die sich auf gewerkschaftliche Vertrauensleute als entscheidende Vertretungs- und Kontrollorgane stützt. Denn gerade im Zuge beschleunigter Rationalisierungs- und Modernisierungsprozesse der Arbeitswelt erscheint eine vergrößerte Basis demokratischer Mit- und Selbstbestimmung als der einzige mit den Gewerkschaftstraditionen übereinstimmende Weg, den im Einzelbetrieb sich abspielenden kapitalistischen Krisenlösungen Widerstand zu leisten und diesen tagtäglich und auf allen Ebenen Alternativvorstellungen gegenüberzustellen.

Dieses erneute Plädoyer für eine betriebsnahe Tarifpolitik und für eine in den Erfahrungszusammenhängen der betrieblichen Realität verankerte, wenn auch inzwischen viel weiter greifende Bildungsarbeit, für die eine dezentralisierte Gewerkschaftspraxis und die konsequente Demokratisierung der Basis unabdingbare Voraussetzungen sind, schließt die Zentralisierung der Arbeitskämpfe, die kollektivrechtlichen Verallgemeinerungen der Kampfresultate und vor allem die gesamtgesellschaftliche Verantwortung der Gewerkschaften nicht aus. Im Gegenteil: Je konkreter die Gewerkschaften in den Betrieben verankert sind, also in jenen Realitätsausschnitten der herkömmlichen Arbeitsgesellschaft, für deren abhängig Beschäftigte sie in einer mehr als hundertjährigen Tradition Lebensinteressen wahrgenommen haben und auch in Zukunft wahrnehmen müssen, desto glaubwürdiger und wirksamer können sie eine Politik vertreten, die sich mit dem Tatbestand der Zweiteilung der gesellschaftlichen Realität nicht abfindet, sondern differenzierte Kampffronten zur Überwindung dieser Spaltung eröffnet.

Ich muß jedoch erklären, warum ich von einem erneuerten Plädoyer für die betriebliche Erfahrungsnähe von Tarifpolitik und Bildungsarbeit spreche. Als die Forderung einer betriebsnahen Tarifpolitik zum ersten Mal auftauchte, und zwar gleichzeitig von einigen Gewerkschaftsvorständen und der betrieblichen Gewerkschaftsbasis formuliert, ging es um die Entmachtung von Betriebsräten, die im konjunkturellen Hoch durch günstige Betriebsvereinbarungen Bedingungen ausgehandelt hatten, die für die einzelnen Belegschaften weit über dem lagen, was in den Tarifverträgen festgelegt war. Angesichts dieser betriebssyndikalistischen Tendenz drohte die Waffe allgemeiner Tarifpolitik stumpf zu werden, und gerade um die zentralisierte Verhandlungsmacht der Gewerkschaften und die kollektive Verbindlichkeit ihrer Politik zu stärken, unternahmen sie Schritte zur Dezentralisierung der innergewerkschaftlichen Willensbildung und gaben darauf abzielenden Initiativen einen viel größeren Bewegungsraum, als das bis dahin praktiziert wurde. Gewerkschaftliche Vertrauensleute und Bildungsobleute waren die organisatorische Basis dieser betriebsnahen Tarifpolitik und Bildungsarbeit.[29]

Wenn ich an diese Anfang der sechziger Jahre formulierte Konzeption anknüpfe, dann mag das zunächst wie eine moralisch-sentimentale Erinnerung an eine Sache klingen, die politisch längst ausgestanden ist; denn die Verhältnisse haben sich offensichtlich grundlegend verändert. Tatsächlich wird es schwer sein, unter der Arbeiterschaft Gruppen von Konjunkturgewinnlern zu finden, die Grund haben, sich vom gewerkschaftlichen Schutzzusammenhang abzulösen, weil sie die Zukunft ihres Betriebes in keinerlei Zweifel stellen. Erosionskrise und Massenarbeitslosigkeit als hervorstechende Charaktermerkmale des heutigen gesellschaftlichen Gesamtzustandes scheinen vor allem Programme nahezulegen, die geeignet sind, die in der Krise in bedrohlicher Weise wachsenden Fliehkräfte zu bändigen, das auseinanderfallende Ganze und das sich verselbständigende Einzelne wieder auf das Kollektiv-Allgemeine zurückzubringen und die Identität der Organisation in ihrer klassischen Form zu befestigen.

Das ist aber nur die eine Seite der innergewerkschaftlichen Situation; die andere besteht darin, daß der heutige, wesentlich durch Krisenängste geprägte und durch eine offensive Unternehmerstrategie zusätzlich verengte Betriebssyndikalismus, der die Zweiteilung der gesellschaftlichen Realität in den Belegschaften der Betriebe wiederholt und die ohnehin in sie eindringenden Konkurrenzmechanismen durch Teilprivilegierungen verstärkt, auf dem Wege straffer Zentralisierung ebensowenig zu überwinden ist wie der Separatismus in Ländern, in denen strikter Regierungs- und Verwaltungszentralismus praktiziert wird. Daß separatistische Bewegungen dort am geringsten auftreten, wo traditionelle Bundesstaatlichkeit besteht, sollte den Gewerkschaften ausreichendes Motiv zum Nachdenken sein. Sie sind, ob sie wollen oder nicht, organisatorisch einbezogen in eine neue Dialektik von Dezentralisierung und Zentralisierung, von Innen und Außen, von Zentrum und Peripherie, von Besonderem und Allgemeinem.

Der gewerkschaftliche Kampf um Bindungskräfte und Loyalitäten, die in Zukunft nicht mehr durch objektiv erzwungene und kollektiv verbindende Interessenlagen gesichert sind, sondern ein differenziertes Eingehen auf zum Teil höchst individualisierte Lebenslagen erforderlich machen, spielt sich weit unterhalb der Vertragslage ab. Selbst wenn es gelingt, in vertraglich gesicherten Vereinbarungen einklagbare Rechte zu schaffen, ist der kollektive Vergemeinschaftswille der abhängig Beschäftigten noch lange nicht garantiert. Das durch eine einheitliche Arbeitssituation erzwungene Kollektiv, das solidarisch im alltäglichen Konfliktfall (nicht nur in der Grenzsituation von Massenentlassungen) den gewerkschaftlichen Willen mitträgt, ist nicht mehr selbstverständlich mobilisierbar. Solidarität, die sich von Nächstenliebe ja gerade dadurch unterscheidet, daß sie die Fremden und die Verlierer in den Aktionszusammenhang mit einbezieht, muß deshalb im Alltagsgeschehen immer wieder hergestellt werden.

4. Wo liegt die Mitte der Gesellschaft?

Die 356 reichsten Menschen in den USA haben so viel Vermögen, wie für die Hälfte der Weltbevölkerung als Jahreseinkommen zur Verfügung steht. Die Zahlen, die das Reichtumsproblem der gegenwärtigen Gesellschaftsordnungen veranschaulichen, wechseln, auch die in Relation gesetzten Faktoren verändern sich. Was in bestürzender Regelmäßigkeit bleibt, ist die extreme Störung der Maßverhältnisse, die den Zusammenhalt von Gesellschaften, die auf die Angemessenheit von Lohn und Leistung bedacht sind, zunehmend belastet.

Da wir aus Augenblicksanalysen nur bedingt für zukünftiges Handeln lernen können, möchte ich wiederum historische Konstellationen und in Theorien aufbewahrtes Nachdenken zu Rate ziehen. Was den Umgang mit Reichen und dem Reichtum betrifft, mit demonstrativem Prunk und Verschwendung, also jener »conspicuous consumption«, von der Thorstein Veblen in seinem Buch über die Refeudalisierung der Lebensstile[30] schon vor einem Jahrhundert spricht, drängen sich Bilder von der Endphase des Feudalsystems in Frankreich auf und den damaligen extremen Widersprüchen zwischen Luxus und Not. Adel und Geistlichkeit, die – den Landadel und niederen Klerus eingerechnet – etwa 500 000 Personen bei einer Gesamtbevölkerung von 26 Millionen im vorrevolutionären Frankreich umfaßten, verfügten als herrschende Schichten über 80 Prozent des Grundbesitzes. Besonders reich war der hohe Klerus, der das den armen Bauern abgepreßte Geld verpraßte und sich im Lebensstil von den etwa 4000 Personen in der Umgebung des Königs kaum unterschied – ein Lebensstil, der für eine zahlreiche Dienerschaft, für Kleiderluxus, Glücksspielempfänge, Feste, Darbietungen und Jagden immer mehr Geld erforderte. So galt der Fürstbischof von Straßburg, Kardinal Prinz Rohan, der in die Halsbandaffäre verwickelt war, als einer der übelsten Verschwender.

Selbstverständlich hat die Französische Revolution in ihrer explosiven Gestalt andere Ursachen als die, die unmittelbar in dem Aufeinanderstoßen von vorgelebtem Luxus und der verbreiteten Not der Bevölkerung liegen, aber diese Seite darf dabei nicht übersehen werden. Als der König, unter der immer drückender werdenden Finanznot des Hofes, nach anderthalb Jahrhunderten zum ersten Mal wieder auf den 1. Mai 1789 die Generalstände einberief, war in der absolut zerrissenen Gesellschaft Frankreichs die revolutionäre Dynamik bereits voll im Gange. Der Dritte Stand, der für den Luxus der Herrschenden noch einmal mit Steuerbewilligungen zahlen sollte, verweigerte demonstrativ die Mitarbeit an der alten Gesellschaft. Wer sich die Zusammensetzung des Dritten Standes in den États généraux ansieht, wird unter den 578 Abgeordneten 200 Advokaten finden neben rund 100 Vertretern von Industrie, Handel und Finanzen, dazu Schriftsteller, Wissenschaftler, vor allem aber Beamte und Staatsbedienstete aller Art; einen Bauern oder Handwerker jedoch wird er vergeblich suchen. Es sind also die durch Gewerbe, Handel, Verwaltung und Gerichte selbstbewußt gewordenen Bürger, die gegen den feudalen und klerikalen Luxus rebellieren.

Damit ist nicht gesagt, daß Revolutionen und Rebellionen einem Neidkomplex der Menschen gegenüber den Besitzenden und Reichen entspringen. Die Ursachen für solche Umwälzungen sind viel komplexer und tief verankert in sozialen Gesteinsverschiebungen einer Gesellschaft. Gleichwohl ist die Umgangsweise mit den Reichen und dem Reichtum Symptom und Indikator für die Korruptions- und Spaltungsanfälligkeit einer gesellschaftlichen Ordnung. Darin mag so etwas wie ein mythischer Urinstinkt von Menschen liegen, wenn sie sich in staatlichen Ordnungen zusammenschließen.

Die Regulative gegen unmäßige Anhäufungen von wirtschaftlicher Macht und von Reichtum unterliegen natürlich einem starken geschichtlichen Wandel, aber mir ist kein für längere Zeit bestehendes Gesellschaftssystem bekannt, das auf ein solches Regulierungssystem ganz verzichtet hätte. In den Hochreligionen sind die Regulative mit mythischen und religiösen Begründungen verknüpft; einzigartig auf dem Weg zu einem modernen Staatsrecht sind die gewählten Volkstribunen im republikanischen Rom. Die Volkstribunen, in der Regel zehn an der Zahl, waren nicht Teil der Ämterlaufbahn, sondern Repräsentanten der Plebejer und gründeten ihre Macht auf den religiösen Schwur des Volkes, obwohl unter bestimmten Voraussetzungen dem *plebiscitum* die Kraft der *lex populi* zukam. Sie verfügten über zwei fundamentale Rechte: ein Hilferecht (*ius auxilii*) und das Einspruchsrecht (*ius intercedendi*). Sie hatten also keine Amtsgewalt, keine *potestas legitima*, aber eine *potestas sacrosancta*, deren Durchsetzungskraft jedoch ganz von den bestehenden Machtverhältnissen abhing.[31] Ihre Interzessionsgewalt, ihr Veto gegen Magistrats- und Senatsentscheidungen, hatte wesentlich wirtschaftlich-soziale Zwecke. Die Tribunen, die man als die ersten Gewerkschaftsführer der Geschichte bezeichnen kann, wachten über eine angemessene Verteilung des Landes, über Zinsgesetze, Schuldknechtschaft und Schuldenerlaß – im Grunde über den selbst durch härteste Kämpfe der Stände und Klassen nicht gefährdeten Zusammenhalt der römischen Gesellschaft in einem Zeitraum von fast fünfhundert Jahren. Erkämpft wurde dieses Recht zur faktischen Kontrolle der patrizischen Herrschaft (über weite Strecken der Römischen Republik gab es eine Art patrizisch-plebejische Doppelherrschaft) mit einem Akt der Kriegsdienstverweigerung durch Sezession, durch kollektiven Auszug; auf dem *mons sacer*, dem heiligen Berg, versammelten sich die Plebejer, um zu schwören, daß jeder, der die Tribunen angreift und verletzt, den Göttern verfallen sei.

Es scheint abwegig, so weit in die Geschichte zurückzugehen, um die Gefahren einer unkontrollierten Reichtumsproduktion kenntlich zu machen. Aber es war nie bloß eine Frage der Gerechtigkeit, eines ausgeglichenen Anteils der Schichten und Klassen am verfügbaren Eigentum, an den Produkten lebendiger Arbeit und des wirtschaftlichen Handelns. In der europäischen Tradition der Gesellschafts- und Staatsgründungen ging es immer auch um ein zweites Grundproblem der Reichtumsverteilung: Gegenstand der Reflexion seit der griechisch-römischen Antike war die Frage des gesellschaftlichen Zusammenhalts. Und niemand in der jetzt über 2000 Jahre währenden Geschichte der Staatsphilosophie hat intensiver darüber nachgedacht als Aristoteles. *Mesotes* (Mitte) ist der Zentralbegriff seines Denkens; in ihm verknüpfen sich Prinzipien der Erkenntnis mit denen von Ethik und Staatslehre.

Mesotes bezeichnet zwar auch das Mittlere zwischen zwei Extremen, aber die bloße Ortsmitte von Sachverhalten ist es nicht, was das Wesen dieser Mitte ausmacht. Sie ist vielmehr mit Bestand, mit Dauer, dem unverwechselbaren Charakter von Dingen und Menschen verknüpft, wozu auch deren normale Triebkräfte und Mängel gehören. Insofern weigert sich Aristoteles, dem Vorbild seines Lehrers und Vorgängers Plato zu folgen und die beste Verfassung der Polis nach der Idee des Guten, Gerechten und Schönen zu konstruieren. Es geht vielmehr darum, die bisherigen Verfassungen und Verfassungsentwürfe daraufhin durchzumustern, welches die Prinzipien ihrer Haltbarkeit und die Ursachen ihres Scheiterns sind. Aristoteles ist der erste politische Philosoph, der eine empirisch vergleichende Verfassungslehre vorlegt. In der Balancearbeit, welche die beste seiner Verfassungen bestimmt, ist das Spannungsverhältnis zwischen arm und reich das bedrohlichste Element. Eine Gesellschaft, in der wenige über ein Zuviel an Reichtümern verfügen, ist in ihrer Haltbarkeit genauso gefährdet wie eine Polis, in der es ein Zuviel an Armen gibt. »Je besser die Verfassung gemischt ist (so daß sie die Mitte trifft und den Ausgleich findet), um so fester ist ihr Bestand.«[32] Für Aristoteles ist aber klar, daß der Wesensgehalt der Politik, der Polis – was für ihn nicht identisch ist mit Herrschaft des Volkes, der Demokratie – durch die Reichen stärker im Bestand bedroht ist als durch die Armen. »Viele, auch von denen, die die aristokratischen Verfassungen herstellen wollen, versehen es aber nicht bloß darin, daß sie den Reichen zu viel einräumen, sondern auch darin, daß sie das Volk auf die Seite schieben (betrügen). Mit der Zeit muß einmal aus den falschen Gütern ein wahres Übel hervorgehen, die Selbstsucht der Reichen ist der Verfassung verderblicher als die des Volkes.«[33]

Es bedarf keiner umständlichen ideologischen Suche, um herauszufinden, daß die philosophischen Begriffe *mesotes* (Mitte) und *ousía* (Wesen) von der Sorge um ein haltbares und stabiles Gemeinwesen geprägt sind. *Ousía* hat im Griechischen die Doppelbedeutung von Besitz und Wesen. Der für einen Menschen brauchbare Besitz, der ihm erlaubt, nicht als Knecht oder Sklave von anderen abhängig zu sein, der mittlere Vermögensstand, »gehorcht« also am leichtesten der Vernunft.[34] Übermäßiger Reichtum hat nach Aristoteles Folgen für den moralischen Zusammenhalt der Gesellschaft ebenso wie für die Charakterbildung des einzelnen. Diejenigen, die sich eines

Übermaßes von Glücksgütern, von Stärke, Reichtum, Anhang und dergleichen erfreuen, sind außerstande, sich dem Wohle des Ganzen zu fügen. Daraus kann nur ein Staat von Knechten und Herren werden, wo die einen beneiden, die anderen verachten, aber kein Staat von Freien; das ist ein Zustand, »der zu Freundschaft und staatlicher Gemeinschaft im größten Gegensatz steht. Gemeinschaft ist Freundschaft; mit Feinden mag man nicht einmal den Weg teilen ...«[35] Die Reichen mißbrauchen das Gemeinwesen, um ihre privaten Zwecke umzusetzen; die Masse der Armen ist anfällig für jede Form der Tyrannis eines populistischen Anführers. So ist das Urteil von Aristoteles unzweideutig: »Es liegt mithin am Tage, daß auch die Gemeinschaft, die sich auf den Mittelstand gründet, die beste ist, daß solche Staaten sich in der Möglichkeit befinden, eine gute Verfassung zu haben, in denen eben der Mittelstand zahlreich vertreten ist und womöglich die beiden anderen Klassen, oder doch eine von ihnen an Stärke übertrifft. ... Daher ist es das größte Glück, wenn die Bürger eines Staates ein mittleres und ausreichendes Vermögen haben, weil da, wo die einen sehr viel besitzen und die anderen nichts, wegen dieses beiderseitigen Übermaßes entweder die extremste Demokratie oder reine, ungemischte Oligarchie oder Tyrannis entsteht.«[36]

Die Staatslehre ist nicht auf Ethik gegründet, denn Verfassungen sind nach Aristoteles nur dann haltbar, wenn sie zum Maßstab ein Leben nehmen, das den meisten mit ihren Naturanlagen und den durchschnittlich verfügbaren Mitteln erreichbar ist. Andererseits hat keine politische Verfassung Bestand, deren Grundsätze nicht in der verpflichtenden Kraft des einzelnen, also in der Tugendlehre bekräftigt und ergänzt werden. Wie das »glückliche Leben ein Leben gemäß unbehinderter Tugend und die Tugend eine Mitte ist, so muß das mittlere Leben das Beste sein, ein Leben, sagen wir, in einer Mitte, die für jeden zu erreichen ist. Diese nämlichen Bestimmungen müssen aber, wie für die Tugend und Schlechtigkeit eines Staates, so auch für die einer Verfassung gelten, da die Verfassung wie ein Leben des Staates ist.«[37]

Diese Lehre des Aristoteles, in der das Gute, Gerechte, Schöne eine Balance in der Konstellation von Kräften ausdrückt und die Stärke von Menschen und Verhältnissen in der wesenhaften Mitte liegt, Übermaß und Mangel also gleichermaßen den menschlichen Zusammenhalt bedrohen, hat das Denken der ganzen mittelalterlichen Welt mitbestimmt, bis in die kanonischen Zinsverbote hinein (mutuum date, nihil inde sperantes: Wenn du ein Darlehen gibst, so erhoffe nichts). »Geld darf nicht Geld hecken«, heißt es in einer treffenden Übersetzung seines Grundsatzes. Wenn Solon in einem Gedicht ausführt: »Reichtum hat kein Maß, das greifbar den Menschen gesetzt ist«, widerspricht Aristoteles in seiner Philosophie der Mitte entschieden: »Das Maß ist wohl gesetzt, wie für die anderen Künste ja auch. Denn kein Werkzeug irgendeiner Kunst ist nach Menge und Größe unbegrenzt. Der Reichtum aber ist nichts anderes als eine Menge von Werkzeugen für die Haus- oder Staatsverwaltung.«[38]

Neben agrarischer Produktion und Handel gibt es als dritte Erwerbsart die des Wucherers; sie ist nach Aristoteles »mit vollstem Recht eigentlich verhaßt, weil es aus dem Gelde selbst Gewinn zieht, und nicht aus dem, wofür das Geld doch allein erfunden ist. Das Geld ist für den Umtausch aufgekommen, der Zins aber weist ihm die Bestimmung an, sich durch sich selbst zu vermehren. Daher hat er auch bei uns den Namen *tókos* (Junges) bekommen; denn das Geborene (*tiktómenon*) ist seinen Erzeugern ähnlich, der Zins aber stammt vom Geld, daher widerstreitet auch diese Erwerbsweise unter allen am meisten dem Naturrecht.«[39] Ich bin mir bewußt, daß alle diese ökonomischen Vorstellungen von einer Produktionsgrundlage ausgehen, die man als Bedarfsdeckungswirtschaft bezeichnet hat: Die Sklaverei als Boden dieser Produktions- und Austauschweise wird von Aristoteles überhaupt nicht in Frage gestellt. Gleichwohl haben seine staatsphilosophischen Überlegungen bis in die Gegenwart hinein die Verfassungsgeber angeregt. So gibt es noch in der Weimarer Verfassung einen Artikel gegen den Wucher.

Der von Aristoteles bezeichnete Horizont sozialphilosophischer Reflexionen ist heute vielfach verlorengegangen. Wenn von Mitte gesprochen wird, sind meist statistische Größen gemeint oder Wählerpotentiale, die angstbesetzte Abwehr gegen alles mobilisieren, was auf radikale Veränderungen geht. Für Aristoteles ist aber Mitte gerade das, was mit einer angstfreien Existenzgrundlage ausgestattet ist und deshalb über öffentliche Tugenden verfügt, die aus diesem »guten Leben« möglichst viel für das Gemeinwesen abgeben können. Mit Überfluß oder Mangel kann man ein in sich autarkes, das heißt mit Lebenswillen und Klugheit ausgestattetes Gemeinwesen ebensowenig aufbauen wie mit Begierde, Zorn, Angst oder Neid als Charaktereigenschaften. Deshalb besteht für Aristoteles ein zwingender Zusammenhang zwischen den von einer Gesellschaft geförderten und hochdekorierten Charaktereigenschaften, der Rolle von Arbeit und Eigentum, der Lebenskraft und dem konstituierten Zusammenhalt des Gemeinwesens.

Sittliche Tüchtigkeit ist jene Tugend, die mit dem höchsten Grad von Vergesellschaftungsfähigkeit ausgestattet ist. »... in Hinsicht auf die Anwandlungen von Angst und Verwegenheit ist Tapferkeit die Mitte. ... Wer maßlos verwegen ist, heißt sinnloser Draufgänger, wer übersteigerte Angst und ein Zuwenig an Mut hat, heißt feige. ... In Hinsicht auf das Geben und Nehmen von Geld ist Großzügigkeit die Mitte. Das Zuviel und das Zuwenig heißt Verschwendungssucht und kleinliches Knausern. ... In Hinsicht auf Ehre und Unehre ist Hochsinnigkeit die Mitte. Das Zuviel pflegt man dummen Stolz zu nennen, das Zuwenig Engsinnigkeit.«[40]

Wie sensibel die griechischen Staatsphilosophien gegenüber dem Problem der Wucherung waren, ob es sich nun um ein Übermaß von Reichtum oder regellosem Zorn und Neid handelt, wird selbst in Platos »Politeia« deutlich. Ihm geht es um die richtige Lebensweise, die auch nach dem Tod die beste Wahl ist und zu einem befriedigten und guten Leben in der Unterwelt führt (vermutlich die einzige Stelle bei Plato, die den Gedanken der Mitte formuliert): »Und eisenfest an dieser Meinung festhaltend, muß man in die Unterwelt gehen, um auch dort nicht geblendet zu werden durch Reichtümer und solcherlei Übel und nicht, indem man auf Tyranneien und andere dergleichen Taten verfällt, viel unheilbares Übel stiftet und selbst noch größeres erleide, sondern vielmehr verstehe, in Beziehung auf dergleichen ein mittleres Leben zu wählen und sich vor dem Übermäßigen nach beiden Seiten hin zu hüten, sowohl in diesem Leben nach Möglichkeit als auch in jedem folgenden, denn so wird der Mensch am glücklichsten.«[41]

Es würde den Rahmen meiner Untersuchung sprengen, dem griechisch-römischen Grundgedanken, so weit er diesen Zusammenhang von Arbeit, Eigentum, Charakter und Gemeinwesen betrifft, in Texten aus jener Zeit nachzugehen, als sich die bürgerliche Gesellschaft konstituierte. Wenige Anmerkungen müssen deshalb genügen. Bezeichnenderweise finden sich auf fast auf jeder Seite der

»Federalist Papers« – unter dem Pseudonym »Publius« in New Yorker Zeitungen veröffentlichte Artikel, mit denen Alexander Hamilton, James Madison und John Jay 1787/88 im Zuge der amerikanischen Verfassungsdebatte für den von ihnen mitgestalteten Entwurf Partei nahmen – Verweise auf Plutarchs Porträts von Griechen und Römern, auf die bereits Shakespeare zurückgegriffen hatte. Die amerikanischen Verfassungsgeber fühlten sich insbesondere der Römischen Republik sehr nahe. Diese Papers sind ein »Amalgam aus antiker Geschichtsschreibung, klassischem Verfassungsrecht und moderner politischer Theorie (Locke, Rousseau, Montesquieu)«.[42] Insofern kann man mit Recht davon sprechen, daß bei den Beziehungen zwischen Zentralgewalt und föderativen Einzelgewalten wie auch bei der inneren Gestaltung der Balance of Power viel von dem aufgenommen wurde, was Aristoteles als die Mitte bezeichnet hat und was in der Römischen Republik in der bedächtig ausgeglichenen Machtverteilung der Magistrate deutlich wird. Und beim ursprünglichen Verfassungsentwurf spielte die Mitte auch dort eine zentrale Rolle, wo sie die Bedeutung von Arbeit und Eigentum für den autonomiefähigen Bürger und dessen institutionellen Schutz betrifft.

Für Kant, der in einem industriell rückständigen Land lebte, galt noch der Besitz (Eigentum) als Substanz, Arbeit dagegen als Akzidens, das heißt als bloß Hinzukommendes zum äußerlichen Autonomieraum, der Grundlage für den mündigen Bürger ist. Fast hundert Jahre vor Kant hatte John Locke, einer der Väter des politischen Liberalismus, in seiner naturrechtlichen Begründung der modernen Gesellschaft die Arbeit bereits ins Zentrum der Eigentumsbildung gerückt und die Verteilung des Reichtums unter den Menschen weitgehend aus ihrem Arbeitsvermögen legitimiert: »So viel Land ein Mensch bepflügt, bepflanzt, bebaut, kultiviert und so viel er verwerten kann durch die Nutzung seines Ertrages, so viel ist sein eigen. Durch seine Arbeit grenzt er es gleichsam gegen das Gemeingut ab. Und sein Recht wird nicht entkräftet durch den Einwand, daß alle anderen Menschen den gleichen Anspruch darauf haben, daß er es deshalb nicht ohne Zustimmung aller Rechtsgenossen, also der ganzen Menschheit, in Besitz nehmen, es nicht abgrenzen könne. ... Wer ... irgendeinen Teil des Landes bearbeitete, bebaute und besäte, verband ihn folglich mit etwas, was sein Eigentum war, und kein anderer hatte Anspruch darauf oder konnte es ihm nehmen, ohne ein Unrecht zu begehen. ... Gott gab die Welt den Menschen gemeinsam. Da er sie ihnen jedoch zu ihrem Nutzen gab und zu den größtmöglichen Annehmlichkeiten des Lebens, die sie ihr abzugewinnen vermöchten, kann man unmöglich annehmen, es sei sein Wille gewesen, daß sie immer Gemeingut und unkultiviert bleiben sollte. Er gab sie dem Fleißigen und Verständigen zum Gebrauche (und seine Arbeit sollte seinen Rechtsanspruch darauf begründen), nicht jedoch dem Streitsüchtigen und Querulanten für seine Launen und Begierden.«[43]

Und John Locke nimmt die Begrenzung von Reichtum und Eigentum für den innergesellschaftlichen Friedenszustand genauso wichtig wie Aristoteles. »Das Maß des Eigentums hat die Natur sehr wohl mit den Grenzen, die der menschlichen Arbeit gesetzt sind, und mit den menschlichen Lebensbedürfnissen geprägt: Niemand vermochte sich mit seiner Arbeit alles zu unterwerfen oder anzueignen oder zu seinem Genuß mehr als einen kleinen Teil zu verbrauchen. Es war also niemandem möglich, auf diesem Wege in die Rechte eines anderen einzugreifen oder sich irgendwelches Eigentum zum Schaden seines Nächsten zu erwerben.«[44]

Die Suche nach jenen gesellschaftlichen Kräften, die sowohl im Inneren der Subjekte als auch in den objektiven Machtverhältnissen extreme Ausschläge vermeiden können, um den gesellschaftlichen Zusammenhalt zu sichern, sind bestimmend für die politische Philosophie seit der Antike. Daß der moderne Kapitalismus auf der Grundlage eigener Gesetzmäßigkeiten zur Klassenpolarisierung beiträgt und eine innere Zerrissenheit der Lebenszusammenhänge erzeugt, ist nicht erst seit der großen politischen Ökonomie des Bürgertums bekannt. Beginnend mit Montesquieu, der erstmals 1748 in einem kleinen Kapitel seines Buches »Der Geist der Gesetze« von Gewaltenteilung spricht, hat es keine nennenswerte Gesellschaftskonzeption gegeben, der Kontrollinstanzen zur Begrenzung und Domestizierung des wirtschaftlichen Geschehens und damit auch der Reichtumsproduktion gefehlt hätten. Der Staat, die bürgerliche Gesellschaft mit ihrer Öffentlichkeit und ihren politisch tätigen Privatleuten, traditionelle Sozialethiken, schließlich alles das, was mit der wachsenden Arbeiterbewegung in den entwickelten kapitalistischen Ländern verknüpft war – nichts von alledem hat einen verständlichen Sinn, wenn man es getrennt von den Gefahren betrachtet, die in der kapitalistischen Wirtschaftsdynamik liegen.

Nach einer langen Phase vollständig akademisierter Volkswirtschaftslehren gehört John Maynard Keynes unter die ersten nichtmarxistischen Ökonomen, die die Korruptions- und Spaltungsformen des Kapitalismus, sobald sich die moderne Reichtumsproduktion von sämtlichen machtvollen Regulativen löst, in aller politischen Schärfe erkannten und öffentlich gemacht haben. Man mag heute viel darüber reden, daß der Keynesianismus überholt sei; ob das zutrifft, kann hier dahingestellt bleiben. Unstrittig von Belang erscheinen mir jedoch nach wie vor die Erkenntnisse, die Keynes aus den politisch und menschlich ruinösen Folgen der Weltwirtschaftskrise zog: »Die hervorstechenden Fehler der wirtschaftlichen Gesellschaft, in der wir leben, sind ihr Versagen, für Vollbeschäftigung Vorkehrung zu treffen, und ihre willkürliche und unbillige Verteilung des Reichtums und der Einkommen.«[45] Keynes kämpft mit Nachdruck gegen den verbreiteten Aberglauben, die Beseitigung großer Ungleichheit in Reichtum und im Einkommen schade der Wirtschaftsdynamik, hemme Investitionen und behindere die Schaffung neuer Arbeitsplätze.

Ich bin nicht kompetent, die innerökonomischen Problemstellungen von Keynes zu beurteilen, und beschränke mich auf Folgerungen, die er in den »Schlußbetrachtungen« seines epochalen Buches zieht. Keynes bestreitet die Notwendigkeit einer ungleichen Reichtumsverteilung für Wachstum und wirtschaftliche Dynamik. Es sei gerade am Ende des neunzehnten Jahrhunderts, also wesentlich geprägt durch die Erfolge der europäischen Arbeiterbewegungen, ein Fortschritt gewesen, die großen Ungleichheiten von Reichtum und Einkommen einzuschränken. Für die Zukunft sei von besonderem Gewicht, wie hoch der Zinsfuß sei, denn ein niedriger Zinsfuß fördere Investitionen. Deutliche Worte findet Keynes gegen die Kapital-Rentner, die ein arbeitsfreies Einkommen beziehen, also die Arbeit anderer Menschen ausbeuten, und gegen die Neigung derjenigen, die über Kapital und Geld verfügen, mit unglaublich hohen Einsätzen zu spekulieren und die Risikogesellschaft als normales Gesellschaftsspiel hoffähig zu machen.

Das ist alles gar nicht so weit entfernt von den Maßverhältnissen, mit denen Aristoteles die Lebensfähigkeit eines Gemeinwesens begründet. Das *zóon politikon*, wie Aristoteles den Menschen definiert, ist mit ähnlichen Durchschnittseigenschaften ausgestattet wie der *homo oeconomicus* von Keynes: ein Durchschnittsmensch mitsamt Spekulations- und Spielleidenschaft, Bereicherungssucht und der Neigung, sich unter Umständen auch als »funktionsloser Investor« zu betätigen. Keynes sagt: »Ich selber glaube, daß bedeutsame Ungleichheiten von Einkommen und Reichtum gesellschaftlich und psychologisch gerechtfertigt sind, aber nicht so große Ungleichheiten, wie sie heute bestehen. Es gibt wertvolle menschliche Betätigungen, die zu ihrer vollen Entfaltung den Beweggrund des Gelderwerbes und die Umgebung privaten Besitztums erfordern. Gefährliche menschliche Triebe können überdies durch Gelegenheiten für Gelderwerb und privaten Besitz in verhältnismäßig harmlose Kanäle abgeleitet werden, die, wenn sie nicht auf diese Art befriedigt werden können, einen Ausweg in Grausamkeit, in rücksichtsloser Verfolgung von persönlicher Macht und Autorität und anderen Formen von Selbsterhöhung finden könnten. Es ist besser, daß ein Mensch sein Bankguthaben tyrannisiert als seine Mitmenschen, und während das Erstere gelegentlich als ein Mittel zum Letzteren bezeichnet wird, ist es wenigstens gelegentlich eine andere Möglichkeit. Für die Anregung dieser Tätigkeit und die Befriedigung dieser Triebe ist es aber nicht notwendig, daß das Spiel um so hohe Einsätze wie gegenwärtig gespielt wird.«[46]

Für Keynes geht es um das »Wohl und Wehe« des Gemeinwesens und um die Millionen ruinierter und gefährdeter Existenzen, die aufgrund der gewaltigen Reichtumsproduktion, angesichts derer er eine Vollbeschäftigung für möglich hält, nicht notwendig wären. Wenn diese Wirtschaftsgesellschaft nicht imstande sei, die wachsende Ungleichheit und die mit ihr verknüpften Spaltungen einzuschränken und zu überwinden, dann werde es Agitatoren möglich sein, im Konkurrenzkampf um Märkte Krieg zu führen, die »volkstümliche Flamme anzufachen«, welche die Selbstunterdrückung der Bevölkerung befördere. »Die autoritären Staatssysteme von heute scheinen das Problem der Arbeitslosigkeit auf Kosten der Leistungsfähigkeit und der Freiheit zu lösen. Es ist sicher, daß die Welt die Arbeitslosigkeit, die, von kurzen Zeiträumen der Belebung abgesehen – nach meiner Ansicht unvermeidlich – mit dem heutigen kapitalistischen Individualismus verbunden ist, nicht länger dulden wird. Durch eine richtige Analyse des Problems sollte es aber möglich sein, die Krankheit zu heilen und gleichzeitig Leistungsfähigkeit und Freiheit zu bewahren.«[47]

Mehr als ein halbes Jahrhundert nach der von Keynes befürchteten Krisenlösung, die 50 Millionen Tote brachte, und nach seiner Hoffnung auf eine grundlegende Reform der Arbeits- und Erwerbsgesellschaft ist eine Menge alter Probleme ungelöst geblieben, neue sind hinzugekommen. Doch die Menschen sind auf merkwürdige Art vergeßlich: Heute wird zwar häufig, selbst in konservativen Zusammenhängen, mit Vorbehalten vom Kapitalismus geredet, seine Katastrophengeschichte jedoch ist vollständig verdrängt. Die Welt, in der wir leben, scheint mit der, die Keynes analysiert, allenfalls durch die Verbrechen des Dritten Reiches und des Krieges verbunden zu sein, wie die Aufarbeitungsdebatte zeigt, nicht aber im System von Produktion, Austausch, Gewinn und Reichtumshäufung, Zinswucher und Renditebegierde. Selbst die Kritik am Kapitalismus nimmt in ihrer Wortwahl teil an diesem ungeheuren Prozeß der Verdrängung und des Verharmlosens. Man spricht von »Kasino-Kapitalismus«, als wäre die gegenwärtige Gesellschaft eine riesige Spielbank. Auch »Turbo-Kapitalismus« erweckt den Eindruck, daß es um gewaltig beschleunigte Entwicklungen geht, wie beim Start von Überschallflugzeugen, aber weniger um Widersprüche und Tendenzen, bei denen Täter und Opfer sich fortwährend umkehren.

Als am 3. Februar 1947 der Zonenausschuß der CDU für die britische Zone, dem unter anderem Konrad Adenauer angehörte, im westfälischen Ahlen eine programmatische Erklärung abgab, waren die wirtschaftlichen Ursachen des kollektiven Unglücks noch gegenwärtig: »Das kapitalistische Wirtschaftssystem ist den staatlichen und sozialen Lebensinteressen des deutschen Volkes nicht gerecht geworden. Nach dem furchtbaren politischen, wirtschaftlichen und sozialen Zusammenbruch als Folge einer verbrecherischen Machtpolitik kann nur eine Neuordnung von Grund aus erfolgen.« Der Kapitalismus wird hier offensichtlich am Maßstab der katholischen Soziallehre gemessen, die sich auf eine menschliche Gesamtordnung richtete. Auch Max Horkheimers Satz »Wer vom Kapitalismus nicht reden wolle, der müsse auch über den Faschismus schweigen« bezog sich nicht auf die Entwürdigung einzelner Menschen, der Masse von Juden und anderen Opfern der Vernichtungslager, sondern klagte den entwürdigenden Zustand der gesamten Gesellschaft an.

Wer die gegenwärtige Lage des Kapitalismus analysiert und damit Perspektiven und Hoffnungen auf Krisenlösungen verknüpft, die das Vergangene nicht einfach wiederholen, muß dem Gegenwartsverzehr der Zeit widersprechen und reichlich aus den gut angelegten Vorräten des Vergangenen schöpfen. Es ist die geschichtliche Zeitlosigkeit, von der die heutigen Macht- und Herrschaftsverhältnisse zehren.

5. Paradoxien der New Economy

»Trotz flauer Konjunktur und hoher Arbeitslosigkeit steuern die Aktien der großen deutschen Autohersteller BMW, Daimler, Porsche und VW mit Volldampf auf neue Höchstkurse zu.« (»Welt am Sonntag«, 22. März 1998) Höhenflüge der Aktienkurse und stolze Gewinnmitteilungen füllen längst nicht mehr überwiegend die Wirtschaftsspalten großer Tageszeitungen, sondern drängen nach vorne auf die erste Seite, so als müßten sie den Leistungsstolz der ganzen Nation erregen. Ein ähnliches Spektakel entfalten die in den letzten Jahren grassierenden Fusionen, ob es nun feindliche Übernahmen oder freiwillige Zusammenschlüsse sind. »Gewinnrekord im Fusionsjahr«, lautet eine Balkenüberschrift in der »Hannoverschen Allgemeinen Zeitung« vom 26. Februar 1999: »Die Daimler Chrysler AG hat im Fusionsjahr 1998 einen Gewinn in zweistelliger Milliardenhöhe erzielt und paßt ihre Dividende an das in den USA übliche höhere Niveau an. Der Stuttgarter Konzern gab am Donnerstag bekannt, der Überschuß sei bereinigt ... auf 10,2 Milliarden DM gestiegen. Die Aktionäre erhalten 4,4 Milliarden DM.« Die Titelseite der »Süddeutschen Zeitung« vom 19. März 1997 meldet in Großbuchstaben: »Bayer strebt neuen Rekordgewinn an. Gewinn steigt innerhalb fünf Jahren um 50 Prozent!« und gleich daneben: »BASF (Ludwigshafen) erfreut die Aktionäre. Dividende wird auf 1,70 DM angehoben. Analysten überrascht.« Am 20. März 1998 heißt es über den Henkel-Konzern in der »Süddeutschen Zeitung«: »Der Aktienkurs befindet sich seit über zwei Jahren in einem nahezu konstanten Aufwärtstrend. Er liegt um rund 100 Prozent über dem Niveau von 1993.« Und schließlich die »Frankfurter Rundschau« am 2. Februar

2001 zum Betriebsergebnis der Deutschen Bank: »Während sich die Aktionäre auf dauerhaft höhere Dividenden freuen dürfen, wird die wachstumsorientierte Neuausrichtung bis Ende nächsten Jahres rund 2600 Arbeitsplätze, hauptsächlich hierzulande, kosten. ... Dabei hat die Bank im vergangenen Jahr schon mehr Geld verdient als jemals zuvor! Der Gewinn vor Steuern kletterte um 75 Prozent auf 6,7 Milliarden Euro, der Jahresüberschuß verdoppelte sich auf fast 5 Milliarden ...«

Ich führe diese Meldungen mit ihrem offensichtlich hohen Nachrichtenwert auf, um Atmosphärisches im gesellschaftlichen Betriebsklima zu kennzeichnen. Ließe man sich ganz auf diese Erfolgsmeldungen ein – unter Mißachtung des gesellschaftlichen Umfeldes –, könnte man sie als Zeichen werten, daß in den Kernbereichen der deutschen Wirtschaft permanente Hochkonjunktur herrscht – zumindest so lange, wie das Hoch der US-Wirtschaft andauert. Und wenn man hinzunimmt, daß in den Führungsetagen dieser so erfolgreichen Wirtschaft eine Offenheit über die Gewinnentwicklung herrscht, wie sie für den Kapitalismus bisher atypisch war, muß man der Wirtschaft geradezu vertrauen und den Verbandsfunktionären den guten Willen und das Verantwortungsbewußtsein zubilligen, von denen sie selbst in ihren Erklärungen immer sprechen.

Die Sache ist jedoch vertrackter, als sie in diesem Öffentlichkeitsbild erscheint. Was die »Süddeutsche Zeitung« vom 19. März 1997 nur am Rande erwähnt (nämlich den Abbau von 1000 Arbeitsplätzen), rückt die »Stuttgarter Zeitung« vom selben Tage bereits in die Überschrift »Bayer streicht trotz Rekordjahr Stellen!« und führt aus: »Der Bayer Konzern in Leverkusen streicht trotz eines Rekordgewinns von 2,7 Milliarden DM weitere 1000 Arbeitsplätze in Deutschland.« Während bis zur Mitte der achtziger Jahre Entlassungen oder Betriebsumstellungen, die Nachteile für die Belegschaften erbrachten, voller Schambewußtsein eher vorsichtig und verschleiert öffentlich gemacht wurden, werden Stellenkürzungen in den neunziger Jahren, als der Kapitalismus auch weltweit mit demonstrativem Selbstbewußtsein auftritt, immer offensiver zu positiven Nachrichten erklärt, ohne jedes Schuldgefühl gegenüber den Betroffenen, die um ihre Arbeitsplätze bangen. Wenn die Bahn AG unter ihrem neuen Schlankheitsfanatiker Mehdorn den Blick auf die Börse richtet und deren Erwartungsklima anheizen möchte, um einen möglichst hohen Anfangskurs zu erzielen, dann werden Rückzugspläne aus weniger profitablen Verkehrsverbindungen und Verkehrsregionen verkündet und mit großer Routine Massenentlassungen ins Auge gefaßt. Die Fusionsabsicht von Dresdner Bank und Deutscher Bank wird auch von Mitgliedern der Bundesregierung begrüßt, wobei es als selbstverständlich betrachtet wird, daß die Zusammenlegung zu einer deutlichen Reduzierung der Geschäftsfilialen und Einschnitten in der Privatkundenbetreuung führen soll.

Rekordgewinne, Fusionen oder Konsolidierungsschritte, bei denen kriegsartig angeeignete ausländische Firmen, die die Wirtschaft ganzer Regionen dominieren, in konkursreifem Zustand wieder abgestoßen werden – das alles ist in die Alltagsberichterstattung unserer Medien eingegangen und bewirkt in der Regel keinen Aufschrei, sondern allenfalls, wie im Falle Rover, Bittgänge in die wirtschaftlichen Machtzentralen oder demütige Proteststreiks. Im moralischen Selbstverständnis der modernen »Wirtschaftsführer«, wie sie sich selbst gerne verstehen, hat eine bemerkenswerte Entwicklung stattgefunden: Ihr Gehabe zeigt fürstlich-autoritären Anspruch, und ihr öffentlicher Auftritt hat den Charakter von Regierungserklärungen, die allerdings selten Perspektiven eröffnen, sondern längst vollzogene Entscheidungen bekanntgeben. Das kennt man nur aus Zeiten des Absolutismus, und keineswegs zufällig folgt ihre Öffentlichkeitsarbeit bis in Details den Lehren Machiavellis. Alles Schreckliche, sagt Machiavelli, muß am Anfang einer Herrschaft stehen. Das habe den Sinn, daß alle späteren Erleichterungen der Großzügigkeit und dem guten Willen des ursprünglichen Verursachers zugeschrieben werden. Nur so könne der Fürst seine Herrschaft stabil erhalten. Und so verkünden Wirtschaftsführer häufig mehr Arbeitsplatzverluste, als dann tatsächlich umgesetzt werden. Teilweise beruht das gewiß auf der Widerstandsbereitschaft von Belegschaft und Gewerkschaften, aber es entspricht auch durchaus diesem Prinzip Machiavellis.

Die angeführten Beispiele führen als Symptome ins Zentrum der Krise: Der Mensch ist zu einem ernsthaften Problem für die Wirtschaft geworden. Zwar hat sich der uralte Traum jenes Menschentyps, den Marx als Charaktermaske bezeichnet, als Personifikation eines ökonomischen Verhältnisses – Profit machen zu können, ohne störende Dazwischenkunft der lebendigen Arbeitskraft mit den daran hängenden Beschwernissen von Kindern, Familie, Bildung, eigensinnigen Wünschen –, der Realität in wesentlichen Stücken angenähert, aber ganz ohne Menschen mit ihren Ideen und Wünschen geht es doch noch nicht. Ich weiß, daß ich mich hier in bittere Ironie versteige, aber es kommt mir manchmal so vor, daß unsere Wirtschaftsfeldherrn über die Auswanderung erheblicher Bevölkerungsteile gar nicht so unglücklich wären, ja daß sie das vielleicht als eine vernünftige Lösung der Krise betrachten würden, die sie von dem politischen Druck befreit, die stolz verkündeten Rekordgewinne in zusätzliche Arbeitsplätze umzusetzen.

Bertolt Brecht ist gewiß kein unverdächtiger Kritiker des Kapitalismus, weil er noch zu jener Welt gehört, in der der Kommunismus in der breiten Variante von Korsch bis Stalin als gesellschaftliche Alternative galt. Aber die Vertreibung aus Deutschland hat ihn scharfsichtig gemacht, wie seine »Flüchtlingsgespräche« zeigen, in denen er unter dem Eindruck des Krieges verschiedenen Mechanismen der Macht nachspürt. Moderne Feldherrn sind gewiß friedlicher, aber vielleicht haben sie ganz ähnliche Phantasien, denn auch bei Brecht geht es um große Ideen, deren Umsetzung durch widerständige Lebensansprüche fortwährend behindert wird. »Alle großen Ideen scheitern an den Leuten«, sagt Ziffel, einer der beiden Gesprächspartner dieser »Flüchtlingsgespräche«. »Eine große Idee ist der totale Krieg. Haben Sie gelesen, wie jetzt in Frankreich die Zivilbevölkerung dem totalen Krieg in die Quere gekommen ist? Sie hat alle Pläne der Heeresleitungen über den Haufen geworfen, heißt es ... In der Zeitung schreibt ein Militärsachverständiger besorgt, die Zivilbevölkerung ist zu einem ernsten Problem für die Militärs geworden.« »Für die Deutschen?« fragt Kalle, sein Gegenüber. »Nein«, erklärt Ziffel, »für die Eigenen; die französische Bevölkerung für die französischen Militärs.« Und Ziffel schlägt vor: »Nur die restlose Entfernung der Völker könnte eine vernünftige Kriegsführung mit voller Ausnützung der neuen Waffen ermöglichen. Und es müßte eine Dauerevakuierung sein ...«[48] Nimmt man Brecht beim Wort, wäre eine solche Dauerevakuierung auch eine Lösung für das Arbeitslosenproblem, das den modernen Heerführern zwar keine Schuldgefühle bereitet, aber sie in der Verwirklichung ihrer »großen Ideen«, zum Beispiel der gutwilligen Sicherung von Wirtschaftsstandorten, fortwährend stört.

Als ökonomische Rationalität noch eingebunden schien in gesellschaftliche Normen und Verhaltenserwartungen, die in Alltagsplanungen nachvollziehbar waren, konnte der agitatorischen Formel »Die Gewinne von heute sind die Investitionen von morgen und die Arbeitsplätze von übermorgen« eine gewisse Plausibilität nicht abgesprochen werden. Noch für die Regierung Schmidt besaß dieser Grundsatz Überzeugungskraft. Inzwischen hat die Formel ihre Gültigkeit verloren: Eine zwingende Handlungsfolge von Unternehmensgewinnen zu den Arbeitsplätzen ist in den vergangenen zwanzig Jahren immer weniger erkennbar. So kommt das ökonomische Weltbild durcheinander und verwirrt selbst Fachwissenschaftler. Der amerikanische Ökonom Lester Thurow, ein wohlwollender Kritiker des Kapitalismus, stellt fest, daß viele der gegenwärtigen Erscheinungen im Wirtschaftsgeschehen ökonomisch nicht mehr erklärbar seien.[49]

Die Gewinne steigen und steigen, die Löhne stagnieren oder fallen sogar, die Produktivität der Arbeit wächst, Lohnstückkosten zum Beispiel in der Metallindustrie sinken – all das könnte, da es ein günstiges Wirtschaftsklima signalisiert und selbst den Mittelstand in die Gewinnentwicklung einbezieht, einen kräftigen Motivationsschub für den Arbeitsmarkt bedeuten. Das Gegenteil ist der Fall: Im gleichen Maß, wie die Gewinne steigen, vollzieht sich ein rasanter Abbau von Arbeitsplätzen, wie Zahlen des Statistischen Bundesamtes zeigen: Von 1982 bis 1997 stieg die Produktivität in Westdeutschland um 35,4 Prozent, das Realeinkommen aber nur um 2,9 Prozent; gleichzeitig explodierte die Arbeitslosigkeit um 63,5 Prozent. Nimmt man eine Tabelle zur Entwicklung von Unternehmensgewinnen und Löhnen, die das Jahr 1980 als Basis 100 ansetzt, ergibt sich eine Steigerung der Nettolöhne und Gehälter bis zum Jahr 1996 (nur Westdeutschland) auf 100,2; die realen Nettogewinne klettern auf 199,3.

Es gibt keine Hinweise darauf, daß es den deutschen Unternehmen so schlecht ginge, daß ihre ökonomische Bewegungsmöglichkeit eingeschränkt wäre und sie unter Druck stünden, sich von lebendiger Arbeitskraft immer weiter abzukoppeln. Auch hohe Unternehmenssteuern oder Lohnnebenkosten müssen die Investitionsbereitschaft nicht notwendig blockieren. Einer OECD-Studie zufolge sind die Steuersätze in Deutschland zwar offiziell hoch, aber die Abschreibungsmöglichkeiten sehr zahlreich: Prozentual zum gesamten Steueraufkommen zahlen die Unternehmen an Steuern in Großbritannien 10,5 Prozent, USA 9,6 Prozent, Schweiz 5,6 Prozent und Deutschland 3,8 Prozent.[50] Angaben der Deutschen Bundesbank belegen, daß sich der Steuerstaat Deutschland zu einem Lohnsteuerstaat entwickelt hat: 1960 beträgt der Anteil von Unternehmenssteuern am Gesamtsteueraufkommen 23,8 Prozent, der von Lohnsteuern 11,8 Prozent; 1996 ist der Anteil der Lohnsteuer am Gesamtsteueraufkommen auf 31,4 Prozent geklettert, der Anteil der Unternehmenssteuern auf 8,3 Prozent gesunken. Diese Schere zwischen Lohnsteuern und Unternehmenssteuern öffnet sich vor allem Anfang der achtziger Jahre. In der Tat zahlen die großen Konzerne fast nichts mehr in das Gemeinwesen ein und sind darauf auch noch stolz. Über 4 Milliarden Mark Betriebsgewinn, aber keine einzige Mark für die Allgemeinheit: So sieht die Steuerbilanz von Daimler-Benz im Jahr 1997 aus.

Die tatsächliche Gewinnsteuerbelastung der dreißig größten Börsenunternehmen sank von 54,5 Prozent im Jahre 1989 auf 31,4 Prozent in 1994, ermittelte Professor Otto Jacobs von der Universität Mannheim in einer Bilanzanalyse; etliche Unternehmen, darunter Allianz, Daimler-Benz und Siemens, zahlten oft für mehrere Jahre keine Steuern.[51]

Es sind also nicht nur die Reichen in dem von mir im vorausgehenden Kapitel gekennzeichneten Sinn, die den moralischen Zusammenhalt unserer Gesellschaft gefährden, weil immer mehr Menschen in einer vom Leistungsfieber geschüttelten Gesellschaft Zweifel an der Leistungsgerechtigkeit üben. Parlamentarische Ansätze, um den privaten Reichtum in die Verantwortung zu nehmen – mittels Millionärsabgabe, Vermögenssteuer, Vermögensabgaben, höheren Erbschaftssteuern –, wird es immer wieder geben, auch wenn das Bundesverfassungsgericht 1995 die damalige Regelung der Vermögenssteuer für verfassungswidrig erklärte. Es berührt den psycho-sozialen Haushalt einer Gesellschaft, wenn kollektiv erarbeitete Gewinne privat abgezweigt werden und nicht in den gesellschaftlichen Zusammenhang und in die Lebensproduktion zurückgebracht werden.

»Maßlose Gewinnmaximierung zerstört unser Wirtschafts- und Gesellschaftssystem«, betont Ernst Niemeier in einer umfassenden Analyse der sozialen Folgen und vertritt drei bedenkenswerte Thesen: »... erstens, daß mit der Verabsolutierung der Gewinnmaximierung eine Systemveränderung vor sich geht, die mit einer ›erbarmungslosen Amoralität‹ (Joan Robinson) verbunden ist: die Gewinnmaximierung wird zum letzten Ziel erhoben, dem alles unterzuordnen ist. Wir nähern uns damit einer Situation, die die namhafte englische Ökonomin aus Cambridge, Joan Robinson, Anfang der siebziger Jahre mit den Worten beschrieb: ›Wenn das Trachten nach Gewinn und Reichtum das Kriterium richtigen Verhaltens ist, gibt es keine Möglichkeit, produktives Handeln von Räuberei zu unterscheiden.‹ Zweitens entwickeln sich aus dieser ›kulturellen Transformation‹ ökonomische Zwänge, die in eine ›brutale Mechanik der Verelendungskonkurrenz ausarten‹ (W. Stützel). Drittens hat diese Entwicklung krisenhafte gesellschaftliche Wirkungen zur Folge.«[52]

Wenn in einer Gesellschaft die verläßlichen Maßstäbe für Reichtumsproduktion und für ausgleichende Gerechtigkeit in der Verteilung von Lebensgütern verlorengehen, dann reichen Erosionen und Spaltungen bis in die Subjektausstattungen hinein; es wird zum Problem, worauf sich die Menschen verlassen können und worauf sie ihre Bindungsbedürfnisse richten. Der Zeitgeist vermittelt im allgemeinen Bilder von nachahmungswürdigen Leistungshelden, deren idealisierte Tugenden in die Erziehungs- und Bildungsprozesse eingehen. Gewiß sind für viele junge Menschen Medienstars aller Art solche Attraktionsgebilde, mit denen man sich gerne identifizieren möchte; aber diese sind Figuren der Repräsentation und der Verteilung, wohl kaum der Produktion.

Deshalb spricht man heute gerne von der unternehmerischen »Wissensgesellschaft«, rückt also jene Tätigkeitsfigur in den Vordergrund, die entschlossen ist, aus den Materialien dieser Welt etwas zu machen, zu gestalten, zu verändern, produktiv zu zerstören und gleichzeitig aufzubauen, wie Joseph Schumpeter den dynamischen Unternehmer versteht. Das reicht bis zu den Versuchen, den Unternehmerbegriff allmählich auch auf jene anzuwenden, die nur Besitzer ihrer Arbeitskraft sind: Zeitunternehmer, Arbeitskraftunternehmer. Es gehört zur Ideologie des gegenwärtigen Zeitalters, die Grenzmarkierungen zwischen abhängigen Tätigkeiten und autonomer Arbeitsgestaltung zu vernichten, um Freiheitsillusionen zu wahren. Um so notwendiger war die Entscheidung des Bundesgerichtshofs, daß nur der wirklich selbständig ist, der seine Arbeitszeit selbst bestimmen kann und nicht an Weisungen gebunden ist.

Aber besteht die moderne Absurdität vielleicht darin, daß Unternehmer, Manager, Wirtschaftsführer um so abhängiger sind, je höher sie in der Machthierarchie steigen? Ist vielleicht der selbständige Handwerksbetrieb mit seinen vielfältigen Bindungen an eine verläßliche Kundschaft und mit Verflechtungen in der Region viel selbständiger und kreativer in der Gestaltung wirtschaftlichen Handelns als der Shareholder-Manager eines Großbetriebes?

Viele Berufsgruppen standen im Verlauf der Geschichte an der Spitze unserer Ansehenshierarchie: der Soldat, der Dichter, der Philosoph, Arzt, Professor und Pastor. Heute möchte der Unternehmer einerseits gerne die Kolonne der Ansehensträger anführen, andererseits ist ihm nicht recht wohl bei dem Gedanken, eine solch privilegierte Stellung einzunehmen, denn er müßte dabei eine ganz andere Verantwortung gegenüber dem Wohl und Wehe des Gemeinwesens übernehmen, wodurch er wiederum in Konflikt zu der ihm eigentlich obliegenden Geschäftspraxis kommen würde. So ist seine Existenz durch das bestimmt, was Hegel ein »unglückliches Bewußtsein« nennt, zerrissen und äußerst spannungsgeladen. Das wird kaum sichtbar, solange sie selbst noch Schicksal spielen und Tausende von Menschen von einem Tag auf den anderen ihrer Existenz berauben können; erst wenn sie sich als Opfer verstehen, entblößen sie eine geschundene und zerrissene Seele.

Edzard Reuter, bis 1995 Vorstandsvorsitzender bei Daimler-Benz, schreibt: »Der Eindruck, es handele sich bei der überwiegenden Zahl der heutigen Unternehmer um Getriebene, liegt nahe. Wer es nicht schafft, den Aktienkurs seines Unternehmens zumindest im gleichen Ausmaß zu steigern wie der Wettbewerber, muß um seinen Posten fürchten. Er scheint zum Gefangenen eines ursprünglich von den USA ausgehenden, dann von der City of London bejubelten und inzwischen auf allen Finanzplätzen der Welt als Dogma verkündeten Systems geworden, wonach dem ökonomischen Geschehen volle Autarkie gegenüber allen gesellschaftlichen, politischen und letztlich auch staatlichen Einbindungen zukommt.«[53] Und mit Nachdruck betont Reuter, daß das Zeitalter, in dem unternehmerische Verantwortung auf mehr zielt als nur auf Vermögensvermehrung der Anteilseigner, nicht zu Ende ist, sondern gerade erst begonnen hat.

Aber auch ihm, wie zahlreichen anderen durch Entmachtung scharfsichtig gewordenen Kapitalismuskritikern, ist es unerklärlich, warum sich Realabstraktionen wie die Institution der Börse mit einer Gewalt und Schicksalhaftigkeit auf Völker und Gesellschaftsordnungen legen wie nie zuvor in der Geschichte. Verdreht haben sich ja nicht bloß die Beziehungen zwischen Wirtschaft, Kultur und Gesellschaft, sondern den Ökonomen selbst wird mittlerweile angst und bange, wenn sie feststellen, daß der Gesamtwert der an den Börsen der Welt gehandelten Aktien seit 1980 um mindestens 1000, wenn nicht um nahezu 1500 Prozent zugenommen hat, die tatsächliche Wirtschaftsleistung in den traditionellen Industriestaaten aber nur um knapp mehr als die Hälfte angewachsen ist. Der Wert der Deutschen Telekom kann an einem einzigen Börsentag um 20 Milliarden Mark steigen (oder auch fallen). Wenn Max Weber unter den drei Rationalitätstypen, die er für die Legitimität von Herrschaftsordnungen unterscheidet (Charismatische, Traditionale und Rationale), der zweckrationalen Lebensführung den absolut bestimmenden Wert für die moderne Gesellschaft zuschreibt, für Kapitalrechnung ebenso wie für Verwaltungshandeln, dann ist diese Zweckrationalität am zerbröckeln.

Keineswegs zufällig wächst deshalb in der Börsenwelt der Einfluß eines Berufsstands, der aus Zahlen und Stimmungen Flugrichtungen für Erfolg und Niederlage deuten kann: der Analyst. Er ist der moderne Augur, wie der alte in der Kulisse arbeitend und nur auf Anforderung tätig, so daß ihm Fehldeutungen kaum angelastet werden können. Daß in einem wissenschaftlichen Zeitalter solche Ersatzpriester diese Bedeutung gewinnen können, mag mit dem freigesetzten Goldgräberfieber zu tun haben, durch das die Gier nach schnellem Reichtum (Marx nennt das den »Werwolfsheißhunger nach Mehrarbeit«) und die Lust am hohen Einsatz gesellschaftsfähig geworden sind. Für Menschen, deren Lebenszuschnitt zur Aufgabe geschrumpft ist, die Aktienbesitzer mit Dividenden zu bedienen, mag ein Stück Romantik darin stecken, mit der Hermeneutik – einer Deutungskunst, die sie für das Erkennen gesellschaftlicher Zusammenhänge nie akzeptieren würden – wenigstens in ihren Alltagsgeschäften etwas zu tun zu haben.

Auch die abgebrühtesten römischen Feldherrn, einschließlich Caesar, haben bei Schlachtbeginn nicht auf das Urteil der Auguren verzichtet, die ein angesehenes und einflußreiches Priesterkollegium bildeten. Ihr Amt bestand darin, aus verschiedenen Naturerscheinungen wie dem Flug, dem Fressen und dem Geschrei der Vögel positive oder negative Zeichen für beabsichtigte Handlungen herauszulesen. Ihr hoher Rang wird dadurch unterstrichen, daß das Augurale im römischen Lager jener Ort zur Rechten des Feldherrnzeltes war, wo der Augur biwakierte und die *auspicia* gehalten wurden.

Es ist nicht bekannt, ob die Analysten, die berufsmäßig die Wertpapierbörse beobachten, wenigstens das »Augurenlächeln« ihrer römischen Vorgänger bewahrt haben: das wissende Lächeln Eingeweihter über einfältige Gläubige, welchen die wahre Bewegung der Dinge unbekannt bleibt. Nimmt man den griechisch-römischen Ursprungssinn des Wortes Analyse, das vernunftgemäße Zergliedern und kritische Überprüfen von Verhältnissen, dann hat die Transformation dieses Begriffes bis hin zum »Analysten« eine Anreicherung durch magische Praktiken erfahren.

Im Frankfurter Besprechungsraum der Deutsche-Bank-Tochter Morgan Grenfell findet jeden Morgen um halb neun ein Deutschland-Meeting statt, bei dem die Analysten mit den Händlern verbunden sind: Wehe, wer da nicht sofort eine Information zu bewerten weiß, die er Minuten zuvor bekommen hat! »Entscheidungen in diesem Metier«, sagt Thomas Schießle, Leiter der Aktienforschung beim Privatbankhaus Delbrück, »fällen sie oft in 20 Sekunden.« Und auf die Frage, was denn die Börse antreibe, antwortet er: »Angst und Gier, nichts sonst.« Vor zwölf Jahren habe er für seine erste Aktienstudie zwei Wochen Zeit gehabt, heute müßte er so etwas an einem Tag fertig haben.[54] Dieses Tempo ist der Deutungskunst der Auguren vergleichbar; schließlich mußten sie den Vogelflug sofort einschätzen, und auch die Schlachtopfer, deren Eingeweide die etruskischen Haruspices deuteten, konnten nicht aufbewahrt werden. An der Börse wird über unglaubliche Geldmassen entschieden, und Tausende von Menschen sind in ihrer Lebenssituation davon betroffen. Doch bei den Analysten kommen Menschen nur als Kostenfaktoren vor, und Massenentlassungen tauchen unter der Überschrift »Headcount« in übersichtlichen profitversprechenden Grafiken auf. Wenn die Aktienprofis der Investmentbanken mehrheitlich den Daumen senken – »untergewichten« lautet lapidar der Börsentip –, kippt der Kurs ab.[55] Aber wie in allen solchen mit magischen Praktiken versetzten Zusammenhängen sind sich die Mitspieler der Deutungskompetenz nicht sicher; inzwischen betreiben einige Großanleger aktive Risikominimierung und haben dazu eigene Researchteams aufgebaut, die »als sogenannte Buy-side-Analysten wiederum die Analysen der Analysten analysieren«.[56]

Es geht in der Tat um Zukunftsfragen in dieser Welt der Reichen, der Goldgräber und der risikofrohen Spekulanten, die ihre Geschäfte mit hohen Einsätzen betreiben. Wo immer Schätze gefunden werden, wo immer innerhalb von Stunden Milliardengewinne zu Buche schlagen: Wenig oder nichts von alledem kehrt zurück in den Produktionszusammenhang, aus dem es ursprünglich stammt, oder gelangt in die Kassen des Gemeinwesens, das mit diesem Gewinn die allgemeinen Strukturen der Lebensbedingungen verbessern könnte, wie es immerhin einmal zum Selbstideal des Bourgeois gehörte – daß er mit seinen selbstsüchtigen Interessen auch das Gemeinwohl fördert. Nichts wäre einzuwenden gegen eine Art Casino-Kapitalismus, auf dessen Börsen die Reichen sich gegenseitig ihre Erbschaften und ihr Vermögen abzocken und mit spekulativen Einsätzen in derselben gesellschaftlichen Größenklasse umverteilen; so ist es aber nicht.

Wenn Thomas Schießle in seiner Beschreibung des Börsengeschehens erklärt, es gehe gar nicht um ein konkretes Unternehmen, wenn Aktien gehandelt werden, zum Beispiel um den wirklichen Siemens-Konzern, sondern darum, ob man ihm 10 oder 15 Prozent Zukunft mehr zubillige, dann ist das eine Frage der gesellschaftlichen Moral von höchster Brisanz. »Sie kaufen also nicht das Unternehmen«, sagt Schießle, »sondern nur die Idee des Unternehmens Siemens.«[57] Also bestimmt die von Priester-Analysten als Gerücht in die Welt gesetzte Idee von Siemens den Wert des Unternehmens; an der Börse wird ein Phantasiewert gehandelt. Abstraktionen in der Wirklichkeit geltend machen heißt, wie Hegel einmal gesagt hat, Wirklichkeit vernichten.

Das Spalten, Abkoppeln ganzer Bevölkerungsschichten von dem, was als Wirklichkeit definiert wird, die Entwürdigung von Tausenden von Menschen, deren Leben von solchen Unternehmen abhängt, das kann nicht mehr als eine Frage der Spielleidenschaft betrachtet werden. Auch die großzügige Geste, Arbeitern und Angestellten als Anteilseigner am Börsengewinn zu beteiligen, ist keine wirkliche Veränderung der gesellschaftlichen Strukturen, die eben solche

Abstraktionen ermöglichen. »Es tut einem demokratischen Gemeinwesen auf Dauer nicht gut, wenn vom Shareholder-Value nur Spitzenmanager und Aktionäre profitieren. Firmenchefs und Anteilseigner sind immer noch eine Minderheit in der Bevölkerung ... Kollege Kapitalist heißt dagegen die sozialverträgliche Lösung. Die Idee ist wahrscheinlich nicht neu und dennoch überzeugender denn je.«[58] Ich habe es am Text mehrfach überprüft: Das ist nicht ironisch und schon gar nicht zynisch gemeint; dennoch ist schwer vorstellbar, daß eine ganze Gesellschaft sich als Börse versteht, zumal die gegenwärtige Realität eine völlig andere Sprache spricht. Das beschleunigte Tempo der Rationalisierungen ergreift immer weitere Bereiche der Produktion und der Dienstleistungsbetriebe; wo zwei Arbeitsplätze neu geschaffen werden, sind drei oder vier bereits vernichtet. Die Spaltung der Gesellschaft in zwei Realitäten schreitet weiter voran, und selbst dort, wo statistisch die Arbeitslosigkeit zu sinken scheint, wachsen in einem schier unerträglichen Ausmaß Armut und verödete gesellschaftliche Regionen – in einem der reichsten Länder der Welt.

6. Refeudalisierung und das Problem der Verteilungsgerechtigkeit

Refeudalisierungszüge, wie sie gegenwärtig in den Machtstrukturen des Kapitalismus und in den Lebensstilen der Privilegierten erkennbar sind, speisen sich aus einer sozialen Dynamik, welche die ursprünglich kollektiv gemeinte Zirkulation der Eliten, zum Beispiel in der Soziologie Paretos, individualisiert und zerfasert, die entsprechenden Klassen, Schichten, sozialen Milieus aber im wesentlichen unangetastet läßt. So entsteht ein relativ stationäres Gefüge der Gesellschaft, an dessen Oberfläche ökonomische Macht, politischer Einfluß und Lebensstile einer haltlosen und völlig entwurzelten Dynamik zu unterliegen scheinen. Gleichsam hinter dem Rücken der Akteure (man kann auch Adam Smiths »invisible hand« anführen) reproduzieren und verfestigen sich dauerhafte Herrschaftsverhältnisse, die durchaus Ähnlichkeit mit gehäuseartigen Kollektiven haben, aus denen immer nur einzelne ausbrechen. Auguste Comte hat, von den Zersetzungstendenzen der Französischen Revolution beunruhigt, verschärft den Blick auf die Ordnungskräfte einer

Gesellschaft gerichtet; er war sich aber bewußt, daß eine moderne Industriegesellschaft, die gewaltige Produktivkräfte freisetzt, nur dann ein dem organischen Wachstum entsprechendes Gefüge bewahren kann, wenn sie die Kräfte der Ordnung und des Fortschritts, der Dynamik und der Statik ausbalanciert.

Kein ernstzunehmender Soziologe würde sich heute trauen, jenes »stahlharte Gehäuse von Hörigkeit«, das Max Weber den Menschen der durch Zweckrationalität domestizierten industriellen Zivilisation prognostiziert hat, als Wesensbeschreibung der gegenwärtigen Realität zu präsentieren, ohne gleichzeitig auf die vielfältigen Erosionen gesellschaftlicher Verhältnisse und auf die Individualisierungsschübe zu verweisen. Gleichwohl zeigen sich in unserer Gesellschaft Schichtungen nach kollektiven Merkmalen, deren äußere Fassaden einem Wandel unterliegen und die auch wechselnde Bevölkerungsgruppen beherbergen, die aber doch aus betonharten Mauern bestehen, die einer Ständegliederung durchaus vergleichbar sind. Der jeweilige Lebenshorizont in solchen gesellschaftlichen Schichtungen ist häufig trennscharf definiert. Diese Refeudalisierung von sozialen Lebenschancen sitzt wie auf einem Vulkan entfesselter Produktionsdynamik, die zur Zeit weder kollektive Gegenmacht noch traditionsgesättigte Verhaltensvorschriften zu befürchten hat. Die großen politischen Philosophen der griechischen und römischen Antike waren sich bewußt, daß für den Zusammenhalt des Gemeinwesens vor allem die extremen Ausschläge von Reichtum und Armut bekämpft werden müssen. Verteilungsgerechtigkeit ist das wesentliche Element eines Konsenses, der die betrügerische Manipulation vermeidet.

Ich gehe bei allen meinen Überlegungen davon aus, daß wir in einer der reichsten Gesellschaftsordnungen leben, die es je in der Geschichte gegeben hat. Jährlich fließen 140 Milliarden Mark an Zinsen auf private Konten. Davon werden rund 110 Milliarden Mark am Fiskus vorbeigeschmuggelt, stellt Claus Schäfer vom Wirtschafts- und Sozialwissenschaftlichen Institut des DGB fest.[59] Würde diese Summe korrekt besteuert, brächte das zusätzlich gut 30 Milliarden in die Staatskasse. Rund 50 Milliarden kämen heraus, wenn die angehäuften 10 Billionen Mark Privatvermögen unter Anrechnung großzügiger Freibeträge mit nur 1 Prozent besteuert würden. Der Wissenschaftler zog daraus den Schluß, daß genügend Geld zur

Finanzierung des Sozialstaates vorhanden ist. Es sei Aufgabe der Politik, so hätten Aristoteles und Cicero, die beiden Hauptmatadore im Kampf um ausgleichende Gerechtigkeit als Wesenselement des gesellschaftlichen Zusammenhalts, das formuliert, es genau von jenen zu holen, die über solche Reichtümer verfügen. Sollte das nicht mehr im Rahmen staatlicher Kompetenzen möglich sein, dann müßte jede heute noch existierende Regierung eines Landes, die mehr ist als ein Verlautbarungsorgan über das Wetter, daran arbeiten, den Polis-Gedanken vom Stadtumfang auf größere Gemeinschaftsgebilde zu erweitern.

Das Absterben des Staates, wie Marx sich die Auflösung einer Repressionsmaschinerie vorstellte, deren notwendig regulierende Funktionen von der Gesellschaft autonom übernommen werden, läßt sich heute kaum noch in Befreiungsphantasien einbinden, wie manche der Globalisierungsapologeten das gerne sehen möchten. Den entschiedensten Verfechtern einer Auflösung des Nationalstaates geht es vor allem um die Zerschlagung jenes Gerüstes, mit dem der gewiß kriegerische Nationalstaat in den letzten 150 Jahren immer auch ausgestattet gewesen ist: Regulierungsmechanismen sozialstaatlicher Prägung. Sie sind das eigentliche Kampffeld.

Wo Menschen in das politische Denken mit einbezogen werden, wo ihre Bedürfnisse, Interessen, Phantasien, Wünsche nach geordnetem und von Zwang befreitem Leben öffentliche Beachtung finden, da sind die spezifischen Gesellschaftsstrukturen über große historische Distanzen kaum miteinander vergleichbar. Wir wissen so gut wie nichts über die Selbsteinschätzung eines Polis-Bürgers im Perikleischen Zeitalter, im Reich Alexanders des Großen oder zur Zeit Ciceros. Die literarischen Überlieferungen und die politische Philosophie der damaligen Epochen vermischen überwiegend das Leben, wie es nach sittlichen Maßstäben sein soll, mit den empirischen Verhältnissen. Aber gerade in Gerechtigkeitsfragen, in den Maßverhältnissen von Gesellschaftsordnungen, die haltbare Strukturen aufgebaut haben, ist das Denken der antiken Welt von geradezu bestürzender Modernität.

Augustinus hat das christlich transformierte Römische Reich im Auge, wenn er in seiner Zwei-Welten-Lehre von *civitas dei* und *civitas terrena* den Gerechtigkeitsgedanken ins Zentrum rückt und ihn zum Kitt menschlicher Ordnung macht. Aurelius Augustinus (354–430 n.

Chr.) war von ganz verschiedenen Kulturen geprägt: Er stammte aus Nordafrika und arbeitete als Rhetoriklehrer in Karthago, Rom und Mailand; er hatte erfahren, was umherziehende Banden im Mittelmeerraum an menschlichem Unheil anrichten, alle im wohlverstandenen Interesse ihrer Stämme, ihrer Herkunftsfamilien, ihrer Völker. So war für ihn Gerechtigkeit keine hohle Formel, die religiösen Weihen eines Gottesreichs entsprang, sondern das zentrale Prinzip der diesseitigen Wirklichkeit, der *civitas terrena*. Es ist erstaunlich, wie dieser durch das Bekehrungserlebnis geläuterte Gottesmann auf die Welt einen ganz anderen Blick wirft, als das in spätrömischer Zeit üblich war. »Was anders sind also Reiche, wenn ihnen Gerechtigkeit fehlt, als große Räuberbanden?« Mit den Reichen sind gewiß die Imperien gemeint, aber auch die Begüterten, diejenigen, die sich Reichtümer zusammengeraubt haben, im buchstäblichen Sinne durch Überfälle auf dem offenen Mittelmeer oder auf dem unbewachten Landweg, aber auch durch die normale Ausbeutung menschlicher Arbeitskraft aus dem Stande der Sklaverei. Gerechtigkeit ist für Augustinus nicht identisch mit dem diesseitigen Friedenszustand einer Menschengemeinschaft, aber sie ist die Voraussetzung dafür. Das Beuteverhalten der Menschen gefährdet die Liebesfähigkeit und den solidarischen Ausgleich der Interessen. Augustinus spricht hier an, was in der Geschichte immer wieder als besonders kreative Weltformel auftaucht, wie beispielsweise im *Juste milieu* Napoleons III., den Marx als Parvenu im Idealzustand bezeichnet: »Enrichissez vous« – »Bereichert Euch!«

Eine solche Haltung hat heute wieder Konjunktur. Sie ist ohne jegliche Scham, ja rühmt sich eines besonders aufgeklärten Bewußtseins gegenüber den Chancen und Entfaltungsmöglichkeiten der Globalisierung – bis hin zum Roulette an der Börse, das beispielsweise in den Vereinigten Staaten mit den Pensionskassen derjenigen spielt, die ein Leben lang geschuftet haben. In dieser Spekulation mit dem Leben von Menschen sitzt ein unmenschlicher Gedanke, den Augustinus mit seinem Blick für menschliche Maßverhältnisse genau bezeichnet: »Sind doch auch Räuberbanden nichts anderes als kleine Reiche. Auch da ist eine Schar von Menschen, die unter Befehl eines Anführers steht, sich durch Verabredung zu einer Gemeinschaft zusammenschließt und nach fester Übereinkunft die Beute teilt. Wenn dies üble Gebilde durch Zuzug verkommener Menschen so ins Große wächst, daß Ortschaften besetzt, Niederlassungen gegründet, Städte erobert, Völker unterworfen werden, nimmt es ohne weiteres den Namen Reich an, den ihm offenkundig nicht etwa hingeschwundene Habgier, sondern erlangte Straflosigkeit erwirkt. Treffend und wahrheitsgemäß war darum die Antwort, die einst ein aufgegriffener Seeräuber Alexander dem Großen gab. Denn als der König den Mann fragte, was ihm einfalle, daß er das Meer unsicher mache, erwiderte er mit freimütigem Trotz: Und was fällt dir ein, daß du das Erdreich unsicher machst? Freilich, weil ich's mit einem kleinen Fahrzeug tu, heiße ich Räuber. Du tust's mit einer großen Flotte und heißt Imperator.«[60] Heute stellt sich neu die Frage, wer die Räuber sind und wer die Beraubten. Woher kommen die modernen Wegelagerer? Wie sehen die Schiffspiraten heute aus?

Die Wohlstandsinseln des Kapitalismus gedeihen, und nimmt man die Statistiken zu Rate, zeichnet sich durchaus deren Erweiterung ab. Aber es bleiben Inseln, und die ganze Landverteilung erfolgt nach Regeln, die den Wegelagerern und Piraten immer größere Freiheiten zubilligen. Der Prozeß der Spaltungen, der Fragmentierungen und Abkopplungen hat vor ungefähr zwanzig Jahren in Westdeutschland eingesetzt (in anderen Ländern beginnt er schon Mitte der siebziger Jahre) und beschleunigt sich zunehmend. »1995 empfanden noch 39 Prozent die wirtschaftlichen und sozialen Verhältnisse als gerecht. 1998 nur noch 23 Prozent, in Ostdeutschland gar nur 9 Prozent. 71 Prozent der gesamten Bevölkerung Deutschlands sind überzeugt, daß die soziale Gerechtigkeit in den letzten Jahren abgenommen hat.«[61] Solche Zahlen bezeichnen Proportionen und Tendenzen, es sind keine konstanten Meßwerte. Das gilt genauso für Zahlenangaben über Arbeitslosigkeit und Armut, deren Aussagekraft wesentlich davon abhängt, wie weit die Deutung gesamtgesellschaftliche Strukturverhältnisse einbezieht und nicht nur technische Regelungen im Blick hat. Fast alle Prozesse, die rein nach der Logik von Markt und Kapital ablaufen, ermangeln einer an menschlichen und gesellschaftlichen Maßverhältnissen orientierten Steuerung; extreme Ausschläge, die gewaltige Folgekosten bewirken, sind auf allen Ebenen der Produktions- und Austauschbereiche feststellbar.

Mit der Ökologiebewegung und dem Einzug der Grünen in Parlamente und Regierungen sind Prinzipien zu kulturellen Standards geworden, die der betriebswirtschaftlichen Welt zunächst wohl als unnötige Kostenbelastung galten, inzwischen aber durchaus gesellschaftsfähig geworden sind: Folgenabschätzungen in Fragen von Technologie und Ökologie. Arbeitslosenfolgenabschätzungen dagegen unternimmt die Wirtschaft nicht. Dabei gehören sie in einer auf das Gemeinwesen bezogenen politischen Ökonomie des »Ganzen Hauses« zweifellos zu den wichtigsten Faktoren. Die Arbeitslosenfolgenabschätzung darf nicht erst einsetzen, wenn die Menschen ihre Erwerbsarbeit verloren haben, wenn sie von ihren Arbeitsplätzen getrennt sind. Wo soll das Verursacherprinzip Geltung haben, wenn nicht hier? Die Hauptverantwortungsträger sind diejenigen, die über Macht und Einfluß verfügen, einen solchen Gewaltakt entweder zu vollziehen oder ihn zu verhindern.

Wo allerdings Verantwortung zugemutet werden kann, muß bereits im Ursprungszustand eine solche Folgenabschätzung erkennbare Alternativen zur Grundlage haben. Wer Rationalisierung im Sinne Max Webers als epochales Schicksal hinnimmt und sein Verhalten ausschließlich nach dieser Regel richtet, sie als Gesetz exekutiert, hat sich aus der Schlinge möglicher Verantwortung für sein Handeln bereits herausgezogen. Aber Rationalisierung ist kein Naturgesetz, sondern ein gesellschaftliches Projekt, von Menschen gemacht und von Interessen gesteuert, die sich benennen lassen. Jeremy Rifkin verweist darauf, daß wir es heute nicht mehr mit einer bloßen Beschäftigungskrise zu tun haben, sondern einen tiefgreifenden Wandel unserer Gesellschaft, unserer Zivilisation durchmachen. Zum ersten Mal in der Geschichte braucht die kleine Zahl derer, die die Wirtschaft regieren und die Macht haben, die Gesamtheit der Menschen nicht mehr. Es gibt damit etwas Schlimmeres, als ausgebeutet zu werden: gar nicht mehr ausbeutbar zu sein.[62]

Das Rationalisierungsmedium, die mikroelektronischen Techniken, welche in die dichtesten Poren der Gesellschaft eindringen und die Dinge und Verhältnisse mit Intelligenz ausstatten können, hat einen geradezu revolutionären Sprung gemacht. »Noch nie gab es eine Revolution des Kapitals. Jetzt hat sie begonnen.« Die triumphale Äußerung des Chefs eines Großunternehmens (laut »Handelsblatt«) bezeichnet treffend den Dammbruch, den die modernen mikroelektronischen Rationalisierungsmedien heute bewirkt haben. Die »Revolution des Kapitals« ist freilich unabdingbar damit verknüpft, daß immer mehr mit immer weniger lebendiger Arbeitskraft produziert werden kann. Wenn also die Herrschafts- und Machtstrukturen der Gesellschaft nicht grundlegend verändert werden, ist Massenarbeitslosigkeit der komplementäre Kostenblock einer Gesellschaft, deren wachsender Reichtum gemeinwesenorientierten Arbeitsplätzen verlorengeht. Die Gesellschaft erfährt eine Aufspaltung in zwei Realitäten. Das ist jener Gesamtzustand, den Abraham Lincoln in einer berühmten Rede als politische Tragödie beklagte: »A house divided against itself cannot stand.«

7. Der Sockelbetrag »Arbeitslosigkeit«

Betrachtet man die Arbeitslosenstatistiken, so variieren die Zahlen seit Jahren um einen Grundbestand, den man soziologisch wie ein Lager oder eine Klasse bewerten kann. Es gibt individuelle Mobilität an den Rändern und den Grenzen nach oben und nach unten, aber saisonale oder konjunkturelle Entspannungen auf dem Arbeitsmarkt werden durch Rationalisierungsschübe oder Konkurse schnell wieder ausgeglichen. Im fünfzigsten Jahr der Bundesrepublik Deutschland existiert nach offiziellen Angaben und laut Daten von Meinungsforschungsinstituten eine Arbeitsplatzlücke von gut sechseinhalb Millionen. Darunter sind 4 279 000 registrierte Arbeitslose – 35 Prozent von ihnen mehr als ein Jahr ohne Arbeit –, 1 075 000 Menschen, die aufgrund marktpolitischer Maßnahmen vorübergehend in beitragsfinanzierten Arbeitsverhältnissen tätig sind, und mehr als eine Million, die wegen drohender Arbeitslosigkeit vorzeitig in Rente gingen. In der Massierung ist damit ein Arbeitslosenheer entstanden, das in der Größenordnung durchaus an die Endphase der Weimarer Republik erinnert. Die damaligen ruinösen Folgen für das demokratische Gesellschaftssystem sind gegenwärtig nicht zu erwarten, weil die Sozialstaatssicherungen doch wenigstens einen Teil der individuellen Existenznöte ausgleichen können.

Bemerkenswert ist, daß die drastischen Kürzungen sozialer Leistungen, die massive Begünstigung der Unternehmens- und Vermögenseinkommen bei der Besteuerung und spektakuläre Ausweitungen des sogenannten Niedriglohnsektors in den letzten zwanzig

Jahren an der Grundausstattung des Arbeitslosenlagers nichts geändert haben. Man könnte auf den Gedanken kommen, daß Arbeitslosigkeit zu einem konstanten Statusmerkmal geworden ist, das die Zugehörigkeit zu einer bestimmten Klasse signalisiert, wenngleich es nur in Ausnahmefällen einem Geburtsmakel gleichkommt wie für den Sklaven der Antike oder den Fronbauern des Mittelalters.

Wer auch nur einen oberflächlichen Blick in die Geschichte der sozialen Kämpfe wirft, wird schnell begreifen, warum solche Klassen- oder Lagerbildungen, die ihre Dynamik aus den Produktionsverhältnissen beziehen, eine hohe Resistenz gegenüber Veränderungen entwickeln. So konnte die angeberische Verkündung einer Halbierung des Arbeitslosenheers durch die Regierung Kohl Mitte der neunziger Jahre sehr schnell als propagandistischer Trick durchschaut werden, der den Erfindern nur Spott einbrachte. Mit diesem Rückschlag im Ansehen muß wohl jeder rechnen, der Massenarbeitslosigkeit und Armut beseitigen möchte, gleichzeitig aber die Logik von Markt und Kapital für eine unveränderliche Größe hält.

Seit der deutschen Wiedervereinigung 1990, als in ganz Deutschland 37,4 Millionen Erwerbstätige gezählt wurden, sind rund 3,4 Millionen Stellen gestrichen worden. Davon entfallen allein auf die neuen Bundesländer 2,7 Millionen, im alten Bundesgebiet gab es 1997 rund 660 000 Erwerbstätige weniger als 1990. Eine stagnierende oder gar wachsende Beschäftigung wurde, obwohl der Beschäftigungsabbau in den einzelnen Bundesländern starken Schwankungen unterlag, in keinem der Bundesländer festgestellt.[63]

Wer gesellschaftliche Prozesse gerne in Naturkategorien deutet, wird zur Krisenlösung unter anderem auf demographische Faktoren zurückgreifen, auf Veränderungen der Altersstruktur, auf das Abnehmen der Bevölkerungszahl, vielleicht auch auf das Entstehen einer Kultur zurückhaltender und bescheidener Menschen, die gar nicht mehr arbeiten wollen und sich auf eine spartanische Lebensweise einlassen. 1950 waren 31 Prozent der Bevölkerung unter 20 Jahre, 54 Prozent 20 bis 59 Jahre alt, 15 Prozent 60 und älter. Nach jüngsten Prognosen werden es im Jahr 2040 nur noch 16 Prozent sein, die unter 20 Jahre alt sind, 50 Prozent zwischen 20 und 59 Jahre und 34 Prozent 60 Jahre und älter. Daraus mag man folgern, daß die Arbeitslosen weniger werden, weil die Bevölkerung im Erwerbsalter schrumpft, aber an der sozialen Dynamik, daß auf lange Sicht auch der billigste Arbeiter mit Maschinen, die immer mehr gattungsgeschichtliche Privilegien des Menschen auf Intelligenz und Gefühl an sich reißen, nicht konkurrieren kann, ändert sich dadurch überhaupt nichts. Nach einer Prognos-Studie aus dem Jahre 1998 ist mit einem Rückgang der abhängig Beschäftigten auf 28,4 Millionen im Jahre 2020 und auf 24 Millionen im Jahre 2040 zu rechnen, wobei aber der Sockelbetrag von 4,8 Millionen Arbeitslosen bis 2020 konstant bleiben soll.

Dieses riesige Arbeitslosenlager, das sich ja aus lebendigen Menschen rekrutiert, aus zerbrochenen Lebensläufen, verlorenen Kämpfen um Anerkennung, aus unerfüllten Hoffnungen auf Selbstbestimmung und verweigerten gesellschaftlichen Teilnahmebedürfnissen, bildet einen gewaltigen Angstrohstoff in der Gesellschaft, der in vielfältiger Weise bearbeitet und für Manipulationszwecke eingesetzt wird. So findet sich in einem Buch, das eine schonungslose Analyse der heutigen wirtschaftlichen Misere Deutschlands ankündigt, eine statistische Vision, in welchem Ausmaß die freie Nutzung aller wirklichen Rationalisierungspotentiale der deutschen Wirtschaft das Arbeitslosenheer vergrößern würde: »Ein McKinsey-Team hat ausgerechnet: Unter der Annahme weltbester Produktionstechniken könnte derselbe Output beispielsweise im Maschinenbau mit rund 40 Prozent Beschäftigten weniger produziert werden; im Automobilbau ergibt dieselbe Rechnung rund 45 Prozent weniger Arbeitsplätze, in der Chemie 30 Prozent. Die Liste ließe sich fortsetzen. Als reines Rechenbeispiel könnte das heutige Produktionsvolumen in der Bundesrepublik mit 24 Millionen erreicht werden. Das entspräche bei einer Gesamtzahl von 39 Millionen Erwerbspersonen eine Arbeitslosenquote von 38 Prozent. Diese Zahl ist keine Prognose, weil sie eine hypothetische Rechnung anstellt ... Aber das Rechenbeispiel zeigt, vor welcher gewaltigen Umstrukturierung die deutsche Wirtschaft in den kommenden Jahren steht. ... Vollbeschäftigung im herkömmlichen Sinne kann nicht mehr erwartet werden.«[64]

Diese Ausführungen könnten der Aufklärung dienen, um eine stark angestiegene Arbeitsproduktivität und das volkswirtschaftliche Vermögen in die kulturellen Zwecksetzungen eines Gemeinwesens zurückzubringen. Aber der Zweck der apokalyptischen Vision geht im Gegenteil dahin, den Menschen in ihrem ohnehin als kleinlich denunzierten Anspruchsdenken und in ihrem traditionellen Beharren auf identitätsstiftende Arbeitsplätze Räson beizubringen, das heißt ihnen das gewinnbringende Produzieren als eigentlichen Menschheitszweck zu vermitteln. Kein Gedanke weist über den betriebswirtschaftlichen Horizont dieses Zukunftsblicks hinaus.

Daß die Industrieregionen schrumpfen, ist fast ein Gemeinplatz in der Literatur; aber die Verengung dieser Produktionsbasis und der hier vorhandenen Arbeitsplätze werde, so heißt es vielerorts, durch entsprechenden Ausbau von Arbeitsplätzen im Dienstleistungssektor ausgeglichen – ganz analog zum historischen Beispiel, als die in der Landwirtschaft freigesetzten Arbeitskräfte durch eine fortwährend ausgeweitete industrielle Produktion aufgesogen wurden. Auch in diesem Punkt haben sich findige Rechner, die die sprengende Kraft des Rationalisierungsmediums Mikroelektronik begriffen haben, auf den Weg gemacht, um Zukunftsszenarien mit negativen Utopien zu verunsichern. Der Wirtschaftsinformatiker Rainer Thome hat zahlreiche Dienstleistungsbereiche untersucht, um Einzelfallbeobachtungen »fortschrittlicher integrierter Informationsverarbeitungslösungen auf die Gesamtzahl der entsprechenden Arbeitsplätze hochzurechnen«[65]: »Der Dienstleistungsbereich gilt in Deutschland als Ausweg und Hoffnung aus der Arbeitsmarktmisere. Aus Sicht der Wirtschaftsinformatik hingegen ist dieser Bereich in Zukunft Gegenstand substantieller Rationalisierungsbemühungen durch Weiterentwicklung und Automatisierung der informationsverarbeitenden Geschäftsprozesse. ... Das Rationalisierungspotential durch Informationsverarbeitungslösungen ist im Dienstleistungssektor im Vergleich zum Produktionsbereich noch wenig ausgeschöpft.«[66] Thome kommt zu dem Ergebnis, daß in Deutschland im Dienstleistungsbereich bis zu 6,7 Millionen Arbeitsplätze wegfallen könnten, wenn insbesondere im Handel, im öffentlichen Dienst und bei Banken moderne Informationstechniken eingeführt würden.

In seiner Studie läßt Thome offen, wo diese arbeitslos gewordenen Menschen Arbeit oder anderweitig ihr Auskommen finden. Das ist nicht die Sorge von Unternehmen und Unternehmern, die ihre Rationalisierungsgewinne im Auge haben, denn sie sind sicher, daß in unserer Gesellschaft denjenigen, die der betriebswirtschaftlichen Rationalität zum Opfer fallen und auf die Straße gesetzt werden, Rechtsansprüche verbleiben, um einen minimalen Lebenszuschnitt sicherzustellen. Die Verantwortung dafür gehört in die Zuständigkeit von Ämtern, wird vom Gemeinwesen institutionell geregelt, dessen Regelungen und Vorschriften andererseits als unzulässige und den Wirtschaftsprozeß behindernde Faktoren verworfen werden – von denselben Interessenverbänden der Unternehmer.

Die organisierte Verantwortungslosigkeit bei der Verursachung von Arbeitslosigkeit ist teuer: Etwa 180 Milliarden kostet in Deutschland zur Zeit diese schlitzohrige Kalkulation von Unternehmern, die sich auf Weltmarktniveau trimmen und Spitzenleistungen im Ersetzen lebendiger Arbeitskraft erstreben. Ein Beobachter, der einer gereifteren Zivilisation auf einem anderen Planeten entstammt, könnte die durchaus berechtigte Frage stellen: Wenn Arbeit und Leistung einen so herausragenden Wert in dieser Gesellschaft besitzen, daß Kostenverschwendung geradezu ein Verbrechen für jeden Einzelbetrieb ist, warum erlaubt sich dann die Gesamtgesellschaft den Luxus, für Arbeitslosigkeit, für Nichtstun 180 Milliarden jährlich auszugeben? Warum wird mit diesem Geld nicht die Schaffung von Arbeitsplätzen gefördert? Hat vielleicht nicht nur die Verfügung über lebendige Arbeitskraft, sondern auch über Massenarbeitslosigkeit eine zentrale Funktion im Erhalt des Herrschafts- und Machtsystems? Jeder vernünftige Mensch muß sich solche Fragen stellen, nicht nur der Beobachter, der aus einer anderen Welt auf uns herabsieht.

Die Kosten von Arbeitslosigkeit setzen sich für den einzelnen Menschen aus einer ganzen Palette von Geldzuwendungen zusammen, die, wenn sie denn im einzelnen aufgeführt werden, die Begehrlichkeiten der staatlichen und kommunalen Schlankheitsfanatiker aufs höchste erregen. Ist denn alles notwendig, was der einzelne Arbeitslose, der vielleicht an seinem Schicksal auch selbst Schuld hat, vom Gemeinwesen bekommt, um in Würde leben zu können? Die jährlichen Kosten (Ausgaben und Mindereinnahmen) für den einzelnen Arbeitslosen sind von 25 700 DM im Jahr 1991 auf 37 800 DM 1997 gestiegen, die Gesamtkosten im gleichen Zeitraum von 66,8 auf 165,9 Milliarden DM. Kein einziges Unternehmen, kein großer Konzern, weder Arbeitgeberverbände noch der Bundesverband der Industrie befinden sich unter jenen Institutionen, die sich diese Kosten teilen. Von den 165,9 Milliarden im Jahr 1997 trägt die Bundesanstalt für Arbeit 64,6 Milliarden, die Bundesregierung 43,6 Milliarden, Länder 15,7 Milliarden, Gemeinden 13,9 Milliarden, Rentenversicherung 15,8

Milliarden, Krankenversicherung 10,9 Milliarden und die Pflegeversicherung 1,4 Milliarden DM.[67] Hierbei sind freilich, das muß in aller Entschiedenheit betont werden, die menschlichen Kosten für einzelne, für Familien, für Kinder, für den ganzen Aufbauaufwand gesellschaftlicher Lebewesen überhaupt noch nicht in Betracht gezogen. Der Mensch wird in diesem Zusammenhang als reiner Kostenfaktor betrachtet.

Zur Zeit kostet ein Arbeitsloser etwa 42 000 DM im Jahr: 12 000 DM Arbeitslosengeld oder Arbeitslosenhilfe, 5 000 DM Beiträge zur Rentenversicherung, 4 000 DM Kranken- und Pflegeversicherung, Sozialhilfe, Wohngeld. Zu diesen Ausgaben kommen Einnahmeausfälle aus Steuern, Beiträgen der Rentenversicherung usw. hinzu. Der Mensch zerfällt hier in eine Vielzahl von Kostenrechnungen, die im einzelnen gewiß alle ihren guten Sinn haben, weil sie minimale Existenzsicherungen bezeichnen und insoweit für die Begründung seiner Würde keineswegs gleichgültig sind. Was aber sind die Ursachen, warum diese gewaltigen Summen für Arbeitslosigkeit und nicht für Arbeit ausgegeben werden, in einer Gesellschaftsordnung, in der Arbeit und Leistung einen so hohen Stellenwert im Kampf um Anerkennung haben? Systemtheoretiker könnten antworten: In der gegenwärtig verfaßten Gesellschaftsordnung sind Arbeitslosigkeit und Armut mit den darin mitgesetzten Folgen zentrale Faktoren der Systemstabilisierung. Sie sind gleichsam die notwendige Umwelt dieses Systems, und man muß das System verändern, um sich dieser Umwelten entledigen zu können.

Eine solche systemtheoretische Deutung stößt auf Widerstände und Proteste, die nicht nur moralischer Art sind, sondern den Nerv der vorherrschenden Denkweise treffen, in der Modernisierung mit ökonomischer Rationalität aufs engste verknüpft ist. Betrachtet man die gegenwärtige Entwicklung des Kapitalismus unter diesem Gesichtspunkt, dann werden Arbeitslosigkeit und Armut zu zentralen Einwänden wirtschaftlicher Betriebsführung – es sei denn, man versteht unter Ökonomie das Plündern und Ausrauben des jeweiligen Konkurrenten. Dann würde es zum System gehören, ihn seiner Arbeitsmittel und Arbeitsplätze zu berauben und am Ende, weil er wehrlos geworden ist, dem Zustand der Armut zu überlassen.

Es kann jedoch nicht das Resultat unseres mit Opfern und Leiden verknüpften Zivilisationsprozesses sein, in die Wildnis des Überlebenskampfes zurückzukehren. So müssen wir Antworten suchen auf die Frage, warum in einer von Reichtum überquellenden Gesellschaftsordnung das Einfallstor von Armut und sozialer Verelendung, die Arbeitslosigkeit, so weit offen ist, sich im Weltmaßstab weiter öffnet und nicht geschlossen wird. Ein Gesellschaftsphilosoph, der heute fast vergessen ist, aber noch vor zwanzig Jahren, jedenfalls innerhalb der Linken, Tag und Nacht traktiert wurde – Georg Wilhelm Friedrich Hegel nämlich –, hatte eine Ahnung formuliert über die Selbstzerrissenheit der bürgerlichen Gesellschaft und ihr System der Bedürfnisse: »In der bürgerlichen Gesellschaft ist jeder sich Zweck, alles andere ist ihm Nichts. Aber ohne Beziehung auf andere kann er den Umfang seiner Zwecke nicht erreichen: diese anderen sind daher Mittel zum Zweck des Besonderen. Aber der besondere Zweck gibt sich durch die Beziehung auf andere die Form der Allgemeinheit und befriedigt sich, indem er zugleich das Wohl des anderen mit befriedigt. ... Die Besonderheit, beschränkt durch die Allgemeinheit, ist allein das Maß, wodurch jede Besonderheit ihr Wohl befördert.«[68]

Hegel benennt geradezu prophetisch die diesem System immanente Dialektik; die Selbstzerrissenheit der um Industrie und Produktion kreisenden bürgerlichen Gesellschaft zeigt sich dort am bedrohlichsten, wo sich der Widerspruch zwischen arm und reich zuspitzt. »Das Herabsinken einer großen Masse unter das Maß einer gewissen Subsistenzweise, die sich von selbst als die für ein Mitglied der Gesellschaft notwendige reguliert – und damit zum Verluste des Gefühls des Rechts, der Rechtlichkeit und der Ehre, durch eigene Tätigkeit und Arbeit zu bestehen –, bringt die Erzeugung des Pöbels hervor, die hinwiederum zugleich die größere Leichtigkeit, unverhältnismäßige Reichtümer in wenige Hände zu konzentrieren, mit sich führt.«[69]

Hegel hat hier die explosive Lage zu Beginn der Französischen Revolution vor Augen. Pöbel ist seine Metapher für die aus der sittlichen Ordnung des Staates herausgefallenen Teile der Bevölkerung. Die Entehrung des Menschen durch Trennung von der Möglichkeit, durch Arbeit seine Subsistenz zu sichern, ist ein wesentlicher Punkt des Widerspruchs zum Prinzip der bürgerlichen Gesellschaft. »Es kommt hierin zum Vorschein, daß bei dem Übermaße des Reichtums die bürgerliche Gesellschaft nicht reich genug ist, das heißt an dem ihr eigentümlichen Vermögen nicht genug besitzt, dem Übermaße der Armut und der Erzeugung des Pöbels zu steuern.«[70] Hegel erkennt, daß in einer Gesellschaftsordnung, deren Grundlagen durch Arbeit und das System der Bedürfnisse vermittelt sind, die Produktion von Armut der entscheidende Widerspruch ist, der diese Gesellschaftsordnung aufsprengt. »Die wichtige Frage, wie der Armut abzuhelfen sei, ist eine vorzüglich die modernen Gesellschaften bewegende und quälende.«[71]

Diese Erkenntnis mit ihren zugleich moralischen und ökonomischen Dimensionen hat brennende Aktualität. Was ist also von einer Gesellschaft zu halten, deren Führungsschichten Zweckrationalität und ökonomische Kalkulation in kategorische Imperative der Lebensführung ungemünzt haben, aber weder das Übermaß des Reichtums noch das der Armut zu steuern verstehen? Wenn eine Arbeits- und Erwerbsgesellschaft, die in beschleunigtem Tempo Reichtum produziert, mit dem Armutsproblem nicht fertig werden kann, dann ist das ein Zeichen, daß eine historisch entstandene Verteilungsordnung überholt ist. Unabhängig vom Wollen und Bewußtsein der einzelnen vollziehen sich Gesellschaftsspaltungen, die vorübergehend verdeckt, verschleiert, verschoben werden können, die aber als vermintes Gelände der Ausgrenzungen bestehen bleiben; hier bildet sich ein explosives Gemisch von Fremdenhaß, Marginalisierung von Bevölkerungsteilen und Verödung ganzer Regionen.

Allgemein läßt sich feststellen: In allen industriell fortgeschrittenen Gesellschaftsordnungen, die ein hohes technisches Niveau und komplexe Regelungsmechanismen der institutionalisierten politischen Willensbildung aufweisen, die jedoch an den alten Herrschafts- und Machtstrukturen festhalten, um alle Verfügungsrechte nicht nur über lebendige Arbeit, sondern auch über Arbeitslosigkeit zu bewahren, scheint die Tendenz zur Zweiteilung der Gesellschaft unabwendbar zu sein. In allen diesen Ländern, die mit üppiger Reichtumsproduktion gesegnet sind, aber sich entschieden weigern, Gesellschaftsreformen an Haupt und Gliedern ins Werk zu setzen, hat die Zweiteilung der Realität charakteristische Ausgliederungsformen: Die eine geht nach innen, die andere bekommt Schutzwälle gegen außen. Bestimmte soziale Regionen (Arbeitslosigkeit, Armut, Behinderung) werden abgekoppelt von der guten und geordneten Gesellschaft, und der Fremde wird zum bevorzugten Ersatzschuldigen für die Misere.

8. Spaltung in zwei Realitäten

Es sind verschiedene Erscheinungen ein und derselben Gesellschaftsstruktur: die Aufrechterhaltung der alten, im wesentlichen kapitalfixierten Form der Arbeit einerseits, als käme es immer noch und vor allem darauf an, durch unmittelbare Anwendung lebendiger Arbeitskraft den industriellen gesellschaftlichen Reichtum zu erzeugen und zu erhalten, und andererseits wachsende gesellschaftliche Bereiche, in denen die Menschen für lange Zeit und häufig genug lebenslang zu Fürsorgeobjekten degradiert werden, wenn ihnen überhaupt öffentliche Hilfe zuteil werden sollte. Da Vollzeitarbeitsplätze unter den gegebenen Bedingungen immer knapper werden, Erwerbsarbeit in der alten Form aber ihre gesellschaftliche Geltung behalten hat, scheint sich die moderne Gesellschaft den skandalösen Luxus erlauben zu können, die aus dem produktiven Arbeitszusammenhang Ausgegliederten auf Dauer vom System gesellschaftlich anerkannter Arbeit fernzuhalten.

Natürlich geschieht das in der Regel nicht bewußt und offen. Aber sowohl die krankmachenden Erosionen in den Beziehungsverhältnissen, denen trotz wuchernder Institutionen zur sozialpsychiatrischen Betreuung kaum nachhaltige Heilungsperspektiven angeboten werden, als auch die vielen Hindernisse, die der Selbstorganisation der Ausgegliederten in den Weg gelegt werden, sprechen eine eindeutige Sprache und legen nahe, aus Symptomen auf eine dahinter stehende Strategie zu schließen. Nicht die Wiederherstellung der Arbeitsfähigkeit ist das Ziel solcher Behandlung, sondern allenfalls die Bewahrung einer minimalen Lebensfähigkeit. Darin scheint sogar ein Funken funktioneller Vernunft zu liegen. Warum auch sollte eine Gesellschaft, die unter chronischem Überfluß an lebendiger Arbeitskraft leidet, ein vitales Interesse daran haben, Arbeitsfähigkeit zu erhalten, wo doch nur geringe Chancen bestehen, ihr einen angemessenen Boden der Betätigung, ein *field of employment* zu verschaffen?

Mit dem Verlust des Arbeitsplatzes erhöhen sich für die Betroffenen von einem Augenblick auf den anderen nicht nur die materiellen Lebensrisiken; die Trennung bewirkt vielmehr einen plötzlichen Bruch in der Wirklichkeitswahrnehmung. Die von Arbeitslosigkeit betroffenen Menschen fallen gleichsam auf eine andere Realitätsebene, selbst wenn Sicherungssysteme diesen Fall für eine bestimmte Zeit mildern. Arbeitslose sprechen vielfach davon, daß ihnen der Boden unter den Füßen schwindet oder schwankend wird; sie erfahren einen Realitätsentzug, ja einen Realitätsverlust. Es ist der Abstieg in eine andere Welt, die ganz eigene Realitätsdefinitionen hat, vergleichbar der Schattenwelt in Platos Höhlengleichnis. Wahrheit und Vernunft, Licht und Sonne dringen von außen in die Höhle, aber die darin Gefangenen können sich selbst nur als Schattenexistenzen wahrnehmen und bewegen sich in einer Art rangniedrigeren Wirklichkeit.

Das Gefühl der Zweiteilung unserer Gesellschaft ist weit verbreitet, und die Mühe, mit beschwörenden Appellen eine Brücke zu schlagen, offensichtlich vergeblich. Hoffnungen, die Ausgegliederten durch behutsame und nachsichtige Überzeugung für das System zurückzugewinnen, erweisen sich als illusionär. Ich möchte deshalb im folgenden von zwei Realitäten sprechen.

Wer in der ersten Realität lebt, wird die Gesellschaft der Bundesrepublik Deutschland, auch in der eher glücklos zusammengebundenen Form der staatlichen Nachkriegsfragmente, als die beste aller möglichen Welten ansehen; er wird auf die deutsche Geschichte verweisen, in der es noch nie eine Gesellschaftsordnung mit ähnlicher demokratischer Stabilität und vergleichbarem Massenwohlstand gegeben hat. Er wird das Lebensniveau der Mehrheit loben, um plausibel zu machen, warum viele westliche Länder nicht nur den Fleiß der Deutschen, sondern auch ihre sonstigen Aufbauleistungen bewundern.

Menschen dieser ersten Realität gehen einer geregelten Arbeit nach, sie haben einen längerfristig sicheren Arbeitsplatz und wählen in der Regel die Mitte, jene Parteien, die für den »Konsensus der Demokraten« stehen. Daß die Welt so, wie sie ist, im großen und ganzen gut eingerichtet scheint und daß sie darin einen angemessenen Platz des Lebens haben, schreiben sie ihren eigenen Leistungen zu, wie sie umgekehrt davon ausgehen, daß diejenigen, die aus dieser geordneten und guten Gesellschaft herausfallen, das nicht ohne Selbstverschulden tun. Sie beobachten Massenaufläufe und Demonstrationen mit Mißbehagen, weil ihnen eigentlich unverständlich ist, wie man für eine andere Ordnung der Dinge sein kann als für die, die ihre eigene ist und deren Horizont sie noch nicht einmal in ihren Träumen und Wünschen zu überschreiten vermögen. Sie weigern sich beharrlich anzuerkennen, daß es Menschen gibt, die für ihre Lebensinteressen, ja für die Interessen der Gesamtgesellschaft einen demonstrativen Rückhalt in der Öffentlichkeit zu erreichen suchen. Weil ihre individuellen Interessen ohnehin die herrschenden Interessen der Gesellschaft sind, kapseln sie sich in der ersten Realität ein und errichten eine Mauer zwischen sich und der gesellschaftlichen Erfahrung von Konflikten und Widersprüchen. Wer über Macht und Einfluß verfügt, warum sollte der auch den anrüchigen Weg der Straße gehen? Und an wen sollte er da appellieren?

Es wäre eine unzulässige Vereinfachung, der ersten Realität, in der im wesentlichen alles noch in Ordnung zu sein scheint, eine zweite gegenüberzustellen, die als ein in sich geschlossenes, klar gegliedertes Lager auftritt. Die sozialkulturelle und politische Zusammensetzung der zweiten Realität ist vielmehr äußerst komplex. Arbeitslose leben für eine begrenzte Zeit von der Hoffnung, nicht Objekte der Sozialfürsorge zu werden, und haben vielleicht die Kraft, durch kollektive Handlungen Aufmerksamkeit in der Öffentlichkeit zu erregen oder in anderer Weise aktiv zu werden. Dauerarbeitslose aber, Sozialfürsorgeempfänger, Leute, die sozialpsychiatrischer Betreuung unterliegen, Nicht-Seßhafte, Obdachlose – sie und andere mehr bleiben Objekte, das heißt, sie protestieren und demonstrieren in der Regel nicht; sie bleiben vielmehr eingemauert in einen Objektzusammenhang, in dem der Bewegungsspielraum ebenso entleert ist wie die Zeit, die totgeschlagen werden muß. Um daraus ausbrechen zu können, bedürfte es ausreichender Selbstwertgefühle und einer Entschlußkraft, über die sie nicht mehr verfügen.

Raum und Zeit nehmen bei dieser Schicht der Marginalisierten die Gestalt einer unendlich freien Verfügbarkeit an. Am Grundtatbestand der Unzufriedenheit ändert die formelle Freiheit nichts; denn Zeitplanung wird zu einer leeren Beschäftigung, der Ortswechsel zu einer leeren Bewegung. In anderen Bereichen unterschlagener Wirklichkeit ist die objektive Situation ähnlich, aber subjektiv verschieden. Es sind kleine Schritte, welche die Differenz ausmachen: wenn Arbeitslose sich zum Beispiel in Arbeitslosenzentren zusammentun, wenn sie für ihre Interessen demonstrieren und dadurch einen kollektiven Erfahrungszusammenhang herstellen, der die individuelle Verzweiflung und Ohnmacht etwas mindert. Wo Alte und Behinderte öffentliche Aufmerksamkeit erzwingen, indem sie sich versammeln, Forderungsprogramme formulieren, wo sich überhaupt Gegenwehr regt – in allen diesen und ähnlichen Fällen werden Raum- und Zeitperspektiven um bestimmte Interessen und Bedürfnisse der Betroffenen verdichtet, inhaltlich angefüllt. Es sind Ausdrucksformen der Lebensfähigkeit und des Lebenswillens, Zeichen noch nicht verlorener oder wiedergewonnener Fähigkeit, erfahrenes Unrecht wahrzunehmen.

Was alle diese Schichten und Gruppen miteinander verbindet – wie sehr sie sich in den Graden ihrer Protestfähigkeit auch unterscheiden mögen und wie stark sie sich auch bewußt gegeneinander abgrenzen –, ist jedoch die Zugehörigkeit zur zweiten Realität der Gesellschaft. Deren Hauptmerkmal ist, daß die Menschen, die hier ihre Erfahrungen machen, aus dem gesellschaftlich anerkannten System der Arbeit herausgefallen sind und darunter leiden, daß die gewonnene Zeit ihren Ernstcharakter verloren hat. Die Trennung von der ersten Realität ist in der Regel gegen ihren Willen geschehen. Wenn Menschen sich mit Willen und Bewußtsein von ihr ablösen, indem sie eigene Antworten auf Fragen des Sinns geben – warum sie arbeiten, warum sie etwas tun und lassen und sich dazu entschließen, ihre Arbeitskraft in Alternativprojekten zu realisieren –, bildet sich mit dem Verlust der alten Raum- und Zeitstruktur gleichzeitig ein neues Gefüge, das vielleicht viel befriedigendere Zeitperspektiven ermöglicht. Das sind jedoch, gemessen am Massencharakter der Ausgliederungs- und Ausgrenzungsprozesse, nur Ausnahmefälle.

Es sind also nicht zwei Kulturen, von denen Peter Glotz sprach, als er die etablierte gegen die alternative Kultur abgrenzte, sondern es sind zwei Realitäten, die in Konfrontation zueinander stehen, mit den ihnen entsprechenden Realitätswahrnehmungen. Es handelt sich deshalb längst nicht mehr um ein bloßes sprachliches Verständigungsproblem, denn nicht nur die Sprache ist auseinandergefallen, sondern Denkformen, Zeitperspektiven, Verhaltensorientierungen, spezifische Logiken der Wahrnehmung, der Objektwelt ebenso wie der Selbstwahrnehmung. Diese Spaltung der Realität hat eine viel größere Reichweite als die alte Klassenspaltung, auf die sie sich allerdings in letzter Instanz gründet.

Nachdem die entstehende bürgerliche Gesellschaft die stationären Ständegliederungen, die in kosmologischen Weltbildern und religiösen Wertordnungen befestigt waren, ausgehöhlt oder gänzlich zerbrochen hatte, haben dualistische Konzeptionen auf die gesellschaftstheoretische Begriffsbildung immer eine besondere Faszination ausgeübt. Je komplexer und arbeitsteilig ausdifferenzierter die Gesellschaft wurde, desto nachdrücklicher machte sich das Erkenntnisinteresse geltend, möglichst übersichtliche Verlaufsformen der Entwicklung zu konstruieren. Dabei wurde das Einfache, Elementare immer gleichzeitig als das Wesentliche, Grundlegende betrachtet. Das entsprach dem alltäglichen Orientierungsbedürfnis der Menschen, die zugespitzte Handlungsperspektiven brauchen und nicht selten auf Vorurteile zurückgreifen, um im Orientierungsdickicht eigener lebendiger Erfahrungen eindeutige Freund-Feind-Verhältnisse herauszuschälen.

Auch in der Soziologie ist die Palette dualistischer Begriffspaare außerordentlich groß: bei Auguste Comte Fortschritt und Ordnung; bei Herbert Spencer Differenzierung und Integration; bei Emile Durkheim mechanische und organische Solidarität; Ferdinand Tönnies prägte den Dualismus von Gemeinschaft und Gesellschaft, und die Reihe ließe sich mühelos fortsetzen. Aber auch die Politiker wußten den Vorteil solcher dualistischen Vereinfachungen durchaus zu schätzen. Als Benjamin Disraeli in den achtziger Jahren des neunzehnten Jahrhunderts im englischen Parlament von den »two nations« sprach, wußte er, der sich als jüdischer Emporkömmling in der konservativen Gesellschaft Englands kaum zu Hause fühlte, was er mit diesem Ausdruck politisch bewirken wollte. Der Premierminister wies damit auf die Zerrissenheit der englischen Nation hin, von der der eine Teil auf Kosten des anderen zu leben gewohnt war. Mit der Plünderung der Kolonien nahmen damals die Differenzen zwischen arm und reich immer größere Dimensionen an.

Wenn ich von zwei Realitäten spreche, dann enthält dieser Begriff alle drei Elemente, die ich eben bezeichnet habe: Alltagserfahrungen und eine wissenschaftliche Konzeption ebenso wie eine politische Orientierungsformel. Nicht alle gesellschaftlichen Bereiche haben dieselbe Dichte und Berührungsflächen, an deren Schnittstellen Politik als Produktionsprozeß stattfindet. Aus der Position des theoretischen Beobachters mag sich die Gesellschaft als ein pluralistisches Feld mehr oder minder stark überkreuzter Linien darstellen. Ist eine eingreifende Praxis am Werk, erfolgt eine ganz andere Bündelung der Kräfte und eine spontane Umdefinition der Berührungsflächen. In Hegels »Großer Logik« heißt es dazu: »Die denkende Vernunft aber spitzt, sozusagen, den abgestumpften Unterschied des Verschiedenen, die bloße Mannigfaltigkeit der Vorstellung, zum wesentlichen Unterschiede, zum Gegensatze, zu. Die Mannigfaltigen werden erst, auf die Spitze des Widerspruchs getrieben, regsam und lebendig gegeneinander und erhalten in ihm die Negativität, welche die innewohnende Pulsation der Selbstbewegung und Lebendigkeit ist.«[72] Diese Zuspitzung zum Widerspruch, die »Arbeit der Zuspitzung«, wie Hegel es nennt, macht die Konzeption der zwei Realitäten aus und konzentriert das bloße Nebeneinander von gesellschaftlichen Kräften um den Punkt, an dem Entscheidungen getroffen werden, individuelle nicht weniger als kollektiv-politische.

Die Zweiteilung der gesellschaftlichen Realität hat heute viele Namen. Die Bezeichnung Schattenwirtschaft stammt aus den siebziger Jahren. Gesellschaftskritiker in den achtziger Jahren bevorzugten den Ausdruck Zweidrittelgesellschaft, um das Auseinanderbrechen der sozialen und ökonomischen Realität zu kennzeichnen. Neuerdings hat der Soziologe Alain Touraine von einer Aufspaltung in der Prozentproportion 30/30/40 gesprochen. 30 Prozent der Bevölkerung sind demzufolge vom gesellschaftlichen Zusammenhang auf Dauer abgekoppelt, 30 Prozent leben fortwährend in prekären sozialen und kulturellen Verhältnissen, 40 Prozent sind im Besitz von Macht und Wohlstand.

Wenn von Schattenwirtschaft oder von informeller Ökonomie die Rede ist, meint das mehr als individuelle Schwarzarbeit. Es geht um ein eigenes, nicht an die Regeln der offiziellen Ökonomie gebundenes System der Arbeit, des Naturalientauschs und des gegenseitigen Dienstleistungsverkehrs. Was hier entsteht, ist in der Tat eine zweite Realität, eine Ökonomie mit eigenen Gesetzen. Menschen, die sich in dieser Wirklichkeit bewegen, mögen mit ihrem gesellschaftlichen Selbstverständnis, ihren Einstellungen zu Gott und der Welt, mit ihren Vorurteilen und politischen Orientierungen nach wie vor komplett zur ersten Realität gehören. Aber da ihr Loyalitätsfaden zu den Steuerbehörden abgerissen ist, befinden sie sich im statistischen Untergrund. In diese Kategorie gehört der arbeitslose Lehrer, der Privatunterricht erteilt, ohne seine Einkünfte zu versteuern, aber auch der selbständige Malermeister, der abends an Büchern und Bilanzen vorbei Wohnungen renoviert. Die individuelle Moral mag noch einigermaßen funktionieren, die Steuermoral ist völlig zersetzt.

Bereits gegen Ende der siebziger Jahre war die Schattenwirtschaft der einzige Wirtschaftsbereich der Bundesrepublik, der sprunghaftes Wachstum verzeichnete, und zwar in beiden Spielarten: der legalen Selbstversorgungswirtschaft mit einem Umfang von mindestens einem Drittel des offiziellen Sozialprodukts und der illegalen Untergrundwirtschaft in einer Größenordnung von wahrscheinlich zumindest zehn Prozent. Ein Vergleich zu anderen Ländern zeigt, daß das natürlich kein deutsches Phänomen ist: Vorsichtigen Schätzungen zufolge waren damals in Schweden 13, in der Sowjetunion 20, in den Vereinigten Staaten und in Großbritannien etwa 8 Prozentanteile am offiziellen Sozialprodukt dem Reich der (illegalen) Schattenwirtschaft zuzurechnen.[73] Die Zahlen, die der Präsident der Bundesanstalt für Arbeit, Bernhard Jagoda, in seinem Bericht über illegale Beschäftigung und Leistungsmißbrauch für das Jahr 1999 veröffentlichte, zeigen keine Trendwende, sondern eine Verschärfung der Abkopplungstendenz. Er bezeichnet illegale Beschäftigung als »Boombranche Nummer eins«: 600 Milliarden DM würden zur Zeit jährlich umgesetzt, 16 Prozent des Bruttosozialprodukts. Das Bau- und das Gastgewerbe stünden an oberster Stelle, aber auch in der Softwareentwicklung mehrt sich die Schwarzarbeit.[74]

Gegen diese Tendenz zur ökonomischen Zweiteilung der Realität gab es so wenig Gegenmittel, daß selbst Behörden der ersten Realität dazu übergingen, das Faktum einfach hinzunehmen und es gar als positive Entwicklung zu werten. Das Internationale Arbeitsamt der IOL veröffentlichte im Herbst 1983 eine Studie, die nicht nur festschrieb, was ohnehin nicht zu verhindern war, sondern dem Ganzen den Anstrich einer ungewollten, aber wünschenswerten Krisenbewältigung gab. Für alle, die aus dem offiziellen System gesellschaftlicher Arbeit ausgegliedert werden oder sich freiwillig von ihm trennen, ist demnach Sorge getragen, daß sie dabei nicht kaputtgehen, und der Untergrundwirtschaft wird in dieser Studie die Funktion zugeschrieben, für den Abbau sozialer Spannungen zu sorgen. Obwohl Schwarzarbeiter sich außerhalb der Legalität bewegen, so daß sie sich im Konfliktfall nicht auf das Gesetz berufen können und keinerlei Anspruch auf Sozialleistungen haben, also besonderer Ausbeutung ausgesetzt sind, wird gleichwohl dieser Schattenökonomie sozialpsychologisch eine zentrale Kompensationsleistung aufgebürdet. »Latent Arbeitssüchtige«, mithin diejenigen, die jahrzehntelang auf Normen der Leistungsmoral gedrillt wurden, so daß sie ihnen praktisch zur zweiten Natur geworden ist, würden ohne Schattenwirtschaft Schwierigkeiten haben, mit ihrer Freizeit etwas Sinnvolles anzufangen. Jugendliche, welche die traditionelle Arbeitsethik verachten, hätten die Möglichkeit, sich in Tätigkeit zu halten, ohne das Gefühl der Fremdarbeit zu haben. Manche Menschen im Ruhestand, die bei voller Gesundheit sind und sich von den Gewohnheiten eines aktiven Lebens nicht lösen können, vermittle die Werkelei in der Untergrundwirtschaft das Gefühl der Nützlichkeit und biete die Möglichkeit gesellschaftlicher Kontakte.[75]

Man muß jedoch diejenigen Kräfte, die sich in den Bereichen der Schattenwirtschaft bewegen und die in der ILO-Studie wie in vielen anderen Untersuchungen ausschließlich unter dem Kriterium des Herausfallens aus der Ökonomie der ersten Realität betrachtet werden, genauer analysieren und ihre Abhängigkeit von der offiziellen Ökonomie im einzelnen bestimmen. Claus Offe hat genau diesen Punkt im Sinn, wenn er 1984 schreibt: »Von den Befürwortern der informellen Ökonomie ist freilich nicht immer deutlich gemacht worden, daß zwischen der ›naturwüchsigen Dualisierung‹ und einer politisch geförderten und verantworteten Dualwirtschaft ein diametraler Gegensatz besteht: Im einen Falle verläßt man sich darauf, daß die außerhalb des schrumpfenden Arbeitsmarktes bleibenden Teile der Bevölkerung sich schon irgendwie durchschlagen, zurechtfinden und selbst behelfen werden, wobei dann Schwarzarbeit, Kleinkriminalität sowie gröbste Formen der Ausbeutung und Selbstausbeutung beifällig bis achselzuckend in Kauf genommen werden. Im anderen Falle, nämlich im Rahmen einer politischen Programmatik der Dualwirtschaft, geht es darum, wie jene begrenzte Sphäre der informellen Eigenarbeit institutionell anerkannt, gefördert, gesichert, ausgebaut und zumindest den gleichen Kriterien sozialer Gerechtigkeit unterstellt werden kann, die für den formellen Sektor der Arbeitsgesellschaft Geltung beanspruchen.«[76] In der Tat würde erst eine selbstbewußte politische Programmatik, welche die Schattenwirtschaft vom Illegalisierungsdruck löst und als ökonomische Alternative zum ausgefransten Erwerbssystem anerkennt, wenigstens einem Teilbereich der zweiten Realität die Basis für eine autonome Gestaltung der

Produktion, des Austauschs von Gütern und Dienstleistungen verschaffen.

Diesen Akt gesamtgesellschaftlicher Planung von den vereinigten Parteien des bestehenden Herrschaftssystems und vom Staat zu erwarten, wäre jedoch völlig illusionär. Sie müßten dabei ja nicht nur die Schattenwirtschaft öffentlich anerkennen und damit die Funktionsunfähigkeit des traditionellen Systems gesellschaftlicher Arbeit eingestehen, sondern über ihren eigenen Schatten springen, das heißt ihre eigene Profit- und Privilegienorganisation aufheben. So wird für lange Zeit die Realität, in der André Gorz den autonomen Bereich lokalisiert sieht, von heteronomen Strukturen überlagert und fragmentiert sein und in ihrer geschichtlichen Ausdehnung und Wirksamkeit wesentlich davon abhängen, wie die objektiven Tendenzen zur Auslagerung von Produktions- und Lebensbereichen nach neuen Kriterien der Zeitgestaltung gegenständlicher, menschlich-produktiver Tätigkeit organisiert werden können.[77]

Heute wird die Tendenz zur Schattenwirtschaft offiziell viel negativer eingeschätzt, deutlicher als Scheinlösung für die Probleme der Arbeits- und Erwerbsgesellschaft erkannt und im übrigen eindeutig dem Bereich der Wirtschaftskriminalität zugeordnet. 243 Millionen DM Bußgelder sind 1999 über Unternehmen verhängt worden, die Schwarzarbeiter eingestellt haben; im Jahr 2000 waren es bereits 325 Millionen an Bußgeldern, den Umsatz durch Schwarzarbeit schätzte man auf 640 Milliarden DM.[78]

Solange die Zweiteilung der Realität unter der Vorherrschaft der ersten Ökonomie steht, wäre diese Abstraktion zwar eine »Kategorie der Realität«, was bedeutet, daß sich eine in der Wirklichkeit selbst abspielende Polarisierung nach zwei großen Lagern vollzieht, gleichzeitig aber in dieser Reinform auch nur eine Abstraktion, die im selbsterfahrenen Alltag der Individuen und im täglichen politischen Kampf vielfach durchbrochen wird. Nicht nur hat jede der zwei Realitäten eine ihr eigentümliche Dialektik, die sie mit der jeweils anderen in Beziehung setzt, sondern die Berührungsflächen zwischen diesen Realitäten, dort nämlich, wo von heute auf morgen für den einzelnen dramatische Situationen entstehen können, sind in ständigem Wechsel begriffen.

Schwarzarbeit bedeutet beispielsweise, daß in der Regel nur ein Teil der Arbeitskraft von den Realisierungsbedingungen der ersten

Ökonomie abgetrennt ist und viele Verknüpfungsnetze mit dieser fortbestehen. Die Gebrochenheit der Situation besteht aber nicht nur für die, die sich bereits mit Teiltätigkeiten von der ersten Ökonomie gelöst haben, aus eigenem Willen oder durch Zwang. Die Zweiteilung der Realität schiebt sich immer weiter ins gesellschaftliche Zentrum und bestimmt die Lebensperspektiven selbst von Menschen, die sich vorerst noch ganz von den Netzen der ersten Ökonomie gesichert fühlen.

Jüngste Beispiele für die von Prinzipien der ersten Realität ausgehenden Bevölkerungsteilungen liegen auf völlig verschiedenen Ebenen, bezeichnen aber dieselbe Tendenz und bekräftigen den hier wirksamen Ordnungsgedanken: Die Deutsche Bahn AG benötigt, um den für 2004 angepeilten Börsengang riskieren zu können, 4,5 Milliarden DM Gewinn; um das zu erreichen, sollen von 240 000 Arbeitsplätzen 70 000 gestrichen werden; die Ausgliederung oder Einstellung von 262 Nebenstrecken ist im Gespräch, der Güterverkehr soll weitgehend auf die Straße verlagert werden. Auch im zweiten Fall sind Gewinnerwartungen mit Abkopplungen verknüpft: Bei der gescheiterten Großfusion von Deutscher Bank und Dresdner Bank war geplant, den unmittelbaren Kundenverkehr einzuschränken und das Geschäft mit Privatkunden, die über wenig Barvermögen verfügen, einzustellen. In beiden Fällen geht es um eine Neusortierung der Bevölkerung: Nahverkehr, Nähe-Verhältnisse bei Schalterdiensten versprechen Aufwand, aber wenig Gewinn. Die Aufgliederung in zwei Realitäten setzt also viel früher ein als in den statistisch wahrnehmbaren Massenbereichen von Arbeitslosigkeit, Schattenwirtschaft und Armut. Es ist das Rationalisierungsprinzip, das solche Spaltungen erzeugt.

Schon im Anfangsstadium der heutigen Krisenszenarien haben Horst Kern und Michael Schumann 1983 in prägnanten Beispielen aufgezeigt, welche Folgen die Zweiteilung der Realität, bedingt durch die Ambivalenz der Rationalisierung, für eine Betriebsbelegschaft hat. Demzufolge kann man keineswegs immer davon ausgehen, daß Rationalisierungen auf dem Rücken der Arbeiter ausgetragen werden und auf deren Ablehnung treffen. Dort, wo in ökonomisch relativ stabilen Unternehmungen neue Produktionskonzepte vom Management entwickelt und ausprobiert werden, bilden sich relativ große Lageunterschiede innerhalb der Arbeiterschaft.

Als Rationalisierungsgewinner betrachten Schumann und Kern Produktionsfacharbeiter und Instandhaltungsspezialisten, die durch die mit einer Modernisierung von Abhängigkeitsverhältnissen verknüpfte Rationalisierung keineswegs die Abwertung ihrer Qualifikationen erfahren, sondern eher eine Aufwertung. Die Rationalisierungsgewinner sind eine relativ kleine und auf bestimmte Produktionszweige beschränkte Fraktion der Industriearbeiterschaft und werden das auch bleiben. Die »Rationalisierungsdulder« machen dagegen jene Gruppen von Arbeitern aus, die durch Tarifverträge, Gesetze und Betriebsvereinbarungen leidlich geschützt sind, aber lediglich mitlaufen und jederzeit in der Gefahr sind, ausgegliedert zu werden. Sie stehen bereits mit einem Fuß in der zweiten Realität, genau wie die Arbeiter, die in krisenbestimmten Branchen tätig sind und aufgrund der Gesamtlage der jeweiligen Betriebe die internen Differenzen innerhalb der Belegschaften zwar einebnen, aber diese auf Gedeih und Verderb mit der Existenzfähigkeit des Betriebs verbinden. Angst ist hierbei das entscheidende Bindemittel. Drohen Betriebe zusammenzubrechen, finden manche Belegschaften zu kollektivem Handeln und richten – wenn auch in den meisten Fällen viel zu spät – ernsthafte Anstrengungen auf alternative Produktionsgestaltung oder dokumentieren die Fragwürdigkeit der vorgegebenen Eigentumsverhältnisse durch Betriebsbesetzungen, wie bei Werftschließungen in Bremen und Hamburg Anfang der achtziger Jahre und vereinzelt auch später noch. Es ist ein letztes Aufbäumen, bevor sie endgültig und vielfach auf Dauer der zweiten Realität zufallen.[79]

So wenig die faschistische Barbarei etwas war, was der deutschen Gesellschaft von außen her angetan wurde, sondern ihr innerstes Prinzip, das öffentliche Gestalt annahm, so wenig kann sich die gegenwärtige offizielle Ordnung damit brüsten, daß es doch im Vergleich zur Gesamtbevölkerung nur wenige Millionen Menschen sind, die keine Arbeit haben, denen vielleicht das Dach über dem Kopf fehlt oder die ohne fortwährende ärztliche Hilfe kaum noch leben können. Jeder Tag bringt neue Beispiele, die Gewalt und moralische Korruption im Zentrum der wohlgeordneten ersten Realität öffentlich machen. Und der Spruch eines weise gewordenen englischen Politikers des neunzehnten Jahrhunderts, Lord Actons »Power always corrupts« (Macht korrumpiert immer), deutet auf die

Allgemeinheit dieses Phänomens hin, hat aber nichts Beruhigendes an sich.

Auf der anderen Seite wäre es völlig verfehlt zu meinen, der Prozeß der Ausgliederung als solcher schaffe den substantiellen Boden, auf dem ein solidarisches Gemeinwesen gleichsam naturwüchsig gedeiht. Es ist schon ganz zutreffend, wenn von Schatten die Rede ist. Die volle Beleuchtung kommt immer noch, wie im Höhlengleichnis Platos, von anderer Stelle. »Am farbigen Abglanz haben wir das Leben«, hat Goethe einmal gesagt; aber die Vielfältigkeit der Farben kann nicht darüber hinwegtäuschen, daß es sich eben um einen Abglanz handelt. Dieser Abglanz hat auch viele nüchterne und prosaische Seiten. Der hochbegabte wissenschaftliche Assistent einer deutschen Universität, der die Fadheit des Wissenschaftsbetriebs nicht mehr aushält, seine Dienstobliegenheiten nach wie vor erfüllt, aber daneben, in seiner Freizeit gewissermaßen, einen alternativen Bauernhof mitorganisiert und sein Gehalt mit den weniger begünstigten Neubauern solidarisch teilt, kann sich in seinem Kopf von der ersten Realität ablösen, bleibt aber mit der städtischen Organisation des gesellschaftlichen Lebens faktisch verknüpft. Er ist politisch bewußter Schwarzarbeiter, aber eben doch auch Schwarzarbeiter.

Das bestehende System schlägt nicht nur in den Gefährdungen der Solidarität durch, sondern auch in der Begründung und der Grundlage ihrer Möglichkeiten. Autonomie ist das Resultat eines langwierigen Prozesses der konkreten und kollektiven Abtrennung von dem heteronomen entfremdeten System gesellschaftlicher Arbeit, wie es durch die erste Realität definiert ist. Die zweite Realität, von der ich spreche, ist deshalb noch nicht das Reich der Freiheit, noch nicht einmal die Grundlage dafür. Sie ist von Abstraktionen zerrissen, nicht weniger als das, was sich in den Bereichen der ersten Realität abspielt. Diese aufzuheben, zu einem Konkret-Allgemeinen zu machen, bedeutet die Herstellung menschlicher Produktionsprozesse, in welchen die kapitalistische Zivilisation aufgehoben ist. Ich erinnere in diesem Zusammenhang an das von mir bereits zitierte Wort Hegels: Abstraktionen in der Wirklichkeit geltend zu machen bedeutet Wirklichkeit zu zerstören. Erst eine durch Vernunft geprägte Wirklichkeit entspricht also dem Begriff des Wirklichen. Die bloße Tatsachenwelt hat demgegenüber etwas Unwirkliches, Vorübergehendes und Flüchtiges an sich.

9. Arbeitslosigkeit – der Einstieg in die Verarmung

In den meisten Krisenlösungsvorschlägen kommt die zweite Realität, die immer mehr Menschen aufsaugt, die aus der guten und wohlgeordneten Gesellschaft herausfallen, nur als Randerscheinung vor, selbst wenn die Schlagzeile lautet: »Wie läßt sich die wachsende Kluft zwischen arm und reich überwinden?!«[80] Von elf Experten, die in einer »Spiegel«-Titelgeschichte zu diesem Problem befragt wurden, äußerten nur drei eine kritische Einschätzung des Armutsproblems, die übrigen bewegten sich im Umkreis technischer Erläuterungen, welche die Mechanismen der Spaltung und der Ausgliederung überhaupt nicht berühren. Meinhard Miegel: »Die Alternative: Breitere Schichten bilden aus eigener Kraft Vermögen. Manchem mag das zynisch erscheinen. Doch anders geht es nicht.« Johann Eckhoff, ehemaliger Staatssekretär: »Die Ursache von Arbeitslosigkeit ist nicht in einer ungerechten Verteilung der Einkommen, sondern in der Lücke zwischen den Löhnen und der Produktivität zu suchen. ... Jeder Versuch, im Marktprozeß die Löhne aus verteilungspolitischen Gründen stärker oder auch nur so stark anzuheben, wie die Produktivität steigt, verringert die Beschäftigungschancen der Arbeitslosen.« Roland Berger, Unternehmensberater: »Eigentum an Produktivkapital als zusätzliche Einkommensquelle für jeden Bürger.« Lothar Späth, Vorstandsvorsitzender der Jenoptik AG, Jena: »Wir Deutschen müssen wieder lernen, auch auf niedrigem Niveau zu schuften, statt auf höchstem Niveau zu jammern.« Martine Dornier-Tiefenthaler, Anwältin und Unternehmerin: »Wenn jemand an der Börse in diesem Jahr sein Vermögen vermehrt hat – wunderbar. Wer das nicht getan hat, den bringt nicht der Neid weiter. Es könnte ihm aber helfen, wenn einer Vielzahl von Menschen ein seriöser Börsenzugang oder, besser noch, eine direkte Beteiligung an ihrem Unternehmen geboten würde.«[81]

Diese und ähnliche Äußerungen sprechen mit keinem Wort die zweite Realität an mit ihrer fatalen Eigendynamik von Arbeitslosigkeit, depressivem Zirkel, Armut und Elend, aus der mit bloßen individuellen Anstrengungen so schwer wieder herauszukommen ist. Soziologische Tatbestände haben freilich die Eigenart, daß sie sich dem Einzelwillen und den guten Absichten nicht fügsam zeigen; Durkheim hat den soziologischen Tatbestand (*fait sociale*) mit guten

Gründen als etwas Gegenständliches definiert, das sozialen Zwang (*contrainte sociale*) auf das Individuum ausübt. Der Selbstmord eines einzelnen mag tausend Motive haben, die schwerlich so zu bündeln sind, daß aus Ursachenverkettung zwangsläufig die Entscheidung der Selbsttötung hervorgeht. Ein einzelner Mensch, der plötzlich arbeitslos wird und das Gefühl hat, daß ihm der feste Boden unter den Füßen zerbröckelt, wird seine Aufmerksamkeit auf vielfältige Ursachen seines Schicksals lenken, die auch Eigenanteile enthalten können. Aber wenn der traumatisch erfahrene Realitätsverlust ihn nicht sofort in eine psychotische Enge treibt, wird ihm schon beim ersten Blick in die Morgenzeitung der Gedanke kommen, daß hier unmöglich individuelles Versagen allein den Ausschlag gegeben haben kann. Millionen Menschen, die in einer vor Reichtum überquellenden Gesellschaft in Arbeitslosigkeit und Armut verfallen, sind Ausdruck eines Systemdefekts, der nur durch Veränderung des Systems behoben werden kann.

Von besonderem Gewicht ist deshalb, daß die rot-grüne Regierung nicht lediglich Marginalisierungsstatistiken veröffentlicht, sondern den ersten »Armuts- und Reichtumsbericht der Bundesregierung«[82] in Auftrag gab, der die soziale Spaltung zum Hauptthema macht, auch wenn die Datenbasis für die Welt der Reichen vergleichsweise schmal ist. Die Zahlen bezeichnen harte soziale Tatbestände: Fast jeder dritte Ostdeutsche lebt in relativer Armut – das heißt, er muß mit weniger als 60 Prozent des Durchschnittseinkommens auskommen –, jedoch nur jeder fünfte Westdeutsche. Als Hauptursache nennt der Bericht Arbeitslosigkeit. Aber selbst wer feste Arbeit hat, ist, wie der Bericht feststellt, vor Armut nicht gesichert. Der Anteil von Menschen, die trotz eines Jobs zu den relativ Armen gehören, stieg zwischen 1993 und 1998 von 38 auf 44 Prozent.

Die eigentliche Energiequelle der in sich sehr komplexen, äußerst verschachtelten zweiten Realität sind verschiedene Verarbeitungen des Angstrohstoffs. Sich darüber zu beruhigen und zur Tagesordnung überzugehen, weil diese Teilwirklichkeit weitgehend unter Verfügung und Kontrolle der vorherrschenden gesellschaftlichen Ordnungskräfte steht, ist insoweit trügerisch und gefährlich, als in der ersten Realität ein festes Gefüge von überlieferten Institutionen und allgemein akzeptierten Werthaltungen und Traditionen nicht länger existiert. Die Situation ist ganz anders als in Zeiten der antiken Sklaverei oder der Erbuntertänigkeit und des Vasallentums im Mittelalter. Unter Bedingungen kultureller Erosionskrisen und einer naturwüchsig ablaufenden sozialen Dynamik sind so große Realitätsblöcke wie die, die aus Armut und Arbeitslosigkeit zusammengesetzt sind, nie auf Dauer in einen Zustand domestizierter Ghettoisierung zu versetzen. Ausgliederungen, Abkopplungen, Spaltungen, Fragmentierungen, aus denen sich dieser gesellschaftliche Bodensatz gebrochener und zerstörter Lebensgeschichten formt und fortwährend speist, können sehr schnell ins gesellschaftliche Zentrum eindringen und den konstituierten Zusammenhalt des Ganzen in Frage stellen.

Deshalb sind Arbeitslosigkeit und Armut nicht lediglich fachspezifische Teilprobleme unserer Gesellschaft, sondern Ausdrucksformen und Symptome von Widersprüchen und Paradoxien der Gesamtgesellschaft. Wer heute davon spricht, daß die soziale Frage ein Existenzproblem des neunzehnten und bestenfalls der ersten Hälfte des zwanzigsten Jahrhunderts gewesen sei, ist mit Blindheit geschlagen und verwechselt die Formveränderung eines Problems mit seiner Lösung. Denn wie immer Arbeitslosigkeit im Kontext der gesellschaftlichen Produktion, der Verteilung des Einkommens und der sozialen Netze beurteilt werden mag, die Arbeitslosenforschung, die über statistische Arrangements hinausgeht, bewegt sich in ihren vielfältigen Ansätzen doch auf eine bestimmende Erkenntnis hin: Arbeitslosigkeit, die Trennung vom Erwerbsarbeitsplatz, wird in der erdrückenden Mehrzahl der Fälle von den Betroffenen selbst als Gewaltakt empfunden. Mit diesem Gewaltakt verknüpfen sich vielfältige Folgen, die kaum etwas unberührt lassen. Das gesamte Raum- und Zeitgefüge des Lebenszusammenhangs gerät durcheinander, praktisch alle Beziehungsverhältnisse zu Partnern, Familien, Nachbarschaften usw. sind davon betroffen.

Die Sozialpsychologin Christine Morgenroth, die in mehreren tiefenhermeneutischen Studien die »Sozialpathologie der Lebenswelt von Arbeitslosen« untersucht hat, benennt eine ganze Reihe von Kategorien, welche für die soziale Dynamik von Arbeitslosigkeit entscheidend sind und häufig den Absturz in Armut und Elend programmieren. Da geht es zunächst um den sozialpsychologischen Stoff der Angst. Jede Massendemonstration gegen angekündigte oder vollzogene Entlassungen zeigt eine merkwürdige Verdrehung der Angstpotentiale: Angst ist die Reaktion des Organismus auf Gefahr, aber diese mit Angst verbundene Aggressionsabwehr, die sich eigentlich gegen die Verursacher des Unglücks richten müßte, erfährt Selbstblockierungen. Der Realitätsentzug durch Arbeitslosigkeit erzeugt traumatisch erlebte Hilflosigkeit, weshalb bei solchen Demonstrationen immer wieder, bis hin zur Selbstverleugnung eigener Interessen, den wirtschaftlich Mächtigen Opferangebote gemacht werden.

Der entscheidende Punkt ist nun, daß sich aus der erfahrenen Unmöglichkeit, die individuell tief empfundene Realangst, die mit dem Arbeitsplatzverlust verknüpft ist, in Aggressionshandlungen gegen die wirklichen Verursacher umzusetzen, eine Art neurotischer Angstzustand herausbildet. Die bekannten Realgefahren verbinden sich mit unbekannten Triebgefahren. »Die Verstärkung der Angst, die ihre Unangemessenheit ausmacht, gründet in der Permanenz des Zustandes, im subjektiven Erleben der fast völligen Hilflosigkeit gegenüber dieser durchaus realen Gefahr. Es entsteht ein Kreislauf: reale Gefahr – Angstsignal – Unmöglichkeit der Schutzhandlung aufgrund von Hilflosigkeit – Fortdauern des Angstsignals und seine Verstärkung durch Aufrechterhaltung der Realgefahr. So kommt es gleichsam zu einer Neurotisierung des Alltagserlebens der Arbeitslosen, mit der ähnliche Symptombildungen verbunden sein können wie bei den klassischen Neurosen ... Solange nicht Chancen bestehen oder geschaffen werden, Aktivitäten der Betroffenen im Interesse ihres Schutzes zuzulassen, wird sich die Reproduktion des Angstzirkels fortsetzen, mit all seinen möglichen – auch pathologischen Konsequenzen. Andererseits erweist sich dieser Angstzirkel als ein Streßfaktor ganz eigener Art, dem in der bisherigen Arbeitslosenforschung kaum Beachtung geschenkt wurde. Zwar stellt die Tatsache, den Arbeitsplatz zu verlieren, zunächst zweifellos den größten Streßfaktor dar; mit der Dauer der Arbeitslosigkeit differenzieren sich aber die ›Stressoren‹, und in diesem Prozeß kommt der materiellen Verarmung eine besondere Bedeutung als streßauslösendem Faktor zu. Die verbliebenen Energien werden fast vollständig von der Anstrengung, das Überleben zu gewährleisten, absorbiert. Dies ist der erste Schritt in die gleichsam geschichtslose Randgruppenexistenz, in der es weder Vergangenheit noch Zukunft gibt, in der nur noch die Gegenwart zählt, deren Probleme dann wie unter der Lupe vergrößert erscheinen.«[83]

Daß Arbeit, Leistung und Erwerb als die »Persönlichkeit« integrierende Normen der Lebensführung eine zentrale Rolle spielen, so daß der Entzug dieser Realitätsverbindung als Angriff auf die individuelle Integrität, auf Würde und Ansehen wahrgenommen wird, das sind mittlerweile absolut erhärtete Resultate von Arbeitslosenuntersuchungen. Die traumatische Erfahrung des Arbeitsplatzverlustes setzt eine depressive Dynamik in nahezu allen Lebensbezügen frei; je weniger diese Dynamik aufgefangen und ausgeglichen wird, zum Beispiel durch kollektive Interessenvertretungen, desto schwerwiegender sind die individuellen Folgen der Verkapselung ins Arbeitslosenschicksal. Damit verknüpft ist eine Art Öffentlichkeitsentzug, vielfach auch Realitätsverleugnung, Verdrängung und Verschiebung von Triebimpulsen. In der Beschädigung der eigenen Lebenswelt durch die Gewalt des Arbeitsplatzverlustes, die zum Krankheitsbild einer Sozialpathologie werden kann, wird eine eigentümliche Balancearbeit von Arbeitslosen erkennbar, in der viel Energie dafür aufgewendet wird, den Spannungszustand, den die Gesellschaft durch ihre Hochleistungshierarchie von Wertigkeiten vorgibt, überhaupt auszuhalten. Die depressive Dynamik, die Christine Morgenroth in ihrer Untersuchung anführt, ist also eine spezifische Verarbeitungsform eines objektiven Tatbestandes, keine Merkmalsbestimmung für bestimmte Charaktertypen. Mit Arbeitslosigkeit als Einfallstor in die Verarmung öffnen sich Schleusen, die schnell in verzweigte Gewässer führen: Deprivation, Enteignung, Reduzierung des Lebensniveaus, chronische Krankheiten, Obdachlosigkeit, sozialpsychiatrische Betreuungsbereiche, Armut.

Die sich wurzelartig fortpflanzende Enteignung von Lebenschancen wird bestimmt von der Erfahrung, daß die Menschen ihre Unzufriedenheit, ja ihren Haß auf die Verhältnisse nicht nach außen hin mobilisieren, sondern daß die Angstdynamik sich fortsetzt in dem, was die Psychoanalytiker als Ich-Einschränkung bezeichnen: eine Verarmung der Ich-Leistungen im Umgang mit sich selbst und mit der Realität, zum Beispiel mit Behörden und Institutionen. Die Verschiebung der Aggressionsabfuhr kann so weit gehen, daß die Kraft auf die Behörden, auf Institutionen in herausragender Stellung wie die Arbeitsämter gelenkt wird; Gewalt gegen Arbeitsämter und deren Personal kommt immer wieder vor.[84] Diese krankmachende Seite von Arbeitslosigkeit, die weit über die materiellen Schwierigkeiten hinausgeht, weil sie die innere Persönlichkeitsstruktur der Menschen nachhaltig verändert, wird in den Gesellschaftsanalysen von Arbeitslosigkeit viel zu wenig beachtet.

»Gesundheit ist ein Zustand des vollständigen sozialen, psychischen und körperlichen Wohlbefindens«, definiert die Weltgesundheitsorganisation (WHO). Ohne Zweifel beeinträchtigt »Arbeitslosigkeit dieses Wohlbefinden nachhaltig ... Weniger eindeutig ist die Sachlage, wenn es um den Zusammenhang von Arbeitslosigkeit und Gesundheit beziehungsweise Krankheit im einzelnen geht.«[85] In der Sozialpathologie der Lebenswelt, die sich als zweite Realität herausgebildet hat und dem einzelnen tagtäglich den Ausgrenzungs- und Abkopplungsvorgang vor Augen führt, nehmen die individuellen Fluchtpunkte merkwürdige Gestalt an. Bleibt kollektives Handeln die Ausnahme, um der Arbeitslosigkeit als Marginalisierungs- und sozialem Deklassierungsprozeß zu entkommen, so erfolgen Umdefinitionen der Beschäftigungsprobleme in subjektive Krankheitskarrieren. »Kranksein ist zwar nicht in demselben Maß als Alternativrolle zu verstehen wie die Lebensform als ›Hausfrau‹ und ›Mutter‹ oder diejenige als ›Rentner‹; aber der Kranke genießt doch einen gewissen Respekt, darf Versorgung und Nachsicht beanspruchen. So kann im subjektiven Erleben die soziale Rolle des Kranken erträglicher erscheinen als die des Arbeitslosen.«[86]

Es wäre verfehlt, Arbeitslosigkeit mit Armut gleichzusetzen, denn die Schicht der *working poor* wächst ständig, die zwar Arbeit haben, aber so gering entlohnt werden, daß sie sich von der Armutsgrenze nicht lösen können. Mir geht es auch gar nicht um eine Einebnung der sozialen Probleme jener Schichten und Gruppen, die im entfesselten, sozialdarwinistisch geprägten Überlebenskampf auf der Strecke bleiben. Wenn ich von zweiter Realität spreche, dann im Sinne einer Wirklichkeitsspaltung der Gesellschaft, in der sich objektiv zwei große Lager herausbilden, ungeachtet dessen, daß eine öffentliche Ideologie, die gleiche Chancen und Risiken für alle predigt, dies überdecken und verkleben will. In der »Neuen Unübersichtlichkeit«, wie Jürgen Habermas das bezeichnet hat, kommt immer stärker eine »Neue Übersichtlichkeit« zum Vorschein, durch die sich das bloße Nebeneinander der menschlichen Lebensverhältnisse in erstaunlich klare Verfügungs- und Abhängigkeitsverhältnisse sortiert. »Die Arbeitslosigkeit der letzten Jahre hat in der Sozialstruktur eine neue Spaltungslinie eigener Qualität aufbrechen lassen, zu deren Charakterisierung wir eigenständiger Begriffe bedürfen.«[87]

Arbeitsmarktbedingte Armut steht an der Spitze der Ursachen. Das Armutsrisiko reicht heute freilich bis weit in die mittleren Einkommenslagen hinein. Sie erfaßt leistungswillige Angestellte, geschäftstüchtige Selbständige, aber auch gutbezahlte Facharbeiter. Jüngst ist in Berlin eine Organisation für verarmte Millionäre gegründet worden, für Menschen also, welche die Parole von der »unternehmerischen Wissensgesellschaft« Ulrich Becks zu wörtlich verstanden hatten, hohe Kredite aufnahmen und schließlich Zahlungsunfähigkeit anmelden mußten. Über drei Millionen Haushalte in Deutschland gelten als überschuldet, die Schuldnerberatungsstellen verzeichnen ein hohes Wachstum.

Das gegenwärtige Ausmaß der Einkommensarmut ist primär auf anhaltende Massenarbeitslosigkeit zurückzuführen. Auch in diesem Punkt sind in den vergangenen zwanzig Jahren sprunghafte Entwicklungen festzustellen, die zweifellos mit der Normalisierung des Kapitalismus und dem Abbau des Sozialstaates verknüpft sind. Ist Einkommensarmut entsprechend gängigem Standard bei der Hälfte des durchschnittlich verfügbaren (bedarfsgewichteten) Haushaltseinkommens aller Haushalte in Ost und West festgesetzt, so lag 1992 im Westen die Armutsquote bei 7,5 Prozent der Bevölkerung, im Osten rund doppelt so hoch, bei 14,8 Prozent. Im gesamten Durchschnitt betrug die Armutsquote 9,1 Prozent, insgesamt lebten somit 7,25 Millionen Menschen im Frühjahr 1992 in Einkommensarmut.[88] In einer Längsschnittuntersuchung der westdeutschen Armutsbevölkerung zeigt sich zwar, daß die Armutsquoten im alten Bundesgebiet im Verlauf der achtziger und frühen neunziger Jahre nahezu unverändert geblieben sind (was zweifellos auch mit dem noch funktionierenden Sozialstaat zu tun hat), aber gleichzeitig wird von einer hohen Fluktuation gesprochen, daß nämlich im Verlauf der achtziger Jahre immerhin 30 Prozent der Bevölkerung von dem Problem der Einkommensarmut zeitweilig oder längerfristig betroffen waren. Die Angst, Schulden nicht mehr begleichen zu können, in Zahlungsverzug zu kommen, den gewohnten Lebensstandard nicht halten zu können, und vielfache Verlustängste im sozialen Beziehungsgeflecht gewinnen wachsende Bedeutung.[89]

Von Einkommensarmut und allen übrigen Armutsformen, zum Beispiel der eingeschränkten Teilnahme am kulturellen Leben, sind Kinder und Jugendliche am meisten betroffen. Während Heranwachsende aus Familien mit ein bis zwei Kindern ein durchschnittliches Armutsrisiko aufweisen, leben Heranwachsende aus großen Familien mit drei und mehr Kindern besonders häufig in Armut: Fast die Hälfte dieser großen Familien im Osten und etwa ein Drittel im Westen leben unterhalb der Armutsgrenze. Ein ähnlich hohes Armutsrisiko haben Ein-Eltern-Hausteile, auch sie leben zu über einem Drittel in Armut.[90] Sowohl die traditionelle Form der Großfamilie als auch die (postmoderne) Form der Ein-Eltern-Familie führen überproportional häufig zu Armut. Selbst wenn beide Formen nicht mehr bzw. noch nicht sehr verbreitet sind, so sind sie doch in bezug auf Armut höchst relevant und für die künftige Gesellschaftsentwicklung von größter Bedeutung.

Betrachtet man die durch Arbeitslosigkeit und Armut signalisierten Aufspaltungstendenzen der Gesellschaft, die ja nicht auf individuelle Verschuldungen zurückgehen, sondern gesellschaftliche Prozesse bezeichnen, die durch die Struktur der ersten Realität vorgegeben werden, so mag für diejenigen, die an den Macht- und Herrschaftsverhältnissen im Prinzip nichts ändern wollen, nur ein Ausweg aus der Misere gangbar sein: daß die Menschen anfangen, sich nach den Verhältnissen, wie sie nun einmal bestehen, zu biegen und zu beugen, um einigermaßen überleben zu können. Wenn die Verhältnisse nicht zu ändern sind, dann müssen eben die Menschen ihre ganzen Kräfte darauf richten, sich innerhalb der Verhältnisse mit möglichst großer Flexibilität zu bewegen. Das ist einer der Gründe, warum kaum ein Begriff der letzten zwanzig Jahre soviel Zauberkraft entfaltet hat wie der der Flexibilität.

Aber das gesamtgesellschaftlich Provokative der Massenarbeitslosigkeit bleibt; es sitzt wie ein Pfahl im Fleische dieser Gesellschaft und macht Arbeit zu ihrem Dauerthema. Massenarbeitslosigkeit in den Ländern der ehemals Dritten Welt mag das Gewissen vieler sozial engagierter Menschen in den entwickelten Ländern berühren, kann aber leicht auf Modernitätsrückstände geschoben werden. Etwas ganz anderes ist der Tatbestand, daß in den prosperierenden Ländern die sozialen Widersprüche durch fortwährende Erhöhung des ökonomischen Entwicklungsniveaus nicht abnehmen, sondern wachsen. Mehr als sieben Millionen Menschen (8,7 Prozent), darunter eine Million Minderjährige, gehören in Deutschland zum sich festigenden Sockel der Armutsbevölkerung. Sie haben weniger als 924 DM monatlich zur Verfügung, das heißt weniger als die Hälfte des durchschnittlichen Nettoeinkommens. Etwa 100 000 Kinder und Jugendliche leben auf der Straße vom Betteln und Drogenhandel, und ihre Zahl wächst beständig.[91]

Wenn nun in nahezu allen Analysen und politischen Stellungnahmen von der Überzeugung ausgegangen wird, daß Massenarbeitslosigkeit die Tür zur zweiten Realität weit öffnet, liegt für diejenigen, die an den bestehenden Macht- und Herrschaftsverhältnissen nichts ändern wollen, aber die Wunde Arbeitslosigkeit heilen möchten, die Suche nach Gesellschaftsmodellen nahe, die – als Vorbild geeignet – beides zu leisten versprechen.

10. Die Vorbilder USA und Niederlande

Die allerorten auftretende Globalisierungseuphorie treibt seltsame Blüten: Der Nachahmungstrieb, die Lust, den Blick von den Schwierigkeiten der eigenen Verhältnisse abzuziehen und auf bessere Lösungen anderer Länder zu lenken, hat in den vergangenen Jahren einen gewaltigen Schub bekommen. Angesichts der neuerwachten internationalen Lernbereitschaft sei aber an Hegel erinnert, der zwar das lernende Aufheben von Entwicklungsstufen ins Zentrum seines Fortschrittsbegriffs rückte, seiner Geschichtsphilosophie aber einen weisen Zweifel als Einleitung vorausschickte: »Man verweiset Regenten, Staatsmänner, Völker vornehmlich an die Belehrung durch die Erfahrung der Geschichte. Was die Erfahrung aber und die Geschichte lehren, ist dieses, daß Völker und Regierungen niemals etwas aus der Geschichte gelernt und nach Lehren, die aus derselben zu ziehen gewesen wären, gehandelt haben. Jede Zeit hat so eigentümliche Umstände, ist ein so individueller Zustand, daß in ihm, aus ihm selbst entschieden werden muß, und allein entschieden werden kann. Im Gedränge der Weltbegebenheiten hilft nicht ein allgemeiner Grundsatz, nicht das Erinnern an ähnliche Verhältnisse, denn so etwas, wie eine fahle Erinnerung, hat keine Kraft gegen die Lebendigkeit und Freiheit der Gegenwart.«[92] Das Leblos-Formale, Hegels »fahle Erinnerung«, kennzeichnet auch gegenwärtig die Übertragungsschwierigkeiten von einem Land auf das andere, wenn Arbeitsmarktstatistiken zum bestimmenden Kriterium für den Modernisierungsgrad einer Gesellschaft werden.

Die politischen Krisenmanager aller entwickelten Länder, in denen Massenarbeitslosigkeit als der zentrale öffentliche Skandal angesehen wird, sind fasziniert von jenen Gesellschaftsordnungen, deren gesamtgesellschaftliches Arbeitsvolumen in die Nähe der Vollbeschäftigung kommt. Jeder möchte wissen, wie man das macht: den Arbeitsmarkt auf ein Niveau bringen, daß in den offiziellen Statistiken Millionen von Arbeitslosen nicht mehr auftreten. Wann immer im politischen Handgemenge Modelle dieser Art als nachahmenswert genannt werden, stehen die Vereinigten Staaten und die Niederlande an erster Stelle; deutlich seltener werden New Labour und New Economy im Großbritannien Tony Blairs als beispielhaft genannt, am Rande zuweilen auch Dänemark und Schweden, überhaupt nicht Frankreich oder Deutschland. Was hat es nun auf sich mit diesen Mustergesellschaften, die dem Kapitalismus sein menschliches Ansehen zurückgeben, jedenfalls im Blick darauf, daß die ganz überwiegende Mehrheit der Menschen von bezahlter Arbeit leben kann und nicht in der entwürdigenden Abhängigkeit von Wohlfahrtszuwendungen existieren muß?

Amerika, du hast es besser ...?

Die Schlagzeilen deutscher Zeitungen und Zeitschriften fordern in den letzten Jahren immer wieder dazu auf, endlich von der konsequenten Privatisierung des amerikanischen Arbeitsmarktes und von der Auflösung aller marktwidrigen Einschränkungen durch kollektivrechtliche Vereinbarungen zu lernen. Daß eine große Zahl neu geschaffener Jobs im Niedriglohnsektor dort zustande kam, wo praktisch keine gewerkschaftliche Gegenmacht existiert, scheint die europäischen Neoliberalen zu beeindrucken, und selbst deutsche Gewerkschaftsfunktionäre hindert dieser Sachverhalt nicht, von Amerika zu lernen. »DGB-Chef im Wunderland der Jobs«, meldet die »Süddeutsche Zeitung« vom 5. August 1997. »Das eigentliche

Wunder ist nicht in den USA, sondern in Deutschland zu besichtigen: Daß überhaupt keine Arbeit zu haben offenbar immer noch höher geschätzt wird als ein ›McJob‹. DGB-Chef Schulte ist schon nachdenklich geworden, vielleicht bleibt er nicht der einzige.« In der »Woche« lautet am 20. Januar 1995 die Schlagzeile im Wirtschaftsteil: »Die Job-Maschine. 6 Millionen Arbeitsplätze entstanden seit 1992 in den USA. Läßt sich das Beschäftigungswunder in Deutschland wiederholen?« Durchaus zustimmend werden Vergleichsstudien von McKinsey zitiert: »Unnötige Gesetze und Vorschriften behindern in ganz Europa arbeitsplatzschaffende Innovationen und die Gründung neuer Firmen.«

Im Wirtschaftsteil der »Frankfurter Rundschau« vom 20. März 1999 heißt es: »USA im Boom – ein fast religiös anmutender Kaufrausch beflügelt die Wirtschaft. Trotz aller Unkenrufe steht globale Konjunkturlokomotive unter Volldampf – Einkommensunterschiede wachsen – Sparquoten, privater Schuldenberg als Warnzeichen ... Die Rohdaten der amerikanischen Wirtschaft sind in der Tat beeindruckend. Seit 1992 sind 18 Millionen neue Arbeitsplätze entstanden. Die Erwerbslosigkeit sank auf 4,4 Prozent. Die Wirtschaft wuchs 1997 und 1998 um je 3,9 Prozent. Die öffentlichen Haushalte haben sich von ihren Defiziten verabschiedet. Auf den Welt- und Zukunftsmärkten für High-Tech-Produkte und Datenübertragung liegen amerikanische Firmen weit vorn.« Der Artikel ist nicht ohne Kritik an diesem System, aber die Entwicklung des Arbeitsmarktes rückt so in den Vordergrund, daß alle übrigen Krisenherde demgegenüber an Bedeutung verlieren.

Unverhohlen wird Bewunderung für ein Land ausgedrückt, das in einer Zeit, da chronische Massenarbeitslosigkeit die Gemüter der übrigen Welt bewegt, praktisch Vollbeschäftigung hergestellt hat. »Vollbeschäftigung ohne Inflation. Das amerikanische Beschäftigungswunder setzt sich fort.« (»Süddeutsche Zeitung«, 14. Juli 1997). Und immer wieder variieren die Zahlen: »Etwa 11 Millionen neue Jobs wurden während der letzten vier Jahre in der US-Wirtschaft geschaffen. Die Arbeitslosenrate fiel im April unter die symbolisch wichtige 5-Prozent-Marke und verharrt hartnäckig um 4,8 Prozent. Wie die Wirtschaftsberater im Weißen Haus stolz feststellen, sprächen viele Länder angesichts solcher Zahlen sogar von Vollbeschäftigung.« Der SZ-Kommentator Peter de Thier gibt seiner Bewunderung über diese Bilanz offen Ausdruck. 129,4 Millionen Menschen haben einen Arbeitsplatz, lediglich 6,7 Millionen befinden sich auf Stellensuche: »Der positive Trend, so sagen viele Analysten voraus, wird sich aber noch beschleunigen. Insbesondere die höhere Toleranz seitens der Arbeitgeber sei hier sehr entscheidend. Vor allem bei schlecht bezahlten Einstiegsjobs und Teilzeitbeschäftigung würden Firmen immer häufiger ein Auge zudrücken, wenn es um den Hintergrund und die Vergangenheit eines Bewerbers geht. Ältere Menschen, Einwanderer und sogar Vorbestrafte können nach Studien des BLS (Bureau of Labor Statistics) heute wesentlich leichter einen Arbeitsplatz finden als noch vor wenigen Jahren. Einschränkend wird zwar eine Äußerung zitiert, nach der Menschen dieser Art natürlich auch keine exorbitanten Forderungen stellen. In puncto Arbeitskosten tragen sie sogar zu einer Entlastung bei. Gewiß handle es sich in der Regel um Hamburger-Brater, Kellner, Verkäufer und Taxifahrer. Doch Dienstleister haben auch den quantitativ größten Beitrag zum Job-Wunder geleistet.«

Kompetente Kenner der amerikanischen Verhältnisse warnen davor, die Grundlagen für dieses Job-Wunder hauptsächlich in der Erweiterung der *bad jobs* zu sehen, also in der Dequalifizierungstendenz der Arbeitsplätze. »Die Analyse der Beschäftigungszuwächse nach Tätigkeiten zeigt, daß das Beschäftigungswachstum in den USA etwas stärker im unteren Qualifikationsbereich stattgefunden hat, in den neunziger Jahren entstehen die Jobs ganz offensichtlich stärker im Bereich der hochqualifizierten Tätigkeiten.«[93] Nicht eine Gesamttendenz zur Verschlechterung der Arbeitsplätze zeichnet sich ab, sondern eine zunehmende Polarisierung, die sich auch in der Veränderung der Einkommensverhältnisse ausdrückt. Man hat errechnet, daß etwa 40 Prozent der neu entstandenen Arbeitsplätze durch einen zum Teil dramatischen Abbau sozialer Qualität gekennzeichnet sind.

Die Polarisierung geht einher mit einer spektakulären Erweiterung des Frauenanteils an der Erwerbsarbeit: Die Job-Maschinerie ist weiblich. Frauen verlassen immer stärker die Ghettos der Privathaushalte und nehmen am öffentlichen Leben teil, wenigstens mit Teilzeitjobs, die ihnen eine gewisse materielle Unabhängigkeit verschaffen. »Der große Beschäftigungserfolg der USA liegt in mehr und besser bezahlten Arbeitsplätzen für Frauen. Die amerikanische Arbeitsmarktmaschinerie ist weiblich; sie hat, und sie wird dies auch in Zukunft tun, die US-Marktwirtschaft und die Gesellschaft verändert. Zwischen 1950 und 1987 hat sich der Anteil der Frauen mit Kindern unter sechs Jahren, die außerhalb des Hauses arbeiten, von 12 auf 57 Prozent verfünffacht. Mehr als 70 Prozent der Mütter mit Kindern im Alter zwischen sechs und siebzehn Jahren arbeiten außerhalb des Hauses. Das gleiche gilt für über 50 Prozent der Mütter mit Kindern unter einem Jahr. Obwohl die berufliche Geschlechtertrennung immer noch stark ausgeprägt ist und die Anforderungen der Familie viele Geschäftsfrauen auf ein ›Mama-Gleis‹ abschieben, ist das Vordringen von Frauen in führende Berufe bemerkenswert. So hat sich zum Beispiel der Anteil der weiblichen Jura- und Medizinstudenten seit 1970 von 15 auf nahezu 50 Prozent gesteigert. Zwar besteht weiterhin eine Verdienstkluft zwischen Männern und Frauen, aber sie hat sich am unteren Ende der Gehaltsskala verringert.«[94]

Geht man die einzelnen Kriterien durch, die das Job-Wunder auf dem amerikanischen Arbeitsmarkt bestimmen, lassen sich vier Tendenzen feststellen. Neben der Erweiterung des Frauenanteils steht eine Entsubstantialisierung der Berufskarrieren, die nicht mehr auf Lebenszeit angelegt sind, deshalb mehr Flexibilität im Umgang mit Arbeitsanforderungen ermöglichen und zweifellos die Abrufbarkeit erhöhen. Aber auch auf dieser Ebene wirkt eine wenigstens minimale Teilhabe am öffentlichen Erwerbsleben integrierend. Drittens sind auf Unternehmerseite alle Hemmnisse radikal beseitigt, so daß sie Arbeitskräfte nach Konjunktur und Ertragslage entlassen oder ansaugen können, ohne langfristige kollektivrechtliche Bindungen oder Streiks befürchten zu müssen. Diese Schwächung der Gewerkschaften als Regulierungsinstitutionen kommt den Wunschträumen aller neoliberalen Politiker und Ökonomen entgegen. Schließlich scheint viertens die »Große Hoffnung des zwanzigsten Jahrhunderts«, wie Jean Fourastié die Sucht nach dem Tertiären genannt hat, in der heutigen amerikanischen Gesellschaft Realität geworden zu sein. Von Modernitätsrückständen ist die Rede, wenn der Beschäftigungsanteil des Dienstleistungsbereichs in Deutschland genannt wird; in den Vereinigten Staaten sind 75 Prozent der Beschäftigten in Dienstleistungen tätig, in Deutschland nur 61 Prozent.

Bei Betrachtern aus anderen Gesellschaftsordnungen, die starke Gewerkschaften und beharrliche Traditionen haben, mögen diese Tatbestände, vereint mit einer fast unvorstellbaren räumlichen Mobilität und großer Zeitflexibilität in der Arbeitsgestaltung, Begeisterung auslösen und dazu führen, daß in Europa mehr Bewunderer dieser gesamtgesellschaftlichen Entwicklungsdynamik zu finden sind als in den Vereinigten Staaten. Man gewinnt den Eindruck, daß manche der neuen Amerikabewunderer Goethes Spruch aus den »Zahmen Xenien«, der gut zu Henry Fords verächtlichem Diktum »History is bunk« (Geschichte ist eitles Geschwätz, Blech) paßt, gerne buchstäblich nehmen möchten, wobei sie übersehen, daß Xenien stichelnde Fremdlinge sind, die Ärgernis erregen sollen. Goethe hatte aber durchaus etwas erkannt am Charakterbild der Vereinigten Staaten, das mit Ablegen geschichtlichen Ballastes zu tun hat.

Den Vereinigten Staaten

Amerika, du hast es besser
Als unser Kontinent, das alte,
Hast keine verfallene Schlösser
Und keine Basalte.
Dich stört nicht im Innern,
Zu lebendiger Zeit,
Unnützes Erinnern
Und vergeblicher Streit.

Benutzt die Gegenwart mit Glück!
Und wenn nun eure Kinder dichten,
Bewahre sie ein gut Geschick
Vor Ritter-, Räuber- und Gespenstergeschichten.

Wohl zu keiner Zeit ist in den USA die Gegenwart von so großer Bedeutung gewesen und unnützes Erinnern, auch an verlorengegangene Jobs und Traumwelten des Berufs, mit so abwertendem Gestus begleitet worden wie heute; Ritter-, Räuber- und Gespenstergeschichten spielen zwar nach wie vor eine große Rolle, aber das ist ein eigener Produktionszweig der Illusionen, in dem dieselben Marktgesetze herrschen wie in der übrigen Gesellschaft. Insofern kann man davon sprechen, daß der amerikanische Kapitalismus heute eine Gestalt angenommen hat, die ihm als Utopie immer schon vorschwebte. Man sagt, die Shareholder-Mentalität sei für amerikanische

Unternehmen immer bestimmend gewesen, so daß die fehlende Bindung der Menschen an ihre Unternehmen durchaus nichts Neues ist. In der Welt des schnellen Wechsels, dem selbstverständlichen Kommando von »hire and fire«, gilt Erinnern und Beharren als nutzlose Behinderung des Arbeitsmarktes.

Rainer Hank, Wirtschaftsredakteur der »Frankfurter Allgemeinen Zeitung«, hält die bei uns weitverbreitete negative Bewertung von Kurzfristigkeit und Bindungslosigkeit für überholt und plädiert für eine Umkehr im Zeitbewußtsein. Die deutschen Verhältnisse lassen in ihm »eine gewisse Neigung aufkommen, das Kurzfristige dem Langfristigen vorzuziehen. Ich möchte also die ständig am Shareholder-Value geäußerte Kritik, er sei nur kurzfristig, umdrehen. Warum soll das ein Gegenargument sein? Wenn kurzfristig Produkte profitabel sind, dann sind sie gut – eben für diese Zeit. Warum sollten wir sie künstlich verlängern? Dasselbe läßt sich auch für die Beschäftigung sagen: Die langfristige Unternehmensbindung, glaube ich, ist ein korrekturbedürftiges Modell in Deutschland. Und zwar auch zum Nutzen der Beschäftigten, die gebunden an wechselnde Unternehmen ihre Qualifikation aufrechterhalten, ja weiterentwickeln. Eine spezifische Qualifikation für VW wird es künftig nicht geben, sondern es wird Meta-Qualifikationen geben, die bei verschiedensten Arbeitgebern einsetzbar sind. Dies also ist abermals ein Plädoyer für größere Kurzfristigkeit beim Unternehmenserfolg, in der operativen Strategie wie auch im eigenen Einsatz der Arbeitsfähigkeit (employability).«[95]

Wenn es zum Jahrtausendwechsel so günstig bestellt ist mit der amerikanischen Gesellschaft, daß selbst europäische Länder in dieser Form des Kapitalismus, geschichtlich wohl zum ersten Mal, ein vorbildhaftes Entwicklungsmodell zu entdecken beginnen, andererseits die Erwartung, daß die Menschen noch mobiler, noch flexibler, noch erinnerungsloser werden könnten, kaum tragfähig erscheint, wo liegt dann das Unbehagen in und an dieser Gesellschaft? Was sind die Probleme, die aus diesen Kapital- und Arbeitsmarktstrategien herausfallen, nicht gesehen werden oder bewußt unterschlagen werden?

Ich spreche nicht von der europäischen Kulturkritik, wie sie nach wie vor existiert und das Amerikabild mitprägt, sondern von dem Unbehagen in Amerika selbst, von den Empfindungen der Amerikaner und ihrer sozialwissenschaftlich-analytisch orientierten Intellektuellen. Selbst wenn man in Rechnung stellt, daß die amerikanische Arbeitsstatistik sich von den meisten europäischen dadurch unterscheidet, daß auch jemand, der nur eine Stunde pro Woche arbeitet, als erwerbstätig gilt, können die Täuschungen in bezug auf den Arbeitsmarkt nicht so groß sein, daß die Beschäftigtenquoten wesentlich geringer wären als offiziell angegeben. Dennoch scheint der statistisch einigermaßen korrekte Tatbestand der Vollbeschäftigung nicht hinreichend zu sein, daß eine Gesellschaftsordnung im großen und ganzen mit sich zufrieden ist. Die Art und Weise, wie Menschen arbeiten, was sie mit ihrer Arbeit verbinden, worin der Zusammenhang von Arbeit und Kultur besteht – ganz abgesehen von existentiellen Sorgen –, bestimmt offensichtlich unterhalb der Arbeitsmarktebene den Zuschnitt der Lebensverhältnisse in entscheidendem Maße und damit auch die Zufriedenheit mit dem System.

Die subtilen Mechanismen des Downsizing

Uwe Knüpfer, Korrespondent der »Westdeutschen Allgemeinen Zeitung« in Washington D.C., berichtet von einer amerikanischen Flexibilitätskarriere, die er für typisch hält. »Rean Brown ist jung und flexibel genug, im neuen Arbeitsmarkt zu bestehen, auch als ›Bluecollar-worker‹. Sie ist Anfang vierzig, hat ein High-School-Diplom, besuchte ein Community-College, ist weiterbildungswillig. Heißt es nicht: Oben bleibt, wer ständig dazulernt? Rean Brown findet zwar immer wieder Arbeit, aber für immer weniger Geld. Zweimal, sagt sie, sei sie ›downsized‹ worden. Anfang der achtziger Jahre verdiente Rean Brown 8,50 $ Stundenlohn am Band in einer Fleischfabrik. Von dort wechselte sie – notgedrungen – in den Postversand einer Bank für 7,25 $. Von dort in die Auslieferung eines Zeitungsverlages, Stundenlohn 4,75 $. Derzeit arbeitet sie in einer Putzkolonne in Baltimore. Ihre Reinigungsfirma zahlt ihr 4,25 $ die Stunde.«[96]

»The downsizing of America« war Anfang 1996 eine große Artikelserie der »New York Times« überschrieben. Sie erregte heftigen Protest, weil sie dem amerikanischen Job-Wunder völlig widersprach, aber in ihr wurden zahllose Biographien und Statistiken präsentiert, in denen diese allmähliche, Schritt für Schritt ablaufende

Reduktion des Lebenszuschnitts öffentlich wurde. Eine große Masse von Amerikanern arbeitet, lebt aber in der ständigen Sorge um weitere Einschränkungen. Das Downsizing, also die Verkleinerung von Firmen durch massiven Stellenabbau mit den beschriebenen Folgen für die Entlassenen, ist ein sehr verbreitetes Merkmal des amerikanischen Arbeitsmarktes. Nun könnte man Kritikern dieser schleichenden Verschlechterung der Lebensbedingungen entgegenhalten, daß es immer noch besser sei, durch Eigenarbeit eine wenn auch reduzierte Existenzgrundlage zu schaffen, als von staatlichen Zuwendungen zu leben, weil das doch wenigstens die Würde und das Freiheitsbewußtsein der Menschen stärke. Davon kann jedoch keine Rede sein. Nur die europäischen Deregulierer und die Protagonisten von New Labour und einer angeblich völlig neuen, in Wahrheit aber uralten bürgerlichen Economy träumen von solch einer Würde, die in den Grenzgebieten der Existenznot steht.

Innerhalb der Vereinigten Staaten geht die Selbstkritik an der Gesellschaftsordnung viel weiter, als das von Europa aus gesehen wird. Keine wichtige liberale Zeitung verzichtet darauf, den Finger auf die Wunden des Systems zu legen, die durchaus auch in offiziellen Zahlen zutage treten, wie die Angabe der amerikanischen Regierung, daß 40 Millionen Menschen von einer Bevölkerung von über 270 Millionen in Armut leben. Etwa 15 Prozent der Bevölkerung im kulturell definierten Milieu eines Landes, das mit Abstand das reichste der Welt ist, leben in existentieller Not, wobei es natürlich auch ethnische Schichtungen gibt: Menschen hispanischer Abstammung haben ein Armutsrisiko von etwa 29 Prozent, unmittelbar dahinter folgen die Schwarzen mit 28 Prozent. 6 Millionen Amerikaner zählen zu den *working poor*. Der Anteil der Geringverdienenden (mit höchstens 65 Prozent des Durchschnittsverdienstes) an allen Erwerbstätigen ist in den USA deutlich höher als in Europa. In Deutschland waren es 1998 13,3 Prozent, in Großbritannien 19,6 Prozent, in den Vereinigten Staaten 25 Prozent. Die Geschlechterdifferenz bei Niedriglöhnern ist übrigens frappierend: in den Vereinigten Staaten 32,5 Prozent Frauen, 19,5 Prozent Männer, in Deutschland 25,4 Prozent Frauen, 7,6 Prozent Männer. Die sinkende Produktivität der Arbeit, die von amerikanischen Unternehmern und neoliberalen Ökonomen aufs heftigste beklagt wird, mag in diesen sehr weit gefaßten Niedriglohnsektoren einen ihrer Gründe haben.

Die »International Herald Tribune« (6. März 1996) berichtet von Regionen in den Vereinigten Staaten, in denen bei Stundenlöhnen von 6 $ die Erwerbstätigkeit von zwei Erwachsenen nicht ausreicht, um die Familie auf unterstem Lebensstandard über die Runden zu bringen. Der Ausweg sind zusätzliche Jobs, Teilzeit oder Vollzeit, so daß Wochenarbeitszeiten von 70 bis 80 Stunden entstehen. Während die durchschnittliche Jahresarbeitszeit in den meisten großen Industriestaaten der Welt seit 1979 deutlich gesunken ist – Deutschland (West) von 1745 auf 1535 Stunden im Jahr 1999, Frankreich von 1806 auf 1604 Stunden, Großbritannien von 1815 auf 1720 Stunden, Japan von 2126 auf 1842 Stunden –, stieg sie in den USA von 1905 auf 1976 Stunden. Die Einkommensschere hat sich immer weiter geöffnet. Der Anteil des unteren Fünftels der Einkommensbezieher am US-Volkseinkommen ist zwischen 1969 und 1997 von 4,1 auf 3,6 Prozent gesunken, während der des oberen Fünftels von 43 auf 49,4 Prozent gestiegen ist. Die obersten 5 Prozent der Haushalte konnten ihren Anteil von 16,6 auf 21,7 Prozent erweitern.

Wenn nun diese Wirtschaftsform, mit der diese Armut strukturell verknüpft ist, als Gesellschaftsutopie für andere, vielleicht mit viel weniger Produktionskapazität ausgestattete Länder gelten soll, wieviel Armut könnten die Protagonisten dieses Kapitalismus als vereinbar mit einer humanistischen Weltordnung betrachten? Dreißig Prozent für Indien? Sechzig Prozent für den afrikanischen Kontinent südlich der Sahara? Vierzig Prozent für China?

Es geht mir hier weniger um die Aufspaltung der Gesellschaft in Arme und Reiche. Ausgleichende Gerechtigkeit – das von John Rawls als Zentralprinzip der amerikanischen Gesellschaft bezeichnete Erfahrungswissen von Fairneß – ist in dieser Größendimension zu keiner Zeit nachvollziehbare Realität gewesen, und der Durchschnittsamerikaner hat nie Anstoß daran genommen, daß es eine Schicht von Superreichen gibt. Der calvinistische Prädestinationsgedanke, daß diese wohl berechtigterweise zu den Bevorzugten in der göttlichen Gnadenwahl gehören, ist bis tief in die Seelen derjenigen eingedrungen, die auf der Verliererseite ihr Leben fristen. Es sind vielmehr Ungleichgewichte in kleineren Proportionen, die die amerikanischen Menschen in Unruhe versetzen. Bill Clinton hatte das Bild von der Flut gebraucht, die alle nach oben trägt, aber das wird zunehmend als Täuschung empfunden.

»Benutzt die Gegenwart mit Glück!« hatte Goethe, wie er Amerika verstand, den Europäern gewünscht. Gegenwärtig legen die Amerikaner sehr wenig Geld auf die hohe Kante: Die Sparquote sank Mitte 1998 praktisch auf Null und liegt damit vier Prozentpunkte unter dem zehnjährigen Durchschnitt. Zum anderen verschulden sich die US-Bürger so hoch wie nie zuvor. Das billige Geld reizt, die Kreditkartenunternehmen und Banken erleichtern den Zugang, deshalb gehört zu den Rekorden des Aufschwungs auch die Zahl der Offenbarungseide. Nach offiziellen Angaben haben 1,4 Millionen Amerikaner im Jahr 1997 den persönlichen Bankrott erklären müssen, um sich von ihren Schulden zu befreien. Es ist zwar eine merkwürdige Erscheinung, daß durch die Polarisierung der Einkommensverhältnisse und der gewachsenen Anstrengungen der Unterprivilegierten, den Lebensstandard wenigstens zu halten, die Anschaffungs- und Kauflust der Amerikaner überhaupt nicht nachgelassen hat, aber die Ursachen dafür werden in der Öffentlichkeit durchaus erkannt: Das Gefühl, in einem boomenden Land mit Vollbeschäftigung zu leben, erzeugt eine Atmosphäre, in der mit aktiver Förderung durch Banken und Kreditkartenunternehmen gerade auch die armen Bevölkerungsteile zum Schuldenmachen gedrängt werden. Man spricht in diesem Zusammenhang von einem schuldenfinanzierten Wachstum. »Aus der Tatsache, daß einerseits die privaten Haushalte hoch verschuldet sind – einer Studie des amerikanischen Verbraucherverbandes zufolge schieben 60 Millionen Haushalte eine Kreditkartenschuld von durchschnittlich jeweils 6000 $ vor sich her, dazu kommen dann noch Hypotheken und Bankenkredite – und daß andererseits ein Drittel der Familien Geld in Aktien angelegt hat, ergeben sich die ökonomischen Risiken. Kommt die Wirtschaft in Asien, Lateinamerika und Europa nicht bald richtig auf Touren und schaffen die Regionen damit neue Absatzmärkte für amerikanische Waren, dann werden die Börsen auf die nach unten korrigierten Profiterwartungen mit einer Baisse reagieren. Dem werden verstärkt Entlassungen folgen. Die Privathaushalte können dann Kredite nicht mehr bedienen. So würde eine gefährliche Kettenreaktion in Gang gesetzt.«[97]

Diese Schattenseiten des Modells USA zu beleuchten und als Ausdruck eines Systemdefekts zu nehmen, ist keineswegs einem antiamerikanischen Ressentiment geschuldet; im Gegenteil: Ich habe betont, daß in der amerikanischen Öffentlichkeit zahlreiche Reportagen über die Kriegslandschaften der Großstädte (wie Chicago oder die South Bronx) veröffentlicht werden; statistische Angaben der amerikanischen Regierung über die wachsende Bedeutung von Suppenküchen – gerade in einer Zeit des ökonomischen Aufschwungs und der praktischen Vollbeschäftigung –, über Kinderarmut und Gewalt vervollständigen und bestätigen fortlaufend die Untersuchungsarbeit von Journalisten und Institutionen. Eine geradezu erdrückende Fülle von Materialien liegt griffbereit für alle, die Gesellschaftsordnungen als komplexe Gebilde von Macht- und Herrschaftsstrukturen verstehen, wobei die Frage individuellen Versagens oder erfolgreicher Berufskarrieren Systemanalysen nicht erübrigen darf.

Das amerikanische Paradox der Vollbeschäftigung

Wenn weitgehend Vollbeschäftigung besteht, dann entwickelt sich für diejenigen, die den staatlichen Hilfeleistungen und den sozialpolitischen Netzwerken nach wie vor eine große Bedeutung bei der Überwindung gesellschaftlicher Spaltungen zubilligen, in der Öffentlichkeit ein zunehmendes Legitimationsdefizit. Wer nicht arbeitet, soll auch nicht essen! Dieser biblische Fluch wird zur traurigen Realität in einer Gesellschaft, die sich mit Parolen von Freiheit und Autonomie vollgepackt hat und das am besten durch Ablösung von sozialstaatlichen Bevormundungen und unwürdigen Versorgungsbedürfnissen zu erreichen glaubt. Das Problematische des Modells USA liegt nicht auf der Ebene des Arbeitsmarktes, sondern in der völlig disparaten Chancenzuteilung der Lebenssicherungen über Erwerbsarbeit. So läßt sich ein spezifisch amerikanisches Paradox formulieren. Je stärker die Arbeitsstatistik Tendenzen zu Vollbeschäftigung signalisiert, desto radikaler findet der Abbau von Sozialleistungen und kollektiver Solidarität statt, was keine Lösung ist, sondern lediglich die Probleme verschiebt.

Wenn niemand mehr vom Zugang zum Arbeitsmarkt ausgeschlossen ist, dann wird es in der Tat zu einem Problem individueller Faulheit und Schande, auf der Seite der Verlierer zu landen. Doch es sind keineswegs hauptsächlich die Arbeitslosen und die verelendeten Bevölkerungsteile, die parasitär vom Sozialstaat zehren, sich gegenüber Arbeitsangeboten mit niedrigen Löhnen verweigern und die

Masse der Unterstützungsempfänger ausmachen. Eine Studie, die von der größten privaten Anti-Hunger-Organisation der USA, »Second Harvest«, vorgelegt wurde, weist nach, daß nahezu 40 Prozent der auf Nahrungshilfen Angewiesenen einen Job haben, also in das System von Erwerbsarbeit einbezogen sind. Gerade in den letzten Jahren sind es keineswegs nur Arbeitslose und Obdachlose, die regelmäßig Suppenküchen aufsuchen und auf Lebensmittelspenden angewiesen sind, sondern eine wachsende Zahl der Hilfsbedürftigen haben Jobs, einen oder mehrere in der Familie, aber ihr Einkommen reicht für einen erträglichen Lebensstandard nicht aus.[98]

Der Andrang in Suppenküchen und Nahrungsverteilungsstellen, von denen »Second Harvest« allein 94 000 organisiert, hat sich in den vergangenen Jahren dramatisch verstärkt. Die Verteilung auf spezifische gesellschaftliche Gruppen zeigt an, wo die eigentlichen Probleme dieser Gesellschaft unterhalb der Arbeitsmarktebene liegen. 62 Prozent derjenigen, die solche Nahrungsverteilungsstellen aufsuchen, sind Frauen; 38 Prozent sind Kinder und Jugendliche, von denen wiederum 54 Prozent aus Ein-Eltern-Familien kommen; 16 Prozent sind über 65 Jahre alt. 47 Prozent der Klienten sind Weiße, 41 Prozent haben einen High-School-Abschluß oder höher. 35 Prozent stehen vor der Wahl, entweder ihre Miete oder ihr Essen zu bezahlen, 29 Prozent müssen zwischen medizinischer Behandlung und Essen wählen. Wenn man berücksichtigt, daß nahezu 39 Prozent aller Kinder in den Vereinigten Staaten bei nur einem Elternteil aufwachsen und zu einem hohen Prozentsatz bei den Müttern, dann wird deutlich, was sich in jenen Wirklichkeitsbereichen der Lebensverhältnisse abspielt, in denen zerbrochene Familienstrukturen, in Erosion begriffene kommunale Solidarität und ohnmächtige gewerkschaftliche Interessenvertretungen einen gefährlichen Boden von Perspektivlosigkeit und Gewalt zubereiten.

Ich habe drei Irrwege des gesellschaftlichen Krisenmanagements benannt, Fluchtmechanismen, die sich im gegenwärtigen Kapitalismus als fatale Scheinlösungen der Krise erweisen: Raum- und Zeitfragmentierung der Lebensverhältnisse, soziale Spaltung der Gesellschaft und Abkopplungen. Das Modell USA dokumentiert idealtypisch die Verbindung dieser Faktoren. Es geht hier nicht darum, diese äußerst dynamische und in ihren Entwicklungen kreative Gesellschaftsordnung insgesamt zu verurteilen; wer aber in Systemen zu denken gewohnt ist und sich auf statistisches Material stützt wie die neoliberalen Modell-Platonisten, wird um die Einsicht nicht herumkommen, daß große Wirklichkeitsschichten der amerikanischen Gesellschaft in ihrer Erosion und ihrem Elend nicht Rückstände der Modernisierung sind, sondern deren Produkt.

Wer die Rückwirkungen dieser gewaltigen gesellschaftlichen Dynamik, wie sie den gegenwärtigen amerikanischen Kapitalismus auszeichnet, auf die in den primären Sozialisationsfeldern verfügbare Lebenszeit ausblendet, wird über die wachsenden Gewaltpotentiale der Gesellschaft immer wieder in Erstaunen geraten. Daß die Gewaltbereitschaft von Kindern, Jugendlichen, von im Elend Lebenden mit einem buchstäblich verwilderten Konkurrenzkampf und der Zeitnot einer ganzen Gesellschaft zu tun hat – diese Erkenntnis gewinnt Raum bei Katastrophen wie dem Sprengstoffanschlag auf ein Regierungsgebäude in Oklahoma oder den immer wieder vorkommenden Bluttaten an Schulen. Als am 20. April 1999 zwei Teenager in die Schule in Littleton eindrangen, 13 Mitschüler töteten, am Ende sich selbst erschossen – eine Tat, die in den ganzen Vereinigten Staaten Erschrecken und Unverständnis hervorrief –, wurde zwar, wie schon öfter bei solchen Fällen, der lockere Schußwaffenzugang kritisiert, aber die amerikanische Öffentlichkeit wurde auch auf ein viel zentraleres Problem aufmerksam.

Wieviel Zeit haben diese allseitig verfügbar gewordenen Eltern, mit der Kombination ihrer Billig-Jobs, mit der ständigen Angst, den Anschluß an den Arbeitsmarkt zu verlieren, um sich ihren Kindern zu widmen? Man stellte wieder die Frage nach der Struktur von Erziehungszeit, von Um- und Abwegen der Lernzeit, vom Anhalten der Beschleunigung im menschlichen Umgang, wenn es um zeitaufwendige Beziehungsarbeit geht. Zeitungen beschrieben den Dauerstreß, in dem Amerikas Jugend steht. Kinder in den USA verhielten sich immer früher wie Erwachsene, stellte die Zeitschrift »Newsweek« in einer Studie fest. Die Jugendlichen von heute seien, hieß es hier, »eine Generation im Schnelldurchlauf«. Der Terminkalender von Zehnjährigen ist so voll wie der ihrer Eltern. Wo Jugendliche im Fernsehen darauf getrimmt werden, ihr Taschengeld oder ihre Geburtstagszuwendungen in Aktien anzulegen, kommt täglich eine Stunde Studium der Aktienkurse hinzu. So werden Primärerfahrungen von Verläßlichkeit und die Bindungskräfte in den Familien und

Nachbarschaften durch Verlust der sozialen Sicherheiten aufgebraucht und die Gewaltpotentiale verbreitert. Doch wenn die durchaus bekannten Ursachen wachsender Kriminalität, von Raub und diffuser Gewalt in populistische Forderungen umgesetzt werden, entsteht vielfach der Eindruck, als seien nicht die Armut und das Elend zu bekämpfen, sondern die Armen und die Elenden.

Das große Wegschließen

Fragmentierung und Spaltung haben eine riesige Grauzone ungesicherter Existenzformen entstehen lassen, ein von der guten und wohlgeordneten Gesellschaft weitgehend abgekoppelter Rohstoff, auf dessen Bearbeitung sich der Staatsapparat und die Justizorgane in demselben Maße konzentrieren, wie sie sich aus allen übrigen sozialen Regulierungen, aus kollektiver Solidarität und Fürsorge für die Menschen zurückziehen. Die USA erwecken den Eindruck, als würden alle in Jahrhunderten geprägten sozialstaatlichen Transformationen des Kapitalismus wie Schalen abbrechen und als würde der Staat auf jene Polizeiformen als einzige gestaltende Funktionen zurückgeworfen, mit denen in der Zeit Elisabeths I. und des Frühkapitalismus überflüssige oder arbeitsunwillige Menschenmassen weggeräumt wurden. Armutsbekämpfung ist längst keine Aufgabe des Sozialstaates mehr; wo immer Gewalt mit Arbeitslosigkeit, mit Existenznot der Menschen und der Erosion sozialer Verhältnisse verknüpft wird, ist sie eine Angelegenheit der Justiz, der Polizei, der Gefängnisverwaltungen. Nicht Armut wird bekämpft, sondern die Armen. Gerade in den letzten zwei Jahrzehnten, wo mit Ronald Reagan der Neoliberalismus auf allen Ebenen Platz greifen konnte, wuchs die Kriminalität fortwährend und hat heute epidemische Ausmaße angenommen. Im Bundesstaat Kalifornien übersteigen die Ausgaben für die Gefängnisse erstmalig den gesamten Bildungsetat. Schon 28 Millionen Amerikaner, mehr als 10 Prozent der Bevölkerung, haben sich in bewachten Hochhäusern und Siedlungen verschanzt. Für private Wächter geben die US-Bürger doppelt so viel aus wie ihr Staat für die Polizei. Seit 1996 werden jeden Monat vier neue Gefängnisanstalten eingerichtet.

Loïc Wacquant hat eindrucksvolles und bestürzendes Zahlenmaterial zum Gefängniswesen der Vereinigten Staaten zusammengestellt und auf dem Hintergrund der spezifischen Form des Arbeitsmarktes analysiert.[99] Im Jahr 1997 kamen auf 100 000 Einwohner 600 Häftlinge, das sind fünfmal so viel wie 1973 und sechs- bis zehnmal mehr als in den Ländern der Europäischen Union, wo die Durchschnittsrate bei 80 Häftlingen auf 100 000 Einwohnern liegt. Bis 1975 war die Zahl der Inhaftierten in den USA langsam, aber stetig um jährlich etwa 1 Prozent auf 380 000 gesunken.»Damals drehte sich die Debatte um Resozialisierung, um Ersatzstrafen und darum, nurmehr die Täter von ›gefährlichen Raubüberfällen‹ einzusperren (das heißt 10–15 Prozent der Kriminellen): Einige verkündeten sogar mutig das Ende des Strafvollzugssystems. Doch die Statistik sollte entgegengesetzte Höhen erklimmen: Zehn Jahre später, 1985, war die Zahl der Gefangenen sprunghaft auf 740 000 angestiegen, 1995 war sie bei 1,6 Millionen angelangt. Seither stieg sie weiterhin kontinuierlich um jährlich 8 Prozent. Diese Verdreifachung der Zahl inhaftierter Personen innerhalb von nur 15 Jahren ist beispiellos für eine demokratische Gesellschaft.«[100]

Gezieltem Schwund des Sozialstaates entspricht das zunehmende Engagement des verurteilenden und strafenden Staates. Öffentliche Ausgaben wandern immer stärker hin zu einem Gefängnis- und Justizsystem, das freilich, was den Polizei- und Vollzugsapparat betrifft, zunehmend auch der privaten Verwertung überlassen wird. Zwischen 1993 und 1998 sind 213 neue Gefängnisse gebaut worden. Allein in den Bundesstrafanstalten ist im gleichen Zeitraum die Zahl der Angestellten von 264 000 auf 347 000 angestiegen; nach Mitteilungen des statistischen Bundesamtes der USA steht die Ausbildung und Einstellung von Gefängniswärtern an erster Stelle unter den Regierungsaktivitäten des letzten Jahrzehnts. Zwischen 1979 und 1990 sind die Ausgaben der Bundesstaaten für den Unterhalt (Betriebskosten) der Gefängnisse um 325 Prozent und für den Bau neuer Gefängnisse um 612 Prozent gestiegen, also dreimal so schnell wie die Militärausgaben, die ja keineswegs von geringem Umfang sind.

5,4 Millionen Amerikaner stehen zur Zeit unter justizieller Aufsicht. Dabei ist nicht zu übersehen, daß der schwarze Anteil an den Anstaltsinsassen überproportional ist, so daß der offiziell diskriminierte Rassismus in diesem Wirklichkeitszusammenhang der Kriminalisierten und der Ausgegliederten in voller Härte durchschlägt. »In Wahrscheinlichkeiten auf ein ganzes Leben hochgerechnet, liegen die Chancen für einen schwarzen Mann, mindestens ein Jahr in seinem Leben im Gefängnis zu verbringen, bei 1:3, für einen Hispanic bei 1:6, wohingegen ein Weißer eine Chance von 1:23 hat.«[101]

Die gesellschaftspolitische Bearbeitung von Krisenherden richtet sich nicht mehr primär auf Resozialisierung von Straffälligen und Kranken, also auf Wiedereingliederung der Menschen in zivilisatorische Schutzverhältnisse, sondern auf möglichst klare Abgrenzung und Abkopplung. Kranke Menschen und solche, die mit dem Makel abweichenden Verhaltens (*deviant behaviour*) behaftet sind, sollen von dem als gesund und lebensfähig definierten Gesellschaftskörper getrennt werden. Es ist wie die Amputation von kranken Körperteilen, die als unheilbar angesehen werden oder deren Heilung zuviel Kosten verursacht. Psychisch Gestörte, deren Heilung der staatlichen Sozialfürsorge zu kostspielig ist und die private Kassen nicht übernehmen wollen, werden dabei den Kriminellen jeglicher Art völlig gleichgestellt; sie werden ausgegliedert, landen in den Gefängnissen oder auf der Straße. Das US-Justizministerium hat geschätzt, daß etwa 16 Prozent aller Häftlinge im Lande geisteskrank sind. Im Bundesstaat Texas stieg die Zahl der geisteskranken Strafgefangenen von 3148 im Jahre 1988 auf 15716 im Jahr 1998. In texanischen Strafanstalten sitzen heute insgesamt rund 150 000 Menschen. John Suggs, Direktor des Obdachlosenasyls »Presbyterian Night Shelter«, erklärt: »Unser größtes Problem sind die obdachlosen Geisteskranken, ... es klingt paradox, aber die Einrichtung, die hier ... am meisten für die Versorgung von Geisteskranken ausgibt, ist der Strafvollzug.«[102]

Gemessen an der Gesamtbevölkerung von über 270 Millionen mögen diese Zahlen keine nennenswerten Proportionen ausdrücken; aber es kennzeichnet eine Gesellschaftsordnung, wie sie mit abweichendem Verhalten, psychisch Kranken, überhaupt mit jenen umgeht, die Verlierer und vielleicht auch Opfer sind. Wenn das Justizministerium von 16 Prozent Geistesgestörten und psychisch Kranken in den Gefängnissen spricht, dann wird darin offenbar kein Problem für den Begriff der menschlichen Würde gesehen und ebensowenig für die juristische Figur der Zurechnungsfähigkeit. 1986 hat der Oberste Gerichtshof in Washington entschieden, daß Geisteskranke hingerichtet werden können, solange sie verstehen, wofür sie bestraft werden. Die Botschaft Ken Keseys, dessen Buch »Einer flog über das Kuckucksnest« insbesondere durch die Verfilmung weltweit Bürgerrechte für Geisteskranke eingeklagt hat, wurde ins Gegenteil verdreht; diese sogenannten Bürgerrechte entlasten die Behörden, offensichtlich kranke Menschen einzuweisen und psychiatrisch behandeln zu lassen. Gleichgültig überläßt man sie ihrem Schicksal, indem man alle ihre Handlungen und Unterlassungen als freie Entscheidungen hinstellt. Wer krank ist, wer nicht ausreichend für die Familie Jobs requirieren kann, wer sein Geld nicht in Aktien anlegt, wer sich aus Elendsmilieus nicht befreit – dem ist nicht zu helfen. »Blaming the victims«: Die Opfer sind an ihrer Misere selbst Schuld und tragen allein die Verantwortung.

Wenn es zutreffen sollte, daß durch dieses große Wegschließen 2 bis 3 Prozent der erwerbsfähigen Leute vom offiziellen Arbeitsmarkt verschwinden, so sind die sozialen und ökonomischen Kosten dieser Verlagerungen von Millionen von Menschen keineswegs einbezogen in Überlegungen, sie durch Hilfe, Rückgliederung und existentielle Unterstützung in den menschlichen Zusammenhang der Gesellschaft wieder aufzunehmen. Statt dessen bildet sich eine Gefängnisindustrie heraus, die sich dadurch an den Markt angliedert, daß einzelnen Unternehmungen Gefangene als Billigarbeitskräfte angeboten werden, die unter staatlicher Aufsicht stehen, keine Gewerkschaften bilden können und auch sonst keine Möglichkeit haben, Widerstand zu leisten. Offenbar nehmen große Firmen wie IBM oder Microsoft gerne solche Billigarbeitskräfte auf.

Das Modell USA ist typisch für eine Zweiteilung der Realität, in der der abgekoppelte und in der beschriebenen Weise deformierte Teil nur noch eine Art gesellschaftlicher Anhang ist, der notfalls auch vergessen werden kann. Niemand in Europa kann im Ernst daran denken, die häufig in blutigen Kämpfen errungenen sozialstaatlichen Sicherheiten den Marktrisiken zu überlassen, um am Ende den Staat in seinen Funktionen auf Aufgaben zu reduzieren, die nur noch mit Strafjustiz, Polizei und Gefängnis zu tun haben.

Das niederländische Polder-Modell

Bei aller Globalisierung ist der Tatbestand nicht zu ignorieren, daß es jahrzehnte- oder gar jahrhundertelange Traditionen gibt, soziale und politische Kämpfe, aus denen heraus die jeweilige nationale Unverwechselbarkeit der bürgerlich-kapitalistischen Gesellschaftsordnungen entstanden ist. Wer die europäisch geprägten Sozialstaatsmodelle einfach über den Haufen wirft, wird nicht einen Umbau der Arbeits- und Erwerbsgesellschaft zustande bringen, sondern Stück für Stück Kräfte hervorrufen, die den inneren Zusammenhalt des demokratischen Gemeinwesens bedrohen und aushöhlen.

Nun werden die, die als Angebotspropheten auftreten und davon träumen, durch Erfindung neuer Technologien und fortwährende Erweiterung der Dienstleistungsbereiche alle lebendige Arbeitskraft einer Gesellschaft durch das Nadelöhr des Kapitals und die Nischen des Marktes zu steuern, durchaus zugeben können, daß Lösungen der amerikanischen Gesellschaft auf Europa nicht einfach übertragbar sind. So sind sie glücklich, im europäischen Kosmos Länder zu entdecken, die ebenfalls relativ niedrige Arbeitslosenstatistiken vorzuweisen haben. Die Parole heißt: Von den Niederländern lernen! Auch hier wird vom Wunder geredet, dem sogenannten holländischen Polder-Modell, dank dessen die Arbeitslosenquote bis zum Jahr 1999 auf 2,3 Prozent gesunken ist.

Eindeichungen und Trockenlegungen von Meeresteilen, also Poldergewinnung buchstäblich genommen, sind so alt wie die Geschichte der Niederlande. Der Anfang von Trockenlegungen in dem Sinne, daß es um Landgewinnung in bezug auf Massenarbeitslosigkeit geht, läßt sich relativ genau auf das Jahr 1982 datieren, und selbst der Ort ist bestimmbar. Das zum Mythos gewordene Vertragsprojekt wurde in Wassenaar aus der Taufe gehoben. Damals hatte sich die niederländische Arbeitslosenquote innerhalb von zwei Jahren auf 14,2 Prozent nahezu verdoppelt und stieg bis 1984 weiter auf 17,3 Prozent. Unternehmer, Gewerkschaften und Staat taten sich unter dem Schock der Wirtschaftskrise zusammen und formulierten die Grundlagen eines Stabilitätspakts, in dem längst vor der Entwicklung in den übrigen westeuropäischen Ländern eine neoliberale Politik festgelegt wurde.

Wie immer bei solchen nachahmenswert scheinenden Beispielen sind Legenden über die Entstehung und den Mut der beteiligten Personen im Spiel: »Am 24. November 1982 klingelte der Gewerkschaftschef Wim Kok zu Hause bei Arbeitgeberführer Chris van Veen. Angemeldet natürlich. Beim Plausch stimmten beide überein, daß etwas faul sei im Staate Holland. Die Arbeitslosenrate kletterte damals auf 11 Prozent, die Regierung machte mit höheren Steuern und Sozialabgaben alles noch schlimmer. ... Kok und van Veen vereinbarten, daß jeder über den eigenen Schatten springen müsse, wenn etwas vorangehen solle. Der Gewerkschaftler versprach mäßige Lohnforderungen, der Arbeitgeber kürzere Arbeitszeiten. Damit griffen sie von zwei Seiten an, um für mehr Jobs zu sorgen. Durch niedrigere Arbeitskosten ebenso wie durch die Verteilung der kostbaren Stellen auf mehr Köpfe. Beide standen trotz vieler Widerstände jahrelang zu ihren Versprechen. Und so hat Holland ... die kürzesten Arbeitszeiten aller Industriestaaten und um 20 Prozent niedrigere Löhne als Deutschland.«[103]

Die Niederlande haben inzwischen weltweit die geringste durchschnittliche Jahresarbeitszeit je Erwerbstätigem (1995 1397 Arbeitsstunden, was im Schnitt 32 Wochenarbeitsstunden entspricht; 1973 1724 Arbeitsstunden); mit einem Anteil von 38 Prozent an allen Beschäftigten weist das Land für das Jahr 1996 die mit Abstand höchste Teilzeitquote der westlichen Welt auf, wobei 17 Prozent der Männer und 68 Prozent der Frauen Teilzeitstellen haben. Frauen in Teilzeitarbeitsverhältnissen lösten zum Teil die teureren, älteren Arbeitnehmer in geschützten Stellen ab, die zu gleicher Zeit in größerer Zahl vom Arbeitsmarkt ausgeschlossen wurden.[104] Im Vergleich dazu gibt es in Deutschland 16,3 Prozent Teilzeitbeschäftigte: 3,6 Prozent der Männer und 33 Prozent der Frauen. Der Anteil der Geringteilzeitbeschäftigten (unter 10 Stunden die Woche) beträgt in den Niederlanden fast 30 Prozent, in Deutschland 1995 7,4 Prozent; das Institut für Arbeitsmarkt- und Berufsforschung in Nürnberg sieht in dieser Zahlenrelation einen Hinweis darauf, daß der Weiterbezug von Sozialleistungen in den Niederlanden die Bereitschaft erhöht, sich auch auf kurzfristige Beschäftigungsverhältnisse einzulassen.

In Deutschland wird dem Polder-Modell besondere Bedeutung beigemessen, weil es im Unterschied zu den USA die Reduktion der Arbeitslosigkeit zwar durch erhebliche Einkommenseinbußen der Erwerbsbevölkerung und eine rasante Ausdehnung der Teilzeitarbeit zustande gebracht hat, doch die sozialstaatlichen Netze sind dabei nicht zerrissen. Der spürbare Umbau des Sozialstaates hat die Lebensrisiken bei weitem nicht in dem Ausmaß privatisiert wie in den Vereinigten Staaten. Etwa 1,6 Millionen Unterstützungsempfänger von rund 15 Millionen Einwohnern sind so abgesichert, daß sie nicht in Armut und Elend abgleiten müssen.

Ein zweiter Aspekt verschafft dem holländischen Modell in Deutschland ebenfalls besondere Attraktivität: die Beratungs- und Verhandlungskultur, in deren Rahmen die drei entscheidenden Machtgruppen über ihren »eigenen Schatten sprangen«, die beiden Tarifparteien ebenso wie der Staat mit der Steuergesetzgebung und anderen Eingriffen in den Marktmechanismus. »Der Begriff Polder-Modell wurde in Holland in Politik und Medien verwendet als Symbol für diese Beratungskultur. ... Die Holländer hätten nämlich, so erklären die Befürworter des Modells, gelernt, sich den Feind, das Wasser vom Leibe zu halten, und jetzt geht es darum, sich gegen den Dammbruch einer Arbeitslosenflut zu stellen.«[105] Es liegt in der Tat nahe, sich an die »konzertierte Aktion« des Wirtschaftsministers Karl Schiller zu erinnern, und diese wiederum ist Modell der gegenwärtigen Versuche, ein Bündnis für Arbeit zustande zu bringen. Auch in diesem Punkt sind freilich nationale Prägungen von größter Bedeutung. Eine paritätisch besetzte Stiftung für Arbeit wurde in den Niederlanden bereits 1945 gegründet; 1950 wurde der Sozialökonomische Rat ins Leben gerufen. Die Vorschläge von Stiftung und Rat sind bei der Gesetzgebung meist berücksichtigt worden, auch beim Tarifpoker. Im Deutschland der Nachkriegszeit haben dagegen die Gewerkschaften ihre großen Erfolge gerade dadurch errungen, daß sich der Staat nicht mit Lohnleitlinien einmischte, auch wenn das immer wieder ins Gespräch gebracht wurde.

Die Bewunderung, die das Polder-Modell in Deutschland erfährt, ist zwiespältig, je nachdem, ob Unternehmer, Gewerkschafter oder der Staat die einzelnen Elemente bewerten. Der Regierung, die wiedergewählt werden möchte, liegt daran, verbunden mit der Sanierung des Staatshaushalts, mit ökologischen Projekten, der Gesundheitsreform usw., die Arbeitslosenquote drastisch zu senken; das ist in den Niederlanden der neunziger Jahre geschehen. Unternehmer finden es sehr sympathisch, daß die Niederlande das Land mit dem größten Anteil von Teilzeitarbeit ist und sich dadurch die Menschen im Marktgeschehen als allseitig verfügbare Arbeitskräfte anbieten.

Wo Unternehmer das Modell loben, wird allerdings in der Regel unterschlagen, daß der niederländische Spitzensteuersatz höher ist als in Deutschland; die Staatsquote, öffentliche Verschuldung, Inflation, Lohnnebenkosten sowie der Anstieg der Bruttolöhne im Jahre 1996 waren höher als in Deutschland. Auch liegt das Niveau der Sozialhilfe um fast 300 DM über dem deutschen. Dagegen ist der deutsche Produktivitätszuwachs höher als in den Niederlanden. Mit der Erweiterung des Niedriglohnsektors wird eben häufig die Modernisierung von Produktionsstrukturen blockiert und die Produktivitätserhöhung behindert.

Die Gewerkschaften wiederum sehen sehr deutlich, daß die Reduktion von Massenarbeitslosigkeit erkauft ist mit einer Polarisierung der Einkommensverhältnisse und mit vielfältigen menschlichen Kosten. So wurde 1998 eine vom holländischen Kirchenrat in Gang gesetzte Unterschriftenaktion gegen die »24-Stunden-Ökonomie«, das heißt das Ausufern von Arbeits- und Betriebszeiten, Flexibilisierung und Teilzeitarbeit, zu einem unerwarteten Erfolg: Über eine Million Unterschriften wurden als Protest gegen die total flexibilisierte Lebenszeit gesammelt. Denn was sich hinter den Kulissen des Polder-Modells abspielt, ist eine dramatische Veränderung der Gesellschaftsstruktur, indem die Ideologie der Flexibilität und der Teilzeitarbeit die mit Primärerfahrungen unabdingbar verknüpfte Bindungsfähigkeit der Menschen in den Näheverhältnissen antastet. Der allseitig verfügbare Mensch ist ruhelos, und Erfahrungsfähigkeit bedarf eben kollektiver Ruhezeit. Befragungen in den Niederlanden haben ergeben, daß die Klagen der Arbeitnehmer über zu schwere Arbeit seit 1982 von 35 Prozent auf über 60 Prozent zugenommen haben.

So zwiespältig das Polder-Modell auch sein mag und so sehr auch hier, wie in der Arbeitsstatistik der Vereinigten Staaten, Manipulationen zur Reduktion der Arbeitslosenzahlen beitragen (zum Beispiel gelten Hausfrauen nicht mehr als arbeitslos, wenn sie einen Teilzeitjob von über 12 Stunden in der Woche haben), so gestaltet und organisiert der niederländische Staat doch weiterhin die menschlichen Lebensverhältnisse. Die sozialstaatlichen Netze bleiben intakt und bewahren damit die Masse der Teilzeitarbeitenden vor der Armutsgrenze. Jeder Arbeitnehmer, unabhängig von der Dauer der Arbeitszeit, ist sozialversicherungspflichtig und erwirbt einen Anspruch auf die gesetzliche Mindestrente. Die Rechtslage sogenannter flexibler

Arbeitnehmer wird so gesichert. Allerdings handelt es sich um einen Trugschluß, wenn erwartet wird, daß in einer Art Kreisbewegung zum Mittelpunkt hin vorübergehende oder völlig marginale Arbeitsverhältnisse allmählich zu Vollarbeitsplätzen werden. »Wer zur Einstichstelle des Zirkels, dem begehrten unbefristeten Vertrag, kommen will, muß in der Regel am äußersten Kreis anfangen: Mit einem vertragslosen, beidseitig jederzeit kündbaren Job. Gute Leute arbeiten sich angeblich mit ein wenig Glück irgendwann in den nächstengeren Kreis vor. Sie bekommen einen befristeten oder unbefristeten Vertrag bei einer holländischen Zeitarbeitsfirma. Einen Zeitvertrag direkt beim Betrieb gibt es im letzten Kreis. Erst danach winkt eine unbefristete Anstellung. Manche, besonders der weniger qualifizierten Arbeitnehmer, bleiben immer im äußeren Kreis hängen.«[106] Das ist eben das Problem dieser Arbeitsmarktstrategie, daß sehr viele, um nicht zu sagen immer mehr, im äußeren Kreis hängenbleiben und nur wenige Privilegierte zum festen Mittelpunkt eines unbefristeten Arbeitsvertrages vordringen.

Eine weitere Säule des Polder-Modells neben dem funktionierenden sozialen Netz und der Teilzeitarbeit ist die zurückhaltende Lohnentwicklung, verbunden mit der Ausweitung des Niedriglohnsektors. Daß diese Strategie so früh unter Beteiligung der Gewerkschaften einsetzen konnte (und nicht, wie unter der Regierung Margaret Thatchers, durch Aushöhlung oder gar Zerschlagung gewerkschaftlicher Gegenmacht), beruht auf der Schwäche der niederländischen Gewerkschaften, deren kooperative Neigungen das Lean-Management gut gebrauchen konnte. Im Ergebnis ist die Spaltung der Gesellschaft nicht so dramatisch wie in den Vereinigten Staaten, aber sie ist doch deutlich erkennbar. Von 1986 bis 1996 stieg die Zahl der Millionäre auf 150 000 an; die Zahl der Haushalte, die unter dem Existenzminimum leben, verdoppelte sich seit 1982 auf 800 000. Wird die Arbeitsproduktivität dieses Jahres auf 100 Prozent gestellt, so ist sie bis 1988 auf 118,7 Prozent angestiegen. Die Löhne stiegen im gleichen Zeitraum auf 100,8 Prozent und die Gewinne wurden verdreifacht. »Durch seine spezifische Mischung aus Korporatismus und Neoliberalismus ist das Polder-Modell vorteilhaft für eine exportorientierte Wirtschaft. Nicht unwichtig ist dabei, daß ein Teil der Gelder, die der niederländische Staat aus der Erdgasförderung und dem Erdgasexport bezieht, für die Arbeitsmarktpolitik zur Verfügung gestellt wird. Eine Folge des niederländischen Modells besteht in einer drastischen Verschiebung des Verhältnisses zwischen Löhnen und Gewinnen. Zwischen 1982 und 1994 nahm die ›Arbeitseinkommensquote‹ – sie ist ein Indikator für den Anteil der Arbeitnehmereinkommen am Nationaleinkommen – um 21 Prozent ab (in der gesamten EU dagegen um 5 Prozent), auf der anderen Seite stieg die ›Kapitaleinkommensquote‹ ebenfalls um 21 Prozent (in der EU um 5 Prozent) (zitiert nach ISW 12–1995, dem führenden niederländischen Wirtschafts- und Handelsblatt). Diese Vertiefung des sozialökonomischen Grabens wurde vor allem durch die Umorganisation des Arbeits- und Produktivitätsprozesses zustande gebracht. Die Niederländer treten als Europameister hinsichtlich der Flexibilität und damit der Teilzeitjobs auf.«[107]

Als vierte Säule kommt ein spezifisch holländisches Phänomen hinzu, das in anderen Ländern bisher nur in Ansätzen erkennbar ist: die Medikalisierung der strukturellen Arbeitslosigkeit. Menschen werden in erheblicher Zahl aus dem Angebot auf dem Arbeitsmarkt herausgenommen, aber nicht, wie in den USA, kriminalisiert und weggeschlossen, sondern aufgrund psychiatrischer und psychologischer Kriterien in den endgültigen Ruhestand versetzt. Diese Klassifizierung mehr oder minder alltäglicher sozialer Probleme als medizinische Probleme betrifft nicht nur ältere Arbeitnehmer, die sich leichter pensionieren lassen können, sondern überwiegend Menschen, die auf der Grundlage eines 1967 verabschiedeten Psychiatrie-Gesetzes (mit der Bezeichnung »wet op de arbeidsongeschiktheid«, WAO), das ursprünglich zum Schutz psychisch und körperlich Kranker gedacht war, auf jeder Stufe der Erwerbstätigkeit mit Versorgungsansprüchen ins Privatleben treten können. »In Holland erheben mehr als doppelt so viele Menschen als zum Beispiel in Deutschland und Belgien im berufsaktiven Alter als sogenannte Erwerbsunfähige keinen Anspruch mehr auf den gesellschaftlich noch vorhandenen Arbeitsvorrat. Dieser Arbeitsvorrat beträgt momentan ungefähr 6,5 Millionen Stellen bei einer Bevölkerung von 16,2 Millionen Einwohnern. Man erwartet, daß bis zum Jahr 2002 das Heer der Erwerbsunfähigen, wovon eine große Zahl auch Frühinvalidisierte sind, kaum sinken wird. Die im europäischen Vergleich auffallende Medikalisierung der strukturellen Arbeitslosigkeit entstand in Holland in Folge einer schleichenden Veränderung, genauer eines umgekehrten Gebrauchs des 1967 eingeführten, vereinheitlichten und ursprünglich auf die Arbeitsintegration Behinderter gerichteten Invaliditätsgesetzes.«[108]

Kann ein solcher Dammbau gegen Arbeitslosigkeit den selbstgesetzten Grundsätzen demokratischer Gesellschaftsordnungen, Würde und Autonomie des einzelnen zu schützen, entsprechen? Das Polder-Modell hat eine ganz andere Struktur als das Beschäftigungsmodell in den Vereinigten Staaten, aber auch in den Niederlanden wächst die Unzufriedenheit über diese Art der Reform. Von einem nachahmenswerten Vorbild zu sprechen trifft bei allen, die Erfahrungen mit der Medikalisierung machen, auf immer stärkere Vorbehalte. Gewiß steckt guter Wille dahinter, Menschen die Unsicherheit auf dem Arbeitsmarkt zu nehmen, indem man sie für arbeitsunfähig erklärt. Aber sie für krank zu erklären, wo sie häufig doch gesellschaftlich sinnvolle und nützliche Tätigkeiten ausüben möchten, ist eine gefährliche Scheinlösung des Arbeitsmarktproblems. Betriebs- und vertrauensärztliche Dienste unterstützen diesen Prozeß, wohl nicht durch bewußten Mißbrauch, sondern »durch eine allmähliche sozial-medizinische Erweiterung der Behinderungsdefinitionen im Zusammenhang mit Erwerbs-(Un-)fähigkeit, zumal ins psychosoziale. Ein Drittel aller Erwerbsunfähigen und Erwerbsverminderten wird inzwischen als psychiatrisch und/oder als psychosozial behindert bewertet. Trotz aller Bemühungen der derzeitigen Regierung und verschiedener Behörden, die Zahl der Invalidisierten zu senken, erreicht die Quote dieser Erwerbslosen noch im laufenden Jahr (also 2000) die 900 000 (gut 15 Prozent) und bleibt weiter steigend.«[109]

Natürlich kann eine Gesellschaft darangehen, alles, was sich nicht innerhalb des kapitalistisch definierten Arbeits- und Erwerbssystems unterbringen läßt, unter Gesichtspunkten von Krankheit, Kriminalität und abweichendem Verhalten auszugrenzen. Was wäre das aber für eine Gesellschaft? Muß die Gesamtgesellschaft unter allen Umständen die alten, ökonomisch bestimmten Macht- und Herrschaftsverhältnisse aufrechterhalten? Kritische Experten haben errechnet, daß die Blockierung von diesen und anderen Fluchtwegen in den Vereinigten Staaten und den Niederlanden die Arbeitslosenquote auf ein Niveau von 15 bis 20 Prozent bringen würde.

Zwar ist mit der Globalisierung die Faszination des Modell-Platonismus stark angestiegen, erweist sich aber bei näherer Betrachtung historisch gewachsener Zusammenhänge in wesentlichen Zügen als unpraktikabel. Es ist eben ein grundlegender Unterschied, ob man einen Konzernteil oder eine Börse irgendwo auf dem Globus hinsetzt, nach Prinzipien, die sich länderspezifisch kaum unterscheiden, oder das gesellschaftliche Zusammenspiel von Produktion, Austausch, Lebensverhältnissen über Ländergrenzen hinweg nachahmen will. So gehen in der Tat die einzelnen Länder ihre spezifischen Wege der Krisenlösung, und diese unterscheiden sich schon zwischen den Niederlanden, Dänemark und Deutschland. Die Funktion des Bildungsurlaubs zum Beispiel in Dänemark, mit dessen Hilfe Menschen gleichzeitig weiterqualifiziert und im Erwerbszusammenhang gehalten werden, ist ohne die dänische Volksbildungstradition seit der Mitte des neunzehnten Jahrhunderts überhaupt nicht vorstellbar. Ähnliches gilt in Schweden und den anderen nordischen Ländern.

Die Vorbilder wandern jedoch von Land zu Land. So schreibt der gewerkschaftliche Info-Service »Einblick« am 7. Dezember 1998: »Modell Dänemark. Beschäftigungswunder von Kopenhagen. Nicht die Schwächung der Gewerkschaften, sondern nach wie vor starke Gewerkschaften werden hier als Grund für dieses Beschäftigungswunder betrachtet. 85 Prozent der dänischen Arbeitnehmerinnen und Arbeitnehmer sind gewerkschaftlich organisiert. Dänemarks Regierung setzt auf eine nochmalige Ausweitung des Arbeitsplatzangebots. Bis 2005 sollen 240 000 zusätzliche Arbeitsplätze entstehen. Noch vor fünf Jahren lag die Arbeitslosigkeit in Dänemark bei 12,3 Prozent. Höher als in Deutschland. Seitdem hat sie sich nahezu halbiert auf 6,4 Prozent. Doch anders als im viel gepriesenen niederländischen Modell setzt Dänemarks ›Bündnis für Arbeit‹ nicht in erster Linie auf Teilzeitarbeit, sondern auf Ausweitung des Angebots an Arbeitskräften. Mit 60,7 Prozent hat Dänemark die höchste Erwerbsquote in der Europäischen Union.«

Die aktive Rolle von Bildungspolitik, staatlich geförderte Programme, Reintegrationsmöglichkeiten der Arbeitslosen – all das zeigt, daß sehr verschiedene Wege beschritten werden können, das Problem der Massenarbeitslosigkeit bearbeitungsfähig zu machen. Aber nichts läuft nur über die Beachtung der Marktgesetze; die aktivierende Rolle des Staates ist unabdingbar, und in dieser Rolle ist er auch herausgefordert, die sozialen Folgen auf der Unterseite des statistisch ausgeglichenen Arbeitsmarktes zu beachten und in die Kalkulation für die Kosten einer »Ökonomie des Ganzen Hauses« einzubeziehen. Der Staat muß die politische Ökonomie des Gemeinwesens den Kapitalinteressen überordnen.

11. Zum kulturellen Rang lebendiger Arbeit

Wo immer Krisenlösungen ins Auge gefaßt werden und welche Formen sie auch annehmen mögen: Sie konzentrieren sich ausschließlich auf den Prozeß und das Schicksal lebendiger Arbeit, auf Zeitfragmentierung, Abrufbereitschaft, Abkopplung und soziale Abstufung, während an den bestehenden Macht- und Eigentumsverhältnissen, an der Logik von Kapital und Markt nicht gerührt wird. Die Hauptlast der Krisenlösung sollen die Arbeitnehmer, die glücklichen Besitzer der einfachen Arbeitskraft, tragen. Das jüngste Beispiel für diese seit zwanzig Jahren geradezu rituell wiederholte Erwartung ist die Großanzeige einer der einflußreichsten Unternehmensberatungen.[110] Roland Berger behauptet: »Vollbeschäftigung ist möglich«, wenn die Reste von hindernden Regulierungen des Arbeitsmarktes fallen. Und welche Behinderungen sind das? »Das wird eine lange Liste«, sagt Berger. »... der überzogene Kündigungsschutz, die Beschränkung von Zeitverträgen, das Recht auf Teilzeit, die Ausweitung der Mitbestimmung.«

Berger leistet sich einen Zynismus eigener Art, wenn er die Forderung nach weitgehender Entrechtung der Arbeitnehmer und das komplette Verfügbarmachen der lebendigen Arbeitskraft auf eine »Initiative Neue soziale Marktwirtschaft« zurückführt, die sich als »überparteiliche Reformbewegung« versteht und selbstverständlich in ihrem »Reformprogramm« auf die gelungenen Beispiele USA und Niederlande verweist – wie wird in solchen Imitaten der Begriff des Sozialen verdreht und ausgehöhlt!

Da aber auf diese Weise die zentralen Probleme, die eine in Erosion begriffene, über Jahrhunderte hindurch geprägte Gesellschaftsformation aus sich heraus schafft, sich offenkundig nicht lösen, sondern nur verschieben oder umschichten lassen, müssen selbst auf dem Feld der Terminologie neue Frontstellungen entwickelt werden.

Viele, die heute von der Krise der Arbeitsgesellschaft sprechen und nach Konzepten suchen, um neu auftretende Erscheinungen der spätindustriellen Zivilisation besser erklären zu können als durch den traditionellen Schlüsselbegriff Arbeit, setzen großes Vertrauen in ihre wissenschaftliche Definitionsmacht. Was dabei herauskommt, ist in der Regel jedoch nichts weiter als eine Ansammlung von Verlegenheitsbegriffen. Als Alternative zur ausgehöhlten Arbeitsgesellschaft der kapitalfixierten Gestalt spricht Ralf Dahrendorf zum Beispiel von einer »Gesellschaft der Tätigkeit«. Nun mag er sich darüber Gedanken gemacht haben, ob dieser blasse und unspezifische Begriff der Tätigkeit tatsächlich ausreicht, einen neuen Gesellschaftstypus zu charakterisieren. Jedenfalls scheint er unsicher zu sein, wie ihm Leben einzuhauchen ist, ohne auf Substanzanleihen bei der »Arbeit« zurückzugreifen. »In der Tat ist heute die Frage wichtiger, in welchem Maße Arbeit zu Tätigkeit werden kann, zu Arbeitstätigkeit, also zu heteronomem Tun mit einem kräftigen Schuß Autonomie.«[111]

Aber auch eine Vielzahl anderer Begriffe sind in Umlauf gebracht worden, um den inneren Zerfaserungsprozeß der Arbeits- und Erwerbsgesellschaft historischen Zuschnitts benennbar zu machen. Je deutlicher diese Verlegenheitskonstruktionen auf Krisenlösungen zielen, desto nachdrücklicher stellt sich die Frage, ob solche Begriffsverschiebungen eine neue Erkenntnisdimension aufschließen können, um von einem empirisch hinreichend gesicherten Boden aus zu entscheiden, daß die »Arbeitsgesellschaft« endgültig zu verabschieden ist, obwohl doch offensichtlich wesentliche Merkmale beibehalten werden, die für einen gesellschaftlichen Produktionsprozeß auf hohem technologischen Niveau und mit einer komplexen politischen Struktur unerläßlich sind.

Eine der anregendsten und gründlichsten Untersuchungen zum kulturgeschichtlichen Wandel des Arbeitsbegriffs stammt nach wie vor von Hannah Arendt: »Vita activa oder Vom tätigen Leben«.[112] Innerhalb des Modells der Vita activa, der tätigen, eingreifenden und umgestaltenden Beziehungen der Subjekte zu den Dingen und der sozialen Umwelt, unterscheidet sie drei Grundformen: Arbeit, Herstellen und Handeln. Arbeit hat für sie dieselbe verengte Bedeutung eines instrumentellen, vorwiegend sprach- und kommunikationslosen Verhaltens wie in all jenen seit Beginn der bürgerlichen Epoche auftretenden Definitionsversuchen, die das Wesen des Menschen am Leitfaden eines einzelnen, alle anderen Eigenschaften bestimmenden Verhaltensmerkmals festlegen wollen. Im Hintergrund dieser beharrlichen Neigung, den Menschen in seinen wesentlichen Lebensäußerungen aus einem einzigen, konstanten Gattungsmerkmal zu begreifen, steht wohl immer die aus der klassischen Periode des athenischen Stadtstaats bezogene Definition des Aristoteles vom Menschen als dem *zoon politikon*, dem gleichsam naturhaft auf die Angelegenheiten der Polis gerichteten Lebewesen, das von Sklavenarbeit und Handwerk gleichermaßen befreit ist und in Gemeinwesentätigkeit aufgeht.

Als wirkliche, der systematischen Erwähnung würdige Lebensformen bezeichnet Aristoteles nur die, die Lebensformen der Freiheit sind – frei von den ordinären Alltagssorgen. Handwerker und überhaupt die Existenzweise aller derjenigen, die sich den Anstrengungen des Erwerbs unterziehen müssen, fallen aus diesem anspruchsvollen Katalog wirklich menschlicher Lebensformen heraus. An der Spitze dieser Entwertungshierarchie von Arbeit steht allerdings nicht der politische Mensch. Der Alltag eines athenischen Bürgers war durch zeitraubende und von dauernden Sorgen bestimmte Tätigkeiten ausgefüllt, denn das Gesetz erlaubte ihm in der Volksversammlung keine Stimmenthaltung bei Fraktionsstreitigkeiten und drohte demjenigen den Entzug der Bürgerschaft an, der sich aus den politischen Streitigkeiten der Polis herauszuhalten versuchte. So entsteht eine Werteordnung von Tätigkeiten, in der die Arbeit ganz unten festgemacht ist und der *bios theoretikós*, das Leben für und in der Erkenntnis – also das des Philosophen, der selbst noch von politischen Entscheidungszwängen befreit ist –, ganz oben.

Es ist nun charakteristisch für die neueren Debatten über den kulturellen Rang von Arbeit (und hier besteht eine merkwürdige Koalition zwischen der eher konservativen und der linken Kulturkritik), daß diese Entwertung der Arbeit zu Mühsal und Unlust sich zwar durchhält, aber durch einen zusätzlichen erkenntnislogisch wie gattungsgeschichtlich begründeten Akzent ergänzt wird: Arbeit erhält prinzipiell die untergeordnete Tätigkeitsform des bloß instrumentellen Handelns, des sprach- und kommunikationslosen Monologs. Wo immer Deutungen des Menschen im Bezugsrahmen von Arbeit versucht worden sind, ob es um den *homo faber*, das *animal laborans* oder das *toolmaking animal* geht – dieser modernen Kulturkritik erscheinen Lebewesen, die so definiert sind, auf mehr oder weniger sprachlose Verhaltensmuster reduziert. Sie sind von Verständigung und gegenseitiger Anerkennung abgeschnitten und hantieren gleichsam innerhalb fensterloser Monaden mit ihren Werkzeugen, Geräten und Instrumenten, ohne für deren erfolgreiche Anwendung anderer Menschen zu bedürfen. Aus diesem Grunde ist auch für Hannah Arendt »Handeln« die fundamentale Kategorie des menschlichen Lebens, ja Sprechen und Handeln bringen am deutlichsten zum Ausdruck, worin sich menschliches Leben von dem anderer Lebewesen unterscheidet. »Es gibt keine menschliche Verrichtung, welche des Wortes in dem gleichen Maße bedarf wie das Handeln. Für alle anderen Tätigkeiten spielen Worte eine untergeordnete Rolle ...«[113]

Die Kommunikationslosigkeit und Monadenhaftigkeit der Arbeit scheint ein so gesicherter Tatbestand zu sein, daß das Festhalten am Arbeitsbegriff leicht in den Geruch von intellektueller Borniertheit kommt. Aber die Alternative zu der zweifellos richtigen Kritik, daß Arbeit keine anthropologische Wesensbestimmung des Menschen ist, das heißt nicht als das Hauptmerkmal der Entwicklung menschlichen Gattungsvermögens angesehen werden kann, ist nicht die abstrakte Negation all der Formen gegenständlicher und stoffverändernder Tätigkeit, für welche die soziologische Schlüsselkategorie Arbeit bisher kennzeichnend gewesen ist. Die Vorstellung von hochentwickelten, arbeitsteilig differenzierten und vom komplexen Objektüberhang von Waren, Apparaten, Dingen und Verhältnissen geprägten Industriegesellschaften ohne fortwährenden Zuschuß lebendiger Arbeit muß in dasselbe Gewebe von Fiktionen führen wie die Annahme, man könne den durch die Geschichte des Kapitals verengten und stumpf gemachten Arbeitsbegriff retten und überall dort, wo er selbst unter bornierten Bedingungen nicht mehr verwendbar ist, durch andere Tätigkeitsmerkmale ergänzen. Wer sich auf diesen verengten Arbeitsbegriff einmal eingelassen hat, wird sich dem positivistischen Sog der Substanzentleerung von Begriffen nicht mehr entziehen können, weil es unmöglich ist, einem vom toten Kapital definierten Arbeitsbegriff lebendigen Geist einzuhauchen.

Arbeit ist eine historisch-fundamentale Kategorie, keine anthropologische. »Anthropologisch« in einem entscheidenden Punkt allerdings: Der Mensch muß die Produkte seines Überlebens selbst erzeugen. Er ist, ob er will oder nicht, Produzent seines Lebenszusammenhangs. Ich meine damit folgendes: Arbeit in vorbürgerlichen Gesellschaftsordnungen ist Sklavenarbeit in einem buchstäblichen Sinne. Ihr Jenseits, das die gegenwärtige Mühsal bricht, ist ihre einfache Verneinung, die Aufhebung der Mühsal. Arbeit im Zuschnitt materieller Produktion dieser Beschwernisse enthält nicht die geringste Spur eines Versprechens von Glück, einer utopischen Dimension, es sei denn, man versteht darunter den Lohn des Himmels. Selbst Arbeit im Mönchsgewand, mit der Trostformel *ora et labora* (bete und arbeite), wurde als Sündenabtragung verstanden, und wo Klöster auf andere Weise reich werden konnten, durch Beraubung der Bauern und durch ergaunerte Stiftungen, taten sie es mit Vorliebe.

Je weiter wir uns auf die durch materielle Produktion bestimmten Lebensprozesse der Menschen einlassen, desto differenzierter und komplexer erweist sich das Problem des Formenwandels der Arbeit, der vielfältig eingebunden ist in Subjektausstattungen, in Macht- und Herrschaftsstrukturen. Es ist im umfassenden Sinne Produktion des Lebens, Lebensproduktion. Eine Geschichte der Arbeit schreiben zu wollen gliche freilich dem maßlosen Anspruch, das Wesen der Hochkulturen seit der neolithischen Revolution, also der Entstehung von Tierzüchtung, Ackerbau und festen Besiedlungsformen, mit Skizzen begreiflich zu machen. Das wäre nichts weiter als das Nebeneinanderstellen von abstrakten Merkmalen und Etiketten, die den Verhältnissen angeheftet werden, wodurch gerade das verlorengeht, worauf eine Geschichte der Arbeit das Augenmerk zu richten hätte: das Geschichtliche im Begriff der Arbeit und des Arbeitsverhaltens.

So gehe ich – in Rückwendung zu den großen Dialektikern – in meinen Betrachtungen zur Geschichte der Arbeit den umgekehrten Weg, nämlich vom Problembestand der gegenwärtigen Krise der Arbeitsgesellschaft zurück zu ausgewählten Vergangenheitsstufen, welche den Begriff der Arbeit in seiner heutigen Verfassung geschichtlich erläutern, ergänzen oder erweitern. Die methodische Seite dieser einzig legitimen geschichtlichen Analyse, die vom Bezugsrahmen der Gegenwart ausgeht, hat Marx treffend gekennzeichnet. »Arbeit scheint«, sagt Marx, »eine ganz einfache Kategorie zu sein. Auch die

Vorstellung derselben in dieser Allgemeinheit – als Arbeit überhaupt – ist uralt. Dennoch, ökonomisch in dieser Einfachheit gefaßt, ist ›Arbeit‹ eine ebenso moderne Kategorie wie die Verhältnisse, die diese einfache Abstraktion erzeugen. ... Die Gleichgültigkeit gegen eine bestimmte Art der Arbeit setzt eine sehr entwickelte Totalität wirklicher Arbeitsarten voraus, von denen keine mehr die alles beherrschende ist. ... Die Gleichgültigkeit gegen die bestimmte Arbeit entspricht einer Gesellschaftsform, worin die Individuen mit Leichtigkeit aus einer Arbeit in die andere übergehen und die bestimmte Art der Arbeit ihnen zufällig, daher gleichgültig ist. Die Arbeit ist hier nicht nur in der Kategorie, sondern in der Wirklichkeit als Mittel zum Schaffen des Reichtums überhaupt geworden.«[114]

Wenn Marx hier von der Arbeit als einer Kategorie der Wirklichkeit, einer Daseinsbestimmung der modernen Verhältnisse spricht, dann meint er in erster Linie Lohnarbeit, Verausgabung lebendiger Arbeitskraft. Ob lebendige Arbeitskraft in ihrem durch Lohnarbeit vermittelten Austausch mit verstorbener Arbeit, der kapitalfixierten Maschinerie, heute noch als wesentliches Element der Reichtumsproduktion moderner Gesellschaften zu sehen ist, darin liegt eben das zentrale Problem der gegenwärtigen Arbeitsgesellschaft. Das ganze Ausmaß, in dem die Maschinerie die ursprünglich der lebendigen Arbeit vorbehaltenen Aufgaben im Produktionsprozeß übernimmt, hat Marx sich nicht vorstellen können.

Das ist jedoch, wenn wir geschichtliche Stufen der Arbeit zu rekonstruieren versuchen, der entscheidende Ansatzpunkt für die Betrachtung der gegenwärtigen Strukturen der Arbeitsgesellschaft, die in einem ökonomischen und moralischen Dilemma steckt. Der moralische Skandal einer Gesellschaft, die an der Reichtumsproduktion zu ersticken droht, besteht darin, daß nach einem Jahrhunderte währenden leidvollen Weg, auf dem die Menschen schließlich so etwas wie Arbeitsmoral verinnerlichten und der Arbeit einen positiven Sinn abgerungen haben, am Ende für wachsende Millionen von Menschen, die arbeiten wollen und für ihre Selbstachtung auch Arbeit benötigen, Arbeitsplätze nicht mehr vorhanden sind. Chronische und ständig wachsende Massenarbeitslosigkeit steht am Ende einer Arbeitsgesellschaft, für die lebendige Arbeit in der Tat wesentliches Merkmal gewesen ist, solange sie in den Zusammenhang einer Mangelökonomie eingebunden war.

Da die alten Strukturen der Erwerbsarbeit, vor allem durch Kapital- und Marktlogik in ihren Möglichkeiten definiert, offensichtlich an ein geschichtliches Ende gekommen sind, wird Besinnung auf das, was Arbeit auf den verschiedenen Stufen der Vergangenheit war und für die Menschen bedeutete, auch zu einem politischen Faktor möglicher Krisenbewältigung. Damit ist gemeint, daß in dem Maße, wie sich das System moderner Erwerbsarbeit mit den entsprechenden Arbeitsplätzen als historischer Spezialfall erweist, verdrängte, in der Öffentlichkeit bisher unbeachtet gebliebene Formen der Arbeit wieder in den Vordergrund treten. Das gilt für Handwerkstätigkeiten und gestalterische Arbeiten ebenso wie für den pfleglichen Umgang mit Menschen, Tieren und Dingen. Die strengen Maßstäbe von Erwerbsarbeit mit tarifvertraglicher Lohn- und Einkommenssicherung und festgelegten Arbeitsbedingungen werden in einem wachsenden Umfang unterlaufen. Was sich hier jedoch als zweiter Arbeitsmarkt ankündigt, existiert auf diese Weise als bloßes Schattenbild des ersten, der zunehmend auf ein realitätsmächtiges, aber schrumpfendes Inseldasein gedrängt wird. Eine bewußte Wiederaneignung der Geschichte der Arbeit und eine öffentliche Auseinandersetzung über die historisch geprägten Arbeitsformen könnte daher nützliche Hinweise geben, daß die überlieferte, kapitalistisch definierte Erwerbsstruktur ein historisches Produkt ist und deshalb auch grundlegenden Veränderungen zugänglich.

Was spezifische Entstehungsbedingungen hat, ist auch zukünftig wandlungsfähig. Historisch scheint ziemlich gesichert, daß die Menschen in vorbürgerlichen Gesellschaftsordnungen nicht gerne gearbeitet haben. Man kann nicht direkt sagen, daß sie faul gewesen seien, denn Faulheit setzt eine gesellschaftliche Norm der positiven Arbeitsleistung voraus, aber je näher wir an jene Tätigkeitsform kommen, die wir mit dem heutigen Begriff von Arbeit verbinden, desto entschiedener zeigt sich die Abwehr dagegen, und in der Skala des Erstrebenswerten rückt diese Tätigkeitsform vielfach in die Nähe der tierischen Existenzweise. Identitätsmerkmale, die das menschliche Dasein auszeichnen und mit der Wesensbestimmung des Menschen verknüpft werden, sind in der Geschichte bis hin zum vierzehnten oder fünfzehnten Jahrhundert nur am Rande (zum Beispiel in Klöstern oder im Ehrenkodex von Rittern) aus Arbeitszusammenhängen hergeleitet. In allen europäischen Sprachen seit der griechischen Antike ist der ursprüngliche Bedeutungsgehalt von Arbeit mit Mühsal, Not und Leid verbunden.

Das griechische *pónos* (*penía*, unser Wort Pein, kommt daher), das französische *travail*, das lateinische *labor* (ursprünglich das Wanken unter einer schweren Last) – alle diese Worte verweisen auf Beschwerde und Strapazen, auf schmerzverursachende körperliche Anstrengung; auch Geburtswehen und Krankheiten sind manchmal mitgemeint. Arbeit in diesem engen Sinne ist Sklavenarbeit, die Besiegte zu leisten haben oder diejenigen, die keinerlei andere Möglichkeiten der Existenzsicherung haben. Alles Lebensnotwendige in diesen vorbürgerlichen Gesellschaftsordnungen wird also von Schichten und Klassen produziert, die im Macht- und Herrschaftsgefüge der Gesellschaft ganz unten stehen.

In diesem Punkt unterscheidet sich die christlich-jüdische Tradition überhaupt nicht von der griechisch-römischen. Die Fabel von der Vertreibung aus dem Paradies und der nachgebrüllte Gottesfluch, »Verflucht sei der Acker um deinetwillen! ... Dornen und Disteln soll er dir tragen ... Im Schweiße deines Angesichts sollst du dein Brot essen«, entsprach über zwei Jahrtausende dem Interesse der Herrschenden genauso wie die philosophische Hierarchie der griechisch-römischen Tätigkeitsarten, in der alles, was über dem Lebensnotwendigen lag, politisches Handeln, die Lebensform des Philosophen, selbst die des räuberischen Kriegshelden mit seinen Kampftugenden, in der Werteordnung weit oben rangierte. Auch das deutsche Wort Arbeit hat bezeichnenderweise einen dem griechischen *pónos* und dem lateinischen *labor* verwandten, ganz und gar abwertenden Bedeutungsgehalt. Ar(a)beit im Althochdeutschen meint Mühsal, Plage, Anstrengung und geht vermutlich auf das germanische Tätigkeitswort arbeijo zurück mit der Bedeutung »verwaist sein, deshalb ein zu schwerer körperlicher Arbeit verdingtes Kind sein«.

Der mittelalterliche Mensch empfand, wie die meisten historischen Dokumente zeigen, Arbeit allenfalls als notwendig zur Lebenserhaltung, aber nicht als etwas, das besonders ehrenvoll und erstrebenswert war. Wer sein Leben nicht anders als durch Arbeit bestreiten kann, gibt damit zu erkennen, daß er weder über Mittel noch Fähigkeiten verfügt, den Herrschaftsständen anzugehören.[115] Arbeit ist unwürdige Mühsal, Strafe, die Folge des Sündenfalls. Erst Anfang des fünfzehnten Jahrhunderts tauchen vereinzelte positive

Bewertungen der Arbeit auf. Bei Thomas a Kempis heißt es um 1410: »Was suchst du nach Ruhe, da du zur Arbeit geboren bist? – Ohne Arbeit gelangst du nicht zur Ruhe, ohne Kampf nicht zum Sieg.« Oder in Sebastian Brants »Narrenschiff« (1494): »Die müßig Gehenden straft der Herr – und gibt der Arbeit Lohn und Ehr.« Luther verankert dann Arbeit, und sei sie auch reine Qual, in der Natur des Menschen: »Der Mensch ist zur Arbeit geboren wie der Vogel zum Fliegen.« Der Übergang zur gesellschaftlich vorherrschenden Definition der Arbeit als Lebensform »innerweltlicher Askese« mit einer im Verhalten und Denken der Subjekte fest verankerten Werk- und Berufsmoral vollzieht sich innerhalb der nächsten zwei oder drei Jahrhunderte. Wenn 1854 der deutsche Nationalökonom Wilhelm Roscher feststellt, »je höher die Kultur, desto ehrenvoller die Arbeit«, so drückt das schon ein Spätprodukt dieser Entwicklung aus.

Ich führe diese Wortgeschichte von Arbeit an, weil ich im folgenden zeigen will, wie stark das Beziehungsgeflecht von Identität und Arbeit eingebunden ist in lange Perioden der Kulturprägungen und der individuellen Sinnstiftungen einer Gesellschaft.[116] Die Bildung des Persönlichkeitskerns eines Menschen, also dessen, was man heute Identität nennen könnte, wird in dieser langen Geschichtszeit der vorbürgerlichen Welt nach Herkunft und Geburt, nach Ansehen in der Polis auf der jeweiligen Stufe des Bürgerrechts, nach Eigentum und Rang beurteilt, aber nie nach Arbeit. Doch gibt es nicht gleichwohl so etwas wie eine Verinnerlichung von Normen, zum Beispiel des guten und glücklichen Lebens, der politischen Tugenden in der Römischen Republik, wie sie zum Beispiel Cicero als einer der letzten großen Republikaner repräsentiert? Das ist sicherlich der Fall. Aber es sind Traditionen, Regeln eines bestimmten Geschlechts oder Standes, sogar mythische Herkunftsbeziehungen, welche das soziale Geflecht solcher Persönlichkeitskerne ausmachen. Nie sind es Leistungen im Sinne der Güterproduktion, des Ackerbaus und des Handels. Mit den ersten beiden Kopernikanischen Wenden, welche die Schwellenzeit zur Selbstkonstitution der bürgerlichen Welt bestimmen (die Sonne und das Ich rücken ins Zentrum des neuzeitlichen Weltverständnisses), wird Arbeit zu einer Schlüsselkategorie – für die Binnenausstattung der Subjekte ebenso wie für die Stiftung des gesellschaftlichen Zusammenhalts. In der Rangordnung der Kulturbedeutung rückt sie sehr weit nach oben.

Dieser Wertewandel bekommt einen beträchtlichen Schub in der Zeit Luthers, der diese grundlegende Änderung individueller Konstitutionsbedingungen als erster auf den Begriff bringt. Mühsal bleibt haften an der Arbeit, aber sie verliert das Klassenmerkmal; allgemein ist die »Freiheit eines Christenmenschen« bestimmt durch die Art und Weise und den Umfang, wie er mittels Arbeit in dieser Welt den Fluch abträgt, der mit seiner Vertreibung aus dem Paradies und seiner Schuldverstrickung verknüpft ist. Arbeit wird zum unverwechselbaren Baustein der geistigen, seelischen und körperlichen Subjektbildung – unabhängig von Stand und Privilegien. Sie wird, dem tierischen Dasein entrückt, zu einem prägenden Persönlichkeitsmerkmal. Disziplin und Arbeitsmoral werden dem Menschen jedoch zunächst durch äußerlichen Zwang und Gewalt aufgenötigt.

Grob gesprochen: Zwischen dem dreizehnten und sechzehnten Jahrhundert, einer gesellschaftlichen Entwicklungsphase, die Marx als die der ursprünglichen Akkumulation bezeichnet (die Manufakturperiode, in der fabrikmäßige Arbeit einsetzt) und Max Weber die der Entstehung der protestantischen Arbeitsethik nennt, klettert der Arbeitsbegriff in der Hierarchie der kulturellen Werte immer weiter nach oben. Gewinnt der Feudalherr und weitgehend auch der Angehörige des geistlichen Standes seine gesellschaftliche Identität und Anerkennung vor allem aus der Distanz zu den Problemen der Alltagsarbeit, so wird Arbeit auch für die Herrschenden am Ende zu einem wesentlichen Merkmal ihrer Sozialisation und ihres kulturellen Selbstbilds.

Damit gewinnt der Arbeitsbegriff eine bis dahin unbekannte Bedeutung für das, was mit Beginn der bürgerlichen Epoche als die Konstitution des Subjekts in der Philosophie und in der Psychologie bezeichnet werden kann. Zur Schaffung des gesellschaftlichen Reichtums ist Arbeit als Kategorie der Realität in doppelter Hinsicht wichtig: zum einen in den marktvermittelten Produktionszusammenhängen, in denen lebendige Arbeit als Quelle des Wertes und des Mehrwertes erscheint; zum anderen aber, und das ist keineswegs weniger wichtig, als Medium der Subjektbildung, als Prozeß der Verinnerlichung von Arbeitsdisziplin, von Zeitökonomie, von Sparsamkeit, insgesamt für die Regulierung von Gefühlen, Affekten, Aggressionen. Jahrhunderte nimmt es in Anspruch, bis aus Arbeit ein Aspekt der Lebensbefriedigung, ja des Glücks werden kann.

Die außerökonomische Gewalt hat in der Ursprungsepoche der modernen bürgerlichen Gesellschaft, bevor sich die Gesetze der kapitalistischen Akkumulation etabliert haben, auch für die Verinnerlichungsprozesse eine fundamentale Bedeutung. Marx betont das mit Recht: »Es kostet Jahrhunderte, bis der freie Arbeiter infolge entwickelter kapitalistischer Produktionsweise sich freiwillig dazu versteht, das heißt gesellschaftlich gezwungen ist, für den Preis seiner gewohnheitsmäßigen Lebensmittel seine ganze aktive Lebenszeit, ja seine Arbeitsfähigkeit selbst, seine Erstgeburt für ein Gericht Linsen zu verkaufen.«[117] Wir wissen, daß die Anfänge der Verinnerlichung des Arbeitszwangs mit »Blut und Feuer in die Annalen der Geschichte« eingeschrieben sind. 72 000 Menschen, die ihre Handwerksbetriebe und Bauernhöfe verloren hatten, in die ihnen Freiheit versprechende Stadt gezogen waren und das Vagabundendasein der trostlosen Arbeit in den neu entstandenen Manufakturen vorzogen oder auch keine Arbeit fanden, hat Heinrich VIII. um 1530 aufhängen lassen. Königin Elisabeth I. ordnete um 1572 an, Bettler ohne Lizenz und über vierzehn Jahre sollten hart gepeitscht und am linken Ohrlappen gebrandmarkt werden (mit dem Buchstaben »S« = *slave*), »falls sie keiner für zwei Jahre in Dienst nehmen will«; im Wiederholungsfall, wenn über achtzehn Jahre alt, sollten sie hingerichtet werden. »In Dienst nehmen will«, heißt es in diesen Verordnungen; aber vielfach waren es auch die von ihrem Handwerksbetrieb, von Boden und Gemeinwesen Vertriebenen, die nicht wollten.

Die Schwellenzeit, in der diese mehr oder weniger gewaltförmige Transformation von Arbeit in ein spezifisches Berufsethos stattfindet – die Entstehung der Berufsidee als Grundlage der rationalen Lebensführung und damit als konstitutiver Bestandteil des modernen kapitalistischen Geistes und überhaupt der modernen Kultur –, hat vor allem Max Weber in seinen religionssoziologischen Studien untersucht. In seiner großen Analyse »Die protestantische Ethik und der Geist des Kapitalismus«[118] betrachtet er diese Umbruchszeit von der Subjektseite aus, wohl in der Absicht, jenes Untersuchungsprojekt von Marx zu ergänzen und zu vervollständigen, das die Logik von Markt und Kapital, also die kapitalistischen Akkumulationsgesetze, in den Vordergrund gerückt hatte.

Es ist ein langer und mit viel Unglück gepflasterter Weg, der bis ins Studierzimmer des arbeits- und genußsüchtigen, also absolut ruhelosen Intellektuellen führt. Goethe benennt prägnant die historische Grenzsituation, in der Arbeit zur ruhelosen Bewegung eines Erwerbsgeistes wird, der die glücksversprechende Ruhe des Objektes verloren hat. Im Vertrag mit dem Teufel, den Faust mit seinem eigenen Blut unterschreibt, kommt das Prekäre dieses bürgerlichen Arbeitsbegriffs zum Vorschein. Faust verwettet seine Seele, weil er sicher ist, nie zur Ruhe zu kommen; Max Weber bezeichnet das als den »ruhe- und rastlosen Erwerbstrieb«. Faust sagt: »Werd' ich beruhigt je mich auf ein Faulbett legen, So sei es gleich um mich getan! Kannst du mich schmeichelnd je belügen, Daß ich mir selbst gefallen mag, Kannst du mich mit Genuß betrügen, Das sei für mich der letzte Tag! Die Wette biet' ich!« Darauf geht Mephisto ein. Und Faust, als sei das Versprechen und sein Wettangebot noch nicht überzeugend genug, fügt dem etwas hinzu, was für den bürgerlichen Arbeitsbegriff in der ursprünglichen Gestalt ebenso wichtig ist, nämlich das Verbot von Muße, Glück und Ruhe. »Werd' ich zum Augenblicke sagen: Verweile doch! du bist so schön! Dann magst du mich in Fesseln schlagen, Dann will ich gern zugrunde gehn! Dann mag die Totenglocke schallen, Dann bist du deines Dienstes frei, Die Uhr mag stehn, der Zeiger fallen, Es sei die Zeit für mich vorbei!«

Ich muß immer wieder auf Max Weber verweisen, weil er zu den Soziologen gehört, die die Epochenschwelle in der Veränderung des Arbeitsbegriffs am präzisesten bestimmt haben. Die moderne Umwertung aller Werte in bezug auf Arbeit ist im Umbruch von der feudal-mittelalterlichen zur bürgerlich-kapitalistischen Zeit nur im Medium religiöser Glaubenssicherheiten möglich. Aus dem allseitig gebildeten und vielfältig tätigen Individuum, worin das ideale Selbstbild des Menschen in der Zeit der Renaissance besteht, entwickelt sich allmählich der spezialisierte Fachmensch mit einer eigentümlichen Berufsethik. Aber alle Merkmale, die Max Weber für diese epochale Umbruchszeit zur modernen Arbeitsgesellschaft beschreibt, stehen unter den existentiellen Bedingungen einer Mangelwirtschaft. Das Reich Gottes, das Reich der Freiheit, mit den Gütern und Genüssen, die durch Verzicht nicht mehr erarbeitet werden müssen, das alles gibt es erst im Jenseits der diesseitigen Welt. Die »innerweltliche Askese« kann das Tor nach drüben einen Spaltbreit öffnen. Es ist kaum zufällig auch die Zeit der großen Utopien des Thomas Morus, der Technik- und der Gesellschaftsutopien. Aufklärung und wachsende Naturbeherrschung erzeugen neue Schicksalsmächte, denen die Menschen nicht weniger gnadenlos ausgeliefert sind oder denen sie sich willentlich ausliefern wie den alten. Darin besteht der kritische Sinngehalt dieser Utopien. Indem Arbeit ins Zentrum des menschlichen Lebenszusammenhangs rückt, wird aus der christlichen Askese mit ihrem Prinzip der Zweckrationalität eine rationale Lebensführung auf der Grundlage der Berufsidee, welche die rastlose Tätigkeit zum bestimmten Zweck hat. Die verdinglichte Selbständigkeit der institutionellen Welt gegenüber lebendiger Arbeit ist charakteristisch für jene Gewalt, die von den Menschen selbst geschaffen wird und die ihre ursprünglichen Zwecksetzungen, in denen Arbeit als bloßes Mittel erscheint, zunichte macht.

»Der Puritaner wollte Berufsmensch sein – wir müssen es sein. Denn indem die Askese aus den Mönchszellen heraus in das Berufsleben übertragen wurde und die innerweltliche Sittlichkeit zu beherrschen begann, half sie an ihrem Teile mit daran, jenen mächtigen Kosmos der modernen, an die technischen und ökonomischen Voraussetzungen mechanisch-maschineller Produktion gebundenen Wirtschaftsordnung zu erbauen, der heute den Lebensstil aller einzelnen, die in dies Triebwerk hineingeboren werden – nicht nur der direkt ökonomisch Erwerbstätigen –, mit überwältigendem Zwange bestimmt und vielleicht bestimmen wird, bis der letzte Zentner fossilen Brennstoffs verglüht ist. Nur wie ›ein dünner Mantel, den man jederzeit abwerfen könnte‹, sollte nach Baxters Ansicht die Sorge um die äußeren Güter um die Schulter seiner Heiligen liegen. Aber aus dem Mantel ließ das Verhängnis ein stahlhartes Gehäuse werden. Indem die Askese die Welt umzubauen und in der Welt sich auszuwirken unternahm, gewannen die äußeren Güter dieser Welt zunehmende und schließlich unentrinnbare Macht über den Menschen, wie niemals zuvor in der Geschichte. Heute ist ihr Geist – ob endgültig, wer weiß es? – aus diesem Gehäuse entwichen. Der siegreiche Kapitalismus jedenfalls bedarf, seit er auf mechanischer Grundlage ruht, dieser Stütze nicht mehr.«[119]

Mit dem stahlharten Gehäuse, dessen Hauptteil Bürokratie als modernes Verhängnis ist, bezeichnet Max Weber bereits Anfang des zwanzigsten Jahrhunderts einen Zustand des Kapitalismus, in dem die mit der protestantischen Arbeitsethik verknüpfte Verantwortung für das Wohl und Wehe des Gemeinwesens immer stärker verlorengeht und die Menschen, ihre lebendige Arbeitskraft zunehmend stärker als bloßes Anhängsel der Maschinerie mitgeschleift werden. Karl Marx hatte noch vom Doppelcharakter der Ware Arbeitskraft gesprochen: Ihr Gebrauchswert geht in die unmittelbare Produktion von Gütern und Dienstleistungen ein; ihr Tauschwert bezeichnet die Reproduktionskosten dieser Arbeitskraft, einschließlich der Ausgaben für die Familien, für Erziehung usw. Seine Hoffnungen auf die Befreiung aus diesen stahlharten Gehäusen von Hörigkeit beruhten darauf, daß eines Tages die lebendige Arbeitskraft in ihren Vergesellschaftungsformen der Kooperation und der Assoziation die verdinglichte Realität der Maschinerie aufbricht und die Menschen in einer Republik der Arbeit ihre eigene Macht in den Produktionsprozessen benutzen, um auch ihre politischen Angelegenheiten des Gemeinwesens selbständig zu regulieren.

Max Weber zufolge entstehen ganz neue Muster der menschlichen Identitätsbildung; erst in dieser historischen Schwellenzeit, wie man sie bezeichnet hat, entwickeln sich Arbeitstugenden, die in der Hierarchie der Werte immer weiter nach oben rücken, je entschiedener die bürgerliche Klasse zur eigentlichen Macht in der Gesellschaft aufsteigt. Aber diese durch Arbeitsethik vermittelte Umwertung aller Werte kann nur gelingen, weil Arbeit gleichsam den Klassenmakel verliert; auch der wohlsituierte Bürger gewinnt Stolz und Ansehen aus seiner Berufsethik, aus den Tugenden des Sparens, der Zeitökonomie, des Fleißes und der Disziplin. Das sind Haupteigenschaften der sich verinnerlichenden Arbeitsmoral, wie Max Weber sie den protestantischen Sekten in England zuspricht, die Erwerbsgeist, Arbeit um der Arbeit willen, zunächst verknüpfen mit einer Art diesseitiger Sündenabtragung. Die »innerweltliche Askese« verliert jedoch sehr schnell ihren metaphysisch-religiösen Glanz und verwandelt sich in das diesseitige Prinzip rastloser Kapitalakkumulation. »... die religiöse Wertung der rastlosen, stetigen, systematischen, weltlichen Berufsarbeit als schlechthin höchsten asketischen Mittels und zugleich sicherster und sichtbarster Bewährung des wiedergeborenen Menschen und seiner Glaubensechtheit mußte ja der denkbar mächtigste Hebel der Expansion jener Lebensauffassung sein, die wir hier als ›Geist des Kapitalismus‹ bezeichnet haben. Und halten wir nun noch jene Einschnürung der Konsumtion mit dieser Entfesselung des Erwerbsstrebens zusammen, so ist das äußere Ergebnis naheliegend: Kapitalleistung durch asketischen Sparzwang.«[120] Rationale Lebensführung auf Grundlage der Berufsidee verknüpft sich mit dem Geist christlicher Askese, die wiederum der Kapitalbildung und dem Sparzwang zugute kommt.

Der Vorgang selbst ist heute weitgehend bekannt. Auch ist der von Max Weber angesprochene Verhaltenskodex, mit dem Benjamin Franklin den Kapitalisten zum Persönlichkeitsideal aufwertet, in das bürgerliche Selbstverständnis eingegangen, wenn die einzelnen Benehmensvorschriften auch wie Ironie klingen. »Bedenke, daß die Zeit Geld ist ... Bedenke, daß Kredit Geld ist ... Bedenke, daß Geld von einem zeugungskräftigen und fruchtbaren Nutzen, Geld kann Geld erzeugen und die Sprößlinge können noch mehr erzeugen und so fort. ... Wer ein Fünfschillingstück umbringt, mordet (!) alles, was damit hätte produziert werden können: ganze Kolonnen von Pfunden Sterling.«[121] Es ist die Unbefangenheit des Anfangs, die Franklins Offenheit bestimmt – aber sind diese Worte im Shareholder-Klima der Gegenwart nicht doch von einer Aussageklarheit, wie sie häufig nur bei Verbandsfunktionären der Wirtschaft zu finden ist?!

Was Webers Analyse vor anderen, auch moderneren Untersuchungen auszeichnet, ist die analytische Härte, mit der er gleichzeitig auf die gesamtgesellschaftlichen Folgen der Verkapselung lebendiger Arbeitskraft hinweist. Für ihn war diese Transformation alles andere als natürlich oder von starken menschlichen Bedürfnissen geprägt. Sein Erkenntnisinteresse richtete sich vielmehr darauf, »gerade die Herkunft jenes irrationalen Elements, welches in diesem wie in jedem Berufsbegriff liegt«, herauszufinden. Der ganzen Geschichte vor dieser Schwellenzeit widerspricht der Gedanke, Arbeit als Selbstzweck, als rastlose Berufsarbeit zu betrachten, die zum organisierenden Kern der Lebensstellung wird. Aber nicht nur dem bisherigen Verständnis von Arbeit widerspricht die Berufsidee, sondern auch der Vorstellung vom Menschen, der dort, wo er zur Mühsal verdammt ist, auf eine jenseitige Erlösung hofft, also weg will von diesem Zwang; und für den ein erstrebenswerter Begriff vom Menschen in der allseitigen Entfaltung seiner Fähigkeiten bestand, in seiner universellen, gerade nicht durch spezialisierte

Facharbeit beschränkten Betätigungsweise, so jedenfalls hatte die Renaissance den Menschen verstanden. Askese, die im Mönchstum außerweltlich orientiert war, wird in gleichem Maße zum Grundmotiv des bürgerlichen Lebensstils, wie der Kapitalismus seine betriebsförmige Produktionsweise entwickelt.

Worin liegt nun das Irrationale, auf das Max Weber sein Augenmerk richtet? Wohl vor allem darin, daß die Entstehung des modernen Fachmenschen die Spannung zwischen Mitteln und Zielen, zwischen Form und Inhalt einebnet. Ich arbeite, um zu arbeiten; ich übe einen Beruf aus, weil ich einen Beruf habe. Motive und Zwecke liegen in der Tätigkeitsform selbst, im Vollzug der Arbeit. Das würde aber noch nicht ausreichen für diesen mechanischen Selbstlauf. Das Faktische kehrt die Norm hervor; der Beruf ist untrennbar mit dem Berufsethos verknüpft: Du sollst um der Arbeit willen arbeiten. Im Übergang zu diesem Mechanismus sieht freilich Max Weber noch menschliche Motive am Werk: »Der Puritaner wollte Berufsmensch sein – wir müssen es sein.«[122] Wer bestimmt, daß wir müssen? Es ist die geschichtliche Umkehrung von Mitteln und Zwecken, die diesen Imperativ bestimmt.

Max Weber gibt keinen Weg an, wie die Herrschaft der zur Gewalt gewordenen Apparate der Mittel zu brechen ist. Die akkumulierte tote Arbeit, deren subjektive Seite das »Fachmenschentum« ist, erdrückt nicht nur die lebendige Arbeit, sondern schreibt ihr auch die Imperative vor, die sie zu befolgen hat. Weber ist mit dieser Entwicklung offenkundig nicht einverstanden. Die Härte und Kälte der Begriffe, die er zur deren Beschreibung benutzt, zeigen deutlich seine ambivalente Einstellung dazu. Was sich im Zusammenhang von Berufsmensch und Objektüberhang abspielt, scheint ebenso brüchig zu sein wie unabwendbar.

Berufspflicht und Berufserfüllung haben, im Zuge der Rationalisierung religiöser und kosmologischer Weltbilder, ihre Beziehung zu geistigen Kulturwerten verloren; der siegreiche Kapitalismus erzeugt eine »mechanische Grundlage«, die der subjektiven Motive und der Weltdeutungen überhaupt nicht mehr bedarf. Das als höchstes Entwicklungsresultat der modernen Kultur zu bezeichnen, weigert sich Max Weber jedoch strikt, wenn er daraus auch keine rationalen Auswege zu zeigen vermag.

»Niemand weiß noch, wer künftig in jenem Gehäuse wohnen wird und ob am Ende dieser ungeheuren Entwicklung ganz neue Propheten oder eine mächtige Wiedergeburt alter Gedanken und Ideale stehen werden, oder aber – wenn keines von beiden – mechanisierte Versteinerung, mit einer Art von krampfhaftem Sich-wichtig-Nehmen. Dann allerdings könnte für die ›letzten Menschen‹ dieser Kulturentwicklung das Wort zur Wahrheit werden: ›Fachmenschen ohne Geist, Genußmenschen ohne Herz: dies Nichts bildet sich ein, eine nie vorher erreichte Stufe des Menschentums erstiegen zu haben. – ‹«[123]

Der große Gedankenstrich am Schluß des Textes bezeichnet ein plötzliches Erschrecken darüber, hier die historische Darstellung verlassen und auf das Gebiet der Wert- und Glaubensurteile übergegangen zu sein. Unter der Hand verwandeln sich bei Max Weber jedoch Urteile über historische Entwicklungen in Verurteilungen, in den inneren Protest gegen menschenunwürdige Verkehrungen. Der Kapitalismus wird zum Triebwerk, zu einem Verhängnis der Menschen, zum stahlharten Gehäuse, in dem eigentlich kein lebendiger Mensch auf Dauer leben und arbeiten kann, das jedenfalls die Wirtlichkeit eines Hauses nicht annehmen kann.

Der »Geist«, mit dem Max Weber aus seiner eigenen Bildungstradition heraus wohl so etwas wie sinnverstehende Kulturwerte verknüpft, ist, wie er vermutet, inzwischen tatsächlich und wahrscheinlich endgültig aus diesem Gehäuse gewichen. Die mechanisierte Versteinerung des Ganzen, das Gehäuse, in dem man sich nicht menschlich niederlassen kann, ist geblieben und tritt in Erscheinung, als wäre es das Natürlichste von der Welt. Wo wirkliche Ausweglosigkeiten (Aporien) im Denken auftreten, wird Max Webers Sprache, die sonst eher die eines Juristen und Verwaltungsbeamten ist, nicht weniger poetisch als die Kants. Die Borniertheit in der Berufswelt, die Zwecklosigkeit eines Arbeitens, das mit jedem lebendigen Akt den Haufen toter Arbeit vergrößert, wird erst dann ein Ende finden, wenn »der letzte Zentner fossilen Brennstoffs verglüht ist«, das heißt, wenn das Kapital alle lebendige Substanz in tote Materie verwandelt hat, wenn das stahlharte Gehäuse als einzige Kulturleistung übriggeblieben ist.

Der Fehler Max Webers besteht darin, daß er die Geschichte zu sehr unter dem Gesichtspunkt der Versteinerungen und des Bleibenden untersucht. So weit, wie er es befürchtet hat, wird es nicht kommen und kann es nicht kommen. In der Gegenwart kapitalistisch organisierter Gesellschaftsordnungen (im übrigen grundsätzlich nicht verschieden von den nachgeholten Industrialisierungssystemen, die sich als realer Sozialismus definierten und mittlerweile zusammengebrochen sind) ist das Gehäuse der Hörigkeit durch und durch brüchig geworden, aber deshalb nicht weniger gewaltsam und zwingend. Wenn Max Weber die Frage stellt, wer in dem Gehäuse wohnen will, so kehrt heute die Tragödie der bürgerlichen Entwicklung ihre Farce hervor: Viele Menschen wären, weil sie anders nicht ihr Leben erhalten können, sehr wohl gewillt, in diesem unwirtlichen Gehäuse zu wohnen, aber es bietet für immer weniger Menschen Platz. Max Weber und Karl Marx treffen sich an einem Punkt, der von ihrem historischen Ausgangspunkt aus nicht naheliegt, der aber dieselbe Substanzauszehrung der kapitalistischen Zivilisation bezeichnet. Indem lebendige Arbeit von der toten völlig aufgezehrt wird, ist die vom Kapitalismus geprägte Berufs- und Arbeitsstruktur an ihr geschichtliches Ende angelangt. Das stahlharte Gehäuse hat dadurch die Kraft des Verhängnisses verloren und ist als mechanisierte Versteinerung von Herrschaft zum Gegenstand praktisch-politischer Eingriffe geworden; denn das Gehäuse ist noch nicht einmal mehr imstande, die aufzunehmen, die unter Aufopferung ihrer menschlichen Lebensziele in ihm wohnen wollen.

Nehmen wir Marx und Max Weber als Ausgangspunkt für die Entwicklung der bürgerlichen Gesellschaft, in der die objektiven ökonomischen Verhältnisse sich in den Subjekten verankern, so zeigt sich am voraussichtlichen Ende dieser Gesellschaftsentwicklung ein Spannungsverhältnis der ökonomischen Kräfte, das im gesamtgesellschaftlichen Rahmen immer stärker irrationale und verschwenderische Auswege produziert. Die von mir aufgezeigten drei Mechanismen des vorherrschenden Krisenmanagements zeigen in keine Richtung, die der vernünftigen Organisation des gesellschaftlichen Ganzen zugute kommt. Es wird immer deutlicher, daß Realitätsdefinitionen, die durch eine an den Kriterien der Mangelökonomie orientierten Welt haften bleiben, aus sich heraus ökonomisches Denken ad absurdum führen.

Insofern wäre in der Tat eine New Economy an der Zeit, aber was darunter heute verstanden wird, ist nichts anderes als ein Etikettenschwindel; denn das Neue in dieser Ökonomie ist das ganz Alte, jetzt aber von allen die lebendige Arbeit umgebenden Schutzschichten und vom selbstverständlichen Bezug auf das Allgemeinwohl und die ethischen Imperative abgelöst. In dieser Neuökonomie ist lebendige

Arbeit degradiert zum bloßen Anhängsel und zum Manipulationsobjekt politischer Machtkämpfe.

Ich habe in den bisherigen Schritten meiner Untersuchung in verschiedenen Zusammenhängen betont, daß eine ihrer gesamtgesellschaftlichen Vernunft beraubte Ökonomie außerstande ist, in epochalen gesellschaftlichen Umbrüchen Leitnormen für eine Reform der Gesellschaft zu entwickeln. Wir müssen deshalb ein ökonomisches Denken entwickeln, in dessen Vernunftbegriffen die Kalkulation der Kosten für das Gemeinwesen – auch im Hinblick auf die Generationenfolge – mit eingeht. Das ist gegenwärtig nur an den irrationalen Bruchstellen des betriebswirtschaftlich verengten Denkhorizonts erkennbar, an Problemen der Ökologie, der absurden landwirtschaftlichen Produktion, des Bildungssystems. Aber die ökonomische Unvernunft steckt im Inneren dieser Ökonomie selbst und ist nichts, was ihr zufällig von außen zustößt.

Als Karl Marx und Max Weber die Anfänge der betriebsförmigen kapitalistischen Warenproduktion untersuchten, ging es um die Beschreibung von Gesetzmäßigkeiten, durch die sich objektive Verhältnisse in der Binnenausstattung der Subjekte befestigten. Lebendige Arbeitskraft wurde zur Produktionsquelle von Wert und von Mehrwert. Ich habe zu zeigen versucht, wie in diesem Prozeß eine kulturelle Aufwertung lebendiger Arbeit bis zu dem Punkt notwendig wurde, wo sie als Leistungsmoral selbst in den herrschenden Schichten Eingang fand. In dem Maße, wie sich die Maschinensysteme immer weiter lebendige Qualifikationen der Subjekte aneignen, werden die Menschen zu einem existentiellen Problem für einen gesellschaftlichen Zustand, dessen ungeheure Produktivkraft auf die einzelnen gar nicht mehr Rücksicht nehmen muß.

So wird die gegenwärtige Arbeits- und Erwerbsgesellschaft – eingemauert in den traditionellen Kriterien einer Mangelökonomie – zu einem Kampfplatz zweier Ökonomien. Auf diesem Kampfgelände geht es nicht mehr nur um die besseren Argumente oder um hinreichende Begründungslogiken in ethischen Diskursen; es geht um Macht- und Herrschaftspositionen, um politischen Einfluß und um den Erhalt von Privilegienstrukturen. Nicht nur Arbeit, sondern auch Arbeitslosigkeit ist zum Objekt eines solchen Kampfgeschehens geworden. Die zweite Ökonomie, von der ich annehme, daß deren Vernunft einzig und allein imstande ist, wirtschaftliches Handeln wiederum auf die Gesellschaft und das Gemeinwohl zu orientieren, bedarf einer ganz anderen Öffentlichkeit und eines erweiterten Begriffs von kreativer Arbeit. Lebendige Arbeit aus den Machtmanipulationen der ersten Ökonomie herauszulösen – das ist der wesentliche Zweck eines ökonomischen Umdenkens unserer Gesellschaft.

III

Die Krise der Arbeitsgesellschaft

Ein machtpolitischer Kampfplatz zweier Ökonomien

1. Die Ökonomie des Ganzen Hauses

Marktflexibilität ist das organisierende Zentrum des modernen Menschen. Der universell verfügbare Arbeitnehmer ist derjenige, der in schnell wechselnden Beziehungen – ohne Verwurzelungen irgendwelcher Art – sich zu bewegen vermag. Ein solches Ideal stützt die leistungsbewußten Mitläufer, erzeugt eine Kultur der egoistischen Trittbrettfahrer und zerstört damit unser Gemeinwesen. Wo bleibt der Einspruch gegen diese organisierte Verantwortungslosigkeit?

Es sind suggestive Realitätsdefinitionen, die dem Menschen durch die Macht von Kapital und Markt auferlegt sind und gegen die zu rebellieren der gute Wille und die bessere Einsicht nicht ausreichen. Die ganze Geschichte der bürgerlichen Gesellschaft wird bestimmt von immer wieder erneuerten Versuchen, um die Logik von Kapital und Markt Zivilisierungsmauern zu errichten, welche die Menschen vor den maßlosen Zugriffen der Ökonomie schützen: zunächst die in unsere moderne Welt hineinragenden Zunftorganisationen, dann die staatlichen Eingriffe der Daseinsvorsorge und der Sozialversicherung bzw. die Kampfresultate der Arbeiterbewegung. Das Neue am Kapitalismus ist nicht seine Globalisierungstendenz; sie gehört, wie die bürgerliche politische Ökonomie und Marx hinreichend unter Beweis gestellt haben, zur Struktur dieser Wirtschaftsform. Was absolut neu ist, zeigt sich darin, daß Kapital und Markt noch nie so ungehindert und praktisch ohne domestizierende Schutzschichten agieren konnten. Idealtypisch betrachtet, haben wir es mit einer Welt als Börse zu tun.

Jenen praktisch-theoretischen Zusammenhang, in dem die Realitätsmacht der über die Produktion und die Arbeitsplätze Verfügenden den suggestiven Schein von naturgesetzlichen Abläufen vermittelt, deren Mechanismus von keinem Menschen zu beeinflussen sei, möchte ich als Erste Ökonomie bezeichnen. Die Hauptakteure dieser Ökonomie sind der Überzeugung, selbst lediglich Vollstrecker »objektiver Gesetze« zu sein, ohne Entscheidungsspielraum. Die Kapital- und Marktlogik, Zentrum der Ersten Ökonomie, ist allen menschlichen Eingriffen entzogen; sie ist härtere Materie als Beton, der irgendwann doch der Erosion zum Opfer fällt.

Die Veränderungspotentiale liegen dieser Ideologie zufolge ausschließlich bei der lebendigen Arbeitskraft, der Lebenswelt der abhängig Tätigen, also der Masse der Arbeitnehmer. Sie sind auf allen Ebenen entscheidende Manövriermasse und tragen das System der gesellschaftlichen Produktion von Gütern und Dienstleistungen, dessen Legitimationsgrundlage durchgängig von Fragen der sozialen Gerechtigkeit und der Gemeinwohlorientierung abgespalten ist.

Meinhard Miegel, einer der konsequentesten Exponenten dieser Ersten Ökonomie, ist über Massenarbeitslosigkeit nicht besonders beunruhigt. In einer Großanzeige der Deutschen Bank, veröffentlicht unter anderem in allen überregionalen Zeitungen, erörtert Miegel, warum unsere heutige Arbeitsgesellschaft in ihren innovativen Potentialen von einem unaufhebbaren Sockel an Arbeitslosigkeit geradezu zehrt. »Der ungleiche Zugang«, sagt er, »zum Wissens- und Erkenntnisaufbau einer Gesellschaft [worunter Miegel den »Ideenhaushalt einer Gesellschaft« versteht, O.N.] sowie die Ungleichverteilung von individueller Phantasie und Kreativität dürften die wichtigsten Ursachen für die fast ständige unfreiwillige Arbeitslosigkeit eines Teils der Erwerbswilligen sein. ... Bezogen auf den Arbeitsmarkt heißt das, daß ein gewisses Maß an Arbeitslosigkeit für die Betroffenen zwar hart, für die Bevölkerung insgesamt jedoch eher förderlich ist. Steigt die Arbeitslosigkeit aber über eine kritische Obergrenze, ist sie nur noch Indikator für ein lähmendes Auseinanderdriften von Erwartung und Leistungsfähigkeit. Ob in den hoch industrialisierten Ländern diese Obergrenze bereits überschritten ist, ist ungewiß. Die Arbeitslosenstatistiken sprechen dafür, die soziale Ruhe und Gelassenheit der Bevölkerung einschließlich der Arbeitslosen eher dagegen ... Eine Bevölkerung sollte das Ziel der Vollbeschäftigung aktiv verfolgen und sich ihm nach Kräften annähern. Sie sollte aber nicht versuchen, es ganz zu erreichen. Denn der Preis hierfür wäre zu hoch: Stagnation ...«[1]

Auf den Zynismus einer solchen Gesellschaftsbetrachtung will ich nicht eingehen; auch bleibt die Frage offen, wer die Erträglichkeit der Obergrenze von Massenarbeitslosigkeit festlegt und wer zu definieren befugt ist, worin gesellschaftliche Stagnation besteht. Zentral für meinen Argumentationszusammenhang ist, welche Kategorien, erkenntnisleitenden Interessen und Blickrichtungen in einer solchen Ökonomie bereits im Grundansatz ausgegrenzt oder bis zur Bedeutungslosigkeit marginalisiert werden. Im Kern ist die Erste Ökonomie eine der toten Arbeit, der Maschinensysteme, der Regelungskreise der Kapital- und Marktlogik, aus deren strikt betriebswirtschaftlichen Zusammenhängen alles ausgeklammert wird, was für die individuelle Lebenswelt und die gedeihliche Gesamtstruktur einer Gesellschaft von Bedeutung ist: das Wohl und Wehe des Gemeinwesens, politische Kultur, ohne die ein innergesellschaftlicher Friedenszustand nicht existieren kann, Moral und Verantwortung, ausgleichende Gerechtigkeit, die seit Aristoteles als wesentliches Moment des gesellschaftlichen Zusammenhalts gilt. Alle diese und andere die Würde des Menschen betreffenden Kategorien fallen durch die Raster einer Ökonomie, die den betriebswirtschaftlich rational regulierten Einzelbetrieb zur Sozialutopie der gesellschaftlichen Gesamtordnung erhebt.

Um die Proportionen in der Beziehung zwischen wirtschaftlichem Handeln und Gemeinwesen zurechtzurücken, wie sie Thema seit den Ursprüngen europäischen Denkens sind, bedarf es einer kurzen sozialphilosophischen Erinnerung. Xenophon (430–355 v. Chr.) und Aristoteles (384–322 v. Chr.) sind die Begründer einer methodisch angeleiteten, das heißt auf Argument und Gegenargument gestützten Haushaltslehre. Zwar kann man davon sprechen, daß schon viele Jahrhunderte vorher, bei Homer und in Hesiods »Werke und Tage«, sehr detaillierte Beschreibungen eines vernünftig organisierten Haushalts (*oikos*) zu finden sind, aber erst Xenophon entwickelt in seiner kleinen Schrift »Oikonomikos« (»Der Hausvorsteher«) unter Verwendung der sokratischen Untersuchungsmethode einen systematischen Zusammenhang von Haushaltsgegenständen, Arbeitsverrichtungen und Befehls- und Gehorsamsverhältnissen. Was bisher als natürliche Lebensgrundlage der Menschen betrachtet wurde und selbstverständliche Voraussetzung für die Haltbarkeit und Macht des Stadtstaates war, wird offenbar im Verlauf des Peloponnesischen Krieges derart zerrüttet und in Unordnung gebracht, daß sich das Nachdenken nun auf diese Seite des sozialen und materiellen Lebenszusammenhangs richtet. Xenophon rückt den Oikonomikos auf eine Stufe mit dem Heerführer und dem Politiker, was die politische Bedeutung von Produktion (hauptsächlich Agrarproduktion), Erwerb und Tausch immens aufwertet. Xenophon war aus politischen Gründen aus Athen vertrieben, als er auf seinem Landgut bei Olympia seine Wissenschaft vom wirtschaftlichen Handeln schreibt, die er ranggleich anderen Disziplinen an die Seite stellt.

Auch in dieser Uridee des vernünftig organisierten Haushalts steckt etwas von der in der griechischen Antike allgemein feststellbaren Bewunderung für den Kosmos. »Es gibt für den Menschen nichts so Brauchbares und Schönes wie die Ordnung« – diesen Satz läßt Xenophon den Isomachos zu seiner jungen Frau sagen, die etwas sucht und es nicht findet. Oikos, Polis und Kosmos haben zwar jeweils eigentümliche Ordnungsprinzipien, aber Philosophie besteht gerade darin, die in ihnen treibende und wirkende Vernunft aufzudecken, um sie für tätige Eingriffe zu öffnen. Mit Xenophon setzt eine Rationalisierung des Haushalts ein, die einen möglichst sparsamen und pfleglichen Umgang mit den menschlichen Kraftquellen und den verfügbaren Dingen fördert. Irmintraut Richarz beschreibt das rechte Haushalten bei Xenophon so: »Zuerst werden die für das Dasein im Oikos unabdingbaren sachlichen Voraussetzungen vorgestellt. An erster Stelle stehen Behausungen für Mensch und Tier und die Unterbringung der Ernte unter Dach und Fach. Die heranwachsenden Kinder bedürfen des schützenden Hauses ebenso wie die Durchführung im Haushalt anfallender Arbeiten, zum Beispiel die Zubereitung der Nahrung oder die Herstellung der Kleidung. Ausführlich wird auf die Lage des Hauses und die Einteilung und Nutzung der Räume eingegangen. Das nach Süden offene Haus soll im Winter Sonne, im Sommer aber Schatten bieten. Für den Bau und die Einteilung der Räume wird die Brauchbarkeit und Zweckmäßigkeit als bestimmend angesehen. Unnötiger Zierrat ist zu vermeiden, wichtig hingegen ist die Beachtung der in den Räumen unterzubringenden Dinge: das Getreide verlangt trockene Räume, kühle Räume der Wein, offene Räume hingegen diejenigen Arbeiten, die Tageslicht erfordern. Die gesicherte Lage des Schlafgemaches macht es geeignet zur Aufnahme von wertvollen Decken und Geräten.«[2]

Schon der Tatbestand, daß Aristoteles keine gesonderte Schrift über Hauswirtschaft geschrieben hat, obwohl sein enzyklopädisches Werk Einzelanalysen über zahlreiche Gegenstände ausweist, zeigt eine von Xenophon deutlich unterschiedene Blickrichtung.[3] »Hauswirtschaft« ist für Aristoteles wenige Jahrzehnte nach Xenophon Teil und (wenn man sein systematisches Denken durchgängig unterstellt) wohl auch *hypokeimenon* (Grundlage) der Politik. Sie gehört zum System des Politischen, aber die Herrscherfiguren haben nicht, wie bei Xenophon, den gleichen Rang. Aristoteles setzt schon am

Anfang seiner »Politik« einen Akzent, der dann über 2000 Jahre die politische Philosophie zum Problem des wirtschaftlichen Handelns in Erregung hält. In Buch 1, »Über Hausverwaltung und die Herrschaft des Herrn über Sklaven«, heißt es: »Jeder staatliche Verband ist, wie wir sehen, eine Gemeinschaft von besonderer Art, und jede Gemeinschaft bildet sich, um ein Gut von besonderer Art zu verwirklichen – denn alle Menschen vollziehen alle Handlungen um eines Zweckes willen, nämlich um das zu erreichen, was ihnen als gut erscheint. Es ist daher offensichtlich, daß zwar alle Gemeinschaften nach einem je besonderen Gut streben, in stärkstem Maße aber und nach dem höchsten aller Güter die Gemeinschaft, die die höchste von allen ist und alle übrigen in sich einschließt – dies aber ist die als Staat zu bezeichnende Gemeinschaft, die staatliche Gemeinschaft. Diejenigen jedoch, die meinen, ein leitender Staatsmann, König, Leiter eines Haushalts und Gebieter von Sklaven stellten ein und denselben (Herrschertypus) dar, vertreten eine unrichtige Auffassung. Sie glauben nämlich, jeder von diesen unterscheide sich nach dem großen oder geringen Umfang (des Herrschaftsbereiches) und nicht dem Wesen nach.«[4]

Diese deutliche Trennung von Oikos und Polis, was die nach Aristotelischen Definitionsregeln geltende *differentia specifica* betrifft, hat zu mancherlei Fehldeutungen geführt, welche die modernen Mischungen von wirtschaftlichem und politischem Handeln als Ursache des Verlustes einer eigenständigen Öffentlichkeitssphäre des Politischen und ihrer entsprechenden Tugenden in der modernen Gesellschaft sehen. So macht Hannah Arendt, die radikale Kritikerin dieser Vermischungen von Sozialem und Politischem, einen Trennstrich zwischen Oikos und Polis, den es so strikt in der Antike nicht gegeben hat. Das *zoon politikon* war gewiß kein naturhaftes Sozialwesen (wie man im Mittelalter Aristoteles latinisiert hat: *homo socialis*), aber für die Lebensdauer der Polis war die Hauswirtschaft eine entscheidende Grundlage, und das heißt: Produktion, Erwerb, Arbeit, Besitz. Es ist der »präpolitische Zwang, den der Herr über die Familie und ihre Sklaven ausübte, und der gerade deshalb für unabänderlich gehalten wurde, weil der Mensch ein ›gesellschaftliches‹ Wesen ist, bevor er ein politisches werden konnte«.[5]

In der Polis versammelten sich die »Freien«, und das waren nach Platonischen Kriterien gleichzeitig die, die von den ökonomischen

Haushaltssorgen, von der Schwerkraft der materiellen Verhältnisse befreit waren. Diese materiellen Notwendigkeiten der Haushaltsökonomie rangieren in der Ontologie der Wertigkeiten zwar weit unten, weil Sklavenarbeit nichts von freier Tätigkeit an sich hat, aber das gilt keineswegs für die große Philosophie, die das Unrecht im Sklavenstatus doch überhaupt nicht übersehen kann, ohne die eigenen Vernunftprinzipien zu verletzen. Die Trennungen, die Hannah Arendt nachträglich vornimmt, sind für Aristoteles Probleme: »Die Polis unterschied sich von dem Haushaltsbereich dadurch, daß es in ihr nur Gleiche gab, während die Haushaltsordnung auf Ungleichheit geradezu beruht. Freisein bedeutete ebenso ein Nichtbefehlen, wie es die Freiheit von dem Zwang der Notwendigkeit und den Befehlen eines Herrn beinhaltete. Freisein hieß weder Herrschen noch Beherrschtwerden. Innerhalb des Haushaltsbereichs konnte es also Freiheit überhaupt nicht geben, auch nicht für den Herrn des Hauses, der als frei nur darum galt, weil es ihm freistand, sein Haus zu verlassen und sich in den politischen Raum zu begeben, wo er unter seinesgleichen war. Diese Gleichheit innerhalb der Polis hat sicher sehr wenig mit unserer Vorstellung von Egalität gemein; sie bedeutete, daß man es nur mit seinesgleichen zu tun hatte, und setzte so die Existenz von ›Ungleichen‹ als selbstverständlich voraus, wie denn ja auch diese ›Ungleichen‹ stets die Mehrheit der Bevölkerung in den Stadtstaaten gebildet haben. Gleichheit, die in der Neuzeit immer eine Forderung der Gerechtigkeit war, bildete in der Antike umgekehrt das eigentliche Wesen der Freiheit: Freisein hieß, frei zu sein von der allen Herrschaftsverhältnissen innewohnenden Ungleichheit, sich in einem Raum zu bewegen, in dem es weder Herrschen noch Beherrschtwerden gab. Hier endet aber auch bereits die Möglichkeit, den tiefgehenden Unterschied zwischen neuzeitlicher und antiker Auffassung vom Politischen in der Form von Gegensatzpaaren zu fassen.«[6]

Polis und Oikos sind für Hannah Arendt radikal getrennte Welten; das mag für sie auch darin begründet sein, daß nicht nur das Dritte Reich, sondern auch die sozialstaatlichen Transformationen der Nachkriegszeit den öffentlichen Raum unverwechselbarer politischer Tugenden immer weiter einzuschränken schienen. Richard Sennett konnte in diesem Zusammenhang sogar zeitgeschichtlich den »Fall of the public man« diagnostizieren – 1985 in deutscher

Übersetzung erschienen als »Verfall und Ende des öffentlichen Lebens. Die Tyrannei der Intimität«.

Daß dieses Bedürfnis nach Wiederherstellung eines allgemein anerkannten Katalogs öffentlicher Tugenden immer wieder Anleihen aus dem kulturell ideologisierten Athen des Perikleischen Zeitalters machen mußte, kann nicht verwundern. Aber die Realität widersprach dieser säuberlichen Trennung von Oikos und Polis; denn Xenophon und Aristoteles reagieren in ihren Haushaltslehren ja schon auf den sichtbaren Verfall sowohl der Polis als auch der autarken Haus- und Landwirtschaft. Die »soziale Frage«, wenn man das so modern ausdrücken darf, dringt besonders in Kriegszeiten (die, wie wir wissen, recht häufig auftreten) immer stärker in den öffentlichen Raum, der eigentlich für die Entscheidungen der Freien und Gleichen vorgesehen ist. »In dieser Zeit werden auch Neuerungen im wirtschaftlichen Leben Athens erkennbar: die Versorgung der Menschen mußte in immer stärkerem Maße mit dem Ausbruch des Peloponnesischen Krieges über die Agora erfolgen. An die Stelle der auf den bäuerlichen Oikos und auf weitgehende Autarkie abgestimmten Haushaltung trat zunehmend das an einem expandierenden Markt orientierte Haus, in dem neue und rationellere Formen des Haushaltens erforderlich waren.«[7]

Haus und Haushalt bleiben in der Geschichte des europäischen Denkens Bilder, ja Urbilder nicht nur privater Wohlfahrt im Generationenverhältnis, sondern auch der *eudämonia*, des keineswegs auf wirtschaftliche Fakten reduzierten Wohlstands des Gemeinwesens. Wenn genau dieser Zusammenhang bezeichnet werden soll, dann werden diese Gemeinwesenutopien stets angereichert mit Vorstellungen und Erfahrungen konkret besetzter Orte: Haus, Dorf, Stadt. Schon Aristoteles wußte, daß die Polis nicht einfach die Summe der Oikoi ist, also Polis und Oikos lediglich nach Größe unterschieden sind. Aber auch bei ihm sind die Maßverhältnisse des Politischen, die Wesensmitte der Stadt und des autarken Haushalts, nach denselben Regeln bemessen. Kant spricht vom »Hausbau der Vernunft«, und sogar Marx zitiert, wenn er das vernunftgemäße Wirtschaften dem Besitzindividualismus entgegenhält, den Hausvorstand, der Sorge für eine gerechte Verteilung der Güter zu tragen hat; die Menschen hätten als »boni patres familias [gute Familienväter] die Erde den nachfolgenden Generationen verbessert zu hinterlassen«.[8] Oder man nehme das Testament Friedrichs des Großen, in dem öffentliche Angelegenheiten und private Vermächtnisse mit der gleichen Genauigkeit und Umsicht geordnet werden wie eben in einem Privathaushalt.

So zeigt sich in der Geschichte seit Xenophon und Aristoteles eine Art Maulwurfsarbeit an dieser Idee eines »Ganzen Hauses«, in der ein Ökonomieprinzip wirksam ist, das jenseits des finanztechnischen Rahmens von Steuern und Geldverkehr liegt. Otto Brunner hat diese politische Ökonomie des Ganzen Hauses mit seinen Untersuchungen zur alteuropäischen Ökonomik ins Spiel gebracht, aber der Geltungsbereich des Begriffs beschränkt sich keineswegs auf das Mittelalter. Wer wie die »Frankfurter Allgemeine Zeitung« eine breite Verwendbarkeit dieses Begriffs kritisiert, mag recht haben, wenn er seinen Bedeutungsgehalt strikt darauf beschränken will, worauf er in einer bestimmten historischen Situation gemünzt ist. »Kaum ein Begriff ist innerhalb der deutschen Sozial- und Wirtschaftsgeschichte so erfolgreich gewesen wie der des ›Ganzen Hauses‹. Die Vorstellung, die man unwillkürlich mit ihm verbindet, erinnert an einen staatlichen Hof, an ein Gut, groß genug, um eine Welt für sich zu bilden, denn die Produktionsweise ist weitgehend autark; alle für den alltäglichen Gebrauch nötigen Dinge stellt man auf dem hermetischen Areal selbst her. Die Mitglieder des Hauses sind dabei der Herrschaft des Hausherrn unterworfen. Die Faszination dieses Modells ergibt sich nicht allein aus dem idealisierenden Behagen an ländlich geordneten Lebensverhältnissen. Sie entspringt auch dem Bestreben, diesen Begriff für die politische Metaphernbildung hemmungslos auszunutzen.«[9]

Was die Brunnersche Wiederbelebung dieser Theorietradition wirtschaftlichen Handelns so aktuell und attraktiv macht, ist jedoch nicht, wie der FAZ-Autor meint, die autoritär-patriarchalische Tradition des »idealisierenden Behagens an ländlich geordneten Lebensverhältnissen«. Es ist vielmehr die Einbindung mannigfacher Beziehungsverhältnisse, des pfleglichen Umgangs mit Menschen und Gütern, in den Begriffszusammenhang des wirtschaftlichen Handelns, die diese Idee des Ganzen Hauses für alle Sozialutopien so anziehend und lebendig macht. Das sind freilich keine bloßen Theoriegebilde, sondern Utopien im Lebensumkreis des Alltags. Brunner erläutert es am Bedeutungswandel des Wortes »Wirtschaft«, das sich erst sehr spät vom Gesamtboden der Lebensvorsorge ablöst und zu einer Spezialdisziplin verselbständigt. »Wirtschaft gehört zu Wirt, das ursprünglich nicht nur den ›planvollen Erzeuger und Verwender der Güter‹ bezeichnet, sondern soviel wie ›Pfleger‹ heißt, ein Wort, das zu Pflicht, pflegen, sich für jemanden einsetzen gehört, das den Schutz übenden, sorgenden Inhaber des Hauses, den Hausherrn, Hausvater bezeichnet. Der Hausherr ist als Wirt auch Besitzer des Hauses und des zugehörigen Grund und Bodens. Die damit verbundene Tätigkeit als Verwalter und Pfleger der materiellen Güter tritt allmählich stärker hervor. Aber erst im achtzehnten Jahrhundert wird in das Wort Wirt die Bedeutung des klugen Planens und rationellen Wirtschaftens hineingelegt. Ganz analog ist der Wandel des Wortes Wirtschaft. Auch hier tritt zuerst die Gesamtheit der Tätigkeit im Hause hervor, wird im achtzehnten Jahrhundert Wirtschaft als ›Haushaltung‹, als selbständiger Organismus mit Hervorkehrung des planvollen, rationellen Arbeitens verstanden und von hier dann auf größere Gebilde, so auf die Volkswirtschaft, übertragen. Auch das Wort ›wirtschaftlich‹ erhält erst im achtzehnten Jahrhundert den Sinn von haushälterisch, sparsam; auch Wirtschaftlichkeit kommt erst um diese Zeit auf, erhält aber erst zu Beginn des zwanzigsten Jahrhunderts den Sinn von Rentabilität.«[10]

Was ich als Zweite Ökonomie bezeichne, nimmt diese Ideen von einer pfleglichen Balancearbeit im Innern des Ganzen Hauses auf und verknüpft sie mit einer auf das Gemeinwesen gerichteten politischen Ökonomie lebendiger Arbeit, von der sich wirtschaftliches Handeln ohne totalen Sinnverlust nie wird abtrennen können.

Seit in den Anfängen der bürgerlichen Epoche die Nationalökonomie entstand, denkt sie über die wechselnden Beziehungen zwischen privater Reichtumsbildung und dem öffentlichen Wohl nach, wie sich der Wohlstand eines Volkes vergrößern lasse. Gemeinwohl, Volkswohlstand, Nationalreichtum, *wealth of nations* drücken stets mehr und anderes aus als die bloße Summe der Einzelinteressen und der Privatreichtümer. Die »Wandlungen in den Auffassungen vom Volkswohlstand«, die Fritz Neumark 1964 beschrieb, bewahrten immer auch ein Element der »Ökonomie des Ganzen Hauses«, wie Aristoteles und insgesamt die vorbürgerliche Ökonomie das verstanden hatten. »So sehr in Entwicklungsländern eine starke Steigerung des Sozialprodukts unerläßliche Voraussetzung für die Erhöhung ihres kulturell-sozialen Wohlstands ist, so wenig darf für die Nationalwirtschaften vom Typ einer ›Affluent society‹ die ständige Vermehrung marktwirtschaftlich erzeugter Güter einziges Ziel der Wirtschafts-, geschweige der Staatspolitik i.w.S. bilden; für sie wird vielmehr die Zunahme der öffentlichen Investitionen in das ›menschliche Kapital‹ eine wachsende Bedeutung gewinnen – und: gewinnen müssen, wenn uns die Zunahme der Produktionskräfte nicht nur einen wachsenden Haufen materieller Gegenstände, sondern auch eine Vermehrung und Verbesserung unserer Bildungsgüter sowie größere soziale Gerechtigkeit und Sicherheit bescheren soll.«[11]

Positionen wie »private vices, public benefits«, die Mandeville mit seiner Bienenfabel von 1714 vertrat – »private Laster erzeugen öffentliches Wohl« oder in freier Übersetzung: »Die Realisierung und Durchsetzung der Eigeninteressen, und seien sie auch Untugenden, führt in der Summe der Konkurrenz dieser Interessen zur Vergrößerung des öffentlichen Wohls« –, stehen in der gesamten Geschichte der Ökonomie skeptischen Überlegungen gegenüber, die Rousseau wohl am deutlichsten formuliert hat. In seiner wenig bekannten Schrift »Discours sur les richesses«, die möglicherweise 1750 entstand, fragt er: »Wie ist es möglich, sich zu bereichern, ohne dazu beizutragen, den anderen ärmer zu machen?« und meint damit gleichzeitig den einzelnen und das Gesamtwohl eines Volkes.

Nur selten in der Geschichte des nationalökonomischen Denkens wurden das Wirtschaftswachstum und der Reichtum jener Klassen, welche über Produktion und Produktionsmittel verfügen, mit dem Gemeinwohl und dem Volkswohlstand gleichgesetzt. Daß eine solche Gleichsetzung heute so bruchlos geschehen kann, wie Äußerungen führender Wirtschaftspolitiker und der Sachverständigengremien zeigen, beruht darauf, daß die gesellschaftspolitische Auszehrung zum Standard europäischer Wirtschaftsbetrachtung geworden ist; dringend bedarf es einer Gesamtbetrachtung über gesellschaftlichen Nutzen und gesellschaftliche Kosten.

Als der Sachverständigenrat zur Begutachtung der gesamtwirtschaftlichen Entwicklung 1989 sein fünfundzwanzigstes Jahresgutachten vorlegte, hat Jürgen Seifert anläßlich des Jubiläums die Ausgrenzungs- und Unterschlagungsmentalität der Gutachter beklagt, eine Kritik, die heute aktueller ist denn je: »Die Bundesrepublik kann sich die Dominanz eines begrenzt-ökonomischen Ansatzes nicht mehr leisten. Sie braucht eine Ökonomie auch für das soziale Ganze, die nicht das Ökonomische verabsolutiert, sondern im ursprünglichen Sinn des Wortes *oikos* (Haus) für das ›ganze Haus‹ sorgt, also für die Arbeitslosen ebenso wie für die Umwelt, für die Alten ebenso wie für die Jugend, für die Gesundheit ebenso wie für die Verteilung von Arbeit zwischen den Geschlechtern. ... Es geht um eine Ökonomie, die das soziale Ganze im Blick hat.«[12] Und Seifert stellt einen Katalog der von diesem Gremium – und keineswegs nur von ihm – unterschlagenen Wirklichkeit auf, wenn er im einzelnen fragt: Warum fehlt die Bilanz der sozialen Asymmetrie? Warum fehlt die Ökologie? Warum fehlt die Analyse der Veränderungen in der Arbeitswelt? Warum fehlt der epochale Wandel im Geschlechterverhältnis? Warum fehlt die soziale Wirklichkeit der Jugendlichen und der Alten? Warum fehlt die reale Situation der Kranken und der Aus-der-Bahn-Geworfenen? Warum fehlt das Problem der sozialen Verödung?

Die Erste Ökonomie ist Ausdruck einer Macht- und Herrschaftsposition, die Verfügung über lebendige Arbeitskraft ein Herrschaftsinstrument. Der linksradikaler Neigungen kaum zu verdächtigende Ralf Dahrendorf hat das in einem Grundsatzreferat auf dem Bamberger Soziologentag von 1982 unmißverständlich ausgesprochen. Wenn Arbeit ausgeht, »verlieren die Herren der Arbeitsgesellschaft das Fundament ihrer Macht«.

In Anlehnung an Hannah Arendts »Vita activa« möchte Dahrendorf Emanzipationsgedanken, die mit dem tätigen Leben verknüpft sind, ablösen vom Begriff der Arbeit, der das Heteronome, Unfreie, Mühselige, von Sklavenarbeit bis hin zur Lohnarbeit von Marx, behalten hat. Was Dahrendorf »Tätigkeitsgesellschaft« nennt, ist gleichsam die utopische Dimension einer von den Beschwerlichkeiten und Konflikten der Arbeitsgesellschaft befreiten Ordnung.[13] Der tätige Mensch in diesem Verständnis enthält auch ein Element der *Vita contemplativa*, der Reflexion, der Muße und der Besinnung. Dahrendorf kritisiert deshalb, daß die Mächtigen dieser Gesellschaft Arbeit immer wieder zurückholen, weil sie befürchten müssen, daß mit ihrer Herrschaft über Arbeit Herrschaft überhaupt zerbricht. Das mag zutreffen. Dahrendorf hat freilich vergessen, dem hinzuzufügen, daß auch die Verfügung über Arbeitslosigkeit ein wichtiges Herrschaftsmittel ist, jedenfalls in vielfacher Hinsicht nutzbar gemacht werden kann, um erworbene und erkämpfte Sozialrechte der Arbeitnehmer, das Lebensniveau und die kulturellen Schutzschichten, die Menschen um sich gebildet haben, durch Aufrechterhaltung eines existentiellen Angstklimas auf jene Punkte zu reduzieren, die von den Arbeitnehmern wenig mehr übriglassen als den Dauerzustand von Betriebsfertigkeit und Einsatzbereitschaft.

Immer wieder wird in der sozialwissenschaftlichen Literatur Hannah Arendt zitiert: »Die Neuzeit hat im siebzehnten Jahrhundert damit begonnen, theoretisch die Arbeit zu verherrlichen, und sie hat zu Beginn unseres Jahrhunderts damit geendet, die Gesellschaft im Ganzen in eine Arbeitsgesellschaft zu verwandeln. Die Erfüllung des uralten Traums trifft wie in der Erfüllung von Märchenwünschen auf eine Konstellation, in der der erträumte Segen sich als Fluch auswirkt. Denn es ist ja eine Arbeitsgesellschaft, die von den Fesseln der Arbeit befreit werden soll, und diese Gesellschaft kennt kaum noch vom Hörensagen die höheren und sinnvolleren Tätigkeiten, um deretwillen die Befreiung sich lohnen würde. Innerhalb dieser Gesellschaft, die egalitär ist, weil dies die der Arbeit angemessene Lebensform ist, gibt es keine Gruppe, keine Aristokratie politischer oder geistiger Art, die eine Wiederholung der Vermögen des Menschen in die Wege leiten könnte. ... Was uns bevorsteht, ist die Aussicht auf eine Arbeitsgesellschaft, der die Arbeit ausgegangen ist, also die einzige Tätigkeit, auf die sie sich noch versteht. Was könnte verhängnisvoller sein?«[14]

Das ist eben die entscheidende Frage. Welche Art der Arbeit ist es, die dieser Arbeitsgesellschaft, mit ihrem betriebswirtschaftlich dominierten Regelsystem, »ausgeht«? Die auf das Gemeinwesen bezogene Arbeit ist es offensichtlich nicht! Deshalb sind weiterführende Überlegungen zum »tätigen Leben« erforderlich. Die Zweite Ökonomie greift den abgerissenen Faden des klassischen ökonomischen Denkens wieder auf und rückt den Lebenszusammenhang der Menschen, ihre konkrete Lebenswelt, ins Zentrum der Betrachtungen, um aus dieser Blickrichtung heraus zu urteilen und zu entscheiden, welche Auswege aus der Krise der Arbeitsgesellschaft langfristig sinnvoll sind und wo lediglich technische Manipulationen an Symptomen erfolgen, wo Probleme nur von einem Ressort auf das andere, von einem Aktionsfeld aufs nächste verschoben werden. Da es sich um eine kulturelle Krise handelt, ist der Blick auf das gesellschaftliche Ganze unabdingbare Voraussetzung für eine Änderung des öffentlichen Bewußtseins.

Die zentrale Frage für eine moderne Kultur lautet: Was kann ich, was kann eine Institution, was können die Verhältnisse dazu beitragen, daß das Gemeinwesen nicht beschädigt wird? Denn in einem beschädigten Gemeinwesen können auch die Individuen nicht ohne Schaden ihr Leben gestalten. Was können wir dazu beitragen, welche Verantwortung kann jeder von uns ganz persönlich übernehmen, daß es so etwas wie eine pflegliche Beziehung zwischen Besonderem und Allgemeinem gibt, in der das Allgemeine, philosophisch gesprochen, nicht nur der Subsumtion des Besonderen dient, sondern wo aus dem Besonderen ein befriedetes und befriedigendes Allgemeines hervorgeht. Das betrifft die Kommunikationsdichte der Menschen untereinander, das betrifft aber auch entscheidend das Wohl und Wehe des Gemeinwesens.

In jeder Kulturbetrachtung schwingt die Frage mit: Was ist eigentlich die Idee des Menschen heute, von der die Mächtigen und Einflußreichen träumen? Ich weiß, es ist nicht möglich, ein widerspruchsloses Bild des Menschen zu entwerfen. Aber die Idee, wie der Mensch aussehen sollte, ist auch Produkt kultureller Auseinandersetzungen. Die vorherrschende ökonomische Ideologie definiert einen universell verfügbaren Menschen, der in schnell wechselnden Beziehungen, ohne Verwurzelungen irgendwelcher Art – weder in familiären Zusammenhängen noch im Dorf oder in der Stadt –, sich zu bewegen vermag, jederzeit verfügungsbereit. Wer in Emden seinen Arbeitsplatz verliert, soll möglichst rasch in den Schwarzwald ziehen, wenn die Marktverhältnisse dort günstiger sind. Marktflexibilität ist das organisierende Zentrum des modernen Menschen. Die Vorstellung eines universell verfügbaren Menschen, eines komplett außengeleiteten Menschen belebt einen uralten Mythos wieder, demzufolge der Mensch gnadenlos und ohne Ausweg in einem Schicksalszusammenhang steckt. Die Menschen verhalten sich systemgerecht nur, wenn sie bereitwillig und mit möglichst befriedigtem Gesichtsausdruck als Trabanten um die Sonne des Kapitals kreisen.

Einem solchen Menschenbild widerspricht alles, was in der Geschichte der bürgerlichen Gesellschaft an Menschheitsentwürfen ausgebildet wurde: Sei es die Idee des Renaissancemenschen, des allseitig gebildeten Menschen, der viel weiß und von jedem etwas kann; sei es die Grundidee des deutschen Idealismus, nach der nichts in der äußeren Welt ist, was nicht auch im Subjekt wäre. Vom »Ich als Prinzip aller Philosophie« handelt eine programmatische Schrift des jungen Schelling. »Ich« bedeutet: Autonomie, Urteilsfähigkeit, Achtung der Menschheit in der eigenen Person. Austritt aus der selbstverschuldeten Unmündigkeit lautet das Prinzip der Selbstaufklärung dieses ganz auf Innenleitung und Selbstbestimmung zielenden Subjekts, so wie es Kant gefordert hat.

Und jetzt haben wir eine Welt vor uns, die so reich ist wie nie zuvor, in der zum ersten Mal die objektive Möglichkeit besteht, Hunger und Elend abzuschaffen. Nie hat es soviel Möglichkeiten gegeben, Krankheiten zu mindern, nie ist die Lebenserwartung der Menschen so groß gewesen. Heute gibt es 5000 Hundertjährige in Deutschland, in zehn Jahren werden es 15000 sein. In diesem Widerspruchszusammenhang – erhöhte Lebenserwartung, Universalisierung des Marktes – wird der Mensch selbst aber immer schmaler definiert. Es hat nie in der Geschichte eine so enge, dürftige, offizielle Definition des Menschen gegeben wie heute: abgemagert, um seine Potentiale, seine Fähigkeiten gebracht. Er soll sich nicht ausruhen in der Bildung, Muße und Mußefähigkeit entwickeln, sondern sich schnell umbilden, flexibel sein, vergessen können, was er gestern gedacht hat. Gegen diesen Aberwitz eines manipulierbaren, jedes Eigensinns beraubten und allseitig verfügbaren Menschen entschieden Einspruch zu erheben, das wäre einer breiten Kulturoffensive wert.

Für welche der beiden »Ökonomien« man sich entscheidet, hängt wesentlich davon ab, wie das Bild des Menschen aussieht, das man sich in seinen Träumen gezeichnet hat, und wie es den Vorstellungen angemessen ist, die aus den Erfahrungen mit Mitmenschen gewonnen sind, denen man im Alltag Anerkennung und Achtung entgegenbringt. Wer den allseitig funktionsfähigen Menschen will, leistungsbewußt, anpassungsfähig, mit wenigen oder gar keinen Bindungen, die ihn am Aufstieg hindern könnten, wird in den Kategorien und Untersuchungsfeldern der Ersten Ökonomie genau jenen Realitätszusammenhang finden, der seinen Erwartungen an eine wünschbare und erstrebenswerte Gesellschaft entspricht. Daß dies keine Idealgesellschaft ist, wird ihn kaum stören, er wird sogar den Typus eines Sozialcharakters in Kauf nehmen, der politisch alle Merkmale eines leistungsbewußten Mitläufers hat – vorausgesetzt, er ist jederzeit einsatzbereit und störungsfrei funktionsfähig.

Der Mensch der Zweiten Ökonomie hat einen ganz anderen Zuschnitt: Er ist eigensinnig, auf autonome Urteilsfähigkeit und eigentümliche Lebensstile bedacht, die rebellische Elemente enthalten. So können Menschen dieses Typs große Opfer bringen und sich entschieden kampfbereit zeigen, aus keinen anderen Gründen als dem Gefühl, daß politische Machtverhältnisse gestört sind oder soziale Gerechtigkeit verletzt ist – massiver Widerstand, um die bedrohte Würde zu sichern.

Es ist für mich keine Frage, daß eine hochentwickelte Industriegesellschaft auf Dauer ohne Demokratie funktionsunfähig ist. Nichtentfremdete Formen gegenständlicher Tätigkeit, gesellschaftlich anerkannte und bezahlte Erwerbsarbeit in lebenswichtigen Beziehungsbereichen, die heute noch in Schwarzmarktregionen liegen, sind Wesensbestandteil einer innergesellschaftlichen Friedensordnung, in den industriell entwickelten Ländern ebenso wie in jenen Gesellschaftsordnungen, die ihre menschlichen Produktionsprozesse einer durchgängigen Arbeitsgesellschaft noch vor sich haben.

Aber der Kampf dieser beiden Ökonomien erschöpft sich nicht in individuellen Willensentscheidungen; es ist ein politischer Kampf. Die Zweite Ökonomie zur Ersten zu machen, wäre Motiv und Ziel einer neuen Gesellschaftsreform. Sie ist überfällig, nicht zuletzt aus Kostengründen. Denn nichts ist teurer, als an überholten Verhältnissen festzuhalten. Da es aber um Macht- und Herrschaftsverhältnisse geht, um die sich die Erste Ökonomie organisiert, ist die Veränderung kein leichtes Spiel; auch keine bloße Frage des guten Willens und der überzeugenden Argumente. Es ist eine politische Kampfsituation epochalen Ausmaßes, in der Koalitionspartner in allen gesellschaftlichen Schichten zu suchen und zu finden sind – bei aufgeklärten und verantwortungsbewußten Managern ebenso wie unter Lehrern und Arbeitern. Das strategische Bewußtsein für eine solche Kampfsituation ist im Wachsen begriffen.

2. Marktrationalität und Planungsutopien

Wenn wir allgemein von einer Enttraditionalisierung der Gegenwart sprechen, also einem wachsenden Verlust von überlieferten Bindungen menschlicher Kräfte und selbstverständlicher Einstellungen, dann hat es in den vergangenen zwanzig Jahren noch einmal einen scharfen Traditionsbruch gegeben, weil sich die »Vermarktung« von Gesellschaft und Natur, von Privatbedürfnissen und Öffentlichkeit in geschichtlich beispielloser Weise ausgebreitet und verallgemeinert hat. Ich habe schon davon gesprochen, daß Arbeit als Kategorie so alt ist, wie es menschliches Vergemeinschaften überhaupt gibt, Arbeit als allgemeine Verausgabung von Arbeitskraft, als Kategorie der Realität, jedoch ein Produkt der entwickelten kapitalistischen Gesellschaftsordnung ist, weil es nicht so sehr auf die spezifische Verausgabung ankommt, sondern auf das abstrakte Vermögen. Ganz analog dazu kann man heute davon sprechen, daß es so etwas wie ein Marktgeschehen gegeben hat, seit im Neolithikum Ackerbau, Dorforganisation und Tierzüchtung üblich wurden. Aber als Kategorie der Realität, als das bei weitem gewichtigste Medium der ökonomischen Transformation der Arbeitsvermögen, die sich in Tauschverkehr begeben, ist der Markt erst heute eine Begriffsbestimmung der Wirklichkeit.

Der Zusammenbruch der planwirtschaftlich organisierten Ostblockländer und ähnlich strukturierter Länder in der übrigen Welt hat dem Markt einen Regulierungsstatus verliehen, den es in dieser Wertigkeit vorher nie gegeben hatte. In die Ordnungsmacht des Marktes wird alles einbezogen, was gesellschaftliche Anerkennung beansprucht. Wo die Vermarktung menschlicher Kräfte die bestimmende Ideologie der Freiheit und der Gleichheit geworden ist, so daß im Idealfall absolut alles in den Spekulationsfonds der Börse einbezogen werden kann, polarisiert sich der Gesamtvorrat lebendiger Arbeitskraft nach jenem Teil, in dem erwerbsbezogener Tausch stattfindet, der wachsenden Masse jener lebendigen Arbeit, die umsonst geleistet wird (so ist ja die bemerkenswerte Aufwertung von ehrenamtlicher Tätigkeit zu verstehen) und den immer größer werdenden parasitären Gesellschaftsbereichen.

Daß der Markt zu einer gleichsam totalitären Macht werden könnte, war bis zum Zusammenbruch der kommunistischen Ostblocksysteme schwer vorstellbar, weil die Widersprüchlichkeit zwischen beanspruchter Planrationalität und der Tauschrationalität des Marktes die internationale Balance bestimmte und damit auch die kapitalistischen Systeme. Auf beiden Systempolen konnte mit der Irrationalität, der Unfreiheit und der sozialen Ungerechtigkeit argumentiert werden, um daraus politischen Profit zu schlagen. Die Rationalitätskriterien von Planung und Markt haben jedenfalls in den fortgeschrittenen kapitalistischen Systemen in ihrer inneren Dialektik die Ordnungspolitik der Nachkriegsgesellschaften geprägt. Planung bezog sich zwar nicht auf den eigentlichen Wirtschaftsprozeß, war aber in Gestalt des Sozialstaates auch im wirtschaftlichen Handeln anwesend, weil hier die totalisierende Tendenz des Marktes und der sich allmählich herausbildenden Konzerngewalten durch rechtliche und moralische Hemmungen gebrochen wurde.

Walter Eucken, dessen Werk den Ordo-Liberalismus und die soziale Marktwirtschaft der Nachkriegszeit stark beeinflußte, bekämpft zwar jede Form der Zentralverwaltungswirtschaft, wie er die kommunistischen Planungssysteme nennt, er ist auch entschiedener Verfechter der Marktrationalität; aber er gehört zu jenen Liberalen, die nicht glauben können, daß Freihandel aus sich heraus Freiheit und Gleichheit der Menschen garantiere. Ihm ist bewußt, was J. K. Galbraith das »große schwarze Loch der orthodoxen Nationalökonomie nennt: nämlich das Machtproblem«.[15] Seine Ordnungspolitik ist wesentlich Kampf gegen wirtschaftliche Machtkonzentrationen, welche die von ihm durchaus im Sinne kommunikativer Rationalität betrachteten Wirkungen des Marktes außer Kraft setzen. »Kartelle, Syndikate usw. sind zu verbieten und als rechtsunwirksam zu erklären, Konzerne, Trusts und monopolistische Einzelunternehmen sind zu entflechten oder aufzulösen, soweit nicht technische oder volkswirtschaftliche Sachverhalte eine solche Entflechtung oder Auflösung unmöglich machen.«[16] Den Ordo-Liberalismus kennzeichnet eine doppelte Frontstellung: gegen eine losgelassene freie Marktwirtschaft ebenso wie gegen die Staatsplanung einer zentralen Verwaltungswirtschaft. Daß die Feier der Marktrationalität und ihrer gesellschaftlichen Organisationsfähigkeit Grundlage dafür ist, daß sich am Ende Machtkartelle neben und über dem Staat ausbilden, war Eucken offenbar nicht bewußt. Er trifft aber eine entscheidende Blindstelle der Marktrationalität: das für ihn zentrale

Machtproblem, das ja in allen wirtschaftspolitischen Auffassungen der Gegenwart, die der Marktglobalisierung die bestimmende Funktion der Friedenssicherung zusprechen, weitgehend unbenannt bleibt. »Das, was heute ... als wachsender Leistungswettbewerb auf globalisierten Märkten gefeiert oder gefürchtet wird, erweist sich, mit dem ordnungstheoretischen Instrumentarium betrachtet, als Weg in eine Art weltweiten Neofeudalismus. Der Markt ist für die meisten Weltbürger unfrei. Nicht freie Bürger (ob Konsumenten oder selbständige Unternehmer), sondern ein Geflecht von politischer und wirtschaftlicher Macht entscheidet nicht nur über einen großen Teil dessen, was auf den Märkten angeboten wird, sondern Großunternehmen setzen die Regeln der Märkte. Konzerne treten an die Stelle von Demokratien.«[17]

Gleichheits- und Glücksversprechen des Marktes sind so alt, wie es Handel und Stadtkulturen gibt.[18] Der Markt ist das gewaltfreie Medium, wo zu bestimmten Zeiten und an einem definierten Ort Menschen aufeinandertreffen, die sich fremd sind, sich aber prinzipiell friedlich gegenübertreten, weil das gemeinsame Interesse des wechselseitigen Austauschs Gewalt nicht zuläßt. Die Tötung des Tauschpartners oder die Beschädigung der Ware im Tauschakt widerspricht der inneren Logik des Warenverkehrs.

Ist die Grundlage dieser Kommunikationsformen der Warenverkehr, so ist das Marktgeschehen doch nie auf mehr oder minder stumme Kommunikation über Gebrauchswerte, die den Besitzer wechseln, beschränkt gewesen. Der Markt war immer ein rebellischer Platz der Gesellschaft, eine Form der Öffentlichkeit, in der mit den Waren gleichzeitig Unbehagen und politische Alltagskritik ausgetauscht werden konnten; die Marktfrauen der Pariser Hallen waren es, von denen der Massenzug zur Bastille ausging. Auf dem Forum des republikanischen Rom trugen die plebejischen Tribunen, wie Tiberius Gracchus und sein Bruder Gaius, ihre Kritik an den Agrargesetzen dem Volk vor, das sich von den patrizischen Grund- und Geldbesitzern enteignet sah. Sokrates ging auf den Athener Marktplatz, die *agora*, um Gesprächspartner zu finden, die nicht nur am Warentausch interessiert waren, sondern auch am Wissen um Ideen und an praktischer Weisheit. Er wurde hingerichtet, die Gracchen erschlagen.

Edward P. Thompson legt, wenn er von der »moralischen Ökonomie« der Unterschichten spricht, auf diesen rebellischen Aspekt des Marktes mit Recht besonderes Gewicht. »... wenn der Markt der Ort war, an dem die arbeitende Bevölkerung am häufigsten spürte, wie sehr sie der Ausbeutung ausgeliefert war, so war er doch auch der Ort, an dem sie – besonders in ländlichen oder mit Industrie durchsetzten Gebieten – sich am leichtesten organisieren konnte. Der Einkauf auf dem Markt (bzw. im Laden) wird in einer ausgereiften Industriegesellschaft in zunehmendem Maße anonym. Im England und Frankreich des achtzehnten Jahrhunderts ... blieb der Markt sowohl ein sozialer als auch ein ökonomischer Nexus. Er war der Schauplatz zahlloser gesellschaftlicher und individueller Transaktionen, eine Drehscheibe, wo Nachrichten weitergegeben wurden und Gerüchte und Klatsch in Windeseile die Runde machten und wo, wenn überhaupt je, in den Wirtshäusern und Weinstuben ringsum über Politik gesprochen wurde. Der Markt war der einzige Ort, wo die Leute einen Augenblick lang ihre Stärke spürten, weil sie zahlreich waren. Die Konfrontationen auf dem Markt in einer ›vorindustriellen Gesellschaft‹ sind universeller als irgendeine nationale Erfahrung.«[19]

Im Entwicklungsprozeß der bürgerlichen Gesellschaft hat der Markt als Ort des Warentauschs ein Moment dieser Uridee von Freiheit, Gerechtigkeit, Gleichheit behalten, aber dem Privateigentümer und Händler ist doch die Fähigkeit, für das Allgemeinwohl zu sprechen und es gegenüber den Privatinteressen durchzusetzen, aberkannt. Der Markt wird zu einer prekären Institution; soweit die bürgerliche Gesellschaft sich auf diese Grundkonstruktion des Marktes gründet, wird ihr zuweilen jede Form der gemeinschaftsbildenden und auf Allgemeininteressen orientierten Kraft abgesprochen. Gegenüber der sittlichen Substanz des Staates nimmt die Sphäre des marktvermittelten Privateigentums und der Konkurrenz der Interessen lediglich die Funktion eines »Scheinens der Vernünftigkeit« an. Für Hegel ist die bürgerliche Marktgesellschaft, das »System der Bedürfnisse«, ein »geistiges Tierreich«. Diesem fehlt die organisierende Kraft des gesellschaftlichen Ganzen.

Marx deutet die organisierende Funktion des Marktes für die Gesellschaft durchaus in Übereinstimmung mit der großen bürgerlichen politischen Ökonomie von Adam Smith bis David Ricardo. Was ihn von diesen trennt, ist jedoch die Kritik des objektiven Scheins, von dem der Markt lebt und den die bürgerliche Ordnung der Welt als wesentlichen Aktivposten ihrer Legitimation betrachtet. Marx bestreitet nicht das Freiheits- und Gleichheitselement, das der Warenzirkulation und den Marktmechanismen anhaftet; Markt und Warentausch sind für ihn ja die ökonomischen Zellenformationen der Ideologie. Er bestreitet lediglich, daß darin die ganze Wahrheit des Marktes besteht; unter dem objektiven Schein von Freiheit und Gleichheit wird vielmehr, sobald die Waren – also auch die Ware Arbeitskraft – die Zirkulationssphäre verlassen und in den Produktionsprozeß eindringen, das Gegenteil davon produziert: Unfreiheit, Abhängigkeit, Ungleichheit.

Abgesehen von ihrer plastischen Anschaulichkeit, die bei Beschreibungen ökonomischer Vorgänge selten zu finden ist, haben die Marxschen Hinweise auch unter systematischen Gesichtspunkten Bedeutung: »Die Sphäre der Zirkulation oder des Warenaustausches, innerhalb deren Schranken Kauf und Verkauf der Arbeitskraft sich bewegt, war in der Tat ein wahres Eden der angeborenen Menschenrechte. Was allein hier herrscht, ist Freiheit, Gleichheit, Eigentum, und Bentham[20]. Freiheit! Denn Käufer und Verkäufer einer Ware, zum Beispiel der Arbeitskraft, sind nur durch ihre freien Willen bestimmt. Sie kontrahieren als freie, rechtlich ebenbürtige Personen. Der Kontrakt ist das Endresultat, worin sich ihre Willen einen gemeinsamen Rechtsausdruck geben. Gleichheit! Denn sie beziehen sich nur als Warenbesitzer aufeinander und tauschen Äquivalent für Äquivalent. Eigentum! Denn jeder verfügt nur über das Seine. Bentham! Denn jedem von den beiden ist es nur um sich zu tun. Die einzige Macht, die sie zusammen und in ein Verhältnis bringt, ist die ihres Eigennutzes, ihres Sondervorteils, ihrer Privatinteressen. Und eben weil so jeder nur für sich und keiner für den anderen kehrt, vollbringen alle, infolge einer prästabilierten Harmonie der Dinge, oder unter den Auspizien einer allpfiffigen Vorsehung, nur das Werk ihres wechselseitigen Vorteils, des Gemeinnutzens, des Gesamtinteresses. Bei Scheiden von dieser Sphäre der einfachen Zirkulation oder des Warenaustausches, woraus der Freihändler vulgaris Anschauungen, Begriffe und Maßstab für sein Urteil über die Gesellschaft des Kapitals und der Lohnarbeit entlehnt, verwandelt sich, so scheint es, schon in etwa die Physiognomie unserer dramatis personae (handelnden Personen). Der ehemalige Geldbesitzer schreitet voran als Kapitalist, der Arbeitskraftbesitzer folgt ihm nach als sein

Arbeiter; der eine bedeutungsvoll schmunzelnd und geschäftseifrig, der andere scheu, widerstrebsam, wie jemand, der seine eigene Haut zu Markt getragen und nun nichts anderes zu erwarten hat als die – Gerberei.«[21]

Der Glaube, daß die Marktgesetze aus sich heraus imstande sein könnten, die Probleme einer Gesellschaft im Sinne von Gerechtigkeit und Freiheit zu lösen, ist selbst bei denjenigen, die im zwanzigsten Jahrhundert Strategien der Krisenbewältigung entwickeln, eher die Ausnahme. Für eine lange geschichtliche Periode sind die »dramatis personae« Bourgeois und Citoyen nicht identisch gesetzt. Erst nach dem Zweiten Weltkrieg, als sich mit dem Kalten Krieg und der Regeneration der Wirtschaft hermetische Blöcke von befreundeten und feindlichen Nationen bilden, erfährt das Prinzip der kapitalistischen Marktwirtschaft eine Art geschichtsphilosophische Aufwertung, welche den Rahmen der ihr eigentümlichen, begrenzten Rationalität völlig sprengt. Wo Planung und Markt im internationalen Kontext zu organisierenden Zentren von Weltanschauungen und politischen Lebenszusammenhängen werden, wachsen automatisch die irrationalen Anteile beider; sie werden zu Prinzipien gesamtgesellschaftlicher Vernunft angereichert, die sie ihren eigenen Bewegungsgesetzen nach überhaupt nicht beinhalten können, und schon gar nicht können sie die Befreiungs- und Glücksversprechen einhalten, die sie für die jeweilige Gestaltung einer spezifischen Gesellschaft bei den Menschen erwecken.

Daß der menschliche Fortschritt am besten und ausschließlich in den Selbstregulierungskräften des Marktes aufbewahrt ist, erweist sich als ein Irrtum mit ähnlichen Folgen wie der, daß Planung der kategorische Imperativ allen sinnvollen gesellschaftlichen Handelns und der mit Willen und Bewußtsein gestalteten Geschichte ist. Die Abstraktionen von Planung und Markt drücken zwei Seiten desselben irrationalen Zusammenhangs von Gesellschaft aus und blockieren die ökonomische, soziale und politische Selbstbestimmung der Menschen. Wir müssen wieder anknüpfen an die von Abstraktionen zerrissene Dialektik von Markt und Planung, damit die in ihren jeweiligen Rationalitätsgrenzen zweifellos enthaltenen Kräfte wirksam werden, die sowohl dem Markt als auch der Planung jenes Maß an gesellschaftlicher Vernunft aufzwingen, die sie in ihren verabsolutierten Formen nie einsetzen können.

Geschichtliche Erfahrung lehrt, daß es geplante Freiheit ebenso viel gibt wie Unfreiheit aus Planlosigkeit. Die bloße Abwesenheit von gesamtgesellschaftlicher Planung ist keine Garantie für Selbstbestimmung und für freie Bewegung des Individuums. Im Gegenteil: Je weiter sich die neuen Technologien entfalteten, desto brüchiger wurde die in der Nachkriegsperiode zur materiellen Gewalt befestigte Ideologie des militanten Antikommunismus, in der gesamtgesellschaftliche Planung ganz auf die Seite von Unfreiheit und staatsbürokratischer Reglementierung geschoben wurde. Je explosiver und massierter die Produktionskräfte werden, die sich dem Kontrollgriff der lebendigen Arbeitskraft zu entwinden trachten, desto entschiedener macht sich die sachliche Notwendigkeit geltend, über den Zusammenhang von Freiheit und Planung neu nachzudenken; denn so etwas wie der gemeinschaftliche Wille der Menschen, Unfreiheit Schritt für Schritt aufzuheben, setzt planendes gesamtgesellschaftliches Denken und Verhalten voraus.

Günther Anders hat den gefährlichen Irrtum, zwischen Freiheit und Planung solche Kontaktsperren zu errichten, daß mittlerweile (beginnend wohl schon mit den Reaktionen auf die Oktoberrevolution) die niederträchtigsten Vorurteile damit hausieren gehen können, bereits Mitte der sechziger Jahre denunziert: »Nein, Autonomie wird nicht durch die Planung bedroht, sondern mindestens ebenso durch Nichtplanungen oder die Planungen jener Wirtschaftsgruppen, die Abermillionen von Menschen als plan-uninteressant, nämlich als unverwertbar draußen, und das heißt: verkommen lassen. Die beliebte Behauptung, daß Großplanung eo ipso die Feindin der individuellen Freiheit und deshalb zu bekämpfen sei, ist pure Ideologie, da sie ohne jedes Recht unterstellt, daß die Millionen unserer Zeitgenossen, ehe sie sich einplanen, als autonome Individuen gelebt hätten oder heute leben. Wer die Millionen, die nackend und Hungers sterbend in den Straßen Kalkuttas liegen, gesehen hat, der weiß, daß es keine furchtbarere Freiheitsberaubung gibt als Planlosigkeit.«[22]

Aber man muß nicht nach Kalkutta gehen, um zu sehen, wie lebensbedrohend das Tabu der Planung geworden ist. In gesellschaftlichen Teilbereichen ist es ohnehin schon lange, unter dem Zwang der Verhältnisse, zerbrochen. Die Riesenkonzerne planen unentwegt, sie werfen ihre Planungsnetze über ganze Völker und Regionen. Gesellschaftlich kontrollierte, auf erweiterte Mit- und Selbstbestimmung gerichtete Planung scheint das Problem zu sein, nicht Planung als solche. Wo Planungen mit dem utopischen Überschuß der Neuorganisation von Arbeit, der Ausweitung der Räume erfüllter Lebenszeit und der demokratischen Selbstbestimmung der Menschen verknüpft sind, sich also mit Willen und Bewußtsein auf eine Umgestaltung der Lebensverhältnisse richten, da schaltet das Herrschaftssystem in der Regel auf strikte Planungsverbote um. Das ist aus dem bornierten Verstehenshorizont der bestehenden Ordnung gesehen nicht ohne *fundamentum in re* (sachbedingt), denn solange Planlosigkeit besteht, ist die planende Verfügung der mächtigen Wirtschaftsgruppen über die kompakten Technologien und die daran hängenden Abhängigkeitsverhältnisse der Menschen garantiert. Das gilt insbesondere für die sogenannten hermetischen, geschlossenen Technologien wie Atomindustrie, Luftfahrt- und Weltraumindustrie, Gentechnologie.

Wäre es nicht ein Feindprinzip, das mit der Wende auf der Verliererseite landete, damit sein Gegenprinzip, die siegreiche Marktwirtschaft, nur um so leuchtender hervortreten kann, so könnte auch in diesem Zusammenhang eine gesamtgesellschaftliche und öffentliche Reflexion angeregt werden, wie im Verhältnis von Markt und Planung neue Kriterien gesellschaftlicher Vernunft zu entwickeln sind. Einen solchen öffentlichen Diskurs über die Unzulänglichkeit der kapitalistischen Markt- und Eigentumsverhältnisse hat es, insbesondere nach gesellschaftlichen Katastrophen, auch im politischen Begriffshorizont des Bürgertums immer wieder gegeben.

Da die Konzeption der Marktwirtschaft heute gehandelt wird, als wäre es die natürliche Institution, die den menschlichen Lebensverhältnissen am nächsten steht, möchte ich noch einmal an die Wirtschaftsprogrammatik der CDU unmittelbar nach Kriegsende erinnern: »Das kapitalistische Wirtschaftssystem ist den staatlichen und sozialen Lebensinteressen des deutschen Volkes nicht gerecht geworden. Nach dem furchtbaren politischen, wirtschaftlichen und sozialen Zusammenbruch als Folge einer verbrecherischen Machtpolitik kann nur eine Neuordnung von Grund auf erfolgen. Inhalt und Ziel dieser sozialen und wirtschaftlichen Neuordnung kann nicht mehr das kapitalistische Gewinn- und Machtstreben, sondern nur das Wohlergehen unseres Volkes sein. Durch eine gemeinwirtschaftliche Ordnung soll das deutsche Volk eine Wirtschafts- und Sozialverfassung erhalten, die dem Recht und der Würde des Menschen entspricht, dem geistigen und materiellen Aufbau unseres Volkes dient und den inneren und äußeren Frieden sichert.« Diese programmatische Erklärung wurde vom Zonenausschuß der CDU für die Britische Zone (übrigens mit ausdrücklicher Zustimmung Konrad Adenauers) auf seiner Tagung vom 1. bis 3. Februar 1947 in Ahlen beschlossen. Wie aus einer fernen Welt klingen die Worte von »Recht und Würde des Menschen«, wenn man heutige Erklärungen von CDU-Politikern oder von Liberalen hört, die absolut nichts von jener besonnenen Distanz an sich haben, mit der damals über gemeinwirtschaftliche Formen und Kapitalismus geredet wurde.

Ich beharre auf diesem Aspekt, weil heute immer noch die Gefahr besteht, daß nach dem sichtbaren Zusammenbruch sozialistischer Planungssysteme Planungen nur dort gesellschaftsfähig sind, wo sie eine technokratische, antisozialistische Geburtsurkunde vorweisen können, wo das Band zwischen Utopie und Planung zerschnitten ist. Gegenüber technokratisch begrenzten Problemlösungen, welche mit der Rationalität des Details gleichzeitig immer die Irrationalität des Ganzen vergrößern, ist daran festzuhalten, daß die Ursprungsutopien einzelner naturwissenschaftlicher und technischer Entwicklungen, die planende, auf Emanzipation der Menschen gerichtete Eingriffe nahelegen, fortwährend in Erinnerung gerufen und eingeklagt werden müssen. Wer ohne planenden Vorgriff auf die Zukunft Zeit nur für die Gegenwart reserviert, wird sehr schnell von der Vergangenheit eingeholt; denn er spinnt lediglich fort am Faden naturwüchsiger Selbstregulierungen, welche sich als Schleier über die ökonomischen, politischen und kulturellen Klassenverhältnisse legen, die jeden lebendigen Widerstand in Lähmung versetzen.

Geht es nicht mehr um die Verwaltung und die geordnete Abschreibung des Gewesenen, der toten Arbeit, sondern um Planungen für eine bessere Welt, um die Aufhebung der Herrschaft des Vergangenen über die Zukunft, dann ist es unabdingbar, daß gegenwärtige Tendenzen und Potentiale, die noch nicht Realität geworden sind, in ihrer Entfaltung freigesetzt werden müssen. Wir brauchen eine experimentelle Entwurfsphantasie, die sich von den industriellen Produktionskriterien löst und ihre Maßstäbe ganz aus den Verwirklichungsmöglichkeiten menschlicher Bedürfnisse bezieht; erst darin bestünde eine nicht-technokratische Planung der Zukunft.[23]

Gegen gesamtgesellschaftliche Planung hat die »Gesellschaft des Privateigentums« um so stärker Tabus errichtet, je notwendiger und unumgänglicher stützende und regulierende Kräfte des Staates wurden, um wenigstens den Anschein eines funktionierenden Marktwirtschaftssystems aufrechtzuerhalten. Planungen durchbrachen diese Ideologie jedoch immer dann, wenn es um die Entwicklung von Militärtechnologie, um Massenarbeitslosigkeit oder um Existenzmöglichkeiten ganzer gesellschaftlicher Schichten (wie zum Beispiel der Bauern) ging, von denen man sich besonders viel für die Stabilisierung des gesellschaftlichen Ordnungsgefüges versprach.

Im zwanzigsten Jahrhundert wurde viel Gedankenarbeit geleistet, um die logischen und praktischen Möglichkeiten von Großplanungen und Zentralverwaltungswirtschaft zu widerlegen, wobei Walter Eucken die differenzierteste Einschätzung zu den Strukturproblemen einer Zentralverwaltungswirtschaft geliefert hat.[24] Die größte logische Mühe, die Idee von Großplanungen wissenschaftlich zu widerlegen, unternahm Karl Popper. Der »utopischen Sozialtechnik«, die das Ganze der Gesellschaft verändern will, setzt er die »Stückwerktechnologie« entgegen und schiebt der »unheiligen Allianz mit dem Utopismus«, die in Planung und Sozialexperiment eingegangen sei, die Verantwortung für die Entstehung totalitärer Systeme zu. Die aufgeklärten Sozialingenieure, die als einzige zu planenden Eingriffen in den sozialen Wandel legitimiert seien, beschränkten sich demgegenüber auf Entwicklungskorrekturen in bereits bestehenden sozialen Institutionen. »Ich werde also als ›soziale Institution‹ ein Geschäftsunternehmen bezeichnen, gleichgültig, ob es sich um einen kleinen Laden oder eine Versicherungsgesellschaft handelt, ebenso um eine Schule, ein Schulsystem, eine Polizeitruppe, eine Kirche, einen Gerichtshof. Der Spezialist der Stückwerk-Technologie und Stückwerk-Technik weiß, daß nur eine Minderheit sozialer Institutionen bewußt geplant wird, während die große Mehrzahl als ungeplantes Ergebnis menschlichen Handelns einfach ›gewachsen‹ ist.«[25]

Nun ist gegen eine solche Stückwerktechnologie gar nichts einzuwenden, vor allem deshalb nicht, weil sie bereits vielfach praktiziert wird und der wissenschaftlichen Begründung ihrer Existenz überhaupt nicht bedarf. Bemerkenswert ist nur, daß diese Stückwerktechnologie insbesondere dort angewendet wird, wo die politischen und gesellschaftlichen Kontrollen in der Regel kaum wirken: in der Rüstung, im Ausbau von Polizeiapparaten, überhaupt in allen Institutionen des Sicherheitssystems. Es wäre allerdings völlig verfehlt, wollte man den Planungsbegriff in Formen wiederbeleben, die die Zukunft nach Vier- und Fünfjahresplänen periodisieren. Gesellschaften, die ihre Zukunft anhand solcher Zeiteinteilungen organisieren, sind in der Regel immer noch gegründet auf eine Ökonomie des Mangels. In einer Ökonomie des Überflusses und der Verschwendung würde Planung nicht vom Triebwerk des Wachstumsfetischismus bestimmt sein, sondern wesentlich durch eine gerechtere Verteilung des gesellschaftlichen Reichtums und durch die Schaffung von institutionellen Bedingungen, unter denen sich Selbst- und Mitbestimmungsmöglichkeiten der Menschen erweitern. Es wären eben institutionelle Mechanismen zu entwickeln, die neue Formen der Willens- und Entscheidungsbildung möglich machen, die also auf Zukünftiges gerichtet sind, ohne in die Grenzmarkierungen prognostischer Hochrechnungen des Bestehenden gebannt zu sein.

Popper hat in seiner Kritik der utopischen, auf Großprognosen gestützten Sozialexperimente angemerkt, daß diese immer öffentlich seien. Die Gefahren, die mit der Stückwerktechnologie in Einzelbereichen verknüpft sind, bestehen in der Tat darin, daß sie sich unterhalb öffentlicher Kontrollen halten können, ja, daß Herstellung von Öffentlichkeit in ihrem Zusammenhang sogar als eine Verwirrung bloß technischer Rationalität angesehen wird (insbesondere die Protestaktionen gegen die Errichtung von Atomkraftwerken haben diese Verwirrung technologischer Planrationalität nachdrücklich gezeigt).

Die von Popper aus logischen wie politischen Gründen konstruierte Alternative zwischen Großplanung und Stückwerktechnologie ist jedoch längst überholt; die gesellschaftlichen Veränderungen in Osteuropa haben zum Zerbrechen dieser aus antimarxistischem Ressentiment geborenen Alternative ebenso beigetragen wie die Erfahrung einer gesellschaftlichen Realität des Kapitalismus, in der ideologisierte Marktmechanismen immer weniger geeignet sind, zentrale gesellschaftliche Probleme der Ungleichheit zu lösen, der Ausgrenzung gesellschaftlicher Schichten, der Herausbildung menschenfeindlicher Technologien wirksam zu begegnen. Die ausgiebig praktizierte Stückwerktechnologie hat nicht, wie Popper hoffte, die Vernunft des gesellschaftlichen Ganzen vergrößert, sondern einem

Punkt zugetrieben, an dem es zur Lebensfrage der Menschen geworden ist, ob es ihnen gelingt, diese subjektverlassene, zu gespenstischer Gegenständlichkeit massierte Objektwelt, in der denkende und fühlende Maschinen und Maschinensysteme ihr Unwesen zu treiben beginnen, wieder menschlichen Zwecken zu unterwerfen, also unter demokratische Kontrolle zu bringen, oder ob sie nur ohnmächtig oder achselzuckend zuschauen können, wie ihre zerstörerischen Wirkungen fortwuchern.

Die Kritik am Mythos der Marktwirtschaft, der an Ansehen in gleichem Maße gewann, wie die Planwirtschaftssysteme gesellschaftliche Geltung verloren, muß am Begriff des Sozialen ansetzen. Die gemeinschaftsbildenden Kräfte, differenzierte Systeme der sozialen Sicherungen und des Ausgleichs für Ungerechtigkeiten, all das, wofür der demokratische Sozialismus Interessen und Begriffe mobilisierte, ist mit dem marktwirtschaftlichen Prinzip in seinem Wesensgehalt so wenig verknüpft, daß man geradezu davon sprechen muß: Die sozialen Errungenschaften der westdeutschen Bundesrepublik, auf die man als »Modell Deutschland« mit Recht stolz sein konnte, stammen aus sozialen Kämpfen, sind in ihren Hauptresultaten also gegen die marktwirtschaftlichen Bewegungsgesetze errungen. Ohne den beharrlichen Widerstandswillen und die kollektive Organisationsmacht der westdeutschen Gewerkschaften wäre der größte Teil der sozialen Sicherungssysteme der Bundesrepublik nie zustande gekommen. Sie in der Kopplung von »sozial« und »Marktwirtschaft« als gleichsam natürliche Folge der marktwirtschaftlichen Leistungskonkurrenz zu betrachten, erfüllt den Tatbestand des politischen Betrugs.

3. Lebendige Arbeit und die Absolutheitsansprüche des Marktes

Die Frage, wo und wann menschliche Geschichte beginnt, kann ich hier nicht weiter untersuchen; ich gehe von dem einigermaßen gesicherten Tatbestand aus, daß die Menschen sich selbst als geschichtliche Wesen begreifen, sobald sie mit Willen und Bewußtsein die Organisationsformen gestalten, unter denen sie ihr materielles, kulturelles, religiöses Leben produzieren, und diese gestalteten Gebilde gegenüber der Natur und ihren Feinden verteidigen, um sie dauerhaft machen zu können. Wie das geschieht, bestimmt wesentlich darüber, welche gesellschaftlichen Formen lebendige Arbeit annimmt. Als ich im ersten Kapitel meiner Untersuchung die differenzierten Wirklichkeitsschichten erörterte, habe ich die These vertreten, daß wir in dem Maße, wie wir uns im Zuge abnehmender Abstraktionen den Lebenszusammenhängen der Menschen nähern, also den Produktionszentren ihres wirklichen Lebens, auf immer mehr Widerstände und Rebellionen gegen sprunghafte Veränderungen und den bedrohlichen Verlust von »Bodenhaftungen« treffen. Das ist keine anthropologische Größe, von der die Konservativen gerne sprechen, um sich gegen alles Fortschrittsdenken und gegen Aufklärung mit Argumenten aus der »Natur des Menschen« auszustatten, sondern Resultat historischer Entwicklungen.

Wenn wir die Wege und Auswege lebendiger Arbeit in der Welt betrachten, befinden wir uns heute in einer geschichtlich einzigartigen Situation, weil die Gesamtmasse von lebendiger Arbeit, die nicht über Märkte der Güterproduktion oder der Dienstleistungen läuft, also staatlich oder kollektiv-wirtschaftlich organisiert ist, immer weiter schrumpft und am Ende gegen Null tendiert. Markt und Gesellschaft schieben sich so weit ineinander, daß sie praktisch nicht mehr unterscheidbar sind; was nicht über den Markt vermittelt ist, verfällt der Ausgrenzung. In den entwickelten Gesellschaftsordnungen zeigt sich das nicht nur, indem kulturelle Produktionen immer weiter in das Marktgeschehen eingegliedert werden und das Sponsorenprinzip überhaupt nur noch die Überlebensfähigkeit bestimmter Kulturprodukte sichert, sondern zunehmend auch darin, daß die aus ihren kollektiven Bindungen gelösten Individuen aus eigenem Interesse Marktfäden spinnen müssen, um über Aktienfonds, individuelle Versicherungen, Börsenspekulationen Fundamente für die eigene Daseinsvorsorge zu schaffen. Geschichtlich ist es der Marktökonomie bisher nie gelungen, die Gesellschaft zu ihrem bloßen Anhängsel zu machen; das könnte, wenn sich die gegenwärtigen Entwicklungslinien durchsetzen, zum ersten Mal heute geschehen.

Die Probleme, die mit einer solchen totalen Vermarktung der Gesellschaft verknüpft sind, lassen sich mit Händen greifen, und sie zeigen sich in den Globalisierungszusammenhängen genauso wie im Alltagsleben der Menschen. Der größte Block, der sich in diesem totalitären Vermarktungsinteresse als widerständig und gleichsam querulantisch zeigt, ist jenes Marktsegment, in dem der Rohstoff »lebendige Arbeitskraft« als spezifische Ware hin und her geschoben wird. Immobilien, Finanz- und Devisenmärkte, was in Wertkonstellationen umsetzbar ist, die dem gegenständlichen Gebrauch dienen können – diese Marktsegmente sind offenbar leicht mobilisierbar und können, wenn sie mit Wert- und Preistiteln versehen sind, problemlos transferiert werden. Der eigentlich prekäre Punkt in der gesamten Marktrationalität, das, was in den Kriterien des Warentausches nicht aufgeht, also das irreduzible Nicht-Äquivalent, ist in den eigensinnigen und eigentümlichen Bewegungsgesetzen des Arbeitsmarktes enthalten. Wie im Zusammenhang der Globalisierung ist auch in bezug auf das Marktgeschehen die Wirklichkeitsschicht des Arbeitsmarktes von einer grundlegend anderen Struktur und von einer prinzipiell anderen Bedeutung für die gesellschaftliche Gesamtordnung als alle übrigen Wirklichkeitsebenen des Marktes. Wer diese Wirklichkeitsschichten allerdings miteinander mischt, dem wird es gewiß leicht von den Lippen gehen, von der Gesellschaft als einer Aktien-Gesellschaft zu sprechen, ja das Individuum, wie Johano Strasser das treffend bezeichnet hat, zu einer Ich-AG umzufunktionieren.

Der Arbeitsmarkt bleibt, wie eine der gründlichsten und die Zukunft geradezu prophetisch bezeichnenden Kapitalismusanalysen des zwanzigsten Jahrhunderts zeigt, das Thema probandum der kapitalistischen Entwicklungschronik, in den Ursprungszeiten dieser Wirtschaftsordnung genauso wie heute. Anhand historischer Dokumente beschreibt Karl Polanyi in »The Great Transformation«, daß im Zuge der wachsenden Gewerbefreiheit Kapital und Boden ihre Marktmobilität längst erreicht hatten, als Gesetzgebungen, welche die Freizügigkeit der Ware Arbeitskraft betrafen, nicht nur alte paternalistische Abhängigkeiten der Menschen, ihre Zunftbindungen im Handwerk und die bäuerlichen Herrschaftsverhältnisse auf dem Lande zu bestätigen versuchten; gerade in der Zeit der Französischen Revolution und ihrer sozialen Nachwirkungen wurden die traditionellen Armengesetzgebungen erweitert und, wie im sogenannten Speenhamland-Gesetz von 1795, in ein »Recht auf Lebensunterhalt« umgewandelt: »Die Gesellschaft des achtzehnten Jahrhunderts wehrte sich unbewußt gegen jeglichen Versuch, sie zu einem bloßen

Anhängsel des Marktes zu machen. Eine Marktwirtschaft ohne Arbeitsmarkt war unvorstellbar, aber die Errichtung eines solchen Marktes, vor allem in Englands ländlicher Zivilisation, hätte nicht weniger bedeutet als die völlige Zerstörung der traditionellen Gesellschaftsstruktur. Während der aktivsten Periode der Industriellen Revolution, von 1795 bis 1834, wurde die Entstehung eines Arbeitsmarktes in England durch das Speenhamland-Gesetz verhindert. Der Arbeitsmarkt war praktisch der letzte der Märkte, die im Rahmen des neuen Industriesystems organisiert wurden, und dieser letzte Schritt wurde erst dann unternommen, als die Marktwirtschaft startbereit war und sich das Fehlen eines Arbeitsmarktes sogar für das einfache Volk selber als größeres Übel erwies denn die unheilvollen Auswirkungen, die mit seiner Einführung einhergehen sollten.«[26]

Die alten Armenrechtsregelungen wurden nicht außer Kraft gesetzt, aber es ging wesentlich darum, daß die Familien einen Rechtsanspruch darauf bekamen, mit einigermaßen zureichenden Lebensmitteln ausgestattet zu werden, unabhängig von der jeweiligen Höhe des Lohnes. Offensichtlich unter dem Eindruck der französischen Warnsignale kamen am 6. Mai 1795 die Friedensrichter von Berkshire in Speenhamland bei Newbury zusammen, um in einer Zeit großer Not die herkömmliche Armengesetzgebung zu reformieren, indem sie den Armen, unabhängig von ihrem Einkommen, einen Minimalunterhalt garantierten.

Daß es Friedensrichter waren, die angesichts der von der vordringenden kapitalistischen Produktionsweise ausgehenden Erosionstendenzen den inneren Friedenszustand der Gesellschaft sichern wollten und das »Recht auf Lebensunterhalt« gesetzlich regelten, ist keineswegs nur von einer symbolischen Qualität. Wenn Menschen arbeiten, wenn sie mit Fleiß und Umsicht alles tun, um sich und ihre Familien zu versorgen, aber aufgrund der bestehenden Verhältnisse und trotz größter Anstrengungen das nicht schaffen, dann muß die Gemeinschaft dafür aufkommen, daß sie in einigermaßen würdigen Lebensverhältnissen existieren können. Das ist der Sinngehalt des Speenhamland-Gesetzes, das bis 1834 in den Dörfern genauso wie in den Städten angewendet wurde; die Tarife für Zusatzzahlungen zu den Löhnen und die separaten Zuschüsse für Frauen und Kinder berechneten sich nach den jeweiligen Brotpreisen der verschiedenen Grafschaften.

Die Idee der Grundsicherung, wie wir sie heute kennen, ist in diesem Gesetzesprojekt englischer Friedensrichter zum ersten Mal in der Geschichte formuliert worden. Sie erfährt viele Abwandlungen, Armenrecht und eher kirchlich-karitative Sozialhilfe bleiben an ihr haften; aber sie ist doch eindeutig in der Wahrnehmung begründet, daß der Äquivalententausch, sobald er die lebendige Arbeitskraft in ihrem Warencharakter betrifft, ein Nicht-Äquivalent übrigläßt, was auf dem Markt selbst nicht ausgleichbar ist.

Die englischen Friedensrichter haben klar erkannt, daß sie die alten paternalistischen Abhängigkeits- und Versorgungsverhältnisse nicht wiederherstellen können; im selben Jahr, als sie sich in Speenhamland versammelten, wurden die alten, aus dem Jahre 1662 stammenden Vorschriften der sogenannten Gemeindeleibeigenschaft gelockert. Sie nahmen zur Kenntnis, daß Lohnarbeit zum Schicksal der Menschen geworden war, bemühten sich aber um Ausgleichszahlungen, die einen gesicherten Lebensunterhalt der Familien garantierten. Daß der Brotpreis bestimmender Maßstab des Lebensunterhaltes wurde, zeigt die Absicht der Friedensrichter, nicht erst dann Hilfe anzubieten, wenn die *basic needs* nicht mehr erfüllt werden und die Armutsgrenze unterschritten ist, sondern präventiv einzugreifen, um es zum sozialen Absturz gar nicht erst kommen zu lassen.

Es liegt auf der Hand, daß ein solches Gesetz, das Zahlungen in einer Art tariflicher Regelung je nach steigendem oder fallendem Brotpreis vorsah, kaum Gegner zu befürchten hatte. »Keine Maßnahme hatte sich jemals größerer allgemeiner Beliebtheit erfreut. Eltern waren der Sorge um ihre Kinder enthoben, und Kinder waren nicht mehr von Eltern abhängig; Arbeitgeber konnten die Löhne nach Gutdünken herabdrücken, die Arbeiter, ob fleißig oder faul, waren vor Hunger gesichert; Philanthropen lobten die Maßnahme als Akt der Barmherzigkeit, wenn auch nicht der Gerechtigkeit, und die Selbstsüchtigen trösteten sich mit dem Gedanken, daß die Sache zwar barmherzig, aber wenigstens nicht liberal war; und selbst den Gemeindesteuerzahlern wurde nur langsam klar, was mit den Abgaben in einem System geschehen würde, das das ›Recht auf Lebensunterhalt‹ unabhängig davon proklamierte, ob der Mensch seinen Lebensunterhalt verdiente oder nicht.« Polanyi fügt jedoch hinzu, daß auf lange Sicht das Resultat furchtbar war, weil der Versuch, eine kapitalistische Ordnung ohne einen Arbeitsmarkt zu schaffen, nicht gelingen konnte.[27]

Was bedeutet das, wenn Polanyi von furchtbaren Folgen spricht? Die Verinnerlichung von Arbeitsmoral war damals, wie ich beschrieben habe, nicht so weit fortgeschritten, daß Arbeit zum Identitätsmerkmal der Würde und der Selbstachtung der Menschen geworden wäre. Das Klima einer Arbeitsgesellschaft, in dem Anerkennung, öffentlicher Status, Lebensmöglichkeiten wesentlich abhängig sind von Arbeit, war noch keine bestimmende Größe für die Gesellschaft; deshalb rückten nach Polanyi die unproduktiven Aspekte des Rechtes auf Lebensunterhalt so in den Vordergrund, daß am Ende selbst die Betroffenen nicht mehr von den garantierten Sicherheiten profitierten. Da keine Kraft der Welt imstande war, das kapitalistische Wirtschaftssystem aus seiner sich ausweitenden Entwicklungsdimension zu verdrängen, wurden vor allem diejenigen, denen dieses Unterstützungssystem zugute kommen sollte, vom Arbeitsmarkt verdrängt. Marx hat ja davon gesprochen, daß das kapitalistische Marktsystem seine eigene Moral hat, die nicht durch eine, die sich darüber setzt, gebrochen werden könne. Die Reform des Armenrechts im Jahre 1834, in einer Zeit also, in der die Chartisten bereits mit Massenprotesten die moderne Arbeiterbewegung ankündigten, beseitigte die in Speenhamland errichteten Barrieren auf dem Arbeitsmarkt.

Aber damit begann eine ganz andere Linie des Kampfes um den Lebenserhalt lebendiger Arbeit. Er ließ sich auf die Gesetze des Kapitalismus ein und machte die von diesen Gesetzen bestimmte Gesellschaftsordnung als Ganzes zum Thema. Staat und Gesellschaft wurden entmischt, nicht nur die Gesellschaft rückte in ihren eigentümlichen Strukturen in den Vordergrund, sondern auch Gesellschaftserkenntnis, die moderne Soziologie. Es war die Geburtsstunde der Arbeiterbewegung, die die Regie über das Schicksal der lebendigen Arbeit zu übernehmen versuchte. Politische Ökonomie der Arbeit und politische Ökonomie des Kapitals stehen sich seitdem in wechselnden Kampfpositionen gegenüber – bis zum heutigen Tag.

Der Kampf verlagerte sich in die Betriebe und gewann daraus seine politische Brisanz. Die Chartisten hatten noch geglaubt, durch bloße Massenproteste die soziale Lage der Menschen verändern zu können. Die moderne Arbeiterbewegung ging in die Produktionsstätten und damit in die Machtbereiche des Gegners. Man könnte allerdings von einer Art politischem Staffettenlauf sprechen, wenn man von Speenhamland, der englischen Fabrikgesetzgebung und der Zehn-Stunden-Bill übergeht zur Arbeiterbewegung, die wesentlich darin bestand, aus einzelnen Arbeiterhaushalten, die um ihr Lebensrecht kämpften, so etwas wie einen kollektiven Klassenzusammenhang zu stiften. Das Recht auf Lebensunterhalt wurde als politisches Lebensrecht der Gesellschaft verstanden. Das Ende der Antikoalitionsgesetze im Jahr 1824, die jeglichen Zusammenschluß von Arbeitern verboten und darauf gerichtet waren, daß angesichts der Macht des Marktes der einzelne nichts auszurichten hat, als sich um einen möglichst günstigen Verkauf seiner Ware Arbeitskraft zu kümmern, dieses Ende, mit dem die Macht des universalisierten Marktes gebrochen wurde, war der gewaltigste Fortschritt in der Geschichte der kapitalistischen Wirtschaftsform, welche die Realität zu definieren begann.

Ich erinnere an diese Geschichte des Kapitalismus, weil die internen Strukturen und Kampfpositionen, übertragen auf eine globalisierte Ökonomie, nur funktionieren können, wenn sich vergleichbare Widerstandskräfte bilden. Ein durchgängig kapitalistischer Markt, der praktisch alle Gegenstände, lebendige oder tote, in die Marktökonomie einbezogen hat, muß aus sich heraus Gegenkräfte entfalten können, wenn er funktionsfähig sein soll. Das bedeutet unter anderem, daß kritische Öffentlichkeit, demokratische Partizipation, Dreiteilung der Gewalten, politisches Verantwortungsbewußtsein usw. mit produziert werden müssen, wenn ein solches System der Marktökonomie auf Dauer ohne gefährliche gesellschaftliche Verwerfungen funktionsfähig sein soll.

Drei Beispiele von großen Gesellschaftstransformationen, bei denen die Erweiterung der kapitalistischen Ökonomie auf den Arbeitsmarkt zum zentralen Problem wird, zeigen in der gegenwärtigen Weltlage deutlich unterschiedliche Konturen. Der günstigste Fall der Transformation einer kompletten Arbeitsgesellschaft in eine kapitalistische Struktur ist die DDR[28], der ungünstigste Fall wird China[29] sein. Dazwischen liegt ein Modell wie Brasilien, Anfang der achtziger Jahre gehandelt als beispielhaft für die Transformation einer rückständigen Gesellschaft in eine prosperierende Industriegesellschaft.[30] Diese drei Modelle erschöpfen nicht die vielfältigen Möglichkeiten von Entwicklungen innerhalb des Globalisierungsprozesses, aber sie erscheinen mir als typisch für bestimmte Transformationen. In allen dreien geht es um die Beziehungen zwischen Arbeitsmarkt und Gesellschaft, wie lebendige Arbeitskraft durch die Mechanismen des existierenden Arbeitsmarktes in die Lage versetzt wird, für Millionen von Menschen das »Recht auf Lebensunterhalt« zu sichern.

Was ist betriebswirtschaftliches Denken?
Von Horst Meyer*

In der Beantwortung der Frage, was ist Betriebswirtschaft, worin besteht betriebswirtschaftliches Denken, verheißt ein Blick in die geschichtliche Entwicklung einige Aufklärung. Seit es Betriebe mit geordneter Wirtschaftsführung gibt, waren Aufzeichnungen über Bestände und Wertungen erforderlich. Buchhaltung, Wirtschaftsrechnen und kaufmännischer Schriftverkehr lassen sich bereits im alten Ägypten, bei den Griechen und Römern nachweisen. Die antike Ökonomik entstand als ganzheitliche Managementwissenschaft, als Wissenschaft von der ethisch-verantwortlichen Menschenführung in einem Haus, das sowohl Betrieb als auch Haushalt im heutigen Sinne darstellt. Das Wort »wirtschaften« (*oikonomia*) kommt aus der Zeit des Perikles (500/490–429 v. Chr.) und gilt als Bezeichnung für das vernünftige Gestalten aller mit dem Haus (*oikos*) eines freien Bürgers zusammenhängenden Angelegenheiten. Xenophon (430–355 v. Chr.), ein Schüler des Sokrates, entwickelt in seiner Schrift »Oikonomikos« (»Der Hausvorsteher«) eine Lehre von der sittlich und technisch-wirtschaftlich vernünftigen Unternehmensführung für den Haus- und Gutsherrn.

Ein bemerkenswertes Beispiel frühen Wirtschaftens beschrieb Varro (116–27 v. Chr.), der entgegen der Auffassung seines politischen Gegners Julius Caesar den Leistungswillen der Sklaven durch Belohnungen anstacheln und sie als Vermögensgegenstände schonend einsetzen wollte. Deshalb sei es erträglicher, auf fiebrigen Sümpfen angeheuerte freie Arbeiter einzusetzen als die eigenen Sklaven. Varro war der erste, der das Problem der von der Ausbringungsmenge unabhängigen »fixen« Kosten erörtert: Nur Arbeiter und Fuhrknechte sollten proportional zur Fläche eines Olivenhains vermehrt werden, und das auch nur, wenn das Land von gleicher Qualität sei. Wenn man kleinere Flächen bearbeite, brauche man gleichwohl einen Aufseher, bei doppelter Fläche aber keineswegs zwei Aufseher.

* Horst Meyer ist Ingenieur und promovierter Betriebswirt. 1968 Olympiasieger im Rudern (Achter), leitet er heute ein Institut für arbeitsorientierte Forschung und Unternehmensberatung und die Managementberatungsgesellschaft Dr. Meyer & Partner.

Ab dem dreizehnten Jahrhundert wurde die Ökonomik an einzelnen Universitäten wie Paris und Bologna als Teil der *Artes liberales*, der freien Künste, gelehrt, die als Grundstudium den Fakultäten der Theologie, Jurisprudenz und Medizin vorausgingen.[31] Was fehlte, war die wissenschaftliche Beschäftigung mit betrieblichen Problemen, die über die bloße Rechen- und Verfahrenstechnik hinausgingen. Die durch Übung und Erprobung gewonnenen praktischen Erfahrungen kaufmännischer Betriebsführungen wurden nicht veröffentlicht, sondern innerhalb der Kaufmannsfamilien sorgsam gehütet und weitervererbt. So enthält die älteste Privatniederschrift des Florentiners Pegolotti aus den Jahren 1335 bis 1345 Notizen über Münzen, Maße, Gewichte, Warendotierungen, Zinstafeln und ähnliches. Ausführungen über die der Betriebswirtschaft zugrunde liegende doppelte Buchführung finden sich erst im Jahr 1494 in einem Buch des Franziskanermönches Luca Pacioli mit dem Titel »Summa de Arithmetica, Geometrica, Proportioni et Proportionalita«, das neben der Behandlung des Handelsaustausches, der Handelsgesellschaften, der Wechseltechnik eine erste vollständige und geschlossene Darstellung des Systems der doppelten Buchführung enthält.

Im ausgehenden Mittelalter entwickelte sich eine Ökonomik speziell für Kaufleute: die sogenannte Handlungswissenschaft. Die einzelnen Schriften erstrecken sich von einer arabischen Handelskunde (9.-12. Jahrhundert) über die kaufmännischen Erziehungslehren bis hin zum »vollkommenen Handelsmann«. Jacques Savary (1622-1690), Textilkaufmann und später enger Mitarbeiter des französischen Finanzministers Colbert, beschrieb in »Le parfait négociant«, dem »Vollkommenen Kauf- und Handelsmann«, die Handelstechnik und Handelsgeschäfte einschließlich des Überseehandels König Ludwigs XIV. Es ist sicher kein Zufall, daß die systematische, als Handlungswissenschaft bezeichnete Handelswissenschaft ihren Anfang im merkantilistischen Frankreich nahm, wo die Förderung des Handels, insbesondere des Importhandels mit Rohstoffen und des Exporthandels mit Fertigprodukten, zum wirtschaftlichen Programm gehörte.

Bis weit nach Savary haben die einschlägigen Werke der handelswissenschaftlichen Literatur, trotz des unbestrittenen praktischen Wertes für die Zeitgenossen, mit der heutigen Betriebswirtschaft nicht viel gemeinsam. Ein besonderes Merkmal ist die ethisch-normative Grundausrichtung dieser frühen handelskundlichen Literatur. Die negative Bewertung der Handelstätigkeit und des Kaufmannsberufes durch die antike Philosophie und die kirchliche Morallehre veranlaßte die Autoren, sich durch ausführliche Rechtfertigung des Kaufmannsstandes um seine moralische Anerkennung zu bemühen und die Grundsätze und Verhaltensregeln für den »ehrbaren Kaufmann« aufzustellen, der als Begriff noch heute in traditionsreichen Handelsstädten wie zum Beispiel Hamburg fortbesteht. So beschäftigte sich Savary in seinem »Parfait négociant« mit der Frage: »Wie kann auf eine redliche Weise dauernd der größte Gewinn erzielt werden?« und »Wie kann durch eine Erziehung des einzelnen zu einem guten Wirtschafter und Staatsbürger eine Gesundung der darniederliegenden gesamten Wirtschaft herbeigeführt werden?«[32]

Die betriebswirtschaftlichen Erkenntnisse, die bis ins beginnende achtzehnte Jahrhundert gesammelt wurden, sind im wesentlichen beim Lösen von nicht-wirtschaftlichen Problemstellungen entstanden. So gehen heutige Vorstellungen zur Wettbewerbsordnung und Preisbildung auf Einsichten später Scholastiker um 1600 zurück. Gottfried Wilhelm Leibniz hat 1682 die Kapitalwertberechnung begründet und damit den ersten Ansatz zur Investitionstheorie geschaffen. Die Grundsteine zur heutigen Theorie der »Entscheidung unter Ungewißheit« wurden 1669 durch Leibniz, 1692 durch Jacob Bernoulli und 1732 durch Daniel Bernoulli gelegt. Nebenprodukt dieser wissenschaftlichen Gemeinschaft von Mathematikern waren gesellschaftlich-verpflichtende Handlungsempfehlungen zur »gerechten« Preispolitik bzw. zur »Rechtmäßigkeit« der Kapitalwertrechnung durch Leibniz, der auch eine Wahrscheinlichkeitslehre des Glücksspiels entwickelte.

Als sich im Gefolge der Aufklärung die Erfahrungswissenschaften von der Metaphysik und damit zugleich von der Ethik trennten, entstand im achtzehnten Jahrhundert die »Kameralwissenschaft«; die ethische Verantwortung der Ökonomik machte einer praktisch-gestaltenden Sicht Platz. Die Kameralwissenschaft verselbständigte sich als Hochschulwissenschaft in ersten dem Inhalt nach betriebswirtschaftlichen Lehrstühlen, die ab 1727 vom preußischen König Friedrich Wilhelm I. in Halle und Frankfurt/Oder errichtet wurden.

Erst im neunzehnten Jahrhundert wurde die sogenannte »Handlungswissenschaft« von einer praktisch gestaltenden Betriebswirtschaftslehre abgelöst, die sich die landwirtschaftliche Betriebslehre zum Vorbild nahm. Insbesondere Johann Heinrich von Thünen (1783–1850, Kameralwissenschaftler und Gutsbesitzer in Mecklenburg) sprach bei der Beurteilung der landwirtschaftlichen Fruchtwechselwirtschaft als erster die heute allgemein bekannten Optimumregeln aus: Die Produktion ist auszudehnen, bis das Erzeugnis des letzten Arbeiters durch den Lohn, den er erhält, absorbiert wird (Kern der Grenzproduktivitätstheorie der Entlohnung). Zukunftsweisend verwendete Thünen für das landwirtschaftliche Produktionsprogramm die Methode einer isolierenden Abstraktion: die Ceteris-Paribus-Argumentation unter Anwendung mathematischer Optimumsbestimmungen und die Marginalanalyse unter Verwendung der Differentialrechnung. Neben der landwirtschaftlichen Betriebslehre entstanden im neunzehnten Jahrhundert eine Reihe von Untersuchungen zu anderen Gewerbezweigen, die mit der beginnenden Industrialisierung eine ganz andere Bedeutung für die Betriebswirtschaft erlangten. In einer Industrie- und Verkehrsbetriebslehre wurde das Eisenbahnwesen umfassend behandelt, in dem erstmals in einer Unternehmung das Anlagevermögen eine überragende Bedeutung gewann. Der aus Irland stammende Mathematiker Dionysius Lardner (1793–1859) gilt als einer der Begründer der betriebswirtschaftlichen Kostentheorie und als Entdecker einer leistungsmäßigen Substanzerhaltung.

Der ökonomische Liberalismus führte zu einem starken Aufschwung der Nationalökonomie und einer Loslösung der Volkswirtschaftslehre von den Kameralwissenschaften (Kameralistik). Während die Volkswirtschaftslehre an allen großen Universitäten Fuß fassen konnte und volkswirtschaftliche Lehrstühle eingerichtet wurden, gelang der Handlungs- oder besser Handelswissenschaft der Anschluß an die neue wirtschaftliche Strömung nicht. Erst mit der Gründung der Handelshochschulen ab 1898 begann die Handelswissenschaft ihre alte Position wieder zu erringen und sich darüber hinaus – angeregt durch die Probleme der inzwischen stark angewachsenen Zahl moderner Industriebetriebe – von der Handelswissenschaft zu einer allgemeinen Betriebswirtschaftslehre zu erweitern, die mit fortschreitender Entwicklung den Industriebetrieb immer stärker in den Mittelpunkt ihres Interesses stellte. Allerdings konnte die junge Privatwirtschaftslehre, wie die Betriebswirtschaftslehre in den frühen Jahren ihrer Entwicklung genannt wurde, in den beiden ersten Jahrzehnten des zwanzigsten Jahrhunderts mit der in ihrer theoretischen Fundierung bereits wesentlich weiter fortgeschrittenen Volkswirtschaftslehre wissenschaftlich nicht konkurrieren und mußte sich noch immer geringschätzige Blicke als Kunstlehre, die sich anfangs vorwiegend mit Fragen der Technik, des Rechenwesens beschäftigte, gefallen lassen. Die Betriebswirtschaftslehre begann jedoch bald über die reine Deskription hinaus zur Erklärung der betrieblichen Zusammenhänge fortzuschreiten und eine eigene betriebliche Theorie zu entwickeln.[33]

Die Geringschätzung der Privatwirtschaftslehre durch die Nationalökonomie, die sich in Bezeichnungen wie »schnöde Profitlehre« oder »Studium der Technologie des Rechenwesens« zeigte, hatte eine doppelte Konsequenz: Einmal veranlaßte sie eine Reihe bedeutender Fachvertreter zur Verteidigung des Fachs gegen den Vorwurf der »Profitlehre« durch Ausbildung einer normativ-wertenden (ethisch fundierten) Betriebswirtschaftslehre. Zum anderen führte sie zu der Forderung, von der »Kunstlehre«, deren Problem – wie Eugen Schmalenbach es ausgedrückt hat – die Frage ist, »in welcher Weise ein wirtschaftlicher Erfolg mit möglichst geringer Aufwendung wirtschaftlicher Werte erzielt werden«[34] kann, abzugehen und eine »wissenschaftliche Privatwirtschaftslehre« zu entwickeln. Schmalenbach zufolge war »Wissenschaft« im Gegensatz zur »Kunstlehre« eine philosophisch gerichtete, die »Kunstlehre« dagegen eine technisch gerichtete Wissenschaft. Die »Kunstlehre« gibt Verfahrensregeln, die »Wissenschaft« gibt sie nicht.

Der Streit um die Privatwirtschaftslehre als Wissenschaft war eine Nachwehe zum Werturteilsstreit in der Volkswirtschaftslehre, infolgedessen sich die Soziologie und die Betriebswirtschaftslehre von der Sozialökonomie (politische Ökonomie, Staatswissenschaft) abspalteten. Der Anlaß des Werturteilsstreits ergab sich aus dem Selbstverständnis der Mehrheit damaliger deutscher Volkswirtschaftler. Um in der Politik gehört zu werden, hatten deutsche Sozialökonomen den »Verein für Sozialpolitik« (1872) gegründet, wobei das damalige Schimpfwort »Kathedersozialist« einen gänzlich falschen Eindruck ihrer politischen Absichten erweckt, weil keiner von ihnen Marxist war; die Mehrzahl würde heute als Befürworter des »Sozialen« in der Marktwirtschaft gelten. Der gesellschaftspolitisch neutrale Klang des Namens Betriebswirtschaftslehre gegenüber der als Profitlehre verdächtig gewordenen »Privatwirtschaftslehre« gab für die Umbenennung der wissenschaftlichen Gemeinschaft den Ausschlag. Als erster »Betriebswirtschaftler« wurde Schmalenbach 1919 in den vorläufigen Reichswirtschaftsrat berufen.

Die Frage, ob die Betriebswirtschaftslehre eine reine Wissenschaft, also nur auf Erkenntnis, nicht dagegen auf Gestaltung der Wirklichkeit gerichtet sei, oder ob sie als eine praktische Wissenschaft, die Anleitungen und Verfahrensregeln gibt, entwickelt werden müsse, wurde damals nicht entschieden und blieb Diskussionsstoff. Während Wilhelm Rieger in seiner »Einführung in die Privatwirtschaftslehre« noch 1928 der Auffassung war, daß das Objekt der Betriebswirtschaftslehre nicht der Betrieb, sondern die Unternehmung als historische Erscheinungsform des Betriebes ist, die in der kapitalistischen (marktwirtschaftlichen) Wirtschaftsordnung dominiert und als Auswahlprinzip die Rentabilität der kapitalistischen Unternehmung zum Gegenstand hat, bezeichnete Schmalenbach[35] die »gemeinwirtschaftliche Produktivität« als das Grundprinzip, an dem die Betriebswirtschaftslehre ihre Probleme auszuwählen hat. Ihn interessierte der wirtschaftliche Betrieb nur als »Organ der Gemeinwirtschaft«, bei dem es nicht Sinn der Betriebswirtschaftslehre ist, zuzuschauen, ob und wie sich irgend jemand ein Einkommen oder ein Vermögen verschafft. Die Erfahrung zeigt jedenfalls, daß die Betriebe im marktwirtschaftlichen Wirtschaftssystem nach dem größtmöglichen Gewinn streben und ihr Handeln nicht danach bestimmen, die Gemeinschaft am besten mit Gütern zu versorgen. Ganz abgesehen davon läßt sich die Frage, welches die »beste« Güterversorgung ist, objektiv nicht klären.

In einer zweiten Generation betriebswirtschaftlicher Hochschullehrer wurde nach und nach der Gegensatz zwischen einem sozialwissenschaftlichen Basiskonzept – das heißt einer Managementlehre, die an eine ethisch-soziale Verantwortung der Unternehmensführung appelliert und unter die Fittiche einer allumfassenden Verhaltens- bzw. Sozialwissenschaft schlüpfen will – und einem grundsätzlich wirtschaftstheoretischen Denken, das von marktwirtschaftlichem Willen getragen ist, offenkundig. Den Theorieaspekt betonte vor allem Erich Gutenberg in seinen »Grundlagen der Betriebswirtschaftslehre«. Ihm zufolge »hat sich die Betriebswirtschaftslehre des Phänomens der Produktion vornehmlich über die wissenschaftliche Behandlung kostenrechnerischer und betriebsorganisatorischer Fragen bemächtigt. Nach wie vor wird die Erörterung dieser Probleme ein Hauptanliegen der Betriebswirtschaftslehre sein. Es läßt sich auf der anderen Seite nicht übersehen, daß in dem kosten- und erfolgsrechnerischen, dem organisatorischen Gefüge Tatbestände, zum Beispiel Arbeitsleistungen, Betriebsmittelnutzungen, Werkstoffe, planungstechnisches und organisatorisches Detail enthalten sind, die auch unabhängig von diesem rechnerisch-organisatorischen Aspekt betriebswirtschaftlich interessieren. ... Die moderne Wirtschaftstheorie, vor allem die nationalökonomische Forschung, hat nunmehr einen analytischen Apparat entwickelt, der unsere Kenntnis von den wirtschaftlichen Vorgängen, ihrer Vielgestaltigkeit und ihrer Verschlungenheit sehr erheblich erweitert hat. Die Sätze dieser Theorie enthalten ebenfalls betriebliche Tatbestände, die aber notwendigerweise an Anschaulichkeit verlieren müssen, wenn sie auf einen hohen Grad von Abstraktion gebracht werden soll«.[36]

Gutenbergs Verständnis von den Auswirkungen der Grundlagen der Betriebswirtschaftslehre auf die mikroökonomische Produktionstheorie und die Theorie der monopolistischen Konkurrenz blieb nicht ohne Widerspruch von seiten der bisher im wesentlichen praktisch gestaltenden Betriebswirtschaftslehre: »Ursprung und Zweck der Betriebswirtschaftslehre ist die einzelbetriebliche Praxis. ... Die Betriebswirtschaftslehre ... soll ... dem praktischen Betriebe dienen.« Diese Forderung setzte 1952 Konrad Mellerowicz (1891–1984) dem Theoriebemühen Gutenbergs entgegen.

Nur an der Oberfläche ging es in diesem Methodenstreit um den Verlauf von Kostenkurven und um das Für und Wider einer

»mathematisch-deduktiven Methode«, vielmehr fühlten sich die Anhänger einer Betriebswirtschaftslehre als ganzheitliche Organisationswissenschaft durch die wirtschaftstheoretische Sicht Gutenbergs bedroht. Mit der nach 1970 immer offenkundiger werdenden Spaltung der Hochschulgemeinschaft »Betriebswirtschaftslehre« in gegensätzliche Denkspielgemeinschaften ging ein Auflösungsprozeß der allgemeinen Betriebswirtschaftslehre im Hochschulunterricht, vor allem im Hauptstudium einher. Während ab 1970 innerhalb der deutschsprachigen Betriebswirtschaftslehre diejenigen, die über Absatz und Organisations- bzw. Personal- und Unternehmensführungsfragen forschten, mehrheitlich einem »sozialwissenschaftlichen Basiskonzept« bzw. einer interdisziplinären Managementwissenschaft folgten, galt die bis dahin kaum über begriffliche Systematisierungen und Faustformeln hinaus gelangte Lehre von Investitionen und Finanzierung nunmehr als wirtschaftstheoretische Sichtweise, stützte sich ab 1980 auf Kapitalmarktgleichgewichtsmodelle und wandte sich einer Theorie für Institutionen innerhalb der Wettbewerbsordnung zu.

In den angelsächsischen Ländern begann sich ab 1970 die jüngere Lehre von den Verfügungsrechten und dem Transaktionskostenansatz zu verbreiten. Mit der bislang üblichen Verzögerung von reichlich einem Jahrzehnt wurden diese Forschungsansätze, die inzwischen um eine evolutorische, an Marktprozessen und dem Ausüben von Unternehmerfunktionen ausgerichtete Sichtweise erweitert wurden, ab etwa 1984 verstärkt im deutschen Sprachraum erörtert. Neben der im Laufe der Entwicklung zu beobachtenden Akzentverschiebung von einem Sachgebiet auf ein anderes, zum Beispiel von der Bilanz- und Bewertungslehre auf die Kostenrechnung, dann auf die Produktions- und Kostentheorie, dann auf die Investitionstheorie usw., ist ein Übergang zu neuen Forschungsverfahren zu beobachten. Inzwischen unterscheidet man eine »traditionelle« von einer »modernen« Richtung, die sich vorwiegend quantifizierender mathematischer Methoden zur Optimierungs- oder Programmierungsrechnung bedient.

Die Diskussion um die Globalisierung der in einer nationalen Wirtschaft tätigen Unternehmen, um die internationalen Kapitalverflechtungen und die Widersprüche zur sozialen Marktwirtschaft

warf eine methodologische Frage wieder auf, ob die Betriebswirtschaftslehre zusammen mit der Volkswirtschaftslehre in einer einheitlichen Wirtschaftswissenschaft aufgehen sollte oder ob zumindest eine gemeinsame einheitliche Wirtschaftstheorie als Überbau über eine angewandte Betriebswirtschaftslehre und eine angewandte Volkswirtschaftslehre entwickelt werden sollte. Darüber hinaus diskutiert man darüber, die Forschung in Richtung auf die Soziologie hin auszuweiten.

Nach der geltenden Auffassung ist es Aufgabe der Betriebswirtschaftslehre, alles wirtschaftliche Handeln, das sich im Betrieb vollzieht, zu beschreiben und zu erklären und schließlich aufgrund der erkannten Regelmäßigkeiten und Gesetzmäßigkeiten des Betriebsprozesses wirtschaftliche Verfahren zur Realisierung praktischer betrieblicher Zwecksetzungen zu entwickeln. Da jedoch kein Betrieb für sich allein bestehen kann, sondern jeder Betrieb mit der Gesamtwirtschaft verbunden ist, zum einen über den Beschaffungsmarkt (Kapitalbeschaffung, Beschaffung von Produktionsfaktoren), zum anderen über den Absatzmarkt, muß die Betriebswirtschaftslehre auch die Beziehung des einzelnen Betriebs zu anderen Wirtschaftseinheiten, zum Markt untersuchen. Dabei erforscht sie aber nicht den gesamtwirtschaftlichen Prozeß, sondern geht stets vom einzelnen Betrieb aus.

Gegenstand der Volkswirtschaftslehre ist nach Alfred Weber das »Ineinandergreifen der durch regelmäßigen Tausch miteinander verbundenen und durch gegenseitige Abhängigkeit aufeinander angewiesenen Einzelwirtschaften«.[37] Die Gesamtwirtschaft ist also nicht etwa nur die Summe der Einzelwirtschaften, sondern sie hat ihre eigenen Untersuchungsbereiche und Bilanzen. Was für die Volkswirtschaftslehre ein Problem ist, zum Beispiel die Preisbildung der Produktionsfaktoren, die Bildung des Volkseinkommens und anderes, ist für die Betriebswirtschaftslehre nach gängiger Auffassung Datum, gegebene Größe, mit der sie zu rechnen hat. Jede Veränderung der volkswirtschaftlichen Daten, zum Beispiel Änderung der Bedürfnisstruktur (Mode, Kommunikation, Mobilität), Bevölkerungsveränderungen (Lohnpreis), technischer Fortschritt (Einfluß auf Zinspreis, Nutzungsdauer der Anlagen), führt zu einem veränderten Verhalten der Betriebe. Die Entwicklung der

Betriebswirtschaftslehre als selbständige, von der Volkswirtschaftslehre unabhängige Wissenschaft entstand durch die Entwicklung der komplexen Betriebe, insbesondere der Industriebetriebe und deren Probleme, die einer wissenschaftlichen Lösung harrten und die dem Erkenntnisobjekt der Volkswirtschaftslehre logisch nicht zuzuordnen waren.

Umgekehrt sind die Probleme der Betriebswirtschaftslehre, zum Beispiel die Kostenverläufe des Betriebs, für die Volkswirtschaftslehre Daten, die sie bei ihren Forschungen als gegeben in Rechnung stellen muß, da sie logisch nicht zu ihrem Erkenntnisobjekt, sondern zum Objekt der Betriebswirtschaftslehre gehören. Das bedeutet, daß beide Disziplinen, Betriebswirtschaftslehre und Volkswirtschaftslehre, nicht ohne einander auskommen können. Die Interdependenz der Zusammenhänge hat aber auch dazu geführt, daß trotz formaler Abgrenzung der Objekte gewisse Überschneidungen der betriebswirtschaftlichen und volkswirtschaftlichen Forschung unvermeidlich sind. Die Einheit der Wirtschaftswissenschaften damit zu begründen, daß die Betriebswirtschaftslehre sich einer mikroökonomischen und die Volkswirtschaftslehre einer makroökonomischen Betrachtung bediene und die mikroökonomische Analyse nur Sinn habe, wenn sie in den Gesamtzusammenhang, die makroökonomische Analyse, eingebaut werde, greift zu kurz. Vielmehr sollte der Unterschied zwischen Betriebswirtschaftslehre und Volkswirtschaftslehre nach Auffassung von Louis Jacques Zimmermann[38] einer Revision unterworfen werden, in der die Preistheorie als Kernproblem der Betriebswirtschaft und die Bildung, Verteilung und Schwankung des Volkseinkommens der Volkswirtschaft zugewiesen werden. Da die mikroökonomische Analyse aber nicht vom einzelnen Betrieb ausgeht, sondern vom Markt aus in die einzelnen Betriebe hineinwirkt, ist sie in Wirklichkeit gar keine betriebswirtschaftliche Untersuchung. Eine mikroökonomische Analyse übersieht beide Marktseiten: Angebot und Nachfrage, und für das Marktgleichgewicht stellt der Betriebsprozeß nur die eine Hälfte dar. Die betriebswirtschaftliche Analyse betrachtet dagegen die Nachfrageseite als gegeben, sozusagen als Faktum. Setzt man Mikroökonomie und Betriebswirtschaft gleich, so ergibt sich daraus allerdings mit Notwendigkeit die Einheit der Wirtschaftstheorie, denn die mikroökonomische Analyse hat erst einen Sinn, wenn sie in den Gesamtprozeß eingebaut wird.

Neben dem wirtschaftlichen ist für den Betrieb der technische Bereich am wichtigsten. Die Untersuchung und Gestaltung des technischen Betriebsprozesses ist Aufgabe der Betriebswissenschaft und damit des Ingenieurs. Der Betriebswirt muß die Produktionstechnik und die Mittel zur technischen Gestaltung der Verfahren zunächst als gegeben hinnehmen und hat zu überprüfen, welche Kosten- und Ertragsrelationen bei verschiedenen technischen Verfahren gegeben sind. In der bisher gelehrten Betriebswirtschaft spielen Erkenntnisse der Betriebssoziologie, der Betriebspsychologie, der Wirtschaftsethik und andere aus rein wirtschaftlichen Betrachtungsweisen keine Rolle. Alle Maßnahmen, die zum Beispiel zur Verbesserung der Arbeitsbedingungen führen, werden dahingehend überprüft, ob diese Maßnahmen die Wirtschaftlichkeit der Leistungserstellung erhöhen. Tun sie es nicht, so sind sie unwirtschaftlich.

Die Betriebswirtschaftslehre der sechziger Jahre versucht das Erkenntnisobjekt und die Attraktion von anderen Wirklichkeitskomponenten zu erfassen und die ethischen und sozialen Standpunkte auszuklammern. Dieses Themas hat sich die Arbeitswissenschaft angenommen, zu deren Erkenntnisgegenständen es gehört, für die optimale Gestaltung des Einsatzes der körperlichen, geistigen und seelischen Kräfte des Menschen zu sorgen.[39] Die arbeitswissenschaftlichen Disziplinen befassen sich mit Arbeitsphysiologie, Arbeitspsychologie, Arbeitssoziologie, Arbeitspädagogik und anderen, die inzwischen für den Betriebswirt unentbehrlich geworden sind, weil sie Fragen der Arbeitsbewertung, der Entlohnung, der Arbeitsvorbereitung, der Gestaltung der Arbeitsplätze, der Flexibilisierung etc. behandeln.[40]

Als übergeordnete Wissenschaftsziele soll die Betriebswirtschaftslehre, verstanden als Einzelwirtschaftstheorie der Institutionen, Antworten auf drei Arten von Fragen erarbeiten: 1. Inwieweit sind einzelne menschliche Handlungen aus einer für viele Menschen notwendigen Absicht des Einkommenserwerbs und den dabei zu bewältigenden Unsicherheiten heraus zu erklären? Welche Regelsysteme und welche Handlungssysteme entstehen zur

Verringerung von Einkommensunsicherheiten, und wie funktionieren sie? Die Antwort auf solche »Was ist«- bzw. »Wovon hängt ab«-Fragen suchen erklärende bzw. positive Theorien zu geben. 2. Wie kann im Hinblick auf den Einkommensaspekt Beobachtbares begrifflich präziser beschrieben bzw. abgebildet werden? Wie lassen sich in erklärenden Theorien benutzte Modellbegriffe (theoretische Begriffe) messen bzw. operationalisieren, um die Modellergebnisse an Beobachtungssachverhalten zu überprüfen, das heißt zu testen? Die Antwort bieten metrisierende Theorien (Aufbau des Rechnungswesens, Kostenartenabrechnung etc.). 3. Wie können einzelne Menschen oder Gruppen von ihnen ihre Ziele erreichen, soweit in ihrem Zielbündel der Einkommensaspekt eine Rolle spielt? Die Antwort wird in der Suche nach Handlungsempfehlungen gesehen.

Neben den vorstehenden Fragen muß die Betriebswirtschaftslehre als angewandte Wissenschaft die Kernfrage beantworten, was nach dem Auswahlprinzip als oberstes Ziel eines Betriebs gelten soll. Die Gemeinschaft mit möglichst kosten- und preisgünstigen Gütern und Diensten zu versorgen oder den größtmöglichen Gewinn zu erzielen? Mit anderen Worten: Ist das letzte Ziel betrieblichen Handelns die größte Wirtschaftlichkeit der Gesamtwirtschaft, das heißt das größte Sozialprodukt (Volkseinkommen), oder die Gewinnmaximierung im Betrieb? Wie die Diskussion um die Globalisierung und den Shareholder-Value zeigt, verschiebt sich die Beantwortung der Frage zum größtmöglichen kurzfristigen Gewinn. Auch wenn der Betrieb aus steuerlichen Gründen zur Finanzierung von Gemeinschaftsaufgaben über Abgaben und Steuern zur Gewinnerzielung verpflichtet ist, so wird daraus mehr und mehr die kurzfristige Gewinnmaximierung, die sich über ethische und soziale Vorstellungen hinwegsetzt. Die Auswirkungen einer solchen Verhaltensweise werden deutlich in den spekulativen Überbewertungen von Unternehmen und Immobilien, deren Preise realen Werten nicht mehr entsprechen und in einer globalisierten Wirtschaft durch Wechselkursspekulationen verstärkt werden. Ein sinnvolles betriebliches Handeln strebt dagegen nach langfristiger Gewinnmaximierung, die in einer sozialen Marktwirtschaft nach Artikel 14 GG die Gewinne nach einer notwendigen Refinanzierung des eingesetzten Kapitals in den Unternehmen zur Zukunftssicherung und Erweiterung der Betriebe zur Verfügung stellen sollte, um neue Arbeitsplätze zu schaffen. Innovationen, Neu- und Rationalisierungsinvestitionen in Anlagen und Wissenserweiterungen der Mitarbeiter dienen dem Ziel, Güter und Dienstleistungen, die bisher zum Luxusbedarf gehörten, zu Massenkonsumgütern werden zu lassen. In Anbetracht der wenig gesellschafts- und sozialwissenschaftlichen Ausbildung wird der Trend zur Gewinnmaximierung um jeden Preis nicht aufzuhalten sein, wenn die Verwendung der Gewinne nicht politisch beeinflußt wird.

4. Betriebswirtschaftliche Ideologie und die Folgen für das Bildungswesen

Wir sind in einer historisch neuartigen Situation des Kapitalismus, wo sich das, was man betriebswirtschaftliche Rationalität nennen könnte, volkswirtschaftliches Denken völlig dienstbar gemacht hat. Die betriebswirtschaftliche Mentalität ist zur vorherrschenden Ideologie geworden und zum suggestiven Kernbereich von Rationalität; sie hat gleichsam pestartig die Köpfe der Menschen erfaßt, als wären volkswirtschaftliche Gemeinwohlprinzipien nichts weiter als Summierungen gutgehender Einzelbetriebe und betriebswirtschaftliche Kalkulationen auf das Ganze der Gesellschaft bruchlos übertragbar. Man rationalisiert den Einzelbetrieb und ist stolz auf »lean«, auf alle möglichen Schlankheitsvarianten: »lean production«, »lean management«, sogar »lean education«. Solche Entfettungsparolen haben unseren Zukunftswortschatz bereichert und regulieren den zur Zeit praktizierten Reformwillen.

Nun ist Schlankheit gewiß ein akzeptables Schönheitsideal; für Privatbereiche mag das weitgehend unstrittig sein. Aber Schlankheitsproduktionen und Lean-Ideen haben, auf das Ganze der Gesellschaft erweitert, eine eigentümliche Vertracktheit. Die durch Schlankheitskuren der einzelnen Betriebe eingesparten Kosten, die überwiegend mit Entlassungen Arbeitswilliger zu tun haben, mit dem existentiellen Absturz vieler Menschen, werden in der Regel auf andere abgewälzt. Das ganze betriebswirtschaftliche Denken besteht darin, daß die Kosten von einem zum anderen verschoben werden. Ein Kredit- und Verschuldungssystem entsteht, für das am Ende vor allem die Opfer bezahlen und die öffentlichen Haushalte einspringen müssen. Die französische Linkskoalition unter Lionel Jospin will die Unternehmen dazu zwingen, Gedanken darauf zu verschwenden, was denn mit den Arbeitern geschehen soll, ob sie Ersatzarbeitsplätze bekommen, wer für ihre und ihrer Familien Existenz künftig aufzukommen hat. Auf Deutschland übertragen wäre das ein kleiner Schritt zum Einklagen des Grundgesetzartikels 14, Absatz 2: »Eigentum verpflichtet. Sein Gebrauch soll zugleich dem Wohle der Allgemeinheit dienen« – ein bescheidener Appell an die wirtschaftlich Mächtigen, Verantwortung für ihr Handeln zu übernehmen.

Das Lean-System beruht zudem auf der Illusion, daß ein Unternehmen, das die Schlankheitsreduktion vornimmt, ökonomisch stabil ist. Aber gerade in diesem Punkt zeigt sich die fatale Wirkung von Globalisierung: In kürzester Zeit können Fusionen und Transaktionen auf internationalen Finanzmärkten nicht nur Einzelbetriebe in den Ruin treiben, sondern ganze Volkswirtschaften bedrohen. Wenn die politische Regulierungskraft des Staates und der Staatengemeinschaft verlorengeht, geraten wir in ein fatales Räderwerk betriebswirtschaftlicher Illusionen. Ist unsere demokratische Gesellschaftsordnung Gegenstand solcher Verkehrungen, dann möchte ich von einem Berlusconi-Syndrom sprechen: Aus Enttäuschung und Wut über das alte korrupte Parteiensystem gaben die Italiener mit ihrem Wahlvotum der Hoffnung Ausdruck, daß ein erfolgreicher Unternehmer, der im keineswegs immer fairen, häufig auch räuberischen Konkurrenzkampf betriebswirtschaftliche Gewinnmaximierung durchsetzen kann, auch den Staat wie einen Betrieb behandeln und existenzfähig machen kann.

Doch daß die Kosten-Nutzen-Rechnung einer Gesamtgesellschaft eine ganz andere als die eines Einzelbetriebs ist, daß in der Zweiten Ökonomie Lagerhaltungen Prinzipien ökonomischer Vernunft folgen und keine bloßen Kostenfaktoren sind, zeigt sich überdeutlich im Bildungsbereich. Wenn die Kultusministerien und Wissenschaftsministerien stolz sind, daß Lehrer eingespart werden, daß bestimmte Schulen rationeller arbeiten oder bestimmte Forschungsschwerpunkte gestrichen werden, dann ist voraussehbar, daß in drei, vier, fünf Jahren Innen- und Justizminister Kabinettsvorlagen machen, um mehr Geld für Gefängnisse, für Kriminalitätsbekämpfung, für die Polizei zu bekommen. Da es harte Kriterien sind, werden sie das Geld auch erhalten. Bezogen auf die Gesamtökonomie ist das jedoch der am wenigsten sparsame Weg; die schlanke Ökonomie reißt im Gesamthaushalt der Gesellschaft von Mal zu Mal größere Finanzierungslöcher auf, die am Ende auch eine reiche Gesellschaft nicht stopfen kann.

Die betriebswirtschaftliche Ideologie erfaßt in immer mehr Bereichen Symbol- und Sprachspektren des Alltags. Ich will nicht verhehlen, daß es mich aufs äußerste irritiert, wenn Universitäten von Kunden reden statt von Studierenden, als ob diese in ein Kaufhaus gehen, etwas einzahlen und dafür eine Ware bekommen. Was zahlen denn die Studenten ein? Und es ist auch keineswegs so, daß wir uns, in der konkreten Arbeit als Hochschullehrer, als Verkäufer von Waren verstehen und verstehen können. Wenn wir den Begriff von Emanzipation aus der Bildung herausreißen, also Nietzsches Satz »Deine Lehrer können nichts anderes sein als deine Befreier«[41] für eine hohle Redensart halten, dann verliert Bildung den bisherigen Sinngehalt, auch etwas zum aufrechten Gang der Menschen beizutragen. Sollte es dazu kommen, dann hätten wir eine Gesellschaft kompetenter und leistungsbewußter Mitläufer, aber keine von Menschen, die mit ihrem Fachwissen orientierend wirken auf andere, Vorbild sein können für Jugendliche und Kinder.

Bildungs- und Ausbildungseinrichtungen, ob Universitäten oder Schulen, sind keine Wirtschaftsbetriebe, und es ist unmöglich, sie nach denselben Kriterien zu behandeln wie Verwaltungen und Industrie- oder Dienstleistungsunternehmen. Eine solche Gleichsetzung wäre ein fataler und, was für die politische Ökonomie des Gemeinwesens noch wichtiger ist, ein unvertretbar kostspieliger Irrtum.

In der »Frankfurter Rundschau« vom 4. Dezember 1997 kritisiert ein Tübinger Hochschullehrer entsprechende Erlaßerläuterungen des Baden-Württembergischen Wissenschaftsministeriums: »Die Universität ist kein Wirtschaftsunternehmen, und sie wird nicht um so besser sein, je mehr sie sich diesem Modell anpaßt. Sie ist auch keine vor- oder nachgeordnete Behörde, und sie wird um so besser sein, je weniger sie wie eine solche funktioniert. Sie kennt keine 40-Stunden-Woche, und sie bedient keine Kunden, sondern erzieht Menschen. Sie will dies auch nicht besonders schnell, sondern vor allem besonders gut tun. Sie will zum Selbstdenken und nicht nur zum wissensmäßigen Nachtanken erziehen, und sie vergeudet keine Staatsgelder, sondern sie arbeitet mit Geldern, die Staatsbürger dem Staat leihen, um damit optimal zu wirtschaften. Optimal zu wirtschaften heißt, die spezifischen Ressourcen einer Kultur zu perfektionieren und nicht zu beschneiden.«

Dies ist nicht zu verwechseln mit »Kuschelecken-Studium«, wie Roman Herzog das kritisiert, und »mit Langzeitlebenshilfe«. Universitäten und Schulen haben mit einer eigenen Logik von Arbeitsprozessen zu tun und mit eigenen Zwecksetzungen. Es geht nicht darum, hier Kunden zu bedienen, auch die Austauschprozesse zwischen Lehrenden und Lernenden sind von anderer Art als Kauf- und

Verkaufsakte, wenn ich in ein Geschäft gehe und irgendein Spielzeug oder einen Mantel erwerbe. Wirkliche Bildung ist umwegig, enthält Um- und Abwege, die keineswegs immer sofort als produktiv einzustufen sind; auch verlorene Zeit gehört dazu. Was Bildung ist, läßt sich analytisch schwer umgrenzen. In ihrem Ursprungssinn steckt etwas vom Bild. Keine exaktere Vorstellung vom Bildungs-Bild kann ich mir machen als die, die Arthur Koestler, zum Tode verurteilt und im Gefängnis auf die Vollstreckung wartend, von Bildung als lebenserhaltendem Lagervorrat zum Ausdruck bringt. In seinem Buch »Ein spanisches Testament« heißt es: »Wie der Bär im Winterschlaf vom eigenen Fett, zehrte ich von den Vorräten, die dreißig Jahre Lesen, Lernen und Erleben in meinem Kopf aufgespeichert hatten. Aber mein Hirn war ausgelaugt, und die Gedankentropfen, die ich ihm abpreßte, waren blaß wie dreimal aufgegossener Tee. Das Gehirn ist eine eigentümliche Maschine: Sie produziert auf die Dauer nur, wenn sie den Absatz unmittelbar gesichert weiß, den Absatz durch Aussprechen oder Aufschreiben des Produkts. Ist keine Nachfrage dieser Art und keine Absatzmöglichkeit vorhanden, so tritt sie in den Streik. Man kann sie eine Zeitlang beschwindeln, indem man laut spricht und sich selbst als Zuhörer aufspielt; aber sie merkt den Schwindel bald. Das eigene Ego ist kein amüsanter Partner. Nach sechs Wochen Einzelhaft war ich mir so zum Ekel, daß ich nur noch per Sie und Herr mit mir sprach.«[42] Die Nachfrage ist das Problem. Erwachsene lernen häufig überhaupt nicht mehr in der Stufenfolge solcher Nachfragen, des üblichen Karriereschemas. Die Gerade in diesem Zusammenhang ist eben nicht die kürzeste Verbindung zwischen zwei Punkten, wie Lessing mit guten Gründen festgestellt hat; gelungene Bildung bedeutet das Anlegen von Fettschichten, es sind Notrationen, auf die man zurückgreifen kann, wenn in der maroden offiziellen Ökonomie alles aufgebraucht ist.

Die Sparökonomie mit betriebswirtschaftlichem Kalkulationssystem ist noch in einem weiteren Punkt unzeitgemäß, nämlich dadurch, daß sie die eigentümlichen Zeitstrukturen von Lernen und Bildung in Frage stellt. Additive Lernprozesse, die bausteinartig eins auf das andere setzen, sind Operationsformen für technisches Wissen und abfragbare Informationen, aber sie gelten nicht für Persönlichkeitsbildung und politisches Lernen. Man versuche einmal, einem Kind, das gerade dabei ist, seine sprachliche Ausdrucksfähigkeit zu entwickeln, und mit Wörtern spielt (wie Sartre das in seinem einzigartigen Buch »Die Wörter« beschrieben hat), deutsche Vokabeln beizubringen, dann erfährt man sofort die Grenzen dieser Mühe des Aufstapelns. Daß das Nachbarskind einen Monat jünger ist und schon über einen größeren Vokabelschatz verfügt, wird die Lernfreude des Heranwachsenden nur selten beflügeln. Lernen hat andere Strukturen als die Produktion eines Autos; diese Grunderkenntnis ist die regulative Idee der Zweiten Ökonomie. Kreativität, Innovation, Erfindungsreichtum, seelische und geistige Flexibilität – immer wichtiger für moderne Gesellschaftsordnungen, die nicht nur mit phraseologischen Fortschrittsideen operieren – haben eine grundlegende Voraussetzung, ohne die alles andere brüchig ist: Nur ein identitätsfähiger Mensch ist flexibel und lernfähig, nur er kann mitdenken in Prozessen, für die Wendigkeit und bloße Anpassungsfähigkeit nicht ausreichen.

Deshalb ist es falsch, wenn Eberhard von Kuenheim, der ehemalige BMW-Chef, sagt: »Wir sind gezwungen, unsere betriebswirtschaftlichen Probleme zu Lasten der Volkswirtschaft zu lösen.« Wer ist dieses »wir«? Was ist die Konsequenz aus einer solchen Feststellung? »Unsere betriebswirtschaftlichen Probleme«: Das heißt nichts anderes, als daß alles, was bei BMW, bei Daimler-Benz, Volkswagen, Preussag die Interessen und Produktionsstrategien bestimmt, völlig unabhängig von dem Geltung hat, was erforderlich ist für die Herstellung und Erneuerung der Infrastruktur, der Verkehrsverhältnisse, des Bildungssystems, der Forschung, ja der Lebensqualität einer ganzen Gesellschaftsordnung. Was ist in diesem betriebswirtschaftlichen Denkhorizont die Gesellschaft, das Gemeinwesen?

Die betriebswirtschaftlich borniert Just-in-time-Ideologie, die auf Abbau aller Lagerhaltungen geht, ruiniert am Ende alle Bildungs- und Forschungssysteme und untergräbt damit die Grundlage selbst der kapitalistischen Produktion.

5. Vergesellschaftung und der Produktionsprozeß

Zum ersten Mal finden wir heute voll entfaltete geschichtliche Bedingungen vor, unter denen Arbeit als Selbstverwirklichung, als Vergegenständlichung des Subjekts und damit als Betätigungsweise realer Freiheit verstanden werden kann, ohne daß diese schöpferischen Merkmale der Arbeit einer schmalen Elite oder der Minderheit einer herrschenden Klasse, die von der Arbeit anderer lebt, vorbehalten bliebe. Wenn sich, wie Jacques Attali feststellt, Konsumenten nicht mehr ihre Waren, sondern die Waren ihren Konsumenten kaufen, dann ist die von der Ware bestimmte Weltordnung der Dinge und Verhältnisse auf den Kopf gestellt; nicht nur die Arbeitskraft ist zur Ware geworden, sondern die Ware zum selbsttätigen Subjekt, das sich nur verwirklichen kann, indem es die disponibel gewordenen Raum- und Zeitmaße der Menschen auf sich konzentriert und Konsumfreiheit als einzige Form der Freiheit zuläßt.

Ist diese letzte Gestalt der Warenproduktion erreicht, ist sie freilich bereits in Diversion und Zersetzung übergegangen; die vollständige Durchführung der Herrschaft des Produkts über die Produzenten schlägt um in Protest und Widerstand der lebendigen Arbeit als dem Hauptmedium zur Wiederherstellung der menschlichen Würde – nicht mechanisch und im Selbstlauf, sicherlich. Aber wenn man die Menschen von allen Seiten in die Enge treibt, so daß sie sich in Funktionsbündel aufgelöst empfinden, dann verlieren sie plötzlich jede Vorsicht ihres Disziplinarverstandes und entwickeln höchst eigensinnige, nur noch auf Unverwechselbarkeit und auf das Unwiederholbare in der eigenen Person gerichtete Denk- und Verhaltensweisen. Kant hatte diesen Persönlichkeitskern Würde genannt: Würde ist das, was keinen Preis hat, also der äußerste Gegensatz zum Warentausch.

Dieser Zusammenhang führt mich noch einmal auf Marx zurück. Was er wissenschaftlich entfaltet hat, ist hauptsächlich die Funktionsweise des Kapitals, der Wirkungszusammenhang der toten Arbeit. Als solche begreift er die Objekte, in denen Wert vergegenständlicht ist; manchmal spricht er auch von verstorbener Arbeit. Einzige Quelle von Wert und Mehrwert ist jedoch die lebendige Arbeit, realisierte, das heißt gegenständlich gewordene lebendige Arbeitskraft.

Was nun diese lebendige Arbeit in ihren historisch spezifizierten Entstehungs- und Ausdrucksformen ist und sein kann, hat Marx zwar nicht übersehen, aber auch nicht als ernstzunehmenden wissenschaftlichen Gegenstand behandelt. Eine politische Ökonomie der Arbeit ist angedeutet, jedoch unter dasselbe Utopieverbot gesetzt, das für sein ganzes Werk (wie das von Engels) charakteristisch ist. In Vor- und Nebenarbeiten findet sich dazu freilich mehr, als er wissenschaftlich für vertretbar gehalten hätte; und gerade das ist für uns von besonderer Aktualität.

Ich beziehe mich auf diese Passagen von Marx nicht, um eine zusätzliche autoritative Absicherung meiner Argumente zu finden, und auch nicht, um eine Zukunftsgesellschaft nach Marxschen Prinzipien an die Wand zu malen, die er ja selbst nie formuliert hat; das biblische Bilderverbot übernahm er vielleicht unbewußt aus seiner vom jüdischen Familiengeist geprägten Kindheit. Ich beziehe mich darauf ausschließlich, weil Marx prägnante Hinweise zur besseren Klärung von Sachverhalten gegeben hat. Ihm ging es ohnehin weniger darum, sich das tausendjährige Reich des Sozialismus positiv auszumalen, wie Engels es einmal in einer Rezension des ersten Bandes des »Kapital« formuliert hat, die mit Marx offenbar abgesprochen war, sondern eher um die Bedingungen für eine Emanzipation der Gesellschaft. Und zu diesen Grundbedingungen einer freieren und gerechteren Organisation der Gesellschaft gehört nach Marx die Verkürzung der Arbeitszeit, die Reduktion der für die materielle Reproduktion der Menschen gesellschaftlich notwendigen Arbeitszeit auf ein Mindestmaß. Aber auch dieses Mindestmaß bedarf der bewußten menschlichen Gestaltung, denn die Politik der Arbeitszeitverkürzung ersetzt nicht das Bemühen um eine aktive, auf menschlichere Zwecke gerichtete Vollzeiterwerbsarbeit, wie sie für lange Zeit noch fortbestehen wird. Im Gegenteil, deren Realisierung wird um so dringlicher, je weiter der Umkreis neuer und sozial anerkannter Arbeitsformen in anderen gesellschaftlichen Bereichen wird.

Was unter Arbeit, die ihren Zwangscharakter abgestreift hat, zu verstehen ist, bezeichnet Marx genauer in den sogenannten »Grundrissen«, dem Rohentwurf zum »Kapital«. Da es sich hierbei um Vorarbeiten handelt, sind die Formulierungen offener als im »Kapital«. »Wirklich freie Arbeiten, zum Beispiel Komponieren, ist grade zugleich verdammtester Ernst, intensivste Anstrengung. Die Arbeit der materiellen Produktion kann diesen Charakter nur erhalten, dadurch, daß 1) ihr gesellschaftlicher Charakter gesetzt ist, 2) daß sie wissenschaftlichen Charakters, zugleich allgemeine Arbeit ist, nicht Anstrengung des Menschen als bestimmt dressierter Naturkraft, sondern als Subjekt, das in dem Produktionsprozeß nicht in bloß natürlicher, naturwüchsiger Form, sondern als alle Naturkräfte regelnde Tätigkeit erscheint.«[43]

Marx wendet sich entschieden gegen die Opfertheorie der Arbeit. Wie nie zuvor in der Geschichte sind die Bedingungen, die er für die Befreiung der Arbeit anführt, heute in den hochentwickelten Industriegesellschaften erfüllt. Durch die Warenproduktion, die alles mit allem verbindet und jedes Produkt über den Markt vermittelt, sind auch die einzelnen Arbeitsarten durch arbeitsteilige Organisation der Produktionsprozesse und durch Kooperation untrennbar miteinander verbunden. Die Rationalisierung der Arbeit, die ja nur ein anderer Ausdruck dafür ist, daß Wissenschaft auf hohem Niveau in der Produktion angewandt wird, entwertet zunehmend die Handarbeit der Menschen. In den fortgeschrittenen Industriebereichen treten Arbeitsarten wie Überwachung, Wartung, Kontrolle von Maschinensystemen an die Stelle unmittelbarer, materieller und körperlich schwerer Tätigkeiten. Die stumpfsinnigen, repetitiven Teilarbeiten, wie sie seit der Erfindung des Fließbandes zur Herstellung eines Gesamtproduktes notwendig waren, unterliegen in besonderer Weise dem Rationalisierungsdruck, und selbst wenn die optimistische Prognose, daß diese Arbeitsarten in absehbarer Zukunft ganz von der Bildfläche verschwinden, in Zweifel zu ziehen ist, werden Verwissenschaftlichung und wachsende Integration der Produktionsprozesse Schlüsselqualifikationen der Arbeiter erforderlich machen, die eher auf disponierende Tätigkeitsmerkmale als auf ein fixiertes Detailgeschick, auf dressierte Naturkraft gerichtet sind.

Ist es unter diesen Bedingungen völlig absurd, davon zu sprechen, daß das traditionelle Arbeitsethos, die disziplinierte Versachlichung im Umgang mit Arbeitsvorgängen, auch im industriellen Produktionsbereich durch eine Art Dienstethos ersetzt wird? Ein Arbeiter, der an Schaltapparaturen steht und den kontinuierlichen, störungsfreien Ablauf eines computergesteuerten Maschinensystems kontrolliert, der ist doch keineswegs immer tätig, der arbeitet nicht in der gewohnten Vorstellung, sondern ist im Dienst. Wenn Störungen auftreten, muß er sie beseitigen oder sich der Kommunikationsmittel bedienen, um weitere Störungen der Produktion zu vermeiden. Er ist eher Verwaltungsbeamter der Maschine, bestimmt von einer Dienstmoral, die seine Anwesenheit und seine Kompetenz erforderlich macht; aber ist das im herkömmlichen Sinne noch Arbeit, wie sie sich als vorherrschender Begriff am Modell der industriellen Lohnarbeiter gebildet hat? Obwohl er nur Teilbereiche in ihrem geregelten Ablauf kontrolliert und für sie die Verantwortung hat, sind potentielle Handlungen und konzentrierte Aufmerksamkeit doch auf den Gesamtablauf des Produktionsprozesses gerichtet, und er unterscheidet sich in nichts von dem Beamten der Behörde, der auch nur für Teilabläufe verantwortlich ist und für die exakte Erledigung von Aufgaben, die ihm vorgegeben sind.

Mit diesem Vergleich von Tätigkeitsmerkmalen ist nicht beabsichtigt, das Beamtenverhalten zum typischen Arbeitsverhalten fortgeschrittener Produktionsprozesse zu erklären; daran wird nur deutlich, wie wenig Statusdifferenzierungen zwischen Angestellten, Arbeitern und Beamten in Funktionsgesetzen der jeweiligen Arbeitsprozesse begründet sind. Allgemeine Arbeit ist das, was Arbeiter in einer hochindustrialisierten Gesellschaft leisten, weil die Verwissenschaftlichung der Produktionsprozesse alle Privatarbeiten aus ihrem isolierten, auf dressierter Naturkraft beruhenden Zustand löst. Das Ausmaß von vorgetaner Arbeit, mit der der einzelne Arbeiter umgeht, wird immer größer, wissenschaftliche Arbeit ist allgemein gesellschaftliche Arbeit, was sich zum Beispiel darin zeigt, daß deren Geheimhaltung praktisch unmöglich ist.

Ich will hier nicht auf die von Herbert Marcuse und Jürgen Habermas Ende der sechziger Jahre eingeleitete Debatte über »Technik und Wissenschaft als Ideologie«[44] zurückgreifen; nachdem sie durch kurzschlüssige Kapitalzuordnungen von Wissenschaft und Technik erdrückt wurde, sind ihre bedeutsamen geschichtsphilosophischen Dimensionen weder in der Diskussion über systemimmanente Rationalisierungen noch im Zusammenhang praktischer Wissenschafts- und Technikalternativen fortgeführt worden – übrigens zum großen Nachteil der gesellschaftstheoretischen Verarbeitungsmöglichkeiten aller Prozesse, die mit der Entstehung der neuen Technologien, insbesondere der offenen Technologie der Mikroelektronik, verknüpft sind. Ich beschränke mich auf den Aspekt der notwendigen Generalisierbarkeit technisch angewandter Wissenschaften und ihres strukturellen Öffentlichkeitscharakters.

Was sich im Bereich der Produktion an Veränderungen der Vergesellschaftungsqualität zeigt, schlägt sich auch in der Beziehung zwischen Einzelnem und Allgemeinem, zwischen Individuum und Gesamtgesellschaft nieder; die Normen der Verantwortungsethik, die den einzelnen Arbeiter verpflichten, beziehen sich auf das ganze Gemeinwesen. Wer hochkomplexe Maschinensysteme im Einzelbetrieb überwacht, leistet einen Beitrag für die Funktionsfähigkeit von Bereichen, die er in der Regel überhaupt nicht kennt, die aber so zentral von dem, was er tut, abhängen, daß jede Pflichtverletzung unübersehbare Folgen für andere hätte.

Um Mißverständnisse zu vermeiden, ist jedoch der Hinweis angebracht, daß der inflationäre Gebrauch des Weberschen Begriffs der Verantwortungsethik ziemlich stark entwertet hat, was in ihm ursprünglich, als Gegensatz zur Gesinnungsethik, stets mit enthalten war. Wenn sich Politiker, die Waffen und Militär in sogenannte Spannungsgebiete entsenden und sozialrevolutionäre Bewegungen unterdrücken lassen, mit höherer Verantwortung aus diesem Moralkatalog schmücken, dann ist höchste Vorsicht geboten, und die Folgen solchen Handelns, unter Gesichtspunkten der Pflichten und der Pflichtverletzungen, sind genauer zu betrachten. Wo ist der Gerichtshof, vor dem sie sich zu verantworten haben und der sie zur Rechenschaft ziehen kann? Den gibt es in solchen Fällen eben nicht. Wenn Politiker dieser Art, die keine bloßen Pragmatiker sein wollen und deshalb nach einer höheren Legitimation Ausschau halten, von Verantwortung sprechen, dann hat das meist nur metaphorischen Charakter. Ihre Fehler, die über Leben und Tod Hunderter oder Abertausender Menschen entscheiden, haben für ihre Lebenssituation (und nur darum geht es in einer Ethik, die nicht nur auf der Lauterkeit von Motiven gründet, sondern sich auf Handlungsfolgen richtet) in der Regel unvergleichlich weniger Folgen als das, was ein Schrankenwärter zu befürchten hat, der vergaß, den Hebel für die Bahnschranke im richtigen Augenblick zu bedienen: Entlassung und Gefängnis, wenn Menschen dabei zu Schaden kommen. Verantwortungsethiker wie Henry Kissinger entziehen sich durch die Macht, die sie besessen haben oder über die sie jetzt noch verfügen, irdischer Verantwortung und fallen unter die Generalamnesie vergeßlicher Bürger, worauf kein Arbeiter vertrauen darf, der pflichtvergessen oder unsachgemäß Maschinensysteme überwacht und wartet, wodurch Produktionsausfälle oder Unfälle verursacht werden. Wenn ich von Verantwortungsethik rede, dann meine ich diese konkrete Verantwortung im Handlungszusammenhang des Alltags.

Michael Schumann und Horst Kern sprechen von einer »neuen Bindequalität der Arbeit«, die dem Fluchtimpuls und der Instrumentalisierungstendenz entgegenwirke.[45] Die Aufhebung des Besonderen einseitig »dressierter Naturkraft« im Allgemeinen von Planungs-, Überwachungs- und Leitungsfunktionen spielt dabei eine entscheidende Rolle. Arbeit war, wie Schumann und Kern ausführen, das zentrale Medium und der integrierende Punkt für die Formulierung der Sozialcharaktere der bürgerlichen Gesellschaft. Körperlichkeit wiederholter Mühsal und konditionierte Fertigkeiten bestimmen den Leistungsbegriff, der für die Bildung der spezifisch proletarischen Sozialcharaktere kennzeichnend war. Der Verfall traditioneller Arbeitstugenden bewirkt eine Veränderung des Sozialcharakters des Arbeiters, also eine Veränderung seines Gesamtverhaltens, seines Selbst- und Wirklichkeitsverständnisses im Verhältnis zu Arbeit, Freizeit, Muße und Lebenserwartungen insgesamt. »Es nehmen die Möglichkeiten zu, sich über konkrete Arbeitsinhalte, vor allem über den Aufgabenzuschnitt und die Ausführungskonditionen, als Subjekte auf Arbeit zu beziehen. Darin sehen wir das wichtige neue Moment im Produzentenbezug auf Arbeit. ... Das Gefühl der Arbeiter für die neue Bindequalität von Arbeit mag übrigens dadurch geschärft werden, daß durch die wachsende Kommerzialisierung und Industrialisierung der Freizeit der Lebensraum außerhalb des Betriebes keineswegs eindeutig als positiver Kontrast zur industriellen Produktion erfahren werden muß. Aus der Perspektive entfremdeter, entleerter Freizeit könnte gerade ein gewandeltes ›Reich der Notwendigkeit‹ mehr Attraktion bekommen.«[46] Die Gleichung »Industriearbeit = Heteronomie, Entfremdung; Freizeit = Autonomie, Zeitsouveränität« geht eben nicht auf. Zu sehr sind beide Seiten miteinander verschränkt, ja sie entfalten aus sich heraus noch einmal eine eigentümliche Dialektik, die das jeweilige Gegenteil von dem hervortreibt, wovon ausgegangen wird und was in ihr angelegt ist. Gewinnt eine solche, den neuen Sozialcharakteren eigentümliche Verantwortungsethik des Individuums eine derartige Bedeutung für den Gesamtzusammenhang der Gesellschaft, so wird unter diesen Bedingungen die Herrschaft der toten Arbeit, der Maschinerie, über die lebendige Arbeit zu einem gesellschaftlichen Widersinn.

Die sich ausweitenden, häufig noch diffusen Rebellionen lebendiger Arbeitseigenschaften der Menschen nehmen einen unmittelbar politischen Charakter an. Denn die Verantwortung, die jeder einzelne Arbeiter gegenüber der in den Apparaten und Maschinensystemen vergegenständlichten allgemeinen Produktivkraft, das heißt der angewandten Wissenschaft trägt, ist eine politische Verantwortung. Sie ist nicht mehr auf das Zeitmaß verausgabter Arbeitskraft, die sich in Produkten darstellt, zurückzudrehen. Die Erzeugung des gesellschaftlichen Reichtums ist mehr ein Produkt verantwortungsbewußter Regulierungstätigkeit als Ausdruck unmittelbarer körperlich-geistiger Arbeit. Arbeit ist ihrer Struktur nach zu politischer Arbeit geworden, das heißt zu einer Form von Tätigkeit, deren Kooperationsgeist so sehr auf das Ganze bezogen ist, daß von außen kommende Herrschaftsverhältnisse diese Produktionstätigkeit nur noch stören, aber nicht fördern können.

Dort, wo in den fortgeschrittenen Industriezweigen eine Umdefinition des Arbeiters notwendig geworden ist, müßte sie folgendermaßen lauten: Aus dem Industriearbeiter des neunzehnten Jahrhunderts, der, indem er mit Materialien umging und sie zu Produkten umformte, nach dem Zeitmaß der Verausgabung von Hirn, Muskel, Nerv und Hand bestimmt werden konnte – aus diesem Arbeiter ist ein Regulator von Produktionsprozessen geworden, der nicht mehr auf die Anwendungsfähigkeit eines Detailgeschicks reduziert ist, einer ein für allemal erlernten Fertigkeit oder der körperlichen Hebelkraft, über die er verfügt, sondern bei dem diese Arbeitseigenschaften, die nach wie vor benötigt werden, eingebunden sind in das Grundvermögen technischer und organisatorischer Sensibilität, die gleichzeitig immer den Blick auf das Ganze der Vorgänge und Verhältnisse gerichtet hält.

Was Marx zu diesem Komplex gesagt hat, könnte heute geschrieben sein. Indem er eigensinnig die der kapitalistischen Produktionsweise eigentümliche Tendenz verfolgte, lebendige Arbeitskraft ununterbrochen durch tote Arbeit zu ersetzen (was er systematisch unter dem Titel »organische Zusammensetzung des Kapitals« begriff), trieb er die Entwicklung zu einem Punkt hin, an dem seine eigene

Wertlehre sich aufhebt, in der lebendige Arbeitskraft als einzige Quelle von Wert und Mehrwert verstanden wird. Während die tatsächliche Reichtumsproduktion heute an diesem Punkt angekommen zu sein scheint, war es für Marx allerdings unvorstellbar, daß eine solche Aufhebung ohne fundamentale Veränderung der gesellschaftlichen Gesamtstruktur, das heißt ohne revolutionäre Umwälzung erfolgen könne. Um zu zeigen, wie präzise Marx die Folgen radikaler Arbeitszeitverkürzung aufdeckt, möchte ich in diesem Zusammenhang mehrere Zitate aus dem Rohentwurf zum »Kapital« anführen, in denen das epochale Auseinandertreten von lebendiger Arbeit und Schaffung des gesellschaftlichen Reichtums verdeutlicht wird. Besondere Aufmerksamkeit verdienen die Äußerungen von Marx, weil sie in einer Zeit formuliert wurden, in der das gattungsgeschichtliche Privileg des Menschen, Monopolbesitzer der Verausgabung von Hirn, Muskel, Nerv und Hand zu sein, noch völlig unangetastet war, während heute doch mikroelektronische Kommunikationsapparate und Computersysteme diesen Monopolbesitz längst gebrochen haben und die vielfältig verwendbaren Denk- und Empfindungsaggregate, abgesehen von den Anwendungsgebieten der Großtechnologie, in Kleinformaten massenhaft in individuell-private Verfügung übergehen.

In der großen Industrie, schreibt Marx, »wird die Schöpfung des gesellschaftlichen Reichtums abhängig weniger von der Arbeitszeit und dem Quantum angewandter Arbeit, als von der Macht der Agentien, die während der Arbeitszeit in Bewegung gesetzt werden ... Der wirkliche Reichtum manifestiert sich vielmehr – und dies enthüllt die große Industrie – im ungeheuren Mißverhältnis zwischen der angewandten Arbeitszeit und ihrem Produkt ... Die Arbeit erscheint nicht mehr so sehr als in den Produktionsprozeß eingeschlossen [als stoffverändernde Tätigkeit, O. N.], als sich der Mensch vielmehr als Wächter und Regulator zum Produktionsprozeß selbst verhält. ... Er tritt neben den Produktionsprozeß, statt sein Hauptagent zu sein.«[47]

Diese Wächter- und Regulatorfunktion der lebendigen Arbeitskraft bestimmt keineswegs schon alle Produktionsprozesse der fortgeschrittenen Industriegesellschaften; aber die Tendenz zur Verallgemeinerung dieses Arbeits- und Arbeitertyps ist doch unverkennbar. Industrieroboter sind in praktisch allen Produktionszweigen auf dem Vormarsch, und sie bilden nur einen kleinen Ausschnitt aus dem Gesamtzusammenhang der Computertechnologie. Sie sind Vergegenständlichungen lebendiger Arbeit, in Gestalt angewandter lebendiger Wissenschaft ebenso wie in Gestalt praktisch-technischer Operationsphantasie. Einmal ausprobiert und technisch umgesetzt, lassen sie sich aus dem Gedächtnis der Menschen nicht wieder streichen. Daß tote Arbeit in letzter Instanz auf lebendige Arbeit zurückgeht, darf jedoch nicht vergessen werden; es sind die Zwecksetzungen der lebendigen Arbeit, die sich der toten Maschinerie bedienen, um vom Arbeitszwang wegzukommen und nicht, um ihn zu verewigen und sich der toten Arbeit zu unterwerfen. Auf einer Produktionsstufe aber, wo gesellschaftlicher Reichtum nicht mehr vorwiegend auf Vergegenständlichungen unmittelbarer Arbeitskraft beruht, sondern auf Regulierung, Kontrolle vergegenständlichter Produktionsprozesse, verliert das Zeitmaß der Verausgabung lebendiger Arbeitskraft als bestimmende Grundlage der gesellschaftlichen Produktion jede geschichtliche Legitimation. Marx spitzt diesen Widerspruch zwischen lebendiger und toter Arbeit, der der kapitalistischen Produktionsweise innewohnt, zu einem dialektischen Explosionspunkt zu, indem er die wachsende Unverhältnismäßigkeit zwischen beiden hervorhebt.

»In dieser Umwandlung ist es weder die unmittelbare Arbeit, die der Mensch selbst verrichtet, noch die Zeit, die er arbeitet, sondern die Aneignung seiner eigenen allgemeinen Produktivkraft, sein Verständnis der Natur, die Beherrschung derselben durch sein Dasein als Gesellschaftskörper – in einem Wort die Entwicklung des gesellschaftlichen Individuums, die als der große Grundpfeiler der Produktion und des Reichtums erscheint. Der Diebstahl an fremder Arbeitszeit, worauf der jetzige Reichtum beruht, erscheint miserable Grundlage gegen diese neuentwickelte, durch die große Industrie selbst geschaffen. Sobald die Arbeit in unmittelbarer Form aufgehört hat, die große Quelle des Reichtums zu sein, hört und muß aufhören die Arbeitszeit sein Maß zu sein und daher der Tauschwert (das Maß) des Gebrauchswerts. Die Surplusarbeit der Masse hat aufgehört Bedingung für die Entwicklung des allgemeinen Reichtums zu sein, ebenso wie die Nichtarbeit der Wenigen für die Entwicklung der allgemeinen Mächte des menschlichen Kopfes. Damit bricht die auf dem Tauschwert ruhende Produktion zusammen, und der unmittelbare Produktionsprozeß erhält selbst die Form der Notdürftigkeit und Gegensätzlichkeit abgestreift.«[48]

Der Produktionsprozeß streift die Form der Notdürftigkeit ab, weil genügend gesellschaftlicher Reichtum vorhanden ist, der für ein vernünftiges Leben aller ausreicht, wenn er gerecht verteilt ist. Und er streift die Gegensätzlichkeit ab, weil alle Voraussetzungen dafür geschaffen sind, daß lebendige Arbeit die tote Arbeit nach gesellschaftlichen Zwecken kontrolliert und organisiert und nicht umgekehrt. Der Mensch hört auf, bloßes Anhängsel der Warenproduktion zu sein und von den Verhältnissen als unvermeidliches Übel mitgeschleift zu werden. Die Herrschaft der toten Arbeit über die lebendige, erfahrbar in vielen sinnfälligen Verkörperungen von Maschinerie und Fabrikhallen, von wuchernden Städten und Verkehrssystemen, untrügliches Zeichen des Wachstumsprozesses der Produktivkräfte, mochte historisch einmal verknüpft gewesen sein mit dem allgemeinen menschlichen Fortschritt, jetzt aber hat der mechanische Selbstlauf der Akkumulationslawine eine Gewalt angenommen, durch die sie mit der Gesellschaft, deren Produktionsgrundlage durch Krisen und Katastrophen erschüttert wird, gleichzeitig die menschlichen Zwecke und die Entfaltungsmöglichkeiten der Individuen unter sich zu begraben droht.

Die schöpferischen Potentiale der lebendigen Arbeit zu erweitern und freizusetzen ist die einzige wirkliche Alternative zur vorherrschenden toten Arbeit, darin besteht der ganze Zweck von Arbeitszeitreduktionen. »Die freie Entwicklung der Individualitäten, und daher nicht das Reduzieren der notwendigen Arbeitzeit, um Surplusarbeit zu setzen, sondern überhaupt die Reduktion der notwendigen Arbeit der Gesellschaft zu einem Minimum, der dann die künstlerische, wissenschaftliche etc. Ausbildung der Individuen durch die für sie alle freigewordne Zeit und geschaffnen Mittel entspricht.«[49] Lebendige Arbeit muß dem Kapital entzogen werden, um Medium der Krisenbewältigung zu sein. Denn es ist ja nicht der Mangel an Kapital, der die Krise auslöst, sondern der Überfluß und vor allem die Struktur, die so angelegt ist, daß für wachsende Produktion relativ und absolut weniger lebendige Arbeit angesaugt wird. Die freigewordene Zeit in irgendeiner vermittelten Weise wiederum zur Mehrwertproduktion und zur Kapitalisierung zu verwenden würde also das Übel nicht abschaffen, sondern es nur auf eine andere Ebene verschieben; das ist ja, wie wir gesehen haben, der Hauptmechanismus von Krisenlösungen innerhalb der vom betriebswirtschaftlichen Denken dominierten Ersten Ökonomie.

Marx beharrt darauf, daß dieser Widerspruch zwischen der überwältigenden Entfaltung der Produktivkräfte und der Ersetzung unmittelbar lebendiger Arbeitskraft kein dem Kapital fremder Widerspruch ist, der etwa durch verfehlte staatliche Wirtschafts- und Sozialpolitik bedingt wäre, sondern daß er die Wesenslogik des Kapitals ausmacht. Dieser Widerspruch kann deshalb auch nicht durch bloße staatliche Reparaturmaßnahmen beseitigt werden.

»Das Kapital ist selbst der prozessierende Widerspruch (dadurch), daß es die Arbeitszeit auf ein Minimum zu reduzieren stört, während es andererseits die Arbeitszeit als einziges Maß und Quelle des Reichtums setzt. Es vermindert die Arbeitszeit daher in der Form der notwendigen, um sie zu vermehren in der Form der überflüssigen; setzt daher die überflüssige in wachsendem Maß als Bedingung ... für die notwendige. Nach der einen Seite hin ruft es also alle Mächte der Wissenschaft und der Natur, wie der gesellschaftlichen Kombination und des gesellschaftlichen Verkehrs ins Leben, um die Schöpfung des Reichtums unabhängig (relativ) zu machen von der auf sie angewandten Arbeitszeit. Nach der anderen Seite will es diese so geschaffenen riesigen Gesellschaftskräfte messen an der Arbeitszeit, und sie einbannen in die Grenzen, die erheischt sind, um den schon geschaffenen Wert als Wert zu erhalten. Die Produktivkräfte und gesellschaftlichen Beziehungen – beides verschiedene Seiten der Entwicklung des gesellschaftlichen Individuums – erscheinen dem Kapital nur als Mittel, und sind für es nur Mittel, um von seiner bornierten Grundlage aus zu produzieren. In fact aber sind sie die materiellen Bedingungen, um sie in die Luft zu sprengen.«[50]

In der Tat sind die massierten Gesellschaftskräfte, von deren wirklichen Dimensionen Marx noch gar keine Ahnung hatte, an den seit Jahrhunderten bestehenden Maßstäben unmittelbarer Arbeitszeit, auf deren Grundlage über Gewinn, über eigene und enteignete Zeit entschieden wird, kaum noch zu messen. Atomindustrie, Mikroelektronik, der ganze Bereich der Kommunikationstechnologien – das sind keine bloßen Verlängerungen und Erweiterungen von Dampfmaschinen und den chemischen Experimentalergebnissen, welche das neunzehnte Jahrhundert hervorgebracht hat, und schon gar nicht irgendwelche Organergänzungen oder Organverlängerungen der Menschen, womit das prinzipiell Fremdartige der Technik etwa von der konservativen Anthropologie Arnold Gehlens in die anheimelnde Nähe der

Menschen zurückgebracht werden soll. Es sind in jeder Hinsicht neue Technologien, sowohl in der gegenständlichen, ganz und gar unorganischen Gewalt ihrer möglichen Zerstörungskraft als auch in ihren Emanzipationsmöglichkeiten.

Marx hat offenbar diese Doppelbedeutung der steinbruchartig angehäuften Gesellschaftskräfte immer im Auge, wenn er von den entfalteten materiellen Bedingungen spricht, welche die bornierte Grundlage der bürgerlich-kapitalistischen Gesellschaft in die Luft sprengen. Er hatte aber offensichtlich die Hoffnung, daß es zu einer solchen explosiven Zuspitzung des Widerspruchs nicht kommen werde, weil die proletarische Revolution vorher diese Gesellschaftskräfte bereits unter die kollektive Verfügung der Gesamtgesellschaft gebracht hat. Das hat sich als Irrtum erwiesen. Die Selbstzerstörung der ganzen Gesellschaft, ja der Lebensgrundlagen der menschlichen Gattung ist in greifbare Nähe gerückt. Auch diese Perspektive überschreitet den Vorstellungshorizont von Marx bei weitem. Er hat es für möglich gehalten, daß bei einem Mißlingen der Revolution beide Klassen, die herrschende wie die unterdrückte, untergehen; daß sie jedoch bei diesem Untergang die Lebensgrundlagen für kommende Generationen zerstören könnten, war für Marx vorstellbar allenfalls als Naturkatastrophe, die den ganzen Erdplaneten erfaßt, aber nicht mit Hilfe der von Menschen selbst erzeugten Maschinen und ihres Organisationswissens.

Ist die unmittelbare Arbeitszeit, die dem Arbeiter abverlangt wird, nicht mehr die Grundlage zur Erzeugung des gesellschaftlichen Reichtums, dann wird das Kapital als schmale Gasse, durch die diese massenhaft aufgehäuften Gesellschaftskräfte geschleust und reguliert werden sollen, auch in den Formen zu einem Krisenbeschleuniger, in denen es seinen rein privaten Charakter bereits abgestreift und in Vorformen der Vergesellschaftung (zum Beispiel den Aktiengesellschaften) eine mögliche kollektive Verfügung der Produktivkräfte vorbereitet hat. Die miserable und bornierte Grundlage, von der aus produziert und verteilt wird, bleibt jedoch auch unter diesen Bedingungen kapitalistischer Vergesellschaftungen erhalten. Sie kann nur überwunden werden, wenn das gesamte System gesellschaftlicher Arbeit verändert wird. Die Freisetzung sozialer Phantasie, Überlegungen, Tendenzbeschreibungen, Entwürfe, in welchen vielgestaltigen Formen lebendige Arbeit heute bereits existiert und in naher Zukunft auftreten wird, das alles sind unerläßliche Voraussetzungen für diese Veränderung. Eine ökonomische Vernunft, für die das Gemeinwesen der substantielle Gegenpol zum Privatinteresse ist und im Status nicht weniger freiheitsverbürgend als die um das Individuum gelegten Schutzzonen, bedarf ganz eigentümlicher und höchst sensibler Vergesellschaftungsformen.

Der Begriff der Vergesellschaftung ist vieldeutig und eignet sich deshalb in besonderer Weise als politischer Kampfbegriff. Vergesellschaftung des Menschen wird leicht dahingehend aufgefaßt, daß die zunehmende gesellschaftliche Integration der Individuen als ein unumkehrbarer Prozeß angestrebt sei, an dessen Ende das völlige Aufzehren ihrer individuellen Besonderheit steht. Auf dem kulturgeschichtlichen Boden Deutschlands ist Vergesellschaftung zudem mit einem Akzent der Abwertung versehen worden. »Vergemeinschaftung«, der polemische Gegenbegriff, verspricht die Gefühlsqualität der Nähe, der Entfaltung all dessen, was die wirklichen menschlichen Bedürfnisse in Form eines sittlichen und konfliktlosen Gemeinwesens fortführt und produktiv befestigt. Vergesellschaftungshandeln dagegen ist immer auf Organisationen und Verbände, auf Staat und Ökonomie bezogen und scheint sich als etwas strukturell Fremdes, sogar Kaltes und Totes auf den Lebensprozeß der Menschen zu legen. Soll Gemeinschaft die bloße Erweiterung der individuellen Intimität zu gemeinsamem Handeln in Gruppen und ganzen Völkern ermöglichen, so wird Gesellschaft gerade daran gemessen, daß sie entindividualisiert, also die auf Dauer zu sichernden Institutionen über die wechselnden Bedürfnis- und Gefühlslagen der Menschen stellt.

Diese Charakterisierung von Vergesellschaftung setzt jedoch ein abstraktes, zuletzt unwandelbares Gegenüber von Gesellschaft und Individuum voraus, so als würden zwei voneinander unabhängige Wesenheiten einen Kampf um Einflußsphären führen. Ein solcher Kampf kann tatsächlich stattfinden, aber als positive Auseinandersetzung in einer gegebenen Konstellation beider, nicht als ein gleichsam ewiges Ringen zwischen einer vorgesellschaftlichen Natur des Menschen und der ihr gegenüberstehenden Gesellschaft. Auch das Innere des Menschen, das Unwiederholbare und Unaustauschbare an seiner Individualität, das seine Einspruchs- und Widerstandsmöglichkeiten gegen die Gesellschaft mit bestimmt, ist in einem so hohen Grade gesellschaftlich vermittelt und in seinen spezifischen Ausdrucksformen kulturell geprägt, daß die biologische bzw. gattungsgeschichtliche Ausstattung der Individuen demgegenüber eher als Naturrohstoff der vergesellschaftenden Arbeiten betrachtet werden muß.[51]

Marx hat diesen Gesichtspunkt, indem er die sich gegenseitig bedingenden Abstraktionen des Feuerbachschen Materialismus und der idealistischen Persönlichkeitstheorie einer Kritik unterzog, ins Zentrum der Dialektik von Individuum und Gesellschaft gerückt: »Es ist vor allem zu vermeiden, die ›Gesellschaft‹ wieder als Abstraktion dem Individuum gegenüber zu fixieren. Das Individuum ist das gesellschaftliche Wesen. Seine Lebensäußerung – erscheint sie auch nicht in der unmittelbaren Form einer gemeinschaftlichen, mit anderen zugleich vollbrachten Lebensäußerung – ist daher eine Äußerung und Bestätigung des gesellschaftlichen Lebens.«[52] Das ist ein Existentialurteil: Die Besonderheit macht den Menschen zum Individuum; und zwar als Kategorie realer Praxis, nicht nur in der Idee. Das Recht dieser Besonderheit ist ein Produkt der neuzeitlichen Geschichte. Vergesellschaftung der Produktion durch Vervielfältigung von Arbeitsteilung und Kooperation sowie gesellschaftlicher Verkehr der austauschenden und handelnden Subjekte auf der Stufenleiter der großen Industrie lösen die individuelle Besonderheit nicht auf, sondern schaffen sie erst: Erst sie machen die Menschen zu individuellen Gemeinwesen, die ihre Autonomie in dem Maße gewinnen, wie sie den gesellschaftlichen Reichtum nicht nur in Objekten anschauen können, sondern über eigene, subjektive Aneignungs- und Ausdrucksmittel dieses Reichtums verfügen.

Es gehört zur tragischen Entwicklung des Marxismus im zwanzigsten Jahrhundert, daß dieser humane Grundgedanke völlig pervertiert wurde. In dem Maße, wie die Marxsche Gesellschaftstheorie ihre Substanz als Kritik verlor und zu einer Legitimationswissenschaft für gesellschaftliche Modernisierung und treibhausmäßig nachgeholte Industrialisierung wurde, erstarrte die Dialektik von Individuum und Gesellschaft, die ja, philosophisch gesprochen, ihr prozeßhaftes Leben gerade daraus bezieht, daß in jedem Akt der Versöhnung neue Widersprüche entstehen und also Nicht-Identisches mitproduziert wird. Hat das Individuum einmal das Licht der geschichtlichen Welt erblickt, hat es sich als selbständige Kraft aus den Banden naturwüchsiger Gemeinschaften gelöst, so behält es sein Recht, Freiheit und Eigensinn auch gegenüber der Gesellschaft, der es entsprungen ist.

Von diesem Tatbestand ging die Marxsche Theorie aus. Zu seiner Verteidigung konnte sich die Kritik darauf konzentrieren, den objektiven Schein des Absolutheitsanspruchs der Subjekte ideologiekritisch zu denunzieren. Was als Kritik an der Bewußtseinsphilosophie und der idealistischen Subjekttheorie intendiert war und zu der fatalen Formel politisch zugespitzt wurde, der Mensch sei das »Ensemble gesellschaftlicher Verhältnisse«, konnte unter den Bedingungen einer rückständigen Gesellschaftsordnung, unter der das Individuum erst im Entstehen begriffen war, zum Einwand gegen den gesellschaftlichen Eigensinn des Subjekts gemacht werden. Das Allgemeine, die Gesellschaft, wird wieder in den Rang eines naturwüchsigen Gemeinwesens erhoben, für das die Individuen nur Anhängsel sind – eine blutig-ironische Verkehrung des Wahrheitsgehalts des Marxschen Denkens, das ja gerade vom historisch gewordenen individuellen Gemeinwesen ausgegangen war.

An diesem Punkt setzt nun ein ganz anderer Mechanismus in der Vergesellschaftung des Menschen ein. Er beruht auf einer politisch bewußten Planung, die das wiederherstellt, was Marx vermeiden wollte: die ›Gesellschaft‹ als eine übermächtige Abstraktion dem Individuum gegenüber zu fixieren. Die darin angelegte Störung einer lebendigen Dialektik von Individuum und Gesellschaft, aus deren grundsätzlicher Widersprüchlichkeit nicht herauszuspringen ist, produziert jetzt als falsche Versöhnung eine Reihe anderer Widersprüche, die ich hier in ihren soziologischen Verästelungen nicht entfalten, lediglich in ihren politischen Konsequenzen benennen kann.

Jeder Versuch, die Menschen von oben her zu vergesellschaften, ohne den zivilisatorisch ausgebildeten Stand des Individualismus in den historisch gleichzeitig fortgeschrittenen Ländern zu berücksichtigen, der Versuch, die Stufe der Individualisierung von Rechten und Freiräumen unter den jeweils historisch spezifischen Lebensbedingungen einer Gesellschaft zu überspringen, ist zum Scheitern verurteilt. Die Entscheidung einer Gesellschaft, den Weg der industriellen Produktion zu beschreiten, ist unabdingbar an die Notwendigkeit geknüpft, mit der gesellschaftlichen Produktion zugleich das individuelle Gemeinwesen zu entfalten; die Menschenrechte der Privatsphäre müssen als Schutzrechte des Individuums gegenüber Staat und Gesellschaft verankert werden. Das Versprechen politischer

Machtapparate, die wirklich gesellschaftlichen Eigenschaften der Menschen freizusetzen, hat deren tatsächliche historisch-praktische Entfaltung zur Voraussetzung. Das je Eigene des Menschen ist zwar bis ins Innerste durch Gesellschaft konstituiert, aber es ist weder bloßer Schnittpunkt noch die Summe gesellschaftlicher Verhältnisse. Wenn Marx davon spricht, daß nur in der Gesellschaft der Mensch sich vereinzeln könne, so benennt er ein unverzichtbares Privileg, das die Individuen in der modernen Gesellschaft genießen und das ein historisches Minimum der Emanzipation darstellt. Es ist gegenüber allen traditionalen Ordnungen zu verteidigen wie auch gegenüber denjenigen, die Vergesellschaftung zum standardisierten Verhaltensmuster von Volksgemeinschaften pervertieren wollen.

Selbstaufklärung der Aufklärung in Zusammenhängen, in denen es um den politischen Ausdruck von gesellschaftlichen Fähigkeiten und Eigenschaften der Individuen geht, muß deshalb auf der Erkenntnis bestehen, daß nur von einer befriedigten Individualität, durch die Pflege und den Schutz von Intimität, Kräfte freigesetzt werden können, die den Menschen als gesellschaftlichen Wesen zugute kommen und eine stabile kollektive Regelung ihrer Angelegenheiten ermöglichen. Das Bedürfnis nach politischer Kollektivität muß von den Menschen selbst reklamiert werden und kann nicht bloßes Resultat der politischen Programmatik von Machtapparaten sein. In den Menschen muß ein ununterdrückbares Bedürfnis danach entstehen, daß sie durch politische Formen der Vergesellschaftung und durch eine auf das Gemeinwesen gerichtete gesellige Kommunikation zu ihren Privatverhältnissen etwas hinzugewinnen; daß der andere Mensch ihnen zum politischen Bedürfnis geworden ist.

Überall dort, wo den Menschen die kollektiven Sinne von außen aufgeredet werden, wo so getan wird, als wäre die Verantwortung vor dem Kollektiv wichtiger, produktiver und befriedigender als die Verantwortung vor sich selbst, lösen sich ganze Schichten ihrer Persönlichkeit aus diesen Zwangsvergesellschaftungen und gewinnen die Tendenz, die verdrehtesten Ausdrucksformen anzunehmen. Das war der Fall in fast allen Ländern des »realen Sozialismus«.

Da sich dort ein Schwarzmarkt der Träume und der Wünsche herausbildet, die sich im Privaten verbarrikadieren, kann man buchstäblich davon sprechen, daß die eine Gesellschaft in zwei gegeneinander hermetisch abgeriegelte Gesellschaften zerfällt: In der einen verbringen die Menschen ihren Alltag, üben Funktionen aus, unterschreiben gesellschaftliche Selbstverpflichtungen (auch die der Zusammenarbeit mit der Stasi, ohne viel Schuldgefühle) und Solidaritätserklärungen, erwecken also öffentlich den Anschein, als wäre die Zeugung des politischen Menschen endlich massenhaft geglückt; in der zweiten Gesellschaft leben sie ihre individuellen Hoffnungen und Träume aus. Ob sich das innere Gemeinwesen der Phantasietätigkeit und der Alltagsutopien nun in die Religion, in den Alkohol oder in die Datscha flüchtet oder ob es in Phantasien vom goldenen Westen und entsprechenden Fluchtimpulsen zum Ausdruck kommt, ist gemessen daran, daß privates und öffentliches Leben völlig auseinanderfallen, ziemlich gleichgültig. Diese Tendenz der Aufspaltung wird im übrigen auch dadurch bestätigt, daß in allen Gesellschaftsordnungen, in denen es eine entfaltete Ökonomie und industrielle Produktion auf hohem technischen Niveau gibt, Emanzipationsbewegungen immer auch individuelle Rechte und den Schutz der Persönlichkeitssphäre einklagen.

Widersprüchliches im Begriff der Menschenrechte*

Die Wiederaneignung eines Sprach- und Symbolspektrums, das im Normalvollzug funktionierender Herrschaftsverhältnisse enteignet wurde, ist für alle Emanzipationsbewegungen, die sich der Kritik als eines Aufklärungsmittels bedienen, von entscheidender Bedeutung. Denn die Vervielfältigung der lebendigen Ausdrucksmedien, die auf unmittelbare Interessen zurückgehen, aber sich nicht in deren Wiederholung erschöpfen, ist eine Grundbedingung für die geistig-moralische Kampffähigkeit von Menschen, die entschlossen sind, ihre Not zu wenden, und doch nicht so recht sehen, wie sich ihre kleinen Alltagsschritte mit Zukunftsperspektiven vermitteln lassen. Sie haben ein praktisches Gefühl dafür, daß die alten Worte und Begriffe, die Sachverhalte, auf die sie gemünzt waren, nicht mehr problemlos treffen. Aber neue, zur Außenweltstabilisierung taugende Symbolorientierungen sind noch nicht vorhanden. Brecht hat von den Begriffen als den Griffen gesprochen, mit denen Dinge und Verhältnisse in Bewegung gesetzt werden – ganz entsprechend dem Verhalten eines Handwerkers, der Werkzeuge benutzt, um dem vorliegenden chaotischen Material bearbeitungsfähiger Rohstoffe eine Gestalt zu geben, die den von ihm gesetzten Zwecken entspricht. Gehen diese Griffe verloren, büßen auch die Begriffe und Worte ihre verläßliche Wirkungsweise ein.

Der Kampf um Menschenrechte beginnt mit dem Kampf um den Begriff der Menschenrechte. Denn es war immer ein wesentliches Instrument der herrschenden Klassen und Schichten, den Menschen, die sich ihrer Unterdrückung bewußt werden und sich emanzipieren wollen, die Ausdrucksmittel ihrer politischen Sprache, die immer zugleich erfahrene Verletzungen aufbewahrt und Hoffnung auf ein besseres Leben enthält, zu enteignen. Gilt das Eingeständnis einer Gesellschaft, daß in ihr Gewaltverhältnisse existieren, für nicht weniger als das öffentliche Eingeständnis eines

---

* Dieser Exkurs geht zurück auf einen Grundsatzartikel, den ich für das von mir mitbegründete »Komitee für Grundrechte und Demokratie« geschrieben habe. Der vollständige Aufsatz ist erschienen in: »Freiheit und Gleichheit. Streitschrift für Demokratie und Menschenrecht«, Heft 3, Oktober 1981.

Legitimationsmangels von Herrschaft, so trifft dieses Realitätsverbot für Begriffe im Grunde das ganze Symbolspektrum der politischen Frage, um die sich kritisches Verhalten und Denken organisiert. Als er verschiedene Lesarten von Berufsverbot analysierte, hat der Rechtswissenschaftler Dieter Sterzel von einem Wort- und Terminologieverbot gesprochen, das sich in unserer Gesellschaft breitmacht. Da der in solchen politischen Begriffen enthaltene geschichtliche Erfahrungsgehalt nicht austauschbar ist, kann es nicht gleichgültig sein, welche dieser in der Regel auch gefühlsmäßig besetzten Begriffe im Emanzipationskampf verwendet werden. »Der Liberalismus hatte den Juden Besitz gewährt, aber ohne Befehlsgewalt. Es war der Sinn der Menschenrechte, Glück auch dort zu versprechen, wo keine Macht ist.«[53]

Wir sollten uns wieder angewöhnen, Worte wie Würde, Unverletzlichkeit der Person, Menschlichkeit und Lebensrechte in jenen elementaren Bedeutungsgehalten aufzufassen, wie sie sich in der großen Philosophie finden. Die Entmythologisierung der Sprache ist ein Vorgang, der kein abschließbares Ende hat – es sei denn, man betrachtet den Mythos bloßer Tatsachen, in dem jede Spannung zwischen Begriff und Wirklichkeit aufgezehrt ist, als den erfüllten Endzweck unserer Erkenntnisbemühungen. Im Grunde geht es aber gar nicht nur um Begriffe und Worte, die mißbraucht wurden und unscharf geworden sind, sondern um Zweifel an der zugrundeliegenden Sache. Max Horkheimer hat diese Verletzung der Sachverhalte am Beispiel des Wortes Humanität in einer Geschichte plastisch verdeutlicht: »Ein angesehener Gelehrter, der mit dem Sozialismus sympathisiert, hörte bei einem wissenschaftlichen Tischgespräch einen unbefangenen Teilnehmer von Menschlichkeit sprechen. Er erglühte sogleich in edlem Zorn und wies den Ahnungslosen zurecht: Der Begriff der Menschlichkeit, der ›Humanität‹, sei durch die übelste kapitalistische Praxis, die ihn durch Jahrhunderte als Deckmantel benützte, entehrt und inhaltslos geworden. Anständige Menschen könnten ihn nicht mehr ernsthaft gebrauchen, sie hätten aufgehört, das Wort in den Mund zu nehmen. Ich dachte: ›Ein radikaler Gelehrter! Nur – welcher Bezeichnungen für das, was gut ist, sollen wir uns dann noch bedienen dürfen? Sind sie nicht alle durch einen die schlechte Praxis verschleiernden Gebrauch so entehrt wie der

Ausdruck Humanität!‹ – Einige Wochen später erschien ein Buch von diesem Gelehrten über die Wirklichkeit des Christentums. Zuerst war ich überrascht, dann fand ich: er hatte gar nicht das Wort, sondern die Sache verworfen.«[54]

Im objektiven Schein von Irrelevanz, der die symbolische und praktische Stellung der Menschenrechte in den sozialen und politischen Konfliktfeldern der Bundesrepublik Deutschland bestimmt, sind zwei komplementär zueinander stehende Mechanismen wirksam: Ausgrenzung und Integration. Wollen wir, über die auf Sprache gerichtete Wiedergutmachung hinausgehend, die Kulturbedeutung der Menschenrechte und die alltägliche Umgangsweise, durch die sie praktisch werden, für unsere Verhältnisse zurückgewinnen, so ist es notwendig, entgegengesetzte Bewegungsrichtungen der analytischen Trennung zu beschreiben.

Menschenrechte, die noch vor wenigen Jahrzehnten als ausschließliche Angelegenheit innerstaatlicher Rechtsordnung betrachtet und vergeblich in völkerrechtlichen Lehr- und Handbüchern gesucht wurden bzw. sich ganz auf Regeln des zwischenstaatlichen Verkehrs beschränkten, sind in internationale Gremien ausgegliedert und dienen hier, in ihrer abstrakt-deklarativen Gestalt, als pragmatisch handhabbare Legitimationsinstrumente für die Festlegung wechselnder Freund-Feind-Verhältnisse. Da eine auf den Druck der Weltöffentlichkeit gerichtete Ächtung die einzige Sanktionsgewalt ist, die ihnen Geltung verschaffen kann (es sei denn, man entschließt sich zu militärischen Aktionen), findet von vornherein eine Selektion jener Artikel der Menschenrechtsdeklarationen statt, die spektakuläre Aufmerksamkeit versprechen. In der Regel geht es in diesen Schutzrechten darum, die Integrität des Körpers zu bewahren: Folter, Sklaverei, Völkermord, mitunter willkürliche Verhaftung und Asylverweigerung. Die Richtung dieser Sanktionen lag jahrzehntelang fest: Es waren überwiegend Länder der Dritten Welt und des Ostblocks, die auf der Anklagebank saßen. Diese Überpolitisierung durch Vereinseitigung muß auf Dauer jedoch zu einer Entwertung der Menschenrechte führen. Werden die Menschenrechtserklärungen als unteilbares Ganzes genommen, was die einzige Möglichkeit wäre, ihren Substanzgehalt zu sichern, so müssen sie vom Himmel dieser Deklarationen heruntergeholt, spezifisch und konkret umgewichtet und dann auch auf die Verhältnisse jener Länder angewandt werden, in denen sie im Zuge der bürgerlichen Revolution und der Teilkodifizierung ihrer Errungenschaften entstanden sind.

Das ist der eine Akt der Trennung: Die Menschenrechte müssen aus ihren international fixierten Anwendungsgebieten gelöst werden und ihren wirklichen universellen Charakter zurückgewinnen. Die umgekehrte Bewegungsrichtung der Trennung, die demselben Zweck der Konkretisierung dient, ist nötig, um die Menschenrechte aus dem kompakten Realitätszusammenhang zu lösen, in den sie, aus der Furcht, unverbindlich zu sein, seit Gründung der Bundesrepublik immer stärker integriert und am Ende schließlich zum Verschwinden gebracht wurden – nicht nur verfassungsrechtlich, sondern, was weit folgenreicher ist, durch Herstellung einer durch und durch integrierten gesellschaftlichen Wirklichkeit selbst. Sie als Rechte von besonderem Geltungsumfang und von unverwechselbarer Bedeutung für Prozesse der Selbstbestimmung sichtbar und für den einzelnen erfahrbar zu machen, setzt eine Trennung aus dem Schwerefeld einer in dieser Weise geschlossenen Realität voraus.

Die Dreiteilung der Menschenrechte und ihre Anfälligkeit für Mißbrauch

Die Erfahrung des Faschismus und anderer totalitärer Regime, die innerstaatliche Greueltaten an einzelnen und Massenmord an Minderheiten begehen, für die keinerlei rechtliche Appellationsinstanz bestand, ist ein wesentlicher Grund dafür, daß in den letzten Jahrzehnten eine Internationalisierung der Menschenrechte betrieben wurde, ganz ungeachtet der Staatsangehörigkeit einzelner Betroffener. Einer der Gründe für die Menschenrechtsdeklarationen mag auch darin bestanden haben, daß in einem positivistischen Zeitalter naturrechtliche oder religiöse Rechtfertigungsinstanzen von Rechten schwach geworden sind, so daß sie, über innerstaatliche Kodifizierungen hinaus, wenigstens der deklarativen Verankerung bedürfen. Achtung der Menschenrechte ist, im Idealfall, Angelegenheit aller Menschen und fällt nicht mehr ausschließlich in die Zuständigkeit der Mitgliedsstaaten. Wenn es nicht anders geht, räumen Deklarationen, deren wichtigste die »Allgemeine Erklärung der Menschenrechte« vom 10. Dezember 1948 in der UN-Vollversammlung und die Europäische Menschenrechtsdeklaration vom 4. November 1950 sind, dem einzelnen Menschen die Möglichkeit ein, vor völkerrechtlichen Instanzen auch gegen seinen eigenen Heimatstaat vorzugehen.

Es wäre unklug und gefährlich, diese Menschenrechtsdeklarationen gering zu achten. Niemand weiß, wie viele Menschen sie als letzte Hoffnung betrachten, aus Elend und Entwürdigung herauszukommen. Gleichwohl liegen die einzelnen Artikel auf so unterschiedlichen Ebenen und haben einen so verschiedenen Härtegrad der Verpflichtung und der Tatbestandsfeststellung von Verletzungen, daß sie jeder Regierung einen weiten Spielraum für Manipulationen gewähren. Die Reagan-Administration hatte zum Beispiel, in offenkundiger Absicht, das Waffenlieferungsverbot für bestimmte Länder zu unterlaufen, Chile und Argentinien von der Liste der Staaten streichen lassen, die die Menschenrechte fortwährend verletzen.

Als Jimmy Carter in den Wahlkampf für seine Präsidentschaft eintrat, setzte er eine Menschenrechtskampagne in Gang, die zunächst wohl hauptsächlich auf die Interessen der in Armut und Elend lebenden ethnischen Minderheiten im eigenen Land gemünzt war, sich während seiner Regierungszeit jedoch sehr schnell vom höchst konfliktreichen innenpolitischen Schauplatz abwandte und überwiegend auf kommunistische Staaten, vereinzelt auch auf Terrorregime der Dritten Welt richtete.

Jedes Land hat seine eigenen Menschenrechtsprobleme. Solange das nicht ins öffentliche Bewußtsein eingedrungen ist, bleiben die Menschenrechtsdeklarationen in sich gespalten. Tatsächlich zeigen sie eine innere Dreiteilung, die leicht internationalen Frontbereichen zuzuordnen ist. Eine erste Gruppe bilden die bereits genannten Artikel, die den Schutz körperlicher Unversehrtheit betreffen, Verbot der Folter usw. Die zweite Gruppe umfaßt bürgerliche Freiheiten der politischen Beteiligung, wie Versammlungs-, Vereins-, Meinungsfreiheit usw. Menschenrechte der dritten Kategorie sind individuelle und soziale Emanzipationsrechte; sie gehen über bloße Schutzrechte und die Verteidigung des rechtlichen Besitzstands hinaus, weil ihr Sinn gerade darin besteht, einen bestimmten Umkreis geistiger und materieller Bedingungen zu schaffen, der die Entwicklung schutzwürdiger Interessen und Objekte allererst ermöglicht. Wie anders könnte sonst Artikel 3 der »Allgemeinen Erklärung der Menschenrechte« (1948) verstanden werden? Er hält lapidar fest: »Jeder Mensch hat das Recht auf Leben, Freiheit und Sicherheit der Person.« Jeder Mensch hat das Recht auf einen Ausstattungsbestand von Lebensbedingungen, von konstituiertem Gemeinwesen für politische Freiheitsfähigkeit und von individuellen Sicherheitsvorkehrungen, der der Kulturstufe und dem objektiven Reichtum der Gesellschaft, deren Mitglied er ist, angemessen ist, damit er das in Artikel 1 geforderte, ihm als Gattungswesen eigentümliche Leben zu führen imstande ist: in Würde, mit aufrechtem Gang also, Vernunft und Gewissen gebrauchend, um Konflikte zu lösen und schließlich im Geiste der Brüderlichkeit anderen Menschen zu begegnen.[55]

In einigen Artikeln wird dieses Recht auf Selbstverwirklichung und Entfaltung der Gattungsanlagen in der Gesellschaft ausdrücklich erwähnt. »Jeder Mensch hat als Mitglied der Gesellschaft ... Anspruch darauf, ... in den Genuß der für seine Würde und die freie Entwicklung seiner Persönlichkeit unentbehrlichen wirtschaftlichen, sozialen und kulturellen Rechte zu gelangen« (Artikel 22). Es kann nicht geschützt werden, was erst hergestellt werden muß, es sei denn der Prozeß dieser Herstellung, was im höchsten Maße Sinn hat. Das »Grundgesetz« unterstellt Würde, als wäre sie gegeben, eine vorgesellschaftliche Tatsache, der gegenüber alle staatliche Gewalt lediglich zu Achtung und Schutz verpflichtet ist. In der Menschenrechtsdeklaration werden dagegen die objektiven Chancen für ein würdevolles Leben (und, was keineswegs unwichtig ist, damit wohl auch des Sterbens) mit benannt. Schutz der Würde ohne Schutz der Bedingungen, unter denen ein Leben in Würde möglich ist, ist eine durch und durch hohle Forderung. Dasselbe gilt auch für Artikel 23, der zunächst das Recht auf Arbeit festlegt (das im Grundgesetz übrigens fehlt), zusätzlich »Schutz gegen Arbeitslosigkeit« zum Menschenrecht erhebt, dann aber Arbeit und Entlohnung an eine präzise Voraussetzung knüpft: Sie müssen »ihm und seiner Familie eine der menschlichen Würde entsprechende Existenz sichern«, wozu konkret das Prinzip des gleichen Lohns für gleiche Arbeit genannt wird. Es wäre jedoch einseitig und verzerrt, die Herstellung von sozialen Bedingungen für ein Leben in Würde ganz aus dem verfassungsrechtlichen Zusammenhang des Grundgesetzes herauszunehmen. Zwar fehlt im Grundgesetz das Recht auf Arbeit, der verbürgte und einklagbare Anspruch auf einen Arbeitsplatz, aber die Verbindung von »Arbeit und menschlicher Würde« hat durchaus, wie jüngst noch einmal Dieter Sterzel anhand höchstrichterlicher Entscheidungen nachgewiesen hat, auch eine zentrale verfassungsrechtliche Seite durch Mitbestimmungsverpflichtungen. Selbst das Bundesarbeitsgericht, sonst eher zurückhaltend in der grundrechtlichen Bewertung der Arbeitsrechtsbeziehungen, betont die Bedeutung von Arbeit als Voraussetzung für die Selbstverwirklichung des Menschen, für die Würde und Entfaltung seiner Persönlichkeit. Dieter Sterzel schreibt: »Der Schutzgehalt des Grundrechts der Berufsfreiheit als Arbeitnehmergrundrecht (heißt) Schutz der Würde des abhängig Beschäftigten und seines Rechts auf Selbstbestimmung in der Arbeitswelt.«[56] Artikel 12 Absatz 1 Grundgesetz ist demzufolge ein Grundrecht der Arbeit und gleichzeitig eine verfassungsrechtliche Legitimationsgrundlage für die Mitbestimmung der Arbeitnehmer im Betrieb. Die Arbeitsleistung ist eben, wie es in einer Entscheidung des Bundesarbeitsgerichts heißt, »nicht nur als ein Wirtschaftsgut, sondern auch als Ausdruck der Persönlichkeit des Arbeitnehmers zu verstehen«.[57]

Es ist höchst bemerkenswert, wie wenig heute, da wir es mit einem globalisierten Kapitalismus zu tun haben, diese um »Arbeit und menschliche Würde« organisierten Menschenrechte, die 1948 in der Deklaration so großes Gewicht hatten, im Alltag der UN-Politik und in wichtigen Resolutionen eine Rolle spielen. Gerade diese wären aber entscheidend für die Friedenssicherung in der Welt.

Auch in einer anderen Hinsicht gehen Menschenrechte als Rechte zur Selbstverwirklichung und zur Herstellung der Bedingungen, die dafür notwendig sind, über den Charakter der abstrakten und generellen Normen hinaus, wie sie den Geist des »Grundgesetzes« bestimmen, und verraten in ihrer Aussagestruktur von Gebot und Verbot, von Ermächtigung und Erlaubnis eher den logischen Status des Konkret-Allgemeinen, der für Kampfbegriffe charakteristisch ist. So werden zum Beispiel Bildung und Ausbildung, neben dem subjektiven Rechtsanspruch darauf, zusätzlich inhaltlich gebunden, was in dieser Erweiterung besonderes Gewicht für die industriell fortgeschrittenen parlamentarischen Gesellschaften hat. Aufgrund des seit Generationen existierenden Bildungs- und Ausbildungssystems, mit staatlich kontrollierter Schulpflicht und festgelegten Berufslaufbahnen, hat die abstrakte verfassungsrechtliche Verankerung des »Rechts auf Bildung und Ausbildung« in der Regel rein deklamatorischen Charakter, nicht dagegen deren Verpflichtung auf Frieden und Achtung der Menschenrechte. Artikel 26,2 der UN-Deklaration lautet: »Die Ausbildung soll die volle Entfaltung der menschlichen Persönlichkeit und die Stärkung der Achtung der Menschenrechte und Grundfreiheiten zum Ziele haben. Sie soll Verständnis, Duldsamkeit und Freundschaft zwischen allen Nationen zur Aufrechterhaltung des Friedens begünstigen.« Wenn man zurückdenkt an den Beginn der achtziger Jahre, als westliche Regierungen antipazifistische Kampagnen inszenierten, um erhöhte Rüstungsanstrengungen zu legitimieren, erkennt man, warum Friedenssicherung als Menschenrecht auch in unserer Gesellschaft konkrete Bedeutung hat. Daß Frieden eine Grundvoraussetzung für die Entfaltung der menschlichen Persönlichkeit und die Erhaltung der Unversehrtheit von Geist und Körper ist, kann keinem Zweifel unterliegen.

Die in dieser dritten Kategorie zusammengefaßten Menschenrechte sind nun diejenigen, die für unsere Gesellschaft neue Relevanz haben, und sie berühren zentral den Argumentationszusammenhang meines Buches: Sie bezeichnen Gebote, Verhältnisse umzugestalten, unter denen der Mensch ein entwürdigtes und verlassenes Dasein zu fristen gezwungen ist, und zugleich subjektive Rechte, den Arbeitsprozeß dieser Umgestaltung gegen Gewalteingriffe und Behinderungen zu verteidigen. Es wäre freilich unzulässig und falsch, wollte man die den ersten beiden Kategorien zuzurechnenden Menschenrechte, die in ihrer konkreten Wirksamkeit und Anwendung eher für Länder außerhalb der westeuropäisch-nordamerikanischen Welt in Frage kommen, ganz aus dem Vorstellungshorizont der fortgeschrittenen kapitalistischen Gesellschaftsordnungen herausnehmen. Hunger, Elend in vielfältigen Erscheinungsformen, Rassendiskriminierung, Folter, Analphabetismus, Ungleichheit und gewalttätige Einschränkungen des Demonstrationsrechts, der Informations- und Meinungsfreiheit, gehören auch in unserer Gesellschaft keineswegs der Vergangenheit an. Sie sind aber gleichsam »zivilisatorisch gebrochen«, in der offenen und brutalen Form existentieller Grenzfälle, die selbstverständlich noch zur Genüge anzutreffen sind, weniger erkennbar und in der Regel durch höchst subtile Mechanismen der sozialstaatlichen und psychiatrischen Versorgung verschoben, kompensiert und verdrängt. Im Extremfall gibt es verläßliche Gerichtsentscheidungen.

Bei Hunger handelt es sich, sobald dessen Befriedigung ein physiologisches Minimum der körperlichen Selbsterhaltung überschreitet, durch und durch um ein kulturell vermitteltes und definiertes Bedürfnis. Chinesen stillen ihn mit einer Schale Reis, aber ein Angehöriger der amerikanischen Mittelschicht würde längerfristig bei einer solchen Nahrung verhungern. Das Elend in den Ghettos und Slums, wie es sich in den Randzonen von Mexiko-City, in Chicago oder Kalkutta findet, ist ein anderes als das der Insassen psychiatrischer Anstalten in der Bundesrepublik Deutschland oder das der vielen Millionen Menschen, die in den entwickelten Industriegesellschaften psychiatrische Betreuung in Anspruch nehmen müssen, um überleben zu können und ihre Arbeitskraft zu erhalten, etwas anderes auch als das Elend von Alkoholikern und Drogenabhängigen, aber das alles ist eben doch Elend, Hoffnungslosigkeit der Lebensperspektiven, ruinierte körperliche, seelische und geistige Integrität, wodurch der Mensch seine Subjektfähigkeit verloren hat und zum ohnmächtigen Objekt der Hilfsmaßnahmen anderer abgesunken ist.

Was ich mit jener Art von Menschenrechten meine, die sich auf Grenzfälle beziehen und die nur durch eine aus dem sozialen und kulturellen Entwicklungsstand zu gewinnende Neubestimmung auf die hiesigen Verhältnisse anwendbar werden, möchte ich am Beispiel der Folter erläutern. Das Instrument der Folter hat den Zweck, durch Gewalteingriffe in den Körper Geständnisse zu erzwingen. Vor allem in der Zeit der Hexenprozesse und der Gegenreformation, das heißt der Inquisitionsgerichtsbarkeit, welche das auf Tatbestandsfeststellungen gerichtete Anklageverfahren der sogenannten Akkusationsgerichte ablöste, wurde es zur höchsten Perfektion entwickelt, aber keineswegs willkürlich, sondern aufgrund äußerst differenzierter und rechtsförmiger Verfahrensvorschriften. Zeugen und Indizien, die in der römischen Rechtstradition als Beweismittel galten, wurden als unzureichend verworfen, weil es ja um den ganzen Menschen, um seine Seele und seine Gesinnung ging und der Körper ohnehin des Teufels war. Folter wird nach wie vor auf diese körperlichen Eingriffe, auf Zufügung von Schmerz und auf Verstümmelung bezogen und im allgemeinen darauf beschränkt.

Das als Maßstab unterstellt, muß die Klage über die »Isolationsfolter«, wie sie zum Beispiel in bezug auf Stammheim geführt wurde, wie eine Verhöhnung der Quälereien klingen, die Menschen in chilenischen Gefängnissen oder unter anderen Terrorregimen erlitten haben und erleiden. Denn die Betroffenen selbst, die von »Isolationsfolter« sprechen, gründen ihren Protest weder auf körperliche Mißhandlungen der Gefängnisaufseher noch auf direkten psychischen Terror zur Erpressung von Geständnissen. Im Gegenteil: Sie verfügen über relativen Komfort, Fernsehen, Bücher, angenehme Innenausstattung der Zellen. Gleichwohl kann von Folter im buchstäblichen und nicht nur im übertragenen Sinne gesprochen werden. Was von Hochsicherheitstrakten berichtet wird, deutet darauf hin, daß hier einzelne Menschen von den natürlichen Objekten, ihre Sinne zu betätigen, vollständig abgetrennt werden: Sie sehen kein natürliches Licht in der Zelle, sie hören keine Geräusche, sie sind eingemauert mit ihren ausgebildeten gesellschaftlichen Sinnen, die aber keine Gesellschaft für ihr Tätigkeitsbedürfnis vorfinden, die auf Dauer gewissermaßen arbeitslos sind, von ihren lebendigen Berührungsflächen getrennt. Dieser totale Wirklichkeitsentzug, der Objektverlust der Sinne, kann bei dem hochentwickelten Stand der Vergesellschaftung des Menschen, wie er für die westlichen Industrienationen charakteristisch ist, die Integrität des Körpers ebenso antasten wie herkömmliche Folter – und am Ende nicht nur den gesellschaftlichen, sondern auch den physischen Tod bewirken.

Wenn Marx in seiner Kritik der französischen Verfassung von 1848 einmal davon spricht, daß jeder Paragraph der Konstitution seine eigene Antithese enthalte, »sein eigenes Ober- und Unterhaus«, womit er die allgemeine Phrase der Freiheit und deren gleichzeitige Aufhebung in den Randglossen zu den entsprechenden Gesetzen meint, so ist, in leichter Abwandlung des Sinngehalts dieser Feststellung, Ähnliches von den Menschenrechten zu sagen. Sie bleiben im Oberhaus, solange sie nicht in den geschichtlichen Erfahrungsgehalten, die sich in scheinbar zeitlos geltenden Normen niedergeschlagen haben, für den Lebenszusammenhang einer bestimmten Gesellschaftsordnung spezifiziert werden.

Eigentum verpflichtet – wozu?

In seiner über fünfzigjährigen Geschichte haben im Grundgesetz der Bundesrepublik Deutschland Gefügeverschiebungen stattgefunden, eine Entwicklung von der Würde zum Eigentum, die eine Aushöhlung und fatale Rückbildung bedeutet und mitverantwortlich ist für die Spannungen in unserer Gesellschaft.[58] Das Grundrecht auf Eigentum selbst erfährt eine Aufspaltung und Verschiebung, indem die individuell-liberalistische Komponente, in der Auslegungspraxis ebenso wie in der staatlichen Schutzbereitschaft, gegenüber der Verpflichtung der Gemeinwohlorientierung immer stärker in den Vordergrund tritt.

Nachdem schon sehr früh in der Geschichte des bürgerlichen Privateigentums erkennbar wurde, daß Mandevilles Grundsatz »Private vices, public benefits« (private Laster erzeugen öffentliches Wohl) in der Wirklichkeit so einfach nicht funktioniert, hat der Eigentumsbegriff selbst dort, wo im Prinzip an ihm festgehalten wird, eine plebejisch-egalitäre Richtung auf das Allgemeininteresse. Als nacktes Privatinteresse ausgedrückt, findet sich daher das Eigentumsrecht in fast keiner der modernen Verfassungen. Die Menschenrechtsdeklaration von 1948 verfährt äußerst wortkarg in der Bestimmung des Eigentums und läßt die Systemfrage gänzlich offen. Artikel 17 lautet: »Jeder Mensch hat allein oder in Gemeinschaft mit anderen Recht auf Eigentum. Niemand darf willkürlich seines Eigentums beraubt werden.« Die Gemeinwohlbindung liegt, meist an Chancengleichheit geknüpft, in einer Reihe anderer Artikel.

Die Weimarer Verfassung »verpflichtet« das Eigentum, »sein Gebrauch soll zugleich Dienst sein für das gemeine Beste«, eine Sollens-Vorschrift also, die auch im Grundgesetz Eigentum und Allgemeinheit moralisch miteinander verknüpft. Worin jedoch das »gemeine Beste« und das »Wohl der Allgemeinheit« (Grundgesetz Artikel 14,2) bestehen, ist, jedenfalls unter Voraussetzungen einer durch Klassen gespaltenen Gesellschaft, nur schwer positiv zu definieren; eher durch das moralisch-praktische Gefühl der Verletzung, die Menschen erfahren, denen durch Eigentum der Boden unter den Füßen weggezogen wird; die ihres Lebensraums enteignet werden.

Das Eigentum in seiner moralischen Dimension gewinnt immer dann politische Aktualität, wenn Lebensrechte der Menschen bedroht sind und eindeutige Rechtspositionen, aus denen sich der Protest begründen ließe, fehlen. In den achtziger Jahren war die Front, an der die im Eigentumsrecht enthaltenen Konflikte öffentlich am wirksamsten ausgetragen wurden, zweifellos die Wohnungsfrage, also jener Teil des materiellen Lebenszusammenhangs, der dem Menschen seine zweite Haut, die Außenhaut des Hauses, die Wohnung, die vier Wände sichert. Es ist das Minimum für die Existenz eines Menschen, ein Dach über dem Kopf zu haben, eine gegen wechselnde Witterung sichere Schlaf- und Feuerstelle. Ohne irgend etwas von Rechten gehört zu haben, könnte man meinen, daß dieses Minimum zu den ganz elementaren Rechten der Menschen gehören müßte, ohne deren Verankerung sich keine Gesellschaft als zivilisiert bezeichnen dürfte. Aber das Grundgesetz kennt zwar ein Recht auf Unverletzlichkeit der Wohnung, nicht aber eines auf Wohnung. (Ausnahmen bilden einzelne Länderverfassungen, was jedoch praktisch ebenso bedeutungslos ist wie der hessische Sozialisierungsartikel und der bayerische Verfassungsartikel, der den freien Zugang zu den Seen festlegt.) Wer eine Wohnung hat, dem wird rechtlicher Schutz gegen unzulässige Eingriffe von außen gewährt; wer dieses Minimum an Lebensraum nicht hat, dem kann rechtlich auch nicht geholfen werden. Heinrich Zilles Erfahrungssatz, daß man einen Menschen mit einer Wohnung genauso töten könne wie mit einer Axt, fällt durch die Maschen von Gesetzen, die in ihrer ganzen Struktur auf den Schutz von Resultaten, der *beati possidentes*, der glücklichen Erstbesitzer, wie es im bürgerlich-rationalen Naturrecht hieß, und nicht auf die Sicherung von lebendigen Arbeits- und Lebensprozessen gerichtet sind.

An der Wohnungsfrage, diesem emotional stark besetzten Teilbereich des Eigentums, kristallisieren sich in der Tat Widersprüche, die in dem Maße öffentlich erkennbar werden, wie der für jeden Menschen anschauliche Gesamtreichtum der Gesellschaft ein geschichtlich bisher nie erreichtes Niveau gewonnen hat. Der Widerspruch zwischen herkömmlichem Besitzindividualismus und Gemeinwohlverpflichtung, zwischen der rechtlichen Verfügungsseite und der moralischen Gerechtigkeitsvorstellung, zwischen geschützter toter Arbeit und ungeschützter lebendiger Arbeit ist politisch wie rechtstheoretisch und rechtssystematisch wohl der folgenreichste Widerspruch. Typisch für deutsche Verhältnisse geht in der Öffentlichkeit und in verhaltenen, aber verbreiteten Einstellungen der Protest, der sich gegen das Spekulationseigentum auf dem Wohnungsmarkt bildet, im wesentlichen auf eine moralische Grundhaltung zurück. Aber wenn öffentliche Repräsentanten der staatstragenden Parteien, die in den achtziger Jahren für Großeinsätze gegen die Instandbesetzer verantwortlich waren, allmählich den Anflug eines schlechten Gewissens bei ihren Unternehmungen bekamen, so verfolgten sie stets die Absicht, die moralische und die rechtliche Seite der Eigentumsverfügung strikt voneinander zu trennen: Wohnraumvernichtung zum Zwecke der spekulativen Wertsteigerung von Grund und Boden sei zwar unmoralisch und menschenfeindlich, aber legal.

Dieser scholastischen Argumentationsweise hat Erich Küchenhoff mit Recht entschieden widersprochen: »Nach dem Grundgesetz kann es beides zusammen nicht geben. Was menschenfeindlich ist, ist nach dem Grundgesetz auch illegal. Denn nach Artikel 1,1 GG ist es vornehmste Aufgabe des Staates, die Menschenwürde zu beachten und zu schützen. Ebenso kann, was moralisch nicht zu rechtfertigen ist, trotz formaler Plazierung in einem Gesetzesparagraphen nicht die vollziehende Gewalt und die Rechtsprechung binden. Denn Artikel 20,3 Grundgesetz bindet diese Teile der Staatsgewalt ausdrücklich an ›Gesetz und Recht‹, dies bedeutet, daß durchaus auch formal in Geltung befindliche Gesetze nicht immer Recht sein müssen.«[59]

Daß alles Recht die Form des Gesetzes haben müsse und daß umgekehrt jedes Gesetz Recht sei, gehört zu jenen Rückbildungen des rechtstheoretischen Bewußtseins in der Geschichte der Bundesrepublik, durch welche die Vorstellung von einem gesetzlichen Unrecht praktisch verlorengegangen ist. Anders wäre es unerklärlich, warum nicht schon 1968, als die Springer-Blockaden stattfanden, als die Polizei mit der Begründung auf den Plan gerufen wurde, den »eingerichteten Gewerbebetrieb« zu schützen, als Universitätsbehörden, Kirchen, einzelne Lehrstuhlinhaber fortwährend mit dem Paragraphen 123 des Strafgesetzbuches[60] über Hausfriedensbruch hantierten, diese und ähnliche Gesetze einer öffentlichen Prüfung ihres geschichtlichen Sinngehalts unterworfen wurden.

Der Paragraph 123 StGB stammt aus dem Jahre 1871, aus einer Zeit also, in der die sprunghafte Industrialisierung in Deutschland zur Verknappung des Wohnraums führte, in industriellen Ballungszentren Straßen voller Mietskasernen entstanden, in denen sehr viele Menschen auf engem Raum zusammenleben mußten. Was geschützt werden sollte, war der Friedenszustand von Menschen, die notwendigerweise aufeinandertrafen und deshalb leicht in Konflikte geraten konnten. Und etwas anderes kommt hinzu: »Sehen wir ... auf den Text von Paragraph 123 StGB, so entdecken wir, daß unser ›befriedetes Besitztum‹ in diesem Tatbestand damals Hof, Garten und Weideland darstellte, also aktuell genutzte Räume.«[61] Daß diese Strafgesetzbestimmung in Anspruch genommen wird, um leerstehenden, zum Abbruch bestimmten und durch Luxusappartements zu ersetzenden Wohnraum zu schützen, hält Küchenhoff für eine völlige Verkehrung des Ursprungssinns dieser Rechtsbestimmung, denn in Räumen, die dadurch definiert sind, daß sie auf Dauer von Menschen verlassen sind, kann Frieden weder hergestellt noch verletzt werden.

Was ursprünglich Schutz der lebendigen Arbeitskraft war, verkehrt sich in den Schutz der toten Arbeit, der freien Verfügbarkeit des Eigentums; und offensichtlich nicht nur in seinem gegebenen Zustand, sondern auch in seiner Zuwachsmöglichkeit durch Spekulation und Akkumulation – das ist, im ganzen gesehen, nichts anderes als das auf den Begriff, auf den reinen Ausdruck gebrachte Kapitalprinzip, das, wenn es nur möglich wäre, ohne Menschen dauerhaft Profit zu machen, auf den verunreinigenden und umständlichen »Faktor« Mensch ganz verzichten würde.

Was Küchenhoff hier am Beispiel eines vergleichsweise untergeordneten Paragraphen des Strafgesetzbuches erörtert, deutet freilich viel grundsätzlichere Probleme unserer Rechtskultur an, die sich in der Wohnungsfrage kristallisieren, aber weit darüber hinausgehen. Finden nämlich radikale Bedürfnisse als subjektive Rechte Anerkennung und dringen sie, wenn auch zunächst vereinzelt, sogar als diskussionsfähige Rechtsforderungen ins öffentliche Bewußtsein, dann können diese Transformationen als Zeichen dafür angesehen werden, daß politisch relevante Widersprüche zwischen der existierenden Rechtsordnung und elementaren gesellschaftlichen Gerechtigkeitsvorstellungen entstanden sind, die auf Lösungen drängen. Erst in diesem Augenblick ist auch zu erwarten, daß selbst offizielle Träger und Interpreten der Rechtsordnung ein Problembewußtsein davon entwickeln, daß in der alten Weise nicht mehr »Recht gesprochen« werden kann; auch von dem deutschen Erfahrungssatz, daß die Juristen die Exekutive nicht im Stich lassen, ist unter solchen Bedingungen nicht mehr mit Selbstverständlichkeit auszugehen.

Solange der Mensch kein Kolibri ist ...

Wenn Wolfgang Zeidler, ehemaliger Vizepräsident des Bundesverfassungsgerichts, im Jahr 1980 einen Festvortrag auf dem 53. Deutschen Juristentag in Berlin zum Anlaß nimmt, den versammelten Juristenkollegen die archaischen Züge des bestehenden Rechtszustandes am Substanzverlust der bürgerlichen Eigentumsinstitution bewußt zu machen, wie er sich am spektakulärsten an den Hausbesetzungen und den Primitivreaktionen der Staatsgewalt darstellt, so öffnet sich damit eine für den Rechtshorizont der Bundesrepublik höchst wichtige öffentliche Diskussion über die zum Tabu gewordene »Staatsfundamentalnorm« unserer Gesellschaft, das Eigentum. Es ist kaum zufällig, daß Zeidler, der keineswegs als linker Jurist gilt, vom Eigentum als ursprünglichem Menschenrecht ausgeht und die Frage der gegenwärtigen Rechtskultur in einer Art und Weise behandelt, die in ihrer kritischen Denkweise und in ihren elementaren Beispielen eher an die Tradition des Naturrechts der beginnenden Aufklärung und an Kant erinnert als an die üblichen Grundrechtsdeutungen mittlerer Reichweite.

Der Widerspruch zwischen Bourgeois und Citoyen, Besitzbürger und politischem Bürger, wie er dem Menschenrecht auf Eigentum von Anbeginn eigentümlich ist, wird zunächst, in eine juristische Begriffswelt übersetzt, verstanden als »Unstimmigkeit zwischen dem (erst nachträglich und offenbar unzulänglich durch Bestimmungen der Sozialpflichtigkeit eingeschränkten) strategisch-besitzindividualistischen Charakter des Menschenrechts der Eigentumsfreiheit und dem dialog- und öffentlichkeitsbezogenen Charakter des Menschenrechts der kommunikativen Freiheit (einschließlich der Informations-, Wissenschafts- und Kulturfreiheit, der Versammlungs- und Koalitionsfreiheit sowie der freien Mitwirkung an den öffentlichen Angelegenheiten)«.[62]

Das ist noch der herkömmliche Widerspruch; bemerkenswert ist jedoch, daß Zeidler nicht von Grundrechten, sondern von Menschenrechten spricht, selbst im Hinblick auf die Kommunikationsrechte, wie Franz Neumann einen großen Teil der politischen Rechte genannt hat. Es geht um ein Mißverständnis, um Unstimmigkeit, nicht um eine prinzipielle Unvereinbarkeit der beiden Komponenten dieses Menschenrechts. Wenn Zeidler dagegen feststellt, daß Sozialbindung und Gemeinwohlorientierung des Eigentums um so stärker sind, als Menschen zu ihrer sozialen Existenz und ihrer Freiheitsentfaltung das Eigentum eines anderen brauchen, so ist bei der Eigentumslosigkeit der erdrückenden Mehrheit der Menschen in unserer Gesellschaft (Eigentum als Mittel der produktiven Arbeit verstanden, von der man leben kann) ein Zustand erreicht, der den auf Privateigentum gegründeten Besitzindividualismus als geschichtlich endgültig überholt erscheinen läßt. Zeidler sagt das nicht, aber er legt einen solchen Gedanken nahe.

Wie die Rechtsphilosophen der beginnenden bürgerlichen Epoche, die unter Begründungszwang stehen, weil Kopernikanische Wenden alle Verankerungen des Verhaltens und Denkens aufgelöst haben, holt der Verfassungsrichter Zeidler die öffentlichen Rechte vom Verfassungshimmel herunter und lenkt den Blick auf ganz elementare Lebensvorgänge, auf die irdische Substanz von Rechten – wohnen, atmen, die Sonne genießen usw. Rechte sind im raumzeitlich bestimmten Lebenszusammenhang verankert, oder es sind keine Rechte. Es sind im buchstäblichen Sinne Rechte der Menschheit, verkörpert in der eigenen Person, und es sind geschichtliche Rechte, deren Sinngehalt durch den ökonomischen und kulturellen Entwicklungsstand einer Gesellschaft definiert ist. »In einigen Jahrzehnten mag es befremdlich erscheinen, daß die Bodennutzung in den großen Ballungs-, Wirtschafts- und Kommunikationszentren einer immer enger zusammenrückenden Menschheit – ein Bereich des Grundeigentums, auf das jeder einzelne ebenso wie die Gesellschaft insgesamt als Daseinsgrundlage schlechthin angewiesen ist – noch Ende des auslaufenden zwanzigsten Jahrhunderts nach den nur mäßig durch öffentliches Recht überlagerten Grundsätzen privatrechtlichen Grundeigentums geregelt wurde; ebenso wie es uns heute befremdlich erscheint, wenn wir aus archaischen Rechtsordnungen erfahren, daß die Landpächter dem Grundherrn Zinsen auch zahlen mußten für die Sonnenstrahlen, den Wind und den Regen. Welcher Unterschied im Niveau der Rechtskultur besteht da eigentlich, möchte man fragen, denn solange der Mensch sich nicht wie ein Kolibri in der Luft halten kann, braucht er den Boden, um die Füße darauf zu stellen, ebenso wie das Wasser und die Luft.«[63]

Ganz abgesehen von der für einen deutschen Juristen verblüffenden Ironie, mit der hier bestehendes Recht auf die Füße gestellt und zum Tanzen gebracht wird – so fremd ist die Wunschphantasie dem Kapitalismus nicht, den Menschen auf die Größe, den betriebsamen Fleiß und die Anspruchslosigkeit jenes hummelgroßen Schwirrvogels zu bringen, der von Nektar lebt. Man sagt, daß diese kleinen Flugwunder mit ihren Tragflächenflügeln Nektar in der Energiedichte von Kerosin tanken, bis zu 2000 Mal am Tag; tagsüber schlägt das winzige Kolibriherz 500 bis 1200 Mal in der Minute, nachts fallen sie wie ein Igel in Winterschlaf, um bei Sonnenaufgang sofort zu ihrer rastlosen Reise durch den Tag zu starten.

Wenn einfachste Voraussetzungen der menschlichen Existenz wie Wohnen, Luft, Wasser, Sonne, innere und äußere Natur insgesamt, offenkundig gefährdet sind, die bestehende Rechtsordnung dafür aber keine einklagbaren Grundrechte vorsieht, wie können dann subjektive Rechtsansprüche der Menschen begründet werden? Muß dieser ganze, ständig wachsende Bereich elementarer Lebenssicherung künftig einfach der Moral zugeschlagen werden, im Vertrauen auf die Realitätsmacht des Bibelwortes, daß die Sanftmütigen Herren der Erde sein werden, oder unterliegt er dem archaischen Beuterecht und der Gewalt des Stärkeren? Und noch eine Frage ist durch die veränderten Verhältnisse gestellt und muß in der einen oder anderen Weise beantwortet werden. Da die Entwicklung von Industrie, Technik und Wissenschaft ein Niveau erreicht hat, das folgenreiche Eingriffsmöglichkeiten in die Aufbauelemente der Erde, der Atmosphäre, des menschlichen Lebens ermöglicht, die häufig gar nicht mehr rückgängig zu machen sind und die künftigen Generationen in ihren elementaren Lebensbedingungen festlegen – welche Rechte werden dann diesen Generationen von einer Rechtskultur zugesprochen, die sich als aufgeklärt und fortschrittlich versteht, damit das Erbe nicht in einer widerwillig angenommenen Hinterlassenschaft besteht, das die Perspektiven ihren Lebensraums auf das Abtragen von Schulden einengt?

Was ein Volk nicht über sich selbst beschließen kann

Menschenrechte sind Kampfrechte, sie werden nicht einfach erworben oder verliehen. Es sind Rechte eines historisch-kulturellen Minimums, das allerdings nur noch zu sichern ist, wenn das Übel radikal, also an der Wurzel gefaßt wird: wenn die Menschen die objektiven Möglichkeiten ihrer Freiheit, ihres materiellen Reichtums, ihrer Wissenschaft, ihrer Technik in einer auf Selbstbestimmung beruhenden Gesellschaft subjektiv einholen und realisieren, indem sie zugleich ein neues Verhältnis zur Natur begründen.

Wenn in zahlreichen Bereichen vom Epochenende gesprochen wird (unter anderem mit Verlegenheitsworten wie post-histoire, postmodern, postindustriell), warum nicht vom Ende oder, vorsichtiger gesagt, von der historischen Schranke herkömmlicher Rechtsbegriffe? Das bedeutet keine Auflösung der Rechtspositionen, sondern das Gegenteil: das bewußte Anknüpfen an einen kulturellen Horizont des Rechtsdenkens, der durch vielfältige Herrschaft unterdrückt, neutralisiert, in verdrehten Formen assimiliert worden ist. Es geht dabei nicht um einzelne Begriffe, sondern um die rechtsphilosophische Denkungsart und die Öffnung begrifflicher Horizonte, wenn ich eine Verbindungslinie herstelle zwischen dem, was beispielsweise Erich Küchenhoff und Wolfgang Zeidler aus Anlaß von Hausbesetzungen an veränderten Blickrichtungen nahelegen, und unter wiederum so verschiedenen Denkern wie Kant und Marx.

Wie aktuell die Theorien von Kant und Marx für meine Fragestellung sind, zeigen vor allem zwei Punkte, in denen sie sich unmittelbar treffen: Sie gehen vom Gemeinbesitz der Erde aus, und sie unterstellen einen geheimen Generationenvertrag, der die Gegenwart mit Rechtsansprüchen künftiger Generationen verpflichtet.

Man muß nur unsere Anschauung zu Hilfe nehmen, um den Begriffen Kants ihre unmittelbare politische Bedeutung zu geben. »Ein Zeitalter kann sich nicht verbünden und darauf verschwören, das folgende in einen Zustand zu setzen, darin es ihm unmöglich werden muß, seine (vornehmlich so sehr angelegentliche) Erkenntnisse zu erweitern, von Irrtümern zu reinigen, und überhaupt in der Aufklärung weiter zu schreiten. Das wäre ein Verbrechen wider die menschliche Natur, deren ursprüngliche Bestimmung gerade in diesem Fortschreiten besteht; und die Nachkommen sind also vollkommen dazu berechtigt, jene Beschlüsse, als unbefugter und frevelhafter Weise gewonnen, zu verwerfen. Der Probierstein alles dessen, was über ein Volk als Gesetz beschlossen werden kann, liegt in der Frage: ob ein Volk sich selbst wohl ein solches Gesetz auferlegen könnte?«[64]

Rechte haben – über ihre notwendige Funktion des Schutzes und der »Besitzstandswahrung« hinaus – eine Dimension nach vorn, einen geschichtlichen Zeitkern, der sich nicht in der Vergangenheitsform erschöpft; ein Gesichtspunkt, der bei einem auf zeitlose Geltung bedachten Denker wie Kant zunächst merkwürdig erscheinen muß. Keine gegenwärtige Menschheit hat das Recht, die Emanzipationsbedingungen der kommenden Generation einzuschränken oder gar zu zerstören. Kant erwähnt Aufklärung und Erkenntnis, wie entschieden hätte er jedoch das revolutionäre Rechtspathos, das er an der Französischen Revolution so sehr bewunderte, in Anspruch genommen, wäre es um bedrohte elementare Voraussetzungen des Lebens, natürliche Umwelt, Sonne und Wind, Biosphäre und Ernährung gegangen!

Dieses Pathos der Rechtsbehauptung, bei dem immer vom Menschenrecht als Inbegriff der Menschheitsrechte in der eigenen Person, nie von Menschenrechten die Rede ist, richtet sich vor allem auch auf die Begründung des *locus standi*, des Menschenrechts, in friedlicher Absicht einen Platz auf der Erde einzunehmen, ohne vertrieben zu werden. Was Kant unter Hospitalität, Wirtbarkeit, Besuchsrecht versteht, hat einen umfassenderen Sinn als den, den wir heute damit verbinden; es ist ein Recht, »welches allen Menschen zusteht, sich zur Gesellschaft anzubieten, vermöge des Rechts des gemeinschaftlichen Besitzes der Oberfläche der Erde, auf der, als Kugelfläche, sie sich nicht ins Unendliche zerstreuen können, sondern endlich sich doch nebeneinander dulden müssen, ursprünglich aber niemand an einem Orte der Erde zu sein mehr recht hat, als der andere«.[65]

Es mag ein allgemeines Vorurteil sein, die Fragen immer so zu stellen, als hätte sich die Vergangenheit vor der Gegenwart zu rechtfertigen, während es in diesem Falle doch eher umgekehrt ist: Wo sind heute die Rechtstheoretiker, die in einer Kant vergleichbaren Radikalität Fragen der Lebensrechte von Menschen im Sinne normativer Begründung stellen und Antworten darauf geben, die das Elementare nicht scheuen: die Oberfläche der Erde als Kugel, so daß die Menschen, die sich nicht unendlich zerstreuen und einander ausweichen können, aufeinander treffen und deshalb eine Rechtsordnung aufbauen müssen; kann ein Volk über sich selbst beschließen, seine eigene Lebensgrundlage und die der folgenden Generationen zu zerstören? Die Erde ist dem einzelnen zur sinnvollen Nutzung überlassen, aber sie ist ein *ager publicus* (Gemeinbesitz des Ackers), wie es in der Frühzeit der Römischen Republik hieß; die Rechtsgründe ergeben sich aus vorstaatlichen Ordnungen, sie betreffen Herstellung menschlicher Autonomie und Selbstbestimmung, im Grunde den jederzeit legalen wie legitimen Widerstand und Protest der lebendigen Arbeit gegen die tote.

Diesen pfleglichen Umgang mit nachfolgenden Generationen und der Natur ein Menschenrecht zu nennen, ist weder eine rechtstheoretische Vereinfachung noch eine unzulässige praktische

Aktualisierung, solange eben der Mensch noch kein Kolibri ist, der sich von der Bodenhaftung im buchstäblichen Verständnis freigeflogen hat. An einer ganz unerwarteten Stelle bei Marx, im dritten Band des »Kapital«, findet sich der Kantische Grundgedanke, jetzt auf den ökonomischen Reichtum einer Gesellschaft und den borniertem Zwangszusammenhang des Privateigentums bezogen, noch einmal formuliert: »Vom Standpunkt einer höheren ökonomischen Gesellschaftsformation wird das Privateigentum einzelner Individuen am Erdball ganz so abgeschmackt erscheinen, wie das Privateigentum eines Menschen an einem anderen Menschen. Selbst eine ganze Gesellschaft, eine Nation, ja alle gleichzeitigen Gesellschaften zusammen genommen, sind nicht Eigentümer der Erde. Sie sind nur ihre Besitzer, ihre Nutznießer, und haben sie als boni patres familias (gute Familienväter) den nachfolgenden Generationen zu hinterlassen.«[66]

Marx würde das, was er hier formuliert, nie als Naturrecht begreifen; aber es hat zweifellos die Begründungshärte eines Naturrechts, das, einmal am historischen Horizont aufgetaucht, unabgegolten bleibt. Diese Verpflichtung wiederholt sich als Rechtsforderung so lange, bis sie selbstverständliche Realität geworden ist.

Vom Schutz zur Selbstverwirklichung –
Versuch einer positiven Bestimmung der Menschenrechte

Es kann nicht die Absicht einer Menschenrechtskampagne sein, die unterhalb der Grundgesetzebene bleibenden Probleme durch zusätzliche Verrechtlichungen von oben zu lösen und so das *juridical lag*, die angewachsenen »rechtsfreien Räume« (Internet zum Beispiel), die an sich ja auch die Chancen zur Selbstbestimmung der Menschen und zur Herstellung gesellschaftlicher Autonomie vergrößern, mit Gesetzen auszufüllen; das würde nicht nur den Interessen demokratischer Selbstbestimmung widersprechen, sondern wäre auch unwirksam. Insofern treffen die Warnungen der seit Jahren gegen die »Grundrechtseuphorie« polemisierenden Konservativen durchaus zu, den Rechtswegstaat nicht zu strapazieren. Es bestünde die Gefahr, daß Parteien und Verbände, erboste Bürger und Querulanten für ihre Konflikte immer häufiger die Gerichte anrufen und sie damit lahmlegen. In der »Süddeutschen Zeitung« vom 27. April 1991 heißt es dazu: »Eben dies sollte auch eine Warnung an Politiker sein, aus welchen Gründen auch immer für die Kodifizierung deklamatorischer ›Grundrechte‹ einzutreten, wie das Recht auf Arbeit oder das Recht auf menschenwürdige Umwelt. 1989 wurden sie wieder zur Sprache gebracht – auch da erfolglos – gehörten sie nicht zu den Grundrechten? Schon wegen deren Unrealisierbarkeit oder Unbestimmtheit könnten sie den Rechtsstaat ad absurdum führen und zur äußersten Strapazierung des ›Rechtswegstaates‹ verleiten.« Das ist eine ungewöhnlich offenherzige Sprache; das Recht auf lebenswürdige Umwelt sprengt, würde es in Anspruch genommen werden, in der Tat den gegebenen Rahmen der Herrschaftsverhältnisse. Gleichwohl bleibt es ein fundamentales Recht.

Daß die im Grundgesetz formulierten Grundrechte, als Schutz- und Verteidigungsrechte, selbst wenn deren Verletzungen auf wahrnehmungsfähige Subjekte treffen, für bestimmte Bereiche und lebenswichtige Probleme unwirksam sind, liegt nicht allein am Widerspruch zwischen Verfassung und Verfassungswirklichkeit (der in der Regel ohnehin vorhanden ist), sondern an der Struktur dieser Rechte selbst, am Abstrakt-Allgemeinen ihres Normgehalts.

Ihrer logischen Grundfigur und ihrem Inhalt nach bezeichnen Menschenrechte dagegen ein Konkret-Allgemeines, die äußerste Spannung zwischen dem besonderen Selbstverwirklichungsanspruch und dem ganz Allgemeinen, das allen Menschen zukommt, unabhängig von den innerstaatlich kodifizierten, verliehenen und deshalb vielfach einschränkbaren und auch wiederum entziehbaren Rechten. Aber Menschenrechte können nicht in gleicher Weise definiert und in übersichtlichen Katalogen zusammengefaßt werden wie beliebige andere Rechte; nicht nur Kant, sondern auch das Kampflied der Arbeiterbewegung, »Die Internationale«, läßt sich auf die Teilbarkeit nicht ein. »Die Internationale erkämpft das Menschenrecht«: Darin liegt ein so leidenschaftlicher, uns so selbstverständlicher Ton, daß im Ernst wohl niemand auf die Frage käme, um welches Menschenrecht es sich dabei denn handele. Auf eine solche Selbstgewißheit darf man jedoch nicht spekulieren.

Wenn ich den Begriff des Konkret-Allgemeinen näher zu bezeichnen versuche – was ich unter Menschenrechten verstehe –, so ist damit zunächst nur der besondere Intensitätsgrad der Verbindung zwischen Hautnähe, einer mit Empörung besetzten konkreten Verletzung, und dem Allgemeinen gemeint, in dem die universelle Vorstellung von Gleichheit und Gerechtigkeit verkörpert ist. Die Wahrnehmung von Grundrechten, wie sie in der Verfassung festgelegt sind, setzt einigermaßen intakte, das heißt liebes- und arbeitsfähige Individuen voraus, weil Selbstbewußtsein und Selbstsicherheit, sich über den beschwerlichen Gang eines ordentlichen Rechtswegs Recht zu verschaffen, irgendwo in der Gesellschaft vorher bereits gewonnen sein muß. Verletzte Würde, gewalttätige Eingriffe in die Integrität der Person und Lebensbedingungen, die den aufrechten Gang zu einer Angelegenheit unendlicher Mühe machen – das alles sind Menschenrechtsverletzungen, für die es im allgemeinen fast instinktsichere Wahrnehmungs- und Empfindungsweisen gibt, von denen aber niemand erwartet, daß ordentliche Gerichte und Gerichtsentscheidungen Wesentliches an Wiedergutmachung leisten könnten. Der Voltairesche Satz, Würde und Freiheit bestünden darin, von nichts anderem abhängig zu sein als vom Gesetz, hat für Verletzungen dieser Art kaum Geltung.

Gleichwohl ist es nicht möglich, die Menschenrechte aus ihrer Spannung zu den innerstaatlich verbürgten Grundrechten herauszusprengen und den durch politischen Kampf errungenen, aber zeitlos geltenden Rechten schlicht gegenüberzustellen. Damit wäre eine Art Parallelgeschichte konstruiert, wie es zum Beispiel Ernst Bloch unternahm, als er der auf Mitproduktivität der Natur, auf den Entfaltungsdrang der Materie gestützten Oppositionskraft des Naturrechts schier unendliche Macht zuschrieb. Durch sie sollte der Emanzipationswille der Menschen so bestimmt werden, daß die von rechtserhaltender Gewalt getragenen objektiven Rechte im Laufe der Entwicklung wie Schalen abfallen und dadurch ihre Substanzlosigkeit praktisch unter Beweis stellen. Bloch verkennt nicht nur das »moralische Minimum«, sondern auch das emanzipative Minimum, das in objektiven Rechtsordnungen enthalten ist und das sich aus einem Maßstab ergibt, der durch die Kulturstufe, den Entwicklungsstand von Wissenschaft und Technik, vor allem aber durch den Widerspruch zwischen entfalteten Aneignungsbedürfnissen der Menschen, den subjektiv durchschaubar gewordenen Abhängigkeiten und dem objektiv verfügbaren gesellschaftlichen Reichtum bestimmt wird, der eine umfassende Emanzipation der Menschen möglich macht. Die verwickelte Beziehung zwischen innerstaatlichen Grundrechten und Menschenrechten ist innerhalb der rechtsstaatlich orientierten Linken immer wieder Gegenstand von Auseinandersetzungen gewesen. Meine Position dazu ist eindeutig: Bürgerrechte unterscheiden sich, bereits in den großen Deklarationen, von Menschenrechten dadurch, daß sie als Mittel des Staates eingesetzt sind, die vorstaatlichen Menschenrechte zu schützen und zu realisieren. Werden die innerstaatlichen Grundrechte (ganz abgesehen vom sonstigen Recht und von den Gesetzen) von den Menschenrechten abgekoppelt oder deren Differenz vollständig eingeebnet, so erfolgt eine Rückbildung beider. Diese Dialektik entfaltet sich nicht allgemein, sondern nur im historisch-spezifischen Zusammenhang einer bestimmten Gesellschaft.

Der ökonomische und kulturelle Reichtum der jeweiligen Gesellschaft, zu dem wesentlich auch die geschichtliche Sensibilität für Verletzungen und das Ungleichheitsbewußtsein gehören, bildet die übergreifende Leitnorm für die Interpretation sowohl der innerstaatlichen Grundrechte als auch der Menschenrechte. Aus der Dialektik von innerstaatlichen Grundrechten, soweit sie jenes emanzipative Minimum der Kulturstufe einer bestimmten Gesellschaft zum Ausdruck bringen, und Menschenrechten kann keine, auch nicht die fortgeschrittenste Rechtsanalyse herausspringen.

Einen Menschen wegen Homosexualität hinrichten zu lassen ist in jeder Gesellschaft, was immer ihre Verfassung im einzelnen vorschreiben mag, ein Verbrechen und eine Verletzung von Menschenrechten. Aber wie ein solches Verbrechen empfunden wird, welche Möglichkeiten bestehen, es zu durchschauen, den Tatbestand selbst als normal hinzunehmen oder als Abweichung von der Norm zu akzeptieren, das hängt vom Zustand der jeweiligen Rechtskultur ab, von religiösen Sitten, dem Emanzipationsstand der Subjektivität usw.

Eine Gesellschaft, welche der Neigung nicht widerstehen kann, unliebsame Kritiker in die Psychiatrie oder, als absichtsvoll Kriminalisierte, in die Gefängnisse einzuliefern, verletzt – und wäre auch nur ein einziger Mensch davon betroffen – Menschenrechte, wie immer innerstaatliche Gesetze das zulassen mögen. Wo aber Psychiatrisierung von politischen Dissidenten stattfindet, muß auch immer im Blick gehalten werden, um welchen Geschlossenheitsgrad der Gesellschaft, um welche Psychiatrie und um welche Institutionalisierungen von zugelassenem abweichenden Verhalten es sich dabei handelt.

Erich Wulff hat 1979 diesen Zusammenhang an bekannt gewordenen Fällen der Psychiatrisierung beispielhaft erörtert. Mit Recht weist er zunächst darauf hin, daß die Psychiatrisierung, die »politische Indienstnahme der Psychiatrie«, so eindeutig nach Ost und West, wie die Menschenrechtstheoretiker es wollen, nicht aufgeteilt ist. Bezieht sich der Mißbrauch in den Ländern des »realen Sozialismus« direkt auf die Durchsetzung staatlicher Interessen und ist damit eindeutig erkennbar, so kann man andererseits durch den rasanten Ausbau der staatlich-sozialen und der psychiatrischen Dienste in den kapitalistischen Ländern Mißbrauchsmöglichkeiten der Psychiatrie in erheblich größerer Streubreite antreffen. »... die unkontrollierte Diffusion von Behandlungsdaten wird nicht nur verstärkte fürsorgepolizeiliche Kontrolle, sondern auch Nachteile am Arbeitsplatz, Kündigung, Schwierigkeiten bei der Arbeitsvermittlung und ähnliches zur Folge haben können, schon aufgrund wirtschaftlicher Interessen der Unternehmer und psychiatrischer, nicht allein politischer Diskriminierung.«[67] Es sind also weniger Verschwörungen zwischen Justiz, Polizei und Psychiatrie, sondern systemübergreifende Tendenzen, »Verstöße gegen soziale und gesetzliche Normen zunehmend zu psychiatrisieren«. Gibt im Westen eine krisenhafte Erosion den Herrschaftsverhältnissen, durch die sie produziert wurde, die Chance, eine zur Heilung von individuellen Folgen der gesellschaftlichen Desintegration differenziert entfaltete Wissenschaft in Dienst zu nehmen, um die in diesen Prozessen möglicherweise entstehenden politischen Protestpotentiale zu neutralisieren, Massenerscheinungen zu individuellen Krankheiten zu verkapseln, so zeigt sich der umgekehrte Vorgang zum Beispiel in der Sowjetunion. Die institutionalisierte Angst des bestehenden Herrschaftssystems vor Desintegration erzeugt verfolgungswahnähnliche Mechanismen, die Psychiatrie in dem Maße wirksam werden läßt, und zwar häufig ohne direkten staatlichen Befehl, wie der aktive Beitrag der Individuen zu Integration und Konsensus als einzig normal und gesund gilt. »Je geschlossener sich eine Gesellschaft gibt, als desto verrückter werden ihre Mitglieder Normenverstöße und Abweichungen von ihrer gewohnten Lebensweise einschätzen.«[68]

Die Psychiatrisierung politisch abweichenden Verhaltens liegt in einer Grauzone von Menschenrechtsverletzungen; trennscharfe Definitionen fehlen im allgemeinen. Daß sie die Tendenz haben, insbesondere in Bereichen unterschlagener Wirklichkeit in beängstigendem Maße zuzunehmen, ist außer Zweifel. Psychiatrie ist dabei nur *ein* Mittel, Menschen im Objektstatus zu halten und gesellschaftliche Selbstbestimmung durch vorgreifende Entmündigung zu verhindern.

Mehrfach habe ich betont, daß Menschenrechte Kampfrechte sind, deren Bedeutung in dem Maße zunimmt, wie sich die Bereiche unterschlagener Wirklichkeit erweitern und sich die Widersprüche zwischen objektivem Reichtum der Gesellschaft und subjektiv greifbaren, aber verhinderten Möglichkeiten seiner sinnvollen Aneignung zuspitzen. Wer Menschenrechte nach herkömmlichen Kriterien zu definieren versucht, wird in eine Sackgasse geraten; gleichwohl haben sie eine präzise Stellung im politischen Kampf, nicht nur, um eine über den »Rationalisierungssozialismus« (Max Weber) hinausgehende, die menschlichen Fähigkeiten allseitig zur Entfaltung bringende Gesellschaft herzustellen, sondern auch für uns selbst, hier und jetzt, im gesellschaftlichen Alltag, in dem ja die Frontstellungen nicht so übersichtlich sind, wie sich Organisationen das wünschen und vorstellen. Ohne Verteidigung von Menschenrechten ist nicht nur der Sozialismus unmöglich, sondern bereits der Kampf für eine neue Gesellschaft. Die Abstumpfung gegenüber Rechtsverletzungen, die man selbst oder andere erfahren, zerstört am Ende die eigene politische Identität und macht die besten Absichten unglaubwürdig. Wer es als unvermeidlich hinnimmt, wenn ein Mensch an Krebs stirbt, ohne es empörend zu finden, daß eine Gesellschaft, die über genügend Wissen und sonstige Mittel verfügt, diese Krankheit heilbar zu machen, in anderen Bereichen Verschwendung betreibt, der wird es auch schwer haben, den

Begriff von einer humanen Gesellschaft zu entwickeln und dafür einzutreten.

Karl Korsch hat die »juristische Aktion« als ein wesentliches Kampffeld des Sozialismus verstanden; sie ist weder ein Ersatz für politischen Kampf noch ein Zusatz, der irgend etwas ergänzen müßte. Ähnliches gilt für die Menschenrechte. Sie sind Kampfrechte, und der Kampf um Menschenrechte ist ein politischer Kampf, kein Ersatz dafür. Und es sind, da sie bestehende Herrschaftsordnungen ihrer Struktur nach überschreiten, Kampfrechte der Befreiung, nicht bloße Schutzrechte der Freiheit.

6. Der machtpolitische Kampfplatz zweier Ökonomien

Daß wir es in der Wahrnehmung und Analyse der Ersten Ökonomie mit einem wachsenden kulturellen Unbehagen zu tun haben, das nicht mehr nach den politischen Ortsbestimmungen rechts und links zu lokalisieren ist, sondern ein breiter werdendes Spektrum kritischer Einstellungen einnimmt, läßt sich deutlich an der Wortwahl für Buchtitel ablesen, die auf die Bestsellerlisten finden. Wer sie nebeneinanderstellt, wird leicht den Eindruck gewinnen können, daß dieses ganze ökonomische System so eng mit Terror und Gewalt, mit Betrug und falschen Verheißungen, mit Fallenstellen und Gemeinwesenplünderung verknüpft ist, daß es sich eher um ein kriminelles Milieu handelt als um die Beschreibung einer Lebensproduktion, von der wir alle abhängen und deren Kategorien unser alltägliches Denken und Verhalten entscheidend bestimmen.

Die Botschaft ist eindeutig, wenn von »Terror der Ökonomie« (Viviane Forrester) gesprochen wird; »Die falsche Verheißung« (John Gray) klingt dagegen milder, ist aber eine harte Abrechnung mit den Betrugsmanövern des Neoliberalismus Margaret Thatchers und Ronald Reagans. Die Gräfin Dönhoff fordert: »Zivilisiert den Kapitalismus«, sie beklagt in diesem Buch den völligen Verlust von Tugenden, die sich auf das Gemeinwesen richten. In manchen deutschsprachigen Ausgaben sind englische und französische Titel gar nicht mehr übersetzt, so im jüngsten Buch von Noam Chomsky, »Profit over people. Neoliberalismus und globale Weltordnung«, einer radikalen Abrechnung mit den betrügerischen Täuschungen und Selbsttäuschungen, die in der Leidenschaft für freie Märkte liegen.

In allen diesen politisch engagierten und analytisch mit viel Zahlenmaterial versehenen Untersuchungen wird der Eindruck vermieden, man könne durch eine Art Bekehrungserlebnis aus den Verflechtungen und Verstrickungen dieser kapitalistischen Ökonomie einfach aussteigen und sich einer nach innen gewandten »Logik der Rettung« überlassen, wie das wohl der späte Rudolf Bahro im Auge hatte, als er die Grundlagen einer ökologischen Politik als einzige sinnvolle Barriere gegen die Apokalypse formulierte.[69] Vielmehr kennzeichnet den überwiegenden Teil dieser kapitalismuskritischen Literatur, daß die Alternativen zum bestehenden System nicht in dem abstrakt-radikalen Anderen zu suchen und zu finden sind, sondern auf der Unterseite der bestehenden Verhältnisse, in ihren konkreten Prägungen und ihren einzelnen Krisenherden. Die Potentiale des besseren Anderen bleiben gleichsam im Schattenbereich und fügen sich nicht zu einer kollektiven Gegenmacht zusammen. Das ist eben das zentrale politische Problem, mit dem eine auf das Gemeinwesen bezogene und an dessen Normen orientierte Zweite Ökonomie zu tun hat. Nur die haben es einfach und sind von Berührungen mit der Schwerkraft von mehrdeutigen und in sich widersprüchlichen Tatbeständen entlastet, die sich aus den Zellenformen dieser kapitalistischen Ökonomie ganz herausziehen und ihr Denken und Verhalten ausschließlich an den normativen Versprechungen einer Diskursethik orientieren. Aber ein bloßes Bewußtmachen der falschen Wirklichkeit, ohne sich auf sie einzulassen, trägt alle Merkmale von Ohnmachtsreaktionen, die moralisch gut begründet sind und zur individuellen Selbstentlastung beitragen, weil man doch alles Mögliche getan habe; im wesentlichen bleibt aber alles beim alten.

Zwei Ökonomien stehen sich gegenüber, ineinander verwickelt und in ihren jeweiligen Vernunftprinzipien mit ganz verschiedenen Reichweiten ausgestattet. Diskutiert werden muß nicht der Widerspruch zwischen Ökonomie und Ethik; ginge es nur darum, hätte das Projekt »Arbeit und menschliche Würde« eine viel übersichtlichere Struktur und einen Kanon von regulativen Ideen, dem die falsche Wirklichkeit an wenigen exemplarischen Punkten eindeutig zuzuordnen wäre. Auf dem machtpolitischen Kampfplatz zweier Ökonomien spielen Kategorien der Ethik, Sinnfragen und Verantwortungen zwar eine bestimmende Rolle, aber sie sind eingebunden in meine zentrale Fragestellung nach einer politischen Ökonomie des Gemeinwesens, aus der sich die kulturellen Einbindungen des ökonomischen Verhaltens, seine Grenzsetzungen und Zwecke ergeben. Die Zweite Ökonomie schöpft aus den Potentialen der Ersten, deren Macht- und Herrschaftsstrukturen freilich nicht imstande sind, die menschlichen Potentiale der lebendigen Arbeit und des gesellschaftlichen Reichtums in eine vernünftige Organisation des Gemeinwesens einzubringen. Die Kritik der vorherrschenden ökonomischen Vernunft geht auf den Nachweis, daß in dem betriebswirtschaftlich verengten Begriffshorizont der gesellschaftlichen Ökonomie die verabsolutierte Marktrationalität dem eigenen Ökonomieprinzip widerspricht, indem Irrationalität, Verschwendung, Ungerechtigkeit, Chancenungleichheit aus diesem Zusammenhang mit produziert werden. Betriebswirtschaftliches Denken wieder zurückzuverlagern in die einzelnen Betriebe, um der gesamtwirtschaftlichen Vernunft, in den einzelnen Ländern ebenso wie im globalen Haushalt, Geltung zu verschaffen, das ist die notwendige Umkehrung der Bedeutung und der kulturellen Rolle dieser zwei Ökonomien. Eine umfassende ökonomische Vernunft würde der betriebswirtschaftlichen Rationalität ihre Grenzen setzen und aus dem Betrieb das machen, was Schmalenbach ihm zuschrieb: »Der wirtschaftliche Betrieb ist nur Organ der Gemeinwirtschaft.«

Ich spreche vom machtpolitischen Kampfplatz zweier Ökonomien, auf dem die lebendige Arbeit der Menschen und damit die Individuen selbst zum Manipulationsobjekt geworden sind, um deutlich zu machen, daß der Rohstoff und die Bauelemente eines vernünftig organisierten Gemeinwesens in ihren wesentlichen Bestandteilen bereits existieren, aber verstreut umherliegen und vielfach zu Randexistenzen abgeschoben sind. Als Marx noch den Optimismus der linkshegelianischen Bewußtseinsphilosophie teilte, hatte er den Gedanken einer auf Änderung der Verhältnisse gehenden zweigeteilten Wirklichkeit formuliert, welche aus den Prinzipien und Bausteinen des Alten, das im Zerfall begriffen ist, das Neue aufbaut. »Wir treten dann nicht der Welt doktrinär mit einem neuen Prinzip entgegen: Hier ist die Wahrheit, hier kniee nieder! Wir entwickeln der Welt aus den Prinzipien der Welt neue Prinzipien. Wir sagen ihr nicht: Laß ab von deinen Kämpfen, sie sind dummes Zeug; wir wollen dir die wahre Parole des Kampfes zuschreien. Wir zeigen ihr nur, warum sie eigentlich kämpft, und das Bewußtsein ist eine Sache, die sie sich aneignen muß, wenn sie auch nicht will. ... Es wird sich dann zeigen, daß die Welt längst den Traum von einer Sache besitzt, von der sie nur das Bewußtsein besitzen muß, um sie wirklich zu besitzen. Es wird sich zeigen, daß es sich nicht um einen großen Gedankenstrich zwischen Vergangenheit und Zukunft handelt, sondern um die Vollziehung der Gedanken der Vergangenheit. Es wird sich endlich zeigen, daß die Menschheit keine neue Arbeit beginnt, sondern mit Bewußtsein ihre alte Arbeit zustande bringt.«[70]

Tatsächlich ist der Gedankenstrich zwischen Vergangenheit und Zukunft immer kleiner geworden; und die Träume, wie die unglaublich reichhaltigen Mittel für ein gerechtes und befriedigendes Gemeinwesen eingesetzt werden können, um als Reich der Zwecke eingebunden zu werden, machen heute riesige Vorratslager aus, die allerdings nur schwer für die Zukunftsgestaltung mobilisierbar sind. Die Marxsche Hoffnung, daß man nur das Bewußtsein einer Sache besitzen muß, um sie wirklich zu besitzen und in der bloßen Vollziehung der Gedanken der Vergangenheit die Arbeit an der Gegenwart und der Zukunft fortzusetzen, hat sich freilich als gefährliche Illusion erwiesen. Gefährlich ist diese Illusion deshalb, weil in ihr die Schwerkraft der Verhältnisse und die machtpolitischen Interessenkonstellationen ignoriert werden, welche die neue Arbeit und die Arbeit am Neuen behindern.

Es reicht deshalb nicht aus, die alte Arbeit bewußt fortzusetzen, sondern die Menschheit muß auch eine neue Arbeit beginnen, und diese setzt buchstäblich auch bei der Veränderung der Arbeit selbst an. So wenig also damit zu rechnen ist, daß die vorgetane Arbeit der vergangenen Generationen durch einen Akt kollektiven Bewußtseins in eine vernünftig gestaltete Gesamtgesellschaft der Gegenwart eingebracht werden kann, so vertrackt und verdreht sind die Öffentlichkeitsmuster, nach denen man Aufmerksamkeit auf Zentralprobleme unserer Gegenwartskrise lenken und Licht in das Halbdunkel des Krisenmanagements werfen kann, das in Sackgassen führt. Daß Massenarbeitslosigkeit ein Gewaltakt und ein moralischer Skandal entwickelter Gesellschaftsordnungen ist, kann nicht häufig genug betont werden; wer aber glaubt, die gegenwärtige Krise dadurch gelöst zu haben, daß wir nach arbeitsstatistischen Kriterien Vollbeschäftigung vorweisen können, wird, wie wir an den Beispielen USA und Niederlande gesehen haben, sehr schnell eines Besseren belehrt. Der starre Blick auf Massenarbeitslosigkeit kann, und das wäre eine ironische Verkehrung der Verhältnisse, zur Verschleierung und Verschiebung der die Zukunft betreffenden gesellschaftlichen Strukturprobleme beitragen.

So ist es also erforderlich, auf diesem gesellschaftlichen Acker tiefer zu graben und Schichten der Krise nach oben zu bringen, welche die Lebensnerven einer demokratischen Gesellschaftsordnung berühren. Es sind drei Hauptfelder, auf denen in dieser Weise neu gegraben werden muß, um Bausteine für eine politische Ökonomie des Gemeinwesens zu suchen und zu finden, politisch also die Zweite

Ökonomie in den Rang der Ersten zu transformieren. Das ist zum einen eine Neubewertung des Arbeitsbegriffs in seiner zwiespältigen Funktion: auf der einen Seite Instrumentalisierung, der weite Bereich der Ausbeutungsmöglichkeiten, und gleichzeitig als Medium, Entfremdung und Selbstentfremdung aufzuheben und ein Stück Selbstverwirklichung der Menschen in der gegenständlichen Realität zu ermöglichen. Das ist zum anderen die Wiederherstellung des Zusammenhangs zwischen lebendiger Arbeit und einem Kulturbegriff, der sich nicht auf die Bewahrung des klassischen Erbes beschränkt, sondern die Produktion und Kommunikation von Lebenszwecken und Sinnfragen nahelegt. Und das ist drittens die Rückbindung dieser zwei Dimensionen eines gestaltungsfähigen Gemeinwesens an die Technik als einem von Menschen geplanten und produzierten Projekt. Politik steht im Banne des technischen Eros, und wo der Mensch sich als Prothesengott verkennt, bedrohen die angeblich wertfreie Wissenschaft und die von Sinnfragen und der Gemeinwesenverantwortung abgelösten neuen Technologien den Zusammenhalt der Gesellschaft.

Wir haben es, wie ich im ersten Kapitel nachzuweisen versuchte, mit einer kulturellen Erosionskrise zu tun, die durch ökonomisches Handeln verstärkt oder abgeschwächt werden kann; nichts deutet aber darauf hin, daß wir uns auf betriebswirtschaftlich-ökonomische oder technische Begriffsbildungen und Lösungsvorschläge zurückziehen könnten, um weitgehend gewaltfreie gesellschaftliche Gesamtzustände zu erzeugen. Die Koordinaten einer politischen Ökonomie des Gemeinwesens werden durch drei gesellschaftliche Projekte bestimmt. Ich spreche von Projekten, weil darin menschliche Planungen, Kopfarbeit und Absichten enthalten sind, die als Bausteine auseinandergelegt und neu zusammengesetzt werden können. Lebendige Arbeit, Kultur und Technik bilden jenes Entwurfsdreieck, auf dem die Fundamente einer »Ökonomie des Ganzen Hauses« ruhen.

IV
Lebendige Arbeit, politische Kultur
Bindekräfte des Gemeinwesens

1. Über die Notwendigkeit einer neuen Kulturdebatte

Im ersten Kapitel dieser Schrift habe ich den Gesamtzustand unserer hochentwickelten Gesellschaftsordnungen als kulturelle Erosionskrise zu bestimmen versucht und im folgenden Kapitel über Fragmentierungen, Spaltungen und Abkopplungen gesprochen. Mit diesen gesellschaftlichen Szenarien soll keineswegs der Untergang beschworen werden. Angesichts von Gefährdungen, die durch eine Art Quantensprung Gesellschaftsordnungen zum Umkippen bringen können, will ich vielmehr die Orientierungssuche fördern und öffentliche Aufmerksamkeit für Orte und Zeitverhältnisse herstellen, wo es für Reformen und qualitative Änderungen noch nicht zu spät ist.

Aufmerksamkeitsverschiebungen im Symbol- und Sprachspektrum einer vernunftorientierten Öffentlichkeit können nur gelingen, wenn zusätzliche Kraftanstrengungen unternommen werden, der verengten betriebswirtschaftlichen Rationalisierung und der Verwertung im Warenverkehr öffentliche Räume und öffentliche Zeiten für die Reflexion und Verständigung über zentrale Probleme der Gesellschaft abzutrotzen. Wir brauchen eine umfassende Kulturdebatte, weil verselbständigte Machtbereiche, denen eine begrenzte Rationalität nicht abzusprechen ist, ihre Fangnetze über die Gesamtgesellschaft werfen und eine Mentalitätsausstattung der Menschen fördern, bei der die Gleichsetzung von höchst partikularen Interessen und dem gesellschaftlichen Ganzen auch die kritische Dimension der Kultur einebnet. Mit der Gesellschaft droht gleichzeitig die Kultur als eine auf das Ganze gerichtete Reflexionsform zu verschwinden. Denn wenn Gesellschaft nicht mehr als Erkenntnis- und Handlungsobjekt im sozialen Bewußtsein der Menschen auftritt, dann verschwinden auch die Konturen eines der kulturellen Pflege und Sorgfalt bedürftigen Gemeinwesens.

Die großen Denker der europäischen Zivilisationsgeschichte haben in ihren kulturphilosophischen Betrachtungen mit besonderer Intensität und konzentrierter Aufmerksamkeit Abspaltungs- und Verselbständigungstendenzen einzelner Wirklichkeitsbereiche beobachtet und kritisiert. Eine solche Vereinzelung ist meist damit verknüpft, daß die Polis, das Gemeinwesen, die Gesellschaft in der kulturellen Rangordnung weit nach unten rutschen. Wenn die Alltagsreflexion der Menschen dem, was da als Gemeinwesen oder Staat oder Gesellschaft auftritt, überhaupt kein Vertrauen mehr entgegenbringt, kann der Rückzug auf die Privatverhältnisse das einzig Sinnvolle sein, was dem Individuum kulturell vertretbar erscheint. Karl Polanyi hat deshalb mit Recht den großen Themen des westeuropäischen Denkens, wie es der griechisch-römischen Quelle entsprang, das zentrale Thema Gesellschaft hinzugefügt: »Wir haben uns auf das bezogen, was wir für die drei grundlegenden Fakten des Bewußtseins des westlichen Menschen ansehen: Das Wissen um den Tod, das Wissen um die Freiheit und das Wissen um die Gesellschaft. Das erste wurde, nach der jüdischen Legende, in der Geschichte des Alten Testaments geoffenbart. Das zweite wurde durch die Entdeckung der Einzigartigkeit des Individuums offenbart, wie sie in den im Neuen Testament festgehaltenen Lehren zum Ausdruck kommt. Die dritte Offenbarung erfuhren wir durch das Leben in einer industriellen Gesellschaft. Kein großer Name ist damit verbunden; am ehesten vermittelte uns Robert Owen diese Offenbarung. Sie ist das konstitutive Bewußtseinselement des modernen Menschen.«[1]

Natürlich läßt sich darüber streiten, ob es nicht mehr als diese drei Hauptthemen des westlichen Denkens gibt oder ob Robert Owen, dessen Gesellschaftskritik Marx und Engels zu Unrecht zur abstrakten Utopie zählten, als erster und am prägnantesten den Begriff der Gesellschaft faßt. Es geht um die Kulturbedeutung der Gesellschaft. Und es geht darum, wie in einem solchen Kulturzusammenhang lebendige Arbeit, Ökonomie und schließlich auch Technik[2] zu begreifen sind. Wenn lebendige Arbeit vom Kulturzusammenhang abgekoppelt ist, Betriebswirtschaft praktisch alles definiert, was ein Recht auf kulturelle Ausdrucksformen hat, und der technische Eros die Regeln vorgibt, denen politisches Handeln folgt, dann ist in der Tat eine ganz neue Kulturdebatte erforderlich. Sie hätte vor allem den Sinn, das Abgespaltete oder Abgekoppelte wieder in den Reflexionszusammenhang von Fragestellungen zurückzuholen, die mit Zwecken, mit menschlichen Maßverhältnissen und Sinnbedürfnissen zu tun haben.

Wo sich in der Vergangenheit Abspaltungstendenzen zeigten, die mit eigenen normativen Ansprüchen verknüpft waren, haben sich immer auch Kulturdebatten entwickelt, beispielsweise der Werturteilsstreit, den Max Weber in Gang brachte. Angesichts der spektakulären Entwicklung von Technik, Industrie, Naturwissenschaften und bürokratischer Organisation zu Beginn des zwanzigsten Jahrhunderts standen die Geistes- und Sozialwissenschaften immer stärker unter Legitimationsdruck, ihre Erkenntnisse an Objektivitätskriterien und intersubjektiver Verbindlichkeit messen zu lassen. Max Weber relativierte deshalb den Totalitätsanspruch naturwissenschaftlicher Objektivität, indem er alle Erkenntnis, auch die naturwissenschaftliche, mit Werturteilen in Verbindung brachte: Es gibt keine von Werturteilen freie objektive Erkenntnis, weder die naturwissenschaftliche noch die sozialwissenschaftliche. Dadurch rückte Weber indirekt die sich als einzig verbindliche Erkenntnis gebende Naturwissenschaft in den kulturellen Zusammenhang möglicher Zwecke zurück. Die Werturteilsdebatte war im Grunde eine große Kulturdebatte: Es ging um die Kulturbedeutung von Staat, Herrschaft, Ökonomie, um Sinnfragen, die im Zentrum von Webers sinnverstehender Soziologie standen.

Ein zweites Beispiel einer solchen Kulturdebatte, wenn sie auch bei weitem nicht den öffentlichen Rang des Werturteilsstreits hatte, nahm seinen Ausgang von Edmund Husserls Abhandlung »Die Krisis der europäischen Wissenschaft und die transzendentale Phänomenologie«, die in den Jahren 1934 bis 1937 entstand und bis in die sechziger Jahre international Wirkung zeigte. Der Titel, unter dem Husserl in Prag damals die Ergebnisse seiner Überlegungen vortrug, wirft Licht auf das eigentliche Thema, das er sich gestellt hatte: »Die Krisis der Wissenschaften als Ausdruck der radikalen Lebenskrisis des europäischen Menschentums«. In seiner trockenen und hermetisch-eindrucksvollen Art erörtert Husserl Gegenwartsprobleme, die ihn als aus dem deutschen Geistesleben vertriebenen Juden betreffen und die die Korruption des gesellschaftlichen Zusammenhangs einbeziehen, den epochalen Marsch in die Barbarei; was er als »Rätsel der Subjektivität« benennt, lenkt die Aufmerksamkeit auf den Selbststolz der europäischen Wissenschaften, namentlich die Rationalität der Mathematik und der Naturwissenschaften. Die hochspezialisierte Rationalität dieser Wissenschaft korrespondiert laut Husserl mit der Irrationalität des Faschismus: »Die positivistische Reduktion der Idee der Wissenschaft auf bloße Tatsachen-Wissenschaft. Die ›Krisis‹ der Wissenschaft als Verlust ihrer Lebensbedeutsamkeit.« Das Rätsel der Subjektivität, das sich in einem irrational gewordenen Menschentum dokumentiert, lautet: »Bloße Tatsachen-

Wissenschaften machen bloße Tatsachen-Menschen.«[3] Für Husserl besteht die Kultur der Wissenschaften darin, daß sie ihre Fragen nach Sinn und Lebensbedeutsamkeit in den eigenen Begriff der Rationalität mit einbeziehen müssen. Wo Mathematik und Naturwissenschaften sich völlig abtrennen vom Sinnzusammenhang der Gesellschaft, sind sie einbezogen in die Irrationalität eines Herrschaftszusammenhangs, dem sie hilflos ausgeliefert sind.

Zwei weitere der zahlreichen Kulturdebatten hat Jürgen Habermas angeregt: den Positivismusstreit, der um die Frage ging, was das bewegende Erkenntnisprinzip sozialwissenschaftlichen Denkens sei, positivistische Methoden oder die Dialektik, und den Historikerstreit um die Aufarbeitung der deutschen Vergangenheit. Allen derartigen Kulturdebatten gemeinsam ist ein öffentlicher Erkenntnisgewinn. Sie schärfen die Urteilsfähigkeit und integrieren Konflikte, die dem Gemeinwesen bedrohlich sein könnten, in geregelte Formen einer Streitkultur. Doch wie steht es mit der Beziehung zwischen Arbeit und Kultur? Wurde je in all den Kulturdebatten über die Bedeutung von Arbeit für die Kultur und von Kultur für die Arbeit diskutiert?

Wer die Erörterung eines Beziehungsverhältnisses vorschlägt, bei dem der eine Faktor bereits als verabschiedet gilt, kommt leicht in den Verdacht einer romantisierenden Wiederbelebung längst vergangener Verhältnisse. Aber eine Kulturdebatte ist heute von äußerster politischer Dringlichkeit. Denn der inflationäre Gebrauch des Wortes Kultur verweist auf eine Sinnentleerung, nützlich für alle Formen des Etikettenbetrugs. Kultur wird offensichtlich überall dort als Markenzeichen benutzt, wo man etwas verbergen will oder wo etwas verdreht werden soll oder wo Ziel und Zwecke mit gemeint sind, die, indem man das Etikett nur aufklebt, bereits auf die Anstandsebene gehoben sind. Was kann man schon gegen eine »Unternehmenskultur« sagen? Mit diesem Begriff sind der Profit, die räuberischen Praktiken, die Gewaltakte bei Entlassungen, überhaupt alles wegretuschiert, was an Massenarbeitslosigkeit und Existenznot der Menschen erinnert. Und wenn dann noch, wie in der Deutschen Bank, Werke von Joseph Beuys an der Wand hängen, muß sich jede Kritik an den Geschäftspraktiken der Bank doch kleinkariert vorkommen, obwohl natürlich Beuys' kritischer Impuls, der ursprünglich in allen seinen Protestwerken gesteckt haben mag, von der Bildfläche verschwunden ist. Diese Verdeckungs- und Verschiebungsfunktion ist vielen Kulturbegriffen eigentümlich – bis hin zu Momenten, in denen sich Politiker in Lobsprüchen über die gute Streitkultur ergehen, nachdem sie zunächst in Wort und Bild Mitglieder anderer Parteien aggressiv ausgegrenzt haben, um dann diese Anschläge auf die Integrität von Personen zurückzunehmen.

Was ist also Kultur? Auf der Suche nach kulturellen Ausdrucksformen, die den Legitimationsmißbrauch vermeiden, bewegen wir uns auf vermintem Gelände. Dabei kann es einer kritischen Gesellschaftstheorie, die sich um Alternativen zu den bestehenden Verhältnissen bemüht, nicht reichen, die mißbräuchliche Verwendung des Wortes Kultur aufzudecken. Auch in reinen Verwertungsinteressen, die sich der Ansehensmacht von Kultur bedienen, steckt etwas von der inneren Zwiespältigkeit dieses Begriffs, der sich vom Versprechen von Wahrheit, Glück und Befreiung nie ganz ablösen läßt. Stendhal, der seinen Künstlernamen aus Verehrung für Winckelmann nach dessen Geburtsort Stendal wählte, hat von der Kunst als einem Versprechen des Glücks *(promesse de bonheur)* gesprochen. Am deutlichsten zeigt sich dieses Versprechen von Glück und Freiheit darin, daß die Unterdrückten und Ausgebeuteten stets Anstrengungen unternommen haben, sich in ihren Befreiungskämpfen die Kulturgüter der herrschenden Klasse anzueignen und deren utopische Gehalte in ihren eigenen Emanzipationszusammenhang einzubeziehen. Kultur, aus der Not entstanden, verspricht und eröffnet Perspektiven, von der Not zu befreien.

Werden die großen Gestaltungsprodukte von Kunst, Literatur oder auch Erinnerungsstätten, also die Welt der Zwecke und das Reich des schönen Scheins, museal eingemauert, raubt dies den rebellierenden und auf Emanzipation bestehenden gesellschaftlichen Kräften wesentliche Medien des sprachlichen und symbolischen Ausdrucksvermögens. Für eine Gesellschaft, die sich ihrer eigenen Befreiungspotentiale bewußt werden will, indem sie einen öffentlichen Reflexionsraum dafür schafft, ist es deshalb von existentieller Bedeutung, Krisenbewältigung und praktische Bearbeitung der einzelnen Krisenfelder als Akte kultureller Arbeit zu betrachten. Die Substanz von Kultur hat immer darin bestanden, die Selbstzerrissenheit der Lebensverhältnisse und die Spaltungen der Gesellschaft durch Herstellung spezifischer Kommunikationsmedien wieder tragfähig für das Ganze zu machen. Erweiterungen des Kulturbegriffs sind dafür erforderlich, die Öffnung seiner Zeitdimensionen zum aufbewahrten Vergangenen und dem gestaltbaren Künftigen. Kultur ist in der Tat vor allem kollektives Gedächtnis, weltoffene Erinnerungsfähigkeit der Menschen. Eine Gesellschaft, die nicht mehr imstande ist, den aufbewahrten Vorrat an Kunst, Literatur und Denkstätten zu pflegen und zu vergrößern, begibt sich auch der Möglichkeit, Freiräume und Energien für die Zukunft zu schaffen. Erinnerungsfähigkeit und Utopiefähigkeit der Menschen sind untrennbar miteinander verflochten.

Wenn ich von den prekären Verhältnissen des Kulturbegriffs spreche und dessen Verengungen und Mißbrauchsmöglichkeiten denunziere, dann ist Ähnliches von lebendiger Arbeit zu berichten. Versteinerten »Kulturgütern«, aus denen alles Lebendige und Neue verschwunden ist, entspricht eine verdinglichte und zynische Umgangsweise mit lebendiger Arbeit. Das Reich der Notwendigkeit, Plackerei und Entfremdung im Arbeitsalltag, ist nicht durch Ästhetisierung, durch die literarische Entwertung der drückenden Alltagsrealität aufzuheben oder angenehmer zu gestalten. Etwas von dieser wahrheitswidrigen Ästhetisierung der Arbeit steckt in allen proletarischen Kulturrevolutionen, vom Proletkult der zwanziger Jahre bis hin zur chinesischen Kulturrevolution. Aber auch die Nazis verstanden es meisterhaft, die von jedem Sinn und den Resten von Selbstbestimmung und Autonomie befreiten Arbeitsformen mit Sinn und Schönheit auszustatten, indem sie auch die stumpfsinnigste Tätigkeit als Ausdrucksform des Gemeinsinns und der kollektiven Willensmacht der Menschen definierten. Sie schufen sogar eine eigene Bürokratie dafür: das Amt »Schönheit der Arbeit«, das für vielfältige Tätigkeitsbereiche verantwortlich zeichnete.[4] Einrichtungen der Deutschen Arbeitsfront mit merkwürdig klingenden Freizeitversprechen wie »Kraft durch Freude« zielten von Anbeginn bewußt auf Kriegsproduktion und Verschrottung der Menschen durch Arbeit. Das Arbeitserlebnis wurde zur Grundsituation einer Kampfgemeinschaft, in der es auf Leben und Tod ging.

Die Nazis waren sich bewußt, daß sie den Menschen nicht grenzenlos Energie und Arbeit abverlangen konnten, ohne deren Folgebereitschaft zu gefährden. Der Reichsleiter der Deutschen Arbeitsfront, Robert Ley, erklärte vor Funktionären seiner Organisation 1936: »Es ist unsere Aufgabe, wenn wir auf der einen Seite von den

Menschen mehr Arbeit verlangen, mehr Einsatzbereitschaft und damit auch mehr Opfer, alles zu tun, zu denken und zu erforschen ... was wir ihnen dafür auf der anderen Seite für Erleichterungen schaffen können. Das ist ebenso notwendig, denn wenn man von einem Volk nur Opfer verlangt – das hat uns der Krieg mit unerhörter Deutlichkeit gezeigt: Aushalten, Aushalten, Durchhalten, Durchhalten –, so ist das alles ganz schön; es gibt aber für jeden Menschen ein Ende der Belastungsprobe und für ein Volk natürlich auch ... da gibt es eine Grenze, und wenn die ... erreicht ist, dann bricht das eben. Und die war bei uns eben 1918 da, am 9. November ...«[5]

Je entfremdeter sich der Arbeitsprozeß selbst gestaltete, desto entschiedener wurde der schöne Schein des Arbeitslebens gefestigt. Die Glorifizierung von Arbeit, vor allem auch in kollektiven, sinnlich faßbaren Formen, ist stets mit Ausgrenzungen und Entwertungen der sogenannten höheren Kultur verknüpft. Das Kollektiv der Arbeit und der Arbeiter setzt sich von den Glücks- und Wahrheitsversprechen der sogenannten höheren Kultur ab, weil man sich des Störenden und Mahnenden, das darin mit enthalten ist, entledigen will. So wird der ästhetische Schein, der ursprünglich gerade das ganz andere des mühevollen Arbeitslebens ausdrücken und dokumentieren sollte, ganz mit in die Arbeitswelt integriert, und die zynische Perversion, die in dieser ästhetisierten Aufhebung der Entfremdung liegt, nimmt im Dritten Reich sehr bald blutige Gestalt an. Weiter läßt sich nicht verkehren, was die kreativen Potentiale lebendiger Arbeit bedeuten, als mit dem Eingangsmotto an den Höllentoren der Konzentrationslager: »Arbeit macht frei.«

So muß eine öffentlich geführte Kulturdebatte, welche die unterschlagene Wirklichkeit der lebendigen Arbeitswelt zum Thema macht und in die kreativen Potentiale kultureller Prozesse mit einbezieht, wieder von neuem und ganz unten anfangen. Lebendige Arbeit und politische Kultur tragen in sich bestimmende Bindekräfte, die für ein vernünftig organisiertes Gemeinwesen unabdingbar sind. Vergleicht man aber heute das Forschungsfeld »Arbeit« mit dem der »Kultur«, zeigen sich buchstäblich Berührungsängste zwischen Arbeit und Kultur, vor allem seit die Idee des Sozialismus, in der beide doch in engstem Kontakt standen, geschichtlich als ausgestanden betrachtet wird.

Nur wenige Denker – ein Beispiel ist André Gorz – beziehen die kulturellen Milieus, also Werthaltungen, Subjektausstattungen,

Überlieferungen von Verhaltensvorschriften, in die Analyse der Arbeits- und Erwerbsgesellschaft mit ein. Der Großteil der arbeitssoziologischen Literatur, zumal wenn sie auf politische Eingriffe in die prekären Arbeitsmarktverhältnisse zielt, hält sich in scheuer Distanz zu kulturellen Bewertungen und Einbindungen. So wird der Arbeitsbegriff auf eine instrumentell-pragmatische Dimension reduziert, was dann häufig bei den scharfsinnigen Analytikern selbst oder auch bei Betrachtern, die sich die ausgeklügelten Lösungsvorschläge zu eigen machen, Enttäuschungen und Unverständnis bewirkt, warum Menschen so borniert und uneinsichtig sind. Wer sich auf solche Abstraktionen des Arbeitsbegriffs einläßt und aus der gegenwärtigen Existenznot vieler Menschen eine gleichsam anthropologische Naturgrundlage macht, wird keine Organisationsphantasie für die Lösung in einer epochalen Umbruchsituation der Arbeits- und Erwerbsgesellschaft entwickeln können.

Den isolierten und häufig technisch-statistisch abgemagerten Arbeitsdiskursen entspricht ein kulturelles Feld, auf dem sich die Wertediskurse austoben. Folgt man selbst ihren Spuren, so trifft man auf eine Wirklichkeitsschicht, in der die Menschen arbeiten, die übervoll ist mit Armut und Reichtum – Phänomene, die das gegenwärtige Betriebsklima der Gesellschaft bestimmen. In der Welt der kulturellen Ethikdiskurse dagegen wird offensichtlich nicht mehr gearbeitet: Das jüngste, über 600 Seiten starke Buch von Detlef Horster mit dem vielversprechenden Titel »Postchristliche Moral. Eine sozialphilosophische Begründung«[6] enthält nach Auskunft des sehr detaillierten Sachregisters das Wort Arbeit kein einziges Mal. Nun könnte man sagen, es sei ja auch nicht der Gegenstand dieser Untersuchung. Das wäre jedoch zu einfach, denn die Substanz von Stichworten wie Anerkennung, Achtung, Gerechtigkeit, Glück, moralische Prioritäten und einiger anderer wichtiger Begriffe aus den herkömmlichen Wertekatalogen verweist doch unabdingbar auf gesellschaftliche Produktionszusammenhänge, in denen wirkliche Menschen sich mit ihren Werthaltungen bewegen. Im so überaus erfolgreichen »Buch der Tugenden« von Ulrich Wickert ist unter den Aphorismen und Spruchweisheiten von Plato bis Enzensberger immerhin noch der Fleiß vertreten, der an die Arbeitswelt erinnert. Aber auch hier läßt sich kaum erkennen, was unsere Gegenwartskrise in ihren materiellen Fundamenten und in ihren neuen Herrschaftsblöcken ausmacht. Dem Idealismus kann man diese Diskurse nicht zurechnen; denn sie verstehen sich ja gerade als grundlegende Kritik aller idealistischen Konstruktionen. Sie geben sich postmaterialistisch und postchristlich und postmodern, aber sie nehmen kaum zur Kenntnis, warum sich die überwiegende Zahl der Menschen in 90 Prozent ihrer Gedankenarbeit mit handfesten Kämpfen um einigermaßen würdiges Überleben beschäftigt.

So kann ich auch nur schwer verstehen, warum der verdienstvolle Versuch von Axel Honneth, die gesellschaftliche Anerkennungsproblematik zu aktualisieren, der Arbeitsproblematik – die ja, wie Hegel richtig sah, für das revolutionäre Selbstbewußtsein des Bürgertums entscheidend war – den Rücken kehrt, sobald er sich in die Gegenwart begibt.[7] So zutreffend es auch sein mag, daß die eigentliche Antriebsquelle des gesellschaftlichen Fortschritts in der Logik sozialer Kämpfe liegt, es wesentlich die Kämpfe um Anerkennung sind, gegen Vergewaltigung, Entrechtung, Entwürdigung, so wenig plausibel ist es doch, Liebe, Recht und Solidarität, die den Kampf um Anerkennung bestimmen, nicht gleichzeitig in ihrem inhaltlich-materiellen Fundament verankert zu sehen. Die inneren Verschränkungen von Kulturbedeutung der Arbeit und Arbeitsbedeutung der Kultur haben entscheidendes Gewicht, das heißt, ohne jene Pflege von Anerkennungsbeziehungen unter den Menschen, wie sie in dem Begriff *colere, cultus* angelegt ist – durch eine Art Ackerbau der Sinne, des Verstandes, des Körpers –, sind solche Muster reine Abstraktionen.

Es würde der theoretischen Bemühung Honneths jedoch nicht gerecht werden, ihm die Ausgrenzung der Arbeit im Sinne der materiellen und kulturellen Existenzsicherung aus dem Lebensweltkonzept zu unterstellen. Schon 1980 kritisiert er den verengten Arbeitsbegriff, wie ihn etwa Hannah Arendt und Jürgen Habermas mit der Reduktion auf instrumentell-monologische (also kommunikationslose) Prozeduren vertreten. Die in den neunziger Jahren verschärft auftretenden sozialen Disparitäten verschaffen der Arbeitswelt in seiner Theorie der Anerkennung zunehmendes Gewicht. 1996 deklariert er Arbeit geradezu zur substantiellen Grundlage dieses Kampfes um Anerkennung: »Die Anerkennungsverhältnisse sind, was die soziale Wertschätzung angeht, mit der Verteilung und Organisation der gesellschaftlichen Arbeit in hohem Maße verschränkt.«[8]

Die Folgerung, die Honneth aus dieser völlig unstrittigen Erkenntnis zieht, nämlich der »Kategorie der Arbeit in dem hier entwickelten Programm einer Kritischen Theorie eine größere Bedeutung zu geben, als ihr die Theorie des kommunikativen Handelns zukommen läßt«[9], drückt freilich eine wissenschaftsgeschichtliche Schieflage aus. Honneth erweckt den Eindruck, als gäbe es nur eine einzige Entwicklungsrichtung der Kritischen Theorie: die des kommunikativen Handelns (was ihr Autor Jürgen Habermas *so* nie gesehen hat). Auf diese Weise versetzt er sich in die günstige Lage, angeblich oder wirklich verlorengegangene soziale Probleme in den Theoriezusammenhang der Frankfurter Schule wieder einzubeziehen, gleichsam zu retten. Dieser Rettungsvorgang setzt allerdings voraus, daß Entwicklungslinien der Kritischen Theorie, die Arbeit, Kapitalkritik, den Kampf um Anerkennung, soziales und politisches Lernen nie vergessen oder unterschlagen haben, sondern von Anbeginn ins Zentrum der kritischen Analyse und der moralischen Orientierung rücken, einfach nicht wahrgenommen oder absichtsvoll unterschlagen werden.[10]

Geschichtliche Erfahrung zeigt, in welchem Ausmaß befriedigende Arbeitsverhältnisse und gesicherte Existenzbedingungen das Klima solidarischer Beziehungen und die kulturelle Kreativität der einzelnen Individuen in bezug auf das politische Gemeinwesen mitbestimmen. Das ist gewiß nicht immer so gewesen, aber die bürgerliche Gesellschaft hat ein arbeitsbezogenes Selbstverständnis der Menschen erzeugt, das Würde und soziale Anerkennung wesentlich darauf gründet, daß sie Mitgestalter eines Gemeinwesens sind.[11]

Diesen Horizont haben wir bei weitem noch nicht überschritten; in allen entwickelten Arbeits- und Erwerbsgesellschaften sind die offiziell bemühten Krisenlöser und ihre wissenschaftlichen Begleiter damit beschäftigt, daß der Arbeitsfaden der erwerbsfähigen Bevölkerung nicht abreißt – und sei es auch um den Preis minderwertiger und unterbezahlter Jobs, die zudem noch vervielfältigt werden müssen, um das nackte Leben zu sichern, notfalls durch einen kleinen Aktienbesitz ergänzt.

Im begrenzten Rahmen meiner Untersuchung kann ich dem offensichtlich mit starken Machtinteressen besetzten Trennungsvorgang der Kultur von Arbeit nicht in allen Einzelheiten nachgehen und muß es bei tastenden Versuchen belassen, Arbeit und Kultur wieder in jenen strukturellen Zusammenhang zu rücken, der diesen

Zentralbegriffen der modernen Welt zukommt. Der Bamberger Soziologentag von 1982 stellte unter dem Titel »Krise der Arbeitsgesellschaft?« – damals noch mit einem Fragezeichen versehen – die Kulturbedeutung von Arbeit und ihre längerfristige Entwicklung zur Diskussion: Funktional aufeinander bezogene Arbeitsformen wurden ebenso einer Neubewertung unterzogen wie die Arbeitsinhalte und die sozialpsychologischen Prägungen des Arbeiterverhaltens. Über die Zukunft der Arbeits- und Erwerbsgesellschaft wurde in einem Klima wachsender Fortschrittskritik debattiert, und in den Vordergrund der wissenschaftlichen Diskurse drängte sich immer stärker die Frage nach der geschichtlichen Legitimation der industriellen Zivilisation als Ganzes und nach den voraussichtlichen Folgen ihres möglichen Endes. Es vollzog sich eine Art Qualitätsveränderung im Denken: Soziologisch schon länger bekannte Tendenzen zur Schrumpfung des industriellen Sektors und zur Erweiterung des Dienstleistungssektors erfuhren merkwürdige philosophische Vertiefungen bis hinein in Bereiche, welche geschichtsphilosophische Themen und die Regeln des Erkenntnisfortschritts betreffen. An der Veränderung der Arbeitswelt wurde plötzlich festgemacht, was in der gesamten Zivilisation falsch gelaufen sei und wo die postmodernen, posthistorischen, postindustriellen Strategien den Hebel des Wandels ansetzen könnten. Im Begriff der Arbeit artikulierte sich der Zivilisationsbruch der Gegenwart. Dabei war die Glaubwürdigkeit, mit der Politiker und Wissenschaftler in der Öffentlichkeit die spürbar wachsende Massenarbeitslosigkeit (sie lag zum Zeitpunkt des Bamberger Soziologentages bei etwa 2,4 Millionen statistisch erfaßten Arbeitslosen) an die Gesetze von Konjunktur und Rezension banden, durchaus noch nicht in Frage gestellt, obwohl alle Zeichen der Zeit auf einen Strukturwandel der Arbeitsgesellschaft wiesen.

Die Debatte darüber, ob wir es noch mit einer Industriegesellschaft spätkapitalistischen Zuschnitts oder mit jener Gesellschaftsordnung zu tun haben, für die immer neue synthetische Titel in Umlauf gebracht werden (Risikogesellschaft, Protestgesellschaft, Kommunikationsgesellschaft, Erlebnisgesellschaft usw.), will ich an dieser Stelle nicht fortführen; es ist aber offenkundig, daß in Krisensituationen, die aufgrund ihrer Komplexität nur schwer Gesamtlösungen zulassen, der symbolische Wortgebrauch in einer Öffentlichkeit, die auf Erklärungen und Auswege drängt, die kuriosesten Sprachgebilde zu produzieren vermag.

Vierzehn Jahre vor dem Bamberger Treffen gingen die Verhandlungen des 16. Deutschen Soziologentags in Frankfurt um ein ganz anderes Thema, freilich mit einem ebenso kräftigen Fragezeichen ausgestattet: »Spätkapitalismus oder Industriegesellschaft?« 1968 wurden auch in der Wissenschaft Systemalternativen dieser Art ernst genommen. Im Zusammenhang mit Erkenntnis und Interesse hat die Wort- und Begriffsgeschichte von Sachverhalten zweifellos einen bedeutsamen politischen Horizont.

Bevor ich den Gestaltwandel von Arbeit skizziere, will ich im folgenden diesen begriffsgeschichtlichen Kontext an den Worten »Industrie« und »Kapitalismus« erörtern. Denn die den Terminologien zugeschriebene Gewichtung bestimmt in der Regel das Erkenntnisinteresse und die Richtung von Krisenlösungen. Wer heute alles auf Modernisierung setzt, nimmt vom gesamtgesellschaftlichen Zusammenhang anderes in den Blick als die Strategen der Industrialisierung oder jene, die alle Hoffnung vom Dienstleistungssektor erwarten oder als die bezeichnenderweise wachsende Zahl von Menschen, die wieder vom Kapitalismus sprechen und damit, selbst wenn Massenbewegungen gegen diese Gesellschaftsform zur Zeit kaum erkennbar sind, den Willen bekunden, eine andere, vernünftigere Lebensform der Gesellschaft zu erstreben.

Öffentliche Terminologieverbote, die unterhalb festgelegter Zensurmechanismen liegen, sind schleichende Entwertungen bestimmter Begriffe, denen die Diskursfähigkeit abgesprochen wird. Und je sachlogischer einzelne Begriffe eingeschätzt werden, desto größer scheint deren Reichweite und historische Geltung zu sein. Industrie und Industrialisierung als Prozeß verbinden sich mit einem Bedeutungshorizont, in dem Produktionswille und Fleiß einer Gesellschaft zum Ausdruck kommen; es ist die Produktion bestimmter Produkte, von Waren, in einem gegenständlichen Gebrauchswertsinne gemeint.

Als Kennzeichen einer Industriegesellschaft galt, daß die Menschen ihr Selbstbild nach Kriterien des Erwerbsgeistes, der produktiven Arbeit und der aktiven Umgestaltung der Welt definieren. Insoweit geht in das moderne Verständnis des aktiven Lebens die Ursprungsbedeutung des Wortes *industria, industrius* mit ein. Vieles von dem, was den Bürgern Selbstbewußtsein, Würde, Autonomie zu verschaffen versprach, ist in diesem Wortursprung enthalten: das Beharrliche, das Nachhaltige, energische Tätigkeiten, die Rührigkeit, sinnliche Erregbarkeit, Betriebsamkeit und nachhaltiger Fleiß. Seine hohe Wertigkeit bekam der Begriff allerdings erst in der Moderne, mit der in der Renaissance einsetzenden Umgliederung der Produktionsprozesse. Bevor sie arbeitsteilig zu einem bestimmten Wirtschaftszweig spezialisiert wird, ist Industrie ein Hoffnungsträger des gesellschaftlichen Friedenszustandes; darin steckt auch das Wort *struere, structura*, schichten, Struktur, die den vorherrschenden Definitionsrahmen einer Gesellschaft bestimmt.

Entscheidend ist das historische Milieu, in dem diejenigen dachten, die industrielle Produktion durchaus als eine Form der Friedensutopie verstanden. Adam Smith hat marodierende Banden des Feudalismus vor Augen, welche die arbeitenden Menschen ausbeuten, untereinander Kriege führen, aber zum Zusammenhalt der Gesellschaft nichts leisten. Die hohe Wertigkeit, die produktive Arbeit annimmt, ist keineswegs nur begründet im Wohlstand der Nation, sondern auch in der wachsenden Vielfältigkeit, in der Autonomie der Menschen, die durch Fleiß Eigentümer von Boden und Gütern wurden, und in ihrer persönlichen Würde.

Die innere Zwiespältigkeit der Industrialisierung, ja ihres dialektischen Umschlags bestimmt bereits Marx' »Kritik der politischen Ökonomie«. Keineswegs ist er ein konservativer Kritiker der Industrie; die Industrie sei das »aufgeschlagene Buch der menschlichen Psychologie«, hatte er in seinen Frühschriften geschrieben. Wo immer der Fortschrittsgedanke einen materiellen Gehalt bekommt, ist er mit dieser Industrialisierung verknüpft. Doch wenn sie nicht in die vernünftige Organisation des gesellschaftlichen Ganzen einbezogen wird, bleibt sie untrennbar von den zerstörerischen Tendenzen desselben Vorgangs. »Die kapitalistische Produktion entwickelt daher nur die Technik und Kombination des gesellschaftlichen Produktionsprozesses, indem sie zugleich die Springquellen allen Reichtums untergräbt: die Erde und den Arbeiter.«[12] Was Marx hier – im konkreten Fall der Agrarproduktion in den Vereinigten Staaten – als tendenziellen Zerstörungsprozeß beschreibt, ist heute unmittelbar greifbare Realität und bedroht buchstäblich die Gattungsausstattung. Zwar kann man durchaus einwenden, daß nur dort, wo wirkliche Industrialisierung auf hohem Niveau stattgefunden hat, auch die Möglichkeiten vorhanden sind, die Zerstörungstendenzen in Grenzen zu halten und die Folgen des industriellen Naturraubbaus durch ökologische Projekte zu bekämpfen. Industrialisierung in einem weit gefaßten Sinne, ob das nun als erste oder zweite oder dritte Moderne verstanden wird, produziert generell zerstörerische Folgen, auch wenn sie gleichzeitig objektiv die Mittel zur Verfügung stellt, sie zu neutralisieren. Doch das ist ein politischer Akt und keine innerökonomische Konsequenz.

Die Wort- und Begriffsgeschichte ist ein höchst sensibles Medium für gesellschaftliche Umschichtungen. Als wissenschaftlich behandelter Sachverhalt sind die Kategorien Kapital, Lohnarbeit, Arbeiter und Kapitalist vereinzelt bereits in der ersten Hälfte des neunzehnten Jahrhunderts festzustellen; Richard Sennett zufolge war es der Dichter Samuel Taylor Coleridge, der in seinem »Tabletalk« von 1823 zum ersten Mal von Kapitalisten sprach, die Arbeiter zu ihrer Verfügung haben.[13] Wenn die Arbeiterbewegung des ausgehenden neunzehnten Jahrhunderts das Wort Kapitalismus benutzt, handelt es sich überwiegend um Agitationssprache. Damit war die herrschende Klasse bezeichnet, die sich anmaßte, Macht über die ganze Gesellschaft auszuüben; viel wichtiger war aber für die Arbeiterbewegung, daß das Kapitalverhältnis seine eigenen Totengräber produziert.

Bemerkenswerterweise gibt es im Hauptwerk von Marx, dem »Kapital«, zwar zahlreiche Wortverbindungen mit dem Begriff Kapital, auch Eigenschaftsbestimmungen wie kapitalistische Produktionsweise oder kapitalistische Gesellschaft[14], aber meines Wissens spricht Marx weder in den drei Bänden des »Kapital« noch in seinen sonstigen Schriften von »Kapitalismus« in der Reichweite eines Substanzbegriffs. Alle Arten von Kapital werden genannt, individuelles Kapital, industrielles Kapital, konstantes Kapital, Gesamtkapital, Kapitaleigentum, auch der Kapitalist als Funktionär der Produktion tritt in Erscheinung. Die Alternative zu dieser vom Kapital dominierten, aber von ihm keineswegs vollständig durchdrungenen Gesellschaftsordnung wird von Marx durchaus in Subjektform benannt; der Kommunismus ist ein offenes geschichtliches Betätigungsfeld im Emanzipationskampf der Arbeiterklasse, jedoch als Gesamtsystem gedacht und so auch genannt. Die kapitalistische Produktionsweise und alles, was wir heute mit dem Kapitalismus verbinden, haben also eine viel längere Geschichte als der wissenschaftliche Begriff Kapitalismus selbst, der offenbar erst durch Werner Sombarts Buch aus dem Jahre 1902, »Der moderne Kapitalismus«, zum prägenden Begriff des zwanzigsten Jahrhunderts wird.[15]

So spiegelt die Wortgeschichte durchaus das gesellschaftliche Klima, in dem über eine bestimmte Wirtschaftsform mit herrschaftlichen Ansprüchen reflektiert wird. Daß heute konservative Blätter wie die »Frankfurter Allgemeine Zeitung«, Vertreter des Marktliberalismus wie die Gräfin Dönhoff, linke und rechte Journalisten mit dem Wort Kapitalismus selbstverständlich umgehen, als hätte es nie andere Systemdefinitionen gegeben, verweist darauf, daß die Realitätsmacht von Kapital und Markt in einer Weise in die Poren der Gesellschaft eingedrungen ist, wie das noch nicht einmal in den zwanziger und dreißiger Jahren der Fall war. In den industriell entwickelten Nachkriegsgesellschaften, als die sozialstaatliche Transformation des Kapitalismus begann, wurde das Wort Kapitalismus wiederum im linken Spektrum ghettoisiert; Ernest Mandel, Maurice Dobb, Paul M. Sweezy und andere sprachen unbefangen von Kapitalismus, wenn sie die Gegenwartsgesellschaft analysierten. Der erwähnte Soziologentag von 1968 war ein politisch motivierter soziologischer Diskurs, der in der etablierten sozialwissenschaftlichen Zunft mehr Kopfschütteln bewirkte als ernsthaftes Nachdenken über den Kapitalismus.

Wenn nun alle antikapitalistischen Elemente aus dem Horizont dieser als Kapitalismus bezeichneten Gesellschaftsordnung verschwinden sollten, wie verändert sich dann Lohnarbeit in diesem Kapitalverhältnis, das in seiner Machtentfaltung keinerlei Brechung und Widerstand mehr erfährt? Was sind die Arbeitsinhalte? Wenn Kapital nach wie vor nicht ohne lebendige Arbeit existieren kann, wie verändern sich deren Sinngehalte? Da menschliche Kultur wesentlich mit Ausdrucksformen lebendiger Arbeit verknüpft ist, mit sinnlicher Tätigkeit und kreativer Bewältigung gegenständlicher Realität, worauf beruht dann die Kulturbedeutung von Arbeit?

2. Arbeit als historisch-fundamentale Kategorie

Die bürgerliche Gesellschaft entwickelt einen Begriff von Arbeit, der von Anbeginn zwiespältig ist. Er bezeichnet Ausbeutung, Unterdrückung, Entwürdigung, gleichzeitig aber auch das Gegenteil: ein Medium der Selbstbefreiung. Die Arbeit hat objektive Voraussetzungen dafür geschaffen, daß Hunger, Krankheit und Angst aufhebbar sind. Daß Arbeit als das die Objektwelt schlechthin Konstituierende begriffen wird, daß sie – verabsolutiert zur einzigen Quelle gesellschaftlichen Reichtums und zum Allheilmittel sowohl der gesellschaftlichen Leiden wie auch der Leiden an der Gesellschaft – der bürgerlichen Ideologie unschätzbare Dienste geleistet hat, erschöpft nicht den kulturellen Wahrheitsgehalt der lebendigen Arbeitskraft in allen ihren Ausdrucksformen, die über die Produktion von industriellen Gebrauchsgegenständen hinausgehen. Nicht berufliche Erwerbsarbeit ist, wie Max Weber meinte, das Schicksal der modernen Welt, vielleicht aber lebendige Arbeit – Arbeit in dem umfassenden Sinne eines unaufhebbaren, weil sinnlich-gegenständlichen Stoffwechsels zwischen Mensch und Natur, in dem keine der beiden Seiten ohne die andere existieren kann. So gesehen ist Arbeit die einzige Vermittlungstätigkeit, die dem Grundpostulat der Emanzipation gerecht zu werden vermag: nämlich der Naturalisierung des Menschen, der ein Stück leidensfähiger Leiblichkeit in seinem starken Geistwesen hinzugewinnt, und der Humanisierung der Natur. Vergleichbare Formulierungen des jungen Marx erscheinen uns heute viel verständlicher als den Menschen in der Mitte des neunzehnten Jahrhunderts.

Um das in der lebendigen Arbeitskraft selbst steckende Protestvermögen deutlich zu machen, beziehe ich mich deshalb bewußt auf jenen philosophischen Traditionszusammenhang, in dessen Rahmen vor allem Hegel und Marx eine Dialektik der Arbeit entwickelten. Für beide ist lebendige Arbeit zentrales Element der Subjekt-Objekt-Konstitution. Freiheit und Autonomie der Subjekte bedürfen der Gegenständlichkeit, auf die sie sich beziehen und in der sie sich bestätigt oder verneint finden. Beide, Hegel wie Marx, sind der Auffassung, daß der gesellschaftliche Reichtum an Dingen, Verhältnissen, kulturellen Gebilden zu einer tödlichen Bedrohung für die Menschen wird, wenn sie versuchen wollten, ihre lebendige Arbeit daraus zurückzuziehen und sich daneben ein gesondertes Reich des autonomen Willens und der Gedankenfreiheit aufzubauen. Archaische Rückwege, die von diesem geschichtlich gewonnenen Stand der Selbstreflexion von Arbeit absehen, sind uns versperrt. So zu tun, als könnte man sich, nachdem die von Menschen produzierte Objektwelt eigengesetzliche Gewalt angenommen hat, auf ein bloß anschauendes und genießendes Verhältnis zurückziehen, wäre nicht nur ein Verlust an Kontrolle über die gegenständliche Wirklichkeit (sie mag übrigens mit Virtuellem überfremdet sein wie nur möglich), sondern würde auch die Subjekte entleeren. Als endliche Wesen sind sie zwangsläufig darauf angewiesen, sich an Gegenständen abzuarbeiten, und das kann nur durch gegenständliche Tätigkeit, also durch Arbeit in einem erweiterten Verständnis erfolgen. Nehmen wir die Klassifikation von Hannah Arendt, so repräsentiert Herstellen die Welt des Handwerkers und des Künstlers. Er arbeitet, fällt aber nicht unter die Kategorie Arbeit, die auf Sprach- und Kommunikationslosigkeit festgelegt ist. Die Subjekt-Objekt-Einstellung bezeichnet, verglichen mit der Arbeit, eine bereits autonomere Tätigkeit: Ein vorgestelltes Modell, ein Bild im Kopf des Herstellers, wird mit Hilfe von Werkzeugen, Geräten, Instrumenten und auf der Grundlage der Materialkenntnis in eine gestaltete Form gebracht, die für sich von Dauer ist.

Bereits bei Hegel findet sich diese utopische Dimension der durch Arbeit geprägten Subjekt-Objekt-Dialektik, und zwar nicht nur in jenem immer wieder zitierten Zusammenhang der »Phänomenologie des Geistes«, wo der Knecht durch Maulwurfsarbeit die Herrschaft des Herrn bricht und, zum selbstbewußten Revolutionär geworden, als Sieger aus diesem widerspruchsvollen Prozeß hervorgeht, sondern ebenso in der Geschichtsphilosophie und der Logik. »Daran, daß ich etwas zur That und zum Daseyn bringe, ist mir viel gelegen: ich muß dabei sein; ich will durch die Vollführung befriedigt werden. Ein Zweck, für welchen ich thätig sein soll, muß auf irgendeine Weise auch mein Zweck sein; ich muß meinen Zweck zugleich dabei befriedigen, wenn der Zweck, für welchen ich thätig bin, auch noch viele andere Seiten hat, nach denen er mich nichts angeht. Dies ist das unendliche Recht des Subjekts, daß es sich selbst in seiner Thätigkeit und Arbeit befriedigt findet.«[16]

Marx greift diesen Hegelschen Gedanken der Subjekt-Objekt-Konstitution durch Arbeit auf, übt aber gleichzeitig Kritik daran, daß lebendige Arbeit auf die ausschließlichen Produktionsformen des denkenden Subjekts reduziert wird. Arbeit als geistig-materielle, das heißt gegenständliche Tätigkeit verflüchtigt sich bei Hegel zur »Arbeit des Begriffs«. Am Ende eines langwierigen Weges, auf dem der erscheinende Geist dadurch Erfahrungen mit sich selbst und den Dingen macht, daß er sich an Gegenständlichem abarbeitet, sich entäußert und auf jeweils erweiterter Bewußtseinsstufe wiedergewinnt, kehrt diese Gegenständlichkeit vollständig ins Subjekt zurück. Das ist der entscheidende Kritikpunkt von Marx: »Die Arbeit, welche Hegel allein kennt und anerkennt, ist die abstrakt geistige.«[17] Diese Kritik trifft jedoch nur auf den Endzustand der Systemkonstruktion Hegels zu, nicht auf die in Bewegung befindlichen endlichen Stufenfolgen der Subjektkonstitution, die weder den individuell-körperlichen Zweck noch den widerständigen Bezug des formbaren Naturmaterials verlieren. Es gibt kein Bewußtsein, aber auch kein Selbstbewußtsein ohne den Kampf um Anerkennung, der ohne Arbeit nicht zu gewinnen ist. »Arbeit ist ... gehemmte Begierde, aufgehaltenes Verschwinden, oder sie bildet. Die negative Beziehung auf den Gegenstand wird zur Form desselben, und zu einem Bleibenden; weil eben dem Arbeitenden der Gegenstand Selbständigkeit hat. Diese negative Mitte oder das formierende Tun ist zugleich die Einzelnheit oder das reine Fürsichsein des Bewußtseins, welches nun in der Arbeit außer es in das Element des Bleibens tritt; das arbeitende Bewußtsein kommt also hierdurch zur Anschauung des selbständigen Seins, als seiner selbst.«[18] Arbeit dringt gleichsam in die logischen Zellen der spekulativen Philosophie; sie wird Bestandteil der philosophischen Kultur des europäischen Kontinents.

Wenn aber Aufhebung der Entfremdung, wie Hegel sie versteht, mit der Überwindung von gegenständlicher Tätigkeit überhaupt identisch gesetzt wird, dann ist ein Zustand erreicht, in dem die Subjekte alles weggearbeitet haben, was ihnen an Fremdem, Nicht-Subjektivem entgegensteht und sie in Bewegung hält; aber sie sind in ihrer Innendimension dadurch nicht reicher geworden, sondern auf den Punkt ihres narzißtisch verengten Selbstbewußtseins geschrumpft. Marx hält eine solche Befreiung von der Schwerkraft des eigenen Leibes und der äußeren Natur für illusionär, ja, wenn sie möglich wäre, für nicht besonders wünschenswert. Das Resultat entspräche jenem Geistwesen, das der wissenschaftlich phantasielose

Famulus Wagner im zweiten Teil des »Faust« in der Retorte schafft, aber mit einem ganz und gar bürgerlichen Bedürfnis. Homunculus, dieses leibfreie Wesen, proklamiert frei heraus seinen ungenügenden Geist: »Dieweil ich bin, muß ich auch tätig sein. Ich möchte mich sogleich zur Arbeit schürzen.«

Die materiell-gegenständliche Welt läßt sich ebensowenig in Geist auflösen wie der eigene Körper: »Das Ich bleibt ein Leben lang auch ein Körper-Ich, und das bedeutet, daß wir uns bei dem Gedanken über Subjektkonstitution immer auch mit den Körpern zu beschäftigen haben, die diese Basis darstellen und die Grundsubstanz für das Gewebe stellen, das einmal ein Ich, ein Selbst, ein Subjekt genannt werden wird.«[19] Selbst im Geistwesen, das ist die Botschaft von Goethe nicht anders als die von Marx und der Psychoanalyse, regt sich dieser Trieb nach Gegenständlichem. »Daß der Mensch ein leibliches, naturkräftiges, lebendiges, wirkliches, sinnliches, gegenständliches Wesen ist, heißt, daß er wirkliche, sinnliche Gegenstände zum Gegenstand seines Wesens, seiner Lebensäußerung hat und daß er nur an wirklichen, sinnlichen Gegenständen sein Leben äußern kann. ... Ein Wesen, welches seine Natur nicht außer sich hat, ist kein natürliches Wesen der Natur. Ein Wesen, welches nicht selbst Gegenstand für ein drittes Wesen ist, hat kein Wesen zu seinem Gegenstand, das heißt verhält sich nicht gegenständlich. Sein Leben ist kein gegenständliches. Ein ungegenständliches Wesen ist ein Unwesen.«[20]

Diese Ausführungen von Marx sind so weit von der Kulturbedeutung von Arbeit, die der Erzidealist Hegel ihr zuschreibt, nicht entfernt. Wenn Hegel sagt, der Mensch sei Bewußtsein, dann versteht er das als Resultat eines schmerzlichen und mühevollen Arbeitsprozesses, durch den der Mensch sich aus rohen Notverhältnissen herausarbeitet. »Das Thier arbeitet nicht, nur gezwungen, nicht von Natur, es ißt nicht sein Brot im Schweiß des Angesichts, bringt sein Brot sich nicht selbst hervor: von allen Bedürfnissen, die es hat, findet es unmittelbar in der Natur Befriedigung. Der Mensch findet auch das Material dazu, aber, kann man sagen, das Material ist das Wenigste für den Menschen, die unendliche Vermittelung der Befriedigung seiner Bedürfnisse geschieht nur durch Arbeit. Die Arbeit im Schweiß des Angesichts, die körperliche und die Arbeit des Geistes, bei der es saurer wird als bei jener, ist in unmittelbarem

Zusammenhang mit der Erkenntnis des Guten und Bösen. Daß der Mensch sich zu dem machen muß, was er ist, daß er im Schweiße seines Angesichts sein Brot ißt, hervorbringen muß, was er ist, das gehört zum Wesentlichen, zum Ausgezeichneten des Menschen und hängt nothwendig zusammen mit der Erkenntnis des Guten und Bösen.«[21] *Eritis sicut deus, scientes bonum et malum* – ja, durch Arbeit und Erkenntnis werdet ihr sein wie Gott, Wissende vom Guten und Bösen.

Ob es nun um Befreiung von der Arbeit oder Befreiung durch die Arbeit oder um Befreiung in der Arbeit geht, ist unter diesen Gesichtspunkten ziemlich gleichgültig: Solange der Mensch ein gegenständlich-sinnliches Wesen ist, wird sich an dem Grundtatbestand nichts ändern, daß er aus dieser Dialektik von Subjekt und Objekt, die ja ein gegenseitiges Konstitutionsverhältnis darstellt und keine bloße Kausalbeziehung, nicht einfach herausspringen kann. Deshalb ist die Alternative zum System bürgerlicher Erwerbsarbeit, das uns vielleicht dumm und einseitig gemacht hat, aber in den Produktangeboten auch mit reichhaltigen Möglichkeiten ausgestattet hat, nicht der illusionäre Idealismus der Aufhebung von Arbeit, sondern der Kampf um die Vervielfältigung und Erweiterung gesellschaftlich anerkannter Formen von Arbeit, die der Eigenproduktion, der Selbstverwirklichung und dem Gemeinwesen dienen. Befreite, nicht-entfremdete Arbeit ist das Ziel – ein Ziel, das viel schwerer zu erreichen ist als ein individueller Ausstieg aus dem Reich der Notwendigkeit. Ein kollektiver Ausstieg dieser Art ist ohnehin illusionär.

Wenn ich von der historisch-fundamentalen Kategorie der Arbeit spreche, dann genau in diesem Sinne, daß die Emanzipation des Menschen ohne gleichzeitige Befreiung der Dinge und Verhältnisse aus ihrer toten, die selbstgesetzten Zwecke der Menschen durchkreuzenden und sie bedrohenden Gegenständlichkeit schlechterdings nicht möglich ist. Angesichts des unaufhebbaren Stoffwechselprozesses zwischen Mensch und Natur (einschließlich der riesig angewachsenen zweiten, gesellschaftlichen Natur) halte ich es für notwendig, den Utopiegehalt von Arbeit einzuklagen, wie die Arbeiterbewegung in ihrer Ursprungsgeschichte mit Recht daran ging, die Forderung der Brüderlichkeit aus der Menschenrechtsdeklaration der Französischen Revolution nicht einfach als Hohn auf das wirkliche Elend zu verwerfen, sondern in Solidarität umzuwenden. Epochale Kategorien wie die der Arbeit und der Freiheit wird man in ihren entfremdeten Gestalten ohnehin nicht dadurch los, daß man sie verabschiedet und ihnen den Rücken zukehrt (wie neuerdings schlaue Politikberater der rot-grünen Koalition den Wechsel von Solidarität in Verantwortung vorschlagen), sondern indem sie in ihren Emanzipationsgehalten ernst genommen, das heißt mit gegenwärtigem Leben erfüllt und realisiert werden. Das ist der Hauptgedanke, den Alexander Kluge und ich mit der Formulierung einer politischen Ökonomie der lebendigen Arbeit verfolgt haben.[22]

Utopien lassen sich nicht anders aus der Welt schaffen als durch Realisierung; wo das zu Scheinlösungen führt, machen sie sich immer wieder geltend. Sie für überholt zu erklären ist dabei ganz wirkungslos und erzeugt häufig Gewalteingriffe, die den normalen Entwicklungsprozeß um Jahrzehnte verzögern und meist auch deformieren. Ich will deshalb die Zeit- und Arbeitsutopien der neueren Geschichte in die gesellschaftlichen Reformperspektiven der Gegenwart einbeziehen.

3. Zeit- und Arbeitsutopien

Die meisten der modernen Utopien sind Raum- und Zeitutopien. Raum und Zeit zu überspringen und sich von der gegenwärtigen Wirklichkeit abzulösen, ist ein uralter Wunschtraum der Menschheit. Manche Zeitalter lokalisieren den Wunschtraum von Glück und Gerechtigkeit in der Vergangenheit, manche in der Zukunft. In der christlichen Vorstellungswelt gibt es beides: die Trauer um das verlorene Paradies, das sich der Mensch durch die Urschuld des Denkens verscherzt hat – ein vergleichsweise kleiner Fehltritt, der ihm jedoch Sündenabtragung durch ewige Zwangsarbeit auferlegt –, und Joachim von Fiores apokalyptische Idee eines Tausendjährigen Reichs, des Dritten Reiches, das in der Zukunft liegt; aber es ist irdische Zukunftszeit, ausgefüllt vom »Diesseitsglanz«, wie Ernst Bloch das ausgedrückt hat.

Auch Platos Staatskonstruktion ist dem Gegenwärtigen enthoben, gehört aber weder der Vergangenheit noch der Zukunft an; sie ist ein Entwurf nach den Maßstäben der Polis-Ethik und der Ideenlehre, also vom richtigen Leben in einer durch Erziehungsdiktatur gesicherten

Ordnung des Stadtstaates. Zwar gibt es in der antiken Vorstellungswelt auch den Gedanken vom »Goldenen Zeitalter«, das in die mythologische Vergangenheit der Götter und Heroen hineinreicht, aber bereits bei Plato sind diese im Mythos verwobenen Wunschträume vom besseren gesellschaftlichen Leben gebrochen und auf Verwirklichung im Hier und Jetzt angelegt. Gerechtigkeit und Glückseligkeit, die Leitmotive einer neuen Politik und der ihr entsprechenden Gesetze, ergeben sich nicht aus bloßen Wunschträumen der Menschen, sondern müssen durch Erziehung und staatliche Gewalt gesichert werden. Platos staatsmännische Tätigkeit, die ihm durch die Einladung eines reformwilligen Tyrannen nach Syrakus ermöglicht wurde, verlief im übrigen sehr unglücklich. Im Streit mit dem Tyrannen wanderte er auf den Sklavenmarkt und hatte Glück, von einem Verehrer seiner Philosophie freigekauft zu werden. Die biographische Katastrophe, zu der Platos Versuch führte, seine Idee eines Philosophenkönigs umzusetzen, wurde für seinen bedeutendsten Schüler gewiß ein Lernmotiv.[23] Aristoteles gewinnt seine Vorstellung vom besten Staatswesen nicht mehr aus einem rein philosophischen Begründungszusammenhang, sondern auf der Grundlage einer vergleichenden Verfassungslehre.

Mehr Muße und Freizeit für die Menschen in den eben genannten Staatsutopien zu verlangen wäre ganz und gar überflüssig gewesen; die Bürger der neuen Gemeinschaft, die sich zusammentun sollten, um gerechter ihre Güter zu verteilen und glücklicher zu leben, zehrten von Sklaven- und Fronarbeit, einer für sie selbstverständlichen materiellen Grundlage. Mit der Entstehung der modernen bürgerlichen Welt ändert sich das Gefüge von Raum und Zeit, in das die Menschen eingebunden sind, grundlegend; die neuartigen Raum- und Zeiterfahrungen brechen den stationären Kosmos auf, der die durch Mythos und Religion geprägten Utopien bis dahin beherrschte.

Thomas Morus (1478-1535), von dem der Begriff Utopie in dem uns heute gebräuchlichen Sinne stammt, erwarb unter den Gesellschaftsutopisten der bürgerlichen Geschichte den höchsten Rang. Als Lordkanzler des englischen Königs, auf dem Gipfel einer beispiellosen politischen Karriere, wurde er 1535 hingerichtet und sein abgeschlagenes Haupt auf der London Bridge aufgepflanzt. Morus hatte offensichtlich aus seinen wissenschaftlichen Arbeiten die Überzeugung gewonnen, den willkürlichen Machtansprüchen seines Königs Widerstand leisten zu müssen. Als überzeugter Humanist – enger Freund des Erasmus von Rotterdam und das Gegenteil eines religiösen Fanatikers – weigerte er sich, die »Suprematsakte« Heinrichs VIII., die der Krone Englands alle bisher dem Papst vorbehaltenen Vollmachten in Glaubenssachen übertrug, anzuerkennen, weshalb ihm der Hochverratsprozeß gemacht wurde. Seine politischen Programme gingen in die 1516 entstandene »Utopia« zwar nur indirekt und verschlüsselt ein, andererseits ließ der Rückbezug auf die Gegenwartsverhältnisse an Deutlichkeit nichts zu wünschen übrig.

Den anderen beiden im großen utopistischen Dreigestirn des beginnenden bürgerlichen Zeitalters, Tommaso Campanella und Francis Bacon, ging es nicht viel besser. Zwar erreichte auch Bacon 1618 die Lordkanzlerwürde, geriet aber bereits zwei Jahre später in einen Korruptionsskandal, wurde abgesetzt und widmete sich bis zu seinem Tode 1626 ausschließlich der Wissenschaft. Campanella, der mitreißende Prediger in der Kutte der Dominikaner, war ständig in Gefahr, in die Fänge der Inquisitionsgerichte zu geraten, mußte mehrmals fliehen und konnte sich schließlich in ein Pariser Kloster retten, wo er 1639 starb. Die Herrschenden, die die frühen Utopisten verfolgten, waren sich offensichtlich der Gefahren bewußt, die von solchen Gesellschaftsentwürfen ausgehen. Das Wort Utopie legt solche Bedrohungen von Herrschaftsverhältnissen unmittelbar nicht nahe; die Begriffsgeschichte der Utopie hat viele Wandlungen durchgemacht, und heute scheint es so zu sein, daß ein Mensch, der als Utopist bezeichnet wird, als ungefährlicher, allenfalls der therapeutischen Behandlung zuzuführender Phantast betrachtet wird, wenigstens solange er keine Macht besitzt.

Das griechische *utopia* heißt wörtlich übersetzt: kein Ort, nirgendwo; aber in dieser Verneinung, als wäre alles nur Produkt der Phantasie und der Ideenwelt, steckt von Anbeginn ein abgründiger Doppelsinn. Thomas Morus mutete seinen englischen Zeitgenossen, wie Lothar Wolfstetter[24] nachgewiesen hat, ein sinnreiches Wortspiel zu: »No Where« läßt sich anders zusammengesetzt als »Now Here« (Hier und Jetzt) lesen. An die Stelle des Hier und Jetzt, das verneint wird, soll ein grundlegend anderes Hier und Jetzt treten, auf das sich der Verwirklichungswille bei allen Utopisten richtet. In jeder Utopie glimmt ein Funke Wirklichkeitshoffnung. Sie enthält stets die Kritik von dem, was ist, und die Darstellung dessen, was sein soll. Es ist eine Art Möglichkeitssinn, der hier arbeitet.

Im Verlauf des modernen utopischen Denkens rückt der Ort der Utopie in dem Maße, wie die Mittel seiner Verwirklichung reichhaltiger werden, immer näher ans Zentrum der Gesellschaft. Kennzeichnend für die drei genannten Utopien ist bereits die Gleichzeitigkeit; das Hier und Jetzt hat einen Ort auf dieser Erde, aber weit entfernt, irgendwo auf einer Insel, von der Seefahrer oder Briefeschreiber berichten. Der »Sonnenstaat« Campanellas liegt auf der Insel Ceylon; »Nova Atlantis«, wo Bacon seinen Zukunftsstaat ansiedelt, ist eine Trauminsel; das Land »Utopia« liegt auf einer Insel des Weltmeeres. Gehen wir drei bzw. zwei Jahrhunderte weiter und betrachten die um 1800 entworfenen Gesellschaftsutopien von Charles Fourier, Robert Owen und Claude Henri de Saint-Simon, die Friedrich Engels die utopischen Sozialisten nannte, so ist die räumliche Distanz zwischen kritisierter Wirklichkeit und der Darstellung dessen, was sein soll, völlig zusammengeschrumpft. Aus dem »Kein Ort, nirgendwo« ist ein »Überall, an jedem Ort« geworden. Die Utopien sind in die Gesellschaft, aus deren miserablen Verhältnissen heraus sie produziert wurden, zurückgekehrt.

Fourier, dessen Lehre großen Einfluß auf die Genossenschaftsbewegung hatte, entwarf ein System des utopischen Sozialismus in der Form kleiner, sich selbst genügender Gemeinschaften; er nannte sie *phalanstères, familistères*. Die uneingeschränkte Bewunderung für den Fortschritt von Wissenschaft und Industrie bestimmt Saint-Simons radikale Kritik der parasitären Herrschaftsverhältnisse, deren Repräsentanten ihm, wie er in seiner berühmten Parabel schrieb, als eine allesfressende Termitengesellschaft erscheinen. Als erster formulierte er ein Prinzip, das später, in einer häufig allzu unkritischen Verallgemeinerung, vom Marxismus übernommen wurde: An die Stelle der Herrschaft von Menschen über Menschen solle die Verwaltung von Sachen treten. Robert Owen wiederum übernahm 1800 die Leitung einer großen Baumwollspinnerei in New Lanark und schuf als praktischer Reformator der industriellen Produktion die erste Alternativfabrik auf europäischem Boden. Statt 13 bis 14 Stunden täglich wurden in New Lanark nur 10 $^{1}/_{2}$ Stunden gearbeitet. Als der Betrieb durch eine Baumwollkrise zu viermonatigem Stillstand gezwungen war, erhielten die zwangsweise krankfeiernden Arbeiter den vollen Lohn fortgezahlt.

Fast alle diese modernen Utopien wenden sich entschieden gegen die zerstörerische Rolle des kapitalistischen Privateigentums und protestieren gegen die Enteignung der menschlichen Lebensräume. Thomas Morus, Augenzeuge der ersten großen Enteignungswelle von Boden und Gemeinwesen, die am Beginn des industriellen Zeitalters über Europa ging, hat diese Seite der utopischen Kritik am eindrucksvollsten und nachhaltigsten formuliert. Statt daß Menschen das Fleisch von Schafen verzehren, war es jetzt, wie er mit Bitterkeit feststellte, umgekehrt: Die Schafe fressen die Menschen. »Das sind eure Schafe, sagte ich, die so sanft und genügsam zu sein pflegten, jetzt aber, wie man hört, so gefräßig und bösartig werden, daß sie sogar Menschen fressen, Felder, Gehöfte und Dörfer verwüsten und entvölkern. Denn überall, wo in eurem Reiche feinere und daher bessere Wolle erzeugt wird, da sind hohe und niedere Adlige, ja auch heilige Männer wie einige Äbte, nicht mehr mit den jährlichen Einkünften und Erträgnissen zufrieden, die ihren Vorgängern aus den Landgütern erwuchsen. Es genügt ihnen nicht, müßig und üppig zu leben, der Allgemeinheit nicht zu nützen, sofern sie ihr nicht sogar schaden; sie lassen kein Stück Land zur Bebauung übrig, sie zäunen alles als Weide ein, reißen die Häuser ab, zerstören die Dörfer, lassen gerade noch die Kirchen als Schafställe stehen, und, als ob die Wildgehege und Tiergärten bei euch noch zu wenig Ackerboden beanspruchten, verwandeln jene edlen Leute alle Ansiedlungen und alles, was es noch an bebautem Lande gibt, in Wüste.«[25]

Thomas Morus beschreibt hier den Anfang jenes gewaltigen Enteignungsprozesses, den Adam Smith und Karl Marx, mit verschieden akzentuierter Bewertung der Entwicklungsrichtung freilich, »ursprüngliche Akkumulation« genannt haben oder genauer gesagt: ursprüngliche Enteignung. Der Mensch muß sich nicht mehr vor den Gefahren der äußeren Natur schützen, sondern es sind die vom Menschen selbst erzeugten Dinge und Verhältnisse, die ihm Verderben und Tod bringen. Aus dem Schaf, wie es in blökender Gegenständlichkeit vor uns steht und als Lieferant von Fleisch und Wolle zweckdienlich werden kann, ist ein gesellschaftliches Verhältnis geworden, das sich im buchstäblichen Sinne an den Existenzgrundlagen der Menschen vergreift. Verelendung und Kriminalität sind die unvermeidliche Folge: »Man setzt nämlich harte und grauenhafte Strafen für Diebe fest, während man vielmehr Vorsorge treffen sollte, daß sie irgendein Auskommen finden, damit keiner in die Zwangslage gerät, zuerst stehlen und dann sterben zu müssen. ... Was bleibt ihnen schließlich anderes übrig, als zu stehlen und, natürlich nach Recht und Gerechtigkeit, gehängt zu werden, oder aber umherzustreunen und zu betteln, obgleich sie auch dann als Landstreicher ins Gefängnis geworfen werden, weil sie sich müßig herumtreiben? Es gibt aber eben niemanden, der sie dingt, wenn sie sich auch noch so eifrig anbieten. Denn mit der Landwirtschaft, an die sie gewöhnt sind, ist nichts mehr anzufangen, wo nichts gesät wird. Ein einziger Schaf- oder Kuhhirt genügt ja, um dasselbe Land vom Vieh abweiden zu lassen, zu dessen Bebauung und Bestellung viele Hände erforderlich waren.«[26]

Alle von mir zitierten »Utopisten« waren große Aufklärer und zugleich Materialisten. Sie waren scharfsinnige Zeitdiagnostiker, welche die Gesteinsverschiebungen in den gesellschaftlichen Strukturen präzise beschrieben und die ambivalenten Wirkungen des beginnenden kapitalistischen Rationalisierungsprozesses sehr klar erkannten. Ihre Utopien als idealisierte Gegenentwürfe zu den bestehenden Verhältnissen trugen zweifellos Züge der Zeit und der Umstände, in denen sie entstanden. Campanellas Staat ähnelt einer mittelalterlichen Klosterordnung; Morus neigt eher zu egalitär-demokratischen Verhältnissen. Ihnen allen gemeinsam sind der Wille und das Bewußtsein zur Regelung und Selbstregulierung der menschlichen Angelegenheiten nach kollektiven Maßstäben und, was noch wichtiger ist, die Hoffnung, daß die durch Wissenschaft und Industrie vervielfältigte Produktion des gesellschaftlichen Reichtums Unterdrückung, Erniedrigung, Ausbeutung und Entwürdigung der Menschen eines Tages überflüssig machen wird. Verkürzung der Zeit, in der die Menschen zur Arbeit für die Bewältigung der eigenen Not und für die gemeinschaftlichen Angelegenheiten gezwungen sind – dieser Programmpunkt prägt alle Gesellschaftsutopien der modernen Welt.[27] Die drohende Verselbständigung des fortwährend vervielfältigten »Reiches der Mittel« wird einer entschiedenen Kritik am Maßstab menschlicher Zwecke unterworfen.

Fast alles, was sich an utopischer Phantasie auf die Beherrschung der Natur gerichtet hatte, auf die Lockerung der Erdenschwere der Menschen und auf die materiellen Mittel, Not, Krankheit und Hunger zu überwinden, ist heute Realität geworden. Der selbstgefällige

Triumph jenes Bischofs aus der Zeit der Bauernkriege, der in Brechts Kinderlied »Der Schneider von Ulm« zum gescheiterten Flugversuch eines erfinderischen Schneiders die Glocken läuten läßt – »Es waren nichts als Lügen, der Mensch ist kein Vogel, es wird nie ein Mensch fliegen« –, dieser Triumph hat sich als verfrüht erwiesen. Der Mensch kann fliegen und noch vieles andere mehr, das als möglich zu behaupten eine Menge Leute mit überschüssiger technischer, naturwissenschaftlicher und sozialer Phantasie einst ins Gefängnis und an den Galgen gebracht hätte. Namentlich nichts von dem, was es in der Vergangenheit an Raumutopien gegeben hat, ist übriggeblieben. Die letzten Räume und Orte auf der Erde sind erforscht, mit Eigentumstiteln beklebt und verfügbar gemacht. Wenn sich, wie Martin Schwonke nachgewiesen hat, der utopische Staatsroman in Science fiction transformierte[28], dann hat das hauptsächlich etwas mit dieser kompletten Durchorganisation und Beherrschung des Raumes zu tun. Der alles durchdringende, imperiale Okkupationswille im Raum hat selbst die Zeit erfaßt, Periodisierungen treten als »Zeiträume« auf. Für die moderne Physik ist Zeit Beschleunigung im Raum; es gibt keine objektive, vom Raum unabhängige Zeit.

Die Erfüllung des sozialen Raumes bedarf der Umorganisation der Zeit, wie die bürgerlichen Utopisten sehr genau wußten. In der Konstruktion einer gerechteren und freieren Lebensordnung kleideten sie deshalb die soziale Komponente in die Zeitdimension. Vieles von der geistigen und materiellen Not, auf deren Beseitigung ihre Utopien beharrten, hat sich heute, wie gesagt, als aufhebbar erwiesen, wenn sie auch keineswegs bereits aufgehoben sind. Nur der von ihnen erhoffte Zeitgewinn, der die Menschen in ihren Gedanken und in ihrer Lebensführung für die wichtigsten kollektiven Angelegenheiten ihrer Gemeinwesen freimachen sollte, ist nicht eingetroffen. Geblieben ist die Zeitnot.[29]

Heute ist allerdings nicht mehr notwendig, daß Intellektuelle sich daransetzen, die Wunschzeiten der Menschen in die festgefügte Form von Gesellschaftsentwürfen zu bringen und sie der schlechten Realität als jenseitiges Idealbild vorzuhalten. Utopisches Denken dieser Art hat vielmehr inzwischen von den Köpfen und den Subjekten, dem »inneren Gemeinwesen« der Menschen Besitz ergriffen, von ihrem Alltagsbewußtsein. Es drückt sich in Erwartungen, Hoffnungen einer sinnvolleren Lebensgestaltung aus, die nicht auf ein Jenseits der

Wirklichkeit gerichtet sind, sondern als Grundbestimmungen innerhalb der objektiven Wirklichkeit angesehen werden müssen. Die betriebsam aufrechterhaltene Zeitnot ist, neben den Angstpotentialen und den präzisen räumlichen Einteilungsmechanismen, denen die Menschen unterworfen sind, vielleicht eines der stärksten Mittel, überholte Herrschaftsverhältnisse funktionsfähig zu halten. Wer unter ständige Zeitnot gesetzt ist, der wird es schwer haben, sich eigene Gedanken zu machen und zur Besinnung zu kommen, auch wenn ihn noch so viele Interessen und Motive dazu drängen.

Die Grundregel für Bewußtseins- und Energieverzehr durch Zeitnot, die bis in die Binnenausstattung der menschlichen Psyche hineinreicht, also eine kulturelle Dimension angenommen hat, wird maßgeblich durch Art und Umfang der Arbeitszeit einer Gesellschaft definiert. Was die Beseitigung der Zeitnot für die Triebstruktur der Menschen und für das Verhältnis von Realitäts- und Lustprinzip bedeutet, hat Herbert Marcuse in seiner psychoanalytisch geprägten Gesellschaftstheorie formuliert: »Da die Dauer des Arbeitstages an sich einer der entscheidenden Faktoren für die Unterdrückung des Lustprinzips durch das Realitätsprinzip darstellt, ist die Verkürzung der Arbeitszeit bis zu einem Punkt, wo das bloße Arbeitsquantum die menschliche Entwicklung nicht mehr behindert, die erste Vorbedingung der Freiheit. Die Verkürzung der Arbeitszeit würde an sich fast sicher ein beträchtliches Absinken des Lebensstandards, wie er heute in den industriell hochentwickelten Ländern besteht, bedeuten. Aber die Rückkehr zu einem niedrigeren Lebensstandard, wie der Zusammenbruch des Leistungsprinzips ihn mit sich brächte, spricht nicht gegen den Fortschritt der Freiheit. Das Argument, daß die Vorbedingung der Freiheit ein immer höherer Lebensstandard sei, dient allzu leicht einer Rechtfertigung der Unterdrückung. Die Definition des Lebensstandards im Sinne von Autos, Fernsehapparaten und Traktoren ist die Definition des Leistungsprinzips an sich. Jenseits dieses Prinzips würde das Lebensniveau mit anderen Kriterien bemessen; dort würde es sich um andere Dinge handeln: um die weltweite Befriedigung menschlicher Grundbedürfnisse und um die Freiheit von Schuld und Angst – sowohl äußere wie internalisierte, triebhafte wie ›vernunftgemäße‹ ... Unter optimalen Bedingungen müßte in einer reifen Kultur der materielle und intellektuelle Wohlstand derart sein, daß er eine schmerzlose Bedürfnisbefriedigung zuließe, während die Herrschaft nicht mehr systematisch diese Befriedigung behinderte. In diesem Falle wäre das Maß an Triebenergie, das noch auf unvermeidliche mühevolle (aber dann völlig mechanisierte und rationalisierte) Arbeit verwendet werden müßte, so gering, daß ein gewisses Gebiet repressiver Zwänge und Modifikationen, die nicht mehr durch äußere Kraft aufrechterhalten würden, zusammenbrechen müßte. Infolgedessen würde sich die antagonistische Beziehung zwischen Lust- und Realitätsprinzip zugunsten des ersteren verschieben. Eros, die Lebenstriebe, würde in einem nie dagewesenen Maße freigesetzt werden.«[30]

Marcuse spricht hier das wichtige Problem an, daß eine bestimmte Form der Zeit, die in der bestehenden Kultur vorherrscht, nicht aufgehoben werden kann, ohne gleichzeitig das traditionell geprägte Gesamtverhältnis der Menschen zum Realitätsprinzip, zu seiner historisch geprägten Triebdynamik, zu Phantasie und Traum zu verändern. Herrschaft, die von den Triebverzichten der Menschen lebt und Anstrengungen unternehmen muß, die ihnen abverlangten Opfer für sie erträglich zu gestalten, ist untrennbar an den sozialpsychologischen Tatbestand geknüpft, daß Verinnerlichung ökonomischer Gewalt vor allem heißt: Internalisierung der Arbeitsnormen ins Zeitbewußtsein. Arbeitszeitverkürzung ist deshalb die Voraussetzung dafür, daß Zeit aus dem Korsett des inhaltsleeren, Moment an Moment setzenden Zeitverlaufs und der bloßen Beschleunigung gelöst wird. Aber erst die volle Entfaltung der Zeitdimension in ihren reichhaltigen subjektiven Ausdrucksqualitäten wie: Zeitballung und Zeitverlust, Wartezeit und Erlebniszeit, kollektive Erfahrungszeit und Langeweile, Zeit, die sich auf die Zukunft richtet, und Zeit, die der Aufarbeitung der Vergangenheit dient – erst eine solche Entwicklung in ganzer Breite und Tiefe des Zeitspektrums könnte Zeitsouveränität im Sinne bewußter menschlicher Lebenstätigkeit herstellen. Das Lustprinzip ist nicht einfach an die Stelle des Realitätsprinzips zu setzen, was die Menschen auf archaische Verhaltensweisen zurückdrücken würde. Dem Lustprinzip die Geltung des Realitätsprinzips zu verschaffen ist eine sinnvolle Forderung an eine Gesellschaft, die gar nicht mehr anders existieren kann, als das Lustprinzip zuzulassen und zugleich unerfüllbar zu machen: durch Spannungszustände von Vorlust und Ersatzbefriedigung in einer offenen Bedürfnisspirale.

Wenn Marcuse von der Befreiung des Lustprinzips spricht, so scheint er jedoch zwei Voraussetzungen dafür zu machen, die ich für unbegründet halte: Er ist zum einen der Auffassung, daß Automatisierung die materielle Lebensproduktion einer Gesellschaft gleichsam vom Reich der Freiheit abkoppelt. Das Reich der Notwendigkeit geht in die Selbstregie der automatisierten Technik über. Zum anderen ist er der Meinung, daß eine radikale Arbeitszeitverkürzung mit einer wesentlichen Minderung des Lebensstandards verknüpft sein wird. Zieht man die seit der Veröffentlichung von Marcuses Schrift im Jahr 1957 veränderten Qualifikationsanforderungen an die traditionelle Erwerbsarbeit und die durch die mikroelektronische Umwälzung sprunghaft beschleunigte Reichtumsproduktion in Betracht, ist beides weder notwendig noch möglich.

Unter den entfalteten Bedingungen einer Industriegesellschaft die Lebensverhältnisse der Masse auf klösterliche Askese zurückdrehen zu wollen, ohne in sektiererische Missionsmentalität zu fallen, ist ein erfolgloses Unternehmen und wahrscheinlich nicht durch Selbstverzicht, sondern nur durch eine Erziehungsdiktatur zu erreichen, die alle individuellen Freiheiten und Rechte der Menschen abschaffen müßte. Sicherlich, viel Plunder wird produziert, der die knappen Energiequellen aufzehrt und auf den die Menschen verzichten könnten, ohne das unbedingt als Mangel empfinden zu müssen. Viel Verschleiß wird betrieben, um den Absatz am Laufen zu halten und zu beschleunigen. Auch sind Bedürfnisse und Interessen durch raffinierte Reklame programmiert, die in Zeiten, da der Warenkorb kleiner wird, sofort als Ersatzbedürfnisse erkennbar werden. Es scheint jedoch eine geschichtliche Erfahrungstatsache zu sein, daß die Bedürfnisstrukturen der entfalteten Industriestaaten den weniger entwickelten Ländern das Bild der eigenen Zukunft zeigen; sobald in diesen Ländern das Niveau der Lebenshaltung über die elementare Existenzsicherung hinausgeht, entsteht ein weiter Umkreis von Konsumbedürfnissen, die weder unmittelbar lebensnotwendig noch reine Luxusbedürfnisse sind. Sie definieren vielmehr das geschichtlich mögliche Anspruchsverhalten der Menschen, sobald diese erfahren, daß es irgendwo auf der Welt schon verwirklicht ist. Die Menschen werden unter keinen Umständen davon abzuhalten sein, solche Ansprüche nachzuholen, und sie vielleicht erst dann aufgeben, wenn sie realisiert sind und sich die damit verknüpften Hoffnungen auf das wahre Leben nicht erfüllt haben. Daß die Menschen technisch-wissenschaftlich erreichte Zivilisationsstufen ganz aus ihrem Gedächtnis verlieren, ist ein geschichtlich äußerst seltener Fall und beim gegenwärtigen Stand der Aufbewahrungsmedien praktisch ausgeschlossen.

Gesellschaftlich notwendige Arbeitszeit, die Bedingung dafür ist, daß sich eine Gesellschaft auf dem erreichten Niveau der industriellen Produktion reproduziert, den Umfang produzierter Güter und zur Gewohnheit gewordener Dienstleistungen entsprechend den veränderten Bedürfnisstrukturen umgewichtet und in der einen oder anderen Hinsicht auch vergrößert, ist eine durch und durch geschichtlich vermittelte Angelegenheit. Was im achtzehnten und neunzehnten Jahrhundert an Arbeit notwendig war, um die Befriedigung der Grundbedürfnisse (der sogenannten *basic needs*: Essen, Trinken, Wohnen, Hygiene, angemessene Erziehung usw.) zu sichern, ist mit den heutigen Produktionsmöglichkeiten nicht mehr zu vergleichen. Grobe Schätzungen haben ergeben, daß 1990 das gleiche Warenangebot wie 1982 mit etwa 20 Prozent der Arbeitskraft produziert werden konnte. Die Arbeitsproduktivität steigt also gerade in den letzten zwanzig Jahren in einem Maße, daß demgegenüber die Arbeitszeitverkürzung höchst minimal ausfällt, wenn man den gleichen Zeitraum betrachtet. Gemessen am tatsächlich produzierten gesellschaftlichen Reichtum, dessen Wachstum explosionsartig erfolgte, steht der qualitative Sprung in der Verkürzung der Arbeitszeit noch aus.

Eine radikale Arbeitszeitverkürzung, die nicht nur eine qualitative Umgewichtung von Arbeitszeit und freier Zeit bewirkt, sondern auch eine bewußte Entfaltung des ganzen Spektrums differenzierter Wunschzeiten und Zeiterfahrungen in neuen Arbeitsformen einleitet, ist eine geschichtlich längst überfällige Forderung, und sie steht auf der Tagesordnung. Es wäre übrigens zunächst nichts weiter als die Anpassung der Arbeitszeit an die Produktionsbedingungen einer durch Vervielfältigung der Mikroelektronik geprägten Gesellschaft. Da dieser Rückstand der Arbeitszeit gegenüber der tatsächlichen Reichtumsproduktion jedoch nicht allgemein ins öffentliche Bewußtsein gedrungen ist, bedarf es eben einer Rückbesinnung auf die Arbeitsutopien, welche die Geschichte des Kapitalismus wie Schatten begleiten.

Der junge Marx hatte noch die Idee einer vollständigen Emanzipation der Arbeit; als Selbstverwirklichung verstand er auch jenen Teil gesellschaftlich notwendiger Arbeitszeit, der die materielle Reproduktion der Gesellschaft sicherte. Konsequente Aufhebung der Arbeitsteilung erschien ihm als eine zentrale Voraussetzung für die Entwicklung des universellen Menschen, der nicht mehr auf lebenslang festgelegte Rollen und Funktionen reduziert wird. Bildet eines der Hauptmomente in der bisherigen geschichtlichen Entwicklung die Tatsache, daß jeder einen bestimmten, »ausschließlichen Kreis der Tätigkeit (hat), der ihm aufgedrängt ist, aus dem er nicht heraus kann«, mithin das »Sichfestsetzen der sozialen Tätigkeit, diese Konsolidation unseres eigenen Produkts zu einer solchen Gewalt über uns, die unserer Kontrolle entwächst, unsere Erwartungen durchkreuzt, unsere Berechnungen zunichte macht«, so besteht das Ende dieser entwürdigenden Vorgeschichte der Menschen, mit ihrer gewachsenen Reichtumsproduktion, eben in der objektiven Möglichkeit, »heute dies, morgen jenes zu tun, morgens zu jagen, nachmittags zu fischen, abends Viehzucht zu treiben, auch das Essen zu kritisieren, ohne je Jäger, Fischer oder Hirt oder Kritiker zu werden, wie ich gerade Lust habe«.[31] Kaum zufällig sind alle diese Beispiele von Tätigkeiten vorindustriellen Gesellschaftsordnungen entnommen; je weiter sich Marx in die Funktionsmechanismen der kapitalistischen Industriegesellschaften vertiefte, desto vorsichtiger wurden seine Urteile über Aufhebung der Arbeitsteilung und über die Emanzipation der Arbeit.

Der späte Marx ist, wie die von Engels zum dritten Band des »Kapital« zusammengestellten Fragmente zeigen, in diesem Punkt sogar ausgesprochen skeptisch. Das Arbeitsleid, das heißt entfremdete Arbeit, läßt sich nicht vollständig aufheben. Ein gewisses Maß an Arbeit ist notwendig für alle. Diese gesellschaftlich notwendige Arbeit wird keine frei gewählte sein, ist vielleicht Dreckarbeit oder langweilig oder geisttötend. Die Menschen werden wahrscheinlich lange Zeit noch die Neigung haben, den ermüdenden Anforderungen dieses Reichs der Notwendigkeit zu entfliehen. Deshalb kommt es darauf an, die Restbereiche gesellschaftlich notwendiger Arbeit mit Willen und Bewußtsein zu gestalten, aktiv in den Organisationszusammenhang der Arbeitsverteilung einzugreifen. Freiheit im Reich der Notwendigkeit kann nach Marx nur darin bestehen, daß der »vergesellschaftete Mensch, die assoziierten Produzenten, diesen ihren Stoffwechsel mit der Natur rationell regeln, unter ihre gemeinschaftliche Kontrolle bringen, statt von ihm als einer blinden Macht beherrscht zu werden; ihn mit dem geringsten Kraftaufwand und den ihrer menschlichen Natur würdigsten und adäquatesten Bedingungen vollziehen«.[32]

Die Ökonomisierung dieser gesellschaftlich notwendigen Arbeit scheint heute kein Problem mehr zu sein; die rationelle Gestaltung des Arbeitsprozesses ist, was die technischen Regelungen des Stoffwechsels mit der Natur betrifft, so weit vorangetrieben, wie sich Marx das nie hätte träumen lassen. Ein Problem ist dagegen die gemeinschaftliche Kontrolle der Menschen über diese Prozesse, das Brechen der blinden Macht der gegenständlichen Welt, die der lebendigen Arbeit die Regeln des Vollzugs vorschreibt, und vor allem die Frage nach den für die menschliche Natur würdigsten Bedingungen, unter denen produziert wird.

Die Emanzipation der Arbeit ist unteilbar. »Die Arbeit in weißer Haut kann sich nicht dort emanzipieren, wo sie in schwarzer Haut gebrandmarkt wird«[33] – dieser Marxsche Satz ist programmatisch zu verstehen. Befreiung der Arbeit und Befreiung von der Arbeit, soweit sie unter der entfalteten Natur der Menschen unwürdigen Bedingungen stehen, sind zwei Seiten desselben Prozesses. Es handelt sich jedoch um zwei Formen der Freiheit, miteinander verknüpft, aber nicht identisch gesetzt: die eine in den fortexistierenden Bereichen der unverzichtbaren materiellen Produktion, die mit der Schwerkraft der Not und der äußeren Zweckmäßigkeit belastet bleibt (»... es bleibt dies immer ein Reich der Notwendigkeit«), die andere, die sich in eigenen, dem Menschen autonom verfügbaren Zeitmaßen entfalten kann. Jene Freiheit in der Produktion ist definiert als Inbegriff der Selbst- und Mitbestimmung über den Produktionsprozeß, dessen Zwecke, nämlich die Erzeugung von Gütern und Leistungen, jedoch vorgegeben sind, die sich der individuell-freien Setzung entziehen. Marx vermeidet die Redeweise vom »Sprung«, während Engels, der im dialektischen Milieu auch sonst die undankbare Aufgabe der politischen Vereinfachung und die Arbeit der Zuspitzung übernahm, das Sollen einer beginnenden Kontrolle des Menschen über die fremden geschichtlichen Mächte in die Seinsaussage kleidete: »Es ist der Sprung der

Menschheit aus dem Reich der Notwendigkeit in das Reich der Freiheit.«[34]

Für Marx ist Freiheit keine Bewegungsform des Sprungs, sondern ein widerspruchsvoller und verschlungener Vorgang gegenständlicher Tätigkeit, in dem nichts, was außerhalb der Subjekte bleibt und als fremde Gewalt deren Zwecke durchkreuzen kann, ein für allemal erledigt und ablegbar ist. Not und Notwendigkeit ergeben sich aus den Regeln der Produktion und der Ausrichtung der Produktionsziele auf die materielle Bedürfnisbefriedigung, was übrigens nicht einschließt, daß die traditionelle Leistungsmoral intakt bleiben müßte. Nur sind die selbstgesetzten menschlichen Zwecke hier nicht vollständig zu verwirklichen; in diesem Reich der Notwendigkeit bleibt ein Rest enteigneter Zwecke und Zeiten. »Jenseits desselben beginnt die menschliche Kraftentwicklung, die sich als Selbstzweck gilt, das wahre Reich der Freiheit, das aber nur auf einem Reich der Notwendigkeit als seiner Basis aufblühen kann. Die Verkürzung des Arbeitstages ist die Grundbedingung.«[35]

Arbeitszeitverkürzung, die dem bürgerlichen utopischen Denken seit Anbeginn als Geheimformel zur Beseitigung irdischen Elends innewohnt, ist auch bei Marx die materielle Grundbedingung für das Reich der Freiheit, das seinem ganzen Sinngehalt nach nur als Selbstzweck verstanden werden kann. Die klugen Arbeitsutopien in der Geschichte vermeiden es freilich tunlichst, sich dieses Reich der Freiheit auszumalen. In der radikalen Kritik bestehender Verhältnisse formulieren sie Bedingungen dafür, daß es entstehen kann und kommen muß, und geben Hinweise darauf, welche Tätigkeiten in diesem von Arbeitszwang freigesetzten Reich der Freiheit möglich sind. Die unbefangene Art, in der zu Beginn des bürgerlichen Zeitalters über die gerechte und gleiche Verteilung der Arbeit auf alle Gesellschaftsmitglieder und über das Verhältnis von Arbeit und Freizeit, über Muße und notwendige Arbeit nachgedacht wurde, beeindruckt ebenso wie die Klarheit und Kompromißlosigkeit der sozialen Phantasie.

Im »Sonnenstaat« (»Civitas solis«) zum Beispiel, den Campanella im Jahre 1602 verfaßte, heißt es: »In der Sonnenstadt ... werden die öffentlichen Dienste und Arbeiten jedem einzelnen zugeteilt; deshalb genügt es auch, wenn jeder kaum vier Stunden arbeitet. Die übrige Zeit verbringt er auf angenehme Weise mit Lernen, Disputieren, Lesen, Erzählen, Schreiben, Spazierengehen, geistigen und körperlichen Übungen und Vergnügungen.«[36] Für Thomas Morus sind sechs Stunden am Tag notwendig, damit die allgemeine Assoziation freier Bürger, die ihre Beamten selbst wählt, ausreichend existieren kann. »Da nun die ganze übrige Bevölkerung weder untätig ist noch mit unnützer Arbeit beschäftigt, kann man leicht berechnen, wie wenige Stunden ausreichen, um eine Menge guter Arbeiten zu verrichten«, schreibt Morus in seiner »Utopia« von 1516.

Fast ein halbes Jahrtausend später, in dessen Verlauf die Menschen in schweren und opferreichen Kämpfen darum ringen mußten, daß der Arbeitstag nicht von ihrer ganzen wachen Lebenszeit Besitz ergreift, scheint radikale Arbeitszeitverkürzung keineswegs mehr bloße Utopie zu sein, sondern die Tagesforderung einer Gesellschaft, deren Reichtum, gemessen an der Zeit von Morus und Campanella, millionenfach vergrößert ist. Oswald von Nell-Breuning, der Begründer der katholischen Soziallehre in Deutschland, konkretisierte diesen Sachverhalt folgendermaßen: »Aber ich denke nicht an eine 35-Stunden-Woche, auch nicht an die 24-Stunden-Woche. Ich denke an eine viel weitergehende Arbeitszeitverkürzung. Ich stelle mir vor, daß wir dahin kommen werden, daß zur Deckung des gesamten Bedarfs an produzierten Konsumgütern ein Tag in der Woche mehr als ausreicht.«[37]

Mit dem Lordkanzler Morus aus dem sechzehnten, dem Dominikaner Campanella aus dem siebzehnten und dem Jesuiten Nell-Breuning vom Ende des zwanzigsten Jahrhunderts stelle ich ausgewählte Beispiele an die Seite von Marx, der keine Stundenzahl für die gesellschaftlich notwendige Arbeitszeit angibt, sondern lediglich die unaufhaltsame Tendenz zu deren Reduktion bezeichnet. Alle vier teilen die Vorstellung, daß radikale Arbeitszeitverkürzung wesentliches zur gerechteren Verteilung der verbleibenden gesellschaftlich notwendigen Arbeit und der Schaffung von Bedingungen beiträgt, unter denen die Menschen die Zwecke ihrer mannigfachen Tätigkeiten angstfrei und unter selbstbewußter Kontrolle der gegenständlichen Realität selbst organisieren. Aus Anhängseln der gesellschaftlichen Maschinerie, die sie mitschleift und deren Gesetzen sie sich unterzuordnen haben, werden sie zu assoziierten und kooperativ vorgehenden Produzenten, was sie in den Stand setzt, den überwiegenden Teil ihrer Sozialphantasie und ihrer Arbeitsenergie auf politische Gemeinwesenarbeit zu konzentrieren. Erst die Aufhebung der Arbeitsplatzängste, überhaupt der alltäglichen materiellen Existenzsorgen, eröffnet Chancen für die Ausdehnung der Arbeit auf politische und kulturelle, auf schöpferische Tätigkeitsfelder, die den ganzen Menschen beanspruchen, seinen Verstand ebenso wie seine Sinne.

4. Sinngehalte einer ökologischen Kultur

Man muß also ganz unten und von vorne anfangen: mit der Aufhebung der entwerteten Sinne, von der die Kultur fast Jahrtausende lebte. Das ist mit einem bloßen Sprung in die sinnliche Konkretion, in das Alltagsleben der Sinne nicht zu leisten; denn die Kosten sind zu hoch, wenn die notwendige und überfällige Aufwertung der Näheverhältnisse mit der Opferung von Verstand und Vernunft erkauft ist. Die Polemik gegen die bloße Verstandeskultur, mit der die Sinne rehabilitiert werden sollen, ist ebenso falsch wie die Tradition der Sinnenabwertung. Zwar hat zum Beispiel die Entwicklung des Geschmacks, des wohlanständigen und taktvollen Verhaltens im gesellschaftlichen Verkehr immer etwas mit entfalteter Sinnentätigkeit zu tun gehabt, mit der differenzierten Ausbildung des Gehörs, des Auges, der Perspektive und der Proportionen in der sozialen Wahrnehmung. Aber Fragen des Taktes und des Geschmacks zeugen gleichzeitig auch vom hohen Entwicklungsstand ganz anderer individueller Kraftquellen: vor allem des Unterscheidungs- und Urteilsvermögens. Sich in den Objekten, in der gegenständlichen Umwelt, mit der man alltäglich zu tun hat, wiederzuerkennen, sich bestätigt zu finden oder verneint, entscheidet über Leben und Tod der Sinne. Man kann zwar den Tastsinn durch spezielle Übungen entwickeln oder das Gehör auf bestimmte Tonfolgen trainieren; alle diese Spezialisierungen ergeben aber noch nicht so etwas wie eine Kultur der Sinne, die darin besteht, daß zusammenhängende Tätigkeiten stattfinden, ein Sinn den anderen subjektiv und in der Objektbeziehung ergänzt, notfalls ersetzt.

Durchaus kann man hier von Autonomie oder von unmündiger Abhängigkeit der Sinne sprechen. Wo sie nur eigentätig werden, wenn das Gehör, der Tastsinn, die Augen nach Gegenständen suchen, die sie in ihrem entwickelten Urteilsvermögen bestätigen, da kann man von einer gewachsenen Autonomie der Sinne sprechen. Ein gigantisches Spektakel wie das Musical »Starlight Express«, das in den achtziger Jahren grandiosen Event-Charakter hatte, kann die Menschen durchaus erregen, aber ihre Sinne ganz und gar von Eigentätigkeit ablösen. Überwältigung durch Eindrücke, die spezialisiert bleiben: Genau daraus ergeben sich Probleme mit den heutigen Angeboten der Kulturindustrie. Bertolt Brecht hat in seinen theoretischen Schriften zum Theater sehr genau erkannt, wie wenig das Eintauchen der Sinne in den bloß sinnlichen Genuß die Sinne zu entwickeln vermag. Die Emanzipation der Sinne lebt vielmehr von der unaufhebbaren Spannung zwischen Sinnen und Verstand, womit der Verstand seine Leere verliert. Werden die sinnlichen Ausdrucksformen verengt und durch das Genußtheater auf das fremde Objekt fixiert, dann verliert auch die Sinnentätigkeit ihre Kommunikationsstruktur. Das Einspinnen des einzelnen in die Beziehung zu den Objekten, die doch in sich gesellschaftlicher Natur sind, löst nicht nur die kritische Distanz zu den Objekten auf, sondern verhindert dadurch auch die mögliche Kommunikation mit anderen Menschen über diese Objekte.

In der ganzen Arbeiterbewegung ist der Umgang mit den Sinnen, die Bedeutung der Sinne für gesellschaftliche Emanzipation ein äußerst prekärer Punkt. Irgendwie war man immer der Auffassung, daß die Sinne, die menschlichen Triebstrukturen, Empfindungen und unmittelbaren Gefühle unzuverlässige Genossen sind, weil sie ein Element von Unorganisiertheit und Unmittelbarkeit enthalten; deren Bindung an das bestehende System wurde als besonders harte Materie im Marschtritt des Fortschritts angesehen. Der Kampf, den Brecht für eine materialistische Dialektik von Gefühl und Verstand auf der Theaterbühne führte, gehört zu den eindrucksvollsten Beweisen dieser Windmühlenstrategie, mit der Empfindungen und Gefühle aufgewertet werden sollten, ohne die historischen Rechte des Verstandes zu verletzen.

Im Ghetto des Theaters kann man diese Idee Brechts als gescheitert betrachten; wo die Gefühlswelt authentisch dargestellt wird, stellt sich auch gegenüber den Brechtschen Stücken Vergnügungstheater her, selbst bei denjenigen, die ein Lehrtheater für wahrhaftiger halten. Das suggestive Theatererlebnis, die Dramatik, die den Verfremdungseffekt völlig überlagert und im Zuschauer Motive der Identifikation erzeugt, die das rationale Urteil trüben, entspringt offenbar der Tatsache, daß Spiel und Arbeit institutionell getrennt werden. Zwar ist gerade Brecht darauf bedacht, die Arbeitswelt dem Theater einzuverleiben, die handelnden Personen in ihren Gesten, in ihrem Denken so zu gestalten, daß sie in der Wirklichkeit wiedererkennbar werden. Aber auch der größte Realismus im Theater kann den Zuschauer nicht darüber hinwegtäuschen, daß die beabsichtigte epische Darstellung seiner Welt eine ghettoisierte Zuspitzung von Verhältnissen ist, die sich von seinem Alltag abhebt.

Was hat Brecht nicht für Anstrengungen unternommen – anknüpfend am tatsächlich vorhandenen Urteilsvermögen, mit dem sein Publikum ins Theater kommt –, um dem Zuschauer mit dramatischen Mitteln, mit Erklärungen, Tafeln und Gesten zu verdeutlichen, wie er sein potentiell vorhandenes Urteilsvermögen weiterentwickeln kann! Reflexion über die dargestellten Figuren sollte das Ergebnis sein und keineswegs Scheinidentifikation mit ihnen. Nicht als Mutter Courage sollte jemand aus dem Theater gehen, nicht als Puntila oder als Knecht Matti, sondern mit dem Bewußtsein, daß diese menschlichen Rollen etwas in ihm selbst anrühren, über das sich nachzudenken lohnt.

Bei der Gefühlsentwicklung in der ästhetischen Kultur ist immer der Verstand anwesend. Die epische Form des Theaters, wie Brecht sie versteht, ist erzählend, macht den Zuschauer zum Betrachter, aber weckt seine Aktivität; erzwingt von ihm Entscheidungen und vermittelt ein Weltbild über das von ihm gesehene Geschehen. Argumente stehen gegen Suggestion, Empfindungen werden bis zu Erkenntnissen getrieben; nicht der unveränderliche Mensch, der auf der Bühne agiert, ist das eigentliche ästhetische Objekt, sondern der veränderliche und der sich verändernde Mensch, als Prozeß, in dem gesellschaftliches Sein und die Ratio Denken und Gefühle bestimmen.

Wenn ich davon spreche, daß diese große Konzeption von ästhetischer Kultur, die Brecht vorschwebte, in der raumzeitlichen Institution des Theaters gescheitert ist, so ist die darin ausgedrückte Idee der Kultur keineswegs überholt, vielmehr von äußerst dringender Aktualität. Brecht hat es nicht gewagt, die Theatermauern einzureißen – und so einfach ist ja auch nicht zu begründen, was nichtbürgerliche Kultur sein könnte. Aber er hat begriffen, daß Kultur zentral mit der Dialektik von Sinnen und Verstand, von Gefühl und Vernunft, von Subjekt und Objekt zu schaffen hat. Gegenständliche Tätigkeit, Arbeit in der von mir vorgeschlagenen Erweiterung, ist im Kern das Bewegungszeichen dieser dialektischen Vermittlungen. Die Entwicklung der Gefühlswelt und der Sinne hängt heute, in einem wissenschaftlichen Zeitalter, vom Zustand des Verstandes und der Vernunft ab und kann sich davon nicht abkoppeln. Umgekehrt bestimmt die Wiederaneignung der Gefühle und der Sinne entscheidend, wie ein ausgewogenes Verhältnis im pfleglichen Umgang der Subjekte mit der Gegenstandswelt beschaffen sein kann.

Brecht hat in seinen ästhetischen Reflexionen etwas auf Begriffe gebracht, was er in dieser Form wahrscheinlich von Marx noch nicht kannte, nämlich eine Kultur der Sinne. Der junge Marx hat sie 1844 in den sogenannten Pariser Manuskripten formuliert, die erst 1932 veröffentlicht wurden, und ich habe keinen Hinweis darauf, daß Brecht diese Schrift zur Kenntnis genommen hätte. Aber er entwickelt aus der Logik der ästhetischen Produktion heraus Elemente nichtbürgerlicher Kultur, wie Marx sie, die Kritik Feuerbachs an Hegel aufgreifend und weiterführend, in aller Unbefangenheit bereits knapp hundert Jahre zuvor präzise dargestellt hatte. Obwohl postmoderne Klugheitslehren dem entschieden widersprechen würden, sind mit diesen materialistischen Erörterungen über die Emanzipation der menschlichen Sinne Grundeinsichten der Kultur in Vergessenheit geraten. Da es mir nicht um Absicherung der Argumente durch Autorität geht, werde ich im folgenden nicht zitieren, sondern den Marxschen Gedanken in seinem begrifflichen Zusammenhang erläutern und variieren.

Marx klagt ein, daß die bisherige Geschichtsschreibung weder die Geschichte der Industrie noch die der Naturwissenschaften in den Zusammenhang der wirklichen Wesenskräfte aufnimmt. Die wahre anthropologische Grundlage des Naturwesens »Mensch« ist – wenn auch in entfremdeter Gestalt – das durch die Industrie, also das Produktionsverhalten vermittelte Verhältnis zur Natur. Entwicklung der Sinne und praktische Bewältigung der Naturgewalten werden von Marx zusammen gedacht. Für ihn ist die Industrie, das heißt aber Naturbeherrschung in einem sehr weiten, den Zivilisationsgedanken prägenden Sinne, das wirkliche Verhältnis der Menschen zur Natur. Es ist längst nicht entschieden, ob das so sein sollte und in Zukunft so sein muß, ob überhaupt diese Vermittlungsebene zwischen Mensch und Natur die einzig denkbare und sinnvolle ist. Aber zweifellos sind Arbeit und Sinne in je spezifischen Produktionsprozessen nicht nur aufeinander bezogen, sondern bedingen sich gegenseitig, und die Formen, in denen diese Produktionsprozesse stattfinden, sind geschichtliche Formen, die sich nur in epochalen Zeitmaßen umwälzen.

Wenn Marx sagt, die Geschichte der Industrie, das gewordene, gegenständliche Dasein der Industrie, sei das »aufgeschlagene Buch der menschlichen Wesenskräfte, die sinnlich vorliegende menschliche Psychologie«, die man bisher nicht in ihrem Zusammenhang mit dem Wesen des Menschen, sondern immer nur in einer äußeren Nützlichkeitsbeziehung gesehen habe, so ist das – nimmt man den heutigen Kenntnisstand über die von der Psychoanalyse aufgedeckten Arbeitsprozesse im Binnenraum von Subjektausstattungen, deren Resultate Freud zum »psychischen Apparat« vergegenständlicht (wie eine Fabrik) – gewiß nur die Objektseite des Menschen. Daß aber Marx das Erkenntnisinteresse auf die industrielle Produktion richtet, in der sich wesentliches vom Menschen darstellt (wenn auch unter entfremdeten Bedingungen), hat heute größte Bedeutung für jeden kritischen Begriff von politischer Kultur.

Merkwürdigerweise existieren von nahezu allen menschlichen Tätigkeiten Kulturformen, also gesellschaftlich aufgearbeitete Naturbestände, und werden in der Überlieferung weitergetragen. So gibt es eine Lesekultur, eine Kultur der Genußmittel und der Geschmacksbildung; aber es gibt keine Kultur der Arbeit, als wäre Arbeit, lebendige Arbeit, obwohl sie doch in entscheidender Weise die Objektwelt bestimmt, auf die sich unsere Sinne und unser Verstand richten, ein für den Kulturzusammenhang völlig unwesentlicher Faktor.

Marx gibt den Sinnen und den sinnlich-praktischen Verhaltensweisen gegenüber der Objektwelt ihren geschichtlichen Charakter zurück, den ihnen das Bürgertum und auch der größte Teil der Arbeiterbewegung genommen haben. Wenn wir mit geschichtlichen Sinnen zu tun haben, weil Hören, Sehen, Schmecken, Tasten nicht einfach Naturqualitäten der Menschen sind, sondern ihr Wesensgehalt in der geschichtlichen Prägung besteht, können wir anfangen, über die wirkliche Grundlage von politischer Kultur zu reden. Ist diese Grundlage nicht sichtbar, dann verliert sich alles in Abstraktionen, die, wie man weiß, austauschbar sind.

Also geht es um den gesellschaftlichen Charakter der Sinne. Die Bildung der fünf Sinne ist eine Arbeit der ganzen bisherigen Weltgeschichte; nicht nur der Naturgeschichte. Der normal auf die Welt kommende Mensch ist mit diesen Sinnenvermögen zwar ausgestattet, was aber daraus wird, ist in einem extremen Maße gesellschaftliches Produkt. Der unter dem rohen praktischen Bedürfnis befangene Sinn hat auch nur einen borniertn Zuschnitt. Für den ausgehungerten Menschen existiert nicht, wie Marx es ausdrückt, die menschliche Form der Speise, sondern nur ihr abstraktes Dasein als Speise. Ebensogut könnte sie in rohester Form vorliegen, und es ist nicht zu sagen, wodurch sich diese Nahrungstätigkeit von der tierischen Ernährungsweise unterscheidet. Der sorgenvolle, bedürftige Mensch hat keinen Sinn für das schönste Schauspiel. Der Mineralienkrämer sieht nur den merkantilistischen Wert, aber nicht die Schönheit und eigentümliche Natur des Minerals; er hat keinen mineralogischen Sinn. Aus diesen Erkenntnissen folgert Marx, daß die Vergegenständlichung des menschlichen Wesens sowohl in theoretischer als auch in praktischer Hinsicht damit verknüpft ist, daß der Reichtum der menschlichen Sinne, ihr menschlicher Reichtum, vom gesellschaftlichen Reichtum abhängt und diesen wiederum bedingt. Auf diese entscheidende Differenz setzt Marx das ganze Gewicht seiner Argumentation. Die Sinne des gesellschaftlichen Menschen sind andere Sinne als die des ungesellschaftlichen. Erst durch den gegenständlich entfalteten Reichtum des menschlichen Wesens ist der Reichtum der subjektiven menschlichen Sinnlichkeit reich, autonom, beziehungsvielfältig.

Ein menschliches Auge, das sich alltäglich in städtischen Betonwüsten bewegt und nichts wahrzunehmen vermag, was an gegenständlicher Realität zum Verweilen und Nachdenken anregt, dieses Auge ist unrettbar der Gefahr der Verwahrlosung und Primitivierung ausgesetzt. Was sich die modernen Stadtplaner, die Architekten der Betonuniversitäten ausgedacht haben, könnte Dokument der infernalischen Ironie sein, Kultur und menschliche Objektwelt insgesamt in Mißkredit zu bringen. Die Ruhr-Universität Bochum, die Universitäten Bielefeld und Bremen, um nur wenige Beispiele zu nennen, denen gewiß andere hinzuzufügen wären – von den architektonischen Innovationen der Frankfurter Nordweststadt und des Ihme-Zentrums in Hannover ganz zu schweigen –, all das sind städtebauliche Kulturproduktionen, die eine alltägliche Umgebung für die Sinne, für Augen, Tastempfindungen, Bewegung und Geruch schaffen, der die Architekten der römischen oder griechischen Antike gewiß den Vorwurf völliger Inkompetenz entgegenbringen würden. Nichts stimmt in diesen Ansammlungen von Gegenständen. Offensichtlich wurden die Bauprojekte ohne Beteiligung der Sinne geplant und durchgeführt. Die Gnade der Natur für sie könnte darin bestehen, daß die Erosion dieser Betonarchitektur vorzeitig einsetzt. Denn wie könnten lebendige menschliche Wesen in der Form einer solchen Gegenständlichkeit das bestätigt finden, was sie ausdrücken wollen? Wenn es aber so sein sollte, daß diese Form nur ausdrückt, was sie nicht sein wollen, was die tote Arbeit in ihnen selbst ausmacht, dann begegnen sich hier Subjekt und Objekt als unlebendige Gegenstände, das heißt in ihrer tödlichen Konfrontation.[38]

Der Verfremdungseffekt, den Brecht im Rahmen des nichtaristotelischen, epischen Theaters als Voraussetzung für eine sinnliche Urteilsbildung des Publikums definiert, ist im Marxschen Gedanken vorgeprägt, daß die Sinne Theoretiker werden. Die Sinne als Theoretiker: Das scheint eine absurde Formulierung zu sein! Wie können Sinne denken? Sie können in der Tat nicht denken. Was Marx damit auszudrücken versucht, ist ein spezifisches Subjekt-Objekt-Verhältnis. Tun die Sinne so, daß sie ihres Objekts wirklich mächtig wären, unterliegen sie einer Täuschung; die bloße Nähe zum Objekt, mimetische Einbindung, die Symbiosen vermeiden zwar die kognitiven Umwege einer distanzierten Beziehung zum Objekt, aber man wird dadurch des Objekts nicht teilhaftiger. Wer sich nur auf der Grundlage von Empfindungen und Gefühlen dem Objekt nahe fühlt und es so aufnimmt, als hätte es sich des Gegenstandscharakters bemächtigt, ist mit Täuschungen konfrontiert. Im Grunde hat sich das Objekt das Subjekt angeeignet und in Abhängigkeit gebracht. Das allmächtige Subjekt erfährt sich als ohnmächtiges Objekt.

Je näher man den Gegenständen zu sein meint, desto ferner ist man ihnen. Das ist die Lehre von Brecht und Marx. Der Sinn des Habens und der Überwältigung, kognitiv oder emotional, ist der borniertte Sinn des Besitzes, des Privateigentums, das uns dumm und einseitig gemacht hat; das uns die Suggestion vermittelt, ein Gegenstand sei erst der unsrige, wenn wir ihn haben, wenn er von uns unmittelbar besessen, gegessen, getrunken, an unserem Leib getragen, von uns bewohnt wird – wenn er von uns sinnlich praktisch gebraucht wird. Marx hat unrecht, wenn er sagt, daß einzig und allein aus der Aufhebung des Privateigentums die vollständige Emanzipation aller menschlichen Sinne und Eigenschaften folge. Das Privateigentum trägt gewiß wesentlich dazu bei, die Entfaltung menschlicher Sinne und Eigenschaften zu blockieren. Wir müssen jedoch viel allgemeiner fassen, was die menschlichen Sinne in der Objektwelt verneint, sie unentwickelt läßt, borniert, zerstört, zerstreut. Es ist ein weiter Weg, bis das Auge zum menschlichen Auge geworden ist, und es kann das nur, wenn sein Gegenstand, auf den es sich alltäglich richtet, ein menschlicher Gegenstand ist, ein von Menschen herrührender und für Menschen existierender Gegenstand. Der Sinn des Habens, das müssen wir heute kritisch gegen Marx wenden, ist nicht nur ein Produkt des kapitalistischen Privateigentums. Die Aufhebung dieses Eigentums reicht nicht aus, daß sich die Allseitigkeit des menschlichen Wesens entwickelt. Marx sagt: »Der Mensch eignet sich sein allseitiges Wesen auf eine allseitige Art an, also als ein totaler Mensch. Jedes seiner menschlichen Verhältnisse zur Welt, Sehen, Hören, Riechen, Schmecken, Fühlen, Denken, Anschauen, Empfinden, Wollen, Tätigsein, Lieben, kurz alle Organe seiner Individualität, wie die Organe, welche unmittelbar in ihrer Form als gemeinschaftliche Organe, sind in ihrem gegenständlichen Verhalten oder in ihrem Verhalten zum Gegenstand die Aneignung desselben, die Aneignung der menschlichen Wirklichkeit; ihr Verhalten zum Gegenstand ist die Betätigung der menschlichen Wirklichkeit. Sie ist daher ebenso vielfach, wie die menschlichen Wesensbestimmungen und Tätigkeiten vielfach sind; menschliche Wirksamkeit und menschliches Leiden, denn das Leiden, menschlich gefaßt, ist ein Selbstgenuß des Menschen.«[39]

Wenn die Sinne selbst Theoretiker geworden sind, in ihrer alltäglichen Erfahrungspraxis, dann verhalten sie sich zu der Sache um der Sache willen, nicht um zu besetzen und zu besitzen. Der Genuß ist nicht die Konsumtion, sondern die gegenständliche Anschauung im Genuß; denn die Nützlichkeit ist der Gebrauch in der Distanz, die nichts verzehrt, sondern den Gebrauchswert gerade erhält.

Diese Dialektik ist grundlegend für eine politische Kultur. Wenn die Menschen in der gegenständlichen Welt, und das gilt vor allem für ihre Sinne, nicht bejaht, bestätigt, ergänzt werden, dann bleibt die Gegenstandswelt dem Subjekt fremd. Das Subjekt wird durch die Gegenstände verneint. Hierin liegt die Bestimmtheit des Verhältnisses Subjekt-Objekt, von dem ich gesprochen habe. Dem Auge wird ein Gegenstand anders als dem Ohr, dem Geschmack, der Haut. Die Eigentümlichkeit jeder Wissenschaft richtet sich auf dieses Subjekt-Objekt-Verhältnis. Erst die entfaltete musikalische Form entwickelt und bestätigt den musikalischen Sinn des Menschen, denn für ein unmusikalisches Ohr ist die schönste Musik ohne Sinn.

Der Substanzbegriff der Kultur muß also aufgelöst und in seine Mikrobestandteile auseinandergelegt werden. Wir müssen so verfahren, wie Marx mit der Ware und den Sinnen umgeht. Die wirkliche explosive Bewegung vollzieht sich in der mikrologischen Struktur der Verhältnisse. Will politische Kultur kritisches Unterscheidungsvermögen und öffentliche Ausdrucksfähigkeit entwickeln, so muß die Politik sich auf die Herstellung der diesen Anforderungen entsprechenden Mittel konzentrieren. Die konventionellen Institutionen, die wie das Theater Passivität und Bewegungslosigkeit vorschreiben, verlieren damit ihre dominierende Rolle. Dabei geht es nicht um die Abschaffung dieser Institutionen, der klassischen Medien des politischen Ausdrucks, sondern darum, daß die arbeiter- und arbeitsbezogene Bildung in dem Maße den bloßen Veranstaltungscharakter verliert, wie sich im Alltag die kulturellen Kommunikationsorte vervielfältigen. Die Mittel und Medien, Ausdrucksfähigkeit und Unterscheidungsvermögen zu fördern, sind meist nicht aus Großprojekten zu gewinnen. Die Entwicklung der Sinne setzt Veränderung der Näheverhältnisse voraus. Im betastbaren und unmittelbar erfahrbaren sozialen Raum gibt es Prozesse zur Überprüfung und Wiedererkennung des Produzierten. Eine Berichterstattung über das wirkliche Geschehen – unterhalb der Zensurabstraktionen der etablierten Medien – setzt konkrete Beobachtungen, Gespräche, Aufklärungsarbeit an Ort und Stelle voraus. Nichts stabilisiert einen Protest besser als der öffentliche Ausdruck der wirklichen Motive, die ihm zugrunde liegen, und die kritische Anerkennung, daß diese Motive ihren rationalen Grund haben.

Der Zwangszusammenhang von entfremdeter Arbeit, Freizeit und Faulheit

Arbeitszeit kann man in ihre funktionalen und extrafunktionalen Bestandteile auseinanderlegen. Funktional wäre, was in der Gesamtökonomie der menschlichen Lebenschancen begründet ist; extrafunktional dagegen, was darüber hinausgeht und wesentlich darin besteht, möglichst lange Arbeitszeiten als Hebel zur Verinnerlichung von Disziplin, zur Aufrechterhaltung von Existenzangst und zur Bewahrung von Loyalität zu benutzen. Dieser extrafunktionale Teil der Arbeitszeit wird immer größer und ist dabei, den funktionalen zu überwuchern. Es geht um die kulturelle Befestigung von Gehorsam, Anpassungsbereitschaft und Triebverzicht. Eine Arbeitsmoral, die den Funktionsgesetzen kapitalistischer Produktion problemlos integriert und von allen Sinnfragen abgetrennt ist, von den Inhalten der Tätigkeit ebenso wie von ihren Formen und Produkten, ist keine nebensächliche Ergänzung des bestehenden Herrschaftssystems, sondern eine ganz und gar fundamentale Institution der kapitalistischen Zivilisation. Wo diese massenhaft in Zweifel gezogen wird, gerät das ganze, jahrhundertelang eingespielte System der kontrollierten und durch Vorurteile gesicherten Beziehungen zwischen Arbeit, Freizeit und Faulheit ins Rutschen.

Je größer die Zeitsouveränität der Menschen ist, desto mehr können sie sich dem entfremdeten Disziplinardruck der Arbeit entziehen. Würde man Menschen, die durch den Arbeitstag nicht schon völlig ausgelaugt sind und deshalb nur das Bedürfnis haben, sich in der Restzeit zu regenerieren, wirklich in Ruhe lassen, so bestünde immerhin die Möglichkeit, daß sie sich ihre eigenen Gedanken machen, Freizeit vielleicht sogar in praktische Freiheit umsetzen. Das hätte aber auch die Folge, daß die Einübungspraxis in entfremdete Arbeit die Selbstverständlichkeit einer Sozialisationsfunktion verliert. Indem sich Arbeit und Arbeitsmoral ändern, wandeln sich auch die Begriffsinhalte von Freizeit und Faulheit. Faulheit, das heißt bewußte und unbewußte Arbeitsverweigerung, ist nur die Kehrseite des Arbeitszwanges; sie ist, nimmt man die Kulturgeschichte der Menschen zum Zeugen, absolut nichts Natürliches, sondern etwas gesellschaftlich Produziertes, durch Arbeitsleid Vermitteltes. Und sie unterscheidet sich dadurch wesentlich von der Muße, die ja nicht im Nichtstun besteht. Die Muße beruht vielmehr auf höchster Aufmerksamkeit des Kopfes und der Sinne und in einer eher allseitigen Betätigung des Menschen, ohne den äußerlichen Regelzwang von Leistungen allerdings, die ihre Zwecke nicht in sich haben, sondern die von anderen gesetzt sind und deren Resultate von anderen angeeignet werden.

Mit der radikaler werdenden Kritik am Arbeitszwang wird auch der herkömmliche Freizeitbegriff in Frage gestellt. Er verliert seine abstrakte Bindung an die Arbeit, deren einfache Negation er bildet: Freizeit als Nicht-Arbeit, unproduktive Tätigkeit, Nichtstun usw. Aber selbst das ist noch eine Übertreibung. Denn die auf den Nichtarbeitenden gerichteten Angebote der Kultur- und Bewußtseinsindustrie holen den einzelnen, der sich in seiner eigenen Zeit, seiner Freizeit, zu bewegen glaubt, doch wieder in die Zeitökonomie der kapitalistischen Produktion zurück. Wenigstens durch Geldausgaben, durch Konsum, wird der Nichtarbeitende oder Arbeitende in der Zeit der Nichtarbeit daran gemahnt, daß sich lediglich eine Formveränderung der Zeit vollzogen hat, daß Geldausgaben sein Beitrag zur Produktion sind.

Erst wenn Freizeit von der Arbeitszeit vollständig abgekoppelt ist, verändert die Freizeit ihren Charakter – erst dadurch eröffnet sie die in ihr liegenden Chancen, als Emanzipations- und gesellschaftliche Orientierungszeit wirklich angeeignet zu werden. Wann kann das geschehen? Genau ist das nicht zu bestimmen. Der qualitative Umschlag kann bei 25 oder 20 Stunden Wochenarbeitszeit liegen, aber das hängt nicht nur von isolierten Zeitmaßen ab, sondern wesentlich vom gesellschaftlichen Gesamtzustand eines Landes, ja der globalen Orientierung im Rahmen weltgesellschaftlicher Bedingungen.

Wenn nun aber die Menschen vom existenznotwendigen Arbeitszwang befreit sind, werden sie dann überhaupt noch arbeiten wollen? Wird es dann nicht einen Rückfall in die Barbarei des Genußmenschentums geben, von dem Max Weber als einem bedrohlichen Symptom unserer Kultur gesprochen hat? Diese Befürchtung scheint mir ganz unbegründet zu sein. Der Wegfall von Bewegungshindernissen, die der Entfaltung der menschlichen Freiheit entgegenstehen, ist schon häufig in der Geschichte mit

Untergangsprognosen verknüpft worden. Als zum Beispiel die Brückenzölle aufgehoben wurden, hatte man im Ernst die Befürchtung geäußert, daß die Menschen dann durch Hin- und Herlaufen und allzu häufige Belastung mit Pferd und Wagen die Brücken schnell abnutzen würden. Zum Vorurteil hatte sich die Überzeugung verfestigt, daß der Brückenzoll und nicht das Bedürfnis, Wege abzukürzen, die Benutzungshäufigkeit der Brücken reguliere.

Den Herrschenden, die ihre Privilegien bewahren wollen, war in der bisherigen Geschichte kein Argument zu primitiv, wenn sie rechtfertigen mußten, daß nur Zwang und Unterdrückung die Menschen vor Unvernunft bewahren können. Arbeit als moralisches Erziehungsprinzip für die armen Klassen gehört dazu. »Je mehr meine Völker arbeiten, um so weniger Laster wird es geben«, schrieb Napoleon am 5. Mai 1807 aus Osterode. Oft haben angebliche Naturmerkmale zur Rechtfertigung herhalten müssen: angeborene Charaktereigenschaften wie Willensschwäche und Schwachsinn, Rasse, Klima usw. Immer wieder wurden auch die großen kulturellen Errungenschaften angeführt, um plausibel zu machen, warum Ungleichheit der Lebensverhältnisse Voraussetzung für die menschliche Emanzipation ist. Dieser Bodensatz der Gegenaufklärung hat sich bis heute gehalten.

Daß der Mensch von Natur aus faul sei, ist die Grundauffassung einer politischen Anthropologie, von der alle Herrschaft zehrt. Aber jede Form der schöpferischen Tätigkeit widerlegt dieses Interessenvorurteil. Hätte Beethoven mit seiner Musik nur Geld verdienen wollen, wäre also Geld das bestimmende Motiv seiner Tätigkeit gewesen, so hätte er im hochbezahlten Stil der damals gefälligen Musik komponieren müssen, nicht in seiner komplexen und selbst Zeitgenossen häufig fremdartig vorkommenden Kompositionsweise. Da Beethoven zu den ersten europäischen Komponisten gehörte, die an keinem feudalen Hof angestellt waren, war er auf den Markt angewiesen. Er wollte leben, mußte seine Musik also verkaufen und verkaufte sie, wie man weiß, in harten Verhandlungen mit Verlegern und Konzertagenten nicht schlecht – manchmal, wie man herausgefunden hat, dasselbe Stück an verschiedene Verleger, so daß es unter diesen zuweilen auch Warnsignale vor Originalangeboten Beethovens gegeben haben soll. Wäre er von Hause aus reich gewesen, er hätte mit Sicherheit nicht anders komponiert, im Gegenteil: Manche Auftrags- und Gelegenheitsmusik, die er aus Geldnot zu produzieren gezwungen war, wäre unterblieben und an deren Stelle vielleicht eine Reihe größerer und bedeutenderer Werke getreten. Schöpferische Menschen haben also Geld verdient, um leben zu können; mir ist kein produktiver Mensch der Kulturgeschichte bekannt, der produktiv gewesen ist, weil er Geld verdienen wollte. Noch nicht einmal für die großen Erfinder ist das Geldmotiv entscheidend. Wo Arbeit einen schöpferischen Charakter annimmt, da löst sich in der Regel die abstrakte Entgegensetzung von Arbeit, Freizeit und Faulheit auf. Problematisch ist also nicht nur die herkömmliche Arbeitszeit, sondern die herkömmliche Arbeit.

Wo Arbeit Fluch ist, scheint Ruhe der adäquate menschliche Zustand zu sein und wird als identisch mit Freiheit und Glück verstanden. Dieses Erbteil der kapitalistischen Zivilisation ist unabtrennbar von der gigantischen Entfaltung der Produktivkräfte, ein Zusammenhang, der allerdings alles andere als ein Gattungsmerkmal der menschlichen Natur ist. Daß das Individuum in seinem normalen Zustand von Gesundheit, Kraft, Tätigkeit, Geschicklichkeit, Gewandtheit auch das Bedürfnis nach einer normalen Portion Arbeit hat, ist ein dem bürgerlichen Menschenbild fremder Gedanke. In den Knochen dieser Zivilisation scheint der Schrecken zu sitzen – und der philosophische Realist, der sich vorteilhaft von der mangelnden Menschenkenntnis des utopischen Menschenfreundes abzusetzen versucht, wird es nicht versäumen, diesen Schrecken immer wieder in die Frage zu kleiden: Wenn dann die Menschen nicht mehr unter dem Zwang stehen zu arbeiten, wie sollte da die überschüssige Mehrarbeit zustande kommen, die doch Grundlage unserer Kultur, unserer Freiheit und unseres Glücks ist?

Diese Besorgnis ist unbegründet. Arbeit, die erzwungen ist, kann selbstverständlich nur unter Gesichtspunkten der Zwangsarbeit betrachtet werden, und sie erzeugt aus sich heraus eine ganze Serie von Tätigkeiten, die auf Scheinfreiheit beruhen. Befreiung von Zwangsarbeit, also Nicht-Arbeit, muß demzufolge zunächst als konkrete Utopie der Freiheit oder genauer gesagt der Befreiung erscheinen. Ist diese Befreiung vollzogen und ist ein gesellschaftlicher Zustand freier Betätigungsmöglichkeiten erreicht, so verliert jenes Lob der Faulheit, das Paul Lafargue, der Schwiegersohn von Marx, proklamiert hatte, alle spektakuläre Aufmerksamkeit. Denn Faulheit ist eine verständliche menschliche Neigung, aber es kann kein Lebensprinzip sein. Faulheit ist und bleibt, nimmt man das kulturelle Klima der Gesamtgesellschaft, der Kontrastbegriff zu Zwangsarbeit; ob sie nun objektiv tatsächlich existiert oder nur subjektiv so empfunden wird, ist gleichgültig. Solange die Nutzung der eigenen Arbeitskraft als fremdartig empfunden wird, solange wird es auch das Bedürfnis nach Faulheit geben.

Lafargue, der unkonventionell denkende, praktisch engagierte Sozialist, war erschrocken und empört darüber, daß die Männer und Frauen des französischen Juniaufstandes 1848 nichts Besseres im Sinn hatten, als den kapitalistischen Arbeitsterror durch das »Recht auf Arbeit« zu zementieren, und daß sogar die Föderierten vom März 1871, also die in die Geschichte eingegangene Pariser Kommune, ihren Aufstand als eine »Revolution der Arbeit« verstanden. Gegen diese Verkehrung der Ausbeutung durch Zwangsarbeit in ein subjektives Recht proklamierte Lafargue 1883 das »Recht auf Faulheit«. »Eine seltsame Sucht beherrscht die Arbeiterklasse aller Länder, in denen die kapitalistische Zivilisation herrscht, eine Sucht, die das in der modernen Gesellschaft herrschende Einzel- und Massenelend zur Folge hat. Es ist dies die Liebe zur Arbeit, die rasende, bis zur Erschöpfung der Individuen und ihrer Nachkommenschaft gehende Arbeitssucht.«[40] Die kleine Schrift Lafargues, von Eduard Bernstein zur Satire gestempelt, ist seit ihrer Entstehung ein Stein des Anstoßes geblieben und hat zahlreiche Verfälschungen und Abschwächungen erfahren.[41]

So radikal hat kein Theoretiker der Arbeiterbewegung den Angriff auf das Unterdrückungsmedium Arbeit formuliert. Lafargue war sich ohne Zweifel bewußt, daß in einer entwickelten Industriegesellschaft auch notwendige gesellschaftliche Arbeit geleistet werden muß, aber er wollte die Arbeit auf das Minimum von drei Stunden pro Tag reduzieren, gerade ausreichend, um sie »zur Würze der Vergnügen der Faulheit« werden zu lassen. Nicht im moralischen Protest gegen die Arbeit und in der ungeschminkten Lobpreisung von Faulheit liegt jedoch die eigentliche Provokation, als die sein Buch von der deutschen Sozialdemokratie und später den leninistischen Parteien empfunden wurde, sondern in der Hauptthese Lafargues, daß die Unterdrückung der Arbeiterklasse deshalb so schwer zu beseitigen ist, weil die Lohnarbeiter durch ihre zur Perversion entartete Liebe zur Arbeit einen selbstverschuldeten Anteil an dieser Misere haben. Ihnen wird die Unterdrückung nicht nur äußerlich angetan, sondern sie leisten für sie subjektive Zuarbeit.

Das Recht auf Arbeit erscheint Lafargue als die schrillste Stimme im Chor der »ekelerregenden Loblieder auf den Gott Fortschritt, den ältesten Sohn der Arbeit«. Denn was hier Fortschritt durch Arbeit sein soll, wenn die Menschen gezwungen sind, 14 bis 16 Stunden am Tag zu arbeiten, und das bei ständig erweiterter Produktivität der Arbeit und bei Ausweitung des Maschinensystems, kann er beim besten Willen nicht einsehen. Hier wäre wohl anstelle des »Rechts auf Arbeit« besser die Forderung erhoben worden, jene Zahl von Sonn- und Feiertagen wieder herzustellen, die es geschichtlich schon einmal gegeben hatte. Im Mittelalter garantierten in der Tat die Gesetze der Kirche den Arbeitern 90 Ruhetage (52 Sonntage und 38 Feiertage), während denen es streng untersagt war zu arbeiten. Erst im fünfzehnten und sechzehnten Jahrhundert, in der Entstehungsphase der modernen industriellen und kommerziellen Bourgeoisie, breitete sich der Haß gegen die Feiertage aus. Die Französische Revolution schaffte einen großen Teil der religiösen Feiertage ab und ersetzte die Woche von sieben Tagen durch eine zehntägige Woche.

So richtig nun die Argumente von Lafargue die Verkehrungen der geschichtlichen Entwicklung und vor allem den Anteil an Selbstunterdrückung treffen, so wenig vermag seine moralische Geschichtsauffassung doch die Mittel zu benennen, um den Zwangszusammenhang zu brechen, der die inneren Mechanismen der Arbeitsgesellschaft bestimmt. Er formuliert das Prinzip der Verweigerung in einer Zeit, in der seine Praktizierung tödliche Folgen für jeden Arbeiter gehabt hätte. Ein konstituierter gesellschaftlicher Zusammenhang, der durch Privateigentum, Kapital und Arbeit definiert ist, kann als gesellschaftliche Macht nur durch eine politisch konstituierte Aktion der unterdrückten Klassen aufgesprengt werden. Diese muß in die Kraft des Gegners eingehen, um sie sprengen zu können.

Geht die Forderung nach Faulheit über den bloßen Widerspruch zur Zwangsarbeit hinaus und will sie nicht an der Arbeit äußerlich kleben bleiben, dann bedarf sie genauso der inhaltlichen Ausfüllung von gesellschaftlich anerkannten Betätigungsweisen wie Freizeit und Muße. Der Faulheit fehlt, nicht weniger als der Arbeit, die Konstanz einer anthropologischen Gegebenheit; sie ist eine historische Kategorie. Was der mittelalterliche Mensch mit ihr anzufangen vermochte, würde den modernen Menschen zweifellos langweilen. Es mag merkwürdig klingen, wenn ich sage, daß selbst ein genußfähiges Faulenzen gelernt sein muß und daß es gesellschaftliche Zustände voraussetzt, die eine diesen Formen des Nichtstuns entsprechende Umwelt bereithalten.

Der biblische Fluch, daß, wer nicht arbeitet, auch nicht essen solle, hat sich immer nur auf die unterdrückten und ausgebeuteten Klassen ausgewirkt. Eine ganze Menge von Leuten, die nicht gearbeitet haben, hat zu allen Zeiten sehr gut gegessen. Betrachtet man die Geschichte, so drängt sich sogar die Überzeugung auf, daß die Nichtarbeitenden immer viel und die Arbeitenden immer wenig Essen haben. Wodurch sich aber die bürgerliche Gesellschaft von den ihr vorangegangenen Ordnungen unterscheidet, besteht darin, daß Faulheit und bloßes Genießen keineswegs immer die Lebensführung und die Weltbilder der herrschenden Klassen bestimmen. Die universalisierte Kategorie der Arbeit hat die Klassenmauern durchbrochen; ja, die fatale Stabilität und Wirksamkeit moderner Herrschaft beruht gerade darauf, daß sich jeder Widerstand gegen sie wiederum durch Arbeit legitimieren muß. Die einzige Alternative zur bestehenden Arbeitsgesellschaft sind daher bis auf weiteres alternative Formen der Arbeit.

Aber mit der Befreiung der Arbeit ist wohl immer mehr und anderes gemeint gewesen, als daß sich die Menschen einrichten konnten in Verhältnissen, die ihnen genügend zum Essen boten und in denen sie auch faul sein konnten, ohne ihre Existenzgrundlage einzubüßen. Arbeit setzt ein, bevor der Mensch überhaupt in seiner individuellen Entwicklung imstande ist, Werkzeuge zu verwenden und eine Maschine zu bedienen; sie ist, wie ich zu zeigen versucht habe, ein grundlegendes Subjekt-Objekt-Verhältnis, in dem eine für die Persönlichkeitsentwicklung entscheidende Berührungsfläche der Sinne, des psychischen Apparates und des Denkens mit der Außenwelt geschaffen wird; man kann diese Form der Arbeit Beziehungsarbeit nennen. Ohne Umgestaltung der äußeren Realität, ohne Formung und Veränderung der Gegenstände verkümmern die fünf Sinne des Menschen, bleibt sein Denken gegenstandslos. Ein solcher Gegenstandsentzug führt schon beim Kind zu schweren seelischen und geistigen, ja körperlichen Störungen. Daß Arbeit ausschließlich unter dem Gesichtspunkt Erwerbsarbeit gesehen wird, gründet sich nicht auf die Natur des Menschen, sondern ist Produkt einer geschichtlichen Entwicklung, welche die öffentlich anerkannten Betätigungen der Menschen auf den engen Horizont von Arbeiten reduziert, die in Waren oder Dienstleistungen im gesellschaftlichen Tauschverkehr umsetzbar und dinglich erfahrbar sind. Die historisch überfällige Erweiterung des Arbeitsbegriffs setzt freilich eine Umdefinition der Kulturzwecke voraus, die sich auf das wirtschaftliche Handeln insgesamt beziehen.

5. Eine Moral jenseits von Lohn und Leistung

Es wird berichtet, daß in der Blütezeit der athenischen Demokratie die Polis ihren Bürgern, die auf dem Marktplatz, der *agorá*, erschienen, um sich an den Volksversammlungen zu beteiligen, ein bestimmtes Honorar zahlte. »Konsequent wurde der Gedanke der Partizipation des einzelnen Bürgers an der Staatsführung in die Wirklichkeit umgesetzt. Die Anwendung des Losverfahrens und die Zahlung von Diäten ermöglichten jedem Athener, sofern er der Bürgerschaft angehörte, die Ausübung staatlicher Funktionen.«[42] In den drei Reden, die Thukydides von Perikles berichtet, bildet die Teilnahme der freien Bürger am Gemeinwesen die Substanz der athenischen Demokratie.

Diese Tätigkeit galt als politische Arbeit, als Gemeinwesenarbeit, die einer Entlohnung würdig war. Die allgemeine Anerkennung politischer Arbeit, das Privileg freier athenischer Bürger, war selbstverständlich gegründet auf die Institution der Sklaverei, welche die materielle Lebensfähigkeit des Stadtstaates sicherte. Was damals Sklavenarbeit leistete, kann heute in ganz anderen Größenverhältnissen von Maschinen und Maschinensystemen besorgt werden – mit einer ständig geringer werdenden Beteiligung lebendiger Arbeitskraft daran.

Welche Sozialutopien sind heute geeignet, politisches Handeln anzuleiten? Die meisten traditionellen Sozialutopien malten Zukunftsbilder von einer befreiten Gesellschaft mit einem neuen Moralkodex, weil sie unter dem Diktat einer Mangelökonomie entstanden und deshalb fast durchgängig eine asketische Lebensweise forderten. Das Reich der Freiheit in einer Ökonomie des Überflusses und der Verschwendung (aber beileibe nicht des Geschenks) wird dagegen zwangsläufig zu viele Elemente der Selbstregulierung enthalten, als daß man die Lebensführung der Menschen und deren Arbeitsformen auf allgemein verbindliche Pflichtenkataloge bringen könnte. Analytisch lassen sich die Bedingungen angeben, wie sich die im Reich der Notwendigkeit gebildeten, aber über dieses hinausweisenden Wunschphantasien von den Herrschaftsblockierungen lösen können, und daraus folgt ein Ansatz, der auch für eine praktisch folgenreiche Politik Bedeutung hat.

Stecken die Utopien in den Köpfen und Seelen der Menschen selbst und handelt es sich nicht lediglich um öffentlich feilgebotene

Theorieentwürfe, dann werden die Menschen, von der äußeren Gewalt befreit, imstande sein, sich selbsttätig und nach eigenen Zwekken ihr Reich der Freiheit aufzubauen. Forderungen wären also nicht aufs Reich der Freiheit zu richten, sondern auf Entwicklungspotentiale, die sich im existierenden Reich der Notwendigkeit gebildet haben und die keine bloßen Wünsche mehr ausdrücken, sondern objektive Möglichkeiten – Möglichkeitssinne im Unterschied zu den sonst allgemein als einzig wirksam betrachteten Wirklichkeitssinnen. Ich beschränke mich dabei auf einen Vorschlag, der schon seit geraumer Zeit immer wieder einmal in die Öffentlichkeit gebracht wird und selbst bei konservativen Ökonomen gewisse Sympathien hervorruft.

Um den Blick frei zu bekommen für politische Gemeinwesenarbeit und für sonstige schöpferische Tätigkeiten, halte ich es für denkbar, daß alle Bürger einer entfalteten Industriegesellschaft eine Art Grundgehalt bekommen, das ihnen eine einigermaßen würdige und angstfreie Existenz sichert. André Gorz und Claus Offe haben entsprechende Vorschläge gemacht. Da die Chancen der Markteinkommen weiter schrumpfen werden, wäre zu überlegen, ob nicht die Einkommensansprüche von den Arbeitsleistungen abzutrennen sind und jeder ein gesellschaftliches Minimaleinkommen erhält, eine Art Grundgehalt als Bürgerrecht. Wer mit diesem Minimaleinkommen nicht zufrieden ist und mehr benötigt, könnte sich dann zusätzlich Arbeitseinkommen verschaffen, und das unter Bedingungen, die nicht von unmittelbarer materieller Not erzwungen sind.

Claus Offe begründet das wie folgt: »Eine solche egalitäre materielle Grundsicherung, die den Status eines Bürgerrechts (statt den eines Anspruchs auf Gegenleistung für gezahlte Beiträge) hätte, wäre zugleich ein erster ernsthafter Schritt in die Richtung einer wirksamen Entlastung der Angebotsseite des Arbeitsmarktes. Es würde dann für alle Schichten und Gruppen der (potentiell) Erwerbstätigen – und nicht nur für (Haus-)frauen – im Ernst wählbar, ob Beschäftigung gesucht oder auf eine Teilnahme an Erwerbsarbeit verzichtet wird: denn auch letztere Option bliebe dann materiell zumutbar. Damit wäre freilich die in Marktgesellschaften bisher übliche Verkoppelung von Arbeitsleistung und Einkommen partiell aufgelöst, und die Äquivalenznorm sozialer Gerechtigkeit (und ökonomischer Effizienz) würde bewußt durchlöchert.«[43] Ähnlich argumentiert

Gorz (oder Offe argumentiert wie Gorz, ich kenne nicht die Originalgeschichte des Gedankens): »... die abgeschaffte Arbeit wird ebenso vergütet wie die geleistete Arbeit, der Nichtarbeiter ebenso wie der Arbeiter. Vergütung und Leistung von Arbeit sind voneinander abgekoppelt.«[44]

Gorz empfindet mit Recht tiefes Mißtrauen gegen die emanzipatorische Wirksamkeit bloßer Arbeitszeitverkürzungen und bindet sie an garantierte Sozialeinkommen, weil die Gefahr besteht, daß von Existenzängsten eingeschnürte Menschen auch in der erweiterten Sphäre der Freizeit die alte ökonomische Logik wiederholen. »Aus allen diesen Gründen wird die radikale Verkürzung der Arbeitszeit mit garantiertem Sozialeinkommen auf Lebenszeit die Ausdehnung der Autonomiesphäre nur im Rahmen einer pluralistischen Wirtschaft fördern, in der die Pflichtarbeit (etwa 20 000 Stunden pro Leben) lediglich nur der Produktion des Notwendigen dient, während alles Nicht-Notwendige von Tätigkeiten abhängt, die sowohl autonom als auch selbstbestimmend und fakultativ sind.«[45]

Die Sorgfalt, mit der Gorz das verbleibende Reich der Notwendigkeit vom Reich der Freiheit trennen möchte, scheint mir jedoch fragwürdig zu sein. Es ist eine rein definitorische Abstraktion, die Produktion des Notwendigen und die des Nicht-Notwendigen absolut auseinanderhalten zu wollen. Der alte Engelssche Sprung hat offensichtlich Pate gestanden bei dieser dualistischen Konstruktion der Gesellschaft. Im Denken von Gorz hat Arbeit ihren zwiespältigen Charakter behalten: Auf der einen Seite fordert er ständig das Ende der Arbeitsgesellschaft. »Wir müssen aus der ›Arbeit‹ und der ›Arbeitsgesellschaft‹ ausbrechen, um die Möglichkeit zu ›wirklicher Arbeit‹ und die Freude an ihr wiederzufinden.«[46] Es ist offenbar die durch Kapital und Markt verengte Arbeits- und Erwerbsgesellschaft, aus der die Menschen, wie aus einem gesamtgesellschaftlichen Gefängnis, ausbrechen sollen. Das versteht Gorz als großes Wagnis, als eine viel Mut erfordernde existentielle Entscheidung. »Wir müssen lernen, die nicht verwirklichten Möglichkeiten zu erkennen, die Chancen, die sich in den Rissen unserer zerfallenden Gesellschaft verbergen. ... Wir müssen den Bruch mit der sterbenden Gesellschaft wagen, sie wird nicht mehr auferstehen. ... Deshalb müssen wir den Mut aufbringen, den Exodus aus der ›Arbeitsgesellschaft‹ zu wagen. Sie besteht nicht mehr und kehrt auch nicht mehr wieder zurück.«[47]

Auf der anderen Seite spricht Gorz von einer Wiederaneignung der Arbeit, von der Wiedergewinnung eines Arbeitsbegriffs, der Elemente des Spiels, der Gestaltung, des Herstellens und Handelns in einem durch den warenvermittelten Marktverkehr nicht deformierten Sinne enthält.[48] So zutreffend und perspektivenreich nun diese Erweiterung sinnvoller gesellschaftlicher Arbeit auch im Theoriezusammenhang von Gorz sein mag, das Projekt ist schwer mit dem vermittelbar, was die gegenwärtige Gesellschaft in ihrem Krisenzustand ausmacht. Denn wie kann man sich einen Exodus aus der Arbeitsgesellschaft vorstellen? Wie ist das umzusetzen, wenn er sagt: Wir müssen die Arbeitsgesellschaft begraben, nicht ihr nachtrauern, »damit aus ihren Trümmern eine andere Gesellschaft entstehen kann«? Wie kann man den um ihren Arbeitsplatz Kämpfenden und denjenigen, die ihn schon verloren haben, folgende Parole von Gorz verständlich machen? »Die ›Arbeit‹ hat ihre zentrale Rolle im Bewußtsein, im Denken und der Vorstellungskraft aller Menschen zu verlieren, wir müssen lernen, sie mit anderen Augen zu betrachten – nicht mehr als das, was man hat oder nicht hat, sondern als das, was wir tun. Wir müssen es wagen, uns die Arbeit wiederanzueignen.«[49]

Das ist der entscheidende Punkt: Um uns die umfassende Rolle der Arbeit für die Subjekt-Objekt-Konstitution des Ich und der Welt wieder zu vergegenwärtigen, sollen wir Lohnarbeit im kapitalfixierten Bezug einen bloßen Moment herabsetzen, weil sie nicht mehr geeignet ist, das ökonomische Ganze zu definieren und wir nicht jeder sinnentleerten Arbeit Kulturbedeutung zuerkennen können. Gorz projektiert eine Aufspaltung der Arbeitsgesellschaft in eine Wirklichkeitsschicht, welche ein Reich der Notwendigkeit und der stumpfen Arbeitsmühe bleibt, und ein Territorium, das durch Exodus und sinnvolle Koloniegründung zustande gekommen ist. Aber diese Trennung kann nicht gelingen, weil sie auf Abstraktionen von den konkreten Lebenszusammenhängen beruht. Fragwürdig ist deshalb auch die Vorstellung, daß die banalisierte Produktion, eine mit Eigendynamik verlaufende, von den umgestaltenden Eingriffen der Menschen abgelöste Automatisierung, tatsächlich gefahrlos, das heißt ohne Herausbildung neuer Gewaltverhältnisse, auf Dauer unter die sichere Kontrolle jener Bereiche der sich erweiternden Eigenproduktion gebracht werden kann.

Wie immer man nun über die Idee des garantierten Sozialeinkommens denken mag, plausibel an ihr scheint mir zu sein, daß sie sowohl dem Gebot der Gerechtigkeit entspricht als auch realistisch ist. Sie klagt etwas ein, was in der bürgerlichen Gesellschaft angelegt ist. In einem solchen Fall würde die Gesellschaft die Grundsicherung einer angstfreien Existenzweise der einzelnen übernehmen – was sie bei wachsendem gesellschaftlichen Reichtum ja auch ohne weiteres könnte. Es wäre ein Schritt von der Zwangsarbeit als bloßem Lebensmittel zur Arbeit als bestimmendem Lebensbedürfnis. Im übrigen entspräche das sogar der Uridee des auf eigene Arbeit gegründeten bürgerlichen Eigentums, einer freien Gemeinschaft von Privateigentümern, die keine unmittelbare Existenznot mehr haben. Seiner politischen Funktion nach sollte Eigentum, wie es im rationalen Naturrecht und dann in den Menschenrechtsdeklarationen geschichtlich normiert wurde, dem Bürger die Möglichkeit geben, sich unabhängig von allen materiellen Sorgen als politischer Bürger, als Citoyen, zu begreifen, der den Blick frei hat für die gemeinsamen Angelegenheiten der ganzen Gesellschaft. Bislang konnte er seine eigene Zeit für diesen gemeinschaftlichen Zweck verwenden, weil er im Besitz der objektiven Mittel war, über die Zeit anderer zu verfügen. Das wird in Zukunft nicht mehr notwendig sein.

Im Hintergrund dieses rationalen Naturrechts stand stets die Ideologie der Eigenleistung. Wenn nun Leistung nicht mehr der Maßstab für die Existenzsicherheit sein soll, welche Legitimationsgründe gibt es dann, daß auch der, der nicht arbeitet, essen solle, und zwar nicht aus karitativen Gründen, sondern weil er Rechtsansprüche darauf hat? Wie es die Friedensrichter 1795 im Speenhamland-Gesetz festgelegt hatten? Das Recht auf Lebensunterhalt gemäß dem jeweiligen Brotpreis? Irgendeine Äquivalenz zwischen Existenzeinkommen und Leistung muß es doch geben! wird der marktwirtschaftlich gebildete Mensch sagen. Selbst Marx beharrte darauf, daß das Recht der Produzenten ihren Arbeitslieferungen proportional sei und die Gleichheit darin bestünde, »daß an gleichem Maßstab der Arbeit gemessen wird«.[50] Er hatte einer höheren Phase der kommunistischen Gesellschaft vorbehalten, den engen bürgerlichen Rechtshorizont ganz zu überschreiten und der Gesellschaft zu erlauben, auf ihre Fahnen zu schreiben: Jeder nach seinen Fähigkeiten, jedem nach seinen Bedürfnissen! So weit ist es bei weitem noch nicht, aber vielleicht hatte Marx, der so entschieden Gerechtigkeit auf Äquivalenz gründete, daß ihm Sklaverei nur auf der Basis kapitalistischer

Produktionsweise ungerecht erschien, »ebenso der Betrug auf die Qualität der Ware«, jenen Generationenvertrag im Auge, der nicht nur auf die Konzeption einer ökologischen Gesellschaft verweist, sondern auch darauf, daß aus vorgetaner Arbeit sehr wohl Rechte und Verpflichtungen begründbar sind, die nachfolgenden Generationen zugute kommen. Sind Pflichten in diesem Generationsvertrag enthalten, dann auch Rechte!

Würde man unsere Väter- und Urvätergenerationen befragen können, was sie, da sie selbst in den vollen Genuß ihrer Arbeit nicht mehr gekommen sind, mit den unendlichen Mühen und Anstrengungen, die ihnen die Arbeit bereitet hat, eigentlich bezwecken wollten, so hätten sie ganz zweifellos (wie eben gute Familienväter) geantwortet: Damit es uns Kindern und Kindeskindern besser gehe. Von der erdrückenden Masse der Menschen sind Vorleistungen erbracht worden an materiellem Reichtum, der sich angehäuft hat, an Wissenschaft und Technologie, von der wir heute kollektiv profitieren könnten wie von der gattungsgeschichtlichen Vorarbeit, die uns die fünf Sinne zur freien, das heißt sinnvollen Verfügung überlassen hat. Es wäre gewiß im Sinne der Arbeitsgenerationen vor uns, daß wir uns diese Reichtümer aneignen, daß wir ihre Erbschaft antreten und die Gewalt brechen, die sie mittlerweile über uns erlangt hat, um sie der bewußten Kontrolle unserer autonomen Zwecke zu unterwerfen. Die verstorbene Arbeit ist einmal lebendige Arbeitskraft gewesen, und Träger dieser lebendigen Arbeitskraft waren lebendige Menschen, in deren Generationenfolge wir stehen. So liegt es nahe, neue Kriterien für Recht und Moral zu entwickeln. Solange Moral entweder auf Gewissensentscheidungen oder in vorgegebenen Wertordnungen verankert ist, hat sie ihre eigene Begründungslogik. Alle diese vorgegebenen, nicht durch Gesellschaft vermittelten Maßstäbe sind fragwürdig geworden. Ontologische Wertordnungen, Religionen, Philosophie, Naturrecht haben ihre Selbstverständlichkeit als Legitimationsgründe von Verhalten verloren.

Geht man vom gegenwärtigen Stand des Bewußtseins und der gesellschaftlichen Dynamik aus, so muß die Leitnorm, von der aus entschieden werden kann, was moralisch und was unmoralisch, was gerecht und was ungerecht ist, aus der Gesellschaft selbst heraus formuliert werden. Für diese Leitnorm scheint mir die Kategorie der objektiven Möglichkeit entscheidend zu sein. Im Unterschied zu bloß subjektiven Wunschvorstellungen bezeichnet objektive Möglichkeit gleichzeitig den Umkreis von Mitteln, die produziert werden und verfügbar sind, um emanzipatorische Ziele zu realisieren. Das bedeutet mit anderen Worten: Es ist der objektive Reichtum der Gesellschaft, an dem zu messen ist, was gerecht und ungerecht, was geschichtlich wirksam und Geschichtsverbrechen, was moralisch und unmoralisch ist. In allen diesen Verhältnissen geht es ausschließlich um Verantwortungsethik, um die Folgen des eigenen Verhaltens und Unterlassens. In einer Gesellschaft, in der der Reichtum an Gütern, an wissenschaftlicher Erkenntnis, an Möglichkeiten zur subjektiven Durchschauung von Abhängigkeiten ein solches Maß angenommen hat, daß dieser objektiv verfügbare Reichtum selbst zu einem Problem geworden ist, sind Herrschaft und Unterdrückung Geschichtsverbrechen und unmoralisch. In einer Gesellschaft, in der eine Krankheit wie Krebs heilbar wäre, wenn sich auf deren Heilung ähnliche Mittel konzentrieren würden wie auf jeden beliebigen anderen Bereich, zum Beispiel die Entwicklung eines neuen Flugzeugtyps oder eines Autos, ist die Tatsache, daß Menschen an Krebs sterben müssen, ein Verstoß gegen die moralischen Prinzipien dieser Gesellschaft. Jede Form der Behinderung von Autonomie und Selbstbestimmung unter Verhältnissen, in denen die objektiven und subjektiven Mittel für Selbstbestimmung vorhanden sind, verstößt gegen moralisch immanente Normen dieser Gesellschaft. Der Reichtum ist nichts Jenseitiges mehr, sondern ist erfahrbar geworden, anschaulich. So sind Zerstörungen von Körper, Seele und Lebenswelt Elemente, die wir auch unter dem Gesichtspunkt der Moral sehen müssen, um sie nicht einfach als Geschehnisse hinzunehmen, gegen die wir nichts tun können.

Aber diese moralische Leitnorm, die als Zweck die Herstellung der gesellschaftlichen Autonomie der Menschen hat, läßt sich nicht nur auf einzelne Länder beziehen, sondern hat das zur Grundlage, was sich als Weltgesellschaft selbst hergestellt hat. Zweifellos ist das nicht nur eine Frage der gerechten Verteilung, sondern vor allem auch eine Frage der spezifischen Produktion gesellschaftlicher Lebensprozesse. Wie sehr heute Politik, Moral und Geschichte miteinander verknüpft sind, zeigt sich an einem fast vergessenen Beispiel der jüngsten Geschichte. Der moralische Widerstand gegen den Krieg in Vietnam wurde von den sogenannten Realpolitikern der westlichen Welt als irrational und unrealistisch betrachtet. Gemessen an der gewaltigen Macht, die hinter diesem Krieg stand, hatte das auch den Anschein des Realitätsgerechten für sich. Tatsächlich hat sich aber gezeigt, daß der moralische Widerstand gegen den Krieg in Vietnam politisch und geschichtlich gerechtfertigt war, während sich die Realpolitik als irrational und unmoralisch erwies. Die Realpolitiker waren gezwungen, diesen unmoralischen Krieg zu beenden, und ein »Realist« wie der damalige Verteidigungsminister McNamara gestand nach über dreißig Jahren, daß dieser Krieg ein Fehler, ja ein Verbrechen gewesen sei. Ähnliches läßt sich auch in bezug auf Verhältnisse sagen, deren Macht gegenüber moralischer Protest heute als etwas Irrationales erschiene. Das würde jedoch einen Begriff von Politik voraussetzen, der von Emanzipation und Moral nicht zu trennen ist.

Es wird heute immer schwieriger, das, was als »bloß moralisch« und »utopisch« diskriminiert wird, eindeutig von dem zu unterscheiden, was als harte Realität auftritt und urplötzlich Spukgestalt annimmt, die bei Aufgehen der Sonne wie vom Boden verschwunden ist. Moral und Utopien haben eben Geltung innerhalb der objektiven Wirklichkeit, sind, als Inbegriff eines verbindlichen Sollens, nicht das ganz Andere ihr gegenüber. Der enttäuschte und deshalb ironisch gewordene Konservative Georg Quabbe hat einmal versucht, den Unterschied zwischen Utopie und Realpolitik auf deren inhaltslose Punkte zuzuspitzen: »Der Gegenpol der Utopie heißt Realpolitik. Sie, die uns umgibt, hat den beträchtlichen Vorzug vor der Utopie, daß sie in der Tat existiert, aber es ist auch ihr einziger. Die vielen Utopien ... haben den ungeheuren Fehler, daß sie nie ins Leben getreten sind: aber es ist auch ihr einziger Fehler.«[51]

Im Zusammenhang seiner Moralphilosophie konstatierte Kant, er könne das Vermögen der Freiheit nicht beweisen. Es gebe Anzeichen dafür, daß der Mensch sich anders verhalten könne als aus der Kausalität gegebener Verhältnisse heraus. Was die Natur mit diesem Vermögen der Freiheit beabsichtige, könne man nicht wissen. Da die Natur aber den Menschen ein moralisches Vermögen offenkundig gegeben habe und sie im allgemeinen nichts völlig Nutzloses tue, liege die Vermutung nahe, daß sich der Mensch auch moralisch verhalten solle.[52] Nimmt man diesen Gedanken auf und überträgt ihn auf die Gesellschaft, so folgt aus der Tatsache, daß die Gesellschaft die objektive Möglichkeit zur Emanzipation der Menschen enthält, die Norm, daß er sich durch Eingriff in die Verhältnisse auch emanzipieren solle. Dieses Sollen entspringt der Notwendigkeit, die gesellschaftlichen Fähigkeiten, die die Menschen entwickelt haben, auch in der Realität zu betätigen und sich dadurch überhaupt erst als Mensch zu anderen Menschen und den Dingen gegenüber zu verhalten.

Eine Umwichtung von Arbeit, die überwiegend auf Güterproduktion gerichtet ist, zu vielfältigen Arbeitsformen, die ihren Sinn in der politischen und kulturellen Regulierung der gesellschaftlichen Angelegenheiten haben, ist von so zentraler Bedeutung für den demokratischen Bestand einer hochindustrialisierten Gesellschaft, daß es erstaunlich ist, wie wenig öffentliche Aufmerksamkeit dieser Seite des Arbeitszeitproblems bisher zukam. Dieser politische Aspekt der Arbeitszeitverkürzung wurde bisher wohl am stärksten vernachlässigt. Wenn ich hier so viel über lebendige Arbeit ausgeführt habe, die zu schützen, zu entfalten und in ihren erweiterten Tätigkeitsmöglichkeiten zu erhalten wesentliche Aufgabe eines demokratischen Gemeinwesens sein müßte, dann aus der Überzeugung heraus, daß ich mir eine Demokratie ohne Demokraten, das heißt ohne Selbstbestimmung der Menschen in ihren eigenen Angelegenheiten, als dauerhaftes Gemeinwesen nicht vorstellen kann.

Klassenkonflikte der herkömmlichen Art prägen zwar nach wie vor das gesellschaftliche Leben; aber sie werden von einer Kampflinie durchkreuzt und überlagert, die es immer auch gegeben hat, die jedoch in ihren zugespitzten Widersprüchen und in der Vielfalt ihrer politischen Artikulation durchaus neuartig ist: dem Kampf der lebendigen Arbeit gegen die Übermacht der toten, in der gesellschaftlichen Maschinerie vergegenständlichten Arbeit. Die Zahl der Menschen wird größer, die mit dem Protest gegen die Enteignung ihrer lebendigen Arbeitskraft gleichzeitig ihr Leben verteidigen.

Nun trifft sicherlich zu, daß in den Apparaten und Maschinensystemen, die unserer Kontrolle entglitten sind und sich zu einer gesellschaftlichen Gewalt eigener Art zusammengebraut haben, selbst Gegenkräfte lebendiger Arbeit entstehen, manchmal aus rein technischen Erfordernissen heraus, weil in hochkomplexen Systemen Beweglichkeit des Denkens und Initiative selbst unter funktionalen Gesichtspunkten notwendig sind. Iring Fetscher hat ganz recht, wenn er diese Seite der Produktivkraftentwicklung hervorhebt: »Es ist zumindest denkbar, daß die Utopie in dem Maße an Boden gewinnt, wie das Interesse am technologischen Fortschritt die Industriegesellschaften dazu zwingt, schöpferisches Denken zu fördern und damit auch kritisches Potential zu erzeugen. Zumindest erweist es sich als ein Problem von zunehmender Schwere, wie es möglich sein soll, immer höhere und massenhaftere Fachqualifikationen zu produzieren, ohne zugleich – als ungewolltes Nebenprodukt höherer Bildung, längerer Freizeit, billigerer Informationsquellen, leichterer Kommunikation – damit Widerstand, Kritik und Auflehnung zu verstärken.«[53]

Es wäre jedoch eine Illusion, davon auszugehen, daß sich diese ungewollten Nebenfolgen des Systems, die gleichsam subversiv sich bildenden politischen Qualifikationen, ohne weiteres gesellschaftlich durchsetzen werden. Selbst im Bündnis mit der zusammenschließenden Motivationskraft des utopischen Bewußtseins wird sich die Erwartung, daß das Reich der Freiheit den Menschen eines Tages wie eine reife Frucht vom Baum des bestehenden Herrschaftssystems zufällt, nicht erfüllen. Deshalb halte ich Alternativentwürfe, die sich gleichsam feinfühlig von den schmutzig-beschwerlichen Verhältnissen des Kapitalismus fernhalten und im selbstsicheren Gefühl moralischer Überlegenheit auftreten, für nutzlos und für Selbstillusion. Die Zeit- und Arbeitsutopien, die kollektiven Befreiungshoffnungen müssen an den widrigen Verhältnissen erprobt werden. Die Periode sozialer und politischer Kämpfe, die uns bevorsteht, wird Arbeit und Gewalt zu ihren Grundthemen haben. Und wie die schlichte Leugnung von Entfremdung unter Verhältnissen, in denen auch nur ein einziger Mensch unterdrückt, entwürdigt und ausgebeutet wird, ein unverkennbares Zeichen für die Fortexistenz von Entfremdung ist, so ist das Wegsehen von der Gewalt, die den Menschen angetan wird, ein Element ihrer Legitimation.

Herrschaftsverhältnisse lösen sich nicht von alleine auf, und je entschiedener sie bedroht sind, desto offener kehren sie ihre Gewaltseite hervor. Das Bewußtsein davon öffentlich zu machen, und zwar in den Bereichen, in denen besondere Gefahren für die Integrität der Menschen bestehen, gehört zu den wichtigsten Aufgaben einer wissenschaftlichen Arbeit, die sich dem erkenntnisleitenden Interesse von Emanzipation verpflichtet fühlt. Sie ist kein Ersatz für Politik, aber ohne sie verliert politisches Handeln das geschichtliche Zielbewußtsein und damit das Urteilsvermögen für die Veränderungsgeschwindigkeit von Machtverhältnissen.

In diesem Sinne begreife ich Soziologie, die beflissene Dienstbotenleistungen für verdoppelte Realität verweigert, als Möglichkeitswissenschaft, die ihr Erkenntnisinteresse auf zwei Dinge konzentriert: zum einen auf das, was in der Wirklichkeit als eine bessere Möglichkeit angelegt ist, was an utopischen Motivationen auf eine gerechtere und befriedigendere Ordnung der Verhältnisse hinarbeitet, aber noch der öffentlichen Kenntnis und Anerkennung entzogen ist; zum anderen auf das, was geeignet ist, die Befreiungshoffnungen der Menschen immer wieder zu durchkreuzen und dort, wo sich autonome Gebiete der Selbstorganisation gebildet haben, mit Gewalteingriffen wieder »Ordnung« zu schaffen. Läßt sich kritische Sozialwissenschaft auf diese extreme Spannung ein, so wird sie davor geschützt sein, die Wirklichkeit, wie sie besteht, zu verzerren oder zu verkürzen. Als Antonio Gramsci einmal gefragt wurde, wie er seine Einstellung zur Wirklichkeit verstehe, ob er pessimistisch oder optimistisch sei, antwortete er: In der Theorie bin ich Pessimist, in der Praxis Optimist. Damit benennt er eine andere Perspektive desselben Problems. Die Wissenschaft hat kein Recht, die ungünstigsten Entwicklungsmöglichkeiten auszuschließen, aber ohne ein Moment von überschüssigem Optimismus gehen alle Motive für die praktische Veränderung der Verhältnisse verloren.

Die Vergrößerung der Existenzängste durch den rigorosen Abbau sozialer Errungenschaften führt, wie die Aufspaltung der Gesellschaft in zwei gegeneinander abgedichtete Realitäten zeigt, nicht nur zum massenhaften Verschleiß lebendiger Arbeitskraft, sondern beschleunigt auch das Anwachsen neuer Grauzonen von Menschenrechtsverletzungen und die Einschränkung demokratischer Selbst- und Mitbestimmungsrechte. Der Kampf der organisierten lebendigen Arbeitskraft gegen die Maschinenwelt als Produktionsverhältnis kann nicht gelingen, wenn wir uns die Arroganz der ohnmächtigen, aber prinzipientreuen Moralisten leisten. Denn dieser Kampf, der sich theoretisch und als Programm so einfach und rückhaltlos fordern läßt, ist viel verschachtelter und langwieriger, als sich dem ungeduldigen Zukunftswillen der Menschen und der Selbstvergewisserung ihres konkret-utopischen Bewußtseins entnehmen läßt.

Jeder Schritt technologischer Entwicklung, der nicht bewußt auf kollektive Zweckbestimmungen ausgerichtet ist, hat aus sich heraus nur die Tendenz, das feingliedrige System struktureller Gewalt zu vergrößern und kurzfristige Erfolge in langfristige Niederlagen zu verwandeln. Und wie Kant einmal davon gesprochen hat, daß das Bedürfnis nach Gott kein Beweis seiner Existenz ist, so muß daran festgehalten werden, daß auch der höchste Intensitätsgrad von Gefühlen und Bedürfnissen, mit dem eine neue Gesellschaft herbeigesehnt wird, kein Beweis dafür ist, daß sie kommen muß und kommen wird. Die Geschichte gleicht eher einem Trümmerfeld zerstörter und umgebogener Hoffnungen als einer kontinuierlichen Zeitfolge projektierter und erweiterter menschlicher Sinngehalte; sie ist, wie Geschichtsphilosophen mit Recht hervorheben, nicht der Boden des Glücks gewesen. Aber wir müssen an einem Gebäude arbeiten, in dem sinnverstehendes Handeln und Kulturzwecke beheimatet sind.

6. Die Wunde Auschwitz

In Deutschland wird man über Kultur kaum reden können, ohne sich zuvor der politischen Spannung, die dieser Begriff nahelegt, vergewissert zu haben; denn in keinem anderen Land der westlichen Welt ist Kultur derart mit Hypotheken belastet, die immer noch nicht abgetragen sind. Es geht also nicht nur um das veränderte Beziehungsverhältnis zwischen Arbeit und Kultur, darum, Verlorengegangenes, Verdrängtes und Vergessenes wieder bewußtzumachen und neue Akzente zu setzen. Auch die innere Zusammensetzung dieser Begriffe selbst und der Sachverhalte, auf die sie verweisen, fordert eine kritische Neubewertung. Wer mit dem Arbeitsbegriff und dem Begriff der Kultur so umgeht, als könnte man hier Selbstverständliches nur neu miteinander kombinieren, verfehlt die konkrete politische Dimension, ohne deren Erkenntnis praktische Veränderungen auf der Ebene von Absichtserklärungen und Deklarationen bleiben. Die Neukonstituierung von Arbeiterkultur, von kulturellen Produktions- und Ausdrucksformen, die gesellschaftliche Arbeit nicht ausgliedern, sondern als eines ihrer Bewegungselemente aufnehmen, bleibt solange in der Krise von Anfängen stecken, wie die Schwerkraft der eigenen unaufgearbeiteten Geschichte wirksam bleibt.

Auschwitz ist auch für die Arbeiterbewegung der unverrückbare Ort eines Geschehens, das allen Begriffen, die seitdem gebraucht worden sind, die politische Unschuld nimmt. Die Parole »Arbeit macht frei« an den Höllentoren zu den Konzentrationslagern verhöhnte ja nicht nur die Opfer in unglaublicher Weise, sondern macht es uns auch schwer, den Arbeitsbegriff aus seinen tödlichen und entwürdigenden Umklammerungen zu lösen. Jeder verharmlosende oder gar ästhetisierende Gebrauch des historisch bestimmten und ausgefüllten Begriffs verbietet sich seitdem.

Mit den Tätern, die in Auschwitz und anderen Konzentrationslagern hausten, hat die Arbeiterbewegung gewiß nichts zu tun. So kann der Eindruck entstehen, als wäre die Rebarbarisierung der Gesellschaft, der absolute Zerfall der bürgerlichen Kultur, im wesentlichen eine Angelegenheit der herrschenden Klassen und der Mitläufer aus dem Kleinbürgertum und der Arbeiterklasse gewesen. Die anklagende Selbstreflexion, in der am Erbe großer bürgerlicher Kultur festgehalten und gleichwohl der epochale Absturz zivilisatorischer Errungenschaften durch Auschwitz benannt wird, findet sich hauptsächlich bei jenen kritischen Intellektuellen, die dem Fortschrittsoptimismus der Arbeiterbewegung und der mit bloßen Arbeitsparolen agitierenden Gesellschaftssysteme seit je mit Skepsis begegnet sind. Der Ausspruch eines früheren kommunistischen Reichstagsabgeordneten, »Nach Hitler kommen wir!«, kennzeichnet Grundeinstellungen der Sozialdemokraten, die sich auf die Zeit nach der Katastrophe orientierten. Aber daß die mächtige deutsche Arbeiterbewegung Auschwitz nicht verhindern konnte, ist und bleibt auch für den demokratischen Sozialismus eine Wunde, die nur schwer verheilt.

Um einen neuen Zugang zur problematischen Beziehung zwischen Arbeit und Kultur zu gewinnen, muß man einen größeren geschichtlichen Bogen schlagen und sich zunächst auf die Konstitutionselemente von Kultur einlassen. Dabei liegen alle wesentlichen Probleme in den Grenzbestimmungen, in den Zwischenwelten von Geist und Politik. Die Goebbelssche Drohung »Wenn ich Kultur höre, entsichere ich meinen Revolver« zielt mit der Sicherheit von Machtinstinkten auf ein Wesentliches der Kultur. Unter Kulturbolschewismus verstanden die Nazis eben jene kulturelle Tätigkeit, für die eingreifende und eigensinnige Kritik des Bestehenden charakteristisch ist, Kultur also als »Ferment der Dekomposition« (so nannte es der pietistische Mystiker Friedrich Christoph Oetinger), als Kraft zur Denunziation von Herrschaft. Wo sich Kultur dagegen aus der Wirklichkeit zurückgezogen hatte, in ein Reich »machtgeschützter Innerlichkeit«, wie Thomas Mann diese Distanz zum gesellschaftlichen Handgemenge bezeichnete, da konnte die nationalsozialistische Kulturpolitik durchaus Toleranz gegenüber dem Wahren, Guten und Schönen zeigen. Die ghettoisierte bürgerliche Kultur war so wenig gefährlich wie die in Ghettos und Lagern eingesperrten Menschen; Ghettoisierung und Identifikation sind zwei sich ergänzende Mechanismen, die jenes Spannungsgefüge zwischen Idee und Wirklichkeit zerstören, von dem lebendige Kultur zehrt.

So tief hat Auschwitz die herkömmlichen Bewertungen der Kultur berührt und in Frage gestellt, daß über Jahrzehnte hinweg die gesamte Kulturdebatte selbst der kritischen Linken davon mitgeprägt war. Benjamin, Adorno, Bloch und Marcuse sprachen der Erbschaft der bürgerlichen Kultur eine Eigenbedeutung zu, obwohl sie sich dessen bewußt waren, daß nach Auschwitz selbst das Schreiben eines Gedichts seine politische und moralische Unschuld verloren hat und daß es niemals, wie Benjamin es ausdrückt, ein Dokument der Kultur gegeben hat, ohne zugleich ein solches der Barbarei zu sein. Schriftsteller wie Bertolt Brecht gingen einen ganz anderen Weg. Für Brecht gewinnt bürgerliche Kultur nur in dem Maße aktuellen gegenwärtigen Wahrheitsgehalt, wie sie auf der Basis der neuentwickelten proletarischen Produktionsformen von den Schatten ihrer barbarischen Herkunft befreit ist. Das Proletariat als Hoffnungsträger einer neuen Kultur ist die lebendige Kraft, welche einzig und allein imstande ist, den Wahrheitsgehalt der vergangenen Kultur einzubringen.

Ein anderes Verhältnis von Arbeit und Arbeiter zur Kultur kann Brecht sich überhaupt nicht vorstellen, und deshalb irritiert ihn, welche Gedanken sich die Vertreter der Frankfurter Schule über die Rettung der Kultur machen. Eine Tagebuchaufzeichnung vom 22. August 1942 zeigt sein Unverständnis gegenüber der Kulturkritik der Frankfurter und macht zugleich deutlich, worin er selbst die kritische Verarbeitung der bürgerlichen Kultur sieht. »22.8.42. bei den frankfurtisten. reichenbach ist besorgt wie alle sozialdemokraten, daß das ›erbe‹ auch unbeschädigt in die klassenlose gesellschaft geborgen werden kann. die rettung der kulturgüter hält ihn schlaflos, während sie mich einschläfert. vergeblich wird ihm erklärt, daß die kulturgüter dieselbe funktion bekommen haben wie alle andern güter, nämlich warencharakter angenommen haben. die beethovensymphonie unterwirft den proletarier lediglich der übrigen ›kultur‹, welche für ihn eine barbarei ist. natürlich werden nur die künste gerettet, die an der rettung der menschheit sich beteiligen. die kultur muß ihren gütercharakter aufgeben, um kultur zu werden. ›aber wie kann das verständnis für kunst bewahrt bleiben?‹ die künste bewahren (produzieren) es. die schönbergsche musik macht die beethovensche verständlich. die proletarier müssen zusammen mit der gesamten produktion eben auch die künstlerische von den fesseln befreien.«[54]

Brecht scheint nicht ganz unbeeinflußt vom Ressentiment des bürgerlichen Intellektuellen, der sich der kommunistischen Bewegung angeschlossen hat und sich von der Existenzweise des freischwebenden Intellektuellen durch demonstrative Parteilichkeit befreit wähnt. Seine Tagebuchbemerkung muß in voller Erkenntnis des Grauens von Auschwitz anders gelesen werden als in einer Zeit, in der eine proletarische Beendigung des faschistischen Alptraums noch denkbar schien. Die allgemeinen Feststellungen von Brecht sind zutreffend: Daß die Kulturgüter, als die sie verräterischerweise bezeichnet werden, wie normale Tauschprodukte des Alltags Warencharakter angenommen haben, ist ebensowenig zu bestreiten wie der Anspruch, das bürgerliche Erbe durch Neuproduktion zu einer Gegenwartskraft zu verlebendigen. Brecht übersieht aber zweierlei: Zum einen drückt auch die in Warenform gepreßte und für heteronome, fremdartige Interessen funktionalisierte bürgerliche Kultur in ihrem Wahrheitsgehalt mehr aus, als die aktuelle pragmatische Unwahrheit erkennen läßt. Von Brecht stammt ja der Begriff der »Umfunktionierung«, der in der Bewegung von 68 eine so zentrale Bedeutung gewinnen sollte und dem zufolge der Mißbrauch bürgerlicher Kultur ihren inneren Wahrheitsgehalt nie völlig auszuschöpfen vermag. In diesem Punkt sind sich Brecht und Adorno einig, obwohl ihr Denken ganz verschiedener Herkunft ist.

Viel schwieriger und komplizierter zu lösen ist der zweite Punkt. Was geschieht mit der bürgerlichen Kultur, wenn die Proletarier mit der gesamten Produktion nicht auch die Klassenfesseln der künstlerischen Produktion lockern können? Was geschieht mit den Beethoven-Symphonien, wenn die Schönbergsche Musik noch nicht einmal von den Proletariern verstanden wird? Brecht denkt doch zu sehr in Stufenfolgen einer substantiellen Kultur, von der eine die andere ablöst. Und nur wenn eine substantielle proletarische Kultur entsteht, können die Wahrheitsgehalte der vergangenen bürgerlichen Kultur aufbewahrt werden. Für Adorno ist das Problem grundsätzlicher, greift also über die bestehenden Klassenstrukturen und deren möglichen Wandel hinaus. Vielleicht ist das ein wesentliches Merkmal der Geschichte des zwanzigsten Jahrhunderts, daß die Klassengesellschaften nicht aufgehoben wurden und gleichwohl nicht alle lebenswichtigen Probleme lediglich Klassenprobleme sind.

Eins dieser unverwechselbaren, in keinem kulturellen Kontext als Entlastung begründbaren Probleme ist Auschwitz. Adorno hat Auschwitz gerade deshalb als ein geschichtlich fundamentales Problem begriffen, weil er sich weigert, es den proportionalen Beziehungen der modernen Geschichte zu opfern. Die Relativierungsversuche liegen vor dem Historikerstreit und sind, wie Walsers Rede in der Paulskirche zeigt, auch heute noch nicht beendet. Bereits im »Gruppenexperiment« des Frankfurter Instituts für Sozialforschung im Jahre 1950/51, das unter anderem die Nachwirkungen des Antisemitismus untersuchte, hatten Entlastungen der Art, daß die Konzentrationslager ja von den Engländern in Südafrika erfunden worden seien, zentrale Bedeutung. Schuld und Abwehr sind sozialpsychologisch aufs engste miteinander verknüpft.

So radikal wie Adorno hat niemand die politisch-moralischen Folgen von Auschwitz durchdacht. Seine »Negative Dialektik«, die 1966 erschien, denunziert die Fassade einer geschichtlichen Normalisierung, die ungeduldig zur Tagesordnung drängt, sich aus den emotionalen Verwirrungen der Vergangenheit lösen möchte und deshalb bereit ist, die moralische und politische Hypothek Auschwitz zu tilgen. »Hitler hat den Menschen im Stande ihrer Unfreiheit einen neuen kategorischen Imperativ aufgezwungen: ihr Denken und Handeln so einzurichten, daß Auschwitz nicht sich wiederhole, nichts Ähnliches geschehe. Dieser Imperativ ist so widerspenstig gegen seine Begründung wie einst die Gegebenheit des Kantischen. Ihn diskursiv zu behandeln, wäre Frevel: an ihm läßt leibhaft das Moment des Hinzutretens am Sittlichen sich fühlen. Leibhaft, weil es der praktisch gewordene Abscheu vor dem unerträglichen physischen Schmerz ist, dem die Individuen ausgesetzt sind, auch nachdem Individualität, als geistige Reflexionsform, zu verschwinden sich anschickt. Nur im ungeschminkt materialistischen Motiv überlebt Moral.«[55] Es wäre nun zu einfach, die Tatsache, daß Auschwitz die Ohnmacht der traditionellen Kultur dokumentierte und vielleicht sogar etwas von dem enthüllte, was immer schon in ihr enthalten war, als Aufforderung zur Liquidation dieses kulturellen Erbes zu verstehen. Adorno entwickelt dagegen den Gedanken, daß nach Auschwitz zwar die Aureole der Kultur, die in ihr gesetzte Absolutheit des Geistes, ihre moralische und politische Unschuld verlorengegangen ist, daß aber gerade der neue Imperativ, daß Auschwitz nicht wiederkehre, einen radikalen Bruch mit dem Kulturerbe ausschließt, weil niemand aus dem Kulturzusammenhang einfach herausspringen kann. Abschaffung der mißlungenen Kultur auf der einen Seite und so zu tun, also ob überhaupt nichts geschehen wäre und das Erbe keinen Schaden erlitten hätte andererseits – diese beiden falschen Umgangsweisen mit der Kultur ergänzen sich. Der Widerspruch, in den sich jeder verwickelt, der heute über Kultur ernsthaft zu reden beginnt, ist unvermeidlich und nur durch eine Neubesinnung über das veränderte Wesen von Kultur lösbar. »Wer für Erhaltung der radikal schuldigen und schäbigen Kultur plädiert, macht sich zum Helfershelfer, während, wer der Kultur sich verweigert, unmittelbar die Barbarei befördert, als welche die Kultur sich enthüllte. Nicht einmal Schweigen kommt aus dem Zirkel heraus; es rationalisiert einzig die eigene subjektive Unfähigkeit mit dem Stand der objektiven Wahrheit und entwürdigt dadurch diese abermals zur Lüge.«[56]

Wofür steht also Auschwitz, wenn vom gebrochenen Beziehungsverhältnis von Arbeit und Kultur die Rede ist? Auschwitz steht, als blutgetränkte Wirklichkeit ebenso wie als mahnendes Symbol, für einen geschichtlich beispiellosen Verwaltungsmassenmord eines verbrecherischen Staates, der auf Rassenvorurteilen und Vernichtungsphantasien gegenüber Menschen mit eigener religiöser, kultureller und politischer Gesinnung beruhte. Diese Menschenvernichtungsfabrik steht für den Absturz eines ursprünglich als zivilisiert angesehenen Volkes in die Barbarei. Über sechs Millionen Juden sind ermordet worden, Sozialdemokraten, Christen, Kommunisten, Zigeuner, Homosexuelle, wer kann sie alle aufzählen?

Auschwitz ist und bleibt eine Wunde am historischen Körper Deutschlands. Und wer immer sich daran zu rühren traut und sie für Legitimationen ganz anderer Art zu verwenden beabsichtigt, ist in Gefahr, auf Abwege zu geraten und sich in den Proportionen zu vergreifen. Martin Walsers Paulskirchenrede über die, wie er es ausdrückt, »unerträgliche Dauerrepräsentation unserer Schande in der medialen Öffentlichkeit«, die das Wegschauen, Vergessen und Weghören verständlich machen und begründen sollte, gehört in diesen Mißbrauchszusammenhang. Denn Walsers Absicht war erkennbar darauf gerichtet, anhand von Auschwitz die Medienöffentlichkeit einer fundamentalen Kritik zu unterwerfen. Aber in jüngster Zeit sind auch ganz andere Instrumentalisierungsmuster aufgetaucht, so beim Schutz von Bürger- und Menschenrechten durch Kriegsintervention. Ein prominenter Politiker der Grünen hat den umstrittenen Bombeneinsatz der NATO in Jugoslawien mit jenem durch geschichtliche Erfahrung gehärteten kategorischen Imperativ in Zusammenhang gebracht: »Nie wieder Auschwitz« sei die historische Mahnung, einen Völkermord oder eine Politik, die dorthin führt, nicht zu akzeptieren. Unabhängig davon, ob die Ereignisse in Jugoslawien tatsächlich eine Militäraktion rechtfertigen, haben Überlebende des Holocaust und Demokraten parteiübergreifend Einspruch gegen diese Verwendung von Auschwitz erhoben, weil die Auschwitz-Analogie den einzigartigen Massenmord zu verharmlosen droht.

Wie aber kann man mit Auschwitz umgehen und sich gegen vielfältigen Verdacht von Verzerrung und Mißbrauch schützen, ohne in die Lage zu geraten, aus Angst vor Fehlern das Thema öffentlich überhaupt nicht mehr anzufassen? Wir sollten noch einmal auf Überlegungen schauen, die Gesellschaftsphilosophen wie Theodor W. Adorno mit dem Problem der Aufarbeitung und mit Auschwitz verknüpften.

Das Entsetzliche darf nicht vergessen werden. Das ist eine Bedingung dafür, daß es sich nicht wiederholt, aber keine hinreichende Bedingung. Der erinnernde Blick in die Vergangenheit kann nicht, wie Walter Benjamin betonte, ein auf die vergangenen Trümmer fixierter und erstarrter Blick bleiben. Es muß gleichzeitig Kraft frei werden, die sich auf Gestaltung des Gegenwärtigen richtet.

Die Ausbreitung der sozialen Kälte ist nach Adorno eine der wesentlichen Entstehungsbedingungen für Auschwitz; immer wieder spricht er von der sozialen Kälte, von der »Kälte der gesellschaftlichen Monade, des isolierten Konkurrenten«, welche als »Indifferenz gegen das Schicksal der anderen die Voraussetzung dafür (ist), daß nur ganz wenige sich regten«.[57] Das hätten die Folterknechte gewußt und bei jedem Akt ihrer Grausamkeit erneut die Probe darauf gemacht. »Ich sagte, jene Menschen seien in einer besonderen Weise kalt. Wohl sind ein paar Worte über Kälte überhaupt erlaubt. Wäre sie nicht ein Grundzug der Anthropologie, also der Beschaffenheit der Menschen, wie sie in unserer Gesellschaft tatsächlich sind; wären sie also nicht zutiefst gleichgültig gegen das, was mit allen anderen geschieht außer den paar, mit denen sie eng und womöglich durch handgreifliche Interessen verbunden sind, so wäre Auschwitz nicht möglich gewesen, die Menschen hätten es dann nicht hingenommen. Die Gesellschaft in ihrer gegenwärtigen Gestalt – und wohl seit Jahrtausenden – beruht nicht, wie seit Aristoteles ideologisch unterstellt wurde, auf Anziehung, auf Attraktion, sondern auf der Verfolgung des je eigenen Interesses gegen die Interessen aller anderen. Das hat im Charakter der Menschen bis in ihr Innerstes hinein sich niedergeschlagen. Was dem widerspricht, der Herdentrieb der sogenannten lonely crowd, der einsamen Menge, ist eine Reaktion darauf, ein Sich-Zusammenrotten von Erkalteten, die die eigene Kälte nicht ertragen, aber auch nicht ändern können. Jeder Mensch heute, ohne jede Ausnahme, fühlt sich zuwenig geliebt, weil jeder zuwenig lieben kann. Unfähigkeit zur Identifikation war fraglos die wichtigste psychologische Bedingung dafür, daß so etwas wie Auschwitz sich inmitten von einigermaßen gesitteten und harmlosen Menschen hat abspielen können. Was man so ›Mitläufertum‹ nennt, war primär Geschäftsinteresse: daß man seinen eigenen Vorteil vor allem anderen wahrnimmt und, um nur ja nicht sich zu gefährden, sich nicht den Mund verbrennt. Das ist ein allgemeines Gesetz des Bestehenden. Das Schweigen unter dem Terror war nur dessen Konsequenz.«[58]

Der absolute Verlust der Zwecke und die Fetischisierung der technischen Mittel ermöglicht den Menschen – gerade in einem gesellschaftlichen Angstklima –, das Nachdenken über Endziele zu tilgen und sich von aller Verantwortung freizukaufen, indem man sich innerhalb der »wertfreien« technischen Verfahrensrationalität zu bewegen vorgibt. So beschreibt Hannah Arendt das Selbstverständnis von Adolf Eichmann, der als Transportingenieur von Todesfracht ein Prototyp war. Er sei doch nur für einen reibungslosen Verkehr verantwortlich gewesen, nicht für das, was mit dem menschlichen Frachtgut geschieht, lautete seine Entschuldigung.[59] Adorno spitzt diesen Gedanken zu und gibt ihm dadurch eine brennende Aktualität: »Keineswegs weiß man bestimmt, wie die Fetischisierung der Technik in der individuellen Psychologie der einzelnen Menschen sich durchsetzt, wo die Schwebe ist zwischen einem rationalen Verhältnis zu ihr und jener Überbewertung, die schließlich dazu führt, daß einer, der ein Zugsystem ausklügelt, das die Opfer möglichst schnell und reibungslos nach Auschwitz bringt, darüber vergißt, was in Auschwitz mit ihnen geschieht. Bei dem Typus, der zur Fetischisierung der Technik neigt, handelt es sich, schlicht gesagt, um Menschen, die nicht lieben können. Das ist nicht sentimental und nicht moralisierend gemeint, sondern bezeichnet die mangelnde libidinöse Beziehung zu anderen Personen. Sie sind durch und durch kalt. ... Was an Liebesfähigkeit in ihnen irgend überlebt, müssen sie an Mittel verwenden. ... (Ihre) Liebe wurde von Dingen, Maschinen als solchen absorbiert.«[60]

So ist Adornos Forderung, daß Auschwitz sich nicht wiederhole, zwar an die Erziehung gerichtet, aber bei weitem kein rein moralisches oder pädagogisches Postulat. Sie reicht in die Tiefenstrukturen der Gesellschaft und betrifft gleichzeitig die internen Subjektausstattungen. Es ist der Krieg in den Alltagsverhältnissen, der Menschen verroht und die Schwachen und Verlierer vernichtungswürdig macht. Deshalb ist das Gegenwartsverhalten gefordert, die Verhältnisse unseres gesellschaftlichen Lebens so zu entwickeln, daß die Menschen, möglichst von Not und Angst befreit, aktiv und urteilsfähig an der Gestaltung unseres Gemeinwesens teilnehmen. Die Beziehungskälte zwischen den Menschen und die Gleichgültigkeit gegenüber dem Gemeinwesen sind zwei Seiten derselben Sache. Wenn »Nie wieder Auschwitz!« nicht zu einer beliebig handhabbaren Phrase verkommen soll, dann müssen wir unseren Blick konzentriert auf die wirklichen Probleme unserer Gesellschaft richten, auf eine Menge von Krisenfeldern, die unbearbeitet liegenbleiben und in denen sich der Angstrohstoff ansammelt, der den fruchtbaren Boden von Vorurteil, Rassenhaß und Vernichtungsphantasien gegenüber Andersdenkenden zubereitet. Wenn wir die Verhältnisse menschlicher gestalten, den Wärmestrom in der Gesellschaft verbreitern, leisten wir damit einen Beitrag dafür, daß Auschwitz sich nicht wiederhole.

Das Veränderungsprogramm in dieser Richtung ist konkret. Krisenfelder wie die Massenarbeitslosigkeit enthalten viel sozialen Zündstoff. Sie sind geeignet für Angstreaktionen zum Beispiel junger Menschen, deren Orientierungsbedürfnisse vielfältig und energiegeladen sind. Wo die Suche nach einem Arbeitsplatz, der befriedigende Tätigkeit verspricht, ergebnislos bleibt, sind Kriminalität, Drogen, Rechtsradikalismus vorprogrammiert. In den neuen Bundesländern beträgt die Arbeitslosigkeit in Städten, Stadtteilen, ländlichen Bezirken, veröderten Regionen vielfach über 20 Prozent; die Jugendlichen können weder ihre Vergemeinschaftungsbedürfnisse befriedigen noch sich für das Gemeinwesen einsetzen, weil die engen Lebensverhältnisse zuviel an Balancearbeit verbrauchen – wen kann es da noch wundern, daß sie sich durch Bandenbildung und Verfolgung Schwächerer eigene Auswege schaffen? Hitler und die SA rekrutierten ihre Schlägerbanden aus diesen Bereichen gebrochener und zerstörter Biographien. Die Führer und Verführer leben von der Hoffnung der Hoffnungslosen; bei diesen treffen die großmäuligen Versprechen auf größte Resonanz.

Oder nehmen wir ein anderes sich zuspitzendes Krisenfeld. Die Entwicklung der Medizintechnologie hat einen Grad erreicht, daß herkömmliche Menschenbilder völlig außer Geltung zu kommen scheinen. Wer entscheidet über ein würdiges Leben und über einen würdigen Tod? Was ist überhaupt die neue Beziehung zwischen Technologie und Ethik? Wie weit können wir in die Bausteine unseres Lebens eingreifen, und wo sind die Normen, Verantwortungen und Barrieren, die uns verbindliche Grenzen im Experimentieren mit Erbsubstanzen setzen? Die Nazis hatten eine große Schwäche für Experimente im Menschenpark; und Züchtungen, die zu einer Umdefinition von Leben und Lebenswertem führen, spuken ja auch heute wieder in unserer Gesellschaft herum.[61] Wen wundert es dann, wenn sich Leute zusammentun, Schwarze, Fremde, Obdachlose zu jagen und zu töten, weil sich in ihnen die Idee vom Lebensunwerten wieder festgesetzt hat?

Bedingungen für soziale Kälte entwickeln sich nicht sprunghaft. Sie gedeihen und wachsen in einem bestimmten Klima allmählich, aber fortschreitend. Dagegen in Schulen, Familien, Hochschulen, in den Betrieben, durch Umorganisation der gesellschaftlichen Erwerbsarbeit und durch vernunftorientierte politische Interventionen etwas zu unternehmen, das erscheint mir unabdingbar zu sein. Denn in der Tat: »Nur im ungeschminkt materialistischen Motiv überlebt Moral«, sagt Adorno;[62] das gilt ebenso für Kultur. Sie überlebt nur, wenn sie sich auf die Schwerkraft materieller Lebensverhältnisse der Menschen einläßt. Das war Adornos Position im Umgang mit der immer wieder aufbrechenden Wunde Auschwitz, und diese Position ist in meinen Augen die einzige, die einen Mißbrauch von Auschwitz ausschließt.

Aber im gesellschaftlichen Betriebsklima eines mit Spaß und Spiel versetzten Kasinokapitalismus, in dem mit hohen Einsätzen spekuliert wird und die Zahl der auf Dauer Abgekoppelten und Ausgegrenzten zunimmt, scheint sich die politische Klasse von der Bearbeitungsnotwendigkeit dieser Krisenfelder meilenweit entfernt zu haben. Die organisierte Verantwortungslosigkeit der politischen Klasse ist der eigentliche moralische Skandal unserer Gesellschaft. Wer die gegenwärtigen Spiegelfechtereien um öffentliche Legitimationsprofite für eigenes Herrschaftsgebaren, das im Niveau praktisch täglich absackt, mit wachem Interesse verfolgt, wird keineswegs ermutigt. Die politisch unbearbeitet bleibenden Krisenfelder bergen große Gefahren für den solidarischen Zusammenhalt einer demokratischen Gesellschaft.

Es ist jedoch nicht sinnvoll, in Schwarzbüchern herumzublättern oder die Apokalypse zu beschwören und dabei die Gegenbewegungen in den Menschen selbst zu übersehen. Eine kritische Analyse unserer Gesellschaft muß auch das enthalten, was über sie hinausweist. Auschwitz kann Erkenntnismotiv und praktischer Anstoß sein, sich mit dem Gegebenen und den darin enthaltenen Konflikten nicht abzufinden, sondern daraus Kraft für einen praktischen Optimismus zu gewinnen, ohne den nichts, was die Verbesserung menschlicher Lebensbedingungen und die Humanisierung der Gesellschaft betrifft, gelingen kann.

7. Kultur als Ackerbau der gesellschaftlichen Sinne

Daß bürgerliche Kultur Auschwitz nicht verhindern konnte, mag kein besonderes Erstaunen hervorrufen; jedenfalls konnte die Linke aller Variationen ihre ganze kritische Energie auf diesen Selbstentlarvungsprozeß der bürgerlichen Kultur konzentrieren und sich mit einem hohen Maß an Selbstzufriedenheit in Distanz zu dieser Kultur und ihren uneingelösten Wahrheits- und Freiheitsversprechen halten. Diese Form linker Kritik war jedoch ebenfalls zutiefst in Selbstillusionen befangen, denn sie trug nichts zur gesellschaftlichen Umgestaltung bei. Wesentliche Kraftquellen zur Humanisierung der Verhältnisse bestehen in der Substanzanreicherung der Kultur durch die Aufwertung vielfältiger lebendiger Arbeit, was auch in der Theorie Ausdruck finden muß.

Zu den prekärsten Punkten der Kultur gehört ihr spezifisches Verhältnis zur Arbeit. Arbeit ist der Schatten, den Kultur weder hinter sich lassen und vergessen konnte noch produktiv zu verwenden vermochte. Kultur scheint die in der Idee gewendete und aufgehobene Not der realen Lebensverhältnisse zu sein, die mit der Mühsal, der Entfremdung, also dem ganzen System gesellschaftlicher Arbeit verknüpft ist. Dieses gebrochene Verhältnis zwischen Kultur und Arbeit ist bereits im Ursprungssinn des Begriffs Kultur enthalten. Den zunächst auf den Ackerbau bezogenen lateinischen Begriff *colere* – bebauen, bestellen, hegen und pflegen (*agricultura*) – überträgt Cicero in Gesprächen auf seinem Landsitz in Tusculum auf *cultura animi*, die durch Philosophie bewirkt wird und damit der Abgrenzung gegen den Zustand der Barbarei dient. Philosophische Erziehung ist eine Form der Feldbestellung mit Aussaat, Bodenpflege und Ernte.»... wie ein Acker, auch wenn er fruchtbar ist, ohne Pflege keine Frucht tragen kann, so auch die Seele nicht ohne Belehrung. Jedes ist ohne das andere wirkungslos. Pflege der Seele ist aber die Philosophie; sie zieht die Laster mit der Wurzel aus, bereitet die Seelen dazu, die Saat zu empfangen, übergibt sie ihnen und säet – um so zu reden –, was dann, wenn es ausgewachsen ist, die reichste Frucht bringt.«[63] Neben geistiger Pflege bedeutet der Begriff Kultur auch (religiöse) Verehrung, Huldigung. Im Mittelalter (etwa bei Thomas von Aquin) scheint *cultura* als Pflege und Verehrung hierarchieorientiert und weniger als Abgrenzungsbegriff tradiert zu werden.[64]

Kultur ist in ihrem ursprünglichen Sinngehalt ein Arbeitsbegriff. In der Beackerung des Bodens, in Aussaat und Ernte, eben des *agricultura*, ist das Gesamt gegenständlicher Tätigkeiten und der subjektiven Vermögen enthalten, die erforderlich sind, erfolgreich und befriedigend den eigenen Lebenszusammenhang zu gestalten; deshalb verbindet sich das »emsig beschäftigt sein, sich drehen, herumbewegen«, das in *colere* steckt, mit Ansiedlung, Bodenständigkeit, mit Niederlassung (dieses *colere* ist noch im Wort *colonia* erkennbar). Von der Naturgrundlage des Bodens, den Gesetzen des Wachstums, den Klimabedingungen usw. ausgehend, produzieren die Menschen ihre Lebensgrundlage selbst.

Wenn Cicero diesen Produktionsvorgang erweitert, indem er ihn auf die Bearbeitung der Seele, der Sinne, der gesellschaftlichen Anlagen des Menschen überträgt, dann offensichtlich in dem Bewußtsein, daß auch die menschlichen Vergesellschaftungsformen der Bearbeitung bedürfen, um sich aus dem rohen Naturzustand zu lösen. Selbst Pflege und Verehrung, die dem Kulturbegriff im Mittelalter hinzugefügt werden, sind seit der neolithischen Revolution (also seit der Zeitspanne zwischen 8000 und 4000 v. Chr.), die einen der gewaltigsten Umbrüche in der Menschheitsgeschichte bedeutet, so sehr in die Sprache des wirklichen Lebens, der materiellen Produktion eingebunden, daß es Jahrhunderte benötigte, um diese grundlegenden Produktionsvorgänge aus dem Kulturbegriff völlig zu verdrängen, was erst der bürgerlichen Gesellschaft gelingt.

In der großen Philosophie der griechischen Antike war man sich durchaus des Privilegs bewußt, daß das Reich der Freiheit in der Erkenntnis und im politischen Handeln das Reich der Notwendigkeit voraussetzt, was aber auch bedeutet, daß Arbeit Plackerei und Sklaventätigkeit ist, die in der Hierarchie der Werte ganz unten steht. Daß das Dasein des freien Polis-Bürgers, daß die Erkenntnis des Wesens der Dinge und überhaupt das Wahre, Gute und Schöne aus Arbeit begründet werden könnten, wäre einem antiken Menschen nie in den Sinn gekommen. Arbeit ist nicht zu veredeln. Mit Materie behaftet, bleibt sie Mühsal und rohe Sinnentätigkeit. In Platos Denken ist der Graben zwischen der Welt des Schönen, des Glücks, der Erkenntnis, selbst der Praxis des Polis-Lebens und der Erhaltung und Sicherung des bloßen Daseins sehr tief und breit gezogen.

»Die abendländische Tradition politischen Denkens hat einen klar datierbaren Anfang, sie beginnt mit den Lehren Platos und Aristoteles'«, schreibt Hannah Arendt. Sie fügt dem jedoch sogleich hinzu: »Das Politische gilt hier ganz allgemein als der Bereich nur menschlicher Angelegenheiten – *tá tón andrópón prágmata*, wie Plato zu sagen beliebte, aller Dinge, die zum Zusammenleben der Menschen in einer gemeinsamen Welt gehören; und was ihn kennzeichnet, sind Dunkelheit, Verwirrung, Täuschung ...«[65] Nicht nur ist das Reich der Ideen von alledem gereinigt, an dem deshalb nur der wirklich Teilhabe (*metexis*) beanspruchen darf, der sich von der Schwerkraft des Lebensnotwendigen, der Höhlenschatten befreit hat – Platos Staatstheorie erklärt diesen Verhältnissen geradezu den Krieg. Wo Not, Mangel und Mühe vorherrschen, läßt sich der Glücksanspruch der Menschen nicht befriedigen. Keineswegs ist damit gesagt, daß Erkenntnis keinen praktischen Charakter habe; im Gegenteil, zum Kernbestand der antiken Philosophie gehört, wie Herbert Marcuse eindrucksvoll beschreibt, daß alle menschliche Erkenntnis ihrem Sinn nach auf Praxis bezogen sei; aber Praxis, die den menschlichen Selbstzwecken dient, ist ausschließlich eine der Muße.[66]

Aristoteles nun bestimmt den Begriff der Kultur in einer Weise, mit der wir bis zum heutigen Tage zu tun haben. Nachdem er die prinzipiellen Aufteilungen der Vernunft benannt hat, die in praktische, in theoretische und entsprechende Seelenteile zerfällt, nimmt er eine demgemäße Aufteilung des Lebenszusammenhangs vor. »Ferner aber zerfällt das ganze Menschenleben in Arbeit (*ascholía*) und Muße (*scholé*), Krieg und Frieden, und die Gegenstände unserer Tätigkeit in notwendige und an sich gute, und bei diesem allen muß notwendig dieselbe Wertschätzung stattfinden wie bei den Teilen der Seele und ihren Tätigkeiten: Der Krieg ist nur um des Friedens willen da, die Arbeit um der Muße, das bloß Notwendige und Nützliche um des Guten willen.«[67]

Bemerkenswerterweise definiert Aristoteles die Arbeit im Verhältnis von Arbeit und Muße negativ, das heißt als Nicht-Muße. Das erscheint plausibel: Wenn der Stand der Produktivkräfte so gering ist, daß die Menschen den materiellen Gütern einen Überschuß abzwingen müssen, um eine gesonderte Sphäre des Geistes und der Kultur aufbauen zu können, dann ist diese Art Wertung und Verdrängung der Arbeit verständlich. Philosophie ist um das Glück der

Menschen besorgt, und die klassische antike Theorie hält an der *eudämonia* (dem allgemeinen Glück, Wohlstand, Wohlergehen) als dem höchsten Gut fest. Sie kann dieses Glück unmöglich in der bestehenden materiellen Lebensgestaltung finden und verweist deshalb konsequent auf deren Jenseitiges.

Der Bürger des bürgerlichen Zeitalters, der in einem nicht geringen Ausmaße Kultur zu einer Sondersphäre des Wahren, Guten und Schönen macht, verachtet aber nicht die Arbeit, sondern verehrt sie in einem geradezu religiösen Sinne. Mit der »innerweltlichen Askese«, von der Max Weber spricht, verliert Berufsarbeit den prosaischen Charakter von Leid und Mühsal. Selbst wenn sich Leid und Mühsal tatsächlich mit Arbeit verknüpfen sollten, haben beide doch wenigstens den metaphysisch-praktischen Sinn einer Sündenabtragung. Wo Berufsarbeit um ihrer selbst willen geschieht, verliert sie ihren bloß instrumentellen Charakter für den Erhalt und die Erweiterung des Lebensnotwendigen. Die Ethik des Berufs- und Fachmenschen konstituiert die Lebenswelt der bürgerlichen Gesellschaft genauso wie die Logik des Kapitals, die ihre eigenen moralischen Gesetze produziert. Deshalb ist es nur konsequent gedacht, wenn Philosophie ins Leben drängt, in ihrem inneren Sinn das Bedürfnis nach Verwirklichung entwickelt.

Wenn nun im Lebensmaßstab einer ganzen Gesellschaft Arbeit in der Wertehierarchie weit nach oben rückt, warum wird dann Kultur nach wie vor als etwas definiert, was sich diesem Lebensnotwendigen gegenüber auf den Kopf zu stellen versucht? Einer der Gründe dafür besteht offenbar darin, daß die Befreiungspotentiale im Reich der Notwendigkeit selbst wachsen, so daß Kultur sehr wohl die Möglichkeit hätte, kritisch und gestaltend ins wirkliche Leben einzugreifen. Gerade das ist jedoch ausgeschlossen, wenn die bestehenden Herrschaftsverhältnisse unangetastet bleiben sollen. So wird Kultur nicht aufgehoben, verwirklicht, sondern in Gestalt ihrer gelungensten Produktionen ghettoisiert, in die Arkanbereiche der Museen verbannt. Abgetrennt von den Verwicklungen in der gesellschaftlichen Wirklichkeit und vom Alltag der Menschen können hier die sogenannten Kulturgüter, von ihrem kritischen Stachel gegen ein falsches Leben befreit, aufbewahrt und gepflegt werden. Nichts ist an der großen bürgerlichen Kultur falsch als der unleugbare Tatbestand, daß sie nicht verwirklicht wurde.

Kultur ist der Not abgezwungen und läßt sich deshalb vom Trostgrund dieser Not nicht ganz abtrennen. Das Moment der Flucht vor der zerrissenen und drückenden Wirklichkeit trat auch in der Tradition der sozialistischen Gegenkultur immer wieder in den Vordergrund, um sich als Reich der Freiheit und der Zwecke neben das Reich der Notwendigkeit und der Mittel zu setzen. Daß Aufhebung der Kultur nur durch deren Verwirklichung den in ihr steckenden Wahrheitscharakter enthüllt, war selbst in den besten Traditionen der Arbeiterbewegung ein eher sperriger und widerspenstiger Gedanke. Wie mit dem Erbe der bürgerlichen Kultur im Sozialismus umzugehen sei, ja, wie kulturelles Erbe überhaupt in den revolutionären Umwälzungsprozeß eingebracht werden könnte – diese Frage sprengte den Horizont der materialistischen Geschichtsauffassung (der am Bürgertum bekämpfte Idealismus trat völlig offen an den Tag, wenn es um die Frage der Kulturproduktion ging). Die Erde in eine riesige Volksbildungsanstalt zu verwandeln, um allen Volksgenossen Zugang zu den Kulturgütern zu verschaffen und zur Hebung der leiblichen, geistigen und sittlichen Volksbildung beizutragen, war ein wesentlicher Programmpunkt in der Beerbung bürgerlicher Kultur. Mit Recht verweist Marcuse jedoch darauf, daß das nichts anderes bedeutete als die Ideologie, den in der Kultur zusammengefaßten geistig-sittlichen Vorrat »der bekämpften Gesellschaft zur bewußten Lebensform einer anderen zu erheben, aus ihrer Not eine neue Tugend zu machen«.[68]

Nicht Aufhebung durch Verwirklichung dieser Kultur ist für die meisten sozialistischen Theoretiker, ob es sich nun um Karl Kautsky, um die ethischen Sozialisten des Kreises um Leonard Nelson oder um Lenin handelt, das entscheidende Problem, sondern wie die Massen an der Verfügung über die bisherigen Kulturgüter beteiligt werden können. Wenn Kautsky zum Beispiel vom kommenden Glück einer sozialistischen Gesellschaft spricht, dann denkt er an die beglückenden Erfahrungen wissenschaftlicher Arbeit und an das verständnisvolle Genießen auf den Gebieten der Wissenschaft und Kunst, in der Natur, in Sport und Spiel. Die Vorstellung, daß die Menschen, wenn sie sich von der Not der Klassenunterdrückung und der Mühsal der Arbeit befreit haben, kulturlos werden könnten, ist auch für die ja durchgängig von bürgerlichen Kulturidealen geprägten großen Persönlichkeiten der europäischen Arbeiterbewegung ein Alptraum. Das primitiv-materialistische Element eines Schlaraffenlandes, in dem die Menschen keinerlei über den Tag hinausweisende Motive des Begreifens und des Handelns mehr zu entwickeln vermögen, ist bei ihnen eher das Gegenbild zur bürgerlichen Kultur als eine kulturelle Tätigkeit, die in die Arbeit, in das Unglück, in die Not eingeht – nicht als Flucht und als Trostgrund, sondern als Hebel zur alltäglichen Veränderung der Menschen. Im Selbstverständnis der bürgerlichen Kultur war eine solche Zweiteilung immer enthalten. Wie sehr sich auch das System gesellschaftlicher Arbeit verändern, humanisieren mag, es bleibt mit der Schwerkraft des Materiellen, der Bedürfnisse und der Interessen behaftet, durchkreuzt von den Zufälligkeiten der subjektunabhängigen Mittelverwendung. Kultur ist das Reich der Selbstzwecke, der eigentlichen Freiheit, der von äußeren Zweckmäßigkeiten und Nöten befreiten Welt, die ihre Hauptlegitimation aus den höchsten menschlichen Zwecken bezieht. Das ist, so merkwürdig es auch klingen mag, von Platos Begriff der Kultur, der theoretischen Praxis des Philosophen als der wesentlichen und erstrebenswerten Lebensform, gar nicht so weit entfernt. Auch Marx hat Schwierigkeiten, die Alternative zur bürgerlichen Kultur materialistisch zu begründen, Kultur also als Erweiterung der Sinnentätigkeit, als befreiende und gleichzeitig genießende Praxis des alltäglichen Lebens zu verstehen.

Nach all dem ist offenkundig, daß die neuerdings geförderte öffentliche Thematisierung von Kultur als eines spezifischen Handlungsfeldes, für das sogar ein eigener Staatsminister verantwortlich zeichnet, noch nicht ausreicht, um einen neuen Zugang zum Verhältnis von Arbeit und Kultur zu schaffen. Das gewachsene Interesse für die Entwicklung der sozialkulturellen Dimension ist ein guter Anfang; aber die Grundbedingungen für eine Neubestimmung von Arbeit und Kultur, die der gegenwärtigen Geschichte angemessen ist, sind damit noch nicht untersucht.

In dreifacher Hinsicht gibt es für uns neue Situationen, die es verbieten, in der alten Kulturarbeit fortzufahren und mit Begriffen zu hantieren, die ganz und gar dem idealistischen Weltbild der kostenlosen Postulate verhaftet sind. Was den Kulturbegriff grundlegend verändert, ist zum einen die Tatsache, daß auf der Basis gewaltig angestiegener Produktivkräfte das Reich der Notwendigkeit bei weitem nicht mehr die beherrschende Abgrenzungsfunktion für das kulturelle

Selbstverständnis haben muß, die es seit der neolithischen Revolution tatsächlich gehabt hat. Ein kritischer Kulturbegriff muß also fragen, in welchem Umfang und auf welche Art und Weise das Reich der Notwendigkeit aufzuheben ist, ohne damit die kulturellen Produktionen selbst zu gefährden. Wenn Kultur bisher vorwiegend die Kompensationsgestalt des unvermeidlichen und drückenden Reichs der Notwendigkeit gewesen ist, so müssen wir uns heute damit beschäftigen, wie die schrumpfende Gewalt dieses materiellen Bereichs der Lebensproduktionen den Kulturbegriff insgesamt berührt.

Was neu in einen kritischen Kulturbegriff einzugehen hätte, ist zweitens der noch kaum aufgearbeitete Tatbestand, daß weder bürgerliche Kultur noch Kulturformen, die sich als Alternative dazu verstanden, Auschwitz verhindern konnten, also den Absturz der hochzivilisierten Gesellschaft in die Barbarei. Bürgerliche Kultur einfach weiterzutragen, ohne sich ihrer Herrschaftsfunktion bewußt zu werden, ist nur das abstrakte Gegenteil ihrer faschistischen Zerstörung und des Verzehrs ihres Wahrheitsgehaltes im Verwertungszusammenhang der Kulturindustrie. Die vorsichtige Wiederbelebung der Arbeiterkultur trägt zur Entwicklung kollektiver Erinnerungsfähigkeit bei, ohne die es überhaupt keine lebendige Kultur geben kann; aber heutige politische Kultur überschreitet weit den Traditionszusammenhang der Arbeiterkultur.

Und drittens sind alle Kulturbegriffe problematisch, solange sie die Dialektik von freier Zeit und Zeit der Arbeit, von Reich der Freiheit und Reich der Notwendigkeit, nicht als organisierendes Zentrum sozialkultureller Praxis begreifen. Wer die inneren Verdrängungen des Systems gesellschaftlicher Arbeit nicht zur Kenntnis nimmt, der wird Kultur immer nur als ein Problem der Distribution, der gerechteren Verteilung verstehen, nie als ein Problem der Produktion, der sinnlich-gegenständlichen Tätigkeit im ganzen Umfang möglicher menschlicher Praxis.

Auf diese Punkte müssen wir die kulturellen Diskussionen zurücklenken. Das ist nicht kurzfristig und nicht mit leichter Hand zu leisten. Im Grunde geht es um nicht weniger als eine Vorstellung vom Menschen, in der seine sinnlich-praktische Tätigkeit im ganzen Reichtum ihrer individuellen und gesellschaftlichen Ausdrucksformen wirklich ernst genommen wird. Wo immer der abstrakte Idealismus im Spiel ist, wenn von Kultur geredet wird, ist das Entscheidende verfehlt: nämlich die Aufhebung dieser Kultur durch Verwirklichung. Erst dadurch läßt sie sich vollständig auf den ganzen Ernst, die Bitternis und das Glücksversprechen des endlichen Lebens ein. Marcuse sagt dazu: »Nicht das primitiv-materialistische Element an der Idee vom Schlaraffenland ist falsch, sondern seine Verewigung. Solange Vergänglichkeit ist, wird genug Kampf, Trauer und Leid sein, um das idyllische Bild zu zerstören; solange ein Reich der Notwendigkeit ist, wird genug Not sein. Auch eine nicht-affirmative Kultur wird mit der Vergänglichkeit und mit der Notwendigkeit belastet sein: ein Tanz auf dem Vulkan, ein Lachen unter Trauer, ein Spiel mit dem Tod. Solange wird auch die Reproduktion des Lebens noch eine Reproduktion der Kultur sein: Gestaltung unerfüllter Sehnsüchte, Reinigung unerfüllter Triebe. In der affirmativen Kultur ist die Entsagung mit der äußeren Verkümmerung des Individuums verbunden, mit seiner Disziplinierung zum Sich-Fügen in eine schlechte Ordnung. Der Kampf gegen die Vergänglichkeit befreit hier nicht die Sinnlichkeit, sondern entwertet sie. Er ist nur auf dem Grunde ihrer Entwertung möglich. Diese Glücklosigkeit ist keine metaphysische; sie ist das Werk einer vernunftlosen gesellschaftlichen Organisation. Ihre Aufhebung wird mit der Beseitigung der affirmativen Kultur die Individualität nicht beseitigen, sondern verwirklichen.«[69]

Wo Kultur als eine gesonderte Sphäre der Gesellschaft, als Reich der Zwecke und der Freiheit behandelt wird, bleibt ihr Wahrheits- und Glücksanspruch uneingelöst. Wenn sie sich nicht auf die Not der Verhältnisse, auf Tod und Entfremdung, auf Lachen und Trauer einläßt und nicht den Tanz auf dem Vulkan riskiert, bleibt sie zwar rein im Sinne der abstrakten Unabhängigkeit von der verwickelten Realität, aber sie ist auch jederzeit für Legitimationsinteressen der bestehenden Ordnung brauchbar. Was Kultur ist, verweigert sich jeder Spezialisierung; insofern ist es unmöglich und widerspricht ihrem Sinngehalt, die höhere Kultur von der Volkskultur zu trennen. Denn der substantielle Kulturbegriff, an dem ich festhalten möchte, bezieht seine Kraft aus Perspektiven der Befreiung und der Selbstbefreiung, aus der Überwindung von Not und Angst. Kultur ist ein Produktionsvorgang und keine Frage der Verteilung von Glücksansprüchen, Legitimationen, Beruhigungen und Ersatzbefriedigungen. Das meint genau das Wort von der Beackerung der Sinne, der

Weiterbildung und Veredelung – nicht in der Abstraktion von den Sinnen, von den gemeinen Verstandeskräften, von der menschlichen Niedertracht und den Seelenregungen, welche die Entwertung der Sinne nicht akzeptieren.

Die sogenannte höhere Kultur, die eine vor dem Profanen ausgezeichnete Aura der Anerkennung findet, reduziert Pflege und Verehrung auf das gegenständliche, gelungene Produkt, was im Grunde nichts anderes bedeutet, als daß das spezifische Formgesetz das sperrige und chaotische Material, mit dem der Maler, der Komponist, der Dichter zu tun hat, so umformt, daß es wie natürlich erscheint. Aber immer ist hier der Rohstoff im Spiel, der bearbeitet wird, keine bloß ausgedachten Ideen, die sich im Raume nicht stoßen. Kultur ist eine Produktionsform, die das Rohe, das barbarische Material – der gegenständlichen Welt außerhalb des Menschen ebenso wie der chaotischen Triebe – in einer Weise umgestaltet, daß es vergesellschaftungsfähig ist, daß einer, der ein Kunstwerk betrachtet, einen anderen mit Gründen dazu auffordern kann, ihn in seinem ästhetischen Urteil zuzustimmen. So hat Kant die Urteilskraft definiert, die sich auf das schöne Kunstwerk richtet; Kultur muß die Menschen kommunikationsfähiger machen, und zwar in ihrer Sinnenwelt ebenso wie in ihren Verstandes- und Vernunftanlagen.

Wenn ich immer wieder von einer qualitativen Erweiterung des Arbeitsbegriffs gesprochen habe, in den mehr eingeht, als die bloße instrumentelle Funktion der Erwerbsarbeit ausdrückt, so berührt das in entscheidendem Maße auch den Begriff der Kultur. Nicht erst die bewußt thematisierte Beziehung einer bestimmten Gestalt der Kultur zu einer bestimmten Gestalt der Arbeit signalisiert, daß hier etwas strukturell Zusammengehöriges durch Abstraktion auseinandergerissen wird; vielmehr ist bereits die Trennung von Kultur und Arbeit der Irrtum, von dem die vielen Arten von Herrschaftslegitimation nur die Folge sind. Wer diese Trennung akzeptiert oder sie gar für unvermeidlich und notwendig hält, Kultur also als Ergänzung, als veredelnden Trostgrund oder als Beruhigungsmittel der fortexistierenden entfremdeten Arbeitsprozesse begreift, der hat mit Kultur etwas anderes im Sinn, als menschliche Arbeitskraft in die Befreiung der Arbeit zu stecken, entfremdete Arbeit aufzuheben. Denn Kultur dokumentiert nicht Freiheit als Resultat, sondern gewinnt ihr Leben und ihre Lebendigkeit nur aus konkreten Akten der

Befreiung und der Selbstbefreiung. Der Begriff der Kultur ist heute von der Befreiung und Selbstbefreiung der Arbeit überhaupt nicht zu trennen; aber die Auffassung wäre ganz falsch, erst im Jenseits von Arbeit Kultur, also das Reich der menschlichen Selbstzwecke, beginnen zu lassen.

Nehmen wir den traditionellen Begriff der Kultur zum Ausgangspunkt der Kritik, so ist der neue, den ich hier vertrete, gleichzeitig weiter gefaßt und spezifischer, ins Detail der mikrologischen Stoffbearbeitung versenkt. Allgemeiner ist Kultur deshalb gefaßt, weil sie ihre Ghettobereiche verlassen muß, um die kulturellen Sinngehalte für unsere Zeit retten und bewahren zu können. Konkreter und bestimmter ist dieser Kulturbegriff dadurch, daß nicht die Orientierung an einem irgendwie gearteten Kulturbestand Ausweis dafür ist, daß man ein kulturbewußter Mensch ist, sondern vielmehr die Umgestaltung der eigenen Lebensverhältnisse: wie Menschen wohnen, wie sie essen und trinken, wie sie sich privat und in der Öffentlichkeit verhalten, wie sie mit dem Widerspruch des Geschlechterverhältnisses umgehen und wie sie ihre Kinder behandeln – was einen Menschen von Kultur von einem unterscheidet, der eher in Verhältnissen des Naturzustandes, der eigenen Triebregungen, des Vandalismus der Sinnentätigkeit, der Vorurteilsbesessenheit und des Hermetischen der Ideenproduktion lebt.

Bloßes Wissen von der Welt ist nie ausreichender Beweis dafür gewesen, daß ein Mensch Kultur hat. Allerdings haben Wissen, Aufklärung, Wissenschaft und Philosophie, also der kognitive Bereich menschlicher Tätigkeit, immer den Kulturbegriff geprägt. Die Intimität einer bloßen Herzenskultur, einer Innerlichkeit, die nicht zum Handeln zurückfindet, ist den großen Kulturkritikern der Geschichte, von Kant bis Adorno, von Aristoteles bis Marx, wohl immer suspekt gewesen. Wenn nun Kultur so zentral an die Überwindung individueller Vorurteile und an die Selbstaufklärung der menschlichen Abhängigkeit gebunden ist, so hat diese Form der Kultur heute, aufgrund des hochentwickelten Erkenntnisstandes über die eigene Triebnatur, besonders große Chancen. Es sind Chancen, die wahrgenommen werden müssen, wenn sie gelten sollen.

Was ich damit meine, läßt sich am Beispiel erläutern. Es ist durchaus denkbar, daß ein Mensch, der über Jahrzehnte hinweg in dogmatischen Traditionen des Marxismus aufgewachsen ist, plötzlich den Begriff der kulturellen Hegemonie von Gramsci entdeckt – ein übrigens sehr komplizierter und hinterhältiger Begriff der Kultur, der Einfachheit vortäuscht. Es ist Resultat linker Bildung, diesen Begriff politisch zu nutzen. Wer aber seine eigene Subjektivität nicht öffnet, also nicht weiß, was unbewußte Regungen sind, welche Funktion das Über-Ich für politische Tätigkeit und das Ich für die Selbstaufklärung der Aufklärung hat, der laboriert mit Gramscis Konzeption der kulturellen Hegemonie völlig blind – und deshalb wirkungslos. Nicht daß Antonio Gramsci einen Begriff von der Psychoanalyse gehabt hätte, der jetzt zu berücksichtigen und weiterzuführen wäre, ist das Problem, das diesem neuüberzeugten Theoretiker der kulturellen Hegemonie entgegenschlägt, sondern vielmehr das Wissen darum, was ein Dorfpfarrer, in der Einschätzung des Seelenheils und des diesseitigen Wohlergehens seiner Gemeinde, anderen an kulturellen Traditionen übermittelt. Wo Menschen Propaganda und Agitation, Kultur zum Einfluß auf andere benutzen, sich selbst aber nicht für veränderungsbedürftig halten, da beginnt Selbstzerstörung des kulturellen Sinngehaltes. Lebendige Kultur beginnt damit, daß die Vermittler ihre eigene Subjektivität ändern.

Aber die verbreiteten Absichten, Beiträge für eine kulturelle Erneuerung zu leisten, stoßen offensichtlich auf eine Realität, die einen schnellen Aufbruch nach vorne kaum gestattet. Arbeiterkultur zum Beispiel in den uns bekannten Traditionsgestalten kann durch ein von oben kommendes bewußtes Verhalten, durch Programme, wissenschaftliche Aktivitäten, praktische Werkstattarbeit vor Ort, nicht einfach wiederbelebt werden. Gerade weil Kultur innerhalb der Arbeiterbewegung eine viel umfassendere Bedeutung hatte als im bürgerlichen Weltzusammenhang, bestimmen konkrete Ausdrucksformen der Lebensverhältnisse entscheidend über den lebendigen Charakter der Kultur. Ich wiederhole: Wie die Menschen wohnen, essen und trinken, wie die selbstverständlichen Formen des Umgangs mit Freunden und Feinden gestaltet sind, die Art zu leben und zu sterben – das sind Elemente von Kultur, bei denen jedes Detail, jede einzelne Lebensäußerung genauso wichtig ist wie der gesellschaftliche Zusammenhang, in dem sie auftreten. Kultur ist ein Kommunikationsbegriff, war es von Anfang an. Aber wer mit wem kommuniziert, wie die Bedingungen des gesellschaftlichen Verkehrs aussehen und was die bevorzugten Gegenstände der Verständigung sind, das ist auch immer eine Frage der Klasse, der kollektiven Existenzbedingungen, denen Menschen unterworfen sind, und eine Frage des geschichtlichen Standes der Emanzipationsinteressen. Obwohl also Kultur einen Gesamtzustand der Gesellschaft bezeichnet, sind darin gleichzeitig immer auch Abgrenzungskriterien enthalten. Diese haben sich im Verlauf der Geschichte geändert. Aber wo immer der Produktionsbegriff Kultur verwendet wurde, bezog er die Identität der dadurch bezeichneten Merkmale und Vorgänge durch Ausgrenzung. Identifizierung und Grenzbestimmung sind zwei Seiten desselben Sachverhalts Kultur. Wenn die Griechen von den *barbaroi* sprachen, also den Barbaren, wie sie in unserem Sprachgebrauch überlebt haben, so waren zunächst nur diejenigen gemeint, die zu einer bestimmten Kommunikation nicht fähig waren. Genauer gesagt diejenigen, die sich in der griechischen Sprache nicht verständigen konnten und sich im Bildungszusammenhang der Mythen verirrten. Bringt der römisch-antike Begriff der *cultura animi* den Aspekt der Pflege, der Verehrung und der Produktion zur Geltung, indem die Grenze zur Gewalt gezogen wird, der nichts Pflegliches im Umgang mit Menschen und Tieren eignet, so ist im griechischen Kulturbegriff die Verständigungsorientierung durch Sprache zentral. Aber auch sie ist ein Abgrenzungskriterium. Wer mit einem anderen Menschen nicht reden, kommunizieren, sich verständigen kann, der ist ein Barbar. Ihm fehlt die Charaktereigenschaft eines *zoon politikon*, eines auf den Stadtstaat, die Polis in ihren Denkweisen und Handlungen gerichteten Lebewesens.

Niemand hat Kultur lediglich durch bloße individuelle Bildung, durch den Umfang des Wissens, der ihn vor anderen auszeichnet; auch die bloße Seelenbildung reicht nicht aus. Wenn Kultur aus Kommunikation besteht, dann ist sie ein eminent gesellschaftlicher Vorgang, an dem viele mit Verstand und Sinnen beteiligt sein müssen, im Grunde eine ganze Gesellschaft. Die problematische Beziehung von Identität und Ausgrenzung ist für den deutschen Begriff der Kultur geradezu konstitutiv; in beiden Merkmalen, die sich ergänzen, drückt sich Wesentliches aus. Norbert Elias hat das prototypisch untersucht. Da die Einheit der deutschsprachigen Stämme lange auf sich warten ließ und auch das, was schließlich von oben als deutsches Kaiserreich auf fremdem Boden, nämlich in Versailles 1871, proklamiert wurde, eine äußerst zerbrechliche territoriale Einheit war, erhielt in Deutschland die Kultur einen so hohen Rang in der Identitätsstiftung, daß die ihr zugewiesenen Aufgaben zwangsläufig mit rigorosen Ausgrenzungen verknüpft waren.

Drei dieser Ausgrenzungen zeigen Wirkungen bis zum heutigen Tage: Kultur wurde als ein Reich der Innerlichkeit, des geistig-moralischen Weltverständnisses verstanden, das seine Kraft gerade aus der Distanz zum Politischen erhielt. Es ist jene Sphäre machtgeschützter Innerlichkeit, von der Thomas Mann gesprochen hat. Aber im Begriff der Kultur war auch begründet, daß alles, was das Reich der Notwendigkeit ausmacht, die Prozesse technisch-industrieller Zivilisierung, ausgegrenzt bleibt. Kulturelle Energien auf die Vorgänge der materiellen Produktion, des Warenaustausches, der technischen und wissenschaftlichen Entwicklung zu lenken wurde eher als unzulässige Mischung von ganz verschiedenen Loyalitätsbereichen angesehen. So vollzieht sich hier die Ausgrenzung der Gesellschaft, und wenn sich Kultur auf Loyalität statt Kritik einzulassen anschickt, dann eher in Form einer Veredelung des Staates. Die der Kultur aufgelastete Identitätsstiftung hat schließlich die Funktion nationaler Ausgrenzung; der imperiale Selbstanspruch »Am deutschen Wesen soll die Welt genesen« bringt diese Überforderung der Kultur deutlich zum Ausdruck. Im Rahmen einer Kritik des seiner selbst bewußt gewordenen Bürgertums, aus Widerstand zum höfischen Leben geboren, fällt es insbesondere der deutschen Kultur schwer, eine realitätsgerechte Balance zwischen dem Innen und dem Außen zu finden. So ist die produktive Kraft der deutschen Kultur, die sich aus den Störungen der Realität heraushält, gleichzeitig ihre chronische Schwäche und Ohnmacht.

Wie immer die Geschichte der Ausgrenzungen mit der der Kultur verknüpft sein mag: Wenn wir heute den Kulturbegriff in seinem ursprünglichen Sinngehalt, also als Produktions- und Kommunikationsbegriff aufnehmen wollen, dann müssen zwei fundamentale Ausgrenzungen aufgehoben werden: die Trennung der Kultur von der Sinnentätigkeit ebenso wie von der Arbeit. Die Erweiterung des Kulturbegriffs ist nichts anderes als die Anerkennung und die erinnerte Rückgewinnung seines ursprünglichen Wahrheitsgehalts, der sich der ausgrenzenden Abstraktionen bewußt geworden ist. Emanzipation der Sinne und Emanzipation der Arbeit sind also Grundvoraussetzungen für die Entwicklung einer gesellschaftlichen

Kultur, welche die Menschen aus Unmündigkeit und Abhängigkeit herausführt. Wird heute der augenblickliche Zustand der Gesellschaft schon insoweit als Kulturgesellschaft bezeichnet, daß man die Erweiterung sozialkultureller Tätigkeiten für notwendig hält, so geht die Schärfe, die in der kritischen Kultur besteht, völlig verloren. Wenn dann noch Kultur für den Produktionszusammenhang eines Unternehmens verwendet wird, ist die Perversion des Kulturbegriffs komplett.

Ich nehme das vorige Kapitel noch einmal auf. »Der Tod ist ein Meister aus Deutschland«, hat Paul Celan in seinem berühmten Gedicht »Todesfuge« geschrieben. So muß der Umgang mit dem Tod und dem Töten seit der faschistischen Mordbrennerei ein Thema bleiben. Deutschland hat eine historische Bringschuld im Umgang mit dem Tod, die nur durch konkrete Sorgfalt abtragbar ist. Die Befangenheit in bezug auf dieses Thema geht bis in verwaltungstechnische Vorkehrungen. »Das Kulturgut Tod darf nicht länger ignoriert werden«, so lautet eine Überschrift in der »Frankfurter Rundschau« vom 23. November 1996: »Mit dem schwindenden Einfluß der Kirchen und Sinngebungsinstitutionen entsteht an der Schwelle zur Informationsgesellschaft eine riesige Begleitungslücke bei der seelischen Verarbeitung von Schwellenzeiten des Lebens.«

In diesem Zeitungsartikel, den ich aus Platzgründen vorenthalten muß, landet die ganze Philosophie im existentiellen Alltag: Von Schwellenzeiten wird geredet, von ehrwürdigen Arbeitsbegriffen der Wissenschaft – alles ist auf die Ebene eines Bestattungsinstitutes abgesackt. Wenn Schwellenzeiten des Lebens, Geburt, Aufwachsen (Adoleszenz), Trennung und Tod auf den Stand von Beerdigungskultur gebracht werden, sind das nicht Folgen des Rückzugs der Kirchen aus diesen Feldern? »Die archaischen Grundzüge des Menschen melden sich in Krisen und Abschiedszeiten, zum Beispiel beim Tod eines Menschen, wie eh und je in ihrer ungezügelten Wildheit zurück und erschrecken die Lebenden mit panischer Angst«, so steht es in diesem Beerdigungsmanifest zu lesen. »Wer wird in Zukunft archaische und moderne Lebensweltlichkeit miteinander befrieden? Wer die Rituale und symbolischen Formen der Übergangsriten als gesellschaftliche Hilfen bereitstellen?« Hier liegt eine weitere Herausforderung an das Bestattungswesen, heißt es. Die Übergangszeiten brauchen andere Helfer. Der Mann, dessen Memorandum ich hier zitiere, ist Vorsitzender der »Genossenschaftsvereinigung Berater und Bestatter«. Die Konsequenz dieser kulturphilosophischen Überlegungen aus Bestattungsperspektive bildet der Vorschlag, die drei großen B künftig verstärkt in das öffentliche Blickfeld der Kultur zu rücken: Begleiten, Bestatten, Bilden, eben die drei großen B.

Ich zitiere das nicht aus Hochmut, sondern weil dieses Beispiel zeigt, daß auch in scheinbar abwegigen Verwendungen der merkwürdigen Metapher »Kultur«, die für alles benutzt wird, was für die Menschen unter Sinnverdacht steht, Wahrheitsgehalte des modernen Kulturverständnisses verborgen sind. Den Tod öffentlich zu machen ist ein solches Wahrheitsmoment. Natürlich ist Trauerarbeit ein uraltes kollektives Ritual, das gerade in seiner Kollektivität zerstört ist. Zu den großen Hochkulturen gehört die Gemeinschaft der Bestattungsrituale. Merkwürdig klingt hier nur der nüchterne Ton im Sinne eines Interessenverbandes, denn die drei großen B beabsichtigen Verbandswerbung. Von den zwei zentralen Tabus der modernen Geschichte, Sexualität und Tod, ist die »Einsamkeit der Sterbenden in unserer Zeit« übriggeblieben, wie Norbert Elias das treffend bezeichnet hat. (Die Verdrängung des Todes geht bis in die Sprache hinein: Erdmöbel nannte man Särge in der DDR.)

Im Interesse eines kritischen Gebrauchs des Wortes »Kultur« müssen wir also in jene Bereiche zurückgehen, in denen sich so etwas wie eine Beziehungskultur zwischen den Menschen bildet, um dann auch die große Kultur, Symphonien, Tragödien und Gemälde, einbringen zu können und sinnvoll zu nutzen im Zusammenhang menschlicher Zivilisierungskräfte. Kultur ist nie bloße Verdoppelung der Realität; das ist, glaube ich, in allen großen Kulturproduktionen so verstanden worden. Sie ist Eingriff in diese Realität, und dieser Eingriff bezieht seine Kraft aus Unterscheidungsvermögen. Es ist reflektierende Urteilskraft, die Allgemeines und Besonderes am Maßstab von Wahrheitskriterien miteinander verbindet. Kultur enthält einen Wahrheitsanspruch und ist darin der Kunst am nächsten als Versprechen des Glücks.

Wenn ein bekannter Werbeforscher behauptet, daß Kultur und Kunst heute bruchlos in Werbung übergehen, verwischt das sämtliche Unterschiede und Grenzen und ist eine völlige Verkennung der Kultur. Dann eignet sich Kultur eigentlich für alles, was Unglück und Verbrechen verdeckt, und hat gar nichts mehr mit dem Wahrheitsanspruch zu tun, worin ich ihren eigentlichen und unverwechselbaren Sinngehalt sehe. Wenn aber schon das Bestattungswesen andere Helfer benötigt, wie erst, wenn es um die Totenerweckung von »Kulturgütern« geht. Dialektische Kulturkritik wollte vor allem den Warencharakter der Kultur enthüllen; was sich im »Gut« dokumentiert, im Kulturgut, hatte schon das Unwahrheitssiegel der Ware. Adorno, Benjamin, Horkheimer, Marcuse, alle haben, soweit sie die Kulturindustrie zum Gegenstand ihrer Kritik machten, das Verstorbene der Kultur kritisiert, so wie Marx von der Ware als verstorbener lebendiger Arbeit sprach.

Wir können heute also nicht mehr von Kultur reden, wenn wir die Kulturbedeutung von Arbeit ausklammern; zwar sieht es so aus, daß Kollektivformen der Arbeitswelt zerbröckeln und auch die kollektiven Aufbewahrungsrituale der alten Arbeiterbewegung sich zersetzen und in höchst individuelle Bestandteile zerlegt werden. Die Milieus individualisieren sich, das ist unstrittig. Aber das bedeutet ja nicht gleichzeitig, daß Menschen ihre Identität jenseits von Arbeit gewinnen.

Autonomie und Würde

Als Pachom die Sonne untergehen sah und darüber erschrak, daß ein Stück am Rande bereits abgeschnitten war und damit die ganze Nutzlosigkeit seines Unternehmens sich abzeichnete, nahm er alle seine Kräfte noch einmal zusammen, um das ersehnte Ziel zu erreichen: jenen Hügel, auf dem die Fellmütze des Ältesten der Baschkiren lag, deren Berührung ihm das erträumte weite Land einbringen würde. Für die auf dem Hügel Stehenden leuchtete die Sonne noch in vollem Rot, als ihm, der in der Ebene lief, die Sonne bedrohlich sich neigte und er für einen Augenblick den geschlossenen Vertrag schon verletzt sah. Pachom erreicht den Gipfel und sieht die Fuchsfellmütze.»Er stöhnt auf, die Beine knicken ihm ein, und er fällt hin, berührt aber mit beiden Händen gerade noch die Mütze. ›Gut gemacht!‹ schreit der Älteste. ›Viel Land hast du gewonnen.‹ Pachoms Knecht kam gelaufen, wollte ihn aufheben, aber Pachom lag tot da, und aus seinem Munde rann Blut. Die Baschkiren schnalzten mit den Zungen und sprachen ihr Bedauern aus. Der Knecht nahm die Hacke, grub Pachom ein Grab, genauso lang wie das Stück Erde, das er mit seinem Körper von den Füßen bis zum Kopf bedeckte – sechs Ellen –, und scharrte ihn ein.«

Leo Tolstoi erzählt die tragische Geschichte eines russischen Bauern, der eigentlich gar nicht unzufrieden ist mit dem, was er hat, aber es ärgert ihn, daß er jedes Jahr neue Pachtverträge abschließen muß und ständig Scherereien mit den Verpächtern hat. So ist er anfällig für die Versprechungen, die gerüchteweise von außen ins Dorf dringen. Als dann ein durchreisender Kaufmann glaubwürdig von dem Gebiet der Baschkiren berichtet, wo man billig größere Ländereien erwerben kann, macht sich Pachom auf den Weg, vollgepackt mit Gastgeschenken, Kisten mit Tee, viel Schnaps und einem aus Stutenmilch bereiteten, heißen, schäumenden, schwach alkoholischen Getränk, um die Baschkiren für einen Landkauf günstig zu stimmen. Als er im Baschkirengebiet ankommt, wird er freundlich aufgenommen, und der Älteste schlägt ihm eine Wette vor. Pachoms Einsatz sind jene tausend Rubel, die er im Reisegepäck hat, sie soll er in die Fellmütze legen. Der Baschkirenälteste erklärt, daß er von ihnen so viel Land erwerben könne, wie er an einem Tag von Sonnenaufgang bis Sonnenuntergang umschreitet, die Grenze mit einer Hacke ziehend. Ausgangs- und Endpunkt der Tagesreise ist die Fuchsfellmütze auf einem Hügel. Berührt er sie nicht vor Sonnenuntergang, hat er alles verloren, auch seine tausend Rubel.

Die Tragödie Pachoms besteht nun darin, daß er im Tageslauf den Kreis immer wieder erweitert, um ein kleines Stückchen Erde, das ihm besonders fruchtbar erscheint, in seinen Besitz zu bringen. Tolstoi zeigt an dieser Figur, wie der Erwerbs- und Besitztrieb den bäuerlichen Lebenszusammenhang ergreift und die im Umgang mit dem Boden entwickelte instinktive Wahrnehmung von Maßverhältnissen zerstört. Tolstoi denunziert die Maßlosigkeit der kapitalistischen Entwicklungsgesetze, obwohl die bewußte Absicht Pachoms durchaus noch den bäuerlichen Rhythmus ausdrückt. »Pachom ging nicht zu schnell und nicht zu langsam.« Doch ein von innen kommender Antrieb macht ihn zum Spekulanten auf Tod und Leben. Mit derselben Hacke, mit der Pachom kenntlich machen sollte, wie groß sein neuer Besitz ist, graben die Knechte Pachoms ein Grab, den letzten, von allen respektierten Besitz der Erde, der nicht größer ist als die Länge seines Körpers. Sechs Ellen mißt diese Schrumpfform des obsoleten, seit ewigen Zeiten unstrittigen Besitzes.

Goethe, der große Geistesverwandte Tolstois, beschreibt im fünften Akt von »Faust II« eine ganz ähnliche Wiederherstellung verletzter Maßverhältnisse. Die Lemuren, Knechte von Faust und Mephisto, verkleinern den Weltbesitz des gierigen Faust, der mittlerweile erblindet ist und die Arbeit nur noch am Geklirr der Spaten erkennt; Graben und Grablegung gehen ineinander über. Mephisto, dem Ältesten der Baschkiren ähnlich, der sich auch beim scheinbaren Erfolg Pachoms den Bauch vor Lachen hält, weil er den Ausgang weiß, verweist die Lemuren lapidar auf ihre begrenzte Aufgabe:

»Hier gilt kein künstlerisch Bemühn;
Verfahret nur nach eignen Maßen!
Der Längste lege längelang sich hin,
Ihr andern lüftet ringsumher den Rasen;
Wie man's für unsre Väter tat,

Vertieft ein längliches Quadrat!
Aus dem Palast ins enge Haus,
So dumm läuft es am Ende doch hinaus.«
»Wieviel Erde braucht der Mensch?« überschrieb Tolstoi seine Erzählung.[70] Hacke und Spaten sind die Instrumente, mit denen die Erde bearbeitet wird; bei Pachom wie bei Faust dienen sie am Lebensende zur Wiederherstellung menschlicher Maßverhältnisse, im Graben eines Grabes nach einer Größenordnung, die den eigenen Körper ausmacht. So wird die reflektierende Vernunft darauf verwiesen, daß der Mensch als »Maß aller Dinge«, wie die Vorsokratiker die Öffnung des Menschen für die diesseitige Welt bezeichneten (der Ausdruck stammt von Protagoras, dem originellsten der Sophisten), in der modernen Welt zu einer Protestkategorie wird. Die kapitalistische Wirtschaftsform lebt von der Maßlosigkeit – von Risikoeinsätzen, welche Maß und Mitte nicht kennen. Aber maßlose Begierde nach Reichtum und Besitz und Ämtern und Einfluß ist natürlich kein ausschließliches Merkmal der modernen kapitalistischen Gesellschaftsordnung; wäre es so, blieben wesentliche Teile der literarischen Tradition aller Hochkulturen unerklärlich wie zum Beispiel der 39. Psalm und die daraus ablesbaren Triebe: »Siehe, meine Tage sind eine Handbreit bei dir, und mein Leben ist wie nichts vor dir. Wie gar nichts sind alle Menschen, die doch so sicher leben. Sie gehen daher wie ein Schatten und machen sich viel vergebliche Unruhe; sie sammeln und wissen nicht, wer es einbringen wird.« Akkumulieren heißt ja häufeln, anhäufen, sammeln: Akkumulation des Kapitals hat wie in der Tragödie Pachoms und Fausts kein Ziel, ist eine am Ende vergebliche Unruhe; sie sammeln und wissen nicht, wer es einbringen wird.

In der modernen Geschichte wird die Tauschbarkeit von Dingen und Menschen zum bestimmenden Signum; was unersetzlich ist und dem Tausch schlechthin entzogen, darf nicht mehr auf Anerkennung rechnen. So wie Antigone bei Sophokles die Beerdigung ihres staatsfeindlichen Bruders mit dem Leben bezahlt, wird die Frage der Unaustauschbarkeit und der Unwiederholbarkeit zum eigentlichen Gegenpol des gesamten gesellschaftlichen Verkehrs. Das Unwiederholbare läßt sich dem Allgemeinen nicht subsumieren; aber läßt sich das Unwiederholbare als Allgemeines denken?[71]

Die moderne Moralphilosophie widmet sich dem Versuch, das Unwiederholbare, also spezifisch Individuelle (*individuum est ineffabile*, hatte Goethe gesagt), allgemein zu denken. Nicht das Individuum als Prinzip ist das Problem; dieser Tatbestand ist dem philosophischen Denken seit dem dreizehnten Jahrhundert bekannt, als der Begriffsrealismus – die Vorgeordnetheit der Allgemeinbegriffe vor den Res, den empirischen Einzeldingen – im Nominalismus von Johannes Duns Scotus seine Wirksamkeit verliert. Aber der nominalistische Zerfall des Allgemeinen in unverbindliche Partikularitäten ist keine vertretbare philosophische Lösung für die Veränderung in den Beziehungen zwischen Allgemeinem und Besonderem.

Kant ist der erste Philosoph, der dem Unwiederholbaren, dem Unaustauschbar-Besonderen den Status des Allgemeinen verschafft. Solange Würde als Begriff der autoritären Sonderstellung von Einzelpersonen zugeordnet wurde, handelte es sich um nichts weiter als eine modernisierte Form der Herrschaftslegitimation. Alle Hochkulturen enthalten in ihrem Sprach- und Symbolvorrat Begriffe für das, was man nicht kaufen kann und was den unverwechselbaren, unaustauschbaren Eigensinn des einzelnen ausmacht; das betrifft auch Arbeit, die weder qualvolle Sklaventätigkeit ist noch in Äquivalenten abgegolten werden muß. Die Erwartung von Bezahlung für Arbeit ist nicht »natürlich«, aber nur der kulturelle Zusammenhang wirtschaftlichen Handelns definiert, welche Bedeutung das Geschenk, die Hilfe auf Gegenseitigkeit hat. Ethnologen berichten von erstaunlichen Varianten in der Bewertung von Arbeit. »Perfektion bei der Gartenarbeit ist der allgemeine Maßstab des Wertes einer Person.« (Bronislaw Malinowski) »Der Tauschhandel ist ursprünglich völlig unbekannt. Der primitive Mensch hat nicht nur keinerlei Drang nach Tauschhandel, sondern eine Abneigung gegen diesen.« (Karl Bücher) »Gewinn, der im zivilisierten Gemeinwesen als Arbeitsanreiz dient, wirkt unter den ursprünglichen Verhältnissen der Eingeborenen nie als Anstoß zur Arbeit.« (Bronislaw Malinowski)[72]

Nicht-instrumentelle Arbeitskulturen sind zweifellos meist eingebunden in religiös-kultische Vorhaben, wie die körperliche Bewegung des Tanzes oder das Errichten kolossaler Bauwerke, welche in die Sphäre der Opfertätigkeit fallen und deshalb unabschließbar, maßlos, auf ewige Wiederholung abgestellt sind. Hegel beschreibt diese Art von Arbeit in seiner Religionsphilosophie: »So tritt das religiöse Arbeiten ein, welches Werke der Andacht hervorbringt, die nicht zu einem endlichen Zweck bestimmt sind, sondern etwas sein sollen, das an und für sich ist. Dies Arbeiten ist hier selbst Cultus. Seine Werke und Produktionen sind nicht wie unsere Kirchenbauten anzusehen, die nur unternommen werden, weil man ihrer eben bedarf, sondern das Arbeiten als reines Hervorbringen und als perennierendes Arbeiten ist der Zweck für sich selbst und ist somit nie fertig.«[73] Solche Elemente des Unaustauschbaren in der Arbeit selbst drücken Anerkennung und Würde des Menschen aus, ohne freilich in Persönlichkeitsrechten verankert zu sein.

In den Tugendkatalogen der religiösen Systeme und der praktischen Philosophie lassen sich die Verbindlichkeitsgrade des verpflichtenden Handelns, das unabdingbare und unaustauschbare Geltung beansprucht, deutlich unterscheiden: Tugenden wie die Tapferkeit, Milde (*clementia*) im Umgang mit Besiegten, Treue, Gerechtigkeit sind menschliche Eigenschaften, die ihren Sinngehalt aus den Überlieferungen und der aktuellen Sorge des Gemeinwesens beziehen. Sie zu verletzen kann mit gesellschaftlichen oder staatlichen Sanktionen versehen werden. Erst ganz allmählich entstanden aus diesen meist religiös fundierten Verpflichtungen, die auf das Wohl des Staates oder der Stadt gerichtet waren und ihre Geltung durch Gesetze und Traditionen bekamen, Verhaltensregeln, die sich vom äußeren Halt ablösen und ganz in die menschliche Individualität verlegt werden.

Ein frühes Beispiel ist das Daimonion von Sokrates, das noch religiöse und mythologische Anleihen machte, um die Unbedingtheit und Kompromißlosigkeit seines Verhaltens zu begründen. Als Sokrates in Athen vor Gericht stand und ihm die Todesstrafe drohte, verwies er in seiner Apologie, wie Platos Aufzeichnung der Verteidigungsrede zeigt, auf sein Daimonion, das ihn davon abhalte, etwas Falsches und Unrechtes zu tun, nicht aber ihm vorschreibe, wie er handeln solle. Auf die Frage der Richter, was denn diese innere Stimme des Daimonion sei, mußte der sonst um Begründungen keineswegs verlegene Sokrates ausweichend antworten. »Mir ist, sagt er, dieses von meiner Kindheit an geschehen, eine Stimme nämlich, welche jedesmal, wenn sie sich hören läßt, mir von etwas abredet, was ich tun will, zugeredet hat sie mir nie.«[74] In der Konsequenz dieser Haltung kam Sokrates die von seinen Schülern geplante Flucht aus der Todeszelle vor wie ein Tausch: sein Leben gegen die Wahrheit seiner Lehre.

Es ist des Hades Grabesrecht, den Bruder zu beerdigen, und sei er auch als Feind des Staates gestorben – so spricht Antigone in *ihrer* Apologie. Kein von Menschen gegebenes Gesetz kann die würdige Bestattung verbieten; weder Zeus noch die Bewohner des Hades noch sonst irgendein Lebewesen hat das Recht der Toten formuliert; solches Recht ist »nicht von heut und gestern, sondern immerdar bestehn sie: niemand weiß, woher sie kommen sind. Aus Furcht vor eines Menschen Willen wollt' ich mich am Recht der Götter nicht vergehn ...«[75]

Sokrates und Antigone fühlen sich nicht den menschlichen Gesetzen als höchsten Instanzen verpflichtet; beide befolgen auch nicht einfach göttliche Befehle und Anweisungen, sondern es ist eine innere Instanz, die ihr Handeln anleitet, sogar unbedingte Befolgung verlangt und mit tödlichen Risiken verknüpft ist. Diese Befehlsinstanzen liegen gleichwohl etwas außerhalb der Person, denn Maß und Mitte, die Ausgewogenheit von Triebkräften, fehlen völlig, aber auch das Maßlose der Trauer, des Schmerzes, der Wut und des Hasses. Ihr Verhalten folgt einem kategorischen Imperativ ganz eigener Art. Der staatstreue Bruder wird in Ehren der Erde, dem Hades übergeben, der staatsfeindliche Bruder wird von König Kreon den Vögeln und anderen wilden Tieren zum Fraß hingeworfen. Der Eigensinn Antigones klagt archaisches Recht ein, indem sie von Menschen geschaffene Konventionen und den staatlichen Befehl als ein Individuum verneint, das alles, was verpflichtendes Recht und begründetes Verhalten ist, einem eigenen Gerichtshof unterwirft.

Diejenigen, die den Schutz des Gemeinwesens im Auge haben, halten die scharfe Trennung zwischen Freunden und Feinden für erforderlich, selbst wenn es um die Familie und den eigenen Bruder geht. Eteokles, der Staatstreue, ist zu ehren, weil er auch bei den Toten hoch geehrt ist, Polyneikes muß grablos den Tieren überlassen werden. Mit Antigone und Kreon treffen zwei völlig verschiedene Rechte und Pflichten aufeinander, nicht einfach das moralisch Gute und das Verwerfliche; so spricht Hegel von einer Kollision des Rechts, die sich im Tragischen kundtut. Für ihn sind Sokrates und Antigone jene Gestalten der antiken Welt, die aufs prägnanteste diese Rechtskollision ausdrücken und ein Prinzip historisch zur Geltung bringen, was in den konkreten Gestalten zugrunde geht, aber geschichtlich die wirksame Macht repräsentiert. Im Gespräch der Antigone mit Kreon werden die zwei Systeme des Rechts und der Pflichten deutlich. Antigone sagt: »Die Totenwelt gebietet diese Pflicht« (Bestattung nämlich des Bruders, auch wenn er gegen staatliche Gesetze verstoßen hat). Kreon hält dagegen: »Doch nicht, daß Edle gleiches Los wie Schlechte trifft.« Antigone: »Wer weiß, ob das da unten auch für heilig gilt?« Kreon: »Doch niemals wird der Feind, auch nicht im Tod, zum Freund.« Antigone: »Doch nicht der Feindschaft leb' ich, nur dem Freundesdienst.«[76]

Hegel deutet das Schicksal des Sokrates als »echt tragisch. Dies ist eben das allgemeine sittliche tragische Schicksal, daß ein Recht gegen ein anderes auftritt – nicht als ob nur das eine Recht, das andere Unrecht wäre, sondern beide sind Recht, entgegengesetzt und eins zerschlägt sich am anderen; beide kommen in Verlust, und so sind auch beide gegeneinander gerechtfertigt.«[77] Die öffentlichen Tugenden der Polis brechen sich am Subjektbewußtsein einzelner Individuen, die eigensinnig den staatlichen Befehlen widersprechen und bewußt den Tod als das geringere Übel betrachten. Sokrates geht sogar noch einen Schritt weiter als Antigone, weil er den Richtern entgegenschleudert, die innere Stimme hätte ihn auch davor gewarnt, sich den staatlichen Geschäften zu widmen.

Das alles hätte Kant durchaus mit dem Begriff der Würde besetzt. Aber was Würde im eigentlichen Sinne ausmacht, ist in dieser Rechtskollision noch nicht angelegt. Cicero scheint der erste im griechisch-lateinischen Kulturhorizont zu sein, der die Idee der Würde im modernen Verständnis des Unabdingbaren und Unaustauschbaren formuliert hat. Denn der größte Teil der römisch-griechischen Tugenden sind Charaktereigenschaften der Mäßigung, des Mutes und des Ausgleichs, um die menschlichen Triebenergien in Balance zu halten. Eigenschaften, die einseitig bestimmte Triebe ausdrücken, ob es sich nun um das Ausleben des Schmerzes, um Rachsucht oder draufgängerische Tapferkeit handelt, gelten in den Tugendkatalogen der griechisch-römischen Philosophen eher als minderwertig. Eigensinn als Tugend zielt auf Trennung von den Gesetzen der Polis, wie wir von den durch Scherbengericht Verbannten wissen, und hat keinen besonderen Rang. Auch Gnadenlosigkeit gegenüber seinen Feinden ist keine nachahmenswerte Tugend; vielmehr gilt in der römischen Kaiserzeit Milde als eine charakteristische Tugend der Kaiser.

Im Griechischen ist *axios* (*axia*) doppeldeutig und meint den Wert, den Preis, aber auch Würde, Ehre, Rang, Ansehen. *Axioma* ist eine Ansammlung von Geltungsbegriffen: Würde, Geltung, Ansehen, Ehre, Ruhm, Achtung, hoher Stand, die Angesehenen, allerdings auch Forderung, Verlangen, Anspruch sind darin enthalten. Es ist klar, daß die großen Redner wie Perikles oder Demosthenes und selbstverständlich auch Cicero in ihrem öffentlichen Sprechen sehr genau die Bedeutungsinhalte entmischen mußten, um nicht mißverstanden zu werden. Aber die gesellschaftliche Realität selbst gründet nicht auf Würde, die das menschliche Dasein in Abgrenzung von den übrigen Lebewesen definiert. Das Unbedingte, das im Begriff Axiom enthalten ist, wandert in den modernen Sprachen ab in die Naturwissenschaften und die Mathematik; das Unbegründbare, nicht weiter Ableitbare bleibt.

In einer Welt, in der religiöse Rituale und öffentliche Tugenden das Leben mit Zwecken besetzen, die vielfältig mit unbedingten Einstellungen verknüpft sind, ist die Formulierung von Geboten, die den Prinzipien des Tauschs, dem Wertvergleich und den Äquivalenten nahekommen, mit allergrößten Schwierigkeiten verknüpft. Die Römische Republik bis hin zu Caesar gab den öffentlichen Pflichten einen sehr hohen Rang. Man hat Cicero – wie ich meine, sehr treffend – als den »Republikaner ohne Republik« bezeichnet.[78] Er ist der Denker einer Erosionskrise: Die Republik tradiert noch ihre Tugenden, aber das gesellschaftliche Geschehen arbeitet dem Prinzipat und der Kaiserzeit zu. In einer solchen Situation wird man scharfsichtig für falsche Verbindungen und notwendige Trennungen. Ciceros ganzes Denken richtet sich darauf, den Tugenden der Römischen Republik ihre alte Geltung wieder zu verschaffen.

In seiner Schrift »De officiis« (»Vom pflichtgemäßen Handeln«) berichtet er von der schmählichsten Niederlage Roms im Kampf gegen Karthago, als Hannibal nach seinem Sieg bei Cannae zehn in Gefangenschaft geratene Römer zu Friedensverhandlungen an den Senat schickte, diese aber einen Eid schwören ließ, in sein Lager zurückzukehren. Neun kehrten ins feindliche Lager zurück; der zehnte zunächst auch, machte sich dann aber unter dem Vorwand, etwas vergessen zu haben, wieder auf nach Rom und blieb dort. »Durch Rückkehr ins Lager nämlich sei er von Eidespflicht befreit – so deutete er es, freilich zu Unrecht. Betrug nämlich streift Eidesband ab, löst ihn aber nicht ab. Es war also eine törichte Durchtriebenheit, die in verkehrter Weise Klugheit nachahmte.« Deshalb entschied der Senat, »daß jener gerissene und durchtriebene Kerl in Fesseln zu Hannibal gebracht würde«.[79]

Daß Eidleistungen auch dann gelten, wenn sie durch Gewaltandrohung zustande kommen oder, wie im Falle Hannibals, dem Feind gegenüber ausgesprochen werden, erregt die Bewunderung Ciceros: »Soviel bedeutete zu jener Zeit ein Eid.«[80] Aber dieses pflichtgemäße Handeln entstammt einem Traditionszusammenhang, der im Blick des Zeitkritikers Cicero immer stärker zerbröckelt. Möglicherweise deshalb sucht Cicero nach einer Rechtsquelle pflichtgemäßen Handelns, die in der Natur des Menschen selbst begründet ist. So wird der Mensch zum herausragenden Lebewesen in der Natur: Er unterscheidet sich in dem Maße von den Tieren und den tierischen Erbteilen in ihm selbst, also seiner Genußsucht und den regellosen Begierden, wie die Menschen durch pflichtgemäßes Handeln Würde gewinnen. In dieser Würde sind die aristotelischen Bestimmungen von Maß und Mitte enthalten; aber es werden nicht mehr nur die öffentlichen Tugenden auf das Wohl und Wehe des Gemeinwesens bezogen. » ... wenn wir bedenken wollen, eine wie überlegene Stellung und Würde in unserem Wesen liegt (quae sit in natura nostra excellentia et dignitas), dann werden wir einsehen, wie schändlich es ist, in Genußsucht sich treiben zu lassen und verzärtelt und weichlich, und wie ehrenhaft andererseits sparsam, enthaltsam, streng und nüchtern zu leben. ... Auch muß man einsehen, daß wir von der

Natur gleichsam mit zwei Rollen (Masken, personae) ausgestattet sind: die eine davon ist eine gemeinsame daher, weil wir alle teilhaftig sind der Vernunft und des Vorzugs, durch den wir uns auszeichnen vor den Tieren, von der alles Ehrenhafte und Schickliche hergeleitet und von der aus der Weg zur Auffindung des pflichtgemäßen Handelns gesucht wird; die andere aber, eine, die in besonderem Sinne den einzelnen zugeteilt ist. Wie es nämlich bei den Körpern sehr große Unterschiede gibt – die einen, so sehen wir, sind durch Schnelligkeit im Laufen, die anderen durch ihre Kraft zum Ringen gut, und ebenso haben andere in ihrer Erscheinung Würde (dignitatem in esse), wieder andere Schönheit (venustatem) ..., so zeichnen sich im Geist noch größere Verschiedenheiten ab.«[81]

Ganz abgesehen davon, daß Cicero hier zum ersten Mal die viel später von Schiller behandelte problematische Beziehung von Anmut und Würde anspricht, ist in den Pflichtenlehren dieses großen römischen Staatsmanns und Rhetors der Begriff menschlicher Würde zum ersten Mal ausdrücklich so definiert, daß er das wesentliche Unterscheidungsmerkmal, gleichsam den Existenzbeweis für die Sonderstellung des Menschen im Vergleich zu allen anderen Lebewesen bezeichnet. Kant geht zwar noch einen Schritt über Cicero hinaus, indem er pflichtgemäßes Handeln noch der Sinnenwelt einverleibt und erst das Handeln aus Pflicht in die Selbstgesetzgebung des freien und autonomen Subjekts setzt, aber der Kampf um eine Selbstdefinition des Menschen, in der das Unbedingte, das Reich der Zwecke gegenüber der sich ausbreitenden Macht der Mittel und der austauschbaren Machttechniken geltend gemacht wird, spannt sich in einem weiten Bogen von Cicero bis Kant. Die Frage nach dem, was in der diesseitigen Welt das Unveräußerliche und die Lebenszwecke ausmacht, radikalisiert sich in dem Maße, wie Naturbeherrschung und wirtschaftliches Handeln die Austauschbarkeit von Dingen und Menschen beschleunigen und allmählich sich im Reich der Zwecke einnisten.

Auch in diesem Kampf um Maßverhältnisse im Reich der Zwecke und um den Selbstwert der Menschen gibt es viele Ungleichzeitigkeiten. Marcus Tullius Cicero (106 v. Chr. geboren, 43 v. Chr. auf Geheiß seines politischen Gegners Marcus Antonius ermordet) steht in seinem Denken Immanuel Kant viel näher als der große Staatsphilosoph der modernen bürgerlichen Gesellschaft Thomas Hobbes (1588–1679), der siebzehnhundert Jahre nach Cicero, aber nur gut hundert Jahre vor Kant seine Pflichtenlehren aus naturrechtlichen Vertragstheorien ableitet. Hobbes macht die von Cicero markierte Trennung zwischen den pflichtgemäßen Tugenden, die auf Kompromissen beruhen, und der Würde, dem aufrechten Gang der Menschen, die einen ganz anderen Legitimationsgrund hat, wieder rückgängig. »Die Geltung (*value*) oder der Wert (*worth*) eines Menschen ist wie der aller anderen Dinge sein Preis. Das heißt, er richtet sich danach, wieviel man für die Benützung seiner Macht bezahlen würde, und ist deshalb nicht absolut, sondern von dem Bedarf und der Einschätzung eines anderen abhängig. Ein fähiger Heerführer ist zur Zeit eines herrschenden oder drohenden Krieges sehr teuer, im Frieden jedoch nicht. Ein gelehrter und unbestechlicher Richter ist in Friedenszeiten von hohem Wert, hingegen nicht im Krieg. Und wie bei anderen Dingen, so bestimmt auch bei den Menschen nicht der Verkäufer den Preis, sondern der Käufer.«[82]

Zweierlei wird im »Leviathan«, der 1651 veröffentlichten Staatstheorie von Hobbes, deutlich: Zum einen bestimmen Angebot und Nachfrage, die Begriffswelt des Marktes, die Wertrelationen, in die der einzelne Mensch eingebunden ist. Zum anderen wird, ganz im Gegensatz zu Cicero, die Sinnenausstattung des Menschen eingeordnet in eine Dingwelt, die den Menschen und seine Wertbestimmungen überhaupt nicht mehr in eine Sonderstellung bringt. Diese trägt er nicht als Mensch in sich, sondern sie wird ihm von anderen verliehen. So ist Würde, *dignity, dignitas*, nichts weiter als ein öffentlicher Wert, den der Staat, dieser Leviathan oder *deus mortalis*, wie Hobbes ihn nennt, dem einzelnen verliehen hat. »Der öffentliche Wert eines Menschen, nämlich der Wert, der ihm vom Staat beigemessen wird, wird gewöhnlich Würde (*dignity*) genannt. Unter dieser Wertschätzung durch den Staat werden obrigkeitliche und richterliche Ämter, öffentliche Stellungen oder Bezeichnungen und Titel verstanden, die zur Auszeichnung eines solchen Wertes eingeführt worden sind.«[83] Ehre und Würde stehen nur dem zu, der Macht hat. Indem wir uns ehren und wertschätzen, taxieren wir das gesellschaftliche Machtgefüge, in das der einzelne eingebunden ist.

»Das Kundtun des Werts, den wir uns gegenseitig beimessen, nennt man gewöhnlich ehren (*to honour him*) und entehren. Jemanden hoch einschätzen heißt ihn ehren, ihn niedrig einschätzen heißt ihn entehren. Hoch und niedrig ist in diesem Falle aber als Vergleich mit dem Rang zu verstehen, den jedermann sich selbst beilegt.«[84] *Dignity* (Würde) hat bei Hobbes keinen Eigenwert der Person; sie ist vielmehr eingebunden in Macht und Herrschaft. Wer keine Macht hat, dem fehlt Anerkennung und auch Würde. So entwickelt Hobbes eine merkwürdige Konstruktion, die das Fundament der Ehrbegriffe und der Würde darstellen soll. »Einen anderen um die Hilfe irgendeiner Art bitten heißt ihn ehren, da dies ein Zeichen unserer Meinung ist, es stehe in seiner Macht zu helfen, und je schwieriger die Hilfe ist, desto größer ist die Ehre. Gehorchen heißt ehren, denn niemand gehorcht Leuten, von denen er annimmt, daß sie keine Macht haben ihm zu helfen oder zu schaden, und folglich heißt nicht gehorchen entehren.«[85] Hobbes löst die Begriffe *dignity* und *honour* (Würde und Ehre) in zwei Teile auf, die durchaus Gespaltenheit im damaligen Entwicklungsstadium der bürgerlichen Gesellschaft ausdrücken: Ehre und Würde gehören entweder zur Welt des bürgerlichen Warenverkehrs, in der Marktwerte gelten, oder sie sind durch den Staat verliehene Amtswürden.

Die Philosophie von Hobbes zeigt neue Mischungsverhältnisse in den Tugendkatalogen: Im Gesellschaftsvertrag, der die Überlebensprinzipien der Menschen festlegt, sind absolute Tugenden nicht mehr aufzufinden; sie sind eingebunden in einen Herrschaftsvertrag, der den Frieden erst sichern muß und den Individuen alle ihnen von Natur zustehenden Freiheiten und subjektiven Rechte wiederum nimmt. Den Warentausch und die gegenseitige Anerkennung der Menschen über den wechselnden Marktwert, der sich im Preis ausdrückt, vermag die Wolfsnatur (*homo homini lupus*) – der Krieg aller gegen alle, wie Hobbes diesen gesellschaftlichen Naturzustand beschreibt – nur durch Entmächtigung der Menschen zu sichern und durch die Übertragung der absoluten Gewalt an den Staat, den *deus mortalis*, den sterblichen Gott.

Macht und Sprache spielen in diesem Zusammenhang bei Hobbes eine zentrale Rolle: Eine Hauptfunktion der Sprache liegt für Hobbes darin, daß die Menschen Befehle verstehen. Die Sprache selbst ist mit den Bedeutungsgehalten der Worte und Begriffe so sehr in den gesellschaftlichen Interessenzusammenhang eingegliedert, daß die Frage nach unbezweifelbaren, den Erfahrungen vorgelagerten Ideen oder Substanzen oder Verpflichtungen aus dem Erkenntnishorizont von Hobbes ganz verschwunden ist.»Deshalb muß man beim Denken auf Wörter achten, die nicht nur die Vorstellung bezeichnen, die wir von ihrer Natur haben, sondern auch Natur, Neigung und Interessen dessen, der sie ausspricht, wie zum Beispiel die Namen von Tugenden und Lastern. Denn der eine nennt Weisheit, was der andere Furcht nennt, der eine Grausamkeit, was der andere Gerechtigkeit, der eine Verschwendung, was der andere als Großzügigkeit, der eine Würde, was der andere als Albernheit bezeichnet usw.«[86]

Das zu definieren und zu begründen, was außerhalb der Machtsphäre liegt und in den Nutzenschätzungen des Marktwertes nicht aufgeht, ist ein wesentliches Antriebsmoment der rationalen Naturrechtslehren. Über zweihundert Jahre hinweg bereiten sie die Bürger- und Menschenrechtsdeklarationen der modernen Geschichte vor, indem sie den Begriff der Würde und die Sachverhalte, die sich mit ihm verknüpfen, in konkrete moralische und rechtliche Ausprägungen auseinanderlegen und fixieren. Im deutschen Sprachraum lassen sich bis ins achtzehnte Jahrhundert Wert und Würde nur schwer voneinander trennen: Im Mittelhochdeutschen heißt es wirde, werde, im Althochdeutschen wirda, wirdi; es ist das Abstraktum zu Wert, also eigentlich Wert, Wertsein. Würde ist demnach ursprünglich verwandt mit Preisen, mit dem mittelhochdeutschen Wert und dem althochdeutschen Werd, Werpa = Wert, Preis, Kostbarkeit. So ist der Würdenträger derjenige, dem ein besonderer Wert zukommt.

In dem Maße nun, wie die Wertbestimmungen der Ökonomie im Zusammenhang der sich ausbreitenden Warenproduktion immer stärker den Lebenszusammenhang der Menschen erfassen, wird der Substanzbegriff »Würde« zunehmend aus dem Macht- und Herrschaftsgeflecht der Gesellschaft gelöst und ins Innere der Menschen verpflanzt. Die Würdenträger im Staatsaufbau bleiben zwar noch lange erhalten, aber Würde gewinnt in den angereicherten Bindungen zu Pflicht, der Moral, den Rechtsverhältnissen und der Idee der Menschheit eine ganz andere Dimension. Immanuel Kant, der sich in immer neuen Wendungen und Begründungen der Frage der Würde annimmt, formuliert in seiner Philosophie die radikalste Position dieser Würdedefinition, die ganz aus der Erscheinungswelt herausgenommen ist – nicht nur aus den Macht- und Herrschaftsverhältnissen der sogenannten Würdenträger, sondern menschlicher Sinnentätigkeit überhaupt.

Die deutlichste Aussage Kants, mit der er wohl auch auf Abgrenzung zum Hobbesschen Denken bedacht war, an dem er sich häufig gerieben hat, findet sich in der »Grundlegung zur Metaphysik der Sitten«. Die Vernunft, sagt Kant, bezieht die Maximen des Willens als allgemein gesetzgebend auf jeden anderen Willen und auch auf jede Handlung gegen sich selbst, und das nicht um irgendeines anderen praktischen Beweggrundes oder künftigen Vorteils willen, »sondern aus der Idee der Würde eines vernünftigen Wesens, das keinem Gesetz gehorcht, als dem, was es zugleich selbst gibt. ... Im Reiche der Zwecke hat alles entweder einen Preis, oder eine Würde. Was einen Preis hat, an dessen Stelle kann auch etwas anderes als Äquivalent gesetzt werden; was dagegen über allen Preis erhaben ist, mithin kein Äquivalent verstattet, das hat eine Würde. Was sich auf die allgemeinen menschlichen Neigungen und Bedürfnisse bezieht, hat einen Marktpreis; das, was auch ohne ein Bedürfnis vorauszusetzen, einem gewissen Geschmacke, d. i. einem Wohlgefallen am bloßen zwecklosen Spiel unserer Gemütskräfte, gemäß ist, einen Affektionspreis; das aber, was die Bedingung ausmacht, unter der allein alles Zweck an sich selbst sein kann, hat nicht bloß einen relativen Wert, d. i. einen Preis, sondern einen inneren Wert, d. i. Würde.«[87]

Oder um den Abschnitt »Von der Kriecherei« in seiner »Metaphysik der Sitten« zu zitieren: »Allein der Mensch als Person betrachtet, d. i. als Subjekt einer moralisch-praktischen Vernunft, ist über allen Preis erhaben; denn als ein solcher ... ist er nicht bloß als Mittel zu anderer ihrem, ja selbst seinen eigenen Zwecken, sondern als Zweck an sich selbst zu schätzen, d. i. er besitzt eine Würde (einen absoluten inneren Wert), wodurch er allen anderen vernünftigen Weltwesen Achtung für ihn abnötigt, sich mit jedem anderen dieser Art messen und auf den Fuß der Gleichheit schätzen kann.«[88]

Kant verbietet deshalb nicht nur den Selbstmord, der die Vernichtung des eigenen Körpers ja als Mittel für außerhalb liegende Zwecke benutzt, sondern er macht die Selbsteinschätzung und Selbstachtung zur Grundlage der Achtung anderer Menschen.«... diese Selbstschätzung ist Pflicht des Menschen gegen sich selbst.«[89] Weil nichts mehr vor dem Zugriff der Mittelverwendung sicher ist, Standhaftigkeit, Tapferkeit, Ehre, Treue, Eidversicherungen, die ganzen Tugendkataloge, die noch bei Plato, Aristoteles, Cicero die griechisch-römische Welt der Zwecke bevölkerten, werden Freiheit, Autonomie, Mündigkeit, Selbstgesetzgebung der vernünftigen Lebewesen aus den sinnlichen Verunreinigungen der sich ausdehnenden Welt der Mittel und des Tausches herausgelöst. Das moralische Gesetz in mir ist selbst der Begründungslogik nicht zugänglich; es ist ein Faktum der Vernunft. In der »Dritten Antinomie«, die in der »Kritik der reinen Vernunft« abgehandelt wird, führt Kant den Nachweis, daß Freiheit und Kausalität sich nicht widersprechen; Freiheit läßt sich nicht beweisen, aber wir haben durch das Moralgesetz einen Erkenntnisgrund für die Freiheitsfähigkeit des Menschen. Daß wir im Widerspruch zu allen Sinnenmotiven handeln können, zeigt, daß das moralische Gesetz eine Art *ratio cognoscendi* unserer Freiheit ist. Es verweist auf die Freiheitsfähigkeit vernünftiger Lebewesen. Freiheit selbst allerdings ist die *ratio essendi*, also der Seinsgrund des Sittengesetzes.

Die Moralphilosophie Kants kreist, bevor sie in der »Kritik der praktischen Vernunft« von 1788 ihre abschließende Gestalt erhält, um drei Begriffe: Freiheit, Autonomie und Würde. Soweit wir das aus den Nachlaßtexten erkennen können, sind die moralphilosophischen Überlegungen Kants in zahllosen, gleichsam experimentellen Formulierungen, wie sie sich in Vorlesungsmanuskripten, Briefen und Notizen finden, immer wieder auf die inhaltliche Ausfüllung dieser drei Begriffe gerichtet. Noch in der »Grundlegung zur Metaphysik der Sitten« aus dem Jahr 1785 ist unschwer zu erkennen, wie Kant daran arbeitet, diese drei Begriffe aus den Kausalitätsverwicklungen der empirischen Welt herauszuziehen, ohne sie gleichzeitig zu unverbindlichen Ideen zu verflüchtigen und ihnen dadurch die Eignung als Fundamente des »Reichs der Zwecke« zu nehmen. Denn darum geht es Kant: dem überwältigenden Druck im Reich der bloßen Mittel, das durch die sichtbare Ausweitung der Warenproduktion und des Tauschs die Menschen immer stärker in den Bann schlägt, durch Gesetze zu begegnen, die auf Freiheit beruhen, aber dieselbe Verbindlichkeit haben wie Naturgesetze. Nimmt man Freiheit jedoch ganz in den Verknüpfungszusammenhang der empirischen, das heißt naturgesetzlich bestimmten Realität zurück, dann wird sie ihrer eigentlichen menschlichen Substanz beraubt. Der Versuch, das Freiheitsproblem zu lösen, zwingt Kant dazu, das aus der Geschichte der Philosophie bekannte Begriffspaar Wesen und Erscheinung, *mundus intelligibilis* und *mundus sensibilis,* aus der subjektverlassenen Ontologie zu lösen und in die Grundausstattung der modernen Subjektivität zu transponieren. Die Spaltung des Subjekts in einen intelligiblen und einen empirischen Charakter bildet die Grundlage für die Unterscheidung zwischen Ding an sich und Erscheinungen.

Daß die Welt des Intelligiblen vor allem die von den Menschen selbst geschaffene Welt ist, die des moralischen Handelns und der Rechtsverhältnisse, läßt die Abhandlung »De mundi sensibilis atque intelligibilis forma et principiis (Von der Form der Sinnen- und Verstandeswelt und ihren Gründen)«, die Kant 1770 anläßlich seiner Berufung zum ordentlichen Professor der Logik und Metaphysik öffentlich verteidigte, überhaupt noch nicht erkennen. Erst in der »Kritik der reinen Vernunft« von 1781 behandelt er das Freiheitsproblem systematisch und rückt es – wie im Lösungsansatz für die »Dritte Antinomie« – ins Zentrum seiner Zweiteilung der Welt. In dem Gedanken Kants, daß es zwei radikal verschiedene Formen der Kausalität gibt, liegt ein gewisses Pathos. Eine Kausalität sieht er im Naturzusammenhang, wo ein Ereignis dem anderen nach einer zwingenden Regel folgt und Zufälliges nur die Aufforderung enthält, die Erfahrungswelt weiter zu erforschen. Hier gibt es nichts, was absolut neu anfängt. Als damit vereinbar betrachtet Kant aber eine Kausalität, in der Dinge und Ereignisse, die keine Verbindung zu Vorherigem haben, absolut neu angestoßen und in die Welt gesetzt werden. Das bezeichnet er als die »Kausalität aus Freiheit«. So gibt Kant der aus der antiken Philosophie stammenden Idee vom »Ersten Beweger« eine ganz andere Bedeutung; diesen Ersten Beweger gibt es, aber er sitzt nicht außerhalb der Welt, sondern es ist der Mensch selbst, der seine Welt nach Gründen gestaltet, die ihm seine Vernunft ermöglicht.

Mit äußerster Vorsicht und Skepsis begegnet Kant allen, die der Freiheit eine komplette empirische Verkleidung verschaffen wollen; die »Wirklichkeit der Freiheit« ist nicht zu beweisen.[90] »Ferner haben wir auch gar nicht einmal die Möglichkeit der Freiheit beweisen wollen.«[91] »... daß Natur der Kausalität aus Freiheit wenigstens nicht widerstreitet, das war das einzige, was wir leisten konnten, und woran es uns auch einzig und allein gelegen war.«[92] Freiheit ist also ein transzendentaler Gegenstand, ein »Ding an sich selbst«[93], und transzendentale Gegenstände und das »Ding an sich« gehören zu jener noumenalen Welt, die nicht ein bloßes Jenseits der Erscheinungswelt ist. Es sind Funktionsbegriffe oder Grenzbegriffe, die nicht aus Erfahrung stammen, aber gleichwohl in ihrer Bedeutung einzig und allein auf Bedingungen möglicher Erfahrungen sinnhaft bezogen sind. So ist auch Freiheit als »Ding an sich«, als transzendentaler Gegenstand, nicht erkennbar und schon gar nicht beweisbar, aber deshalb nicht etwas Transzendentes, Jenseitiges der Welt. Sehr merkwürdig ist die Konstruktion, die Kant mit dem Ding an sich, soweit es die Freiheit betrifft, im Sinn hat. Kant gibt diesem Ding an sich verschiedene Namen. Er nennt es ein »Etwas = x, wovon wir gar nichts wissen, noch überhaupt (nach der jetzigen Einrichtung unseres Verstandes) wissen können ...«[94] Oder er erklärt: »Der Begriff eines Noumenon ist also bloß ein Grenzbegriff, um die Anmaßung der Sinnlichkeit einzuschränken, und also nur von negativem Gebrauche. Er ist aber gleichwohl nicht willkürlich erdichtet, sondern hängt mit der Einschränkung der Sinnlichkeit zusammen, ohne doch etwas Positives außer dem Umfange derselben setzen zu können.«[95] Das ist der entscheidende Punkt: Freiheit als transzendentaler Gegenstand bezeichnet jenen Begriff, der der Allgewalt der Sinnenwelt Grenzen setzt. Darin liegt das eigentliche Vernunftinteresse. »Denn, sind Erscheinungen Dinge an sich selbst, so ist Freiheit nicht zu retten. Alsdenn ist Natur die vollständige und an sich hinreichend bestimmende Ursache jeder Begebenheit, und die Bedingung derselben ist jederzeit nur in der Reihe der Erscheinungen enthalten ...«[96]

Das Freiheitsvermögen, daß der Mensch anders handeln kann als nach Gesetzen der Natur, ist die eigentliche Grundlage für die

Unterscheidung zwischen intelligibler und empirischer Welt, zwischen intelligiblem und empirischem Charakter, zwischen Denkungsart und Sinnenart – wenn man es politisch verlängern will, kann man sagen, zwischen Citoyen und Bourgeois. Woher wissen wir, daß eine empirisch feststellbare Handlung auf Kausalität aus Freiheit zurückgeht? Das können wir nicht wissen, sagt Kant eindeutig. Wie sich sinnliche Anreize in eine solche Kausalität einmischen, ist durch Erkenntnis, die ja immer Sinnlichkeit und Verstand einschließt, nicht mit absoluter Sicherheit zu bestimmen. Aber wir haben im Alltagsverhalten eine Idee davon, was sein sollte, selbst wenn alle Bedingungen dafür sprechen, daß der Mensch nicht den geringsten Spielraum gehabt hat, sich frei zu entscheiden. Es ist eine Grundeinstellung vernunftbegabter Lebewesen, anders handeln zu können und handeln zu sollen als am Leitfaden der Natur, wie Kant das für die Tiere für angemessen hält.

»Dieser intelligible Charakter könnte zwar niemals unmittelbar gekannt werden, weil wir nichts wahrnehmen können, als sofern es erscheint, aber er würde doch dem empirischen Charakter gemäß gedacht werden müssen, so wie wir überhaupt einen transzendentalen Gegenstand den Erscheinungen in Gedanken zugrunde legen müssen, ob wir zwar von ihm, was er an sich selbst sei, nicht wissen.«[97] So kommt Kant immer wieder auf den Gedanken zurück: Was unterscheidet den Menschen eigentlich grundlegend von Lebewesen der Natur, welchen instinktgesicherten Verhaltensweisen folgt er? Es ist ausschließlich das Sollen, die Fähigkeit, neben dem Reich der Natur und der jederzeit austauschbaren Mittel, mit denen empirisch Kausalitäten neu kombiniert werden können, ein autonomes Reich der Zwecke aufzubauen, das sich solcher Mittel durchaus bedient, aber darin nicht begründet ist. Nur Menschen können aus bloßen Begriffen handeln; nur sie verfügen über ein Vermögen, das »unbedingte Bedingung« aller Handlungen sein kann, also eine Reihe von Begebenheiten von selbst anzufangen, ohne sich als bloßes Moment in der Zeitreihe der Erscheinungen begreifen zu müssen. »Das Sollen drückt eine Art von Notwendigkeit und Verknüpfung mit Gründen aus, die in der ganzen Natur sonst nicht vorkommt. ... Es ist unmöglich, daß etwas darin anders sein soll. ... Wir können gar nicht fragen: was in der Natur geschehen soll; ebenso wenig als: was für Eigenschaften ein Zirkel haben soll ...«[98]

Aber je klarer und schärfer die Welt der Freiheit, des Dings an sich, des Noumenons von der Welt der Erscheinungen, der Naturkausalitäten und des empirischen Verhaltens getrennt ist, desto schwieriger wird es für Kant, diese zwei Wirklichkeitsschichten wieder miteinander zu vermitteln, denn Ding an sich und Freiheit als transzendentale Gegenstände sind ja notwendig auf die Erscheinungswelt bezogen und konstituieren sie deshalb auch. Wie Sinnlichkeit und Verstand wieder zueinander kommen, hat er im berühmt-berüchtigten Schematismus-Kapitel der »Kritik der reinen Vernunft« als schlechthin unentzifferbar bezeichnet: Es sei eine »verborgene Kunst in den Tiefen der menschlichen Seele, deren wahre Handgriffe wir der Natur schwerlich jemals abraten, und sie unverdeckt vor Augen legen werden«.[99] Aber die moralphilosophische Seite dieses Sachverhalts läßt solche Vertröstungen der Erkenntnis nur schwer zu.

Daß ein Rest der Zurechenbarkeit bleibt, ist gewiß ein humaner Aspekt der Moralphilosophie, die in empirischen Handlungen nicht aufgeht; deshalb rückt Kant den guten Willen so ins Zentrum der nicht-empirischen Begründungen von Handlungen, daß hier Wirkungen und Nützlichkeit und Motive am entschiedensten abgewehrt werden. Temperament, Charakter, Talente, selbst gute Handlungen verlieren ihre moralische Qualität, wenn dahinter nicht ein Vernunftwille steht. »Die eigentliche Moralität der Handlungen (Verdienst und Schuld) bleibt uns daher, selbst die unseres eigenen Verhaltens, gänzlich verborgen. Unsere Zurechnungen können nur auf den empirischen Charakter bezogen werden. Wieviel aber davon reine Wirkung der Freiheit ist ..., kann niemand ergründen, und daher auch nicht nach völliger Gerechtigkeit richten.«[100]

Selbst wenn jedoch diese hinreichende Zurechnung der moralischen Handlungen zur Freiheit als ihrer substantiellen Kraft nicht vollständig gelingen kann, ist das Problem einer Verbindung von empirischer und intelligibler Welt, der Welt der Mittel und der Welt der Zwecke, noch keineswegs gelöst; Kant bedarf einer zweiten Konstruktion, um die Freiheit aus der Willkürsphäre des Handelns und den empirischen Anreizen herauszunehmen. Nur das ist wirklich das andere der Natur, was auf autonomer Gesetzgebung der Menschen beruht: Deshalb betrifft der zweite Problemkomplex das, was bei ihm Autonomie ist, Mündigkeit, Selbstgesetzgebungskraft der Menschen. Nur wenn entscheidungsfähige Vernunft den Mut hat, von den durch Natur verliehenen menschlichen Gesetzgebungskräften Gebrauch zu machen, läßt sich ein Zusammenhang im Reich der Zwecke herstellen, in dem die Selbstverpflichtung der Menschen, sich im Umgang mit sich selbst und mit anderen vernunftbegabten Lebewesen nicht wie Tiere zu verhalten, Allgemeinheit und Notwendigkeit so festlegt, wie es bei Naturgesetzen der Fall ist. Hierbei müssen aber menschliche Handlungen im Spiel sein, weil der empirische Charakter nach Kant ja weitgehend eingebunden ist in die Sinnenwelt, die selbst durch »freie Willkür des Menschen« nicht aufgehoben wird. Worauf beruht deshalb Autonomie, diese Kraft des Menschen, sich selbstgesetzten Ordnungen im Umgang mit sich selbst und mit anderen Menschen verpflichtend zu unterwerfen?

Kant hat in seiner kleinen Schrift »Beantwortung der Frage: Was ist Aufklärung?«[101] Mündigkeit als das bestimmt, was den Ausgang aus der selbstverschuldeten Abhängigkeit des unmündigen Menschen bezeichnet. Habe Mut, dich deines eigenen Verstandes ohne Anleitung eines anderen zu bedienen, lautet seine Forderung. Aber worauf beruht die Mündigkeit eines Menschen, der sich von den Kausalitätsverwicklungen der empirischen Welt abkoppeln und in den Stand eines gesetzgebenden Lebewesens erheben kann? Empirische Gründe darf es dafür nicht geben, weil er damit sofort von äußerlichen und das heißt durch Kausalverhältnisse bestimmten Bedingungen motiviert ist. Aber Kant weiß sehr genau – darin ist er pragmatisch handelnder und bewußter Bürger –, daß die weiche Materie innerer Motive irgendwann auf ein Äußeres stößt, wodurch die moralischen Zwecke in Verwicklung zu den keineswegs auf gutem Willen beruhenden Mitteln treten.

Der Bürger Kant ist sich bewußt, daß die strikte Zweiteilung der Welt in Erscheinungen und Ding an sich, in mannigfache Kausalitätsverwicklungen und guten Willen in der erfahrbaren Welt nicht durchzuhalten ist. Autonomie als eine Art transzendentales Vermögen auf der Grundlage menschlicher Freiheitsfähigkeit einerseits und Selbständigkeit eines Mitglieds des gemeinen Wesens andererseits als eines Bürgers, der Mitgesetzgeber ist, sind zwei verschiedene, aber doch wiederum miteinander verschränkte Tatbestände. An der Argumentation über den Zusammenhang dieser Tatbestände arbeitet sich Kant ab. Für die praktische Philosophie Kants ist charakteristisch, daß er bei der Frage, was Selbständigkeit eines Gliedes des gemeinen Wesens als eines Bürgers, das heißt eines Mitgesetzgebers, bedeutet, in große Definitionsschwierigkeiten gerät; denn Kant erkennt sehr wohl die Zeichen der Zeit, die darauf hinweisen, daß der überlieferte und durch Tradition vorgegebene Besitzstand nicht mehr die einzige Grundlage für jene Formen der Selbstgesetzgebung sein kann, welche die Mündigkeit des Citoyen, des Staatsbürgers, im Unterschied zum bloßen Stadtbürger, dem Bourgeois, ausmacht. Er benutzt diese beiden Begriffe auch, um den bloßen Schutzgenossen, also den Stadtbürger, von jenem zu unterscheiden, der legitimerweise seine mit Selbständigkeit verknüpfte Autonomie nutzen darf, um Gesetze über sich selbst und damit über die anderen zu beschließen.

An sich gilt Kant der rechtlich gesicherte Besitz, also die Verfügung über Eigentum, als die Substanz von Selbständigkeit und die Formveränderung an dieser Substanz gleichsam als bloßes Akzidenz. Lebendige Arbeit versteht er also als eine Tätigkeit, die das Wesen der Dinge nicht grundlegend verändert und auch Rechtspositionen nicht neu festlegt, jedenfalls wenn man seiner Rechtsphilosophie folgt.[102] Kant sieht aber, daß es sich dabei um einen feudalen Standpunkt handelt, daß die glücklichen Erstbesitzer (*beati possidentes*) die einzigen sind, welche die Befugnis zur Gesetzgebung haben. Das jedoch widerspricht völlig seinem Gleichheitspostulat, selbst wenn man in Rechnung stellt, daß er zwei natürliche Ausschlußgründe für diesen Gesetzgebungsstatus annimmt: Kinder und Frauen.

Damit der Staatsbürger sein Freiheitsvermögen durch Autonomie in moralische und rechtliche Gesetzgebung umformen kann, fordert Kant als empirische Voraussetzung, »daß er sein eigener Herr (sui iuris) sei, mithin irgendein Eigentum habe (wozu auch jede Kunst, Handwerk, oder schöne Kunst, oder Wissenschaft gezählt werden kann), welches ihn ernährt«.[103] Wie groß das Eigentum sein muß, damit es die Subsistenzgrundlage für ihn und seine

Familie schaffen kann, das ist Kant gleichgültig. Hier sei der Kunstverwandte, der Wissenschaftler, der große und kleine Gutseigentümer, nämlich jeder nur zu einer Stimme berechtigt.

Die eigentlichen Schwierigkeiten mit Kants Begriff von Mündigkeit, Autonomie und Selbständigkeit bestehen nun darin, daß die Besitzer oder gar Eigentümer eines bloßen Arbeitsvermögens, über das sie mit zunehmender Gewerbefreiheit und wachsender Industrialisierung frei verfügen können, aus dem Reich der Zwecke weder ausgegliedert werden können noch unter Autonomiegesichtspunkten selbstverständlicher Bestandteil davon sind. Sich selbst als Mittel zu benutzen, um einem anderen zu Willen zu sein, also als Person in einen Tauschverkehr zu treten, ist ja für Kant die eigentliche Verletzung der Würde, von der er unentwegt wiederholt, daß sie keinen Preis habe. Die Achtung gegen sich selbst ist Grundlage der Achtung anderer; Achtung der Menschheit in der eigenen Person ist *eine* Ausdrucksform des kategorischen Imperativs. Eine andere schreibt vor, daß Menschen untereinander nie bloß als Mittel, sondern immer zugleich als Selbstzweck betrachtet werden müssen.

Durch Berichte englischer Kaufleute, durch Bücher und Zeitungen, die Reisende mitbringen und über die an seiner Tafel geredet wird, hat Kant eine Vorstellung davon, wie in England der Kapitalismus fortschreitet. Es scheint unwahrscheinlich, daß er über das Lebensschicksal einer wachsenden Klasse von Lohnabhängigen nicht informiert war. Seine Reflexionen über die Bedeutung von Fleiß und Geld für den Austauschverkehr zeigen, daß er die Ideen von Adam Smith gekannt hat. In den Kantschen Werken finden sich nur wenige Stellen, an denen Definitionsversuche, die grundsätzliche Bedeutung anzeigen, abgebrochen werden, weil die empirische Welt mit der intelligiblen nur ganz schwer vereinbar ist. Ein Beispiel ist der Versuch, die Bedeutung von Lohnarbeit für die Herstellung von Selbständigkeit zu definieren.»Derjenige, welcher ein Opus verfertigt, kann es durch Veräußerung an einen anderen bringen, gleich als ob es sein Eigentum wäre. Die prestatio operae [*prestatio* bedeutet Gewährleistung, O. N.] aber ist keine Veräußerung. Der Hausbediente, der Ladendiener, der Taglöhner, selbst der Friseur, sind bloße Operarii [Arbeiter, Taglöhner, Handlanger, O. N.], nicht Artifices [in weiterer Bedeutung des Wortes, also Künstler, Werkmeister, O.N.], und nicht Staatsglieder, mithin auch nicht Bürger zu sein qualifiziert.«[104] Kant ist sich der Trennschärfe dieser Definition keineswegs sicher. Er vermischt feudale Dienstleistungsarbeiten mit dem, was er unter einem Lohnarbeitsverhältnis versteht.»Obgleich der, welchem ich mein Brennholz aufzuarbeiten, und der Schneider, dem ich mein Tuch gebe, um daraus ein Kleid zu machen, sich in ganz ähnlichen Verhältnissen gegen mich zu befinden scheinen, so ist doch jener von diesem, der Friseur vom Perückenmacher (dem ich auch das Haar dazu gegeben haben mag), also wie Taglöhner vom Künstler oder Handwerker, der ein Werk macht, das ihm gehört, solange er nicht bezahlt ist, verschieden. Der letztere, als Gewerbetreibender, verkehrt also sein Eigentum mit dem anderen (opus), der erstere den Gebrauch seiner Kräfte, den er einem anderen bewilligt (operam).«[105] Kant macht einen Gedankenstrich und erklärt dann – »es ist, ich gestehe es, etwas schwer, die Erfordernis zu bestimmen, um auf den Stand eines Menschen, der sein eigener Herr ist, Anspruch machen zu können«.

Freiheit, Autonomie und Würde sind im Denken Kants so zentral mit dem Persönlichkeitskern des Menschen verbunden, daß selbst Vernunft nur als Mittel für dieses Reich der Zwecke verstanden wird. »Ohne Vernunft kann ein Wesen nicht Zweck an sich selbst sein; denn es kann sich seines Daseins nicht bewußt sein, nicht darüber reflektieren. Aber Vernunft macht noch nicht die Ursache aus: Da der Mensch Zweck an sich selbst ist, hat er Würde, die durch kein Äquivalent ersetzt werden kann. Die Vernunft aber gibt uns nicht die Würde.«[106]

Ich kehre zum Anfang dieses Exkurses zurück. Pachom und Faust sind die Grenzsetzungen durch kulturelle Zwecke, also die Steuerungsfähigkeit ihrer Lebensverhältnisse, verlorengegangen, und für beide hat dieser Verlust tödliche Folgen. In beiden Fällen vernichtet die Natur alles Erworbene, indem sie die Maßverhältnisse, die sich in Abstraktionen verloren hatten, auf einfache Naturmaße reduziert. Durch die Maßlosigkeit und Steuerungsarmut wird alles vernichtet, was lebendige Arbeit an Kulturproduktionen hinterlassen könnte; Ziele und kulturelle Zwecke werden genauso abstrakt und entziehen sich der lebendigen Tätigkeit wie das, was mir Autonomie und aufrechter Gang verschaffen könnte. Wieviel Erde braucht der Mensch, um so leben zu können, daß er diese Erde kultivieren und als gesicherte Grundlage seiner Autonomie bewahren kann? Das ist die entscheidende Frage für jeden Kulturzusammenhang, der sich in dem Maße Haltbarkeit und Dauer verschafft, wie er die Naturzwecke respektiert und doch Grenzen der Machbarkeit und der Verfügung festlegt. Würde, aufrechter Gang sind die eine Seite einer solchen Kulturentwicklung – die Pflege und Sorgfalt im Umgang mit lebendiger Arbeit der Menschen ist die andere, nicht weniger wichtige Seite. Auf beide stößt der starre Verfügungsblick in den wechselnden Formen von Tausch und Gewalt.

Kurz bevor ihn die Sorge mit Blindheit schlägt, sinniert Faust über den letzten freien Platz, der nicht sein eigen ist, jenen Platz, den Philemon und Baucis besitzen: »Die Linden wünscht' ich mir zum Sitz, Die wenig Bäume, nicht mein Eigen, Verderben mir den Weltbesitz!« Die Wunderwerke sind bereits alle vollbracht; es geht jetzt nicht mehr um zusätzlichen Erwerb, sondern um das Brechen des Eigensinns anderer, man kann auch sagen: Die Würde, die keinen Preis hat, ist zum eigentlichen Feind Fausts geworden. »Das Widerstehn, der Eigensinn Verkümmern herrlichsten Gewinn, Daß man, zu tiefer, grimmiger Pein, Ermüden muß, gerecht zu sein.« Die beiden Alten, Philemon und Baucis, drücken das aus, was Kant unter Würde versteht. Sie wollen dort sterben, wo sie gelebt haben, und das hat keinen Preis.

Nun gibt es in der großen Philosophie auch immer wieder die Neigung, dem endlos scheinenden Abstraktionsüberhang von Spekulationen und theoretischen Streitigkeiten, der den vernünftigen und begrenzbaren Rahmen des praktischen Lebenssinns aufsprengt, dadurch zu begegnen, daß entschlossen auf lebendige Arbeit, auf den pfleglichen Umgang mit Natur und den eigenen Kräften verwiesen wird. Kants Schlußsätze aus der Schrift »Träume eines Geistersehers« von 1766 sind prototypisch für einen solchen Ausweg, der eine Lösung verspricht. Der Maßlosigkeit im Spekulieren darüber, was die Menschen in einem jenseitigen Reich zu erwarten haben, wenn sie sich ihre Verdienste hier anrechnen wollen, und wie die Zukunft der Welt wohl auszusehen habe, wenn man das globalisierte Ganze in Blick nähme, begegnet Kant mit der Feststellung: »Da aber unser Schicksal in der künftigen Welt vermutlich sehr darauf ankommen mag, wie wir unsern Posten in der gegenwärtigen verwaltet haben, so schließe ich mit demjenigen, was Voltaire seinem ehrlichen Candide nach so viel unnützen Schulstreitigkeiten zum Schluß sagen läßt: Laßt uns unser Glück besorgen, in den Garten gehen und arbeiten!«[107]

8. Übersetzungs- und Orientierungsarbeit[108]

Wo stehe ich? Was ist die Welt von morgen? Wo komme ich her, was sind meine Wurzeln, und was sind meine Ziele, wo will ich hin? In Zeiten großer gesellschaftlicher Umbrüche und kultureller Erosionen wächst der Orientierungsbedarf, und die kulturellen Suchbewegungen der Menschen erreichen einen hohen Intensitätsgrad. Die Rückwendung zur Gartenarbeit Candides ist ein guter Ausgangsort. Das gilt für lebensgeschichtliche Orientierungen, die verunsichert oder gar verlorengegangen sind; es gilt aber genauso für politische Einstellungen in bezug auf das Gemeinwesen. Was man unter Politikmüdigkeit im allgemeinen versteht, ist nur Ausdruck eines solchen Suchens nach einem gesellschaftlichen Halt.

Politische Kultur, wie ich sie in den vorausgegangenen Kapiteln zu charakterisieren versuchte, ist deshalb nichts Vorgegebenes und Stationäres. Sie ist nicht in Institutionen gefestigt oder ergibt sich zwangsläufig aus dem, was man als lebensbegleitendes Lernen bezeichnen kann. In den zur Zeit gängigen Flexibilitätsanforderungen steckt auch ein großes Lernpotential: Daß heute praktisch jeder Mensch, vor allem auch die Jugendlichen, mit mehr oder weniger handlicher Hochtechnologie in Berührung kommt und zusätzlich gezwungen ist, sich mit ökonomischen Problemen zu befassen, mag den Lernhorizont und den Umfang des Wissens in den industriell entwickelten Gesellschaftsordnungen in beträchtlichem Ausmaß erhöhen. Aber das Einbinden dieses technisch-ökonomischen Wissens in den individuell-biographischen Lernzusammenhang produziert gleichzeitig Blickverengungen gegenüber den Strukturen des gesellschaftlichen Ganzen, den Macht- und Herrschaftsverhältnissen, den Bilanzen einer Ökonomie des Ganzen Hauses, der Verantwortung gegenüber dem Gemeinwesen.

So sind Lernprozesse ganz eigener Art notwendig, die ich als gesellschaftliche Arbeitsprozesse begreife. Denn Demokratie ist die einzige politisch konstituierte Gesellschaftsordnung, die gelernt werden muß und in deren Zentrum politische Bildung steht. Das hatten schon die Griechen im Zeitalter des Perikles begriffen, und das hat sich, wenn man denn den demokratischen und sozialen Rechtsstaat will, bis zum heutigen Tag nicht verändert. Alle anderen Möglichkeiten, eine Gesellschaft politisch zu konstituieren, ob Tyrannei oder Diktatur, Aristokratie oder die Herrschaft der wenigen Reichen, alle diese Gesellschaftsgebilde organisieren sich entlang von Gewalt und Naturverhältnissen, auf ethnischer, ökonomischer oder militärischer Gewalt. Das Politische als Ausdruck des freien und urteilsfähigen Bürgers, der in der Öffentlichkeit mit Argumenten um die besseren Entwicklungsmöglichkeiten für das Gemeinwohl streitet, geht unter nicht-demokratischen Bedingungen verloren. Walther Rathenau hat für diesen Rückzug des Politischen ins Private ein sehr schönes Bild geprägt: »Demokratie ist Volksherrschaft nur in den Händen eines politischen Volkes, in den Händen eines unerzogenen und unpolitischen Volkes ist sie Vereinsmeierei und kleinbürgerlicher Stammtischkram. Das Symbol deutscher Bürgerdemokratie ist das Wirtshaus; das Wirtshaus als Sitz der Aufklärung und Urteilsbildung, als Heimstätte des Parteivereins, als Rednerforum, als Wahllokal.«[109]

In den Beschwörungen von Lerngesellschaft, Lernen des Lernens, lebensbegleitendem Lernen wird das, was in den Schulen einmal staatsbürgerliche Erziehung und an den Volkshochschulen politische Bildung war, an den Rand gedrängt oder sogar ausgeklammert. Die betriebswirtschaftlichen Ideologien, die auch von den Bildungsinstitutionen Besitz ergriffen haben, gehen auf drastische Einsparungen gerade solcher Bereiche, die angeblich der marktbezogenen beruflichen Qualifikation nichts hinzufügen. Dagegen wäre nichts dringlicher für unsere Gesellschaft, die um ihren solidarischen Zusammenhalt besorgt sein muß, als die Aufklärung über Ursachen und Wirkungszusammenhänge und die Herstellung von Zusammenhang überhaupt. Wer nicht weiß, wie Arbeitslosigkeit entsteht, wie Macht- und Herrschaftsverhältnisse sich in unserer Gesellschaft gestalten, was die Bedingungen von Kinderarbeit sind, wo die gewaltigen Gewinne aus den ständig wachsenden Produktionen bleiben, wie überhaupt mein Leben mit der gegenwärtigen Weltzwangsgesellschaft verknüpft ist, wer auf alle diese täglich neuen Fragen keine durch wissenschaftliche Untersuchungsmaterialien belegten Antworten findet, der wird sich private Erklärungen zurechtlegen, und die Geschichte des soziologischen Wissens verweist auf die Richtung solcher Stammtisch- und Wirtshausantworten. Es sind Vorurteile gegen Fremde, Schwache, gegen die ohnehin in dieser Gesellschaft Gebeutelten, die für die Misere verantwortlich gemacht werden.

So will ich politische Kultur als jenen lebendigen Arbeitsprozeß begreifen, der mit Übersetzungs- und Orientierungstätigkeit zu tun hat. Übersetzungsarbeit ist notwendig, weil die Verwissenschaftlichung der Produktions- und Austauschprozesse weit fortgeschritten ist und weil die immer stärkere Konzentration unserer Naturwissenschaften auf die Bauelemente von Natur und menschlichem Leben dramatische Folgen für die demokratische Lebensfähigkeit der Gesamtgesellschaft hat. Beide Entwicklungen müssen für das urteilsfähige Alltagsbewußtsein übersetzt werden, um in den öffentlichen Anerkennungskampf die besseren Argumente einbringen zu können.

Auf die Zukunft bezogen ergeben sich ganz andere Fragestellungen, als sie im herkömmlichen Ausbildungssystem beantwortet werden. Was benötigt ein Mensch, der heute geboren wird und jene Ausbildungsgänge wahrzunehmen imstande und bereit ist, die ihm die gegenwärtigen Bildungseinrichtungen anbieten, an Kompetenzen, um mit den Problemen einer Gesellschaft des einundzwanzigsten Jahrhunderts im Interesse einer befriedigenden eigenen Lebensgestaltung zurechtzukommen? Was sollen also unsere Kinder lernen? Wie und wofür sollen sie etwas lernen? Was ist, wenn der Bildungsökonomie die ökonomischen Grundlagen abhanden gekommen sind? Was müssen Menschen wissen, damit sie in der heutigen Krisensituation begreifen können, was vorgeht? Welche Möglichkeiten gibt es für sie, ihre Lebensbedingungen in solidarischer Kooperation mit anderen zu verbessern? Mit welchen Orientierungen und Sachkompetenzen müssen sie ausgestattet sein, um sich in dieser Welt der Umbrüche zurechtfinden zu können? Mit einem Wort: Worin bestehen die neuen gesellschaftlichen Schlüsselqualifikationen?

Ich möchte im folgenden sechs solcher Kompetenzen nennen, gesellschaftliche Schlüsselqualifikationen, von denen ich meine, daß sie Voraussetzung sind für eine befriedigende Lebensorientierung, wobei die erste dieser Kompetenzen, das exemplarische Erfahrungslernen, im Rang ganz oben steht, weil es die Grundlage für alles ist, was unter Lernen und Begreifen im anspruchsvollen Sinne heute zu verstehen wäre.

Das exemplarische Erfahrungslernen, das an die Stelle von bloß addierenden Lernschritten tritt, soll Zusammenhänge herstellen. Das klingt sehr allgemein und im Grunde auch selbstverständlich, ist es jedoch keineswegs, wenn man sieht, in welchem Umfang heute die

Medien gerade zur Fragmentierung von Wissen und Bewußtsein beitragen. Zerstörung der zusammenhängenden Weltauffassung ist zu einem wesentlichen Herrschaftsmittel geworden. Man sehe sich nur einmal (im Unterschied zu entsprechenden BBC-Sendungen) die »Tagesschau« im Hinblick auf diese Fragmentierungsstrategie an. Ohne erkennbare Zusammensetzung, ohne geschichtliche Hintergründe, ohne Rückverweise auf vergleichbare Ereignisse findet eine Ballung von Informationen statt, die nichts erklären und Zusammenhänge zwischen der Situation des Fernsehzuschauers und der übrigen Welt buchstäblich auseinanderreißen.

Für jedes Lernen, das dem einzelnen Menschen Orientierungswissen vermittelt, ist jedoch die Rückbeziehung auf den eigenen Lebenszusammenhang unerläßlich. Am Willen und an den Bedürfnissen, die sich auf Zusammenhang richten, besteht dabei kein Mangel. In jedem von uns steckt unbefriedigte Neugierde: »Ich will etwas über meine Lebensbedingungen wissen. Ich will erklären, was von mir abhängt und wo ich einfach Opfer bin. Würde ein solches Lernen öffentlich stattfinden, so hätte ich auch keine Not, Informationen zu beziehen. Nicht die einzelnen Informationen, die angeboten werden, lassen meinen Zustand unbefriedigt, sondern der mangelnde Zusammenhang.« Zahlenangaben zu Wechselkursen, eine Mordgeschichte, ein Gipfeltreffen, Sportereignisse: alles das bietet die »Tagesschau« in fünfzehn Minuten und bestätigt lediglich die Verwirrung, welche auch die menschlichen Alltagsverhältnisse ausmacht. Wo also die Möglichkeit des Lernens besteht, muß vor allem die Kompetenz ausgebildet werden, Beziehungen zwischen den Dingen und Verhältnissen herzustellen, orientierende Zusammenhänge zu stiften.

Wie man lernt, hängt vermutlich in einem noch viel stärkeren Maße vom kulturellen Gesamtzustand einer Gesellschaft ab als das, was man lernt. Grundthema der tradierten Pädagogik ist das Wie des Lernens, die Art und Weise, wie Wissen und Informationen in menschlichen Köpfen prägende Gestalt annehmen. Der moderne Ausdruck »Schlüsselqualifikation« hat einen technisch-instrumentellen Beigeschmack, selbst wenn die Sache so weder gemeint noch inhaltlich gefüllt wird. Er erweckt den Eindruck, als bekäme man mit dieser Qualität von Bildung bzw. Ausbildung Schlüssel in die Hand, um sich Zutritt zu Bereichen und Möglichkeiten zu verschaffen, die sonst verschlossen blieben. Qualität, die besondere Beschaffenheit und Eigenschaft eines Dinges oder Verhältnisses, drückt zwar etwas Werthaltiges aus, bestimmt aber keine Stelle in einer Rangordnung. Das symbolträchtige Wort Schlüssel setzt diese Art der Qualifikation sehr weit nach oben und stattet sie zudem mit der Erwartung des Handhabens, eines Technisch-Handwerklichen aus.

Ich nehme diesen Begriff der Schlüsselqualifikation[110] auf und versuche – entgegen seinen dogmatischen Verengungen in den meisten der bisher geführten Qualifikationsdebatten – einen erweiterten, gesellschaftlichen Begriff davon zu entwickeln. Ganz vom pragmatischen Sinngehalt ist dieser Qualifikationsbegriff freilich nicht abzulösen; aber die Sache selbst, läßt man sich auf diesen Begriff wirklich ein, treibt über solche instrumentellen Verengungen hinaus. Eine Qualifikation, der Schlüsselfunktion zugeschrieben wird, wäre ohne ausgreifende Deutungszusammenhänge, die das Gesamt von angesammelten Fähigkeiten und Informationen überschreiten, überhaupt nicht begreifbar. Wo von Schlüsselqualifikationen geredet wird, ist daher tendenziell eine Aufhebung von Fragmentierung und Arbeitsteilung angelegt, die bewußte Herstellung von Zusammenhang ein wesentliches Ziel.

Falsch wäre es jedoch, wollte man dem Zusammenhang als einer gesellschaftlichen Schlüsselqualifikation unter allen geschichtlichen Bedingungen eine Eigenbedeutung in Lernprozessen zuschreiben. Für Plato ist Wissen nichts anderes als die Teilhabe des erkennenden Menschen an den Ideen, die ihre eigene Ordnung haben; die unveränderliche Seinsordnung, Zusammenhang und hierarchische Gliederung der Ideen, ist für den Menschen in dem Maße erreichbar, wie er sich selbst aus der verwirrenden Schattenwelt der ihn umgebenden Dinge und Verhältnisse befreit.

Nur exemplarische Lösungen des Zusammenhangproblems sind heute noch möglich. Das exemplarische Erfahrungslernen, das die Nähe der eigenen Interessen und Bedürfnisse nur bricht, um sich ihrer Vermitteltheit und Abhängigkeit bewußt zu werden, hat die reflektierte Entwicklung allgemeiner Zusammenhänge aus besonderen, prägnanten Punkten heraus zum Ziel. Neu an dieser Lernsituation ist, daß niemand mehr imstande ist, sich in objektive Sinnzusammenhänge einfach einzuspinnen, ohne gleichzeitig seine individuelle Urteilsfähigkeit und Autonomie zu verlieren. In einer Zeit, da die Gesellschaft mit Informationstechnologien bestückt ist, die bis in die

Intimbereiche ragen, ist das uns bekannte Informationsbedürfnis, das Aufklärung und Vorurteilsminderung versprach, antiquiert. Gegenüber der erdrückenden Macht der Einzelinformationen, die technisch beliebig kombiniert werden können, genügt unsere Verarbeitungsfähigkeit – das Vermögen zur qualifizierten Gewichtung, zur Aufdeckung von Kulturbedeutung, von konkreten Zusammenhängen zum eigenen Leben – allenfalls archaischen Ansprüchen.

Lernen ist also heute keine Frage der Aneignung und der schnellen Addition von Informationen, was durch computergesteuerte Informationssysteme ja ohnehin problemlos ist, sondern unabdingbar der Verarbeitungsfähigkeit von Informationen. Vielfach wird die Auffassung vertreten, daß die Lernfähigkeit des Menschen darin besteht, sich Informationen schnell und zeitökonomisch anzueignen, um sie dann im Interesse erhöhter Flexibilität möglichst rasch wieder entwerten zu können. Das ist jedoch ein Irrtum. Bildung im Sinne von heute notwendigen Schlüsselqualifikationen ist wesentlich verknüpft mit der Entwicklung innerer Reserven und geistiger Lagerhaltungen. Der innengeleitete, kritikfähige Mensch bedarf der Reserven, der inneren Lagerhaltung, die ihm situationsunabhängige Selbstdeutungen im gesellschaftlichen Zusammenhang ermöglichen. Bildung ist wesentlich auch Entwicklung von Eigensinn, von Wissens- und Urteilsvorräten, die nicht immer gleich anwendungsfähig sind und sofort aufgebraucht werden müssen, um ihren praktischen Wahrheitsgehalt zu beweisen. Nur das macht Menschen widerstandsfähig gegen Manipulationen und Verführungen. Gerade uns Deutschen obliegt es, Mißtrauen zu entwickeln gegenüber Lern- und Erziehungszielen, die den allseitig verfügbaren Menschen zum Resultat haben, unter welchen Rationalisierungsvorwänden sie auch immer auftreten mögen. Deshalb brauchen wir exemplarisches Erfahrungslernen als oberste Schlüsselqualifikation, der fünf spezielle Kompetenzen zur Seite treten.[111]

Identitätskompetenz: Alte Identitätsmuster sind in Frage gestellt. Die Identitätsbalance verschlingt immer größere Teile der kognitiven Energie. Alte Wertorientierungen haben nicht nur in der zweiten Realität, in den Zonen der Marginalisierung, sondern auch in der ersten Realität, welche die wohlgeordnete Gesellschaft ausmacht, weitgehend ihre Gültigkeit verloren. Vertreibung ist ein konstitutives Element unserer Gesellschaft, Vertreibung aus gewachsenen Lebensverhältnissen, aus dem Erwerbsleben, aus Heimat und Wohnmilieu.

Identitätsfragen stellen sich in praktisch allen gesellschaftlichen Lebensbereichen. Die Kompetenz einer aufgeklärten Umgangsweise mit bedrohter und gebrochener Identität gehört daher zu den Grundausstattungen von Lernprozessen, die auf Zukunft gerichtet sind. In einer Welt, in der Flexibilität zum Zauberwort von Krisenlösungen geworden ist, wird lernender und wissender Umgang mit bedrohter und gebrochener Identität zur Lebensfrage.[112]

Technologische Kompetenz: Wir leben in einer durch Technik konstituierten Welt, nicht nur in einer von Technik bestimmten oder beherrschten. Kritische Positionen, in denen antitechnische Affekte durchschlagen, verwandeln sich leicht in realitätslose moralische Widerstandshaltungen, die sich in machtgeschützter Innerlichkeit verkapseln oder Ausbruchsversuche in punktuelle Gewaltaktionen unternehmen. In bezug auf Technik ist neben technischen Qualifikationen deshalb die Bildung von Unterscheidungsvermögen ein zentraler Punkt, das Wissen um die gesellschaftlichen Ursprünge und um komplexe Wirkungen von Technologien bis in gesellschaftliche Mikrostrukturen hinein. Anzunehmen, die technologische Entwicklung hätte von sich aus eine apokalyptische Dimension, ist ein Irrtum und entspringt der Unkenntnis der Technikentwicklung. Vielmehr ist zu unterscheiden zwischen Technologien, die in der Tat des Teufels sind (wenn mir diese theologische Metapher einen Augenblick erlaubt sei), die geächtet, abgeschafft werden müssen, weil sie gattungsgeschichtlich für die Gesellschaft Gefährdungen über Jahrtausende enthalten, und Technologien, die dem Menschen immer nähergekommen sind, zum Beispiel die Kleinformatigkeit der mikroelektronischen Apparate. Die Leistungen eines Kleincomputers von heute sind unendlich vielfältig; warum soll das nicht menschlich handhabbar und anwendbar sein? Die Technik ist nichts Neutrales. Sie kann als Herrschaftsmittel benutzt werden, und sie kann auch der Befreiung dienen. Wo man sie wertfrei betrachtet, übt sie in der Regel eine für die Betroffenen undurchsichtige Herrschaftsfunktion aus. Als Mittel der Befreiung dagegen bedarf sie des aktiven Eingriffs, der bewußten Gestaltung der Verhältnisse.

Gerechtigkeitskompetenz: Die Kenntnis von Rechten ist als ein Ziel emanzipatorischer Bildungsarbeit unumstritten, da erst dann die unter Lohnarbeitsbedingungen stehenden, das heißt abhängigen Menschen in Solidaraktionen um deren Verwirklichung kämpfen können. In dem Maße jedoch, wie die Menschen von den selbstproduzierten Produkten als bloße Anhängsel mitgeschleift werden, ist es eine Frage der Lebenserhaltung, auch die Enteignungserfahrungen zum Gegenstand des Lernens zu machen. Das Bewußtsein von den alltäglichen Enteignungserfahrungen zu stärken und in politisches Handeln umzusetzen gewinnt immer größere Bedeutung nicht nur für gewerkschaftliche Kämpfe, sondern überhaupt für die Handlungsorientierung der Menschen.

Vielen Menschen ist in einer Zeit, da wachsende Existenz- und Zukunftsängste ihren Vorstellungshorizont verengt haben, das natürliche Rechtsbewußtsein verlorengegangen, die Sensibilität dafür, was ihre Rechte ausmacht, was verteidigungswürdig ist und wofür man sich einsetzen muß, alltäglich und in den kleinsten Angelegenheiten, damit demokratische Verhältnisse nicht in autoritäre umschlagen. Wenn ich hier von einer Kompetenz spreche, so meine ich damit, daß man die Fähigkeit, Enteignungserfahrungen wahrzunehmen, lernen und üben kann, daß man dafür ein bestimmtes Wissen benötigt und daß dieses Wissen für Orientierungen in der heutigen Welt ebenso wichtig ist wie Lesen, Schreiben und Rechnen.

Ökologische Kompetenz: Bei allen Lernprozessen, die zu Auswegen aus der Krise verhelfen können, ist heute die ökologische Kompetenz notwendig. Dazu müssen wir uns jene theoretischen und praktischen Mittel aneignen, die notwendig sind, mit Menschen und Dingen in pfleglicher, das heißt auf gewaltloser Kommunikation beruhender Weise umzugehen. Ökologische Kompetenz bezeichnet nicht nur das Verhalten der Menschen zur äußeren Natur, sondern auch ihr Verhältnis zur inneren Natur. Es geht ebenso um die Umweltfolgen wie um die psychosozialen Folgen der industriellen Produktionsweise. Menschen, Natur und Dinge haben ihre eigenen Gesetze. Die Überwältigung des einen durch den anderen, die Herrschaft des Menschen über den Menschen, ist gekoppelt an die Herrschaft des Menschen über die Natur. Wo äußere und innere Natur überwältigt wird, werden auch andere Menschen überwältigt, weil es ein und dieselbe Denkweise ist, die hier Bedeutung hat. Das Wissen darüber, ein Arsenal der Erkenntnismittel und nicht nur die gefühlsmäßige Einstellung meine ich mit dem Begriff Kompetenz.[113]

Historische Kompetenz: Die Menschen müssen gerade bei beschleunigtem technologischen Wachstum, bei schneller Entwertung und

Umwertung der Dinge den Umgang mit Zeitstrukturen lernen, mit der Zeit in vielfacher Hinsicht. Darunter fasse ich nicht nur die Aufteilung von Freizeit und Arbeitszeit, sondern zum Beispiel auch die Entwicklung von Mußefähigkeit. Die historische Kompetenz bestünde im Wissen von der Geschichte einer Gesellschaftsformation, ihren Klassenstrukturen, ihren politischen Entwicklungsgesetzen und der eigenen Lebensgeschichte. Es gehört zu den bedrohlichsten Symptomen unserer Gegenwart, daß man von einem chronischen Gedächtnisverlust der Menschen sprechen kann. Die Ideologie der Verabschiedungen spielt dabei eine maßgebliche Rolle. Was ist nicht alles postmodern, postindustriell, posthistoire genannt worden, um traditionelle Denkweisen zu diskriminieren? Die Zerstörung der Erinnerungsfähigkeit ist jedoch für jede Emanzipationsbewegung ruinös.[114] Da die Linke kein Verhältnis zur Geschichte, auch nicht zu ihrer eigenen Geschichte hat, nimmt sie teil an jenem psychologischen Mechanismus, den Alexander und Margarete Mitscherlich als die Unfähigkeit zu trauern bezeichneten. Wer über Verluste, die er erlitten hat, nicht trauern kann, hat auch keine Kraft zur Utopie. Soziales Gedächtnis und Utopiefähigkeit sind zwei Seiten derselben Sache. Sich begrifflich mit dem Vergangenen auseinanderzusetzen bedeutet nicht die Wiederholung alter Tatbestände und Fehler, ganz im Gegenteil: Es setzt den Blick frei für zukünftige Konstruktionen und für eine politische Gegenwartsbewältigung.

Zum Schluß ein Wort zu den Überschüssen, die in diesen Überlegungen zum Kompetenzerwerb stecken. Es gibt keine Änderung von Bildungssystemen auf der Ebene rational durchkalkulierter Interessen und Abhängigkeiten. Wer das Bildungssystem im Hinblick auf den Arbeitsmarkt reformiert, auf die Qualifikationen, die heute erforderlich sind, wird scheitern, da sich das Erwerbssystem, wenn diese Qualifikationen ihre schöpferische Kraft entfalten, geändert haben wird. Sie liegen dann brach. Deshalb müssen wir Entwurfsphantasie verbinden mit einem realitätsgesättigten Begriff von gesellschaftlichen Lernprozessen. Es geht um Qualifizierung von Generationen. Es geht um die Realisierung eines Generationenvertrags mit der kommenden Generation.

Die von mir angeführten sechs Kompetenzen, die ein Lernen ausmachen, das der Orientierung in unserer Welt dient, sind aufs engste miteinander verknüpft. Ich weiß, daß es schwierig ist, Lernziele dieser Art in einzelnen Lehrgängen didaktisch umzusetzen. Ein

Mißverständnis wäre es jedoch, wollte man die Forderung, das notwendige Wissen für ein gegenwärtiges Weltverständnis auf die individuellen Erfahrungen zurückzubeziehen, als eine Absage an Theorie verstehen. Wir benötigen heute mehr denn je einen Begriff von der Geschichte, der objektiven Verhältnisse, um allgemeines Wissen in ein praktisches Handlungswissen umzusetzen. Aus der im Grunde unaufhebbaren Spannung von Theorie und Erfahrung kann keine wirkliche Bildung herausspringen. Erst wenn wir einen Begriff von der Vergangenheit haben, gewinnen wir die Utopiefähigkeit zurück, können wir Befreiungsphantasien entwickeln, die aus wissender Hoffnung bestehen.

Die Verachtung von Philosophie und Theorie, die manchem Realpolitiker so leicht von den Lippen geht, verstellt in epochalen Umbruchssituationen wie der gegenwärtigen nicht nur den Blick auf den historischen Handlungsrahmen, sondern blockiert zunehmend die Bewegungsspielräume des Politischen insgesamt. Für die Praxis brauchen wir aber eine Theorie, die den Zusammenhang erkennbar und durchsichtig macht; denn erst im Spannungsfeld von theoretischer, wissenschaftlicher Reflexion und praktischer Umsetzung entfalten sich die lebendigen Kräfte urteilsfähiger Menschen, die den Mut haben, sich mit ihren Auffassungen der Öffentlichkeit und deren Gegenargumenten zu stellen. Deshalb ist Übersetzungsarbeit von Philosophie und Wissenschaft über das hinaus nötig, was alltäglich naturwissenschaftliche Forschungsresultate in marktkonforme Technologien transformiert. Mit Wissenschaft und Theorie meine ich hier vor allem jene wissenschaftlichen Zusammenhänge, in welchen Krisendeutungen, Erklärungen gesellschaftlich-geschichtlicher Brüche und die menschlichen Lebensbedingungen Thema sind.

Der ironisch gemeinte Titel von Kants berühmter Schrift »Über den Gemeinspruch: Das mag in der Theorie richtig sein, taugt aber nicht für die Praxis« ist heruntergekommen zu einem Alltagsspruch, der realpolitisch eingeschworenen Pragmatikern leicht von der Zunge geht; aber das Zusammenspiel von Theorie und Praxis ist für jede politische Kultur von zentraler Bedeutung, wie die Gedanken Kants zeigen. »Man nennt einen Inbegriff selbst von praktischen Regeln alsdann Theorie, wenn diese Regeln, als Prinzipien, in einer gewissen Allgemeinheit gedacht werden, und dabei von einer Menge Bedingungen abstrahiert wird, die doch auf ihre Ausübung notwendig Einfluß haben. Umgekehrt, heißt nicht jede Hantierung, sondern nur diejenige Bewirkung eines Zwecks Praxis, welche als Befolgung gewisser im allgemeinen vorgestellten Prinzipien des Verfahrens gedacht wird.«[115] Das bleibt noch im Allgemeinen; der springende Punkt der Argumentation ist folgender: »Daß zwischen der Theorie und Praxis noch ein Mittelglied der Verknüpfung und des Überganges von der einen zur anderen erfordert werde, die Theorie mag auch so vollständig sein, wie sie wolle, fällt in die Augen; denn, zu dem Verstandesbegriffe, welcher die Regeln enthält, muß ein Aktus der Urteilskraft hinzukommen ...«[116]

Die eigentliche Vermittlungsebene zwischen Theorie und Praxis ist also ausgebildete Urteilskraft und ist nicht ein kausales Ableitungsverhältnis zwischen beiden; der Praktiker muß Unterscheidungsvermögen entwickeln, ob etwas ein Regelfall ist oder nicht. Und da für die Urteilskraft nicht immer wiederum Regeln gegeben werden können, wonach sie sich in der Anwendungspraxis zu richten hat, kann man sagen, daß bestimmte Theoretiker, die in ihren Schulverhältnissen aufgewachsen und darin absolut kompetent sind, nie wirklich praktisch werden.»Zum Beispiel Ärzte oder Rechtsgelehrte, die ihre Schule gut gemacht haben, die aber, wenn sie ein Konsilium zu geben haben, nicht wissen, wie sie sich benehmen sollen.«[117] Sie sind hinreichend ausgebildet in ihrem akademischen Fach, ihrer Wissenschaft, aber wissen ihre Erkenntnisse nicht anzuwenden auf praktische Erfahrungsbereiche, die darin nicht vorgesehen sind; das Konsilium, die Beratung, mißlingt. Kant ist jedoch vorsichtig in der Schuldzuweisung, wenn die Vermittlung mißlingt; es hängt auch von der Qualität der Theorie ab, ob sie für die Praxis geeignet ist. Wenn Theorie nicht für Praxis tauge, kann es auch daran liegen, »daß nicht genug Theorie da war«.

Das Mittelglied ist unter allen Umständen die Urteilskraft. Kants Beispiele sind keine Diskriminierung bestimmter Berufsgruppen, der Ärzte oder der Rechtsgelehrten. Er kritisiert vielmehr jenen engen Ausbildungsbegriff, der im Horizont einer akademischen Schule bleibt und im Weltverständnis von Lebenspraxis keinen Platz hat. Im Prozeß der Selbstaufklärung unterscheidet Kant zwei Arten der Urteilskraft: die bestimmende und die reflektierende. Die erste kennt als Regel nur einfach die Subsumtion des Besonderen unter das Allgemeine; ihr entspricht die Tätigkeit des Richters (obwohl in der richterlichen Entscheidungspraxis, besonders bei höchstrichterlichen Instanzen wie beim Bundesverfassungsgericht, Akte der Rechtsschöpfung durchaus möglich sind). Die zweite sucht für das Besondere das Allgemeine, braucht also die Vermittlung von Theorie und Praxis, bei der abwägende Orientierung wesentlich ist. Denn Theorie ist nicht das, was in Praxis umgesetzt werden muß und soll. Ganz im Gegenteil – das kann sich, wie die Blutlinie von Robespierre, Stalin und Pol Pot zeigt, als äußerst gefährlich erweisen. Theorie dient vielmehr dazu, einen Zusammenhang herzustellen, an dem sich Praxis orientieren kann, an dem sie überprüfen kann, ob etwas wahrheitshaltig und realitätsgesättigt ist.

Es wird heute zwar überall über alles geredet, im Fernsehen bleibt uns kein Thema erspart, aber in so folgenloser »Aufklärung«, daß man in Depressionen verfallen möchte. Freilich besteht dort auch kein Zwang, Entscheidungen zu treffen. Wir benötigen jedoch Einrichtungen, die glaubwürdig Theorie in politische Praxis umsetzen. Wo soll das geschehen in dieser absolut »vertalkten« Zeit? Für Entscheidungen sind unsere Parlamente zuständig. Können Parlamente heute die Aufgabe übernehmen, Glaubwürdigkeitsbeziehungen zwischen Theorie und Praxis herzustellen, indem sie einen öffentlichen Raum zur Verfügung stellen, wo die politische Zuspitzung wissenschaftlich-theoretischen Argumentierens erarbeitet werden kann?

Die griechisch-römische Antike hat für die Zwischenwelt glaubwürdigen Argumentierens eine eigene Kunst entwickelt, die weder bloß technisches Handwerk noch Wissenschaft ist: die Rhetorik. Nach Aristoteles gibt es »drei Arten der Beredsamkeit: sie korrespondieren mit den drei Arten von Zuhörern. Der Zuhörer ist nun notwendig einer, der die Rede genießt, oder einer, der zu urteilen hat, und zwar zu urteilen über das, was geschehen ist oder geschehen soll. Hieraus ergeben sich notwendig drei Gattungen der Rede: die beratende *(genos symbouleutikon, genus deliberativum)*, die gerichtliche *(genos dikanikon, genus iudiciale)* und die Prunkrede *(genos epideiktikon, genus demonstrativum)*.«[118]

Wie Prunkreden aussehen, weiß jeder von uns. Die Rede des Anwalts und des Richters bezieht sich auf das Gewesene, die Aufklärung von Tatbeständen, die Anklage oder Verteidigung, und die urteilende Tätigkeit besteht in der Subsumtionslogik, die das Besondere dem allgemeinen Gesetz zuordnet. Die Gattung der beratenden Rede als die eigentliche politische Rede hat Zuraten oder Abraten zur Aufgabe; sie geht auf Abwägen von Gütern und Übeln für das Gemeinwesen, von Krieg, Frieden, Wohlstand als Möglichkeiten, als dem Zukünftigen. Der Politiker hat mit dem zu tun, was sein soll und unter Wahrscheinlichkeitsgesichtspunkten sein kann. Die beratende Rede ist für Aristoteles nicht nur die eigentliche politische Rede; sie steht im Zentrum der Rhetorik überhaupt. Rhetor heißt nicht nur der Redekünstler, sondern auch der Staatsmann und Politiker. Denn die eigentliche Kunst des beratschlagenden Redners ist es, an einer Sache die Glaubwürdigkeit zu erhöhen, Verdecktes oder Verborgenes an ihr sichtbar zu machen und damit den öffentlichen Raum mit Argumenten anzureichern.

Wo gibt es heute Glaubwürdigkeitsinstitutionen in der Gesellschaft? Was bedeutet es, wenn man immer wieder die Glaubwürdigkeitslücke in unserer Gesellschaft beklagt? Könnte das Parlament nicht eine solche Glaubwürdigkeitsinstitution sein, nicht im Sinne eines moralischen Vorbildes oder der *political correctness*, sondern der Aufrichtigkeit und Offenheit, daß Argumente angstfrei ausgetauscht werden können, ohne daß die Interessenwidersprüche verschwinden? Glaubwürdigkeit im Argumentierten wäre so etwas wie eine überzeugungsfähige Zwischenwelt von Wissenschaft und bloßem pragmatischen Handeln. Rhetorik ist öffentliche Überzeugungskunst, ist die Lehre von der nach Regeln geordneten Wortwahl im Argumentieren, die auf das Glaubenerweckende am Gegenstand geht; Überzeugungsgeschick durch Argumente; und diese sind nichts anderes als Bezeichnungen für durchsichtig gewordene Sachverhalte – durch Widerlegungen erhärtet, aber nie Gewißheit. Das Glaubhafte ist dasjenige, was überzeugender ist, durch Widerlegen des Unglaubwürdigen. Es reicht nur zum Wahrscheinlichen aus. Aristoteles hebt diesen Punkt hervor: Die politische Rede ist eine, die auf Wahrscheinlichkeiten geht. Aber die Überprüfungsverfahren für Wahrscheinlichkeiten setzen, wie sich jeder leicht vorstellen kann, eine ganz andere Zeitstruktur voraus als die eines auf Zeitökonomie bedachten beschleunigten Gesetzgebungsverfahrens, bei dem das Zeitraubende allenfalls die Suche nach gesicherten Mehrheiten ist.

Die Aufgabe der Rhetorik läßt sich auch beschreiben als Übersetzung des Sachverhalts in eine Sprache, die Verständnis erzeugt. Wir wissen, daß über Jahrhunderte der Römischen Republik im Senat diese Übersetzungstätigkeit erfolgt ist und dadurch weitgehend den Zusammenhalt des Imperiums garantierte. Luther hat das Übersetzen von verschiedenen Kulturgehalten in seinem »Brief über das Dolmetschen« untersucht. Die moderne Denkbewegung fängt mit dem Dolmetschen an, aus dem Hebräischen, aus dem Griechischen, aus dem Lateinischen. Renaissance ist die moderne Interpretation der Antike. Auch heute müssen wir das, was in fremden Sprachen – seien es Fremdsprachen oder Fachsprachen – gedacht und geschrieben wurde, übersetzen. Das Parlament könnte eine solche Übersetzungsinstitution sein, wenn es sich die dafür notwendige Beratungszeit nimmt – ein beratschlagendes Vermittlungsorgan zwischen Wissenschaft, Theorie und Politik.

Mit dem Ende der Rhetorik zerbrach das republikanische Rom. Das Denken Ciceros dokumentiert diesen Zusammenbruch durch erfolglose Rettungsversuche. In dem Maße, wie der römische Senat, dieses Parlament glänzender Rhetorik, stumm wurde, wenn einer der siegreichen Feldherrn den Raum betrat, verlor das Gremium seinen politischen Einfluß.

In einer Gesellschaft, die einen so einzigartigen und bisher nie dagewesenen Stolz auf Kommunikationsmittel hat wie die heutige, mag es unangebracht scheinen, der Rhetorik einen eigenen Ausbildungsrang in der Kultur zu verschaffen. Öffentlichkeit ist der Ort, an dem mit Worten vernünftig um die wesentlichen Dinge unseres Lebens gestritten wird. Ich plädiere deshalb dafür – gerade in diesem Kommunikationszeitalter, wo jeder daherplappert und das als Rede mißversteht –, Rhetorik als Unterrichtsfach wieder in den Bildungskanon aufzunehmen. Zur politischen Bildung gehören an hervorragender Stelle die »Rhetorik« von Aristoteles und Ciceros »De oratore« (»Vom Redner)«, die das geordnete, auf Argumente und auf Verständigungsorientiertheit gehende Reden lehren. Heutige Parlamentarier werden verblüfft darüber sein, wieviel davon für das freie Reden im Parlamentsalltag zu gebrauchen ist. Die Parlamentsreden könnten Beispiele für überzeugende Argumentation sein und der umlaufenden Scheinkommunikation ihr Ansehen streitig machen, in der ein Austausch von Argumenten nicht mehr stattfindet.

Ich weiß, daß das ein ungesicherter Zukunftsblick ist; aber es wäre nicht das erste Mal, daß Utopien realitätshaltiger sind als die Realpolitik. Prunkreden ersetzen selten eine glaubwürdige Übersetzungsarbeit.

V

Gemeinwesenarbeit auf dem Weg zur Weltgesellschaft
Zum Problem sozialer Verantwortung

1. Wer trägt Verantwortung?
Annäherungen an einen beschädigten Begriff

Würde man einen Lokführer, den Zugchef eines Intercity oder eine Straßenbahnfahrerin fragen, wofür sie Verantwortung tragen, so wären die Antworten vermutlich unzweideutig: eine schnelle und zuverlässige Beförderung entsprechend dem Fahrplan, Sicherheit der Fahrgäste, umsichtige Aufmerksamkeit für alles, was das Wohlbefinden der Reisenden betrifft, strikte Beachtung der Fahrzeichen wie Haltesignale usw. Dieser Form der Berufsarbeit lassen sich also eindeutige Verpflichtungen zuordnen. Wenn schwerwiegende Verstöße gegen die geltenden Normen festzustellen sind, werden sie geahndet und die Betreffenden »zur Verantwortung gezogen«. Verantwortung bedeutet also ein moralisch oder rechtlich einklagbares Verhältnis zwischen individuellem Handeln und der Sorge für eine Form des Gemeinwesens, wie klein es auch immer sein mag. Dies setzt einen individuellen Spielraum des Verhaltens voraus. Gleichzeitig muß eine durch Entscheidungsfreiheit eingegangene Bindung oder Verpflichtung erfüllt werden, eine definierte Aufgabe im Interesse des Wohlbefindens anderer, die für die Dauer der Fahrt von dem Verantwortungsträger abhängig sind.

Sind aber ähnlich genaue Vorgaben mit klar definierbaren Folgen zu erwarten, wenn man den Verkehrsdezernenten einer Stadt oder sogar den zuständigen Minister befragt, wofür er Verantwortung trägt und was außerhalb seiner Verantwortlichkeit liegt? Wohl kaum. Denn wenn von Verantwortung die Rede ist, geht es nie um eine bloß technisch zu erledigende Aufgabe und den für gegebene Zwecke kostengünstigsten Aufwand der Mittel. Im sprachlichen Ursprungssinn des Wortes Verantwortung ist Antworten mit enthalten, die angemessene, ja klug-umsichtige Reaktion auf neuartige, vielleicht gar unvorhersehbare Situationen, die selten durch Routineverhalten bewältigt werden können. Spezifische Berufsethiken leisten Hilfe für die Orientierung in komplexen und unübersichtlichen Situationen.

Als Modell einer solchen, berufliches Handeln anleitenden Verantwortungsethik wird seit fast 2500 Jahren jene Eidesleistung angesehen, die Hippokrates, Begründer der wissenschaftlichen Heilkunde, das heißt der Medizin als einer Erfahrungswissenschaft, in einigen prägnanten Grundsätzen formulierte. Der sogenannte Hippokratische Eid wurde beim Gott Apoll von jungen Ärzten geschworen, die sich auf ihren Heilberuf vorbereiteten und sich in einer Art Verantwortungsdefinition dazu verpflichteten, den Verlockungen von Scharlatanen und Pfuschern im Heilkunstgewerbe zu widerstehen. Hippokrates, der um 460 v. Chr. auf der im ägäischen Meer gelegenen Insel Kos geboren wurde und in Thessalien um 370 v. Chr. starb, ist der erste europäische Denker, der berufliche Praxis, Beobachtungsgabe, Selbstkritik, Kunstfertigkeit und Wissenschaft in ethische Maximen einbindet. Es sind hochrangige Götter, die für die Heilkunst einstehen: Apoll als einer der griechischen Hauptgötter, sein Sohn Asklepios (Aesculapius) als Heilgott und dessen Tochter Hygieia als Göttin der Gesundheit. Der Asklepios-Tempel auf Kos genoß in Griechenland über lange Zeit hohes Ansehen, und die dem Asklepios heilige Schlange ziert noch heute das Apothekenemblem.

Die acht Artikel der Eidesformel bestimmen ein Verhältnis zwischen Individuum und Gemeinwesen, das sich weder aus Herkunft und Sitte noch aus Recht und Moral ergibt, sondern aus der Achtung vor dem Gegenüber, und dokumentieren damit einen kulturgeschichtlich einzigartigen Vorgang. Im ersten Artikel ist es die Achtung vor dem Lehrer des Arztes: »Ich werde den, der mich diese Kunst gelehrt hat, gleich meinen Eltern achten, ihn an meinem Unterricht teilnehmen lassen, ihm, wenn er in Not gerät, von dem Meinigen abgeben, seine Nachkommen gleich meinen Brüdern halten und sie diese Kunst lehren ...« Die ärztlichen Verordnungen sind »zum Nutzen der Kranken nach meiner Fähigkeit und meinem Urteil«, und der Arzt soll sich vor schädlicher und unrechter Anwendung hüten. Der Arzt muß die Persönlichkeit, man kann sogar sagen: die Würde des Kranken wahren; dieser ist nicht bloßes Medium der Verordnungen und Zwecke, sondern Selbstzweck. So lehnt der dritte Artikel auch etwas ab, was in verschiedenen römischen Strömungen der Philosophie, zum Beispiel bei Seneca, durchaus ein prekärer Punkt war, nämlich die ärztliche Hilfe für den Selbstmord: »Auch werde ich niemandem ein tödliches Mittel geben, auch nicht, wenn ich darum gebeten werde, und ich werde auch niemanden dabei beraten; auch werde ich keiner Frau ein Abtreibungsmittel geben.« Wie weit schon die Spezialisierung der antiken Heilkunst fortgeschritten war, wird in Artikel 5 deutlich:

»Ich werde nicht schneiden, sogar Steinleidende nicht, sondern werde das den Männern überlassen, die dieses Handwerk ausüben.« Die Artikel 6 und 7 sind bis zum heutigen Tage bestimmende Vorschriften des ärztlichen Verhaltens und definieren auch, was in seiner Arbeit würdelos ist. Artikel 6 verbietet den Machtmißbrauch des Arztes gegenüber dem ohnmächtigen Patienten. »In alle Häuser, in die ich komme, werde ich zum Nutzen der Kranken hineingehen, frei von jedem bewußten Unrecht und jeder Übeltat, besonders von jedem geschlechtlichen Mißbrauch an Frauen und Männern, Freien und Sklaven.« Mit Artikel 7 schützt der Eid die Privatsphäre und achtet die Intimität in einer Weise, wie es sie sonst in der antiken Gesellschaft nicht gab. Hippokrates macht die Schweigepflicht zu einem wesentlichen Bestandteil des ärztlichen Berufsethos: »Was ich bei der Behandlung oder auch außerhalb meiner Praxis im Umgang mit Menschen sehe und höre, das man nicht weiterreden darf, werde ich verschweigen und als Geheimnis bewahren.«

Ich behandle den Hippokratischen Eid mit besonderer Sorgfalt, weil hier Achtung und Ächtung bestimmende Glieder in einer Kausalitätsbeziehung von Individuum und Gemeinwesen sind. Niemand vor Kant hat dem Begriff der Achtung eine solche Bedeutung für den Schutz des Lebens, der Gesundheit und der Wohlfahrt gegeben wie Hippokrates, denn die Berufsarbeit des Arztes wird zum Leitbild aller Tätigkeiten, die sich auf das Wohlbefinden des Menschen und seiner Gemeinschaft beziehen. Kaum zufällig lauteten die letzten Worte von Sokrates, dem unbeirrbaren Wahrheitssucher, der mit seiner Untersuchungsarbeit, wie er sein Philosophieren selbst nannte, so unendlich viele Feinde erzeugt hatte, daß er sich dem Todesurteil fügen mußte: »O Kriton, wir sind dem Asklepios einen Hahn schuldig, entrichtet ihm den, und versäumt es ja nicht.« Auch Sokrates wollte heilen: die Krankheiten und Verirrungen des Kopfes und der Lebensform, die er auf Wahrheitssuche und ein wohlgeordnetes Gemeinwesen gründete, auf Freiheit und Gerechtigkeit der Polis.

Was diese beiden Heilpraktiker, Hippokrates und Sokrates – der eine für die Störungen und Krankheiten des Körpers, der andere für die Störungen und Krankheiten der Seele und des Geistes (Plato nennt ja die Methode des Sokrates Mäeutik, Hebammenkunst) –, an Verhaltensvorschriften festlegen, setzt Ziele und Grenzen im technischen Können, in der Kunstfertigkeit und dem Wissen. Wer diese

Regeln nicht beachtet, gilt selbst dann, wenn er mit den Gesetzen des Staates oder der Gemeinschaft nicht in Konflikt gerät, als Kurpfuscher, Scharlatan und deshalb verachtungswürdig. Für das europäische Denken ist damit eine Berufsethik begründet, eine durch technische Kompetenz, Klugheit und Wissen bestimmte Verantwortung, der stets alternative Möglichkeiten der Entscheidung zugrunde liegen. Daß sich die medizinischen Eingriffstechniken und das diagnostische Wissen in einer Weise erweitert haben, wie es für Hippokrates und die ganze traditionelle Medizin, ja noch für die Zeit nach dem Zweiten Weltkrieg undenkbar schien, ist ein gewaltiger zivilisatorischer Sprung. Man muß nur die öffentlich umlaufenden Stichworte nennen: Präimplantationsdiagnostik, In-vitro-Fertilisation, Stammzellenforschung, das Klonen von Schafen und Menschen, um die epochalen Umwälzungen in diesem Bereich kenntlich zu machen. Alle diese Entwicklungen sind praktische Anwendungen von Wissen, in dem die Arbeit ganzer Generationen von Wissenschaftlern steckt. Ist aber auch an der Verantwortungsethik für den Umgang mit würdigem Leben und würdigem Tod, für die der Hippokratische Eid steht, in gleicher Weise und mit ähnlich differenzierter Aufmerksamkeit gearbeitet worden? Entsprechen die differenzierten medizinischen Techniken der Bewußtseinsentwicklung im Urteilsvermögen und in der Sicherheit von Entscheidungen? Auch in einer Zeit, in der die lebenslange Berufskarriere als überholtes Modell gilt und Patchwork-Berufe an ihre Stelle zu treten scheinen, müssen wir nach den verpflichtenden Normen einer Berufsethik fragen, nach einer Verantwortung, die nicht nur im medizinischen Beruf eine große Reichweite hat. Und Verantwortung ist Arbeit an einer härteren Materie als der der Moral.

Wenn nun Wissen und Kunstfertigkeit in den Kompetenz- und Berufsfeldern, die mit lebendigen Menschen, ihren Krankheiten und Heilungsmöglichkeiten zu tun haben, in rasant beschleunigtem Wandel begriffen sind, ohne daß im wirklichen Differenzierungsvermögen, in berufsethischen Fragen ein den technischen Möglichkeiten entsprechendes Niveau erreicht wäre – wie steht es dann mit anderen gesellschaftlichen Verantwortungsbereichen, die im allgemeinen ja nicht weniger profitiert haben vom wissenschaftlichen Fortschritt, also von der angewachsenen Verfügungsmacht über praktisch umsetzbares Wissen? Zu den Standardformeln der Zeitdiagnosen gehört heute die Aussage, daß wir in einer Informations- und Wissensgesellschaft leben. So könnte man auf den Gedanken kommen, daß nicht nur die vergangenen und die gegenwärtigen Verhältnisse durchsichtiger geworden sind, sondern sich auch die Zukunftsaussichten besser abschätzen lassen und die kausalen Folgen unseres gegenwärtigen Handelns klarer erkennbar sind als in der Vergangenheit. Kant hatte noch das Moralgesetz, die sittliche Qualität unseres Handelns, vom Wissen und der Bildung völlig abgekoppelt; ein gebildeter und in den Wissenschaften bewanderter Mensch sei nicht moralischer als ein ungebildeter, denn nur der gute Wille entscheide, nicht die voraussehbaren Folgen des Handelns. Aber Verantwortung ist unabdingbar geknüpft an eine Folgenabschätzung, die auf begründetem Wissen und entwickeltem Urteilsvermögen beruht. Es wäre allerdings ein grundlegendes Mißverständnis, wollte man Verantwortung ganz auf den jeweils verfügbaren Wissensstand reduzieren. Sie setzt zwar in wachsendem Maße Wissen über zukünftige Entwicklungen und die damit verknüpften Folgen voraus, doch gleichzeitig gründet sie auf einer freien Entscheidung, von der sich niemand auch durch noch so zwingende Gesetze loskaufen kann.

Viel Energie und intellektuelle Phantasie werden darauf gerichtet, jene für einen spezifischen Tätigkeitsumkreis plausiblen Gesetzmäßigkeiten herauszufinden, die als Sachgesetzlichkeiten allgemein anerkannt sind und so den Spielraum für verantwortbare Handlungsalternativen vorgeblich auf ein Minimum reduzieren. Worauf beruht die Verantwortung eines Unternehmers, eines Topmanagers, des Vorstandsvorsitzenden einer fusionierenden Bank, wenn die in Aussicht gestellte Ertragsverbesserung und die Standortsicherung des Unternehmens mit der versteckten oder offenen Ankündigung verknüpft werden, man müsse der Sachlage folgen und im Interesse des Unternehmens weiter rationalisieren und Arbeitsplätze abbauen? Wer trägt die Verantwortung für diejenigen, die ihren Arbeitsplatz verlieren, wenn solche Entscheidungen nichts weiter sind als unabwendbare Vollzugsmeldungen sachlich gebotener Notwendigkeiten? Wer sich als Medium von Gesetzen versteht, gleich ob technischer, ökonomischer, juridischer oder wissenschaftlicher Art, scheint von jeder Verantwortung befreit zu sein, welche die Maximen des eigenen Handelns auf die Existenzbedingungen des Allgemeinen, der Gesellschaft, des Gemeinwesens bezieht.

In einem Zeitalter, in dem kraftvolle Individualisierungsschübe legitimerweise die Auffassung bestärken, daß – ungeachtet aller gesellschaftlichen Katastrophen und Rückschläge im Aufklärungsversprechen – die um Freiheitsrechte gelegten Schutzschichten stabiler werden, können jene über den Selbstverwirklichungshorizont des einzelnen hinausgehenden, das Gemeinwesen betreffenden Beziehungen in der Regel nur als Tugenden gedacht werden, also in Form von Grundausstattungen des einzelnen. Unter Bedingungen einer kulturellen Erosionskrise, in der die Gesellschaft in autonome Einzelteile zu zerfallen droht, erscheint dem kritischen Gegenwartsbewußtsein deshalb die Wiederbelebung alter Tugenden in bezug auf das Gemeinwesen sinnvoll, um den Kapitalismus zu domestizieren und zu zivilisieren. Marion Gräfin Dönhoff spricht in diesem Zusammenhang von preußischen Vorbildern, jenen Offizieren, die am 20. Juli 1944 die Substanz der Res publica mit ihrer Gewissensentscheidung bewahren wollten.[1] Dabei handelt es sich freilich um eine existentielle Extremsituation, in der eigensinnige Entscheidung und Verantwortungsbewußtsein das menschenwürdige Bild vom Gemeinwesen wiederherstellen konnten, selbst wenn die Handelnden von vornherein gewußt haben, wie hoch das Risiko des Scheiterns war.

Als in der politischen Philosophie zum ersten Mal über Tugenden als den Vermittlungsinstanzen zwischen individuellen Triebkräften, die durch Erkenntnis und Klugheit zum guten Leben hingeführt werden sollten, und dem Allgemeinwohl der Polis nachgedacht wurde, ging es um eine Art Aufarbeitung der vom Zerfall bedrohten athenischen Demokratie. Die Tugenden in den Schriften von Plato und Aristoteles drücken zweifellos ein idealisiertes Selbstbild der Griechen aus, wohl auch durch romantisierende Rückbeziehung auf die Glanzzeit des Perikleischen Zeitalters, also vor der Katastrophe des Peloponnesischen Krieges. Denn diese Tugenden, die im Griechenland des fünften Jahrhunderts allgemein anerkannt waren – Freundschaft, Tapferkeit, Selbstbeherrschung, Weisheit, Gerechtigkeit –, bezeichnen ausbalancierte Beziehungen zwischen dem einzelnen und dem Gemeinwesen, dem Stadtstaat. Freundschaft, Gemeinschaft und Bürgerschaft sind grundlegende Aspekte des Menschseins. »Es ist ein griechischer Gemeinplatz, daß der freie Mann furchtlos die Wahrheit sagt und die Verantwortung für sein Handeln übernimmt.«[2]

Alasdair MacIntyre zeigt auf, wie in einer gesellschaftlichen Umbruchsituation die Homerische Welt zerbrach und mit der Auflösung der alten Stammesgemeinschaften auch ihr politischer Einfluß entwertet wurde. Statt dessen trat etwas ganz Neues in Erscheinung, das Dauer und Orientierungssicherheit versprach: der politische Stadtstaat, die Polis als politische Gemeinschaft der Freien, die sich in charakteristischer Weise vom Oikos als familialem Herrschafts- und Wirtschaftsraum absetzte.»... die wichtigste moralische Gemeinschaft ist nicht mehr die Verwandtschaft ..., sondern der Stadtstaat, und nicht nur der Stadtstaat allgemein, sondern speziell die Athenische Demokratie.«[3]

Der politisch konstituierte Stadtstaat als eine eigentümliche Wirklichkeitsschicht ist die eigentliche Behausung des *zoon politikon*. Natürliche Bestrebungen des Menschen zur Vergemeinschaftung haben hier keinen Ort. Deshalb nimmt das Nachdenken über Verfassungsformen bei Plato und Aristoteles eine zentrale Bedeutung an. »So rückte die Frage der Beziehung zwischen ein guter Bürger sein und ein guter Mensch sein in den Mittelpunkt, und die Kenntnis der Vielfalt möglicher menschlicher Handlungsweisen, barbarischer oder griechischer, lieferte den faktischen Hintergrund für diese Fragestellung. Tatsächlich deutet alles darauf hin, daß die überwältigende Mehrheit der Griechen, ob Athener oder nicht, als selbstverständlich voraussetzte, daß die Lebensweise ihrer eigenen Stadt fraglos die für den Menschen beste war, wenn es ihnen überhaupt in den Sinn kam, diese Frage zu stellen ...«[4]

Wenn heute Gegenwartskritiker also antike Tugenden ins Feld führen wollen, um Gegenkräfte zu mobilisieren, die die Erosionen der kapitalistischen Gesellschaftsordnung eindämmen sollen, dann kann das mit Gründen nur geschehen, wenn die Struktur des Allgemeinen, die Gesellschaft, das Gemeinwesen in seinen Macht- und Herrschaftsverflechtungen erkennbar werden. Wo das Allgemeine, die Wirksamkeit des Ganzen, von den Menschen nur als dumpfes Schicksal oder als eine unabwendbare Angelegenheit von Nebenfolgen empfunden wird, da läßt sich beim besten Willen keine Verantwortung plausibel begründen. Die politische Philosophie aus dem Athener Stadtstaat beruht auf dem Grundgedanken, daß die Idee eines guten Lebens der Individuen von der Idee eines guten Lebens der Polis unabtrennbar ist. Wenn heute das Gemeinwesen nur in

Nachbarschaften oder in lokalen Einheiten sinnlich faßbar und erfahrbar wird, das große Ganze, die Gesellschaft, aber sich in den Realabstraktionen der Globalisierungsvorgänge verflüchtigt, werden die eigentlichen Bezugspunkte für Verantwortung zerrieben. Wo Gesellschaft auf den dünnen Abguß von Risikogesellschaft oder Erlebnisgesellschaft oder Informationsgesellschaft heruntergebracht ist, da sind die Menschen zum Mitspielen, zum Miterleben, zum Eintauchen in eine Wirklichkeit aufgefordert, die sich als unveränderlich darstellt, aber nicht dazu, die Lebensbedingungen und die geltenden Spielregeln aktiv zu verändern.

Das Unbehagen an dem beliebigen und spielerischen Umgang mit Gesellschaftsdefinitionen, aus denen der Geist ernsthafter Verantwortung für das soziale Ganze, für das Gemeinwesen als Bedingung für die freie und befriedigende Lebensweise des einzelnen vertrieben ist, wächst. In verschiedenen Arbeitsfeldern denken Wissenschaftler und Praktiker seit Jahren über eine konkrete Verantwortungsethik beruflichen Handelns nach. So zum Beispiel Hartmut von Hentig, dessen ganzes Lebenswerk darauf gerichtet ist, die Arbeitswelt des Pädagogen auf das Wohlergehen des Gemeinwesens zu verpflichten, aber gleichzeitig den Erziehungs- und Lernprozeß so zu gestalten, daß er die Autonomiefähigkeit von Kindern und Jugendlichen sichert und erweitert. Verantwortung in diesem Sinne meint nicht das Abziehen, die Abstraktion von den Interessen und der Kraft des Individuellen, um es dem Allgemeinen zu subsumieren, sondern umgekehrt: Nur wer Verantwortung für das Allgemeine, das Gemeinwesen, die Gesellschaft übernimmt, ist am Ende imstande, Kritikfähigkeit und autonome Entscheidungsmöglichkeiten des Individuums zu befestigen. Eine Art Dialektik zwischen Besonderem und Allgemeinem spielt sich hier ab; es ist keine Kausalitätsbeziehung und schon gar nicht eine der Subsumtion des einen unter das andere. Auf einen Vortrag von Frieda Heyting mit der Forderung »Abschied von Moral und Tugend als gesellschaftlichen Integrationsmedien«[5] reagiert Hartmut von Hentig mit einem entschiedenen Plädoyer »Von der Unerläßlichkeit bestimmter Tugenden für den Zusammenhalt der Gesellschaft«. Er schreibt: »Nehmen wir die ›Verantwortung‹. Das ist zunächst ein gewichtiges, wenn auch dunkles Wort. Tauglich wird es, wenn man es versteht. Man lernt es verstehen durch Erfahrung und Erklärung: Wem man wofür warum Rechenschaft schuldet. Dabei wird man einsehen, daß wir Verantwortung nicht einfach – von ungefähr oder von Natur – haben; wir haben sie, weil wir eine bestimmte Lebensweise bejahen, die in unserer Kultur entwickelt worden ist.«[6] Es ist nicht die Aufgabe des Pädagogen, sich als Weltverbesserer zu betätigen; aber er trägt Verantwortung dafür, daß die Bedingungen, unter denen Menschen in dieser Gesellschaft aufwachsen, ihnen durchsichtig gemacht werden, so daß sie selbst Herrschafts- und Machtverhältnisse zu durchschauen lernen. Hartmut von Hentig betont immer wieder die Bedeutung des Polis-Gedankens für das Lernen und für eine Erziehung, welche auch dem einzelnen ein gutes Leben ermöglicht.

Nachdenkliche Stimmen zur Ethik beruflichen Handelns kommen auch aus jenen Wirklichkeitsbereichen, in denen am entschiedensten Sachgesetzlichkeiten ins Feld geführt werden, um die Verantwortlichkeit gegenüber dem Wohlergehen des Gemeinwesens zu unterlaufen. Ich meine nicht die in den USA mittlerweile gängige Forderung, sich selbstgesetzten Ethikcodices zu unterwerfen; sie sind kaum wirksame Barrieren, wenn nicht die ganze Gesellschaft Vergehen ächtet und bestraft. Von größerer Bedeutung erscheinen mir Pläne der EU in Brüssel, Gesetzesinitiativen zu entfalten, denen zufolge ein Tatbestand des »Organisationsverschuldens« eingeführt wird, so daß in Zukunft Unternehmen für Fehlverhalten strafrechtlich geradestehen müssen.[7] Auf der Jubiläumstagung in Hannover zum fünfundzwanzigjährigen Bestehen der Bertelsmann Stiftung erklärte der Vorstandsvorsitzende Reinhard Mohn, er wolle die Wirtschaft aus ihrer gesellschaftlichen Verantwortung nicht entlassen. Die Industrie müsse das Ziel der Gewinnmaximierung ersetzen durch ein Verlangen nach dem bestmöglichen Leistungsbeitrag eines Unternehmens für die Gesellschaft. Das falsch strukturierte Management machte Mohn verantwortlich für den Niedergang großer Unternehmen in den letzten Jahren.[8]

So scheint, wie ich vermute, in unternehmerfreundlichen intellektuellen Kreisen mehr und mehr der Gedanke verbreitet zu sein, daß im wohlverstandenen Interesse der Unternehmen, das heißt im Sinne von Stabilität und dauerhafter Funktionsfähigkeit, Verantwortung für die gesellschaftliche Umwelt der Betriebe selbst nach ökonomischen Kriterien nützlich ist. Die wesentliche Erweiterung der sogenannten Verträglichkeitsprüfungen sind Ausgangspunkt einer

Gemeinwesenarbeit, die den betrieblichen Horizont überschreitet. »Weniger ›Staat‹ heißt ... auch mehr Verantwortung beim Nutznießer der Deregulierung: Wer neue Produktionsverfahren einführt, muß eine Umweltverträglichkeitsprüfung vorweisen – warum nicht auch eine Arbeitnehmerverträglichkeitsprüfung? Wer ein Produkt auf den Markt bringt, haftet für etwaige Schädigungen des Verbrauchers – wieso nicht für jeden mit der Produktion einhergehenden Gesundheitsverbrauch bei den Beschäftigten?«[9]

Diesen und ähnlichen Ansätzen stehen nicht nur beklagenswerter Unverstand und egoistische Interessenkonstellationen entgegen, sondern auch eine geradezu abenteuerlich anmutende Verfilzung der Realitätsmacht betriebswirtschaftlichen Denkens mit der Idee der Selbstverwirklichung, die einem ganz anderen geschichtlichen Zusammenhang entspringt. Damit meine ich nicht einfach einen raffgierigen Egoismus, sondern den legitimen Wunsch, sich in den Privatverhältnissen selbst wiederzufinden und das Allgemeine, die Gesellschaft, zunächst als das dem Selbstverwirklichungswillen Entgegenstehende zu betrachten. Die eigentlichen Barrieren gegen eine Gemeinwesenarbeit liegen unterhalb der Diskursebene; es sind Macht- und Herrschaftsverhältnisse, die ihre Fundamente in der gegenwärtigen kapitalistischen Ökonomie haben. Wer also über den Kapitalismus in seinen äußerst differenzierten und mit individuellen Selbstverwirklichungsaspekten versetzten Formen nicht reden will, der sollte auch über politische Moral und öffentliche Tugenden schweigen. Das ist offensichtlich der Kardinalfehler der sogenannten Kommunitaristen, die Bürgerarbeit und Gemeinwesen wieder in den Blick nehmen wollen, daß auf der Ebene der Gemeinwesen, wo es um das Ausbalancieren von Individuum und Gesellschaft geht, das ökonomische System, das den Störungen der Balance zugrunde liegt, unangetastet bleibt.[10]

Die Ideen des Kommunitarismus sind offenbar Restbestände der Erinnerung an eine geschichtliche Situation, in der es als selbstverständlich galt, die Kritik am Kapitalismus und kollektive Anstrengungen zur Veränderung der bestehenden Verhältnisse mit den Begriffen Sozialismus oder Kommunismus zu verbinden. Da diese Jahrhundertideen in Verruf geraten sind – und ihre Beschädigungen sind keineswegs nur ihren Feinden zuzuschreiben –, haben wir es heute mit dem merkwürdigen Tatbestand zu tun, daß Gemeinwesenbegriffe, die ihre Substanz bewahrt haben, gleichsam heimatlos geworden sind. Selbst der demokratische Sozialismus bedient sich ihrer nur zögernd und mit größter Vorsicht. So ist eine neue Verantwortungsethik auch im Gebrauch historischer Begriffe notwendig. Weil die dogmatische Sicherheit des Allgemeinen zerbrochen ist, richtet sich das natürliche Sicherheitsbedürfnis der Menschen im Besonderen ein; aber die erfahrbaren Sinnestäuschungen des Besonderen erregen wiederum den Geist des Dogmatismus. Jetzt hat das Besondere das zu leisten, was das demaskierte Allgemeine zu leisten nicht imstande war.

Diese Störungen im Verhältnis von Besonderem und Allgemeinem, die abstrakt erscheinen mögen, bezeichnen ein zentrales Problem bei der Neuformulierung von Verantwortungsethik, die in den Alltag der Menschen eingeht. Michael Theunissen hat dieses Problem philosophisch zugespitzt, indem er die Selbstverwirklichungsidee des Individuums mit dem wachsenden »Allgemeinheitsverlust« konfrontiert. Noch Kant dachte in seinem Autonomiebegriff beides zusammen: Das Selbst und das Gesetz, *autos* und *nomos*, die Freiheitsfähigkeit des Ich und das Vermögen der Selbstbegrenzung, die freie Unterwerfung unter ein allgemeines Gesetz, dem ich meine Zustimmung erteilt habe. Und Hegel spricht in § 258 der Rechtsphilosophie davon, daß es »die Bestimmung der Individuen ist, ein allgemeines Leben zu führen«. Die extreme Dehnung des Besonderen im Selbstverwirklichungsanspruch der Individuen, die alles Allgemeine als freiheitsbedrohende äußere Gewalt auszugliedern trachten, führt nach Theunissen zu einer Ausdünnung und Entleerung des Gesellschaftlich-Allgemeinen, von dem im Weltmaßstab allenfalls die Natur als eine Art Substanz übrigbleibt. »Der Ausschluß der Möglichkeit, unter Selbstverwirklichung eine Verallgemeinerung des Individuums zu verstehen, deutet auf einen Bewußtseinswandel, den man einen Verlust realer Allgemeinheit nennen könnte, einen Verlust eben der subjektiv realisierten Allgemeinheit.«[11]

Das berührt nun das Verantwortungsproblem an einer äußerst empfindlichen Stelle. Indem nämlich das Allgemeine in Gestalt der Gesellschaft oder gar der Weltgesellschaft zu dem geworden ist, was Hegel im Unterschied zur konkreten als eine bloß formelle Allgemeinheit bezeichnet, sind alle Lebensverhältnisse auf Abstraktionen bedacht, für die kein Mensch Verantwortungsbewußtsein entwickeln kann. So verkapselt sich Verantwortung in den Nahebereichen, auch dort, wo es um Protest gegen Menschenrechtsverletzungen und Unterdrückung geht oder wo großzügige Hilfe bei Katastrophen geleistet wird – in allen diesen Fällen werden in der Regel die Strukturen der Arbeits- und Erwerbsgesellschaft, Macht- und Herrschaftsverhältnisse, die gesamtgesellschaftlichen Lebensbedingungen ausgeklammert. Zumindest werden sie nicht als veränderungsbedürftig betrachtet, und so entstehen in diesen Bereichen allenfalls Anlaßöffentlichkeiten, die konkrete Aktionen herausfordern.

Worin bestünde jetzt die Berufsethik eines Politikers, der sich dieser Spannungen zwischen den Kräften der Partikularisierung (Vereinzelung, Individualisierung) und der in Abstraktionen abschweifenden Globalisierung bewußt ist und in diesem Kräftefeld den Hebel ansetzen möchte für Transformationen an beiden Enden? Denn offenkundig sind die Schutzmauern um die traditionellen Nahebereiche, ob es sich nun um kommunale Verbände, um Kleinkollektive oder Produktionszusammenhänge handelt, brüchig geworden, und es ist in der Regel nur eine Frage der Zeit, wann das Allgemeine irgendwelcher Art (meist als Gewalt des Zusammenhangs) in sie eindringt, wenn sie es nicht aus sich heraus bereits produzieren. Das abstrakte Aufeinanderstoßen des Allgemeinen und Besonderen ist zerstörerisch für beides. Nur wenn sich eine lebendige Dialektik in den Beziehungen zwischen dem Besonderen und dem Allgemeinen entfaltet, können Lösungen zu einer Anreicherung auf beiden Seiten führen.

Was wir unter Politik verstehen, ist stets ein Handlungszusammenhang, in dem nach Regeln und Prinzipien besondere Verhältnisse umgestaltet werden; durch Methoden und Zwecke solcher Umgestaltung unterscheiden sich die Politikformen. Max Weber hat im Rahmen einer Vortragsreihe »Geistige Arbeit als Beruf« im Revolutionswinter 1918/19 in München einen Vortrag gehalten, in dem er das Berufsethos des Politikers über das hinaus zu bestimmen versucht, was die Atmosphäre seiner Tätigkeit ohnehin ausmacht: nämlich Streben nach Macht oder nach Beeinflussung der Machtverteilung oder nach Machterhalt. Ethisch orientiertes Handeln teilt Max Weber in zwei Wirklichkeitsbereiche auf, in denen entweder gesinnungsethische oder verantwortungsethische Maximen vorherrschen, je nachdem, ob es mehr um die moralische Richtigkeit oder die konkreten Folgen des Handelns geht. Drei Eigenschaften zeichnen den

Politiker in besonderer Weise aus, doch sie gelten unabhängig von den Ideen oder Zwecken, auf die sich politisches Handeln hin orientiert: »Leidenschaft – Verantwortungsgefühl – Augenmaß. Leidenschaft im Sinn von Sachlichkeit: Leidenschaftliche Hingabe an eine Sache, ›an den Gott oder Dämon, der ihr Gebieter ist‹.«[12] Augenmaß bedeutet dabei die Fähigkeit, »die Realitäten mit innerer Sammlung und Ruhe auf sich wirken zu lassen, also: der Distanz zu den Dingen und Menschen«.[13] Als die zwei Todsünden des Politikers bezeichnet er Unsachlichkeit und Verantwortungslosigkeit.

Max Weber will die eigenständige Professionalität des politischen Handelns bestimmen und die Rahmenbedingungen festlegen, unter denen ethisch begründete Entscheidungen stehen. Aber dieser Politikbegriff, auf den sich heute viele Pragmatiker des politischen Geschäfts beziehen, klammert praktisch alles aus, was die Polis-Zwecke betrifft: Um welches Gemeinwesen handelt es sich, für das ich in meinem persönlichen Verhalten Verantwortung übernehme? Wofür mobilisiere ich sachliches Pathos und leidenschaftliche Kraft, um durch langsames Bohren von harten Brettern Lebensbedingungen zu verändern? Welche Balancen sind herzustellen, wenn ich mit Augenmaß an eine Sache herangehe? Nun mag Max Weber dagegen einwenden, es sei nicht die Aufgabe des Politikers, mit den Machtmitteln, die er sich bei seinem Handeln zu verschaffen hat, gleichzeitig den Umkreis der Zwecke zu definieren. Aber sich die Zwecke von einem Dämon oder Gott oder einem charismatischen Führer einfach vorgeben zu lassen, widerspricht jeder Erwartung, die heute an verantwortungsbewußte Politiker gestellt wird. So ist es notwendig, den Begriff der politischen Verantwortung zu erweitern. Dieser gilt für alle Tätigkeitsfelder und nicht nur für jenen Typus von Berufsmensch, der, wie Max Weber sagt, entweder *für* die Politik lebt oder *von* der Politik.

Augenmaß, Ausdauer, Machtbewußtsein und Verantwortung des Politikers spielen für den politischen Handlungszusammenhang nach wie vor eine große Rolle; was sich seit dem Ende des Ersten Weltkriegs radikal verändert hat, ist die Wissenschaftslandschaft – sowohl in den naturwissenschaftlich-technischen Anwendungen, die aufgrund der weitgehend entschlüsselten Bauprinzipien der Materie und des Lebens folgenreiche Umbauprojekte planen, wie auch in den mit Fragmenten der Tatsachenforschung operierenden Deutungswissenschaften, die in einem Machtdilemma stecken und deshalb mit ihrem Expertenwissen Vorlagen für Sozialkritik oder für Herrschaftslegitimationen liefern können. In beiden Fällen geht es darum, die Fernwirkungen unseres Handelns zu reflektieren, nicht nur in bezug auf die beabsichtigten Folgen, sondern auch auf die unbeabsichtigten Nebenfolgen unseres Verhaltens oder Nicht-Verhaltens, die sich heute aus keiner wie immer gearteten Verantwortungsethik ausklammern lassen.

Indem Hans Jonas untersuchte, welche Wirkungen die praktischen Umbaumöglichkeiten der äußeren Natur und der biologischen Substanz der Menschen für unsere Kultur und unsere menschlichen Zwecke haben können, hat er die Globalisierung, das heißt die Bedingungen für die Herstellung einer vernünftigen Weltgesellschaft diskutiert, bevor sie durch das Ende der Mauer und den Zusammenbruch des Sowjetimperiums zum bestimmenden öffentlichen Thema wurden, und das auf einem Reflexionsniveau, das uns mittlerweile verlorengegangen ist.[14] Jede Moralphilosophie oder Ethik (im Sinne der griechischen politischen Philosophie, die damit die eigene Lebensform auf das Gemeinwesen bezog) reibt sich seit über zweihundert Jahren an Kant – auch das Denken von Hans Jonas. Mittels seines substantiellen Vernunftbegriffs operierte Kant im Zusammenhang moralischer Begründungen mit dem Selbstwiderspruch. Immer wieder ist in den Kantischen Schriften davon die Rede, daß das allgemeine Gesetz, dessen Achtung die eigentliche moralische Qualität der menschlichen Handlung ausmacht, ihm nichts völlig Äußerliches ist, sondern im Prinzip auf seine Zustimmung rechnen darf, selbst wenn er diesem Gesetz empirisch dieses Einverständnis nicht gegeben haben sollte. Den verschiedenen Formulierungen des kategorischen Imperativs liegt bei Kant das Vertrauen in die Vernunftfähigkeit der Menschen zugrunde. Immer wieder variiert er die Formulierung: »Man muß wollen können, daß eine Maxime unserer Handlung ein allgemeines Gesetz werde: dies ist der Kanon der moralischen Beurteilung derselben überhaupt.«[15] Maxime ist das subjektive Prinzip des Wollens; und die intime Verbindung zwischen Gesetz und individueller Maxime zielt auf die Friedenssicherung des Gemeinwesens. Aber dieses Gemeinwesen ist schon bei Kant nichts Lokales, Borniertes, sondern bezieht die ganze Menschheit, die Weltgesellschaft mit ein. »Handle so, daß du die Menschheit sowohl in deiner Person, als in der Person eines jeden anderen, jederzeit zugleich als Zweck, niemals bloß als Mittel brauchest.«[16]

Bei Kant ist die Idee der Menschheit nach innen gesetzt, während sie sich heute immer stärker zu einer empirischen Realität entwickelt, zu einem Weltzwangszusammenhang, der sich im Gehirn jedes einzelnen festgesetzt hat, manchmal wie ein Alptraum, aber auch als eine große Idee möglicher Befreiung aus Fesseln bornierter Verhältnisse und der bloß individuellen Emanzipation. Wie verträgt sich die Idee einer Weltgesellschaft mit der Realität einer Globalisierung, die für die meisten der Menschen weltweit doch keine grundlegende Veränderung ihrer Lebensverhältnisse bewirkt? Viele Menschen fragen sich, wie die immensen Produktionsmittel, wie Reichtum, Wissenschaft und Organisationskraft der fortgeschrittenen Länder genutzt werden können, auch denjenigen verbesserte Lebensbedingungen zu verschaffen, die gegenwärtig durch die Globalisierung der ökonomischen Verhältnisse nur Nachteile haben oder zunehmend vom Weltzusammenhang abgekoppelt werden.

Verantwortung bringt die Weltprobleme ins eigene Haus zurück. Ich bin nicht unmittelbar dafür verantwortlich, was in Burundi oder Nepal oder China passiert. Meine soziale Verantwortung setzt dort ein, wo ich auf die Gestaltung einer Gesellschaft Einfluß nehmen kann, damit das Substrat unseres Lebens, die äußere Natur, würdiges Leben und würdiges Sterben, der Zuschnitt lebendiger Lebensverhältnisse so gestaltet wird, daß wir im großen und ganzen damit einverstanden sein können. Hans Jonas hat die bisherigen Moralsysteme kritisiert, weil sie noch zu sehr an Stammesherkünften orientiert sind. Er plädiert freilich für eine Ferne-Ethik in einem Sinn, der den alltäglichen Entscheidungszusammenhang für das, was ich für richtig und für gut halte, im Interesse des Gemeinwesens bewahrt. Nur so kann Gemeinwesenarbeit auf dem Weg zur Weltgesellschaft aussehen.

Offenkundig hat die Dimension von Zeit und Wissen für diese Form von Verantwortung, die ich für die einzig wahre und vertretbare halte, größte Bedeutung. Der Sparhaushalt einer Gesellschaft ist ausschließlich in jener politischen Ökonomie des Ganzen Hauses zu finden, in der die Kosten nicht von einem Bereich zum anderen verschoben und am Ende auf die kommende Generation vertagt werden, sondern wo die öffentliche Vernunft eine alternative Ökonomie aufnimmt, die im Kleinen die Idee des Ganzen enthält – oder um Spinoza zu zitieren: »Die ganze Idee des Meeres ist in einem Wassertropfen enthalten.« Die ganze Idee der Weltgesellschaft ist in jenen Wirklichkeitsbereichen enthalten, für die ich unmittelbar Verantwortung trage, weil die Wirkungen meines Handelns überprüfbar auf meine Entscheidungen zurückzuführen sind.

Hans Jonas hat die kategorischen Imperative Kants umformuliert und auf die Spannung zwischen Weltgesellschaft und Individuum in unserer heutigen Welt zugespitzt: »Ein Imperativ, der auf den neuen Typ menschlichen Handelns paßt und an den neuen Typ von Handlungssubjekt gerichtet ist, würde etwa so lauten: ›Handle so, daß die Wirkungen deiner Handlungen verträglich sind mit der Permanenz echten menschlichen Lebens auf Erden‹; oder negativ ausgedrückt: ›Handle so, daß die Wirkungen deiner Handlungen nicht zerstörerisch sind für die künftige Möglichkeit solchen Lebens‹; oder einfach: ›Gefährde nicht die Bedingungen für den indefiniten Fortbestand der Menschheit auf Erden‹; oder, wieder positiv gewendet: ›Schließe in deine gegenwärtige Wahl die zukünftige Integrität des Menschen als Mit-Gegenstand deines Wollens ein.‹«[17]

Diese Imperative enthalten alles, was eine Verantwortungsethik im Globalisierungsprozeß zu leisten hätte. Weder verleiten sie zur Flucht aus den Gegenwartsverhältnissen, noch geben sie illusionäre Versprechen, daß aus der bloßen Verallgemeinerung der Probleme Krisenlösungen entstehen würden. Hans Jonas betont, daß keineswegs nur das individuelle Verhalten gefordert wird: »Es ist ... offensichtlich, daß der neue Imperativ sich viel mehr an öffentliche Politik als ein privates Verhalten richtet, welches letztere nicht die kausale Dimension ist, auf die er anwendbar ist.«[18]

Wenn diese neuen Imperative also vor allem an die Politik gerichtet sind, dann müssen wir schauen, in welchem Ausmaß einzelne Politikbereiche den Weg zur Weltgesellschaft eingeschlagen haben, ohne sich illusionären Abstraktionen hinzugeben, die am Ende nichts weiter sind als die Befolgung kapitalistischer Interessenkonstellationen. Deshalb will ich in den vier letzten Kapiteln dieses Buches überprüfen, wie die Rückkehr aus den Realabstraktionen der gegenwärtigen Globalisierung jene Handlungsbereiche zur Reform aktivieren könnte, die exemplarisch stehen für den Aufbau einer vernünftigen Weltgesellschaft, dort beginnend, wo der Lebenszusammenhang von Arbeit, Erwerb, Kampf um Anerkennung lokalisiert ist.

Im Zentrum dieses Teils steht das Problem der Verantwortung. Nichts wird in der überflutenden Literatur zur Globalisierung und zur Arbeitsgesellschaft magerer beantwortet als die Frage: Wer trägt für die Misere, die so viele Menschen trotz des überbordenden Reichtums immer wieder betrifft, die Verantwortung? Schuldige in Einzelfällen sind leicht zu finden, nicht zuletzt deshalb, weil die Vorurteilsforschung völlig im argen liegt. Aber in der Abwehr einer komplexen Antwort liegt häufig der gesamte Irrtum. Ich bemühe mich deshalb um vorsichtige Antworten, vor allem in bezug auf jene Wirklichkeitsbereiche, von denen häufig schnelle Antworten erwartet werden.

Wer Gerechtigkeit und Solidarität einklagt, wird die Gewerkschaften zur Verantwortung ziehen; das ist ihre Tradition, die abhängig Tätigen in ihren Rechten und Lebensbedürfnissen zu verteidigen. Sind die Gewerkschaften dieser neuen Situation gewachsen? Als organisierte Interessenvertretung lebendiger Arbeit stehen Gewerkschaften in vorderster Frontlinie, wenn Lebensrechte zur Disposition gestellt werden. So will ich fragen, wie sie der erwarteten Verantwortung gerecht werden können. Denn ohne starke Gewerkschaften in der Welt wird in keinem Land und in keiner Gesellschaftsordnung lebendige Arbeit ein wesentliches Element der innergesellschaftlichen Friedenssicherung sein.

Wer in der von mir als dritte Kopernikanische Wende bezeichneten Verunsicherung nach Orientierung Ausschau hält, die das Sicherheitsbedürfnis ebenso befriedigt wie den Wunsch nach Glaubwürdigkeit und Wahrheit, wird ohne Zweifel Hilfe bei jenen Wissenschaften suchen, die Deutungen der Gegenwartskrise anbieten und zum Beispiel Globalisierung als wesentliches Element für eine autonome Gestaltung der veränderten Verhältnisse begreifen. Die Sozialwissenschaften, mit der von ihnen beanspruchten Deutungskompetenz, befinden sich heute in einem durch ihr Machtdilemma bestimmten Spannungszustand. Wo die soziologische Denkweise im Zusammenhang einer kritischen Gesellschaftstheorie auf das Begreifen des Ganzen und auf die alternative Idee eines vernünftig eingerichteten Gemeinwesens zielt, wird sie in der Regel mit Ohnmacht und öffentlichem Wegsehen gestraft. Das deklarierte Ende aller Gesamtvorstellungen von Gesellschaft, wie sie dem Sozialismus und der kommunistischen Gesellschaftsutopie, ja der sozialstaatlichen Transformationsgestalt des Kapitalismus eigentümlich waren, macht Analysen, welche die Anmaßung des Ganzen bewahren, zu leicht diskreditierbaren Traditionsmarotten. Die andere Seite dieses Machtdilemmas besteht darin, daß sozialwissenschaftliches Denken sich mit Realitätsgehalten vollsaugt, welche den Plausibilitätsgrad von Alltagswahrnehmungen mit der Würde des denkenden Soziologen verquicken und dadurch breit gestreute Legitimationsfolien liefern. Aber es bleibt die Frage offen, wofür trägt eigentlich der Sozialwissenschaftler Verantwortung? Hat er überwiegend Ordnungsfunktion oder läßt sich so etwas wie der Hippokratische Eid, der Berufsethik und Würde des Handelnden verknüpft, auch auf die Untersuchungs- und Deutungsarbeit des Sozialwissenschaftlers anwenden? In einer ideologiekritischen Auseinandersetzung mit zwei der prominentesten Vertreter der sogenannten Zweiten Moderne versuche ich Annäherungen an die Aufgaben einer soziologischen Erkenntnisweise, welche den Blick auf die Weltgesellschaft richtet, ohne die nachprüfbaren Folgen des eigenen Handelns zu ignorieren.

In einem dritten Kapitel wende ich mich der von Jean Fourastié beschworenen »Großen Hoffnung des zwanzigsten Jahrhunderts« zu, durch die nicht nur der Welthunger beseitigt werden kann, sondern auch die meisten der übrigen Krisen praktisch lösbar erscheinen: der Entwicklung von Naturwissenschaft und Technologie. Es geht mir hier aber nicht um eine systematische Analyse dieser gesellschaftlichen Realitätsbereiche, sondern nur um jenen Ausschnitt von Handlungszusammenhängen, in dem die lebendige Arbeit des Naturwissenschaftlers und Technikers im Sinne der Verantwortung für das Gemeinwesen zum Tragen kommt. Naturwissenschaftler und Techniker schöpfen gleichsam aus Lagerbeständen, die methodische Erkenntnisse und den Erfindungsgeist von Generationen bewahren: ein Akkumulationsvorgang ganz eigener Art, der deshalb auch eine spezifische Verantwortung des Handelnden begründet. Da heute jedes naturwissenschaftlich gewonnene Wissen technologisch umsetzbar ist (was zur Zeit Newtons überhaupt noch nicht der Fall war), müssen ethische Barrieren und Grenzen bestimmt werden, welche die Bewahrung der menschlichen Würde garantieren. Ein Gemeinwesen, das hier keine Verantwortungen festlegt, würde seine eigene Lebenssubstanz zerstören.

Im letzten Kapitel geht es mir um die Berufsethik des politisch Handelnden, der, aus dem dogmatischen Schlummer alltäglicher Routinearbeit aufgerüttelt, plötzlich mit einer geschichtlich offenen Situation konfrontiert ist, die alternative Entscheidungen möglich und erforderlich macht. Eine wesentliche Umbruchstelle der Globalisierung, bei der immer auch Transformationsprozesse von Gesellschaftsordnungen zu beobachten sind, läßt sich auf den Fall der Mauer und das Ende der DDR datieren und lokalisieren. Daß der Kapitalismus weiter in die Poren und Zellenformen der fortgeschrittenen kapitalistischen Länder eingedrungen ist und hier Veränderungen im Verhältnis von lebendiger Arbeit und Kapital, von technologischer Maschinerie und politischer Kultur bewirkt hat, ist nur die eine Seite der epochalen Umwälzungen; die andere beschreibt das Übergreifen der kapitalistischen Wirtschaftsform auf überwiegend kollektivwirtschaftlich organisierte Arbeits- und Erwerbsgesellschaften. Können solche autoritär geprägten Arbeits- und Erwerbsgesellschaften in den kapitalistischen Marktzusammenhang integriert werden, ohne daß in ihnen die Voraussetzungen für eine bürgerliche Gesellschaft mit allen damit verbundenen Freiheitsrechten und Sicherungen politischer Demokratie durch aktive solidarische Hilfe der fortgeschrittenen Länder geschaffen werden? Wie sähe die Verantwortungsethik eines Politikers aus, dessen Ziel die humane Transformation von Gesamtgesellschaften ist? Ich erörtere dieses Problem der Globalisierung an der deutschen Wiedervereinigung, weil hier die Übertragung der Logik von Kapital und Markt auf ein fremdes Territorium unter den historisch günstigsten Bedingungen erfolgte. Kein Land der Welt, das sich mit seinen Arbeits- und Erwerbsstrukturen dem Weltmarkt öffnet oder in das punktuell kapitalistische Produktionsstrukturen eindringen, kann mit einer vergleichbaren, jetzt über ein Jahrzehnt reichenden Solidarhilfe für den Umbau der Gesellschaft rechnen.

Da insbesondere das Schicksal der lebendigen Arbeit nach wie vor von empfindlichen sozialen Disparitäten geprägt ist, muß in bezug auf andere Transformationen von Gesellschaftsordnungen in der Welt die Frage gestellt werden: Worin bestünde die Verantwortungsethik von Politikern, die eine Weltgesellschaft als etwas anderes und Vernünftigeres betrachten als die Auflösung alter Produktions- und Vergesellschaftungsstrukturen? Wenn schon unter günstigsten

Bedingungen diese betriebswirtschaftlich verengte Transformation von Gesellschaftsordnungen mißlingt, wie soll sie dann in Brasilien, in China, in der ehemaligen Sowjetunion gelingen? Das sind dringende und aktuelle Probleme des Politikers, der mit Leidenschaft für die Sache der Weltgesellschaft harte Bretter bohrt – mit Augenmaß und mit Verantwortungsbewußtsein. Aber schon für Max Webers territorialstaatlichen Machtzusammenhang gilt, daß das Bohren dieser harten Bretter nur verständlichen Sinn macht, wenn sich die Betonrealität gegen greifbare Alternativen sperrt. Ihm war klar, daß in dem Augenblick, wo alternative gesellschaftliche Entwicklungen verbraucht sind oder als verbraucht betrachtet werden, die Individuen sich von freien Entscheidungen – und das heißt immer auch von Verantwortung – befreit fühlen und vorgeben, unvermeidlichen Sachgesetzlichkeiten zu folgen. Sie schwimmen dann mit dem Strom, aber ein altes chinesisches Sprichwort lautet: »Nur tote Fische schwimmen mit dem Strom.« Eine Gesellschaft, die sich ihrer Alternativen beraubt, verliert ein wesentliches Medium ihrer Integration: die Verantwortung für das Gemeinwesen.

Neue professionelle Verantwortung

Wenn wir einen umfassenden Begriff von Arbeit wieder zur Geltung bringen, also ihre kulturgeschichtliche Leistung neu bewerten wollen, bekommt die Frage nach dem Verhältnis lebendiger Arbeit, Beruf als Form der Lebensführung und individueller Identitätsbildung ein neues Gewicht. So haben wir es gegenwärtig mit einer komplizierten Krisensituation im Verhältnis zwischen Arbeit, Beruf und Identität zu tun. Nehmen wir die von Max Weber präzisierte Berufsidee, die mit hochspezialisierter fachlicher Kompetenz verknüpft ist. Es mag sein, daß eine den gesamten Lebenslauf bestimmende Berufsidee nicht mehr typisch ist; auch ist die Aura des Magischen verlorengegangen, die in den Worten *calling, vocation*, Ruf und Berufung, liegt, wodurch beruflicher Tätigkeit – im Unterschied zu bloßer Lohnarbeit im Überlebensinteresse – immer ein sittliches Element zukam. Aber die Entmythologisierung des Berufs erfährt Transformationen, die in einem markanten Wortwandel deutlich werden. In gleichem Maße, wie eine das Leben insgesamt bestimmende berufliche Identität in Frage gestellt wird, wird die Tätigkeitsform der Professionalisierung in einer Weise gefeiert wie selten zuvor. Wo immer Schlankheitskuren geplant oder durchgeführt werden, ob das in staatlichen Behörden und in Unternehmen geschieht oder in Gewerkschaften und Schulen, wird im Zuge der Freisetzung von Massen lebendiger Arbeitskraft die Professionalität bestimmter Arbeitsplatzgruppen aufgewertet.

Die Berufsidee verschwindet also keineswegs aus der Arbeits- und Erwerbsgesellschaft, sondern erfährt in mancher Hinsicht eine deutliche Aufwertung. Keineswegs zufällig rückt im Sprach- und Symbolspektrum der lateinische Ursprungssinn beruflicher Tätigkeit in den Vordergrund: *Professio* meinte im alten Rom ein öffentliches Bekenntnis, die öffentliche Anmeldung eines Gewerbes, die öffentliche Bekanntgabe eines Vermögens oder eines Namens, nicht zuletzt für Zwecke der Besteuerung. Es ist die Offenheit und die Öffentlichkeit, welche in diesem Sinne das Professionelle ausmacht.

Beruf im veränderten Verständnis von hochgradiger Professionalisierung ist in der Wertehierarchie von Tätigkeiten ganz oben angesiedelt. Professionelle Kompetenz in einem beliebigen Sachzusammenhang erfordert weit mehr als das, was Max Weber unter dem Begriff des Fachmenschen kritisch faßt. Hier ist wieder der ganze Mensch im Spiel, denn er muß nicht nur die sachlichen Regeln beherrschen und die damit verknüpften ethischen Konventionen, sondern gleichzeitig wenigstens stückweise bornierte Arbeitsteilungen in seinem Tätigkeitsumkreis rückgängig machen. Körper, Geist und Seele müssen ausgeglichen sein, um Autorität auf Untergebene ausüben und in wechselnden Situationen selbständige Entscheidungen treffen zu können. In dieser Hinsicht verschmelzen häufig berufliche Identitätsmuster mit denen der eigenen Persönlichkeit. Körpertraining, gutes Aussehen und gute Kleidung, gesundes Leben, geregelte Beziehungsverhältnisse, das alles endet schließlich in dieser erneuerten Berufsidee.

In bestimmten Produktionsstätten rückt deshalb eine durch Lebensführungsstile befestigte und erweiterte berufliche Sachkompetenz so sehr in den Vordergrund, daß es zu einer Egalisierung von Löhnen und Gehältern kommt. Die Qualität der zu erbringenden Leistung bestimmt das Gehalt und definiert auch den Rahmen, in dem es Arbeitsplatzsicherheit gibt. Offenbar in Anknüpfung an die »Challenger«-Katastrophe, deren Ursache vermutlich ein einfacher fehlerhafter Dichtungsring war, hat Michael Kremer eine Theorie mit dem etwas rätselhaften Namen O-Ring entwickelt.[19] O-Ring ist jenes T-förmige Verbindungsstück, das die Explosion der milliardenschweren Raumfähre verursachte – eine Ringfläche, die durch Drehung eines Kreises um eine in der Kreisebene liegende, den Kreis aber nicht treffende Gerade entsteht. Die Komplexität des Details, das Präzisionsarbeit vom zuständigen Glied der Herstellungskette erfordert, zeigt sich bereits im sprachlichen Beschreibungsversuch; es bleibt aber ein vergleichsweise kleines Produktionsteil. Der entscheidende Punkt von Kremers Theorie ist, daß auf keiner Ebene qualitätslose und nicht-engagierte Arbeit möglich ist, ohne das Produktganze zu gefährden.»In einer gegebenen Produktionskette gefährdet die kleinste Funktionsstörung eines Kettengliedes den gesamten Produktionsprozeß. Daraus folgt, daß die Arbeitskräfte, die an einem Produktionsprozeß beteiligt sind, möglichst dasselbe Qualitäts- oder Qualifikationsniveau haben müssen. Ein Team von Atomphysikern kann es sich nicht erlauben, einen mittelmäßigen Forschungsassistenten einzustellen, egal welchen Lohn er akzeptieren würde. Jeder einzelne wirkt an einem Produktionsprozeß mit, der von Arbeitskräften mit annähernd gleichen Qualifikationsniveaus bewerkstelligt wird. Die besten Anwaltskanzleien stellen die besten Sekretärinnen ein, deren Gehalt sich auf einem entsprechenden Niveau bewegt.«[20]

Aufgrund der veränderten Produktionsprozesse kann man eine lohn- und gehaltsbezogene Homogenisierung des Personals in technisch hochentwickelten Unternehmensbereichen beobachten (zum Beispiel in französischen Unternehmen mit über zehn Beschäftigten zwischen 1986 und 1992 um 20 Prozent), aber gesamtgesellschaftlich wächst gleichzeitig die Polarisierung in der Qualifikationsstruktur, mit scharfer Segmentierung des Arbeitsmarktes und des Lohn- und Gehaltsniveaus.

Ob tatsächlich ein hoher Grad von Selbstbestimmung und ein großer Entscheidungsspielraum gegeben sind, so daß man im Idealfall von einem Stück menschlicher Emanzipation durch Arbeit sprechen kann, hängt wesentlich ab von der Struktur der Arbeitsplätze, der Bedeutung der eigenen Tätigkeit für ein gelungenes Gesamtprodukt und dem Inhalt der Arbeit. Mit Recht hat Birgit Volmerg den Vorschlag gemacht, »zwischen einer durch die (berufliche) Funktion und Rolle vermittelten Arbeitsidentität und der persönlichen Identität begrifflich schärfer zu trennen. Denn erst im Zusammenwirken der Normen und Ansprüche der Berufsrolle, die ins eigene Selbst ein Stück weit integriert werden müssen, mit den persönlichen Werten und Bedürfnissen entsteht, was ich die je spezifische psychische Ökonomie der Arbeit nennen möchte.«[21] Facharbeiter, Ingenieure, Leitungspersonal, Ärzte haben demzufolge ganz andere Voraussetzungen, den Arbeitszusammenhang in die persönliche Identitätsbildung einzubeziehen und die Subjektkonstitution zu verstärken. Auch wenn man, wie Birgit Volmerg vorschlägt, Prozesse der persönlichen Identitätsbildung von denen der Arbeit trennt, bleibt zwischen beiden doch ein dialektisches Spannungsverhältnis erhalten. Erwerbsarbeit verschwindet nur selten aus dem Horizont der individuellen Lebenszusammenhänge. Aber sie verändert ihren Stellenwert, je nach objektiver gesellschaftlicher Situation des Individuums, entsprechend seinen primären Sozialisationsvoraussetzungen, ja selbst in bezug auf die augenblickliche körperliche, geistige und seelische Verfassung.

Für den Arbeitslosen ist Erwerbsarbeit Objekt schwerer Verlusterfahrung; in der Regel wird sie von ihm deshalb, gleich welche Gestalt sie annimmt, aufgewertet. Je kreativer und selbstbestimmter die Arbeit ist, desto entschiedener lassen sich individuelle Persönlichkeitskomponenten, Bedürfnisse und Utopien mit Erwerbsarbeit assimilieren. Wie bereits Freud gezeigt hat, der sonst selbst in seinen kulturphilosophischen Schriften den ökonomischen Vorgängen und dem wirtschaftlichen Handeln in der modernen Welt nur wenig Aufmerksamkeit widmet, wird Arbeit in der Libido-Ökonomie zu einem zentralen Organisationsfaktor in der Umschichtung von Triebelementen.»Keine andere Technik der Lebensführung bindet den einzelnen so fest an die Realität als die Betonung der Arbeit, die ihn wenigstens in ein Stück der Realität, in die menschliche Gemeinschaft sicher einfügt. Die Möglichkeit, ein starkes Ausmaß libidinöser Komponenten, narzißtische, aggressive und selbst erotische, auf die Berufsarbeit und auf die mit ihr verknüpften menschlichen Beziehungen zu verschieben, leiht ihr einen Wert, der hinter ihrer Unerläßlichkeit zur Behauptung und Rechtfertigung der Existenz in der Gesellschaft nicht zurücksteht. Besondere Befriedigung vermittelt die Berufstätigkeit, wenn sie eine frei gewählte ist, also bestehende Neigungen, fortgeführte oder konstitutionell verstärkte Triebregungen durch Sublimierung nutzbar zu machen gestattet.«[22]

Aber wie steht es um die Persönlichkeitsbildung und die Identitätsausstattung jener Menschen, die zwar arbeiten wollen, denen auch durchaus erkennbar ist, wie sich durch Erwerbsarbeit ihr Kommunikations- und Anerkennungszusammenhang erweitert, denen aber die objektive Grundlage für Erwerbsarbeit entzogen ist oder die auf Tätigkeiten gedrängt werden wie Hausfrauenarbeit oder ehrenamtliche Betätigungen, die nicht entfernt jene Gratifikationen versprechen, wie sie mit den Formen professionalisierter, zumal durch hohe Identifikationsmerkmale bestimmter Erwerbsarbeit verknüpft sind?

Betrachtet man den Gesamtvorrat an lebendiger Arbeitskraft, also jene fiktive, aber keineswegs realitätslose Figur des gesellschaftlichen Gesamtarbeiters, beobachten wir eine für das moderne Selbstverständnis von Menschen entscheidende Polarisierung, die sich bereits innerhalb der Erwerbstätigen abspielt. Mit der Professionalisierung von Arbeitsplätzen ist häufig eine Requalifizierung im Sinne der Erweiterung von Autonomiespielräumen verknüpft. Andererseits ist durch Fragmentierung von Arbeitsplätzen und die Flexibilisierung der Arbeitszeit eine Tendenz zur Dequalifizierung feststellbar, und diese Schere zwischen Qualifizierung und Dequalifizierung von Arbeitsplätzen öffnet sich immer weiter. Zum Strukturproblem der gegenwärtigen Arbeits- und Erwerbsgesellschaft gehört also nicht nur die identitätsbedrohende Arbeitslosigkeit. Eine wachsende Zahl von Menschen gibt der Qualität der Arbeit eine immer größere Bedeutung für das, was man den lebensgeschichtlichen Persönlichkeitsentwurf nennen könnte.[23]

In seiner Untersuchung »Arbeit und Identität bei Jugendlichen« hat Martin Baethge eine bemerkenswert widersprüchliche These formuliert: »In den persönlichen Identitätsentwürfen hat die Erwerbsarbeit für die Mehrheit der Jugendlichen einen hohen Stellenwert, gleichzeitig scheint sie aber für immer weniger Jugendliche den Kristallisationspunkt für kollektive Erfahrungen und die Basis für soziale und politische Identitätsbildung abzugeben.«[24] Zum ersten wird also Erwerbsarbeit als Bestandteil der individuellen Identitätsbildung betrachtet und deshalb keineswegs in jeder Form akzeptiert; sie erfährt wahrscheinlich erst dann wieder eine gewisse Aufwertung auch in der stupidesten Gestalt, wenn junge Menschen längerfristig von Realitätsverlust bedroht sind. Baethges empirische Forschungen zeigen, daß für junge Menschen keineswegs die Beschaffung beliebiger Lehrstellen ausreichend ist, sondern sie wollen Erwerbsarbeit als einen wesentlichen Teil ihrer Persönlichkeitsbildung haben; sensible Einführung in das Erwerbsleben und Vorbereitung auf inhaltliche Arbeitsanforderungen sind deshalb von wachsender Bedeutung auf allen Ausbildungsstufen. Man kann davon sprechen, daß in diesem Sinne befriedigende Erwerbsarbeit »instrumentalisiert« wird für persönliche Identitätsbildung, ohne daraus sogleich eine Veräußerlichung im Sinne des Jobverhaltens ableiten zu können. Das ist ein ganz neuer Emanzipationsgesichtspunkt, der hier im Verhältnis von Individuum und Arbeitsplatz sichtbar wird.

Die Untersuchung zeigt aber einen zweiten Problemkreis auf, der von nicht geringerer Bedeutung ist, daß nämlich »Arbeit als zentraler Bezugspunkt der Identitätskonstruktion immer ausschließlicher nur noch Teil der persönlichen Identität wird und immer weniger noch soziale Identität vermittelt, immer weniger jene ›Zugehörigkeit zur symbolischen Realität einer Gruppe‹ (Habermas) stiftet, die ein wesentliches Moment der Identitätsbildung ist.«[25] Das Vergesellschaftungspotential der Arbeit, das heißt die politische und soziale Ausstrahlung der Erwerbsarbeit, nimmt in gleichem Maße ab, wie sie in einer Art Persönlichkeitsplanung der Jugendlichen wächst. Baethge benennt in einem Nachsatz das damit verbundene Problem: »Woher die im Arbeitsbewußtsein verflüchtigten gemeinschaftlichen Bezüge sonst kommen sollen, ist eine unbeantwortete Frage.«

Diese für jeden Zusammenhalt der Gesellschaft entscheidenden »gemeinschaftlichen Bezüge« werden nicht zuletzt vom Zustand der politischen Kultur abhängen. Betriebliche Bindungen haben für das Schicksal der lebendigen Arbeit in der modernen Gesellschaft nach wie vor großes Gewicht, auch opferbereite Loyalitätsbekundungen. Daß jedoch aus dem alten Lohnarbeiter durch Umdefinition und ideologische Aufwertung zum »Arbeitskraftunternehmer« ein gleichwertiger Partner in Augenhöhe zum Unternehmer oder der verfügenden Managementschicht geworden wäre, kann durch empirische Untersuchungen wohl kaum bestätigt werden. Vielmehr scheinen Massenerfahrungen der abhängig Tätigen durchgängig ambivalent zu sein, wie Michael Schumann und die Forscher des Soziologischen Forschungsinstituts Göttingen (SOFI) zeigen. »Typisch ist eine Art Doppelstruktur: einerseits auf der Basis eines verbesserten Expertenstatus eine erweiterte Bereitschaft, sich die Unternehmenszielsetzung voll zu eigen zu machen, die Außenkonkurrenz gemeinsam zu bewältigen, andererseits das fortbestehende Bewußtsein eines nach wie vor restringierenden Betriebsstatus. Das erweiterte Niveau betrieblicher Integration verbleibt labil. ... Die Vorteile von Arbeitsanreicherung, Selbstorganisation und erhöhter betrieblicher Konkurrenzfähigkeit werden durchaus erkannt. Doch sie werden nicht verwechselt mit einer grundlegenden Veränderung der Geschäftsordnung des Unternehmens. Man schließt mit dem

Kapital für das Mitspiel im Rationalisierungsprozeß einen Pakt und geht damit einen gewichtigen Schritt gemeinsam. Doch damit wird aus dem Lohnarbeiter jedenfalls kein Arbeitskraftunternehmer, der sich auch im Betrieb als vollwertiger Mitspieler begreift und sich jenseits von fremd gesetzten Herrschaftszwängen und fortbestehenden Vernutzungszumutungen versteht. Weil das Bewußtsein fortbesteht, trotz aller Veränderungen im Betrieb immer noch nicht Gleicher unter Gleichen zu sein, sind auch der im Theorem des Arbeitskraftunternehmers implizierten Erwartung einer erweiterten Verbürgerlichung und gewachsenen Individualisierung Grenzen gesetzt. Die Bindekräfte an das Unternehmen sind gewachsen. Mit den fortbestehenden Prekaritäten korrespondiert mitnichten ein systemveränderndes Klassenbewußtsein. Doch die Einsicht, daß Interessenwahrnehmung nach wie vor notwendig ist und auch kollektive Zusammenschlüsse erfordert, bleibt virulent.«[26]

Wenn also selbst die Lage privilegierter und bindungsfähiger Lohnarbeiter nicht darauf hindeutet, daß gewerkschaftliche Interessenorganisationen zum Einklagen von Rechten überflüssig geworden sind, wie müssen Gewerkschaften dann heute aussehen, um die lebendige Arbeitskraft gemeinwesenfähig zu machen?

2. Imperative gewerkschaftlichen Handelns

Gäbe es so etwas wie den Hippokratischen Eid für einen Gewerkschafter, der Handlungsanforderungen in der Tradition der Gewerkschaftsbewegung definiert, dann müßte er sich auf vier Ideen beziehen, die gleichzeitig Untersuchungsfelder und Verpflichtungen bezeichnen. Verantwortung im geschichtlich geprägten Sinne des Gewerkschaftsgedankens setzt unabdingbar einen Begriff von Gerechtigkeit, von Gleichheit, von Solidarität und Gemeinwesen voraus. Damit ist nicht gesagt, daß diese normativen Begriffe in anderen gesellschaftlichen Handlungszusammenhängen keine Rolle spielen; betrachtet man aber ihre historische Prägung, ist unschwer zu erkennen, daß diese Begriffe zusammengenommen den Anerkennungskampf arbeitender Menschen im Rahmen der Gewerkschaftsbewegung im Vergleich zu anderen kollektiven Organisationsformen wie zum Beispiel Interessenverbänden, staatlichen Einrichtungen oder Parteien in besonderer Weise kennzeichnen.

Befragt nach seinem beruflichen Selbstverständnis, würde dem politisch bewußten Gewerkschafter sofort einfallen, worin die Schwergewichte seiner Arbeit liegen und was den Umkreis seiner Verantwortung ausmacht. Auch wenn solchen Definitionsversuchen einer Berufsethik stets ein Moment von Selbstidealisierung anhaftet, ist es im Interesse der Erweiterung der Gemeinwesenarbeit nicht überflüssig, die regulativen Ideen einzelner Handlungsfelder näher zu bestimmen, denn die Flucht in das Unvermeidliche beliebiger Sachgesetze eröffnet allen Funktionären attraktive und gerne genutzte Möglichkeiten, der Frage »Was soll ich tun?« auszuweichen.

Lebendige Arbeit bedarf, wie wir in vorherigen Kapiteln gesehen haben, des ausdrücklichen Schutzes gegenüber der in mannigfachen Formen vergegenständlichten toten Arbeit. Gewerkschaftliches Handeln hat sich also darauf zu richten, die objektiven Verhältnisse umzugestalten, damit ein Leben in Würde möglich ist. Gemäß dem von Marx formulierten kategorischen Imperativ, »alle Verhältnisse umzuwerfen, in denen der Mensch ein erniedrigtes, ein geknechtetes, ein verlassenes, ein verächtliches Wesen ist«,[27] steht die Arbeits- und Erwerbsgesellschaft in ihren jeweiligen Macht- und Herrschaftsstrukturen im Mittelpunkt der Gewerkschaftspolitik. Verweigerung oder Einschränkung der Verfügungsmacht anderer über lebendige

Arbeit ist daher die Grundlage jenes kollektiven Kampfes, in dem mit der Herstellung von gerechten, möglichst gleichen und solidarischen Verhältnissen Existenzängste der Menschen verringert werden und damit ein Beitrag zur inneren Stabilität und zum Wohlergehen der Gesellschaft geleistet wird.

Über Gerechtigkeitsformen ist nachgedacht worden, seit Gemeinschaften und Gesellschaften imstande waren, ein Mehrprodukt zu erzeugen, über dessen Verteilungsregeln kollektiv Entscheidungen getroffen werden mußten. Wegen des Anteils, den das Gemeinwesen beanspruchen konnte bzw. was sich die einzelnen Klassen und Schichten aneignen konnten, sind Kriege und innergesellschaftliche Kämpfe geführt worden. Aristoteles ist der erste europäische Philosoph, der eine empirisch vergleichende Gerechtigkeitslehre entwickelt.[28] Es würde in meinem Zusammenhang zu weit führen, die Unterschiede zwischen kommutativer Gerechtigkeit und distributiver Gerechtigkeit, wie Aristoteles sie beschreibt, im einzelnen zu erörtern. Was ich bei der Behandlung des Reichtums und der Frage nach der Wesensmitte erläutert habe, ist für Aristoteles auch in bezug auf die Aneignungs- und Verteilungsgerechtigkeit von größter Bedeutung. Angemessene Verteilung der Güter, der öffentlichen Ämter, der Gratifikationen für Leistungen der Bürger gehört zu den konstitutiven Elementen der Polis und sichert deren Haltbarkeit und Überlebensfähigkeit. Aber selbst in einer Gesellschaft, in der die Produktion der materiellen Lebensgrundlage den Sklaven und damit einer Klasse obliegt, die nicht Bestandteil des öffentlichen Raumes ist, spielt die Leistungsgerechtigkeit (zum Beispiel die individuellen Tugendanteile am Gemeinwesen) eine zentrale Rolle. Für Aristoteles ist das Ungerechte das, »was gegen die Proportion verstößt. ... Das also ist das Gerechte: das Proportionale. Und das Ungerechte ist der Verstoß gegen das Proportionale. (Das Proportionale aber ist ein Mittleres.) Daraus folgt, daß (bei der ungerechten Verteilung) ein Glied (der Proportion) ungebührlich vergrößert, das andere verkleinert wird. Und so ist es auch im wirklichen Leben. Denn wer Unrecht tut, bekommt zuviel, wer Unrecht erfährt, bekommt zuwenig von dem in Frage stehenden Gut.«[29]

Jürgen Ritsert verweist darauf, daß bereits bei Aristoteles die Gerechtigkeitsidee in ihren vielfältigen Ausprägungen mit der Gleichheitsvorstellung verkoppelt ist, auch wenn hier Gleichheit vor allem die Verteilung der Güter unter den Freien des Stadtstaates bezeichnet.[30] »Wir unterscheiden«, sagt Aristoteles, »beim Ungerechten Verletzung des Gesetzes und Verletzung der Gleichheit und beim Gerechten die Achtung vor dem Gesetz und die Achtung der Gleichheit. ... Verletzung der Gleichheit und Verletzung des Gesetzes (sind) nicht identisch ..., sondern verhalten sich zueinander wie der Teil zum Ganzen – jede Verletzung der Gleichheit ist nämlich eine Verletzung des Gesetzes, aber nicht jede Verletzung des Gesetzes ist eine Verletzung der Gleichheit – ...«[31] Die Verbindung zwischen Gerechtigkeit und Gleichheit betrifft also sowohl die Verteilung der Güter als auch die Teilnahme des freien Bürgers an der Mitgestaltung des Gemeinwesens.

In dem Maße nun, wie die Arbeit ins Zentrum der politischen Ökonomie als der Anatomie der bürgerlichen Gesellschaft dringt, wird sie zur Schlüsselkategorie von Gerechtigkeits- und Gleichheitsvorstellungen. Die Frage nach der Äquivalenz, dem Proportionalen von Verausgabung lebendiger Arbeit und dem Maß, in dem sie entlohnt wird, entwickelt sich zum Antriebsmotiv bei der Lösung dessen, was unter der sozialen Frage verstanden wird. Unter der normativen Schicht der bereits im römischen Recht ausgebildeten Formel für das gute Leben: *Suum cuique!* (Jedem das Seine); *Neminem laede!* (Verletze niemand); *Honeste vive!* (Lebe ehrenhaft), werden immer deutlicher die Lebensbedingungen sichtbar gemacht, auf deren widerständige Blöcke diese Verhaltensanforderungen stoßen und sie häufig genug zu bloßen Abstraktionen machen. Es ist das im verallgemeinerten Äquivalententausch enthaltende Nicht-Äquivalent, das die soziale Frage motiviert und die Kämpfe mitbestimmt, die um den gerechten Anteil am eigenproduzierten Wohlstand und Gemeinwesen geführt werden.

Wie verwickelt die Fragen von Gerechtigkeit und Gleichheit werden, wenn es nicht mehr allein um gegebene Besitzstände oder die Verteilung vorhandener Güter geht, sondern der Produktionsprozeß, die Verausgabung lebendiger Arbeitskraft, normative Bedeutung gewinnt, hat bereits Marx differenziert auseinandergelegt. Er kritisiert die Gerechtigkeitsvorstellungen der Lassalleaner, die für die Arbeiterschaft den »unverkürzten Arbeitsertrag« fordern, weil dadurch die mannigfachen Abzüge für das Gemeinwesen verschwinden. Aber selbst wenn man annimmt, daß lebendige Arbeit die Substanz der Wertschöpfung und des Mehrwerts ist, gibt es nur unbefriedigende

Lösungen der Gerechtigkeitsfrage, solange das Proportionale aus dem Quantum verausgabter Arbeitskraft begründet wird. Wirkliche soziale Gerechtigkeit ist etwas anderes und wohl auch mehr als die Durchsetzung des Gleichheitsprinzips, nämlich eine Zielvorstellung, bei der die Differenzierung der Lebenslagen und der natürlichen Voraussetzungen der Menschen in den gesellschaftlichen Umwandlungsprozeß miteinbezogen werden. »Das Recht der Produzenten ist ihren Arbeitslieferungen proportionell; die Gleichheit besteht darin, daß an gleichem Maßstab, der Arbeit, gemessen wird. Der eine ist aber physisch oder geistig dem anderen überlegen, liefert also in derselben Zeit mehr Arbeit oder kann während mehr Zeit arbeiten; und die Arbeit, um als Maß zu dienen, muß der Ausdehnung oder der Intensität nach bestimmt werden, sonst hört sie auf, Maßstab zu sein. Dies gleiche Recht ist ungleiches Recht für ungleiche Arbeit.«[32]

So ist in die Gerechtigkeits- und Gleichheitsidee die gesamte Kulturentwicklung der Gesellschaft einzubeziehen; aber auch der Zustand des ökonomischen Mangels und des ökonomischen Reichtums, der den Horizont objektiver Veränderungsmöglichkeiten der Gesellschaft bezeichnet. Auf dem Wege zur Realisierung dieses Ziels verändert sich auch die Arbeit. »In einer höheren Phase der kommunistischen Gesellschaft, nachdem die knechtende Unterordnung der Individuen unter die Teilung der Arbeit, damit auch der Gegensatz geistiger und körperlicher Arbeit verschwunden ist; nachdem die Arbeit nicht nur Mittel zum Leben, sondern selbst das erste Lebensbedürfnis geworden; nachdem mit der allseitigen Entwicklung der Individuen auch ihre Produktivkräfte gewachsen und alle Springquellen des genossenschaftlichen Reichtums voller fließen – erst dann kann der enge bürgerliche Rechtshorizont ganz überschritten werden und die Gesellschaft auf ihre Fahne schreiben: Jeder nach seinen Fähigkeiten, jedem nach seinen Bedürfnissen!«[33] Mit der Veränderung von Funktion und Inhalt der Arbeit, die Medium der Selbstverwirklichung wird, verändern sich auch die Gerechtigkeits- und Gleichheitsvorstellungen. Sie verlieren nicht ihren universalistischen Geltungsanspruch, aber sie entfalten ihre eigentliche Kraft an den faktischen Zuständen von Ungerechtigkeit und Ungleichheit und sind dadurch in kollektive Kampfsituationen einbezogen, in denen sich die dritte regulative Idee gewerkschaftlichen Handelns herausgebildet hat, nämlich Solidarität.

Horst-Eberhard Richter hat in seinem Standardwerk »Lernziel Solidarität«[34] von der Notwendigkeit der Entwicklung solidarischer Bindekräfte gesprochen. Die Bedeutung von Solidarität im umfassenden Sinne einer kulturellen Grundeinstellung fächern Karl-Otto Hondrich und Claudia Koch-Arzberger unter dem Titel »Solidarität in der modernen Gesellschaft« auf: »Wie ist sie entstanden, welche Bedingungen wirken auf sie ein und verwandeln sie, wo liegen ihre Möglichkeiten und Grenzen, läßt sie sich zum Zwecke politischer Steuerung in Dienst nehmen? Kann Solidarität zur Bekämpfung von Arbeitslosigkeit mobilisiert werden? Schafft sich der Sozialstaat seine eigenen Solidaritätsprobleme? Zerbricht der Solidarvertrag der Generationen?«[35] Solidarität gilt ihnen als eine Antwort auf soziale Probleme in Industriegesellschaften. Entgegen den Klagen über den Verlust von Solidarität vertreten sie die These, daß die Solidarität in modernen Gesellschaften weniger verfällt als vielmehr erschaffen wird.

Solidarität beruht in erster Linie darauf, daß verschiedene Interessen gegenseitig geachtet und anerkannt werden, daß kein Konkurrenzkampf auf Leben und Tod abläuft. Solidarität hat immer damit zu tun, daß die aus Machtstrukturen und Wohlstandsbereichen Herausgefallenen – Arbeitslose, Arme, Obdachlose – in die Fürsorge der Gesellschaft mit aufgenommen werden. Solidarität ist aber etwas anderes als Nächstenliebe, wobei sich beides nicht ausschließt. Da den Prinzipien von Gerechtigkeit und Gleichheit stets auch Kälteelemente anhaften, wurde immer versucht, den Kampf um ein besseres Leben und eine vernünftiger gestaltete Gesellschaft in eine Art Wärmestrom der Beziehungen einzubetten. Die Enzyklika »Quadragesimo anno« von Papst Pius XI. aus dem Jahre 1931 nimmt zwar eine ganze Reihe von Ideen aus der Arbeiterbewegung auf, macht soziale Gerechtigkeit zu einem regulativen Prinzip der Wirtschaft und fordert sogar, daß die »Organe des gesamten sozialen Lebens von dieser Gerechtigkeit durchsäuert werden sollen«, ordnet den gesellschaftlichen Gedanken von Gerechtigkeit aber dann der sozialen Liebe unter. »Die Seele dieser Ordnung muß die soziale Liebe sein.«

Aber nicht nur in den Sozialenzykliken der katholischen Kirche zerfasert der Begriff der Solidarität und wird in die Näheverhältnisse gedrängt. Auch für den gegenwärtig wohl bedeutendsten Theoretiker von Gerechtigkeit, John Rawls, der am klarsten die Äquivalenzprinzipien und das Fairneßgebot im Gerechtigkeitsbegriff zur Geltung bringt, ist Solidarität ein unbekannter Begriff, obwohl Rawls in der Sache, wenn er von Fairneß und ausgleichender Gerechtigkeit spricht, den Normen solidarischen Verhaltens doch sehr nahe kommt. Die beiden Grundsätze der Gerechtigkeit formuliert Rawls so: »1. Jedermann soll gleiches Recht auf das umfangreichste System gleicher Grundfreiheiten haben, das mit dem gleichen System für alle anderen verträglich ist. 2. Soziale und wirtschaftliche Ungleichheiten sind so zu gestalten, daß (a) vernünftigerweise zu erwarten ist, daß sie zu jedermanns Vorteil dienen, und (b) sie mit Positionen und Ämtern verbunden sind, die jedem offenstehen.«[36] Das kann für Gewerkschafter ein nützlicher Hinweis sein, dort, wo aufgrund der Macht- und Herrschaftsstrukturen Ungleichheiten unveränderlich sind, den am schlechtesten Ausgestatteten Vorteile zu verschaffen. Aber wie soll das ohne Solidarprinzip möglich sein? Wie sind Ungleichheiten in der Ausstattung von Lebensbedingungen überhaupt zugunsten der Unterprivilegierten zu nutzen, wenn nicht durch kollektive Solidaraktionen? Die moderne Gewerkschaftsidee ist unabtrennbar von dem, was solidarisches Handeln bezeichnet. Es ist die dritte Säule, auf der gewerkschaftliche Verantwortung und, wenn man so will, die Berufsethik des Gewerkschaftsfunktionärs gegründet sind.

Die vierte Idee, die das verantwortungsbewußte Handeln eines Gewerkschaftsfunktionärs reguliert, beruht auf der Vorstellung eines vernünftig organisierten Gemeinwesens. Wo ein Gewerkschafter sich darauf beschränkt, Vorteile für die eigene Klientel herauszuschlagen, und die etwa in sensiblen Produktionsbereichen begründete Verweigerungsmacht nur zum Vorteil einer einzelnen Gruppe einsetzt, steht er der Berufsethik eines Unternehmers näher als dem, was die Substanz des historisch entwickelten Gewerkschaftsgedankens ausmacht. So ist das Bild vom Gemeinwesen, wie es aussehen soll, für die Imperative gewerkschaftlichen Handelns und für die Verantwortungsdimension dieses Tätigkeitsfeldes unabdingbar.

Gewerkschaftliches Handeln, das historisch einsetzt mit der kollektiven Verteidigung der Selbsterhaltung und der Würde lebendiger Arbeit gegen die Anmaßungen der toten Arbeit, des Kapitals, der Maschinerie, verliert ohne Erweiterung des kulturellen und politischen Mandats langfristig jede historische Legitimation. Die Verantwortungsbereitschaft für das Ganze der Gesellschaft ist daher nicht eine Marotte, auf die man notfalls auch verzichten kann, sondern ein unabdingbares Moment des Kampfes um Anerkennung und würdige Lebensbedingungen. Will man das kulturelle und politische Mandat der Gewerkschaften ausweiten, geht es einerseits um eine erweiterte Mitbestimmung im innerbetrieblichen Produktionszusammenhang, und andererseits muß gleichzeitig das Organisationsfeld außerbetrieblicher Lebensverhältnisse, die immer stärker einer sekundären Ausbeutung der Menschen unterliegen, intensiviert werden.

Gewerkschaften, die sich ihres kulturellen Mandats nicht bewußt sind und so tun, als wären Arbeit, Kultur und Politik nach wie vor getrennte Sphären, sind in Gefahr, mehr zu verlieren als ihren Einfluß auf den herkömmlichen Kulturbetrieb, der manchen Gewerkschaftsfunktionären ohnehin belanglos erscheinen mag. Schon lange sind riesige Programme der Kultur- und Bewußtseinsindustrie dabei, die vergrößerten Freizeitbedürfnisse zu kapitalisieren, und es wäre viel zu riskant, sie den anderen zu überlassen: den konservativen Freibeutern der Kultur- und Bewußtseinsindustrie, kapitalistischen Produktionsöffentlichkeiten wie Bertelsmann, Springer, Kirch und anderen Unternehmen, die begierig darauf sind, Freizeit zu verwerten, Bewußtsein zu kontrollieren und Interessen davon abzuhalten, sich in Emanzipationsbewegungen zu organisieren. Eine Situation scheint mir gar nicht irreal, in der die Gewerkschaften den Kampf um die Arbeitszeitverkürzung im Interesse der Arbeiter gewonnen haben und die Arbeiter selbst verlieren. Die Zweiteilung der Realität bekäme eine gleichsam tragische Zusatzkomponente: eine Aufteilung in die, die sich kaputtarbeiten, und die, die sich zu Tode langweilen und begierig alles aufgreifen, was ihnen die Zerstreuungsindustrie und die vertalkten Medien anbieten.

Die Chancen einer sekundären Ausbeutung sind günstiger geworden, und je deutlicher die Krise den Menschen als Systemkrise bewußt wird oder wenigstens ihre Alltagsvorstellungen beeinflußt, um so erfindungsreicher werden sich die Meinungs- und Bewußtseinsmonopole der kapitalistischen Gesellschaft darauf einstellen. Die fortschreitende Entwicklung der Mikroelektronik hat eine derart sprunghafte Erweiterung der Bewußtseinsindustrie erzeugt, daß deren gesellschaftliche Folgen für Mentalitäten und Einstellungen heute noch keineswegs absehbar sind. Niemand wird sich Illusionen darüber hingeben können, daß die Unterhaltungsindustrie ihr kompaktes und klug differenziertes, auf Massenbedürfnisse eingestelltes Angebot »frei Haus« liefert, in der Absicht, zur Selbstaufklärung der Menschen über innere und äußerlich erzwungene Abhängigkeiten beizutragen. Was technisch vorbereitet ist und auf Anwendung drängt, ist offensichtlich so organisiert, daß es der Zerfaserung, Zerstreuung und Fragmentierung des Bewußtseins und Verhaltens der Menschen Vorschub leistet und nicht den Zweck verfolgt, ihre Interessen und Bedürfnisse politisch organisierbarer zu machen und ihnen öffentlichen und kollektiven Ausdruck zu verschaffen.

Was sich hier an strukturellen Problemen zeigt, ist mit dem Begriff der Manipulation nicht zu fassen. Jacques Attali spricht in diesem Zusammenhang von einer Tendenz zur »Selbstüberwachungsgesellschaft«. Was die Kultur- und Bewußtseinsindustrie anbietet, arbeitet mit dem Interessen- und Bedürfnisrohstoff der Individuen selbst; darin liegt die besondere Gefahr für Emanzipationsbewegungen. »Nur die allerdümmsten Kälber wählen ihre Schlächter selber« – dieser Satz Brechts geht noch von der Voraussetzung aus, daß es nur eines Aktes der Selbstaufklärung bedarf, um sich seiner wahren Interessen bewußt zu werden; und auch ein anderer Satz von ihm vermittelt den Eindruck, als käme die Verschleierung von außen: »Wer seine Lage erkannt hat, wie sollte der aufzuhalten sein!« Was ist aber seine Lage?

Die Freisetzung von Zeit kann Autonomie, Eigenleistung und Eigenproduktion fördern; aber das ist keineswegs sicher. Ebenso möglich ist, daß Autonomie und Freizeit gegen die Subjekte gewendet werden, indem sie diese zu »fensterlosen Monaden«, zu bornierten Eigenkonsumenten herabwürdigen, wenn die kapitalistische Warenproduktion so bleibt, wie sie ist, und der Vergesellschaftungszwang, dem die Menschen im Betrieb unterworfen waren, einer freien, aber diffusen, durch gegenständliche Tätigkeit nicht mehr gebundenen Assoziation gewichen ist. Ein Teil der Eigenproduktion besteht dann in der Herstellung einer fortwährenden Zahlungsbereitschaft für ihre eigene Unterdrückung. »Die Individuen werden somit der Industrie die Mittel bezahlen (Terminals, Bildschirmabonnements, Zugang zu Speichern und Sonderprogrammen), mit deren Hilfe sie sich selbst produzieren, sich selbst überwachen, um damit ihre Angst, ihre Isolierung, ihre Furcht vor Marginalisierung, Rückstufung, Arbeitslosigkeit zu bannen.«[37]

In dem Maße, wie sich die soziale Krise verschärft, ist das bestehende Herrschaftssystem offensichtlich darum bemüht, gerade auch in den kulturellen Bereichen zusätzliche Legitimationshilfen zu organisieren. Wo das nicht durch Anstellung von eigens dafür vorgesehenen und bezahlten Kopfarbeitern möglich ist, wird der Versuch unternommen, die gesellschaftliche Organisierung von Emanzipationsprozessen durch Direkteingriffe zu unterbinden. Wenn ich in diesem Zusammenhang von einer Erweiterung des politischen Mandats der Gewerkschaften spreche, dann vor allem unter dem Gesichtspunkt, daß es bei einschneidenden Arbeitszeitverkürzungen eine existentielle politische Rolle spielen könnte, wer über die Kultur- und Bewußtseinsindustrie verfügt. Denn die Phantasien, Interessen und Bedürfnisse der Arbeiter und aller anderen abhängig Beschäftigten bleiben, wie wir aus der Entstehungsgeschichte des Faschismus lernen können, nicht für längere Zeit gleichsam herrenlos, unbesetzt. Sie werden von der einen oder anderen Seite verwertet: entweder durch zusätzliche Kapitalisierung im Interesse des bestehenden Herrschaftssystems oder durch eine selbsttätige Organisation, welche den autonomen Bewegungsspielraum der Menschen vergrößert und sie mündiger macht.

Dabei können sich die Gewerkschaften nicht darauf beschränken, im herkömmlichen Sinne Kulturpolitik zu betreiben; selbst eine Produktionskontrolle der Medienapparate würde nur die institutionellen Aspekte dieses Problems betreffen, obwohl dieser Zugriff langfristig von großer politischer Bedeutung sein könnte. Nötig ist in erster Linie jedoch, viel stärkere Aufmerksamkeit und materielle Mittel auf jene Ansätze und Initiativen zu richten, die sich außerhalb des offiziellen Kulturbetriebs abspielen und in denen sich eine politische Kultur der arbeitenden und handelnden Menschen formt, die Selbstverwirklichung zum Sinngehalt hat.

Die Gewerkschaften werden in Zukunft viel stärker als bisher durch die gesellschaftliche Entwicklung herausgefordert sein, ernsthafte Anstrengungen für die Entfaltung eines kulturellen Selbstverständnisses zu machen – nicht um einer dekorativen Fassade willen, die den dahinterstehenden harten Interessenkampf verbrämt und auf die man im Grunde auch verzichten könnte, sondern weil die aktive Beteiligung der Gewerkschaften an der Entwicklung einer politischen Kultur in diesem Lande wesentliche Voraussetzung dafür ist, daß Arbeitszeitverkürzungen wirkliche Schritte zur Befreiung der Menschen sind und zur Demokratisierung der Gesellschaft beitragen.

Am Beginn dieses neuen Jahrtausends werden die Gewerkschaften nicht darum herumkommen, ihre herkömmlichen Organisationsprinzipien neu zu diskutieren und deren Reichweite zu vergrößern. Es gab historisch gute Gründe, am Industriebetrieb als Organisationszentrum gewerkschaftlicher Gegenmacht festzuhalten. Inzwischen scheint es mir sinnvoller zu sein, die Organisation auf zwei Beine zu stellen: den Betrieb einerseits und den Stadtteil bzw. das Wohngebiet andererseits. Betriebe, Büros, Verwaltungsbehörden bleiben zweifellos wichtige Erfahrungsräume. Aber der schrumpfende Anteil der Arbeitszeit an der aktiven Lebenszeit macht den Boden immer schmaler, auf dem Arbeiter an ihrem Arbeitsplatz die ihre Lebensverhältnisse bestimmenden Erfahrungen gewinnen. An diesen Orten herrscht, wie immer sich die Bedingungen ändern mögen, enteignete Zeit vor, die eigene Zeit wird zunehmend woanders verbracht und in anderen Arbeitsformen verausgabt. Es ist daher keine abstrakte politische Entscheidung, die Gewichte der Organisationszeit zu verlagern, sondern lediglich eine strategische Konsequenz aus der Überlegung, den Menschen möglichst dorthin zu folgen, wo sie sich tatsächlich aufhalten, wo sie Konflikterfahrungen machen und wo sie ihr Selbst- und Wirklichkeitsverständnis entwickeln.

Ich meine damit die Erfahrungsräume des Wohngebiets, des Stadtteils, der Straße, der öffentlichen Plätze als Basisorte eines zweiten, immer wichtiger werdenden Organisationszentrums gewerkschaftlicher Handlungsfelder. Dezentralisierung also in einer so zentralistischen Organisation wie den deutschen Gewerkschaften, wie soll das möglich sein? Die innergewerkschaftlichen Diskussionen darüber haben schon vor zwanzig Jahren begonnen, angestoßen durch zwei harte Tatbestände, die unmittelbar nichts miteinander zu tun haben, die beide jedoch den Gewerkschaften die enger werdenden Grenzen ihrer gesellschaftspolitischen Eingriffsmöglichkeiten demonstrierten: Massenarbeitslosigkeit und Bürgerinitiativen. Der eine zeigte die gewerkschaftliche Ohnmacht gegenüber den Ausgliederungsmechanismen im Produktionsbereich, der andere äußerte sich im mehr oder minder hilflosen Umgang mit jener wachsenden

Zahl von Initiativen, die außerhalb der Großorganisationen entstanden und sich im wesentlichen darauf konzentrierten, durch Formen der Selbstorganisation Widerstand gegen die Bedrohungen menschlicher Lebensverhältnisse zu leisten. Ausgangspunkte solcher Initiativen lagen überwiegend in den sogenannten Reproduktionsbereichen, dort also, wo die Menschen in ihrer konkreten alltäglichen Umwelt bedroht sind.

Während die Gewerkschaften starr an ihrem klassischen Monopol auf Organisierung des arbeitsplatzbezogenen Widerstands in den Produktionsbereichen festhielten, vollzog sich gleichzeitig ein wuchernder Problemexport in die Randzonen der Gesellschaft, in denen sich die Konflikte explosiv verdichteten. »Randzonen« ist kein zutreffendes Wort für das, was ich meine. Es handelt sich vielmehr um fundamentale Lebensbereiche, die als Rand nur dann angesehen werden können, wenn die industrielle Produktion als das Zentrum gilt. Ob die öffentlichen Haushalte saniert sind und ob die Produktion läuft, mag für das Wohlergehen einer Gesellschaft von großer Bedeutung sein, man kann das jedoch nicht mit dem Wohlergehen der privaten Haushalte gleichsetzen. Was die Gesamtökonomie für die Ökonomie der Einzelhaushalte bedeutet, ist so sehr ins Licht der öffentlichen Aufmerksamkeit gerückt, daß die umgekehrte Frage gar nicht mehr gestellt wird: Welche gesellschaftlich notwendige Arbeit wird in den privaten Haushalten geleistet?

Das ist kein bloßes Verteilungsproblem, sondern bezeichnet sehr viele differenzierte Aspekte des Lebenszusammenhangs. Wenn ich in der Einflugschneise eines Flughafens oder in der Nähe einer Autobahn wohne, bin ich Opfer von Dauerstörungen, die größer und empfindlicher sein können als Lärmbelästigungen in der Fabrik, die auf Arbeitsstunden begrenzt sind. Lebe ich in einem Stadtteil, in dem ich die Kindheit verbracht habe, wo ich Schulwege, alte Spielplätze, Ecken und Nischen kenne, die mir ein durchaus unsentimentales Gefühl von Geborgenheit, Verläßlichkeit im Umgang mit Nachbarn, ja Heimat vermitteln, so werde ich eine Sanierungspolitik, die dieses Gebiet wegrationalisiert, nicht als Fortschritt und Befreiung, sondern als emotionale Vertreibung empfinden. Viele Konflikte dieser und ähnlicher Art haben sich in den vergangenen Jahrzehnten in den Stadt- und Wohngebieten, in Landgemeinden, wo Kernkraftwerke und Entsorgungsanlagen oder Autobahnen gebaut und Mülldeponien angelegt wurden, in einer beängstigenden Zahl angehäuft. Dabei werden stets Grundlagen der menschlichen Existenz zerstört, was für den einzelnen Entwürdigung und Entrechtung bedeutet.

Bürgerinitiativen, die konkrete Gegenwehr organisiert haben, sind zweifellos von vereinzelten Gewerkschaftern unterstützt worden; die Organisationsbeschlüsse der Gewerkschaften jedoch, die sich auf die Raumordnungs- und Verkehrspolitik der Städte und Gemeinden bezogen, folgten in der Regel eher der Linie des Rationalisierungsfortschritts. So konnte es nicht ausbleiben, daß die konservativen Ideologen der Marktökonomie ihre Chance witterten, die wachsenden Arbeitsplatzängste der Menschen beispielsweise gegen den Ausbau des öffentlichen Nahverkehrs, im vorgeblichen Interesse von Arbeitsplätzen der Autoindustrie, und gegen Umweltschutz auszuspielen.

Die sogenannten Reproduktionsbereiche sind im Grunde zentrale Produktionszusammenhänge. Hierbei geht es freilich nicht um die Produktion von Waren, sondern um die Erzeugung, Erhaltung und Entwicklung lebendiger Arbeitskraft als der Grundlage des Lebens in einer Gesellschaft, in der gegenständliche Tätigkeit immer noch Voraussetzung für sinnvolle Lebensgestaltung ist. Es ist eine merkwürdige Tatsache, daß die Gewerkschaften einen Traditionsbestand fortschleppen, der für ihr sonstiges Selbstverständnis keine Grundlage bietet. Ich beziehe mich auf die im marxistischen Denken zur Orthodoxie geronnene, aber zweifellos von Marx selbst schon nahegelegte Überzeugung, daß die materielle Produktion das Wichtige, Grundlegende, die Sozialisation dagegen als Aufbau der menschlichen Person, Erziehung und Bildung usw. das Abgeleitete darstellt. Das, was mit dieser kausalen Gewichtung den Reproduktionsbereichen zugeschoben wurde, hat allerdings mittlerweile einen Umfang angenommen, daß es schwerfällt, ein solches Ableitungsverhältnis, wenn es je gegolten haben sollte, heute noch anzunehmen. In der Beziehung zwischen Produktions- und Reproduktionssektor handelt es sich nicht um ein Ableitungsverhältnis, sondern um ein Konstitutionsverhältnis. Das eine ist nicht Ursache des anderen, sondern sie bedingen einander; sie sind wechselweise Ursache und Wirkung, Grund und Begründetes; es gibt kein Erstes und kein Zweites. Wer im industriellen Produktionsprozeß lebendige Arbeitskraft anwendet, setzt bereits eine Vielzahl von Produktionsprozessen voraus, die deren Bildungsgeschichte ausmachen. Nicht alle Stufen der Produktion menschlichen Lebens werden gesondert bezahlt, der größte Teil fällt dem Kapital sogar umsonst zu. Es zehrt von der im wesentlichen unbezahlten Arbeit, die geleistet werden muß, damit lebendige Arbeitskraft verfügbar ist.

Ein Gewerkschafter, der die organisierbaren Interessen der arbeitenden Menschen ernsthaft vertreten will und dem Mandat, das ihm erteilt ist, verpflichtende Normen seines Handelns entnimmt, kann sich auf Dauer mit der hierarchischen Gewichtung von Produktion und Reproduktion nicht abfinden. Er trägt Verantwortung für die Lebensbedingungen des ganzen Menschen, der ihm seine Interessenvertretung übertragen hat. Wenn die genannte Auffassung lange Zeit politisch erträglich sein mochte, dann beruhte das vor allem darauf, daß die Gewerkschaften eine gesicherte Basis in der ersten Ökonomie hatten und so die politische Sezession der Reproduktionsbereiche leicht verkraften konnten; die strukturellen Probleme der Arbeits- und Erwerbsgesellschaft aber nötigen ihnen eine Organisationsdebatte auf, die bewußt machen muß, daß ohne Dezentralisierung von Entscheidungsbefugnissen in einem zweiten Organisationszentrum, das in Stadtteil- und Wohngebieten verankert ist, wesentliche Interessen der Menschen unorganisiert bleiben, und das heißt unter bestehenden Verhältnissen: einer sekundären Ausbeutung und Verwertung anheimfallen.

Ein solches zweites Organisationszentrum hat unmittelbare praktische Bedeutung. Was geschieht zum Beispiel mit den von Betriebsschließungen in einer Stadt Betroffenen, die gewerkschaftlich organisiert waren oder die vielleicht erst jetzt, nachdem sie die Schutzlosigkeit am eigenen Leibe erfahren haben, Gewerkschaften zur Kenntnis nehmen und von ihnen Hilfe erwarten? Sie fallen plötzlich aus allen kollektiven Zusammenhängen heraus; die wenigsten von ihnen finden den Weg zu Selbsthilfegruppen, was für manche lebensentscheidend sein könnte. Aus diesen lokalen Handlungsfeldern einen politischen Raum zu machen, auf den sich die isolierten einzelnen mit ihren Interessen und Bedürfnissen beziehen können und der ihnen die Erfahrung ermöglicht, daß sie ihre Probleme mit vielen anderen teilen, ist viel schwieriger als im festen Rahmen von Betrieb, Büro oder Verwaltung, wo wenigstens der durchgehende rote Faden von Arbeitsplatzinteressen gewisse Regeln der

Organisation vorgibt. Deshalb ist es aber nicht weniger wichtig. Eine der Hauptschwierigkeiten besteht darin, daß die soziale Zusammensetzung jener, die in diesen lokalen Bereichen mit Initiativen und Protesten an die Öffentlichkeit treten, äußerst heterogen ist. Wo eine autonome, um bestimmte Brennpunkte von Interessen und Bedürfnissen organisierte Öffentlichkeit entsteht, die als Ausdrucksmedien keine festen Institutionen hat, sondern sich in Informationsblättern und Wandzeitungen, in Ansammlungen auf Plätzen und Demonstrationszügen, in Stammtischgesprächen und Versammlungen in Hinterzimmern ausdrückt, treffen häufig Bevölkerungsschichten zusammen, die im normalen Alltag nur wenig miteinander zu tun haben. Es sind Studenten und Arbeiter, Hausfrauen und Erwerbslose, Bauern und Hochschullehrer, sie kommen aus der Mittelschicht und aus den Marginalisierungszonen; es sind Gewerkschafter und Leute, die nie ein Interesse hatten, sich gewerkschaftlich zu organisieren. Daß solche spontanen Vergesellschaftungsformen in der Regel nicht von Dauer sind, muß keineswegs bedeuten, daß sie nur auf einer flüchtigen Berührungsfläche von Einzelpersonen beruhen, der zur Politisierung der nötige Konfliktstoff fehlt. Gerade für die Gewerkschaften, die sich zur Aufgabe gesetzt haben, die Interessen all jener kollektiv zu vertreten, die als vereinzelte Individuen Opfer bleiben, Objekte staatlicher Entscheidungen und ökonomischer Gesetzmäßigkeiten, werden diese außerbetrieblichen Erfahrungen künftig von wachsender Bedeutung sein.

Ich möchte aber, um keine Mißverständnisse aufkommen zu lassen, ausdrücklich darauf hinweisen, daß die bloße Verstärkung des gewerkschaftlichen Einflusses auf die Kommunal- und Regionalpolitik nicht ausreicht, ein solches zweites Organisationszentrum zu begründen. Selbst dieser Einfluß ist zur Zeit immer noch äußerst begrenzt, wofür auch die Organisationsstruktur mitverantwortlich ist; denn die Ortskartelle des DGB, gewerkschaftliche Vertretungskörperschaften auf Kreisebene, führen, was die Selbständigkeit ihrer Entscheidungsbefugnisse betrifft, nur ein Schattendasein.[38]

Eine Dezentralisierung, die im Ernst darauf gerichtet wäre, Organisationszentren zu schaffen, die sich an Stadtteilen und Wohngebieten orientieren, hätte nur dann Sinn, wenn die traditionelle Stellvertreterpolitik überwunden wird. Diese beruht darauf, daß zwar Interessen von Menschen vertreten werden, daß man sich aber nicht auf deren eigene Erfahrungszusammenhänge und Bedürfnisse konkret einläßt. Hilfe zur Selbsthilfe und Selbstorganisation wird keine geboten. Im gleichen Maße, wie zentrale Organisationsentscheidungen notwendig sind, die historische Linien der Politik festlegen und verbindlich machen, müssen Organisierungsprozesse von Interessen und Bedürfnissen stattfinden, die von unten nach oben laufen. Die bestehende Organisationsstruktur würde von diesen Prozessen zweifellos nicht unberührt bleiben, aber eher an lebendiger Handlungsfähigkeit gewinnen als verlieren. Es ist schwer verständlich, warum die Gewerkschaften nicht längst die Chancen wahrgenommen haben, in einem weiter verstandenen Sinne, das heißt in bezug auf Fragen, wie sie die Bürgerinitiativen praktisch aufgeworfen haben, ihre Gesichtspunkte in der Kommunal- und Regionalpolitik geltend zu machen. Daß es sich hierbei um spezifische gewerkschaftliche Aktionsfelder handelt, ist in der innergewerkschaftlichen Diskussion seit vielen Jahren immer wieder hervorgehoben worden. »Zusammenfassend kann festgestellt werden, daß die Kommunalpolitik sowohl von ihrer Aufgaben- und Themenstellung als auch von ihrem Gestaltungsraum her für die Gewerkschaften ein wichtiges Handlungsfeld ist.«[39]

Keine politische Bildung kann auf die Verankerung in den Konflikterfahrungen des Alltags verzichten. Tatsächlich kann man sich kaum vorstellen, daß für einen, der auch nur vorübergehend arbeitslos ist, der sich über Mietwucher und Stadtteilsanierung empört oder dessen Wohnung Startbahn, Kernkraftwerke etc. näherrücken, der Satz »Unsere Schule ist der Betrieb« einen praktisch verständlichen und politisch motivierenden Sinn hat. Von Problemen, die am Rande der Gesellschaft, dort, wo Disparitäten die größte Distanz zum ökonomischen und politischen Herrschaftszentrum haben, mit besonderer Brisanz auftreten und erkennbar werden, sind jedoch zunehmend auch jene Schichten und Gruppen der abhängig Beschäftigten mit betroffen, die noch Arbeitsplätze und ein geregeltes Einkommen haben. Die Erosionskrise bedeutet eben das Ende aller Sicherheit, wenn auch mit erheblichen Unterschieden in den sozialen Folgen für die einzelnen. Hans Preiß, ehemaliges Vorstandsmitglied der IG Metall, hat in einer Rede vor Bildungsarbeitern der IG Metall in Hannover dieses Problem klar formuliert: »Wären die Gewerkschaften nur Interessenvertreter der Arbeitsplatzbesitzer und darunter auch nur der qualifizierten Arbeiter, so würden sie auf lange Sicht ihre gesellschaftspolitische Funktion und damit ihre geschichtliche Verantwortung für die Lebensbedingungen der Gesamtgesellschaft verlieren.«[40]

Die Reduktion der Arbeitszeit als solche, in gleichsam mechanischer Folge, hat keinerlei nennenswerte gesellschaftliche Wirkungen, die der Befreiung der Menschen und der Demokratisierung ihres sozialen Lebens zugute kämen. Da die industrielle Zivilisation den Zusammenhang von Arbeit, Kultur und Leben auseinandergerissen hat, so daß Arbeitsstätte keine Lebensstätte mehr ist, die Arbeitszeit keine den Jahreszeiten und biologischen Rhythmen angepaßte Zeit darstellt, können solche Emanzipationswirkungen nur erzielt werden, wenn drastische Verkürzungen der Arbeitszeit begleitet sind von einer neuen Politik des Raumes und der Zeit, des Städtebaus, der Kommunikationswege und der Kultur. Mit starrem Blick auf das imaginäre Ziel der Vollbeschäftigung Arbeitszeitverkürzungen durchzusetzen und alles Sonstige beim alten zu lassen bedeutet nichts anderes als die Vertagung der gesellschaftlichen Probleme auf die nächste Krise, die mit Sicherheit kommen wird. Selbst- und Mitbestimmung sind ebenso wenig teilbar wie die Arbeit. Dadurch, daß sie als Machtmittel der Emanzipation verstanden werden, verlieren sie die deklarative Abstraktheit von Zielen, die jenseits der aktuellen Alltagspraxis liegen. Mitbestimmung am Arbeitsplatz, die Stärkung der demokratischen Basis ist ein wesentliches Element der Kontrolle aller Arbeitszeitregelungen, die von Unternehmerseite vorgeschlagen werden. Je weniger die demokratische Basis im Betrieb gefestigt ist, desto größer ist die Chance der Unternehmer, ihre Arbeitszeitpolitik in einem antigewerkschaftlichen Sinne durchzusetzen. Ähnliches gilt für außerbetriebliche Zusammenhänge.

In allen Formen der »Arbeitszeitverkürzung« (Arbeitslosigkeit, Marginalisierung, Verelendung, Teilzeitarbeit usw.) wird das herkömmliche Schema von Arbeit und Freizeit, das sich in Prosperitätsperioden gebildet hat, aufgesprengt. Der sozialkulturellen Verschiebung der für den Lebenszusammenhang der Menschen existentiell wichtigen Konfliktbereiche auf außerbetriebliche Orte der Erfahrung, auf Wohnen, Verkehrsverhältnisse, Stadtteilprobleme, ökologische Lebensbedingungen, Bewußtseinsindustrie, entspricht eine politische Strukturveränderung. Gerade in diesen Bereichen haben sich in den vergangenen drei Jahrzehnten die politischen Initiativen, die Selbstorganisation des Widerstandes und die Selbsthilfe vervielfältigt. Die in diesen Bereichen gewonnenen Konflikterfahrungen wirken in die Betriebe hinein, bestimmen nicht selten auch die Formen, in denen betriebliche Konflikte ausgetragen werden.

Gewerkschaftliche Politik gleichzeitig im Stadtteil zu verankern, wäre heute also eine Forderung, den Betriebsansatz auf jene Krisenzusammenhänge zu erweitern, die immer stärker und massenhafter die Erfahrungen der Menschen bestimmen. Es kann bei dieser Erweiterung des politischen Mandats freilich nicht darum gehen, alle außerbetrieblichen Bewegungen gewerkschaftlich zu integrieren; damit ist keine komplette Syndikalisierung aller gesellschaftlichen Verhältnisse gemeint. Der Gewerkschaftsstaat, wie ihn Unternehmerverbände und konservative Regierungen an die Wand malen, ist eine zur Einschüchterung konstruierte Fiktion. Er würde im übrigen alles zerstören, worin die Gewerkschaften seit ihren Ursprüngen ihre bestimmenden Aufgaben gesehen haben. Gewerkschaften haben eine autonome und spezifische Aufgabe, die Interessen von Menschen zu vertreten, die sich als Vereinzelte nicht selbst helfen können, und zwar unter allen gesellschaftlichen Bedingungen. Werden sie dem Staatsaufbau integriert oder übernehmen sie Disziplinierungsfunktionen irgendwelcher Art den abhängig Beschäftigten gegenüber, dann verlieren sie ihr Existenzrecht. Es ist deshalb auch eine Täuschung, zu meinen, die bloße Verstaatlichung von Schlüsselindustrien würde menschliche Probleme der kapitalistischen Ökonomie lösen und die Gewerkschaften von ihrer gesamtgesellschaftlichen Verantwortung entlasten. Denn auch unter solchen Bedingungen staatlicher oder gemeinwirtschaftlicher Organisationsformen von Produktion wären sie nicht weniger verpflichtet, um die Rechte der darin Tätigen zu kämpfen und ihre Gegenmacht in jedem Einzelfall von Entrechtung und Unterdrückung geltend zu machen.

Nun könnte der Einwand kommen, das Programm, wie ich es formuliert habe, sei eine absolute Überforderung der Gewerkschaften. Es ist eine Überforderung, aber sie ist nicht realitätslos. Was ist heute überhaupt Realismus? Die Frontstellungen des Realismus haben sich umgekehrt. Wer Anfang der achtziger Jahre gegen den

Rüstungswahn kämpfte, war ein konsequenter Realist. Wer ihn betrieb, war Phantast. Wer seitdem für totale Abrüstung eintritt, ist sicherlich auch von Gesinnungsmotiven angeleitet; da aber die verselbständigte Rüstungsdynamik, die den Schrecken für alle bereithält und keinen konkreten Feind mehr abzuschrecken vermag, die Dimension bewußter und willentlicher Entscheidungen der selbsternannten Kontrolleure längst gesprengt hatte, fällt das politische Mandat an die zurück, die im guten Glauben anderen diesen Sicherheitsauftrag für ihr Leben erteilt haben. Wer heute vorgibt, die gesellschaftliche Strukturkrise durch pragmatische Einzelschritte, die nicht die Neuorganisation des Systems gesellschaftlicher Arbeit zum Ziel haben, lösen zu können, begibt sich in den Zustand selbstverschuldeter Unmündigkeit, ist Opfer von Fiktionen. Diese sind nicht zu verwechseln mit der Phantasie, in deren Medium die Menschen fortwährend Entwürfe von einem besseren Leben produzieren. Ich glaube, wir befinden uns heute mitten in einer jener geschichtlich immer wieder auftretenden Situationen, in der nichts mehr realistisch ist, was sich nur auf die Erhaltung der bestehenden Verhältnisse richtet. »Es gibt Zeiten, in denen der Realismus – weil die Ordnung zerfällt und nur noch deren sinnentleerte Zwänge übrigbleiben – nicht mehr darin besteht, das Existierende zu verwalten, sondern darin, die grundlegenden Wandlungen zu ersinnen, zu antizipieren und einzuleiten, deren Möglichkeit in den bereits stattfindenden Veränderungen angelegt ist.«[41]

Ein wesentlicher Punkt im neuen politischen Selbstverständnis der Gewerkschaften besteht eben darin, die Spannungen zwischen pragmatischen Einzelschritten, zu deren Durchsetzung ihre Macht unter jeweils aktuellen Bedingungen ausreicht, und der durch Wissen gesättigten Utopie auszutragen. Wer nicht die Herrschaftsverhältnisse als Ganze abschaffen will, wird sie auch in ihren Teilaspekten nicht überwinden können. Gemeinwesenarbeit, die den Blick auf eine vernünftige Organisation unserer Gesellschaft und darüber hinaus der Weltgesellschaft richtet, kann sich nicht mit formelhaften Beschwörungen von Wertediskursen und öffentlichen Tugenden, die wieder ins Spiel gebracht werden sollen, begnügen. Die politischen Produktionsprozesse zielen vielmehr auf die Veränderung von Institutionen, Einstellungen und Bewußtsein der konkret handelnden Menschen.

Wenn der Blick auf die Weltgesellschaft nicht eine Entlastung von der Alltagsverantwortung für das Gemeinwesen im kleinen sein soll, dann kommt den Gewerkschaften als Mandatsträgern jener Interessen, die aufgrund von Macht- und Herrschaftsverhältnissen individuell nicht durchsetzbar sind, ein wachsender Aufgabenbereich zu. Das gilt nicht nur für die entwickelten Länder der Arbeits- und Erwerbsgesellschaft, sondern in viel stärkerem Maße noch für jene Länder, die in den Sog der Globalisierung einbezogen werden und sich nicht aus eigener Kraft aus den Kapital- und Marktzwängen lösen können. Internationale Solidarität im Kampf gegen Unterdrückung und Ausbeutung zu stärken bedeutet gleichzeitig, daß sich gewerkschaftliches Handeln in den entwickelten und reichen Ländern wieder deutlicher auf die Strukturen der Gesamtgesellschaft orientiert, weil sonst die konkreten Handlungsfelder zerfasern und widerstandslos der Logik von Kapital und Markt unterworfen bleiben. Die vier Grundbegriffe, welche die Imperative gewerkschaftlichen Handelns bestimmen – Gerechtigkeit, Gleichheit, Solidarität und Gemeinwesen –, sind unabdingbar miteinander verschränkt.

3. Ideologiekritische Anmerkungen zu den Modernisierungstheorien von Ulrich Beck und Anthony Giddens

Das Machtdilemma der Geistes- und Sozialwissenschaften ist so alt, wie sich der Kampf um deren Anerkennung an jener Wissenschaftsdisziplin orientiert, die zwei der von ihnen zutiefst empfundenen Mängel *nicht* hat: Objektivität der Erkenntnis und gesellschaftliche Nützlichkeit. Jahrtausendelang haben die Naturwissenschaften das Orientierungswissen in der Welt dominiert: Das Ptolemäische Weltsystem gab mittels Astronomie und Geographie dem Menschen seinen Ort auf der Erde und erlaubte ihm, sich in der bekannten Welt zu Lande und zu Wasser zurechtzufinden. Allerdings hatte das mathematisch-physikalische Wissen der antiken Welt, wie es in den Schriften von Aristoteles angesammelt ist und als verbindlicher, das heißt auch jederzeit der Kritik würdiger Traditionsbestand bis in die Neuzeit hinein überliefert wurde, nur geringe Bedeutung für technologische Erfindungen. Noch in der Zeit Galileis und Newtons waren technische Neuerungen eher Resultat alchimistischer Goldkocherei und der Experimentierlust findiger und häufig genug auch skurriler Praktiker, als daß sie angewandter naturwissenschaftlicher Erkenntnis entsprangen.

Im neunzehnten Jahrhundert gehen gesellschaftliche Nützlichkeit und Gesetzeswissen eine für moderne Erkenntnis äußerst folgenreiche Symbiose ein und schaffen damit ein Wissenschaftsideal, auf das alle Wissenschaften, die aus dem System der philosophischen Enzyklopädie ausscheren und sich zu Spezialdisziplinen verkapseln, geradezu fixiert sind. Als sich die Soziologie Mitte des neunzehnten Jahrhunderts als Einzelwissenschaft herausbildet, sich bewußt von den Mythen der praktischen Philosophie löst, entstehen unmittelbar zwei Entwicklungsrichtungen des gesellschaftswissenschaftlichen Denkens: In dem einen Fall wird Soziologie zur Ordnungswissenschaft, im Prozeß der Selbstaufklärung schärft sie ihr Methodenarsenal und entmythologisiert ihre Erkenntnisobjekte. Im anderen Fall versteht sich Soziologie als kritische Gesellschaftstheorie, welche die philosophische Anmaßung des Ganzen behält und die Selbstreflexion der Erkenntnisbedingungen als wesentliches Element sozialwissenschaftlicher Objektivität betrachtet. Hier sind es nicht Ordnungsbegriffe, die Orte im Bestehenden markieren und Grenzpfähle für wissenschaftliche Besitzstände setzen. Vielmehr ist der kritische Zugang zu den Tatbeständen, die in ihrem konstitutiven Vermittlungszusammenhang aufgedeckt werden, stets mit Emanzipationsforderungen gegenüber verdrehten Objekten und menschenfeindlichen Verhältnissen verknüpft. So wie es ist, soll es nicht bleiben!

Soziologie als kritische Gesellschaftstheorie ist also auch nicht frei von dem Wunsch, sich am Ende als nützlich ausweisen zu können; aber dieser Nutzen kann nie in der bestehenden Ordnung aufgehen. Sie hantiert nicht mit Ordnungsbegriffen, sondern mit greifenden und begreifenden Begriffen, welche die unterdrückte und verschleierte Seite eines Objekts öffentlich machen und damit möglichen verändernden Eingriffen zugänglich. Das altbekannte *cui bono?* (wem nützt das, wem kommt es zugute?) führt deshalb die kritische Gesellschaftstheorie zwangsläufig auf die Suche nach Kollektiven, Organisationen, Individuen, die Träger eines solchen nach vorne gehenden Veränderungsprozesses sein können, ohne das Substantiell-Kritische durch handfeste Realitätsanleihen am gegenwärtigen Macht- und Herrschaftssystem wiederum beschädigen zu müssen.

Soziologie als Ordnungswissenschaft kennt das Problem, Kräfte der emanzipatorischen Veränderung benennen zu müssen, nicht im gleichen Maße wie die kritische Gesellschaftstheorie. Als lediglich ordnende Disziplin kann sie sich mit phantasiereichen Ordnungsprinzipien im bestehenden Macht- und Herrschaftsgefüge bewegen. Dafür reichen in der Regel Stichworte aus, die eine Aura wissenschaftlicher Solidität verbreiten, aber doch auch dem skeptischen Zeitgeist entgegenkommen, dem absolute Sicherheit verdächtig erscheint. In einem solchen Gebäude aus theoretischen Stichworten sind Türen und Fenster weit geöffnet, so daß Ein- und Ausgänge keiner Kontrolle unterliegen; für die Zweifler ist ebensoviel Platz wie für die notorischen Pragmatiker.

Nicht nur die akademische Soziologie, die sich für Expertenkommissionen nützlich zu machen versucht, steckt heute in einer tiefen Anerkennungskrise; selbst die Kriminalitätsforschung und Untersuchungsprojekte zum Wahlverhalten erregen nur selten Erstaunen in der Öffentlichkeit. Die im Horizont weitläufiger Untersuchungsfelder operierende kritische Gesellschaftstheorie, die einst doch von der Sozialisationsforschung bis hin zum Beziehungsgeflecht von Staat, Kapital und Warenproduktion politisch Relevantes der Öffentlichkeit präsentieren konnte, scheint unter der Schockerfahrung eines kompletten Gegenstandsverlustes zu leiden. Aus allen Richtungen kommen Hinweise, die den Eindruck bestärken, als hätten wir es heute mit einer so radikal gewandelten Gesellschaftsordnung zu tun, daß die uns noch in den siebziger und achtziger Jahren geläufigen erkenntnisleitenden Interessen, Methoden und Begriffswerkzeuge unter keinen Umständen mehr verwendbar sind.

Das ist um so erstaunlicher, als Helmut Schelsky, der begabteste konservative Soziologe der Nachkriegsgesellschaft, noch Mitte der siebziger Jahre in seinem Bestseller »Die Arbeit tun die anderen«[42] die soziologisch orientierten Intellektuellen in den Herrschaftsrang von Sinnproduzenten und Sinnvermittlern heben konnte. In allem Ernst spricht dieser versierte Gegenwartsdiagnostiker, angetrieben durch paranoide Züge in seiner Haltung gegenüber der Linken, von der »Bildung einer neuen Herrschaftsgruppe der Intellektuellen, die sowohl als Priesterherrschaft als auch als Klassenherrschaft verstanden werden kann«. Unter Benutzung des in der 68er-Bewegung gängigen und öffentlich gehüteten soziologischen Begriffsvorrats kommt es zur »Herrschaft der Reflexionselite«.[43] Schelsky will mit seinem Angriff vor allem die alte Rollenverteilung wiederherstellen: Ein Priester solle predigen und nicht politische Agitation betreiben. Ein Schriftsteller wie Heinrich Böll soll sich nicht als Gewissen der Nation verstehen, sondern soll gute Geschichten und Romane schreiben, ein Universitätsprofessor Wissenschaft betreiben. Schelsky versteht Soziologie als Ordnungswissenschaft. In seiner »Ortsbestimmung der deutschen Soziologie«[44], die 1959 erschien, heißt es unmißverständlich: Soziologie hat es mit dem zu tun, was ist und was sich überhaupt nicht verändern läßt.

Mit Blick auf die amerikanische Soziologie, wie Ralf Dahrendorf sie unter dem Titel »Die angewandte Aufklärung«[45] einem deutschen Lesepublikum präsentiert, das noch stark hermeneutisch-geisteswissenschaftlichen Traditionen der Soziologie verhaftet ist, erläutert Schelsky sein Unbehagen: Die Soziologie wird dort gar nicht in ihren mehr oder minder empirisch abgesicherten Forschungsergebnissen wichtig genommen, sondern in den Begriffen, mit denen sie die Probleme aufwirft. Status, Rolle, Funktion, Community, Mobilität, sozialer Wandel, Gruppe, Team, sozialpsychologisch etwa Streß, Frustration usw. In den USA und darüber hinaus entscheiden laut Schelsky nicht wissenschaftliche Einsichten; statt dessen beeinflussen zu simplifizierten Selbstvorstellungen gewordene Wort- und Sinnformeln das Handeln der Zeitgenossen. Die Bewußtseinsherrschaft der Soziologie wirkt nicht durch ihre Einsichten, sondern durch ihre Themenstellungen und begrifflichen Formeln.

Hat man dies einmal erkannt, gewinnen die wissenschaftlich unwahrscheinlichsten Aussagen an Wahrheitsgehalt: Das scheinbar primitive Mißverständnis, Soziologie sei politisch von vornherein Sozialismus, wird über die Tatsache, daß die Soziologie den geistigen Aspekt auf die Person verdunkelt, dagegen den Bezug auf das Soziale überbelichtet, eben doch zur Wahrheit: »Wer soziologisch denkt, muß die soziale Gerechtigkeit überbewerten, muß die Grundrechte unserer Verfassung primär auf soziale Zustände, nicht aber auf den Handlungsraum der Person bezogen auslegen und landet folgerichtig in sozialistischen Vorstellungen. ... Nicht welche soziologischen Ansichten sich in einer Zeit durchsetzen, sondern bereits der Tatbestand, daß der soziale Aspekt des Lebens, von jedweder Soziologie interpretiert, vorherrschend wird, macht die Bewußtseinsführung dieser Disziplin aus: Dann sehen plötzlich die Christen nicht mehr zunächst das Seelenheil und die Liebe, sondern primär die soziale Gerechtigkeit und die Solidarität; dann wird alle Kunst sozialbezogen, wie sie einst im Mittelalter religionsbezogen war; dann werden alle Wissenschaften vor das Tribunal ihrer sozialen Wirkung gezogen, und ihre Richter und Ankläger sind zugleich jene Sozialwissenschaftler, die auch noch die Gesetze geschaffen haben, nach denen sie anklagen und urteilen.«[46]

Ist das die scharfsichtige Analyse eines Konservativen, der die Unordnung haßt? Wie Carl Schmitt, der mit äußerster analytischer Schärfe die innere Schwäche in den demokratischen Institutionen der Weimarer Republik gleichsam instinktsicher witterte, weil in sein Verständnis wissenschaftlicher Objektivität bereits die Blickrichtung ordnungsbesessener Nazis eingegangen war, die er zeitweilig (oder aus tiefstem Herzen?) wohl auch billigte, erkennt der konservative Helmut Schelsky, in jungen Jahren Anhänger Georges Sorels, das Machtdilemma der Soziologie wie kein anderer. Die »Bewußtseinsführung dieser Disziplin« ist, wenn sie sich nicht mit der bescheidenen Rolle zufriedengibt, den Technologen der Macht Expertisen der Rationalisierung abzuliefern, von gewissen Aspekten des Heils- und Erlösungsversprechens nicht abzutrennen. Der Erfolg der Soziologen hängt immer von der Definitionsmacht über Stichworte ab.

Keines der Stichworte, die Schelsky erwähnt, kommt bei Beck und Giddens vor. Ich muß einen großen Umweg machen, um mich den Erkenntnisansätzen von Ulrich Beck und Anthony Giddens auf eine Art zu nähern, die mir die Möglichkeit einer gewissen immanenten Kritik eröffnet. Politisierung der Wissenschaft war eine zentrale Formel der 68er-Bewegung, von deren Faszination kaum jemand unberührt blieb. Selbst Habermas, der den scheinrevolutionären Anspruch der Protestbewegung entschieden kritisierte, war in seinem Buch »Erkenntnis und Interesse« dieser Forderung sehr nahe, sogar mit transzendentalen Aspekten des emanzipatorischen Erkenntnisinteresses, wenn auch in weitläufigen historischen Perspektiven der Wissenschaftsgeschichte. Aber diese Politisierung der Wissenschaften war gerichtet auf Systemkritik, auf Überwindung der kapitalistischen Gesellschaftsordnung. Die Struktur der gegebenen Gesellschaftsordnung in allen ihren Einzelausprägungen war bestimmender Gegenstand des Erkenntnisinteresses, das von Anmaßungen nicht freizusprechen ist. Aus diesem Zusammenhang wurden auch Protest und Rebellion der Individuen verstanden, die aus den autoritären Vormundschaftsverhältnissen herauszuspringen versuchten – häufig erfolglos und manchmal auch in »Lernprozessen mit tödlichem Ausgang«.

Was für diese gesellschaftskritische Vernunft harter Gegenstand eingreifender Veränderung ist, mit autoritären Symbolen versetzt und durchgängig widerständig, wird in der Phase der postmodernen Verabschiedungen kaum noch als bearbeitbares, also umgestaltbares Material wahrgenommen. Es ist weiche Materie, deshalb ästhetischer Dekonstruktion, der methodischen Zersetzung des darin vermuteten Herrschaftszusammenhangs zugänglich. Gut ein Jahrzehnt arbeiten die Poststrukturalisten, Postmodernen insgesamt im verwilderten Gebäude der wissenschaftlichen Arbeitsteilungen daran, die »postistischen« Arbeitsvorhaben der von Paris ausgehenden Intellektuellenbewegung in öffentlichkeitswirksame Stichworte umzusetzen. Der Traditionszusammenhang der Theorien und der Gegenstände zerfasert, und eine mediengerechte Fragmentierung sämtlicher Wahrheitsgehalte sorgt dafür, daß sich jeder Fernsehmoderator, gleich welchen Bildungsstandes, Stücke nehmen kann, um Begriffe und Symbolbesetzungen einem Massenpublikum zu präsentieren.

Die genußreichen Dekonstruktionen der »großen Erzählungen«, wozu auch die Kritische Theorie, Marx, Hegel, Kant usw. gerechnet werden, eignen sich freilich nur ganz sporadisch für politische Legitimationen von Strategien, die doch unabdingbar mit technologischen Modernisierungsprozessen verknüpft sind. So verliert das postmoderne Gerede über das Ende der Moderne zunehmend den anfänglichen kritischen Impuls, der die gebrochenen Kategorien des industriellen Zeitalters treffen sollte: Fortschritt, Arbeit, kollektive Emanzipation usw. Statt dessen gerät die Postmoderne immer stärker in eine ghettoisierte Situation ästhetischen Genusses an den schönen Ruinen der Moderne. Damit konnte man politisch nur wenig anfangen, zumal der Zusammenbruch der autoritär-kommunistischen Hierarchien und die Erosion autoritär-hierarchischer Strukturen in den kapitalistischen Ländern die intellektuelle Dekonstruktionsarbeit praktisch überholt hatte.

Die postmodernen Soziologen und Philosophen, die mit ihrem Kronzeugen Nietzsche hausieren gingen, dem die Welt nur noch als ästhetisches Phänomen gerechtfertigt erschien, verloren endgültig den Boden unter ihren Füßen, als der Stalinismus in seinen imperialen Folgeerscheinungen zusammenbrach. Aber die eher pessimistisch gesinnten und schwarzseherischen »Dekonstrukteure« der Moderne kultivierten mit ihren Trümmerphantasien den Boden für die optimistischen Konstrukteure einer Zweiten, der reflexiven Moderne. Denn jetzt gewann die Frage an Aktualität, wie ein von allen inneren und äußeren Fesseln befreiter Kapitalismus darangehen sollte, die Welt nach eigenen und das heißt auch immer der Modernisierung der Lebensverhältnisse entsprechenden Normen neu zu ordnen.

An diesem historischen Umbruchpunkt, für den eine Zwischenwelt intensiver Suchbewegungen charakteristisch ist, setzen Ulrich Beck und Anthony Giddens an. Sie füllen eine gesellschaftstheoretische Leerstelle aus, nachdem erkennbar wurde, daß auch die marxistischen Positionen, die über jeden Verdacht der Kooperation mit nachstalinistischen Organisationsmodellen erhaben sind, zunehmend vom »objektiven Geist« im Stich gelassen oder von ihren Repräsentanten bereitwillig verabschiedet werden, weil gegen den Strom zu schwimmen ihre individuellen Kräfte überfordert hätte.

Wenn ich im folgenden beide Autoren meist in einem Atemzug nenne, ist mir durchaus bewußt, daß Giddens und Beck von verschiedenen wissenschaftlichen Bildungsgeschichten geprägt wurden. Wer Giddens' Theorie der Strukturierung in der 1984 erschienenen »Konstitution der Gesellschaft«[47] liest und dieses Buch mit der nur zwei Jahre später veröffentlichten »Risikogesellschaft« von Beck vergleicht, kann die Unterschiede in den erkenntnisleitenden Interessen und wohl auch in der Praxisorientierung sozialwissenschaftlichen Denkens mit Händen greifen. Aber in den neunziger Jahren wächst ihr Denken immer stärker zusammen, was sich sowohl aus ihrem bekundeten Selbstverständnis wie aus der wechselseitigen Bezugnahme ablesen läßt. Wie sie im Vorwort zur englischen Ausgabe von »Reflexive Modernisierung«[48] feststellen, verbindet der Gedanke der Reflexivität ihre beiden Denkweisen. Oder genauer gesagt: Die Begriffe und Sachverhalte »reflexive Modernisierung« und »Enttraditionalisierung« bestimmen als regulative Ideen ihre sozialwissenschaftliche Untersuchungsarbeit. In allen wesentlichen Fragen einer

Soziologie »Jenseits von Links und Rechts« – so lautet ein programmatischer Buchtitel von Anthony Giddens – gibt es, soweit ich sehe, keine Differenzen zwischen den beiden Autoren. Da Ulrich Beck im deutschen Sprachraum nicht nur bekannter ist, sondern auch in vieler Hinsicht das sozialwissenschaftliche Symbolspektrum und die öffentlich diskutierten Stichworte seit gut einem Jahrzehnt prägt, halte ich es für gerechtfertigt, im folgenden die Zitataufmerksamkeit vor allem auf seine Schriften zu richten.

In dem Maße, wie der Strukturalismus alter Klassenpositionen, die in proletarischen Milieus oder in kollektiven Interessenorganisationen Ausdruck finden, seine politische Gegenmacht zu verlieren droht, zeichnen sich ganz neue Chancen für eine Soziologie ab, die ihren Klassenmakel verloren hat und nun jenseits von links und rechts ihre durch neutrale Sachgesetzlichkeit bestimmte Ordnungsfunktion in der wissenschaftlichen Beratung politischen Handelns wahrzunehmen vermag. Einst stand Auguste Comtes *philosophie positive*, die sich an den Gesetzen von Ordnung und Freiheit, von Statik und Dynamik orientierte, aber dem Bestehenden, der Ordnung und der Statik immer den Vorrang gab, am Anfang der wissenschaftlichen Soziologie. An diesem Faden der Entmythologisierung von Begriffen wird heute fleißig fortgesponnen: Kapitalismus erscheint als überholter Substanzbegriff, die Industriegesellschaft ist am Ende, Sozialismus hat seine Zukunftsperspektive verloren; Herrschaft, Macht, Entfremdung und Selbstentfremdung verschwinden aus dem Spektrum einer soziologischen Ordnungswissenschaft, die nur noch zur Klärung jener Begriffe und Formeln beitragen möchte, die in der Gesellschaft ohnehin umlaufen.

Im Kontext des neuen Substanzbegriffs, aus dessen weitläufigen Variationen die Gesellschaftstheorie von Ulrich Beck und Anthony Giddens besteht – dem der Moderne oder, prozeßhaft gesprochen, der Modernisierung –, sind alle herkömmlichen Strukturbegriffe der Soziologie minderrangig. Moderne kommt im Werk dieser Autoren als neues historisches Subjekt daher. So erfährt sie Differenzierungen und Wachstumsschübe ganz eigentümlicher Art und erzeugt durch Zellteilung eine Zweite Moderne, die der ersten ein Licht aufsetzt. Sie zehrt also von der Modernisierungssubstanz insgesamt, vermag einen viel optimistischeren Blick in die Zukunft zu richten. Es fällt schwer, dieses Subjekt faßlich und benennbar zu machen. Manchmal erscheint es als eine Art Projekt, wenn Beck darauf Bezug nimmt, daß ja bereits Habermas in seiner Rede zur Verleihung des Adorno-Preises in der Paulskirche 1980 von der Moderne als dem unvollendeten Projekt gesprochen hat. Was die Triebkräfte dieser Modernisierung sind, bleibt allerdings bereits bei Habermas im dunkeln. Wenn die Moderne ein unvollendetes Projekt sein soll, wo sind dann die Projektierer, die es vollenden können? Immerhin bezeichnet Habermas noch das Unbehagen an den Folgen einer kapitalistischen Modernisierung von Wirtschaft und Gesellschaft, deren ökonomische und administrative Rationalität in die Ökologie gewachsener Lebensformen eindringt und damit die kommunikative Binnenstruktur geschichtlicher Lebenswelt bedroht. Der politische Sinngehalt einer an Aufklärung orientierten Modernisierung bestünde darin, daß »die Lebenswelt aus sich Institutionen entwickeln kann, die die systemische Eigendynamik des wirtschaftlichen und des administrativen Handlungssystems begrenzt«.[49] So spiegelt sich der gesellschaftliche Zustand der Gegenwart in einer neuen Hierarchie von Begriffen, an deren oberster Stelle der Substanzbegriff Moderne steht.

In der Einleitung »Zur Kritik der politischen Ökonomie« hatte Marx die Ordnung von Begriffen zum Gegenstand der Erkenntniskritik gemacht. Es könne nicht gleichgültig sein, womit der Anfang in der Analyse zu machen sei und worauf sie ziele: »Das Kapital ist die alles beherrschende ökonomische Macht der bürgerlichen Gesellschaft. Es muß Ausgangspunkt wie Endpunkt bilden und vor dem Grundeigentum entwickelt werden ...«[50] Marx beschränkt sich nicht auf die Funktionsbestimmung des Kapitals als Objekt der kritischen Gesellschaftsanalyse; es muß gleichzeitig erkennbar sein, wovon die Menschen leben, was ihre wirkliche Lebensproduktion ist, wie sie austauschen, kommunizieren, was sie verteilen können. »In allen Gesellschaftsformen ist es eine bestimmte Produktion, die allen übrigen, und deren Verhältnisse daher auch allen übrigen, Rang und Einfluß anweist. Es ist eine allgemeine Beleuchtung, worin alle übrigen Farben getaucht sind und die sie in ihrer Besonderheit modifiziert. Es ist ein besonderer Äther, der das spezifische Gewicht alles in ihm hervorstehenden Daseins bestimmt.«[51] Nun mag es ja sein, daß Modernisierung dieser »besondere Äther« ist, die allgemeine Beleuchtung, worin alle übrigen Farben getaucht sind! Aber es ist doch einfach undenkbar, daß eine ganze Gesellschaft von der Atmosphäre der Modernisierung leben kann.

Die Erste Moderne hat ihre klar definierte materielle Grundlage in der Industriegesellschaft. Alles, was sie produziert, was ihr Kategoriensystem als Arbeits- und Erwerbsgesellschaft ausmacht, was an Naturverletzungen und Menschenrechtseinschränkungen hier anzutreffen ist, hat gegenständliche Bezüge selbst darin, wo fortwährende Entwertungen von Traditionen und Denkweisen festzustellen sind. Aber wie soll es jetzt weitergehen? Die postmodernen Denker haben nahezu alle Kategorien, die dem Begreifen des gesellschaftlichen Ganzen dienten – Totalität, Dialektik, kollektives Gedächtnis, Arbeit und Produktion –, porös gemacht und auf den Kehrichthaufen der Geschichte geworfen. Giddens und Beck stehen auf diesem Trümmerhaufen, und ich kann keinen einzigen nennenswerten Punkt finden, wo sie diese Strategie des Vergessens und des Verabschiedens bewußt revidieren wollen. Sie akzeptieren die Beschleunigung im entwertenden Denken, und ihr Paradigmenwechsel verläuft im Rhythmus von Jahrzehnten. »In den siebziger Jahren waren die Autoren der Kritischen Theorie, der Frankfurter Schule die Stichwortgeber für Gesellschaft und Politik. In den achtziger Jahren nahmen diese Rolle die französischen Philosophen und Soziologen der Postmoderne ein. Seit den neunziger Jahren geben britische Soziologen in der Globalisierungsfrage in Europa den Ton an.«[52]

Bevor ich im einzelnen auf die Stichworte der neunziger Jahre zu sprechen komme, möchte ich mit Nachdruck darauf verweisen, daß der Erkenntnisstatus dieser Stichworte offensichtlich grundverschieden ist. Sieht man sich unter den Gesichtspunkten solcher öffentlichen Stichworte die Frankfurter Schule an, so wird man unschwer feststellen können, daß in keiner Kategorie der normative Blick auf eine bessere Einrichtung der Gesellschaft und auf die erweiterte Mündigkeit und Autonomiefähigkeit der Individuen fehlt. Was an Stichworten in die Bildungsreform eingeht, was Strafrechtsreformen und eine revidierte Beziehung zwischen Moral und Politik betrifft, ist in diesem Gedankengebäude die kritische Analyse von Herrschaft und Machtverhältnissen stets mit der notwendigen Veränderung des Bestehenden verknüpft.

Davon kann schon bei den Stichworten der postmodernen Theoretiker keine Rede mehr sein. Die Lust am Dekonstruieren von Texten hat mit Wahrheitssuche so gut wie nichts zu tun. Diese Stichworte wollen die Individuen aus imaginären oder wirklichen Fesseln lösen, und was die einzelnen daraus machen, ist ihre eigene Angelegenheit und die selbstverschuldete Ausstattung für Gewinn und Verlust im Konkurrenzspiel des Marktes. Was im Ökonomischen und Politischen Margaret Thatcher und Ronald Reagan in gut einem Jahrzehnt ins Werk setzten – Zerstörung gewachsener Traditionen, Auflösung kollektiver Milieus, Reduktion sozialstaatlicher Bindungen, also die Beseitigung aller kollektiven Bindungskräfte und der Gegenwartswirkung des kollektiven Gedächtnisses –, das leistet auf der Theorieebene in allen Schattierungen der postmoderne Kahlschlag des Denkens. Der dogmatische Antidogmatismus entleert das Denken und führt in eine neue Mythologie der Wiederkehr des Gleichen.

Beck und Giddens nehmen das alles in ihr Denken auf, geben sich damit aber nicht zufrieden, sondern suchen, indem sie sich eng an die gegebene Realität anlehnen, nach Auswegen. Die Postmoderne hat es, wie sie betonen, nicht geschafft, die Moderne als System von Zwangshandeln, die Tradition in ihren Lebensdogmatiken, formelhaften Wahrheitsbegriffen und Ritualen wirklich aufzubrechen. »Sobald wir die Aporien einer Ideologie der Postmoderne hinter uns lassen, eröffnet sich die Aussicht auf eine ›dialogische Demokratie‹, die sich von einer ›Demokratie der Gefühle‹ im persönlichen Leben bis zu den äußeren Grenzen der globalen Ordnung erstreckt. Als Menschheit, die ein einziges Ganzes bildet, sind wir nicht dazu verdammt, auf ewig in fragmentarischen Kulturen zu verharren, ebenso wenig wie wir andererseits in einem eisernen Gehäuse gefangen bleiben müssen, wie Max Weber es sich vorgestellt hat. Jenseits von Verhaltenszwängen gibt es die Möglichkeit, authentische Formen menschlichen Lebens zu entwickeln, die nur noch wenig mit den formelhaften Wahrheiten der Tradition gemein haben.«[53]

Kann man aber im Ernst als ausgemacht betrachten, daß selbst formelhafte Wahrheiten, die in Traditionen aufbewahrt werden und immer auch kollektive Erinnerungsfähigkeit enthalten, für den angstfreien Zustand von Menschen und damit für ihre kritische Urteilsfähigkeit nur Einschränkungen und Blockierungen bedeuten? Unsere moderne Gesellschaft ist in ihrem Zusammenhalt nicht durch Traditionen gestiftet; es ist keine Traditionsgesellschaft. Das kann jedoch keineswegs bedeuten, daß Traditionen in den Lebenszusammenhängen konkreter Menschen nicht von größter Bedeutung für die Identitätsbildung sind. Ich zweifle sehr an Giddens' Feststellung: »Tradition ist Wiederholung und beruht auf einer Art von Wahrheit, die der der normalen ›rationalen Überlegung‹ diametral entgegengesetzt ist – und in dieser Hinsicht besitzt sie Ähnlichkeit mit der Psychologie des Zwangshandelns.«[54] Wenn Tradition ein Medium für die Organisation kollektiven Gedächtnisses ist, dann hat deren Entwertung auch Einfluß auf das Zerbrechen individueller Identitätsbildung von Menschen, die sich nur als gesellschaftliche Lebewesen urteilsfähig und frei halten können.

Die Entwertung des Kollektiven in seinen reichhaltigen Ausdrucksformen der Vergangenheit – von kollektivem Gedächtnis, gesellschaftlichen Organisationen, traditionsbestimmten Institutionen, Ritualen usw. – zieht sich wie ein roter Faden durch die Schriften von Beck und Giddens, und jeder Schritt dieser Entwertungsrationalität, die gewohnte Bindungen auflöst, erscheint als Zuwachs an individueller Freiheit und wird persönlicher Gestaltungsmacht zugeschlagen. Das ist wohl einer der Gründe, warum für sie die postmodernen Spekulanten nicht radikal genug im Auflösen von Traditionsbeständen sind. Denn diese können nur verschwinden, wenn positive Alternativen an ihre Stelle treten. Das Denken von Giddens und Beck ist auf die Zukunft gerichtet und bricht radikal mit allen Ansätzen von Denkrenaissancen und der Bewahrung von gesellschaftstheoretischen Traditionsbeständen. Im Vorwort zur »Risikogesellschaft« schreibt Beck: »Thema dieses Buches ist die unscheinbare Vorsilbe ›post‹. Sie ist das Schlüsselwort unserer Zeit. Alles ist ›post‹. An den ›Postindustrialismus‹ haben wir uns schon eine Zeitlang gewöhnt. Mit ihm verbinden wir noch Inhalte. Bei der ›Postmoderne‹ beginnt bereits alles zu verschwimmen. Im Begriffsdunkel der Nachaufklärung sagen sich alle Katzen gute Nacht. ›Post‹ ist das Codewort für Ratlosigkeit, die sich im Modischen verfängt. Es deutet auf ein Darüberhinaus, das es nicht benennen kann, und verbleibt in den Inhalten, die es nennt, und negiert, in der Erstarrung des Bekannten. Vergangenheit plus ›*post*‹ – das ist das Grundkonzept, mit dem wir in wortreicher, begriffsstutziger Verständnislosigkeit einer Wirklichkeit gegenüberstehen, die aus den Fugen zu geraten scheint. Dieses Buch ist ein Versuch, dem Wörtchen ›post‹ (ersatzweise: ›nach‹-, ›spät‹-, ›jenseits‹) auf die Spur zu kommen. Es ist von dem Bemühen getragen, die Inhalte, die die geschichtliche Entwicklung der Moderne in den vergangenen zwei, drei Jahrzehnten – insbesondere in der Bundesrepublik Deutschland – diesem Wörtchen gegeben hat, zu begreifen ... insofern beinhaltet dieses Buch ein Stück empirisch orientierter, projektiver Gesellschaftstheorie ...«[55]

Die Lösung Becks liegt zunächst in einem Wandel des Gesellschaftsbegriffs: Die Erste Moderne zeigt Züge der klassischen Industriegesellschaft, die Zweite Moderne ist eine Risikogesellschaft. Schon aus diesem Begriffswandel ergibt sich ein erkenntnistheoretisches Problem. Wenn wir von Industriegesellschaft reden, ist der materielle Produktions- und Austauschprozeß als bestimmendes Moment Objekt. Wenn ich von kapitalistischer Gesellschaftsordnung oder bürgerlicher Gesellschaftsordnung spreche, dann habe ich entweder die Logik des Kapitals und des Marktes im Auge oder einen bestimmten Charaktertyp, der ökonomisch und kulturell tonangebend ist für diese Gesellschaft. Selbst Spätkapitalismus als System bezeichnet einen Zusammenhang objektiver Kategorien, die zwar des Denkens und der analytischen Kraft der Zuspitzung bedürfen, um die Verhältnisse greifbar zu machen, die aber nicht bloße Zustandsbeschreibungen von Subjekten beinhalten oder normative Handlungsmomente.

Es scheint charakteristisch für die Soziologie der vergangenen zwanzig Jahre zu sein, daß sie in dem Maße, wie sie in spezialisierten Handlungsfeldern sich nützlich machen will, den Strukturbegriff Gesellschaft immer stärker aus dem Blick verliert. So begibt man sich auf die Suche nach Ersatzkonstruktionen, die in der Regel darauf beruhen, daß verbreitete Momente im gesellschaftlichen Leben, über deren Vorhandensein im eigenen Erfahrungsschatz kein Zweifel bestehen kann, fixiert und zum bestimmenden Ganzen aufgewertet werden. Man spricht von Protestgesellschaft, von Erlebnisgesellschaft, von Bürgergesellschaft, Zivilgesellschaft usw. Alle diese Elemente gibt es im Leben des einzelnen in der Gesellschaft – nachdrücklicher Erlebnishunger einzelner Menschen, Proteste, Bürgerinitiativen, Zurückdrängung des militärischen Apparats als Ausdruck zivilgesellschaftlicher Ansprüche. Aber sind diese jeweiligen Momente konstitutiv für den Zusammenhang des gesellschaftlichen Ganzen? Ist Erlebnis zum Beispiel eine bestimmende Kategorie des

Zusammenhalts? Lebt die Gesellschaft von Erlebnissen? Ich habe den Eindruck, man fürchtet sich vor der Verwendung des Begriffs konkreter Totalität, in dem die Spannung von Allgemeinem und Besonderem festgehalten ist, weil er der dialektischen Tradition des Denkens angehört, die gerade mit triumphalen Gesten für null und nichtig erklärt worden ist, möchte aber doch ein Bild vom Ganzen entwerfen, in dem die individuellen Erfahrungen wiedererkennbar sind, und greift dabei auf subjektive, höchst zufällige und häufig auch modisch wechselnde, zurechtgestutzte Zustandsbestimmungen von Menschen zurück.

Einer der wirkungsmächtigsten und attraktivsten Ganzheitsbegriffe in diesem Zusammenhang ist der der »Risikogesellschaft«. Mitte der achtziger Jahre von Ulrich Beck ins öffentliche Gespräch gebracht, ist diese Wortverbindung, der ein versicherungsrechtlicher Beigeschmack anhaftet, zum soziologischen Schlüsselbegriff geworden, der bei jedem Menschen sofort existentielle Assoziationen auslöst und auf dessen Gebrauch kein wirtschaftliches Gremium und kein Politiker, der etwas auf sich hält, verzichten möchte. Soziologie hat auf diese Weise wieder Anschluß an die Realität gewonnen; die Risikogesellschaft macht alle alten Strukturwidersprüche des gesellschaftlichen Lebens stumpf, gibt Trennungen und Spaltungen auf, die der kapitalistischen Industriegesellschaft eigentümlich waren – aus einem entscheidenden Grund, wie die Risiko-Analytiker betonen: Der exzessive, ja pathologische Industrialismus hat im Produktions- und Austauschprozeß Lebensrisiken erzeugt, vor denen auch Reichtum und privilegierte Machtstellung keinen Schutz mehr gewähren. »Not ist hierarchisch, Smog ist demokratisch. Mit der Ausdehnung von Modernisierungsrisiken – mit der Gefährdung der Natur, der Gesundheit, der Ernährung etc. – relativieren sich die sozialen Unterschiede und Grenzen. Daraus werden immer noch sehr verschiedene Konsequenzen gezogen. Objektiv entfalten jedoch Risiken innerhalb ihrer Reichweite und unter den von ihnen Betroffenen eine egalisierende Wirkung. Darin liegt gerade ihre neuartige politische Kraft. In diesem Sinne sind Risikogesellschaften gerade keine Klassengesellschaften; ihre Gefährdungslagen lassen sich nicht als Klassenlagen begreifen, ihre Konflikte nicht als Klassenkonflikte.«[56]

Beck kann für diese Annahme ganz ohne Zweifel umfangreiches Anschauungsmaterial liefern und statistische Beweisketten aufbauen;

er ist ja auch keineswegs der erste, der die irreparablen Eingriffe in ökologische Gleichgewichtsstrukturen und in Naturbalancen als Prozeß beschrieben hat, der mit äußersten hohen Risiken behaftet abläuft. Als »Diskrepanzphilosophie« hat Günther Anders diese Dualität der Risikoszenarien systematisch analysiert und in seiner faszinierenden Abhandlung über die »Antiquiertheit des Menschen« entwickelt; die Schriften von Robert Jungk, das Werk des Biochemikers Erwin Chargaff, die medizin-soziologischen Schriften von Hans Jonas und vor allem sein Buch »Das Prinzip Verantwortung« weisen alle in die gleiche Richtung: daß nämlich die industrielle Zivilisation dabei ist, ihre eigene Lebensgrundlage zu zerstören. Soweit ich sehe, ist jedoch keinem der genannten Gesellschaftstheoretiker, die philosophisch aus weiten Traditionszusammenhängen herkommen – die einen stehen Kant näher, andere sind stärker von Marx inspiriert oder den philosophischen Dialektikern –, in den Sinn gekommen, die Macht- und Herrschaftsverhältnisse der bestehenden Gesellschaftsordnung aus diesem menschheitsgefährdenden Produktionswettlauf innerhalb der kapitalistischen Gesellschaftsordnung herauszunehmen. Daß Probleme der menschlichen Gattung unter Bedingungen objektiv möglicher thermonuklearer Vernichtung und gleichsam friedlicher Ruinierung der äußeren und der inneren Natur des Menschen in den Vordergrund drängen, vermochte keinen davon zu überzeugen, daß damit alle Strukturprobleme, welche die alten sozialistischen Bewegungen thematisiert hatten, bedeutungslos oder gelöst sind.

Wenn Beck von Modernisierungsrisiken spricht, dann gewinnt man den Eindruck, als fresse sich objektiver Geist durch die Verhältnisse, ohne daß es dafür Machtmotive und Herrschaftsinteressen oder Vernichtungsstrategien auf dem Markt gäbe. »Modernisierung meint die technologischen Rationalisierungsschübe und die Veränderung von Arbeit und Organisation, umfaßt darüber hinaus aber auch sehr viel mehr: den Wandel der Sozialcharaktere und Normalbiographien, der Lebensstile und der Liebesform, der Einfluß- und Machtstrukturen, der politischen Unterdrückungs- und Beteiligungsformen, der Wirklichkeitsauffassungen und Normen. ... Hier wird aus Gründen sprachlicher Vereinfachung meist von Modernisierung ›im Sinne eines Oberbegriffs‹ gesprochen.«[57] Die Folgen der Modernisierung werden wortreich erörtert, wer aber die Gesetze dieses Prozesses bestimmt, welche Interessen diesem Mechanismus Kraft und Unwiderstehlichkeit verleihen, bleibt weitgehend im dunkeln. Modernisierung schafft die Modernisierungsrisiken, nicht die Logik des Kapitals oder Kapitalinteressen, auch nicht der Kampf um Behauptung und Erweiterung von Macht- und Herrschaftssphären. An der landwirtschaftlichen Produktion erläutert Beck die sogenannte Bumerang-Schleife, welche die Produktion von Modernisierungsrisiken bestimmt: »Die mit Subventionsmilliarden geförderte industrielle Intensiv-Landwirtschaft läßt nicht nur in den fernen Städten den Bleigehalt in der Muttermilch und bei Kindern dramatisch ansteigen. Sie unterminiert auch vielfältig die natürliche Basis der landwirtschaftlichen Produktion selbst: die Fruchtbarkeit der Äcker verfällt, lebensnotwendige Tiere und Pflanzen verschwinden, die Erosionsgefahr des Bodens wächst.«[58] Das ist gewiß eine zutreffende Beschreibung des selbstzerstörerischen Widerspruchs in der landwirtschaftlichen Produktion, und Beck hat bestimmt auch recht, wenn er hervorhebt, daß hier allmählich eine Einheit von Täter und Opfer entsteht, in der Weise nämlich, daß die Täter der Modernisierungsrisiken auch deren Opfer sein können. Aber wenn eine solche Auffassung sich aufbläht, als wäre es eine absolut neue Erkenntnis, dann bedarf es doch eines Aktes historischer Gerechtigkeit, nach Art eines Palimpsestes die Überlagerungen abzukratzen, um die Originalschrift wieder erkennbar zu machen. Es gibt einen Alltagsspruch, der viel Wahrheit enthält: Das Rad muß man nicht immer wieder neu erfinden. Bei allem Blick nach vorne, der mit Arroganz auf das Vergangene herabschaut, gilt das auch für Theorien und Einsichten.

Was würde Beck sagen, wenn ihm ein Text vorläge, der fast hundertfünfzig Jahre alt ist und seine Bumerang-Theorie in guter dialektischer Denkweise als Ausdruck eines Sachverhaltnisses erklärt, nämlich daß zentral für das Produktions- und Akkumulationsgesetz das Kapital ist? »Wie in der städtischen Industrie wird in der modernen Agrikultur die gesteigerte Produktivität und größere Flüssigmachung der Arbeit erkauft durch Verwüstung und Versiechung der Arbeitskraft selbst. Jeder Fortschritt der kapitalistischen Agrikultur ist nicht nur ein Fortschritt in der Kunst, den Arbeiter, sondern zugleich in der Kunst, den Boden zu berauben, jeder Fortschritt in Steigerung seiner Fruchtbarkeit für eine gegebene Zeitfrist ist zugleich ein Fortschritt im Ruin der dauernden Quellen dieser Fruchtbarkeit. Je mehr ein Land, wie die

Vereinigten Staaten von Nordamerika zum Beispiel, von der großen Industrie als dem Hintergrund seiner Entwicklung ausgeht, desto rascher dieser Zerstörungsprozeß. Die kapitalistische Produktion entwickelt daher nur die Technik und Kombination des gesellschaftlichen Produktionsprozesses, indem sie zugleich die Springquellen alles Reichtums untergräbt: die Erde und den Arbeiter.«[59]

Es geht mir nun nicht um prognostische Rechthaberei; die Marxsche Theorie ist keineswegs das Erklärungsdorado der modernen Welt. Das lag auch gar nicht in der Absicht dieser zutiefst kritischen Theorie. Wenn die selbstkritische Öffnung des materialistischen Ansatzes in der Geschichtsauffassung, der Ontologien jeder Art wesensfremd sind, ernst genommen und von den leninistisch-stalinistischen Deformationen abgelöst wird, bewegen wir uns durchaus noch innerhalb eines Begriffshorizontes, in dem das Kapitalverhältnis und seine Transformationen entscheidend sind für die geschichtlichen Prozesse. Meine Kritik trifft nicht das, was durch Giddens und Beck an Veränderungen und Potentialen aufgerafft und publizistisch wirkungsvoll in die Öffentlichkeit gebracht wird. Meine Kritik an der Wissenschaftsposition beider setzt dort an, wo die demonstrative Verleugnung eigener Theorieansätze und Erkenntnisse der Vergangenheit die Glaubwürdigkeit gegenwärtiger Analysen bekräftigen sollen.[60] So entpuppen sie sich als versierte Gelegenheitsmaterialisten, die um so überzeugender wirken, je deutlicher sie mit ihrer eigenen linken Vergangenheit abrechnen. Von dieser Zusatzlegitimation zehrten schon die postmodernen französischen Philosophen, die sich den Öffentlichkeitstitel Neue Philosophen gaben und mit Verachtung auf ihre eigenen dogmatischen Borniertheiten als Maoisten, Stalinisten, Trotzkisten zurückblickten, um sich jetzt, gereift und erwachsen geworden, als besonders glaubwürdig in Szene setzen zu können.

Diese Verdrängung der eigenen Theorietraditionen führt offenbar dazu, daß die Theoretiker der Modernisierung die doch präzise Denkweise in dialektischen Kategorien nicht mehr in den Mund zu nehmen wagen. In den Schriften von Giddens und Beck (eindeutig häufiger aber bei Beck) herrscht deshalb die Methode des »Einerseits-Andererseits« vor. Alles hat zwei Seiten, die eine Seite produziert die andere, aber der zwingende Zusammenhang zwischen beiden bleibt ein Rätsel. Dieses »Einerseits-Andererseits«, dem die lebendige Bewegung des Widerspruchs und die Arbeit der Zuspitzung fehlen, ist für jede politische Seite verwendbar. Es ist ein Warenangebot von Mischprodukten, ein höchst attraktiver Stichwortkatalog, aus dem sich jeder holen kann, was er augenblicklich benötigt und was für seinen aktuellen Zustand als ausreichende Erklärung dienen kann.

Nehmen wir als Beispiel den Begriff Risikogesellschaft, der ein so umfangreiches Aufforderungsspektrum enthält, daß Beck ein Sammelwerk unter dem Titel »Politik in der Risikogesellschaft« zusammenstellen konnte – mit Beiträgen namhafter Autoren von Oskar Lafontaine über Joschka Fischer zu Claus Offe und Robert Jungk.[61] Viele alltagssprachliche Assoziationen stellen sich ein, wenn das Wort Risiko erwähnt wird. Jemand hat eine Risikolebensversicherung abgeschlossen, weil nicht genügend finanzielle Deckung für den Haus- oder Wohnungskauf vorzuweisen ist; die Bank verlangt eine solche Risikolebensversicherung für den Fall des Todes des betreffenden Kreditnehmers. Risiko ist der Einsatz mit ungewissem Ausgang; ein Wagnis, auch ein unternehmerisches Pokerspiel kann es sein, die Banken über die Solidität der eigenen Finanzen zu täuschen. Ein Pokerface in Kreditverhandlungen mit Banken scheint, wie zahlreiche hochkarätige Pleiten zeigen, eine große Bedeutung zu haben.

Im sechzehnten Jahrhundert wurde das Wort Risiko im Sinne von Wagnis aus dem italienischen *rischio* entlehnt. Laut etymologischem Lexikon ist die Herkunft dieses Wortes ungeklärt. Nun scheint es eine gewisse Plausibilität zu haben, daß die Menschen des ausgehenden zwanzigsten Jahrhunderts, denen in den reichen und fortgeschrittenen Ländern zunehmend die sozialen Sicherungssysteme genommen werden, im Konkurrenzkampf um Arbeitsplätze und in den sozialdarwinistischen Techniken des Überlebens zunehmend Lebensrisiken eingehen. Daß in Deutschland etwa drei Millionen Haushalte total überschuldet sind, so daß die Kreditgeber keinesfalls das Geld in vollem Umfang zurückbekommen werden, kann vielleicht auch als ein solches spielerisches Risiko verstanden werden. Wir leihen uns Geld, aber wir wissen nicht, ob wir es zurückzahlen können.

Mir ist klar, daß ich den Großentwurf »Risikogesellschaft« verkleinere, wenn ich ihn im Blick auf die Alltagsprobleme der Menschen sehe. Denn bei Beck und Giddens stehen viel existentiellere

Probleme der Menschheitsgeschichte zur Debatte als zum Beispiel die Überschuldung von Familienhaushalten. Aber es drängt sich doch die Frage auf: Wer trägt in dieser so strukturierten Gesellschaft wirkliche Risiken, und wer lebt in ihr völlig risikolos? Oder ist diese Frage für eine gereifte, das heißt ideologiefreie Soziologie der Zweiten Moderne völlig irrelevant? Welche Risiken tragen die wirklichen Reichen in dieser Gesellschaft, die Großaktionäre, die Topmanager, die Medienstars? Ist die sogenannte Risikogesellschaft vielleicht doch eine modifizierte Klassengesellschaft? Die Arbeiterin oder der Arbeiter im Bochumer Opel-Werk oder bei Conti in Hannover, die Überstunden machen und ihre Arbeitskraft bis zum äußersten anspannen, um ihren Arbeitsplatz zu erhalten, und die plötzlich erfahren, daß ihnen das alles wenig genützt hat – sind das nicht die eigentlichen Risikomenschen in dieser Gesellschaft?

Nun sagen Beck und Giddens, ein solcher Mensch hätte rechtzeitig Ausschau halten müssen, um für seine eigenen Lebensrisiken Sicherheiten und Schutzschichten zu schaffen, und er hätte das wohl auch getan, wäre ihm nicht die Entscheidungsfreiheit durch verläßliche Betreuungssysteme genommen worden. Als »unternehmerischer Mensch in einer Wissensgesellschaft«, wie die unter Beteiligung Becks forschende sächsisch-bayerische Zukunftskommission den neuen Menschentyp definiert, darf man sich nicht auf Sicherheitssysteme verlassen, sondern muß in langer Perspektive für sich selbst sorgen. Wer das unterläßt, mißbraucht den Freiheitsspielraum, den ihm gerade die Trennung von den abhängigen und ihn entmündigenden Sicherheitssystemen verschafft hat. So ausgedrückt – also die Position von Beck und Giddens erweitert auf den Erfahrungsalltag –, können kritische Zeitgenossen solche Zukunftskonzeptionen nur als zynischen Ausdruck bestehender Verhältnisse betrachten. Das ist gewiß von diesen Autoren nicht beabsichtigt. Aber Beck und Giddens müssen sich schon die Frage gefallen lassen, warum 36 Millionen Amerikaner, die nach offiziellen Statistiken unter der Armutsgrenze leben und zum Teil vegetieren, nicht wahrhaben wollen, welche Freiheitschancen ihnen die moderne Risikogesellschaft eröffnet. Oder sind etwa Beck und Giddens der Auffassung, daß sie an ihrem sozialen Schicksal ausschließlich selbst Schuld tragen?

Ich setze mich hier mit Soziologen höchster Kompetenz auseinander. Sie werden begreifen, daß in einer Bevölkerung von 80 Millionen

Menschen 10 bis 15 Prozent Arbeitslose ein sozialer Tatbestand sind, der von individuellen Motivationen und Freiheitsillusionen weitgehend unabhängig ist. 1000 Arbeitslose, ja eine Million in dieser Bevölkerung, das mag individuellen Konstellationen entspringen. Beck und Giddens sind keineswegs Scharlatane, die soziologische Symbole und Begriffe in die Welt setzen und sie für politische Interessen operabel machen. Manchmal hat es diesen Anschein, aber es ist eine unzulässige Verabsolutierung einzelner Merkmale ihres Denkansatzes. Deshalb muß man notwendig die Interessenkonstellationen verständlich machen, in die diese Ordnungssoziologie verwickelt ist, ohne daß den Autoren Absichten unterstellt werden sollen, den Mißbrauch bewußt in Kauf zu nehmen.

Die Risikogesellschaft ist eine Konstruktion, die allen Regeln klassischer Ideologie entspricht. Es entsteht der objektive Schein, als wären alle in gleicher Weise von den epochalen Gefährdungen der Modernisierungsprozesse betroffen. Es hat sich jedoch gezeigt, daß selbst die Katastrophe von Tschernobyl mit der fast universellen Ausbreitung von Strahlengefahren Brechungen an den alten Privilegien und Machtstrukturen erfahren hat. Die Umweltkatastrophen stellen keineswegs egalitäre Betroffenheitsverhältnisse her; Hilfsprogramme und Rettungsmöglichkeiten entscheiden sich danach, ob Bevölkerungen der reichen Nationen betroffen sind, wie bei den jüngsten Lawinenkatastrophen in den Alpen, oder ob Geröllmassen in Nicaragua, Kolumbien, Pakistan oder anderen Ländern Tausende von Wohnungen und Menschen unter sich begraben. Wie können kompetente Soziologen behaupten, daß angesichts der ökologischen Gefährdungen der Welt, die es unbestreitbar gibt, die alten Klassenstrukturen verschwinden oder irrelevant werden? Es hat doch nichts mit Modernisierungs- und Individualisierungsschüben zu tun, wenn ganze Kontinente vom Wirklichkeitszusammenhang der reichen Gesellschaften abgekoppelt werden.

Der Begriff der Risikogesellschaft scheint in der Öffentlichkeit deshalb so attraktiv zu sein, weil in der Tat mit hohen Einsätzen spekuliert wird; im Milieu der Shareholder-Einsätze ist das bestimmende Interesse ganz darauf gerichtet, daß ein Unternehmen die Dividenden erhöht. Häufig heißt das, daß Arbeitsplätze eingespart werden, aber das ist Resultat dieses Risikoeinsatzes, bei dem es leider auch immer Verlierer gibt. Das Medienspektakel »Wetten daß ...?«

gibt zweifellos dem soziologischen Begriff der Risikogesellschaft den Anstrich populistischer Glaubwürdigkeit. Wer dem Alltagsverstand der Menschen so nahe steht, kann sich wissenschaftlich nicht im Irrtum befinden.

Die Wortvariationen, die um die Risikogesellschaft kreisen und immer neue Tatbestände sichtbar machen, lassen auch ganz andere Definitionen von Gesellschaft zu. »Die Risikogesellschaft ist in diesem Sinne auch die Wissenschafts-, Medien- und Informationsgesellschaft.«[62] Die Reichweite dieses schillernden Begriffs ist so groß, daß man sich glücklich schätzen muß, zwei konstante, immer wieder auftretende Kernprobleme zu entdecken: Das eine bezeichnet die Universalität der Erzeugung von Gefährdungspotentialen, deren Auswirkungen Staatsgrenzen genauso durchdringen wie die Mauern der Häuser und Wohnungen. Diese Universalisierung der Gefährdungen läßt auch die Täter nicht ungeschoren, welche die naturwissenschaftlich-technische Risikoproduktion in die armen Länder zu externalisieren versuchen. Insofern ist seit dem Bombenabwurf auf Hiroshima und Nagasaki in der Tat eine neue Zeitrechnung gesetzt. Zum anderen versucht Beck die Universalisierungstendenzen der zivilisatorischen Gefährdungspotentiale dafür zu nutzen, daß alte Klassen- und Herrschaftsstrukturen für Reichtumsverteilung und Risikoproduktion angesichts der katastrophischen Ängste belanglos werden. So deutlich drückt er es nicht aus, aber es ist der Sinngehalt seiner Argumentation. Er benötigt eine solche Annahme von tiefgreifenden Egalisierungstendenzen in der Gesellschaft auch für seine Begründung der Individualisierungsschübe und für die Unumkehrbarkeit einer Enttraditionalisierung der Lebensorientierungen.

Die in seinen Schriften durchgehaltene Methode des »Einerseits-Andererseits« bewährt sich allerdings auch in diesen Zusammenhängen. Zuweilen leuchten handfeste kapitalistische Interessen in der Risikoproduktion auf: »Risiken sind hier nicht nur Risiken, sondern auch Marktchancen. Gerade mit der Entfaltung der Risikogesellschaft entfalten sich daher die Gegensätze zwischen denjenigen, die von den Risiken betroffen sind, und denjenigen, die von ihnen profitieren.«[63] Es bleibt im dunklen, ob nicht vielleicht doch in den objektiven Prozessen klar definierbare Kapitalstrategien stecken, die eine »unlebbar werdende Erde« oder eine »Politik der verbrannten Erde« erzeugen und die Profite aus dieser Ausbeutungsstrategie zum Teil noch einmal als Rücklagen verwenden, um die Folgen zu bekämpfen und dadurch Steuervorteile zu ergattern. Wenn Beck betont, daß die Gewißheiten der Sichtbarkeitskultur verlorengegangen sind, daß knochiger Hunger mit fetter Sattheit, Paläste mit Hütten, Prunk mit Fetzen konfrontiert sind und darin Diskrepanzen wahrgenommen werden können, während die Risikogesellschaft die Evidenzen des Greifbaren auflöst, so ist das überhaupt kein neuer Tatbestand. Die bürgerliche Warenproduktion erzeugt solche Selbstverschleierungsprozesse, bei denen die Ungleichheit in der Form des Äquivalententauschs erscheint. Das ist ja gerade Ideologie, die Verschränkung von Wahrem und Falschem, das Unsichtbarmachen des Unterschieds zwischen Gleichheit und Ungleichheit.

Wie man allerdings gerade in unserer Zeit, da die Logik von Kapital und Markt in immer weiter gefaßte Lebensbereiche eingedrungen ist und in den Interessenkonstellationen unverschleierter auftritt als je zuvor, von anonymen Prozessen der Risikoproduktion aufgrund naturwissenschaftlich-technischer Sachgesetzlichkeiten sprechen kann, ist eine immer wieder Erstaunen hervorrufende Erfahrung bei der Lektüre der Schriften von Beck und Giddens. Es heißt da: »Die Produktion von Risiken und ihre Verkennung hat also ihren ersten Grund in einer ›ökonomischen Einäugigkeit‹ der naturwissenschaftlich-technischen Rationalität. Deren Blick ist auf die Produktivitätsvorteile gerichtet. Sie ist damit zugleich mit einer systematisch bedingten Risikoblindheit geschlagen.«[64] Schon in Becks Buch über die Risikogesellschaft zeigt sich eine Beschränkung des Blicks, die praktisch alles verzehrt, was das Verhältnis von Kapital und Kultur, Kapital und staatlichen Einrichtungen, Kapital und sozialen Errungenschaften betrifft. Wer die innere Kraft der Kapitallogik ignoriert, wer Kapitalkonzentrationen und -zentralisationen, die auf Lähmung von Marktkonkurrenz und auf Besetzungsmacht von Marktvorteilen gehen, als bloße Nebenfolgen technisch-naturwissenschaftlicher Entwicklungen betrachtet und hier das eigentlich treibende Subjekt lokalisiert, dem wird die Gesellschaft allmählich zu einer Summe von subjektiven Motiven, Willensbekundungen, Einsichten, Wahrnehmungsblindheiten. Die Gesellschaft als ein konstituierter Zusammenhang handfester Interessen und Privilegienstrukturen verflüchtigt sich allmählich. So ist für Beck und Giddens auch gar nicht klar, daß die ganze Entwicklung der bürgerlichen Gesellschaft – der

Kampf der Arbeiterbewegung genauso wie die Bismarcksche Sozialgesetzgebung – versucht, den Wirkungen der Kapitallogik, die in nichts anderem besteht als einer fortwährenden Risikoproduktion, institutionelle und moralische Grenzen zu setzen. Auch die soziale Marktwirtschaft der Nachkriegszeit ist ein solcher Versuch, das Kapital und den Kapitalismus zu domestizieren, seine Beißhemmungen, die ihm eigentümlich sind, auf ein erträgliches Maß zu bringen.

Der Kampf um das Wohl und Wehe des Gemeinwesens läßt sich nicht von den Anstrengungen trennen, dem vereinzelten einzelnen durch staatlich sanktionierte Sozialgesetzgebung und garantierte Kollektivorganisationen nicht nur die unmittelbare materielle Not zu nehmen, sondern die Menschen auch von dem sozialdarwinistischen Konkurrenzkampf und der ihren Lebenszuschnitt verengenden Ängste zu befreien, welche am Ende auch die demokratischen Beteiligungsbedürfnisse ruinieren. Der Kampf um Kollektivrechte und die Erweiterung angstfreier Räume, die die Individuen davor schützen, in Gestalt allseitig verfügbarer, aber mit Freiheitsemblemen dekorierter Lebewesen als Trabanten um die Sonne des Kapitals zu kreisen, ist weder historisch noch systematisch voneinander zu trennen.

Das sehen Beck und Giddens offensichtlich ganz anders. In dem, was sie Zweite Moderne nennen, ist von den hier genannten Schutzschichten, die um das Kapital gelegt sind, um den unmittelbaren Zugriff der Profitlogik auf das Leben der Menschen zu vermeiden, kaum noch etwas aufzuspüren. Das wäre für eine Soziologie, die auf Tatsachenfeststellungen stolz ist, kein besonders erstaunlicher Tatbestand. Bemerkenswert ist jedoch, daß Beck und Giddens in der Auflösung der Barrieren, um die mehr als anderthalb Jahrhunderte lang gekämpft wurde, im Poröswerden von institutionellen Bindungen, des Nationalstaates ebenso wie der gewerkschaftlichen Interessenorganisationen, eine einzigartige Chance für den Freiheitsgewinn der Menschen sehen. Die Risikogesellschaft hat nicht nur zu einer Egalisierung der Lebenslagen geführt und zur endgültigen Überwindung von Klassen- und Machtstrukturen, sondern hat auch den Menschen Weltläufigkeit, Formen »dialogischer Demokratie« (Giddens), ja eine »grenzensprengende basisdemokratische Entwicklungsdynamik« (Beck) beschert. Die Menschen lösen sich aus ihren herkömmlichen Abhängigkeiten und beginnen jetzt, in einer »unternehmerischen Wissensgesellschaft« ihr Schicksal selbst in die Hand zu nehmen. Einer solchen Autonomisierung kommt entgegen, daß der staatsorientierte Politikbegriff sich zersetzt und politisches Handeln immer stärker in die Bürgergesellschaft einzieht.

»Bei institutioneller Stabilität und gleichbleibenden Zuständigkeiten wandert so die Gestaltungsmacht aus dem Bereich der Politik in den der Subpolitik. In den zeitgenössischen Diskussionen wird die andere Gesellschaft nicht mehr durch die parlamentarischen Debatten neuer Gesetze erwartet, sondern durch die Umsetzung von Mikroelektronik, Gentechnologie und Informationsmedien. An die Stelle politischer Utopien ist das Rätseln um Nebenfolgen getreten. Entsprechend sind die Utopien ins Negative umgeschlagen. Die Gestaltung der Zukunft findet versetzt und verschlüsselt nicht im Parlament, nicht in den politischen Parteien, sondern in den Forschungslabors und Vorstandsetagen statt. Alle anderen, auch die Zuständigsten und Informiertesten in Politik und Wissenschaft, leben mehr oder weniger von den Informationsbrocken, die von den Planungstischen technologischer Subpolitik fallen. Forschungslabors und Betriebsleitungen in den Zukunftsindustrien sind zu ›revolutionären Zellen‹ im Gewande der Normalität geworden. Hier werden in außerparlamentarischer Nichtopposition ohne Programm und in Hinblick auf die Fremdziele des Erkenntnisfortschritts und der ökonomischen Rentabilität die Strukturen einer neuen Gesellschaft umgesetzt. Die Situation droht ins Groteske umzuschlagen: die Nichtpolitik beginnt, die Führungsrolle der Politik zu übernehmen.«[65]

So wird Betriebswirtschaft, die sich der Forschungslabors bedient und den Gesetzen naturwissenschaftlich-technologischer Innovationen folgt, zur eigentlichen Keimzelle der neuen Gesellschaft. In dieser Subpolitik wird auch definiert, was der Ökonomie des Ganzen Hauses zugestanden werden darf und welche Mittel als Zukunftsreserven einbehalten werden müssen. Noch vor zehn Jahren hätten sich Konzernbosse eine solche Gesellschaftsutopie nicht im Traum vorzustellen gewagt; wo solide Sozialwissenschaftler jetzt darangehen, dieses Selbstideal des Unternehmers als weltgeschichtliches Rationalisierungsschicksal zu begründen, wird sich niemand aus den Etagen der wirtschaftlich Mächtigen beunruhigt und verunsichert zeigen.

Wenn wir in einer solchen Risikogesellschaft leben, dann hat eben jeder sein Risiko zu tragen. Der Arbeitslose muß sich um seinen Arbeitsplatz kümmern und darf sich nicht auf staatliche Unterstützungssysteme verlassen. Auch der Obdachlose wird nicht ganz schuldlos sein an der Lebenssituation, in der er sich befindet. Selbst ein hochbezahlter Manager muß schließlich, wie genügend Beispiele zeigen, mit Entlassung rechnen, wenn er erfolglos ist. Wer hohe Einsätze macht, riskiert große Verluste. Dieses gesellschaftliche Pokerspiel wird schließlich auch in den Medien gepflegt, und Millionen von Menschen können nachempfinden, was es mit den Risiken auf sich hat. Mittlerweile hat sich in Berlin sogar eine Schutzgemeinschaft verarmter Millionäre gebildet, denn auch Millionäre sind vor dem Absturz nicht sicher. Nur in einem einzigen, für die Zukunftsentwicklung allerdings keineswegs unwichtigen Punkt wird diese Universalisierung des Risikos in den fortgeschrittenen Industriegesellschaften boykottiert: Das Risiko, früh zu sterben, ist in unseren Breitengraden immer geringer geworden. Noch in der Mitte des letzten Jahrhunderts war das Risiko einer Frau, bei der Geburt eines Kindes zu sterben, unendlich viel höher als heute. In diesem, allerdings keineswegs unwichtigen Punkt versagt die Risikoszenerie nahezu vollständig.

Beck und Giddens verstehen sich als konsequente Aufklärer. Da es, wie Lévi-Strauss einmal treffend festgestellt hat, keinen Weg zurück vom Gekochten zum Rohen gibt, sind auch die Modernisierungsprozesse durch Rückkopplung an jene Traditionen, aus deren Vernichtung sie gerade ihre Kraft bezogen haben, unmöglich zu heilen und wiedergutzumachen. Beck und Giddens wollen vorangehen und die Kategorien des Industriezeitalters und selbstverständlich auch die der Prä-Moderne verlassen, weil die zeitgenössischen Gefährdungslagen und die Risikoproduktionen diese Begriffshorizonte sprengen. Sie möchten weder fortschrittsfeindlich erscheinen noch ihr Modernisierungskonzept opfern. Es ist ihr Wunsch, die beschleunigte Entwertung alles Vergangenen anzuhalten, es aber doch Gesichtspunkten der radikalisierten und selbstaufklärerischen Moderne zuzuordnen. Die Zweite Moderne ist der historische Inbegriff einer einzigartigen Reflexionschance. Der blinde Selbstlauf der Ersten Moderne, ihre Bewußtlosigkeit im Zerstören der eigenen Grundlage und in der Erzeugung fortwährend neuer Gifte, ist auf das Niveau einer in der Alltagswelt verankerten Selbstreflexion zu heben. Die »Dialektik der Aufklärung«, die ja die Selbstgefährdungen des Zivilisationsprozesses bis in die archaischen Ursprünge der modernen Rationalität und der Ich-Konstitution verfolgt, erscheint ihnen nicht radikal genug.

Es ist jedoch bemerkenswert, daß überall dort, wo die Reflexionsdimension dieser Zweiten Moderne näher zu bezeichnen wäre, alte Bilder, Einsichten, Denkweisen, Protestverhalten usw. auftauchen, ohne daß freilich die Ursprungsquelle der »neu verkleideten Vorschläge« benannt würde. »Die eigentliche revolutionäre Tat ist damit nicht die Tat, sondern die Bewußtmachung der verselbständigten Revolution der Gefahr, zu der der Industrialismus in seiner technologischen Selbstschöpfungsphase umgeschlagen ist. Nicht handeln, Umdenken! – lautet die Devise. Das Umstürzen der Denkverhältnisse wird zum Ziel einer Revolutionierung des Bewußtseins, die die verselbständigte Revolution der Tat einholt und zurückholt ... die Drosselung der verselbständigten Gefahr, das Zurückschrauben der Tat ins Vorstellbare, Steuerbare, Verantwortbare. Dafür allerdings müssen die Verhältnisse geändert werden. Diese Veränderung der Veränderung vollzieht sich nicht im Aufsteigen von der Klasse an sich zur Klasse für sich, vom Sein zum Bewußtsein, sondern genau umgekehrt. ... Die Umkehrung von Tat und Bewußtsein heißt auch: wenn Gefahren sozial anerkannt sind, setzt dies die Mühlen staatlicher Bürokratien in Gang. Man muß wohl angesichts dieser auf dem Kopf stehenden Verhältnisse von Revolution und Bewußtsein den alten Feuerbach-Satz von Marx noch einmal umdrehen: Die Gesellschaft wurde und wird bis zur Unkenntlichkeit verändert, es käme nun darauf an, sie neu zu interpretieren.«[66]

Von dieser Einsicht in eine notwendige Umkehrung von Tat und Denken muß man ausgehen, wenn man die Interpretation der modernen Welt, wie sie Giddens und Beck anbieten, bewerten will. Beck gibt hier übrigens einen alten Gedanken der Frankfurter Schule wieder, ohne die Originalquelle zu benennen. Adorno verstand das allerdings als eine durch die historische Situation bedingte Veränderung in den dialektischen Beziehungen zwischen Handeln und Denken. Er diskutiert die elfte Feuerbach-These von Marx im Zusammenhang mit den Veränderungen des gesellschaftlichen Gegenwartszustandes, der auch das Wahrheitsmoment der Ideologiekritik bestimmt. Schon 1955 hält Adorno fest: »... die traditionelle Forderung von Ideologiekritik unterliegt selbst einer historischen Dynamik. Sie war konzipiert gegen den Idealismus als die philosophische Form, in welcher die Fetischisierung der Kultur sich spiegelt. Heute aber ist die Bestimmung von Bewußtsein durch Sein zu einem Mittel geworden, alles nicht mit dem Dasein einverstandene Bewußtsein zu eskamotieren. ... Im bürgerlichen Zeitalter war die vorherrschende Theorie die Ideologie, die oppositionelle Praxis stand unmittelbar dagegen. Heute gibt es eigentlich kaum mehr Theorie, und die Ideologie tönt gleichsam aus dem Räderwerk der unausweichlichen Praxis. ... Seitdem jedes avancierte wirtschaftspolitische Gremium es für selbstverständlich hält, daß es darauf ankomme, die Welt zu verändern, und es für Allotria erachtet, sie zu interpretieren, fällt es schwer, die Thesen gegen Feuerbach schlicht zu unterstellen. Dialektik schließt auch das Verhältnis von Aktion und Kontemplation ein.«[67]

Wollen Beck und Giddens, wie Becks Einlassungen auf die Marxschen Feuerbach-Thesen nahelegen, im Rahmen dieser historischen Dialektik weiterdenken, dann müssen sie freilich das, was Interpretation und Theorie ist, viel weiter fassen und die Ortsbestimmung des begreifenden Bewußtseins viel reichhaltiger in die Tradition politischer Philosophie einbeziehen, als sie das tatsächlich tun. Adorno argumentiert aus dem Innern einer anspruchsvollen dialektischen Gesellschaftstheorie heraus, wenn er den Wahrheitsgehalt der elften Feuerbach-These bewahren will. Im Modernisierungskonzept von Beck und Giddens ist aber gerade eine möglichst geringe Distanz zu den regierungsamtlichen Modernisierungsstrategen angelegt, die sie ja auch gerne beraten. Sie interpretieren lediglich die ohnehin ablaufende Praxis, die nur einen Mangel hat, den sie bereitwillig abstellen: die Legitimation.

Reflexionszeit hat in der Tat eine von der Aktionszeit deutlich unterschiedene Struktur; das Brechen des Veränderungsmythos, worauf Beck und Giddens hinauswollen, ist im Ernst nur zustande zu bringen, wenn wir uns in den Kategorien, Begriffen und Denkweisen fürsorglich, ja geradezu pfleglich innerhalb der kollektiven Erinnerungszeit bewegen. So können Denkrenaissancen von höchster Aktualität sein; Ungleichzeitigkeit ist ein wesentliches Element produktiver Reflexion, die sich dann völlig ausleert, wenn nur noch in formalisierten Modernitätskategorien hantiert wird. Das schöne Bild von Walter Benjamin, das Ulrich Beck nicht unbekannt sein wird, in dem Benjamin dieses Anhalten der Zeit für den eigentlichen Fortschritt hält, könnte aus gegebenem Anlaß als Wahrzeichen der Zweiten Moderne gelten: »Marx sagt, die Revolutionen sind die

Lokomotiven der Weltgeschichte. Aber vielleicht ist dem gänzlich anders. Vielleicht sind die Revolutionen der Griff des in diesem Zuge reisenden Menschengeschlechts nach der Notbremse.«[68] Benjamin stellt eine Verbindung her zwischen dem quantitativen Leerlauf der Industriegesellschaft und dem Fortschrittsglauben an Veränderungen, auf den die traditionelle Arbeiterbewegung setzte. Nur hohes Theoriebewußtsein ist imstande, diesen Fortschrittsleerlauf in seinen analytischen Bestandteilen der Wiederholung des Gleichen kenntlich und überwindbar zu machen. Das Innehalten, die Abwehr der Beschleunigung, das Aufbrechen des Zeitkontinuums – das alles einschließlich der Vorstellung von einem dialektischen Bild, in der die Zeit für verdichtete Momente stillgelegt erscheint, macht eben jenes Reflexionsumfeld aus, in dem die Frankfurter Schule technischen Fortschritt, die Herrschafts- und Machtverhältnisse dieser kapitalistischen Gesellschaftsordnung zu begreifen versucht. Fortschritt in diesem dialektischen Sinne ist nicht mehr das Aufstoßen ganz neuer Tore, sondern die bewußte Bearbeitung der liegengebliebenen Probleme des Vergangenen.

Worin besteht jetzt diese Neuinterpretation der Welt, die den bloßen Kreislauf von Giften und Gegengiften unterbricht und der bewußtlosen Veränderung und Beschädigung der Welt ein Interpretationsgefüge als Spiegelbild besserer Möglichkeiten entgegenhalten kann? Was sind die Grundlinien der von Beck 1986 angekündigten »empirisch orientierten, projektiven Gesellschaftstheorie«? Das klingt noch so, als würde Beck anknüpfen an die Tradition sozialwissenschaftlicher Kritik, um ihr Gegenwartsgehalte zu verschaffen. Heute sieht das schon ganz anders aus. »In den achtziger Jahren haben die Theoretiker der Postmoderne alle Großen Erzählungen – ›Grands Récits‹ (Lyotard) – verabschiedet. Am Ende der neunziger Jahre kreisen die Debatten um jenes plötzlich irgendwie unvermeidbar gewordene neue Rätsel- und Drohwort ›Globalisierung‹, und es stellt sich die Frage: handelt es sich dabei um politische Rhetorik oder um den noch verpuppten Anfangsgedanken einer Neuen Großen Erzählung vom Transnationalen?!«[69]

Es ist keine Alternative, die Beck hier als Frage formuliert: Die Große Erzählung vom Transnationalen, die in aller Munde ist, zehrt von der politischen Rhetorik, die ganz Neues verspricht. Diese politische Rhetorik variiert in schier grenzenlosen Umkleidungen die

Themenkomplexe Individuum und Weltgesellschaft, jedoch mit eindeutiger Akzentuierung auf der Prozeßseite. Zwischen den Symbolpolen »Individualisierung« und »Globalisierung« liegt das weite Feld des spannungsreichen und verschachtelten gesellschaftlichen Wandels, der Atmosphäre und Einzelkausalitäten der Risikogesellschaft bestimmt. Die neuen Ortsbestimmungen der Soziologie bei diesen Turbulenzen und Verwerfungen, die keinen Stein auf dem anderen lassen, folgen einem Grobraster von Koordinaten, die zwei Frontstellungen zu Fixpunkten haben: Beck und Giddens wollen unter keinen Umständen in ihrem Verständnis von Globalisierung und Individualisierung den neoliberalen Praktiken der Markt- und Kapitalideologie ein gutes Gewissen verschaffen; denn in diesem neoliberalen Praxiszusammenhang könnten sie ja nur die Fortsetzung dessen erkennen, was der Industrialismus der Ersten Moderne an blinden Risikoproduktionen vorzuweisen hat. In der Sache sind sie diesen neoliberalen Positionen häufig aber so nahe, daß sie immer wieder verblüfft sind, wenn ihre Forschungen räuberischen Praktiken der Neoliberalen als nützliche Legitimationsformeln dienen. Sie versuchen Distanz zu wahren, aber ihre Begriffe führen mittlerweile ein Eigendasein.

Die zweite Frontstellung hat bessere Aussichten auf Erfolg. Die Selbstliquidation der eigenen Herkunftsgedanken aus dem linken Spektrum der Arbeiterbewegung und der breiten Theorietradition des westlichen Marxismus hat in der Öffentlichkeit nicht zuletzt deshalb größere Chancen der Anerkennung, weil das gegenwärtig noch sich rührende magere Oppositionspotential (in Form sozialer Utopien, gewerkschaftlicher Gegenmacht, sozialistischer Gemeinwesenvorstellungen usw.) vom Zeitgeist, der endgültig in eine andere Richtung zu gehen scheint, lediglich mitleidig mitgeschleppt wird. Daß Giddens und Beck diesen Traditionen zu nahestehen würden oder ihnen nach wie vor verhaftet wären, ist ein Vorwurf, den sie wohl noch nie gehört haben. Er hätte auch keinen Grund.

So sind sie gezwungen, in einer neuen Mitte zu rudern; theoretisch übrigens genauso wie in ihren praktischen Alternativvorstellungen, bei denen die sonst so hoffnungsfrohen Chancentheoretiker sich genötigt fühlen, weitgehend auf Erfahrungen der Vergangenheit zurückzugreifen. Nahezu alle konkreten, das heißt sinnlich faßbaren Begriffe der sogenannten »Subpolitiken«, die das alte politische

Machtgeschehen unterlaufen oder sogar ersetzen, entspringen den Erfahrungszusammenhängen der Außerparlamentarischen Opposition der westlichen Länder aus der Zeit der Civil-Rights-Bewegung, der Demonstrationen gegen den Vietnamkrieg, der Protestbewegungen der Studenten und Jugendlichen, der Bürgerinitiativen der siebziger Jahre. Ist reflexive Moderne, welche die erste, am Sozial- und Nationalstaat haftende Moderne des Industrialismus beerben soll, in den Strukturen der kommunikativen Vernunft dieser Oppositionsbewegung praktisch vorgebildet? Wenn das von Giddens und Beck ernst genommen werden sollte, worin besteht dann hier eine kampffähige politische Mitte, oder wer kann sich auf diesen von ihnen neuerdings gepriesenen Dritten Weg in hoffnungsfroher Gewißheit begeben, um Fanalen zu folgen, die sich nicht plötzlich wieder als Irrlichter erweisen?

Detektivische Arbeit, die in der von Beck und Giddens begonnenen »Großen Erzählung des Transnationalen« nichtbeachtete Tatsachen, vernachlässigte Statistiken, Lücken und Löcher zu katalogisieren versucht, würde vergeblich sein. Sie raffen alles auf und streuen ihr Wissen breit, so daß die Waffe der bestimmten Kritik stumpf wird. Die Frage richtet sich demzufolge deutlicher auf den Zusammenhang ihrer zentralen Aussagen, auf die Tragweite ihrer Theorieansätze, die ja eine umfassende Zeitdiagnose beanspruchen und nicht die bloße Zusammenstellung von Einzeltatbeständen, vergleichbar dem Mischangebot in einem Supermarkt, das sich kundenfreundlich präsentiert und beliebigen Interessen verfügbar ist. Das Problem, ob hier von ehemaligen Linken mit raffinierter Flexibilität im Denken, kraftvoller Alltagssprache und hoher publizistischer Wirksamkeit neoliberales Gedankengut so in weltgesellschaftliche Begriffe eingekleidet wird, daß sie selbst noch ins Bild sozialdemokratischer Alternativen passen – dieses Problem haben nicht nur die Kritiker dieser Ideologie der Zweiten Moderne, sondern offenbar Giddens und Beck selbst.

Die Kritik muß deshalb von der Conditio humana, von der Analyse und Bewertung der existentiellen Situation der Menschen ausgehen, die von den Modernisierungsprozessen, gleich auf welcher Stufe, in ihren Lebensmöglichkeiten und in ihren menschlichen Nöten betroffen sind. Den Menschen Freiheitsräume einzureden, die sie nicht haben, ist ein altes ideologisches Erbteil aller Wirtschaftsliberalen, gegen die übrigens die liberalen Anhänger der Grund- und Menschenrechte immer rebelliert haben. Beck wehrt sich gegen Mißverständnisse: »Individualisierung wird sehr stark von den Neoliberalen beansprucht, während mein Begriff von Individualisierung ein ganz anderer ist. Ich glaube sogar, daß dieses unausgesprochene Mißverständnis den Konsens in der Zukunftskommission der Freistaaten Bayern und Sachsen, an der ich mitgewirkt habe, gesichert hat. Während ich von Individualisierung immer als sozialstaatlich abgesichertem Programm sprach, haben die wirtschaftswissenschaftlichen Kollegen, auch Meinhard Miegel, Individualisierung als neoliberales Programm interpretiert oder als absolute Auflösung verstanden. ... es gibt zwischen dem Neoliberalismus und dem Konzept, wie ich es verfolge, die Gemeinsamkeit, die in der Bedeutung des Individuums liegt. Aber der große Gegensatz besteht darin, daß Individualisierung, wie ich sie sehe, Staat voraussetzt, einen starken Staat: je mehr Staat, desto mehr Individualisierung! Und gerade nicht die Auf- und Ablösung des Staates durch den Markt – eine völlig absurde Idee.«[70]

Wenn Staat hier keine bloße Metapher für das ganz andere des Individuums ist, sondern in der Bedeutung des konstituierten gesellschaftlichen Zusammenhangs verstanden wird, dann ist diese Bindung von Individualitätsentwicklung an einen starken Staat doch einigermaßen merkwürdig. Nichts ist für Giddens und Beck so sicher wie der Tatbestand, daß der Sozialstaat, aber auch der Steuerstaat zunehmend an Gewicht für das Geschehen in der Gesellschaft verlieren. Postnationale Konstellationen sind unrevidierbare Gegebenheiten nicht nur für Habermas, sondern auch für Giddens und Beck. Staat ist gleichbedeutend mit Nationalstaat; der ist wiederum die historische Substanz für Sozial- und Steuerstaat. Von deren Erosion wird das Globalisierungsgeschehen entscheidend mitgeprägt, und das alles soll die Existenzbedingungen des Individuums unberührt lassen? Meinen Beck und Giddens, daß nur ein starker Staat in beiden wichtigen Funktionen – der Angstreduzierung durch sozialstaatliche Sicherungen und den Zugriffsmöglichkeiten der Steuergesetze auf die Reichen und Mächtigen – die Menschen davor sichern kann, daß sie den Marktgesetzen nur noch als allseitig verfügbare Lebewesen schutzlos ausgeliefert sind, dann müßten sie meines Erachtens einen ganz anderen Zugang zu einer modernen Kapitalismuskritik suchen. Das wäre Systemkritik, keine Kritik an den bloßen Auswirkungen. Die Logik des Kapitals und des Marktes erfährt in ihrer Analyse jedoch schonende Behandlung, und eine solche Systemkritik ist unmöglich, wenn sie nicht getragen und geleitet ist von der Idee eines alternativen Gemeinwesens.

In öffentlichen Gesprächen wehrt sich Beck entschieden dagegen, für die Interessen der Unternehmer verrechnet zu werden. Aber er müßte sich doch selbst die Frage stellen, ob nicht gerade seine Individualisierungsbeschwörung, die immer wieder die unternehmerischen Freiheitschancen in den Vordergrund rückt und die Fragmentierungsnot der Menschen unterschlägt, der sozialdarwinistischen Ideologie von heute so nahe ist, daß von Mißverständnis und Mißbrauch häufig gar nicht geredet werden kann. Beck sieht dieses Problem durchaus, aber ihm ist offenbar nicht bewußt, daß es an den mangelnden Grenzbestimmungen seines Theorieansatzes liegt und nicht am guten Verständigungswillen der anderen, wenn die hartgesottensten Interessenten der neoliberalen Ideologie – im Innern unserer Gesellschaftsordnung genauso wie im Weltmaßstab – die von ihm, Giddens und anderen gelieferten Stichwortbegründungslinien begierig aufsaugen. Das gilt für die Schrumpfform der soziologischen Einheit »Individuum« in nicht geringerem Maße als für die Abstraktionsebene Weltgesellschaft. Die »lebbaren Einheiten«, in denen Nähe und Distanz ein ausgewogenes Maßverhältnis haben und die Vergesellschaftungsprozesse besonders sorgsamer Arbeit bedürfen, werden in dieser Zwischenwelt zerrieben.

Wie immer die Weltzwangsgesellschaft, die ich so bezeichne, weil sich nichts nach Prinzipien der Freiheit zusammenschließt, durch Globalisierung der Kapitalströme, durch mediale Herstellung von Gleichzeitigkeit und durch Touristenbewegungen Veränderungen erfahren haben mag: Für die Alltagssituation der Menschen bedeutet diese Weltläufigkeit wenig, wenn sie sich nicht gleichzeitig verwurzelt, in den Näheverhältnissen aufgehoben fühlen. Ein gewisses Maß der Angstfreiheit ist immer verknüpft mit dem Vertrauen auf die Hilfe des sozialen Sicherungsnetzes im Notfall. Wer also heute von Individualisierungsschüben spricht, muß gleichzeitig mit besonderer Vorsicht die wesentlich auch gewerkschaftlich erkämpften sozialen Errungenschaften betrachten, die sich nicht als Randprobleme behandeln lassen. Sie sind vielmehr fundamentale Bestandteile demokratischer Selbstbestimmung und der Gerechtigkeitsbalance in den westlichen Gesellschaftsordnungen der Nachkriegszeit.

Für Beck und Giddens ist die auf Selbstvorsorge der Individuen zielende Umgestaltung des Sozialstaates, nachdem sich das Kapital immer stärker von lebendiger Arbeitskraft abgekoppelt hat, ein wesentlicher Punkt der gesellschaftlichen Modernisierung. Aber sie begeben sich in eine prekäre Frontstellung: Ihr Bild von einem kreativen, lebendigen, kämpferischen Menschen, der unternehmerisch tätig ist, sein Leben plant und Marktchancen risikohaft abschätzt, stößt auf die sozialstaatlichen Sicherheitsverbürgungen. Schon in der Nachkriegszeit hat Schelsky dagegen gewettert, daß das ganze sozialstaatliche Brimborium dem Menschen die Eigeninitiative nimmt, aus einem freien den betreuten und abhängigen Menschen macht. Etwas von dieser wirtschaftsliberalen Vorstellung vom Menschen steckt auch in der Idee einer »unternehmerischen Wissensgesellschaft«, wie sie die sächsisch-bayerische Zukunftskommission projektiert. So kann Beck auch im Gespräch mit Hans-Olaf Henkel, einem der großen Zyniker unter den neoliberalen Unternehmervertretern, Gemeinsames feststellen. Henkel sagt: »Wir hören immer nur von Mitbestimmung. Wie wäre es mit mehr Selbstbestimmung? Wie wär's mit mehr Subsidiarität im Tarifbereich? Deshalb ja mein Petitum, daß zum Beispiel die Flächentarife, gegen die ich gar nichts habe, angereichert werden durch die Chance, auf betrieblicher Basis verhandeln zu können.« Beck entgegnet: »In vielem stimme ich Ihnen gerne zu. Die größere Bedeutung der Selbstbestimmung, die größere Rolle der Eigeninitiative, das Unternehmerische, das Schöpferische sind bei uns sehr viel stärker zu akzentuieren.«[71]

Es klingt sehr ähnlich, was Beck und Henkel sagen; sie meinen auch Ähnliches. Aber dem kenntnisreichen Soziologen müßte doch sofort in den Sinn kommen, daß Selbstbestimmung, Eigeninitiative, überhaupt alles Unternehmerische, wodurch Kreativität definiert wird, Phrasen aus dem Arsenal der gegenwärtigen neoliberalen Ideologie sind, die gar nichts mit dem zu tun haben, was in der europäischen Kultur unter Autonomie, also unter kritischer Urteilsfähigkeit und existentieller Selbständigkeit, bisher verstanden wurde. Kann Beck denn im Ernst angeben, was die autonome, schöpferische, unternehmerische Eigeninitiative eines Arbeiters bei VW oder bei Daimler-Chrysler oder auf dem Bau bedeutet? Was ist deren Bewegungsspielraum, und sie haben doch ohnehin noch viel Glück? Die Angst, den sowieso nicht recht befriedigenden Job zu verlieren, fortwährend erhöhten Zahlungsbescheiden nachzukommen, wenn Krankheit ein Familienmitglied außer Gefecht setzt, schlecht oder unbezahlte Zuarbeit leisten zu müssen – das sind keine guten Grundlagen für Autonomie.

Beck ist stolz darauf, sich in Kneipen aufzuhalten, um als Soziologe den Lebensverhältnissen der Menschen hautnah zu sein. Diese Forscherhaltung ist ehrenwert. Aber die Hautnähe bestimmter Formeln, Begriffe, Einschätzungen, die seinem Denken die atmosphärische Neuartigkeit verleihen sollen, ist meist nur schwer erkennbar. In demselben Interview mit Hans-Olaf Henkel beschreibt er eine Gesellschaft, die zerrissen ist und die einen großen Teil der Bevölkerung durch die neoliberale Roßkur, wie er sie nennt, in totale Abhängigkeit und Not stürzt. »Vielleicht laufen wir dann auf eine andere Gesellschaft zu, in der es einem Drittel der Bevölkerung wirklich gut geht, in der ein Drittel sehr stark in Unsicherheiten befangen ist und zwischen Arbeitsmöglichkeiten und Beschäftigungsmöglichkeiten wechseln muß und in der ein Drittel aus der Gesellschaft herausrutscht.« Das ist gemeint als Projektion einer künftigen Gesellschaft, die im programmatischen Sinn weder Henkel noch Beck wollen. Aber auch die Beschreibung der gegenwärtigen deutet darauf hin, daß die Herauslösung der Menschen aus den Sozialsystemen ihrer Produktivität und der Entfaltung ihrer kreativen, unternehmerischen Phantasie kaum zugute kommt. »Wir haben ... eine Dynamisierung von Armut und Arbeitslosigkeit in dem Sinne, daß immer mehr Menschen vorübergehend arm und arbeitslos werden. Die gesellschaftliche Mitte erodiert. Der eindrucksvollste Indikator für die Zunahme der Armut ist die Vervielfachung der Kinderarmut. 1980 wuchsen in Deutschland 3,2 Prozent der Kinder unter sieben Jahren in Haushalten auf, deren Einkommen unter der Armutsgrenze liegt. 1992 sind es bereits 11 Prozent! Im gelobten England fast 30 Prozent! Jedes sechste Kind gilt in der reichen Bundesrepublik als statistisch arm. Kein Wunder, daß die Geburtenzahlen zurückgehen. Über diese im doppelten Sinne ›Kinderarmut‹ in Deutschland und Europa kann man ins Grübeln geraten.«[72] Ja, das ist richtig. Warum zieht Beck aus diesen Tatbeständen keine Konsequenzen für seine Gesamtanalyse?

Aber man kann noch über viele andere Dinge ins Grübeln geraten. Wenn das die Gesellschaft ist, die Ulrich Beck in einem weitgehend positiv bewerteten Sinne als Risikogesellschaft bezeichnet, mit ihren gewaltigen Chancen einer zweiten Modernisierung, dann frage ich mich, wo eigentlich die substantiellen Unterschiede zu der im analytischen Bezugsrahmen so verächtlich behandelten Klassengesellschaft bestehen? Sie hat es immer mit Privilegienstrukturen, mit Verfügung über Arbeit und Arbeitslosigkeit zu tun gehabt, und sie hatte nie das Gefüge von Macht und Herrschaft ausgeklammert, das die kollektiven Lebenschancen der Menschen definiert.

Die Schriften Becks und Giddens' gehen in eine andere Richtung als das, was solche Interviews verkünden. Es ist kaum anzunehmen, daß Beck nicht wüßte, wie zentral der Tatbestand, daß jedes sechste Kind in der reichen Bundesrepublik als statistisch arm gilt, die Struktur einer Gesellschaft betrifft und nicht bloß die Verhaltensweisen einzelner Individuen in ihrer Summierung. Wenn das aber so sein sollte, dann ist der Gegenstand von soziologischen Analysen primär das gesellschaftliche Machtzentrum, aus dem heraus öffentlich wirksam definiert wird, was lebenswert ist in dieser Gesellschaft und was ausgegrenzt werden kann und ausgegrenzt werden soll. So weit entfernt, wie Giddens und Beck tun, um sich vielleicht wie Fische im Wasser der intellektuellen Zeitströme bewegen zu können, wäre dann die Gesellschaftsanalyse (jedenfalls in ihren verschwiegen normativen Aspekten) von undogmatischen Positionen des westlichen Marxismus nicht.

Um öffentlich wirksam sein zu können, sind Beck und Giddens offenbar entschlossen, ihre Sprache und ihre politischen Perspektiven von der Tradition der Arbeiterbewegung und der kritischen Gesellschaftstheorie völlig zu reinigen. Historische Begriffe sind aber nicht einfach nach Maximen sprachanalytischer Entmythologisierung zu neutralisieren. Massenarmut von Kindern? Arbeitslosigkeit von Millionen von Menschen? Überschuldung von mehr als 3 Millionen Privathaushalten in Deutschland? Sind das etwa linguistische Definitionsprobleme? Ist das alles Ausdruck von Lebensrisiken, die einzelne eingehen, oder sind das vielleicht doch ganz traditionelle Strukturprobleme einer Gesellschaft, in der es Privilegien, Macht- und Herrschaftsverhältnisse gibt? Wieviel wirkliche Freiheit in der Lebensgestaltung haben die gut 5 Millionen Arbeitslosen in Deutschland, die über 20 Millionen in Europa? Wenn jedes sechste Kind, und es sind inzwischen schon mehr geworden, unter Sozialhilfebedingungen lebt, über wieviel Freiheit und Initiative, über wieviel Lebensspielraum verfügen die Eltern dieser Kinder? Oder noch genauer, weil realistischer nachgefragt: die alleinerziehenden Elternteile dieser Kinder? Vielleicht wäre es besser gewesen, Ulrich Beck hätte sich mehr in Kinderläden und Kindergärten aufgehalten als in Kneipen, wo doch, in angeregter Bier- und Weinstimmung, der Geist der Selbstillusionierung im Abschreiten der Freiheitsräume häufig die Stimmungslage bestimmt. Es wäre jedoch verfehlt, Beck eine Unkenntnis der gegenwärtigen Situation vorzuwerfen: »Die großen Unternehmen werden zu virtuellen Steuerzahlern! Siemens und BMW zahlen in Deutschland fast keine Körperschaftssteuern mehr. Das kann nicht gutgehen: Arbeitsplätze exportieren und keine Steuern zahlen. Wie will man da den Leuten klarmachen, daß ihre Sozialleistungen, die Gehälter, Renten zusammengestrichen werden müssen?«[73] Die Einkommen aus Kapital sind um fast 60 Prozent gewachsen, aber das Kapital zahlt fast nichts mehr ins Gemeinwesen ein. Was ist das für ein gesellschaftlicher Zustand! Provoziert das Fragestellungen jenseits von rechts und links, oder sind wir nicht vielmehr aufgefordert, das, was links ist, in Fortsetzung des wirklichen Widerstandes der Arbeiterbewegung und der Bürgerinitiativen viel entschiedener öffentlich zu artikulieren, im dezidierten Sinne einer neuen und höchst aktuellen Kapitalismuskritik?

Wenn eine solche antikapitalistische Strategie nicht erkennbar ist, werden alle Modernisierungsvorschläge, sie mögen der Ersten oder der Zweiten Moderne zugerechnet werden, dem Kapitalismus als einem geschichtlichen Ende von Gesellschaftsordnungen zu Buche schlagen. Die Logik von Kapital und Markt definiert gegenwärtig die politische Philosophie des Gemeinwesens; diesen betrügerischen Irrtum zu überwinden bedeutet, an Traditionsbestände der Arbeiterbewegung und des demokratischen Sozialstaates positiv anzuknüpfen, ohne sich in eine bloße Verteidigung des Vergangenen drängen zu lassen.

Bleiben die Macht- und Herrschaftsstrukturen unverändert, dann schlüpft der Gegenwartsmensch unversehens, stellt er sich sein Selbstideal vor, in die Rolle und den Figurenzuschnitt des Unternehmers. Immer wieder kommt es zu Charakterbeschreibungen, die einen Menschentyp auszeichnen, der Risiken eingeht, mit hohen Einsätzen spekuliert, betriebsam Chancen wahrnimmt und Vorteile ergattert und der sich nur auf die Sicherheitssysteme verläßt, die er selbst produziert hat. Aber für Beck ist nun auch klar, daß die herkömmlichen Einzahlungen in diese Sicherheitssysteme, und das gilt keineswegs nur für die Rentenvorsorge, an die Produktivität lebendigen Arbeitsvermögens geknüpft sind. Wenn dieses immer weniger für die eigentliche Reichtumsproduktion verwendbar ist, dann entsteht in den ökonomisch fortgeschrittenen Ländern eine ganz neue Situation notwendiger gesamtgesellschaftlicher Veränderungen im System ausgleichender Gerechtigkeit, deren Balance zur Zeit aufs schwerste gestört ist.

Da das kapitalistische Wirtschaftssystem für Beck und Giddens den Status unabänderlicher Naturtatbestände hat, sind die Beziehungen zwischen Individuum und Gesellschaft, die sich unter diesen Bedingungen völlig verzerren, nur durch subjektive Anstrengungen des einzelnen wieder in ein bearbeitungsfähiges und erträgliches Spannungsgefüge einzubringen. Die Gesellschaftsutopie hat sich ins Individuum verkrochen; alle Trennungen vom gesamtgesellschaftlichen Ganzen soll der total überforderte einzelne als kreative Chance der Neugestaltung objektiver Verhältnisse verstehen. Die »Subpolitik«, die einst als radikaler Angriff auf das versteinerte System organisierter Verantwortungslosigkeit und räuberischer Enteignungen der menschlichen Kultur verstanden wurde, bewegt sich jetzt in einer gleichsam abgekoppelten Sphäre moralischer Imperative und aussichtsreicher Lebensplanung, inmitten der fortexistierenden Macht- und Herrschaftsverhältnisse eines imperial sich ausdehnenden Kapitalismus.

Neben der brutalen Härte eines Systems, in dem der sozialdarwinistische Überlebenskampf auch die öffentliche Sprache ins Zynische wendet, bauen Giddens und Beck das »Reich der Freiheit« von »Gemeinwohlunternehmern« auf. Wäre dieser Begriff dem des normalen Unternehmers nicht zu nahe, könnte man durchaus von einer Alternative reden. Aber Beck diskutiert das Problem neuer Beziehungen zwischen Egoismus und Altruismus so, als könnte man es in einem machtneutralen Raum lösen. »1994 war fast ein Drittel der westdeutschen Bevölkerung – das sind rund 16 Millionen Menschen – ehrenamtlich engagiert. 1985 waren es 5 Prozent weniger«, sagt Beck.[74]

Das mag in der Tendenz richtig sein, auch wenn mir die Zahl viel zu hoch gegriffen scheint, aber es findet bei ihm keine Erklärung. Die Ausweitung ehrenamtlicher Tätigkeiten könnte ja darin begründet sein, daß die gesellschaftlichen Bedürfnisse der Menschen (der Mensch ist dem Menschen ein Bedürfnis, stellte Marx fest) in der entfremdeten Atmosphäre des Konkurrenzkampfes unerfüllt bleiben, so daß Auswege und Überlebensstrategien gesucht werden. Erstaunlich ist nicht, daß es so etwas gibt; in Kriegsnot und Nachkriegszeiten sind die Menschen sehr erfinderisch, um das Lebensnotwendige aus dem Kargen für sich zu organisieren. Das Erstaunliche ist, daß der Soziologe Beck eine völlige Vereinbarkeit solcher vielfältigen Tätigkeiten mit den Machtstrukturen von Kapital und Markt annimmt und die Menschen auffordert, sich als Gemeinwohlunternehmer im Milieu der wirklichen Unternehmer zu betätigen und die zerrissene Gesellschaft auf diese Weise wieder zu einem Ganzen zusammenzufügen.

»Bürgerarbeit« wird zur menschlichen Alternative normaler Erwerbsarbeit, obwohl allein diese bezahlt und anerkannt ist. »So könnte Bürgerarbeit auch attraktiv werden für Berufstätige – sei es im Sinne eines Sabbaticals, sei es in Formen von Kombination von Erwerbs- und Bürgerarbeit. An die Stelle des Monopols der Erwerbsarbeit träte eine plurale Tätigkeitsgesellschaft, in der im Grenzfall alle (in verschiedenen lebenszeitlichen Rhythmen) zwischen Erwerbsarbeit, Familienarbeit, Bürgerarbeit wechseln.«[75] Das ist eine ausgezeichnete Idee, sagen die Unternehmer, indem die Menschen sich den Rhythmen der kapitalistischen Produktion anpassen, müssen sie ihre traditionellen Vorstellungen von lebenslangen Arbeitsbiographien, intakten Familienbeziehungen, die auch Ruhezeiten benötigen, aufgeben. Im übrigen sollen sie ruhig, wenn sie das als gemeinschaftsbildende Notwendigkeit betrachten, ehrenamtlich tätig sein, so wie ohnehin die Frauen in der Familienerziehung und Bildung der Kinder dem Kapital gesunde und kräftige Arbeitskräfte umsonst zuzuliefern gewohnt sind. Ich ironisiere gewiß unzulässigerweise das Pathos von Beck, denn er ist durchaus der Meinung, daß ehrenamtliche Tätigkeit bezahlt werden muß. Nur ist die Frage, woher die Gesellschaft Geld nimmt, wenn große Unternehmen mittlerweile stolz darauf sind, an den nationalen Sozialstaat keine Steuern mehr entrichten zu müssen, diese aber deshalb keineswegs der Weltgesellschaft zugute kommen lassen wollen.

Die Lösung, die Beck vorschlägt, klingt überzeugend, verschleiert aber alle Strukturprobleme dieser Gesellschaft. »Aus meiner Sicht steht fest: Wer den Wohlfahrtsstaat retten will, muß ihn verändern. Die Frage ist bloß, wie? Man kann die Last nicht auf die Familien abschieben, schon deswegen nicht, weil sie sich selbst in einem dramatischen Wandel befinden. Die Konsequenz heißt: Der Schlüssel zu einer neuen Qualität von Wohlfahrt muß eben aus einem dritten Bereich kommen – dem gesellschaftlich aufgewerteten und in neue Rollen gefaßten freiwilligen Sektor. Es sind Erprobungsformen kooperativen Bürgersinns nötig, die herausfinden, wie man Individualität und Sozialsinn neu aufeinander abstimmen und die Kluft zwischen Familie und dem Staat überbrücken kann. Die Frage bleibt: Wie organisiert man Spontaneität? Alle rufen nach Kreativität, Innovation und Selbstverantwortlichkeit. Aber niemand weiß, wie diese neuen, großen, zunächst auch leeren Worte umzusetzen sind. Eine Schlüsselidee des Modells Bürgerarbeit ist es, das Unternehmerische mit der Arbeit für das Gemeinwohl zu verbinden: Der Gemeinwohlunternehmer. Nur um die Hochzeit der Gegensätze zu kennzeichnen (nicht um einzuschüchtern) könnte man, der Sozialfigur nach, von einer Verbindung zwischen Mutter Teresa und Bill Gates sprechen.«[76]

Will hier Beck vielleicht doch eine Form des dialektischen Umschlags andeuten? Die Ironie der Geschichte, das hatten Hegel und Marx gleichermaßen behauptet, besteht darin, alles auf den Kopf zu stellen; die eigentlich lebendige Bewegung liegt nicht in der Mitte und schon gar nicht im ausgleichenden Mittleren, sondern wesentlich in der Kraft der Extreme, die umschlagen. Bill Gates trägt in sich geheime Charaktereigenschaften der Mutter Teresa, die unter bestimmten gesamtgesellschaftlichen Konstellationen umschlagen und öffentlich werden. Er verschenkt sein gewaltiges Vermögen. Mutter Teresa umgekehrt verfügt über ein riesiges Humankapital, das sie in dem Augenblick, in dem sie begreift, daß sie eigentlich Gemeinwohlunternehmerin ist, in wirtschaftliche Innovationen umsetzen kann, aber so, daß die karitative Seite den ökonomischen Egoismus besiegt. Bill Gates ist zum Mönch geworden, der allerdings im Besitz des reichsten Klosters der Welt ist: Microsoft. Mutter Teresa, hochgebildet, wie sie immer war, hat begriffen, was die reflexive Moderne ist, und den Entschluß gefaßt, das für sie verfügbare Humankapital in die Veränderung des Kapitalismus zu investieren.

Gewiß, ich ironisiere, aber ist diese Zuspitzung falsch? Wenn es eine Utopie für den gegenwärtigen Regierungswechsel in Europa geben sollte, dann wäre sie im Etikett »Neu« verschlüsselt, das auf alles Veränderungswürdige geklebt ist: New Labour, neue Mitte. Giddens und Beck stellen den auf diesem Zukunftsweg marschierenden Pragmatikern die handhabbaren Begriffe und Legitimationsformeln zur Verfügung. Die Schwerkraft der bestehenden Macht- und Herrschaftsverhältnisse, die unter keinen Umständen angetastet werden sollen, drückt allerdings im pragmatischen Alltag der Regierungsgeschäfte auf die kleinsten Gesetzesvorhaben und zerbröckelt fast jeden Schritt, der über das Bestehende hinausweist. Während die einen sich furchtbar anstrengen müssen, im Sinne der erwachenden und reif gewordenen unternehmerischen Wissensgesellschaft nicht ihre letzte Habe zu verlieren, um am Ende vielleicht nur noch ihre Haut zu Markte tragen zu können, bleibt auf der Lichtseite dieser Machtverschiebungen nur der tröstliche Wunsch, daß die Gewinner als Sponsoren auftreten und dem Gemeinwesen einige Brocken zugute kommen, die von der Herren Tische fallen.

Auch Beck und Giddens wissen, daß die Veränderungen des Sozialstaates, mit denen der weitgehende Abbau bemäntelt wird, von der Masse derjenigen bezahlt werden müssen, die nicht auf der Gewinnerseite stehen. Warum halten sie dennoch daran fest, daß diese Abbauveränderungen sozialstaatlicher Sicherungen ein wesentliches Element der Zweiten Moderne sind, die mit den Altlasten des nationalstaatlichen Industrialismus aufräumt? Es wäre kühn und geradezu vermessen, wenn ich behaupte: In zehn Jahren werden die Theorien von Beck und Giddens auch in der Alltagspraxis betrachtet werden können als Ausdrucksform des aufgeklärten Neoliberalismus, der das reflexive Moment darin als produktiven Ausweg mißverstanden hat. Es könnte die Situation eintreten, daß in diesen kommenden Jahren die mächtigsten Unternehmerstrategien diese theoretischen Versatzstücke völlig integrieren, ohne daß sich auch nur das Mindeste am bestehenden Macht- und Herrschaftsgefüge verändert. Der Dritte Weg ist genauso wie die Neue Mitte nichts weiter als eine trickreiche Ortsbestimmung, die das Scheitern der autoritär-planerischen Systeme des Kommunismus zum Anlaß nimmt, Alternativen insgesamt als historische Sackgassen dadurch zu präsentieren, daß Scheinalternativen zum Kapitalismus aufgebaut werden, die im Grunde alles unverändert lassen. Notwendig wäre dagegen, das Unabgegoltene der demokratischen Tradition des Sozialismus und die kritische Gesellschaftsanalyse des »westlichen Marxismus« wieder ins Licht des öffentlichen Bewußtseins zu bringen. Beck und Giddens sind äußerst produktive, aber auch wandlungsfähige und flexible Gesellschaftsphilosophen. So wäre das Beschreiten auch dieses Weges nicht ausgeschlossen.

Technik, Sicherheit und Angst

Die meisten der innergesellschaftlichen Gefahren und Schrecken, von denen sich Menschen in der kapitalistischen Zivilisation eine Vorstellung machen, werden weniger den Eigentums- und Herrschaftsverhältnissen zugeschrieben als blindwaltenden Mächten wie der Technik, den neuen Technologien. Vernünftelnde Ausweichbewegungen in der Erklärung und Deutung der eigenen Misere finden sich zum Beispiel auch bei Arbeitslosen, die ihre Wut und Enttäuschung über den Verlust des Arbeitsplatzes in der Regel nicht auf den sinnlich wahrnehmbaren Urheber, der »Name, Anschrift und Gestalt« hat, auf Betrieb, Unternehmer, Kapital richten, sondern viel Energie darauf verwenden, Ersatzschuldige dingfest zu machen: Arbeitsämter, die Technik, internationale Konkurrenz, Gewerkschaften, Ausländer usw. Diese Ausweichbewegungen verlaufen alle nach dem Prinzip des anonymen Verursachers, und kein Produkt der menschlichen Kulturentwicklung ist so sehr geeignet, diesem Entlastungswunsch als Übertragungsobjekt zu dienen, wie die Technik. Sie gilt als der härteste objektive Tatbestand der Gesellschaft, härter als das Kapital und die Eigentumsverhältnisse.

Es ist charakteristisch für die gegenwärtige Krisensituation, daß die neuen Technologien gleichsam kostenlose Zusatzarbeit für das bestehende Herrschaftssystem leisten. Durch ihre pure Existenz steuern sie Angstreaktionen, die ganz verschiedene Ursprünge haben können, erleichtern deren Bindung, Verschiebung und Neutralisierung. Wo sich diese technisch vermittelten Angstreaktionen überlagern, gegenseitig ergänzen oder zu einem Komplex zusammenschließen, kann das die Wahrnehmungsfähigkeit der Menschen für gesellschaftliche Widersprüche und Konflikte, ja für ihre eigenen Interessen auf eine das demokratische System insgesamt bedrohende Weise verengen.

Um verständlich zu machen, warum ich der Angst in ihren vielfältigen Ausdrucksformen so entscheidendes Gewicht zuschreibe in der Blockierung und Zerstörung von perspektivischer Lebensplanung, in der Veränderung und Umlenkung von Zeit- und Arbeitsutopien und nicht zuletzt in der Einschnürung der Betätigungsmöglichkeiten lebendiger Arbeitskraft, muß ich das, was im Grunde nur als gesellschaftliches Problem begriffen werden kann, zunächst an individualpsychologischen Faktoren erläutern. Bestimmender Gesichtspunkt für den Umweg, über die Psychologie der Angst Erklärungshilfen für den gegenwärtigen gesellschaftlichen Krisenzustand zu erhalten, ist die Absicht, auch jene Formen der Zeitenteignung aufzuspüren, die über den Zeitdiebstahl durch das Kapital hinausgehen und den Menschen undurchsichtiger sind als das, was sich an Zeitenteignungen im herkömmlichen Erwerbssystem abspielt.

Der durchgängige Bedeutungshorizont des Wortes Angst ist Enge, Beklemmung; er geht auf das mittelhochdeutsche Wort *angest* zurück, im Althochdeutschen *angust*, die beide zur Wortgruppe von eng gehören. Das lateinische *angustus* bedeutet ebenfalls eng, die substantivische Form *angustia* hat einen weiter gefaßten Bedeutungshorizont: Enge, Engpaß, Knappheit, Kürze, aber auch Verlegenheit und Schwierigkeit. Alle diese Ursprungsbedeutungen des Wortes Angst verweisen in ein und dieselbe Richtung: ein angstbesetzter, von Ängsten umstellter Mensch fühlt sich in die Enge getrieben. Ob das nun objektiv tatsächlich der Fall ist oder diese Enge nur subjektiv empfunden wird, ist dabei gleichgültig. Der Wirkungsraum, das heißt die Bewegungsmöglichkeit tätiger Freiheit ist geschrumpft, und die Zeitperspektiven haben sich verkürzt, in denen über den Tag hinaus geplant wird. Sind Entscheidungen im Verhalten angstbesetzter Menschen erforderlich, so erfolgen sie in der Regel unter Zeitdruck. Solche Entscheidungen müssen nicht immer unzweckmäßig oder falsch sein; was ihnen jedoch fehlt, ist das freie Abwägen von Zwecken und Mitteln, also Denken in der Gestalt des Probehandelns und der Überprüfung von Alternativen.

Resultiert aus jeder Form von Angst eine Verengung des Horizonts, des Selbst- und Wirklichkeitsverständnisses der Menschen, so sind freilich für konkrete soziale Kämpfe, die gesellschaftliche Ursachen der Angstproduktion beseitigen wollen, die Verschiedenartigkeiten der Angstquellen, die spezifischen Unterschiede in der Reaktion auf die als bedrohlich empfundenen Situationen von großer politischer Wichtigkeit. Man beseitigt Angst nicht, indem man ihre Symptome kuriert – das gilt für die Individualpsychologie ebenso wie für die Massenpsychologie. Es erscheint mir daher sinnvoll, Verarbeitungsresultate und sichtbare Ausdrucksformen der Angst zunächst deutlich von den innerpsychischen Vorgängen zu unterscheiden, die zu Angstreaktionen führen, also zu einem durch die psychische Ökonomie nahegelegten Abwehrverhalten der Subjekte.

Freud, auf dessen Untersuchungen man in diesem Zusammenhang unvermeidlich zurückgeführt wird, hat nur begrenzt analytische Energie auf die Erklärung des Angstmechanismus gerichtet. In den wenigen Texten, die diesen Gegenstand systematisch abhandeln, macht er jedoch einen eindeutigen Unterschied zwischen zwei Hauptgruppen von Ängsten, auf die ich hier das ganze komplizierte Angstgeschehen reduziere: die Realangst und die neurotische Angst.

Da Realängste Reaktionsweisen (»Warnsignale«) auf die Wahrnehmung einer äußeren Gefahr, einer erwarteten, vorhersehbaren Schädigung sind, auf die mit einem Fluchtreflex reagiert wird, scheinen sie etwas ganz Rationales, das heißt der Situation Angemessenes, Zweckmäßiges zu sein. Man kann sie als verständliche, jedenfalls nachvollziehbare Äußerungen des Selbsterhaltungstriebs ansehen. Auf welche Situationsveränderungen mit Angst reagiert wird, hängt natürlich auch von unserem Wissen über Gefährdungen und davon ab, ob wir ihnen gegenüber das Gefühl der Ohnmacht oder der Macht haben. Unser Alltagsleben ist voll von Realängsten, die ihren Ursprung in relativ überschaubaren und realitätsbezogenen Gefahrensituationen haben und die im allgemeinen wieder verschwinden, wenn der ursprüngliche spannungsfreie Zustand wiederhergestellt ist oder der unmittelbare Anlaß der Unlustgefühle sich als grundlos erwiesen hat. Erfahren zum Beispiel Arbeiter eines Industriebetriebes gerüchteweise, daß der Konzern, dem der Betrieb angehört, in finanzielle Schwierigkeiten geraten ist, so werden sie mit gebündelter Aufmerksamkeit auf alle Vorgänge achten, die mit dem betrieblichen Geschehen zu tun haben, und gleichzeitig Nachrichten und Vermutungen begierig aufgreifen (Verhandlungen mit Banken, bedingte Kreditversprechen des Staates, beabsichtigte Stillegungen nur einzelner Betriebsteile usw.), die vorhandene Realängste, einfach auf die Straße gesetzt zu werden, beschwichtigen oder abbauen könnten. Angstabwehr ebenso wie die Neigung, ununterdrückbare Angst zu reduzieren, scheinen sich ganz auf Realitätsmomente zu stützen und nichts von dem an sich zu haben, was man als irrational bezeichnen könnte.

Gleichwohl scheint es mir typisch für Betriebsstillegungen zu sein, daß ihnen Gerüchte vorausgeschickt werden, die den Ernstfall der Massenentlassung offenhalten, sich in der Regel aber bewahrheiten. Diesen strategisch ausgestreuten Gerüchten kommt offensichtlich die Funktion zu, in den betroffenen Betriebsbelegschaften einen angstbesetzten Zustand zu erzeugen, der ihren Willen und ihr Bewußtsein lähmt, der viel leerlaufende Energie verschlingt und am Ende dazu führt, daß entschlossene kollektive Aktionen zu spät kommen. Unter der Hand sind die Arbeiter bereits der Zeit enteignet, die notwendig gewesen wäre, im Sinne ihrer ureigensten Interessen, der langfristigen Bewahrung ihrer Arbeitsplätze, Aktionen zu planen und Entschlüsse zu fassen, und damit haben sie auch ihr Gesetz des Handelns verloren, das Motiv für eine offensive Angstbewältigung.

Diese Lähmung des Bewußtseins und die Zersetzung des Willens lassen Freud daran zweifeln, ob Ängste, gleich welcher Art, überhaupt rationale, das heißt den benennbaren Gefahren angemessene Reaktionen darstellen: »Das einzig zweckmäßige Verhalten bei drohender Gefahr wäre nämlich die kühle Abschätzung der eigenen Kräfte im Vergleich zur Größe der Drohung und darauf die Entscheidung, ob die Flucht oder die Verteidigung, möglicherweise selbst der Angriff größere Aussicht auf einen guten Ausgang verspricht. In diesem Zusammenhang ist aber für die Angst überhaupt keine Stelle; alles, was geschieht, würde ebenso wohl und wahrscheinlich besser vollzogen werden, wenn es nicht zur Angstentwicklung käme.«[77]

Wende ich diese Freudsche Überlegung auf das von mir genannte Beispiel einer Betriebsstillegung an, so würden für die Betroffenen immerhin Erwägungen naheliegen, ob nicht statt Flucht oder der resignativen Hinnahme des Arbeitslosenschicksals – was den Normalfall der Reaktion ausmacht – Angriff die bessere Lösung wäre: Verteidigung der Rechte ihrer lebendigen Arbeitskraft, etwa durch die Entscheidung, in eigener Regie die Produktion fortzuführen. Aber hier geht es mir noch nicht um politische oder rechtliche Anforderungen, die mit der Bewältigung gesellschaftlicher Ängste verknüpft sind, sondern vor allem um sozialpsychologische Gründe dafür, warum bei den Betroffenen selbst Verhaltensweisen auf vielfache Weise blockiert sind, die ein Außenstehender als sinnvoll und rational notwendig betrachten würde. Daß in gesellschaftlichen Umbruchphasen, zumal in Erosionskrisen, Verlusterfahrungen beliebiger Art sprunghaft anwachsen und die Anlässe für Angstreaktionen zahlreicher werden, wird kein sonderliches Erstaunen hervorrufen. Selbst die, die in der ersten Realität in einigermaßen befriedigenden Verhältnissen leben, werden in einem solchen Klima Gründe genug finden, über Verlustängste zu klagen. Aber eine krisenbedingte Verallgemeinerung der Realängste erschöpft nicht das ganze Angstpotential, mit dem es Gesellschaftsordnungen zu tun haben, deren Kulturzustand wesentlich durch wachsende Naturbeherrschung und institutionelle Brechungen individueller Triebwünsche bestimmt ist. Es scheint für derartige Kulturzustände charakteristisch zu sein, daß Sicherheitsbedürfnisse, die sich an Außenweltinstanzen festmachen, um so größere Bedeutung erlangen, je weniger lebendige Arbeitskraft durch gegenständliche Tätigkeit imstande ist, selbstbewußte und autonome Entscheidungen zur Bewältigung äußerer und vor allem innerer Gefahren zu treffen, die aus unterdrückten Triebansprüchen bestehen.

Freud fügt deshalb der Realangst einen ganz anderen Typus von Angst hinzu, den er als neurotische Angst bezeichnet und der viel stärker ein psychodynamisches Kampfgeschehen innerhalb der Subjekte bezeichnet als ein Verhalten zur Außenwelt. Einfacher ausgedrückt: Läßt man den eigenen Triebwünschen freien Lauf, so ist zu befürchten, daß sie einen am Ende überwältigen. Als Gefahr wird also empfunden, daß die eigene Identität, die sich einer schmerzvollen, mit Lustverzichten einhergehenden Chaosbewältigung verdankt, im Chaos von Triebbefriedigungen wiederum aufgelöst wird. Wenn Freud deshalb neurotische Angst näher charakterisiert als einen Zustand von Erwartungsangst oder der ängstlichen Erwartung, will er damit sagen, daß ängstliches Verhalten keine Reaktion mehr ist auf einzelne Objekte, sondern daß diese Objekte völlig austauschbar sind, ja daß sie wirkliche Gefahren noch nicht einmal enthalten müssen. Erwartungsangst ist eine »allgemeine Ängstlichkeit, eine sozusagen frei flottierende Angst, die bereit ist, sich an jeden irgendwie passenden Vorstellungsinhalt anzuhängen, die das Urteil beeinflußt, die Erwartungen auswählt, auf jede Gelegenheit lauert, um sich rechtfertigen zu lassen«.[78]

Wer diese Form der Angst übersieht oder so tut, als handele es sich um individualpsychologische Marotten, die mit den harten Existenzbedingungen der Menschen nichts zu tun haben, wird viele Angstreaktionen, die sich in unserer Gesellschaft in Protest, in Resignation oder auch in Gewalttätigkeiten Luft machen, nicht verstehen und immer nur den ohnmächtigen Versuch machen, mit Verstandesüberlegungen und durch Hinweis auf statistische Häufigkeiten reale Gefährdungen aufzufinden und einzugrenzen. Er bleibt dem rationalistischen Vorurteil verhaftet, den Menschen die Angst ausreden zu wollen, was mißlingen muß. Wer sich in solche Angstzustände versetzt fühlt, wird in keinem Flugzeug ruhig sitzen können, ohne ständig an Absturz zu denken, solange es sich in der Luft bewegt. Und jeder tatsächliche Flugzeugabsturz, wäre er nach statistischen Maßstäben der insgesamt zurückgelegten Flugkilometer auch noch so selten, bekräftigt nur die Realitätshaltigkeit dieser Angsterwartung.

Für den begrenzten Zweck meiner Argumentation verkürze ich die komplexe psychodynamische Ökonomie, die Freud im Zusammenhang der Angstreaktionen und Angstbesetzungen entwickelt, auf einen Gedanken, der für die kulturelle Dimension der Krisenanalyse und die folgenreiche Einschränkung des Verantwortungsspielraums entscheidend ist. Im Verlauf der europäischen Kulturentwicklung wachsen im gleichen Maße, wie faktische Naturbeherrschung durch Wissenschaft und Technik die Bedrohungen und Gefahren der äußeren Natur verringert, also naturbedingte Realängste einschränkt, die den Menschen abverlangten Verdrängungsleistungen gegenüber den eigenen, unmittelbaren Triebwünschen. Dadurch erhöht sich der Umfang neurotischer Ängste und damit das allgemeine Gefühl von innerer Unsicherheit; um so dringlicher wird die Befriedigung von Sicherheitsbedürfnissen, die sich an möglichst starke und eindeutige Außenweltverhältnisse zu binden suchen. »Der Kulturmensch hat«, wie Freud feststellt, »für ein Stück Glücksmöglichkeit ein Stück Sicherheit eingetauscht.«[79] Die Logik der Leidabwehr, der Vermeidung von Leidensmöglichkeiten und der Verminderung von Unglück tritt an die Stelle der Realisierung von Glücksansprüchen oder Wunschphantasien, und deren Sicherung ist erkauft durch die Reduzierung der Glücksansprüche, die zu einem »bescheideneren Realitätsprinzip umgebildet werden«.[80]

Dieser Grundmechanismus, mittels dem Triebenergien durch die Umformung von Glücksmöglichkeiten in Möglichkeiten der Leid- und Unglücksvermeidung verschoben werden, stößt auf größte Schwierigkeiten unter Bedingungen, für die die Massenproduktion von realisierungfähigen Utopien kennzeichnend ist, und er funktioniert nur dann, wenn eine Gesellschaft imstande ist, in genügendem Umfang Ersatzbefriedigungen bereitzustellen. Es entsteht eine offene Spirale von Sicherheitsbedürfnissen und von entsprechenden Systemen, die versprechen, Angst zu reduzieren und zu bewältigen. Sicherheit – kulturgeschichtlich ein Abkömmling der Angst – kann in gesellschaftlichen Verhältnissen, in denen die Mittel für eine befriedigende und autonome Selbstorganisation der Menschen verfügbar sind, gleichzeitig aber viel Kraft darauf gelenkt wird, den Kreislauf unerfüllter Bedürfnisse aufrechtzuerhalten, zu einem beherrschenden, inhaltslosen, die gesamte Lebensführung bestimmenden Ersatzbedürfnis werden. Im Extremfall entsteht etwas, das sich nur noch in satirischer Zuspitzung ausdrücken läßt. Der gallige Österreicher Helmut Qualtinger bringt es auf die Formel: »Nix, aber das sicher.« Die deutsche Version desselben Gedankens findet sich bei Bertolt Brecht in den »Flüchtlingsgesprächen«: »Wo nichts am rechten Platz ist, da ist Unordnung; wo am rechten Platz nichts ist, da ist Ordnung.«

Technik, insbesondere die neuen Technologien, begreife ich in diesem Zusammenhang als gigantische, realitätsmächtige Sicherheitssysteme, die mit einem je eigenen Versprechen der Angstreduktion und der Leidvermeidung ausgestattet sind. Wären sie ausschließlich ökonomische Tatbestände (was sie zweifellos auch sind), so könnte man sich darauf beschränken, sie nach Zwecken, Mitteln und ungewollten Nebenfolgen auseinanderzulegen und deren Interessenverflechtungen durch soziologische Aufklärung kenntlich zu machen. Werden sie jedoch zu inneren Tatbeständen, zum Bestandteil der Beziehungsökonomie der Menschen, weil sie Verbindungen mit Angststimmungen, mit Befreiungshoffnungen und

Sicherheitsversprechen eingehen, dann ist das ein Zeichen dafür, daß sie den Charakter ordinärer Dinge, die bloß mechanischen Gesetzen unterworfen sind, verloren haben und zu dem geworden sind, was Marx gespenstische Gegenständlichkeit genannt hat. Diese gehört zwar zur Objektstruktur, aber zu einer, die Denken und Verhalten maßgeblich beeinflußt.

Warum Marx die Analyse des Fetischcharakters, der Arbeitsprodukten anklebt, sobald sie Warenform angenommen haben, nicht erweitert und auch auf die Technik angewandt hat, ist mir nach wie vor unerklärlich; denn alle Verkehrungen und Verdrehungen sind im Fetischismus der Ware vorgeprägt – jene geheimnisvollen Substanzverwandlungen und Transformationen, die lebendige Arbeitskraft auf dem Weg zur Wertform der Ware erfährt und die durch die Technik auf den Höhepunkt getrieben sind –, als dem auf Dauer und Kontinuität gestellten und verallgemeinerten Resultat der »Verausgabung von menschlichem Hirn, Muskel, Nerv, Hand usw. und in diesen menschlicher Arbeit«.[81] Was an geheimnisvollen Qualitäten aus ordinären sinnlichen Dingen, woraus Maschinen, Apparate und technische Anlagen selbst in ihren komplexesten Formen zunächst ja bestehen, alles herausspringen kann, wenn sie der Verfügungsmacht lebendiger Arbeit entzogen sind, muß auf Marx eine solche analytische Faszination ausgeübt haben, daß er sich kräftiger Bilder und Analogien bedient wie sonst nirgendwo im »Kapital«.

Eine Wahnsinnswelt scheint hier ins Leben getreten: Ein Tisch stellt sich auf den Kopf und entwickelt aus seinem Holzkopf Grillen, viel wunderlicher, als wenn er aus freien Stücken zu tanzen begänne. Vertrackte Dinge sind am Werk, voll metaphysischer Spitzfindigkeiten und theologischer Mucken; Arbeitsprodukte werden zu gesellschaftlichen Hieroglyphen, die der Entzifferung bedürfen. Der Grundmechanismus der Verkehrungen besteht nun darin, daß den Menschen die gesellschaftlichen Charaktere ihrer eigenen lebendigen Arbeit, die in Kooperation und Arbeitsteilung erfahren werden können, als gegenständliche Charaktere der Arbeitsprodukte, als gesellschaftliche Natureigenschaften der Dinge zurückgespiegelt werden. Die gesellschaftlichen Verhältnisse der Menschen untereinander nehmen die phantasmagorische Form eines Verhältnisses von Dingen an.

Die »theologischen Mucken« und die »phantasmagorischen Formen« haben heute, wie die Sprache am deutlichsten verrät, ihre angestammte Heimstatt in der Technik gefunden (im bürgerlichen Technikverständnis geistern sie übrigens schon seit viel längerer Zeit herum). Ernst gemeinte, ja kritisch ausgerichtete Tagungen werden veranstaltet mit dem Thema »Technik – Fluch oder Segen?« In der Maschinerie als dem »beseelten Ungeheuer« stecken diese Züge des Sinnlich-Übersinnlichen ebenso wie im Rationalisierungsgehäuse der Hörigkeit, das Max Weber auf uns zukommen sieht. Und wenn schließlich eine der gründlichsten und umfangreichsten Untersuchungen zur Technikentwicklung den Titel »Mythos der Maschine«[82] trägt, deutet das darauf hin, daß mit der Technik kulturelle Bedeutungsgehalte verknüpft werden, die über sie als »Bezugs- und Wirkungssystem technischen Verhaltens, technischer Gegenstände und technischen Funktionierens dieser Gegenstände« weit hinausgehen.

Wollen wir Technik entmystifizieren und das Geheimnisvolle (Geschick und Metaphysisches im Heidegger-Sinne) in ihr als das begreifen, was es ist: Projektions- und Übertragungsobjekt menschlicher Bedürfnisse, dann reicht der Hinweis auf ihre nüchtern-instrumentelle Dimension nicht aus. Vielmehr bedarf das Verhältnis von Zeit, Technik und Arbeit einer grundsätzlich neuen Erörterung, da wir es in den fortgeschrittenen Industriegesellschaften mit einer Lebensumwelt der Menschen zu tun haben, in der nicht nur die Tätigkeitsformen lebendiger Arbeit technisch vermittelt sind, sondern auch die Strukturen von Raum- und Zeiteinteilungen. Technische Vorgänge verkörpern eigene Zeitmaße, und es wäre naiv anzunehmen, daß sich die dem Kapital abgerungene Lebenszeit den natürlich-organischen Zeitrhythmen von Tag und Nacht, von Geburt und Tod, von Pflanzen, Reifen und Ernten wieder einfügen ließe, ohne fortwährend und im konkreten Alltagsverhalten mit der ganz anders gearteten operativen Zeit von Maschinen, Anlagen und Apparaten konfrontiert zu sein.

Freud schreibt der Technik innerhalb der menschlichen Triebökonomie eine große Bedeutung zu; sie ist ein Mittel der Leidabwehr, und so wird die Notwendigkeit des technischen Fortschritts ja auch immer wieder begründet. Gleichzeitig ist der technisch vermittelte Kulturaufbau jedoch mit ambivalenten Einstellungen verbunden. Diese Ambivalenzen, welche die Technikprojekte der modernen Gesellschaft insgesamt begleiten, sind prägnanter nicht zu bezeichnen als mit den Worten von Freud selbst. Ich will deshalb aus »Das Unbehagen in der Kultur« drei Passagen zitieren: »In den letzten Generationen haben die Menschen außerordentliche Fortschritte in den Naturwissenschaften und in ihrer technischen Anwendung gemacht, ihre Herrschaft über die Natur in einer früher unvorstellbaren Weise verfestigt. Die Einzelheiten dieser Fortschritte sind allgemein bekannt, es erübrigt sich, sie aufzuzählen. Die Menschen sind stolz auf diese Errungenschaften und haben ein Recht dazu. Aber sie glauben bemerkt zu haben, daß diese neu gewonnene Verfügung über Raum und Zeit, diese Unterwerfung der Naturkräfte, die Erfüllung jahrtausendealter Sehnsucht, das Maß von Lustbefriedigung, das sie vom Leben erwarten, nicht erhöht, sie nach ihren Empfindungen nicht glücklicher gemacht hat. Man sollte sich begnügen, aus dieser Feststellung den Schluß zu ziehen, die Macht über die Natur sei nicht die einzige Bedingung des Menschenglücks, wie sie ja auch nicht das einzige Ziel der Kulturbestrebungen ist, und nicht die Wertlosigkeit der technischen Fortschritte für unsere Glücksökonomie daraus ableiten.«[83]

»Die Schicksalsfrage der Menschenart scheint mir zu sein, ob und in welchem Maße es ihrer Kulturentwicklung gelingen wird, der Störung des Zusammenlebens durch den menschlichen Aggressions- und Selbstvernichtungstrieb Herr zu werden. In diesem Bezug verdient vielleicht gerade die gegenwärtige Zeit ein besonderes Interesse. Die Menschen haben es jetzt in der Beherrschung der Naturkräfte so weit gebracht, daß sie es mit deren Hilfe leicht haben, einander bis auf den letzten Mann auszurotten. Sie wissen das, daher ein gut Stück ihrer gegenwärtigen Unruhe, ihres Unglücks, ihrer Angststimmung. Und nun ist zu erwarten, daß die andere der beiden ›himmlischen Mächte‹, der ewige Eros, eine Anstrengung machen wird, um sich im Kampf mit seinem ebenso unsterblichen Gegner zu behaupten. Aber wer kann den Erfolg und Ausgang voraussehen?«[84]

»Es klingt nicht nur wie ein Märchen, es ist direkt die Erfüllung aller – nein, der meisten – Märchenwünsche, was der Mensch durch seine Wissenschaft und Technik auf dieser Erde hergestellt hat, in der er zuerst als ein schwaches Tierwesen auftrat und in die jedes Individuum seiner Art wiederum als hilfloser Säugling – *oh inch of nature!* – eintreten muß. All diesen Besitz darf er als Kulturerwerb ansprechen. Er hatte sich seit langen Zeiten eine Idealvorstellung von Allmacht und Allwissenheit gebildet, die er in seinen Göttern verkörperte. Ihnen schrieb er alles zu, was seinen Wünschen unerreichbar schien – oder ihm verboten war. Man darf also sagen, diese Götter waren Kulturideale. Nun hat er sich der Erreichung dieses Ideals sehr angenähert, ist beinahe selbst ein Gott geworden. Freilich nur so, wie man nach allgemein menschlichem Urteil Ideale zu erreichen pflegt. Nicht vollkommen, in einigen Stücken gar nicht, in anderen nur so halbwegs. Der Mensch ist sozusagen eine Art Prothesengott geworden, recht großartig, wenn er alle seine Hilfsorgane anlegt, aber sie sind nicht mit ihm verwachsen und machen ihm gelegentlich noch viel zu schaffen. Er hat übrigens ein Recht, sich damit zu trösten, daß diese Entwicklung nicht gerade mit dem Jahr 1930 A. D. abgeschlossen sein wird. Ferne Zeiten werden neue, wahrscheinlich unvorstellbar große Fortschritte auf diesem Gebiete der Kultur mit sich bringen, die Gottähnlichkeit noch weiter steigern. Im Interesse unserer Untersuchung wollen wir aber auch nicht daran vergessen, daß der heutige Mensch sich in seiner Gottähnlichkeit nicht glücklich fühlt.«[85]

Es würde den Rahmen meiner Untersuchung sprengen, im einzelnen dem Zusammenhang nachzugehen, der zwischen der Erosionskrise und der Entwicklung neuer Technologien besteht. Soviel scheint mir aber, bei aller Vorsicht, was die Reichweite der These angeht, vertretbar zu sein: Die in Prosperitätsperioden gegebenen Sicherheitsversprechen technologischer Systeme der Leidabwehr sind durch die Krise der traditionellen Arbeitsgesellschaft so sehr in Frage gestellt, daß sie zuverlässig und selbstverständlich weder gegenwärtige Ersatzbefriedigungen noch Zukunftsorientierungen ermöglichen. Aber die Krise löst die Sicherheitserwartungen nicht auf. Im Gegenteil, je weiter Angstbestimmungen in einer Gesellschaft um sich greifen, in denen sich real erfahrbare Existenzängste mit Erwartungsängsten mischen und dadurch potenzieren, desto stärker und diffuser wachsen die Sicherheitsbedürfnisse. Werden sie nicht durch überzeugende und zukunftsorientierte Alternativen zum Bestehenden erfüllt, greifen sie aus der Not der Perspektivlosigkeit erfahrungsgemäß auf die kräftigsten und machtvollsten Angebote der gegenwärtigen Gesellschaft zurück und sind dabei nicht wählerisch. Der autoritäre Staat, übersichtliche Freund-Feind-Verhältnisse, Fremdenhaß, Intellektuellenverfolgung sind die gängigsten Lösungsvorschläge für Spannungszustände, die sich aus dem schier unerschöpflichen Reservoir von Ambivalenzkonflikten speisen, die immer auf irgendwelche Lösungen hindrängen, weil sie auf Dauer für die Individuen unerträglich sind. Es handelt sich hierbei nicht um reine individualpsychologische Gegebenheiten, sondern um gesellschaftliche Tatbestände, die freilich stets eine durch das Verhalten, Denken, die Gefühlslagen der Subjekte vermittelte Komponente haben. Der Konservativismus, Wendepolitik aller Art, hat in diesen frei flottierenden Ängsten, die keinerlei Bindung und strukturierte Bewältigung durch geschichtliche Alternativen erfahren, seit eh und je seinen günstigen Nährboden gehabt.

Werden Sicherheitsbedürfnisse im großen und ganzen erfüllt, wenn auch nur dem objektiven Schein nach oder durch intakte subjektive Panzerungen, die Konflikterfahrungen an die Menschen gar nicht herankommen lassen, dann ist das grundlegende »Unbehagen in der Kultur«, sind Unglückserfahrungen und Angststimmungen zwar nicht beseitigt, aber es stellt sich eine Art Balance zwischen Triebverzichten und garantierten Systemen von Ersatzbefriedigungen her. Die Triebbedürfnisse stoßen nicht fortwährend auf Leerstellen ihrer Befriedigung. Man kann nun den Freudschen Gedanken weiterführen und aktualisieren. Je starrer am System entfremdeter gesellschaftlicher Arbeit festgehalten wird, obwohl aufgrund der Produktivkraftentwicklung durchaus befriedigende Formen der Arbeit möglich wären, desto geringer wird die Bedeutung der Berufsarbeit, die, wie Freud meint, im Extremfall durch »Panzerung vollkommeneren Leidensschutz« gewähren kann, für die Libidoökonomie sein. Das hätte aber zur Folge, daß die durch Trennung von der Berufsarbeit freigewordenen Triebregungen, die ja nicht einfach verlorengehen, nach neuen Besetzungen in der Realität suchen werden. Die überwältigende Realitätsmacht der neuen Technologien eignet sich in besonderer Weise, wenigstens einen erheblichen

Teil der freigewordenen Triebenergien zu binden. Es scheint mir jedoch undenkbar zu sein, daß solche Bindungen ohne zusätzliche und verschärfte Ambivalenzkonflikte der Menschen stattfinden können.

Das ist durch die Struktur dieser Technologien mitbedingt. Für sie ist, um nochmals einen Marxschen Begriff zu verwenden, eine hohe organische Zusammensetzung des Kapitals charakteristisch, das heißt, sie ersetzen in extremer und tendenziell maßloser Weise lebendige Arbeitskraft durch tote, in Maschinensystemen, Anlagen und Gebäuden vergegenständlichte Arbeit. Indem sie die Chancen des Zeitgewinns allseitig vergrößern, findet gleichzeitig Zeitenteignung statt, eine geschichtlich beispiellose Transformation lebensweltlicher Zeitmaße der Menschen in Dimensionen von Geschwindigkeit und Beschleunigung, die sich der menschlichen Denkfähigkeit und der kulturellen Reichweite der Sinnesorgane vollständig entziehen. Sie bilden schließlich, besonders in ihren kombinierten Anwendungen, ein Überwachungs-, Unterdrückungs- und Vernichtungspotential, das es in der ganzen bisherigen Geschichte noch nicht gegeben hat.

Unterschiede in den Größenordnungen technischer Vorrichtungen hat es immer gegeben. Ein großes Stahlwerk im Ruhrgebiet, Rangierbahnhöfe, Kraftwerkanlagen auf der einen, Telegraphen in Postbüros, Autos, elektrische Gebrauchsgeräte in privaten Haushalten auf der anderen Seite waren verschiedene, aber doch sinnlich faßbare Produkte desselben technischen Entwicklungsstandes. Sie bedurften, um funktionsfähig zu bleiben, der fortwährenden Steuerung, Kontrolle und Wartung durch die gegenständliche Tätigkeit lebendiger Arbeitskraft, und sie fügten sich als unmittelbar erfahrbare Objekte bruchlos der gegenständlichen Realität ein. Bewegungsbeschleunigung im Raum, wie sie durch die Eisenbahn bewirkt wurde, schuf zwar auch Probleme für die Balancearbeit der menschlichen Sinne, aber es waren menschliche Reaktionen darauf möglich, durch inneres Abschalten, Freisetzen der Assoziationen oder durch Schlaf.

Mit den neuen Technologien entstehen ganz andere Anforderungen an die Sinnestätigkeit, das Denken und die seelischen Vermögen der Menschen. Ein Industriearbeiter, der einen behende und exakt arbeitenden Roboter in der Fabrikhalle beobachtet, wird ihm vielleicht Bewunderung entgegenbringen, weil er ihm stumpfsinnige Tätigkeiten und Drecksarbeit abnimmt. Gleichzeitig wird dieser Arbeiter aber das Gefühl nicht loswerden können, daß mit jedem Schritt zur »Vermenschlichung« dieses feingliedrigen Metallkörpers seine Fremdartigkeit wächst und die Existenzberechtigung der eigenen lebendigen Arbeitskraft in Frage gestellt wird. Unendliche Nähe und Vertrautheit, welche die immer kleineren, immer leistungsfähiger werdenden Maschinen herstellen, vergrößern gleichzeitig die Ferne und Fremdheit, mit der die darin verkörperte operative Zeit der eigenen Lebenszeit gegenübertritt. Ich kann viel Zeit gewinnen, wenn ich die Möglichkeit habe, zu Hause am Tisch sitzend Einkäufe zu erledigen, Banküberweisungen vorzunehmen, mir alle Informationen zu verschaffen, die ich zum Zeitvertreib und zur Bildung benötige, aber vielleicht verliere ich dabei die gattungsgeschichtlich erworbenen Eigenschaften des Gehens, des Sprechens und der sozialen Kommunikation. Allgemeiner gesprochen: Emanzipative Möglichkeiten und Gefahren bei solchen offenen Technologien, die in alltäglichen Lebenszusammenhängen angeeignet werden können, liegen so nahe beieinander, daß Kriterien für ihre Bewertung häufig nur aus dem sozialen Kontext zu gewinnen sind, in dem sie Verwendung finden. Der Blick auf das Gemeinwesen dient nicht nur der Aufklärung; er ist eine Existenznotwendigkeit für das eigene Überleben.

Ganz anders verhält es sich dagegen mit den sogenannten hermetischen, geschlossenen Technologien, wozu ich vor allem Atomkraft und synthetische Biologie rechne. Ein Atomkraftwerk in Sichtweite meiner Wohnung gibt, sobald es fertiggestellt ist, keinerlei Lebenszeichen mehr über seine Funktionsweise von sich; weder Rauchwolken noch Geräusche sind wahrnehmbar. Es steht da, als hätte es schon immer da gestanden und als würde es für alle Ewigkeit an demselben Platz stehenbleiben – wie ein Naturgebilde, das den tektonischen Verschiebungen der Erdgeschichte entsprungen ist. Tatsächlich ist die Naturalisierung der Wirkungszeit bei Strahleneinflüssen nicht anders als bei Genmanipulationen ein für diese Art der Technologie kennzeichnendes Merkmal. Zwar sind Atomkraftwerke Resultate menschlicher Arbeitskraft, aber alles, was sie an Kraftpotentialen in sich enthalten, ist unseren lebensgeschichtlich geprägten Zeitdimensionen entzogen. Denn Stahlwerke oder Kohlekraftwerke, die keinen Nutzen mehr bringen, können wenigstens abgerissen werden: Die brauchbaren Reste werden verschrottet, und der Boden, auf dem sie standen, läßt sich ohne weiteres für andere Zwecke verwenden. Mit dem Atommüll hat man seine eigenen Schwierigkeiten, ihn sicher in der Erde zu verstecken, und Atomkraftwerke bedürfen nicht nur während ihrer Betriebszeit der permanenten Überwachung – was immerhin, berücksichtigt man die Gefahren des Nuklearterrorismus, verständlich wäre –, sondern vor allem auch nach ihrer Stillegung, als gleichsam sinnlich-übersinnliche Ruinen. Der atomare Schrott, den zum Beispiel die hochgerüstete Sowjetunion hinterlassen hat, muß von mehreren Generationen abgetragen werden – wenn sie dafür überhaupt die Mittel haben. Ich spreche übrigens vorerst nur von dieser im buchstäblichen Sinne hermetischen, auf dem Prinzip von Nicht-Öffentlichkeit beruhenden Technologie, soweit sie unter der Kontrolle menschlicher Arbeitskraft steht, also nicht von den Folgen eines Reaktorunfalls.

Die äußerste, auf den Punkt konzentrierter Gewalt gebrachte Zuspitzung erfahren Zeitenteignung und Vernichtung lebendiger Arbeitskraft durch explosiv verkapselte Kombinationen von hermetischer und offener Technologie. Wer übernimmt für diese Resultate lebendiger Arbeit die Verantwortung? Marschflugkörper, die sich, mit quasi-menschlichen Sinnesorganen ausgestattet, wie Adler durch die Landschaft bewegen, haben sich der technischen Utopie denkender Maschinen sehr weit angenähert. Ihren Zwecken nach sind sie jedoch reine Kopfwesen, deren Intelligenz zusammengeschrumpft ist auf Zielgenauigkeit – Mehrdeutigkeit, hermeneutische Deutungsvarianzen, sind einem solchen Sprengkopf fremd. Sind Geschicklichkeit und Anpassungsfähigkeit ausgezeichnete Merkmale dieser auf den Marsch geschickten Flugmaschinen, so gleichen andere Waffen ihre feindanfällige Robustheit durch rasante Geschwindigkeit aus. Nur Minuten benötigen sie, um ihre todbringende Last über zweitausend Kilometer hinweg ins Ziel zu bringen. Da sie nun die Zeit, in der sie sich zu ihrem Bestimmungsort bewegen, in ihren festgelegten Programmen mit sich tragen, sind diese modernen Zauberlehrlinge, einmal den Fängen lebendiger Arbeitskraft entronnen, auch durch das wiedererinnerte Schlüsselwort nicht mehr zurückzubeordern. Denn was könnte man menschlichem Denkvermögen, dem fünf Minuten Vorwarnzeit gegeben wird, im Ernst abverlangen, ohne es zu überfordern? Das bestünde doch allenfalls in der mechanischen Wiedergabe von Gedächtnisleistungen, auf keinen Fall aber in der zeitaufwendigen Abwägung, die einer vernünftigen Entscheidung vorausgehen müßte. Was die Kriegstechnologie angeht, so ist die Neutronenbombe das perverseste Produkt des Erfindergeistes eines wissenschaftlichen Zeitalters, wenn auch vielleicht nicht das mit der größten Vernichtungskraft. Indem diese Mordtechnik alles Lebendige zerstört, das Tote aber unbeschädigt läßt, enthüllt sie ihren intimen Zusammenhang mit der normalen kapitalistischen Zivilisation, ja sie ist das auf den Begriff gebrachte Herrschaftsprinzip des Kapitals selbst: der Tod der lebendigen Arbeit und das Leben der toten Arbeit.

Bereits diese wenigen Beispiele zeigen, wie problematisch der Gesamttitel »Neue Technologien« ist; die Sache ist es nicht weniger. Die verschiedenen Verwendungsarten der spezifischen Technologien, Distanz und Nähe zur lebendigen Arbeitskraft und damit zur objektiven Möglichkeit, sie als Hilfsmittel der Emanzipation einzusetzen, machen es auch unter strategischen Gesichtspunkten erforderlich, differenzierte und sachbezogene politische Umgangsweisen mit ihnen zu entwickeln. Nur durch Mystifizierung sind Marschflugkörper und Heimcomputer einer einzigen Kategorie unterzuordnen. Und das trifft selbst dann zu, wenn die Erfahrung dagegenspricht, daß nämlich dem breiten Assoziationsvermögen eines integrierten Schaltkreises der Zweck nicht anzusehen ist, wofür er verwendet wird, wenn das Mikroprodukt die Fabrik verläßt.

Um den Fetischismus der Technik erfolgreich bekämpfen und überwinden zu können, den einzelnen Apparaten, Anlagen und Maschinen also wieder das zurückzugeben, was sie sind: Instrumente, über deren Gebrauchseigenschaften einzig und allein Menschen zu befinden haben, erscheint es mir notwendig, die Ebene fertiger Produkte zu verlassen und dort anzusetzen, wo sie produziert werden, wo lebendige Arbeitskraft für deren Planung und

Entwicklung, für deren Herstellung, Verkauf und Transport, ja für deren ideologische Rechtfertigung eingesetzt wird. Strategien der Verweigerung, des Boykotts, der Kontrolle sind nur dann wirksam, wenn sie den Ursprung einer Sache treffen, das heißt den Hebel an deren Produktionsprozessen ansetzen. Was dagegen bereits Existenz hat, für das wird es immer irgendwelche als sinnvoll betrachteten Verwendungsmöglichkeiten geben. Solche gegenüber der Technik entwickelten Strategien dürften am Ende selbst jenen Standpunkt der »Weisheit« einer ihrer selbst gewissen Kultur nicht ausschließen, an den sich Brecht erinnert fühlte, als das Radio das Licht der Welt erblickte: nämlich den des kollektiven Vergessens einer Technik, die als unbrauchbar, ja vielleicht sogar unmenschlich empfunden wird. (Ich denke da, auf gegenwärtige Verhältnisse bezogen, vor allem an Atomkraft und Gentechnologie, die bedrohlichsten Errungenschaften des menschlichen Geistes). Das Radio, fragt sich Brecht, »eine epochale Angelegenheit, aber wozu? Ich erinnere mich einer alten Geschichte, in der einem Chinesen die Überlegenheit der westlichen Kultur vor Augen geführt wurde. Er fragte: ›Was habt ihr?‹ Man sagte ihm: ›Eisenbahnen, Autos, Telefon.‹ – ›Es tut mir leid, Ihnen sagen zu müssen‹, erwiderte der Chinese höflich, ›das haben *wir* schon wieder vergessen.‹ Ich hatte«, fügt Brecht hinzu, »was das Radio betrifft, sofort den schrecklichen Eindruck, es sei eine unausdenkbar alte Einrichtung, die seinerzeit durch die Sintflut in Vergessenheit geraten war.«[86]

Da die Gewerkschaften die einzigen Massenorganisationen dieser Gesellschaft sind, die mit dem Entzug der funktionsnotwendigen Arbeitszeit drohen können, um deren Gegenteil, nämlich mehr erfüllbare Lebenszeit, zu gewinnen, fällt ihnen im Prozeß der Kontrolle, der Umorganisation und der inhaltlichen Ausgestaltung der Produktionsinteressen eine besondere Chance zu. Sie haben die Kompetenz, diese wahrzunehmen. Eine differenzierte Technologiepolitik, die auf nichttechnokratische Alternativen der Produktion ausgerichtet ist, gehört deshalb zentral zur kulturellen und politischen Dimension einer Strategie der Arbeitszeitverkürzung, deren bestimmendes Ziel ja Zeitsouveränität ist, die Vergrößerung von Selbstbestimmung und Selbstregulierung menschlicher Lebensverhältnisse.

Zwar kann man der tröstlichen Botschaft Hölderlins, »wo Gefahr ist, wächst das Rettende auch«, kaum noch Vertrauen entgegenbringen; aber der Produktionsstandpunkt, um den sich emanzipatorische Interessen organisieren und politischen Ausdruck verschaffen, hat sich gerade angesichts der menschheitsbedrohenden Kriegstechnologie zu Beginn der achtziger Jahre beträchtlich erweitert und in Deutschland sogar Schichten und Berufsgruppen erfaßt, denen man bis dahin begründeterweise eher staatskonservative oder reaktionäre Gesinnung und Verhaltensweisen vorhalten konnte. Damals waren es nicht mehr allgemeine Friedensbekenntnisse, die in der Öffentlichkeit bekundet wurden; vielmehr wurde die herkömmliche Berufsrollenmentalität gesprengt, wenn Richter und Staatsanwälte (was übrigens ganz neuartig in der deutschen Geschichte ist), wenn Ärzte und Therapeuten, Pädagogen und Architekten, Naturwissenschaftler und Lehrer, Theologen, Philosophen und Schriftsteller auftraten, indem sie an Ort und Stelle gegen den Krieg kämpften, dort nämlich, wo sie arbeiten, wo sie wissenschaftliche Qualifikationen erworben und ihre berufliche Kompetenz unter Beweis gestellt haben.

4. Der Mensch als Prothesengott – Wissenschaft im Banne des technischen Eros

Lernprozesse im Umgang mit der Atomtechnologie

Die lebendige Arbeit des Naturwissenschaftlers bzw. des Technikers – das erkennt man allgemein an – wird wie kaum ein anderes gesellschaftliches Tätigkeitsfeld von unumkehrbaren Entwicklungen und absolut zwingenden Sachgesetzlichkeiten bestimmt. Zwar haben sich die kulturellen Schamschwellen erhöht, das scheinbar unaufhaltsame Eindringen wissenschaftlicher Erkenntnis in die Bausteine der Materie und des Lebens und die technische Verwertung dieser Erkenntnisse als Fortschritt der Menschheit zu bezeichnen: Man greift lieber auf Begriffe zurück, die eine wertfreiere Ausstrahlung haben, wie Modernisierung, Rationalisierung. Aber an der Schicksalhaftigkeit der Bewegungsrichtung scheint sich durch die terminologischen Verschiebungen absolut nichts geändert zu haben. Wissenschaft und Technik als praktikable Medien zur Leidabwehr und Krisenlösung stehen offensichtlich in dieser Welt der Umbrüche hoch im Kurs.

Dabei geht es nicht um Zukunftsvisionen, wie sie in den herkömmlichen Arbeits- und Technikutopien zu finden sind, sondern um eine unmittelbar greifbare Umsetzung in Projekte, die neue Arbeitsplätze schaffen, die soziale Ungleichheiten ausbalancieren, die verödete Randzonen in die Dynamik der Wohlstandsentwicklung hineinziehen. Wenn es demzufolge für die Neugier und den Erkenntniswillen des Naturwissenschaftlers keine Grenzen gibt, weil er sich lediglich als Interpret von Gesetzen versteht, inwieweit ist er dann überhaupt in bezug auf die Resultate seines Forschens Rechenschaft schuldig, und welche Verantwortung kann von ihm erwartet werden? Was ist der Verantwortungsspielraum eines angestellten Naturwissenschaftlers, der in einer chemischen Fabrik experimentiert und das Grundlagenwissen, das in anderen Bereichen entwickelt wurde, vielleicht nur technisch anwendet?

Das Ausmaß, in dem sich naturwissenschaftliche Forschungsarbeit verallgemeinern läßt, und die Geschwindigkeit, mit der sie heute technisch umsetzbar ist, konfrontieren die Arbeit des Naturwissenschaftlers und des Ingenieurs im Hinblick auf eine Verantwortungsethik ihres spezifischen beruflichen Handelns mit ganz neuartigen

Problemen, gerade was die Produktion von Bausteinen eines Gemeinwesens betrifft, das Grundlage einer vernünftig organisierten Weltgesellschaft sein könnte. Die Beziehung der im Wissenschaftsprozeß verausgabten lebendigen Arbeit zum Gemeinwesen, das kein bloßes Gegenüber mehr ist, kein abstraktes Jenseits dieser Wissensproduktion, sondern selbst deren Resultat, muß neu bewertet werden. Verantwortung für das zu übernehmen, was an wissenschaftlicher Erkenntnis über die Natur und das menschliche Leben öffentlich wirksam werden kann, setzt daher soziologisches und gesellschaftspolitisches Wissen voraus. Die Forschungsarbeit des Naturwissenschaftlers enthält zunehmend Imperative, die auf die Sorge und die Mühe um ein vernünftig eingerichtetes Gemeinwesen zielen. Die beabsichtigten Wirkungen naturwissenschaftlichen Handelns werden ebenso wie die unbeabsichtigten Nebenfolgen Bestandteile des bestehenden Macht- und Herrschaftssystems, ob einzelne Chemiker, Biogenetiker, Physiker das nun wollen oder nicht. Individuell hat es natürlich immer Naturwissenschaftler gegeben, die sich der gesellschaftlichen Bedingungen ihrer eigenen Arbeit bewußt waren und auch der Folgen ihrer Erkenntnisarbeit. Zu einem historischen Imperativ ganz eigentümlicher Art ist ein solches Sollen erst geworden, als die Elite der Physiker der westlichen Welt daranging, eine Bombe mit bisher unvorstellbarer Zerstörungskraft zu konstruieren.

Wie »erfolgreich« die Kombination von naturwissenschaftlichem Wissen, ingenieurtechnischem Können und industrieller Macht sein kann, zeigt das Manhattan-Projekt, die Entwicklung der amerikanischen Atombombe ab 1942, die in den Abwurf der Bomben auf Hiroshima und Nagasaki mündete. Und welche Wirkungen dieser »Erfolg« auf das Selbstverständnis und die Verantwortungsethik der Physiker hatte, läßt sich nirgendwo besser studieren als in den sogenannten Farm-Hall-Protokollen, die durch Beschluß des britischen Oberhauses im Februar 1992 für die Öffentlichkeit freigegeben wurden. Kurz vor der Kapitulation am 8. Mai 1945 nahmen die Amerikaner zehn der besten Physiker des Deutschen Reiches in Gewahrsam, da sie unbedingt vermeiden wollten, daß deren Wissen in die Hände der Russen gelangt, und brachten sie in einer geheimgehaltenen Aktion unter dem Decknamen »Operation Epsilon« über Frankreich und Belgien nach England in den kleinen Ort Farm Hall. Dort wurden sie für acht Monate interniert und systematisch abgehört.

Das Abhörprotokoll ist Zeugnis eines historisch einzigartigen Gruppenexperiments, in dem persönliche Konflikte und verdeckte Rivalitäten ebenso zum Ausdruck kommen wie das Nachdenken darüber, was die physikalische Kompetenz, die Berufsethik des einzelnen für das Wohlergehen, für Sieg oder Niederlage Deutschlands bedeutet habe. Mit Otto Hahn, Max von Laue, Werner Heisenberg und Carl Friedrich von Weizsäcker gehörten weltberühmte Physiker zu dieser Gruppe, neben anderen, die im Dritten Reich eher wissenschaftspolitischen Rang einnahmen. Manche hatten eine Ahnung davon, daß jedes Wort abgehört wurde, aber keiner besaß Gewißheit darüber. Die Alterszusammensetzung war heterogen, mit Otto Hahn als dem Ältesten, sie waren charakterlich sehr verschieden, und auch das Kompetenzgefälle war erheblich. Gleichwohl scheint in dieser hochkarätigen Kleingruppe das Gemeinschaftsleben unter Internierungsbedingungen bis zu jenem Tag, an dem eine zunächst ungläubig aufgenommene, dann aber bestätigte Nachricht einsickerte, relativ konfliktfrei und ohne extreme emotionale Spannungen verlaufen zu sein: die Nachricht vom Atombombenabwurf auf Hiroshima am 6. August 1945.[87]

Der Überwachungsoffizier von Farm Hall hält im Protokoll fest: »Kurz vor dem Abendessen am 6. August informierte ich Prof. Hahn über eine Meldung der BBC, daß eine Atombombe abgeworfen worden sei. Hahn war von dieser Nachricht wie vernichtet und sagte, er persönlich fühle sich verantwortlich für den Tod von Hunderttausenden, weil es seine Entdeckung gewesen sei, die die Atombombe möglich gemacht habe. Er sagte mir, daß er sich, als er die schreckliche Tragweite seiner Entdeckung erkannt habe, ursprünglich mit dem Selbstmordgedanken getragen habe und daß jetzt, wo die Möglichkeit Wirklichkeit geworden sei, ihn die volle Schuld treffe.«[88] Nachdem beim Abendessen in der Runde der zehn Physiker die ursprüngliche Skepsis gewichen ist, ob die Alliierten mit dieser Meldung nicht doch einen Bluff beabsichtigten, um die Japaner zur Kapitulation zu veranlassen, setzt ein intensives Streitgespräch über die wissenschaftliche Kompetenz der Anwesenden ein, die sich (nicht zuletzt durch den Tatbestand der Internierung bestätigt) in Theorie und Forschung an der Weltspitze lokalisiert sehen. So geht es zunächst darum, herauszubekommen, ob sich die Atombombe überhaupt auf das Uranprojekt stützt, an dem sie seit Jahren gearbeitet haben. Weizsäcker sagt, er glaube nicht, daß es etwas mit Uran zu tun habe, das gleiche erklärt Heisenberg. Otto Hahn ist offenbar der einzige, der sich als Naturwissenschaftler nicht nur schuldig fühlt an dem kollektiven Unglück, sondern auch den Rückstand der deutschen Forschung offen eingesteht. Vor allem Heisenberg widerstrebt ein solches Bekenntnis. Hahn konstatiert unumwunden: »Auf jeden Fall, Heisenberg, Sie sind eben zweitklassig, und Sie können einpakken ... Die sind fünfzig Jahre weiter als wir. ... Armer Heisenberg!«[89]

Aber die Auseinandersetzungen über den Kompetenzstand der Physiker ist nur das Vorspiel für die entscheidende Frage: Waren wir imstande, die Bombe zu bauen? Oder hat es wenigstens in Deutschland die physikalisch-experimentellen Voraussetzungen dafür gegeben, daß man mit den Forschungsergebnissen aus dem Uranprojekt eine vergleichbare Bombe hätte bauen können? Hier geht es um die Verantwortung, die Naturwissenschaftler im Blick auf das Wohl und Wehe des gesellschaftlichen Ganzen übernehmen, und auch in diesem Punkt bezieht Otto Hahn in einem Gespräch mit Walther Gerlach, dem Leiter der Fachgruppe Physik im Reichsforschungsrat, am deutlichsten Stellung. »Sind Sie außer sich, weil wir die Uranbombe nicht gebaut haben? Ich danke Gott auf den Knien, daß wir keine Uranbombe gebaut haben. Oder sind Sie deprimiert, weil die Amerikaner besser waren? Gerlach: Ja. Hahn: Sie sind doch mit Sicherheit nicht für eine so unmenschliche Waffe wie die Uranbombe? Gerlach: Nein. Wir haben nie an der Bombe gearbeitet. Ich habe nicht geglaubt, daß es so schnell gehen würde. Aber ich war allerdings der Meinung, daß wir alles unternehmen sollten, um die Energiequellen verfügbar zu machen und deren Möglichkeiten für die Zukunft zu nutzen.«[90]

Im nachträglichen Erschrecken darüber, daß Physiker imstande sind, eine Bombe mit solcher Zerstörungskraft zu konstruieren, werden schnell Entlastungsgründe gesucht und gefunden. Die einen sagen, wir wollten überhaupt keine Bombe herstellen; die anderen verweisen auf das geringe Interesse der Nazis, so etwas wie die Uranbombe hätte jenseits von deren Vorstellungswelt gelegen; die dritten haben nie an etwas anderes gedacht als an die Konstruktion einer Uranmaschine, die der Energiegewinnung dient und wohl den heutigen Kernkraftwerken vergleichbar ist. Trotzdem fühlen sich alle in ihrer professionellen Kompetenz als Physiker herabgestuft;

Heisenberg beschäftigt diese Herabstufung so sehr, daß er auf der Grundlage der wenigen Zeitungsmeldungen, die ihm zugänglich sind, die Bombe zu konstruieren versucht. Offenbar gelingt ihm das in wenigen Tagen. Aber auch das ist, nachdem Bomben auf Hiroshima und Nagasaki gefallen sind, für die deutschen Physiker nicht besonders befriedigend. So findet Carl Friedrich von Weizsäcker, Diplomatensohn und sprachmächtiger Deuter des beruflichen Selbstverständnisses der Physiker, jene Formel für die am Uranprojekt beteiligten deutschen Wissenschaftler, die bis in die achtziger Jahre hinein deren soziale Verantwortung zu bekräftigen schien. In Farm Hall sagt Weizsäcker: »Ich glaube, es ist uns nicht gelungen, weil alle Physiker im Grunde gar nicht wollten, daß es gelang. Wenn wir alle gewollt hätten, daß Deutschland den Krieg gewinnt, hätte es uns gelingen können.«[91] Hahn widerspricht entschieden.

Erst in dieser Formel zeigt sich ein verantwortungsethischer Entscheidungsspielraum. Die objektiven Möglichkeiten der deutschen Physiker, auch in Richtung einer Bombe zu arbeiten und nicht alles auf die Uranmaschine zu setzen, wären Voraussetzung für eine mehr oder weniger bewußte Widerstandshandlung gegen das Dritte Reich. Dazu hätten alle Erkenntnisse und technischen Mittel verfügbar sein müssen, eine solche Bombe zu bauen. Robert Jungk, einer der einflußreichsten Wissenschaftsjournalisten der Nachkriegszeit, hat in seinem 1956 erschienenen und in viele Sprachen übersetzten Buch »Heller als tausend Sonnen« die Geschichte der Atombombe als eine Geschichte wirklicher Menschen zu beschreiben versucht, wie Carl Friedrich von Weizsäcker in einem Brief an den Autor schreibt. Jungk setzt das Verantwortungsbewußtsein der Atomphysiker sehr hoch an und verschafft ihnen den Status einer Gruppe im passiven Widerstand. Um so bitterer ist die Enttäuschung, als er durch den detaillierten und umfassenden Forschungsbericht von Mark Walker über den wissenschaftlichen und technischen Stand der Arbeiten an der Uranmaschine[92] endgültig den Beweis erhält, daß die deutsche Atombombe ein Mythos ist, daß die Wissenschaftler sie überhaupt nicht hätten produzieren können. Aber noch schlimmer: Die deutschen Elitephysiker hatten mit der Entscheidung, ob sie an einer Uranmaschine arbeiten, um die im Verlauf des Krieges zunehmenden Energieprobleme zu lösen, oder eine Bombe zu bauen, praktisch nichts zu tun. »Der Entschluß, die Bombe nicht zu bauen, kam von den staatlichen und industriellen Instanzen, ohne daß die Forscher dabei wesentlich mitwirkten. Auch bei den Siegermächten scherten sich die Machtträger wenig um die Ansichten ihrer ›Scientific community‹ und deren Bedenken. Sie setzten die ursprünglich nur zur Abschreckung einer befürchteten deutschen Bombe gedachten Atomwaffen gegen Ziele in Japan ein, für die sie angeblich nie bestimmt waren, und führten trotz der mannigfachen Proteste des Großteils der über die Wirkungen ihrer Arbeiten zutiefst erschrokkenen Wissenschaftler auch nach Kriegsende ihre nuklearen Rüstungsvorhaben unbeirrt fort.«[93]

Das verantwortungsbewußte Handeln, das Carl Friedrich von Weizsäcker nachträglich den deutschen Physikern zuzuschreiben versucht, enthüllt das Buch von Mark Walker als Lügengewebe. Einzelne Nazigrößen hatten nur Spott übrig für das, was in den Konzeptionen mancher Physiker als eine Uranbombe mit einer ungeheuren Zerstörungskraft bezeichnet wurde. Hätten die militärischen und wirtschaftlichen Entscheidungsträger des Dritten Reiches eine solche Bombe in ihre Strategie einbezogen und hätten sie vergleichbare Mittel mobilisiert wie das Manhattan-Projekt, dann wäre in der Tat das möglich gewesen, was Carl Friedrich von Weizsäcker selbstbewußt behauptet: Sie hätten die Bombe bauen können. Unter diesen Bedingungen wären die Machtverwicklungen, wie die Untersuchung von Mark Walker zeigt, allerdings so stark gewesen, daß sich nur wenige dem nationalen Auftrag hätten entziehen können. Denn selbst Otto Hahn, von dem man annahm, daß er sich jeder Zusammenarbeit mit den Behörden des Dritten Reiches enthalten habe, und dessen Erschütterung über den Abwurf der Bomben auf Hiroshima und Nagasaki durchaus echt war, hatte regelmäßig an das Heereswaffenamt über die mögliche Verwendung der Arbeit seines Instituts zu militärischen Zwecken berichtet.

Die Farm-Hall-Protokolle und die Untersuchungen von Mark Walker dokumentieren Machtverwicklungen der deutschen Physiker, die Mittäterschaft vermuten lassen. Einige der damaligen Physiker hatten sich in ihrem Machtbewußtsein so verstiegen, daß sie es für möglich hielten, mit ihrer physikalisch-kriegstechnischen Kompetenz Machtentscheidungen des Dritten Reichs zu beeinflussen. Das war eine komplette Illusion. Bleiben muß uns davon die Einsicht, daß die lebendige Arbeitskraft des Naturwissenschaftlers nicht im Machtvakuum der Wahrheitssuche und der wertfreien Erkenntnisneugierde existiert. Die Unschuld der Naturbeherrschung, soweit sie der Naturwissenschaftler vorbereitet, hat es sowieso nie gegeben. Aber wenn es um Forschungen geht, deren Ergebnisse benutzt werden können, um die Lebensgrundlagen einer Gesellschaft, ja der ganzen Menschheit zu vernichten, dann ist Verantwortungsethik des Naturwissenschaftlers nicht mehr in das Belieben des einzelnen gesetzt. Die gesellschaftliche Verantwortung für das, was er tut und unterläßt, ist unabdingbar an seine professionelle Kompetenz und seine Arbeitsprozesse gebunden.

Das Manhattan-Projekt, Atombombe und Uranmaschine, die Verwicklungen deutscher Wissenschaftler in das Machtgefüge des Dritten Reiches haben einen politisch-philosophischen Diskurs zur Verantwortung des Naturwissenschaftlers in Gang gesetzt, der so in den zwanziger Jahren noch nicht existierte. 1921 hatte Max Born, einer der bedeutendsten Physiker des zwanzigsten Jahrhunderts, in seiner Erörterung der Einsteinschen Relativitätstheorie noch geglaubt, daß die naturwissenschaftlichen Forschungsmethoden allen anderen vom Subjekt abhängigen Betrachtungsweisen wie der Philosophie, der Dichtung oder der Religion überlegen seien: »... und ich meinte sogar, daß die Sprache der Wissenschaft durch ihre Klarheit und Eindeutigkeit ein Schritt auf dem Wege zum besseren Verständnis der Menschen untereinander bedeute ... Mein einstiger Glaube an die Überlegenheit der naturwissenschaftlichen Denkweise über andere Wege zum Verstehen und Handeln scheint mir jetzt eine Selbsttäuschung«, erklärte er im Jahre 1951.[94]

Es ist charakteristisch für diesen ethischen Diskurs über die Funktion der Naturwissenschaften, daß er von den bedeutendsten Naturwissenschaftlern selbst ausgeht. Was die Antriebskraft aller Kopernikanischen Wenden im Denken bezeichnet, die Suche nach einer wissenschaftlich begründeten Basis, von der aus gesicherte Orientierung möglich ist, eine Art Archimedischer Punkt, an dem der Hebel der Besserung angesetzt werden kann – diese Form der Wahrheitssuche wird zunehmend in Frage gestellt. 1935 konstatiert Born noch in »The Restless Universe«: »Wir haben das Ende unserer Forschungsreise in die Tiefe der Materie erreicht. Wir suchten nach einem ruhenden Punkt und fanden keinen. Je tiefer wir vordringen, desto ruheloser wird das Weltall, um so unbestimmter und nebliger. ... Erkenntnis der Wahrheit ist das Ziel des Forschers. Aber nirgendwo findet er etwas Ruhendes, Dauerndes. Nicht alles läßt sich erforschen, noch weniger vorhersagen. Aber die Menschheit ist befähigt, wenigstens einen Teil der Schöpfung zu erfassen und zu verstehen. Inmitten der Flucht der Erscheinungen stehen die Naturgesetze unwandelbar und unerschütterlich.«[95] Aber in einer Nachschrift zu diesem Buch erklärt Max Born 1951 das naturwissenschaftliche Pathos, mit dem er die Erforschung der scheinbar ewigen Naturgesetze beschrieb, als illusionär, ja betrügerisch: »Seit ich vor fünfzehn Jahren diese letzten Zeilen schrieb, haben sich große und furchterregende Ereignisse abgespielt. Der Tanz der Atome, der Elektronen und Kerne, der in all seiner Wildheit doch Gottes ewigen Gesetzen unterliegt, wurde verstrickt in die Geschehnisse einer anderen ruhelosen Welt, die wohl des Teufels sein mag: In den Kampf der Menschen um Macht und Herrschaft, aus dem Geschichte wird. Mein optimistischer Glaube an ein Forschen nach Wahrheit um ihrer Selbst willen ist schwer erschüttert worden, und ich kann nur über meine Einfalt den Kopf schütteln, wenn ich die Zeilen wieder lese, die ich über die moderne Erfüllung des Traums der Alchimisten schrieb: ›Heute aber ist das treibende Motiv nicht die Gier nach Gold, gehüllt in das geheimnisvolle Gewand der magischen Kunst, sondern der reine Wissensdrang des Forschers. Denn von Anfang an ist es klar, daß wir auf diesem Wege keine Reichtümer erwerben können.‹ ... Aber die moderne Alchimie bedeutet sogar einen noch schnelleren Weg zu diesem Ziel, sie verleiht unmittelbar Macht. ... Mir scheint, daß die Forscher, deren Arbeit schließlich zur Erfindung der Atombombe führte, zwar außerordentlich geschickte, ja geniale Wissenschaftler waren, aber nicht weise Menschen. Sie lieferten die Früchte ihrer Entdeckungen bedingungslos an Politiker und Militärpersonen aus und verloren dadurch ihre moralische Integrität und ihre geistige Freiheit.«[96]

Max Born macht nicht den Versuch, das, was am 16. Juli 1945 mit der versuchsweisen Explosion in der Nähe von Los Alamos in New Mexico passierte und dann im August zu einer beispiellosen Massentötung führte, den skrupellosen Machttechnikern und Politikern anzulasten und sich selbst als Physiker von Verantwortung freizusprechen. Wie gesellschaftliche Machtverhältnisse mit Forschungsergebnissen zu den Bausteinen des Universums umgehen und für welche Zwecke der Mensch, als eine Art Prothesengott, die Dienstleistungen der Naturwissenschaftler verwendet – das läßt sich nicht losgelöst von der Berufsethik und der gesellschaftlichen Verantwortung des Physikers betrachten. »Dies ist nicht der Ort, mein persönliches Urteil über die Staatsmänner auszusprechen, die die Entscheidung trafen, ein derartig brutales Machtmittel anzuwenden (den Abwurf der Bomben auf Hiroshima und Nagasaki). Es gibt viele Präzedenzfälle, und es besteht kein wesentlicher Unterschied darin, ob 20 000 Menschen in einer Nacht oder 50 000 in einer Minute getötet werden. Da ich aber Physiker bin, beunruhigt mich die Frage: Inwieweit ist die Physik, sind die Physiker für dieses Geschehen mitverantwortlich?«[97]

Die Frage, ob wir denn alles wissen müssen, was wir wissen können, hat als politischer und ethischer Diskurs zum Problem der Atomkraft die Menschen bis zum heutigen Tage nicht in Ruhe gelassen. Im April 1957 unterschrieben achtzehn Atomwissenschaftler, darunter Werner Heisenberg, Otto Hahn und Carl Friedrich von Weizsäcker, einen Brief, in dem sie erklären, sie würden nie an der Herstellung von Kernwaffen arbeiten oder sich an solchen Arbeitszusammenhängen beteiligen; sie fordern die Bundesregierung auf, ihre Pläne zur atomaren Aufrüstung zu begraben. Für die Unterzeichner ist es mit der Würde eines Naturwissenschaftlers nicht zu vereinbaren, seine Arbeitskraft in den Dienst der Herstellung und Anwendung von Massenvernichtungswaffen zu stellen. Diese erste Verweigerungserklärung kompetenter Naturwissenschaftler hat zentrale Bedeutung für eine Neubestimmung des Verhältnisses der naturwissenschaftlichen Arbeit zum gesellschaftlichen Ganzen. Einer der ersten, der bewußt seine Arbeitskraft verweigert hatte, als ihm klar wurde, daß die Deutschen die Atombombe nicht bauen können, war der Physiker Joseph Rotblat, der aus dem Manhattan-Projekt ausstieg. Er war an der Gründung der Pugwash-Bewegung beteiligt, von der starke Impulse für die Friedensbewegung und für eine öffentliche Debatte über Kriegstechnik und Atomenergie ausgingen.[98]

Nun könnte gegen die Übertragung dieser Verantwortungsethik auf andere gesellschaftliche Bereiche der Einwand gemacht werden, daß es zweier großer Katastrophen, also der Erfahrung des kollektiven Unglücks bedurfte, um durch zahlreiche politische Debatten, Massenproteste und passiven Widerstand, durch immer wieder aufgenommene öffentliche Diskussionen jenen Stand der Auseinandersetzung mit der Atomtechnologie zu gewinnen, der Deutschland jetzt einen langfristig geplanten Ausstieg selbst aus der friedlichen Nutzung dieser Energiequelle ermöglicht. Hunderttausende mußten sterben, in Hiroshima, Nagasaki, durch Verstrahlungen bei Atomunfällen in vielen Ländern und Bereichen, schließlich durch die Explosion des Tschernobyl-Reaktors. Es handelt sich um einen langwierigen und umwegigen gesellschaftlichen Lernprozeß, der noch längst nicht abgeschlossen ist.

Diese öffentlichen Lernprozesse werden offensichtlich von jenen Naturwissenschaftlern, die mit den Bauelementen des menschlichen Lebens zu tun haben, nur unvollkommen fortgesetzt, obwohl man doch annehmen könnte, daß Wissenschaftler um so größere Scheu vor dem Eindringen in die Mikrostrukturen des Lebens haben, je greifbarer manipulative Verwendungstechniken sind. Hiroshima und Tschernobyl waren katastrophische Geschichtszeichen, die die Dimensionen des Machbaren bis zu dem Punkt kenntlich machten, der die Selbstzerstörung der menschlichen Lebensgrundlagen bezeichnet. Katastrophen dieser Art sind sichtbare Rauchzeichen, plastische Ausdrucksformen von Prozessen, die sich, soweit sie Produkte lebendiger Arbeit sind, dem Zugriff unserer herkömmlichen Sinne weitgehend entziehen. Darin mag einer der Gründe liegen, warum es erst des kollektiven Unglücks bedarf, um öffentliche Aufmerksamkeit für das herzustellen, woran die Wissenschaftler eigentlich arbeiten.

Max Born hat die Antiquiertheit und Rückständigkeit unserer Sinne angesichts der wachsenden Feinarbeit des Naturwissenschaftlers so beschrieben: »In der Flut unsichtbaren Lichts, das das geistige Auge des Physikers umwogt, ist das körperliche Auge fast blind; so klein ist der Bereich von Schwingungen, den es zur Empfindung bringt. ... Unhörbare Töne, unsichtbares Licht, unfühlbare Wärme: Das ist die Welt der Physik, kalt und tot für den, der die lebendige Natur empfinden, ihre Zusammenhänge als Harmonie begreifen, ihre Größe anbetend bewundern will. Goethe hat diese starre Welt verabscheut; seine grimmige Polemik gegen Newton, in dem er die Verkörperung einer feindlichen Naturauffassung sah, beweist, daß es sich hier um mehr handelt als um den sachlichen Streit zweier Forscher über Einzelfragen der Farbenlehre.«[99]

Günther Anders, wohl der bedeutendste politische Philosoph außerhalb der »Republik der Physiker«, der die gesellschaftlichen Folgen der Atomtechnologie[100] bis hinein in die anthropologischen Verästelungen aufgezeigt hat, spricht von einer chronischen Apokalypseblindheit. Ins Zentrum seiner »Diskrepanz-Philosophie« rückt er den epochalen Widerspruch zwischen der Vorstellungskraft des Menschen und seiner Herstellungskraft. Die Menschen sind dem, was sie durch Verausgabung lebendiger Arbeitskraft produzieren und in ihrer Außenwelt anhäufen, weder in ihren traditionell grobgriffigen Sinnesausstattungen noch in ihrem konkreten Vorstellungsvermögen von den Folgen dieser Produkte für ihre gesellschaftlichen und menschlichen Lebensgrundlagen gewachsen. Anders versteht seine Philosophie als ein weites Feld von Variationen über ein einziges Thema: die »Diskrepanz der Kapazität unserer verschiedenen Vermögen«.[101] Was die Technik für das Leben der Menschen und für die Gesellschaft – in ihren nationalen Traditionen ebenso wie in ihren postnationalen Konstellationen – eigentlich bedeutet, bildet die Grundlage einer Verantwortungsethik, die ihre Normen aus dem bezieht, woran die Menschen arbeiten, was sie mit ihrem Wissen beabsichtigen und wem sie ihre Dienstleistungen zur Verfügung stellen. Im Vorwort zur fünften Auflage der »Antiquiertheit des Menschen«, die zuerst 1956 erschien, schreibt er: »Meine damaligen Schilderungen waren keine Prognosen, sondern Diagnosen. Die drei Hauptthesen: daß wir der Perfektion unserer Produkte nicht gewachsen sind; daß wir mehr herstellen als vorstellen und verantworten können; daß wir glauben, das, was wir können, auch zu dürfen, nein: zu sollen, nein: zu müssen – diese drei Grundthesen sind angesichts der im letzten Vierteljahrhundert offenbar gewordenen Umweltgefahren leider aktueller und brisanter als jemals.«[102]

Die drei Problembereiche, die er benennt, betreffen unsere Nähebeziehungen genauso wie die Weltgesellschaft. Die großen Hoffnungen der auf Technik setzenden Krisenlösungen scheinen nur die Arbeitsfelder zu wechseln, aber das prometheische Pathos nicht zu verlieren. Kaum rückt der politische Konsens über einen Ausstieg aus der Atomtechnologie in die Nähe des Praktikablen, geht es schon in einem anderen, nicht weniger sensiblen Forschungsbereich mit vergleichbar großen Versprechungen weiter. Mit der Atomenergie wollte man Wüsten bewässern und unbewohnbares

Land urbar machen, jetzt geht es um Heilung und Vermeidung individuellen Unglücks.

Türöffnungen für biologische Selektionen

Im Falle der modernen Biotechnologie geht es weniger um machtvolle Kriegsdrohungen und Abschreckungspotentiale, sondern um massive Standortvorteile im globalisierten Wirtschaftswettbewerb, die die Forscher antreiben, möglichst weit in die Biosphäre einzudringen, um technisch verwertbare Patente zu sichern. »Unter Forschern herrscht Goldgräberstimmung. Bei embryonalen Stammzellen geht es um einen Milliardenmarkt.«[103] Das menschliche Leben scheint zum strittigen Objekt von Patentrechten geworden zu sein. Bemerkenswerterweise melden sich in der gegenwärtigen Ethikdebatte über Embryonenforschung, Stammzellenforschung, Klonen und andere Genmanipulationen kaum einmal die Gentechniker selbst, die in diesen Arbeitsprozessen tätigen Forscher, zu Wort, obwohl es doch um Legitimationen für die Definition und Umdefinition von menschlichem Leben geht, nicht um tote Materie.

Als die atomaren Gefahren den Menschen besonders bewußt waren, haben bedeutende Naturwissenschaftler durchaus vor der blinden Wiederholung gewarnt, was die Vererbungsforschung und deren gentechnologische Verwendung betrifft, zum Beispiel Erwin Chargaff, Mitbegründer der biochemischen Forschung und der Gentechnologie: »Zwei verhängnisvolle wissenschaftliche Entdeckungen haben mein Leben gezeichnet: Erstens die Spaltung des Atoms, zweitens die Aufklärung der Chemie der Vererbung. In beiden Fällen geht es um Mißhandlung eines Kerns: des Atomkerns, des Zellkerns. In beiden Fällen habe ich das Gefühl, daß die Wissenschaft eine Schranke überschritten hat, die sie hätte scheuen sollen.«[104] Aber Ende der siebziger Jahre handelt es sich um einsame Rufer, und die wenigen Wissenschaftsjournalisten, die das Zeitalter der synthetischen Biologie, der intimen Verbindung von Ingenieurwesen und Biologie zu einem Genetic Engineering, heraufziehen sehen, finden nur dort Gehör, wo es um die Produktion biologischer Kampfstoffe geht. Jost Herbig, mehrere Jahre in der Industrie als Leiter von Entwicklungsabteilungen tätig, Mitarbeiter an Umweltschutzprojekten, schließlich wissenschaftlicher Schriftsteller, schreibt 1980: »Der heutige Zustand der Biologie gleicht dem der Physik der vierziger Jahre. Nach einem Höhenflug der theoretischen Erkundung grundlegender Naturgesetze plant man nun die Anwendungen. Wissenschaftliche Träumereien und technische Utopien werden greifbar. Eine rasch wachsende Zahl von Biologen und Medizinern arbeitet an der Verwirklichung dessen, was kurz zuvor noch unmöglich erschien.«[105] Keine zwei Jahrzehnte später hat sich die biogenetische Forschungslandschaft in einer Weise verändert, daß man annehmen könnte, auf diesem Feld gehe es jetzt um die Entscheidungsschlacht über Wohl und Wehe der Menschen, über Hunger und Nahrung, Gesundheit und Krankheit – und die neuesten Krisenlösungen werden genau hier erprobt, ohne daß auf die Atomdebatte und das, was man aus ihr lernen kann, Bezug genommen würde.

Die Diskussion um dieses Wissenschaftsfeld gibt ein bemerkenswertes Bild vom Geisteszustand unserer Kultur. Eine neue große Hoffnung des Jahrhunderts tut sich auf, wenn man den kompetenten Naturwissenschaftlern und den anwendungsfreudigen Ingenieuren zuhört oder ihre von Optimismus durchtränkten Rechenschaftsberichte liest. Die politischen Modernisierer stehen in der Regel ganz auf ihrer Seite. Da mittlerweile die Patentämter belagert werden, müssen Juristen, die sonst eher im stillen arbeiten, ins Licht der Öffentlichkeit treten, um die bestehende Rechtslage bezüglich biochemischer Erfindungen zu klären. Lutz van Raden, Richter am Bundespatentgericht in München, stellt zwar klar, daß es ein Patent auf Leben nicht geben könne, sehr wohl sei aber das ausschließende Nutzungsrecht einer bestimmten Eigenschaft möglich, die in einem Lebewesen verkörpert oder nutzbar gemacht worden ist. »Verfahren zur Veränderung der Keimbahnen von Menschen, das Klonen von Menschen und die Verwendung von menschlichen Embryonen sind nach der Richtlinie ausdrücklich als Verstoß gegen die öffentliche Ordnung und die guten Sitten von der Patenterteilung ausgeschlossen. Dieser Ausschluß ist in allen Mitgliedsstaaten der Europäischen Union und auch für das Europäische Patentamt bindendes Recht. In keinem Fall kann sich die Wirkung eines Patents auf einen Menschen erstrecken. Selbst wenn ein Mensch im Rahmen einer medizinischen Behandlung ein patentiertes Gen oder eine patentgeschützte Zellinie verabreicht bekommt, kann der Patentinhaber in keinem

Fall irgendwelche Rechte gegenüber diesem Menschen geltend machen.«[106]

Aber was bedeutet das schon, wenn die gegenwärtigen Patentrichtlinien im Europäischen Rechtssystem bestimmte ausschließliche Nutzungsrechte nicht zulassen? Lutz van Raden betont, daß über die kulturellen Probleme, wie weit Forschung in bezug auf menschliches Leben gehen darf und inwieweit die Ergebnisse technische Anwendung finden können, weder im Patentrecht noch in den allgemeinen rechtlichen Regelungen überhaupt entschieden werden kann. Das ist ja gerade die gegenwärtige Kampffront, für die Truppen aus sehr verschiedenen Quellen rekrutiert werden. Die Ingenieure und industriellen Verwerter drängen, um in der globalisierten Konkurrenz Standortvorteile zu ergattern; hilfswillige Ideologen übertragen Hoffnungsargumente aus der Atomdebatte jetzt auf die Biologie, indem sie Versprechungen machen, Hunger zu beseitigen, Krankheiten zu heilen, unnötige Krankheitskosten zu vermeiden. Immer gehen die Argumente einher mit einer Art Naturalisierung der Krisen und der Krisenlösungen. Schließlich mag für diese massive Frontstellung auch von Gewicht sein, daß die Todesangst und das Bedürfnis, Leid zu mindern oder zu vermeiden, gerade in einer zunehmend überalterten Gesellschaft eine große Rolle spielen.

Bei aller Kontroverse scheint jedoch unstrittig zu sein, daß es in der gegenwärtigen biogenetischen Debatte um mehr geht als um Privilegien einer bestimmten Gruppe von Naturwissenschaftlern, die auf dem Wege der Wahrheitsfindung dabei sind, Baupläne des menschlichen Lebens zu entschlüsseln. Was sie tun, berührt zentral die menschliche Würde, unseren kulturell geprägten Begriff vom Menschen und – nicht weniger wichtig – die Struktur der Gesellschaft, in der wir mit Menschen leben wollen, die nicht künstlich hergestellt, nicht aus einzelnen Teilen industriell kombinierte Gestalten sind.

Wo soviel Engagement von so vielen Seiten gezeigt wird, will niemand, der sich als modern und aufgeschlossen bezeichnet, zurückstehen. »Bundesregierung setzt auf Zukunftstechnologie«, heißt es in der »Süddeutschen Zeitung« vom 5. Juli 2000. »Deutsche Genforschung soll an die Weltspitze. Im nächsten Jahr wird die Förderung um 144 Millionen Mark aufgestockt – hinter den USA Platz 2 angestrebt.« So kann es passieren, daß unter dem Interessendruck, dem die Wissenschaftler selbst kaum etwas entgegenstellen, der Präsident der Deutschen Forschungsgemeinschaft, selbst ausgewiesener Naturwissenschaftler, Grundentscheidungen, ob an embryonalen Stammzellen geforscht werden soll oder mit adulten Stammzellen experimentiert werden darf, innerhalb kürzester Zeit korrigiert. Gefragt, wie er seine Niederlage innerhalb der DFG-Gremien einschätze, erklärt Ernst-Ludwig Winnacker: »In der DFG, in der wissenschaftlichen Gemeinde, gibt es natürlich ganz verschiedene Meinungen. Die breite Mehrheit ist sicher die, die sagt, wir sollten jetzt mit der Forschung an Stammzellen aus überzähligen Embryonen anfangen. ... Ich empfinde das gar nicht als Niederlage. Ich habe diesen Schritt getan, nachdem ich mich überzeugt habe, daß das wissenschaftlich Hand und Fuß hatte. Die Lage hat sich in wenigen Monaten völlig geändert.«[107]

Die Veränderung einer Grundentscheidung in wenigen Monaten? Ist das glaubwürdig bei einem so privilegierten Kenner der Materie? Das Beispiel zeigt, daß Machtinteressen bis in die Stammzellenforschung hineinragen, und das gilt für alle biotechnischen Neuerungen, mit denen wir heute zu tun haben, für die In-vitro-Fertilisation, für Präimplantationsdiagnostik, für genidentisches oder fastidentisches Kopieren und Vermehren durch Klonen und viele andere Dinge. Praktisch jeder Forschungsschritt ist heute eng mit der industriellen Verwertung verknüpft, kann also auch unterhalb der Rechtsebene und der Moralvorstellungen gesellschaftliche Anwendung finden. Wie sollte man eine Balkenüberschrift in der renommierten »Financial Times Deutschland« anders verstehen als im Sinne eines globalen, das heißt auf die entwickelten Länder beschränkten Wettbewerbs um technisch-industrielle Verwendungen von Forschungsergebnissen im Bereich der Lebenssubstanz von Menschen: »Endspurt im Wettlauf um Erforschung menschlicher Gene. Wissenschaftler des weltweiten Genom-Projektes wollen Code demnächst veröffentlichen.«[108]

Als die ganz große Hoffnung der Medizin für die nächsten fünfzig Jahre gilt die Forschung an embryonalen Stammzellen, weil sie ein potentielles Reservoir für die Züchtung von Organen darstellen – Nieren, Hornhaut, Leber oder Herzen –, die geschädigte Organe gewebeverträglich, schnell und billig ersetzen können.[109] Doch wie labil und unsicher diese Wissenschaftsöffentlichkeit ist, wenn sie sich aus dem kulturell-ethischen und dem politischen Zusammenhang der Gesellschaft herauslöst, zeigt die Nachricht, daß es Düsseldorfer Medizinern gelungen ist, dem Rückenmark entnommene Stammzellen ins Herz von Infarktpatienten zu transplantieren, um zerstörtes Gewebe wieder aufzubauen, woraufhin sich innerhalb von zehn Wochen die Infarktgröße um ein Drittel verringert, die Herzleistung deutlich verbessert hat.[110] Daraufhin erfolgt in kurzer Zeit ein öffentlicher Stimmungsumschwung, eindeutig zugunsten der Kritiker einer embryonalen Stammzellenforschung.

So stellen sich hier Fragen, welche die Berufsethik des Naturwissenschaftlers in der Genforschung genauso betreffen wie die Gesellschaft insgesamt, deren Machtgruppen plötzlich mit Experimentalergebnissen am Menschen ausgestattet werden, von denen die Nazis noch nicht einmal zu träumen gewagt hätten. Sind die schrecklichen Enthüllungen während des Nürnberger Ärzteprozesses völlig aus dem Gedächtnis unserer Gesellschaft geschwunden?[111] Ich habe auf Max Born und einzelne andere Atomphysiker verwiesen, wie sie selbstkritisch ihre Forschernaivität einbekannten, nachdem sie sehen mußten, daß es wesentlich von der Struktur einer Gesellschaft abhängt, wie ihre Forschungen verwendet werden. Es geht hier nicht darum, den Wissenschaftlern ihre grundgesetzlich verbürgten Freiheitsrechte zu beschneiden. Aber die von Chargaff gestellte Frage: Müssen wir denn alles wissen, was wir wissen können? ist gleichzeitig die Entscheidung über die Grenzen der Machbarkeit. Das Fatale unseres wissenschaftlichen Zeitalters ist, daß die großbetriebliche Wissenschaftsorganisation nicht nur interessierte Geldgeber bedarf, sondern selbst die Grundlagenforschung als anwendungsbezogen definiert. So kann man es nur als Skandal bezeichnen, wenn mit demselben Atemzug, der das globale Denken beschwört, sophistische Überlegungen, ob der Frühembryo bereits als vollwertig und deshalb der Würde teilhaftiger Mensch zu betrachten sei oder wann überhaupt der Mensch beginne, Mensch zu sein, völlig die Existenzprobleme von Hunderten Millionen Menschen überlagern: verschmutztes Wasser, Leiden an Aids, Hunger, Mangel an medizinischer Versorgung, an Hygiene, Kanalisation, Alphabetisierung – Existenzprobleme, die bereits geborenes, von Menschen geborenes Leben einschränken, abbrechen, entwürdigen. Gewiß ist das, was die Nazis an Menschenzüchtung planten, mit dem, was sich gegenwärtig abzeichnet, nicht zu verwechseln. Aber es muß doch deutlich werden, daß es nicht von den Forschern abhängt, wie und in welchen Kombinationen ihre Forschungsergebnisse verwendet werden. Sie müssen sich Gedanken darüber machen, was sie verantworten können, auch dann, wenn in einem globalisierten Zusammenhang autoritäre und totalitäre Systeme ihre Ergebnisse ganz anders verwenden, als sie beabsichtigt waren. Das meint Max Weber mit der Verantwortung für die auch unbeabsichtigten Nebenfolgen des eigenen Handelns.

Die Nazis wollten Rassemerkmale züchten. Ist es ausgeschlossen, daß eine Gesellschaft auf den Gedanken kommt, Menschen genetisch für bestimmte Arbeitsplätze oder gar Kriegstugenden zu produzieren? Ist vielleicht der eigensinnige Kritiker bestehender Herrschaftsverhältnisse, ohne Ahnung davon zu haben, bereits auf dem genetischen Abstellgleis? Werden nur noch Menschen zugelassen, die als außengeleitete Trabanten um das Kapital kreisen? Bei all diesen Fragen geht es nicht nur um die weisen Entscheidungen von Ethikkommissionen, sondern zentral darum, wie die Gesellschaft aussehen soll, in der die lebendige Arbeit von Naturwissenschaftlern eingebunden ist in kategorische Imperative, die nur als Selbstverpflichtungen tragfähig sind.

Was verstehen wir unter der Verantwortung des Wissenschaftlers für unsere gesellschaftlichen Verhältnisse, wenn wir über globalisierte Zusammenhänge nachdenken? Legen wir die Existenzbedingungen der Menschen außerhalb des Betrachtungskreises derjenigen, die mit Macht in die gesellschaftlichen Verhältnisse eingreifen, so daß die Verausgabung des eigenen lebendigen Arbeitsvermögens und menschliche Würde nicht mehr ineinander verschränkt sind, dann kann aus der globalisierten Weltgesellschaft nur ein Schrotthaufen entstehen. Die Bestimmung der Grenzen technischer Machbarkeit steht am Anfang der Selbstreflexion unserer Gesellschaft. Denn ist der Mensch erst auf den Vorrat eines Ersatzteillagers gebracht, dessen Ökonomie in der kostengünstigen Beschaffung von Teilorganen besteht, dann könnten auch die Kraft und das Pathos für die Gestaltung des gesellschaftlichen Ganzen verlorengehen.

Aber es geht hier gar nicht um den speziellen Teil von Technologien, für die Ärzte und Naturwissenschaftler Verantwortung übernehmen können; Technik selbst ist als ein gesellschaftliches Projekt zu verstehen, das von Menschen geplant und in Gang gehalten und in bestimmte Richtungen gedrängt wird. Die Faszination des technisch Machbaren hat viel weitere Bereiche erfaßt als die, deren Berufsethiken ich hier exemplarisch zu erläutern versucht habe. Es ist deshalb notwendig, den Blick auf die der Technik innewohnenden Mechanismen der Herrschaftssicherung und der Anonymisierung von Verantwortung zu lenken.

Das Warten auf den sechsten Kondratieff

Wenn Technik als einzige Entwicklungsdimension der Zukunft gilt und die Marktgesetze den Rang von »Naturrecht« angenommen haben, hält das Vertrauen darauf, daß durch sie die Strukturprobleme einer modernen Gesellschaft bewältigt werden können, die Phantasie der politisch Mächtigen völlig in Bann. Wir müssen Technik wieder als ein gesellschaftliches Projekt behandeln und in die sozialen, ja philosophischen und ethischen Beziehungen der Menschen zurücknehmen, um dem technischen Fortschritt, der aus unseren Lebenszusammenhängen kaum wegzudenken ist, die ihm angemessene Stellung in der Gesellschaft zu verschaffen, ihm also eine proportionale Kulturbedeutung zu geben.

Immer wieder wurden Anläufe unternommen, den Einfluß von technologischen Basisinnovationen auf die Schaffung neuer Märkte und Arbeitsplätze zu erfassen, unter anderem in der schon angeführten Theorie der langen Wellen des russischen Volkswirtschaftlers Nikolai D. Kondratieff. Man spricht vom ersten, zweiten, dritten Kondratieff, von Basisinnovationen durch Dampfmaschine und Baumwolle, Stahl und Eisenbahn, Elektrotechnik und Chemie, bis hin zum fünften Kondratieff, der durch Informationstechnik, durch Computertechnologie definiert ist.

In seinem Buch »Der sechste Kondratieff. Wege zur Produktivität und Vollbeschäftigung im Zeitalter der Information« vertritt Leo A. Nefiodow, Schüler Kondratieffs und Erweiterer seines Ansatzes, die These, daß die Ära der Kommunikationstechnologie dem Ende zugeht. Der Erfindungsgeist in den Basisinnovationen sei ausgeschöpft, es käme nur noch zu Anwendungen in neuen Fachgebieten und Lernmethoden: Verfeinerungen der Computertechnologie entstehen in beschleunigter Folge, der Computer drängt in die Schulen. Aber all das vermag keine wirklich neuen Absatzmärkte zu schaffen und erst recht nicht soeben wegrationalisierte Arbeitsplätze in nennenswertem Umfang zu ersetzen. Bekanntlich hat die 1998 abgewählte Bundesregierung Helmut Kohls auf allen Ebenen die Kommunikationstechnologie aktiv gefördert und große Erwartungen in sie gesetzt, und auch die rot-grüne Regierung unterstützt sie nach Kräften. Doch wie steht es um die Zukunft einer Politik, die alle Hoffnungen auf eine Technologie setzt, deren Innovationspotentiale schon weitgehend erschöpft sind?

Nefiodow und eine wachsende Zahl anderer Gesellschaftsanalytiker sehen die Frage der menschlichen Lebensqualität ins Zentrum rücken: Krankheit und Gesundheit, Erholung, Ernährung, Bildung, Pflege im Alter, Erziehung in der Kindheit und Jugend – hier tun sich riesige Märkte auf, die gewaltige Steigerungsraten zu verzeichnen haben. Rund ein Sechstel des Sozialprodukts benötigen die hochentwickelten Staaten inzwischen für den Gesundheitssektor; in Deutschland waren es 1994 etwa 460 Milliarden DM, in den USA fast eine Billion US-Dollar. Unter Einbeziehung von Wirtschaftszweigen wie Ernährungsindustrie und den Teilen von Tourismus, Umwelt und Sport, die direkt der Gesundheit dienen, ist es fast ein Viertel des Bruttoinlandsprodukts. Um Nefiodow zu zitieren: »Ein guter Indikator zur Beurteilung der Zukunftsaussichten einer Branche ist die Entwicklung des Arbeitsvolumens. Die Zahl der Erwerbstätigen im Gesundheitssektor nahm in Deutschland zwischen 1983 und 1993 um über 600 Prozent zu; unter den großen Branchen waren dies die höchsten Zuwachsraten überhaupt. Dieser Trend besteht auch in den anderen Industrieländern.«[112]

Die Gesundheit des Individuums, die Sorge um erträgliche Näheverhältnisse und der pflegliche Umgang mit den verschiedenen Lebensabschnitten, das alles gewinnt nicht zuletzt durch die sprunghafte Entwicklung der Medizintechnik einen ganz neuen Stellenwert für die menschliche Lebensgestaltung. Operationstechniken, neue Arzneimittel, Gentechnologie und Transplantationserfolge, die an einen aus fremden Körperteilen zusammengesetzten neuen Menschen denken lassen, haben das humanistische Bild vom Menschen in seiner körperlichen und seelischen Integrität angetastet. Der Grundsatz der Heilkunst seit der Antike, Leben mit allen verfügbaren Mitteln zu bewahren, ist zu einem Problem der Apparatemedizin geworden, über die zufällig anwesende Ärzte oder sonstiges Krankenhauspersonal verfügen.

Niemand kann den medizinischen Fortschritt, der genauso viel zur Verlängerung der durchschnittlichen Lebensdauer beigetragen hat wie die Verbesserung der Ernährungsgrundlage, in Frage stellen. Gerade deshalb müssen wir jedoch darüber nachdenken, was würdiges Leben und würdiges Sterben ist. »Wie aber«, fragt Hans Jonas, »wenn durch besondere Umstände mein Sterben oder Nicht-Sterben in den Bereich der Wahl tritt; ... wie ist es, wenn das Sterben eines Menschenwesens unter menschliche Kontrolle kommt und seine eigene Stimme (wenn es die des Todeswunsches ist) vielleicht nicht die einzige ist, die dabei gehört werden muß?«[113] Ist ein Sterben Fortsetzung eines würdigen Lebens, also ein würdiges Sterben, wenn Menschen nur noch durch die Hilfsleistungen technischer Apparate lebendig gehalten werden können? Ist es zulässig, den klinisch toten Körper einer Mutter zu benutzen, um ein Kind ausreifen zu lassen? Ist vielleicht die Einsamkeit der Sterbenden in unserer Gesellschaft auch eine Folge der Apparatemedizin? Von Medizinern wie Atomphysikern wie Biochemikern verlangt unser Zeitalter eine ganz neue Berufsethik, die Verantwortung für die Menschheit in einem sehr weiten Sinne übernimmt.

Gerade die Fortschritte in der Medizintechnik führen aber auch zu gewaltigen Kostensteigerungen; medizinische Behandlung wird in fast allen industrialisierten Ländern nur noch durch eine wachsende Selbstbeteiligung der Kranken bezahlbar. Dabei geht es nicht nur um weitverbreitete schwere Krankheitsbilder wie Krebs, Herz- und Kreislauferkrankungen, Aids oder Rheuma. In gesellschaftlichen Erosionskrisen nehmen diffuse gesundheitliche Beeinträchtigungen wie Allergien und vegetative Störungen zu, die zum guten Teil psychisch bedingt sind und auf soziologische Erklärungsursachen drängen. Streß im gnadenlosen Wettbewerbsalltag, Selbstüberforderung, Arbeitslosigkeit, Schulden, familiäre Spannungen, Lebensängste sind gesellschaftliche Ursachen für vielfältige seelische und körperliche Beschwerden. Zwar hat der drohende Arbeitsplatzverlust die Krankenraten in vielen Bereichen signifikant sinken lassen, doch führt dies lediglich zu einer Verschiebung und sogar Erhöhung der gesellschaftlichen Kosten, wenn durch den Verzicht auf rechtzeitige Behandlung chronische Erkrankungen begünstigt werden. Laut

Nefiodow belief sich »der Gesamtverlust, den die deutsche Wirtschaft aus krankheits- und unfallbedingter Abwesenheit sowie durch vorgezogene Renteneintritte aufgrund von Erwerbs- und Berufsunfähigkeit erleidet, 1994 auf 400 Milliarden DM«.[114]

Der Kostenexplosion im Gesundheitswesen begegnete die frühere Bundesregierung vor allem mit Bemühungen, die Kosten möglichst konfliktfrei auf die Patienten abzuwälzen. Doch auch hier muß die »Ökonomie des Ganzen Hauses« beachtet werden. Was die Gesunderhaltung der Menschen am Ende kostet, ist vom Gesamtzustand der Gesellschaft, von dem, was man als Lebensstandort der Gesellschaft bezeichnen könnte, nicht zu trennen. Je weniger eine gesellschaftliche Reformpolitik auf die Gesundheit der Gesamtgesellschaft gerichtet ist, desto kostenaufwendiger wuchern die Einzelbereiche. Langfristiges Sparen einer Gesellschaft ist nur dann möglich, wenn die kollektiv produzierten Probleme, die das Leben des einzelnen bestimmen, kollektive Lösungen erfahren. Und gerade im Bemühen um die Gesundheit der Gesamtgesellschaft könnte eine große Zahl neuer, menschenwürdiger Arbeitsplätze entstehen: kulturelle Arbeitsplätze, Arbeitsplätze des Lernens und Erziehens, Arbeitsplätze in der Betreuung von Jugendlichen, Arbeitsplätze, die der Reintegration von straffällig gewordenen Menschen dienen, ganz abgesehen von jenen, die sich um Obdachlose kümmern, um sie in die Gesellschaft zurückzuführen.

Alles das sind Arbeitsplätze im öffentlichen Interesse. Warum sollte nicht ein beachtlicher Teil der 180 Milliarden Mark, die die Arbeitslosigkeit uns 1997 gekostet hat, und der 400 Milliarden Mark, die zum guten Teil gesellschaftlich bedingte Krankheiten die Wirtschaft gekostet haben, für solche nicht marktvermittelten Arbeitsplatzstrukturen verwendet werden? Das setzt allerdings eine Politik voraus, die das Gemeinwohl, die Lebensfähigkeit und die Regulierungskraft des Ganzen als Leitidee nimmt. Wer, wie das in der vergangenen Regierungsära vorherrschende Praxis war, die Zukunft bestehen will mit dem rigorosen Abbau der Sozialsysteme und der Privatisierung der Lebensrisiken und zur Hauptquelle der Krisenlösung eine breite Technologieförderung mit immer neuen Spitzenleistungen deklariert, dem wird es nicht gelingen, eine tragfähige moderne Gesellschaft zu errichten.

5. Müssen wir alles wissen, was wir wissen können?

Exemplarisch habe ich aufzuzeigen versucht, wie notwendig die Auflösung des Substanzbegriffs Technik ist, um konkrete Eingriffsmöglichkeiten zu entwickeln und aus der überwältigenden Ohnmacht gegenüber der Technologie als dem »stahlharten Gehäuse von Hörigkeit« (ein Wort, das Max Weber hauptsächlich auf die Bürokratie bezieht) herauszukommen. Vor irgendwelche Entscheidungen ist jeder und alltäglich gestellt. Darin unterscheidet sich die Lebenssituation des Haushalts, die betriebliche am Arbeitsplatz, der Medienzusammenhang in Arbeit und Freizeit nur unwesentlich von außeralltäglichen Verhältnissen, die etwa mit den Problemen von Krieg und Frieden, der Atomkraft oder gentechnologischen Experimenten zu tun haben. Ganz anders bestellt ist es aber mit dem Begriff des Wählens, der Wahl in Selbstsicherheit und Autonomie, mit der Wahlfreiheit, die ich mir selbst zumute, nämlich jene Techniken auszuwählen – in Gestalt der Produkte wie in Formen der Produktion –, die der individuellen Vorstellung von der Technik als einem menschlichen Hilfsmittel entsprechen. Mit dieser Wahlmöglichkeit setzt Verantwortung ein. Erst die Bereitschaft, sich für alternative Produktions- und Verwendungsweisen technischer Mittel zu entscheiden, schafft die subjektiven Voraussetzungen dafür, mit der Übermacht der Technik gleichzeitig die eigene Ohnmacht zu überwinden. Den Horizont der naturwissenschaftlichen Weltanschauung zu verlassen und sich auf ein Reich der Zwecke zu beziehen, das nicht mehr seinen Grund im Kriterium der Machbarkeit hat, bedeutet eine Veränderung der gesamten Kultur, von der naturwissenschaftliche Forschung und Technologie nur Teile sein können. Den Subjekten durch Erziehung zu Mündigkeit und Verantwortungsbewußtsein ein Unterscheidungsvermögen im kritischen Umgang mit der Technik zu vermitteln, schafft die Voraussetzung dafür, daß wir einerseits an den Ideen von Fortschritt und Aufklärung festhalten und uns gleichzeitig aller Tragödien und menschlichen Brechungen bewußt werden, die in dem unendlich Machbaren der Technik liegen. Große Naturforscher, Computerspezialisten, Ingenieure und Ökonomen geben uns, gerade weil sie auf intensive Weise professionelle Erfahrungen mit ihrem Gegenstand bis hin zu Grenzbereichen gemacht haben, Hinweise für die Selbstaufklärung der Aufklärung und für die Formulierung einer Fortschrittsidee, welche das bewahrenswerte Alte, die unausgestandene und unbewältigte Vergangenheit in unseren geschichtlichen Lebenszusammenhängen, nicht verleugnet.

Im Verhältnis von Können und Sollen hat sich Grundlegendes verändert. Wird Können und Sollen identisch gesetzt, so begeben wir uns in einen Strudel der technologischen Entwicklung, aus dem keiner mehr herausfinden kann. Wenn dann hinzukommt, daß alles, was Naturwissenschaftler erforschen, heute in der einen oder anderen Weise technologisch verwendbar ist, dann ist die Brechung der suggestiven Nähe zum naturwissenschaftlichen und technologischen Fortschritt der einzig mögliche Weg, zur Besinnung zu kommen. Sofern es sich um die Bestimmung von ethischen Sollensvorschriften handelt, haben wir immer wieder mit dem Problem zu tun, das, was wir machen könnten, nicht zu tun. Eine wissenschaftliche Kultur, die ihrem Begriff gemäß wäre, müßte solche Sollensvorschriften als selbstverständliche Maximen der eigenen Praxis entwickeln, bevor in jedem Einzelfall Abwägungen der Folgen nötig wären.

In der traditionellen Ethik ist das, was wir überhaupt machen können, ein relativ umgrenzter Bereich von Lebenserfahrungen. Praktisch töten konnte ein Mensch einen anderen nur, indem er ihm unmittelbar begegnete, und für die übrigen Gebote gilt ähnliches. Natürlich gab es Völkermorde. Aber die Erde selbst zu zerstören, die Welt unbewohnbar zu machen, die Gattung, Menschen und Tiere, auf Jahrtausende durch genetische Manipulation auf bestimmte Eigenschaften und Gestalten festzulegen, dazu war der Mensch bisher nur in Phantasien und Träumen fähig. Der Gedanke, der in Prozessen des Massenwahns wie den Hexenverfolgungen große Bedeutung hatte, daß man durch bloßen Willen und durch einfache Absichten einen Menschen, den man physisch nicht berührt, töten kann, diese heute dem Aberglauben zugeordnete Verbindung ist zu einer blutigen Realität geworden. Die Bereiche, in denen der Mensch nichts bewirken kann, schrumpfen zusehends. Was schon in der Philosophie Immanuel Kants als eine schwer begründbare erkenntnistheoretische Konstruktion erschien, nämlich das Ding an sich, von dem man doch nichts hat aussagen können, was einer konkreten Erkenntnis ähnelt, was aber die unerläßliche Funktion eines prinzipiell unaufzehrbaren anderen, eines unzerstörbaren Blocks der Wirklichkeit hat – dieses Ding an sich wird immer poröser, durchlässiger, und am Ende weiß man überhaupt nicht mehr, ob nicht doch alles durch das produzierende Subjekt, diesen allmächtigen Prothesengott, erfaßt und vermittelt wird.

Aus dem Regelsystem, in dem ständig gefragt wird: »Was müssen wir tun?«, kann man nur ausbrechen, wenn dies als nachrangig betrachtet wird zu der Frage: »Was sind wir? Was ist das menschliche Wesen?« – nicht abstrakt, als etwas mir Fremdes, sondern was bin ich als ein solches menschliches Wesen mit unverwechselbarer Persönlichkeit und mit Würde? Bin ich in meinem konkreten Dasein für den Zustand der Welt verantwortlich? Die reflektiertesten Naturwissenschaftler und Technologen setzen genau hier an: »... die Tatsache, daß jeder einzelne für die ganze Welt verantwortlich ist und daß die Befreiung von dieser Verantwortung zuallererst erfordert, daß jeder einzelne sich selbst gegenüber verantwortlich ist, bedeutet nicht die Leugnung, daß wir alle gegeneinander Pflichten haben. Eine der vordringlichsten davon ist die, daß wir einander unterweisen, so gut wir können. Und die erste und wirksamste Form der Unterweisung, die wir praktizieren können, ist das Beispiel, das unser eigenes Verhalten denen gibt, die davon betroffen sind. Lehrer und Schriftsteller tragen eine besonders schwere Verantwortung, weil sie sich in Stellungen befinden, in denen ihr Beispiel weit mehr Personen erreicht als nur den kleinen Kreis ihrer nächsten Umgebung.«[115]

Daß das Schicksal der Weltgesellschaft tatsächlich von mir abhängen könnte, ist nicht mit Sicherheit auszuschließen. Wenn es aber nicht auszuschließen ist, so bin ich verpflichtet, mich so zu verhalten, als würden Glück und Unglück der Welt von mir abhängen. Mit dieser umfassenden Haftung und Verantwortung für die Welt formuliert Joseph Weizenbaum, Professor für Computerwissenschaften am MIT in Cambridge, Massachusetts, einen radikalen Ansatz: »Die Rettung der Welt hängt nur von dem Individuum ab, dessen Welt sie ist. Zumindest muß jedes Individuum so handeln, als ob die gesamte Zukunft der Welt, der Menschheit selbst, von ihm abhinge. Alles andere ist ein Ausweichen vor der Verantwortung und selbst wieder eine enthumanisierende Kraft, denn alles andere bestärkt den einzelnen nur in seiner Vorstellung, lediglich eine Figur in einem Drama zu sein, das anonyme Mächte geschrieben haben, und sich als weniger als eine ganze Person anzusehen, und das ist der Anfang von Passivität und Ziellosigkeit.«[116]

Wo dieser radikale Ansatzpunkt nicht erreicht ist, fehlt der Boden für eine neue Verantwortungsethik. Daß es auch innerhalb der Technologien alternative Entscheidungen gibt, unterliegt kaum einem Zweifel. Gerade diejenigen unter den Naturwissenschaftlern und Technologen, die sich dem Macht-Ohnmacht-Syndrom nicht einfach fügen, entwickeln differenzierte Zugangsweisen zu den Technikproblemen und arbeiten die grundlegenden Ambivalenzen der instrumentellen Vernunft und der Neuen Technologien heraus. Solche Doppelwertigkeiten sind der Geschichte des okzidentalen Rationalismus, wie ihn Max Weber beschrieben hat, überhaupt nicht fern; ursprünglich in der Produktionskraft der Vernunft selbst lokalisiert, dringen solche Doppelwertigkeiten und Widersprüche immer stärker auch in die Technologien und in die naturwissenschaftliche Weltauffassung ein.

Zu denjenigen, die diese Spannung im Begriff der modernen Vernunft schon sehr früh erkannt haben, gehört der Maler Francisco Goya, ein leidenschaftlicher, aber an den Verhältnissen der inquisitorischen Gegenaufklärung zerbrochener Aufklärer. Aus der politischen Hochphase des Vernunftzeitalters hat er modernen Kritikern der Aufklärung ein Bild hinterlassen, das sie ebenso häufig wie hilflos verwenden. Es umfaßt den ganzen, mit verwirrendem Gegensinn durchsetzten Deutungsreichtum, der den Begriff der Aufklärung ausmacht. Die Unterschrift für »Capricho 43« lautet schlicht: »El sueño de la razon produce monstruos«. Der Titel dieser um 1798 entstandenen Radierung ist auf die Seitenfläche einer Art Schreibtisch geschrieben, auf den ein Sitzender seinen Kopf zum Schlaf gelehnt hat. Um ihn herum schwirren Fabeltiere mit Eulengesichtern und Fledermausflügeln, auf dem Boden liegt eine Raubkatze. Alle Tiere wirken in ihrer Bewegung und der starren Blickrichtung für den Schlafenden bedrohlich.[117]

Der kritische Zeitgenosse der Industriegesellschaft wird in keinerlei Verlegenheit sein, wenn er Ungeheuer im einzelnen beschreiben soll, und sie höchst materiellen Erscheinungen der Kriegstechnologie, der synthetischen Biologie und der Computertechnik zuordnen. Aber »El sueño« ist Schlaf und Traum in einem, eine im Zusammenhang der Fortschrittsphilosophie abgründige Doppelbedeutung. Je nach ihrer Grundeinstellung zur Aufklärung haben Goyas Nachgeborene dieses provokative, ja geradezu anstößige Bild zu verstehen versucht. Die einen sprachen davon, daß die Phantasie, vom

Verstand und der Vernunft verlassen, Ungeheuer hervorbringe, vereint mit ihnen jedoch die Mutter der Künste sei. Die anderen gaben dem Titel des Blattes den Sinn: Wenn die Menschen dem Ruf des Verstandes und der Vernunft nicht folgten, könnte alles zur Fieberphantasie und zum Alptraum werden. Man machte sich auch Gedanken darüber, welcher Deutung Goya selbst den Vorzug gegeben hätte. Seine ganze Lebensgeschichte und das, was er künstlerisch ausdrückte, spricht dafür, daß Ungeheuer dann geboren werden, wenn die Vernunft als bloßes Werkzeug dient, um die Phantasie als authentisches Ausdrucksmedium der lebendigen Erfahrungsweise zu unterdrücken. Ungeheuer entstehen aber auch dadurch, daß die Realitätsbewältigung durch Verstand und Vernunft verlorengeht.

In allen Fällen geht es um das Problem der Grenzsetzung. In den Traditionszusammenhängen der europäischen Aufklärung waren die Grenzen der Erkenntnis, der technologischen Anwendungsmöglichkeiten gleichsam naturgegeben. Es war die Natur, die dem Menschen die Grenzsetzung abnahm: Wachsen und Herstellen konnten unter keinen Umständen verwechselt werden. So lag in der Grenzsetzung selbst kein moralisches Problem. Das Fortschreiten der Erkenntnis war so sehr mit der Überwindung des Aberglaubens, der okkulten Qualitäten der Natur, mit dem Beenden all jener Dinge verknüpft, die sich der Befreiung der Menschen von Angst und Not entgegenstellten, daß nur Herrschaftsinteressen darauf drangen, hier Grenzen zu setzen. Heute ist diese Grenzsetzung von dem Verantwortungsspielraum des Menschen nicht mehr freigesetzt; er muß selbst sagen und entscheiden, wo aufzuhören ist. Für solche Urteils- und Entscheidungsfähigkeit scheint er bisher nicht besonders gut ausgestattet zu sein.

Aufklärung hat ihrem Ursprung nach die logische Urteils- und Begründungsfähigkeit der Menschen zum Ausgangspunkt, die Herstellung eines vernunftbestimmten sittlichen Gemeinwesens zum Ziel. Daß sie zur instrumentellen Vernunft degenerierte, bezeichnet eine Verfallsgeschichte, die selbst Thema der Aufklärung sein muß. Für Kant sind Aufklärung und Vernunft unabdingbar geknüpft an den Prozeß des Mündigwerdens des Menschen, an den kategorischen Imperativ, sich seines Verstandes ohne Anleitung eines anderen zu bedienen. Autonomie, also Selbstbestimmung im Denken und Handeln, und Vernunft sind praktisch bedeutungsgleiche Begriffe. Aufklärung ist dementsprechend, moderner gesprochen, Vorurteilskritik; ist die durch Wissenschaft und Erfahrung gewonnene Möglichkeit, selbstverschuldete oder durch Herrschaft und Gewalt aufgezwungene Abhängigkeiten den Menschen durchschaubar zu machen, sowie die praktische Verpflichtung, Protest zu erheben gegen Unterdrückung und Erniedrigung. Von diesem Begriff der Aufklärung gehe ich aus; er liegt der gesamten Technikkritik zugrunde, die ich formuliert habe.

Da Technik und Naturwissenschaften zu jenen Realitätsmächten gehören, mit denen sich Herrschaft, auch die am geringsten legitimierte, zum Nachteil der Menschen zu verbünden vermag, ist heute Herrschaftskritik immer mit Technikkritik verknüpft. Die von individueller Verantwortung freigesetzte naturwissenschaftliche Arbeit und die Produktion neuer Technologien liefern fortwährend das Waffenarsenal, mit dem kriminelle Cliquen, die sich staatliche Hoheitszeichen aufsetzen, Parteien, Gruppen und Klassen ausstatten, um den Prozeß der Selbstaufklärung der Aufklärung zu blockieren und die Menschen im Stande ihrer Unmündigkeit zu halten. Große Technologen wie Joseph Weizenbaum und bedeutende Naturwissenschaftler wie Erwin Chargaff setzen hier Zeichen, die als Fanale einer ihrer selbst bewußt gewordenen Menschheitsentwicklung wahrgenommen werden sollten. In diesem Zusammenhang hat insbesondere Erwin Chargaff, der selbst maßgeblich an der Erforschung der DNS beteiligt war, die Grenzen des naturwissenschaftlichen Weltbildes deutlich markiert und denjenigen, die mit gefährlichen Materien umgehen, als seien es Spielzeuge kindlicher Erkenntnisneugier, die moralische Legitimation abgesprochen, sich zum Maßschneider des Schicksals aufzuwerfen. Man muß, sagt Chargaff, von Wissenschaft und Forschung den Mantel der Welt- und Menschheitsverbesserung abreißen. Auf die Frage, ob er denn nicht auch davon ausgehe, daß die neuen Techniken viele Verheißungen enthielten, wie neue Arzneimittel, ungewöhnliche Möglichkeiten landwirtschaftlichen Anbaus, der Vermeidung und Bekämpfung von Hunger, womöglich Siege über den Krebs, antwortet im Jahr 1984 Chargaff unmißverständlich: »Ich sehe das nicht, vielleicht, weil ich eine zu dicke Haut bekommen habe in den Jahrzehnten meiner wissenschaftlichen Tätigkeit. Schon so viele Versprechungen sind nicht eingehalten worden, daß ich einfach nicht beeindruckt bin. Wenn ich es objektiv betrachte, so halte ich es für möglich, daß in der Landwirtschaft die Genmanipulation zu gewissen Ergebnissen wird führen können. Aber auch da bin ich nicht so ganz sicher. Die Natur hat Kontrollen eingeführt, die die Bäume einfach nicht in den Himmel wachsen lassen. Kleine Erfolge – etwa bei der Pflanzenzüchtung und der Getreideverbesserung – sind denkbar, große sind eher unwahrscheinlich. Aber auch auf diesem Gebiet habe ich bis jetzt noch nichts gesehen, und ich habe schon vor Jahren als einen meiner Wahlsprüche aufgestellt: Hic rhodus, hic salta! Wenn es so ist, dann zeige es mir. In den zehn Jahren Gentechnologie ist nichts Besonderes erfolgt außer Aktienspekulation. Leute sind sehr reich geworden, Leute sind sehr arm geworden in der Bioindustrie. Ich habe nichts gesehen, was mir besonders Hoffnung machen könnte. ... Der Mensch hat sich daran gemacht, das in Jahrmillionen erreichte Gleichgewicht zu zerstören. Es scheint seine Funktion zu sein, Störenfried zu sein. Aber ich glaube, daß die Inkommensurabilität der Natur – verglichen mit den Menschen – noch immer so groß ist, daß sie ihr letztlich nicht viel anhaben können.«[118]

Die Aktienspekulationen sind, wie wir am Beispiel der mit der Stammzellenforschung erwarteten Milliardengewinne sehen, konstant geblieben; aber in der Erforschung biogenetischer Zusammenhänge und deren technisch-industriellen Anwendungsmöglichkeiten haben sich seit den achtziger Jahren neue Welten aufgetan. Gleichwohl ist Chargaffs Einschätzung im Grundsatz weiter gültig. Der moderne Skeptiker Chargaff, ein in der Weltliteratur äußerst belesener Naturwissenschaftler und Philosoph, reflektiert radikal die Ethik seines eigenen Berufs. Nichts Unschuldiges bleibt der von ihm beschriebenen naturwissenschaftlichen Weltanschauung übrig; selbst etwas, was doch zu den natürlichen Eigenschaften menschlicher Intelligenz zu gehören scheint, die Neugier auf das, »was die Welt im Innersten zusammenhält«, hat diese Unschuld verloren. In seiner Selbstbiographie[119], mit der er Bilanz zieht über ein Leben, das beruflich durchaus erfolgreich war, aber immer stärker die Grenze des Sinns lebendiger Arbeit erreichte, sind diese existentiellen Entscheidungssituationen das zentrale Thema. Chargaff liebt die Skeptiker Montaigne und La Rochefoucauld; sie sind ihm Kronzeugen einer Nüchternheit, in der die Erwartungen an die moralische Kraft der Menschen nicht überspannt werden.

Ich will noch einmal zurückkehren zu einem Skeptiker, der eine ganz andere Tradition der Nüchternheit begründet hat: nämlich Immanuel Kant. Auch er geht nicht von der moralischen Güte des Menschen aus, die ihm ein viel zu brüchiges Fundament für den Bau einer menschlichen Gesellschaft wäre. Aber er hält an dem Gedanken fest, daß der Mensch von Natur aus autonomie- und freiheitsfähig ist. Kants Bekenntnis zum Skeptizismus leitet seine Vorrede zur ersten Auflage der »Kritik der reinen Vernunft« ein: »Die menschliche Vernunft hat das besondere Schicksal in einer Gattung ihrer Erkenntnisse: daß sie durch Fragen belästigt wird, die sie nicht abweisen kann, denn sie sind ihr durch die Natur der Vernunft selbst aufgegeben, die sie aber auch nicht beantworten kann, denn sie übersteigen alles Vermögen der menschlichen Vernunft.«[120]

Das einzige menschliche Vermögen, das imstande wäre, mit diesem Dilemma umzugehen, ohne sich in nutzlose Ausweglosigkeiten und in Selbstmitleid zu begeben, ist das Vermögen der Kritik. Kritik heißt Selbstkritik, ständige Rückbeziehung auf das, was man tut und was man weiß; im Grunde ist es das Zerbrechen aller dogmatischen Setzungen, aus der die Frage nach dem Wesen des Menschen ausgeklammert bleibt. So sagt Kant: »Unser Zeitalter ist das eigentliche Zeitalter der Kritik, der sich alles unterwerfen muß. Religion, durch ihre Heiligkeit, und Gesetzgebung, durch ihre Majestät, wollen sich gemeiniglich derselben entziehen. Aber alsdenn erregen sie gerechten Verdacht wider sich, und können auf unverstellte Achtung nicht Anspruch machen, die die Vernunft nur demjenigen bewilligt, was ihre freie und öffentliche Prüfung hat aushalten können.«[121]

Die Grundfragen des Zeitalters der Aufklärung und der Kritik fallen sehr einfach aus: Was kann ich wissen? Was soll ich tun? Was darf ich hoffen? Schließlich fügt Kant diesen drei Grundfragen eine vierte hinzu, welche die übrigen zusammenfaßt, aber für Kant viel zu allgemein ist, als daß man darauf eine spezielle Untersuchung (vielleicht eine vierte Kritik) hätte gründen können: Was ist der Mensch?[122] Ich nehme die ersten drei dieser Fragen auf und versuche, sie so umzuformulieren, daß sie den Herausforderungen unseres Zeitalters entsprechen – so wie Kant diese skeptischen Fragen für sein Zeitalter formuliert hatte.

Die erste dieser Fragen war für ihn offenbar noch ein Problem, denn es ging ihm um gesicherte und das heißt naturwissenschaftlich begründete Erkenntnis, die zur Realitätsaneignung und -bewältigung tauglich ist. Die Frage ist heute leicht zu beantworten; wie ich gezeigt habe, sind prominente Naturwissenschaftler mittlerweile erschrocken über die Geschwindigkeit, in der die Naturwissenschaften voranschreiten, und sie plädieren für die Rückkehr zur »kleinen Wissenschaft«, also für einen eher handwerklich bestimmten Wissenschaftsbetrieb. Mir scheint demgegenüber notwendig zu sein, das Kantische »Können« als einen – von den Sachverhalten her, auf die er sich ursprünglich bezog – veralteten Begriff zu betrachten und ihn durch ein nicht prinzipielles, sondern offenes »Sollen« zu ersetzen. Die Frage lautet dann: Was sollte ich wissen, damit die Gefahren, die mit dem Machbaren und Erkennbaren verknüpft sind, vermieden werden können? Ein solches Wissen würde technisch-naturwissenschaftliche Erkenntnis einbinden in gesellschaftliches und geschichtliches Bewußtsein und den Irrtum vermeiden, es wäre gegenständliches, wertneutrales Wissen. Wenn ich der Gentechnologie das Wort rede, sollte ich wissen, was unter bestimmten Herrschaftsbedingungen damit gemacht wird. Ich kann es wissen, aber es wäre notwendig, auch die Konsequenzen eines solchen Wissens mit zu bedenken; diese würden nicht nur technischer Art sein, sondern sich auf den Lebenszusammenhang der Menschen und auf die Zukunft von Generationen beziehen.

Im Anschluß daran stellte Kant die Frage: Was soll ich tun? Ich soll alles tun, was der Menschheit in meiner Person zu ihrem Recht verhilft, was den aufrechten Gang fördert. Das jedoch ist ein Imperativ, der so allgemein gehalten ist, daß er zu nichtssagenden Bekenntnissen herausfordert. Die Kantische Frage muß also umformuliert werden, indem nicht das Sollen, sondern ein in Handlungszusammenhänge eingebundenes Können unsere auf Erkenntnis und Wissen gehende Neugierde bestimmt. Welche Möglichkeiten des Eingriffs in die Verhältnisse bestehen, welche Folgen haben sie? Denn häufig gebrauchen in Ohnmacht versetzte Menschen die Formel, daß sie nichts tun können, obwohl sie sich dessen doch bewußt sind, daß sie etwas tun sollten. Von dieser Entmutigung des Tuns, die jedem einzelnen widerfährt, lebt der zerstörerische Selbstlauf der Verhältnisse.

Und schließlich bedürfen wir nicht des Kantischen »Was darf ich hoffen?«, sondern unsere Frage lautet: »Was muß ich hoffen?«, damit die in mir arbeitende Phantasietätigkeit – die Einbildungskraft, von der die Dichter und Denker zehren – nicht bloße Privattätigkeit bleibt oder dem gesellschaftlichen Betrieb eingefügt wird, wie etwa an den Formen der ghettoisierten Kunstpraxis abzulesen ist.

Alle diese Formulierungen umkreisen ein Problem, mit dem wir heute in unserem politischen Handeln und in der Verantwortung für unser eigenes Tun zu schaffen haben. Der Begriff des Realismus hat sich entscheidend geändert: Realistisch scheinen nur noch die Utopien zu sein – die negativen ebenso wie die positiven –, in denen sich die wissende Hoffnung autonom vergesellschafteter Menschen Gehör verschafft und Licht auf die praktischen Schritte wirft, die zur Überwindung des Gespensterdaseins der Tatsachenwelt unternommen werden.

Plädoyer für eine Renaissance der politischen Philosophie

Hegel hatte davon gesprochen, daß das Ganze das Wahre sei. Adorno drehte diesen Spruch um und erklärte: »Das Ganze ist das Unwahre.« In einer Zeit, in der mit den großen Erzählungen vor allem auch Theorien diskreditiert wurden, die sich auf das Begreifen des gesellschaftlichen Zusammenhangs richten, befindet sich die politische Philosophie, die den akademischen Raum von freien Diskursen verläßt, in einer mißlichen Lage. Die Lust am Dekonstruieren theoretischer Zusammenhänge, wie sie den postmodernen Logiken der Verabschiedung angemessen war, ist einer gewissen Ratlosigkeit gewichen; denn die Auflösung des Allgemeinen, dem in allen Formen Vergewaltigung des Besonderen unterstellt wurde, hat zur Emanzipation des Individuellen wenig beigetragen. Das, was sich hinter den fragmentierten Erscheinungen verbirgt, begreifbar zu machen, war immer auch der Sinngehalt von kritischer Gesellschaftstheorie. Wo die Gesellschaft aus dem Blickfeld der sozialwissenschaftlichen Erkenntnis verschwindet, beginnen Herrschafts- und Machtstrukturen zu wuchern, die niemand mehr zu begreifen wagt. Wenn aber Herrschaft und Macht das Individuell-Besondere nach wie vor dominieren, der öffentliche Raum aber und die öffentliche Zeit zerfallen sind und so das Falsche nicht mehr allgemein erkennbar machen können, dann ist es an der Zeit, auf die politische Philosophie in all ihren Dimensionen zurückzugreifen. Denn die seit Plato und Aristoteles entwickelten Gedanken über den Zusammenhalt und die Spaltungstendenzen des Gemeinwesens sind von brennender Aktualität.

Hannah Arendt hatte zwar davon gesprochen, daß in dem Augenblick, da politische Philosophie zur Verwirklichung drängt, ihre eigensinnige Funktion als Maß und Maßstab des gesellschaftlichen Zusammenhangs überflüssig wird. Aber ihre Datierungen von Anfang und Ende der politischen Philosophie erscheinen mir fragwürdig. »Die abendländische Tradition politischen Denkens hat einen klar datierbaren Anfang, sie beginnt mit den Lehren Platos und Aristoteles'. Ich glaube, sie hat in den Theorien von Karl Marx ein ebenso definitives Ende gefunden. Den Anfang setzte Plato im ›Staat‹, genauer im Höhlengleichnis, das, weil es weder von Philosophie noch von Politik an sich handelt, sondern von der Beziehung zwischen ihnen, den eigentlichen Kern von Platos politischer Philosophie darstellt. Das Politische gilt hier ganz allgemein als der Bereich nur menschlicher Angelegenheiten, aller Dinge, die zum Zusammenleben der Menschen in einer gemeinsamen Welt gehören; und was ihn kennzeichnet, sind Dunkelheit, Verwirrung, Täuschung, so daß der nach wahrem Sein strebende Mensch, der Philosoph, sich von ihm abwenden und dieser Höhle entsteigen muß, um den klaren Himmel zu entdecken, der sich über der Höhle wölbt und an dem die ewigen Ideen erscheinen. Am Ende dieser Tradition steht Marx' Behauptung, daß Philosophie und die Wahrheit der Philosophen nicht außerhalb der ›Höhle‹ menschlicher Angelegenheiten, sondern in ihrem Bereich und in der allen Menschen gemeinsamen Welt beschlossen liegt. Philosophie kann wirklich, nämlich ›verwirklicht‹ nur im Zusammenleben der Menschen werden, das er Gesellschaft nannte, und seine Hoffnung für diese kommende Verwirklichung der Philosophie setzte er auf den ›vergesellschafteten Menschen‹.«[123]

Das Problem besteht darin, daß das unbegriffene Ganze fortwährend wachsende Beziehungen zwischen Allgemeinem und Besonderem produziert. Ich meine damit folgendes: Wo die Dialektik zwischen Allgemeinem und Besonderem in ihren gegenseitigen Bedingtheiten gestört ist, entstehen modische Vereinseitigungen im Denken. So sieht man über einen gewissen Zeitraum nur noch die empirischen Einzeltatbestände und summiert sie zum Ganzen. Das kann aber nicht gelingen, denn gesellschaftliche Strukturen sind nicht Ansammlungen von Besonderheiten. Sobald das Unbehagen an dieser begrifflichen Notlage wächst, erfolgt der abstrakte Zugriff zum globalisierten Allgemeinen. Aber diese Globalstrukturen sind nichts weiter als versteinerte Realabstraktionen, gegen die menschliche Lebensverhältnisse rebellieren. Mit dem sichtbar falschen Allgemeinen wird dann auch das geopfert, worin sich humane Züge einer Weltgesellschaft andeuten. Es ist also unmöglich, aus der Dialektik von Allgemeinem und Besonderem einfach auszusteigen. Wir sind gezwungen, wieder in Kategorien zu denken, die das in der Dialektik enthaltene Spannungsgefüge ertragen und in kritischer Erkenntnis austragen.

Wir müssen auf der Grundlage des historischen Vorrechts des Besonderen wieder einen Begriff des Konkret-Allgemeinen, ja der konkreten Totalität gewinnen. Denn Adornos Satz von dem Unwahren des Ganzen bezog sich ja kritisch auf die Anmaßungen des absoluten Idealismus, der Geschichte des Begreifens einen Endpunkt gesetzt zu haben. Die kritische Gesellschaftstheorie läßt sich aber von einer begrifflichen Durchdringung des Ganzen nicht lösen. Methoden und Erkenntnisweisen eines solchen gesellschaftlichen Ganzen zeigen eine wechselvolle Geschichte. Sie beziehen sich auch auf Umgewichtungen dessen, was Realitäts- und Wesensgrundlage dieses Begreifens ist. Die »Kritik der politischen Ökonomie« von Marx ist von ihm als Anatomie der bürgerlichen Gesellschaft verstanden worden. Es ist eine Art Knochengerüst der Produktions- und Austauschprozesse als der gesellschaftlichen Basis, auf der sich ein vielschichtiger Überbau organisiert. Man muß die methodischen Elemente seiner politischen Ökonomie, wie sie die inneren Strukturen der Gegenwartsgesellschaft erkennen, nicht in allen Punkten teilen; aber die Marxsche Theorie liefert nach wie vor wesentliche Elemente für ein dialektisches Begreifen des konkreten Ganzen.

Was wissenschaftliches Handeln für die Kultur und den politischen Zusammenhalt des Gemeinwesens bedeutet, ist der Wissenschaftstradition der politischen Ökonomie – von Adam Smith und David Ricardo über Karl Marx und John Maynard Keynes bis zu Walter Eucken und Fritz Neumark – stets bewußt. Sie alle haben einen Begriff vom Wohlergehen und Wohlstand des Gemeinwesens. Die politischen Gefäßgrößen, welche die Maßverhältnisse für dieses Gemeinwohl bestimmen, sind gewiß sehr verschieden – vom Nationalstaat bis zur Weltgesellschaft. Aber bei allen diesen Denkern ist doch eine Idee nachhaltig spürbar, die sehr alt ist und im Grunde auf Aristoteles zurückgeht: die Idee einer Ökonomie des Ganzen Hauses, wie ich sie vorgestellt habe.

Erst wenn wir Rationalität, Modernisierung, Globalisierung wieder in den Horizont alternativer Vorstellungen von einem gesellschaftlichen Ganzen zurückholen, können neue soziale Bewegungen an Boden gewinnen. Seit alle Vorstellungen alternativer Vernunft, die das bestehende Ganze überschreiten, gleichzeitig mit dem, was in der Vorstellungswelt des Sozialismus enthalten war, verabschiedet wurden, ist gleichsam die Alternative zur bestehenden Gesellschaftsordnung heimatlos geworden. Aber es kann sich als eine große Selbsttäuschung erweisen, daß diese von Kapital und Markt dominierte Gesellschaft das Ende der Geschichte bedeutet. Denn nichts in den Vorstellungszusammenhängen des demokratischen Sozialismus, was sich auf eine vernünftige Organisation des Ganzen richtete, ist wirklich ausgestanden und deshalb geschichtlich überholt. Ich spreche hier gar nicht von der gegenwärtigen Weltzwangsgesellschaft, in der sich die Disparitäten und Brüche im Globalisierungsprozeß vergrößern, sondern es sind die Krisenherde unserer entwickelten Gesellschaften, die beunruhigende Gewaltpotentiale erzeugen.

Hier stellt sich auch ein Erkenntnisproblem: Wer keine Vorstellung von dem entwickelt, wie eine vernünftig eingerichtete Gesellschaft auszusehen hätte und wie sie sein soll, der kann auch die bestehenden Verhältnisse nicht begreifen. Wer aber die bestehenden Verhältnisse nicht begreifen kann, dem wird es unmöglich sein, Arbeitsformen und Projekte zu entwickeln, die über Sonderbereiche hinausgehen und sich auf ein vernünftiges Ganzes richten.

Es ist deshalb von fundamentaler Bedeutung, das falsche Allgemeine zu enthüllen und die Universalien, die darin mit verkleidet sein können, in die konkreten politischen Arbeitsprozesse wieder einzubeziehen. Ich kehre am Ende dieses Buches, nach der Methode abnehmender Abstraktion, zum Ausgangspunkt zurück, das heißt zu jener Wirklichkeitsschicht, die hier Hauptthema ist: die Krise von Arbeits- und Erwerbsgesellschaft. Wie immer die Bearbeitungen dieses Feldes aussehen und welche Lernprozesse sich daran anknüpfen können, so wird es auch in einer künftigen Weltgesellschaft aussehen. In den Anmaßungen des Ganzen liegt eben doch ein Vernunftkern.

6. Globalisierungsverantwortung – die Transformation der DDR

Ist man der Überzeugung, daß die kapitalistische Form der Globalisierung als eine Art Schicksal über die Menschen kommt, so daß politisches Handeln darin überhaupt keine Alternativen hat, dann kann man immer nur im nachhinein beschreiben und vielleicht begreifen, wie weit den Gesetzen des Kapitals und des Marktes entsprochen wurde. Die Selbstentmachtung des Politischen wäre hier der kategorische Imperativ, dem der pragmatisch versierte Politiker zu folgen hätte. Nehmen die politisch Handelnden jedoch für sich in Anspruch, daß ihre Arbeit nicht nur Achtung in der Gesellschaft verdient und entsprechend bezahlt wird, sondern daß sie auch ein Stück Würde bezeichnet, die im begrifflichen Sinne immer auf das Wohl des Gemeinwesens bezogen ist, dann sind auch Politiker dazu verpflichtet, über Alternativen ihrer Handlungsmöglichkeiten nachzudenken. Politisches Handeln im Sinne der bloßen Exekution von Gesetzen irgendwelcher Art – juridischer, ökonomischer oder psychologischer (neuerdings sind sogar genetische in Betracht zu ziehen) – zerstört den Wesensgehalt von Politik und am Ende auch das Gemeinwesen.

Als die Berliner Mauer fiel und die Ökonomien des Ostblocks zerbrachen, war die weltweite Globalisierung nach kapitalistischem Muster nur noch eine Frage der Zeit. Aber in einem Fall beruhte dieser Prozeß auf politischen und kollektiven Entscheidungen, wurde also mit Willen und Bewußtsein vorangetrieben. Die deutsche Wiedervereinigung ist das einzigartige Beispiel einer kapitalistischen Globalisierung unter Beteiligung aller rechtlichen, verwaltungstechnischen, bildungspolitischen Instanzen eines entwickelten Landes. Kein Staat der Welt, in den kapitalistische Denkweisen und Lebensstile und ökonomische Praktiken eindringen, kann mit einem vergleichbaren Solidarbeitrag für den Aufbau der eigenen Strukturen rechnen wie die ehemalige DDR. Weder das Vorzeigeland Brasilien, in dem die Globalisierung und die Öffnung der Märkte die ohnehin existierende Spaltung der Gesellschaft weiter vertieft haben, noch China, das in die Welthandelsorganisation drängt und spektakuläre Wachstumsraten zu verzeichnen hat, die die soziale Polarisierung aufs äußerste verschärfen, noch irgendein anderes Land kann im Globalisierungsprozeß mit Solidarleistungen rechnen, die als historische Geschenke für die Gesundung der Weltgesellschaft verstanden werden können.

So muß die Frage berechtigt sein, warum trotz aller materiellen und geistigen Solidarleistungen die neuen Bundesländer noch beträchtlich vom Stand Westdeutschlands entfernt sind. Das gebrochene Verhältnis zum Westen, die Verödung ganzer Regionen, aber auch Entwicklungsinseln sind Zeichen einer unorganischen, zu guten Teilen mißlungenen Transformation. Was haben die Globalisierungspolitiker an diesem historischen Beispiel falsch gemacht? Haben sie überhaupt bewußte Politik gemacht? Wenn die Globalisierung der DDR nicht gelungen ist, wie soll sie dann in Afrika oder in China oder in Brasilien dahin führen, eine vernünftige Weltgesellschaft herzustellen, ohne daß ein weltweiter Solidarbeitrag zum Aufbau von Rechtsverhältnissen, Ökonomien, staatlichen Organisationsformen geleistet wird?

Bei großen gesellschaftlichen Transformationen wie der Eingliederung der DDR in die westdeutsche Ordnung, im Gefolge eines über vierzig Jahre umfassenden konfliktreichen Erfahrungsprozesses, bedarf es eigener Zeitstrukturen, damit die Menschen objektive Veränderungen als Bestandteil ihres lebensgeschichtlichen Wandels begreifen lernen. Solche langsamen, umwegigen und sogar abwegigen Lernprozesse sind für die von objektiven Transformationen betroffenen Menschen um so wichtiger, je verwickelter und widersprüchlicher sich gleichsam die Gesinnungslage der Menschen in solchen Transformationsprozessen offenbart. Patriotismus auf allen Ebenen, die rauschhafte Identifikation mit der anderen Gesellschaft, ob es deren Geld, das Freiheitsversprechen oder die Lebensstile betrifft, tragen immer Züge einer blitzkriegsartigen Überrumpelung; Außenaktivitäten, die auch durch Erfolg gekrönt sind, treten an die Stelle einer bewußten Regulierung der Probleme, an die die Subjekte mit ihren verwundbaren Erfahrungen, ihren Enttäuschungen und Erwartungen gebunden sind.

Ich nehme nochmals Ergebnisse der Arbeitslosenforschung auf, die aus einer psychoanalytisch orientierten Gesellschaftstheorie gewonnen wurden, um die Frage zu beantworten: Wie ist die sozialpsychologische Situation von Menschen, die in einer komplett durchorganisierten Arbeitsgesellschaft mit praktischer Vollbeschäftigung aufgewachsen sind und jetzt, da sie sich in einem bewunderungswürdigen revolutionären Akt ihres Unterdrückungssystems entledigt, Freizügigkeit und bürgerliche Freiheitsrechte erobert haben, mit dem Tatbestand konfrontiert werden, daß innerhalb weniger Jahre diese gesicherte Existenzgrundlage zusammenbricht und sie gezwungen sind, in einem nicht immer erfolgreichen, ja häufig entwürdigenden Wettbewerb um Arbeitsplätze zu kämpfen?

Der erzwungene Arbeitsplatzverlust führt bei Menschen, die in ihrem ganzen Leben öffentliche Anerkennung, Autorität in der Familie, Selbstwertsicherheit aus Erwerbsarbeit bezogen haben, nicht selten zu emotionalen Erstarrungen und zu aufwendigen Verdrängungsleistungen. Christine Morgenroth spricht in diesem Zusammenhang von einem biographischen Bruch, einer »depressiven Dynamik«, die durch den von außen kommenden und als Gewaltakt empfundenen »Entzug von Arbeit« eingeleitet wird.[124] Die Persönlichkeitsbedeutung der Arbeitszeit mag den Menschen, solange sie mit einer gewissen Selbstverständlichkeit im Erwerbssystem integriert sind, nicht immer bewußt sein; es ist jedoch davon auszugehen, daß nahezu alle ernstzunehmenden Sozialforschungsprojekte die sozialen und individuell-psychologischen Folgen des Arbeitsplatzverlustes als schwerwiegend einschätzen. Das berührt, wie schon die Marienthal-Studie[125] als erste empirische Untersuchung von Arbeitslosigkeit beweist, die Erosion der alten Raum-Zeit-Koordinaten ebenso wie das ganze Umfeld von Beziehungen und Aufmerksamkeiten, die selbst dann ihre Bedeutungsgehalte verändern, wenn sie in äußerlicher und formaler Hinsicht gleich bleiben.

Betrachten wir zunächst den Motivhaushalt und die Triebökonomie des einzelnen Individuums. Was bedeutet hier die durch Arbeitsentzug eingeleitete depressive Dynamik? Die Beziehung zur Arbeit hat den Charakter einer Objektbesetzung, das heißt, sie kann ein starkes Ausmaß libidinöser Komponenten, narzißtische, aggressive und selbst erotische, binden, wie Sigmund Freud in »Das Unbehagen in der Kultur« darlegt.[126] Wenn Arbeit derart widersprüchliche libidinöse Komponenten des Individuums bindet, dann wird die ungewollte Trennung von einem solchen Objekt einen höchst widersprüchlichen Prozeß auslösen. Da Berufs- und Erwerbsarbeit heute im Spannungsfeld zwischen Arbeitsleid und Arbeitslust steht, also Momente des Zwangs und damit negative, feindselige, ärgerliche Anteile bewußt oder unbewußt mit enthält, ist das Kappen dieser Objektbeziehung günstiger Anlaß für das Subjekt, die verschwiegenen Anteile sich selbst und häufig auch anderen öffentlich zu machen. Die ärgerliche und Leid verursachende Seite des libidinös besetzten Objekts Arbeit könnte durch Arbeitslosigkeit eine positive und befriedigende Bewertung hervorrufen. Unglück läge in der Trennung nur dann, wenn das Objekt Arbeit ein wirkliches »Liebesobjekt« ist, das weitgehend mit aufwertenden Gefühlen des Individuums verknüpft ist.

Die Realitätsprüfung dieses in sich widersprüchlichen Gefühlszustandes bringt arbeitslose Menschen in ein Dilemma, dem sie sich nur schwer entziehen können. »Das Ich darf (aus existentiellen Überlegungen, die sich hier auf Familienunterhalt, Renten- und Krankenkassenbeiträge und vieles mehr beziehen können) das Objekt nicht vollständig aufgeben; dieses Verbot wird gestärkt durch gesellschaftliche Wertvorstellungen, wie sie im Über-Ich internalisiert sind. Andererseits soll das Ich im Interesse eines inneren Gleichgewichts, das die Preisgabe des Objekts fordert, um Leid abzuwenden, die Besetzungen vom Objekt ablösen. In diesem Widerspruch gibt es keine Lösung, die Betroffenen werden in eine depressive Struktur geradezu hineingetrieben, die sich ja dadurch auszeichnet, daß das Objekt nicht vollständig aufgegeben, sondern durch den Prozeß der Identifikation dem Ich einverleibt wird ... Der depressive Mechanismus ist angesichts der realen Verhältnisse – und nicht aufgrund individuell pathologischer Strukturen – die naheliegende Lösung des aufgebrochen Ambivalenzkonfliktes in der Arbeitslosigkeit.«[127]

Könnte jetzt wirkliche Trauerarbeit einsetzen, also psychische Energie ganz abgezogen werden von dem verlorengegangenen Objekt, so hätte dieser Verlust zur Folge, daß die dadurch frei gewordene psychische Energie produktiv auf andere Objekte gerichtet werden könnte oder insgesamt dem gestärkten Selbstvertrauen zugute käme. Das hätte aber zur Voraussetzung, daß sich die Energie der libidinösen Besetzung endgültig von Arbeitszeit abkoppelt. Eine solche Trauerarbeit könnte aber nur glücken in einem gesamtgesellschaftlichen Milieu, das es dem einzelnen erlaubt, Erinnerungen und Erwartungen, die an das einstige libidinös besetzte Objekt gebunden waren, vollständig zu tilgen. Man kann sich vorstellen, daß das in einer Gesellschaft möglich wäre, die der produktiven Muße einen solchen Rang zuschreibt wie das Zeitalter des Perikles. Aber alle Verhaltenserwartungen und kulturellen Ansprüche in unserer Gesellschaft sind darauf gerichtet, einen durch Trauerarbeit bewirkten Abschluß im Trennungsvorgang von der Arbeitswelt zu blockieren. So werden die dem Objekt gegenüber feindseligen Regungen in das Ich hineingenommen und können sich hier als Schuldgefühle austoben; das Ich wird damit zwangsläufig schwächer, kleiner, minderwertiger, es erfährt eine Reduktion. So sehen wir häufig im Verlauf der Arbeitslosigkeit eine Ich-Einschränkung oder Ich-Schwächung, die mit der depressiven Dynamik verknüpft ist. »Es fragt sich jedoch, ob der gesamte Anteil aggressiver Energie, die durch den Ambivalenzkonflikt mobilisiert wird, in depressiver Verformung gegen das Ich, gegen die eigene Person gerichtet wird. Es ist nicht auszuschließen, daß neben den selbstzerstörerischen Verwendungsformen ein gewisser Anteil des Aggressionspotentials nach außen gerichtet wird.«[128]

Die Energien spalten sich also gleichsam auf: Ein Teil geht in die Suche nach Verursachern des eigenen Unglücks und will Sündenböcke ausfindig machen; das können Behörden, Angestellte der Arbeitsverwaltung usw. sein, aber auch Fremde, die einem den Arbeitsplatz weggenommen haben, oder die ganz Armen in der Gesellschaft, die Obdachlosen und Behinderten, in denen man das bloß Parasitäre bekämpft. Neben diesen Übersprungshandlungen des aggressiven Typus, der sich nach außen richtet und vielfach beliebige Objekte hat, gibt es psychische Energie, die auf Verdrängung und Realitätsverleugnung zielt. Daraus resultiert der Rückzug in Passivität und Selbstmitleid, eine Klage über die Verhältnisse, die den Menschen zu bloßen Anhängseln machen. Es handelt sich eben nicht nur um den Verlust des Arbeitsplatzes, der materiellen Grundlage gesellschaftlicher Anerkennung und der Gratifikationen, die in dieser auf Konsum getrimmten Ordnung verlorengehen, vielmehr sind hierbei gefügeartige Verschiebungen in der Dialektik von Subjekt und Objekt, von Ich-Identität und Arbeit im Spiel. Der Verlust der Wertschätzung im Nachbarschaftszusammenhang, bei Freunden und Feinden ist nur die eine Folge dieses Gewaltakts Arbeitslosigkeit; wenigstens ebenso große Bedeutung hat die Selbstentwertung der Menschen, die mit depressiven Zuständen (dazu gehören auch Schlaflosigkeit, vielfältige geistige und körperliche Symptome des Gefühlsstaus) einhergehende Selbstherabsetzung der eigenen Person, ein Ich-Verlust, in dem der kritische Teil des Ichs dem anderen gegenübersteht, es wertet und anklagt, es gleichsam zum eigenen Objekt macht. Sozialpsychologisch ist das ein fruchtbarer Boden für Haß und Selbsthaß, weil Realitätsprüfungen nicht zur Lösung von Ambivalenzen führen, sondern der einzelne immer wieder auf sich selbst zurückgeworfen wird, zumal in gesellschaftlichen Situationen, in denen die ihn schützenden und die Ursachen von Arbeitslosigkeit erklärenden Institutionen und Organisationen, wie zum Beispiel die Gewerkschaften oder eine umfassende politische Bildung, wenig oder gar keinen Halt bieten.

Viel wurde über die neuen Bundesländer geschrieben, viel Kritisches auch über die seelische Verfassung jener, die von kollektiven Minderwertigkeitskomplexen gegenüber den Westlern geprägt sind. Doch so ausführlich auch in Vorträgen, medialen Talkrunden, bedeutenden literarischen Produktionen die Gefühlsmisere dargelegt wird: Die traumatischen Folgen des Zusammenbruchs einer Arbeitsgesellschaft, in ihrer durchaus widersprüchlichen Bindungsqualität (als ein ödes Gelände und als sinnvolles Kollektiv gleichzeitig), waren bislang nur selten Gegenstand der Forschung oder öffentlichkeitswirksamer Beschreibung. Verdrängung und Realitätsverleugnung in der Aufarbeitung von Verlust und eigenen biographischen Irrungen mögen wohl selbst die wissenschaftliche Kultur bestimmt haben, denn die Ausgliederung der psychoanalytisch orientierten Gesellschaftstheorie in den neuen Bundesländern ist noch eklatanter als in der alten Bundesrepublik. Aber all jene Prozesse, die ich am Beispiel von Arbeitslosigkeit aufgezeigt habe, bedürfen der psychoanalytischen Komplexität der Erkenntnis in weit höherem Maße als einer kognitivistischen Psychologie oder der Verhaltenslehre, weil es in diesen gesellschaftlichen Spannungszonen nie eindeutige Gefühlslagen gibt.

Es kann keine Rede davon sein, die DDR-Arbeitsgesellschaft als Realität einer Utopie nicht-entfremdeter Arbeit zu betrachten, wie der junge Marx sie im Auge hatte. Für Marx war Befreiung in der Arbeit und von der Arbeit verknüpft mit dem Einbringen der bürgerlichen Freiheitsrechte, der Abschaffung von Zensur und Bevormundung. Es geht um die Menschen, die durch Arbeit sozialisiert sind, in ihrer individuellen Arbeit aber auch einbezogen sind in ein gesichertes System der Arbeit. Was Marx von der Emanzipation durch Arbeit erwartete, ist in der DDR nur im isolierten Teilaspekt der Arbeitsplatzsicherung realisiert worden, der so in den Vordergrund gerückt wurde, als würde er den gesamten Lebenszusammenhang der Menschen ausfüllen. Eine Gesellschaft, in der Arbeit nicht nur einen hohen Rang in Form von Erwerbstätigkeit hat, sondern die Sozialisationsagenturen des gesamten Bildungs- und Erziehungssystems bestimmt, bindet gesellschaftliche Kraftquellen, die in anderen Bereichen verlorengehen. Die Erwerbstätigenideologie mag einer der Gründe dafür gewesen sein, daß dieses Herrschaftssystem seinen eigenen Untergang bis zur Schlußphase nicht wahrhaben wollte und nicht wenige Repräsentanten bis zum heutigen Tag Legitimationen nachliefern. Aber das Sozialisationsmedium Arbeit hat doch kollektive und kulturell allgemein akzeptierte Normen eines emanzipativen Minimums geschaffen; das bestand in der DDR offenbar darin, daß einen Arbeitsplatz bekommen könne, wer erwerbstätig sein will. Diese kulturelle Norm galt unabhängig davon, ob die Arbeit als entfremdet oder als individuell befriedigend empfunden wurde.

Die DDR war eine planwirtschaftlich durchorganisierte Arbeitsgesellschaft in einem Land, für dessen Bevölkerung Fleiß, autoritäre Folgebereitschaft und Disziplin nie ein Problem gewesen sind. Doch diese Arbeitsgesellschaft war praktisch von allen Errungenschaften westlicher Industriegesellschaften abgekoppelt, die nicht zuletzt durch verlustreiche und lang anhaltende Kämpfe der Arbeiterbewegung zustande gekommen sind: freie Gewerkschaften, die den Arbeitern Kritik auch an den eigenen Bürokratien ermöglichen; freie, politisch konkurrierende Mitbestimmung in den Betrieben; politische Öffentlichkeitsrechte freier Assoziationen; Freizügigkeit und das Recht zur öffentlichen Kritik an staatlichen Maßnahmen und den politischen Führungsfiguren. Die DDR war eine Arbeitsgesellschaft – unter Abzug aller gerade auch durch die Arbeiterbewegung erkämpften politischen und persönlichen Rechte, die dem einzelnen ermöglichen, Gefühle des Protestes genauso zum Ausdruck zu bringen wie Zustimmung, wenn es um die den öffentlichen Raum berührenden Fragen des eigenen Lebenszusammenhangs geht. Was »Gefühlsstau« genannt worden ist, trifft diesen öffentlichen Ausdrucksmangel von Empfindungen und Gefühlen einer ganzen Bevölkerung sehr genau.

Die Idee einer »Republik der Arbeit«, wie Marx sie in seiner Schrift über die Pariser Kommune entwickelt hatte, um zu zeigen, daß eine über Arbeit vermittelte Gesellschaft der Zwangsapparaturen des bürgerlichen Staates nicht mehr bedarf, sondern in freier Assoziation ihre eigenen Angelegenheiten regeln kann, war hier vorgeblich Wirklichkeit geworden; die Welt der Werktätigen gewann gleichsam ästhetischen Glanz, und je isolierter das abstrakte Merkmal Arbeit festgehalten und fetischisiert wurde, um so verbreiteter wurden Mißtrauen und Überwachungsneigungen des Staatsapparates mit dem Ziel, die Ideologie der Arbeitsgesellschaft, die alles aus sich leisten soll, was befriedigende Lebensformen ausmacht, vor Unruhe, öffentlich werdender Unzufriedenheit und eigensinniger Individualität zu schützen.

Verlagern sich die ganzen Traumphantasien von erfülltem Leben in den Horizont der Arbeitswelt, ohne daß diese Weltläufigkeit gewinnen würde und damit dem Individuum auch das Gefühl vermittelte, daß die Selbstverständlichkeit der Produktion und der gesicherte Arbeitsplatz Angstfreiheit verschaffen, dann verliert selbst befriedigende Arbeit ihren Befreiungsimpuls. Weil Arbeit offenkundig ein existentielles Medium lebendiger Welt- und Subjektveränderung ist, verliert sie ihre emanzipative, das heißt befreiende und das Weltverständnis erweiternde Funktion in dem Augenblick, wo sie in ihren öffentlichen Ausdrucksformen durch Zensur, staatliche Überwachung und Reglementierung eingeschränkt ist. Die Massenflucht aus der DDR vor dem November 1989 war deshalb auch ein Protest gegen die sich ausbreitende Öde des Arbeitslebens, die für zahlreiche Menschen ja seit vielen Jahren erfahrbar war, weil in der gesamtgesellschaftlichen Arbeitskraft eine Spaltung stattfand. Sie konnten arbeiten und arbeiten, ihre Produktionsleistungen über das vorgeschriebene Soll erhöhen, ihre Kollektivwirtschaften so gut ausstatten, wie es unter gegebenen Bedingungen nur möglich war: Sobald die von oben festgesetzten Regeln der Beteiligungen in den Betriebskollektiven, in Schulen, Krankenhäusern usw. in Frage gestellt wurden, galt das als Angriff auf das gesamte System und schließlich als potentielle Republikflucht – was sich am Ende als zutreffend erwies.

Es war offenbar nicht die Banane, die die Entscheidung für einen möglichst schnellen Anschluß an die westdeutsche Bundesrepublik motivierte, wie es leicht abschätzig von Westdeutschen in der Enttäuschung über die Wahlergebnisse vom 18. März 1990 gesehen wurde (Otto Schily kommentierte das bedauerliche Resultat dieser Wahl mit einer Banane in der Hand). Zugrunde lag vielmehr eine

Form emotionaler Mutlosigkeit, in der der aktiven Selbstgeneration der DDR-Gesellschaft nicht zugetraut wurde, die Potentiale der Arbeitsgesellschaft in eine neue Form zu bringen, wie sie sich Marx vielleicht vorgestellt hätte. Die Selbstzerrissenheit der DDR-Gefühle, wenn man das so kollektiv ausdrücken darf, führte zu kompensatorischen Übersprungshandlungen. Eine substantielle Grundlage in die Wiedervereinigung einzubringen, ein Pfund, mit dem die DDR-Gesellschaft hätte wuchern können, das hätte bedeutet, daß die DDR-Gesellschaft und die Mehrheit der Bevölkerung eine Art Urvertrauen in den Substanzgehalt ihrer eigenen Arbeitsgesellschaft hätte besitzen müssen. Davon kann aber keine Rede sein.

Wenn man annimmt, daß außerhalb der privaten Beziehungsverhältnisse und der Schwarzmarktphantasien, die sich gleichsam in die Datschen-Pflege flüchteten, Berufsarbeit in der DDR möglicherweise die einzige Realitätsebene war, auf der die Menschen ein einigermaßen befriedigendes, das heißt auch durch gesellschaftliche Anerkennung gestütztes Leben führten, dann kann man eine Vorstellung davon gewinnen, welche Wüsteneien und Verödungen im öffentlichen Leben der Menschen entstanden sein müssen, wenn selbst diejenigen, die mit ihrer Berufsarbeit völlig zufrieden waren, ihren keineswegs verachteten Arbeitsplatz opferten, um möglichst schnell dieses System verlassen zu können. Es muß noch nicht einmal drückende oder entfremdete Arbeit gewesen sein, die diesen Protest hervorrief und den Fluchtimpuls beschleunigte. Mit der Einschränkung politischer Freiheitsrechte, den Manipulationen und dem Unrecht, das tagtäglich praktiziert wurde, hätte man sich unter Umständen noch länger abfinden können; solche Reglementierungen und Bevormundungen führen im allgemeinen zum Aufbau einer zweiten Realität, in der man sich einrichtet; aber daß die Arbeitsgesellschaft als der staatlich geförderte Raum der Bewegungs- und Gestaltungsfreiheit, woran viele Menschen vielleicht trotz aller Einschränkungen geglaubt hatten, zunehmend einer Austrocknung und Verödung unterlag, mußte die Masse der Menschen in den gefühlsmäßigen Zustand der Rebellion versetzen.

Bemühungen, die Selbstzerrissenheit der Menschen in der DDR, die Verödung infolge der Abkopplung von den politischen Freiheitsrechten öffentlich auszudrücken, hat es immer wieder gegeben. Die literarischen Produkte dieser Auseinandersetzung mit der DDR-

Wirklichkeit waren tastende Versuche, dem Gefühlsstau Ausdruck und öffentliche Anerkennung zu verschaffen. Wolf Biermann hat die Verödung der Arbeitswelt in ihrem Alltagszusammenhang immer wieder besungen und kritisiert. Der Schriftsteller Ulrich Plenzdorf gab in dem Stück »Die neuen Leiden des jungen W.«, das 1972 in Halle uraufgeführt wurde, dem Leeregefühl der jungen Generation politisch Ausdruck. Das war zu Beginn der Ära Honecker, die Signale für eine neue Kulturpolitik setzte und zunächst literarische Experimente zuließ.

Als Goethe die Leiden des jungen Werther 1776 in einen Briefroman faßte, der bekanntlich mit dem Selbstmord des Briefeschreibers endet, repräsentierte das Werk die neue Epoche des »Sturm und Drang«, die der Gefühlswelt einen besonderen Rang zuschrieb. Vielleicht sind Plenzdorfs »Leiden« der Anfang vom Ende der DDR, jedenfalls in der Beschreibung der Gefühlslage, die unterhalb der Bürger- und Menschenrechte, der politischen Ausdrucksformen einer Zivilgesellschaft bestand. Das Leiden an der Gesellschaft, in der man lebt, ist schwer zu konkretisieren; jedenfalls läßt es sich nicht aus der Welt schaffen, indem man auf die materiell relativ günstige Situation des einzelnen verweist, denn es geht um eine gebrochene Gefühlslage, die sich jenseits von Argumenten bewegt. Theaterstücke wie das von Plenzdorf sind dann mehr als Bühnenarrangements: Sie verweisen auf die Brüchigkeit von Herrschaftssystemen. Das mag Napoleon gespürt haben, als er auf dem Fürstenkongreß von 1806 Goethe traf und ihm stolz verkündete, daß er die »Leiden des jungen Werther« mehrmals gelesen habe, aber diese modernen Schicksalstragödien nicht wirklich verstehe; denn nicht diese zerrissene Welt der Gefühle sei das Schicksal der Menschen, sondern Politik. Dieser Ausspruch zielt genau auf das Problem, mit dem sich Plenzdorf auseinandersetzt. Große Politik beginnt im verwinkelten Innern der Subjekte.

Plenzdorfs Protagonist bringt als Sohn einer Werkleiterin und als Muster an Kenntnis, Intelligenz, Fleiß usw. beste Voraussetzungen für einen Aufstieg in der DDR mit, ergreift aber gleichwohl die Flucht aus der Arbeitswelt und läßt sich als Eremit in der Gartenlaube eines Freundes nieder. Seit 1961, also dem Bau einer der unsinnigsten Mauern der Weltgeschichte, weil sie nicht, wie alle Stadtmauern, die wir kennen, gegen die Feinde von außen errichtet wurde, sondern gegen die fluchtwilligen Menschen von innen, ist jedes Entweichen aus diesem mit paranoidem Zwangszusammenhang versetzten System mit tödlicher Gefahr verknüpft. Das Dasein der Eremitage oder im Randständigen, in der Flucht nach innen, erscheint demnach als eine rationale Form des Auswegs, um die tödlichen Risiken zu vermeiden. Aber der Gefühlsstau nach innen wächst. So wurde jeder Mensch, der in der DDR arbeitete und lebte, automatisch zu einem potentiellen Abweichler, dessen Lebensäußerungen aufs genaueste beobachtet und festgehalten werden mußten. Das entsprach dem in der DDR immer stärker befolgten Prinzip »Was nicht ausdrücklich erlaubt ist, ist verboten«, das einen Zivilisierungsprozeß der bürgerlichen Gesellschaft umdreht, in dem es heißt: »Alles ist erlaubt, was nicht ausdrücklich verboten ist.«

Plenzdorf verarbeitet in seinem Stück, das Anleihen bei Goethe macht, eine Zeitungsnotiz über den Unfall eines jungen Menschen, der in einer abbruchreifen Gartenlaube mit elektrischem Strom hantiert haben soll. Der zwanzigjährige Edgar Wibeau kommt beim Versuch, eine neuartige Spritzpistole für Farb- und Lackierarbeiten zu entwickeln, um mit dieser technischen Spitzenleistung in die Produktion zurückkehren zu können, ums Leben. Aus dem Jenseits schickt er eine Art Monolog über das eigene Leben und reibt sich dabei an den zunächst fremdartigen Problemen in Goethes »Leiden des jungen Werther«, die er als Reclam-Bändchen in der Laube vorfand. Die Freunde rätseln, was ihn veranlaßt haben könnte, die Gesellschaft auf diese Weise zu verlassen, zunächst in die unwirtliche Laube, dann durch Flucht in den Tod. Jeder sucht nach benennbaren Gründen, zum Beispiel, daß Edgar seinem Meister eine Stahlplatte auf den Fuß fallen ließ. »Du meinst, Edgar hat einfach die Konsequenz der Sache gescheut und ist deshalb weg?!« – »Ja. Was sonst?!« sagt der andere. Darauf antwortet Edgar: »Ich will mal sagen: Besonders scharf war ich auf das Nachspiel nicht. ›Was sagt der Jugendfreund Edgar Wibau (!) zu seinem Verhalten zu Meister Flemming?‹ Leute! Ich hätte mir doch lieber sonstwas abgebissen, als irgendwas zu sülzen von Ich sehe ein ... Ich werde in Zukunft ... verpflichte mich hiermit ...! Ich hatte was gegen Selbstkritik, ich meine gegen öffentliche. Das ist irgendwie entwürdigend. Ich weiß nicht, ob mich einer versteht. Ich finde, man muß dem Menschen seinen Stolz lassen. Genauso mit diesem Vorbild. Alle fortlang kommt doch einer und will hören, ob man ein Vorbild hat und welches, oder man muß in der Woche drei Aufsätze darüber schreiben. Kann schon sein, ich hab eins, aber ich stell mich doch nicht auf den Markt damit.«[129] Auch wenn Plenzdorf immer wieder den inneren Widerstand gegen das ständige Bevormunden zum Ausdruck bringt, hat Edgar keinen konkreten Grund, sich von der Gesellschaft zu verabschieden; er will einfach nicht mehr mitmachen. Er praktiziert die große Verweigerung, wie sie Marcuse formuliert hatte, ohne dessen Werk zu kennen oder zu erwähnen. Die DDR-Kulturbürokraten reagierten mit Verwirrung auf ein Theaterstück, in dem jemand eigensinnig darauf beharrt, nicht mehr so leben zu wollen, wie sie es vorschreiben. Indem das jugendliche Leiden an der Gesellschaft nicht reparabel schien, ohne die Gesellschaft selbst zu verändern, war der Anfang dieser literarischen Ausdrucksform, die keinerlei dezidierte politische Kritik am System enthielt, gleichzeitig ihr Ende.

Die Diskussion um Plenzdorfs Stück erregte die Gemüter und provozierte politische Stellungnahmen, die zu Verteidigungsreden einer sauberen und gesunden Arbeiterrepublik wurden. In einem Protestbrief an den Chefredakteur von »Sinn und Form«, wo »Die neuen Leiden des jungen W.« vorabgedruckt wurde, erläuterte der Staranwalt Professor Dr. Kaul, warum das Stück nicht nur eine Beleidigung der Goetheschen Romanfigur sei, sondern auch der ganzen werktätigen Bevölkerung. »Herr Plenzdorf hätte nur in die Werkhallen unserer Betriebe, in die Hörsäle unserer Universitäten und Akademien, in die Ateliers und Laboratorien, schlechthin an jeden Ort gehen können, wo gearbeitet wird, um feststellen zu können, daß die verlotterte Figur des Edgar für unsere Jugend nicht repräsentativ ist.«[130] Kaul fordert, in die Rolle des erfahrenen und deshalb belehrungsberechtigten Dramatikers schlüpfend, einen Ausgleich der Figuren; in einem solchen Stück müsse gleichzeitig eine positive Gegenfigur auftreten, welche die Republik der Arbeit angemessen repräsentiere.

Es hat etwas Bestürzendes an sich, zu sehen, wie in den »Neuen Leiden des jungen W.« eine Gefühlswelt zum Ausdruck gebracht wird, die dann fast zwanzig Jahre später alle reglementierten Fluchtmechanismen nach innen, in die Lauben-Datschen, über Grenzen und Mauern hinweg sprengt. Die explosive Form einer Massenflucht als Entladung dieses kollektiven Gefühlsstaus überschreitet alle Möglichkeiten, Einzelursachen ausfindig zu machen; es ist gleichsam das gesamtgesellschaftliche Betriebsklima, das hier den Kältetod erfährt; es ist die Furcht vor der Verödung des Lebens, welche die Menschen antreibt. Keiner, der die DDR verläßt, hat für die Flucht Einzelgründe anzuführen. Es ist, als hätte sich eine Vielzahl von Gründen und Anlässen zu einer Lebensentscheidung gebündelt. Jurek Becker erklärte in der »tageszeitung« am 25. September 1989: »Man macht es sich einfach zu sagen, die wollen alle zu den besseren Autos. Materielle Gründe mögen mitspielen, ich finde das auch nicht ehrenrührig. Aber viel entscheidender scheint mir der Verlust der Hoffnung zu sein, daß man mitsprechen, daß man unbedroht kritisieren und so an seiner Situation etwas ändern kann.« Ähnlich klingt es bei Edgar Wiebeau: »Hier hat niemand Schuld, nur ich. Das wolln wir mal festhalten! – Edgar Wiebeau hat die Lehre geschmissen und ist von zu Hause weg, weil er das schon lange vorhatte. Er hat sich in Berlin als Anstreicher durchgeschlagen, hat seinen Spaß gehabt, hat Charlotte gehabt und hat beinahe eine große Erfindung gemacht, weil er das alles wollte!«[131]

Wo abweichendes Verhalten, öffentliche Kritik, überhaupt der Entschluß, anders leben zu wollen und anders zu sein, mit dem Stempel der Asozialität versehen wird, weil niemand so recht ein durch Leistung und Arbeit definiertes Gesellschaftssystem in Frage gestellt sehen möchte und diejenigen am wenigsten Verständnis dafür haben, die sich am härtesten innerhalb der Leistungsnormen bewegen, ist der Ausbau eines politischen Psychiatriesystems und des politischen Strafrechts im Gewand normaler Kriminalität nicht weit. In einer solchen Gesellschaft hat die Strafe für Abweichung immer ein Element der Übervergeltung an sich. Den Sturz in das gesellschaftliche Nichts hatten im übrigen auch die zu fürchten, die in der Machthierarchie herabfielen oder gestürzt wurden, weil sie nicht mehr mitmachen oder sich den Anforderungen nicht vollständig fügen wollten. Robert Havemann hatte sich nie an der Machthierarchie beteiligt; er konnte deshalb in seiner Isolierung, die ihm aufgezwungen war und die ihm eine komplette Überwachung aller seiner Außenkontakte einbrachte, wenigstens existieren und schreiben. Den Verdacht, daß es sich bei Havemann und Biermann um Psychopathen handelt, die eigentlich in die Irrenanstalt oder ins Gefängnis gehörten, sind die unter Verfolgungswahn leidenden Parteibürokraten der DDR wohl nie losgeworden.

Daß die, die offen Widerstand leisteten und die gestauten Aggressionen nicht gegen sich selbst, sondern auf die unerträglich gewordenen Verhältnisse richteten, die einzigen wirklich Gesunden in diesem System waren, wird immer deutlicher, je offener sich die Selbstanalyse dieser Gesellschaft erkennbar macht. Selbstunterdrückung der eigenen Interessen und Bedürfnisse, die fortwährende Verschiebung der psychischen Energien und die bereitwillige Hinnahme aller Blockierungen von Ich-Erweiterung sind typisch für die Sozialpathologie einer ganzen Bevölkerung, der alle offiziell anerkannten Ausdrucksformen ihres Unbehagens, der Selbstentfremdung und der aggressiven Abfuhr gestauter Energien genommen sind.

Statt nach der Wende aktiv die Verhältnisse im Sinne der langfristigen eigenen Lebensinteressen zu verändern und den Spielraum für die Sicherung dieser Interessen und Bedürfnisse mit Klauen und Zähnen zu verteidigen, scheint sich heute, sozialpsychologisch gesprochen, die von einigen Therapeuten der DDR diagnostizierte depressive Verhaltensstruktur der Menschen bruchlos fortzusetzen. Erlitten sie über vierzig Jahre eine Gesellschaftsordnung, die sie im Innern verachteten, mit der sie sich aber als einem praktisch unveränderbaren Naturtatbestand abgefunden hatten, als ihnen zugefügtes Schicksal, so wiederholt sich diese Fremdbestimmung, die Zementierung ihres Objektcharakters, im Wiedervereinigungsprozeß lediglich mit veränderten und in den Wirkungen abgemilderten Vorzeichen. Sie fühlen sich als Opfer, die von den neuen Tätern eine grundlegende Änderung ihres Schicksals erwartet hatten, aber in Wirklichkeit sind sie wie je zuvor Mit-Täter.

Es ist die betrübliche Erfahrung der Novemberrevolution 1989, daß die gesellschaftlichen Institutionen, ja Überwachungsapparate, Polizei und Militär eher zusammenbrechen und sich auflösen lassen als solche durch Überlieferung und die spezifische Logik der Selbsterhaltung zementierte Formen der gesellschaftlichen Psychologie, die harter Bestandteil der Subjektausstattung geworden sind. Der revolutionäre Massenaufstand war ein Akt der Befreiung auch von diesen Sozialcharakteren, aber in dem Augenblick, da das Aggressionsziel, der abgewrackte Staat, zusammenfiel, erfuhren diese psychischen Energien einen Gegenstandsverlust, der sie für Augenblicke orientierungslos machte und erst dann eine neue Objektfixierung fand, als aus dem »Wir sind das Volk« die neue Parole »Wir sind ein Volk« entstand. Die Wendung zu dem neuen Über-Ich »Einig Vaterland« erscheint wie eine Erlösung vom Druck zunehmend anomischer Verhältnisse, dem Zustand ausgesetzter alter Regeln, dem die neuen verpflichtenden Normen noch fehlen. In solchen Zuständen von Anomie, wie Durkheim diese Zwischenwelten von Befreiung und neuen Regelungsbedürfnissen bezeichnet hat, kann nur ein hohes Maß von Aktivität und Organisationsphantasie den Sicherheitsverlust wettmachen – es sei denn, die Menschen haben genügend Zeit zur Verfügung, mit der objektiven Geschichte gleichzeitig ihre eigene Lebensgeschichte zu verarbeiten. Diese Zeit für den subjektiven Kampf um größere Autonomie und eine selbstbestimmte Urteilsfähigkeit hat ihnen jedoch keiner gelassen, und ihnen selbst wäre wohl dieser Zustand wie ein angstbesetztes Vakuum vorgekommen.

Der DDR-Psychiater Hans-Joachim Maaz, seit 1980 Leiter der Psychotherapeutischen Klinik im evangelischen Diakoniewerk Halle, schreibt zur Sozialpathologie der DDR-Bevölkerung: »Die Analyse von Lebensgeschichten zeigt ..., daß viele Menschen aktiv die Gesellschaftspathologie mitgestaltet haben, ja sogar solche abnormen Verhältnisse gebraucht haben, praktisch als Abbild der inneren Deformation. Die manipulierende Bevormundung des Staates wurde auch in der Erziehung, in den Schulen, Kinderkrippen und -gärten bis in die Familien hinein wirksam, und diese Übereinstimmung von staatlicher und familiärer Repression hat schwere Charakterverformungen bei einem großen Teil der DDR-Bevölkerung erzwungen: Entfremdung von der Natürlichkeit, Spaltung der Persönlichkeit, Blockierung der Emotionalität. Die Menschen mußten sich äußeren Erwartungen und Zwängen unterordnen und wurden an einer Entfaltung und Entwicklung nach inneren Bedürfnissen gehindert.«[132] Als Ursache der entfremdeten Lebensart, die nach außen wohl Anständigkeit, Disziplin und Ordnung demonstriert, im Inneren aber Gefühle der Zerrissenheit, der gestauten Angst, Wut, Ohnmacht, Schmerz und Trauer enthält, bezeichnet Maaz das Defizit an natürlicher Bedürfnisbefriedigung, ein tiefes »Mangelsyndrom«. In diesem Mangelsyndrom ist der emotionale Vorrat für Ersatzbedürfnisse und Kompensationen angelegt, die in der Regel jene Form annehmen, die in der jeweils gegebenen Realität den größten Nutzen verspricht: In der einen Gesellschaftsordnung können diese Ersatzbefriedigungen in Machtstreben, Karrierismus, Anpassung,

Opposition oder Flucht bestehen. »In jeder dieser sozialen Rollen wird eine natürliche Lebensweise vermieden, die sich auf Nähe, unverstellten Kontakt, Emotionalität gründen könnte.« Unter anderen gesellschaftlichen Bedingungen können dieselben emotionalen Regungen auf Leistungskonkurrenz, Akkumulation oder Konsum gelenkt werden. Daß alle diese Symptome psychischer Verdrehungen und Verstümmelungen nicht nur in der DDR-Gesellschaft zu finden sind, ist ebenso unbestreitbar wie die Tatsache, daß die spezifische Ausdrucksform solcher sozialen Pathologien an ein bestimmtes Herrschaftssystem gebunden ist.

Entscheidend für die Zuarbeit der Subjekte für das Herrschaftssystem ist offensichtlich die Primärsozialisation in der Familie und das sie ergänzende Erziehungssystem. Im Gewicht dieser Instanzen für die Reproduktion des DDR-Herrschaftssystems scheinen sich die DDR-Psychologen, soweit sie psychoanalytisch orientierte Therapie betrieben oder in diesem Kategorienzusammenhang Forschungen vorlegten, einig zu sein. Die Bevormundung der Menschen, das geringe Maß an Selbstregulierung, das verantwortlich dafür war, daß die Individuen wenig Mut zur Selbstorganisation und zum Einklagen ihrer Bedürfnisse und Interessen mitbrachten, begann in der Erziehungspraxis der Familie. Die Aufgabe, von Kindesbeinen an durch Verinnerlichung autoritäre und autoritätsgebundene Charaktere zu befestigen, hatte nicht nur die staatlich institutionalisierte Erziehung (Kindergarten, Schule, Armee), sondern sie wurde, wie Beate Mitzscherlich feststellt, »in einer viel subtileren und folglich viel schwerer auflösbaren Weise auch durch die Familie übernommen. Der Umgang mit kindlichen Bedürfnissen in der Erziehung ist in vielerlei Hinsicht ein Abbild dessen, wie mit individuellen Bedürfnissen in der Gesellschaft überhaupt umgegangen wurde: nämlich daß sie zugunsten einer vorgeblich kollektiven (zumeist aber willkürlichen) Norm, die von den über Machtmittel Verfügenden (Erziehern) interpretiert bzw. gesetzt wurde, unterdrückt werden mußten.«

Gerade in diesem Punkt wird nun erkennbar, welches vitale Interesse das DDR-Herrschaftssystem daran hatte, durch staatliche Ritualisierung eine wirkliche Aufarbeitung des faschistischen Erbteils der Gesellschaft in ihren Subjektausstattungen zu verhindern. Die ungebrochene Tradition autoritär-autoritätsgebundener Charaktere mußte so lange wie möglich im Zustand einer Geheimgeschichte gehalten werden, deren Mechanismen von den Betroffenen selbst nicht wirklich durchschaut werden durften. »In ihrem innersten Kern sichern sich Erzieher allerdings nicht nur ihre (und ihrer Kinder) Integration in der Gesellschaft, sondern auch ihre persönliche Integrität. Sie unterdrücken quasi in Fortsetzung ihrer eigenen Erziehung an ihren Kindern gerade solche Bedürfnisse und Handlungsmöglichkeiten, die auch an ihnen selbst unterdrückt wurden und werden. Die Empörung über kindliche ›Schwächen‹ verweist auch immer auf eigene ungelebte und unter den bestehenden Verhältnissen scheinbar unlebbare Bedürfnisse.«[133]

Die Gründe sind vielfältig, warum es eine Aufarbeitung der Vergangenheit in der DDR nicht gegeben hat; einer der Gründe ist wohl, daß es eine kompetente Wissenschaft, die das hätte leisten können, nicht gab. Kaum zufällig verweisen gerade die Analysen von DDR-Psychologen, die sich psychoanalytischer Kategorien bedienen, auf diesen zentralen Subjektanteil des DDR-Herrschaftssystem. Wer Analysen der westdeutschen Nachkriegsgeschichte zur Hand nimmt, in denen einzelne Berufsgruppen wie Juristen, Mediziner oder Hochschullehrer über ihre Rolle im Dritten Reich befragt wurden, dem zeigen sich bestürzende Parallelen zu den Selbstentlastungen der entsprechenden Berufsgruppen in bezug auf ihre Rolle in der DDR. So traten sie auf dem ersten DDR-Juristentag auf, als wäre alles mit rechten Dingen zugegangen. »Die weitaus meisten Anklagen und Urteile halten auch rechtsstaatlichen Prinzipien stand« (Jürgen Bischof, Staatsanwalt beim Ostberliner Stadtbezirksgericht Friedrichshain und Vorsitzender der neugegründeten Berufsvereinigung der Staatsanwälte). Da das politische Strafrecht nur ein kleiner Teil der Rechtsprechung gewesen sei, könne man von grundsätzlicher Rechtsbeugung der DDR-Richter nicht sprechen; wo es tatsächlich zu beklagen sei, hätte die Justiz nicht anders handeln können, da die Urteile Parteiauftrag gewesen wären. »Unser Ermessensspielraum war sehr, sehr eng und der Erwartungsdruck von der Partei hoch« (Jürgen Brüning, Oberrichter am Ostberliner Stadtgericht).[134] Daß die überwiegende Zahl der Staatsanwälte und der Richter nunmehr, soweit sie nicht aus Anstand selbst ihren Dienst quittierten, sich als entschiedene Verfechter der freiheitlich demokratischen Grundordnung verstehen, sei doch ein hoffnungsvolles Zeichen.

Wie das Machtgefüge in den Forschungs- und Lehranstalten der DDR aussah, hat Wolfgang Engler beschrieben.[135] Es handelte sich um ein differenziertes und äußerst subtiles System von Machtbalancen, in die der einzelne Forscher eingegliedert war und sich mit seinen Themenstellungen, den Methoden und Forschungsergebnissen nur soweit bewegen konnte, wie der Kontrollblick des Systems reichte. Wo Gesellschaftswissenschaften nicht kritische Wissenschaften von der Ordnung, sondern Ordnungswissenschaften sind, übernehmen sie abgestufte Legitimationsfunktionen, die produktiven Protest selbst in Nischen schwermachen. Die Erwartung, daß nach der Novemberrevolution zahlreiche Wissenschaftler ihre Schubladen leeren und mit fertigen Manuskripten an die Öffentlichkeit treten würden, erwies sich schnell als trügerisch. Die Bedingungen für die Entstehung machtkritischer Subkulturen waren denkbar ungünstig, und das kennzeichnet diese Form der DDR-Herrschaft. Hätte es zur Ausbildung solcher eigensinnigen Produktionsweisen gereicht, so wären, nach Wolfgang Engler, folgende Bedingungen erforderlich gewesen: ein schwach ausgeprägtes ordnungswissenschaftliches Profil; Plazierungsvorteile im Machtspektrum der Institutionen; möglichst große Ferne vom Lehrpol, schließlich eine persönliche Zufallsverteilung von Forscherindividuen, die vom durchschnittlich erwartbaren Maß der Inkorporierung thematischer und institutioneller Fremdzwänge positiv abweicht. »All diese Bedingungen konnten nur in Form von Ausnahmen, glücklichen Einzelfällen zusammenkommen, und das macht es erklärlicher, weshalb die Entstehung stabiler, machtkritischer Subkulturen so unwahrscheinlich und selten war. Mehr als das. Denn die Bedingungen, die erfüllt sein mußten, um Ausnahmen hervorzubringen, waren so beschaffen, daß die Chancen zur sozialen Isolierung, die konzeptionelle Verzettelung der Ausnahmeindividuen enorm hoch waren. Jedem Vorteil entsprach ein spezifischer Nachteil: Dem schwach ausgeprägten ideologischen Profil die mehr oder minder große makrotheoretische Randständigkeit der Themen; eine günstige Stelle im Machtspektrum der Institutionen bedeutete meist schlechtere finanzielle und infrastrukturelle Ausstattung; die Ferne vom Lehrpol wurde durch Abbruch des regulären Kontakts mit jeweils nachwachsenden Wissenschaftlergenerationen erkauft; die positive Abweichung von der persönlichen Zufallsverteilung mit der Schwächung der eigenen Mobilitätsbedürfnisse. Nimmt man alles zusammen, überrascht es eher, daß die subjektiven Potentiale für machtkritische theoretische Diskurse, für den Übergang von der Ordnungswissenschaft zur Wissenschaft von der Ordnung nicht völlig verkümmerten.«[136]

Es war ein subtiles System von Privilegierungen; nicht jeder, der widersprach, wurde in die Emigration getrieben oder riskierte Gefängnis und soziale Diskriminierung. Wer einen antifaschistischen Vater oder Großvater vorzuweisen hatte, der konnte sich mehr erlauben als einer, der nur seiner Leistung vertraute. Etwas Vorbürgerliches steckt in dieser differenzierten Ausbildung einer Rangordnung, die meist auch mit materiellen Vorteilen verknüpft war, aber sich nicht ausschließlich darauf gründete. Diese quasi-feudalistische Hierarchie von Geltung und Ansehen einzelner Personen, die ja nicht zufällig auch mit Orden und Ehrenurkunden ausgezeichnet wurden, ist im absolutistischen Anspruch des Generalsekretärs verankert, und auch hier sind es feudale Verhältnisse, welche die Regelungen einer Hofberichterstattung betreffen. Über das ehemalige Politbüromitglied Herbert Häber, der in Ungnade fiel und schließlich in der Irrenanstalt landete, berichtete die »Frankfurter Rundschau« am 7. Dezember 1989: »Als Häber im zwanzigköpfigen Politbüro einmal rhetorisch die Frage stellte, ob er nun seine Meinung sagen solle oder nicht, da sei ihm vorgehalten worden, klüger als der Generalsekretär sein zu wollen. Und wie in einem Kleinstaat mittelalterlicher Prägung, in dem der König der Allergrößte zu sein hatte, ging es offenbar auch im SED-Machtapparat zu. Klüger als Honecker durfte keiner sein.«

Alexander Mitscherlichs Kampf um die Aufarbeitung des Dritten Reiches in Westdeutschland hat viel dazu beigetragen, die Tiefenstrukturen der sozialen Charaktere im Übergang vom Dritten Reich zur Bundesrepublik aufzudecken. Mit dem programmatischen Buchtitel von 1976, »Der Kampf um die Erinnerung«, stritt er gegen den kollektiven Gedächtnisverlust, von dem die Linke nicht weniger betroffen war als die Rechte. Gefährlich ist die Auffassung, daß die Schicksalsfügungen der Geschichte ohne aktiven Anteil der Triebschicksale der Menschen zustande kommen. Gegen diesen Grundirrtum rebelliert das ganze Werk Mitscherlichs. Giuseppe Tomasi di Lampedusa schildert in seinem Sizilien-Roman »Der Leopard«, wie der krankhaft-fatalistische Charakter seiner Landsleute entstand:

»All die Regierungen, Fremden in Waffen, gelandet von wer weiß wo, denen man sogleich diente, die man rasch verabscheute und nie begriff, die sich ausdrückten nur in Kunstwerken, die für uns rätselhaft blieben, und leibhaftig in den Eintreibern von Steuergeldern ... all diese Dinge haben unseren Charakter gebildet, und darum bleibt er bedingt von äußeren Schicksalsfügungen.« Die psychopathologische Deformierung einer ganzen Bevölkerung hängt mit der strategischen Situation ihrer Heimat zusammen; sechzehnmal wurde die wehrlose Insel im Laufe ihrer Geschichte von Fremden erobert: von Griechen, Römern, Arabern, Normannen usw. Jedesmal wurden die Sizilianer zur Annahme fremder und jeweils andersartiger Vorstellungswelten gezwungen. Der wichtige politische Punkt daran ist jedoch, daß ohne Blick auf die Verklammerung von singulären, individuellen Schicksalen und dem kollektiven Schicksal eine Gesellschaft in ihrer geheimen Geschichte der Wiederholungen nicht begriffen werden kann. Der Kampf um Erinnerung ist ein Teil der Verantwortung, welche Menschen für das Überwinden und Brechen dieses tödlichen Wiederholungszwangs übernehmen.

Ich habe diese Wirklichkeitsschicht zwiespältiger Gefühle, die gestaut und verschoben oder auch auf Ersatzobjekte gelenkt sind, deshalb ausführlicher erörtert, weil auf diesem Feld der größte Bedarf an Aufarbeitung besteht, wenn der Transformationsprozeß in eine andere Gesellschaftsordnung gelingen soll. Der revolutionäre Aufbruch von 1989 führte auch dazu, den unterdrückten Gefühlen für eine gewisse Zeit öffentliche Ausdrucksformen zu verschaffen, die sie bis dahin nicht hatten; aber die Logik der Zerstörung eines alten Herrschaftssystems unterscheidet sich grundlegend von der Logik eines Neuaufbaus, für den eine andere Raum- und Zeitorganisation der Gefühle notwendig ist. Wolfgang Thierse und Friedrich Schorlemmer haben in allen ihren Schriften und öffentlichen Reden immer wieder solche Aufarbeitungsmühen gefordert. »Noch lange werden wir mit den inneren und äußeren Altlasten dieser vierzig Jahre zu tun haben und sie auch in das geeinte Deutschland einbringen ... die Zerstörung des Lebens bis in das Privateste hinein wird lange Aufarbeitungszeit brauchen.«[137] Die verschiedenen Wirklichkeitsschichten – die Libido-Ökonomie der Individuen, ihre psychischen Arbeitsfelder, der rechtliche Staatsaufbau, die Ökonomie – haben ihre eigensinnigen Logiken. Die Beharrungskraft kollektiver

Ängste, die Angst vor den Risiken und Gefährdungen in einer geöffneten Gesellschaft: solche Erfahrungsvernarbungen arbeiten untergründig wie in einem Tunnelbau von Maulwürfen lange weiter, selbst wenn in anderen Wirklichkeitsschichten alles bereits geregelt erscheint.

Es ist das begrenzte Ziel meiner Analyse, Probleme der kapitalistischen Transformation einer Gesellschaft zu benennen, die eine Art geschlossene Arbeitsgesellschaft war. Die seelische Haushaltsökonomie verläuft nach anderen Regeln als die der Güterproduktion und des Tauschverkehrs. Für geschichtliche Augenblicke bedeutete der Aufbruch in eine neue Zeit die kollektive Überwindung schmerzhaft erfahrener Objekthaftigkeit der DDR-Bevölkerung; aber bereits die betriebswirtschaftliche Zeitstruktur, die im Eiltempo durch Geld, Währung, Staatsaufbau den Anschluß an ein bestehendes System bewirkte, gab Zeichen in eine Richtung, in der für runde Tische und öffentliche Debatten oder Foren, die sich mit der Aufarbeitung der Vergangenheit beschäftigen konnten, die Zeit fehlte. So ist von der Aufarbeitung der Vergangenheit nur übriggeblieben, was der umfangreiche Stab der Gauck-Behörde an Stasi-Protokollen dokumentiert, die von einer machtbesessenen und unter Verfolgungswahn leidenden Staatsapparatur verfaßt wurden.

Im Herbst 1989 gab es im Rahmen des erwarteten und sich vollziehenden Transformationsprozesses sehr verschiedene, ja in sich absolut widersprüchliche Positionen, die nur für einen geschichtlichen Augenblick zu einer gemeinsamen Frontstellung vereint waren: Dieses Herrschaftssystem muß zu Fall gebracht werden! »Wir sind das Volk« bezeichnet eine solche Momentaufnahme von der Subjektwerdung eines Volkes, das seit über sechzig Jahren keine autonome, den politischen Freiheitswillen ausdrückende Öffentlichkeit kannte. Da war zunächst jene Gruppierung, welche die eigenen Träume von einem Sozialismus mit menschlichem Antlitz, wie er in Prag 1968 versucht wurde, in die erstmalig erfolgversprechende revolutionäre Transformation der DDR-Gesellschaft einbringen wollte. Für sie ging es darum, Züge der autonomen Subjektwerdung der DDR nicht zu verlieren und an Orten zu lokalisieren, wo weder Kapitalismus noch Stalinismus seßhaft werden können. Unter Schriftstellern, Pfarrern, Universitätsintellektuellen, soweit sie in der DDR geblieben waren, war eine solche geschichtliche Position offenkundig sehr verbreitet. In seinem Buch »Mit eigener Stimme sprechen« führt Wolfgang Thierse ein entsprechendes Gespräch vom 10. November 1989 an: »Es läuft auf eine Mischform zwischen realem Kapitalismus und realem Sozialismus hinaus. ... Ob die Perspektive der Kolonialisierung sich durchsetzt, hängt auch von unserem Selbstbewußtsein ab. ... Ich hoffe, daß dieses starke Empfinden für soziale Gerechtigkeit sich behauptet, wenn wir – was zu erwarten ist – ökonomisch in stärkere Abhängigkeit von der Bundesrepublik gelangen. Das Empfinden für soziale Gerechtigkeit ist etwas, was es zu verteidigen gilt, wo vielleicht sogar ein spezielles Selbstbewußtsein entsteht gegenüber den Großkonzernen, wenn die uns kaufen wollen.«[138]

Alle, die das oder ähnliches sagten, hatten ihre je eigene Widerstandsvergangenheit gegen politische Bevormundung und paranoiden Überwachungswahn der Stasi. Sie haben das Selbstverständnis authentischer Sozialisten. Volker Braun erinnert, fasziniert von diesem glücklichen Augenblick »offener Geschichte«, wie diese Zeit manchen Menschen erschien, sogar an die Rätetradition, um einen kleinen Aktivposten in die auch von ihm als unvermeidlich wahrgenommene Wiedervereinigung unter kapitalistischen Vorzeichen einzubringen. »Das berühmte ›überschüssige Bewußtsein‹ in der kleinen Republik gilt es abzurufen: Das andere Denken für eine andere Arbeit. Das wäre eine gewisse ›Sicherung‹, wenn wir uns nun der raschen anderen Seilschaft attachieren. Es wird auch so ein harter, anstrengender Gang, aber wir könnten eine Alternative leben. Unser Haushalt wiese sich aus durch Produktion von Vernunft; unser Planziel die Versöhnung mit der Natur, auch unserer eigenen. ... Erinnern wir uns an eine alte Sache, die immer aus der Hand geschlagen wurde, wo sie angefaßt wurde: Die Macht der Räte. Sie hätte heute das Gemeineigentum als gewaltige Stütze: Wenn es verfügbar gemacht würde; sie müßten sich nicht wegducken unter dem Regierungs- oder dem Parteiapparat. Die Räte, Bürgerforen oder dergleichen könnten das Dach sein, unter das sich die streitbaren Arbeitergruppen und Parteien flüchten ... In der Abteilung, im Betrieb, im Betriebsverband usw. auf allen Ebenen, um schon unten an dem Text zu arbeiten, der oben geredet wird.«[139]

Das sind keineswegs vereinzelte Privatmeinungen von Bürgerrechtlern und Schriftstellern. Man kann von Hunderten von kleinen

Organisationsansätzen, Flugschriften, Versammlungsäußerungen in dieser zweiten Hälfte des Jahres 1989 sprechen, die von dem revolutionären Willen gekennzeichnet waren, das SED-Regime zu überwinden und gleichzeitig so etwas wie eine historische Handlungsperspektive zu erringen, welche die DDR-Bevölkerung nicht gleich wieder auf den Stand willfähriger Objekte zurückdrückt.[140] Der Aufruf für eine eigenständige DDR vom 26. November 1989 gehört zu den bekanntesten Dokumenten dieser Versuche, Elemente der eigenen Geschichte zu bewahren und in ein neu konstituiertes Deutschland einzubringen. Es waren keine Phantasten oder Querulanten, die diesen Aufruf unterzeichneten, sondern Realisten, die ihre eigenen Träume vom Sozialismus nicht verleugnen wollten. »Noch haben wir die Chance, in gleichberechtigter Nachbarschaft zu allen Staaten Europas eine sozialistische Alternative zur Bundesrepublik zu entwickeln. Noch können wir uns besinnen auf die antifaschistischen und humanistischen Ideale, von denen wir einst ausgegangen sind. Alle Bürgerinnen und Bürger, die unsere Hoffnung und unsere Sorge teilen, rufen wir auf, sich diesem Appell durch ihre Unterschrift anzuschließen.«[141]

Ich weiß nicht, wie viele diesen Appell unterschrieben haben. Zu den Erstunterzeichnern gehören Konrad Weiß, Christa Wolf, Friedrich Schorlemmer, Stefan Heym, Volker Braun, um nur die bekanntesten zu nennen. Die Atmosphäre dieser Zeit erinnert an den realistisch-utopischen Roman »Schwarzenberg« von Stefan Heym, der 1984 im Westen erscheinen mußte, weil er die DDR-Herrschaften offenbar zu sehr mit einem durch das Volk definierten Sozialismus konfrontierte oder wenigstens mit der Ideenerinnerung daran. Die Geschichte ist ein Mischgebilde von Realität und Phantasie, weil das Territorium, das die »Republik Schwarzenberg« ausmachte, 1945 tatsächlich ein kleines Dreieck in der kargen Erzgebirgslandschaft war, das weder die Russen noch die Westalliierten besetzten. Es war gleichsam ein von der Geschichte vergessenes Gebiet, das die darin lebenden Menschen zwang, ohne Hilfe von außen ihr Leben selbst zu gestalten. Stefan Heym siedelt hier erfundene Figuren an, die ihre Ideen von Demokratie und Sozialismus zu realisieren versuchen, mit vielfachen Konflikten und, wie nicht anders zu erwarten, mit der Tragödie der Besetzung am Ende.[142]

Eine Protestgruppierung vom Herbst 1989 ist noch zu nennen, und sie gehört sicherlich zu denjenigen, die ihr Verhalten am wenigsten in ein Konvertitentum ummünzten und zu buchstäblichen Wendehälsen wurden, nämlich jene Sozialisten, welche die soziale Frage in christlichen Glaubensgewißheiten verankerten. Friedrich Schorlemmer, Wittenberger Pastor und Schriftsteller, gehört zu den hervorragenden Anklägern und Verteidigern der Gefühlslage eines Volkes, das für geschichtliche Augenblicke zu einem handelnden Subjekt geworden war und das sehr schnell seine politische Freiheit, sein modernes Gerichts- und Verwaltungssystem erkaufen mußte mit Demut und Gehorsam – Bereitschaften ganz anderer Art.[143]

Als die Mauer fiel und die Entscheidung für die DM-Währung getroffen war, war es nur noch eine Frage der Zeit, bis alle diese Alternativen aus einer neu konstituierten DDR-Identität zerbröckelten und die nach dem 18. März 1990 gewählte Volkskammer den kompletten und raschen Anschluß an das westdeutsche Staats- und Gesellschaftssystem beschloß. Am 18. April 1990 hielt Wolfgang Thierse vor der Volkskammer aus Anlaß der Regierungsbildung eine Rede, in der er zu rechtfertigen suchte, warum der Beitrittsartikel jener Bestimmung des Grundgesetzes vorzuziehen sei, die im Falle der Wiedervereinigung eine verfassunggebende Versammlung vorschreibt, und er muß wohl am Beifall der Fraktionen gespürt haben, daß alle Mühen für alternative Vorstellungen des souverän gewordenen DDR-Volkes vergeblich waren: »Wenn wir für den Weg zur deutschen Einigung den Artikel 23 als Eintrittstür benutzen wollen, dann nicht mit der Illusion, daß mit dem Grundgesetz der Bundesrepublik das Ende aller verfassungsrechtlichen und verfassungspolitischen Geschichte erreicht sei. Wir denken, daß Artikel 23 und Artikel 146 einander nicht ausschließen, daß auch das Grundgesetz revidierbar ist und daß die sozialen Sicherungsrechte, das Recht auf Arbeit, auf Wohnung, auf Bildung usw., Bestandteile einer gesamtdeutschen Verfassung werden sollen. Dafür werden wir kämpfen« (Beifall bei der SPD, vereinzelt bei der CDU/Demokratischer Aufbruch).[144] Die Verfassungsdebatte um den Beitritt von Bundesländern nach Artikel 23 oder die Aufhebung des Grundgesetzes und Neukonstitution Deutschlands nach Artikel 146 gehört zu den wenigen aus der DDR kommenden Positionen, die auch im Westen mit Engagement diskutiert wurden. Günter Grass und andere Intellektuelle sind bis heute der Auffassung, daß sich das neue Gesamtdeutschland auf einen eklatanten Verfassungsbruch gründet.

OSKAR NEGT/
HANS WERNER DANNOWSKI

Königsberg–Kaliningrad

Reise in die Stadt Kants
und Hamanns
176 Seiten, gebunden, DM 34,00

*

Die russische Enklave im Juni 1996 – das eingekesselte Königsberg im Januar/Februar 1945: dazwischen liegen fast 50 Jahre Kommunismus, in denen Kaliningrad als militärisches Sperrgebiet völlig vom Westen isoliert war.
Mit den Königsberger Philosophen Immanuel Kant und Georg Hamann im Gepäck suchen Oskar Negt und Hans Werner Dannowski nach Spuren ihrer Kindheit im ländlichen Ostpreußen, die 1945 abrupt beendet war. Mit dabei haben sie viele Fragen an die Verantwortlichen der Stadt und an die jungen Kaliningrader: nach ihren Hoffnungen und Problemen, den Schwierigkeiten des wirtschaftlichen Neuanfangs, nach der kulturellen Identität des russischen Kaliningrad und seiner Zukunft in einem vereinten Europa.

Bitte fordern Sie das kostenlose Gesamtverzeichnis an:
Steidl Verlag · Düstere Str. 4 · 37073 Göttingen

OSKAR NEGT

**Kindheit und Schule
in einer Welt der Umbrüche**

432 Seiten, stb 135, DM 24,80

*

Fehlende Lernmotivation, wachsende Gewaltbereitschaft von Kindern und Jugendlichen, überforderte Eltern und Lehrer – es ist offensichtlich, daß unser Erziehungssystem in einer tiefen Krise steckt. Diese Krise geht einher mit einer allgemeinen Gesellschaftskrise, die unter anderem durch den Verlust von Visionen und Utopien, die Auflösung traditioneller Familienformen, durch den Zusammenbruch des dualistischen Weltsystems sowie einen epochalen Strukturwandel der industriellen Zivilisation bestimmt wird. Oskar Negt analysiert diese Welt der Umbrüche und fragt: Was sollen unsere Kinder für das 21. Jahrhundert lernen? Wie und wo sollen sie es lernen? Dieses Buch formuliert ein engagiertes Plädoyer für eine zweite Bildungsreform, die die Zukunft der Kinder und Jugendlichen sichert.

Bitte fordern Sie das kostenlose Gesamtverzeichnis an:
Steidl Verlag · Düstere Str. 4 · 37073 Göttingen

Thierse, Wolfgang, »Mit eigener Stimme sprechen«, München 1992

Thome, Rainer, »Arbeit ohne Zukunft? Organisatorische Konsequenz der wirtschaftlichen Informationsverarbeitung«, München 1997

Thompson, Edward P., »Plebejische und moralische Ökonomie. Aufsätze zur englischen Sozialgeschichte des 18. und 19. Jahrhunderts«, Frankfurt am Main, Berlin, Wien 1980

Thurow, Lester C., »Die Zukunft des Kapitalismus«, Düsseldorf, München 1996

Wacquant, Loïc, »Elend hinter Gittern«, Konstanz 1999

Walker, Mark, »Die Uranmaschine. Mythos und Wirklichkeit der deutschen Atombombe«, Berlin 1990

Weber, Max, »Gesammelte Aufsätze zur Religionssoziologie 1«, Tübingen 1963

Weber, Max, »Gesammelte politische Schriften«, Tübingen 1958

Weizenbaum, Joseph, »Die Macht der Computer und die Ohnmacht der Vernunft«, Frankfurt am Main 1977

Wulff, Erich, »Psychiatrie und Herrschaft«, in: »Argument-Studienheft 34«, Berlin 1979

Morgenroth, Christine, »Sprachloser Widerstand. Zur Sozialpathologie der Lebenswelt von Arbeitslosen«, Frankfurt am Main 1990

Nefiodow, Leo A., »Der sechste Kondratieff«, Sankt Augustin 1997

Negt, Oskar, »Kindheit und Schule in einer Welt der Umbrüche«, Göttingen 1997

Negt, Oskar, »Modernisierung im Zeichen des Drachen. China und der europäische Mythos der Moderne«, Frankfurt am Main 1988

Negt, Oskar, »Soziologische Phantasie und Exemplarisches Lernen«, Frankfurt am Main ^{7}1975

Negt, Oskar/Kluge, Alexander, »Geschichte und Eigensinn«, Frankfurt am Main 1981

Nuissl, Ekkehard/Siebert, Horst/Weinberg, Johannes/Tietgens, Hans (Hg.), »Alternative Schlüsselqualifikationen«, »Report 26«, Frankfurt am Main 1990

Offe, Claus, »Arbeitsgesellschaft: Strukturprobleme und Zukunftsperspektiven«, Frankfurt am Main 1984

Platon, »Politeia«, »Sämtliche Werke«, Bd. 3, Hamburg 1958

Polanyi, Karl, »The Great Transformation. Politische und ökonomische Ursprünge von Gesellschaften und Wirtschaftssystemen«, Frankfurt am Main 1978

Rathenau, Walther, »Schriften und Reden«, Frankfurt am Main 1964

Rawls, John, »Eine Theorie der Gerechtigkeit«, Frankfurt am Main 1975

Reuter, Edzard, »Schein und Wirklichkeit. Erinnerungen«, Berlin 1999

Ricardo, David, »Über die Grundsätze der politischen Ökonomie und der Besteuerung«, Marburg 1994

Richter, Edelbert, »Aus ostdeutscher Sicht. Wider den neoliberalen Zeitgeist«, Weimar, Wien 1998

Richartz, Ariane, »Dammbau gegen die Arbeitslosigkeit. Das Polder-Modell, die holländische Variante des Bündnisses für Arbeit – Ausweg aus der Krise?«, in: »Frankfurter Rundschau«, 6. 6. 2000

Richarz, Irmintraut, »Oikos, Haus und Haushalt. Ursprung und Geschichte der Haushaltsökonomik«, Göttingen 1991

Richter, Horst-Eberhard, »Lernziel Solidarität«, Reinbek 1974

Rifkin, Jeremy, »Das Ende der Arbeit und ihre Zukunft«, Frankfurt am Main 1997

Rinderspacher, Jürgen P., »›Ohne Sonntag gibt es nur noch Werktage.‹ Die soziale und kulturelle Bedeutung des Wochenendes«, Bonn 2000

Ritsert, Jürgen, »Gerechtigkeit und Gleichheit«, Münster 1997

Schorlemmer, Friedrich, »Bis alle Mauern fallen. Texte aus einem verschwundenen Land«, Berlin 1991

Schumann, Michael/Kern, Horst, »Neue Produktionskonzepte haben Chancen – Bestandsaufnahme und Trendbestimmung der Rationalisierung in den industriellen Kernbereichen«, in: »Mitteilungen des Soziologischen Forschungsinstitutes Göttingen«, Nr. 9, Februar 1984

Sennett, Richard, »Der flexible Mensch. Die Kultur des neuen Kapitalismus«, Berlin 1998

Smith, Adam, »Der Wohlstand der Nationen«, München 1978

Sterzel, Dieter, »Tendenzschutz und Grundgesetz. Zu den verfassungsrechtlichen Voraussetzungen der betriebsverfassungsrechtlichen Mitbestimmungsordnung«, Baden-Baden 2001

Szabó, Arpad, »Das geozentrische Weltbild. Astronomie, Geographie und Mathematik der Griechen«, München 1992

Kant, Immanuel, »Werke in sechs Bänden«, hg. von Wilhelm Weischedel, Darmstadt 1956

Keynes, John Maynard, »Allgemeine Theorie der Beschäftigung, des Zinses und des Geldes«, Berlin 1994

Klagsbrunn, Victor Hugo, »Globalisierung, Arbeitsmärkte, Migration. Die Migration der Brasilianer in die USA und nach Japan«, in: »Globalisierung und Perspektiven linker Politik«, Festschrift für Elmar Altvater, hg. von Michael Heinrich und Dirk Messner, Münster 1998, S. 76 ff.

Koestler, Arthur, »Ein spanisches Testament«, Zürich 1938

Kopernikus, Nikolaus, »Das neue Weltbild«, Hamburg 1990

Krätke, Michael R., »Standortkonkurrenz – Realität und Rhetorik«, in: »Ökonomie ohne Arbeit – Arbeit ohne Ökonomie? Kritische Interventionen 1«, Hannover 1997, S. 45 ff.

Kronauer, Martin/Vogel, Berthold/Gerlach, Frank, »Im Schatten der Arbeitsgesellschaft. Arbeitslose und die Dynamik sozialer Ausgrenzung«, Frankfurt am Main, New York 1993

Kurz-Scherf, Ingrid, »›Nur noch Utopien sind realistisch‹. Feministische Perspektiven in Deutschland«, Bonn 1992

Kurz-Scherf, Ingrid/Breil, Gisela (Hg.), »›Wem gehört die Zeit‹. Ein Lesebuch zum 6-Stunden-Tag«, Hamburg 1987

List, Friedrich, »Das natürliche System der politischen Ökonomie«, Berlin 1961

Luttwak, Edward, »Turbo-Kapitalismus. Gewinner und Verlierer der Globalisierung«, Hamburg, Wien 1998

MacIntyre, Alasdair, »Der Verlust der Tugend. Zur moralischen Krise der Gegenwart«, Frankfurt am Main, New York 1987

Marcuse, Herbert, »Eros und Kultur«, Stuttgart 1957

Marcuse, Herbert, »Kultur und Gesellschaft 1«, Frankfurt am Main 1965

Margalit, Avishai, »Politik der Würde. Über Achtung und Verachtung«, Frankfurt am Main 1999

Martin, Hans-Peter/Schumann, Harald, »Die Globalisierungsfalle. Der Angriff auf Demokratie und Wohlstand«, Reinbek 1996

Marx, Karl, »Die Frühschriften«, hg. von Siegfried Landshut, Stuttgart 1953

Marx, Karl, »Grundrisse der Kritik der politischen Ökonomie. ›Rohentwurf‹ (1857–1858)«, Berlin 1953

Marx, Karl, »Das Kapital«, Bd. 1, MEW 23 (Karl Marx/Friedrich Engels, »Werke«, Berlin 1962)

Marx, Karl, »Das Kapital«, Bd. 3, MEW 25 (Karl Marx/Friedrich Engels, »Werke«, Berlin 1962)

Matthes, Joachim (Hg.), »Krise der Arbeitsgesellschaft? Verhandlungen des 21. Deutschen Soziologentages in Bamberg 1982«, Frankfurt am Main, New York 1983

Miegel, Meinhard, »Vollbeschäftigung – eine sozialromantische Utopie?«, in: Alfred Herrhausen-Gesellschaft für internationalen Dialog (Hg.), »Arbeit der Zukunft. Zukunft der Arbeit«, Stuttgart 1994, S. 124 ff.

Mitscherlich, Alexander/Mielke, Fred (Hg.), »Medizin ohne Menschlichkeit. Dokumente des Nürnberger Ärzteprozesses«, Frankfurt am Main 1995

Mommsen, Theodor, »Römisches Staatsrecht«, 2. Bd., 1. Teil, Graz 1969

Morgenroth, Christine, »Zwischen Selbstorganisation und Selbstzerstörung. Identitätsprobleme jugendlicher Arbeitsloser«, Frankfurt am Main, New York 1985

Forrester, Viviane, »Der Terror der Ökonomie«, Wien 1997

Foucault, Michel, »Überwachen und Strafen. Die Geburt des Gefängnisses«, Frankfurt am Main 1977

Freud, Sigmund, »Das Unbehagen in der Kultur«, »Studienausgabe«, Bd. IX, Frankfurt am Main 1982, S. 191 ff.

Gantzel, Klaus Jürgen/Schwinghammer, Torsten, »Die Kriege nach dem Zweiten Weltkrieg 1945 bis 1992. Daten und Tendenzen«, Münster 1995

Geisler, Karlheinz A., »Zeit – ›verweile doch, du bist so schön‹«, Weinheim, Berlin 1996

Giddens, Anthony, »Die Konstitution der Gesellschaft. Grundzüge einer Theorie der Strukturierung«, Frankfurt am Main 1988

Giddens, Anthony, »Der dritte Weg. Die Erneuerung der sozialen Demokratie«, Frankfurt am Main 1999

Gorz, André, »Arbeit zwischen Misere und Utopie«, Frankfurt am Main 2000

Gorz, André, »Wege ins Paradies«, Berlin 1983

Goeudevert, Daniel, »Wie ein Vogel im Aquarium. Aus dem Leben eines Managers«, Berlin 1996

Grassi, Ernesto (Hg.), »Der utopische Staat«, Reinbek 1960

Gray, John, »Die falsche Verheißung. Der globale Kapitalismus und seine Folgen«, Berlin 1999

Habermas, Jürgen, »Technik und Wissenschaft als Ideologie«, Frankfurt am Main 1968

Hamilton, Alexander/Madison, James/Jay, John, »Die Federalist Papers«, hg. von Barbara Zehnpfennig, Darmstadt 1993

Hanesch, Walter/Krause, Peter/Bäcker, Gerhard, »Armut und Ungleichheit in Deutschland«, Reinbek 2000

Hegel, Georg Wilhelm Friedrich, »Sämtliche Werke«, Stuttgart 1949–1964

Henzler, Herbert A./Späth, Lothar, »Sind die Deutschen noch zu retten? Von der Krise in den Aufbruch«, München 1993

Hobbes, Thomas, »Leviathan oder Stoff, Form und Gewalt eines bürgerlichen und kirchlichen Staates«, Neuwied, Berlin 1966

Hoffmann, Dieter, »Operation Epsilon. Die Farm-Hall-Protokolle oder Die Angst der Alliierten vor der deutschen Atombombe«, Berlin 1993

Honneth, Axel, »Kampf um Anerkennung. Zur moralischen Grammatik sozialer Konflikte«, Frankfurt am Main 1994

Honneth, Axel (Hg.), »Kommunitarismus. Eine Debatte über die moralischen Grundlagen moderner Gesellschaften«, Frankfurt am Main, New York 1995

Horkheimer, Max/Adorno, Theodor W., »Dialektik der Aufklärung«, Amsterdam 1947

Horster, Detlef, »Postchristliche Moral. Eine sozialphilosophische Begründung«, Hamburg 1999

Husserl, Edmund, »Die Krisis der europäischen Wissenschaften und die transzendentale Phänomenologie«, Den Haag 1954

Jahoda, Marie u.a., »Die Arbeitslosen von Marienthal (1933)«, Frankfurt am Main 1975

Jonas, Hans, »Das Prinzip Verantwortung«, Frankfurt am Main 1984

Jürgens, Kerstin/Reinecke, Karsten, »Zwischen Volks- und Kinderwagen. Auswirkungen der 28,8-Stunden-Woche bei der VW-AG auf die familiale Lebensführung von Industriearbeitern«, Düsseldorf, Berlin 1998

Auswahlbibliographie

Adorno, Theodor W., »Negative Dialektik«, »Gesammelte Schriften«, Bd. 6, Frankfurt am Main 1966
Adorno, Theodor W., »Erziehung zur Mündigkeit«, Frankfurt am Main 1963
Altvater, Elmar, »Die Zukunft des Marktes. Ein Essay über die Regulation von Geld und Natur nach dem Scheitern des ›real existierenden Sozialismus‹«, Münster 1991
Altvater, Elmar/Mahnkopf, Birgit, »Grenzen der Globalisierung. Ökonomie, Ökologie und Politik in der Weltgesellschaft«, Münster 1996
Anders, Günther, »Die Antiquiertheit des Menschen«, Bd. 1: »Über die Seele im Zeitalter der zweiten industriellen Revolution«, München ^{5}1979, Bd. 2: »Über die Zerstörung des Lebens im Zeitalter der dritten industriellen Revolution«, München 1980
Arendt, Hannah, »Eichmann in Jerusalem. Ein Bericht über die Banalität des Bösen«, München 1964
Arendt, Hannah, »Fragwürdige Traditionsbestände im politischen Denken der Gegenwart. Vier Essays«, Frankfurt am Main 1957
Arendt, Hannah, »Vita activa oder Vom tätigen Leben«, Stuttgart 1960
Aristoteles, »Nikomachische Ethik«, Stuttgart 1969
Aristoteles, »Politik«, hg. von Eugen Rolfes, Hamburg 1958
Augustinus, »Vom Gottesstaat (De civitate dei)«, Buch 1–10, München 1997
Beck, Ulrich, »Risikogesellschaft. Auf dem Weg in eine andere Moderne«, Frankfurt am Main 1986
Beck, Ulrich, »Was ist Globalisierung?«, Frankfurt am Main 1997
Beck, Ulrich/Giddens, Anthony/Lash, Scott, »Reflexive Modernisierung. Eine Kontroverse«, Frankfurt am Main 1996
Born, Max, »Physik im Wandel meiner Zeit«, Braunschweig 1959
Brunner, Otto, »Das ›Ganze Haus‹ und die alteuropäische ›Ökonomik‹«, in: »Neue Wege der Verfassungs- und Sozialgeschichte«, Göttingen ^{3}1980, S. 103 ff.
Chargaff, Erwin, »Das Feuer des Heraklit. Skizzen aus einem Leben vor der Natur«, Frankfurt am Main 1989
Cicero, Marcus Tullius, »Gespräche in Tusculum«, hg. von Olaf Gigon, Stuttgart 1985
Cohen, Daniel, »Fehldiagnose Globalisierung. Die Neuverteilung des Wohlstands nach der dritten industriellen Revolution«, Frankfurt, New York 1997
Conert, Hansgeorg, »Vom Handelskapital zur Globalisierung. Entwicklung und Kritik der kapitalistischen Ökonomie«, Münster 1998
Dönhoff, Marion Gräfin, »Zivilisiert den Kapitalismus. Grenzen der Freiheit«, Stuttgart 1997
Dürr, Hans-Peter/Harjes, Hans-Peter/Kreck, Matthias/Starlinger, Peter (Hg.), »Verantwortung für den Frieden. Naturwissenschaftler gegen Atomrüstung«, Reinbek 1983
Etzioni, Amitai, »Die Entdeckung des Gemeinwesens. Ansprüche, Verantwortlichkeiten und das Programm des Kommunitarismus«, Stuttgart 1995
Eucken, Walter, »Ordnungspolitik«, Münster, Hamburg, London 1999
Fetscher, Iring, »Arbeit und Spiel«, Stuttgart 1983

145 Ingrid Kurz-Scherf, »Nur noch Utopien sind realistisch. Feministische Perspektiven in Deutschland«, Bonn 1992, S. 50.
146 Mechthild Küpper: »›Wir brauchen kein Westniveau‹. Der Arbeitswille ostdeutscher Frauen verdirbt die Statistik«, in: »Süddeutsche Zeitung«, 19. 3. 1998.
147 Rudolf Hickel, »Warum die Ostdeutschen einen zweiten Solidarpakt brauchen. Zum ökonomischen Stand der Einheit: Die Angleichung hat sich verlangsamt und ist noch lange nicht abgeschlossen«, in: »Frankfurter Rundschau«, 20. 9. 2000.
148 A.a.O.

119 Erwin Chargaff, »Das Feuer des Heraklit«, a.a.O.
120 Immanuel Kant, »Kritik der reinen Vernunft«, a.a.O., S. 11.
121 A.a.O., S. 13.
122 Diese Frage nimmt er in die »Kritik der reinen Vernunft« nicht auf. In den »Vorlesungen über Metaphysik« heißt es: »Das Feld der Philosophie in sensu cosmopolitico läßt sich auf folgende Fragen zurückbringen: 1) Was kann ich wissen? Das zeigt die Metaphysik. 2) Was soll ich tun? Das zeigt die Moral. 3) Was darf ich hoffen? Das lehrt die Religion. 4) Was ist der Mensch? Das lehrt die Anthropologie.« In: »Kants gesammelte Schriften«, Bd. XXVIII, Berlin 1970, S. 533 f.
123 Hannah Arendt, »Fragwürdige Traditionsbestände im politischen Denken der Gegenwart«, Frankfurt am Main 1957, S. 9.
124 Christine Morgenroth, »Sprachloser Widerstand«, a.a.O., S. 72 f.
125 Marie Jahoda u.a., »Die Arbeitslosen von Marienthal (1933)«, Frankfurt am Main 1975; dies., »Wieviel Arbeit braucht der Mensch?«, Weinheim, Basel 1983.
126 Sigmund Freud, »Das Unbehagen in der Kultur«, a.a.O., S. 211.
127 Christine Morgenroth, »Sprachloser Widerstand«, a.a.O., S. 95.
128 A.a.O., S. 96.
129 »text und materialien. Ulrich Plenzdorf. Die neuen Leiden des jungen W.«, Rostock 1973, S. 11.
130 A.a.O., S. 220.
131 A.a.O., S. 12.
132 Hans-Joachim Maaz, »Innere Verluste«, in: »162 Tage Deutsche Geschichte«, »Spiegel-Spezial«, Nr. 2/1990, S. 130 ff.
133 Beate Mitzscherlich, in: »Frankfurter Rundschau«, 8. 7. 1993.
134 Zitiert nach »Frankfurter Allgemeiner Zeitung«, 8. 6. 1990
135 Wolfgang Engler, »Eklektische Nachwehen eines geistigen Desasters. In der DDR bestimmte die Macht das Fahrwasser der Gesellschaftswissenschaften«, in: »Frankfurter Rundschau«, 4. 4. 1990.
136 A.a.O.
137 Friedrich Schorlemmer, »Bis alle Mauern fallen. Texte aus einem verschwundenen Land«, Berlin 1991, S. 159.
138 Wolfgang Thierse, »Mit eigener Stimme sprechen«, München 1992, S. 23 f.
139 Volker Braun, »Kommt Zeit, kommen Räte«, in: Michael Naumann (Hg.), »Die Geschichte ist offen. DDR 1990: Hoffnung auf eine neue Republik. Schriftsteller aus der DDR über die Zukunftschancen ihres Landes«, Reinbek 1990, S. 18 ff.
140 Charles Schüddekopf hat diese Vielfältigkeit der Proteste bereits im Januar 1990 dokumentiert: »›Wir sind das Volk‹. Flugschriften, Aufrufe und Texte einer deutschen Revolution«, mit einem Nachwort von Lutz Niethammer, Reinbek 1990.
141 A.a.O., S. 240 f.
142 Stefan Heym, »Schwarzenberg«, München 1984.
143 Ich verweise hier auf zwei Schriften von Friedrich Schorlemmer, die für mich in diesem Zusammenhang exemplarisch sind: »Bis alle Mauern fallen«, a.a.O.; »Eisige Zeiten. Ein Pamphlet«, München 1996.
144 Wolfgang Thierse, »Mit eigener Stimme sprechen«, a.a.O., S. 40.

dem Abwurf der Bombe nie fertig wurde und schließlich in einer Psychiatrischen Anstalt landete, ein einzigartiges menschliches Dokument hinterlassen.

101 Günther Anders, »Die Antiquiertheit des Menschen«, Bd. 2, »Über die Zerstörung des Lebens im Zeitalter der dritten industriellen Revolution«, München 1980, S. 14.

102 Günther Anders, »Die Antiquiertheit des Menschen«, Bd. 1, »Über die Seele im Zeitalter der zweiten industriellen Revolution«, München ^{5}1979, S. VII.

103 Michael Müller, »Wissenschaftsfreiheit? Eine Schimäre«, in: »Die Zeit«, 16. 8. 2001.

104 Erwin Chargaff, »Das Feuer des Heraklit. Skizzen aus einem Leben vor der Natur«, Frankfurt am Main 1989, S. 81 f. (zuerst New York 1979).

105 Jost Herbig, »Die Gen-Ingenieure. Der Weg in die künstliche Natur«, Frankfurt am Main 1980, S. 17.

106 Lutz van Raden, »Was erlaubt (sich) das Patentrecht? Ethische Fragen muß die Gesellschaft, nicht das Technikrecht beantworten. Über den umstrittenen Erfindungsschutz für biotechnische Methoden«, in: »Frankfurter Rundschau«, 10. 10. 2000.

107 »Wir brauchen kein Hau-Ruck-Verfahren«, Interview mit DFG-Präsident Ernst-Ludwig Winnacker zum Streit über die Forschung an menschlichen Embryonen, in: »Frankfurter Rundschau«, 31. 5. 2001.

108 »Financial Times Deutschland«, 11. 5. 2000.

109 Margit Kautenburger, »Menschliche Keimzellen im Visier der Forscher. Wenn Herzen im Reagenzglas wachsen. Niedersächsische Mediziner probieren das therapeutische Klonen – vorerst bei Tieren«, in: »Hannoversche Allgemeine Zeitung«, 7. 9. 2000.

110 Nicola Zellmer, »Aus Stammzellen wächst Herzgewebe«, in: »Hannoversche Allgemeine Zeitung«, 25. 8. 2001.

111 Ich verweise auf das von Alexander Mitscherlich und Fred Mielke herausgegebene Buch »Medizin ohne Menschlichkeit. Dokumente des Nürnberger Ärzteprozesses«, Frankfurt am Main 1960, 1977 von Alexander Mitscherlich mit einem neuen Vorwort versehen. Bis 1995 erreichte diese Dokumentation eine Auflage von 130 000 Exemplaren.

112 Leo A. Nefiodow, »Der sechste Kondratieff«, a.a.O., S. 117.

113 Hans Jonas, »Das Prinzip Verantwortung«, a.a.O., S. 47.

114 Leo A. Nefiodow, »Der sechste Kondratieff«, a.a.O., S. 117.

115 Joseph Weizenbaum, »Die Macht der Computer und die Ohnmacht der Vernunft«, Frankfurt am Main 1977, S. 349.

116 A.a.O., S. 348. Siehe auch Joseph Weizenbaum, »Wer erfindet die Computermythen? Der Fortschritt in den großen Irrtum«, Freiburg im Breisgau 1993.

117 Michael Schneider hat jüngst dieses Goya-Bild aufgenommen und einen höchst eindrucksvollen Roman über das Tragisch-Zwiespältige der Vernunft geschrieben: »Der Traum der Vernunft. Roman eines deutschen Jakobiners«, Köln 2001. Es handelt sich um »Leben und Kampf des Franziskaners und Jakobiners Eulogius Schneider, welcher auf dem Blutgerüste starb – erzählt von einem Freunde«.

118 Erwin Chargaff, »Der Mensch macht sich zum Maßschneider des Schicksals«, in: »Frankfurter Rundschau«, 7. 11. 1984.

71 »Wie wär's mit Selbstbestimmung?«, Gespräch zwischen Hans-Olaf Henkel und Ulrich Beck, in: »Die Zeit«, 2. 4. 1998.
72 Ulrich Beck, a.a.O.
73 Ulrich Beck, »Was ist Globalisierung«, a.a.O., S. 107.
74 Ulrich Beck, »Die Seele der Demokratie. Wie wir Bürgerarbeit statt Arbeitslosigkeit finanzieren können«, in: »Gewerkschaftliche Monatshefte«, 6/7 1998, S. 332.
75 A.a.O.
76 A.a.O., S. 332 f.
77 Sigmund Freud, »Vorlesungen zur Einführung in die Psychoanalyse«, Studienausgabe, Bd. 1, Frankfurt am Main 1982, »25. Vorlesung: Die Angst«, S. 381 f.
78 A.a.O., S. 384.
79 Sigmund Freud, »Das Unbehagen in der Kultur«, Studienausgabe, Bd. IX, a.a.O., S. 243.
80 A.a.O., S. 244.
81 Karl Marx, »Das Kapital«, Bd. 1, MEW 23, S. 58.
82 Lewis Mumford, »Mythos der Maschine. Kultur, Technik und Macht«, Frankfurt am Main 1977.
83 Sigmund Freud, »Das Unbehagen in der Kultur«, a.a.O., S. 270.
84 A.a.O., S. 218 f.
85 A.a.O., S. 222.
86 Bertolt Brecht, »Radio – eine vorsintflutliche Erfindung?«, »Gesammelte Werke«, Bd. 18, »Schriften zur Literatur und Kunst 1«, Frankfurt am Main 1967, S. 119.
87 Dieter Hoffmann, »Operation Epsilon. Die Farm-Hall-Protokolle oder Die Angst der Alliierten vor der deutschen Atombombe«, Berlin 1993, S. 145 f.
88 A.a.O.
89 A.a.O., S. 146 f.
90 A.a.O., S. 157.
91 A.a.O., S. 153.
92 Mark Walker, »Die Uranmaschine. Mythos und Wirklichkeit der deutschen Atombombe«, Berlin 1990. Die englische Originalausgabe erschien 1989.
93 Robert Jungk, »Vorwort«, in: Mark Walker, »Die Uranmaschine«, a.a.O., S. 8.
94 Max Born, »Physik im Wandel meiner Zeit«, Braunschweig 1959, S. V.
95 A.a.O., S. 247.
96 A.a.O., S. 248.
97 A.a.O., S. 249.
98 Siehe dazu »Die Umlaufbahn der Ethik. Was darf die Wissenschaft? Vierzig Jahre Göttinger Erklärung«, in: »Süddeutsche Zeitung«, 15. 4. 1997. Ausführlich dokumentiert ist dieser Widerstand auch in »Verantwortung für den Frieden. Naturwissenschaftler gegen Atomrüstung«, hg. von Hans-Peter Dürr, Hans-Peter Harjes, Matthias Kreck und Peter Starlinger, Reinbek 1983.
99 Max Born, »Physik im Wandel meiner Zeit«, a.a.O., S. 2 f.
100 Günther Anders war nicht nur als politischer Philosoph aktiv, sondern hat in seiner langjährigen Korrespondenz mit dem Hiroshima-Piloten Major Eatherly, der mit

46 A.a.O., S. 264.
47 Anthony Giddens, »Die Konstitution der Gesellschaft. Grundzüge einer Theorie der Strukturierung«, Frankfurt am Main 1988. Die englische Originalausgabe erschien 1984.
48 Ulrich Beck, Anthony Giddens, Scott Lash, »Reflexive Modernization. Politics, Tradition, and Aesthetics in the Modern Social Order«, Stanford 1995. Die deutsche Übersetzung erschien unter dem Titel »Reflexive Modernisierung. Eine Kontroverse«, Frankfurt am Main 1996.
49 »Verleihung des Theodor-W.-Adorno-Preises der Stadt Frankfurt am Main an Jürgen Habermas am 11. September 1980 in der Paulskirche«, hg. vom Dezernat Kultur und Freizeit der Stadt Frankfurt am Main 1981, S. 18.
50 Karl Marx, »Zur Kritik der politischen Ökonomie«, a.a.O., S. 265.
51 A.a.O., S. 264.
52 Ulrich Beck in: »Perspektiven der Weltgesellschaft«, hg. von Ulrich Beck, Frankfurt am Main 1998, S. 10.
53 Anthony Giddens, »Leben in einer posttraditionalen Gesellschaft«, in: Ulrich Beck, Anthony Giddens, Scott Lash, »Reflexive Modernisierung«, a.a.O., S. 194.
54 A.a.O., S. 129.
55 Ulrich Beck, »Risikogesellschaft«, a.a.O., S. 12 f.
56 A.a.O., S. 48.
57 A.a.O., S. 25.
58 A.a.O., S. 49.
59 Karl Marx, »Das Kapital«, Bd. 1, MEW 23, S. 529 f.
60 In diesem »Zusammenhang des Vergessens« verweise ich auf die zwei bedeutenden Schriften von Giddens aus der Zeit um 1980: »Die Klassenstruktur fortgeschrittener Gesellschaften« (1979) und »Die Konstitution der Gesellschaft« (englische Erstausgabe Cambridge 1984).
61 Ulrich Beck (Hg.), »Politik in der Risikogesellschaft. Essays und Analysen«, Frankfurt am Main 1991.
62 Ulrich Beck, »Risikogesellschaft«, a.a.O., S. 62.
63 A.a.O., S. 61.
64 A.a.O., S. 80.
65 A.a.O., S. 357 f.
66 Ulrich Beck, »Gegengifte. Die organisierte Unverantwortlichkeit«, Frankfurt am Main 1988, S. 160 f.
67 Theodor W. Adorno, »Kulturkritik und Gesellschaft«, in: »Prismen«, Berlin, Frankfurt am Main 1955, S. 22 f.
68 Walter Benjamin, »Gesammelte Schriften«, Bd. I.3, »Abhandlungen«, Frankfurt am Main 1974, S. 1232.
69 Ulrich Beck, »Wie wird Demokratie im Zeitalter der Globalisierung möglich? – Eine Einleitung«, in: ders. (Hg.), »Politik der Globalisierung«, Frankfurt am Main 1998, S. 7.
70 Ulrich Beck, »Fragen, überall nur Fragen!«, Gespräch in: »Frankfurter Rundschau«, 6. 7. 1998.

22 Sigmund Freud, »Studienausgabe«, Bd. IX, Frankfurt am Main 1982, S. 212.
23 Michael Schumann und seine Mitarbeiter am Soziologischen Forschungsinstitut Göttingen verweisen mit Recht auf die durch Massenarbeitslosigkeit mitbedingten Verschiebungen der Forschungsinteressen. Der Strukturwandel der Erwerbsarbeit werde vernachlässigt. Siehe dazu »Das Lohnarbeiterbewußtsein des ›Arbeitskraftunternehmers‹«, in: »Kritische Theorie und politischer Eingriff«, Festschrift für Oskar Negt, hg. von Wolfgang Lenk, Mechthild Rumpf, Lutz Hieber, Hannover 1999, S. 406 ff.
24 Martin Baethge, »Arbeit und Identität bei Jugendlichen«, in: »psychosozial«, 1990, Heft 3, S. 77.
25 A.a.O., S. 79.
26 Michael Schumann, »Das Lohnarbeiterbewußtsein des ›Arbeitskraftunternehmers‹«, in: »Kritische Theorie und politischer Eingriff«, a.a.O., S. 413.
27 Karl Marx, »Die Frühschriften«, a.a.O., S. 216.
28 Jürgen Ritsert gibt in »Gerechtigkeit und Gleichheit«, Münster 1997, einen ausgezeichneten Überblick über die Gerechtigkeits- und Gleichheitsproblematik.
29 Aristoteles, »Nikomachische Ethik«, in: »Werke«, Bd. 6, Berlin 1960, S. 102.
30 Jürgen Ritsert, »Gerechtigkeit und Gleichheit«, a.a.O., S. 22 f.
31 Aristoteles, »Nikomachische Ethik«, a.a.O., S. 99.
32 Karl Marx, »Kritik des Gothaer Programms«, MEW 19, S. 20 f.
33 A.a.O., S. 21.
34 Horst-Eberhard Richter, »Lernziel Solidarität«, Reinbek 1974.
35 Karl-Otto Hondrich, Claudia Koch-Arzberger, »Solidarität in der modernen Gesellschaft«, Frankfurt am Main 1992, S. 7. Ich verweise in diesem Zusammenhang auch auf die »Gewerkschaftlichen Monatshefte« zum Thema Solidarität, Arbeitszeit, Ausbildung, Januar 2001.
36 John Rawls, »Eine Theorie der Gerechtigkeit«, Frankfurt am Main 1975, S. 81. Siehe dazu Jürgen Ritsert, »Gerechtigkeit und Gleichheit«, a.a.O., der die innere Widersprüchlichkeit von Rawls' Theorie prägnant aufzeigt.
37 André Gorz, »Wege ins Paradies«, a.a.O., S. 44.
38 Siehe dazu die empirische Untersuchung Oskar Negt, Christine Morgenroth, Heiko Geiling, Edzard Niemeyer, »Emanzipationsinteressen und Organisationsphantasie. Eine ungenutzte Wirklichkeit der Gewerkschaften? Zur Erweiterung sozialkultureller Handlungsfelder am Beispiel der DGB-Ortskartelle«, Köln 1989.
39 Wolfgang Storz, »Die Rolle der Gewerkschaften in der Kommunalpolitik«, in: »WSI-Mitteilungen«, Dezember 1980.
40 Hans Preiß, »Kämpfe und Kampagnen 1972–1989«, in: Edith Grosspietsch, Georg Benz (Hg.), »Wissen, um zu handeln«, Göttingen 1998, S. 191.
41 André Gorz, »Wege ins Paradies«, a.a.O., S. 9.
42 Helmut Schelsky, »Die Arbeit tun die anderen. Klassenkampf und Priesterkampf der Intellektuellen«, Opladen 1975.
43 A.a.O., S. 9.
44 Helmut Schelsky, »Ortsbestimmung der deutschen Soziologie«, Düsseldorf, Köln 1959.
45 Ralf Dahrendorf, »Die angewandte Aufklärung. Gesellschaft und Soziologie in Amerika«, München 1963.

Kapitel V – Gemeinwesenarbeit auf dem Weg zur Weltgesellschaft

1   Marion Gräfin Dönhoff, »Zivilisiert den Kapitalismus«, a.a.O.
2   Alasdair MacIntyre, »Der Verlust der Tugend. Zur moralischen Krise der Gegenwart«, Frankfurt am Main, New York 1987, S. 183.
3   A.a.O., S. 179.
4   A.a.O., S. 180.
5   Vortrag in der Freien Universität Berlin am 27. 11. 1997, veröffentlicht in: »Neue Sammlung«, 1/1999, S. 3-17.
6   Veröffentlicht in: »Neue Sammlung«, 1/1999, S. 34.
7   Siehe dazu »Das Gespräch mit Jesuiten-Pater Rupert Lay. ›Ruf nach Weisheit‹«, in: »manager magazin«, Januar 1998, S. 200 f.
8   Nach einem Bericht in »News. Zeitung der International Partnership Initiativen e.V.«, 1/1994, S. 10.
9   Andreas Meyer-Falcke, Wilhelm D. Schäffer, »Gestalten statt Verwalten: Perspektiven für Arbeitsschutzpolitik auf Landesebene«, in: »WSI-Mitteilungen«, Dezember 1997, S. 863.
10 Ich verweise hier auf zwei für den Kommunitarismus zentrale Schriften von Amitai Etzioni, »Die Verantwortungsgesellschaft. Individualismus und Moral in der heutigen Demokratie«, Berlin, München 1996; »Die Entdeckung des Gemeinwesens. Ansprüche, Verantwortlichkeiten und das Programm des Kommunitarismus«, Stuttgart 1995. Einen guten Überblick über die Kommunitarismusbewegung gibt Axel Honneth (Hg.), »Kommunitarismus. Eine Debatte über die moralischen Grundlagen moderner Gesellschaften«, Frankfurt am Main, New York 1995. Mir ist bewußt, daß im Zusammenhang der Kommunitarismusbewegung sehr differenzierte und unterschiedliche Positionen vertreten werden.
11 Michael Theunissen, »Selbstverwirklichung und Allgemeinheit. Zur Kritik des gegenwärtigen Bewußtseins«, Berlin, New York 1982, S. 6.
12 Max Weber, »Politik als Beruf«, in: »Gesammelte politische Schriften«, Tübingen 1958, S. 533.
13 A.a.O., S. 534.
14 Hans Jonas, »Das Prinzip Verantwortung«, a.a.O.
15 Immanuel Kant, »Grundlegung zur Metaphysik der Sitten«, a.a.O., S. 54.
16 A.a.O., S. 61.
17 Hans Jonas, »Das Prinzip Verantwortung«, a.a.O., S. 36.
18 A.a.O., S. 37.
19 Michael Kremer, »The O-Ring-Theory of economic development«, in: »The Quarterly Journal of Economics«, August 1993, S. 551 ff.
20 Daniel Cohen, »Fehldiagnose Globalisierung«, a.a.O., S. 92 f.
21 Birgit Volmerg, »Arbeit als erlebte Wirklichkeit. Überlegungen zum Verhältnis von Arbeit und Subjektivität«, in: »psychosozial«, 1990, Heft 3, S. 88. Siehe dazu auch die nach wie vor wichtige Studie von Birgit Volmerg, Eva Senghaas-Knobloch, Thomas Leithäuser, »Betriebliche Lebenswelt. Eine Sozialpsychologie industrieller Arbeitsverhältnisse«, Opladen 1986.

93 A.a.O., S. 493.
94 A.a.O., S. 280.
95 A.a.O., S. 282.
96 A.a.O., S. 491.
97 A.a.O., S. 498.
98 A.a.O.
99 A.a.O., S. 190.
100 A.a.O., S. 501.
101 Immanuel Kant, »Beantwortung der Frage: Was ist Aufklärung?«, in: »Werke in sechs Bänden«, Bd. VI, a.a.O., S. 53 ff.
102 Immanuel Kant, »Die Metaphysik der Sitten«, a.a.O., S. 376 ff. (»Rechtslehre«).
103 Immanuel Kant, »Über den Gemeinspruch: Das mag in der Theorie richtig sein, taugt aber nicht für die Praxis«, »Werke in sechs Bänden«, Bd. VI, a.a.O., S. 151.
104 A.a.O.
105 A.a.O.
106 »Kants Naturrecht, gelesen im Winterhalbjahre 1784«, in: »Kants gesammelte Schriften«, Bd. XXVII, Berlin 1979, S. 1322.
107 Immanuel Kant, »Träume eines Geistersehers«, Berlin 1954, S. 77.
108 Wesentliche Argumente dieses Kapitels habe ich ausführlicher dargelegt in »Kindheit und Schule in einer Welt der Umbrüche«, a.a.O.
109 Walther Rathenau, »Die neue Gesellschaft«, in: »Schriften und Reden«, Frankfurt am Main 1964, S. 279.
110 Zusammenfassend dazu Klaus Meisel u.a., »Schlüsselqualifikationen in der Diskussion«, Frankfurt am Main 1989. Ihren Ausgang nahm die vor allem in der Erwachsenenbildung geführte Diskussion über Schlüsselqualifikationen von Dieter Mertens. Siehe dazu den aufschlußreichen Artikel von Hans Tietgens, »Von der Schlüsselqualifikation zur Erschließungskompetenz«, in: Hans-Joachim Petsch, Hans Tietgens, »Allgemeinbildung und Computer«, Bad Heilbrunn 1989.
111 Jeweils ein kritischer Essay ist diesen fünf Kompetenzen gewidmet in: Ekkehard Nuissl, Horst Siebert, Johannes Weinberg, Hans Tietgens (Hg.), »Alternative Schlüsselqualifikationen«, »Report 26«, Frankfurt am Main 1990.
112 Siehe dazu Wilhelm Mader, »Kompetenz im Umgang mit gebrochener Identität«, in: »Report 26«, a.a.O., S. 20 ff.
113 Siehe dazu Gerd Michelsen, »Von der Umweltbildung zur ökologischen Kompetenz«, in: »Report 26«, S. 45 ff.
114 Siehe dazu Georg Behse, »Vom Umgang mit der Zeit«, in: »Report 26«, a.a.O., S. 66.
115 Immanuel Kant, »Über den Gemeinspruch: Das mag in der Theorie richtig sein, taugt aber nicht für die Praxis«, a.a.O., S. 127.
116 A.a.O.
117 A.a.O.
118 Aristoteles, »Rhetorik«, München 1993, S. 20 f.

diesen Gedanken zu (1177b): »Ferner gilt, daß das Glück Muße voraussetzt. Denn wir arbeiten, um dann Muße zu haben, und führen Krieg, um dann in Frieden zu leben. Alle praktische Trefflichkeit nun entfaltet ihre Aktivität entweder in den Aufgaben des öffentlichen Lebens oder den Aufgaben des Kriegs. Das Handeln in diesem Bereiche verträgt sich aber erfahrungsgemäß nicht mit der Muße, kriegerisches Tun schon gar nicht – niemand wählt ja den Krieg um des Krieges willen, und niemand rüstet deshalb zum Krieg.«

68 Herbert Marcuse, »Über den affirmativen Charakter der Kultur«, a.a.O., S. 100.
69 A.a.O., S. 100 f.
70 Leo N. Tolstoi, »Wieviel Erde braucht der Mensch? Erzählungen und Legenden«, Frankfurt am Main 1989, S. 9 f.
71 Die Dialektik dieser Beziehung zwischen Allgemeinem und Besonderem, im Blick auf das Problem des Unwiederholbaren, hat Karl Heinz Haag in der philosophischen Tradition vom Thomismus bis zum Nominalismus der modernen Welt untersucht. Siehe dazu Karl Heinz Haag, »Das Unwiederholbare«, in: »Zeugnisse«, Theodor W. Adorno zum sechzigsten Geburtstag, hg. von Max Horkheimer, Frankfurt am Main 1963, S. 152 f.
72 Alle drei Beispiele zitiert bei Karl Polanyi, »The Great Transformation«, a.a.O., S. 361 ff.
73 Georg Wilhelm Friedrich Hegel, »Vorlesungen über die Philosophie der Religion«, Bd. 1, »Sämtliche Werke«, Bd. 15, Stuttgart 1959, S. 248.
74 Platon, »Apologie«, in: »Sämtliche Werke«, Bd. 1, Reinbek 1957, S. 22.
75 Sophokles, »Antigone«, in: »Tragödien und Fragmente«, München 1966, S. 267.
76 A.a.O., S. 273.
77 Georg Wilhelm Friedrich Hegel, »Vorlesungen über die Geschichte der Philosophie«, »Sämtliche Werke«, Bd. 18, Stuttgart 1959, S. 119.
78 So Otto Zierer, »Cicero. Republikaner ohne Republik. Eine Biographie«, Frankfurt am Main 1979.
79 Cicero, »De Officiis. Vom pflichtgemäßen Handeln«, Stuttgart 1992, S. 319.
80 A.a.O.
81 A.a.O., S. 95.
82 Thomas Hobbes, »Leviathan oder Stoff, Form und Gewalt eines bürgerlichen und kirchlichen Staates«, Neuwied und Berlin 1966, S. 67.
83 A.a.O., S. 68.
84 A.a.O., S. 67 f.
85 A.a.O., S. 68.
86 A.a.O., S. 31.
87 Immanuel Kant, »Grundlegung zur Metaphysik der Sitten«, a.a.O., S. 67 f.
88 Immanuel Kant, »Die Metaphysik der Sitten«, in: »Werke in sechs Bänden«, Bd. IV, a.a.O., S. 569.
89 A.a.O.
90 Immanuel Kant, »Kritik der reinen Vernunft«, a.a.O., S. 505.
91 A.a.O., S. 506.
92 A.a.O.

einige nicht unbedingt zum Thema gehörige und nur für französische Leser verständliche Sätze fortgeblieben, während an anderen Stellen auf deutsche Verhältnisse passende Einschaltungen vorgenommen wurden.«
42 Stefan Rebenich, »Einführung«, in: Xenophon, »Die Verfassung der Spartaner«, hg. von Stefan Rebenich, Darmstadt 1998, S. 3 f.
43 Claus Offe, »Perspektiven auf die Zukunft des Arbeitsmarktes«, a.a.O., S. 355.
44 André Gorz, »Wege ins Paradies«, Berlin 1983, S. 74.
45 A.a.O., S. 92.
46 André Gorz, »Arbeit zwischen Misere und Utopie«, Frankfurt am Main 2000, S. 11.
47 A.a.O., S. 9.
48 Im zweiten Teil von »Geschichte und Eigensinn« haben Alexander Kluge und ich der Erweiterung des Arbeitsbegriffs (Beziehungsarbeit, Kriegsarbeit usw.) größere Abschnitte gewidmet.
49 André Gorz, »Arbeit zwischen Utopie und Misere«, a.a.O., S. 9.
50 Karl Marx, »Kritik des Gothaer Programms«, MEW 19, S. 20.
51 Georg Quabbe, »Das letzte Reich. Wandel und Wesen der Utopie«, Leipzig 1933, zitiert nach Arnhelm Neusüss (Hg.), »Utopie. Begriff und Phänomen des Utopischen«, Frankfurt am Main 1986, S. 94.
52 Immanuel Kant, »Kritik der reinen Vernunft«, a.a.O., S. 490.
53 Iring Fetscher, »Arbeit und Spiel«, a.a.O., S. 63.
54 Bertolt Brecht, »Arbeitsjournal, 1942–1955«, Frankfurt am Main 1973, S. 518.
55 Theodor W. Adorno, »Negative Dialektik«, »Gesammelte Schriften«, Bd. 6, Frankfurt am Main 1966, S. 358.
56 A.a.O., S. 360.
57 Theodor W. Adorno, »Erziehung nach Auschwitz«, in: »Erziehung zur Mündigkeit«, Frankfurt am Main 1963, S. 101.
58 A.a.O.
59 Hannah Arendt, »Eichmann in Jerusalem. Ein Bericht über die Banalität des Bösen«, München 1964.
60 Theodor W. Adorno, »Erziehung zur Mündigkeit«, a.a.O., S. 100.
61 Siehe zu diesen Diskussionen Peter Sloterdijk, »Regeln für den Menschenpark. Ein Antwortschreiben zu Heideggers Brief über den Humanismus«, Frankfurt am Main 1999.
62 Theodor W. Adorno, »Negative Dialektik«, a.a.O., S. 358.
63 Hier finden sich in der Tat die geistesgeschichtlichen Wurzeln unseres Kulturbegriffs. Marcus Tullius Cicero, »Gespräche in Tusculum«, hg. von Olaf Gigon, Stuttgart 1985, S. 65.
64 Angelika Redder und Jochen Rehbein, »Zum Begriff der Kultur«, in: »Osnabrücker Beiträge zur Sprachtheorie«, 1987, S. 7 ff.
65 Hannah Arendt, »Fragwürdige Traditionsbestände im politischen Denken der Gegenwart. Vier Essays«, Frankfurt am Main 1957, S. 9.
66 Herbert Marcuse, »Über den affirmativen Charakter der Kultur«, in: ders., »Kultur und Gesellschaft 1«, Frankfurt am Main 1965, S. 56 ff.
67 Aristoteles, »Politik«, Reinbeck 1965, S. 257. In der »Nikomachischen Ethik« spitzt er

19 Christine Morgenroth, »Sprachloser Widerstand«, a.a.O., S. 212.
20 Karl Marx, »Die Frühschriften«, a.a.O., S. 274.
21 Georg Wilhelm Friedrich Hegel, »Vorlesungen über die Philosophie der Religion«, Bd. 2, »Sämtliche Werke«, Bd. 16, Stuttgart 1959, S. 266 f.
22 Vgl. »Geschichte und Eigensinn«, a.a.O.
23 Siehe hierzu die schöne kleine Schrift von Ludwig Marcuse, »Der Philosoph und der Diktator. Plato und Dionys«, Zürich 1984.
24 Der philosophisch präzisen »Utopia«-Analyse Lothar Wolfstetters (»Konstitution, Utopie, Weltplan«, Frankfurt am Main 1980) verdanke ich einige wichtige Anregungen. Sie befreit den Originaltext von verflachenden und verdrehenden Überfremdungen der Rezeptionsgeschichte.
25 Thomas Morus, »Utopia«, in: »Der utopische Staat«, hg. von Ernesto Grassi, Reinbek 1960, S. 26.
26 A.a.O., S. 24 und S. 27.
27 »Zeit« hat im Alltagsbewußtsein der Menschen immer eine große Rolle gespielt. In mythischen Figuren und Sprichwörtern kommt zum Ausdruck, was sie alles zu leisten hat: »Zeit heilt alle Wunden«, »Der Zahn der Zeit«, »Kommt Zeit, kommt Rat« usw. Vgl. dazu die Untersuchung von Heinzgert Friese, »Zeiterfahrung im Alltagsbewußtsein«, Frankfurt am Main 1984.
28 Martin Schwonke, »Vom Staatsroman zur Science Fiction. Eine Untersuchung über Geschichte und Funktion der naturwissenschaftlich-technischen Utopie«, Stuttgart 1957.
29 Vgl. dazu die Studie von Christiane Müller-Wichmann, »Zeitnot. Untersuchungen zum Freizeitproblem und seine pädagogische Zugänglichkeit«, Weinheim 1984.
30 Herbert Marcuse, »Eros und Kultur«, Stuttgart 1957, S. 150 f.
31 Karl Marx, Friedrich Engels, »Die Deutsche Ideologie«, MEW 3, S. 33.
32 Karl Marx, »Das Kapital«, Bd. 3, MEW 25, S. 828.
33 Karl Marx, »Das Kapital«, Bd. 1, MEW 23, S. 318.
34 Friedrich Engels, »Die Entwicklung des Sozialismus von der Utopie zur Wissenschaft«, MEW 19, S. 226.
35 Karl Marx, »Das Kapital«, Bd. 3, MEW 25, S. 828.
36 »Der utopische Staat«, a.a.O., S. 136.
37 In einem Interview des »Vorwärts«, August 1981.
38 Ich verweise in diesem Zusammenhang pauschal auf Karl Marx, »Nationalökonomie und Philosophie«, in: »Frühschriften«, a.a.O., S. 225 ff.
39 Karl Marx, »Die Frühschriften«, a.a.O., S. 240.
40 Paul Lafargue, »Das Recht auf Faulheit. Widerlegung des Rechts auf Arbeit von 1848«, »Edition Sonne und Faulheit«, Juli 1978, S. 9.
41 Siehe dazu die Übersetzungsvergleiche von Ernst Benz, »Die Verharmlosung der Thesen Lafargues durch die deutsche Übersetzung Eduard Bernsteins«, in der zitierten Ausgabe der Schrift Lafargues. Nachdem Lafargues Thesen als Artikelserie im »Vorwärts« erschienen waren, hatte Bernstein den französischen Text ins Deutsche übersetzt und 1891 als Broschüre herausgebracht. Im Vorwort schrieb er: »Diese deutsche Übersetzung ist nicht ganz wörtlich. Im Einverständnis mit dem Verfasser sind

KAPITEL IV – LEBENDIGE ARBEIT, POLITISCHE KULTUR

1 Karl Polanyi, »The Great Transformation«, a.a.O., S. 342 f.
2 Siehe dazu Kapitel V.
3 Edmund Husserl, »Die Krisis der europäischen Wissenschaften und die transzendentale Phänomenologie«, Den Haag 1954, S. 4 ff.
4 Siehe dazu Chup Friemert, »Schönheit der Arbeit. Produktionsästhetik im Faschismus«, München 1980, und Peter Reichel, »Der schöne Schein des Dritten Reiches. Faszination und Gewalt des Faschismus«, Frankfurt am Main 1993.
5 Zitiert bei Peter Reichel, a.a.O., S. 232.
6 Detlef Horster, »Postchristliche Moral. Eine sozialphilosophische Begründung«, Hamburg 1999.
7 Axel Honneth, »Kampf um Anerkennung. Zur moralischen Grammatik sozialer Konflikte«, Frankfurt am Main 1994.
8 Axel Honneth, »Die soziale Dynamik von Mißachtung. Zur Ortsbestimmung einer kritischen Gesellschaftstheorie«, in: »Mitteilungen des Instituts für Sozialforschung«, Heft 7, Juni 1996, S. 28. Ähnliche Äußerungen finden sich in einem Interview mit der Zeitschrift »Sozialismus«, März 2001, S. 11 ff.: »... die Schwierigkeit, den Kampf um Anerkennung in all seinen Dimensionen zu erfassen ...«
9 Axel Honneth, »Die soziale Dynamik von Mißachtung«, a.a.O., S. 28.
10 Schulbildungen haben, bei aller Produktivität, auch ihre Blindstellen. Am Problem der Arbeit wird das sehr deutlich. Da Honneth offenbar nichts von dem zur Kenntnis genommen hat, was im Geiste der Kritischen Theorie über Arbeit, Arbeitslosigkeit, soziale Anerkennung, Milieuforschung *außerhalb* Frankfurts untersucht und geschrieben wurde, ist wenigstens ein Hinweis auf meine Analysen der Arbeitswelt nötig: »Soziologische Phantasie und Exemplarisches Lernen« (1968), »Öffentlichkeit und Erfahrung« (1972, gemeinsam mit Alexander Kluge), »Geschichte und Eigensinn« (1981, gemeinsam mit Kluge), »Lebendige Arbeit, enteignete Zeit« (1984), »Philosophie und Empirie« (2001).
11 Diesen umfassenden und feinfühligen Begriff der Würde hat jüngst Avishai Margalit in einem großartigen Buch entfaltet, geschichtlich und mit viel konkreten Alltagsbeobachtungen: »Politik der Würde. Über Achtung und Verachtung«, Frankfurt am Main 1999.
12 Karl Marx, »Das Kapital«, Bd. 1, MEW 23, S. 529 f.
13 Richard Sennett, »Der flexible Mensch«, a.a.O., S. 9.
14 »In der kapitalistischen Gesellschaft ..., wo der gesellschaftliche Verstand sich immer erst post festum geltend macht ...«, in: »Das Kapital«, Bd. 2, MEW 24, S. 314.
15 Ich nehme hier die Erläuterungen von Elmar Altvater und Birgit Mahnkopf auf, die sich auf die Untersuchungen von Fernand Braudel stützen. »Grenzen der Globalisierung«, a.a.O., S. 112.
16 Georg Wilhelm Friedrich Hegel, »Vorlesungen über die Philosophie der Geschichte«, a.a.O., S. 50 f.
17 Karl Marx, »Die Frühschriften«, a.a.O., S. 270.
18 Georg Wilhelm Friedrich Hegel, »Phänomenologie des Geistes«, »Sämtliche Werke«, Bd. 2, Stuttgart 1964, S. 156 f.

50 A.a.O., S. 593 f.
51 Vgl. dazu Oskar Negt, Alexander Kluge, »Geschichte und Eigensinn«, Frankfurt am Main 1981.
52 Karl Marx, »Nationalökonomie und Philosophie«, in: »Die Frühschriften«, a.a.O., S. 238.
53 Max Horkheimer, Theodor W. Adorno, »Dialektik der Aufklärung«, Amsterdam 1947, S. 203.
54 Max Horkheimer, »Notizen 1950 bis 1969 und Dämmerung. Notizen in Deutschland«, Frankfurt am Main 1974, S. 226.
55 »Menschenrechte. Texte internationaler Abkommen, Pakte, Konventionen, Resolutionen und Empfehlungen«, hg. von Peter Pulte, Opladen 1979, S. 79 ff.
56 Dieter Sterzel, »Tendenzschutz und Grundgesetz. Zu den verfassungsrechtlichen Voraussetzungen der betriebsverfassungsrechtlichen Mitbestimmungsordnung«, Baden-Baden 2001, S. 162.
57 A.a.O., S. 164.
58 Jürgen Seifert hat diese Verschiebungen bereits 25 Jahre nach Verabschiedung des Grundgesetzes festgestellt und sie in »Grundgesetz und Restauration«, Berlin, Neuwied 1974, dokumentiert und kommentiert: »Keine Verfassung der Welt wurde im Wortlaut – ohne gewaltsamen Umsturz – innerhalb von 25 Jahren in einem solchen Umfang verändert. Seit der Verkündung des Grundgesetzes sind 45 Artikel geändert bzw. mehrmals geändert, 35 Artikel neu eingefügt, neu verfaßt oder gestrichen worden.«
59 Erich Küchenhoff, Interview in: »Die Neue«, 29. 4. 1981.
60 Paragraph 123 StGB: »(1) Wer in die Wohnung, in die Geschäftsräume oder in das befriedete Besitztum eines anderen oder in abgeschlossene Räume, welche zum öffentlichen Dienst oder Verkehr bestimmt sind, widerrechtlich eindringt, oder wer, wenn er ohne Befugnis darin verweilt, auf die Aufforderung des Berechtigten sich nicht entfernt, wird mit Freiheitsstrafe bis zu einem Jahr oder mit Geldstrafe bestraft. (2) Die Tat wird nur auf Antrag verfolgt.«
61 Erich Küchenhoff, a.a.O.
62 Wolfgang Zeidler, in: »Frankfurter Rundschau«, 11. 10. 1980.
63 A.a.O.
64 Immanuel Kant, »Beantwortung der Frage: Was ist Aufklärung?«, in: »Werke in sechs Bänden«, Bd. VI, a.a.O., S. 57 f.
65 Immanuel Kant, »Zum ewigen Frieden«, a.a.O., S. 213 f.
66 Karl Marx, »Das Kapital«, Bd. 3, MEW 25, S. 784.
67 Erich Wulff, »Psychiatrie und Herrschaft«, in: »Argument-Studienheft 34«, Berlin 1979, S. 684.
68 A.a.O.
69 Rudolf Bahro, »Logik der Rettung«, Stuttgart, Wien 1987.
70 Karl Marx, »Ein Briefwechsel«, in: »Die Frühschriften«, a.a.O., S. 170 f.

23 Burghart Schmidt hat in seiner Habilitationsschrift (»Die Kritik der reinen Utopie«, Frankfurt am Main 1988) den Zusammenhang zwischen technokratischer Verengung von Utopien und nicht-technokratischer Planung u.a. am Beispiel des Städtebaus und der Architektur aufgezeigt.
24 Vgl. dazu Walter Eucken, »Grundsätze der Wirtschaftspolitik«, Reinbek 1959.
25 Karl Popper, »Das Elend des Historizismus«, Tübingen 1971, S. 52.
26 Karl Polanyi, »The Great Transformation. Politische und ökonomische Ursprünge von Gesellschaften und Wirtschaftssystemen«, Frankfurt am Main 1978, S. 113. Die deutsche Übersetzung behielt den Titel der englischen Originalausgabe von 1944 bei.
27 A.a.O., S. 116.
28 Dieses Transformationsgeschehen untersuche ich im letzten Kapitel des Buches.
29 Ansätze einer Transformationsanalyse finden sich in meinem Buch »Modernisierung im Zeichen des Drachen«, a.a.O. Eine interessante neuere Studie zieht Vergleiche zwischen der Volksrepublik China und Osteuropa: Hansjörg Herr, Kurt Hübner, »Der ›lange Marsch‹ in die Marktwirtschaft«, Berlin 1999.
30 Eine Untersuchung des brasilianischen Modells unter den neuen Globalisierungsbedingungen steht noch aus. Ich verweise lediglich auf das Buch von Manfred Wöhlcke, »Brasilien. Diagnose einer Krise«, München 1994.
31 Siehe dazu Dieter Schneider, »Gablers Wirtschafts-Lexikon«, Wiesbaden ^{13}1992.
32 Siehe dazu Günter Wöhe, »Allgemeine Betriebswirtschaftslehre«, Berlin 1968, S. 1 ff.
33 Siehe dazu a.a.O.
34 Eugen Schmalenbach, »Die Betriebswirtschaftslehre als Kunstlehre«, in: »Zeitschrift für handelswirtschaftliche Forschung«, 1911/12, S. 310.
35 Eugen Schmalenbach, »Dynamische Bilanz«, Leipzig 1931, S. 94.
36 Erich Gutenberg, »Grundlagen der Betriebswirtschaftslehre«, Berlin 1951.
37 Alfred Weber, »Allgemeine Volkswirtschaftslehre«, Berlin 1958, S. 1.
38 Louis Jacques Zimmermann, »Geschichte der theoretischen Volkswirtschaftslehre«, Köln 1961, S. 236.
39 Hermann Boehrs, »Über Aufgabe und Inhalt der Arbeitswissenschaften«, in: »Betriebswirtschaftliche Forschung und Praxis«, 1955, S. 178.
40 Siehe dazu Dieter Schneider, »Gablers Wirtschafts-Lexikon«, a.a.O.
41 Aus der dritten der »Unzeitgemäßen Betrachtungen«: »Schopenhauer als Erzieher«.
42 Arthur Koestler, »Ein spanisches Testament«, Zürich 1938, S. 135.
43 Karl Marx, »Grundrisse der Kritik der politischen Ökonomie. ›Rohentwurf‹ (1857–1858)«, Berlin 1953, S. 505.
44 Jürgen Habermas, »Technik und Wissenschaft als Ideologie«, Frankfurt am Main 1968.
45 Michael Schumann, Horst Kern, »Arbeit und Sozialcharakter: Alte und neue Konturen«, in: Joachim Matthes (Hg.), »Krise der Arbeitsgesellschaft?«, a.a.O., S. 353 ff.
46 A.a.O., S. 360.
47 Karl Marx, »Grundrisse der Kritik der politischen Ökonomie«, a.a.O., S. 592 f.
48 A.a.O., S. 593.
49 A.a.O.

Kapitel III – Die Krise der Arbeitsgesellschaft

1 Meinhard Miegel, »Vollbeschäftigung – eine sozialromantische Utopie?«, in: Alfred Herrhausen-Gesellschaft für internationalen Dialog (Hg.), »Arbeit der Zukunft. Zukunft der Arbeit«, Stuttgart 1994, S. 48 f.
2 Irmintraut Richarz, »Oikos, Haus und Haushalt. Ursprung und Geschichte der Haushaltsökonomik«, Göttingen 1991, S. 21.
3 Natürlich haben Aristoteles-Anhänger nach einer solchen Schrift über den Oikos immer Ausschau gehalten. Sie haben sie auch gefunden, sie erwies sich aber als »Pseudo-Aristoteles«. Siehe dazu »Aristoteles. Über Hauswirtschaft«, hg. von Paul Gohlke, Paderborn 1947.
4 Aristoteles, »Politik«, in: »Werke«, Bd. 9,1, Darmstadt 1991, S. 11.
5 Hannah Arendt, »Vita activa«, a.a.O., S. 34.
6 A.a.O.
7 Irmintraut Richarz, »Oikos, Haus und Haushalt«, a.a.O., S. 17.
8 Karl Marx, »Das Kapital«, Bd. 3, MEW 25, S. 784.
9 Gernot Kramper, »Habenichts ohne Dach. Phantom der Sozialgeschichte: das ›Ganze Haus‹«, in: »Frankfurter Allgemeine Zeitung«, 19. 6. 1996.
10 Otto Brunner, »Das ›Ganze Haus‹ und die alteuropäische ›Ökonomik‹«, in: »Neue Wege der Verfassungs- und Sozialgeschichte«, Göttingen ³1980, S. 106.
11 Fritz Neumark, »Wandlungen in den Auffassungen vom Volkswohlstand«, Frankfurt am Main 1964, S. 32 f.
12 Jürgen Seifert, »Wir brauchen eine Ökonomie für das ganze Haus«, in: »Vorgänge«, Heft 2, 1989, S. 25.
13 Ralf Dahrendorf, »Die Chancen der Krise. Über die Zukunft des Liberalismus«, Stuttgart 1983.
14 Hannah Arendt, »Vita activa«, a.a.O., S. 11 f.
15 Zit. in: Walter Eucken, »Ordnungspolitik«, Münster, Hamburg, London 1999, S. 60.
16 Walter Eucken, »Ordnungspolitik«, a.a.O., S. 69.
17 Walter Oswalt, »Was ist Ordnungspolitik?«, Nachwort zu: Walter Eucken, »Ordnungspolitik«, a.a.O., S. 80.
18 Zum folgenden siehe die umfassende Untersuchung der Wirkungsweise und der Grenzen des Marktes bei Elmar Altvater, »Die Zukunft des Marktes. Ein Essay über die Regulation von Geld und Natur nach dem Scheitern des ›real existierenden Sozialismus‹«, Münster 1991.
19 Edward P. Thompson, »›Moralische Ökonomie‹ der englischen Unterschichten«, in: »Plebejische Kultur und moralische Ökonomie. Aufsätze zur englischen Sozialgeschichte des 18. und 19. Jahrhunderts«, Frankfurt am Main, Berlin, Wien 1980, S. 128.
20 Der Philosoph Jeremy Bentham (1748–1832) begründete den Utilitarismus und war ein Verfechter des Freihandels.
21 Karl Marx, »Das Kapital«, Bd. 1, MEW 23, S. 189 ff.
22 Günther Anders, »Was ist Planung?«, in: »Modelle für eine neue Welt. Der Griff nach der Zukunft. Planen und Freiheit«, hg. von Robert Jungk und Hans Josef Mundt, Wien, Basel 1964, S. f.

zahlreiche Geisteskranke in Elend, Vergessenheit und ohne jede Hilfe auf der Straße«, in: »Frankfurter Rundschau«, 24. 7. 2000.
103 »Süddeutsche Zeitung«, 5. 12. 1998.
104 Ariane Richartz, »Dammbau gegen die Arbeitslosigkeit. Das Polder-Modell, die holländische Variante des Bündnisses für Arbeit – Ausweg aus der Krise?«, in: »Frankfurter Rundschau«, 6. 6. 2000. Ausdrücklich möchte ich hier auf die ausgezeichnete Diplomarbeit von Ariane Richartz verweisen, die unter dem Titel »Das Niederländische ›Polder-Modell‹: Ausweg aus der Krise der Arbeitsgesellschaft?« als Manuskript vorliegt.
105 Ariane Richartz, »Dammbau gegen die Arbeitslosigkeit«, a.a.O.
106 »Nehmen, was man kriegen kann«, in: »Der Spiegel«, 27. 4. 1998.
107 Hans Boot, in: »Express international«, Nr. 2, 1998, S. 11.
108 Ariane Richartz, »Dammbau gegen die Arbeitslosigkeit«, a.a.O.
109 A.a.O.
110 In: »Süddeutsche Zeitung«, 12. 3. 2001.
111 Ralf Dahrendorf, »Wenn der Arbeitsgesellschaft die Arbeit ausgeht«, in: Joachim Matthes (Hg.), »Krise der Arbeitsgesellschaft?«, a.a.O., S. 25. Dahrendorf spricht übrigens in diesem Zusammenhang von der »eigentlichen Geißel der späten Arbeitsgesellschaft, der Unterbeschäftigung.«
112 Hannah Arendt, »Vita activa oder Vom tätigen Leben«, Stuttgart 1960.
113 Hannah Arendt, a.a.O., S. 168.
114 Karl Marx, »Zur Kritik der politischen Ökonomie«, »Einleitung«, Berlin 1958, S. 260 ff.
115 Vgl. dazu Hans-Paul Bardt, »Arbeit als Inhalt des Lebens (›denn es fähret schnell dahin‹)«, in: Joachim Matthes (Hg.), »Krise der Arbeitsgesellschaft?«, a.a.O., S. 120 ff., und die kleine, sehr informative Schrift von Iring Fetscher, »Arbeit und Spiel«, Stuttgart 1983. Historische Einzelstudien zur Veränderung des Arbeitsverhaltens in Umbruchsituationen stellt Klaus Fenfelde (Hg.) vor: »Arbeit und Arbeitserfahrung in der Geschichte«, Göttingen 1986.
116 Daß Arbeit auch immer einen von Bezahlung ganz unabhängigen Sinn hat, zeigen die Rituale der Völker, die archaischen ebenso wie die modernen. Siehe dazu den Exkurs in diesem Buch: »Autonomie und Würde«.
117 Karl Marx, »Das Kapital«, Bd. 1, MEW 23, S. 287.
118 Max Weber, »Die protestantische Ethik und der Geist des Kapitalismus«, in: »Gesammelte Aufsätze zur Religionssoziologie I«, Tübingen 1963.
119 A.a.O., S. 203 f.
120 A.a.O., S. 192.
121 Benjamin Franklin, zitiert bei Max Weber, »Die protestantische Ethik und der Geist des Kapitalismus«, a.a.O., S. 31.
122 Max Weber, »Die protestantische Ethik und der Geist des Kapitalismus«, a.a.O., S. 203.
123 A.a.O., S. 204.

gehabt, zuletzt im Zusammenhang mit einer Fortbildungsmaßnahme, erklärte der aus Thedinghausen stammende 46jährige.«

85 Christine Morgenroth, »Sprachloser Widerstand«, a.a.O., S. 195.
86 A.a.O., S. 196.
87 Martin Kronauer, Berthold Vogel, Frank Gerlach, »Im Schatten der Arbeitsgesellschaft. Arbeitslose und die Dynamik sozialer Ausgrenzung«, Frankfurt am Main, New York 1993, S. 230.
88 Thomas Eden (Hg.), »Armut im Reichtum«, Dokumentation der Jahrestagung von Zepra und Debet am 9.–11. Januar 1996 in der Evangelischen Akademie Loccum.
89 Ich verweise hier auf den neuen Armutsbericht der Hans-Böckler-Stiftung, des DGB und des Paritätischen Wohlfahrtsverbands, der das Armutsproblem in aller Komplexität behandelt: Walter Hanesch, Peter Krause, Gerhard Bäcker, »Armut und Ungleichheit in Deutschland«, Reinbek 2000.
90 Beate Hock, Gerda Holz, »Arm dran?! Lebenslagen und Lebenschancen von Kindern und Jugendlichen«, erste Ergebnisse einer Studie im Auftrag des Bundesverbandes der Arbeiterwohlfahrt, Frankfurt am Main 1998.
91 Diese und ähnliche Angaben finden sich in zahlreichen Armutsberichten, etwa Beate Hock, Gerda Holz, Werner Wüstendörfer (Hg.), »Frühe Folgen – langfristige Konsequenzen? Armut und Benachteiligung im Vorschulalter«, 4. Zwischenbericht zu einer Studie im Auftrag des Bundesverbandes der Arbeiterwohlfahrt, Frankfurt am Main 2000. Auch die übrigen Zwischenberichte liefern ausführliche Materialien zum Problem der Armut.
92 Georg Wilhelm Friedrich Hegel, »Vorlesungen über die Philosophie der Geschichte«, »Sämtliche Werke«, Bd. 11, Stuttgart 1949, S. 31.
93 Rüdiger Glott, Ingrid Wilkens, Andreas Tasch, »Bedingungen der Beschäftigungsentwicklung. Ein Vergleich zwischen den USA, den Niederlanden und Westdeutschland«, in: »Wiso-Mitteilungen«, Nr. 26, 1998, S. 17.
94 Richard B. Freeman, Joel Rogers, »Quintessenz«, in: »›Amerika, du hast es besser ...‹«, »Mitbestimmung«, 7 + 8, 1996, S. 15.
95 Zitiert in: »›Amerika, du hast es besser ...‹«, a.a.O., S. 21.
96 Uwe Knüpfer, »Kein Job fürs Leben«, in: »›Amerika, du hast es besser ...‹«, a.a.O., S. 30.
97 Martin Winter, »USA im Boom – ein fast religiös anmutender Kaufrausch beflügelt die Wirtschaft«, in: »Frankfurter Rundschau«, 20. 3. 1999.
98 »Hunger in den USA grassiert auch bei den Arbeitenden«, in: »Frankfurter Rundschau«, 12. 3. 1998.
99 Wacquant ist Professor an der California University Berkeley und Forscher am Centre de Sociologie Européenne am Collège de France. Er ist Autor von »Les Prisons de la misère«, in deutscher Übersetzung »Elend hinter Gittern«, Konstanz 1999.
100 Loïc Wacquant, »Niedergang des Sozialstaates, Aufrüstung des Strafstaates. In den USA wird die Armut bekämpft, indem man sie kriminalisiert«, in: »Le Monde diplomatique«, 10. 7. 1998.
101 Loïc Wacquant, in: »Le Monde diplomatique«, 16. 4. 1999.
102 Jörg Michael Dettmer, »Keiner fliegt mehr über das Kuckucksnest. In den USA leben

59 Claus Schäfer, »Reichtum und Verschwendung«, in: »WSI-Mitteilungen«, April 1998, S. 225 ff.
60 Augustinus, »Vom Gottesstaat (De civitate dei)«, Buch 1–10, München 1997, S. 173 f.
61 Renate Köcher (Mitarbeiterin des Allensbacher Instituts für Demoskopie, Beraterin des ehemaligen Bundeskanzlers Helmut Kohl): »In der neuen Lage hat die CDU neue Aufgaben«, in: »Frankfurter Allgemeine Zeitung«, 14. 10. 1998.
62 Jeremy Rifkin, »Das Ende der Arbeit und ihre Zukunft«, a.a.O., S. 127 ff.
63 »Arbeitsplatz-Abbau beschleunigt«, in: »Süddeutsche Zeitung«, 4. 2. 1998.
64 Herbert A. Henzler, Lothar Späth, »Sind die Deutschen noch zu retten? Von der Krise in den Aufbruch«, München 1993, S. 29 f.
65 Rainer Thome, »Arbeit ohne Zukunft?«, a.a.O., S. 2.
66 A.a.O., S. 5 f.
67 »Berliner Zeitung«, 22. 4. 1997.
68 Georg Wilhelm Friedrich Hegel, »Grundlinien der Philosophie des Rechts«, »Sämtliche Werke«, Bd. 7, Stuttgart 1964, S. 263.
69 A.a.O., S. 318.
70 A.a.O., S. 319.
71 A.a.O.
72 Georg Wilhelm Friedrich Hegel, »Wissenschaft der Logik«, 2. Teil, Leipzig 1951, S. 61.
73 Vgl. dazu den Bericht in der »Süddeutschen Zeitung« vom 14. 9. 1982.
74 »Schwarzarbeit hat weiter Konjunktur«, in: »Hannoversche Allgemeine Zeitung«, 24. 3. 2000.
75 Vgl. Angaben aus der »Frankfurter Rundschau«, 28. 8. 1983.
76 Claus Offe, »Perspektiven auf die Zukunft des Arbeitsmarktes«, in: ders., »Arbeitsgesellschaft: Strukturprobleme und Zukunftsperspektiven«, Frankfurt am Main 1984, S. 358.
77 Über die Untersuchungen von André Gorz werde ich im Kapitel »Zeit- und Arbeitsutopien« noch eingehender sprechen.
78 »Schwarzarbeit nimmt dramatisch zu«, in: »Süddeutsche Zeitung«, 22. 2. 2001.
79 Michael Schumann, Horst Kern, »Neue Produktionskonzepte haben Chancen – Bestandsaufnahme und Trendbestimmung der Rationalisierung in den industriellen Kernbereichen«, in: »Mitteilungen des Soziologischen Forschungsinstitutes Göttingen«, Nr. 9, Februar 1984. Ich werde im Kapitel V die neueren Untersuchungen dieses Instituts zur Veränderung der Arbeitswelt noch einmal aufnehmen.
80 Das ist die nähere Erläuterung einer Titelgeschichte des »Spiegel«, Nr. 40, 1997.
81 Alle diese Äußerungen finden sich im »Spiegel«, Nr. 40, 1997, S. 101 ff.
82 »Lebenslagen in Deutschland. Der erste Armuts- und Reichtumsbericht der Bundesregierung«, Berlin 2001.
83 Christine Morgenroth, »Sprachloser Widerstand. Zur Sozialpathologie der Lebenswelt von Arbeitslosen«, Frankfurt am Main 1990, S. 30 f.
84 In einer Meldung der »Hannoverschen Allgemeinen Zeitung« vom 7. 2. 2001 heißt es: »Ein arbeitsloser Maschinenbauingenieur hat am Dienstag den Direktor des Arbeitsamtes Verden erstochen. Er habe seit zwei Jahren Probleme mit dem Arbeitsamt

liche Rolle. Siehe dazu Oskar Negt, »Soziologische Phantasie und Exemplarisches Lernen«, Frankfurt am Main ⁷1975.
30 Thorstein Veblen, »The Theory of the Leisure Class. An Economic Study in the Evolution of Institutions«, New York 1899; ins Deutsche merkwürdigerweise übersetzt als »Die Theorie der feinen Leute«.
31 Theodor Mommsen, »Römisches Staatsrecht«, 2. Bd., 1. Teil, Graz 1969, S. 272 ff.
32 Aristoteles, »Politik«, übersetzt und mit erklärenden Anmerkungen und Registern versehen von Eugen Rolfes, Hamburg 1958, S. 150.
33 A.a.O.
34 A.a.O., S. 145.
35 A.a.O., S. 146.
36 A.a.O., S. 146 f.
37 A.a.O., S. 145.
38 A.a.O., S. 17.
39 A.a.O., S. 23.
40 Aristoteles, »Nikomachische Ethik«, Stuttgart 1969, S. 46 ff.
41 Platon, »Politeia«, a.a.O., S. 308.
42 Alexander Hamilton, James Madison, John Jay, »Die Federalist Papers«, übersetzt, eingeleitet und mit Anmerkungen versehen von Barbara Zehnpfennig, Darmstadt 1993, S. 1.
43 John Locke, »Über die Regierung (The Second Treatise of Government)«, Reinbek 1966, S. 30 f.
44 A.a.O., S. 32.
45 John Maynard Keynes, »Allgemeine Theorie der Beschäftigung, des Zinses und des Geldes«, Berlin 1994, S. 314 (zuerst London 1936).
46 A.a.O., S. 315 f.
47 A.a.O., S. 321.
48 Bertolt Brecht, »Flüchtlingsgespräche«, in: »Gesammelte Werke«, Bd. 14, Frankfurt am Main 1967, S. 1425 ff.
49 Lester C. Thurow, »Die Zukunft des Kapitalismus«, Düsseldorf, München 1996.
50 Nach einem Bericht der »Hannoverschen Allgemeinen Zeitung« vom 19. 3. 1999 mit der Überschrift »Große Unternehmen zahlen in Deutschland wenig Steuern«.
51 In: »direkt. Der Info-Dienst der IG Metall«, 12. 3. 1998, S. 5.
52 Ernst Niemeier, »Maßlose Gewinnmaximierung zerstört unser Wirtschafts- und Gesellschaftssystem. Die schiefe Globalisierungsdebatte«, in: »WSI-Mitteilungen«, Januar 1998, S. 39 ff., hier S. 40.
53 Edzard Reuter, in: »Die Zeit«, 12. 12. 1999.
54 Zitate aus dem Artikel »Der Kurs von Angst und Gier. Welche philosophischen Weisheiten den Börsenprofis einfallen, wenn sie den Ansturm der vom Spekulationsfieber befallenen Laien beobachten«, in: »Süddeutsche Zeitung«, 5. 8. 1997.
55 »Horror und Erfolg«, in: »Der Spiegel«, Nr. 12, 1997.
56 Jan Fleischhauer in: »Der Spiegel«, Nr. 12, 1997, S. 105.
57 »Der Kurs von Angst und Gier«, a.a.O.
58 Oliver Schumacher, »Arbeit mit Gewinn«, in: »Süddeutsche Zeitung«, 16. 3. 2000.

10 Die differenzierten Zeitstrukturen von Erziehungs- und Lernprozessen habe ich in meinem Buch »Kindheit und Schule in einer Welt der Umbrüche«, a.a.O., im einzelnen untersucht.
11 Karl Marx, »Resultate des unmittelbaren Produktionsprozesses«, Frankfurt am Main 1969, S. 34.
12 A.a.O., S. 75.
13 Norbert Blüm, »Wie borniert ist diese Gesellschaft eigentlich?«, in: »Frankfurter Rundschau«, 5. 3. 1994.
14 Norbert Blüm, »Der Mythos der schönen neuen Welt. Der flexible Kapitalismus bedroht den Sozialstaat und zerstört Solidarität«, in: »Süddeutsche Zeitung«, 29. 8. 1998.
15 Kerstin Jürgens, »Familiale Lebensführung im Kontext flexibilisierter Arbeitszeiten. Auswirkungen der 28,8-Stunden-Woche bei der VW-AG auf die alltägliche Verknüpfung von Erwerbsarbeit, Paarbeziehung und Elternschaft«, unveröffentlichte Dissertation 1999, S. 258.
16 Ich verweise hier auf die veröffentlichte Fassung dieses Untersuchungsberichtes: Kerstin Jürgens, Karsten Reinecke, »Zwischen Volks- und Kinderwagen. Auswirkungen der 28,8-Stunden-Woche bei der VW-AG auf die familiale Lebensführung von Industriearbeitern«, Düsseldorf, Berlin 1998.
17 Ich verweise hier auf zwei Autoren, die sich in der Analyse dieser Zeitdimensionen besondere Verdienste erworben haben: Jürgen P. Rinderspacher, »›Ohne Sonntag gibt es nur noch Werktage.‹ Die soziale und kulturelle Bedeutung des Wochenendes«, Bonn 2000; Karlheinz A. Geißler, »Zeit – ›verweile doch, du bist so schön‹«, Weinheim, Berlin 1996. Das sind freilich keineswegs die einzigen Schriften der beiden Autoren, die unser Thema berühren.
18 Richard Sennett, »Der flexible Mensch«, a.a.O., S. 37.
19 A.a.O., S. 10.
20 Jürgen Habermas, »Können komplexe Gesellschaften eine vernünftige Identität ausbilden?«, in: »Zur Rekonstruktion des Historischen Materialismus«, Frankfurt am Main 1990, S. 121.
21 Klaus Kuhnle, Gespräch in der »Süddeutschen Zeitung«, 11. 12. 1999.
22 A.a.O.
23 Imke Henkel, »Firmentreue – ein Wert von gestern«, In: »Süddeutsche Zeitung«, 11. 12. 1999.
24 Ralf Dahrendorf, »Die offene Gesellschaft und ihre Ängste«, in: »Frankfurter Rundschau«, 13. 10. 1990.
25 A.a.O.
26 Heinrich Popitz, Hans Paul Bahrdt, Ernst August Jüres, Hanno Kesting, »Das Gesellschaftsbild des Arbeiters. Soziologische Untersuchungen in der Hüttenindustrie«, Tübingen 1957.
27 »Den eigenen Einsatz selbst steuern«, in: »Süddeutsche Zeitung«, 28. 2. 1984.
28 Helmut Wiesenthal u.a., »Arbeitszeitflexibilisierung und gesellschaftliche Interessenvertretung«, a.a.O., S. 589.
29 Für dieses Projekt spielte die von mir formulierte Bildungsarbeit eine nicht unerheb-

120 Arno Hager, Erster Bevollmächtigter der IG Metall Berlin, in: »direkt. Der Info-Dienst der IG Metall«, 29. 7. 1998.

121 Die Bedeutung der Auftragstaktik für die Traditionsbegründung der Bundeswehr habe ich ausführlicher erörtert: »In Erwartung der autoritären Leistungsgesellschaft. Zum gesellschaftlichen Bewußtsein der wirtschaftlichen und militärischen Führungsschichten«, in: »Der CDU-Staat«, hg. von Gert Schäfer und Carl Nedelmann, München 1967, S. 200 ff.

122 In: »Metall«, Januar 2000.

123 Siehe dazu »WSI-Mitteilungen. WSI-Standortbericht – Arbeitszeitverkürzung und Beschäftigung«, Juni 1998; Steffen Lehndorff, »Der französische Weg zur 35-Stunden-Woche«, in: »Blätter für deutsche und internationale Politik«, Januar 2000.

124 Hartmut Seifert, »Arbeitszeitpolitik in Deutschland: auf der Suche nach neuen Wegen«, in: »WSI-Mitteilungen«, September 1998, S. 579.

125 Siehe dazu Steffen Lehndorff, »Von der ›kollektiven‹ zur ›individuellen‹ Arbeitszeitverkürzung? Arbeitszeittrends und -erfahrungen in der Europäischen Union«, in: »WSI-Mitteilungen«, September 1998, S. 569 ff.

KAPITEL II – DREI IRRWEGE DES GESELLSCHAFTLICHEN KRISENMANAGEMENTS

1 Mit seiner Reaktion auf Tietmeyers Vortrag hat der Soziologe Pierre Bourdieu in Frankreich eine öffentliche Debatte in Gang gesetzt. Vgl. Pierre Bourdieu, »Warnung vor dem Modell Tietmeyer«, in: »Die Zeit«, 1. 11. 1996.

2 »Verharzte und starre Strukturen«, Gespräch mit Horst Siebert in: »Süddeutsche Zeitung«, 22. 3. 2000.

3 Richard Sennett, »Der flexible Mensch. Die Kultur des neuen Kapitalismus«, Berlin 1998, S. 57.

4 Der Fetisch Flexibilität hat, als Geheimlösung der Arbeitsmarktprobleme, bereits 1983 das Universitätsstudium erreicht. Vergleiche dazu den Artikel »Ihr neues Studienfach: Flexibilität!« in: »Süddeutsche Zeitung«, 28. 2. 1984.

5 Ich verweise hier auf den sehr fundierten Artikel von Helmut Wiesenthal, Claus Offe, Karl Hinrichs und Uwe Engfer, »Arbeitszeitflexibilisierung und gewerkschaftliche Interessenvertretung – Regelungsprobleme und Risiken individualisierter Arbeitszeiten«, in: »WSI-Mitteilungen«, Oktober 1983, S. 585 ff.

6 Franz Thoma, »Süddeutsche Zeitung«, Weihnachtsausgabe 1983.

7 Richard Sennett, »Der flexible Mensch«, a.a.O., S. 64 f.

8 Susanne Schunter-Kleemann, »Globalisierung, Europäisierung und die Perspektiven der Umverteilung der Arbeit zwischen den Geschlechtern«, Vortrag auf einer Tagung des Sozialpädagogischen Fortbildungszentrums in Mainz am 8. 11. 1999 (zitiert nach dem mir vorliegenden Manuskript). Ich verweise in diesem Zusammenhang auf den aufschlußreichen Artikel von Christa Wichterich, »Grenzenlos flexibel ... Zur strategischen Rolle von Frauen in der Globalisierung«, in: »Forum Wissenschaft«, Oktober 1998.

9 Susanne Schunter-Kleemann, a.a.O.

98 Joachim Matthes (Hg.), »Krise der Arbeitsgesellschaft? Verhandlungen des 21. Deutschen Soziologentages in Bamberg 1982«, Frankfurt am Main, New York 1983.
99 Ulrich Beck, »Was ist Globalisierung?«, a.a.O., S. 19.
100 Hans Jonas, »Das Prinzip Verantwortung«, Frankfurt am Main 1984, S. 36.
101 Göttingen 1997.
102 In einzelnen westdeutschen Gewerkschaften, zum Beispiel der Postgewerkschaft, findet sich diese Forderung programmatisch schon Mitte der siebziger Jahre. Aber eine Kampagnenpolitik setzt erst Anfang der achtziger Jahre ein.
103 Max Weber, »Wirtschaft und Gesellschaft. Grundriß der verstehenden Soziologie«, Tübingen 1956, 1. Halbband, S. 28.
104 Michel Foucault, »Überwachen und Strafen. Die Geburt des Gefängnisses«, Frankfurt am Main 1977, S. 173 ff.
105 A.a.O., S. 178.
106 A.a.O., S. 183 f.
107 Thomas Hobbes, »Grundzüge der Philosophie. Dritter Teil. Lehre vom Bürger«, Leipzig 1949, S. 171 f.
108 Karl Marx, »Das Kapital«, Bd. 1, MEW 23, S. 280.
109 »Diese ›kleinen Diebstähle‹ des Kapitals an der Mahlzeit und Erholungszeit der Arbeiter bezeichnen die Fabrikinspektoren auch als ›petty pilferings of minutes‹, Mausereien von Minuten, ›snatching a few minutes‹, Wegschnappen von Minuten, oder wie die Arbeiter es technisch heißen, ›nibbling and cribbling at meal times‹.« Karl Marx, »Das Kapital«, Bd. 1, MEW 23, S. 257.
110 Lohnrahmentarifvertrag II für das Tarifgebiet Nordwürttemberg/Nordbaden der Metallindustrie 1973. Vgl. dazu Hans Joachim Sperling, »Arbeitszeitverkürzung und Pause – eine Einführung«, in: »Die Mitbestimmung«, 1/1984, S. 39 ff.
111 Karl Marx, »Das Kapital«, Bd. 1, MEW 23, S. 246.
112 Karl Marx, »Inauguraladresse der Internationalen Arbeiterassoziation«, MEW 16, S. 11.
113 Ich verweise hier auf Kapitel III, in dem ich die Theorie dieser »Zwei Ökonomien« ausführlicher erörtere.
114 Ich beziehe mich hier hauptsächlich auf Untersuchungen von Eberhard Seifert. Seine Studien zur Geschichte der industriellen Arbeitszeiten in Deutschland sind sehr reichhaltig und in ihren Deutungen für den Sozialwissenschaftler von größtem Interesse. Ein Arbeitspapier Seiferts, herausgegeben vom Fachbereich Wirtschaftswissenschaft der Gesamthochschule Wuppertal (Nr. 64, 1982), enthält auch alle für diesen Themenbereich relevante historische Literatur.
115 Siehe dazu Udo Achten, »Mehr Zeit für uns. Dokumente und Bilder zum Kampf um die Arbeitszeitverkürzung«, Köln 1984.
116 Diese und andere auf Kurzfassungen gebrachte Argumente fanden sich jahrelang in Kleinstbroschüren, die »Gesamtmetall« in Millionenhöhe drucken und zum Beispiel in ICs auslegen ließ.
117 Quelle dieser Angaben: WSI Tarifarchiv, Stand 31. 12. 2000.
118 Nach einem Bericht in der »Frankfurter Rundschau«, 5. 1. 1999.
119 Angaben in der »Süddeutschen Zeitung«, 21. 8. 1997, Quelle: »Globus«.

80 Vgl. Gerald Boxberger, Harald Klimenta, »Die 10 Globalisierungslügen«, a.a.O., S. 146 f.
81 Klaus J. Bade, »Pfade in die Festung. Je höher der Zaun um das gelobte Land, desto größer der Reiz hineinzugelangen: Illegale Einwanderung und irreguläre Beschäftigung in Europa«, in: »Süddeutsche Zeitung«, 13. 5. 2000.
82 Siehe dazu die einzelnen Aufsätze in: »Kritik des Ethnonationalismus«, »Hannoversche Schriften«, Bd. 2, hg. von Detlev Claussen, Oskar Negt und Michael Werz, Frankfurt am Main 2000.
83 Klaus Jürgen Gantzel, Torsten Schwinghammer, »Die Kriege nach dem Zweiten Weltkrieg 1945 bis 1992. Daten und Tendenzen«, Münster 1995, S. 117 f.
84 A.a.O., S. 150 f.
85 Daniel Cohen, »Fehldiagnose Globalisierung«, a.a.O., S. 15.
86 Edward Luttwak, »Turbokapitalismus«, a.a.O., S. 208.
87 »Modernisierung im Zeichen des Drachen. China und der europäische Mythos der Moderne«, Frankfurt am Main 1988.
88 John Gray, »Die falsche Verheißung«, a.a.O., S. 10 f.
89 Immanuel Kant, »Reflexionen zur Moralphilosophie«, in: »Kants handschriftlicher Nachlaß«, »Gesammelte Schriften«, Bd. XIX, Berlin, Leipzig 1945, S. 310.
90 Leo A. Nefiodow, »Der sechste Kondratieff. Wege zur Produktivität und Vollbeschäftigung im Zeitalter der Information«, Sankt Augustin 1997.
91 Jean Fourastié hat seine Hoffnungsphilosophie in zwei nach wie vor lesenswerten Schriften niedergelegt: »Die große Metamorphose des zwanzigsten Jahrhunderts«, Düsseldorf, Wien 1964, »Die große Hoffnung des zwanzigsten Jahrhunderts«, Köln 1954.
92 »Insgesamt«, stellt Thome fest, »können mehrere Millionen Arbeitsplätze im Dienstleistungsbereich durch moderne Organisationsformen in Verbindung mit der Informationsverarbeitung ersetzt werden.« Rainer Thome, »Arbeit ohne Zukunft? Organisatorische Konsequenz der wirtschaftlichen Informationsverarbeitung«, München 1997, S. 124.
93 Die im einzelnen durchaus interessante Schrift von Robert Kurz, »Der Kollaps der Modernisierung. Vom Zusammenbruch des Kasernensozialismus zur Krise der Weltökonomie«, Frankfurt am Main 1991, spekuliert im ganzen zu sehr mit der Angst, mit Titanic-Gefühlen und Amokläufen.
94 Karl Marx, »Das Kapital«, Bd. 3, MEW 25, S. 242.
95 Vgl. Emile Durkheim, »Der Selbstmord«, Neuwied, Berlin 1973, und »Über die Teilung der sozialen Arbeit«, Frankfurt am Main 1977.
96 Richard Hauser u. a., »Armut, Niedrigeinkommen und Unterversorgung in der Bundesrepublik«, Frankfurt am Main 1981.
97 Ergänzende und bekräftigende Zahlen aus dieser Zeit sind zusammengestellt von der ehemaligen Leiterin des Arbeitslosenzentrums Hannover, Christine Morgenroth. Zu den soziologischen und sozialpsychologischen Auswirkungen der Marginalisierungsschübe vgl. ihre Arbeit »Zwischen Selbstorganisation und Selbstzerstörung. Identitätsprobleme jugendlicher Arbeitsloser«, Frankfurt am Main, New York 1985. Material über diese Probleme findet sich auch bei Jürgen Roth, »Armut in der Bundesrepublik«, Reinbek 1979.

58 Adam Smith, »Der Wohlstand der Nationen«, München 1978, S. 9 f.
59 Edward Luttwak, »Turbo-Kapitalismus. Gewinner und Verlierer der Globalisierung«, Hamburg, Wien 1998, S. 294.
60 Adam Smith, »Der Wohlstand der Nationen«, a.a.O., S. 18 f.
61 David Ricardo, »Über die Grundsätze der politischen Ökonomie und der Besteuerung«, hg. von Heinz D. Kurz unter Mitarbeit von Christian Gehrke und Ottmar Kotheimer, Marburg 1994, S. 114.
62 Die überzeugendste Kritik am betrügerischen Moment dieser Freihandelslehre formulieren Elmar Altvater und Birgit Mahnkopf, »Grenzen der Globalisierung« a.a.O., S. 197-245. Ich nehme ihre Argumente auf und nutze sie für meine Fragestellung.
63 David Ricardo, »Über die Grundsätze der politischen Ökonomie und der Besteuerung«, a.a.O., S. 116.
64 A.a.O., S. 117.
65 A.a.O., S 116.
66 Friedrich List, »Das natürliche System der politischen Ökonomie«, Berlin 1961, S. 22 f.
67 Friedrich List, »Das nationale System der politischen Ökonomie«, Berlin 1982, S. 195.
68 Gerald Boxberger, Harald Klimenta, »Die 10 Globalisierungslügen. Alternativen zur Allmacht des Marktes«, München 1998, S. 145.
69 Daniel Cohen, »Fehldiagnose Globalisierung. Die Neuverteilung des Wohlstands nach der dritten industriellen Revolution«, Frankfurt am Main, New York 1997, S. 30 f.
70 Siehe dazu Elmar Altvater, Birgit Mahnkopf, »Grenzen der Globalisierung«, a.a.O., insbesondere Teil 3, S. 245 ff.; Daniel Cohen, »Fehldiagnose Globalisierung«, a.a.O., S. 47 ff.; Gerald Boxberger, Harald Klimenta, »Die 10 Globalisierungslügen«, a.a.O., S. 153 f.; John Gray, »Die falsche Verheißung«, a.a.O., S. 111 f.
71 John Gray, »Die falsche Verheißung«, a.a.O., S. 11.
72 Siehe Bartholomäus Grill, »Ein Kontinent in Flammen. Kriege, Chaos, Anarchie: Zu Beginn des 21. Jahrhunderts geht es dem Schwarzen Erdteil schlechter denn je«, in: »Die Zeit«, 18. 5. 2000.
73 Siehe dazu Hansgeorg Conert, »Vom Handelskapital zur Globalisierung. Entwicklung und Kritik der kapitalistischen Ökonomie«, Münster 1998.
74 Peter Kornessel, »›Davon kann man nicht leben.‹ Der Preisverfall für Bananen treibt Ecuadors Kleinbauern in den Ruin. Die WTO alleine kann nicht helfen«, in: »Die Zeit«, 9. 12. 1999.
75 A.a.O.
76 Markus Brauck, »Gefahr von Reaktoren und Raketen. Sechs Wracks von Atom-U-Booten liegen in den Meeren«, in: »Frankfurter Rundschau«, 15. 8. 2000.
77 Michael Walzer, »Die kommunitaristische Kritik am Liberalismus«, in: »Kommunitarismus. Eine Debatte über die moralischen Grundlagen moderner Gesellschaften«, hg. von Axel Honneth, Frankfurt am Main, New York 1995, S. 164 ff.
78 A.a.O., S. 166.
79 Siehe dazu Victor Hugo Klagsbrunn, »Globalisierung, Arbeitsmärkte, Migration. Die Migration der Brasilianer in die USA und nach Japan«, in: »Globalisierung und Perspektiven linker Politik«, Festschrift für Elmar Altvater, hg. von Michael Heinrich und Dirk Messner, Münster 1998, S. 241 f.

38 Immanuel Kant, »Der Streit der Fakultäten«, in: »Werke in sechs Bänden«, Bd. VI, a.a.O., S. 360.
39 Immanuel Kant, »Metaphysische Anfangsgründe der Rechtslehre«, in: »Werke in sechs Bänden«, Bd. IV, a.a.O., S. 475 f.
40 Immanuel Kant, »Zum ewigen Frieden. Ein philosophischer Entwurf«, in: »Werke in sechs Bänden«, Bd. VI, a.a.O., S. 214.
41 Immanuel Kant, »Metaphysische Anfangsgründe der Rechtslehre«, a.a.O.
42 Immanuel Kant, »Anthropologie in pragmatischer Hinsicht«, in: »Schriften zur Anthropologie, Geschichtsphilosophie, Politik und Pädagogik«, Darmstadt 1974, S. 400. Dem Mißgeschick, daß er selbst aus Königsberg praktisch nicht herausgekommen ist, also den genannten Voraussetzungen für einen Weltbürger kaum entspricht, weicht Kant aus, indem er Königsberg verklärt: »... in einer Stadt mit Universitäts- und Regierungs- und Landeskollegia und am Pregelflusse gelegen, also mit Aussicht auf viel Handelsverkehr, das könne schon für einen schicklichen Platz zur Erweiterung sowohl der Menschenkenntnis als auch der Weltkenntnis genommen werden, wo diese, auch ohne zu reisen, erworben werden kann.« A.a.O.
43 Immanuel Kant, »Zum ewigen Frieden«, a.a.O., S. 216.
44 Immanuel Kant, »Schriften zur Anthropologie, Geschichtsphilosophie, Politik und Pädagogik«, a.a.O., S. 179 f.
45 Immanuel Kant, »Der Streit der Fakultäten«, a.a.O., S. 362.
46 Platon, »Politeia«, in: »Sämtliche Werke«, Bd. 3, Hamburg 1958, S. 224 f.
47 Siehe dazu die Analyse von Elmar Altvater und Birgit Mahnkopf, »Grenzen der Globalisierung«, a.a.O. Hier kommt besonders der zweite Teil in Betracht: »Der entfesselte Weltmarkt, der ubiquitäre Geldfetisch, die Versprechen des Freihandels«.
48 Elmar Altvater, Birgit Mahnkopf, a.a.O., S. 149.
49 Friedrich Engels, »Ergänzung und Nachtrag zum III. Buch des ›Kapital‹. II. Die Börse«, MEW 25, S. 917.
50 Edelbert Richter, »Aus ostdeutscher Sicht. Wider den neoliberalen Zeitgeist«, Weimar, Wien 1998, S. 31.
51 Siehe dazu Herbert Jankuhn, »Vor- und Frühgeschichte. Vom Neolithikum bis zur Völkerwanderungszeit«, Stuttgart 1969.
52 »Süddeutsche Zeitung«, 22. 7. 2000.
53 Saskia Sassen, »Cyber-Segmentierungen. Elektronischer Raum und Macht«, in: »Mythos Internet«, hg. von Stefan Münker und Alexander Roesler, Frankfurt am Main 1997, S. 221 f.
54 »Financial Times Deutschland«, 6. 3. 2000.
55 Harald Martenstein, »Die Hacker und das Internet. Sie sind schon drin«, in: »Der Tagesspiegel«, 6. 5. 2000.
56 Adrian Kreye, »Jenseits von Gut und Börse. Mit dem Crash ist auch der Kurswert der Jugendlichkeit abgestürzt«, »Süddeutsche Zeitung«, 17. 4. 2000.
57 Es ist verblüffend, wie schnell der Erfahrungssatz alter Militärstrategen, daß das enthüllte Geheimnis der Blitzkriege die Niederlage ist, besonders rasante Manager einholen kann. Im November 2000 kämpft Schrempp schon um seinen Ruf und seinen Posten, weil seit der Fusion bei Chrysler fast 2 Milliarden DM Verluste aufgetreten sind.

12 Edzard Reuter, »Schein und Wirklichkeit. Erinnerungen«, Berlin 1999.
13 Daniel Goeudevert, »Wie ein Vogel im Aquarium. Aus dem Leben eines Managers«, Berlin 1996.
14 Alfred Sohn-Rethel, »Geistige und körperliche Arbeit«, Frankfurt am Main 1970, S. 38 ff.
15 Paul M. Sweezy, »Was heißt Globalisierung?«, in: »Sozialismus«, Heft 12, 1997, S. 21.
16 John Gray, »Die falsche Verheißung. Der globale Kapitalismus und seine Folgen«, Berlin 1999. John Gray war übrigens Cheftheoretiker Margaret Thatchers.
17 Ulrich Beck, »Was ist Globalisierung?«, Frankfurt am Main 1997, S. 30 f.
18 Michael R. Krätke, »Standortkonkurrenz – Realität und Rhetorik«, in: »Ökonomie ohne Arbeit – Arbeit ohne Ökonomie? Kritische Interventionen I«, Hannover 1997, S. 45 ff.
19 Elmar Altvater, Birgit Mahnkopf, »Grenzen der Globalisierung. Ökonomie, Ökologie und Politik in der Weltgesellschaft«, Münster 1996.
20 »Der Siegeszug des Begriffs ›Globalisierung‹ ist tatsächlich ziemlich verblüffend, denn ich selbst habe ihn ursprünglich aufgespürt.« Anthony Giddens in: »Frankfurter Allgemeine Zeitung«, Magazin, 31. 7. 1998.
21 Siehe dazu Karl-Otto Apel, Vittorio Hösle, Roland Simon-Schaefer, »Globalisierung – Herausforderung für die Philosophie«, Bamberg 1998.
22 A.a.O., S. 79.
23 Arpad Szabó, »Das geozentrische Weltbild. Astronomie, Geographie und Mathematik der Griechen«, München 1992, S. 54. Siehe dazu auch die von Uwe Schultz herausgegebene Studie »Scheibe, Kugel, Schwarzes Loch. Die wissenschaftliche Eroberung des Kosmos«, Frankfurt am Main 1996.
24 Nikolaus Kopernikus, »Das neue Weltbild«, Hamburg 1990, S. 7.
25 A.a.O., S. 137.
26 A.a.O., S. 85.
27 Galileo Galilei, »Schriften, Briefe, Dokumente«, hg. von Anna Mudry, Berlin o.J., Bd. 1, S. 20.
28 René Descartes, »Meditationen über die Grundlage der Philosophie, worin das Dasein Gottes und die Unterschiedenheit der menschlichen Seele von ihrem Körper bewiesen wird«, Leipzig o.J., S. 20 ff.
29 Immanuel Kant, »Kritik der reinen Vernunft«, in: »Werke in sechs Bänden«, hg. von Wilhelm Weischedel, Bd. II, Darmstadt 1956, S. 136. (Überwiegend zitiere ich nach dieser Ausgabe.)
30 A.a.O., S. 25.
31 A.a.O., S. 64.
32 A.a.O., S. 639.
33 A.a.O., S. 701 [Anmerkung].
34 A.a.O., S. 708.
35 A.a.O.
36 Immanuel Kant, »Grundlegung zur Metaphysik der Sitten«, in: »Werke in sechs Bänden«, Bd. IV, a.a.O., S. 61.
37 A.a.O., S. 54.

Anmerkungen

Vorrede

1 Edzard Reuter, bis 1995 Vorstandsvorsitzender bei Daimler-Benz, in: »Die Zeit«, 9. 12. 1999.
2 Christine Morgenroth, »Sprachloser Widerstand. Zur Sozialpathologie der Lebenswelt von Arbeitslosen«, Frankfurt am Main 1990.
3 Franz Kafka, »Ein Bericht für eine Akademie«, in: »Gesammelte Werke. Erzählungen«, Frankfurt am Main 1983, S. 144 und 142.
4 Christa Wolf, »Kassandra«, Darmstadt 1986, S. 79.
5 Heide Pfarr, Gudrun Linne, »Eine Unmenge von Wissen: Doch was ist Arbeit?«, in: »Frankfurter Rundschau«, 21. 12. 1998.

Kapitel 1 – Die Zeitdimension von Macht und Herrschaft

1 Karl Marx, »Das Kommunistische Manifest«, in: »Die Frühschriften«, hg. von Siegfried Landshut, Stuttgart 1953, S. 529.
2 A.a.O.
3 A.a.O., S. 528.
4 Selbst die scharfsinnigste Analytikerin unter den politisch bewußten Marxisten, Rosa Luxemburg, konnte sich die Existenz eines Weltkapitalismus nicht langfristig vorstellen. »Durch diesen Prozeß bereitet das Kapital aber in zweifacher Weise seinen Untergang vor. Indem es einerseits durch seine Ausdehnung auf Kosten aller nichtkapitalistischen Produktionsformen auf den Moment lossteuert, wo die gesamte Menschheit in der Tat lediglich aus Kapitalisten und Lohnproletariern besteht und wo deshalb eben weitere Ausdehnung, also Akkumulation unmöglich wird. Zugleich verschärft es, im Maße wie diese Tendenz sich durchsetzt, die Klassengegensätze, die internationale wirtschaftliche und politische Anarchie derart, daß es, lange bevor die letzte Herrschaft der kapitalistischen Produktion in der Welt erreicht ist, die Rebellion des internationalen Proletariats gegen das Bestehen der Kapitalherrschaft herbeiführen muß.« (»Die Akkumulation des Kapitals«, Frankfurt am Main 1965, S. 21)
5 Karl Marx, »Das Kapital«, Bd. 1, MEW 23, S. 790.
6 A.a.O., S. 529 f.
7 A.a.O., S. 285.
8 Jeremy Rifkin, »Das Ende der Arbeit und ihre Zukunft«, Frankfurt am Main 1997.
9 Viviane Forrester, »Der Terror der Ökonomie«, Wien 1997.
10 Hans-Peter Martin, Harald Schumann, »Die Globalisierungsfalle. Der Angriff auf Demokratie und Wohlstand«, Reinbek 1996.
11 Marion Gräfin Dönhoff, »Zivilisiert den Kapitalismus. Grenzen der Freiheit«, Stuttgart 1997.

denblume abfiel, begann mit einem Mal eine Art Sturm. Wolken von Stundenblumen wirbelten um sie her und an ihr vorüber. Es war ein warmer Frühlingssturm, aber ein Sturm aus lauter befreiter Zeit.«

Ansprüchen an Selbstverwirklichung wiedererkennen, weil sich ihre individuelle Tätigkeit gleichzeitig als verantwortungsbewußte Arbeit für das Gemeinwesen erweist. Die in der lebendigen Arbeit steckenden Potentiale schöpferischer Phantasie und Gestaltungsmacht lassen sich innerhalb der von Kapital und Markt definierten Grenzen kaum sinnvoll und ausreichend entfalten. So wandern sie aus, verlassen das offizielle System, verpuppen sich gleichsam, indem sie sich in vielfältig verkleidete Arbeitsutopien flüchten. Aber diese Arbeitsutopien verschwinden nicht einfach. Auch im kollektiven Gedächtnis sind sie nicht getilgt, sondern bilden riesige Vorratslager, die von Zeit zu Zeit auf Verwirklichung drängen und weit Entferntes manchmal ganz in die Nähe rücken. Es wird für den Weltfrieden nicht gleichgültig sein, ob solche Arbeitsutopien Verwirklichungschancen bekommen oder von den offiziellen Gesellschaftsordnungen weiterhin ins Schattendasein gedrängt werden.

Lebenszeit und Arbeit sind auf das engste miteinander verwoben; auch im Produktionszusammenhang des Intellektuellen, der darüber nachdenkt. Zum Elend von Analysen in einem wissenschaftlichen Zeitalter gehört, daß sie unter Begründungszwang stehen und den verfügbaren Raum- und Zeitaufwand auf Rede und Gegenrede verteilen müssen. Das führt zu mancherlei Umwegproduktionen. Es kann in Analysen nicht so gedacht werden, als wäre es das Leben selbst, das hier erzählt. Die Literatur hat es da einfacher. Michael Ende, dieser eigensinnige Zeitartist, hat mit dem Mädchen Momo eine wahrhaft moderne Freiheitskämpferin gestaltet. Sie hat sich in den Kopf gesetzt, die seit unvordenklichen Zeiten angesammelten Zeitersparnisse der Menschen einzuklagen, und mit ihrem Sieg über die grauen Herren, die einem allerorten die Zeit stehlen, fallen den Menschen plötzlich die Ersparnisse von Generationen zu. *Dieser Zeitkampf nimmt ein glückliches Ende.*

»Mit dem Verschwinden des letzten Zeitdiebes«, schreibt Michael Ende, »war auch die Kälte gewichen. Momo ging mit staunenden Augen in die riesigen Vorratsspeicher hinein. Unzählige Stundenblumen standen hier wie gläserne Kelche aufgereiht in endlosen Regalen, und eine war herrlicher anzusehen als die andere, und keine war einer anderen gleich – Hunderttausende, Millionen von Lebensstunden. Es wurde warm und wärmer wie in einem Treibhaus. Während das letzte Blatt von Momos eigener Stun-

Kleiner Epilog

Die verflochtenen Beziehungen zwischen lebendiger Arbeit, Zeit und Herrschaft im Globalisierungszusammenhang waren Ausgangspunkt meiner Untersuchung. Der Kampf um Lebenszeit zieht sich wie ein roter Faden durch die verschränkten Texte. Aber dieser Kampf um Zeitatome, die der Eigenverfügung dienen sollen, wird von den Menschen nicht als Verlängerung leerer Zeittakte verstanden. Der Anerkennungskampf umfaßt das ganze Spektrum der menschlichen Existenzweise. Es geht ihnen um erfüllte Zeit, zu der produktive Muße und ein hohes Maß sinnvoller gegenständlicher Tätigkeit gehören. Die Bedingungen zu verbessern, unter denen Menschen ohne übermäßige Kraftanstrengungen und ohne das ständige Risiko des Scheiterns in Würde leben und sterben können, gehört zu den zentralen Imperativen für eine Berufsethik des politisch Handelnden wie überhaupt aller, die privilegierte Chancen haben, aktiv in die Verhältnisse einzugreifen.

Das Thema »Arbeit und menschliche Würde« ist nicht abschließbar. Wollen wir Globalisierung als Herstellung einer lebensfähigen und vernünftig eingerichteten Weltgesellschaft verstehen, dann gewinnt dieses Thema einen zentralen Rang in der Analyse und in der Politik. Kant verbindet menschliche Würde mit der Vorstellung von Autonomie. Daß Menschen autonomiefähig sein können, setzt heute voraus, daß sie von bezahlter Arbeit leben. Im gegenwärtigen Zustand einer Weltzwangsgesellschaft ist herkömmliche Erwerbsarbeit praktisch die einzige Arbeitsform, die mit Existenzsicherung und sozialer Anerkennung verknüpft ist; sie bildet ein emanzipatives Minimum. Für die Zukunftsfähigkeit einer friedenssichernden und gerecht eingerichteten Weltordnung wird es jedoch nicht ausreichen, nur jene lebendige Arbeit zu nutzen und für wertschaffend zu betrachten, die durch die engen Schneisen der Warenproduktion und der marktvermittelten Dienstleistungen gepreßt wird.

Wir müssen ganz andere und reichhaltigere Formen der Arbeit entwickeln und fördern, in denen die Menschen sich in ihren

Schwierigkeiten und Komplikationen erwarten lassen. Denn kein Land der Welt darf auch nur auf entfernt vergleichbare ökonomische Transferleistungen hoffen. Der Aufbau einer friedensorientierten Weltgesellschaft kann aber nur gelingen wenn internationale Solidarleistungen zustande kommen, zum Beispiel in einer Weise, daß praktisch jeder ökonomisch entwickelte Staat zwei oder drei Partnerländer auswählt, um deren Arbeits- und Erwerbsgesellschaft zu entwickeln und damit ökonomisch und kulturell im Weltmaßstab konkurrenzfähig zu machen. Deshalb ist aus dem erörterten Beispiel die Erwartung abzuleiten, daß die Aktualisierung einer weltweiten Kapitalismuskritik, die Gegenmachtpositionen zu entwickeln imstande wäre, für die Auflösung der mit kapitalistischer Globalisierung verknüpften Freiheitsillusionen wachsende Bedeutung gewinnen wird. Die alten Formen des Sozialismus sind gewiß nicht zukunftsträchtig; aber leben wir vielleicht in einem Zeitalter, in dem die Menschen mit ihrer lebendigen Arbeitskraft und ihren Träumen von einer anderen Gesellschaft auf neue Formen hindrängen, welche die im demokratischen Sozialismus thematisierten, aber nach wie vor ungelösten Probleme lösbarer macht? Darin sehe ich die große Hoffnung des einundzwanzigsten Jahrhunderts.

dem alten System kommen, sichtbar wird; sie arbeiten nichts auf, sie zeigen keine Perspektiven, die über den bestehenden Zustand hinausweisen, sie verachten alles Utopische und Sozialistische, ohne Auswege aus der Misere bezeichnen zu können, ohne die Traumphantasien junger Menschen aufzugreifen. In solchen Verdrängungs- und Verleugnungsstrategien, die kollektiven Anhang gewinnen, sammeln sich Gewaltpotentiale an. Es ist dann völlig gleichgültig, an welche Führerfiguren oder Organisationsgebilde sie sich binden und mit welchen innerstaatlichen Feinderklärungen sie arbeiten, denn es geht hier um eine Abfuhr von sozial gebeutelten Menschen, die ihre Identität nur noch bewahren können, wenn sie zu gewalttätigen Trägern ihrer deutschen Leitkultur werden und alles herauszudrängen versuchen, was diesen kollektiven Narzißmus verletzen könnte. Was also mit einer depressiven Dynamik durch kollektiven Arbeitsentzug und den damit einhergehenden Persönlichkeitsverletzungen beginnt, bereitet am Ende einen fruchtbaren und sich ausweitenden Boden für Scheinlösungen der Krisenzuspitzungen.

Das Ausbrechen aus Depression und Öde vollzieht sich im allgemeinen durch einen aggressiven Vandalismus, der so zielgerichtet nicht ist, wie er durch die rechtsradikalen Symbole erscheint: das Ausgliedern alles Fremden und Ohnmächtigen, die Jagd auf Ausländer, Tötungen von Obdachlosen und Behinderten, Grabschändungen. Gerade die Entpolitisierung, ja die Sprachlosigkeit in diesen Gefühlsverwirrungen erleichtert es, auf provokative Symbole zurückzugreifen und aus der Anonymität der Bedeutungslosigkeit dadurch herauszutreten, daß man sich mit den verbotensten Symbolen, denen der Nazizeit, identifiziert. Wird also die Grundlage, der gesellschaftliche Boden gewalttätiger, mit rechtsradikalen Parolen versetzter Scheinlösungen, nicht beseitigt, was nur durch eine kollektive Aufarbeitung der Gefühlsverdrehungen und -verschiebungen erfolgen kann, dann wird der Boden für Gewaltpotentiale auch in Zukunft erhalten bleiben und sich erweitern, selbst wenn die kapitalistische Ökonomie das Gefälle zwischen Ost und West überwunden hat.

In der Transformationsgeschichte der DDR-Gesellschaft werden Mechanismen erkennbar, die in anderen Ländern bei der Umgliederung ihrer Gesellschaftsordung, soweit sie sich dem Weltmarkt öffnet, Kapitalinvestitionen des Auslands zuläßt und den freien Arbeitsmarkt immer stärker ins Zentrum der Ökonomie rückt, viel größere

schlingt in dem Maße Energie, wie sie mit den Mechanismen von Verdrängung und Realitätsverleugnung arbeitet.

Eine solche Aufarbeitungsdebatte hätte in diesem Fall zwei Dimensionen: Sie beträfe den Lebenszusammenhang der Vergangenheit und gleichzeitig die Enttäuschungs- und Verletzungserlebnisse, die mit einer Gegenwart verknüpft sind, auf die alle Hoffnungen aus dem unbefriedigten Leben der Vergangenheit gesetzt wurden. Der Grund für diese Erweiterung der Aufarbeitungsdebatte liegt in einer doppelten Entwertung: Für viele Ex-DDR-Bürger ist die offizielle Entwertung alles dessen, was sie einmal getan haben, ihre Arbeit als Lehrer, als Betriebsarbeiter oder Tätige in landwirtschaftlichen Produktionsgenossenschaften, eine Wunde, die nur schwer verheilt. Kein Mensch lebt gerne auf Dauer mit dem bitteren Gefühl, den Hauptteil seiner Biographie vergeudet zu haben, oder möchte ständig mit Fehlern und Irrtümern in der Verausgabung seiner lebendigen Arbeitskraft, in bestimmten Berufszusammenhängen oder auch in der Beziehungsarbeit, konfrontiert werden. Wo ihm ein Fehlerbekenntnis nahegelegt wird, ohne dafür eine öffentliche Ausdrucksform anzubieten, in der er sich mit anderen über Richtiges oder Falsches, über Fehlleitungen und gelungene Identitätsbildung durch Arbeit austauschen kann, stauen und verschieben sich die Gefühle. Das ist die sozialpsychologische Grundlage einer im Privaten verhafteten Romantisierung der DDR bei Teilen der Bevölkerung.

Diesem ersten Gefühlsstau, der in der Unterdrückung und Privatisierung öffentlich erfahrener Vormundschaften und Kränkungen des Selbstwertgefühls bestand, fügte sich eine Art zweiter Gefühlsstau an, bei dem sich die Marktschicksale, denen der einzelne unterworfen wurde, in die Innendimension individuellen Versagens und unzureichender Leistungsfähigkeit drängten. Der für einen geschichtlichen Augenblick mündig gewordene Bürger wurde in eine durch Marktgesetze bestimmte Vormundschaft gebracht, ohne sich noch die Kritik an objektiv Schuldigen zutrauen zu können, denn die Kapitalismuskritik würde ja eine Kränkung bedeuten für ein Selbstwertgefühl, das dieses System mit aller Macht herbeigewünscht hat.

So entstand ein sozialpsychologisch äußerst fruchtbarer Boden für die Suche nach Ersatzschuldigen und Ausweichbewegungen, die das gesellschaftliche Klima in dem Maße vergiften, wie für die jungen Menschen überhaupt nichts Aufrichtiges bei den Erwachsenen, die aus

stellung der Produktionsvoraussetzungen und des Lebensniveaus längst noch nicht erreicht ist.

Der Wirtschaftswissenschaftler Rudolf Hickel plädiert deshalb für einen zweiten Solidarpakt, der den 2004 auslaufenden ersten fortsetzt, obwohl doch heute schon im Westen die Ungeduld wächst, daß endlich die Transferzahlungen eingestellt werden. »Derzeit wird die Realisierung dieses Zukunftsprojekts durch eine gespaltene Bewußtseinslage zwischen Ost und West schwer belastet. In Ostdeutschland bestätigen zwar Befragungen bei der Bevölkerung die Anerkennung der bisherigen Leistungen. Ängste vor sozialen Risiken, hohe Arbeitslosigkeit sowie das immer noch deutliche ökonomisch-infrastrukturelle Gefälle erzeugen Enttäuschung. Die Verlierer der Einigung prägen stark die Bewußtseinslage. In der westdeutschen Bevölkerung nimmt die Akzeptanz der ohnehin nie hohen Bereitschaft, Transfers in Milliardenhöhe aufzubringen, deutlich ab. Der drohende Bau einer neuen, jetzt bewußtseinsspaltenden Mauer kann nur verhindert werden, wenn der Solidarpakt II eine klare Perspektive der Vollendung der Einigung im neuen Deutschland bietet.«[148]

Das ist eben das entscheidende Problem dieser Art von Transformation: die Bewußtseinsspaltung, die neuen Mauern, die nicht sichtbar sind, aber die Trennungsgewalt der alten haben. Deshalb ist die vierte Wirklichkeitsschicht für das Gelingen des Transformationsprozesses genauso gewichtig wie die ersten drei – Geld, Institutionen, Wirtschaftssystem –, was die darin ablaufenden Verschiebungen in der moralischen Ökonomie, in den Motivbildungen und erfahrenen Verletzungen betrifft, die vielleicht sogar längerfristige Wirkungen zeigen. Hierbei geht es nicht nur um das Marktsegment »lebendige Arbeit«: Die depressive Dynamik, die durch kollektiven Arbeitsentzug in Gang gesetzt wird, ist eine Außenseite der Probleme, die auch ihre Geschichte aus dem Innern der Subjektbildungen in einer über vierzigjährigen gesellschaftlichen Prägung hat. Deshalb rücken kompetente Kenner der DDR-Verhältnisse die Selbstaufarbeitung der Vergangenheit, der psycho sozialen Ökonomie, die dieses System bestimmte, in den Vordergrund, um vor den notwendigen Modernisierungsprozessen die falschen emotionalen Besetzungen aufzulösen und Energien für Kreativität und gewaltlose Regelungen zu gewinnen. Denn Balancearbeit, um sich in einem unbehaglichen Milieu aufrechtzuhalten und menschliche Würde zu bewahren, verformen und Kapitalien betrifft. Man hat davon gesprochen, daß die DDR immer geheimes Mitglied der Europäischen Union gewesen ist, weil Zollbestimmungen und andere Regelungen Sonderkonditionen vorgesehen hatten; aber auch zehn Jahre nach der Wiedervereinigung kann der aus der DDR hervorgegangene Teil Deutschlands ökonomisch nicht auf eigenen Füßen stehen, sondern bleibt von immensen Transferleistungen Westdeutschlands abhängig.» Gesamtwirtschaftlich gesehen ist Ostdeutschland in der Transformationsphase eine von Finanztransfers aus Westdeutschland abhängige Ökonomie. ... Die Lücke zwischen der Inlandsnachfrage und der eigenen Produktion wird maßgeblich durch Importe aus Westdeutschland geschlossen. Die Finanzierung erfolgt über die Transfers aus Westdeutschland. So fließen etwa öffentliche Gelder aus Westdeutschland in die sozialen Sicherungssysteme, die es den Beziehern ermöglichen, ihre Konsumausgaben zu finanzieren: So war im Jahr 1994 die Inlandsnachfrage 1,6 mal höher als das in diesem Jahr erstellte Sozialprodukt. Die Lücke wurde durch einen negativen Außenbeitrag geschlossen, das heißt, mit 221 Milliarden DM lagen die Importe an Gütern und Dienstleistungen über den Exporten aus Ostdeutschland. Maßgeblich durch die öffentlichen Finanztransfers (1994 brutto 194,5 Milliarden DM).«[147]

Naiv-optimistische Aussagen zum wirtschaftlichen Aufschwung Ostdeutschlands – weit später noch als die leichtfertige Redeweise von der Wiedervereinigung mit Hilfe der Portokasse oder den schnell blühenden Landschaften – sind in der Öffentlichkeit bis zum heutigen Tage bei Leuten anzutreffen, welche der dem Kapitalismus innewohnenden Heilkraft die entscheidende Wende im Elend der Welt zutrauen. Nach 1989 konnten die Zerschlagung kollektivwirtschaftlicher Organisationsformen, der Kombinate und landwirtschaftlichen Produktionsgenossenschaften, deren Ersetzung durch privatwirtschaftliche Unternehmungen und die gewaltigen Finanzhilfen durch die Treuhand zunächst die Hoffnung beflügeln, daß alles nach den normalen Regeln der kapitalistischen Logik abläuft, sobald die Umgliederungen abgeschlossen sind. Aber die neoliberalen Marktapologeten haben dabei vergessen oder bewußt verschwiegen, daß selbst angesichts dessen, daß die 1991 noch bei 31,3 Prozent liegende Wirtschaftskraft Ostdeutschlands zum Ende der neunziger Jahre auf mehr als 63 Prozent angestiegen ist, eine wirkliche Gleich-

Rheinland-Pfalz von 6,1 Prozent auf 11,6 Prozent, ist doch unverkennbar, daß der kollektive Arbeitsentzug in weiten Regionen der neuen Bundesländer so gravierende sozialpsychologische Folgen für den Lebenszusammenhang der Menschen hat, daß die Bedeutung von Arbeit und Arbeitslosigkeit schwerlich zu überschätzen ist.

Nun könnte man gegen meine Analyse einwenden, daß alle großen gesellschaftlichen Transformationen nie linear gelingen, sondern mit produktiven und unproduktiven Um- und Abwegen verknüpft sind. Gerade das trägt dazu bei, die gesellschaftlichen Lernprozesse im Umgang mit den neuen Verhältnissen zu motivieren und die Menschen beweglicher zu halten. Es ist aber nur die eine Seite dieses Transformationsproblems. Die andere besteht darin, daß wir es bei der staatlichen und wirtschaftlichen Assimilation einer deutschen Teilgesellschaft an einen entwickelteren Raum mit einem ökonomischen Solidaritätstransfer von Größenordnungen zu tun haben, der keiner anderen Gesellschaft auf der Erde zur Verfügung stehen wird. Und selbst diese Milliarden Transferzahlungen Jahr für Jahr reichen nicht aus, den Angleichungsprozeß von Lebensverhältnissen, von Arbeitsmarktökonomie, von subjektiven Einstellungen zum Abschluß zu bringen. Dieses Problem, diese Zwiespältigkeit bedarf einer weiteren Erörterung.

Indem wir die Komplexität des gesellschaftlichen Transformationsgeschehens, an dem Gesamtstrukturen ganzer Lebensbereiche beteiligt sind, in einzelne Wirklichkeitsschichten mit je spezifischen Zeit- und Raumkoordinaten auseinanderlegen, zeigen sich deutliche Ungleichzeitigkeiten der Entwicklung. Im Fall der Eingliederung der DDR in das westdeutsche Staatsgefüge mit den vom Grundgesetz vorgesehenen Institutionen, Parlamenten, Gerichten, Verwaltungsbezirken, von Polizei und Armee, sind Transformationen und Umgliederungen in wenigen Jahren nahezu konfliktlos abgelaufen, selbst wenn man dabei in Rechnung stellt, daß auch auf dieser Ebene erhebliche Solidarmittel gleichsam in Naturalien (zum Beispiel westliche Beamtenhilfe) übertragen wurden, wodurch in vielen Fällen sogar der in einzelnen Berufszweigen höchst angespannte westdeutsche Arbeitsmarkt entlastet wurde. Die Wiedervereinigung dieser Wirklichkeitsschicht hat wenige Problemfelder hinterlassen.

Ein ganz anderes Erscheinungsbild zeigt bereits die Transformationsgeschichte, soweit sie Eigentumsverhältnisse, Unternehmensmarkt erfuhr eine Spaltung; und ein erheblicher Teil der erwerbstätigen Bevölkerung wurde vom Gesamtgeschehen auf Dauer abgekoppelt. Erwerbstätige Frauen sind die ersten und auf längere Sicht auch bleibenden Opfer dieser Strategie der gesellschaftlichen Umgliederung. Das Pestel-Institut für Systemforschung hat im März 1998 eine Studie über die Arbeitsmarktsituation in Sachsen-Anhalt vorgelegt. Demzufolge waren in der DDR über 90 Prozent der erwerbsfähigen Frauen berufstätig. Noch 1991 lag die Frauenerwerbsquote in Sachsen-Anhalt um 20 Prozent höher als in Niedersachsen. Die Differenz hat sich bis 1996 schon halbiert; die Pestel-Wissenschaftler prognostizieren, daß von den 95 000 Personen, die sich bis 2010 vom Arbeitsmarkt zurückziehen oder verdrängt werden, zwei Drittel Frauen sein werden. Die Studie erweckt jedoch den Eindruck, daß das massenhafte Verdrängen der Frauen vom Arbeitsmarkt ein ganz problemloser Vorgang der Normalisierung entsprechend den Arbeitsmarktvorgaben Westdeutschlands sei. Man hält es für eine Art kulturelles Relikt, daß so viele Frauen Ansprüche an Erwerbsarbeit geltend machen, und ist der Überzeugung, daß nur noch die über Vierzigjährigen an den Normen der Vorwendezeit festhalten. Aber Politikerinnen wie die Sozialministerin von Sachsen-Anhalt, Gerlinde Kuppe, betonen mit Recht, daß es hier nicht um einen freiwilligen Rückzug aus der Erwerbswelt geht, sondern um Gewalteingriffe in Lebensplanungen, die unter anderem darin zum Ausdruck kamen, daß die Geburtenquote weltweit auf das niedrigste Niveau absackte. »Das Land hat, wie andere im Osten, traumatische Verwerfungen auf dem Arbeitsmarkt und in der Bevölkerung erlebt: Um mehr als ein Drittel ging seit 1990 die Zahl derer zurück, die einen Arbeitsplatz besitzen. Um knapp 8 Prozent nahm die Bevölkerung ab. ... Augenblicklich liegt die Arbeitslosenquote in Sachsen-Anhalt 10 Prozent über der westdeutschen, bei 21,9 Prozent.«[146]

Die Transformationsprobleme lebendiger Arbeit sind der bei weitem prekärste Punkt in dieser gesellschaftlichen Umgliederung. Die auf die abhängig Beschäftigten bezogenen Quoten des Januars 1997 im Vergleich zum Januar 1991 zeigen das nachdrücklich. Sachsen-Anhalt hatte 1991 8,1 Prozent Arbeitslose, 1997 sind es 22,4 Prozent; Thüringen 8,7 Prozent im Vergleich zu 20,3 Prozent, Sachsen 7,6 Prozent zu 18,9 Prozent, Brandenburg 8,4 Prozent zu 19,8 Prozent usw. Selbst wenn man die westdeutschen Steigerungsraten nimmt, zum Beispiel in

Nun ist im höchsten Maße bezeichnend, daß die Verletzung im Verhältnis von Arbeit und Würde von den Frauen, die ganz überwiegend berufstätig waren, am meisten und nachhaltigsten empfunden wurde. Ihr Widerstand äußerte sich weniger durch öffentliche Protestaktionen als durch Verweigerung des ihnen eigentümlichen menschlichen Produktionsprozesses, mit einem Widerstandsakt, den wir bisher nur aus der antiken Literatur kannten: nämlich eine Art Gebärstreik der Frauen. Sie sind die eigentlichen Opfer der platten Transformation des kapitalistischen Arbeitsmarktes auf eine planwirtschaftlich organisierte Arbeitsgesellschaft, die man aus vielen Gründen für unproduktiv und unhaltbar im Kontext einer Konkurrenzgesellschaft halten mag; aber keine der entlassenen Frauen ist befragt worden, ob sie vielleicht das keineswegs als befriedigend empfundene Arbeitsleben fortsetzen wolle oder lieber erwerbslos Hausfrauenarbeit leiste. »Die Stillegung von Betrieben und die Entlassungswelle in der ehemaligen DDR haben die Frauen weit überdurchschnittlich getroffen. Nach den Ergebnissen des Arbeitsmarktmonitors gaben von den im März 1991 Befragten, die zum damaligen Zeitpunkt nicht mehr in demselben Betrieb beschäftigt waren, 39 Prozent der Frauen gegenüber 28 Prozent der Männer an, entlassen worden zu sein. Im Februar 1992 waren 21 Prozent aller Frauen im erwerbsfähigen Alter arbeitslos; die Arbeitslosenquote bei Männern lag bei 12 Prozent. Der Anteil der Frauen an den Arbeitslosen insgesamt betrug 62,3 Prozent. Überdurchschnittlich von Arbeitslosigkeit betroffen sind vor allem junge Frauen und insbesondere alleinerziehende Mütter.«[145] Gemessen an ihrem Anteil an der registrierten Arbeitslosigkeit von 62,3 Prozent sind Frauen in allen Maßnahmen unterrepräsentiert: ABM nur mit 39 Prozent, Kurzarbeit mit 44 Prozent, Fortbildung, Umschulung, Einarbeitung 42,4 Prozent, Altersübergangsgeld 28 Prozent usw. Die zahllosen ABM-Stellen sind Hoffnungsträger auf Zeit, führen aber häufig dazu, daß sie eher Enttäuschungen bewirken und deshalb den depressiven Zirkel, in den die Menschen hineingezogen werden, vergrößern.

Ich habe im zweiten Kapitel drei Fluchtwege der Krisenbewältigung benannt: Fragmentierung, Spaltung, Abkopplung. Bei der Transformation der DDR-Gesellschaft in das ökonomische Koordinatensystem Westdeutschlands spielten alle drei Mechanismen eine entscheidende Rolle. Arbeitsplätze wurden fragmentiert; der Arbeits-

schinerie der Fremdbestimmung geraten zu sein. Weil Arbeit, selbst wenn sie als verödet und von ihren politischen Ausdrucksformen getrennt wahrgenommen wurde, das entscheidende Identifikationsmedium für die Menschen dieser Gesellschaft war, sind die Erfahrungen des kollektiven Arbeitsentzugs und die damit freigesetzten neuen Angstpotentiale der bei weitem folgenreichste sozialpsychologische Tatbestand der Wiedervereinigung. So schnell wie die staatliche und ökonomische Wiedervereinigung auf der Ebene der toten Arbeit, des Eigentums, der Betriebe usw. voranschritt, so radikal waren die Brüche im Zusammenhang der lebendigen Erwerbsarbeit, ein Absturz für viele Menschen in beschleunigt kurzer Zeit.

Möglicherweise ist die verletzte Würde einer DDR-Bevölkerung, die aus eigener Kraft nichts an sichtbaren Veränderungen im neuen Deutschland einbringen konnte, der Grund dafür, daß unablässig Solidarzahlungen notwendig sind, um einen Ausgleich im Selbstbewußtsein herzustellen. Geld stand ja auch am Anfang dieser Wiedervereinigung, aber es ersetzt offenbar nicht Würde, und schon gar nicht kann es Verletzungen der Würde heilen. Wo es um Transformationen ganzer Gesellschaftsordnungen geht, müssen wir darauf bedacht sein, Zeit- und Raumstrukturen der verschiedenen Wirklichkeitsschichten zunächst sorgfältig auseinanderzulegen, um dem eigensinnigen Lernprozeß solcher Transformationsgeschehen auf die Spur zu kommen. Ich wende hier dasselbe Prinzip an wie in der Analyse der Globalisierung, nämlich den methodischen Weg der abnehmenden Abstraktion. Je abstrakter und allgemeiner ein Medium ist, durch das die Menschen miteinander in gesellschaftlichen Verkehr treten können, so daß ihrer Orts- und Zeitgebundenheit die wenigsten Hindernisse in den Weg gelegt werden, desto praktikabler und einfacher erscheinen solche Transformationsprozesse. Geld ist ein solches kaltes Medium, in dem Tauschprozesse stattfinden können, die weitgehend emotionslos sind. Kaum zufällig beginnen deshalb kapitalistische Transformationen von Gesellschaftsordnungen mit Währungsvereinheitlichungen. Ein abstraktes Medium wird in ein anderes transformiert; das nimmt Tage in Anspruch, manchmal auch Einübungen über Jahre. Da aber festgelegte Tauschrelationen diese Art von Vereinheitlichung bestimmen, gehört Geld offensichtlich zur Minimalausstattung gesellschaftlicher Transformationen, weil es die einzigartige Kraft der Verallgemeinerung zu besitzen scheint.

Es ist nicht als Kritik an diesem öffentlichen Protest gegen eine bloße westdeutsche Übernahme der DDR gemeint, wenn ich demgegenüber feststelle, daß in den gefühlsmäßigen Regungen der breiten Masse der Bevölkerung solche organisationspolitischen und auf die Gesamtgesellschaft bezogenen Elemente keine entscheidende Rolle spielten. »Wenn die DM nicht zu uns kommt, dann kommen wir zu ihr« – diese Parole bezeichnet im Zusammenspiel mit der Veränderung von »Wir sind das Volk« zu »Wir sind ein Volk« eine durchaus verständliche Rationalität im Motivhaushalt der Menschen. Sie wollten endlich an den jahrzehntelang medial vermittelten Früchten einer kapitalistischen Gesellschaftsordnung teilhaben, deren unterschlagene Wirklichkeit ihnen ja nicht in gleicher Weise präsent war. So entstand falsches Bewußtsein ganz eigener Art. In den Medien war für die DDR-Bevölkerung nur das erkennbar, was den Kapitalismus auch ausmacht: eine unglaubliche Gütervielfalt und ein Konsumniveau, das nicht mehr der Sparökonomie folgt. Die Erwerbs- und Arbeitsgesellschaft erschien darin allenfalls als Ankündigungen der Nürnberger Bundesanstalt für Arbeit, deren Zahlenangaben das Niveau von Börsenkursen haben. Jeder einzelne kann sich aus dieser Arbeitslosenstatistik herausnehmen. Die gesicherten Berufsperspektiven und die Erfahrungen einer kompletten Arbeitsgesellschaft ermöglichten den Menschen in der DDR, über das hinaus, was sie bereits hatten, Erweiterungen ihres Lebenszuschnitts zu erwarten. So spielten zwar Regelungen der Eigentumsverhältnisse in den ungleichen Staatsverträgen eine zentrale Rolle, nicht aber die Frage, wie das von der DDR-Verfassung garantierte Recht auf Arbeit umzusetzen sei oder wie sich die Arbeitsgesellschaft anders gestalten ließe als in der Form, wie sie von Westdeutschland übertragen werden sollte.

Nach der Euphorie des selbstbewußten Aufbruchs und der friedlichen Beseitigung einer Herrschaftsform machte die Bevölkerung Ostdeutschlands auf der Ebene der Arbeits- und Erwerbsgesellschaft die Erfahrung, Überwältigungsopfer eines ganz anderen Prozesses zu sein, der ihnen die Möglichkeit nahm, sich in einem Prozeß der Aufarbeitung selbsttätig aus dem Opferstatus herauszuarbeiten, und zu einem kollektiven Trauma führte. Die der DDR-Gesellschaft wunschgemäß auferlegten Gesetze des Arbeitsmarktes bestätigten in der Folge mehr als alles andere den Eindruck, wiederum in die Ma-

OSKAR NEGT

**Achtundsechzig.
Politische Intellektuelle und
die Macht**

416 Seiten, broschiert, DM 24,00

*

Wie ein Pfahl im Fleische steckt in der Ordnung der Bundesrepublik die Herausforderung der 68er Bewegung der Studenten und der Jugendlichen. Jedes Jubiläum zeigt das aufs Neue, auch das gerade zu Ende gehende. Das Buch ist aus erinnernder »Nähe« geschrieben; es versucht Szenen, Situationen, Gespräche mit führenden Akteuren der Zeit (wie Krahl, Dutschke, Mahler, Cohn-Bendit) festzuhalten, auch die Atmosphäre der gesellschaftlichen Konflikte, wie sie der Autor empfunden hatte. Gleichzeitig wird jedoch aus der »Distanz« der Erfahrung starker gesellschaftlicher Umbrüche, deren unmittelbare Zeitzeugen wir sind, die »politische Substanz« dieser anstößigen Jahre in ihren praktischen Auswirkungen aufgezeigt. Oskar Negt beschreibt »Maulwurfsarbeit«, verzweigte Wirkungen von '68, die unter der geräuschvollen Oberfläche liegen.

Bitte fordern Sie das kostenlose Gesamtverzeichnis an:
Steidl Verlag · Düstere Str. 4 · 37073 Göttingen